제3판

질적연구방법론 I

Bricoleur

김영천 지음

아카데미프레스

브리콜리어 제3판 서문

우리나라 질적연구의 대표적인 연구서이자 교과서로 자리 잡은 필자의 저서 ≪질적연구
방법론: I≫이 2016년을 맞아 제3판으로 거듭났다. 1996년에 제1판이 출간되고 거의 20여
년이 흐른 셈이다. 제2판이 2012년에 출간되었지만 제1판과 큰 차이가 없었던 반면에 이
번에 출간된 제3판은 기존의 책 제1판과 제2판에서 나타난 문제점들과 한계들을 개선하
고 변화시켰다는 점에서 의미가 깊다. 그러한 점에서 이 책이 우리나라의 질적연구 분야
의 교과서로 더 인정받을 것이라는 생각을 하게 된다. 기존에 다루어진 질적연구의 배경
과 확산과 관련된 배경적 정보를 모두 삭제하고 질적연구 자체와 직접적으로 관련된 내
용을 더욱 많이 다루고 새롭게 포함시켰다는 점에서 학술적 가치가 더욱 높아졌으리라고
생각한다.

이에 제3판에서 크게 달라진 점을 소개하면 다음과 같다. 첫째, 질적연구를 이해하는
데 필요했던 배경적 내용이나 동향 그리고 다양한 정보와 관련된 내용을 모두 삭제했다.
이미 지난 10여 년 동안 우리나라의 질적연구의 문화가 성숙해졌고 질적연구의 세계적
동향이나 관련 정보가 충분히 소개되었기 때문에 굳이 이 책에서 재고할 필요가 없다는
판단이었다.

둘째, 가장 큰 변화로 질적연구방법으로서 '문서 분석'이 심도 있게 다루어졌다. 문서
분석은 기존의 책에서는 참여관찰, 심층면담 또는 내용 분석의 장에서 부분적으로 소개
되었지만 하나의 장으로서 다루어지지 못했다. 이에 제3판에서는 질적연구의 또 다른 연
구방법으로서 문서에 대한 수집과 분석이 중요한 연구의 방법이자 과정임을 이해시키고
자 했다. 국내의 대부분의 질적연구 개론서에서 이 주제에 대한 집중적인 논의가 없었다
는 점에서 제3판이 갖는 가장 큰 기여라는 생각을 한다. 특히 현장 작업을 하는 많은 질적
연구자들이 현장에서 수집하는 다양한 문서들과 기록들이 과연 질적연구의 분석 자료가
될 수 있는지에 대해 많은 의구심을 가지고 있다는 점에서 이 장은 그러한 걱정을 없애는

기회가 될 것이라고 믿는다.

셋째, 제1판과 제2판의 내용을 더욱 충실하게 보완하고 개선하였다. 필자가 이 책을 처음 쓴 1996년에는 질적연구에 대한 우리나라의 현장 작업이나 연구들이 심도 있게 이루어지지 못했다. 아울러 서구의 문헌들 역시 우리나라의 질적연구자들이 공부하기에는 다소 무리가 있었고 문화적으로나 주제적으로 한계가 있었다. 그러한 점에서 제3판에서는 기존의 서구 중심의 주제 설명이나 예를 상당히 제한하면서 한국에서 시도된 좋은/신뢰할 수 있는 연구 주제나 자료, 사례를 인용하고 소개하는 데 치중했다. 이를 통해 질적연구를 보다 쉽게 이해하고 문화적으로 더욱 익숙하게 경험할 수 있게 내용을 구성했다. 따라서 기존의 책에서는 주로 필자의 현장 경험이 소개되었다고 한다면 제3판에서는 다양하게 이루어진 우리나라의 우수한 연구의 예들이 선정되고 설명되었다. 이러한 노력은 우리나라의 질적연구의 정착과 확산이라는 필자의 학술적 목적과도 부합하는 것이어서 교육적인 선택이었음을 강조하고 싶다.

넷째, 질적연구를 처음 배우는 대학원생들과 교육연구자들의 이해를 돕기 위해 더욱 많은 사례와 경험을 소개하였다. 사실 양적연구와는 달리 직접 경험이 없이 학습하기 힘든 질적연구의 특징을 생각했을 때 단순히 교과서의 내용이나 강사의 설명만으로 교재의 내용을 충분히 이해하기에는 부족하다. 그러한 점에서 필자의 제3판에서는 해당 주제의 이해를 돕는 데 기여할 수 있는 다양한 사례, 경험, 이야기, 에피소드를 첨가했다. 그리하여 이 교재를 가지고 질적연구를 처음 공부하는 학생들과 연구자들이 저자가 의도한 내용을 더욱 충실하게 이해하고 학습할 수 있도록 충분한 간접 경험을 할 수 있도록 하였다. 아울러 제3판에 소개된 다양한 사례들과 연구들을 직접 찾아서 읽음으로써 해당 내용이나 주제들의 의미가 무엇인지를 쉽게 이해할 수 있도록 했다. 나아가 제3판에서 소개된 예들을 가지고 수업을 한다면 건조한 강의중심의 수업에서 탈피하여 더욱 활력 넘치고 상호 탐구적이며 개방적인 학습 문화를 형성할 수 있을 것으로 생각했다. 이러한 논의와 탐구, 비평을 통해 질적연구자로서 필요한 지적 통찰, 자신감, 호기심을 배양할 수 있기를 기대했다.

그러한 점에서 제3판의 개정 작업에 참여한 필자의 제자들과 대학원생들의 원고 정리 작업은 그들에게도 많은 교육적 경험을 제공해 주었을 것으로 생각한다. 필자의 기존 원고에 기초하여 그리고 필자가 제공한 새로운 자료들을 참고하여 내용을 새롭게 개선하고 확장시키고 글쓰기하는 작업은 이들이 우리나라의 질적연구자로서 새롭게 성장하는 데 상당한 기여를 했을 것으로 생각한다. 이에 이번 정리 작업에 힘써 준 김태우 박사, 김필성 박사, 정상원 선생, 박창민 선생, 조재성 선생, 최성호 선생이 더욱 전문적인 질적연구자로 나아갈 수 있기를 기대한다. 다시 한 번, 믿어 의심치 않게 다양한 문헌 찾기, 글쓰기 그리고 필자와의 비평을 게을리하지 않고 성실하게 따라와 준 이 연구자들에게 진정으로 감사하지 않을 수 없다. 나아가 필자가 기대한 것처럼 언젠가는 이들이 이 책 작업의 경험을 기초로 하여 필자의 책보다 더욱 수준 높고 전문적이며 한국의 질적연구자들을 선도할 수 있는 질적연구 저서들을 쓸 수 있기를 조심스럽게 희망해 본다.

마지막으로 제3판의 출간을 기꺼이 허락해 주신 아카데미프레스 사장님께 진심으로 감사드린다. 제2판이 출간된 지 얼마 되지 않아서 제3판이 출간되어 여러 가지 고충이 있었지만 이 책의 가치를 진심으로 이해해 주심에 지면을 빌어 고마움을 표현하고 싶다. 아울러 새로운 표지를 디자인해 주신 노명수 표지 디자이너에게도 감사드린다.

2016년 5월 12일
김영천 씀

차례

질적연구의 역사적 기원과 발달

제1장에서는 국내외의 여러 가지 자료와 정보를 가지고서 질적연구가 어디까지 와 있는지를 살펴보았다. 그리하여 2000년대 이후로 전 세계적으로 질적연구가 다양한 학문 분야에서 대안적인 연구방법론으로 자리 잡고 있다는 점을 독자들에게 알려 주었다. 제2장에서는 현대의 질적연구가 최근에 이르러 자리 잡기까지 어떠한 발달의 과정을 거쳤는지를 역사적으로 살펴보고자 한다. 현재를 아는 가장 좋은 방법은 과거를 이해하는 것이라는 클리바드(Kliebard)의 명언처럼, 오늘날 우리가 일상적으로 이야기하는 '질적연구'는 어디에서 연유했으며, 어떤 학문 분야들에서, 누구에 의해, 그리고 어떠한 학문적 전통과 이론의 영향을 받으면서 성장했는지를 살펴보고자 한다. 이러한 탐구는 질적연구의 전체적인 발달사를 이해시켜 줌으로써 질적연구의 진정한 모습과 특징을 찾아가는 데 또 다른 도움을 줄 것으로 생각한다.

1. 질적연구의 지적 전통에 대한 다양한 관점

질적연구가 어디에서 왔는지 또는 질적연구에 영향을 끼친 학문 영역과 전통이 무엇인지에 대해 합의된 관점은 없다. 대신에 학자와 학문 분야에 따라 질적연구의 지적 전통이나 역사를 바라보는 관점, 입장이 매우 다르다. 사회학자는 사회학 분야에서 질적연구의 전통에 대해 논의하고 인류학자는 인류학 분야에서 그렇게 한다. 또는 교육학자는 교육학 분야에서 질적연구가 어떻게 성장했는지를 이야기하는 방법을 취하고 있다. 이러한 선택적 설명 방법은 질적연구가 그 어떤 특정한 한 개의 학문 분야에서 탄생하여 발전한 것이 아니라 여러 개의 학문 분야에서 간학문적으로 발전해 온 특징에 기인하는 것 같다. 따라서 질적연구라는 매우 방대한 영역을 전반적으로 고찰하려면 한 권의 책으로 다룰 만큼 많은 분량과 정리 작업이 필요할 것이다.

그렇지만 일련의 학자들은 이러한 다학문적 영역에서 성장해 온 질적연구의 역사적 발달 과정에 대해 나름대로 질적연구의 성장 배경을 정리하려고 노력해 왔다. 그리고 그러한 정리는 질적연구의 역사적 기원에 대해 공통적인 배경과 함께 각기 다른 배경이 혼재하고 있음을 보여 준다.

다음 표는 그러한 다양성을 잘 나타내 주고 있다.

질적연구의 역사적 전통

연구 전통 학자	연구 분야
Bogdan, Biklen	19세기 미국의 초기 질적연구, 인류학적 전통, 시카고 사회학, 교육사회학, 학교연구, 페미니즘과 포스트모더니즘
Jacob(1987, 1988)	인간 기호학/상징학, 생태학적 심리학, 총체적 문화기술지, 인지인류학, 의사소통의 문화기술지/미시문화기술지, 상징적 상호작용
Cresswell(2007)	문화기술지, 근거이론, 현상학, 사례연구, 전기적 연구
Merriam(2007)	해석적 연구, 현상학적 연구, 근거이론, 사례연구, 문화기술지, 내러티브 분석, 비판연구, 포스트모던 연구
Hatch(2002)	문화기술지, 미시문화기술지, 민속방법론, 참여관찰, 면담관찰 연구, 핵심집단 연구, artifact 분석, 역사연구, 근거이론, 자연주의 탐구, 상징적 상호작용, 내러티브 연구, 교육비평, 현상학, 사례연구, 실행연구, 협동연구
Wolcott	사례연구, 비참여관찰 연구(관찰연구, 인류민족학, 감식안비평, 초상화와 비네연구), 참여관찰 연구(참여관찰자 연구, 현장연구, 현상학, 민속방법론, 문화기술지, 민족학), 면담연구(신문기사 연구, 구술사)
Lancy(1993)	인류학적 관점, 사회학적 관점, 전기적 관점, 사례연구, 개인에 관한 이야기, 인지연구, 역사연구

2. 아홉 가지 지적 전통

질적연구의 지적 전통에 대해 입장이 다양하다는 점을 인정하면서, 질적연구의 역사적 기원으로 아홉 가지 지적 전통이 있음을 이 장의 주요 내용으로 설명하고자 한다. 그러한 전통을 아홉 가지로 선택한 이유는 이 분야의 전문가인 보그단과 비클렌(Bogdan and Biklen)의 범주에 기초하고, 아울러 이 주제와 관련된 필자의 학위 논문에서 지도교수인 레이더(Patti Lather) 박사와 공동 지도교수인 맥베스(Douglas Macbeth) 박사가 필자의 설명에 모두 동의했기 때문이다. 물론 그러한 범주가 1995년에 만들어진 것이고, 덴진(Denzin)과 린컨(Lincoln)의 질적연구의 역사적 성장이 2000년 이후로 계속되고 있다는 점에서 앞으로의 이에 대한 설명은 약간 달라질 것으로 생각한다. 이러한 사실에 유의하면서 이 절에서는 질적연구의 근간이 되는 이론적/방법론적/학문적 배경이 된 지적 전통을 아홉 가지 전통 중심으로 설명할 것이다.

질적연구의 아홉 가지 지적 전통

지적 전통	주요 연구 개념과 강조점
시카고 사회학	도시 연구, 현장 작업, 다양한 질적 방법의 실천
현상학	살아있는 경험, 생활세계, 행위자의 의도, 의미, 판단중지, 경험의 본질
상징적 상호작용	사회적 상호작용과 상징, 상징으로서 언어, 사회세계
생태학적 심리학	인간발달에서 환경의 중요성, 다양한 환경 체계
민속방법론	사회실재의 성취, 언어적 상호작용, 질서의 생산, 대화분석
문화기술지	문화, 일상 생활, 내부자적 관점, 심층적 묘사
비판문화기술지	억압, 저항, 헤게모니, 차별과 권력의 문제(계층, 인종, 젠더, 성취향), 불평등, 해방, 사회정의, 연구(이론)와 실천 간의 관계
페미니스트	남성적 이데올로기로서 사회과학 연구와 결과에 대한 비판, 여성 해방적 연구
질적연구	방법론, 연구윤리
포스트모더니즘	절대적 지식과 메타내러티브의 거부, 권력과 지식, 지식 생산의 방법으로서 언어의 불완전성, 타자에 대한 글쓰기, 연구방법에 대한 해체적 반성, 탈식민주의 질적연구

시카고 사회학(Chicago Sociology)

시카고 사회학은 1920년대와 1930년대에 시카고 대학교 사회학과에서 가르침과 배움을 주고받은 사회학 연구자 집단의 연구 전통을 일컫는다. 우리가 알고 있는 것처럼 전 세계에서 처음으로 대학에 '사회학'이라는 이름의 학과를 창설한 시카고 대학은 그러한 개척 정신으로 연구에서도 기존 방법과는 다른 방법으로 새로운 학풍을 만들기 시작했다. 일명 시카고 학파라는 이름의 이 연구 전통은 미국의 경제 성장과 변화 속에서 나타난 도시의 빈곤문제와 다양한 사회문제를 기존의 양적연구방법이 아닌 현장 작업을 통해 연구하려고 한 최초의 질적연구 지성체라고 할 수 있다. 대표적인 학자로는 초기 학과장이었던 Small, Frazier, Hughes, Park, Thomas, Znajecki 등이 있다. 필자가 직접 이 학과를 방문했던 1998년 12월 이 학과의 사무실 앞에는 이들의 업적과 사진이 그 역사를 말해주듯 게시되어 있었다.

이 연구문화 속에서 질적연구의 선구자라고 할 수 있는 많은 대학자들이 시카고 대학교 사회학과를 통해 배출되었고 아직까지 고전으로 읽히고 있는 질적연구 작업이 만들어졌다. 그러한 이유에서 많은 질적연구 문헌에서는 질적연구의 지적 전통의 첫 번째 원류로서 시카고 학파가 소개되곤 한다. 시카고 사회학은 북미 사회학자들의 주요 연구 전통이었던 추상적 사회학 개념의 탐구나 이론화 경향과는 달리 실제적인 경험적 현상에 대한 탐구에 초점을 두었다. 이에 그 이전에 만들어진 실제 경험적 연구[The Gang(1927), The Jack Roller(1930), The Hobo(1923), The Gold Coast and the Slum(1929)]의 전통을 이어서 상당한 실험적 현장연구들의 예로서 경험적 연구와 더불어 상당한 실험적 연구를 이끌었다. 이에 이들은 주류 사회학파들이 경험했던 현장 작업과 질적연구 그리고 오랜 참여관찰을 통해 시카고 지역이 경험하고 있는 도시/경제/인종 문제와 권력관계 문제를 자연적 상황에서 질적 방법을 통해 연구할 수 있는 기회와 용기를 갖출 수 있었다.

그 예로서 시카고 대학교 사회학과 초기 졸업생이었던 토마스(W. I. Thomas)는 폴란드 이민자들의 이민 생활에 대한 관점을 조사하기 위해 이들이 서로 주고받은 편지를 분석했다. ≪유럽과 아메리카 폴란드 농민(The Polish Peasant in Europe and America)≫(Thomas & Znaniecki, 1927)이란 연구 작업에서 연구자는 연구방법으로서 "개인에 관한 문서 및 공공 문서에 대한 질적 분석"을 시도했고 "경험적 조사를 중요시하는 전통적인 연구 관점에서는 받아들일 수 없는 새로운 요소와 기법을 연구 활동에 도입했다"(Bruyn, 1966: 9). 또한 시카고 학파를 대표하는 인물이었던 파커(Robert Parker)는 미국의 흑인교육 문제에 대한 가장 큰 역사적 쟁점에 참여했던 워싱턴(Booker T. Washington)의 삶을 관찰을 통해 연구했다.

시카고 사회학은 제도나 구조를 보는 거시적인 시각에서 벗어나 개인과 개인 간의 상호작용이나 심리성을 고려하는 연구, 실제적 경험에 기초, 장기간에 걸친 조사연구, 상세한 기술적 자료 수집을 통해 미시적 관점으로 경험적 이해를 추구했다. 예를 들어 베커(Becker, 1970b)는 연구 무대가 항상 자신이 관심을 가지고 있었던 지역사회였으며 이를 '과학적 모자이크'라고 비유했다. 특히 질적 방법을 통해 도시에 대한 연구를 상당히 새롭게 시도하고 심도 있게 연구했다. 20세기 초 북미에서 가장 빠른 성장세를 보인 도시인 시카고는 부수적으로 이민, 비행, 범죄, 사회문제 등 사회학적 문제를 가지고 있었기 때문에 도시에 대한 연구를 자연스럽게 시작하게 된 것으로 보인다. 대부분의 도시 사회학은 이런 전통에 기반하고 있으며, 도시의 역동적 성장과 변화를 설명하기 위한 도시 지역에 대한 동심원적 지도 그리기를 통해 기술적(記述)이고 이론적이었다.

이에 시카고 학자들은 일상적인 삶의 여러 측면에 대한 연구와 민족/인종의 일상적 세계에 대한 묘사에 연구의 목적을 두었다: 〈유대인들의 집단 거주 집단〉(Wirth, 1928), 〈직업 댄서를 길러내는 무도 연습장〉(Cressy, 1932), 〈청소년 범죄 집단〉(Thrasher, 1927), 〈전문 절도범〉(Sutherland, 1937), 〈부랑자들의 삶〉(Anderson, 1923), 〈해변 고급 주택의 삶과 빈민가의 삶〉(Zorbaugh, 1929), 〈비행 청소년〉(Shaw, 1966/1930년에 처음 출간됨).

그리하여 미국 경제의 활황, 빈부 격차의 심화, 도시의 슬럼화 현상, 남부 시카고 지역에서 형성되는 이민자와 유색인종 등의 삶이 시카고 사회학자들의 연구 관심으로 집중되었다. 이러한 현상은 사회학의 주요 탐구 주제일 뿐 아니라 현장개선이라는 도시사회학의 연구 목적에 부합되었기 때문에 도시 시카고가 겪고 있는 여러 가지 사회문제, 범죄, 인종차별, 도시 노동자들의 경제활동, 권력관계 등의 이슈는 시카고 소재의 시카고 대학의 사회학자들에게는 안성맞춤인 연구 주제였다. 그 예로서 파커는 캘리포니아 주의 '동양인과 서양인의 관계 탐색'이라는 인종 관계 조사에 대한 연구방법론 서두에서 이 연구가 중요한 이유는 "대중적이든 개인적이든 상관없이 모든 견해는 사회 활동의 부산물이기 때문이다"(Bogardus, 1926)라고 강조했다. 이 연구에 참여한 많은 사람들은 동양인으로서 미국에 살면서 여러 가지 어려움을 공통적으로 겪었다고 한다. 즉, 동양계 미국인으로서 직면하는 어려움에 대한 연구라고 할 수 있다. 이처럼 이들 시카고 사회학파의 주요 관심사는 인간이었고 우리 사회의 주변인으로 내몰리게 된 사람들을 주로 연구했다.

이들 초기 학파 연구자들의 연구 작업과 함께 신시카고 학파 또는 제2차 시카고 학파라고 명명된 다음 세대 학자들은 1950년대 제2차 세계대전의 종말과 함께 기존의 도시사회학의 탐구에서 범죄사회학으로 연구 관심을 바꾸면서 질적연구를 더욱 발전시켰다. 대표적 학자로는 조지 미드[Georg H. Mead: 개인적 자아(I)와 사회적 자아(Mc)의 개념], 허버트 블루머(Herbert Blumer: 상징적 상호작용론의 이론화), 어빙 고프만(Erving Goffman: 연극무대 이론, 자기 연출), 하워드 베커(Howard Becker: 일탈사회학, 질적연구에서의 글쓰기) 등이 있다.

문화기술지(Ethnography)

문화기술지는 문화를 기술함으로써 세계의 다양한 사람들을 이해하고자 하는 문화인류학의 전통적 연구 접근이다. 인류학에서 문화는 인간을 다른 종의 동물들과 구별할 수 있는 유일한 특성일 뿐만 아니라, 인류의 다양하고 구별적인 생활양식의 원인으로 간주된다. 왜 사람들이 특정한 방식으로 생각하고 느끼며 행동하는지 그리고 왜 다른 방식으로 하는 것이 불가능하고 잘못된 것인지에 대한 것은 문화적 다양성에 대한 지식에서 이해 가능한 것이다. 즉, 인간집단은 생물학적으로 결정되는 것보다 문화적인 지배에 놓여 있으며, 문화는 참과 거짓에 대한 개념까지도 규정하며 인간행동을 결정하는 커다란 덩어리이다. 이는 인간의 사회적 행위가 문화에 의해 크게 지배받는 것을 의미하므로 우리가 이해해야 할 사회문제 가운데 문화의 역할보다 중요한 것은 없게 된다(Benedict, 1977, pp. 25-26).

　문화인류학은 식민지 전성기(1870~1950) 동안에 공식적인 학문으로 나타났다. 즉, 대항해 이후, 19세기 초 무렵 자본주의의 발전과 확대, 교통의 발전으로 서구사회가 세계로 진출하는 과정에서 서구의 생활양식과 비교할 때 낯설고 이해하기 어려운 방식으로 생활하는 타자를 발견함에 따라 나타난 것이다. 그 당시 유럽 인류학자들은 바다 건너 식민지의 문화와 사람들에게 초점을 맞추었다. 인류학이 다른 사회과학과 구별되는 특징은 다른 사회를 진지한 연구 대상으로 포함한다는 점이다(Benedict, 1977: 25). 그 당시 서구사회에 알려지지 않았던 비서구사회의 동물과 식물 그리고 야릇한 모습과 관습을 가진 사람들은 유럽인들의 상상력을 자극했다. 따라서 인류학 이론은 기본적으로 다른 사회에서 '왜 인간들은 그러한 방식으로 행동하는가?', '무엇이 인류의 다양성을 야기하는가'에 대한 관심에서 출발한다.

　19세기 인류학의 초기 단계에서 타 문화에 대한 이해는 탐험가, 무역상인, 선교사, 정부관리, 여행가가 수집한 자료나 기록에 의존했다. 그러나 대부분은 이들 자료에 의미를 부여하는 맥락과는 거리가 멀었고 초기의 문화기술지는 불행히도 한 사회의 완전한 상을 제시하지는 못하고 기이하고도 호기심을 자극하는 것에 대한 연구에 불과했다(Garbarino, 2009, pp. 38-39). 뿐만 아니라 에반스 프리차드는 초기의 인류학자들이 기술한 타 문화에 대한 설명은 서구사회의 진화주의라는 관점에 의해 짜여진 것이라고 비판한다. 즉, 초기의 타 문화에 대한 설명은 문화기술지 자료를 이용하여 야만-미개-문명이라는 진보단계를 구축하려는 것이었다(Evans-Pritchard, 1999, p. 17).

그러나 현대인류학은 브로니슬라브 말리노프스키(Bronislaw Malinowski)와 래드클리프-브라운(Radcliffe Brown)에 의해 적용된 기능주의적 연구방법에 의해 사회과학의 지류로 인정받게 된다(아야베 쓰네오, 2009: 59). 기능주의는 프랑스 사회학자 에밀 뒤르켐(Emile Durkheim, 1858~1917)의 영향에 의한 것인데, 그는 사회 전체가 공유하는 행동과 믿음 속에서 개인의 욕망과 충동의 합으로 환원되지 않는 또 다른 하나의 뚜렷한 차원으로서 사회적 사실을 제안한다. 그의 사회적 사실은 마치 구체적인 사물처럼 과학적으로 다룰 수 있는 것으로서, 개인적 심리상태가 아니라 사회적 레벨의 현상의 일부를 구성하고 있으며 다른 사회적 사실과 인과관계에 있는 것이다. 사회 관습, 전래행사, 제도, 문화 등의 사회적 사실은 서로 지지하면서 하나의 통합체를 형성하고 있으며, 그 사회 내부 요소들의 관계에 의해서 이해될 수 있는 것이다.

이러한 기능주의의 영향으로 타 문화를 이해하기 위해서는 그 문화의 내부 관점에서 접근해야 한다는 인식에 이르게 된다. 이는 인류학자가 속한 사회의 가치관으로 문화의 다양성과 타 문화를 이해할 수 없다는 것을 의미한다. 그에 따라 서구와 비서구를 비교하기 위해 그 사회 내부에 존재하는 관습 관계를 무시한 채 어떤 관습을 그 사회 전체 맥락에서 떼어내어 비교하려는 것을 비판하고, 타 문화는 부분으로 나누어서 이해할 수 없으므로 타 문화에 대한 장기간 참여관찰로 총체적으로 자료를 수집해야 했다. 결국, 기능주의의 영향으로 인류학의 연구방법은 획기적으로 변화하게 된다. 대표적으로, 이러한 기능주의의 영향을 받고 말리노프스키가 인류학에 결정적으로 영향을 미친 방법론적 혁명은 '현지조사 참여관찰'과 '원주민의 관점'으로 요약할 수 있다(전경수, 2001: 3).

말리노프스키의 트로브리안드 섬들에서의 현지조사는 가장 의미 있는 작업으로 간주되는데, 그 연구는 섬에서 사는 주민들의 일상적인 사회적 삶을 기록하려 했다는 점에서 특징적이다(Atkinson & Hammersley, 2002: 249). 이 연구에서는 현지작업과 그들의 관점을 이해하는 것이라는 문화기술적 연구의 전제를 활용했다. 영국의 문화인류학자 말리노프스키가 지적한 것처럼, 현지작업의 목표는 현지인들의 관점, 즉 삶과 그들의 관계를 그들의 입장에서 파악하고, 그들의 세계관을 실감하는 데 있다(한경구 외, 2009: 33). 따라서 인류학자는 자신의 문화에서 형성된 가치관과 규범적 준거체제에 비추어 판단하는 것을 보류한다. 그는 다른 사회를 이해하기 위해서는 그 사회의 삶의 방식에 몰입해야만 하며 적합하고 가능한 것에는 무엇이든지 참여하고 또한 사회 구성원들의 상호작용과 행동을 면밀히 관찰해야 한다고 믿었다. 현지인들의 언어 사용은 필수적이며, 현지에서의 체류는 활동의 계절적 변화를 전부 경험할 수 있을 정도로 장기간이어야 하는데, 최소한 1년을 체류하는 것이 이상적이었다.

이와 함께 타 집단의 가치, 문화, 제도를 자신이 속한 집단과 구분된 독자적인 것으로 간주하고 타 집단에 속한 사람들 또한 자기가 속한 사회의 사람과 구분되는 독자적인 고귀한 존재로 간주하는 '타자성'에 대한 인식, 즉 문화상대주의의 이념이 발달하게 되었다(신경림, 2004: 319). 문화상대주의는 '판단은 경험에서 비롯되며 경험은 그 사람이 받은 문화화를 바탕으로 해석된다'는 원리이다. 즉 사람은 태어난 집단의 생활양식을 배우는 중에 무엇이 옳고 무엇이 옳지 않은가, 무엇이 정상이며 무엇이 이상인가, 무엇이 아름다우며 무엇이 평범한 것인가라는, 만지고 느낄 수 없는 것까지 흡수한다는 점을 인식하는 것이 매우 중요하다. 물리적 세계에 속하는 것조차도 문화화되어 해석되기 때문에, 시간이나 거리, 무게나 크기, 기타의 '현실'을 어떻게 지각하는가까지도 집단 관습의 영향을 받는다. 그에 따라 문화상대주의적 시각에서 사회적 세계는 객관적인 것이 아니라 그 사회적 상황에 참여하고 있는 사람들에 의해 구성된 주관적 의미가 포함되어 있다고 본다(아야베 쓰네요, 2009: 84-85 재인용). 즉, 사회적 실재(reality)는 그 자체로 존재하는 것이 아니라 인간의 삶과 행동 및 사고의 구조와 연관되어 구성된다. 그러므로 세상을 '있는 그대로 본다'는 것은 부적절하며, 사실은 배운 대로 본다고 하는 편이 더 적절한 것이다.

또한 사회문화가 통합체라는 기능주의의 대전제의 영향을 받아 베네딕트는 문화의 총체성을 주장한다. 문화적 행동이 지역적이고 인위적이며 크나큰 다양성을 지닌 것이라고 분명히 이해한다 하더라도 그것만으로는 문화적 행동의 의미를 완전히 이해한다고 할 수 없다. 문화란 개인과 마찬가지로 정도의 차가 있기는 해도 앞뒤와 옆이 잘 짜여진 생각과 행동의 패턴이다. 예컨대 유황과 탄소와 규석이 단지 뭉쳐 있는 것을 화약이라고 할 수 없듯이 자연 상태에 있는 이들 세 가지 성분의 온갖 형태를 다 알고 있다 하더라도 그것만으로는 화약의 성질을 알 수 없다. 독특한 합성을 통해 각각의 성분 안에 존재하지 않았던 새로운 가능성이 생겨나는 것이다. 이와 마찬가지로 행동의 문화 양식은 그 행동의 요소를 다르게 결합할 경우 전혀 다르게 변해 버린다. 문화란 것도 그 특성의 단순한 집합체 이상인 것이다.

우리가 어떤 부족의 결혼, 형식, 의식 때의 춤, 성인 의식 등에 대해 잘 알고 있더라도 이들 요소를 독자적인 목적에 사용하는 그 부족의 '전체로서의 문화'는 이해하지 못하는 경우가 있다. 사회 전체 구조를 무시하고서는 각각의 관습과 제도를 해석할 수 없는 것이다. 즉, 사회가 전체라는 표현은 유기체의 부분조직 혹은 건물을 이루고 있는 기둥이나 들보가 유기체 또는 건물 전체를 지탱하고 있어 그 일부가 손상되면 전체에 영향을 미치는 것처럼, 관습과 제도는 사회구조의 일부이며 그 기능이 훼손되면 사회 전체가 어려워진다는 의미와 같다(Benedict, 1977, pp. 63-64). 현지에 장기 체류하여 오랫동안 조사하는 이유는 이처럼 현지사회를 총체적으로 파악할 필요가 있기 때문이다.

이와 같이 기능주의의 영향으로 인류학에서 타 문화를 이해하는 방법은 문화상대주의에 근거하여 현지에서 장기간 체류하면서 참여관찰하여 타 문화를 총체적으로 관찰하는 것으로 변화되었다고 볼 수 있다. 이는 타 문화 세계를 현지인들의 관점에서 실감하기 위한 것이다. 이에 따라 연구의 주된 관심은 '내가 무엇을 이해할 것인가?'에서 '그들이 무엇을 어떻게 이해했는가를 내가 어떻게 이해할 것인가?'로 변하게 된다(전경수, 2001: 6).

문화기술지 영역의 대표적 연구로 간주되는 〈서태평양의 원양항해자〉는 이러한 목적을 잘 반영했다. 연구자는 현지에서 오랜 기간 체류했으며 그 결과로 단기간 체류로는 이해하기 어려웠던 트로브리안드 사회의 전체 모습을 그려낼 수 있었다. 그는 한 문화의 관습, 제도 혹은 여타의 문화 요소들이 외부인에게는 아무리 이상하고 어색하게 보인다고 할지라도 그 사회의 특유한 맥락 내에서는 의미를 가지고 있으며 어떤 역할과 기능을 수행한다고 주장했다(Garbarino, 1995: 84).

또 다른 대표적 연구로는 베네딕트의 일본에 대한 연구서인 〈국화와 칼〉을 들 수 있다. 1944년 6월 미 국무성의 의뢰를 받은 이 연구는 제2차 세계대전의 적대국인 일본에 대해 아는 바가 거의 없다는 이유 때문에 시작되었다. 그녀가 책의 서두에서 밝히고 있듯이, 일본은 미국에게 가장 '낯선 적'이었다. 근본원인은 일본이 취하는 전시행동이 서구의 '상식적인' 관행과 관념으로 볼 때 도저히 납득되지 않았기 때문이다. 베네딕트는 인류학의 가장 기본적인 출발점인 문화상대주의적 자세로 일본 문화를 분석해 나갔다. 즉, 미국인들이 '낯선 적'으로서 자칫 일본인에 대한 인종적 편견을 가질 수 있는 당시 상황에서, 일본인의 행동방식과 가치관을 일본 문화의 맥락에서 '이해 가능한 것'으로 분석해 내고자 했다. 그녀는 일본 현지를 조사하지 못하는 대신 미국에 거주하는 일본인과 그들의 기록물과 여러 문헌을 통해 일본의 국민성을 연구했다(김윤식 외, 2006, pp. 14-16).

그러나 인류학자들이 모두 문화상대주의적 자세로 현지조사와 참여관찰을 하더라도, 문화에 대한 개념을 어떻게 정의하느냐에 따라 타 문화에 대한 묘사는 달라진다. 문화의 개념에 따라 문화기술지를 세 가지 종류로 나눠볼 수 있다. 첫째, 총체적 문화기술지에서 문화는 '지식, 신앙, 예술, 법률, 도덕, 관습, 그리고 사회의 한 구성원으로서의 인간에 의해 얻어진 모든 능력이나 관습을 포함하는 복합총체' 또는 '한 인간집단의 생활양식의 총체'로서 정의된다. 그러나 한 사회의 문화를 구성하는 이런 부분들은 상호 긴밀한 관계를 유지하면서 하나의 전체 또는 체계를 이루고 있다. 따라서 총체적 문화기술지는 모든 사회 제도 혹은 문화 구성의 제 요소를 항목별로 가능한 한 세밀히 기술하고 그것들이 상호 연관성 속에 있음을 밝히려고 한다(김광억, 1986: 136). 래드클리프-브라운과 말리노프스키 등이 이에 해당하는 대표적 인물이다(신경림, 2004: 324).

둘째, 신문화기술지에서 문화는 핵심적으로 현지인들이 세상을 바라보는 관점이며, 그들이 세상을 구성하고 의미부여하는 방식이라고 본다. 구디너프(Goodenough, 1963)에 따르면 문화는 관찰할 수 있는 사건, 행위 또는 문화적 가공물이나 그 체계로서의 현상적 질서라기보다는 그 현상의 이면 또는 바탕에 있는 원리와 의미의 체계로서의 '관념적 질서(ideational order)'이다(김영철, 1998: 5). 즉, '관념, 믿음 또는 지식 체계'가 문화의 개념에서 핵심적 요소가 되며, 이는 한 집단에 소속되어 있는 사람들이 그들 자신의 경험들을 범주화하고 규범화하며 정의하는 독특한 방법과 법칙들을 문화라고 정의하는 것이다(김영철, 1998: 5 재인용). 이러한 문화 개념의 입장에서는 일상생활에서 일어나는 제반의 사건들에 관심을 두기보다는 역사적으로 도출될 수 있는, 또는 심리적으로 무의식의 상태에까지 소급될 수 있는, 또는 심층적인 사고의 구조에서 표출될 수 있는, 구체적이 아닌 추상적인 덩어리로서 문화를 규정하고 있다. 이에 따라 이 연구 전통은 연구 초점을 현지인들이 가지고 있는 관념적인 인지 체계를 완전히 정확하게 기술하는 데 두게 된다(신경림, 2004: 326). 결국, 총체적 문화기술지와 신문화기술지의 문화 개념에서는 사회 체계와 구조 그리고 관념적 인식 체계 등의 연구 대상 혹은 주제를 인간행위를 지배하는 행동의 표준으로서 설정하게 되어, 사회구성원이 그러한 문화요소를 어떻게 인식하고 어떤 것을 선택하고 실천하는지를 간과하게 된다. 따라서 연구 대상자들의 능동적이고 다양한 삶의 모습을 표현하고 서술할 수 없을 것이다.

셋째, 기어츠(Geertz, 1998: 20)로 대표되는 해석학적 문화기술지에서 문화 개념은 '텍스트로서의 문화'라는 개념에 농축되어 있다. 문화는 행위로 기록된 문서이다. 그는 기존의 텍스트 개념을 문자화된 것을 넘어서, 의례나 제의, 축제, 현악 4중주 등으로 확대시킨다. 문화는 수많은 기호와 상징으로 이루어져 있는 의미 체계이다. 그러나 문화가 의미 체계로 이루어져 있다고 해서 그것이 심리적 특질이나 인지구조 등으로 파악되는 것은 아니다. 문화는 어떤 사회적 사건이나 행위, 제도, 과정 등을 인과적으로 설명해 주는 원동력은 아니며 인간의 행위를 결정하는 체계는 더더욱 아니다. 오히려 그것은 하나의 맥락이며 그러한 맥락 안에서 사회적 사건이나 행위, 제도, 과정 등을 이해할 수 있는 것이다.

곧 문화는 의미 있는 상징의 질서가 축적된 것 전체이며, 텍스트의 집적이라고 볼 수 있다. 여기서의 텍스트는 폴 리쾨르(Paul Ricoeur) 식의 주장에 따른 것인데, 즉 문화 해석은 어떤 암호코드에 감추어져 변하지 않는 의미를 해독하여 고고학자가 유적을 발견하고 지질학자가 지층을 캐내는 것처럼 본래 거기에 존재하는 '있는 그대로의 사실'을 재발견하는 것이 아니다. 대신에 마치 텍스트를 읽는 것처럼 거기서 역동적으로 만들어지고 있는 의미를 재구축하는 것을 의미한다. 이는 문화라는 텍스트가 '행위'라는 역동적인 상징에 의해 써진다는 것을 의미하며 특정 사회 또는 특정 장에서 그것을 계속 써 나가는 사람들이 거기에 의미를 부여한다는 것을 의미한다(아야베 쓰네요, 2009: 189-190).

이상의 논의에서, 문화기술지란 인류학자들이 다른 문화의 일상생활을 가까이에서 참여하고, 관찰하고, 기록하는 연구 과정으로서, 다른 문화를 상세히 기술함으로써 자기가 속한 문화와는 구분되는 독자적인 타 문화를 현지인들의 관점에서 연구하는 현장연구방법(fieldwork method)이라고 정의할 수 있다(정재철, 1997: 4). 이러한 문화기술지는 인류학의 한 분과로서 예외적인 질적연구방법이었으나 문화인류학의 현지 참여 조사와 문화 상대주의, 총체성은 모든 질적연구의 기본 이론으로 자리 잡고 있다. 1960년대에 들어서 실증주의적 과학적 방법의 한계가 드러나면서 한 집단의 문화현상을 심층적으로 파악하려는 문화기술지적 방법이 주목받게 되었고, 타 학문 분야에서도 문화기술적 연구방법을 제공하고 있다. 오늘날 문화기술적 연구 접근은 사회학을 포함하여 간호학, 소비자학, 여성학, 역사학, 교육학 등 다양한 분야에서 폭넓게 활용되고 있다.

현상학(Phenomenology)

현상학이란 말 그대로 현상에 대한 과학이다. 현상학은 후설(E. Husserl)에 의해 창시된 이후 하이데거, 샤르트르, 메를로-퐁티, 레비나스 등에 의해 다양한 방향으로 계승 발전하면서 탐구의 지평이 매우 넓어지고 깊어졌다. 때문에 현상학의 고유한 본질이 무엇인지 다소 모호할 수 있고 탐구의 범주가 광대하여 철학으로서, 방법론으로서 공부한다는 것이 상당히 부담되는 일임에 틀림없다. 그럼에도 불구하고 현상학은 질적연구와 관련하여 귀중한 연구 개념과 방법을 제공해 주었다는 점에서 반드시 알고 넘어가야 하는 탐구 분야이다. 우리가 질적연구의 특징으로 이야기하는 개념(생활세계, 경험, 의식, 현상학적 환원, 판단중지, 자연적 태도 등)이 모두 현상학 이론에서 만들어졌다. 그러한 탐구의 역사는 현재까지 전승되어 현상학 분야에서 유명한 질적연구 학자들(Giorgi, Colaizzi, Benner, van Maanen, Moustakas)이 활동하고 있다.

현상학은 19세기 이후 자연과학주의가 지배하는 가치관을 확산하던 학구 풍토에 대한 저항으로서 나타났다. 즉, 자연과학주의적 세계관에서는 자연현상을 인과적으로 설명하면서 인간이라는 것 역시 인과관계에서의 부속물로서 파악한다. 뿐만 아니라 일상적으로 삶을 살아 나가는 사람들의 주된 관심은 물질적인 외계대상만을 향한다. 이에 후설은 이러한 실증주의적 사고, 자연주의적 태도, 나아가 형이상학적 사고에 반대하면서 사물은 의식과 관계없이 또는 세계 내의 다른 존재들과 관계없이 독자적으로 존재하지 않는다고 믿었다. 그리하여 후설은 '사태 그 자체로 돌아가라'라는 명제를 통해, 사태 그 자체에 대한 탐구가 모든 지식의 근원과 그 기원이라고 주장했다(공병례, 2003: 159).

이를 위해 후설은 자연적 태도에서 나온 일반 가설과 편견에 대항하기 위한 사유의 방법으로서 판단중지(epoche)를 개념화했다. 그에 따르면 의식이라는 사태를 자신의 지향적 구조에서 사태의 본성에 적합하게 파악하기 위해서는 자연적 태도 속에 들어 있는 완강한 은폐성향을 깨뜨려야 하며, 바로 이러한 은폐성향을 낳게 한 일체의 전제들에 대해 판단중지해야 한다. 즉, 자연적 태도를 중단하고 현상학적 자세로의 변화가 있을 때만이 우리는 현상 그 자체에 대한 이해가 가능하다고 믿었다(Lewis & Staehler, 2010: 14). 이러한 방식으로 근원적인 진리의 영역에 들어가 본질을 연구하는 것을 현상학적 환원(phenomenological reduction)이라고 한다.

그러나 이 현상학적 환원, 판단중지 또는 괄호치기는 자연적 태도의 명제를 거부한다는 것을 의미하지는 않는다. 왜냐하면 그러한 것을 거부하는 것 역시 판단하는 것이기 때문이다. 따라서 현상학적 방법의 목적은 이러한 자연적 태도의 명제들에 대해 괄호를 쳐둠으로써 본질을 회복하고, 해석과 판단 이전에 이미 거기에 양도할 수 없는 현전으로서 나타나는 참된 세계와의 소박한 접촉을 회복하는 데 있다. 환원이란 단어는 라틴어 'Reduktion'에서 유래하는데, 대부분의 경우 '이미 저질러진 어떤 일을 원래 상태로 복원하는 과정'을 의미하며, 이 경우 '이미 저질러진 어떤 일'은 부정적이며 옳지 않은 것을 의미하고, 복원되어야 할 '원래 상태'는 긍정적이며 옳은 것을 의미한다(이남인, 2003: 44). 따라서 판단중지로 사물 그 자체로 돌아간다는 것은 지리학이 우리가 숲, 초원, 강이 무엇인지를 맨 처음 배웠던 풍경을 고려하는 데로 복귀하듯이, 모든 학문적 규정이 추상적 기호적이게 되는 세계, 또는 그러한 것에 의존하고 있는 세계를 고려하는 데로 복귀함을 말한다(류의근, 2002).

현상학자들은 판단과 해석 이전에 직접 주어져 있는 것이 무엇인지에 대해서는 차이가 있지만, 후설의 판단중지라는 방법으로 그러한 영역을 회복하려 한다는 점에서는 동일하다. 이러한 현상학적 환원에 따라 후설은 자연과학주의에 의해 은폐되어 있던 의식을 발견하게 되고, 의식과 대상 사이에 지향적 관계가 존재한다는 사실을 깨닫게 된다. 즉 의식은 그 인식대상을 '형성'하는 작용인 것이다(한전숙, 1984: 13). 이제 세계는 자연적인 인과관계가 아니라 인간과 세계의 긴밀한 상호 연관관계 속에서 인간의 적극적이고

도 능동적인 의미에 의해 구축된다. 세계는 의식의 지향적 체험을 통해 주관적으로 구성되며 의미부여되므로, 의미하는 존재로서 인간 개념이 확립된다. 이는 자연과학적 사유방식에 익숙해 있기 때문에 세계가 존재하며 모든 것이 자연적 인과관계의 틀 속에 존재하리라는 확고한 믿음과는 본질적으로 구별되는 것이다(이남인, 2005: 98). 이러한 현상학은 의식을 가진 인간을 대상으로 하는 인간과학연구에 더욱 적합할 것이다. 왜냐하면 인간은 의식을 가진 존재이면서 세계 속에 존재하는 방식의 '표현'인 '의미'대상을 창조함으로써 세계 안에서 그리고 세계에 대해 '합목적적으로 행위'하는 존재이고, 따라서 인간과학은 인간 현상의 의미를 해명하거나 의미의 생생한 구조를 이해하고자 하는 데 있기 때문이다(van Maanen, 1994: 18).

후설에 의해 개념화된 현상학은 그의 연구 후기에 들어서 생활세계(lifeworld)의 개념으로 발전했다. 생활세계는 직감으로 만날 수 있으며, 추상화과정이 이루어지기 전의 일상적이고 구체적인 삶의 세계이며 전 과학 또는 과학이 아닌 세계로서 나타나는 것이며, 전 이론적이자 전 문화적이다(Lewis & Staehler, 2010: 34). 생활세계는 물리학적 객관주의가 내세우는 관념화된 세계와는 대조적인 세계로 그 시정(是正)이며 그것의 실질적인 기반(基盤)이다(박양선, 1986: 38). 그런데 생활세계의 경험계는 단순히 인식활동에만 대응하는 세계가 아니라 실지로 활동하고 평가하는 태도와 일상적인 여러 습관과 더 깊이 연관된 세계이다.

현상학이 질적연구에 끼친 기여점과 그 영향력을 살펴보면 다음과 같다. 첫째, 사태로 돌아가라, 의식과 의식의 지향성, 존재, 생활세계에 대한 인식 등의 개념은 질적연구 과정에서 개인의 주관적 경험의 본성과 의미에 초점을 두게 했다. 즉, 개인이 생활세계 속에서 경험하는 모습 그대로를 밝히고 확인하고 서술하며 이해하는 것을 중요시하게 되었다(공병혜, 2004: 155). 현상학은 우리가 개념화하고 범주화하고 혹은 반성하는 대로의 세계가 아니라 반성 이전에 직접 겪는 대로의 세계, 즉 생활세계를 연구한다(van Maanen, 1994: 24). 현상학은 우리의 일상 경험들의 본성이나 의미를 보다 깊이 이해하고자 한다. 그 결과 현상학적 질적연구에서 핵심적인 내용은 개인의 감정, 정서적 상태, 태도, 지각된 의미로 이루어진다. 이러한 개인이 겪는 구체적이고 인식하는 대로의 내적인 경험을 체험이라고 한다(van Maanen, 1994: 228). 따라서 현상학적 질적연구는 개인이 구체적으로 어떠한 체험을 하는지 그대로 기술하는 데 목적이 있다고 볼 수 있다.

둘째, 현상학적인 방법인 판단중지 또는 괄호치기는 현상학적 질적연구 과정에서 연구자의 자세로서 필수적으로 요구된다. 즉, 연구자들은 참여자의 생생한 주관적 자료를 얻기 위해서 연구자가 전제하거나 가지고 있는 믿음, 판단, 사전에 지각된 개념과 이론,

개인적 및 이론적인 편견에서 벗어나야 한다는 점을 강조한다(공병혜, 2004: 156). 후설은 판단중지를 하여 사물을 있는 그대로 자신의 의식에 드러나도록 하기 위해 급진적인 현상학적 자세로 전환하기를 요구했다. 즉, 연구자가 판단중지하여 현상학적 자세를 견지하는 것은 연구 대상 자료가 자신의 모습을 그대로 드러내고 스스로 자신을 나타낼 수 있도록 허용하기 위한 것이다.

셋째, 현상학자들은 은폐되어 있는 모든 과학의 기초이자 근본을 그대로 드러내고 기술하여 복원하고자 했다. 이러한 기술방법이 현상학적 질적연구에 응용되어 현상학적 질적연구에서는 개인의 주관적인 체험을 그대로 기술하여 드러내고자 한다. 즉, 현상학적 질적연구는 양적접근에서와 같이 변수들 사이의 통계적 관계나 사회여론, 어떤 행동들의 발생 혹은 빈도 등에 초점을 맞추는 다른 사회과학이나 인간과학과는 다르다(van Maanen, 1994: 27). 현상학적 질적연구에서는 의미를 우리가 일상의 실존 속에서, 즉 생활세계에서 겪은 대로 해명하고자 한다(van Maanen, 1994: 27). 따라서 현상학적 질적연구의 글쓰기에서는 의미를 잘 드러내도록 기술하는 것이 문제이지 분석하고 해석하는 것이 문제인 것은 아니다.

상징적 상호작용론(Symbolic Interactionism)

상징적 상호작용론은 거시적인 관점으로 사회현상을 연구하는 종전의 탐구방식에 대해 의문을 제기했던 미국 미시간 학파(Michigan School)의 사회철학 혹은 사회이론이다. 거시적인 접근을 통한 과거의 사회연구는 인간의 실제적인 세계와 상호작용을 암흑상자(black box)로 처리하고, 인간의 주체성과 자유의지를 과소평가했다. 따라서 미시적 접근의 하나인 상징적 상호작용론은 이러한 거시적 접근을 비판하면서 주체적인 인간관과 해석적인 사회관을 주장했다. 상징적 상호작용론자의 관점에서 볼 때, 인간의 경험이란 철저히 해석(interpretation)에 의해 매개된다(Blumer, 1969). 세계 내에 존재하는 대상, 인간, 상황, 사건(events)은 본유의 의미를 지니기보다는 행위자의 해석과 의미부여 과정을 통해 구성되는 것이다. 따라서 인간은 결정된 사회구조 속의 피조물이 아니라 능동적으로 행동하며, 상징적으로 해석하고 정의하면서 행위하는 존재인 것이다.

상징적 상호작용론의 학문적인 기원은 두 갈래의 상이한 학문적 뿌리에 있다(김병성, 2002). 첫째, 상징적 상호작용론은 18세기 스코틀랜드의 도덕철학자들(Hume, Ferguson, Hutcheson 등)의 사상으로부터 시작되었다. 그들은 인간의 의사소통적 네트워크를 통해 사회가 구성된다고 봄으로써 상징적 상호작용론의 독특한 사회관에 영향을 미쳤다. 둘째,

18세기 말엽의 유럽 사회학적 전통은 상징적 상호작용론의 또 다른 학문적 기원이 되었다. 짐멜과 베버, 뒤르깽으로 대표되는 유럽의 사회학은 사회와 인간관의 관계에 주목했다. 그들은 인간이 타자를 어떤 방법으로 파악하고, 사회는 인간을 어떻게 만들며, 개인들이 어떠한 방식으로 사회를 유지, 변동시키는지를 탐구했다. 이러한 두 학문적 조류는 상징적 상호작용론을 태동시킨 미국의 실용주의 철학자들에게 지적 영향력을 발휘했다.

상징적 상호작용론을 하나의 사회철학 혹은 사회이론으로 정립한 사람은 미국의 철학자인 미드(George Herbert Mead)였다. 그는 인간의 상호작용을 매개하는 상징(symbol)은 처음부터 주어지거나 규정되는 것이 아니라 인간 주체들의 역동적인 상호작용을 통해서 구성된다고 했다. 상징은 주로 언어적 표현이지만 상징화의 대상에는 아무런 제한이 없다. 즉, 사물, 사상, 사물과 사상의 관계 등이 상징화의 대상이 되며, 이러한 상징은 인간 행위자의 경험을 파고든다. 이러한 상징의 특성을 제시하면 다음과 같다(김병성, 2002).

- 사회적 대상은 상호작용의 결과이며 인간 주체의 사용에 따라 다르게 정의된다.
- 많은 사회적 대상은 상징이 아니다. 사회적 대상은 의사소통 상태에 있지 않기 때문이다.
- 사람들 사이에서 의사소통과 표현을 가능케 하는 사회적 대상은 상징이다.
- 상징의 종류에는 물리적 대상, 인간행위, 단어 등이 해당된다.
- 상징은 의미를 지니고 있으며, 인습적이고 자의적이다.

미드의 중심사상은 상징에 대한 설명뿐만 아니라 마음(mind), 자아(self), 사회(society), 상황정의(definition of the situation), 의미(meaning)에 대한 독특한 개념정립을 통해 전개되었다. 특히, 미드의 자아 개념은 그의 독특한 인간관을 이해하는 데 도움을 준다. 미드의 자아 개념에 따르면, 개인은 먼저 타인들의 관점에서 자기 자신을 판단하게 되는데, 그 결과에 의해 'me'가 형성된다. 그리고 주체로서 작동하는 'I'는 바로 'me'라는 대상에 대해 반응하는 주체적인 자아의식을 형성하게 된다. 그리고 'me'는 타인들의 조직화된 태도가 내면화된 것, 혹은 일반화된 타자(generalized others)가 내면화된 것으로서 사회통제의 힘을 갖는다. 미드의 관점에서 볼 때 결국 자아는 'I'와 'me'의 변증법적 상호작용에 의해서 형성된다고 볼 수 있다(오만록, 2009). 상징적 상호작용론의 이러한 발달은 나중에 이르러 고프만의 연극이론, 레머트의 낙인이론, 호만스의 교환이론 등으로 이어졌다.

이렇게 형성된 상징적 상호작용론은 다양한 학자들에 의해 발전되었으며 그중에서 특별한 특징을 몇 개 소개하면 다음과 같다(Woods, 1983).

맥락(Contexts)

- 인간의 상호작용은 수많은 상황으로 이루어지며, 사람마다 해석이 상이하다.
- 상황은 단순히 행위 장면을 지칭하는 것이 아니라 인간의 행위를 결정하거나 가능케 한다.
- 사람들은 각자의 상황에 따라서 상이한 상황정의(definition of the situation)를 한다.

관점(Perspective)

- 사람들은 관점이라는 틀(framework)을 통해 세계의 의미를 창출한다.
- 사람들은 해석적 코드(interpretational code)를 통해 세계를 이해하고 구성한다.
- 관점은 상황을 정의하고, 타자를 확인하고 파악하는 데 도움을 준다.
- 관점은 사고의 틀이나 사고의 과정을 발생시키는 정신 구조와 관련된다.
- 관점은 문화적으로 특수하고 맥락적인 특정한 가정에 근거한다.
- 관점은 문화적 진공상태에서 만들어지기보다는 문화 속에서 생성된다.

문화(Culture)

- 사람들은 상호관계 속에서 독특한 생활양식을 만들어 낸다.
- 생활양식은 말하는 방식, 대화의 주제, 행위의 규칙과 코드, 가치와 신념 등을 지칭한다.
- 인간의 생활양식은 형식적으로 규정되는 것이 아니라 지극히 함축적인 형태를 띤다.
- 사람들은 일상적인 상호작용을 통해 특정한 사회계층, 종교, 직업, 윤리의 세계로 들어간다.
- 인간의 행위는 문화에 의해 조장됨과 동시에 문화에 의해서 제한된다.

상징적 상호작용론의 연구에서 가장 중요한 연구방법론은 참여관찰(participant observation)이다. 상징적 상호작용론의 이론적 관점을 지닌 연구자는 특정한 집단이나 기관에서 상호작용하는 구성원들의 평범한 일상생활을 참여관찰함으로써 집단의 문화와 개인의 자아를 탐구할 수 있다. 즉, 연구자는 참여관찰을 통해 개인의 반응, 동기, 의도 등을 분석할 수 있으며 자아와 타자들 사이의 복잡한 상호작용에 접근할 수 있다. 그러나 연구자로서의 참여관찰자는 연구의 과정에서 토착민처럼 되어 가는 위험에 처함으로써 연구자로서의 관점을 잃어 버릴 수도 있다. 따라서 상징적 상호작용론자인 연구자는 참여관찰뿐만 아니라 비공식적 혹은 비구조화된 인터뷰(in-depth interview)를 활용하기도 한다. 물론 참여관찰과 개방적 인터뷰(open-ended interview)를 하더라도 결코 타인의 정신 속으로 들어가서 그 정신이 어떻게 작용하는지를 정확하게 파악하기는 힘들다. 그러나 다양한 맥락 속에서 충분한 기간(일반적으로 1년)을 거쳐 진행되는 참여관찰과 면담은 연구자가 연구 참여자들의 해석 작업과 의미구성을 이해할 수 있도록 해준다(Woods, 1983).

민속방법론(Ethnomethodology)

미시적인 사회이론의 하나인 민속방법론은 사회구성원들이 자신들의 일상생활 그 자체를 합리적이면서도 간주관적으로 인식하는 특정한 방법에 대한 탐구에 관심이 있다(이동성, 2008; Van Dijk, 1985). 가핑클(H. Garfinkel)이 창안한 민속방법론은 파슨스(T. Parsons)의 행위이론을 비판하고, 블루머(Blumer)의 상징적 상호작용론과 슈츠(A. Schütz)의 현상학으로부터 영향을 받았다(이동성, 2008: 38-39; Coulon, 1995; Heritage, 2006). 가핑클은 사회구성원들의 합의에 의해 사회질서(social order)가 유지된다는 기존의 전제를 부정하고, 완전한 합의보다는 오히려 부합의만이 존재할 뿐이라고 주장했다. 따라서 가핑클은 주어진 사회질서의 실재성을 규명하기보다는 그것이 구체적으로 합의되는 규율(rule)을 찾고자 했다. 그의 관점에서 볼 때, 사회질서를 규명하는 것은 사회구성원들이 공통된 의미에 암묵적으로 합의함으로써 형성된 상황을 이해하는 것과 다르지 않다.

이 같은 맥락에 근거하여 가핑클은 현상학으로부터 '반영성(reflexivity)' 개념을, 파슨스의 행위이론으로부터 '사회구성원(members)'이란 개념을, 언어학으로부터는 '맥락의존성 혹은 지표성(indexicality)'이라는 개념을 차용하여 사회구성원이 일상생활에서 간주관적으로 합리적인 설명을 할 수 있게 하는 절차나 방법을 탐구하고자 했다(이동성, 2008; Coulon, 1995; Gergen, 2005).

민속방법론은 특정 집단의 사람들이 그들의 일상생활에서 당연하게 여기고 있는 암묵적인 기본원리를 발견하고자 하는 사회이론이다. 민속방법론은 세 단어들[ethno(민속) + method(방법) + log(학문)]의 합성어로 구성되어 있다. 즉, 사전적 의미로 볼 때 민속방법론은 특정 집단의 사람들이 공유하는 방법을 탐구하는 학문이다. 이러한 연유로 민속방법론은 학자 및 학문영역에 따라 민속학(folklore), 민속방법(folkmethod), 민족학(ethnology) 등으로 불리기도 한다. 민속방법론은 사람들이 사회 현상에 대한 의미를 어떻게 구성하고, 사회 현상을 어떻게 정의하며, 그러한 정의에 따라 어떻게 행동하는지에 관심을 가진다. 현상학의 영향을 받은 민속방법론은 일상적인 생활세계(lebenswelt)에 대한 의미구성에 있어서 인간의 능동적인 의식을 강조한다. 따라서 민속방법론의 견지에서 볼 때, 특정 집단의 행위 주체들은 사회 현상을 단지 수동적으로 받아들이기만 하는 피동적 존재가 아니라, 실재(reality)의 의미를 간주관적으로 구성하는 능동적 존재라고 상정한다(김병성, 2002; 전경갑 외, 1987).

앞에서 밝힌 바와 같이, 민속방법론은 특정 집단의 구성원들이 일상적인 생활 장면에서 당면하게 되는 타인과의 관계를 규정짓는 기본적인 원리(principle)나 사회질서에 대한 탐구방법이다. 민속방법론은 일상생활의 구조가 되는 기본적인 원리를 발견하기 위해 너무나 당연하게 여기는 일상적 행위와 상호작용을 분석함으로써 특정 집단의 사회구성원들이 어떠한 방식으로 실재를 구성하는지를 파악하려 한다. 민속방법론자들은 언어와 회화(conversation)를 행위 주체들의 일상적인 행위와 상호작용을 가능케 하는 요소로 보았다. 따라서 사람들이 상호 접촉하며 주고받는 말의 특성은 곧 사회적 행위와 상호작용의 특성을 대변한다고 볼 수 있다. 따라서 민속방법론은 사회적 실재의 구조나 본질이 무엇인지를 규범적으로 탐구하기보다는, 사회구성원들이 일상적인 생활 속에서 사회적 실재에 대한 의미를 구성하는 방법을 직접적으로 참여관찰하고 기술한다.

이러한 민속방법론의 방법론적인 독특성은 현상학의 학문적 전통과 전제(premise)에서 비롯되었다. 첫째, 민속방법론은 현상학의 창시자인 후설의 현상학적 환원(reduction) 개념을 통해 방법론을 전개하고 있다. 현상학적 환원이란 사고 주체가 특정한 대상 혹은 현상을 인식함에 있어서 기존의 전제들을 잠시 동안 유보함으로써 판단중지(epoche)를 시도하는 정신작용이다. 둘째, 민속방법론은 현상학의 생활세계 개념을 받아들임으로써 사회적 실재 가운데 가장 중요한 실재라고 할 수 있는 일상적인 생활을 주요한 탐구대상으로 삼으며 자연적인 태도(naturalistic attitude)를 중요시한다. 셋째, 민속방법론은 현상학의 능동적인 주체 개념을 받아들임으로써 사회구성원들을 이미 결정된 구조에 의존하는 존재보다는 적극적으로 사회적 실재를 구성하는 존재로 보았다.

민속방법론이 자연적인 태도를 통해 사람들의 일상적인 행위와 상호작용을 관찰하고 기술한다 하더라도, 경험적 연구처럼 사실(fact)의 발견에 관심이 있는 것은 결코 아니다. 즉, 민속방법론은 일상적인 상황에서 행위하고 있는 구성원들이 여러 사실들을 어떠한 방식으로 지각하고 설명하는지를 이해하는 데 있다(김병성, 2002). 여기에서의 인간행위에 대한 이해는 단순한 대상이 아니라 의미의 구성체로서의 인간행위를 의미한다(Magoon, 1977). 민속방법론은 사회구성원들의 의미구조에 관심이 있으며, 또한 의미구조와 관련된 사회적 맥락의 이해에 관심이 있다. 따라서 민속방법론은 사회적 상황의 실제적인 참여자가 사회적 상황에서 부여하는 해석과 의미 그리고 구조를 탐구한다.

그러한 점에서 민속방법론의 가정은 질적연구의 기초에 상당한 기여를 했다(김병성,

2002: 337-338). 첫째, 사회적 실재(social reality)를 파악할 수 있는 절대적인 방법은 없다. 사회적 실재란 개인주의적이든 집단 구성원들 사이에 공유된 것이든 상관없이 사회구성원 개인들이 상호작용한 결과이다. 둘째, 사회적 실재는 객관적이고 독립적으로 존재하지 않는다. 사회적 실재는 사회구성원들에 의해 진술되기 때문에 참여관찰을 통한 추론, 이해, 해석이 있을 뿐이다. 셋째, 상호작용을 행하고 있는 사회구성원들은 그들이 마치 공유된 의미를 갖고 있는 것처럼 암묵적인 차원에서 행동한다.

사회적 규칙과 숨겨진 질서를 탐색하는 민속방법론은 다음의 두 가지 핵심개념을 이론화시킴으로써 그 연구영역을 특색 있게 만들었다. 첫째, 반영성(reflexivity)이다. 사회적 질서는 사회적 행위자들이 선택적 행위를 인식하고, 사회적 상황 안에서 타자가 어떻게 반응할 것인지를 예상하는 과정에서 비롯된다. 따라서 인간의 상호작용은 행위 주체들의 해석적 요소, 제스처, 단어 등을 반영하고 있으며, 그 사이에서 정보(information)는 상호간의 진실성을 유지하기 위해 사용된다. 예들 들어, 교실수업의 언어구조를 살펴보면, 교사는 학생들에게 질문을 던지고 학생은 교사의 질문에 답을 하며, 교사는 다시 학생의 답변에 일정한 평가를 한다. 이러한 장면에서 교사의 발화 개시, 학생의 답변, 교사의 평가는 각각 전향적, 후향적으로 영향을 미치면서 상호 반영성을 나타낸다. 교실담화의 반영성은 교실수업의 상호주관적 의미를 창출할 뿐만 아니라 교실수업의 사회적 질서를 이해 가능하게 한다.

둘째, 맥락의존성 혹은 지표성(indexicality)이다. 이는 특정한 의미가 자연스러운 언어 사용의 맥락 혹은 구체적인 시공간적 상황에 의존함을 지칭한다(Garfinkel, 1986). 맥락의존성의 대표적 예로는 그, 그녀와 같은 지시대명사와 여기, 저기, 지금과 같은 지시적 표현이 해당된다. 지시대명사나 지시적 표현은 모두 그 사용 맥락과 별개로는 이해가 불가능한 말들이다. 가핑클은 이러한 맥락의존성이 사회적 실재의 상당 부분을 구성하고 있다는 점에 초점을 맞추었다. 즉, 맥락의존성은 모든 행위와 발화의 핵심적인 특성인데, 특정한 발화나 독립된 진술문조차도 정확한 지시 내용이 확인되는 국지적 상황(local situation)에서만 비로소 이해가 가능하다.

민속방법론의 주된 연구 대상은 사회구성원들이 일상생활의 의사소통을 하기 위해 사용하는 회화에 대한 분석이다. 왜냐하면, 사람들은 일상적인 회화를 통해 서로 상호작용하며, 그것을 이해하고 해석하는 과정에서 사회적 실재가 구성되기 때문이다. 이러한 민속방법론의 지적 전제에 근거하여, 쉐글로프와 제퍼슨(Schegloff and Jefferson), 삭스(Sacks) 등에 의해 발전한 대화분석(conversation analysis)은 일상적 회화 행위를 일종의 언어 사용 방법이 아닌, 사회적 행위 혹은 상황적 활동으로서 이해하고자 했다(손민호, 2004). 그리고 민속방법론에 기초한 회화분석가들은 구성원들의 일상적 회화에서 빈번히 발생하는 안정적이며 반복되는 언어 행위의 패턴을 찾아내어, 병원과 법원, 학교와 같은 사회적 기관에 대한 일련의 규칙과 질서를 찾으려고 노력했다. 즉, 우리가 당연한 것으로 받아들이고 있는 병원과 법원, 학교 등에서의 일상적 실천이 이미 주어진 규율과 질서에 기초하기보다는 암묵적이고 일상적인 언어적 및 비언어적 상호작용을 통해서 이뤄진다는 사실을 밝혀 주었다.

가령, 병원에서 의사와 환자의 대화구조, 병원에서의 사망처리를 둘러싼 일련의 행위와 사건들은 병원의 주어진 목적과 기능에 기초하기보다는 병원을 진짜 병원으로 만들어 준다. 이러한 현상은 병원뿐만 아니라 법원, 학교, 슈퍼마켓, 교도소, 관제탑, 114 전화안내 등의 모든 사회적 조직과 활동에 편재한다. 한 사망사고에 대한 거겐(Gergen)의 설명은 이러한 민속방법론의 학문적 기여도와 잠재력을 잘 표현해 주는 예이다.

경찰과 친족들이 한 자살 사건을 앞에 두고 있다. 그리고 공식적 조사팀이 법원 재판의 판결을 결정하는 과제에 직면하고 있는 상황을 가정해 보자. 가핑클의 지적처럼, 공식적 조사팀은 끝없는 논쟁에 참여하지 않는다. 대신, 그들은 특수한 법칙과 절차를 적용한다. 말하고 보고하는 방식 혹은 좀 더 공식적으로 세상의 사건들 속에서 맥락의존적인 것을 사용한다. 예를 들면, LA에서 자살과 타살을 구분하는 조사자들은 모든 사망을 4가지 기초적인 가능성(자연사, 사고사, 자살, 살해)의 조합에 따라 분류한다. 모든 가용한 증거, 친구와 이웃들의 심문, 조사 근거 등에 뒤따르는 자료들을 통해 그들은 합리적이고 적합한 범주화를 통해 사망의 종류를 결정한다. 가핑클의 주장처럼, 참여자들은 혼란 상태를 질서 상태로 만들기 위해 정례적인 근거에 의존한다. 일상적이고 눈에 띄지 않는 맥락의존적인 관습 없이는 우리는 이 세상에서 무의미한 실존을 직면하게 되는 것이다.

자살의 경우를 생각해 보자. 어떤 죽음에 대해 어떤 사람들은 '자연사'라 칭하고, 또 어떤 사람들은 자살이라 한다. 그러나 좀 더 깊이 있게 생각해 본다면, 곧바로 자연사와 자살을 구분하는 것이 대단히 어렵다는 것을 발견할 것이다. 자살을 명확히 규정하기 위해서는 특정 사람이 의도적으로 삶의 종말을 선택해야만 한다. 하지만 우리가 어떻게 다른 사람의 진정한 의도를 알 수 있단 말인가? 우리는 우리 자신의 의도를 어떻게 아는가? 우리가 '자유로운 의도'를 믿는다고 할 때, 우리는 실제로 이러한 방식으로 사고하는가? 우리는 정말로 우리의 의도에 따라 행동하는가? 그리고 자연사는 어떠한가? 만약 당신이 정말로 가능한 한 오래 살기를 원한다고 가정할 때, 쓰레기 같은 음식을 먹지 않고, 군중들과 외부의 박테리아를 피하면서, 건강검진을 자주 하는 등 전혀 다른 삶을 살 수 있는가? 물론 우리 대부분은 더 무사태평하다. 어떠한 의미에서 모든 자연사는 일종의 자살이지 않을까?

한편, 민속방법론에 기초한 회화분석을 통한 교육연구는 교사와 학생들의 복잡한 해석적 행위들을 분석하기 위해 교실담화를 분석했다. 민속방법론의 회화분석에 기초하여 교실담화를 분석한 대표적인 연구는 다음과 같다(이동성, 2009: 9-10). 맥훌(McHoul, 1978)은 일상생활에서의 말차례 가지기(turn-taking) 규칙을 수정하여 수업에서의 4가지 규칙을 제시했다. 그의 연구에 따르면, 교실회화는 상황에 따라 말차례가 배분되는 일상회화(local-allocation)와, 누가 언제 말할지가 사전에 결정된 회화(pre-allocation) 사이의 중간 형태를 띤다. 교실회화가 이러한 특성을 보이는 것은 교사와 학생이라는 사회적 지위에 따른 차별화된 참여권리가 교실회화 속에 반영되었기 때문이다(고창규, 2000). 미한(Mehan, 1979)과 커즈던(Cazden, 1988)은 벨락(Bellack)과 그의 동료들, 싱클레어(Sinclair)와 쿨타드(Coulthard)의 연구 결과를 참조하여, 교실담화의 기본구조를 'IRE 계열(IRE sequence)'로 파악했다. 즉, 교실담화는 '교사의 발화개시(initiation)-학생(들)의 반응(reply, response)-교사의 평가(evaluation)'라는 일련의 계열적 순서를 나타낸다. 그들은 IRE 계열이 두 개의 '인접짝들(adjacency pairs)'이 결합된 형태라고 파악했으며, 전후향적인 발생적 관계를 가진다고 보았다. 위처럼 민속방법론의 회화분석에 기초한 수업연구들은 교실담화의 유형과 법칙을 해명함으로써 암묵적이고 복잡한 교실수업의 질서를 이해할 수 있는 시각을 제공했다.

근거이론(Grounded Theory)

근거이론은 1967년에 두 명의 사회학자인 글레이저(B. Glaser)와 스트라우스(A. Strauss)에 의해 명료화되었으며, 이후 지속적인 후속 연구들을 통해 하나의 사회이론 혹은 질적연구방법론으로 발전했다(Charmaz, 2006). 오늘날 근거이론은 질적연구의 가장 대표적인 연구방법론으로 자리 잡고 있으며, 사회학, 간호학, 교육학 등 제 사회과학 분야에서 널리 사용되고 있는 질적연구방법론이다(Bryant & Charmaz, 2010). 이 이론의 선구자인 글레이저와 스트라우스(1967)는 기존 사회학의 선험적인 이론적 지향성과 사회 구조(social structure) 개념에 의문을 제기하고 UCSF(University of California, San Francisco)에서 병원에서의 죽음에 대한 연구를 수행하면서 사회이론이 선험적인 이론과 사회적 구조보다는 행위 주체들의 행위(action), 상호작용(interaction), 사회적 과정(social process)으로부터 수집된 실제적인 자료들에 '근거'해야 한다고 보았다(Charmaz, 2006).

여기에서 근거(ground)라는 개념의 의미는 사람들이 자신의 경험을 통해 실제적이며 구체적인 현실적 기반을 가짐을 말한다. 그리고 근거라는 용어에 이론이라는 개념

을 합성하면, 사람들이 살고 있는 세계에 대한 경험에 기반을 두고 구성된 실체적 이론
(substantive theory)을 의미한다. 1987년 대한간호학회 춘계학술대회 보고서는 근거이론방
법론을 국내 연구자들에게 소개했다. 그 이후 근거이론은 국내 간호학 연구뿐만 아니라
타 분야 연구(아동복지학, 사회복지학, 체육학, 교육학, 행정학, 특수교육학, 노인학)에도
꾸준히 적용되어 지금까지 수많은 석·박사 학위논문이 발표되었고, 주요한 질적연구방
법의 하나로 자리매김했다(최귀순, 2005).

근거이론의 학문적 혹은 역사적 맥락은 크게 두 가지의 상이한 지적 전통의 이종혼
교를 통해서 비롯되었다(Charmaz, 2006). 그 하나는 글레이저로 대표되는 컬럼비아 대학
의 실증주의(positivism)이고, 다른 하나는 상징적 상호작용론에 기초한 시카고 학파의 실
용주의(pragmatism)와 현장연구(field research) 흐름이었다. 근거이론의 체계적인 연구방법
과 절차 그리고 인식론적 가정과 논리는 컬럼비아 대학의 엄격한 양적연구 논리에서 비
롯되었다. 글레이저는 컬럼비아 대학의 라자스펠트(P. Lazarsfeld)와 머튼(K. Merton)의 영
향을 받아 거시적 관점의 거대이론과 미시적 관점의 국소적 이론 사이의 중간규모(middle
range) 이론을 발견하고자 했다.

한편, 근거이론은 1960년대까지 지배적인 영향력을 발휘한 실증주의를 비판하고, 해
석적 관점의 사회이론을 강조하는 시카고 학파의 지적 유산을 계승하기도 했다(Charmaz,
2006). 근거이론의 철학적 배경인 상징적 상호작용론은 인간이 모든 사물에 대해 주관적
인 의미를 부여하며, 그것을 매개로 하여 상호작용한다고 보았다. 따라서 근거이론은 선
험적인 사회이론이나 구조를 거부하고, 인간행동의 상징적 상호작용의 본질을 탐구함으
로써 귀납적이고 실체적인 이론을 생성하고자 했다. 시카고 학파였던 스트라우스는 미드
(Mead, 1934)와 블루머(Blumer, 1969)의 실용주의적 사조의 영향을 받아서 인간 존재를 거
시적인 사회적 힘에 일방적으로 예속되는 존재로 보기보다는 삶과 세계 속에서 능동적
인 주체로 보았다. 따라서 그의 이론적 관점들은 근거이론에서의 인간 주체, 생성적 과정
(emergent processes), 사회적/주관적 의미, 문제해결적 실천, 개방적 행위연구 등의 개념과
연결되었다. 이러한 상이한 지적 전통은 체계적이고 엄격한 질적연구방법론인 근거이론
을 태동시킴과 동시에, 서로 다른 근거이론의 두 지맥을 형성하는 역설을 낳게 되었다.

앞에서 밝힌 것처럼, 근거이론은 실제적인 자료에 근거하여 중간규모의 실체적 이
론 혹은 이론적 틀(theoretical framework)을 창출하려 한다. 주된 자료 수집 방법은 인터
뷰이며 그 외 여러 방법으로 자료들을 수집한다. 근거이론을 수행하는 질적연구자는 실
체적인 이론을 분석하고 개발하기 위해 체계적인 연구절차를 따르는데, 개방코딩, 축코
딩, 선택코딩과 같은 절차들을 사용하여 범주들(categories) 사이의 관계를 밝힘으로써 하

나의 내러티브 진술(narrative statement), 시각적 그림(visual picture), 일련의 이론적 명제(proposition) 가설을 생성한다.

개방코딩(open coding)은 근거자료(raw data)를 통해 개념을 발견하여 명명하고 유사하거나 의미상 관련 있다고 판단되는 사건, 대상, 행위, 상호작용을 하위범주(subcategory)로 묶은 후 범주화하는 과정이다. 축코딩(axial coding)은 개방코딩으로부터 출현한 범주들을 체계적으로 발전시키고 연결시켜서 속성과 차원 수준에서 밀도 있는 범주를 형성하여 범주들 사이의 관계를 밝혀낸다. 이론 생성을 위한 패러다임 모형에서 근거이론가는 연구 참여자들의 관심사의 중심현상(central phenomenon)이 되는 한 범주를 확인하고 중심현상에 영향을 주는 인과조건(causal condition), 현상을 설명하는 전략(strategies), 전략을 형성하는 맥락(context)과 중재조건(intervening condition), 전략을 수행한 결과(consequence)를 연결한다. 마지막으로 선택코딩(selective coding)은 핵심 범주(core category)의 발견을 통해 기존의 범주들을 새롭게 통합하고 논리적인 연결을 시도하여 하나의 이야기, 시각적 그림, 이론적 명제를 진술한다.

크레스웰(Creswell, 1996)은 이러한 근거이론의 방법론적 특징을 다음과 같이 제시했다. 첫째, 연구자는 가능한 한 이론적 아이디어나 관념들을 배제해야 한다. 그래야만 분석적이고 실체적인 이론을 생성할 수 있다. 둘째, 질적연구방법의 논리가 귀납적이고 비선형적이더라도 연구자는 자료 분석에 있어서 구체적 단계를 통해서 체계적으로 접근해야만 한다. 셋째, 근거이론가는 범주들이 언제 포화되었는지, 혹은 실체적 이론이 언제 충분히 구체화되었는지를 결정해야 하는 어려움에 직면할 수 있는데, 이러한 어려움을 극복하기 위해서는 이론적 민감성이 필요하다. 넷째, 근거이론의 최종적인 실체적 이론은 반드시 개방코딩의 연구 결과(범주들)와 축코딩의 구성요소들(중심현상, 인과조건, 전략, 맥락 및 중재조건, 결과)에 근거하여 진술되어야 한다.

스트라우스와 코르빈(Strauss and Corbin, 1990)은 자신들의 근거이론 연구를 위한 기준을 다음과 같이 제안했다. 첫째, 근거이론가는 명확한 분석적 이야기를 개발해야 한다. 분석적 이야기는 근거이론의 선택코딩 단계에서 제시된다. 둘째, 근거이론가는 개념에 대한 부차적인 기술과 분석적인 이야기를 통해 개념 수준을 기록해야 한다. 즉, 근거이론 연구는 현상의 기술보다는 추상적인 수준에서 분석적인 이론을 기술하는 것을 의미한다. 셋째, 근거이론가는 범주들 간의 관계를 구체화해야 한다. 이것은 연구자가 이야기를 구성하고 명제를 발전시키는 축코딩의 과정에서 발견되는 근거이론의 이론화 부분이다. 넷째, 근거이론가는 범주들 간의 관계를 공고히 하기 위해 변형, 관련된 조건, 결과 등을 구체화해야 한다. 좋은 근거이론은 축코딩의 각 구성요소의 유기적인 관계를 통해서 상이한 조건에서도 지지될 수 있다.

스트라우스와 코르빈(1990: 253)은 근거이론의 질을 가늠할 수 있는 일곱 가지 기준을 제시했다.

- 기준 1: 최초의 표본은 어떻게 선택되었는가? 그리고 무엇을 근거로 선택을 한 것인가?
- 기준 2: 당신의 연구에서 어떠한 주요 범주들이 나타났는가?
- 기준 3: 주요 범주로 지목된 사건, 부수적인 사건, 행동 등은 무엇인가?
- 기준 4: 추가적으로 어떤 범주에 기초하여 이론적 표본추출을 했는가? 어떠한 범주에 기초하여 자료 수집을 했는가? 이것이 범주들을 대표하는가?
- 기준 5: 범주들 사이의 개념과 관계와 관련되는 가설은 무엇인가? 가설이 형성되고 검증되는 근거는 무엇인가?
- 기준 6: 가설이 실재를 지지하지 않을 때가 있는가? 이러한 차이를 어떻게 설명할 것인가? 이들(실제로 나타난 것들)은 가설에 어떠한 영향을 미쳤는가?
- 기준 7: 핵심 범주는 어떻게, 왜 선택되었는가? 즉, 핵심 범주의 생성 근거는 무엇인가?

1967년에 근거이론이라는 용어가 출현한 이후 오늘날까지 근거이론의 정의와 그 의미에 대한 수많은 논쟁들이 전개되었다. 즉, 근거이론이란 무엇이며, 그 방법론의 핵심을 구성하는 구성성분은 어떤 것이며, 그것의 최종적인 상태는 어떤 것인가에 대한 논쟁이었다. 특히 글레이저와 스트라우스의 상이한 학문적 배경은 근거이론에 대한 논쟁의 시발점이 되었다. 하지만 차마즈(Charmaz, 2006)는 엄격하고 체계적인 근거이론을 기계적으로 따르기보다는 근거이론의 방법론적 강점과 유연성에 주목하고 있다. 그녀의 주장에 따르면, 우리는 자료 내부로부터 범주들을 발견하는 수단으로서 근거이론을 볼 필요가 없으며, 방법론적 절차의 적용으로서 근거이론을 볼 필요가 없다고 주장한다. 오히려 그녀는 행위 주체의 상호작용을 통해 발생하는 새로운 연구 과정의 산물로서 근거이론을 바라보라고 주장한다. 즉, 구성주의자인 그녀는 근거이론이 단순한 자료 분석 방법으로 전락하는 것을 경고했다.

객관성의 가면은 근거이론에 수의를 입히는 격이다. 현대의 근거이론은 좀 더 유연한 형태를 취하며, 당신(연구자)이 연구 자료와 상호작용을 하도록 하면서 새로운 생각을 하도록 이끈다. 근거이론은 추상적인 해석을 생성한다. 초기 코딩 단계의 임시적인 해석에서 연구 종료 시기의 분석적 메모에 이르기까지 근거이론은 순간적으로 스쳐가는 당신의 생각이나 임시적인 물음을 포착한다(Charmaz, 2006: 179).

구성주의에 기초한 차마즈(2006)의 이러한 주장은 체계적이고 엄격한 근거이론을 주장했던 글레이저의 입장변화로 더욱 힘을 얻는다. 과거에 다소 엄격한 방법론을 제시했던 글레이저는 과거의 입장을 바꾸었다. 즉, 연구 참여자들은 근거이론가에게 무엇이 중요한지를 말하며, 자신들의 일상을 바라보는 관점을 통해서 연구자들에게 정보를 제공한다. 이러한 입장변화는 연구자에게 최소한 해석의 가능성을 열어 놓으며, 근거이론가들이 연구 과정에 참여할 수 있게 한다. 차마즈(2006)의 주장처럼, 근거이론가는 연구 과정의 위에, 이전에, 바깥보다는 연구 과정 안에 존재한다. 근거이론에 기초한 저작들은 사회학과 보건, 교육 분야에서 지식과 사회적 과정을 변화시킬 수 있는 가능성을 보였다. 근거이론에서 발견한 실체적 이론은 결코 가치중립적이지 않으며 세계로부터 분리될 수 없다. 따라서 근거이론은 연구자가 자신의 관점과 지식, 사회를 변화시킬 수 있는 가능성을 강화한다. 결국, 근거이론가들이 기계적인 방법론적 환원주의에 빠지지 않고, 열정과 호기심, 개방성, 관심으로 근거이론을 수행한다면, 새로운 경험과 아이디어들이 새롭게 생성될 것이다(Charmaz, 2006).

비판문화기술지(Critical Ethnography)

비판문화기술지는 용어가 나타내는 것처럼 문화기술지에 비판이라는 단어가 첨가된 합성어이다. 따라서 문화기술적 연구를 하되 프랑크푸르트 학파에서 강조되었던 비판이론이 접목되어 비판이론이 추구하는 연구 목적을 달성하기 위해 이루어지는 연구를 뜻한다. 비판이론의 가장 중요한 전제 중의 하나가 우리의 삶과 사회와 구조가 지배와 피지배 또는 억압과 피억압의 대립관계에 있다는 것이며, 그러한 불평등한 권력관계를 의식화와 혁명을 통해 변화시켜 보다 나은 정의로운 사회를 만들 것을 목적으로 한다는 점에서, 비판문화기술지는 우리 사회의 불평등과 차별의 실제를 규명하고 변화시키기 위해 문화기술적 연구와 질적연구를 수행하는 것을 뜻한다. 구체적으로는 지배와 피지배의 범주를 크게 인종(race), 계급(class), 젠더(gender), 성취향(sexual orientation), 종교(religion), 나이(age), 장애자(disability), 국가(nationality) 등으로 설정하고 특정한 장소와 공간 또는 기관에서 차별과 불평등이 이러한 범주와 관련하여 어떻게 일어나고 있는지를 질적연구를 통해 밝히고 논의하는 것을 그 목적으로 한다.

비판이론(critical theory)은 다른 사람의 손해나 희생으로 인해 일련의 사람들이 특권을 누리게 되는 사회 조직에 대해 문제를 제기하며 그러한 문제점을 개선하는 것을 의도한다. 그 예로서 비판이론에 따르면 이론과 연구는 권력이 없는 사람들과 노동자들에게 주어지는 불평등과 부정을 해소할 수 있도록 해야 한다고 믿고 있다. 실증주의처럼 진실의 규명이나 법칙의 발견 또는 가설을 검증하는 것은 이론의 역할이 아니라 억압당하는 자로 하여금 억압의 현실을 깨닫게 하는 것 또는 억압하는 사회적 기관과 제도, 수행체의 존재를 밝히고 없애는 것을 목적으로 하는 매우 실천적 활동을 뜻한다. 그래서 교육학의 경우, 비판이론에 영향을 받은 질적연구자는 특정한 사회적 가치와 조직이 어떻게 학교와 교육기관에서 재생되는지, 또는 사람들이 사회생활을 하면서 어떠한 불평등을 경험하고 재생산하는지에 대해 탐구하게 된다.

비판이론가는 현재의 사회 조직 방식이 불공정하다고 믿기 때문에 사회에서 주변인으로 내몰린 사람들에게 혜택과 복지를 제공해 주어야 한다고 주장한다. 이러한 측면에서 비판이론가들은 자신들의 연구가 '힘없는 약자에게 권력을 부여해서 기존의 사회적 불평등과 불공정함을 변화시켜야 한다'는 데 동의하고 있다(McLaren, 1994: 168). 이에 이들은 역량강화 또는 의식강화라는 용어로 번역될 수 있는 표현인 'Empowerment'라는 단어를 쓰고 있으며 연구를 통해 이러한 목적을 불평등한 위치에 있는 사람들에게 실현시키는 것을 의도한다.

비판문화기술지는 역사적으로 질적연구의 특별한 형태로서 생겨난 용어이다. 비판문화기술지는 포스트모더니즘을 배경으로 하는 연구들, 페미니즘과 비판이론을 배경으로 하는 연구방법론이 비판이론과 결합하여 나타난 이론이다(Carspeckenm, 1996). 교육학의 경우 비판문화기술지는 맑시스트, 네오맑시스트 교육이론을 교육현장에 적용하여 교육 연구에서의 질적 탐구 발전에 크게 기여한 연구 분야라 할 수 있다. 비판문화기술지의 범주 안에는 페미니스트 해방이론, 네오맑시스트 비판문화기술지, 프레리안적(Freire) 참여 연구 등이 있다(Anderson, 1989). 비판문화기술자들은 자신들의 학교교육의 역할에 대한 비판적 해석을 지지할 수 있는 미시 현상(헤게모니 실제들)을 찾기 위해 교실 상호작용의 실재적 현장을 기술하고 분석함과 함께(Anyon, 1981; McLaren, 1989; Willis, 1977) 전통적 문화기술자들에 의해 수행된 연구 결과들이 갖는 의미와 시사점을 재해석하고 있다(예, Philips Jackson의 잠재적 교육과정의 개념).

비판문화기술지의 연구 영역 및 연구 주제

비판이론의 영향을 받은 질적연구자는 사회적 가치와 조직이 어떻게 학교와 교육기관에서 재생되는지, 또는 사람들이 사회생활을 하면서 어떻게 행위와 선택을 하는지에 관심을 가지고 있다(Weiler, 1988). 대표적인 비판문화기술지 연구자와 연구 내용을 살펴보면 재생을 강조하는 연구와 생산을 강조하는 연구로 나눠진다. 비판문화기술지 연구에서 재생을 강조하는 대표적인 연구자는 에커트(Ekert, 1989)이며, 생산을 강조하는 대표적인 연구자는 웨이스(Weis, 1990)이다. 이러한 두 개의 기준에서 비판문화기술지의 특징을 살펴보면 다음 표와 같다(조정수, 2010: 28).

비판문화기술지 연구 영역 및 연구 주제

비판문화기술지 연구 영역	특징 및 연구자	연구 주제 및 연구 내용
재생을 강조하는 연구	특징	교육기관이 특정 집단의 학생들이나 사람들을 어떻게 분류하고, 선별하고, 선호하고, 권리를 박탈하고, 묵살하고, 또는 특권을 주는지를 연구한다.
	에커트 (Ekert, 1989)	학교가 어떻게 학생들을 사회, 경제적 계층에 따라 구분하고 있는지를 연구했는데, 이 구분에 따라 학생들은 착한 학생이 되기도 하고 나쁜 학생으로 분류되기도 한다.
생산을 강조하는 연구	특징	사람들이 인종 차별에 저항하면서, 기존 사회 문화에 대한 대립적 문화를 만들면서, 수많은 사회 제약들을 피해 가면서 어떻게 재생산적 사회구조와 타협을 하는지, 사회생활에서 사람들은 어떻게 행위의 매개체로서 행동하는지에 관심을 가지고 있다.
	웨이스 (Weis, 1990)	노동자 계층 출신의 고등학생이 직업도 없이 어떻게 사회의 경제 상황과 타협을 하는지, 또한 생산직 일을 더 이상 할 수 없을 때 백인 노동자 계층의 남자는 자신이 백인이란 사실과 백인에게 주어지는 특권을 어떻게 생각하는지를 연구했다(Fine & Weis, 1998; Weis, Proweller, & Centrie, 1997).

  질적연구의 지적 전통으로서의 비판문화기술지가 질적연구에 기여한 점을 살펴보면 다음과 같다. 비판문화기술지는 참여자의 삶의 실태를 적나라하게 기술함으로써, 첫째, 학교교육의 역할에 대한 네오맑시스트적 이론을 생산하며, 둘째, 인간의 권리와 존엄성, 사회정의라는 정치적 목표를 달성하기 위해 학교연구를 변형의 방법론으로 간주한다. 이러한 연구 시각을 통해 나타난 비판문화기술지의 연구 결과들은 학교교육이 보이지 않는 지배의 장소라는 사실을 확인시켜 주었다(Freire, 1970, 1972, 1978). 이때 비판문화기술지에서의 학교교육은 자본주의의 경제체제가 요구하는 성공적인 노동자를 만들거나 기

존의 계층을 효과적으로 재생산하는 수행체로 상정되는 것이다(Anyon, 1981; Fine, 1991; McLaren, 1986). 나아가 학교교육은 젠더 이데올로기를 재생산하는 문화적 및 정치적 공간이거나(AAUW, 1992; Deem, 1978; Jones, 1989; Nicholson, 1980; Sadker and Sadker, 1984; Walkerdine, 1981; Weiler, 1988) 남성 이데올로기 및 이성연애자 이데올로기만을 강화시키는 학습 장소이다(Mac and Ghaill, 1994). 이와 반대로 학교교육은 학교교육의 계층, 젠더, 경제, 인종적 재생산 기능을 거부하는 의식화된 인간을 키워 나가는 해방교육학의 실천 장소라 할 수 있다(Ellsworth, 1989; Freire, 1973; Lather, 1990).

페미니스트(Feminist) 질적연구

페미니스트 또는 페미니즘은 여성주의(女性主義) 또는 여권주의(女權主義)로 표현된다. 페미니즘은 사회적, 정치적, 법률적 면에서 여성에 대한 권리의 확장을 주장하는 주의이다. 성(性)이 사회에서 핵심적인 역할을 한다고 강조하는 이론으로 남녀 성의 불평등을 해소하고자 하는 주의이다. 이 이론의 근본 목적은 여성의 경험에 대한 관심, 구체적으로 여성의 사회적, 정치적, 경제적 상황에 대한 우려와 새로운 언어와 현실의 변화에 있다. 이를 통해 역사적으로 억압되어 온 여성의 존재와 경험을 변화시켜서 여성이 남성과 동등하게 대우받고 그들의 권리와 복지가 인정받을 수 있는 사회를 만드는 것이다. 때문에 페미니스트 연구는 맑시즘에 기초하여 사회변혁을 목적으로 하며 근본적으로 억압과 불평등을 제거하고자 하는 해방적 탐구 목적을 가진 비판이론의 한 지류에 속한다.

이를 위해 페미니스트 연구자들은 여성의 과거와 현재 경험이 어떻게 억압되었고 왜곡되었으며 잘못 표현되었는지를 연구하고 출간하기 위해 다양한 자료들을 사용한다. 그 예로서 통계자료나 조사연구뿐만 아니라, 과거의 역사적 자료, 여성의 전기와 구술자료, 문화기술지, 역사적 문헌자료와 심층면담과 참여관찰을 주요한 연구방법으로 활용한다. 그러나 이들의 결론은 기존의 양적연구방법보다는 질적연구방법이 비가시화되고 침묵되어 온 여성의 목소리와 경험을 탐구하는 데 더욱 적절하다는 점에 동의하고 있으며 수많은 페미니스트 연구자들이 질적연구의 전선에서 활발하게 연구하고 있다.

그러한 관점에서 페미니스트 질적연구자들은 다음과 같은 주제 영역에서 의식화된 목표를 가지고 연구를 해왔다.

자연적인 성(性)과 사회적인 성

자연적인 성의 구별은 신체적 차이에 의한 성 구별이며 사회적인 성은 사회적으로 남성과 여성이 어떻게 인식되는가에 대한 문제를 따진다. 페미니스트 질적연구자들은 자연적인 성 구별에 비해 사회적으로 만들어진 성(남성적, 여성적)의 구별에 더 강한 신념을 가지고 있으며 그러한 사회적인 성이 어떻게 문화 속에서 상호작용을 통해 생산되는지를 탐구하고 있다(Acker, 1992: 250).

가부장제

페미니즘에서 가부장제는 여성 착취의 구조적인 원천으로 인식되며, 남자들의 경제적인 통제력이나 사회적, 문화적 구조에 의해서 이루어지고, 유지되고, 재생산되는 조직적인 여성 지배로 언급된다. 때문에 전 지구적 생태 환경에 남아 있는 가부장제가 여성의 삶과 발달, 평등에 어떻게 영향을 끼치는지를 탐구하고자 한다.

성별에 의한 노동 분배

가부장제의 내부적인 요소를 보듯이 성별에 따른 노동의 분배는 여성 억압의 원천이고 가부장제의 구조를 재생산하는 메커니즘이 된다. 성별에 따른 노동은 임금을 받는 노동과 임금을 받지 못하는 노동으로 나뉜다. 역사적으로 가장 충격적인 성별에 따른 노동 분배는 압도적으로 많은 남자들은 고용되어 봉급을 받는 노동을 하고, 불균형적으로 많은 여성들은 봉급을 받지 않는 노동을 한다는 것이다. 가장 눈에 잘 띄는 형태의 무보수 노동은 집에서 이루어진다. 가정 살림살이를 책임지며 아이들과 노인을 돌봐야 하는 여성들의 무임금 노동은 실질적으로 집안 경제를 책임지는 가장의 또 다른 사회적 모습들을 지원하는 노동으로 해석된다(Kanter, 1977). 최근 여성들은 저임금 회계, 판매원, 서비스 직종에서 우세한 경향을 보인다. 이에 직업사회에서 성에 의해 여성의 생산성과 노동이 남성과 비교하여 어떻게 차별적으로 평가되고 인식되는지에 대해 연구한다.

따라서 페미니스트 질적연구는 이러한 문제의식을 가지고 질적연구방법을 통해 여성의 존재와 목소리 그리고 그들의 불평등과 차별의 실제, 보다 나은 실천적 전략들을 개발하기 위해 여성의 경험을 연구하고자 한다. 그리고 그러한 입장은 쿡과 포노우(Cook & Fonow, 1991)에 의해 강조되는 것처럼, 여성에 대한 연구가 아니라 여성을 위한 연구라는 측면에서 목적에 다음과 같은 전제를 갖고 연구하고 있다. 첫째, 여성들은 억압이나 착취의 형태로 일상적 경험을 하고 있다. 둘째, 우리 사회의 모든 구조와 문화 그리고 일상생활에서 무엇이 여성들을 억압하게 만들고 무기력하게 만드는지에 대해 연구한다. 셋째, 페미니스트의 연구는 단순히 여성에 대해 연구하는 것이 아니라 그들을 위한 연구이기 때문에 다소 이데올로기적이고 해방적인 목적을 갖는다. 연구 결과의 생산이 중요하기는 하지만 연구 자체가 하나의 실천(praxis)으로서 연구를 통해 여성의 현재 위치와 기대를 재구조화하고 변형시키는 책임감을 가져야 한다(Maruire, 1987: 79).

이에 페미니스트 질적연구자들의 연구 관심 역시 초기와는 다르게 진화되어 왔다. 초기에는 가부장제 아래에서 여성으로서 갖게 되는 경험을 이해하는 연구가 진행되었다. 그러나 점차적으로 여성의 경험에 대한 탐구영역의 폭이 넓어지게 되었다: 여성이 되어 가는 경험, 좌절되는 경험, 여성으로서 창피한 경험, 종속되는 경험, 폭력적 경험, 고립되거나 자유를 찾거나 되찾는 것, 유년기 시절, 십대 시절, 청소년기, 아내가 되거나 어머니가 되는 과정, 교육이나 직업을 얻거나, 직장에서 월급을 받거나 받지 못하는 등 학교나 병원, 교회, 직장, 감옥, 결혼, 단체 등에서의 모순과 남성과의 관계, 질병, 중독, 월경, 폐경기, 다른 능력 차이와 무능력, 어른으로의 성장 과정, 장기간의 급성 질병과 사망 등. 이러한 다양한 경험을 토대로 나타난 페미니스트의 주요 연구 주제를 살펴보면 자연적인 성(性)과 사회적인 성, 가부장제, 성별에 의한 노동 분배, 성별 등으로 나타나는데 그 구체적인 내용을 살펴보면 다음과 같다.

이 페미니스트주의는 질적연구에 많은 이론들과 연구방법 등에 기여했다는 점에서 질적연구의 주요한 지적 전통의 하나로 간주된다. 질적 접근에 대한 이념 유형으로 페미니즘, 포스트모더니즘, 인종비판이론, 비판이론 등이 있는데, 여권신장과 남녀평등을 주장하는 페미니즘은 페미니즘을 이론적 틀로 사용하는 질적연구자들의 연구 대상에 영향을 주었다. 페미니스트 관점에서 본 성(性)은 많은 질적연구의 주요한 주제로 대두되었다(Lareau, 1987; Lesko, 1988; Warren, 1988). 질적연구자들은 참여관찰, 문서 분석, 생애사 연구, 심층면담 등의 방법을 사용하여 이전에는 전혀 관심을 얻지 못했던 행동을 범주화하고 행위자를 진지하게 연구했다. 그래서 여 교사(Acker, 1989; Biklen, 1985, 1987, 1993, 1995; Casey, 1993; Foster, 1992, 1993, 1994; Middleton, 1987, 1993; Weiler, 1988), 식품제공자(DeVault, 1990), 여성 핑크족 문화를 즐기는 학생들(Roman, 1988), 애정 소설의 독자들(Radway, 1984), 신체와 생식에 관한 의학 지식의 소비자(Martin, 1987)와 같은 연구 참여자들의 일상적인 삶에서 남녀 성의 형성을 어떻게 이해하고 있는지를 연구함으로써 페미니즘은 연구내용에 영향을 주었다.

최근에는 중학교 여학생들의 경험(Finders, 1997; Research for Action, 1996), 남성미(Mac and Ghaill, 1944), 사춘기(Bogad, 1998; Fine, 1988, 1993; Proweller, 1998), 성욕(Tierney, 1994) 등의 주제에 더 초점을 두고 있다. 페미니스트는 감정과 느낌의 발달을 연구 주제로 삼아 이 분야의 연구에서 중요한 역할을 해 왔다(Hochachild, 1983). 페미니스트들은 연

구자와 연구 참여자 사이의 관계에 큰 무게를 두는 방향으로(Devault, 1990, 1999), 연구 결과의 정치적 영향에 대한 인식의 증대를 가져오는 방향으로 질적연구 영역을 옮겼다(조정수, 2010, pp. 24-25).

페미니스트 질적연구 전통이 질적연구에 끼친 영향은 크게 두 가지로 요약할 수 있다. 첫째, 사회/인간과학에서의 지식과 진실의 절대성이라는 이데올로기를 탈신화함으로써, '패러다임'과 '과학하는 일'이 함축하고 있는 정치적/사회적 의미를 교육연구자에게 이해시키는 데 이바지했다는 점이다. 여성의 도덕발달에 관한 길리건(Gilligan, 1982)의 연구, 여성의 인식행위 방법에 관한 벨렌키(Belenkey, 1986) 등의 연구를 통해 페미니스트 연구자들은 젠더를 우리 인식과 실재구성의 가장 근본적인 요소로 위치시킴으로써, 어떠한 과학적 지식과 명제도 부분적으로 사실적이고 상대적이며 어떤 특정 패러다임과 관점 내에서만이 합법적이라는 사실을 명료하게 보여 주고 있다. 이들의 연구를 통해 하딩(Harding)이 주장한 것처럼 사회과학의 지식은 절대적으로 절대적이거나 객관적이지 않으며 남성의 이익과 존재를 반영한 주관적, 비객관적, 상대적 연구라는 점을 분명히 했다. 즉, 역사적으로 많은 연구들이 여성의 경험과 존재를 학문탐구의 대상으로 배척하고 제외시킴으로써 그들이 이야기하는 과학이라는 결과는 매우 남성적이며 부분적이라는 점을 강조했다. 이러한 사회과학 지식의 절대성에 대한 불신의 제기는 근본적으로 질적연구가 위치하고 있는 탈실증주의 연구 패러다임의 전제인 지식의 상대성과 절대 진리 부재의 기조와 매우 일치한다.

둘째, 연구윤리에 대한 이론화에 기여했다. 보다 구체적으로 나타나는 모든 연구 참여자들에 대한 연구, 또는 구체적으로 여성 참여자들에 대한 연구에 있어서 연구의 권력관계에 주목했다. 그리고 그러한 인식으로부터 페미니스트 연구자들은 연구라는 학술적 활동에서 우리가 연구 참여자라고 일컫기는 하지만 진정으로 연구 참여자와 연구자의 관계가 평등하게 이루어질 수 있는지, 그리고 과거의 권위적, 일방적 연구자 중심의 연구 활동이 개선되고 개혁될 수 있는지에 대해 문제제기하고 있다. 남성과 여성의 불평등한 권력관계에 문제를 계속 제기해 왔던 페미니스트 연구자들은 이러한 인식을 연구의 전체 과정과 연구 결과에 적용하여 여성으로서 억압당한 경험을 연구 과정에서 그대로 재현해서는 안 되며 그들의 목소리와 존재를 진실하게 드러낼 수 있는 보다 평등한 연구관계를 형성해야 한다는 점을 강조했다. 이러한 강조점은 기존의 양적연구의 실제, 그리고 오클리(Oakly)가 수행한 실제 여성에 대한 면담 중에 나타난 여성 연구자와 여성 연구 참여자 간의 불평등한 대화관계 등의 포스트모던적 분석을 통해 우리가 부르는 사회과학 연구(양적연구든 아니면 질적연구든 간에)가 과연 연구 결과의 생산에 있어서 평등한 연구관계를 통해 나타났는지를 비평해야 한다고 역설했다.

이와 관련하여 페미니스트적 관점은 연구자와 피연구자 간의 관계를 질적연구에서 고려해야 하는 보다 가시적인 연구 주제로 만들었다. 페미니스트적 관점에 따르면 실증 주의에 의해 형성된 현재의 연구자와 피연구자 간의 불평등한 권력관계는 참여자에 대한 통제, 학대, 착취로 이어져 왔다(Cook and Fonow, 1986; Mies, 1983). 그러한 불평등한 권력관계가 갖는 문제점은 참여자에 대한 타당하지 못한 왜곡된 자료와 연구 결과들을 가져올 수 있다는 점이다. 이러한 점에서 오클리(1981)는 규정적인 인터뷰 문항을 개발 하는 생각에 근본적으로 반대했다. 대신에 그녀는 계속적인 대화를 통한 상호간의 이해 (interactive self-disclosure)를 통해 보다 명료하고 평등한 연구 문제와 연구 결과를 가져올 수 있다고 믿었다. 따라서 페미니스트 연구자들은 연구 참여자가 보다 편안함과 비위계 적인 연구 분위기를 경험할 수 있는 연구방법(대화, 집단토의, 자기반성, 이야기하기, 또 는 참여관찰)을 어떻게 실천하고 이론화할 것인지에 대해 계속적인 탐구를 해오고 있다.

라인하즈(Reinharz, 1980)는 연구자는 오직 진정하고 평등한 인간관계에서 도출된 연 구 자료에만 관심을 가져야 한다고 제안한다. 페미니스트의 연구 과정에서의 보다 평등 한 연구관계를 달성하고자 하는 이러한 윤리적, 정치적 입장은 참여적, 협동적 연구라 불 리는 연구형식으로 개발되고 있다(Maquire, 1987; Mies, 1983; Noffke, 1990). 연구자와 참 여자 간의 관계에 대한 이러한 계몽적인 논의는 질적연구자에게 '연구윤리와 표현' 같은 중요한 시사점을 제공해 주었다. 이는 우리로 하여금 그러한 관계의 성격이 얼마나 연구 에 심각하게 영향을 끼치는지(해석과 표현의 윤리적, 정치적 성격) 인식하게 해준다. 권력 관계에 대한 이러한 시각은 '연구자는 무엇을, 누구를 위해 연구하는가', '연구에서 누구의 관점과 목소리가 존재하고 무시되었는가'에 대한 질문을 제기하게 만들었다. 이러한 질문 에 대한 대답으로서, 텍스트를 써 나가고 타인을 표현하는 데 있어 참여자의 세계를 보다 근접하게 묘사하고 이해했는지를 검증하는 과정으로서 연구자의 자기반성이 중요한 질 적연구의 방법적 절차로서 등장한다.

생태학적 심리학(Ecological Psychology)

질적연구의 지적 전통과 역사적 발달에 기여한 연구 전통으로 심리학 분야에서는 생태학 적 심리학을 선정했다. 심리학 분야에서는 피아제(Piaget), 로저스(Rogers), 융(Jung), 콜버그 (Kohlberg), 프로이드(Freud) 등 대가들에 의해 관찰과 면담 중심의 사례연구들이 역사적으 로 중요하게 이루어져 왔지만 계량과 객관주의를 강조하는 심리학의 전통으로 인하여 심리학 분야에서의 질적연구의 토대는 그렇게 강하지 못했다. 그럼에도 불구하고 생태학적 심리학이라 불리는 발달심리학과 인지심리학의 한 분파는 질적연구의 역사적 발달에 상당한 기여를 한 분야로 평가받고 있다. 그도 그럴 것이 이 학문 분야의 용어가 나타내는 것처럼 심리학적 탐구를 생태학이라는 범주에서 한다는 전제 자체가 자연 상황, 생태학, 발달 환경 등을 연구하겠다는 전제를 포함하고 있지 않겠는가.

바커(Barker)와 브론펜브레너(Bronfenbrenner) 등으로 대변되는 생태학적 심리학은 기존의 심리학자들이 실험실에서의 임상 연구 등의 인위적인 환경에만 주의를 기울이는 것에 문제를 제기하여 자연적인 환경이 인간 행동에 미치는 중요한 요인임을 주장했다. 그리고 그러한 자연적인 환경에서 인간의 발달이 어떻게 일어나는지, 그리고 생태학적 구조가 인간의 발달에 어떻게 영향을 끼치는지를 실험실 대신에 자연 상황에서 탐구하려고 했다. 그 예로서 이 분야의 신기원을 세운 바커의 경우, 심리학 연구란 실험실 내에서의 실험자의 행동의 형태를 여러 가지 인과관계를 고려하여 연구하는 것보다 실제 현장에서의 불특정 다수의 사람들이 행하는 집단적인 형태에 초점을 맞추어야 한다고 강조했다. 바커의 생태학적 접근은 유기체와 환경이 상호의존적인 방식으로 서로 영향을 받으며 특정 환경에서 인간들이 취하게 되는 예측 가능한 행동 양식을 염두에 두고 연구했다.

바커는 장이론으로 유명한 레빈(Lewin)과 2년간 공부를 같이 했고, 1940년대에는 캔사스 대학 동료 라이트(Wright)와 함께 중서부 심리 연구소를 설립했다. 그는 "중서부 심리 연구소는 인간 행동과 생물학자들이 오랫동안 이용할 수 있는 종류로 심리학을 가져와서 여러 상황에서의 인간 행동의 환경에 대해서 연구를 쉽게 하기 위해서 세워졌다. 즉, 실험실 안에서 일어나는 선택과 준비에 의해서 바꿀 수 없는 과학 현상에 자유로운 접근을 가능하게 만들었다"(Barker, 1968)고 했다. 그의 고전적인 연구 ≪생태 심리학≫에서 그는 인간의 행동은 근본적으로 특정 상황에 놓여 있다고 했다. 즉, 만일 그 사람의 환경이나 맥락, 문제가 있는 상황을 모른다면 우리는 인간 행동에 대해서 예상을 할 수 없다는 것이다. 가령, 예배를 하는 경우나 강의에 참여하거나, 공장에서 일하는 경우에는 여기에 적절한 행동들이 있다. 이러한 행동들과 이러한 환경에 속하는 사람들이 다른 환경에서의 개인들의 행동보다 더 유사하다고 함으로써 장 및 환경을 이해한다면 그 환경에서 나타나는 인간의 행위의 특성과 방향을 이해할 수 있다고 했다.

다음으로 대표적인 생태학적 심리학자로 브론펜브레너가 있다. 그는 아동발달을 생태학적 모델로 보는 방법을 창안한 학자이다. 그는 아동이 사회라는 큰 틀 속에서 생물학적, 심리적, 사회적으로 적응하고 발달하는 존재라고 생각했는데, 이는 아동을 과거보다 훨씬 더 복잡하고 포괄적으로 파악하는 것이다. 그는 유명한 저서인 ≪인간발달 생태학(ecologe of development)≫을 통해 자신의 생태학적 이론을 설명했다. 그의 인간발달 생태학이란 능동적으로 성장하고 있는 인간과 발달 중에 있는 개인이 살아가고 있는 즉각적 장면들의 변화하는 속성 간의 점진적인 상호적응을 과학적으로 연구하는 학문이라고 할 수 있다.

아동에 대한 이해가 사회문화적 맥락에서 이루어져야 한다는 관점은 그의 생태학적 모델에 잘 나타나 있다. 그리고 이 책에서 그의 생태학적 심리학의 이론체계를 형성하는 개념들이 자세하게 설명되었다: 미시체계(microsystem), 중간체계(mesosystem), 외체계(exosystem), 거시체계(macrosystem). 이러한 체계 안에는 활동(activities), 역할(roles), 기대(expectations), 관계(relationships) 등의 단위가 있으며 이러한 네 개의 기준에서 아동이 어떤 경험을 하는지에 따라서 아동의 성격과 발달이 달라진다고 강조했다. 그리고 그는 인간발달에 대한 생태학적 관점으로 인간발달과 환경의 관계를 설명했고 환경변수는 미시체계, 중간체계, 외체계, 거시체계로 나누었으며 아동은 1차 환경인 미시체계를 거쳐서 2차 환경인 중간체계, 외체계, 거시체계로 나아가면서 사회의 일원이 되어 간다고 했다. 그의 이론을 간단하게 설명하면 다음 그림으로 제시할 수 있다.

[그림 1-1] 브론펜브레너의 생태학적 모형(이두연, 2001: 10)

이처럼 브론펜브레너의 생태학적 체계는 인간 및 아동발달과도 관련이 있으며 이에 대한 영향은 긍정적이거나 부정적일 수도 있다. 그리고 인간과 환경에 대한 생태학적 관점은 아동에게 미치는 여러 단계의 환경과 그 사이에서 일어나는 인간과 환경 간의 상호 작용 과정에 초점을 두며 이로 인해서 아동발달에 다양한 시사점을 준다. 그의 생태학적 심리학은 아동이 참여하게 되는 생활공간에서의 경험 내용이 아동의 발달에 직접적으로 영향을 끼친다는 점을 강조한다. 이러한 환경의 중요성은 아동이 학교에서 갖게 되는 전 체적인 생활경험의 인간관계, 역할, 활동이 그 아동에게 심대한 영향을 끼친다는 점을 지 각하도록 도움을 주고 있다. 이처럼 생태학적 관점을 시도한 연구는 대상 아동의 발달을 총체적으로 이해할 수 있게 해줄 뿐만 아니라 그들을 돕기 위한 개입 전략의 근거를 마련 해 주며 다양한 방법으로 개체 변인과 환경 변인과의 상호작용 관계를 이해하게 해준다. 즉, 아동들에게만 초점이 맞추어지던 아동교육이 부모, 가정, 지역사회의 광역 환경을 고 려한 다면적이고 종합적인 부모 교육 프로그램과 더불어 이루어져야 함을 알게 해준다.

결국, 브론펜브레너의 생태학적 심리학 이론은 발달하는 개인이 계속적으로 만나게 되는 다양한 체제에는 어떤 것들이 있으며 그러한 체제들이 어떻게 유기적으로 연결될 때 인간발달에 긍정적 영향을 끼칠 수 있는지를 설명하고 있다. 이러한 관점에서 그는 ≪두 세계의 어린이들: 미국과 러시아≫라는 책을 통해 왜 미국의 아이들은 미국인처럼 성장하고 러시아의 아이들은 러시아인처럼 성장하는지를 이 개념도에 근거하고 사례와 관찰자료에 기초하여 잘 설명하고 있다. 나아가 왜 아동들의 발달을 위해 자본주의 사회 인 미국에서 부모와 아이들이 유급휴가를 통해 건강과 휴식을 취할 기회를 가져야 하는 지에 대해 ≪필립의 세계≫라는 아주 간단한 에세이를 미 연방정부에 제출함으로써 오 랫동안의 사주와 노동자 간의 대립에 마침표를 찍게 해주었다.

이러한 생태학적 심리학의 아이디어들은 이후에도 계속적으로 발달하여 특정한 시기 에 태어난 아동들의 발달적 특징들을 환경과 관련하여 이해하고 분석함으로써 그러한 아 동들이 어떠한 성인기를 접하게 될 것인지에 대한 심층적 연구들로 확대되었다. 그리고 인간발달에 있어서 환경에 대한 실제적 연구, 질적 탐구의 중요성을 인식시키는 역사적 인 역할을 했다. 가장 대표적인 연구의 예로는 미국 경제 공황기에 태어난 아동들이 어떤 심리적, 사회적, 가정적 발달 특징을 가지고 성인으로 성장했는지를 경험적으로 분석해 낸 연구가 있다.

포스트모더니즘(Postmodernism)

포스트모더니즘에 의하면 인간경험의 내적인 삶의 가치를 찾아낼 수 있는 어떤 명료한 방식은 존재하지 않으며 어떠한 분석적 시도든지 간에 연구자의 사회적 상황을 통해서만 변형될 수 있다(Denzin & Lincoln, 1994.)

포스트모더니즘은 우리 연구자들로 하여금 인간경험을 설명하고 해석하는 데 있어 우리가 의존하는 모든 이론적, 방법적 기초가 불확실할 수 있다는 새로운 사고를 하게 한다(Flax, 1987: 624).

질적연구에 대한 포스트모더니즘의 공헌은 이 분야가 여전히 확대되고 발전하고 있기 때문에 그리고 연구자들 역시 이 영역을 정의 내리기보다는 가능한 모든 논의가 제시되기를 희망하기 때문에 요약하기가 쉽지 않다. 그러나 간단하게 설명한다면 모더니즘에 기초하여 정의되어 온 주체, 의미와 재현, 진리, 총체성, 언어 등에 대한 전통적 의미가 모더니즘의 전제를 거부하는 포스트모더니즘에 의해 의문시 또는 비판된다. 그 결과로서 포스트모더니즘의 연구자들은 모더니즘에서 인정했던 인식과 존재 그리고 방법적 세계관에서 전혀 다른 해석체계를 제시하게 되었다. 그 몇 가지 주요 해석체계 또는 인식의 기초는 다음과 같다: (1) 의미와 재현의 불가능성, (2) 절대적 지식과 진실의 거부, (3) 해체, (4) 리좀, (5) 시뮬라크라(김영천, 주재홍, 2011). 물론 이러한 주요 개념들은 한 연구자에 의해 이론화된 것은 아니며 포스트모더니즘 철학을 꽃피운 프랑스 지성들의 덕분이다. 대표적으로는 들뢰즈(Deleuze), 데리다(Derrida), 푸코(Foucault), 보들리야르(Baudrillad)를 들 수 있다. 따라서 이들의 연구가 사회과학 연구에 어떤 방법론적 시사점과 아이디어를 제시했는지를 이해하기 위해서는 이들의 원전을 읽는 것이 도움이 될 것이다.

그러나 그들의 연구 아이디어들을 연구방법론과 관련하여 새로운 탐구영역으로 확장시킨 것은 미국을 중심으로 한 사회과학 연구방법론 분야의 학자들이다. 이들은 프랑스 학자들이 저술한 책의 아이디어들을 근거로 하여 포스트모더니즘이 단순히 철학으로서 머무르는 것이 아니라 인간연구와 사회연구에 어떠한 방법적 통찰력을 제시할 것인지를 고민했고 그 결과로서 다양한 연구업적을 남겨 주었다(Lather, St. Pierre, Harding, Denzin and Lincoln). 그러한 결과로서 덴진과 린컨(Denzin and Lincoln, 2000)은 포스트모더니즘이 질적연구의 변화와 발달에 심중한 영향을 끼쳤음을 인정하고 있다. 그 예로서 세 번째 단계(탈장르적 연구방법), 네 번째 단계(표현의 위기), 다섯 번째 단계(실험적 글쓰기)가 모두 포스트모던의 기본 전제와 깊게 관련되어 있다고 강조했다.

이 절에서 포스트모더니즘이 질적연구에 어떤 영향과 공헌을 끼쳤는지를 모두 소개할 수는 없다. 그러한 논의는 또 다른 형태의 학술적 주제가 될 것이다. 이에 이 절에서는 저자가 개념화시킨 포스트모더니즘의 질적연구에의 기여를 크게 세 가지 점에서 살펴보고자 한다. 이 주제와 관련해서는 제2장에서 더욱 구체적으로 공부할 수 있을 것으로 생각한다.

첫째, 표현의 위기(crisis of representation)라는 은유가 나타내는 것처럼 연구에 있어서 우리가 신뢰할 수 있는 단 한 가지 확실한, 객관적인 방법은 존재하지 않는다는 신념을 알려 주었다. 이에 과거에 진실에 도달하는 유일한 방법으로 간주되었던 자연과학에 기초한 탐구모델의 의존에서 벗어나 자연과학 이외의 학문 분야에서 사용되는 연구방법과 표현방법에 대한 탐구와 차용이 확대되기 시작했다. 그 결과, 자연과학, 인문학, 사회과학 사이에 존재하는 엄격한 학문적 경계의 개념이 의문시됨으로써, 연구를 조직하는 일반적인 패러다임 형식이 더 이상 가능하지 않다는 의식이 일반화되기 시작했다(Marcus and Fisher, 1986, p. 8). 이에 한 가지 학문에서 이용되는 연구방법이 갖는 권위와 합법성이 상실되고, 따라서 인문학 또는 자연과학에서 이용되는 연구방법이 인간의 경험을 연구하는 사회과학 연구에서 사용될 수 있다. 인간의 경험과 세계는 간학문적 방법으로 기술될 수 있으며 다원적 표현양식으로 전달될 수 있다(Richardson, 1992, 1994; Van Maanen, 1988).

둘째, 포스트모더니즘은 질적연구자로 하여금 실재 표현의 위기와 관련된 질문을 제기하게 한다. 즉, 포스트모더니즘에서 간주하는 연구자(인간, 개인)의 이미지는 과거의 모더니즘 시대와 실증주의 연구 패러다임에서 가정하던 연구자의 이미지와 크게 다르다. 과거 시대에 연구자는 객관적인 진실을 추구하고 찾을 수 있는 합리적 존재, 이성적 존재로 간주되었다. 따라서 연구자가 도출 또는 만들어 내는 이론과 연구 결과의 객관성에 대해 한 점의 의심 없이 수용되었다. 이에 비해 포스트모더니즘에서 전제하는 인간관은 이와 크게 달라서 연구자는 합리적이지도, 이성적이지도, 객관적이지도 않다. 연구자는 근본적으로 자신이 살아온 여러 가지 문화적 배경과 삶의 철학 속에서 현실을 바라보는 매우 불완전한 존재이다. 모자철학이 가장 적절한 비유라고 할 수 있을까? 자신의 주관성과 위치성(젠더, 종교, 성 취향, 인종, 국가, 이념 등)에 따라서 현실을 바라보고 아울러 그러한 이데올로기 속에서 연구를 수행하고 답을 도출해 낸다. 따라서 연구자가 만들어 내는 연구 결과는 만족할 수 있는 객관적 활동의 최종 산물이 아니라 제한점과 주관적 해석을 내포하고 있는 '분석과 해체가 필요한 문제적 대상'일 뿐이다. 문화적으로 영향을 받고 다양한 주관성에 영향을 받는 존재로서 인간이 하는 연구(질적연구)는 근본적으로 객관성을 보장할 수 없기 때문에 기존의 실증주의 연구처럼 연구의 과정과 결과를 '극대화된 객관성의 상품'이 아니라 '무엇이 잘되었고 무엇이 잘못되었는지를' 방법적으로 분석하고 비평해 가는 자기반성의 과정이 된다.

이러한 문제제기는 우리가 그 동안 아무런 비평 없이 받아들여 온 연구의 객관성에 대해 근본적으로 문제를 제기한다. 연구자가 객관적일 수 없으며 다양한 문화적 영향을 받는 사회적 존재라고 할 때, 과연 그런 연구자에 의해 이루어진 연구는 과학적 또는 객관적이라고 할 수 있을까라는 질문을 하게 한다. 그리고 그러한 질문은 주관적이라고 폄하되어 온 질적연구뿐만 아니라 객관적이라고 주장되어 온 양적연구 모두에 적용될 수 있다. 우리의 사유가 문화적으로 제한을 받고 있고 우리가 사용하는 언어가 차연(deference)의 특징을 통해 연구 대상과 개념을 정확하게 표현할 수 없다고 할 때, 우리는 과연 우리의 연구 결과와 표현이 얼마나 실재의 재현에 가깝게 다가갔다고 주장할 수 있을까? 그리고 우리의 연구는 얼마나 객관적이라고 주장할 수 있을까? 우리는 이와 같은 숙제를 풀어야 할 것이다. 이러한 문제제기에 양적연구자와 질적연구자 모두 관심을 가져야겠지만 양적연구자들의 관심이 없는 상황에서 질적연구자들은 '언어'를 가지고 놀이하는 질적연구에서 과연 우리는 얼마나 실재에 대해 가깝고 정확하게 표현할 수 있을까라는 질문에 주요한 관심을 가지고 연구에 임해야 할 것이다.

그리고 이러한 포스트모던의 아이디어들(지식의 상대성, 연구자의 위치성 등)은 연구자뿐만 아니라 독자들에게 자신이 읽고 있는 질적연구 작품에 대해 보다 비평적이고 해체적인 태도로 분석할 것을 요구한다. 즉, 연구자가 이룩해 놓은 연구물에 대해 단순히 과거 실증주의 시대에 했던 것처럼 '진실' 또는 '확실한 결과'로서 수용할 것이 아니라 이 텍스트가 어떠한 연구자(저자)의 개인적, 사회적, 문화적 배경 속에서 영향을 받고 만들어졌는지를 추적하고 기록하고 분석하는 해체적 작업을 요구하게 만든다. 그리하여 독자는 단순한 자극-반응의 기계론적인 입장에서 텍스트를 자극으로서 그리고 그 텍스트에 대한 느낌과 새로운 사실의 이해를 반응으로서 이해하는 수동적인 존재가 더 이상 아니다. 대신에 독자는 연구자가 제시한 텍스트에서 어떠한 점에서 연구 참여자의 세계와 실재들이 특정한 방식으로 구현되고 재현되고 있는지를 분석하도록 요구한다.

텍스트의 해체로 인해 결국 실증주의 패러다임에서 성립되었던 연구자와 독자 간의 위계적, 불평등적 권력관계에서 벗어나 연구 속에서 연구자와 연구 참여자의 관계가 과연 얼마나 평등하게 구현되고 있는지, 또는 연구자가 자신이 연구하는 연구 주제와 타인으로서 연구 참여자의 실재를 어떤 방식으로 표현하고 있는지를 생각하면서 읽는 노력이 필요하다. 즉, 독자와 저자는 연구 작업의 과정과 결과 표현의 측면에서 '주체와 타자'의 위계적 관계를 제거하기 위해 다음과 같은 질문들을 할 수 있다.

(1) 연구자의 정치적, 문화적 입장은 무엇인가?
(2) 누구의 관점과 목소리가 연구 해석과 결과에 영향을 끼치고 있는가?
(3) 연구자는 자신의 목소리와 권위를 다소 누그러뜨리기 위해 연구 참여자의 존재와

그들의 목소리를 어떤 다른 방식으로 텍스트에 구현하도록 노력하고 있는가?

이러한 해체적 질문들을 제기하는 포스트모더니즘은 질적연구의 이론화에서 앞에서 설명한 질적연구의 여덟 가지 지적 전통의 역할과는 다른 차원에서 질적연구에 기여를 하고 있다. 즉, 기존의 지적 전통들이 질적연구를 더 잘할 수 있도록 그리고 다양한 방법으로 할 수 있는 실제적인 통찰력과 기법들 또는 방법적 세련화에 대한 아이디어들을 제공해 주었다면, 포스트모더니즘은 연구자로 하여금 질적연구에 있어서 재현, 해석, 글쓰기에 대해 새로운 시각과 방법을 탐구하기를 요구한다는 것이다. 그것은 바로 우리 인간/사회과학 연구에서 인간이 하는 과학적 행위와 활동들에 대해 과거 '실증주의가 실수로 범해 버린 문제(모든 연구를 과학적인 결과로 제시하는 또는 포장하는 행위)를 노출시키고 인간연구는 근본적으로 불완전하며, 객관적일 수 없으며, 특정한 문화적 환경과 권력 속에서 만들어지는 구성적 결과'라는 점을 인식시켜 준다. 그리고 그러한 인식은 우리의 연구(양적연구든 아니면 질적연구든)가 진정으로 의미 있게 이루어질 수 있도록 그리고 인간의 주관성이 연구에 어떻게 개입되고 있는지를 연구자와 독자들에게 인식시킴으로써 진정한 의미에서 연구 결과와 표현이 얼마나 객관적일 수 있는지, 어떤 점에서 문제들이 있을 수 있는지를 탐색하고 비평하게 만드는 역할을 한다. 그리고 그러한 자기반성과 해체적 활동이야말로 우리가 일반적으로 이야기하는 '객관적인 연구'의 목표를 달성시킬 수 있는 보다 진실한 인간적인 방법이 될 수 있다.

연구자가 지닌 인간으로서의 문제점과 주관성을 노출시키고 독자로 하여금 그 텍스트를 읽게 하는 것은 어쩌면 연구 과정에서 나타나거나 개입된 연구자의 숨겨진 의도, 실수, 계획된 주관성, 미사여구로 대체되고 있는 연구의 문제점을 진정으로 이해하지 못하고 텍스트를 읽게 하는 것보다 더 객관적인 연구 활동이라고 평가할 수 있을 것이다. 우리 모두가 아는 것처럼, 대부분의 양적연구에서 연구자는 '연구의 제한점'의 영역을 두어서 독자와 비평가가 제기할 수 있는 '연구에 대한 모든 문제점들'을 읽기 시작할 때부터(연구의 제한점은 제1장에 쓰게 되어 있다) 인식하지 못하고 규명하지 못하도록 방해하는 글쓰기를 하고 있다. '연구의 제한점'을 두어서 가능한 모든 문제점들에 대해 탐색할 수 없고 비판하지 못한다면 그 연구는 아무리 객관적으로 이루어졌다 할지라도 객관적이라고 주장하기는 어렵다. 그러한 점에서 실증주의 패러다임 아래서 연구하는 양적연구자들이 자신들의 연구 과정에 개입된 인간적, 비과학적, 의도하지 못했던 연구자의 주관적 측면과 의도들을 나중에라도 밝히는 것이 포스트모더니즘을 공부하든 하지 않든 간에 더 과학적이고 합리적인 연구 행위가 되지 않을까 생각한다. 그러한 점에서 우리의 모든 연구 활동에 내재해 있는 언어, 표현, 재현, 글쓰기 등에 대한 포스트모던적 질문들은 우리에게 어떻게 써야 할 것인가, 어떤 다른 방법으로 써야 할 것인가, 그리고 무엇이 가능하게 쓰여질 수 있을 것인가, 우리의 연구 참여자들(타자들)을 가장 잘 표현할 수 있는 방법은 무엇인가, 나의 언어는 얼마나 오만하고 오염되어 있으며 권위적인가에 대해 생각하면서 현장 작업을 하고 글을 쓸 것을 요구한다.

수업활동 및 토의내용

1. 이 장에서 소개한 질적연구의 지적 전통 중에서 자신에게 가장 맞는 또는 자신이 가장 마음에 드는 지적 전통이 무엇인지를 선택하여 설명해 보자. 그리고 그러한 선택을 하게 된 이유가 어디에 있는지를 이야기해 보자.

2. 이 장에서 소개한 질적연구의 지적 전통을 공부한 다음 각 지적 전통이 질적연구의 이론적 형성과 완성에 기여한 점이 무엇인지를 논의해 보자. 예를 들면 '문화기술지 탐구영역'은 질적연구의 성장에 어떤 학문적 개념과 방법, 아이디어를 제공했는지를 생각해 보자.

3. 전 세계의 질적연구자들은 실증주의의 해악으로 인하여 교육학 탐구가 오직 수치와 통계로 실천되어 왔다고 비판해 왔다. 그리고 그러한 역사적 폐해로부터 탈실증적 연구 패러다임의 새로운 개척과 확산을 위해 다양한 학문적, 이론적, 방법론적 아이디어를 차용하려고 노력하고 있다. 최근의 문헌을 공부하면서 새롭게 등장하고 있는 질적연구의 학문적 전통이나 연구방법은 없는지를 인터넷이나 아마존 검색을 통해 알아보자. 나아가 자신은 이 장에서 설명한 학문적 전통 이외의 영역을 공부하여(또는 전공이었기 때문에) 새로운 학술적 전통이나 방법적 이론화를 시도할 용기가 있는지를 생각해 보자.

참고문헌

고창규(1996). 수업에서의 의사소통과정에 대한 문화기술적 연구. 고려대학교 대학원 박사학위논문.

공병혜(2004). 간호연구에서의 현상학. 철학과 현상학연구, 23, 151-178.

김광억(1986). 한국사회연구와 인류학적 방법론-민족지적 접근을 중심으로. 서울대학교 사회과학연구소, 8(1), 131-157.

김병성(1998). 교육사회학: 학교사회의 탐구. 서울: 양서원.

김병성(2002). 교육사회학 이론신강: 거시·미시적 관련이론. 서울: 학지사.

김열구 역, 루스 베네딕트 저(1977). 문화의 패턴. 서울: 까치글방.

김영철(1998). 문화개념의 교육학적 해석. 한국교육인류학회, 1(1), 1-19.

김윤식·오인석 공역, 루스 베네딕트 저(2006). 국화와 칼. 서울: 을유문화사.

김천기(2003). 교육의 사회학적 이해. 서울: 학지사.

류의근(2002). 현상학이란 무엇인가. 신라대학교 인문과학연구소, 7(1), 71-91.

문옥표 역, 클리퍼드 기어츠 저(1998). 문화의 해석. 서울: 까치글방.

손민호(2001). 수업맥락에 대한 이해와 교실상호작용. 한국교육인류학회 추계학술대회. 29-63.

손민호(2004). 사회구성주의와 수업연구의 방법론적 탐색. 교육인류학연구, 7(1), 37-72.

신경림 외(2004). 질적연구방법론. 이화여자대학교출판부.

신경림 외 역(1994), van Maanen 저. 체험연구-해석학적 현상학의 인간과학 연구방법론.

오만록(2009). 교육사회학. 서울: 동문사.

유명기 역, 아야베 쓰네오 저(2009). 문화인류학의 20가지 이론. 서울: 일조각.

윤택림(2004). 문화와 역사연구를 위한 질적연구방법론. 서울: 아르케.

이남인(2003). 현상학과 해석학. 서울: 서울대학교출판부.

이남인(2005). 현상학과 질적연구방법. 철학과 현상학 연구, 24, 91-121.

이동성(2008). 학문적 전통에 따른 담화분석의 이론적 특성 분석. 교육인류학연구, 11(2), 29-52.

이동성(2009). 초등학교 교실수업의 문화적 특징과 전개형태에 대한 해석적 연구. 부산대학교 대학원 박사학위논문.

이두연(2001). Bronfenbrenner의 미시-거시 환경 변수와 아동의 집단 따돌림과의 관계. 한국교원대학교 교육대학원 석사학위논문.

전경갑 외(1987). 교육과 현대사조. 서울: 성원사.

전경수(2001). 말리노프스키의 문화이론-맥락론에서 기능론으로. 한국문화인류학회, 34(1), 3-27.

정재철(1997). 수용자 연구방법론으로서의 민속지학에 대한 논의. 한국방송학회 학술대회 논문집, 3-19.

조정수(2010). 교육의 질적연구방법론. 서울: 경문사.

최귀순(2005). Strauss와 Glaser의 근거이론방법론 비교. 정신간호학회지, 14(1), 82-90.

최도림 · 권향원(2010). 근거이론적 방법의 이론화 논리에 대한 이해. 2010. 행정학 공동학술대회발표논문집.

최석영 역, 에반스 프리차드 저(1994). 인류학과 식민지. 서울: 서경문화사.

한경구 · 임봉길 공역, M.S. Garbarino 저(1997). 문화인류학의 역사. 서울: 일조각.

한전숙(1984). 현상학의 이해. 서울: 민음사.

한전숙(1992). 생활 세계적 현상학. 철학과 현상학 연구, 5, 15-37.

홍재호(1985). 현장교육연구의 개선을 위한 질적인 연구방법의 탐구: 문화기술적 방법을 중심으로. 학생지도연구, 14집. 공주사범대학 학생지도연구소.

Acker, S. (Ed.). (1989). *Teacher, gender and career*. New York: Falmer Press.

Anderson. E. (1999). *Code of the street*. New York: Norton: 1999.

Baker, P. (1973). The life histories of W. I. Thomas and Robert E. Park. *American Journal of sociology* 79: 243-161.

Baker, S. (1966). *The complete stylist*. New York: Crowell.

Blumer, H. (1969). *Symbolic interactionism: Perspective and method*. Englewood Cliffs, NJ: Prentice-Hall.

Bonvillain, N. (2002). *Langue, culture, and communication: The meaning of messages*. 한국사회언어학회(편) (2004). 문화와 의사소통의 사회언어학. 서울: 한국문화사.

Bronfenbrenner, U. (1976). The experimental ecology of education. *Educational Research* 5(1): 1-4.

Bryant, A. & Charmaz, K. (2010). *The SAGE Handbook of Grounded theory*. SAGE.

Bulmer, M. (1984). *The Chicago School of Sociology*. London: Chicago Press.

Burke, P. J. (1991). Identity processes and social stress. *American Sociological Review*, 56(6), 836-849.

Carspecken, P. (1996). *Critical ethnography in educational research*. New York: Routledge.

Cazden, C. B. (1988). *Classroom discourse: The language of teaching and learning*. Portsmouth, NH: Heinemann.

Charmaz, K. (2006). *Constructing grounded theory*. SAGE Publications Ltd.

Coulon, A. (1995). *Ethnomethodology: Qualitative research methods* Volume 36. Coulon, J. & Kaz, J. (Trans.).

Sage Publications.

Creswell, J. W. (1998). *Qualitative inquiry and research design: Choosing among five traditions.* 조흥식 외(역) (2005). 질적연구방법론: 다섯 가지 전통. 서울: 학지사.

Eckert, P. (1989). *Jocks & burnouts: Social categories and identity in high school.* New York: Teachers College Press.

Ellis, C. (1991). Sociological introspection and emotional experience. *Symbolic Interaction* 14: 23-50.

Finders, M. (1997). *Just girls: Hidden literacies and life in junior high.* New York: Teachers College Press.

Fonow, M. M., & Cook, J. (1991). Back to the future: A look at second wave of feminist epistemology and methodology. In M. M. Fonow & J. Cook(Eds.), *Beyond methodology: Feminist scholarship as lived research. Bloomington,* IN: Indiana University Press, pp. 1-15.

Foster, M. (1992). African American teachers and the politics of race. In K. Weiler(Ed), *What schools can do; Critical pedagogy and practice.* Albany, NY: State University of New York Press, pp. 93-127.

Garfinkel, H. (Ed). (1986). *Ethnomethodological studies of work.* Routledge & Kegan Paul.

George, R. A., & Jones, M. O. (1980). People studying people: *The human element in fieldwork,* Berkeley: University of California Press.

Gergen, K. J. (2005). *An invitation to social construction.* London: Sage Publications.

Glaser, B. G. & Strauss, A. (1967). *The discovery of grounded theory.* Chicago: Aldine.

Glaser, B. G. (1978). *Theoretical sensitivity.* Sociology Press.

Hammersley, M., and Atkinson, P. (2002). *Ethnography: Principles in Practice.* NY: Routledge.

Hardng, S. (Ed.). (1987). *Feminism and methodology.* Blooming, IN: Indiana University Press.

Haviland, W., Prins, H., Walrath, D., McBride, R. (2008). *Cultural Anthropology: the Human Challenge.* Belmont: Thomson Higher Education.

Hughes, E. (1934). Institutional office and person. *American Journal of Sociology* 43: 404-413.

Magoon, A. J. (1977). Constructionist approaches to educational research. *Review of Educational Research,* 47.

Mead, G. H. (1932). *Philosophy of the present.* LaSalle, IL: Open Court Press.

Michael Lewis & Tanja Staehler (2010). *Phenomenology An Introduction.* NY: Great Britain.

Middleton, S. (1987). Schooling and radicalization: Life histories of New Zealand feminist teachers, *British Journal of Sociology of Education* 8(2): 169-189.

Oakley, A. (1981). Interviewing women: A contradiction in terms, In H. Roberts(Ed.), *Doing Feminist Resaerch*(pp.30-62). London: Routledge.

Reinharz, S. (1992). *Feminist methods in social research.* New York: Oxford University Press.

Schegloff, E. A. & Sacks, H. (1973). Opening up closings. Semiotica, 7(4), 289-327.

Shaw, C. (1966). *The jack roller*(2rd ed.). Chicago: University of Chicago Press.

Strauss, A & Corbin, J. (1990). *Basics of qualitative research: Grounded theory procedures and techniques.* Newbury Park: CA: Sage.

Sutherland, E. (1937). *The professional thief.* Chicago: University of Chicago Press.

Van Dijk, T. A. (Ed) (1985). *Handbook of discourse analysis(vol.1): Disciplines of discourse.* Academic Press Inc.

Wadsworth, Y. (2001,June). What is Feminist Research. Paper presented at the Feminism and Participatory

Action Research Conference at Boston College, Boston.

Wadsworth, Y., and Hargereaves, K. (1991). Waht is feminist research? Action Research Issues Association. conference paper. Boston College.

Woods, P. (1983). *Sociology and the school: An interactionist viewpoint.* London: RKP.

연구 패러다임과 질적연구

질적연구는 기존의 실증주의 연구 패러다임에 대항하여 나타난 새로운 연구 패러다임이다. 그러한 점에서 과학철학의 관점에서 기존의 실증주의와 대비하여 실증주의에 저항하는 담론으로 제시된 탈실증주의 패러다임의 관점에서 이해할 필요가 있다. 그렇게 했을 때 질적연구가 기초하는 인식론, 방법론, 가치론과 존재론을 쉽게 이해할 수 있다. 이러한 이유 때문에 구미의 질적연구방법론 개론 수업에서 가장 공통적으로 많이 다루는 초기 주제들 중의 하나로 '연구 패러다임이란 무엇인가' 그리고 '질적연구 패러다임에는 어떤 연구 전통이 있으며 기존의 연구 도그마였던 실증주의 패러다임과는 어떤 차이점이 있는가?'를 논의하는 것이다.

이 장에서는 질적연구를 사회과학 탐구의 한 패러다임으로서 간주하고서 패러다임의 담론체계 안에서 질적연구가 어떤 특징을 가지고 있는지를 설명하려고 한다. 이에 레더(Lather)가 개념화한 사회과학 연구 패러다임 차트에 기초하여 연구 패러다임을 실증주의와 탈실증주의로 구분하고 다시 탈실증주의 패러다임 아래 해당하는 세 가지 연구 패러다임(모두 질적연구라고 간주되고 있음)의 특징과 지향점이 어떻게 다르고 공통적인지에 대해 살펴보고자 한다. 질적연구가 단순히 숫자에 대립되는 언어와 이야기를 가지고 연구하는 방법이 아니라 세계와 인간을 바라보는 보다 넓고 근원적인 입장을 가지고 있다는 점을 이해하게 될 것이다.

1. 쿤의 관점: 패러다임 개념의 정립

쿤(Khun, 1970)은 그의 유명한 저서 ≪The Structure of Scientific Revolution≫에서 처음으로 패러다임이라는 용어를 소개하면서 이를 학술적으로 설명하는 선도적인 역할을 시도했다. 그는 패러다임을 한 시대의 과학적 가설, 법칙, 이론, 믿음, 실험의 총체로 정의했다. 즉, 패러다임이란 세계가 어떻게 질서를 이루고 있는지, 무엇이 지식인지, 만약 지식을 얻을 수 있다면 어떻게 그 지식을 얻을 수 있는지의 여부에 대한 실로 총체적인 사고의 방식인 것이다(Khun, 1970). 쿤은 그가 개념화시킨 용어인 패러다임을 잘 설명하기 위해 먼저 과학혁명이 어떻게 일어나는지, 과학 세계에서의 급격한 변화는 어떤 특징을 가지고 있는지를 우리가 알고 있는 산업혁명 또는 이데올로기 혁명에서 '혁명'이라는 용어에 빗대어서 비교, 설명하고 있다.

쿤에 따르면, 과학혁명은 기존에 학자들이 신뢰하고 활용해 왔던 특정한 패러다임이 무너지고 새로운 패러다임을 수용하는 과정에서 나타나는 과학적 행위에 대한 새로운 개념 체제를 재구성하는 과정을 의미한다. 그의 대표적인 예로서, 기존과는 다른 새로운 아이디어나 물품을 만들어 낸 발명가, 또는 기존의 부족을 떠나 새로운 지역을 찾아 떠나는 원시인처럼, 과학 분야의 학자들 역시 자신들이 정설로 믿었던 이론이나 연구방법이 특정한 어떤 현상을 만족스럽게 설명해 주지 못하거나, 설명을 틀리게 하여, 또는 기존의 신념체계로는 설명하기 어려운 새로운 현상이 나타나게 되면 학자들 역시 문제해결을 위한 과정으로서 과거에는 진실로 받아들였던 해결 방법(패러다임)을 의문시하고, 의심하고 나아가 더 나은 설명체계(패러다임)가 있을 것이라는 이상 아래서 새로운 관점이나 연구체계를 창조하거나 차용하게 된다는 것이다. 그리고 이러한 특정 과거의 패러다임에의 몰입에서 새로운 패러다임으로의 전이는 합리적 사유의 과정이라기보다는 종교적 개종에서 나타나는 신념의 변화 또는 세계관의 변화처럼 논리적이기보다는 비합리적이고 정의적인 것이라고 했다. 그리고 이러한 변화의 과정은 그 시대의 새롭게 등장한 과학적 담론에 대한 학자들의 정의적, 집단적 관심을 반영한 것이라서 과학적 지식 창출의 방법에 대한 변화의 과정은 매우 상대적인 특징을 지닌다고 비유했다.

쿤에 의해 촉발된 '패러다임'이라는 개념은 과학에 몸담고 있는 많은 분야의 학자들에게 크게 호응을 받았고 일련의 과학자들(과학철학자들)로 하여금 그렇다면 한 현상을 바라보는 특정한 시각 또는 이데올로기로서 '패러다임'을 구성하고 있는 주요 요소에는 어떤 것들이 있는지를 규명하는 작업을 시작하게 되었다(Denzin & Lincoln, 1994; Guba & Lincoln, 1994; Hatch, 2002). 그 결과 일련의 학자들은 세상을 바라보는 새로운 시각 및 방법론으로서 패러다임의 주요 구성요소들을 다양하게 제시했는데 그 주요한 내용을 요약하면 다음과 같다.

패러다임의 네 가지 요소

항목	주요 질문
존재론	• 실재는 존재하는가? • 우리의 삶에서 과연 존재하는 것이 있기는 있는가?
인식론	• 우리는 어떻게 알 수 있는가? • 실재가 있다면 우리는 그 실재를 어떻게 인식할 수 있는가? • 실재(앎의 대상)와 인간(알려고 하는 연구자)의 관계는 무엇인가?
방법론	• 실재가 존재한다면 우리는 그 실재를 어떻게 획득할 수 있는가? • 지식은 어떤 방법을 통해 획득되고 이론화될 수 있는가?
가치론	• 이 연구 행위는 어떤 점에서 가치로운가? • 연구 행위는 우리의 삶과 복지에 어떻게 기여할 수 있는가?

패러다임을 구성하는 첫째 요소는 존재론(ontology)이다. 이것은 근본적으로 우주, 즉 실체, 삶, 사물의 본질에 대해 탐구한다. 그렇기 때문에 존재론은 다음과 같은 질문을 제기한다. 과연 존재하는 것이 있는가? 있다면 그 존재의 본질은 무엇인가? 또한 세상 속에서 인간 존재의 본성이 무엇인가? 지식이나 진리를 찾는 데 그것은 어디에 있는가? 결국, 패러다임에서 존재론 문제는 생성소멸(生成消滅)하는 세계 안의 모든 존재자를 어떤 의미에서 존재한다고 보는가 또는 존재하지 않는다고 보는가와 관련된 문제를 다룬다. 즉, 무언가의 존재 여부에 대해 어떤 관점을 갖느냐에 따라 패러다임은 달라지게 되는 것이다. 예컨대, 실증주의에서는 실재가 존재한다고 가정하지만, 후기실증주의에서는 인간 탐구의 제한점 때문에 우주의 고유한 질서는 결코 완전하게 알려질 수 없다고 가정한다.

패러다임의 둘째 구성요소는 인식론(epistemology)이다. 이것은 패러다임에서 지식이나 인식의 본질·기원·근거·한계 등을 탐구한다. 그렇기 때문에 인식론에서 다루는 문제는 다음과 같은 질문들이다. 지식의 본질이란 무엇인가? 지식의 기준은 무엇인가? 어떤 수단과 방법에 의해 오류를 극복하고 지식에 도달할 수 있는가? 이러한 지식을 다루기 위한 인식은 무엇인가? 인식 주체는 세상을 어떻게 아는가? 그 기본 형태는 어떠한가? 무지에서 지식으로, 하나의 인식에서 더 깊은 다른 인식으로 나아가는 것은 어떤 법칙에 의해 가능한가? 알 수 있다면 앎의 주체와 앎의 대상의 관계는 무엇인가? 결국, 패러다임에서 인식론은 존재하는 것에 대해 나름대로 파악해 낼 수 있는 지식에 관한 문제를 다룬다. 이는 곧 인식이 성립하는 기원, 인식의 과정이 취하는 형식과 방법, 진리라는 것이 무엇을 의미하느냐에 따라 우리가 논의하고 있는 패러다임이 달라지게 된다는 것을 말해 주고 있다.

패러다임의 셋째 구성요소는 방법론(methodology)이다. 이것은 패러다임에서 적절한 지식창출과 그 정당화를 위한 방법, 그 기법에 대한 문제를 다룬다. 따라서 방법론은 세상에 대한 지식을 획득하는 최선의 수단에 초점을 둔다. 즉 방법론이란 지식을 획득하기 위한 일련의 준비 단계에 대한 고찰이라고 할 수 있다. 그 결과, 정보의 수집, 저장, 분석, 표현에 사용되는 기법에 대한 절차, 정의, 설명을 포함하고 있다. 방법론은 구체적이고 명시적인 방법을 서술하지는 않지만 몇 개의 포괄적인 구조로 구성된다. 특히, 방법론은 과정에 대한 서술이다. 그리고 철학 이론, 아이디어의 개념에 대한 일관성 있는 수집을 포함하기 위해 확장될 수도 있다. 왜냐하면 그것은 특별한 학문이나 탐구 분야와 관련되기 때문이다. 결국, 방법론은 단순히 일련의 방법이나 절차를 의미하는 것이 아니라 그 이상을 언급한다. 또한 그것은 구체적으로 명시된 방법과 관련된 특별한 연구의 기저에 있는 이론적 원리나 철학적 가정을 언급한다. 이러한 이론적 원리나 철학적 가정에 따라 패러다임은 달라지게 되는 것이다.

패러다임의 넷째 구성요소는 가치론(axiology)이다. 패러다임에서 가치론은 가치의 본질, 가치 인식의 문제, 가치와 사실의 관계 등을 다룬다. 가치론의 근본 문제는 다음과 같은 것이다: 무엇이 선인가? 사람들은 어떠한 방식으로 선과 악을 구별하며 평가하는가? 선은 어디서 기원하는 것이며 그 본질은 무엇인가?

그러한 점에서 가치론은 우리가 객관적이라고 간주하는 연구 행위 또는 과학행위에 우리 인간의 가치가 과연 개입되어야 하는지 아니면 개입되어서는 안 되는지, 또는 연구의 패러다임에 따라서 연구자의 가치가 어떻게 개입되고 있는지를 분석하는 데 도움을 준다. 나아가 근본적으로 제기해야 하는 질문, 우리는 연구자의 가치(선입견, 주장, 과학적 신념, 또는 지향점 등)가 연구 패러다임에 따라서 어떻게 개입되고 반영되고 또는 거부되는지에 대한 근본적 탐구를 하도록 요구한다. 그로부터 우리는 중립성을 요구받는 과학적 활동에 우리의 가치로부터 자유로울 수 있는지, 아니면 연구는 우리의 가치를 반영하는 가치내재적 활동이어야 하는지에 대한 다양한, 갈등적인 입장에 대해 탐구하도록 요구한다.

2. 하버마스의 '인간의 관심': 세 가지 연구 패러다임의 개념화

쿤이 패러다임의 개념을 제시하고 그 학술적 중요성을 우리에게 알려 주었다면, 그러한 개념을 자연/사회과학 탐구와 관련시켜 일련의 연구 패러다임이 어떻게 존재할 수 있는지, 그리고 우리가 자연/사회과학 연구를 할 때 어떤 연구 패러다임에 의지하여 연구하는지를 처음으로 이론화시킨 학자가 바로 하버마스(Habermas)이다. 그는 그의 유명한 저서 ≪Knowledge and Human Interests≫(1972)에서 처음으로 연구 패러다임의 세 가지 형태를 제시했는데 이러한 분류는 그 이후의 많은 과학철학자들 그리고 연구 패러다임의 이론화에 관여한 학자들의 심층적인 연구에 지대한 영향을 끼쳤다.

하버마스는 기본적으로 우리의 연구 활동(학문활동)이 인간이 가지고 있는 관심을 반영한 결과라고 전제하면서 우리 인간에게는 크게 세 가지의 과학적 관심이 존재한다고 제시했다: 기술적 관심, 실천적 관심, 해방적 관심. 그리고 그러한 세 가지의 관심이 역사적으로 인간으로 하여금 다양하게 학문분야, 영역, 학문의 세계를 개척하게 하는 자극제가 되었다고 주장했다. 예를 들면 어떤 학자들의 연구 행위는 특별히 실제적 관심이 강하여 그 쪽 관심이 학문으로 승화된 것이라고 주장했다. 그리고 이러한 개별 학자들의 과학적 관심의 구체화와 확산으로 인하여 소위 말하는 대학에서의 다양한 학문들이 발전되고 나타났다고 믿었다. 그 한 가지 예로서 역사학은 인간의 상호작용적 관심을 충족시키고 반영한 학문이며, 여성학이나 남성학은 인간의 해방적 욕구를 표현한 학문영역이라고 가정할 수 있다.

하버마스가 제시한 인간이 가지고 있는 관심 세 가지는 첫째, 자연 지배에 대한 '기술적(technical) 관심', 둘째, 상호작용 참여에 대한 '실천적(practical) 관심', 셋째, 지배와 억압으로부터 벗어나 자율적인 삶을 추구하려는 '해방적(emancipatory) 관심'이다(Habermas, 1972: 308). 이를 간단히 정리하면 다음과 같다.

하버마스의 '인간의 관심'에 따른 패러다임

인간의 관심	구현된 패러다임	의미
기술적 관심	경험분석적 과학	인간의 주요한 삶에 대한 관심은 자연을 통제하고 지배하려는 데 있다.
실천적 관심	역사해석학적 과학	인간의 주요한 관심은 타인들과의 상호작용을 통해 자기와 문화를 이해하는 데 있다.
해방적 관심	비판지향적 과학	인간의 주요한 관심은 일상생활과 노동세계에서 만들어지는 지배와 피지배의 불평등한 구조와 권력관계를 비판하고 억압된 개인들을 그러한 속박으로부터 해방시키는 데 있다.

인간의 첫 번째 관심은 기술적인 것이다. 인간 활동과 노동의 영역에서 이러한 인간의 관심은 자연을 통제하고 지배하려는 연구 활동과 작업으로 구현된다. 우리가 잘 아는 것처럼 이러한 욕망이 가장 잘 드러나는 학문은 바로 경험/분석적 과학 분야일 것이다. 자연과학의 모든 학문들이 이 범주에 속한다. 대표적으로는 물리학을 들 수 있으며 이외에 공학, 천문학, 생물학, 화학, 기계학 등을 들 수 있다. 하버마스에 따르면 인간의 기술적 관심이 표출되는 경험분석적 과학하는 행위는 인간의 생존 과정에 필수적으로 요구되며, 자연에 대해 기술적으로 유용한 정보를 획득하려고 노력한다. 그리고 그러한 정보의 획득은 자연과학에서 많이 활용되고 있는 실험, 관찰, 통제된 상태에서의 연구 대상에 대한 경험적 데이터에 대한 분석을 통해 이루어진다.

인간의 두 번째 관심은 실천적인 것이다. 실천적 관심은 역사해석적(historical-hermeneutic) 과학으로 나타난다. 이것은 상호행위 영역에서 상호이해와 자기이해의 가능성을 보존하고 확장하려는 관심이다. 기술적 관심이 물질적 삶의 차원에서 노동을 통한 자연 지배의 의도와 관련 있다면, 실천적 관심은 또 하나의 인간 삶의 차원, 곧 사회문화적 삶의 차원에서 상호주관적 이해의 성취와 관련 있다(Habermas, 1972). 대표적으로 해석학, 현상학, 구성주의, 민속학, 사회학, 인류학, 역사학을 비롯하여 대부분의 인문/사회과학 학문을 그 예로 들 수 있다. 이러한 학문들에서 추구하고 탐구하는 행위의 목표는 인간 자신 또는 인간 집단에서 형성되고 구성되는 경험의 세계와 그 의미를 이해하는 것이며 이를 위해 연구자들은 새로운 개념, 모델, 지적 구조나 이론을 만들려고 노력한다.

하버마스는 이 두 번째 인간적 관심의 특징을 설명하기 위해 딜타이(Dilthey)의 정신과학(Geisteswissenschaft) 방법론을 소개하고 있다. 딜타이는 정신과학을 인간의 역사적, 사회적인 삶이 표현된 상징체계를 분석하는 과학이라고, 넓게 말해 인간의 문화 현상을 연구하는 학문이라고 했다. 이러한 정신과학은 현실에 대한 '설명'을 연구 목적으로 삼는 자연과학과 대비하여 인간들의 삶의 사회적, 역사적 의미를 이해하는 데 연구 목적이 있는 것이다. 때문에 이러한 정신과학의 연구 행위에 깔려 있는 중요한 전제는 객관화된 현실의 파악이 아니라 오히려 현실을 드러내는 상호주관적 이해의 보전이다. 그러므로 실천적 관심은 객관적 지식이라기보다는 사회적으로 구성된 지식, 주관적 이해를 나타내는 지식을 창조하는 것을 목적으로 한다. 아마도 그룬디(Grundy)의 다음 문장이 이 관심을 가장 잘 대표하고 있다고 생각한다: "실천적 관심의 근본 문제는 의미에 대해 합의된 해석에 바탕을 둔 상호작용을 통해 현실을 이해하는 것이다"(Grundy, 1987: 14).

인간의 세 번째 관심은 해방적인 것이다. 해방적 관심은 비판적(critical) 과학으로 표현된다. 이 관심은 노동과 상호행위의 영역에서 지배와 이데올로기에 의해 야기되는 인간의 왜곡된 경험과 자기이해로부터 벗어나려는 데 있다. 때문에 이 관심에는 자신의 구속과 지배를 구조화시키는 권력과 관계가 무엇인지를 규명하려고 하는 자기반성과 사유가 중요한 개념으로 자리 잡고 있다. 하버마스는 해방적 관심을 다음과 같이 설명하고 있다.

> 내 생각에 반성의 해방적 힘을 경험한다는 것은 주체가 자신의 발생의 역사에서 자신을 투명한 상태로 경험하게 된다는 것을 뜻한다. 반성의 경험은 내용적으로는 형성 과정의 개념 속에서 드러나며, 방법적으로는 이성과 이성에의 의지가 강제 없이 동일화되는 출발점이 된다. 자기반성 속에서, 인식을 목적으로 삼는 인식은 성숙에 대한 관심과 일치한다. 왜냐하면 반성의 실행은 자기 자신을 해방 운동으로 알기 때문이다. 동시에 이성은 이성에 대한 관심 아래에 있다. 이성은 반성의 실행 그 자체를 목적으로 삼는 '해방적 관심'을 따른다고 말할 수 있다(강영계 역, 1983: 243-244).

따라서 해방적 관심은 "삶의 실천, 즉 체계적으로 훼손된 교제의 조건들, 그리고 외견상 정당한 억압의 조건들 아래에서 비로소 성립한 '대상 영역'과 이론적 지식과의 연관성을 확보"(강영계, 1983: 328-329)하는 것과 관련 있다. 인간의 이러한 세 번째 관심은 인종, 사회계층 및 성별 요인으로 인한 강제와 제약을 벗어나 인간 자신의 권리와 실존감을 회복하려는 연구 행위로 나타나는데, 대표적인 학문영역으로는 맑시즘, 네오맑시즘, 페미니즘, 실천지향적 연구(패러다임 차트에 있는 목록 외에 우리가 학문이라고 규정하는 대학의 전공, 즉 해방신학, 남성학, 여성학 등이 좋은 예가 됨) 등이 있다.

3. 레이더의 역할: 네 가지 패러다임 차트의 완성

레이더(Lather, 2007)는 앞에서 살펴본 하버마스(1972)의 인간의 세 가지 관심에 기초한 연구 활동, 그리고 학문 세계의 이해에 근거하여 인간/사회과학 분야에서의 연구 패러다임에 어떤 것들이 있을 수 있는지를 체계화시키기 시작했다. 이미 다른 학자들에 의해 세 가지 관심에 기초한 세 개의 연구 패러다임에 대한 논의는 많이 있었지만 레이더는 이 기존의 전통을 벗어나 하버마스의 세 가지 패러다임에 '포스트모더니즘'이라는 새로운 네 번째 패러다임을 연구 패러다임으로 인정하고 이론화하는 선도적인 역할을 하게 되었다. 그리고 그 패러다임의 이름을 '포스트구조주의와 포스트모더니즘' 패러다임이라 칭했다(다음 내용에서 저자들은 이 개념 전체를 포괄하는 용어로 포스트모더니즘을 사용함).

사회과학 패러다임의 이론화에 대한 레이더의 열정은 1991년 유명한 저서 ≪Getting Smart≫에서 처음 소개되었고, 2006년 QSE special issue에서 더욱 정교해졌다. 레이더는 세계적으로 유명한 하버마스의 세 가지 패러다임 차트에 자신이 네 번째 패러다임을 포함시키는 것이 다소 부담스러웠는지(사실 필자 중의 한 사람이 1990년 그녀의 수업 중에 하버마스의 허락을 받았는지를 질문했다) 여러 논문들에서 왜 포스트모더니즘이 네 번째 패러다임으로 포함되어야 하는지를 각주를 통해 상세하게 설명했고, 하버마스 역시 그러한 자신의 결정에 동조할 것이라는 문장을 첨가했다. 이러한 선구자적 작업으로 과학철학자는 아니지만 교육학 분야의 질적연구방법론자로서 레이더는 구미의 많은 연구 저서들에서 인정을 받았으며, 자신 역시 패러다임과 관련된 논쟁과 이론화에서 '포스트모더니즘' 패러다임 이론화의 대가의 한 사람으로서 많은 강연과 발표를 하고 있다.

레이더는 네 번째 연구 패러다임으로서 포스트모더니즘의 대표적 개념을 해체로 제시했다. 그녀에 따르면 해체는 "우리 자신의 범주들과 틀들을 우연적이고 조건적이며 부분적으로 구성하는 방식으로 지배적인 의미 체계들에 도전하고 기술"하려는 것이다(1991: 1). 즉, 포스트모더니즘과 포스트구조주의가 가정하고 추구하는 근대의 확실성과 진리, 자아, 본질, 실재, 의미, 역사의 소재지인 주체의 개념을 비판적으로 회의하고 거부하는 것을 뜻한다. 해체에 대한 카푸토의 다음 설명은 그 개념을 파악하는 데 좋은 예가 될 듯하다. '해체'에 대한 자세한 설명은 '패러다임 4: 포스트모더니즘'에서 제시할 것이다.

> 해체의 의미와 임무는 텍스트, 제도, 전통, 사회, 신조, 실제 등의 사태들이 명확한 의미와 결정적인 임무로 규정되는 것이 아니고 항상 특정한 사항 그 이상을 제시하며 이들이 현재 가지고 있는 테두리를 초월함을 보여 주는 것이다. 하나의 특정한 '의미'나 '임무'라고 할 때 이는 호두알과 같은 작은 껍데기 안에 여러 사태들을 하나로 내포하고 함축하여 엮어 놓는 방식인 반면, 해체는 이 모든 노력을 바꾸어 이 껍데기를 깨며 규제들을 초월하여 그러한 모든 집합들을 분산시키는 과정이라 볼 수 있다(Caputo, 1998: 31-32).

다음 표는 레이더가 인간/사회과학 탐구의 연구 패러다임을 네 가지로 구분하고 각 범주에 속할 수 있는 학문 영역을 구체적으로 제시한 것이다. 이 표를 읽으면 앞에서 소개한 하버마스의 패러다임의 이론과 세 가지의 과학 형태를 쉽게 잘 이해할 수 있고, 그 다음으로 포스트모더니즘의 패러다임이 기존의 범주들과 어떻게 다른지를 알 수 있을 것이다. 표에 따르면 연구 패러다임은 크게 실증주의와 탈실증주의로 구분되어 있고 탈실증주의 패러다임의 하위 영역으로서 해석주의, 비판이론, 포스트모더니즘이 있다.

현대 사회과학의 네 가지 패러다임

예측	이해	해방	해체	Next?????

실증주의
• 혼합방법론
	해석주의
	• 자연주의
	• 구성주의
	• 현상학
	• 민속학
	• 상징적 상호작용
		비판이론
		• 네오맑시즘
		• 페미니즘
		• 비판종족이론
		• 실천지향적 연구
		• 프레리안 참여주의
		  적 실행 연구
		• 게이와 레즈비언
		  이론
		• 비판문화기술
			포스트구조주의 &
			포스트모더니즘
			• 포스트식민주의
			• 포스트비판주의
			• 포스트포드주의
			• 퀴어이론
			• 장애 연구
			• 담론분석
			• 민족-페미니스트
			  포스트구조주의
			• 포스트패러다임
			  디아스포라
			• 포스트후의 모든 것
				네오실증주의
				• 네오패러다임
				• 시민연구
				• 참여적 대화 정책
				  분석
				• 포스트 이론
				• 포스트후의 포스트

　　나아가 위 표는 앞에서 소개한 패러다임을 바라보는 기준(패러다임의 구성요소들)을 근거로 하여 각 패러다임이 다른 패러다임들과 어떤 차이점이 있는지를 명료하게 설명해 주는 아래 표를 명세화하는 역할을 해주었다. 아래 표는 앞에서 설명한 패러다임의 주요 구성요소(존재론, 방법론, 인식론, 가치론)에 비추어 네 가지 패러다임이 어떻게 다른지를 보여 준다.

네 가지 패러다임의 개념적 이해

구성요소	실증주의	해석주의	비판이론	포스트모더니즘 및 포스트구조주의
존재론	소박한 실재론:실재는 인간의 지각과는 별도로 독립적이고 객관적으로 존재	상대주의: 본질적으로 고유하고, 다양한 실재가 존재	역사적 실재론:사회, 정치, 문화, 경제, 민족, 인종, 성에 대한 가치들에 의해 형성된 가상적 실재로서 시간의 흐름에 따라 구체화	객관적 실재 및 보편성을 부정하면서 그 대신에 다양성, 차이, 타자를 강조
인식론	실제로 세계는 어떻게 질서를 이루고 있는가, 앎의 주체는 앎의 대상과 구별	인간 구성으로서의 지식: 연구자와 참여자는 이해를 상호구성	주관적이고 정치적인 지식: 연구자의 가치체제 안에서 탐구	알려진 '진리'의 거부: 연구자는 있는 그대로를 통해 세계를 고찰
방법론	실험, 유사 실험, 조사, 조작, 가설의 검증과 반증	자연주의적 질적 방법(해석적/변증법적)	변형적 탐구(대화적/변증법적)	해체, 고고학, 계보학, 데이터기반, 다층적 연구

네 가지 패러다임의 개념적 이해 (계속)

구성요소	실증주의	해석주의	비판이론	포스트모더니즘 및 포스트구조주의
연구 목적	예측	이해	해방	해체
최종 산출물	사실, 이론, 법칙, 예측	사례연구, 내러티브, 해석, 재구성	현존하는 권력 구조에 도전하며 저항을 촉진하는 기 중재적 비평들	해체, 계보학, 반성적·다층적 텍스트

4. 네 가지 패러다임의 구조적 특징

앞 절에서는 인문/사회과학 탐구의 네 가지 패러다임에 대해 간략하게 소개했다. 그 소개를 통해 네 가지 패러다임의 주요 내용이 무엇인지를 살펴보았다. 그러나 이 패러다임의 용어와 활용은 학자들에 따라서 다르게 표현되고 있거나 다르게 해석되고 있는 실정이다. 그 예로서 해치(Hatch, 2002)는 패러다임의 유형을 (1) 실증주의, (2) 후기실증주의, (3) 구성주의, (4) 비판적/페미니즘, (5) 후기구조주의로 구분했고, 덴진과 린컨(Denzin and Lincoln, 2000)은 포스트모더니즘과 여성해방론(feminism) 등을 포괄하는 비판적 패러다임을 기존의 패러다임들에 대한 저항과 재해석으로 규정했다. 아울러 탈실증주의를 후기실증주의라는 용어로 대신 사용하면서 탈실증주의를 실증주의에 반하는 주의(ism)가 아니라 뒤 그리고 다음(next)이라는 뜻으로 나타내기도 한다. 나아가 우리 연구자들이 수용하기는 힘들지만 패러다임의 종류를 후기실증주의(postpositivism), 비판이론(critical theory), 해석주의(interpretivism)로 제시한 학자들까지 있다(Cupchik, 2001; Greene, Benjamin, & Goodyear, 2001; Guba, 1990). 그럼에도 불구하고 우리 연구자들은 레이더의 구분이 여러 패러다임에 대한 구분과 특징을 가장 잘 나타내고 있다고 평가한다. 따라서 그녀의 구분에 근거하여 이 절에서는 네 가지 패러다임의 주요한 특성과 내용을 조금 더 자세하게 소개하고자 한다.

이를 위해 저자들은 윌리스, 조스트, 닐라칸타(Willis, Jost, Nilakanta, 2007: 72)가 제시한 다음의 일련의 평가기준을 차용하여 각 패러다임이 무엇을 지향하는지, 어떤 특징이 있는지를 구체화하고자 한다: (1) 실재의 본질, (2) 연구의 목적, (3) 수용되는 자료의 유형과 연구의 방법론, (4) 수집된 자료로부터 얻어진 의미와 그 유형, (5) 연구와 실행의 관계성. 이러한 차이점과 고유성에 대한 규명 작업은 연구 패러다임들을 개별적으로 이해하는 데 도움을 줄 것이며 이 책의 목적인 포스트모더니즘이 연구 패러다임으로서 기존의 연구 패러다임들과 어떤 차이가 있는지를 분명히 이해하는 데 기여할 것으로 생각한다.

패러다임 1: 실증주의(Positivism)

실증주의는 레이더(2007; 1991)의 사회과학 탐구 패러다임의 종류 중에서 첫째에 해당한다. 이 실증주의 범주에 들어가는 연구 전통 또는 학문 분야로는 다음과 같은 영역들이 있다: 혼합방법(mixed method), 신실증주의(neo-positivism), 논리실증주의(logical positivism), 분석철학(analytic philosophy), 법실증주의(legal positivism). 실증주의의 패러다임이 추구하는 핵심 개념은 '예측'이다. 예측은 절대적인 진리를 밝힐 수 있는 실험, 탐구, 조작 등 과학적 방법에 의해 사물의 원인, 이유, 본질 등을 탐구하려는 것이다. 그렇기 때문에 실증주의는 주의를 기울여 표본을 추출하고 실험을 설계하여 일반화 가능한 연구 결과를 얻어 내려고 노력한다.

실증주의는 우리가 잘 알고 있는 것처럼, 콩트(Comte)가 1830~1842년에 쓴 여섯 권의 ≪실증철학강의(Course de philosophie)≫에서 유래했다(Crotty, 1988: 19). 때문에 자연과학 및 사회과학에서 지난 400여 년간 공식적인 담론을 지배해 왔고, 일반인들에게 가장 표준적인 과학적 기준으로서 받아들여지고 있는 실정이다. '실증'이라는 용어가 나타내고 있는 것처럼 실증주의에 내재된 세계관의 핵심은 우리의 세상과 삶에는 도달할 수 있는 절대적인 진리가 있으며, 그 절대적인 진리를 밝히기 위해 우리 연구자들은 '과학적 발견의 논리(the logic of scientic discovery)'(Popper, 1970)를 따라야 한다는 것이다. 즉, 실험, 탐구, 조작에서 정립된 가설통계 검증과정을 거쳐 이론을 확인하려고 시도하며 논란의 여지가 없는 명확한 탐구 방법을 활용하고자 한다.

이러한 실증주의 연구 패러다임의 특징을 정리하면 다음 표와 같다(Willis, Jost, & Nilakanta, 2007: 72).

실증주의 패러다임의 특징

특징	경험주의(Empiricism) 또는 실증주의(Positivism)
실재의 본질	• 사람 마음의 외부
연구의 목적	• 보편적인 법칙을 찾는 것
수용되는 방법과 자료	• 과학적인 방법 • 객관적인 자료
자료의 의미	• 실재의 거울 • 발전된 이론으로 이용
연구와 실천의 관계	• 분리된 활동 • 실천의 안내로서 연구

첫째, 실증주의는 인간의 지각과는 별도로 독립적인 질서를 이루는 객관적인 우주가 존재한다고 가정한다(Willis, Jost, & Nilakanta, 2007). 실증주의에 기초한 모든 탐구의 가정은 우리의 의식 저편에 주어져 있는 것과 존재하는 것을 찾아내는 것이며 이와 같은 경험적 사실을 벗어난 영역에서 행해지는 일체의 물음은 불필요한 것으로 간주한다(이지만, 2004: 288). 때문에 연구를 위한 많은 법칙들이 외부의 실재에 대한 연구자의 주장을 더 객관적으로 입증할 수 있도록 만들어지게 되었다. 이를 위해 연구의 표현과 용어들은 '실제 세계'를 매우 정확하게 표현하기 위해 고안되고 정교해졌다. 실제 세계의 본질과 문제를 구체화하는 방법과 관련하여 뉴웰과 시몬(Newell & Simon, 1972)이 표현한 것처럼, 실증주의 연구자들은 의미 있는 모든 문제들을 명확하고 확실한 방법으로 해결해야 한다고 가정한다.

둘째, 실증주의는 인간의 의식의 작용과는 무관하게 작용되는 의미 있는 실상을 다룬다. 세계는 질서 정연하며, 그러한 질서는 발견 가능하다는 것이다. 사실 세계는 그 참된 본질에 관한 신호를 계속 발산하고 있으며, 과학의 역할은 불변의 진리를 파악하는 것이다(Hatch, 2002). 그래서 실증주의 패러다임의 연구 목적은 시간과 맥락을 초월하여 일반화할 수 있는 지식의 보편적 법칙을 발전시키는 것이다(Borland, 1990; Guba, 1981; Lincoln, 1988; Willis, Jost, & Nilakanta, 2007). 이 보편 법칙은 다양한 많은 상황에 적용될 수 있는 신념, 개념, 사상 등을 말한다(Willis, Jost, & Nilakanta, 2007). 실증주의 연구자들은 어떤 장소와 시간에도 정당하고 모든 사람들에게 일반화힐 수 있는 진리를 찾기 위해 연구한다(Park & Raylene, 2005). 이를 위해 연구자는 연구하는 대상과 객관적 거리를 유지해야 하며 연구자와 연구 대상 간의 거리는 독립적이고 상호 영향을 끼치지 않는다.

셋째, 실증주의 패러다임이 수용하는 연구방법은 주의 깊은 측정과 조작, 통제이다. 명제적 가설의 경험적 검증을 토대로 한 연역적 모형이 주로 사용된다. 실험, 유사 실험, 상관관계 연구 및 조사 등이 폭넓게 사용된다. 정교한 표집과 통계적 기법을 적절히 사용하여 신뢰도, 타당도 및 일반화를 보장한다(Hatch, 2002). 때문에 좋은 연구란 설계와 자료의 분석 모두를 위해 확실하고 객관적인 기준 아래서 이루어질 수 있다고 가정한다. 아마도 비엔나 학파의 주장처럼 진리를 발견할 방법으로 과학적 방법(scientific method)이 유일한 대안으로 간주되고 있다. 이 학파의 창립자 중의 한 사람인 카르나프(Carnap, 1934)의 말처럼, 좋은 연구를 구성하기 위한 기준이 보편적이어야 한다면, 물리학에서부터 역사학과 인류학에 이르기까지 모든 분야의 기초연구와 응용연구에도 동일한 기준이 적용되어야 한다는 믿음이 있다.

또 실증주의는 연구에 있어서 가치 참여나 가치 판단을 강조하지 않는다. 연구의 목적은 사실들을 분석하고 묘사하는 것이어야 하며 주체인 연구자는 감각을 통해 들어오는 요소들을 수동적으로 받아들여 분석하여 묘사만 해야지 그 어떤 주관적인 판단을 해서는 안 된다고 요구한다. '가치로부터의 자유'라는 표현은 실증주의를 대변하는 대표적 은유인데 가치를 인간의 주관적인 편견이라 생각하며 '편견으로부터의 자유'라는 의미가 연구의 모든 기저에 깔려 있다(유형식, 2001).

넷째, 자료의 의미에 관해서, 실증주의는 과학적 연구를 통해 진짜 사물이 존재하는 방식을 발견할 수 있다는 입장을 취한다. 만약 연구를 충분히 수행해서 그것이 이론을 입증한다면, 이론은 세계의 진정한 본질을 반영하고 있다고 확신할 수 있다는 것이다. 이것은 때때로 진리의 대응설(correspondence theory)이라고도 한다. 즉, 어떤 판단이나 관념이 사실과 일치하면 진리라고 보는 것이다. 이때 자료는 연구자의 해석으로부터 자유로운 그 자체만을 대변함으로써 실재를 비추는 거울이라고 할 수 있다. 그리고 그러한 자료는 이론과 독립적으로 작용하기 때문에 객관적인 자료들을 수집하고 분석하여 최종적인 하나의 멋있는 '이론'을 생성해 낼 수 있다고 한다. 즉, 자료는 이론에 오염되지도 않으며 연구자의 편견과 주관성으로부터 상호 배타적이다.

다섯째, 실증주의는 연구와 실천이 근본적으로 다르다고 가정한다. 전문적 실천은 본질적으로 주관적인 활동이다. 따라서 그러한 활동을 하는 교사 또는 심리학자 등은 전문적 실천으로서 좋은 연구를 수행하기 어렵다. 그렇기 때문에 좋은 연구는 객관적인 연구자에 의해 매우 엄격하고, 잘 통제된 조건 아래서 수행되어야 한다. 즉, 실험, 탐구, 조작 등 논란의 여지가 없는 명확한 접근 방법을 통해 연구가 수행되어야 한다. 이에 따라 우리가 연구자의 역할을 수행하기 위해서는 전문적인 실천가의 역할로부터 벗어나야 한다. 연구자의 역할은 관찰하고 측정하여 보편적인 법칙을 찾아야 한다. 여기에서 연구자는 연구 대상과 개인적으로 연루되거나 관계 맺음으로 인해 연구 자료에 오차를 초래하거나 영향을 미치지 않도록 주의해야 한다. 즉, 연구자의 객관성과 중립성이 가장 중요한 관심사이다(곽영순, 2009: 58). 연구자가 찾아낸 보편적인 법칙은 실천을 안내하기 위해 그것을 이용하게 될 다른 사람들에게 알려지게 될 것이다. 실증주의 패러다임에는 연구와 실천 사이에 본질적으로 내재되어 있는 위계관계가 있다. 연구는 실천하게 될 전문가들이 따르게 될 실천의 규칙을 만들어 내는 것이다(Willis, Jost, & Nilakanta, 2007: 78).

패러다임 2: 해석주의(Interpretivism)

해석주의는 레이더(2007; 1991)의 사회과학 탐구 패러다임의 종류 중에서 두 번째에 해당한다. 이 해석주의의 범주에 들어가는 연구 전통 또는 학문 분야로는 다음과 같은 영역들이 있다: 자연주의(naturalistic), 구성주의(constructivist), 현상학(phenomenological), 문화기술지(ethnographic), 상징적 상호작용(symbolic interactionist), 해석학(hermeneutics), 민속방법론(ethnomethodology). 구성주의 패러다임이라고도 불리는 이 패러다임은 다수의 실재들(realities)이 있을 수 있음을 주장하면서 상대주의적 존재론을, 연구자와 연구 대상들이 지식과 이해를 공동으로 창조해 나간다고 주장한다. 또 주관주의적 인식론을, 그리고 연구방법과 절차에 있어서는 자연주의적 입장을 취한다(곽영순, 2009).

해석주의 패러다임이 추구하는 핵심 개념은 '이해'이다. 이해는 연구자가 어떤 행위속의 의미, 즉 특정한 행동이 무엇을 의미하는지 또는 행위자가 무엇을 하는지에 대해 연구자 나름대로 해석을 내리는 것이다. 구성된 다수의 실재를 이해하기 위해 연구자들은 연구 대상들이 그들의 실제 세계에 대해 지니고 있는 견해와 지각에 대해 이야기를 나누고 상호작용하게 된다. 연구에서 연구자와 참여자는 상호 구성의 과정에서 하나가 된다. 이러한 관점에서 연구자가 연구 참여자와 분리되어 객관적이 된다는 것은 불가능하며 바람직하지도 않다. 연구자가 무엇보다 인간 행위를 이해하기 위해서는 행위자의 내부로부터의 주관적인 의식 또는 의도를 파악할 필요가 있다. 이러한 이해와 해석의 과정에서는 감정이입을 통한 행위 주체와의 일체화가 수반되도록 노력해야 한다. 여기서 연구자는 사전에 지니고 있던 지식이나 편견이 연구과정 및 해석과정에서 어떻게 영향을 미치는지에 초점을 두게 된다(Denzin & Lincoln, 2000).

이러한 해석주의 연구 패러다임의 특징을 정리하면 다음 표와 같다(Willis, Jost, & Nilakanta, 2007: 95).

해석주의 패러다임의 특징

특징	해석주의(Interpretivism)
실재의 본질	• 사회적으로 구성되는 것
연구의 목적	• 이해를 투영해 보는 것
수용되는 방법과 자료	• 객관적, 주관적 연구방법 모두 허용
자료의 의미	• 이해를 상호 맥락적인 것으로 봄 • 자료를 보편적이고 절대적인 것으로 가정하지 않음
연구와 실천의 관계	• 통합된 활동

첫째, '실재의 본질'에 대해 실증주의자들이 고정불변의 측정 가능한 실제 세계가 인간과는 독립적으로 존재한다고 전제하는 반면, 해석주의자들은 실재와 진실이 사회적으로 구성되는 것이라고 주장한다. 따라서 이 패러다임은 보편적이고 절대불변의 실재를 알 수 없는 세계로 가정하며, 개인적 관점 혹은 실재의 구성을 탐구 대상으로 한다. 실재는 추상적인 정신적 구성의 형태로 이해할 수 있는데, 이러한 구성은 경험에 기반하고 국지적이며 특수하다(Guba & Lincoln, 1994).

이 패러다임은 과학적 방법이 외부 세계에 대한 객관적인 인식 방법이라는 실증주의자들의 전제를 거부하고, 모든 연구는 기존의 이론과 연구자들의 세계관에 의해 영향을 받고 구체화된 것이라고 단언한다. 예컨대 연구의 용어, 절차, 자료는 일련의 학자들이 그 의미에 동의할 때만 의미를 갖게 된다. 그래서 연구는 사회적으로 구성되는 활동이고, 그 실재 또한 사회적으로 구성되는 것이다(Willis, Jost, & Nilakanta, 2007: 96). 나아가 이러한 구성의 과정에는 필연적으로 역사, 사회 및 문화적 차원이 개입하게 된다. 우리는 고립된 상태에서 우리의 해석을 구성하는 것이 아니라, 공유된 이해, 실천, 언어 등을 바탕으로 의미를 구성해 나간다. 해석주의자들은 해석의 문제에 있어서 진리란 없다고 말한다(Schwandt, 2001).

둘째, 해석주의 연구의 목적은 보편적인 법칙이나 규칙의 발견보다는 주어진 특정한 사회적 상황 속에서 다양한 참여자들이 그들 주변의 세상을 어떻게 구성해 내는지에 대한 상황이나 맥락을 이해하는 것이다. 해석주의자들은 "지식이란 상징적으로 구성되는 것이며, 객관적이지 않다. 세계에 대한 이해는 관습에 기초하며, 사실 그러한 진리는 우리가 그러하다고 동의하는 것이다"(Hatch, 1985: 161)라고 주장한다. 실증주의는 보편성을, 비판이론은 보편성의 실례로서 인종, 성별, 계층 등과 결부된 역사적인 상황에 처한 구조들을 찾고자 했다. 반면, 해석주의는 특정한 상호맥락의 의미를 찾는다. 해석주의 패러다임은 밖으로 드러난 행위 그 자체보다는 그러한 행위 이면에 놓인 행위자의 의미의 파악에 관심을 둔다. 때문에 실증주의에서 사용하는 연구방법에서 환원주의적 접근(인과관계의 가정을 중심으로 한 변인화, 계량화를 통한 인간 행위의 관찰 또는 실재에 대한 조작적 정의 등)은 이해에 도달하기 위한 적절한 방법이 되지 못한다(양진방, 1997). 그러한 이유로 해석주의 패러다임의 연구 설계에서는 심도 깊은 장기간의 참여가 불가피하며(곽영순, 2009: 64) 연구자와 연구 대상자가 실재를 구성하는 것은 오직 상호 연대를 통해 가능해진다(Misher, 1986).

셋째, 해석주의 패러다임은 자연주의적 질적연구방법을 수용한다. 이 방법에서는 연구자가 연구 참여자들의 세계를 이해하기 위해 자연스러운 환경에서 오랫동안 그들을 면담하고 관찰한다. 이때 해석학의 원리는 참여자의 관점에 대한 연구자의 해석적 상호 구성을 유도하는 데 사용된다. 이 패러다임에서는 "지식에 대한 특별한 권리나 올바른 경로는 없으며, 자동적으로 지적인 발전을 이끄는 특별한 방법 역시 없다"(Smith, 1993: 120)고 전제한다. 그렇기 때문에 해석주의자들은 연구를 안내하는 기준들에 관한 문제를 갖고 있지 않다. 그들은 그 기준들의 어떤 보편성도 믿지 않는다. 그것들은 특별한 집단이나 문화의 산물이다. 이 점이 바로 실증주의 관점과 근본적으로 대비된다. 그들은 단순히 사용된 기준이 무엇이든지 그것이 주관적이라고 받아들인다(Willis, Jost, & Nilakanta, 2007: 109).

해석주의자들은 실증주의자들이 사용한 양적인 방법의 거의 모든 형태를 받아들인다. 그러나 그들이 양적연구의 결과를 해석하는 방법과는 차이가 있다. 이때 양적연구는 이해를 위한 많은 잠재적인 자료들 중의 하나에 불과한 것이다. 또한 해석주의자들은 전문적인 실천의 반성적인 토론을 수용한다. 해석주의자들에게 있어 경험 있는 실천가들의 깊은 성찰은 지식과 이해의 중요한 자료이다. 관련 있는 경험을 가진 사람들의 이야기도 마찬가지이다. 바로 이 점이 실천가들의 성찰이나 개인적인 이야기를 일반적인 연구로 간주하지 않는 실증주의자들과 대비되는 점이다. 왜냐하면, 그것은 과학적이지도, 객관적이지도 않기 때문이다.

결국, 해석주의자들은 연구의 형식이 진정으로 객관적이라고 생각하지 않는다. 그들은 자료해석에 있어 맥락을 더 중요하게 생각하기 때문에 그것과 밀접한 관련이 있는 자료의 원천을 더 선호하는 경향이 있다. 객관성에 대한 요구의 포기, 맥락의 중요성에 대한 강조, 이 두 개의 근거 때문에 전문적인 실천적 지식은 때때로 맥락 밖에서 경험적 연구에 기초한 지식보다 우위에 있는 것으로 간주된다(Willis, Jost, & Nilakanta, 2007).

넷째, 해석주의 패러다임은 지식을 결코 객관적이거나 보편적인 것으로 받아들이지 않기 때문에 자료를 이해함에 있어 그 불가피한 역사성과 맥락을 인정한다. 자료를 다의적으로 이해하는 해석주의는 후기실증주의나 비판이론의 관점과 유사하다. 후기실증주의자들은 포퍼(Popper)의 반증이론(falsificationist theory)을 지지한다. 반증이론은 과학의 결과물인 일반명제의 진위(眞僞)는 그 자체로서 판단할 수 없고, 거기에서 도출되는 특수명제들을 입증하거나 반증함으로써 판단할 수 있다는 것이다. 또 비판이론가들은 맥락, 역사성 등이 자료를 이해하기 위한 본질적인 측면이라고 강조한다(Willis, Jost, & Nilakanta, 2007: 112). 이렇게 해석주의는 진실이 참인지 여부를 결코 확신할 수 없을 뿐만 아니라, 우리는 항상 문화와 개인적인 선이해(prejudices)를 바탕으로 하는 이해의 특정한 '지평(horizon)'에 위치해 있음을 인정한다(Christopher, Richardson &

Christopher, 2001: 12).

따라서 실증주의 연구가 우리에게 실재에 적용될 수 있는 추상적인 원리나 규칙을 제공하기 위한 이론을 찾는 것이라면, 해석주의 연구는 "실재의 다양한 전형(exemplar)에 바탕을 두고 연구의 실제적인 관례(tradition)를 표현한다"(Smith, 1993: 140). 이를 통해 해석주의 연구는 우리의 서로 다른 맥락과 상황에 대한 이해를 증진시킨다. 이때 우리의 이해는 성찰적이어야 한다는 점이다. 따라서 우리는 자신들의 고유한 실행 속에서 신중하게 결정해야 하고, 그 신중한 결정은 우리의 이해에 바탕을 두어야 한다.

다섯째, 해석주의 패러다임 연구에서 연구와 실천은 통합된 활동으로 간주한다. 크리스토퍼 등은 이 점을 다음과 같이 지적하고 있다.

> 해석학적 관점에서 사회이론은 실천의 형태이다. 심리학은 항상 인류복지를 지지하는 의무감으로 연구에 있어 중립적인 형태를 추구하는 주장을 받아들이기 위해 노력해 왔다. 하지만 철학적인 해석학과 다른 포스트모던 비평가들은 '무관심한 관찰자(disinterested observer)'의 사상이 어떻게 잘못 인식되고, 자기를 기만하며, 궁극적으로 사회과학을 피폐하게 만들었는지를 지적했다(Christopher et al., 2001: 21).

연구와 실천의 관계에 대한 논쟁은 지금도 계속되고 있지만, 쉽게 해결될 것 같지는 않다. 왜냐하면 그 다른 관점들이 패러다임이나 본질적인 신념의 차이에 기반하고 있기 때문이다. 하지만 해석주의 관점에서 우리의 인식, 공감, 신념은 우리가 만든 세계, 즉 '만들어진 세상(worldmaking)'에 바탕을 두고 있다.

따라서 연구는 주어진 사회적 상황 속의 다양한 참여자들이 그들 주변의 세상을 어떻게 구성해 내는지를 이해하고 해석해 내야 한다. 이를 위해 연구자들은 실천가들이 실제 세계에 대해 지니고 있는 견해와 지각에 대해 이야기를 나누고 상호작용해야 한다. 반면, 실천가들은 자신들이 처한 환경과 성찰적인 대화를 함으로써 자신들이 속한 실제 세계의 일부를 다시 구성해야 한다. 이를 통해 실천가들은 실재의 모든 기저를 이루고 있는 만들어진 세계의 암묵적인 과정을 드러낼 수 있을 것이다(Schon, 1987: 36).

패러다임 3: 비판이론(Critical Theory)

비판이론은 레이더(2007: 1991)의 사회과학 탐구 패러다임의 종류 중에서 세 번째에 해당한다. 그녀는 패러다임으로서 비판이론에 다음과 같은 연구 전통을 포함하고 있다: 여성해방론(feminism), 프레이리의 참여주의적 실행연구(Freirian participatory action research), 신마르크스주의(neo-Marxism), 실천지향적 연구(praxis-oriented), 게이와 레즈비언 연구 (gay & lesbian theory), 비판문화기술지(critical ethnography), 다문화주의(multiculturalism). 린컨과 구바(Lincoln & Guba, 1994)는 후기구조주의(poststructuralism)와 포스트모더니즘 (postmodernism)까지도 비판이론에 속한다고 주장했다. 그러한 주장에 대해 우리 연구자들은 인용을 통해 밝히기는 했지만 동의하지는 않는다.

해석주의 패러다임은 '해방'을 목적으로 한다. 해방은 인간의 자기계발과 자기 결정력을 제한하는 현재의 비합리적이고 불공정한 구조의 속박으로부터 사람들을 풀어 주는 것을 말한다. 비판이론은 사회 안의 지배적이고 억압적인 관계를 폭로하기 위해 현재의 이데올로기에 대한 비판을 필연적으로 주장한다. 그것은 불평등과 권력의 문제에 초점을 맞추고 있으며, 억압적 상황을 발생시키고 지속시키는 힘의 역학관계를 밝히고 변화시키는 것이다. 그래서 직접적으로 사회적 억압에 대항함으로써 연구에서 정치성을 표방한다. 비판이론 연구자들은 약자들과 권력을 공유하는 것을 넘어서 소수 힘없는 집단에 대한 연구의 통제를 종식시키고자 한다(이종규, 2006).

이러한 비판이론 연구 패러다임의 특징을 정리하면 다음 표와 같다(Willis, Jost, & Nilakanta, 2007: 83).

비판이론 패러다임의 특징

특징	비판이론(Critical Theory)
실재의 본질	• 물질과 사람 마음의 외부
연구의 목적	• 보편성을 대신한 지역의 힘의 관계성을 알아내고 억압에서 자율권을 부여하는 것
수용되는 방법과 자료	• 이데올로기와 가치에 기반한 주관적인 탐구: 양적이고 수용할 수 있는 질적 자료
자료의 의미	• 이념을 통한 해석: 이해시키고 해방시키는 데 사용
연구와 실천의 관계	• 통합적인 활동 • 실행의 안내로서 연구

첫째, 비판이론 패러다임은 외부적 실재를 받아들이지만, 그 외부적 실재를 밝히기 위한 노력이 객관적이라고 주장하지 않는다. 왜냐하면 비판이론가들은 물질적인 세계가 개인의 삶에 실제적 영향을 미치는 역사적인 상황의 구조에 의해 구성된다고 보기 때문이다. 이러한 구조는 자연적이고 불변적인 것으로 인식되며, 그러한 구조의 인식된 실제성

에서 기인하는 사회적 행동은 인종, 성별, 계층 등에 근거한 개인에 대한 차별적 취급으로 유도된다(Hatch, 2002). 그렇기 때문에 구바와 린컨(1994: 111)은 "이러한 구조는 통찰의 부재 속에서 실제인 것처럼 제한적이며 한정적이다"라고 비판하고 있다.

비판이론의 외부 실재는 실증주의에서 말하는 외부의 실재와 일반적으로 다르다. 예컨대, 실증주의자는 학생들에게 어떤 업무의 기술을 가르치는 새로운 방법의 영향을 연구할 것이다. 반면, 비판이론가는 기술 그 자체의 영향을 분석할 것이다. 예컨대, 페미니즘 학자는 여성의 삶의 기회에서 성별이 만드는 물적 차이를 폭로하는 데 관심을 가지며, 비판적 학자는 인종과 사회적 계층과 관련된 논점에 초점을 둔다. 따라서 비판이론가들은 어떤 기술이 정말 중요한지 그리고 그것들을 가르치는 것이 좋은지, 나쁜지에 대해 의문시할 것이다. 그들의 이러한 연구는 사회에서 필요한 개혁이나 혁신이 필요한 제도를 뒷받침하게 된다(Willis, Jost, & Nilakanta, 2007).

둘째, 비판이론 패러다임의 목적은 변화가 일어날 정치적 논쟁과 논의를 조성하는 것이다. 비판이론 패러다임은 그 용어에서 짐작할 수 있듯이, 다른 사람들을 희생시킴으로써 일부 사람들에게 특권을 주는 사회적 구조에 대해 비판적이다. 예컨대, 이 패러다임은 흔히 삼위일체로 비유되곤 하는 인종, 사회계층 및 성별 요인으로 인한 강제와 제약을 벗어나 권한을 회복하는 데 연구의 초점을 둔다. 비판적 연구의 명시적인 목적은 연구 참여자 및 다른 사람들의 태도, 신념, 사회적 상황을 변화시키는 것이다(Glesne, 1998). 비판문화기술자들은 실증주의가 강요한 구조적 법칙과 이론은 소외된 개인이나 집단에 적합하지 않으며, 나아가 사회정의의 문제도 적절히 다루지 못한다고 주장한다. 뿐만 아니라 해석주의 패러다임도 소외된 사람들을 돕기 위한 실천적 의제를 도출하기에는 충분하지 않다고 주장한다(Denzin & Lincoln, 2000).

비판이론 연구의 목적은 인종, 성별, 계층 등과 결부된 역사적인 상황에 처한 구조들 때문에 탄압받는 사람에 대한 의식을 고양시키는 것이다. 즉, 사회의 숨겨진 힘의 관계를 밝히고, 우리에게 그런 힘의 관계가 존재하고 있음을 깨닫도록 한다. 뿐만 아니라 그런 힘의 관계가 특정 집단의 권리를 빼앗는 반면, 다른 집단에게는 과잉 권력과 자원을 제공하고 있음을 각성시키고 있다(Willis, Jost, & Nilakanta, 2007: 85). 본질적으로 비판이론은 정치적 의제에 관여하며, 연구 참여자의 삶이나 체제를 바꿀 수 있는 실천 의제를 포함하는 비판적 계몽과 함께 비판적 해방을 연구의 근본 목적으로 하고 있다.

셋째, 비판이론 패러다임은 모든 연구의 본성에는 실용성에 근거한 가치 판단이 내재되어 있다는 인식론적 입장을 취하고 있다. 그 결과, 비판이론의 핵심이 방법론적이라기보다는 이데올로기적이기 때문에 이 패러다임의 연구는 방법의 범위에 한계가 없다. 하지만 비판이론가는 때때로 실증주의의 '객관적' 방법을 비판한다. 왜냐하면 그 방법들은 사람과 사회 현상을 사물이나 대상으로 취급하기 때문이다. 오히려 비판이론은 연구를 가치 내재적인 활동으로 간주한다. 이렇게 비판이론은 연구 과정의 모든 단계가 연구자의 가치와 신념에 기초하고 있다고 주장하기 때문에 거기에는 결코 '객관적인' 연구가 있을 수 없다(Willis, Jost, & Nilakanta, 2007).

모든 연구에는 가치가 개입되기 마련이지만, 비판적 연구자들은 그들의 가치를 명시적으로 드러내기 위해 연구를 한다고 주장한다. 그들은 연구가 가치체계에 의지할 뿐만 아니라 가치체계에 도전하기 때문에 연구 자체를 하나의 정치적 행동으로 본다(Glesne, 1998). 이들의 방법들은 '변형적'이라고 부른다. 이 방법들이 긍정적인 방식으로 참여자의 삶을 변형시키는 사회변화를 유도하는 연구자와 참여자 간의 대화를 필요로 한다는 점에서 그러하다(Carr, 1995; Giroux, 1988). 사회변화, 의식개혁, 실재변화 등을 목적으로 하기 때문에 연구는 정치적이며 윤리적이고 나아가 매우 가치지향적인 활동으로서 인정된다.

넷째, 비판이론 연구와 다른 패러다임, 특히 해석주의 연구는 자료가 해석되고 이해되는 방법에서 비슷하다. 비판이론과 해석주의는 종종 질적연구방법을 사용하지만 그 방식은 다르다. 해석주의자들이 질적 방법을 사용한다면, 그들은 '사물들이 존재하는 방식'을 알기 위해 연구를 수행할 것이다. 하지만 비판이론가들은 자료 자체가 중요한 의미를 지닌다고 보지는 않는다(Willis, Jost, & Nilakanta, 2007). 비판적 관점에서 자료의 해석은 신중한 분석과 성찰을 필요로 한다. 그 분석과 성찰의 목적은 '잘못된 의식과 이데올로기적 왜곡을 비판하거나 명백하게 밝히는 것'이다(Smith, 1993: 106). 왜냐하면 그들은 현재의 사회적, 정치적 체제가 실재를 왜곡하고 개인들에게 잘못된 의식을 갖도록 하여 그들이 사회의 실제 구조를 인식하지 못하도록 하기 때문이라고 생각하기 때문이다. "비판적 패러다임에서 경험적 자료나 이론의 가치는 억압받고 있는 연구 참여자의 해방에 기여하는 시사점 및 공헌도에 근거하여 평가된다"(곽영순, 2009: 68). 이러한 패러다임에서 우리는 단지 비판적 자기 성찰을 통해, 이러한 왜곡으로부터 우리 자신을 자유롭게 할 수 있고, 진정한 사회 해방으로 나아갈 수 있다. 따라서 비판적 전통에서 연구는 자기 성찰을 유도하고, 더욱 키우는 과정의 일부분이다. 그리고 그 성찰은 모든 시민에게 권력을 위임하는 사회로 나아가기 위한 필수적인 단계이다. 비판적 방법에 대해 좀 더 자세히 알고 싶다면, 기틀린(Gitlin, 1994), 모로우와 브라운(Morrow & Brown, 1994), 레이더(Lather, 1991) 등을 참고한다.

다섯째, 연구와 실천의 관계에 대해 비판이론가들은 몇 가지의 관점을 취한다. 실증주의자들과 달리, 비판이론가들은 특정한 상황에서 발생하는 학문이나 연구 분야를 강조하는 경향이 있다. 예컨대, 비판이론가들이 젠더에 대한 편견과 관련한 연구를 한다면, 그들은 교실, 공장, 대학 또는 조직과 같은 상황에서 연구하려고 할 것이다. 반면, 실증주의자들은 인위적인, 좀 더 통제적인 환경에서 그것을 연구하려고 할 것이다. 예를 들면, 실증주의자들은 대학의 심리학 실험실에서 젠더에 대한 편견을 연구할 것이다. 특정 상황에서 의미 있는 연구를 강조하는 비판이론가들은 무엇인가 아는 것을 넘어서 계속 실천하는 것을 강조한다. 또한 유용한 연구가 되기 위해서는 해방적인 것이 되어야 한다. 해방적인 연구는 개인과 집단을 억압과 통제로부터 자유로울 수 있도록 돕는다. 그러므로 비판이론가들은 연구와 실천을 분리된 활동이 아닌 상호 조화로서 보는 관점을 취한다(Willis, Jost, & Nilakanta, 2007).

패러다임 4: 포스트모더니즘(Postmodernism)

포스트모더니즘은 레이더의 사회과학 탐구 패러다임의 종류 중에서 네 번째에 해당한다. 그녀는 패러다임으로서 포스트모더니즘 안에 다음과 같은 연구 전통을 포함하고 있다: 포스트구조주의(poststructuralism), 포스트식민주의(postcolonialism), 포스트비판주의(postcriticalism), 포스트포드주의(post-Fordist), 퀴어이론(Queery theory), 장애 연구(disability studies), 담론분석(discourse analysis), 민족-페미니스트 포스트구조주의(race-feminist poststructuralism), 포스트패러다임적 디아스포라(postparadigmatic diaspora), 포스트 모든 것(post-everything).

포스트모더니즘 패러다임은 '해체(deconstruction)'를 목적으로 한다. 해체는 서구의 전통적인 동일성의 철학이 가정하고 있는 절대 진리의 개념을 탈구축하고 재창조하려는 것이다. 때문에 포스트모더니즘은 우리가 앞에서 설명한 여러 가지 패러다임들의 전제와 가정을 거부한다. 예컨대, 포스트모더니즘은 객관적 현실의 존재를 부정하고, 예측과 인과적 설명의 가능성에 의문을 제기하며, 엄밀한 과학적 절차와 기준 및 방법론 대신에 해체와 특정한 실재를 문제화하는 계보학이라는 대안을 제시한다.

사회과학 연구에서 포스트모던 패러다임은 근대 과학적 방법론, 보편적 논리 구조적 심급에 대한 비판이 핵심이다. 포스트모더니즘은 객관적 현실의 존재를 부정하고, 예측과 인과적 설명의 가능성에 의문을 제기하며, 엄밀한 과학적 절차와 기준 및 방법론 대신에 해체와 해석이라는 대안을 제시한다. 예컨대, 포스트모더니즘은 현실에서의 주변성(marginality), 특이성(uniqueness), 특수성(particularity), 패러독스(paradox), 다원성

(multiplicity), 애매성(ambiguity), 불확실성(uncertainty) 등의 측면을 부각시킬 수 있는 방법에 관심을 가진다. 결국, 포스트모더니즘은 사회과학의 정식화들을 전면 해체하고 있다. 즉 포스트모더니즘의 해석과 해체의 방법론은 근대의 사회과학적 패러다임, 즉 개념, 가정, 철학적 전제를 근본적으로 문제시하고 있다. 그 정도와 비판 영역이 확장되고 있어 교육학뿐만 아니라 사회과학의 많은 영역에 지각변동을 초래하여 지형이 새롭게 그려지고 있다. 교육학과 교육과정을 포함한 사회과학 영역에서 포스트모더니즘의 존재론, 인식론, 방법론, 가치론 등은 많은 논쟁과 전환의 계기를 마련했다.

이 패러다임의 특징을 정리하면 다음 표와 같다.

포스트모더니즘 패러다임의 특징

특징	해체주의(Deconstruction)
실재의 본질	• 사회적으로 구성되고 정의된 것
연구의 목적	• 해체와 재구성
수용되는 방법과 자료	• 해석과 자기반성 • 주관적인 자료
자료의 의미	• 상호텍스트성: 기존 이데올로기의 해체와 타자성(Otherness)에 대한 관심을 부각시키는 데 사용
연구와 실천의 관계	• 의존적이고 통합된 활동

첫째, 포스트모더니즘은 서양의 형이상학이 줄곧 추구해 온 실재 자체를 부정한다. 객관적 실체 및 보편성을 부정하면서 대신에 다양성, 차이, 타자를 강조한다(김형효, 2005). 때문에 진리, 이성, 논리가 특정한 사회와 문화 안에서 구성되는 것이라고 본다. 의미를 특정한 문화와 사회적 맥락 안에서 이해하기 때문에 실재는 다중적이다. 따라서 개인적인 해석이 중요하며, 객관적인 실재는 존재하지 않는다. 이제 지식이란 외부 세계의 실재 모습 그대로를 반영할 수 있을 때만이 참지식이라는 모더니즘이 지배하던 신념은 거부되고, 그 대신 포스트모더니즘에서는 실재 또는 진실이란 사회적으로 구성되고 정의된 것이라는 관점으로 대체된다(곽영순, 2003: 32-33).

포스트모더니즘에서 진리와 실재는 삶의 경험을 통한 우리 자신의 주관적인 인식으로 이해하는 의미에 있는 것이다(Grbich, 2003). 포스트모더니스트들에 따르면, 실재의 본질이란 개개인이 사건에 의미를 부여함으로써 자신들의 마음속에서 창조된 것이라고 믿는다. 그 결과, 다양한 실재가 존재하며 그것들 각각은 전통적인 서구의 동일성으로는 규정되지 않을 뿐만 아니라 그 어떤 것도 다른 것에 대해 특권적이지 않다(Graham, Doherty & Malek, 1992). 포스트모더니즘은 우리의 삶을 나타내는 담론적 실천의 내적 모순을 드러내고 그런 담론의 추정된 절대 진리성에 근거하여 취해진 행위의 결과를 폭로한다. 포스트모더니스트들의 연구는 배제된 다양한 목소리를 포함하려고 시도하고, 언급되는 이야기의 특수하고 국지적이며 상황적이고 일시적인 성격을 인정한다.

포스트모더니즘은 근대적 진리의 가치와 의미에 대해 근본적인 회의와 거부를 제기함으로써 사회과학의 대상과 문제 영역의 지평을 전환시켰을 뿐만 아니라 확장시키는 계기를 마련했다. 여전히 사회과학 연구의 주류 패러다임으로 자리 잡고 있는 객관주의와 실증주의, 기술공학적 접근, 지식의 결정주의적 관점이 그동안 교육학과 교육과정에 긍정적인 영향을 끼친 것은 주지의 사실이다. 하지만 근대적 과학이 추구하는 진리 또는 객관적 지식은 논리와 합리성, 규칙성 등을 전제로 하며, 따라서 비논리적, 비이성적, 비규칙적 현실은 이론화의 과정에서 소외되거나 억압되는 결과를 초래했다(김진철 외, 2000: 225).

둘째, 포스트모더니즘의 연구 목적은 해체와 재구성이다. 해체는 데리다가 주장하듯이 없애거나 아무 의미가 없도록 무의미화하자는 것이 아니라 다른 방식으로 구성하는 것이다. 그래서 데리다의 해체주의는 부서뜨려 없애는 것이 아니고 드러난 것의 이면(裏面)을 드러내자는 것이다. 밀착 독서를 통해 텍스트를 구성하고 있는 의미 체계가 온전한 하나의 통일체가 아니라, 사실은 모순적 의미들을 포함하고 있는 허구임을 드러내는 기법이 해체인 것이다. 이처럼 해체는 구조 속에 녹아있는 발생, 즉 역사적 생성과 끊임없는 연관을 가진다. 그러므로 결코 종결된 결론이나 닫힌 비평이 아니라 항상 결과와 해석이 개방된 지평의 연속을 지시하게 된다. 이러한 해체론의 입장은 이 전략의 수행이 반드시 새로운 구성의 과정과 발생적 구조를 동시에 유발하게 됨을 간접적으로 암시해 준다(서상명, 2007: 77). 이에 대해 노리스(Norris, 1987: 162)는 '결정불가능성에 대한 해석'이라고 명명했는데, 이는 오히려 모든 가능성과 그 시도들에 대해 열린 지평이다. 따라서 역설적이게도 해체는 구성을 위한, 그리고 구성 그 자체의 극단적인 구조이며, 구성을 위한 가장 유연한 구조라고 할 수 있을 것이다.

해체는 단순한 파괴가 아니라 완전한 구성이며, 해체-구성인 것이다(Denise, 1995: 299-300). 이러한 해체의 과정을 통해 텍스트에 대해 다양한 해석이 가능함을 보여 주고, 기존의 형이상학적 사유들이 은폐시키고 있던 억압적 구조들을 폭로하자는 것이다. 이는 이원론적 체계를 통해 억압하고 있는 타자성에 대한 새로운 관심을 부각시키려는 것이라고 볼 수 있다. 상호텍스트성에 대한 긍정을 통해 기존 이데올로기를 해체하고, 그것에 의해 억압된 다른 면을 부각시키려는 것이다(곽영순, 2009). 그러한 측면에서 실체와 존재, 담론과 텍스트는 주체와 타자 그리고 주관성의 분석을 통해 무엇이 주류를 이루며 무엇이 타자화되고 주변화되었는지를 분석하게 된다. 예를 들면 젠더, 계급, 성취향, 인종, 장애, 출신국가, 종교, 가치, 철학 모두의 숨겨진 이면의 역사적, 주관적, 개인적, 문화적 특징이 밝혀지도록 하는 것이다.

셋째, 실증주의가 과학적인 방법과 객관적인 자료에 의해 진리를 밝혀낼 수 있다고 한 것과는 달리, 포스트모더니즘은 주관적인 자료에 의해 연구자가 지닌 관점에 입각해서만 어떤 현상을 이해할 수 있다고 주장한다. 때문에 연구자의 역할을 중립적이고 객관적인 위치에서 해석자의 위치로 바꾸어 놓았다. 그래서 레이더(1994)는 포스트모더니즘은 공개적으로 정치적이며 가치가 개입된 패러다임으로서, 지배적이고 억압적인 모든 힘의 역학관계 및 불평등으로부터의 해방과 자유를 추구하고, 나아가 기존 지배관계의 변화를 통한 소외되어 왔던 집단들에 대한 권한 부여를 부르짖는다고 주장한다. 포스트모더니즘에서는 연구 대상의 개인적 내면생활을 그대로 들여다볼 수 있는 투명한 창문은 없으며, 결국은 언어, 성별, 사회계층, 인종, 민족성 등의 렌즈를 통해 해석되고 걸러지게 되므로 객관적인 관찰은 있을 수 없다고 주장한다. 즉, 사람들은 역사상의 특정한 시간적, 공간적 배경 속에서의 자신의 고유한 입장에 근거하여 주어진 현상을 추론하고 개념화한다는 것이다(Denzin & Lincoln, 2000).

포스트모더니즘은 과학에 반대하는 것이 아니며 과학이 그 한계점에 대해 스스로 반성적으로 사고할 필요성이 있음을 강조한다(Harding, 2004). 포스트모더니즘은 연구를 눈에 드러나는 대화의 참여자로, 연구자 스스로를 연구 자료의 하나로 만듦으로써, 기존의 연구자가 지녔던 지배적인 역할과 권위에 도전하여 이를 제거하려고 한다(곽영순, 2009). 그리고 연구 결과를 보고하거나 기록함에 있어서 포스트모더니즘에 기초한 연구자는 연구자의 목소리뿐만 아니라 타자의 다양한 목소리를 표현하는 다의어(polyvocal) 연구 보고서를 만들어 내려고 노력한다(Glesne, 1999). 즉, 자신의 주관성이 자료의 수집과 분석, 표현의 과정에 어떻게 영향을 끼쳤는지를 솔직하게 드러내는 자기반성(self-reflexivity)을 적극적으로 활용한다. 자기반성은 연구자의 존재가 연구의 기술과 해석에 어떠한 영향을 끼쳤는지를 분석해 보는 반성적 활동으로서 연구 결과의 생산에 영향을 끼쳤을지도 모를 연구자의 주관적인 가정과 신념을 규명하게 함으로써 연구 작업을 보다 객관적이고 과학적인 것으로 변환시키는 역할을 한다(Meyerhoff &

Rubyd, 1982: 28).

페미니즘과 포스트모더니즘의 연구 분야에서 발전되어 온 자기반성의 개념을 교육학 연구에 적용한 레이더(1991)는 자기반성은 연구의 과정과 결론에 영향을 끼칠 수 있는 연구자의 잠재적인 편견이나 관점을 연구자가 스스로 인식하고 비판적으로 성찰하게 함으로써 연구를 보다 진실한 것, 과학적인 것으로 승화시키는 역할을 한다고 평가하고 있다. 포스트모더니즘의 관점에서 보았을 때, 인간은 불완전하고, 모순적이고, 유한하며, 관계적인 존재이기 때문에 연구자의 시각과 해석을 항상 절대적이고 이성적인 것으로 간주해서는 안 된다는 것이다. 이에 연구자는 이러한 관점에서 연구 과정과 결과를 합리적이고 이성적인 사유 과정의 결과물로서 비판 없이 수용하기보다는 연구자 개인의 주관적인 편견과 해석이 매개된 산물로서 이해하고 그 영향력을 평가하는 것이 필요하다는 시사점을 도출하고 있다.

넷째, 포스트모더니즘 패러다임에서 자료는 기존 이데올로기의 해체와 타자성(otherness)에 대한 관심을 부각시키는 데 사용된다. 포스트모더니즘은 지배적이고 억압적인 모든 힘의 역학관계 및 불평등으로부터 해방과 자유를 추구하고, 나아가 기존 지배관계의 변화를 통한 소수의 소외되어 왔던 집단들에 대한 권한 부여를 부르짖는다. 이러한 포스트모더니즘은 연구방법에서 궁극적인 초점을 해석의 과정에 두고, 연구자의 역할을 해석자의 위치로 바꾸어 놓았다(곽영순, 2003: 33). 따라서 자료는 해석되는 특정한 관점을 통해 어떤 현상을 이해하기 위해 사용될 때 그 중요한 의미를 지닐 수 있게 된다. 이러한 해석의 과정을 통해 사람들은 역사상의 특정한 시간적, 공간적 배경 속에서 자신의 고유한 입장에 근거하여 주어진 현상을 추론하고 개념화할 수 있게 되는 것이다.

포스트모더니즘에서 이러한 자료의 의미를 이해할 수 있는 좋은 개념은 독창적인 원본은 없으며 텍스트들이 서로 결합된 텍스트들만이 있다는 '상호텍스트성'이다. 어떤 저자가 작성한 텍스트에는 그 이전에 존재하던 수많은 텍스트에서 활용된 개념들로 가득 차 있다. 물론 이러한 개념들은 새로운 텍스트 안에서 새로운 위치를 부여받고, 새로운 의미를 획득하게 되어 이전의 텍스트로부터 분리되기도 한다. 그런 점에서 어떤 텍스트를 막론하고 모든 텍스트는 그 이전의 다른 텍스트들로 가득 찬 것이고, 다른 텍스트들로 흩어지는 것이기도 하다. 따라서 어떤 텍스트에 새겨진 문자들의 의미는 그 텍스트와 다른 텍스트들 사이에서 형성되는 상호텍스트성을 가진다(김상록 역, 2006).

따라서 새로운 것을 찾아내려는 시도보다 이미 존재하는 것들 사이의 상호짜임의 관계가 바뀜에 따라 달라지는 의미를 읽어내기 위해서는 자료를 해석하는 것이 그 무엇보다 중요하다고 할 수 있다. 푸코는 "만약 해석이 결코 완성될 수 없다면, 그 까닭은 단적으로 해석할 것이 아무것도 없기 때문이다"라고 말한다(김형효, 2005). 왜냐하면 근본적으로 모든 것이 이미 해석이고, 각 기호는 이미 다른 기호들의 해석이기 때문이다. 그래서 레이더(1994)는 상대방에 대한 탄압과 말살, 혹은 상호텍스트성을 무시한 어떤 텍스트의 일방적 강요를 통해서는 종합적인 세계 이해를 담보하기 어렵다고 주장한다. 포스트모더니즘은 상호텍스트성에 대한 긍정을 통해 기존 이데올로기를 해체하고, 그것에 의해 억압된 다른 면을 부각시키려는 것이다.

다섯째, 연구와 실천의 관계에 대해 포스트모더니즘 이론가들은 몇 가지의 관점을 취한다. 우선, 관찰을 통해 얻어진 사실적 자료와 이론이 서로 의존적이라는 관점이 그것이다. 이는 일반화된 이론에서 출발하여 그러한 이론을 검증하는 실증주의 패러다임을 거부하고, 지식과 실제가 지역적인 지식과 실천으로서 연구되어야 한다는 것이다(Bogdon & Biklen, 1998). 즉, 가치와 이론이 독립적이지 않듯이, 사실과 이론이 서로 독립적일 수 없다는 지적이다. 객관적인 관찰을 통해 얻어진 연구 결과는 사물이나 현상의 실제 모습이나 실제 작동방식 그대로를 발견해 낸 것이라는 실증주의적 관점에 비판이 제기되면서, 연구 결과는 연구자와 현상 또는 연구 대상이 되는 사람들 사이의 상호작용을 통해 구성된다는 주장들이 제기되었다. 요컨대 이론과 독립적인, 이론의 공백상태에서 일어나는 관찰이나 지식 생성은 가능하지 않으며, 주관과 객관의 이원성은 더 이상 유효하지 않다(곽영순, 2009).

다음은 레이더가 사회과학 교육학연구의 네 가지 패러다임을 체계화한 표이다. 이 표에는 전통적인 실증주의와 함께 새롭게 부상한 탈실증주의/질적연구 패러다임의 세 가지 영역(해석주의, 비판주의, 해체주의)을 제시하고 아울러 이 분야의 연구자들을 위해 각 연구 패러다임을 여러 가지 대상(색, 스포츠, 게임 등)들과 비교하여 설명함으로써 내용의 이해를 높이려 했다. 레이더의 표 내용 중에서 우리나라 사람들이 이해하기 힘든 개념, 용어들을 한층 쉽게 이해시키기 위해 보충 설명해 놓았다.

교육과학/질적연구 패러다임의 네 가지 유형(Lather, 2006)

실증주의	해석주의	비판이론	해체주의
연구자 주제	연구자 주제	연구자 주제	연구자 주제
실재는 객관적이고 '찾아지는' 것이다.	실재는 주관적이고 구성된다.	실재는 주관적이고 권력의 관계에 의해 만들어진다.	실재는 궁극적으로 알 수 없다.
진실은 하나이다.	진실은 많다.	진실은 많고, 사회정치적 권력 체제를 구성한다.	'진실들'은 자기 부정의 씨앗을 담고 있는 사회적으로 구성된 신호체제이다.
담론은 구조화되어 있고, 투명하고 실제를 반영한다.	담론은 대화적이다. 담론이 실제를 창조한다.	담론은 수사적이고 정치적인 목적에(의해) 부합된다(통제된다).	담론은 본성적으로 그 주체로부터 분리될 수 없다. 그리고 기본적으로 확실한 것이 아니다.
무엇이 진실인가? 무엇을 알 수 있는가? 이 세계 알기 의사소통의 본질은 전달로서 의사소통	해석이란 무엇인가? 우리는 무엇을 이해할 수 있는가? 이 세계 이해하기 상호작용으로서 의사소통	정의란 무엇인가? 우리는 무엇을 할 수 있는가? 이 세계 변화시키기 의사결정으로서 의사소통	진실은 있는가? 진실을 구성하는 것은 무엇인가? 이 세계 비평하기 도전하는 방법으로서 의사소통

만약 이 연구 패러다임이 색이 있다면?

파랑 (침착한, '과학적인', 객관적인)	녹색 (자연스럽고, 유기적 성장의 상징)	빨강 (역동적, 실천 중심)	검정 (색깔이 없거나 부정)

만약 이 연구 패러다임이 공식적인 행사라면?

마칭 밴드 또는 고전발레 (정확하고, 규칙중심의)	단체소풍 (협동적이고, 상호작용적이고, 인간적인)	소아마비 환자의 구호모금 운동방송 (적극적, 목적지향적, 소외된 집단에 대한 관심)	서커스, 놀이동산, 카니발 (관점과 자극의 다양성; 하나의 유일한 참조체계가 존재하지 않음)

만약 이 연구 패러다임이 게임이라면?

테트리스 (정확하고, 양적중심의, 컴퓨터를 사용하는)	수수께끼 게임 (다른 참여자와 함께 정보결정을 교환한다.)	모노폴리 (경제적 투쟁으로 구성된 세상)	캔디랜드 (실재에 대한 무관심. 어린이나 지극히 철학적 사람들의 놀이)

만약 이 연구 패러다임이 스포츠라면?

골프 (지루한, 개별적인, 까다로운, 엄격한)	테니스 (상호작용적, 상호의존적, 노동 집약적)	야간 농구 (협동적이고, 사회를 변화시키는 것을 의도, 억눌린 자들의 권리 회복에의 참여)	프로 레슬링 (그것이 진짜인가? 실제가 아닌데 실제인 것처럼 위장하는; 사실인 것을 인정하면서 아울러 거부하는 행위)

만약 이 연구 패러다임이 유명한 인물이라면?

브라이언트, 나폴레옹 (위치가 확실한, 빈틈없는)	나이팅게일, 해머홀트 (타인에 대한 수용성, 다양한 관점을 받아들이는 능력)	수잔 안소니, 칼 맑스 (활동가; 억눌린 자들에 대한 관심)	케이디 랭, 우디 알렌 (자기모순; 속이는; 자기 자신의 공간을 개척하다.)

만약 이 패러다임의 연구자가 술을 마신다면?

스카치 온더락 (전통적, 엄밀한 과학을 위한 '독한' 술, 지배하는)	캘리포니아 백포도주 (자연적, 명랑한, 사교적, 상호작용적)	보드카 (혁명가의 술; 격렬한, 전복적인)	지마 (분류화 거부; 와인도 아닌 것, 맥주도 아닌 것, 독한 술도 아닌 것; 유행도 아닌 것)

교육과학/질적연구 패러다임의 네 가지 유형(Lather, 2006) (계속)

	실증주의	해석주의	비판이론	해체주의
색	**파랑** 침정, 유구, 진실, 냉정, 희망, 명상, 차가움, 영원, 성실, 추위, 바다, 심해, 호수, 푸른 눈, 푸른 옥, 푸른 새, 물색	**녹색** 빨강이나 노랑보다 작고 먼 느낌 안식, 평정, 친애, 평화, 엽록소, 안정, 지성, 건실, 소박, 여름, 중성, 천기, 절박	**빨강** 자극이 강렬하기 때문에 심리적으로는 정열·흥분·적극성 등의 작용을 하며 광기(狂氣)로 통하는 의미 정열, 애정, 야만, 혁명, 위험, 일출, 저녁 노을, 분노, 활력적, 건조	**검정** 아나키즘의 깃발은 검정색이다. 아나키즘(Anarchism, 프랑스어: 아나르시즘 (Anarchisme))은 모든 정치적인 조직·권력 따위를 부정하는 것을 골자로 하는 이데올로기 정숙, 비애, 불안, 죄악, 암흑, 허무, 절망, 정지, 침묵, 건신, 부정, 주검, 밤, 흑장미, 탄, 불안
공식적인 행사	**마칭밴드, 고전발레** 고전발레는 춤과 함께 마임을 사용하여 스토리를 전개. 교향곡의 서곡처럼 발레의 내용을 처음에 예고하듯이 꾸민 서곡(Prelude) 부분과 솔리스트(독무자)들이 줄거리와는 상관없이 다채로운 춤들을 많이 보여 주는 디베르티스망(Divertisment), 남녀 주역무용수들의 화려한 발레 기술을 보여 주는 그랑 파드되(Grand Pas de Deux) 형식이 빠짐없이 들어감. 엄격성, 체제성, 정확성	**단체소풍(피크닉)** 식사를 옥외에서 먹게 되는, 이상적으로는 아름다운 풍경에 배치하는 즐거운 여행으로서 단순히 정의할 수 있다. 피크닉은 자주 가족적이다. 그러나 2명의 사람들 또는 근 회합(회사 피크닉과 교회 피크닉)의 친밀해질 기회가 될 수 있다. 엔터테인먼트의 옥외 게임 또는 다른 약간의 형태는 큰 피크닉에서 공통. 이전에, 피크닉은 potluck(각 사람이 공유하는 모든 사람을 위해 공통의 테이블에 약간의 접시에 기여했던 엔터테인먼트)를 의미한다.	**소아마비 환자의 구호 모금 운동방송** 소아마비라고 불리는 끔찍한 질병이 1940년대 후반과 1950년대 초반에 걸쳐 미국을 강타했다. 그 병으로 인해 30만명이 불구가 되었는데 대부분이 어린이들이었으며, 5만7천명이 사망했다. 과학자들이 열심히 연구했지만, 이 병에는 치료법이 없었다. 마침내, 소아마비 구제 모금운동으로 더 잘 알려진 국립소아마비재단이 수백만명의 미국인들로부터 기부를 받아 피츠버그대학교 의과대학에서 연구 사업을 시작했다. telethon은 텔레비전과 마라톤의 합성어로 텔레비전 생방송에서 동일인이 종합사회를 보면서 장시간 연속 출연하는 일	**서커스** 마술이나 여러 가지 곡예, 동물의 묘기 따위를 보여 주는 흥행물. 또는 그것을 공연하는 흥행 단체. 서커스에는 곡마·재주부리기·요술·익살, 그리고 사자·개·원숭이·곰·코끼리 등의 '동물곡예' 따위의 여러 곡예적 요소가 종합된다. **놀이동산** 돌아다니며 구경하거나 놀기 위해 여러 가지 시설을 갖추어 놓은 곳 **카니발** 가톨릭국가에서 사순절 (Lent) 직전 3일간의 떠들썩한 축제. 사순절에는 육식을 금하기 때문에 그 전에 실컷 육식을 하고 신나게 놀아 보자는 행사

교육과학/질적연구 패러다임의 네 가지 유형(Lather, 2006) (계속)

	실증주의	해석주의	비판이론	해체주의
게임	**테트리스** 테트리스는 1985년, 러시아의 모스크바카데미 연구원이었던 알렉세이 파지노프(Alexey Pajitnov)가 고대 로마의 퍼즐인 펜타미노에서 착안하여 만들어 낸 게임이다. 4개의 정사각형을 조합해 만든 7가지 종류의 블록을 이용하여 하나의 빈틈없는 선을 만들어야 하며 선이 완성되면 그 선은 사라지게 된다. 처음엔 천천히 진행되지만 갈수록 블록이 내려오는 속도가 빨라지며 더 이상 쌓을 수 없을 때까지 내려오게 된다. 이 게임이 만들어지고 난 후 사람들이 '테트리스 중독현상'에 시달릴 정도로 테트리스는 폭발적인 인기를 얻었다.	**수수께끼 게임** clue 〔 〕 n. 1 (수수께끼를 푸는) 실마리;(조사·연구 등의) 단서;퍼즐의 열쇠;(사색의) 실마리 실제의 답은 평범하나 문제가 의외여서 잘 알 수 없으며 또 기발하여 듣는 사람으로 하여금 난처하게 만든다. 문제를 내는 데 있어서 힌트가 될 만한 점을 살짝 피하여 듣는 사람의 관심을 딴 곳으로 돌려 상징적인 특징만을 들어서 말하는데, 사고력을 비상하게 움직여 해결의 실마리를 얻고자 노력하므로 사고훈련·판단력 양성에 도움이 된다.	**모노폴리** (상품 등의)전매, 독점, 독차지/한국에 호텔왕으로 소개된 영국 보드게임, 2~8명이 판을 가지고 노는 부동산 취득 게임, 경제 게임 방법은 부동산을 사서 개발하고 재정적인 지불 능력을 계속 유지하면서 상대편을 파산시킴. 네모난 판의 양쪽은 각각 특수한 부동산과 철도, 공익시설, 감옥, 그밖에 다양한 장소와 사건을 나타내는 10개의 작은 직사각형으로 나누어짐. 놀이를 시작하기 전에, 각자 정해진 액수의 가짜 돈을 받음/그런 다음 1쌍의 주사위를 던지면서 그 숫자에 따라 판을 돎/ 판을 도는 동안 파산한 사람은 놀이에서 제외/ 판에 마지막까지 남아 있는 사람이 승자가 된다. 자본주의, 업악, 착취	**캔디랜드** 카드로 이동하는 단순한 레이싱 보드게임. 미국에서 문화적 아이콘이 됨. 읽는 능력이 필요 없고 오직 최소의 세는 기술만 필요로 하기 때문에 5세 이상 어린이들이 하는 첫 번째 보드게임 중의 하나. 뒷면에는 게임에 대한 배경이 쓰여 있음. 동화, 만화 같은 내용. 옛날 옛적에 동쪽에 있던 봉봉 왕국의 캔디왕과 캔디성이 소리도 없이 하룻밤 사이에 없어져 버렸다. 여러분도 길이 끝날 때까지 소년, 소녀들을 따라 움직인다면 캔디왕과 캔디성을 찾을 수 있도록 도와줄 수 있다. 그렇게 된다면 캔디나라 사람들은 예전처럼 행복하게 살게 될 것이다. 뽑은 카드의 색에 따라 말을 이동. 지름길도 있음/ 캔디성에 가장 먼저 도착한 사람이 승리자가 된다.

캔디랜드 보드

캔디랜드 카드

캔디랜드 말

모노폴리

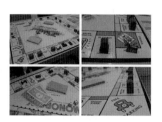

모노폴리 게임 모습

디즈니 모노폴리

교육과학/질적연구 패러다임의 네 가지 유형(Lather, 2006) (계속)

	실증주의	해석주의	비판이론	해체주의
스포츠	**골프** 코스 위에 정지하여 있는 흰 볼을 지팡이 모양의 클럽으로 잇달아 쳐서 정해진 홀(球孔)에 넣어 그때까지 소요된 타수(打數)의 많고 적음으로 우열을 겨루는 경기이다. 핸디캡의 채용으로 남녀노소가 동등하게 기(技)를 겨룰 수 있으며, 룰 적용의 심판은 플레이어 자신이 해야 하고, 규칙이 다른 스포츠에서는 볼 수 없을 만큼 미묘하게 세분화되어 있는 점이 골프의 특징이다.	**테니스** 코트 중앙에 네트를 치고 양쪽에서 라켓으로 공을 노바운드 또는 원바운드로 일정한 구획 안에 서로 쳐서 넘겨 규정에 따른 득점의 다과로 승부를 겨루는 구기경기이다.	**야간 농구** 청소년 범죄예방을 위한 야간 농구대회 개최 시드니시는 청소년 범죄가 빈발하는 낙후지역인 레드펀과 워털루 지역에 1만 2천 달러의 예산을 지원해 야간 청소년 대회를 개최한다. 시드니시는 청소년이 야간에 농구라는 활동을 통해 범죄와 반사회 행동 대신 즐겁고 사회적인 활동을 하도록 장려할 계획이며 이 사업을 다른 지역으로 확대하는 방안을 추진하고 있다.	**프로 레슬링** 흥행을 목적으로 행하는 레슬링쇼. 프로 레슬링은 순수 스포츠가 아니고, 쇼적(的) 요소의 비중이 크며, 프로 레슬링의 본고장인 미국에서는 매트쇼 또는 스펙테이터 스포츠(spectator sports) 등으로 부른다. 경기자는 단순히 승패를 겨루는 것만이 아니고, 경기와 함께 연기력을 높이 평가받는 것도 특징이다.
유명한 인물	**아니타 브라이언트** (1940년 3월 25일, Barnsdall(오클라호마)에서 태어난) 미국 가수이다. 그녀는 동성애에 반대하는 강한 견해와 1970년대 중반 게이 평등을 막기 위한 유명한 캠페인으로 널리 알려져 있다. 특히 그녀는 성공적으로 성적 정위를 기초로 구별을 금지했던 Dade County에서 지방의 조례를 무효화시켰다. 또한 남쪽의 침례 교도 집회에 합병된 보수적인 교회 회합의 멤버이다.	**나이팅게일** 백의의 천사 등불을 든 여인(Lady of the Lamp). (1820. 5. 12 영국 플로렌스 ~1910. 8. 13 런던) 전문교육을 통해 간호를 여성의 전문직업으로 확립한 영국인 간호사. 한편 나이팅게일은 다른 새로운 활동에도 참여. 1857년부터 병든 몸으로 주로 런던에서 살았다. 이 기간 중에도 다양한 사람들과의 서신왕래가 엄청났으며, 해마다 침상에 누워서 신분이 높은 사람에서 미천한 사람까지 수많은 방문객을 맞았다. 그녀와 정보를 주고받지 않은 사람은 거의 없었다. 비록 그녀는 인도에 가보지는 못했지만 인도의 모든 것에 정통했으며, 역대 인도 총독은 부임하기 전에 그녀의 자문을 구하기도 했다. 그녀는 영향력 있는 친구들을 통해 일에 필요한 것들을 얻었다.	**수잔 안소니** (1820년 2월 15일 ~1906년 3월 13일) 미국에서의 여성 참정권을 도입한 19세기 여성의 권리 움직임에 있어서 중추 역할을 했던 저명한 미국 시민 권익 지도자이다. 그녀는 미국과 유럽을 여행하고, 45년 동안 여성 권익을 위해 매년 75~100번의 연설을 했다.	**케이디 랭** (1961년 11월 2일, Kathryn Dawn Lang에게서 태어난) 그래미상을 수상한 캐나다 가수이자 싱어송 라이터. 1992 기사의 레즈비언으로서 나타남. 때때로 중성적인 신체의 출현을 이용. HIV/AIDS 걱정과 연구를 포함하는 많은 원인을 긴 세월에 걸쳐 지원. '고기 악취' 캠페인. 동물성 권리 채식주의자 / 바니티 페어의 1993년 8월호의 표지 모델 Cindy Crawford가 서양 면도 칼로 얼굴을 깎는 것처럼 보이는 Lang에 관해 이슈는 상세한 기사를 포함. 2008년 4월에,멜버른(호주)에서 티베트 인권 이슈를 위해 지원했다.

교육과학/질적연구 패러다임의 네 가지 유형(Lather, 2006) (계속)

	실증주의	해석주의	비판이론	해체주의
유명한 인물	**나폴레옹** 프랑스의 군인 · 황제 (1769. 8. 15 코르시카 아작시오 ~1821. 5. 5 세인트헬레나 섬) 프랑스의 장군 · 제1통령(統領: 1799~1804) · 황제(재위: 1804~1814/1815). 군사 · 정치적 천재로서 세계사상 알렉산드로스대왕 · 카이사르와 비견된다. 프랑스와 서유럽 여러 나라 제도에 오래도록 영향을 끼친 많은 개혁을 이루어냈고 프랑스의 군사적 팽창에 가장 큰 열정을 쏟았다. 그가 몰락했을 때 프랑스 영토는 1789년 혁명 때보다 줄었지만 살아 있는 동안과 조카인 나폴레옹 3세가 다스린 제2제정이 막을 내릴 때까지 그는 거의 모든 사람에게 역사상 가장 위대한 영웅으로 존경받았다. 시간의 정확성, 작전 계획시 철두철미하게 준비, 제국주의적 삶의 방식, 규범적, 모범적	**해머홀트** 1905년 7월 29일 스웨덴 총리의 아들로 태어남. 재정 차관, 스웨덴과 유엔 대리인으로 대표 조직의 1953년 사무 총장으로 선출, 예방외교, 유엔 평화를 위한 준비, 다국적 외교, 국제봉사, 1956년 연설-만약 우리가 특정 개인, 어떤 국가, 어떤 이념에 정당성, 자유와 인간의 존엄성에 대한 독점을 가지고 있다고 생각한다면 위험한 지상에 있는 것이다.	**칼 맑스** 독일의 경제학자 · 정치학자. 헤겔의 영향을 받아 무신론적 급진 자유주의자가 되었다. 엥겔스와 경제학 연구를 하며 집필한 저서 ≪독일 이데올로기≫에서 유물사관을 정립했으며, ≪공산당선언≫을 발표하여 각 국의 혁명에 불을 지폈다. ≪경제학비판≫, ≪자본론≫ 등의 저서를 남겼다.	**우디 알렌** 미국의 코미디 영화감독. 1969년 자신의 각본인 ≪돈을 갖고 튀어라≫, ≪사랑과 죽음≫ 등의 코미디 영화를 만들었다. ≪한나와 그 자매들≫, ≪마이티 아프로디테≫ 외 다수의 작품을 만들었다. 그의 코미디는 주로 고통이나 강박증에서 나오는데 어린 시절의 아픈 기억이나 현재의 괴로움, 열등감 따위를 중요한 코믹 요소로 승화시켜 웃음 뒤에 페이소스를 느끼게 만든다.
연구자가 마시는 술	**스카치 온더락** 얼음 넣은 위스키. 스카치 위스키(영어 Scotch whisky, 미국 영어 Scotch whiskey)는 스코틀랜드에서 제조되는 위스키이다. 영국에서는 '위스키'라고 하면, 특별한 언급이 없는 한 스카치 위스키를 가리킨다. 미국에서는 짧게 줄여 '스카치'라고도 한다. 영국의 사전에는 '몰트(麥芽)의 디아스타아제에 의해 당화된 곡물을 거르기 전 술을 스코틀랜드에서 증류하여 최저 3년간 통에 담아 창고에서 익힌 것'이라고 되어 있다.	**캘리포니아 백포도주** 순하고 부드러운 포도주를 먼저 마신 다음에 도수가 높은 포도주를 마시는 것이 올바른 순서. 또한 백포도주는 흰색 고기(연한 송아지 요리나 조류, 또는 생선), 적포도주는 붉은색 고기와 함께 곁들인다. 샤르도네는 세계에서 가장 많은 사랑을 받는 화이트 와인 포도 품종으로 감미롭고 편안하게 즐길 수 있는 버터와 레몬향이 풍긴다. 다양한 과일향과 더불어 곧바로 우리의 미각을 즐겁게 해줌. 보통 씁쓸한 맛이 나는데 캘리포니아산은 그렇지 않다.	**보드카** 러시아의 대표적인 증류수로 알코올 농도 45~50도. 보드카는 독한 술이라는 선입견이 있지만 그것은 전에 60%이상의 알코올분(分)이 있는 것이 판매되었기 때문. 현재는 45~50도 가량의 것이 많다.	**지마** zima는 Coors Brewing Company에 의해 만들어지는 가볍게 탄산 염화된 alcopop 음료로 맥주가 아니다. 일부는 그것이 조미적 작용제가 추가된 un-hoppedbeer이고, 평균 미국 라거보다 약간 더 많은 알코올을 함유하고 있다고 부정확하게 주장한다.

수업활동 및 토의내용

1. 쿤이 자신의 저서 ≪과학 혁명의 구조≫에서 개념화한 '과학'의 개념과 '과학에서의 발전과 변화'가 무엇인지를 그의 책에 근거하여 그리고 그 이후의 일련의 과학철학자들의 논의에 기초하여 설명하고 논의해 보자. 과학이 진실이나 진리를 찾는 행위가 아니라 일련의 연구 언어와 방법을 공유한 집단들의 헤게모니라고 한다면 사회과학을 한다는 행위에 대한 우리의 기존의 관점(객관적, 절대적, 단일적)은 어떻게 재해석되어야 하는지를 생각해 보자.

2. 레이더의 〈네 가지 패러다임 차트〉는 우리나라 사회과학 분야의 많은 연구자들로 하여금 그 동안 해왔던/하고 있는 연구 행위가 얼마나 공정하게 또는 편협하게 이루어졌는지를 다른 관점에서 바라보게 한다. 여러분의 연구 분야에서 네 가지 전통 중 어떤 연구 패러다임이 절대적인 것으로, 합법적인 것으로 간주되어 왔고 학과나 전공에서 그러한 전통이 고수될 수 있도록 어떠한 담론들(아이디어, 실천, 대화, 심사, 평가, 논문 쓰기 등)이 특별한 방식으로 강화되거나 주변화되고 억압되고 부정적인 것으로 인정되고 있는지를 생각해 보자.

3. 여러분이 제1장에서 배운 네 가지 패러다임 분류, 그 안에 속하는 세부 연구 전통 중 가장 마음에 드는 연구 패러다임과 연구 전통이 무엇인지를 이야기해 보자. 그리고 왜 그 전통이 여러분의 마음과 몸에 익숙하게, 편안하게 느껴지는지를 반성적으로 생각해 보자. 나아가 그러한 특정한 연구 전통의 선택이 여러분의 미래 연구나 연구자 되기에 긍정적으로 작용할지, 아니면 위험한 선택이 될지를 정치적 관점에서 고민해 보자.

참고문헌

강영계 역(1983). 인식과 관심. 고려원 문화총서 7. 서울: 고려원.

곽영순(2009). 질적연구 −철학과 예술 그리고 교육−. 서울: 교육과학사.

곽영순(2003). 질적연구로서 과학수업비평 −수업비평의 이론과 실제−. 교육과학사.

김동규(2001). 하버마스의 반성철학에 관한 연구 −인식과 관심을 중심으로−. 석사학위논문. 부산대학교.

김상록 역(2006). 목소리와 현상. 서울: 인간사랑.

김욱동(1990). '포스트모더니즘의 개념과 본질'. 김욱동 편. 포스트모더니즘의 이해(pp. 417−459). 서울: 문학과지성사.

김태양(2001). '하버마스의 인식론'. 김천과학대학 논문집, 제27집, 23−30.

김진철 외(2000). 현대 사회과학의 패러다임 위기. 서울: 세계정치경제연구소.

김형효(2005). 포스트모더니즘과 무(無)를 닮으려는 사유. 철학문화연구소, 철학과 현실 2005년 봄호(통권 제64호), 21−33.

서도식(2006). 하버마스『인식과 관심』. 철학사상, 별책 제7권, 제22호, 서울: 도서출판 관악.

서상명(2007). Derrida의 해체주의적 교육과 그 윤리교육적 함의. 박사학위논문. 경북대학교.

신승환(2003). 포스모더니즘에 대한 성찰. 서울: 살림.

양진방(1997). 해석적 연구 패러다임의 체육학에의 적용 가능성과 그 함의. 용인대학교체육과학연구 논총, 7(1), 59-66.

유형식(2001). 실증주의적 방법론. 외국학연구, 5, 213-241.

유혜령(1997). '포스트모더니즘과 교육'. 허숙·유혜령 편. 교육현상의 재개념화. 교육과학사.

이규호(1985). 앎과 삶. 서울: 연세대학교출판부.

이종규(2006). 질적연구방법론. 서울: 교육과학사.

이지만(2004). 탈실증주의 사회과학 방법론의 고찰. 연세경영연구, 41(1), 285-309.

장일조(1980). 이성적인 사회를 위하여. 서울: 종로서적.

지순희(1988). 하버마스의 '인식주도적 관심' 개념. 이화여자대학교 석사학위논문.

진영은 역(2008). 교육 상황에서 질적연구 수행하기. 학지사.

Bauman, Z. (1991). *Modernity and ambivalence.* Cambridge: Polity Press.

Bell, D. (1973). *The Coming of Post-Industrial Society.* New York: Basic Books.

Bloland, H. G. (1995). Postmodernism and higher education. *Journal of Higher Education*, 66, 521-559.

Borland, J. H. (1990). Postpositive inquiry: Implication of the 'New philosophy of science' for the field of the education of the gifted. *Gifted Child Quarterly*, 34(4), 161-167.

Bogdon, R. C. & Biklen, S. K. (1998). *Qualitative research for education an introduction to theory and methods.* Allyn and Bacon: Needham Height, MA. p. 276.

Caputo, J. (Ed.) (1998). *Deconstruction in a Nutshell: A Conversation with Jacques Derrida*, New York: Fordham University Press.

Carnap, R. (1934). *The unity of science.* London: Kegan Paul.

Carr, W. (1995). *For education: Toward critical educational inquiry.* Buckingham, UK: Open University Press.

Christopher, J., Richardson, E., & Christopher, S. (2001). *Philosophical hermeneutics: A metatheory to transcend dualism and individualism in Western psychology.* Retrieved January 27, 2006, from http://htpprints.yorku.ca/archive/00000163/01/HTP_Prints--Philosophical_Hermeneutics--A_Metatheory.pdf

Creswell, J. W. (2003). Research design: qualitative inquiry. *Qualitative Inquiry*, 6, 256-265.

Crotty, M. (1988). *The foundations of social research.* Meaning and perspective in the research process. Sage: London.

Cupchik, J. (2001). Constructivist realism: An ontology that encompasses positivist and constructivist approaches to the social sciences. *Forum for Qualitative Social Research*, 2(2).

Denzin, N. K., & Lincoln, Y. S. (2000). *The handbook of qualitative research.* Thousand Oak, CA: Sage Publication, Inc.

Denzin, N. K., & Lincoln, Y. S. (1994). Introduction: Entering the field of qualitative research. In N. K. Denzin & Y. S. Lincoln(Eds.). *Handbook of qualitative research*(pp. 1-18). Thousand Oak, CA: Sage.

Denise, E. (1995). Deconstrucation Revisited and Derrida's Call for Academic Responsibility, *Educational Theory*, 1995 Vol. 45., Illinois: University of Illinois.

Doy, G. (1998). *Materializing Art History.* Oxford: Berg.

Ermarth, E. D. (1996). 'Postmodernism'. E. Craig(Ed.), *Routledge Encyclopedia of Philosophy*(pp. 587-590).

New York: Roultedge.

Ernest, P. (1994). *An Introduction to research methodology and paradigms: Educational research monograph series 1*. Exeter: school of education, Research support unit.

Gitlin, A. (1994). *Power and method: Political activism and educational research.* New York: Routledge.

Giroux, H. (1988). *Schooling and the struggle for public life: Critical pedagogy in the modern age.* Minneapolis: University of Minnesota Press.

Graham, D., Doherty, J., & Malek, K. D. (1992). Introduction: The context and language of postmodernism. In J. Doherty, E, Graham & M. Malek(Eds.). *Postmodernism and the social science*(pp. 1-23). New York: St, Martin's Press.

Grbich, C. (2003). *New Approach in Social Research.* London: Sage Publications.

Glesne, C. (1998). *Becoming qualitative researchers: an introduction.* Addison Wesley Longman, Inc., NY. p. 224.

Greene, J., Benjamin, I., & Goodyear, I. (2001). The merits of mixing methods for evaluation. *Evaluation,* 7(1), 25-44.

Grundy, S. (1987). *Curriculum: Product or Praxis.* Philadelphia: The Falmer Press.

Guba, E. G. (1981). *The paradigm revolution in inquiry: Implications for vocational research and developement.* Present at National Center for Research Education Staff Development Seminar, Columbus: OH.(ERIC Document Reproduction Service No. ED 212 829).

Guba, E. (Ed.). (1990). *The paradigm dialog.* Newbury Park, CA: Sage.

Habermas, J. (1972). *Knowledge and Human Interests.* 2nd ed., London, Heinemann.

Harding, S. (2004). *The feminist standpoint theory reader: intellectual and political controversies.* New York: Routledge.

Harvey, D. (1990). *The Condition of Postmodernity.* Oxford: Blackwell.

Hatch, A. (2002). *Doing Qualitative Research in Education Setting.* New York: State University of New York Press.

Hatch, A. (1985). The quantoids versus the smooshes: Struggling with methological rapprochement. *Issues in Education,* 3, 158-167.

Held, D. (1980). *Introduction to Critical Theory.* Horkheimer to Habermas. University of California Press.

Khun, T. (1970). *The structure of scientific revolution.* Chicago: University of Chicago Press.

Lather, P. (2007). *Getting Lost: Feminist Efforts Toward a Double(d) Science.* Albany: State University of New York Press.

Lather, P. (2004). Scientific Research in Education: A Critical Perspective. *Journal of Curriculum and Supervision.* 20(2), 14-30.

Lather, P. (1997). *Troubling the Angels: Womens living with HIV/AIDS.* Boulder: Westview/HarperCollins.

Lather, P. (1994). Fertile obsession: validity after poststructuralism. *The Sociological Quarterly,* 34(4), 673-693.

Lather, P. (1991). *Getting smart: Feminist research and pedagogy with/in postmodern.* New York: Routledge.

Lincoln, Y. S. (1988). Naturalistic inquiry: Politics and implications for special education. *Research in Education of the Handicapped,* Project Directors' Meeting(3rd, Washington, DC). (ERIC Document Reproduction Service No. ED 306 711).

Mertens, D. M. (1998). *Research Methods in Education and Psychology, Integrity diversity with quantitative & qualitative Approaches.* London: Sage Publication.

Meyerhoff. B., & Ruby. J. (1982). Introduction. J. Ruby(Ed.). *A Crahk in the mirror*(pp. 1-39). Philadelphia University Press.

Misher, E. G. (1986). *Researching interviewing: Context and narrative.* Cambridge, MA: Harvard University Press.

Morrow, R., & Brown, D. (1994). *Critical theory and methodology.* Thousand Oaks, CA: Sage.

Newell, A. & Simon, H. A. (1972). *Human problem solving.* Englewood Cliffs, NJ: Prentice Hall.

Nietzsche, F., (1967). *The Will to Power.* New York: Random House.

Norris, C. (1987). *Derrida.* Massachusetts: Harvard University Press.

Park, K. S. & Raylene, K. (2005). Postpositive and Naturalistic Research Paradigms Philosophy and Methodology: Implications for Technology Education Research. 중등교육연구, 53(1), 331-352.

Popper, K. (1970). *The logic of scientific discovery.* New York: Science Education.

Schon, D. (1978). *Educating the reflective practitioner: Toward a new designfor teaching and learning in the profession.* San Francisco: Jossey-Bass.

Schwandt, T. A. (2001). *Dictionary of qualitative inquiry.* CA: Thousand Oaks, Sage Publications, Inc.

Skinner, B. F. (1953). *Science and human behavior.* New York: Free Press.

Smith, J. (1993). *After the demise of empiricism: The problem of judging social and educational inquiry.* New York: Ablex.

Stringer, E. T. (1993). Socially responsive educational research: Linking theory and practice. In D. J. Flinders & G. E. Mills (Eds.), *Theory and concepts in Qualitative research: Perspectives from the field*(pp. 141-162). New York: Columbia University, Teachers College Press.

Willis, Jerry W., Jost, M. & Nilakanta, R. (2007). *Foundations of Qualitative Research. Interpretative and Critical Approach.* Thousand Oaks, California: Sage Publications, Inc.

3

질적연구의 목적

> 질적연구는 속성의 질, 과정, 의미에 관한 것이며 양적연구는 양, 강도, 빈도에 관한 것이
> 다(Denzin and Lincoln, 2005).

> 질적연구의 목적은 자연적인 상황에서 일어나는 맥락 속에서 신념과 행위, 의미를 이해
> 하고 기술하고 설명하는 것이다(Rundall et al., 1999: 1155).

미국을 비롯한 서구의 경우 교육학에서의 연구방법론에 대한 패러다임의 전쟁이 이미 끝
나 버린 상태이기 때문에 교육연구에서 굳이 질적연구를 왜 하려고 하는지를 설득할 필요
가 없다. 오히려 질적연구의 비중이 더욱 높아졌기 때문에(Richardson, 2001) 학위 논문 연
구에서 질적연구의 필요성을 언급하는 것은 시대적으로 뒤처진 느낌이 든다. 그러한 점에
서 미국 교육사학자 크레민(L. Cremin)의 제자인 뉴욕대학교의 교육학과 교수인 라지만(E.
Largeman)이 1980년대부터 21세기 미국의 교육학 연구의 핵심을 이루는 주도적인 연구분
야로서 인지과학(cognitive science)과 교사연구, 질적연구를 지적한 것은 주목할 만하다.

  그럼 이 장에서는 교육연구에서 왜 질적연구를 해야 하는지, 그 목적이 무엇인지에 대
해 살펴보고자 한다. 많은 개론적인 텍스트에서 질적연구의 목적을 잘 설명해 두었기 때문
에 이 글에서 장황하게 설명하지는 않겠다. 그러나 나름대로 질적연구의 목적을 기존의 문
헌을 요약하여 정리한 내용은 질적연구를 하려고 하는 학생이나 연구자에게 도움이 될 것
이다.

1. 질적연구의 목적과 중요성

앞에서 언급한 바와 같이 최근 다양한 학문 분야에서 질적연구가 각광받고 있다. 질적 접근을 추구하는 많은 학위, 학술지 논문이 발표되고 있으며, 질적연구방법에 대한 워크숍에 많은 연구자들이 호기심을 가지고 참여하고 있다. 하지만 이러한 높은 관심과 그 수적 확대에도 불구하고 질적연구를 표방하고 있는 연구들 중 몇몇은 왜 이 연구에 질적 접근을 시도했는지 의문을 불러일으키곤 한다. 예를 들어, 실험군과 대조군을 설정하고 인터뷰나 참여관찰을 통해 데이터를 수집한 후 이를 비교하며 특정 프로그램의 효과성을 밝힌 연구들이나 연구 참여자들의 면담 자료를 별다른 의미 없이 발췌에 가까운 형식으로 나열해 놓은 연구들이 그것이다. 물론 질적연구의 폭을 넓게 설정한다면 이러한 연구들도 질적연구라 부를 수 있지만 근본적으로 질적연구에서 추구하고자 하는 목적에 부합하지 못하는 연구들이라 할 수 있다.

이렇게 질적연구의 목적에 부합하지 못하는 연구들이 수행되는 이유에는 여러 가지가 있을 수 있겠지만 가장 근본적인 이유는 연구자 자신이 질적연구의 목적에 대해 성찰하지 않은 채, 겉으로 보이는 질적연구의 방법적 특징들 혹은 기술적 특징에 현혹되어 그러한 방법과 기술 양식을 따르면 질적연구가 되는 것으로 오해하기 때문일 것이다. 이러한 오해는 결국 전체적으로 양적연구의 목적과 설계와 질적연구의 자료 수집 방법이 혼합되어 버린, 이것도 아니고 저것도 아닌 기형적인 형태의 연구를 산출해 버린다. 따라서 진정한 의미의 질적연구가 되기 위해서는 연구자가 질적연구에서 추구하는 연구의 목적에 대해 숙지하고 연구를 설계, 진행해야 한다. 따라서 여기서는 질적연구의 목적들에 대한 개괄적인 논의를 진행한 다음, 그 각각에 대해 깊이 논의해 보도록 하겠다. 우선 질적연구의 목적들을 도식으로 표현하면 [그림 3-1]과 같이 나타낼 수 있다.

질적연구의 첫 번째 목적은 현상의 의미와 그것에 대한 이해이다. 이때 이러한 이해는 단순히 지식의 습득이나 연구자 입장에서의 단순한 이해가 아니라 참여자의 입장에서 그것을 이해하는 것을 말한다. 공장 노동자들에게 '일'은 어떠한 의미를 가지는가, 학교에서 학생들에게 공부는 어떤 의미를 가지는가에 대한 탐구가 이러한 의미와 이해의 예가 된다. 두 번째 목적은 일상적 세계에 대한 기술이다. 이는 잘 알려져 있지 않은 연구 참여자의 일상적 세계를 관찰하고 드러내는 것을 말하며, 특히 20세기 초, 제3세계 국가 및 민족의 일상적 삶에 대한 연구들에서 그 전형적인 모습을 찾을 수 있다. 세 번째 목적은 특정한 사례에 대한 탐구이다. 즉, 학술적으로 연구의 가치가 있는 특정한 사례들에 대한 관심으로 연구가 진행될 수 있다. 성 소수자, 소외받는 소수들에 대한 연구가 그 예가 될 것이

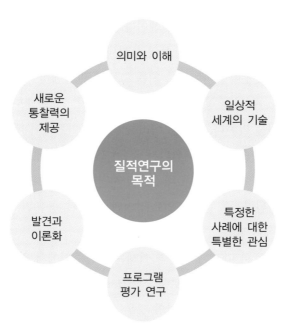

[그림 3-1] **질적연구의 목적**

다. 네 번째 목적은 프로그램의 평가이다. 이때 평가는 양적 접근에서 추구하는 정량적 평가가 아닌, 질적 접근을 통해 정성적 평가를 목적으로 진행된다. 다섯 번째 목적은 발견과 이론화이다. 질적 탐구에 대한 오해 중의 하나가 질적연구는 일반적 수준의 이론을 추구하지 않는다는 것이다. 하지만 이러한 발견과 이론화는 질적연구의 주요한 목적 중의 하나이며, 실제 많은 학자들이 질적 접근을 통해 그들의 이론을 수립, 발전시켜 왔다. 마지막으로 언급할 수 있는 질적연구의 목적은 이론과 실제에 대한 새로운 통찰을 제공하는 것이다. 이는 우리가 그동안 당연한 것으로 받아들였던 많은 대상들에 대해 새로운 시각을 가지고 질적 접근을 통해 그 대상에 다가갈 수 있다는 점이다.

그렇다면 이제 이러한 질적연구들의 목적에 대해 좀 더 자세히 살펴보도록 하자.

2. 의미와 이해

우리는 자연을 설명하고 심리적 삶을 이해하려고 한다(Dilthey, Schwandt에서 재인용, p. 273).

질적연구의 첫 번째 목적은 의미와 이해이다. 이는 연구 대상으로 선정된 사람들(토속인, 이방인, 타인, 연구 참여자 등)이 자신의 사회세계와 행위에 대해 어떤 의미를 부여하고 상황을 정의하고, 그에 따라 행위하는지를 그들의 관점에서 이해하려는 것을 말한다. 이때 의미란 그들이 갖게 되는 형태의 경험과 감정, 인지, 지각, 태도, 상징 등을 포괄하는 넓은 맥락에서의 의미를 말한다. 인간은 이러한 의미에 기초하여 행위하고 상호작용하기 때문에 이러한 의미를 기술하고 이해한다는 것은 그들의 관점에서 세계를 바라보려는 문화적 상대주의 시각을 드러낸 것이며 내부자적 시각(emic perspective)을 기술하고 이해하려는 노력으로서 설명된다. 즉, 문화적으로 정의된, 형성된, 공유된 경험의 내용이 무엇인지를 이해하는 데 도움이 된다.

질적연구의 목적으로서 이러한 의미와 이해는 실증주의에서 강조하는 일반화와 예언이라는 연구 목적과는 대별되는 것으로서 '실재(reality)'에 대한 두 연구 패러다임 간의 극명한 차이를 반영하는 것이다. 실증주의의 경우 실재는 저 바깥에 존재하며 규칙성과 법칙성을 갖는 탈맥락적 성격을 갖고 있다. 따라서 그러한 실재는 일반화될 수 있으며, 그러한 일반화될 수 있는 법칙이나 명제를 규명하는 것이 우리의 사회생활과 인간생활 속에서의 인간의 활동과 행위를 설명할 수 있는 나아가 예측할 수 있는 가장 효과적인 방법이라고 전제한다. 그리고 그러한 실재는 인과성에 의해 설명되며(X가 Y를 야기한다) 복잡한 과정은 보다 단순한 과정으로 전환되어 설명된다.

그렇다면 질적연구의 목적으로서 의미와 이해가 실증주의의 패러다임과 어떤 차이점을 보이는지 분명하게 보여 주는 다음의 에피소드를 살펴보도록 하자.

[에피소드] 영화 '아파타'에서 네이트리와 제이크 설리의 대화

나비족이 되기 위해 제이크, 너는 나비족이 하는 모든 방식들을 알고 행동해야 한다. 걸어가는 방법, 말하는 방법, 그리고 냄새 맡는 방법까지, 나아가 말타는 방법까지. 아울러 그러한 이해는 단순히 언어나 행동뿐만 아니라 이 세계와 다른 존재들(동물들, 영혼들)에 대한 기존의 관점(문명인)들을 버리고 그들의 관점에서 바라보고 대해야 하는 것을 요구한다. 이러한 이해를 극명하게 나타내 주는 예가 있다. 네이트리가 제이크를 살리기 위해 늑대와 같은 동물들을 죽였을 때 제이크는 자신을 살려 준 것에 대해 "고맙다"라고 하지만 네이트리는 그것은 고마운 일이 아니라 "매우 슬픈 일"이라고 이야기한다. 이 문장이 나타내고 있는 의미는 문명의 세계에서 인간과 동물은 그 위계가 확실하여 인간이 우선이며 동물은 인간의 하위 존재에 속한다. 그러나 나비족에게 있어서 그들과 동물들은 큰 위계 차이가 없으며 모두들 중요한 존재이다. 따라서 동물들의 죽음은 인간의 죽음만큼 슬프며 죽을 필요가 없는 존재라고 간주된다.

위의 예는 대상을 바라보는 관점에 따라 사건의 의미가 어떻게 달라질 수 있는지를 보여 준다. 인간의 위계적 위치를 어떻게 인정하느냐에 따라 동물을 죽인 일이 인간을 구하는 정의로운 일이 될 수도 있고 양자택일의 긴박한 상황에서의 슬픈 선택이 될 수도 있는 것이다.

또 다른 에피소드를 더 살펴보도록 하자. 다음의 에피소드는 의미와 이해에 의해 인간의 대처가 어떻게 바뀔 수 있는지 보여 준다.

[에피소드] 미국 범죄 시리즈

법인류학자인 본즈 박사와 동료 여자 연구자는 인도네시아 숲에서 연구를 하다가 우연히 원주민을 만나게 된다. 무장을 하고 있는 원주민 남자들이 숲 속에서 나타나자 본즈 박사와 동료 연구자는 매우 당황하며 죽임을 당하지 않을까 걱정한다. 이에 대항하기 위해 동료 연구자는 총을 만지면서 무기가 있다는 사실을 다가오는 적들에게 인지시키려고 한다. 그러나 본즈는 총을 만지지 말고 어서 머리를 풀고 여성적으로 이미지를 바꾸라고 요구한다. 영문을 모르는 동료 연구자는 본즈가 시키는 대로 작업복을 벗고 여성스러운 속옷을 입은 나체의 모습을 드러낸다. 이유인즉, 이 부족에게 있어서 가장 남자다움의 기준은 자녀를 얼마나 가지고 있느냐인데 풍만한 가슴과 육체를 가진 여성이야말로 그러한 목적을 달성할 수 있는 가장 확실한 방법이기 때문에 여성을 우상시한다. 이에 본즈와 동료 연구자는 다가오는 남자 원주민 부족들에게 최대한 여성적으로 보이도록 자극적으로 포즈를 취한다.

위의 에피소드는 의미와 이해에 따라 그에 대응하는 대처가 어떻게 달라질 수 있음을 보여 준다. 위의 상황에서 서구의 관점과 이해에 따른 대처를 취했더라면 비극적인 상황을 불러올 수도 있었을 것이기 때문이다.

위의 에피소드에서 살펴볼 수 있는 것처럼 실증주의 패러다임과는 다르게 질적연구에서는 인간과 사회현상에 적용될 수 있는 범맥락적인 법칙이나 명제는 존재하지 않으며 우리가 존재한다고 생각하는 실재(reality) 또는 진실(truth)은 우리의 인식 저 바깥에 이미 존재하여 규명되기를 기다리는 변화되지 않는 법칙이나 규칙이 아니라 사회적 상호작용으로 인하여 만들어지고 재구성되는 사회적인 실재일 뿐이라고 가정한다. 따라서 인간/사회과학 연구의 목적은 불변하는 실재를 찾는 것이 아니고 그러한 노력은 불가능하며, 대신에 특정한 사회상황 속에서 이루어지는 실재에 대해 참여자들이 어떤 의미를 부여하는지를 기술하고 이해하는 것이라고 주장한다. 그러한 점에서 사회적 진실에 대한 인식론적 입장은 상대주의적, 탈근본주의적이다.

실증주의와 탈실증주의의 연구 패러다임에 대해서는 딜타이(Dilthey)가 잘 설명했다. 그에 따르면 자연과학을 모델로 하는 실증주의 사회과학 연구 전통이 보편적인 법칙을 사용하여 외부자의 관점에서 인과관계를 설명하는 원리를 개발하는 것이라면 탈실증주의 연구 패러다임에서의 인간과학은 행위자 또는 에이전트의 관점에서 그들이 어떠한 의미를 형성하는지와 그들의 삶을 이해하는 것이라고 했다(Schwandt, 2001: 273). 딜타이에 이어 슈츠(Schutz)는 '상황정의(definition of a situation)'라는 용어로서 의미와 이해의 정당성을 강조하고 있는데 '상황'이란 그 사회 속에서 살아가고 있는 구성원들이 그 상황을 어떻게 정의하느냐에 따라서 그 본질과 의미가 달리 해석되는 사회적 속성을 갖고 있기 때문에 그 상황이 무엇인지를 이해하는 방법은 그 구성원들이 그 상황에 어떤 의미와 의도를 부여하고 있는지를 기술하고 이해하는 것이라고 했다. 그리고 외부자로서 연구자가 그 내부자들의 상황정의를 이해할 때 우리는 내부자들이 왜 그렇게 행위하고 상호작용하며 살아가는지를 진정으로 알게 된다고 했다.

상황정의는 특정한 조건과 사회 속에서 살아가고 있는 참여자들이 발달시킨 문화적, 역사적, 인간관계적 생활 양식으로서 내부자 및 참여자가 소유하고 있는 규범, 문화, 신념, 상황정의, 생활세계 또는 세계관 등을 포괄하는 표현이다. 이 의미 속에는 특정한 문화의 장에서 연구 참여자가 발전시킨 생활세계의 내용(인지, 정서, 동기, 상징, 감정이입)이 들어 있으며 이 의미에 기초하여 참여자들이 자신들의 세계관과 실재관을 구성하고 그들의 실제 행위에 직접적으로 영향을 끼치기 때문에 이러한 의미에 대한 개념화와 이해는 외부자인 연구자가 연구 참여자의 내적 세계와 그 의도가 무엇인지를 지각하는 데 가장 중요한 역할을 한다.

의미와 이해에 대한 목적을 잘 설명하는 예로서 다음 표의 비교가 도움이 될 것이다(Auerbach and Silverstein, 2003, pp. 5-6). 이 비교는 부성애에 대한 연구로 연구 대상에 대해 어떤 접근을 취하느냐에 따라 그 연구의 설계 및 진행이 달라질 수 있음을 보여 준다.

부성애(fatherhood)에 대한 연구에서 양적연구와 질적연구의 비교

양적연구	질적연구
연구자는 독립변인으로서 아동과의 접촉(아동에게 소비하는 시간의 양)을, 종속변인으로서 아버지의 아동에 대한 애착을 상정하고 이 두 개의 변인 간의 관계에 대한 하나의 가설을 만든다. 그리고 아버지가 아동에게 더 많은 접촉을 할수록 아버지의 아동에 대한 애착은 더욱 커질 것이라는 가설을 검증하기 위해 자료를 수집하고 통계적 방법을 통해 이를 확증한다. 이를 위해 독립변인과 종속변인 간의 상관이 통계적으로 유의미한지를 확인함으로써 가설의 진위를 검증한다.	양적연구에서 가정한 부성애의 기존 연구들은 다음과 같은 두 가지 문제점을 가진다. 첫째, 부성애에 대한 연구는 대부분 미국의 백인 중상류계층을 대상으로 한 연구이기 때문에 다른 문화권과 민족의 부성애를 연구하는 데 있어서 의미 있는 가설들을 진술하는 것에 대해 충분히 알지 못한다. 따라서 무엇이 의미 있는 독립변인과 종속변인이 되는지를 판단하기가 어렵다. 둘째, 연구자가 아버지의 주관적인 경험이 어떤 것인지를 이해하려는 데 관심을 두는 경우에 숫자로 표현되는 가설들은 그러한 목적을 달성할 수 없다. 아버지가 아동에 대해 갖는 의미 있는 경험이나 이해를 이해하기 위해서는 다음 질문에 답해야 한다.
	아버지가 아이에게 갖는 애정은 어떤 것일까? 아버지가 아이의 옆에 있다는 것은 무엇을 의미하는 것일까? 아버지가 자신의 아버지 또는 어머니와 있을 때를 기억하는가? 아버지는 부인이 없는 상태에서 또는 다른 여성이 있는 상태에서 아이를 책임진다는 사실에 대해 불안해하는가?

　　이러한 의미와 이해라는 목적이 구체적인 질적연구들을 통해 어떻게 드러날 수 있는지 예를 통해 살펴보도록 하자.

공장에서 '일'의 의미

로스리스버저와 딕슨(Roethlisberger and Dickson, 1939)의 공장 노동자에 대한 연구는 공장의 노동자들에게 열심히 할수록 더 높은 경제적인 보상(임금)을 제공하겠다고 했음에도 불구하고 노동자들이 열심히 하지 않는 이유가 어디에 있는지를 질적연구를 통해 밝혀내었다. 이 연구는 직업사회화와 조직문화 연구의 고전적인 질적연구에 속한다. 연구 결과에 따르면, 공장의 소유주가 제시하는 노동의 인센티브가 노동자들에게 더 일을 하게 만드는 강력한 유인책이었지만 공장 노동자들은 일정량 이상의 일을 하려고 하지 않는다는 것을 확인했다. 왜냐하면 공장 노동자들은 하고 있는 일에 특별한 의미를 부여하고 있으

며 그 의미가 계급의식, 동료의식과 깊게 관련되어 있기 때문이었다.

즉, 공장의 일에는 공식적 조직의 목표(생산성) 아래에 보이지 않는 비공식적 노동문화가 존재하고 있었고 이 비공식 조직문화의 핵심에는 공장 노동자들끼리 '일'에 부여하는 합의된 의미가 있었다. 이때 이들 사이에 공유되는 '일'이란 다른 동료에 비하여 더 열심히 하지 않으면서 동료들과의 인간관계를 유지할 수 있는 수준만큼의 노동을 의미하는 것이었으며 그 수준을 넘는 '일'이란 일이 아니라 그들 사이에서 배신행위로 간주되었다. 그리고 노동자들끼리 정해 놓은 자신들만의 '적정한 수준에서의 일'은 자신들의 자존감을 지키면서 생존을 유지시켜 주지만 부르주아 계급의 경제적 노예로서 부림을 받지 않을 만큼의 참여를 뜻하는 것이었다.

이에 노동자들이 공유하는 '일'이란 생존을 유지시켜 주면서 또한 부르주아 지배계층의 요구를 거부할 수 있는 은밀한 저항전략으로서 해석되고 있었다. 그리고 그러한 일에 대한 내부자적 의미는 기업체의 생산성 저해와 결부되었다.

고등학교에서 공부의 의미

윌리스(Willis)의 노동학습(Learning to labour)은 왜 노동계층의 가정에서 자란 고등학교 학생들이 다시 노동계층의 직업을 갖게 되는지를 영국의 몇 개의 고등학교에서 이 부류의 학생들이 학교의 공부와 일에 어떤 의미를 부여하고 있는지를 해석함으로써 밝혀낸 질적 연구이다. 이 연구를 통해 윌리스는 기존에 만연해 있던 경제적 재생산 이론의 결정론적인 입장(불평등한 계급구조가 학교의 공식적·비공식적 역할을 통해 재생산된다)의 한계점을 지적하면서, 그러한 불평등의 재생산은 결정론적인 도식에 의해서 일어나기보다는 그 구조 속에서 살아가고 있는 참여자들의 불평등에 대한 자기이해와 그 불평등에 대한 탈피를 위한 저항의 결과로서 나타나는 부산물이라는 새로운 저항이론을 만들어 내는 결과를 가져왔다.

윌리스에 따르면 영국의 노동계층의 고등학교 아이들은 학교에서의 '일'(공부하는 일)에 대해 상류계층 아이들과는 다르게 의미를 부여하고 있었다. 이들은 학교에서의 '일'은 일상 세계에서 평범한 남자가 멋있는 남성으로서 평가받기 위한 신체적 특징(멋있는 몸, 근육질의 몸매, 체력 등)과는 거리가 먼 것으로서 남성성을 드러내지 못하는 활동으로 간주하고 있었고, 일반 남성이 멋있는 남자로서 인정받는 데 필요한 신체적인 요소들과 특징들(신체 가꾸기와 근육 만들기)이 고등학교 생활에서 더욱 중요하다고 생각했다. 이들은 그러한 남성성을 단련하고 강화시키기 위해 부단하게 '사나이'의 기질을 학습하고 숙련하면서 그러한 대항이 학교에서 인정되는 '일'(공부)을 잘하는 공부벌레들에 대항할 수 있는 유일한 저항 전략이라는 사실을 알게 되었다. 이 과정에서 이 부류의 학생들은 육체적인 남성성의 강조와 재생산을 통해 자신들끼리의 자신감과 소속감, 저항의식을 증대시켰다.

이들은 자본주의에서의 학교교육의 숨겨진 이데올로기를 부분적으로 알게 되고 거부하기 위해 그리고 학교에서 인정받는 공부 잘하는 아이들에 대해 나름대로 저항하기 위한 전략으로서 공부 잘하는 아이들(얌전이들)이 가지고 있지 못한 육체적 남성미를 통해 자신들의 존재와 소속감을 강화시킨다. 하지만 '학교의 일(공부)'에 대한 거부와 저항은 이들을 학력사회가 요구하는 여러 가지 지적 기술과 자격증, 대학입학에서 누락됨으로써 졸업 후 아무런 지적 기술을 가지고 있지 못한 비숙련공의 예비 직업인들로 전락시키는 결과를 가져온다. 이들이 학교 공부와 학교 일에 부여한 '여자애들이나 얌전이들이 하는 일'로서의 의미가 자본주의의 거대 구조 속에서 자리 잡고 있는 상류계급으로 나아가는 데 요구되는 지적 기술과 자격을 차단시키는 심리적 기제 역할을 하게 된 것이다.

청소년의 마약세계

마약에 대한 많은 연구들이 이루어졌지만 청소년의 마약에 대한 실상은 연구되지 못했고 아울러 청소년의 관점에서가 아니라 연구자 또는 병리학적 관점에서 마약 사용에 대한 연구들이 이루어졌다. 이에 배리 글래스너(Barry Glassner, 1990)가 수행한 〈청소년 세계에서의 마약(Drugs in adolescent world)〉에서는 마약 사용이 미국 청소년의 생활의 일부라는 사실을 인정하고 그들의 삶에서 마약이 갖는 의미와 중요성에 대해 연구했다. 즉 미국 청소년의 세계에서 마약의 사용은 범죄의 온상으로서 또는 비행 청소년의 일탈적 전형적 행동으로서 인식되기보다는 사회성 발달과 관련하여 우정, 독립심, 정체성과 관련된 매우 핵심적인 주제라는 사실을 밝혀냈다.

이를 위해 두 명의 연구자들이 미국 북동부 지역의 한 도시에 있는 12세에서 20세 사이의 청소년 약 100명을 매주 20시간씩 약 1년 이상 참여관찰과 심층면담을 통해 연구했다. 마약을 하지 않는 학생에서부터 마약에 중독된 학생까지 다양한 참여자를 대상으로 하여 세 부류의 집단을 유층표집하여 연구했다.

연구의 주요 내용은 청소년들이 마약을 사용하는 이유, 마약을 사용하는 때, 마약 이용 방법, 마리화나의 실태, 올바른 마약 사용법, 마약의 원인으로서 동료 압력, 마약의 첫 경험, 마약 사용자와 비사용자 사이의 자존감의 정도 등이었다. 흥미로운 연구 결과는 다음과 같다.

첫째, 마약 사용자(중증)들은 가족에게 대부분 사실을 알리고 있었고 이는 독립적인 성인으로서 인정받는 기회가 되었다. 현재의 마약 사용이 청소년 삶의 행동으로는 적절한 것이며 성인이 되면 단념할 것이라는 생각을 갖고 있었다.

둘째, 기존의 연구에서 나타난 마약 사용의 원인(마약을 사용하는 이유가 동료들의 권유와 압력이라고 가정했다)과는 다르게 동료의 압력은 청소년의 마약 사용의 주요한 원인이 아니었다. 이 결과는 마약 사용이 외부의 영향에 대한 수동적인 선택이 아니라 자신의 적극적인 선택의 결과라는 새로운 사실을 드러내 준다.

셋째, 가벼운 정도의 마약 사용 청소년에게 있어서 마약 사용은 정체성을 실험하는 기회가 되었으며 일부 청소년들은 중증 마약 상용 청소년들에게서 구성원으로서의 팀정신을 배우고 있었다.

넷째, 청소년의 동료는 학교와 가정의 권력에 저항하는 반대세력으로 간주되었지만 이 연구에서 마약을 통한 동료관계의 발달은 청소년 삶의 주요한 목표였다.

다섯째, 마약의 사용에 대한 상황과 영향은 나이 든 마약 사용자들에 비하여 훨씬 더 복잡하고 다양했다.

오래된 미래

달라이 라마가 서문을 쓴 ≪오래된 미래(Ancient futures)≫는 헬레나 노르베리-호지 (Helena Norberg-Hodge) 인류학자가 인도의 고원지인 라다크에서 생활하면서 자신의 문명화된 삶에 비하여 이 원시적인 삶이 얼마나 다르고 아울러 차원 높은지를 이해하는 여정을 다룬 인류학적 고전이다. 부제는 '라다크로부터 배우다'이다. 현대세계와 고립된 전통세계 사이에서 실재(reality)에 대한 이해가 얼마나 다른가가 연구의 여러 곳에 잘 드러나 있다. 행복의 의미, 차가움의 의미, 세계와 주체에 대한 개인의 해석, 죽음의 의미, 사회구조 등에 대한 비교인류학적 해석이 잘 나타나 있다. 다음은 저자가 찾아낸 라다크인의 건강과 식사에 대한 새로운 이해가 잘 나타나 있는 내용이다.

서구의 기준에 따르면 라다크의 전형적인 식사는 전혀 균형 잡힌 것이 아니다. 푸른 채소와 과일은 아주 조금밖에 없고 버터와 소금의 섭취는 우리의 기준으로는 위험할 만큼 높다. 그러나 그런 불균형의 결과로 서구에서 흔히 보는 건강문제들은 거의 없다. …… 첫째로, 우리가 점차로 깨닫고 있는 것처럼, 절대적으로 옳거나 그른 영양이라는 것은 없으며, 오히려 영양은 운동이나 스트레스 같은 다양한 요인에 달려 있다는 사실이다. 둘째로, 사람들에게 어떤 영양이 필요한가 하는 것은 상당한 정도로 사람이 살고 있는 환경에 따라 진화해 왔기 때문에 신체의 요구는 그 땅이 제공할 수 있는 것과 일치하게 되는 것 같다는 점이다. 에스키모인들이 사실상 아무런 곡물섭취 없이 생선과 고기만으로 건강할 수 있는 것과 마찬가지로 라다크인들은 보리와 낙농제품을 먹고 잘 살 수 있는 것이다(Helena Norberg Hodge, 2005, p. 61).

3. 일상적 세계의 기술

교육현상은 단순한 한두 개의 변인으로서 설명될 수 없으며 다양한 관계요소들이 복합적으로 상호작용한 결과이기 때문에 학교교육과 교육과정의 이해는 곧바로 참여자의 일상세계의 심층적인 기술을 통해서만 가능하다(Eisner, 1992).

교육연구자들의 가장 기초적인 연구 관심은 학교의 일상적 세계에 대한 관심이어야 한다(Maxwell, 1996: 17).

질적연구의 두 번째 목적은 '일상적 세계의 기술'이다. 이 글에서는 일상세계라는 개념과 구별하기 위해 '일상적 세계'라는 용어를 사용했다. 현상학에서 사용되는 개념으로서 일상세계(life-world, everyday life)는 인간경험과 사회적 행위의 간주관적 세계로서 일상세계의 상식적 지식의 세계를 말한다(Schwandt, 2001: 147). 이에 비하여 '일상적 세계'는 연구 현장의 참여자들이 일상적으로 살아가는 삶을 뜻하는 것으로서 일상적 세계의 기술은 그들의 그러한 삶을 밀도 있게 그리고 심층적으로 묘사하는 것을 의미한다. 어떤 점에서는 앞에서 설명한 질적연구의 첫 번째 목적을 달성하기 위한 전 단계적인 작업과정이면서 기술 자체가 해석과 분석을 의미하기 때문에 자체적으로 가치 있는 연구 활동이다. 그리고 이러한 일상적 세계의 이해는 심층적 묘사로 이어진다.

질적연구의 목적으로서 '일상적 세계의 기술'에 대한 관심은 질적연구의 초기 발원지인 고전 인류학과 사회학의 연구들에서 쉽게 찾아볼 수 있다. 제국주의의 확산과 함께 제1세계 연구자, 상인, 종교인, 여행자들은 제3세계 사람들의 삶과 문화에 대해 알고 싶어 했고 그들의 삶의 여러 가지 단편과 특징을 여러 가지 형태(일기, 기행문, 신문기사, 시, 소설 등)로서 표현했다. 제3세계 사람들 또는 타인이나 미개인의 삶이 자신들의 삶과 어떻게 다른지를 소상하게 기록하고 기술함으로써 그들의 삶이 얼마나 다르고 이국적인지를 소개하고자 했다. 그 대표적인 예로는 말리노프스키의 〈트리비안도 섬들의 삶〉, 마가렛 미드의 〈서사모아의 청소년 시기의 성적 억압의 의미〉, 〈히말라야 사람들의 생활〉 등이 있다. 이와 관련하여 탈식민주의 영문학자인 사이드(Said)는 타인과 외국 문화에 대한 기술과정에서 타인의 삶이 지배자의 시각에서 특정한 방식으로 편집되고 왜곡되었다고 주장하기도 했다.

사회학의 경우에는 한 사회의 사회적 문제들을 기술하고 이해하기 위한 방법으로서 생활세계에 대한 기술이 강조되었는데, 대표적인 연구 전통으로는 사회학과가 처음으로 만들어진 미국 시카고 대학교의 사회학파 연구들을 들 수 있다. 이 사회학 연구자들은 다른 나라의 문화를 연구하기보다는 자국 내의 여러 문화들, 특히 도시화와 슬럼화, 인종문제와 빈곤문제 등에 주안점을 두면서 도시에서 나타나는 여러 가지 병리현상과 문제들을 질적연구를 통해 밀도 있게 그리고자 했다. 이를 위해 실제 현장에 들어가 참여관찰 방법과 심층면담 방법을 사용하여 그 동안 베일에 가려졌던 도시 빈민, 슬럼가의 사람, 이주민, 도시노동자, 유색인종의 삶을 기술하기 시작했다. 그러한 점에서 일상세계의 기술은 '양적으로 표현될 수 없는 심층적 정보를 수집하고 탐구하는 데 의미가 있으며 복잡한 특정한 한 현상에 대한 풍부한 묘사를 제공해 줄 수 있다.

이러한 발달 속에서 '생활세계의 기술'로서의 질적연구의 목적은 학교의 현장연구에서 효과적으로 접목되고, 많은 연구들이 수행되어 왔다. 〈교장의 일상적인 삶에 대한 연구〉에서부터, 〈자폐 아동의 일상적인 삶〉, 〈초등학교 교사의 일년 생활〉, 〈중등학교 초임교사의 일년간의 생존 전략들〉, 〈아동의 교실생활〉 등이 대표적인 연구들이다. 교육현장에 대한 이러한 일상적 세계에 대한 기술은 학교에서의 교육과정과 수업이 어떻게 전개되고 어떻게 접목되고 있으며 어떻게 저항되고 있는지, 그리고 특정한 학교에서 교육활동이 어떻게 이루어지고 있는지에 대해 교육연구자, 정책가, 프로그램 평가자들에게 개선과 이론화를 위한 기초자료를 제공해 준다는 점에서 큰 의미가 있다. 그렇다면 이러한 목적이 드러나는 질적연구 결과물들을 살펴보도록 하자.

교장 선생님의 일상적 세계

월콧(H. Wolcott)의 〈교장실에 있는 한 남자(A man in the principal's office)〉는 미국의 공립학교의 한 교장 선생님의 일 년 생활을 참여관찰과 면담을 통해 기술한 교육행정영역의 대표적인 질적연구이다. '도대체 교장의 직업은 무엇을 하는 것인가'라는 질문에 대해 연구자는 무엇보다 교장직을 수행하고 있는 한 교장 선생님의 학교와 학교 바깥의 생활을 질적연구방법을 통해 심층적으로 기술할 때만이 해답이 가능하다는 생각을 하게 되었다. 이에 연구자는 그 전에 사용했던 질문지 방법 대신에 한 공립학교 교장의 하루 일과에서 부터 일 년의 일과를 소상하게 기록하고 기술해 주었다. 이러한 기술에는 그가 받는 월급 의 내역서에서부터 하루종일 학교에서 어떤 일들을 하면서 지내는지 그리고 퇴근 후에는 집에서 어떻게 생활하는지가 적나라하게 드러나 있다.

연구자가 도출한 많은 연구 결과 중에서 우리에게 흥미로운 한 가지 사실은 훌륭한 교 장이 갖추어야 하는 가장 중요한 능력으로서 조정력을 제시하고 있다는 것이었다. 이 연 구 결론은 훌륭한 교장은 리더십이나 통제력이 아니라 갈등이 발생했을 때 그 문제들에 대해 많은 관련 이익집단들이 제기하는 여러 가지 주장과 의견을 전체적으로 이해하고 그 문제를 해결할 수 있는 타협 능력을 갖춘 사람이라고 암시하고 있다. 특히 학부모와 교사 사이에 일어나는 갈등을 효과적으로 잘 처리하는 기술이 교장의 전문적 삶 속에서 가장 요구되는 관리 기술로서 인식되고 있었다.

미국의 빈곤 문화 속에서 자라나는 아동들의 일상적 세계

코틀로비츠(A. Kotlowitz)의 〈또 다른 미국에서 자라나는 두 소년의 이야기(There are no children here: The story of two boys growing up in the other America)〉는 미국 슬럼가의 폭력적 환경 속에서 살아가고 있는 아동들의 삶이 어떤 것인지를 여실하게 보여 주는 질적연구이 다. 아울러 그러한 폭력적 환경이 미국의 성인으로 자라날 그 아이들에게 어떠한 영향을 끼칠 것인지를 묘사했다. 두 명만을 연구 참여자로 하여 그들의 일상적인 삶이 얼마나 폭 력적인 미국 문화의 영향을 받으며 살아가고 있는지를 잘 표현해 놓았다. 미국 아동의 다 섯 명 중의 한 명이 빈곤지역에 살고 있지만 그러한 열악한 교육 환경에서 이 아동들이 어 떠한 공포와 빈곤 속에서 살아가고 있는지를 기술한 연구가 없다는 점에서 이 연구는 빈곤 과 폭력 속에서 두 아동들이 겪는 경험이 무엇인지를 자세하게 기술하려고 했다.

보스턴 지역 이탈리아 이주민들의 일상적 세계

화이트(W. Whyte)의 보스턴 지역의 〈이탈리아 이민자들의 연구(Street corner society)〉는 도 시사회학 연구의 고전으로 간주된다. 보스턴 지역의 이탈리아 이민자들이 살고 있는 동 네의 삶이 연구자의 참여관찰과 면담자료들을 토대로 하여 진솔하게 그려져 있다. 동네 의 구조, 사람들의 일상적인 활동, 그들이 하는 놀이, 그들의 일이 상세하게 그려져 있다.

특히 여러 가지 참여자 집단 중에서 이 지역을 장악하고 있는 이탈리아 마피아 조직의 권력 구조에 대한 상세한 서술은 우리의 모든 조직 속에 존재하고 있는 공식적, 비공식적 권력관계의 특성을 이해하는 데 상당한 도움을 준다. 단순하게 양비론적 입장이 아니라 복잡하게 얽혀 있는 여러 층의 권력관계와 이해관계를 바탕으로 하는 현대의 모든 조직 구조(기업체, 공립 학교, 대학교의 총장 선거 등)의 숨겨진 특징을 이해하고 추가적으로 해석할 수 있는 아이디어를 명료하게 제시해 준다.

미국 고등학교의 두 부류 학생들의 일상적 세계

에커트(P. Eckert)의 〈두 부류의 고등학교 학생들의 생활(Jocks and burnouts)〉은 미국의 자본주의 계급구조가 미국 중서부 디트로이트에 위치한 벨튼 고등학교에서 학생들의 삶 속에서 어떻게 재생산되는지를 1980년부터 1984년까지 참여관찰을 통해 밝힌 질적연구이다. 한 학교에 존재하는 두 부류의 학생들의 문화가 어떻게 다르게 구성되어 있으며 배치되어 있는지를 비판이론적 관점에서 밝힌 연구이다. 연구의 분석 체계로는 Jocks(미래의 중상류 계층을 점유할 학생들) 그리고 Burnouts(노동계층으로 전락할 학생들)라는 두 개의 연구 참여자 집단을 선정하여 이 두 부류의 학생들이 학교에서 어떤 다른 교육적, 문화적 경험을 차별적으로 하고 그러한 차별적 경험이 그들에게 어떤 다른 의미체계로서 구성되는지를 일상적 세계의 기술을 통해 밝혀 주었다.

연구자는 이 두 부류의 사회적 범주가 학생들 사이에서 어떻게 만들어지고, 대립되고, 고착되는지를 밝히기 위해 두 부류의 학생들이 한 학교 내에서 학교 공간의 사용, 언어 사용, 옷 입는 법, 학교 이외에서의 활동, 사물함의 사용, 학교 식당 공간의 활용 등의 영역에서 어떻게 다르게 살아가는지를 2년간의 참여관찰 그리고 추가로 1년간의 참여관찰을 통해 기술했다. 이 연구를 통해 초등학교에서(사실은 가정에서부터) 시작하여 중학교에서 발달하고 고등학교에서 고착화되는 학교 집단의 두 개의 분리된 집단(엘리트 집단과 낙오 집단)의 삶과 생각 그리고 자신들에 대한 개념화가 미국의 학교교육을 통해 어떻게 이루어지는지를 일상적 세계의 기술을 통해 명시화했다.

미국 서부 개척시기의 멕시코인들의 삶

테일러와 타가트(Taylor and Taggart)의 〈알렉스와 호보(Alex and the hobo)〉는 미국 콜로라도 주 남부 San Louis Valley에 살았던 멕시코 사람들의 삶의 역사를 잘 그려 내었다. 특히 이들의 역사가 미국의 서부 개척시기가 도래하면서 개척자들인 미국인들에 의해 어떻게 변화되기 시작했고 피지배인으로 전락하게 되었는지를 상세하게 그려 내었다. 이 공동체에 살았던 다양한 사람들의 직업과 삶이 질적연구의 한 가지 연구방법인 생애사 방법을 통해 기록되었다.

미국 소년들의 소외된 아동기 연구

브론펜브레너(A. Bronfenbrenner)에 의해 시도된 〈미국 소년들의 소외된 아동기 연구(Philip's story)〉는 미국의 현대 사회에서 소외된 아동들의 삶이 얼마나 외로운 것인지를 소년 필립의 이야기를 통해 전하고 있다. 부모가 모두 직장에 가버렸기 때문에 학교가 끝나면 집에서 홀로 지내야 하는 미국의 대표적 소년 필립의 삶의 기술은 오늘날 자본주의 사회체제 아래 부모 모두 경제활동에 참여하는 현실 속에서 혼자만의 생활을 해야 하는 어린 초등학생이 어떠한 심리적 고통과 상실된 유아기 속에서 살아가는지를 간단하게 그러나 인상적으로 그려내 주었다.

　필립을 비롯하여 네 명의 아이들 이야기로 구성된 이 연구는 미국 클린턴 행정부가 부시 행정부 때부터 고민했던 유급 가족휴가(family leave) 법안을 통과시키는 데 결정적인 역할을 했다. 네 명의 미국 아동의 이야기이지만 부모가 없는 어린 아동의 오후의 삶에 대한 연구자의 서술은 그 이야기의 진실성과 파장으로 인하여 모든 미국인에게 공감을 얻을 만큼 파괴적이고 강력했다.

개발 도상국 멕시코의 노동계층의 아버지와 아이들의 삶

루이스(O. Lewis)가 1964년에 출간한 〈산체스의 아이들(The Children of Sanchez)〉은 문화인류학과 문화기술지 영역에서 제3세계 노동자의 일상적인 피폐해진 삶을 그려낸 수작으로 평가되는 작품이다. 빈곤의 문화를 연구해 온 인류학자로서 루이스가 쓴 〈산체스의 아이들〉은 경제 개발 단계에 있던 멕시코의 멕시코 시에 살고 있었던 가난한 가장 산체스와 그의 네 아이들의 어려운 삶을 적나라하게 기술하고 있다. 기술 방법으로는 각 개인이 화자가 되어 자신의 삶을 서술하는 자서전적 방법을 선택했다. 하루에 1달러를 벌어서 생계를 유지하는 제3세계에서의 삶이란 어떤 것인지를 명료하게 이해할 수 있다.

4. 특정한 사례에 대한 특별한 관심

> 기존의 문화기술지 연구는 대부분 남성 교장 혹은 관리자의 입장에서 쓰인 것이다. 결과적으로 그러한 직책에 있는 여성 교장의 삶에 대해서는 거의 무지하다(Shakeshaft, 1989: 56).

질적연구의 세 번째 목적은 특정한 사례에 대한 관심이다. 양적연구가 대단위 사례를 대상으로 일반화를 목적으로 하는 연구인 반면 질적연구는 대규모의 사례 대신에 연구자가 관심을 갖고 있는 소수의 특정한 사례들에 연구 관심을 둔다. 이때 사례는 극단적으로 1명이 될 수 있으며 일반화를 목적으로 하는 질적연구의 경우에는 사례수가 100명이 넘을 수도 있다. 아울러 양적연구에서 효과를 측정하기 위한 방법으로서 비교사례를 N=15 이상으로 한다는 점에서 15명이 넘는 사례가 질적연구의 연구 대상이 될 수 있다는 점을 밝힌다.

질적연구의 목적으로서 특정한 사례는 연구자가 특별히 연구 관심을 갖게 된 사례를 뜻한다. 따라서 양적연구와는 달리 연구의 목적은 무선표집을 통한 사례가 아니라 목적표집을 통한 연구자가 특별한 연구 관심을 가지고 있는 특정한 사례들에 한정된다. 이러한 특정한 사례에 대한 관심은 사회현상, 인간현상, 교육현상을 연구하다 보면 자연스럽게 연구자에게 나타나는 심리적인 특징이다. 그러한 심리적 경험이 연구자로 하여금 사회현상과 인간현상에서 나타나는 특별한 경험이나 실제 또는 제도, 아니면 산물들에 대해 질적 방법을 통해 연구하게 만드는 동기를 제공해 준다. 그 결과로서 그러한 특별한 사례는 그 사례를 포함한 다른 사례들이 집단들의 해석과 이해에 어떤 기여를 하고 어떤 다른 대안적인 해석을 제공해 주는지를 확대하려고 노력한다.

다음 예는 우리가 왜 특정한 사례에 대해 질적연구를 하게 되는지에 대한 합리적 타당성을 제공해 준다.

[예] 저출산 문제에 대한 프랑스의 산아 정책

한국의 출산율이 점차적으로 낮아지면서 OECD 국가 중에서 최저로 나타났다. 그리고 이러한 통계적 사실은 보건복지부를 포함하여 여성부, 국가전략 미래 연구소 등 많은 국가기관으로 하여금 어떻게 하면 한국의 산아율을 높일 수 있을 것인지에 대해 고민하게 만든다. 그리고 그러한 관심은 서구의 선진국 중에서 다른 나라들에 비하여 출산율이 2명을 넘어서 미래 노동력을 안정적으로 확보해 준 프랑스의 산아 정책의 특별성에 관심을 갖게 만든다.

유럽의 많은 선진국 중에서 유독 프랑스는 어떻게 하여 이러한 긍정적인 결과를 얻어 내었을까? 그리고 어떤 사회, 문화, 보건, 복지 정책을 입안했을까? 그들의 앞선 정책과 경험은 우리에게 저출산 문제에 대해 한 가지 해결책을 제시해 주는 대표적 사례에 해당한다.

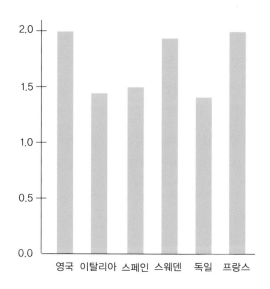

OECD 국가의 출산율 현황(2008년)

그림을 살펴보면 다른 나라들(영국 1.96, 이탈리아 1.41, 스페인 1.46, 스웨덴 1.91, 독일 1.38)에 비하여 프랑스만 유일하게 2.0을 기록하고 있다. 그리고 이 프랑스의 산아 정책과 복지 인프라를 연구한 결과 이러한 결과는 출산을 장려하고 출산율을 높이려는 강력한 가족정책이 있었기에 가능했다는 사실을 알려 준다. 프랑스 정부는 가족지원 정책에 엄청난 예산을 투자한다. 가족지원 정책에 진정한 의지를 가지고 있고 이것이 정말 중요한 부분이라는 인식을 하고 있기 때문에 예산이 넉넉하지 않더라도 과감한 투자를 한다. 가족수당금고라는 프랑스만의 독특한 공공기관에서는 임신과 출산, 육아에 필요한 비용을 직접 지원한다. 현재 프랑스 여성의 85%정도가 일을 하고 있는데 가족수당금고에서는 여성들이 일과 육아를 동시에 할 수 있도록 경제적인 지원을 하고 있다. 이러한 가족정책이 성공한 세 가지 중요한 이유로 첫째는 출산휴가유급수당, 둘째는 아이를 돌보는 보모수당, 셋째는 탁아소 증설이다.

출처: KBS스페셜 2부 모성보고서, '나는 낳고 싶다'

이외에도 인간과학의 연구 세계와 역사에서 특별한 사례에 대한 연구를 어렵지 않게 찾을 수 있다. 예를 들어, 자폐아 딥스의 연구, 피아제의 인지발달 연구, 신동 모차르트 연

구, 가드너(Howard Gardner)의 창의적 사람들에 대한 연구 등이 있다. 또한 미드의 서사모아 청소년 연구는 왜 구미 세계에서 나타나는 청소년의 억압시기가 이 원시사회에서 나타나지 않는지를 연구했다. 특정한 사례들에 대한 심층적인 이해에 대한 이러한 연구들은 여타 학문 영역들에서도 어렵지 않게 찾을 수 있는데, 특정 종족에 대한 연구, 소외집단에 대한 연구, 누드 족에 대한 연구, 동성애자들의 바(bar)에 대한 연구, 마약 복용자들의 연구, 부두 족에 대한 연구들이 해당된다.

최근에는 교육학 영역에서도 특정한 사례들에 대한 심층적인 관심에 대한 연구들이 많이 수행되고 있다. 그 예로서 특별한 교사집단에 대한 연구(1980년대의 전교조 교사), 영재아에 대한 연구, 수준별 학급에서의 수업연구, 성공적인 학교문화연구(경남 거창고등학교, 서울 영훈초등학교 등) 등이 이러한 연구 관심을 직접적으로 반영한 연구에 속한다.

가핑클의 〈Agnes' Story〉

1958년 미국 UCLA 정신과를 찾아온 중서부의 한 여성인 아그네스에 대한 단일 사례연구이다. UCLA 사회학과의 가핑클과 스트롤러(Garfinkel and Stroller) 교수는 트랜스젠더에 대한 개념이 거의 없었던 시대에 19세 백인 남자 아그네스가 외과 수술을 통해 여자로 전환되면서 겪게 되는 여러 가지 신체적, 정신적 변화과정을 민속방법론과 생애사 방법을 통해 연구했다. 이들은 수술의 대가로 아그네스와 총 35시간의 면담을 할 기회를 가지게 되었다. 면담 내용은 아그네스의 어린 생활, 성장 과정, 외과 수술 후의 삶의 변화, 자기 정체성에 대한 신념 등이었다. 이 사례 연구는 성에 대한 생물학적 신념에서 탈피하여 성이 어떻게 사회학적으로 생산되고 재생산되는지를 입증한 기념비적인 작품이다.

보그단의 〈프레이의 자서전(Jane Frey's Autobiography)〉

질적연구 개론서의 저자로서 유명한 보그단(Robert Bogdan)에 의해 이루어진 단일 사례연구이다. 트랜스젠더인 제인(Jane Frey)이 어떻게 1960년대의 미국 사회 속에서 그녀 특유의 삶을 살아왔는지를 생애사 기술방법을 통해 기술했다.

월콧의 〈미국 초등학교 교장 후보 선택과정에 대한 문화기술적 연구〉

월콧(Harry Wolcott)에 의해 미국 초등학교의 한 교장 연구의 일부분으로 수행된 연구이다. 교장 위원회의 임원을 뽑는 과정이 어떻게 진행되는지를 자세하게 기술해 놓았다. 총 14명의 후보 교장 중에서 최종적으로 뽑힌 4명의 교장을 대상으로 자격 면담이 이루어졌다. 이에 월콧은 각 후보에게 던져지는 질문이 무엇이고 어떤 대답을 통해 최종 결정자인 교육장 또는 교육감이 어떤 기준으로 선발되는지를 면담형식으로 기술했다. 문화기술자의 임무가 문화적 관계 속에서 살아가는 인간 행동을 기록하는 것이라고 주장한 월콧은 학교의 권위구조라는 특별한 상황에서 일어나는 구성원들의 상호작용 방식을 이해하기 위해 교장 선택과정이라는 문화적 과정을 기술한 연구를 수행했다. 특히 초등학교 교사의 85%가 여성이지만 초등학교 교장의 78%는 남성이라는 사실에 근거하여 문제의식을 가지고 남자 교장 후보가 교장 위원회에 선출되는 과정을 기술했다.

리차드슨의 〈미혼녀(Single Other Women)〉

리차드슨(Laurel Richardson)은 왜 미국의 유명 MBA 학위를 받은 실력 있는 여성들이 결혼하지 않고 기업체의 의사결정자들의 내연의 부인으로 살아가는지를 목적표집 사례 15명을 통해 연구했다. 사회학 연구의 주요 개념인 권력, 자본주의, 경제 재생산과 저항의 관점에서 그들의 삶의 의미를 해석해 냈다. Single Other Women의 각 첫 자를 딴 SOW라는 단어는 '암퇘지'라는 의미를 가지고 있다. 자본주의 사회에서 남성 위주의 권력 세계에서 여성이라는 이유 때문에 성공할 수 없다는 MBA 여성들의 인식과 그러한 인식이 그녀들로 하여금 어떠한 삶을 선택하게 만들었는지가 탁월하게 그려져 있다.

김성기의 〈도시형 대안학교 운영 특성에 관한 연구〉

대안학교라고 하면 도시에서 멀리 떨어진 산 속의 대안학교를 떠올리게 된다. 이러한 이미지와는 달리 저소득층 탈선 학생을 위해 설립된 도시형 대안학교는 기존의 대안학교와는 다른 어떤 경험과 구조를 가지고 있는지를 참여관찰과 면담을 통해 기술했다. 일반 학교가 아닌 대안학교와 대도시 속에 설립된 특별한 새로운 사례인 도시형 대안학교가 갖는 여러 가지 특징을 심층적으로 기술했다.

브래큰 등의 〈The Balancing Act〉

브래큰(Susan Bracken) 등에 의해 페미니스트 해방이론의 관점에서 만들어진 이 연구는 미국 공립학교의 여자 교장 선생님으로 승진한 세 명의 여 교사들이 어떠한 발달경로를 겪으면서 성장하게 되었는지를 생애사 방법을 통해 그려 주었다. 남성 중심의 미국 학교문화 속에서 다행히 살아남아 교장으로 승진한 여 교사들 세 명을 연구한 사례이다. 여 교사 세 명의 인생 이야기, 교육적 경험, 승진 노력, 딜레마, 그리고 남자 교장과는 또 다른 교육철학 등이 드러나 있다. 교육행정과 교사교육 분야에서 페미니스트 고전 작품으로 많이 읽히고 있다.

〈남자 무용수들의 무용 경험에 관한 민속지학적 접근〉

남자 무용수들의 무용 세계와 경험은 일반 여자 무용수들의 그것과 어떻게 다를까? 이러한 질문에 대한 답을 얻으려고 시도한 연구가 남자 무용수들의 무용 경험에 대한 연구이다. 생애사 방법을 통해 우리나라의 남자 무용수들의 무용 경험을 생애사 방법을 통해 그려냈다. 여자 무용수들과는 다른 사회학적, 대인관계적, 자기이해적 해석을 발달시킨 남자 무용수들이 무용에 부여하는 특별한 의미와 경험이 무엇인지를 규명하려고 했다.

리보의 〈여자 노숙자에 대한 참여관찰 연구(Tell them who I am)〉

리보(Elliot Liebow)가 수행한 도시 사회학 연구의 고전이라고 평가받는 이 작품은 기존의 빈곤층 연구에서 주요 연구자였던 남자 노숙자들의 연구에서 벗어나 새로운 노숙자 집단으로 부상한 여자 노숙자들을 연구한 질적연구이다. 미국 업타운이라는 도시에 새롭게 문을 연 여자 노숙자들을 위한 쉼터인 Shelter, Bridge House, New beginning이라는 세 곳의 연구 장소에서 살아가는 여자 노숙자들의 삶을 연구했다.

정선숙의 〈한국 초등학교의 세 여교장의 생애사 연구〉

우리나라 초등학교 교사의 다수인 여 교사에 비하여 행정가의 핵심인 교장으로 승진하는 여 교사는 남 교사에 비하여 상대적으로 열세에 있다. 이러한 점에서 이 연구는 남성 중심의 권력과 지배구조를 가지고 있는 우리나라 초등학교의 승진문화 속에서 살아남은 여자 교장 세 명을 약 1년간의 면담을 통해 연구했다. 여 교사들이 어떻게 여 교장으로 승진하기 위해 노력했고 무엇을 포기했으며 남자 교장에 비하여 초등학교 교육과 아동지도에 대해 어떤 다른 철학과 방법을 가지고 있는지를 생애사적으로 기술해 놓았다.

김영천의 〈초임교사의 삶에 대한 연구〉

김영천(2013)은 초등학교 초임교사들의 삶에 대해 탐구했다. 이 연구에서 연구자는 교육대학교 재학 중 교사가 되기 위한 준비과정에서부터 초임교사 3년까지의 과정을 서사적으로 기술했다. 특히 이 연구는 단순히 수업 능력과 같은 전문적 영역에서의 삶뿐 아니라 동료교사, 학부모, 학생들의 관계 속에서 한 명의 교사로서 사회화되는 과정을 기술하고, 이 속에서 초임교사들의 삶과 그들이 겪는 딜레마, 극복전략 등에 대해 논의하고 있다.

5. 프로그램 평가 연구

질적연구의 네 번째 목적은 교육 프로그램에 대한 참(authentic) 평가이다. 일반적으로 '프로그램 평가' 하면 양적연구를 생각하게 되지만 최근에는 질적연구방법들이 프로그램의 개선과 평가에 많이 쓰이고 있으며 그 논의방향 역시 질적 평가 패러다임 쪽으로 전환되고 있다는 것을 명심할 필요가 있다. 그러한 예들은 이 분야의 전문가들인 여러 학자들의 책에서 쉽게 찾을 수 있다.

질적연구의 목적으로서 프로그램에 대한 평가는 이 분야에 기초를 제공해 준 패튼(Patton, 1990)의 여러 저작과 책에서 잘 찾을 수 있다. 그의 책 제목이 ≪질적방법과 평가방법≫인 것처럼 그의 질적연구 이론화의 현장에의 적용은 프로그램의 평가와 밀접한 관계를 가지고 있다. 또한 질적연구의 선구적인 학자들인 린컨과 구바(Lincoln and Guba, 1985)는 그들의 저서 ≪제4세대 평가≫에서 교육평가 패러다임이 양적평가에서 질적 평가로 어떻게 변환되어 왔는지를 역사적으로 추적하여 설명해 주었다. 나아가 프로그램 평가에서 질적연구방법이 적용될 수 있는 영역들 또는 주제들로서 형성평가, 과정평가, 상황평가와 관련된 여러 가지 개념들을 제시해 놓았다. 또한 린과 그론런드(Lin and Groulund)의 책 ≪교육평가≫(제7판)는 교육평가가 교육측정의 영역에서 벗어나 교실 학습자들의 진정한 변화와 학습결과를 추적하고 기술하고 이해하는 쪽으로 나아가야 한다고 주장하면서 기존의 제6판에서 다루었던 내용과는 상당히 다른 주제들을 중심으로 하여 학습자들의 작품이나 답지, 또는 결과물을 질적으로 평가할 수 있는 구체적인 교실 평가방법들을 소개하는 데 많은 내용을 할애하고 있다. 이외에도 교육평가의 영역에서 질적연구방법의 아이디어가 반영된 평가방법들로는 스테이크(Stake)의 반응평가, 패튼의 '탈목표 지향 평가', 린컨과 구바의 '제4세대 평가', 아이스너(Eisner)의 '예술 감식안 평가' 등이 있다.

누구의 말을 인용하지 않는다고 할지라도 특정한 프로그램이 어떤 효과를 가져왔는지를 알려고 한다면 프로그램의 효과를 나타내는 통계자료만으로는 부족하며 그러한 프로그램에 대해 참여자들의 생각과 지각, 경험이 어떠했고 어떻게 변화되었는지를 현장지향적인 연구방법을 통해 관찰하고 이야기하는 것이 최상이다. 그러한 점에서 참여자들의 경험과 해석을 수집할 수 있는 연구방법인 참여관찰, 심층면담, 현장자료에 대한 내용분석 방법이 유용하게 쓰일 수 있다. 현장에서 수집된 다양한 자료의 내용분석이 사용된다. 교육현장에서의 프로그램 실행이 현장의 변화를 목적으로 한다면 연구자가 가장 필요로 하는 자료로서 바로 그 프로그램을 통해 현장이 어떻게 변화되었고 무엇이 변화를 가져왔는지를 심층적으로 알아볼 필요가 있다.

질적연구는 다음 여섯 가지 분야에서 프로그램 평가에 기여할 수 있다.

과정 평가(Process Evaluation)

과정 평가는 프로그램의 결과가 어떤 실행의 과정을 거쳐서 나타났는지를 실제 현장의 변화 속에서 기술하는 방법을 말한다. 기존의 양적평가방법이 프로그램의 효과를 통계적으로 나타내 준다면 이 과정 평가는 그러한 효과를 만들어 낸 내부적인 요인, 환경 또는 상호작용의 특징이 무엇인지를 프로그램 실행의 내적인 역학을 조명함으로써 이해하는 데 목적을 둔다. 맥스웰(Maxwell, 1996: 19)은 질적연구방법이 갖는 이러한 강점을 과정(process)을 이해하는 것이라고 했다.

특히 전국적이고 대규모적인 프로그램을 실행하는 경우에 현장의 특징에 따라서 의도했던 프로그램이 그대로 실행되지만은 않는 것이 사실이다. 전국적 수준에서 제작된 프로그램은 지역의 다양성, 요구, 허용성 등에 기초하여 각 현장에서 재해석되고 협상되고 재조정되어 실행되기 마련이다. 따라서 전국적 단위의 모범 프로그램이 특별한 장소에서 어떻게 달리 실행되었는지를 기술하는 작업을 하는 경우에도 질적 방법을 통한 프로그램 평가가 필요하다. 이러한 기술은 표준적 프로그램이 특정한 사례 영역에서 어떻게 그 장소가 갖는 독특성과 역사, 다양성을 반영하면서 변환되어 적용되는지 그리고 애초에 의도했던 프로그램이 왜 그 현장에서 그렇게 변환되어 실행되었는지를 이해하는 데 실제적인 도움을 준다.

이러한 목적 아래서 실행되는 프로그램 평가는 다음과 같은 연구 문제를 가지고 이루어진다.

(1) 이 프로그램을 이렇게 효과적으로 만드는 요인들은 무엇인가?

(2) 이 프로그램이 갖고 있는 장점과 단점은 무엇인가?

(3) 참여자들은 이 프로그램에 들어와서 어떻게 변화되는가?

효과의 개별화 측정(Individualized Outcomes)

교육장면에서 실행되는 많은 프로그램의 효과들은 평가의 고객인 각 학생에게 달리 나타날 수 있다. 동일한 프로그램을 모든 학생들에게 실행했다고 할지라도 그 효과는 각 학생의 요구나 그 학생이 프로그램에 참여하는 방법에 따라서 그리고 프로그램 중에서 그들에게 가장 크게 흥미를 느끼게 한 것의 종류에 따라서 달라진다. 학생들이 유사한 프로그램에 같이 참여했다고 하더라도 그 프로그램이 각 학생의 삶과 발달에 기여하는 영향이나 효과, 의미는 개별적인 것이며 질적으로 달라질 수 있다. 그러한 점에서 효과의 개별화 측정은 특정 프로그램이 참여자에게 개별적으로 어떠한 영향을 끼쳤는지를 기술하고 규명하는 데 가장 도움이 되는 방법이다. 비슷한 프로그램의 처치에도 불구하고 그 프로그램을 수혜받은 참여자들이 갖는 느낌과 의미는 개별적으로 달라진다. 이러한 경우에 프로그램 평가자가 진정으로 찾아야 할 것은 각 개인이 그러한 프로그램을 통해 어떤 변화가 있었는지를 질적으로 기술하고 이해하는 것이어야 하며 표준화된 테스트나 질문지에서 나타날 수 있는 변화의 추상적인 범주만으로는 부족하다.

프로그램 실행 자체에 대한 평가(Implementation Evaluation)

프로그램 실행 자체에 대한 평가는 프로그램의 효과에 대한 측정보다는 개발된 프로그램이 과연 의도된 대로 잘 실행되었는지 아니면 그 프로그램이 잘 만들어진 것인지를 평가하는 것을 말한다. 이에 연구자는 현장에 들어가 개발된 프로그램이 의도대로 진행되는지, 의도대로 진행되지 않는다면 어떤 문제가 있는지, 참여자들은 그 프로그램의 적절성에 대해 어떻게 해석하고 어느 정도를 수용하는지를 알아보는 것을 뜻한다. 아울러 의도한 대로 프로그램이 현장에 잘 적용될 수 있도록 하기 위해 프로그램을 실행한 후에 나타나는 여러 가지 기대하지 않은 환경 요소, 프로그램 요소, 또는 인간관계 요소를 프로그램이 효과적으로 진행될 수 있도록 조정하고 변화시키고 해석하는 것을 뜻한다. 이것이 프로그램 평가에서 형성평가(formative evaluation)가 적용되는 이유이다.

프로그램 자체에 대한 실행 평가는 그 프로그램이 실제적으로 어떻게 적용되었고 현장에서 어떻게 실행되었으며 어떠한 문제점들이 있었는지를 기술함으로써 프로그램이 가지고 있는 내부적 문제 또는 외부적 문제를 해결하는 데 도움을 준다.

실행연구(Action Research)

프로그램의 질적 평가와 관련하여 최근에 교육현장에서 많이 적용되고 있는 질적 평가의 아이디어이다. '실행'이라는 용어가 나타내는 것처럼 연구자로서 교사는 단순히 프로그램을 방관자적인 입장에서 적용하는 것이 아니라 자신의 교실에서 나타나는 교육 문제나 딜레마, 또는 외부의 새로운 이론을 교실 수업의 개선을 위해 적용하고 그 장점과 단점을 계속적으로 규명하여 가장 이상적인 형태의 프로그램을 개발하는 것을 뜻한다.

이에 연구자로서 교사는 질적연구방법을 사용하여 현장에서 학생들이 어떻게 변화했으며 프로그램이 어떤 장점을 가지고 있는지, 의도한 목표를 달성하기 위해 프로그램을 어떻게 변화시켜 나가야 하는지를 살피면서 계속적인 관여, 관찰, 분석, 반성의 주기를 통해 자신에게 가장 효과적인 형태의 수업 프로그램을 개발하게 된다. 이를 위해 교사는 관찰자 및 프로그램 평가자로서 자신의 교실에 프로그램이 어떻게 적용되고 있으며 어떤 변화를 가져왔는지, 현장에 더 적합한 방식이 무엇인지를 자료 수집, 자료 분석, 전문적인 반성작업을 통해 규명하려고 노력한다. 교사가 직접 연구자 및 프로그램 평가자로서 교실 수업 개선의 핵심 역할자로 강조된다는 점에서 실행연구는 교육학과 교육과정 영역에서 가장 실제적이고 효과적인 개혁의 아이디어로 수용되고 있다.

탈목표지향 평가(Goal-free Evaluation)

모든 프로그램의 실행은 연구자의 의도와 달리 예기치 않은 학습결과나 효과를 발생시킨다. 따라서 프로그램의 진정한 효과가 무엇이었는지를 연구하고자 한다면 연구자가 이전에 개념화시킨 효과 이외에도 연구자가 의도하지 못했던 학습효과나 결과는 없었는지를 밝히는 작업 역시 필요하다. 그러한 점에서 프로그램의 평가와 관련하여 연구자가 의도했던 프로그램의 효과들이 나타났는지를 밝히는 작업이 중요하지만, 아울러 연구자가 사전에 기대하지 못했거나 추정하지 못했던 또 다른 프로그램의 목표나 학습의 결과들은 없었는지를 규명하는 노력도 필요하다. 이러한 작업은 프로그램이 끼칠 수 있는 여러 가지 형태의 학습결과들을 긍정적인 관점에서 또는 부정적인 관점에서 논의하는 것으로서 잠재적 교육과정의 개념을 생각한다면 쉽게 이해될 것이다. 연구자가 의도하지 않았거나 기대하지 않았던 또 다른 학습의 결과나 영향 또는 효과가 없었는지를 규명하는 작업은 실행된 프로그램의 진정한 가치를 평가하는 데 매우 중요하다.

탈목표지향 평가의 가장 대표적인 사례로 잠재적 교육과정의 개념을 들 수 있다. 학교가 의도하지는 않았지만 학생들이 학습한 경험들로서 잠재적 교육과정은 학교의 공식적인 학교교육의 목표와는 상관없이 학생들의 학습에 나타난 부정적인 결과를 뜻한다. 이와 관련하여 학업 성취도 국제 비교연구에서 한국의 학생들이 수학 성취도 점수에서는 높은 점수를 받았지만 '수학을 계속하겠느냐' 또는 '수학을 좋아하느냐'라는 항목에 대해서는 최저치를 기록한 경우 역시 이러한 예에 속한다. 패튼(Patton)은 탈목표지향 평가가 갖는 교육적 가치를 다음과 같이 서술했다(p. 36).

(1) 프로그램의 효과로서 진술해 놓은 내용을 벗어난 '기대하지 않았던 결과들'이 무엇인지를 이해할 수 있다. 당초의 목표 진술이 갖는 협소성을 극복할 수 있다.

(2) '기대하지 않았던 효과'라는 용어가 함축하고 있는 부정적인 이미지를 제거할 수 있다. '부수적 효과' 또는 '제2차 효과'와 같은 용어들은 프로그램의 결과를 진정으로 확인한다는 측면에서 오히려 더 의미 있는 결과가 될 수 있다.

(3) 프로그램이 가질 수 있는 잠재적인 목적의 범주를 개념화시킬 수 있고 상정한 프로그램의 효과에 대한 예측의 편견이나 제한점을 찾아낼 수 있다.

(4) 탈목표지향적 태도를 가짐으로써 프로그램의 효과에 대해 연구자가 더욱 객관적이고 독립적인 태도를 취할 수 있다.

양적 분석에 대한 추가적 해석

때로 질적 평가 방법을 통해 수집된 자료들과 해석은 양적연구방법을 통해 나타난 프로그램의 효과가 무엇인지를 보다 진실하게 이해시켜 주는 데 효과적인 역할을 한다. 특정 프로그램의 효과가 통계적으로 유의한 패턴을 보이는 경우, 그러한 감환된 표현체계와 추상적인 패턴이 무엇을 의미하는지를 참여자들의 언어와 이야기, 그들의 경험 또는 질적연구자들의 보충 설명을 통해 쉽게 전달할 수 있다. 이 작업은 프로그램 평가 작업에 있어서 뼈에 살을 붙이는 작업이라고 비유할 수 있다. 질문지에 답한 응답자들의 반응이 진정으로 무엇을 의미하는지를 나타내는 방법으로서 프로그램에 참여한 응답자들이 그들의 경험을 이야기식으로 또는 면담을 통해 기술할 때 그러한 통계적 효과의 표현은 더욱 가치를 발할 수 있다. 건조하게 제시된 무수히 많은 통계 자료들과 도표 또는 그래프 뒤에 제시하는 실제 사례 이야기(프로그램이 어떤 점에서 좋았다)는 연구 결과의 신뢰성을 보다 강화시키는 효과적인 트라이앵귤레이션의 방법이다.

그렇다면 이러한 프로그램 평가에 대한 질적연구 사례들을 살펴보도록 하자.

김영천 외의 〈다문화 아동 학력신장을 위한 실행연구〉

김영천, 황철형, 박현우, 박창민(2014)은 다문화 아동의 학력신장을 위한 실행연구를 수행했다. 이 연구에서 네 명의 교사들은 각각 자신의 학교에 소속된 다문화 학생들을 위한 학력신장 프로그램을 개발했고 이에 따라 프로그램의 진행, 반성, 수정을 지속하며 학생들의 학력신장을 위한 연구를 진행했다. 이 연구에서 연구자들은 단순히 학생의 출발점으로서의 학력 수준을 살펴보는 과정뿐만 아니라 그들이 가진 다문화적 삶의 배경을 이해하기 위해 노력함으로써 각각의 학생에게 최적화된 프로그램을 수립, 시행했다.

연구 결과, 연구 참여자인 다문화 학생들의 학업 및 학습에 대한 인식의 변화를 이끌어 내었고 이러한 결과는 장차 그들의 미래를 위한 준비로서 학습능력 향상의 필요성에 대한 시사점을 제공한다.

양상희의 〈간호사의 의도적 순회간호 프로그램 평가〉

양상희(2015)는 임상 간호사의 의도적 순회간호 프로그램을 통한 현장의 개선을 위해 실행연구를 수행했다. 이 연구는 양적 접근과 질적 접근의 통합적 접근을 통해 이루어졌는데, 질적 접근을 통해 의도적 순회간호 프로그램 중 나타난 현상들을 다음과 같이 분석했다. 첫째, 프로그램을 통해 간호사가 환자의 상태 및 요구에 대해 먼저 파악할 수 있었으며, 둘째, 간호사와 환자 사이에 래포가 형성되었으며, 셋째, 간호사 자신의 가치를 다시 회복하는 계기를 제공해 주었으며, 넷째, 환자에 대한 간호사의 민감성이 높아졌으며, 다섯째, 현장이 외적으로 차분해졌으며, 여섯째, 간호사의 전문성이 신장되었고, 일곱째, 간호사 스스로가 전문성을 신장시키기 위해 노력하는 모습을 가져왔다.

6. 발견과 이론화

질적연구의 다섯 번째 목적은 발견과 이론화이다. 질적연구의 목적을 가장 잘 나타내는 개념 중의 하나인 발견은 인간/사회현상에 대해 연구되지 않은, 설명되지 않은, 찾아내지 못한 어떤 새로운 사실들 또는 의미들을 찾아내는 것을 말한다. 나아가 기존의 방식이나 이론으로 설명하지 못했던 또는 설명되지 못했던 현상을 새로 이해시켜 주거나 설명해 줄 수 있는 이론이나 해석체계를 생성하는 것을 말한다. 새로운 이론을 정립하거나 생성시킨다는 점에서 실증주의 연구의 궁극적인 목적인 이론의 생성과 유사한 성격을 띤다.

그러나 발견과 이론화의 과정은 실증주의의 특징과는 다르게 기존의 이론이나 가설의 계속적인 검증과 확인을 통한 확립이 아니라 연구 현장에서 수집된 자료의 분석을 통해 현장을 보다 잘 이해할 수 있는 새로운 개념이나 근거이론을 발전시켜 나간다는 점에서 차이가 있다(Strauss, 1987).

이러한 질적연구의 발견과 이론화가 어떤 의미를 가질 수 있는지를 보여 주는 에피소드를 살펴보도록 하자.

[에피소드] 뉴욕 특수 수사대-변연계 이상

버크만 박사는 하버드 대학교에서 강연한 연쇄 살인범의 뇌의 특징에 대한 자신의 주장을 입증하기 위해 케빈이라는 연쇄 살인범의 뇌를 찍게 한다. 그러나 그 뇌에는 자신이 지난 10여 년 동안 주장한 연쇄 살인범의 뇌 신경의 특징인 변연계장의 이상이 나타나지 않는다. 이에 조교인 케슬린의 뇌 사진을 바꾸어 자신의 이론을 증명하고자 한다. 그런데 이미 케슬린과 내연의 관계였던 버크만 박사는 케빈에게 케슬린의 성적 특징인 복종성을 알려 준다. 그리고 그 다음에 케빈이 뇌 사진을 찍으러 오자 케빈으로 하여금 그녀를 조종하도록 만든다. 자신의 복종성을 만족시켜 주는 케빈에게 연정을 느낀 케슬린은 케빈이 요구하는 살인을 저지른다.

자신의 이론을 진실로 이어가야 했던 버크만 박사는 또 살인을 저지른 케빈이야말로 자신의 이론대로 역시 변연계 이상이라는 정신 문제가 있으므로 죄가 없기 때문에 출감해야 한다고 주장한다. 그리하여 케빈을 출소시켜 그의 뇌 이상 없음을 덮어두려 한다. 그러나 뉴욕 특수 수사대의 다양한 조사로 인하여 결국 버크만 박사가 자신의 이론을 증명하기 위해 케빈에게 케슬린의 비밀을 알려 주고 케빈이 케슬린으로 하여금 교사하게 만들었다는 사실을 발견하게 된다.

기존의 이론이 모든 현장의 상황에 적절하게 적용되지 않을 때, 또는 이론으로 포섭되지 않은 새롭거나 익숙하지 않은 현상이 계속적으로 나타날 때, 발견과 이론화가 가능해진다. 그러한 점에서 질적연구자는 자신의 현장자료가 기존의 이론 틀에서 설명되지 않을 때 또는 수집한 자료들이 새로운 이야기를 하려고 할 때 그러한 결과가 기존의 연구 결과와 맞지 않는다고 하여 오류(error)라고 생각해서는 안 되며 새로운 이론이 생성될 수 있는 가능성이 있다는 신념을 가져야 한다. 새로운 연구 개념과 이론이 기존의 이론체계에 대해 연구자들이 갖게 되는 계속적인 불만과 의심에서 나타난 것처럼, 질적연구자는 이론의 완벽성과 절대성을 신봉해서는 안 될 것이다. 고전으로 남아 있는 저명한 질적연구들이 대부분 기존에서 다루어지지 않았던 생경한 사건을 근거이론을 통해 발견하여 기술했거나 기존의 이론으로 설명되지 않았던 현상을 새로운 관점과 다른 이론으로 이해하려고 한 것임을 명심할 필요가 있다.

그렇다면 질적 접근을 통해 발견과 이론화를 추구한 연구들을 살펴보도록 하자.

길리건의 〈다른 목소리로(In a Different Voice)〉

이 연구 결과는 특정 시대의 소산이며, 사용된 표본 크기가 작을 뿐만 아니라 면접 대상 여성들의 선정 자체도 많은 인구를 대표한 것이 아니었다. 이러한 제약으로 인하여 우리의 연구 결과를 일반화시키는 데는 한계가 있다. 문화, 시대, 성별 등의 변수들에 대한 좀 더 정확한 이해는 이후의 연구들에 의해 이루어져야 할 것이다. 또 이 연구에서 제시된 발달 단계들을 정당화하고 정교화하기 위해 다른 여성들의 도덕적 판단에 대한 종단적 접근법의 연구들이 필요하다.

(다른 목소리로, 제4장)

길리건(Carol Gilligan, 1982)의 여성의 도덕성 연구는 질적연구의 목적으로서 사회현상의 새로운 이론의 발견과 개념화에 어떻게 기여했는지를 잘 보여 주는 대표적인 연구이다. 인간의 도덕성으로서 가장 널리 인정되어 왔던 콜버그의 도덕성 이론의 구조에 대해 비판적이었던 길리건은 자신의 개인적인 경험(주위 여자 친구들의 경험들)이 콜버그의 이론으로는 설명되기 힘들다는 사실을 알게 되었고 또 다른 인간의 주요한 도덕성의 준거가 있을 것이라는 가정을 하게 되었다. 이에 여성에게 가장 도덕적인 판단을 요구하는 사건으로서 미혼모가 될 여자들이 왜 임신중절을 하지 않는지를 심층면담 연구를 통해 밝히고자 했다. 그리고 연구 결과 윤리적 갈등에 빠진 여성들이 콜버그의 이론과 유사하게 행동하지 않으며 다른 삶의 경로(미혼모로서 아기를 낳음)를 선택한다는 사실을 알게 되었다. 이러한 결과에 기초하여 길리건은 인간의 또 다른 도덕성으로서 합리성과 정의 또는 판단 대신에 책임감과 보살핌이라는 인간의 숨겨진 도덕성을 찾아내고 이를 이론화시켰다.

이러한 잠정적인 연구 결과를 확인하기 위해 길리건은 남성과 여성을 대상으로 하여 여러 가지 도덕적 딜레마 상황에 대한 실험과 면담, 설문조사를 실행했고 그 결과로서 '보살핌'이라는 새로운 도덕이론을 창설했다. 나아가 콜버그의 연구과정에 대한 재해석을 통해 콜버그 연구의 피험자들이 모두 남성이었다는 사실을 발견함으로써 콜버그의 도덕성 이론이 여성을 배제한 성차별적인 것이며 여성의 경험이 반영되지 않았다는 결론을 내렸

다. 콜버그의 제자로서 콜버그가 떠난 하버드 대학교의 교육심리학과에서 길리건의 이론
은 이정표적인 새로운 도덕발달 이론으로 평가받고 있다(Harvard Newsletter).

미한의 〈교실대화의 특징〉

교실의 대화구조를 연구했던 미한(Hugh Mehan)은 민속방법론의 이론적 근거 아래에서
교실이라는 사회적 의사소통 조직이 다른 조직에 비하여 갖는 의사소통의 특징(차이점)
이 무엇인지를 연구했다. 모든 조직에는 나름대로 대화의 구조가 있으며 그러한 대화구
조가 그 조직의 특징을 만들어 낸다고 가정했다. 이에 교실에서 일어나는 교사와 학생들
사이의 많은 대화들을 녹음하고 분석한 결과 교실의 대화구조는 다른 조직과는 다른 특
수한 형태의 구조를 가지고 있다는 사실을 발견하게 되었다.

  그에 따르면 교실수업의 대화는 교사와 학생의 계속적인 상호작용이며 그 상호작용
은 수업목표를 달성하기 위한 두 집단 간의 계속적인 언어의 교환이라고 했다. 그런데 이
때 나타나는 두 집단 간의 언어의 교환은 단순히 말하고 듣는 형태의 대화가 아니라 일련
의 세 시퀀스로 진행되는 규칙이라는 사실을 찾아내었다. 즉, 교실수업의 대화는 일상적
인 대화가 갖는 특징과는 다르게 질문-응답-평가라는 세 개의 시퀀스가 계속적으로 일
어나는 구조를 갖고 있다는 것이다. 그의 발견은 다음의 비교를 통해 잘 이해된다. 일반대
화의 경우, 대화는 질문-응답-감사의 형태로 진행되지만 교실대화의 경우, 대화는 질문-
응답-평가라는 형태로 이루어진다. 즉 세 번째 단계에서의 화자는 두 번째 단계에서의
응답에 대해 일반대화와는 다르게 응답자의 답의 맞음과 틀림을 평가하는 역할을 한다고
했다. 그리고 이러한 세 개의 시퀀스에서 수업목표라는 사태를 위해 교사와 학생이 계속
적으로 질문하고 응답하고 평가하는 대화가 수업이 시작해서 끝날 때까지 진행된다고 했
다. 다음은 이 연구가 밝힌 일반대화의 시퀀스와 교실대화의 시퀀스 비교이다.

일반대화와 교실대화의 시퀀스 비교

케디의 〈교실의 지식(Classroom Knowledge)〉

케디(Nell Keddi)는 비판교육학 관점에서 자본주의 미국의 학교교육에서 학교의 교육과정 (공식적이고 민주적이며 합법적인)이 과연 교실 수업에서 모든 학생들에게 공정하게 가르쳐지는지 아니면 미국 사회의 존립 모태가 되고 있는 민주주의와 평등, 정의를 재생산하는 데 기여하는지를 질적연구방법을 통해 밝히고자 했다.

　연구 결과로서 미국 고등학교의 한 교실에서 교사는 학교의 교육과정을 모든 학생들에게 평등하게 가르치는 것이 아니라 교사가 가지고 있는 각 학생들에 대한 차별적인 인식(특별히 사회경제적 지위에 기초하여)에 근거하여 제공하고 있다는 사실을 참여관찰을 통해 발견했다. 연구자에 따르면 교실의 교사는 학생의 사회경제적 배경에 따라서 미리 학생의 능력과 기대를 결정하여 그에 맞는 차별적인 교육과정을 제공했다. 그 예로서 노동계층 아동에게는 어렵지 않고 평범한 과제를 제시한 데 비하여 상류계층의 학생에게는 고난이도의 문제들과 과제들을 제시했다. 그리고 이러한 과제의 차별화에 대해 교사는 노동계층의 학생들은 어렵고 도전적인 작업을 싫어할 것으로 가정하고 있었고 대신에 상류계층의 학생들은 그러한 과제들을 기꺼이 수용하고 해결할 자세가 되어 있다고 생각하는 선입관을 가지고 있었다. 이 연구 결과는 미국 공립학교의 교사와 교육과정이 학교의 이념인 평등과 사회정의와 관계없이 사회의 불평등을 재생산하는 효과적인 기제로서 작용하고 있다는 사실을 발견하고 입증하는 데 기여했다.

7. 새로운 통찰력의 제공

질적연구의 여섯 번째 목적은 교육학 탐구의 이론화와 실제의 이해에 새로운 통찰력을 주는 것이다. 질적연구가 절대적이고 선험적인 진실의 수용을 거부하고 상대적이며 문화적이고 타협적인 실재를 전제로 한다는 점에서 질적연구는 연구자들에게 기존에 연구되지 않은 것을 연구하게 만들고 문제화시키며 익숙한 교육문제나 현상까지 익숙하지 않은 낯선 것으로 간주하고 새롭게 탐구하기를 요구한다.

　그러한 점에서 질적연구는 양적연구에 비하여 절대적인 이론이나 명제 또는 법칙을 약속하거나 전달하지는 않을지 몰라도 우리 주위에 산재해 있으나 연구되지 않은 교육현상과 경험에 대해 탐구하도록 자극시키고 우리의 순수해진 또는 길들여진 무의식적 사고와 비판정신을 일깨우는 역할을 한다. 거대 이론, 일반화 또는 법칙의 발견이라는 사회과학에서의 실증주의 연구의 목적에 빠져 있는 우리에게 인간/사회과학 연구에서 연구란 무엇인가? 우리의 주위에 있는 자연스러운 현장에 대해 어떤 질문을 하고 어떤 새로운 아이디어를 창출해야 하는지를 자극시킨다.

린컨과 구바(1981)가 지적한 것처럼 질적연구가 대단위의 모집단을 연구하는 데 직접적인 영향을 줄 수 없지만 또는 질적연구가 어떠한 명확한 진리나 명제나 가설을 연구자들이나 독자들에게 전달하지는 않지만 우리가 간과하고 있는, 폄하하고 있으나 정말로 귀중한 자료, 그리고 연구 주제들이 무엇이며 어떻게 새롭게 연구해야 할 것인지를 깨우쳐 준다. 그리고 이러한 각성은 학교교육 문제나 현상을 어떻게 달리 바라보아야 하는지 알려 주고 기존의 잘못된 실증주의 이데올로기의 편견으로부터 연구자의 상상력과 창의력, 그리고 새로운 아이디어의 발상을 가져올 수 있게 만든다. 연구방법론의 선택(양적연구 또는 질적연구)이 연구자로 하여금 현상을 어떻게 달리 볼 것인지를 결정하게 한다.

벤카테시의 〈하루 동안의 갱 리더〉는 우리가 왜 질적연구를 해야 하는지, 그리고 질적연구가 왜 우리에게 새로운 통찰력과 기존에 알고 있지 못한 사실을 알게 해주고 인식하게 해주고 새로운 문제의식을 각성하게 해주는지를 알려 준다.

그렇다면 벤카테시의 연구와 함께 몇몇의 연구들을 살펴보면서 새로운 통찰력을 제공하는 질적연구의 모습을 이해하도록 하자.

벤카테시의 〈하루 동안의 갱 리더(Gang Leader for a Day)〉

수디르 벤카테시는 우연히 설문조사를 하러 시카고의 대표적 빈민 지역에 있는 로버트 테일러 단지(Robert Taylor Homes)에 들어갔다가 마약 판매 갱단 블랙킹스의 보스인 제이 티를 만난다. 이후 10년 동안 빈민가 주민들 및 갱 단원들과 어울려 지내게 된다. 그들이 어떻게 영역을 두고 서로 다투거나 협력하는지, 값싼 농축 코카인에 의해 돌아가는 경제가 어떻게 이 도시 거리 갱단의 성격을 근본적으로 바꾸어 놓는지를 내부에서 들여다보게 된다.

그리고 현장 작업의 결과, 시카고에서 빈곤층 지역은 대개 '블랙킹스' 같은 거리 갱단이 관리한다는 사실을 알게 된다. 갱단은 마약거래뿐 아니라 강탈, 도박, 매춘, 장물매매, 그 밖에도 수많은 불법 사업들로 돈을 벌어들인다. 다양한 갱단의 보스들은 이러한 무법 자본주의를 맹렬하게 가동하여 거금을 거둬들여 수백만 달러의 재산을 보유하기도 했다. 이때 저자가 주목한 것은 사회과학 분야에서 갱단에 관한 사회과학 문헌은 많이 있어도 갱단의 실제 사업거래에 대해 연구한 연구자와 연구 작업이 거의 없다는 사실이다. 아울러 더 놀라운 것은 연구 중에서 갱단의 지도부에 직접 접근한 연구자는 더욱 드물다는 점이다. 벤카테시는 갱단이 어떻게 그런 문어발식 사업체를 관리하는지, 또는 빈민 거주지역이 어떻게 이들 무법 자본주의에 대처하고 있는지에 대한 연구가 필요하다는 생각을 하고 이들과 10여 년을 어울려 지내면서 이 책을 쓰기 시작했다.

기존의 빈곤을 주제로 한 사회과학 연구에서 지역연구의 경우, 여성들이 어떤 역할을 하는지에 대해 주목하지 않았다. 그러나 연구자는 현장 작업을 하면서 여성들이 이러한 문제에 매우 적극적으로 대처하고 있다는 사실을 발견하게 된다. 지역사회 인구의 3분의 2가 아이들을 키우는 여성들인데, 그들이 어떻게 살림을 꾸리고 시카고주택공사로부터 서비스를 받아내는지, 그 밖에 어떤 방식으로 가족들을 먹여 살리는지를 인터뷰하고 기록하여 여성들이 꾸리는 살림 경제를 조사했다.

또한 갱단 보스와 밀착 관계를 맺고 있는 주민대표들의 삶을 알게 되고 기록했다. 그러한 지역 대표들은 코카인 파는 갱단을 칭찬하고 은밀한 관계를 유지하지만 한편으로는 정치인, 상점주인, 경찰들로부터 존경까지 받는 관계를 형성한다. 그리고 갱단, 주민대표, 경찰의 은밀한 협력과 역학관계에 대한 연구 결과는 이 연구를 기존 연구들과 차별화시키고 일반인들까지 놀라게 만든다. 그의 연구 작업은 사회 안전망과 복지의 사각 지대를 움직이는 지하 경제에 대한 밀착 조사로, 소외 계층의 삶과 구조적 반복을 신랄하고도 깊은 통찰로 해석했다.

저자에 따르면, 자신이 이토록 대담한 연구를 진행한 이유는 절반은 사회학 연구가 상아탑에 갇혀서 이루어진다는 것에 대한 비판의식 때문이고 절반은 금지된 구역(시카고 대학에서 신입생 오리엔테이션 때부터 줄기차게 가서는 안 된다고 강조했던 위험지역)에 대한 호기심 때문이다. 당시 시카고 대학 사회학과 대학원생이었던 저자는 처음에는 대학 당국에서 접근 금지지역으로 삼은 흑인 거주지역의 공원에 들어가 그곳 노인들과 대화를 나누다가 인종과 그 지역사회의 문제에 대해 노인들이 이야기하는 세세한 부분을 도저히 알 수 없음을 깨닫고, 자신이 직접 그 속에 들어가 관찰하고 그들과 함께하면서 알아가야 한다고 생각했다.

벤카테시는 설문조사를 하고 형식적으로 대하는 대학원생의 입장이 아니라 로버트 테일러라는 빈민주택단지에 사는 사람들과 블랙킹스라는 갱단의 리더인 제이티와 함께하는 가족처럼 지내면서 연구를 진행했다. 이 금지된 지역에 대해 이런 방식으로 접근하지 않았다면 그들의 생활에 대해 이렇게 상세하게 알기는 힘들었을 것이다.

그림자 교육으로서 한국의 학원교육에 대한 새로운 시각 제공

김영천, 김필성(2012)은 그동안 사회적으로 부정적 이미지로 대표되는 한국의 학원교육에 대해 기존의 관점과는 다른 새로운 관점으로 접근하여 학원교육의 새로운 모습을 드러내었다. 기존의 학원교육에 대한 이미지는 공교육 붕괴의 원인, 과도한 경쟁 유발을 통한 학생의 고통 심화, 지나친 학원비로 인해 가계에 금전적 부담을 가중 등 부정적인 것들이 주류를 이루었다. 이에 연구자들은 학원의 교육 프로그램과 강사와 학생의 학원에서의 삶을 심도 깊게 들여다봄으로써 다음과 같은 새로운 사실들을 드러내었다.

첫째, 학원은 학교의 보조, 혹은 부수적 교육기관이 아니라 그들 나름대로의 교육 목표를 가지고 체계화된 프로그램으로 학생의 학력신장을 추구하는 독립적 교육기관이었다. 둘째, 학원 강사들의 교육 철학 또한 학교 교사의 그것에 비해 세속적이거나 천박하지 않았으며, 그들은 교육자로서 그들의 분야에서 최선을 다하는 전문인이었다. 셋째, 학원에서의 학생들의 삶은 일반적으로 알려져 있는 비참하고 고통스로운 삶이라기보다 학원에서의 학습활동을 통해 미래에 대한 꿈을 가지고 그것을 향해 나아가는 진취적인 삶이었다.

이는 학원에 대한 기존 시각에 의문을 품고 연구를 통해 그것에 대한 새로운 모습을 드러낸 연구라 할 수 있을 것이다.

교사의 평가와 평가기록에 대한 새로운 시각 제공

정상원(2013)은 초등학교 교사의 평가와 평가기록으로서 학교생활기록부 작성에 대한 현상학적 탐구를 수행한 바 있다. 이 연구에서는 그 동안 교사의 전문적 영역에 속한 객관적인 것으로 알려진 학교생활기록부 작성이 실제로는 교사를 둘러싼 다양한 교육 구성원들의 이해가 고려된 산물이며, 이러한 이해의 교차점에서 교사는 다양한 딜레마를 겪게 되고, 최종적으로 산출되는 학교생활기록부는 이러한 이해와 교사의 전문성 사이의 타협의 산물임을 드러내었다.

수업활동 및 토의내용

1. 한국 교육학의 지난 50년의 방법론적 전통은 '양적연구'라고 할 수 있다. 거의 모든 대학들에서 양적연구를 연구방법론의 정설로 가르치고 있는 실정이다. 이 글에서 설명한 것처럼 양적연구의 목적이 '예측'과 '법칙 규명', '이론화'라고 한다면 우리의 교육학 연구는 우리의 현장과 실재들의 이해에 얼마나 기여했다고 평가할 수 있을까? 다시 말하면 우리의 과거 연구자들이 해온 연구의 문제와 목적은 어디에서 온 것이며 그들은 누구의 이론들을 검증하고 확증하고 확산시키기 위해 그렇게 노력해 온 것일까? 그 와중에서 우리의 현장에 대해 우리가 새롭게 찾아낸 연구 결과나 이론들, 새로운 탐구주제들이 있었는지 생각해 보자. 학부 시절 많은 교수님들이 수업시간에 심리학이론, 인지과학이론, 상담이론, 또는 발달이론을 설명해 주었지만 나의 개인적인 삶과 관련시켜서는 그렇게 정확하게 맞다고 생각하지 않았다. 그럼에도 나는 점수를 위해 책에 서술되어 있는 대로 외워서 답안지에 정답이라고 간주되는 내용을 써야 했다. 여러분에게는 그러한 경험이 없는가?

2. 발견과 이해가 목적이라고 한다면 우리나라에서의 질적연구의 중요성과 가치는 무엇일까? 기존 이론의 검증이 아니라 탐구되지 않은 주제, 숨겨져 있는 현상, 개념화되지 못한 주변화된 경험이 바로 질적연구의 탐구 내용이 될 것이다. 그렇다고 한다면 삶에서(연구자 각자의 전공 분야에서) 관심을 기울여야 하는/연구해야 하는/새롭게 질문해야 하는 현상과 주제들은 어떤 것일까? 그리고 그러한 연구 결과를 찾아낸다면 서구학자들은 어떻게 반응할 것인가? 잘못된 데이터 또는 오류인가? 아니면 또 다른 진실인가? 세계화, 국제화, 지역화와 탈식민주의, 다문화주의의 담론 속에서 우리의 지역적 발견과 개념화는 기존의 연구 세계에 어떻게 진정으로 기여할 수 있을 것인가? 그리고 우리가 새로운 주제와 결과를 찾아낸다면 탈식민주의의 모토인 'Empire writes back'의 의미처럼, 제국주의적 연구 문화 속에서 저항하고 새로운 연구문화를 만들어 낼 수 있는 가능성의 공간을 개척하는 것은 아닌지 상상해 보자.

3. 우리나라의 많은 전문성 영역(행정, 교육, 복지, 예산, 서비스)에서 가장 잘 되지 않고 있는 분야가 바로 평가라고 생각한다. 개선을 목적으로 프로그램을 잘 만들고 많은 비용을 투자하여 매년 해당 분야에 실행하여 현실이 개선될 것으로 믿는다. 그리고 그러한 결과를 보증하는 보고서들이 쌓인다. 그럼에도 불구하고 필자의 개인적 관찰과 경험에 비추어 보면 현장은 바뀌지 않고, 의도와 달리 실제적으로 현장이 어떻게 달라졌는지에 대한 평가는 전혀 없다. 한 번의 설문조사를 통해 효과가 있다고 결론을 내리거나 아예 현장에 관심을 갖지 않기도 한다. 양적연구자이든 질적연구자이든, 어떤 프로그램이 어떻게 적용되고 문제되고, 파행적으로 운영되고, 변경되고 있는지를 알고 싶다면 현장에 가서 바로 알 수 있다. 수많은 비용과 노동의 투자에 비하여 그 결과로 남는 것은 별로 없다. 한 개의 현장을 변화시키기 위해 질적연구자가 프로그램의 시작부터 끝까지 현장에 머물면서 관찰하고 대화

하고 자료를 수집하여 두툼한 보고서를 작성하는 구미의 개혁 시스템의 체계적인 평가 문화를 우리가 배워야 할 때이다.

4. 구미와는 달리 많은 사회현상들이 심층적으로 탐구되어 있지 않은 한국에서 이 수업을 듣는 연구자들은 자신들이 어떤 분야에서 어떤 주제로 선구자로 인정받을 수 있을지 생각해 보자. 참으로 흥미진진하고 흥분되지 않는가? 양적연구의 경우에는 이미 연구가 포화상태에 이르렀다고 생각한다. 그리고 연구 문제가 기존의 이론에서 출발하기 때문에 한국적 현상을 탐구의 우선 대상으로 삼기도 힘들다. 우리의 사회현상, 교육현상, 직업현상에서 연구되지 못하고 있는, 여러분을 기다리고 있는 주제들을 먼저 찾아서 연구할 필요가 있다. 그리고 그 주제에 대해 일편단심 연구한다면 여러분은 그 주제의 대가가 될 것이다. 주목할 점은 양적연구의 소비자는 소수의 대학 전문 연구자들이지만 질적연구의 소비자는 일반 대중이라는 데 있다. 질적연구자는 베스트 셀러의 작가가 될 가능성이 높다. 한국에서는 필자가 알고 싶은 것이 너무 많다. 학교의 위계 문화, 동네 아줌마들의 찜질방 이야기, 다문화 여성들의 숨겨진 이야기, 몸을 파는 젊은 청년들 이야기, 교육대학교 총장 선출 과정에 숨겨진 비화들, 인터넷의 새로운 소비문화와 인터넷 몰, 고등학교 자퇴 낙오 학생들의 이야기, 세계 스타가 된 한국의 스포츠 영웅들의 생애사, 감옥 죄수들 이야기, 동두천의 혼혈 아동들 이야기, 학원이 학교보다 더 성공하는 이야기 등.

참고문헌

김영천(2013). 초임교사는 울지 않는다: 한국 교사가 되기 위한 그 머나먼 성장의 기록들. 아카데미프레스.

김영천, 김필성(2012). 아빠는 죽어도 학원은 죽지 않는다. 아카데미프레스.

김영천, 황철형, 박현우, 박창민(2014). 한국 다문화 아동 가르치기: 용감하고 아름다운 네 교사 이야기. 아카데미프레스.

양상희(2016). 변화를 꿈꾸며: 임상간호사의 의도적 간호순회에 대한 실행연구. 전남대학교 박사학위 논문.

정상원(2013). 초등학교 학생들의 평가와 성적기록하기: 교사의 현상학적 체험들. 진주교육대학교 교육대학원 석사학위 논문.

Denzin and Lincoln (2005). Introductin: the discipline and proactice of qualitative research. In *The sage Handbook of Qualitative Research,* 3rd edn (Denzin N.K. & Lincoln Y.S., eds), Sage, Thanousand Oaks, CA, pp.1–32.

Eisner, E. (1981). One the differences between scientfific and artistic approaches to qualitative research. *Educational Researcher,* 10(4), pp.5.

Eisner, E., & Peshkin, A. (Eds.). (1990). *Qualitative inquiry: The continuing debate.* New York: Teachers College Press.

Firestone, W. (1987). Meaning in method: The rhetoric of quantitative and qualitative research. *Educational Researcher,* 16(7), 16-21.

Glesne, C., & Peshkin, A. (1992). *Becoming qualitative researchers.* NY: Longman Publishing Group.

Hammersley, M., & Atkinson, P. (1983). *Ethnography: Principles in practice.* New York: Tavistock.

Howe, K. (1988). Against the quantitative-qualitative incompatibility thesis or dogmas die hard, *Educational Researcher,* pp.10-16.

Jaeger, R, M. (1998). *Methods for research in education.* Washington: American Educational Research Association.

Lather, P. (1991). *Getting smart: Feminist research and pedagogy with/in postmodern.* Routledge.

Lincoln, Y. S., & Guba, E. G. (1985). *Naturalistic inquiry.* Beverly Hills, CA: Sage.

Patton, M. Q. (1990). *Qualiative evaluation and research methods,* Newbury Park, CA: Sage.

Popkewitz, T. (1984). *Paradigm and ideology in educational research,* Lewes: Falmer Press.

Rundall, T. G., Divers, K. J., & Sofaer, S. (1999). Overview of the special supplement issue. *Health Services Reearch* 34, 1091-1099.

질적연구의 특징

각 개인의 삶의 경험은 다소 특이하지만, 우리 모두는 특정한 경험과 발달 과정을 공유한다. 이에 한 사람의 삶의 역사를 주의깊게 바라봄으로써 우리는 모든 인간의 삶의 본성을 이해할 수 있고, 나아가 다른 사람들의 삶에서 오직 미묘하게 나타나는 특정한 과정의 역학을 명료하게 관찰할 수 있다. 각 개인의 생애사는 인간 경험의 특정한 측면들이 가장 잘 연구될 수 있고, 나아가 바라건대 조명될 수 있는 실험실을 제공해 준다 (Bogdan, 1974, Being different: The autobiography of Jane Fry의 서문에서).

제3장에서는 질적연구의 목적에 대해 설명했다. 이에 제4장에서는 질적연구가 양적연구에 대비하여 갖는 특징에는 어떤 것들이 있는지 살펴보고자 한다. 물론 질적연구의 특징을 양적연구와 대조해서 설명함으로써 양적연구를 폄하하거나 평가절하한다는 뜻은 아니다. 중요한 것은 현재 일어나고 있는 교육에서의 탈실증주의 연구 패러다임의 목적과 그 영향력을 구체적으로 전달하고자 하는 데 있다. 질적연구는 어떤 장소에서 일어나는 어떤 현상에 대해 더욱 명확하게 이해하도록 도와주는 도구이다. 따라서 교육연구자들에게 질적연구의 특징을 보다 구체적으로 설명해 주는 것이 실질적인 측면에서 도움이 될 것이다. 이에 그 특징을 열세 가지로 정리해 이 장에서 살펴보고자 한다.

들어가기 전에: 질적연구와 양적연구의 비교

질적연구와 양적연구는 단어에서도 알 수 있듯이 다른 성격을 지닌 연구방법이다. 무조건적으로 어느 방법이 낫다고 단정 지을 수는 없다. 그러나 분명히 두 가지 방법 사이에 차이가 있다는 것은 알아 두어야 할 것이다. 질적연구의 특징을 보다 더 잘 이해하기 위해 다음 표를 제시했다. 질적연구와 양적연구가 어떤 면에서 차이점을 가지고 있는지를 이해하고, 더 나아가 질적연구의 특징과 고유성을 더 잘 이해할 수 있게 될 것이다.

질적연구와 양적연구의 비교

비교영역	질적연구	양적연구
연구 성격	보편적인 법칙과 진리의 부정, 사회적 구성	보편적인 법칙과 진리, 실험과 검증을 통한 발견
연구 결과의 표현방법	서술, 이야기, 예술	숫자, 표, 그림, 도식, 순서도
연구 문제의 출처	연구자의 직접적인 경험	기존 연구 분야의 지배적 이론
지적 전통	인류학, 철학, 문학, 언어학, 사회학	수학, 통계학, 논리학, 물리학
연구 과정	비체계적, 환원, 반성, 해체	논리적, 직선적, 단선적, 체계적
연구 대상과의 관계	상호작용적, 공감적	위계적, 객관적
연구자의 위치	연구 참여자의 삶에 관여하는 내부자적 위치, 감정이입적	연구 참여자의 삶에 관여하지 않는 제3자적 위치, 중립적
연구 목적	현장의 이해, 기술, 적용 가능성, 이론의 생성, 실재의 형성과정, 복잡한 상호작용 관찰, 상황 정의	가설 검증, 법칙의 정립, 일반화, 이론의 완성
연구방법	참여관찰, 심층면담, 내용분석, 현장조사	질문지, 실험, 통계조사
타당도	다양한 신뢰성 증진 방법	타당도 계수
연구 결과의 형태	APA 양식 및 대안적인 글쓰기 방식이 사용됨. 연구 결과는 주로 연구의 경험과 해석을 근거로 이야기 형태로 진행됨. 전문가가 아니더라도 글의 내용과 결과를 이해할 수 있도록 글이 구성됨.	APA 양식에 근거하여 학술지에 주로 보고됨. 양적인 결과를 제시하고 결과가 무엇을 설명하는지를 서술적으로 보조 설명함. 분야의 전문가들이 주로 사용하는 용어로 글이 구성됨.
청중	학술단체 및 일반인, 정책 입안가	연구자가 속한 특정한 학술단체, 연구비 제공단체, 정책 입안가
효과적인 설득 방법	연구자 경험에 기초한 사실적, 반성적, 감동적, 심층적 기술	3인칭의 객관적, 외부적, 중립적 기술

질적연구와 양적연구의 비교 (계속)

비교영역	질적연구	양적연구
연구의 이득	적은 연구비, 자긍심, 청중에 대한 카타르시스	막대한 연구비, 정책 입안, 매스컴을 통한 대중적 명성
연구의 정치적 성향	개선적, 변형적, 비판적	보수적, 체제 유지적
명성의 원천	전문가와 일반인이 가져다주는 존경심과 경외심	모두가 수긍할 만한 이론을 만들거나 검증하는 것

한편, 학자들은 질적연구에 대해 다음과 같은 특징들을 제시했다. 그들의 의견을 종합해 보면 질적연구에 대한 이미지가 어느 정도 확립될 것이다.

질적연구의 특징: 다양한 학자들의 견해

학자	질적연구의 특징	
브라이먼 (Bryman, 1988, pp. 61-69)	1. 연구 참여자의 눈을 통해 보는 것, 또는 연구 참여자의 관점을 수용 2. 일상 세계: 세속적 일을 기술 3. 사회적 상황에서 행위와 의미를 이해 4. 개방적이고 비구조화된 연구 설계를 사용 5. 연구 초기 단계에 개념과 이론을 결정하지 않는 것	
해머슬리 (Hammersly, 1990, pp. 1-2)	1. 실험적 조건 대신에 일상적인 상황에서 연구 2. 다양한 자료 수집 방법 3. 비구조화된 자료 수집 방법 4. 사회생활에서 나타나는 미시적 특징에 대한 관심 5. 사회적 행위의 의미와 기능에 대한 관심 6. 양적연구는 부수적인 역할을 함	
해머슬리 (Hammersly, 1992, pp. 160-172)	1. 수 대신에 언어 사용 2. 자연적인 상황에서의 자료 수집 3. 행동 대신에 의미에 대한 관심 4. 연구방법으로서 자연과학 모델의 거부 5. 가설 검증이 아니라 가설 생성적 방법	
보그단과 비클렌 (Bogdan and Biklen, 1992, pp. 29-33)	1. 자연적 상황 2. 연구 도구로서의 연구자 3. 수가 아닌 언어나 사진 형태를 통한 서술	4. 결과나 산출보다는 과정에 대한 관심 5. 귀납적 분석 방법 6. 연구 목적으로서의 의미
아이스너 (Eisner, 1991, pp. 32-41)	1. 현장 중심 2. 연구 도구로서 연구자의 자아 3. 해석의 강조(상황에 대한 참여자의 설명)	4. 표현적 언어의 사용 5. 특별한 세부 상황에 대한 관심 6. 글쓰기와 자료 제시를 통한 설득

1. 내부자적 관점의 포착

질적연구의 첫 번째 특징은 연구 참여자인 내부자의 시각을 기술하고 이해한다는 점이다. 질적연구는 앞서 목적에서 밝힌 것처럼 양적연구에서 의도하는 일반화와 이론의 검증, 법칙의 규명과는 달리 특정한 생활세계의 참여자가 가지고 있는 시각을 기술하고 이해하고자 한다. 따라서 연구자가 미리 설정한 이론이나 가설로서 현장을 설명하거나 개념화하기보다는 내부자적 관점에서 그들이 세상을 어떻게 이해하고 행위하고 있는지를 찾고 기술하는 데 그 기본 목적을 둔다. 즉, 그들의 관점에서 세상을 이해하는 방식을 배우려고 하는 것이 질적연구의 특징이다. 질적연구는 문화적 상대주의 관점에서 그들이 삶을 어떻게 구조화하고 의미를 부여하고 상호작용하는지를 기술하고 이해하려고 한다.

질적연구와 양적연구를 가장 명확하게 구분할 수 있는 것이 바로 내부자와 외부자라는 용어이다. 이와 관련하여 내부자적 관점과 외부자적 관점이 어떻게 다른지를 알기 위해 그 용어의 근원부터 살펴보는 것이 필요하다. 내부자적 관점은 'Emic'으로, 외부자적 관점은 'Etic'으로 표현되는데 이 표현은 파이크(Pike, 1954)에 의해 처음 고안되었다. 그의 기본적인 아이디어는 언어학의 음운과 음성의 이분법(phonemic phonetic dichotomy)에서 영감을 얻었고, Phonemics(음소론)에서 Emic을, Phonetics(음성론)에서 Etic을 따와서 'Emic과 Etic'을 고안해 낸 것이다. 참고로 음소론은 한 언어 내에서 다른 음성과의 대립을 통해 구별되는 음성을 연구하고, 언어의 음소적 설명(phonemic accounts)이란 음성의 차이에 대해 말하는 사람의 의식적 혹은 무의식적 모델을 바탕으로 하는 설명이다. 음성학은 인간이 내는 모든 소리를 연구하며, 언어의 음성적 설명(phonetic accounts)이란 물리적인 음성에 대한 관찰자의 측정을 바탕으로 하는 설명이다.

인류학자이자 언어학자였던 파이크는 주된 연구 목적이 원주민 사회를 이해하는 것이었는데, 그는 원주민들의 언어를 습득해야 하는 것에서부터 어려움을 느끼게 되었다. 특히 원주민들의 언어는 인류학자들의 지식을 벗어났다. 따라서 그로 대표되는 인류학자들은 원주민의 언어에 대한 이해를 외부 대중들에게 설명해야 하는 과정에서 해석(interpretation)이라는 문제에 항상 부딪히게 되었다. 왜냐하면 원주민들의 언어를 문자 그대로 옮기면 뜻이 달라져 버리기 때문이었다. 이러한 딜레마는 원주민들의 언어와 개념을 이해하는 1차적인 문제와 그 이해를 자국의 언어로 다시 번역해야 하는 2차적인 문제로 요약할 수 있었다. 이것은 또 다른 연구 문제를 발생시켰다. 인류학자들의 이 두 가지 상이한 작업의 특징을 고려하여 언어학에서 사용되는 음운과 음성의 이분법적 특징에서 아이디어를 얻어서 인류학의 기본 특징의 하나인 내부자적 관점을 개념화하게 되었다.

이렇게 개념화된 Emic과 Etic의 의미를 조금 더 자세히 설명하면 다음과 같다. 먼저 Emic은 원주민(현지인)들이 사용하는 자음, 모음과 같은 기본적인 음의 원소들을 다루는 것으로 직접 음의 원소들을 이용하여 언어로 사용하는 현지인(native)들의 관점을 반영하는 것이다. 다시 말해 그 언어를 사용하는 사람들 중심의 입장, 즉 내부자적 관점(insider's view)이라는 말이다. 예를 들면 '가, 나, 다, 라'와 같은 한글의 자음과 모음은 한글이라는 표현양식을 통해 (한국인들의) 내부자적 관점을 나타내는 것이라고 할 수 있다.

이에 비하여 Etic은 말소리(sound), 즉 음성이라는 것은 음의 구성요소 하나하나만 가지고 되는 것이 아니라 여러 요소들이 모여 하나의 의미를 가진 단어가 되어야만 한다. 음성은 사람의 입을 통해 상대방에게 표현될 때에 의미를 가지게 되므로 외부인(outsider)들의 시각을 반영한 외부자적 관점이고 객관적인 성격을 띤다. 다시 말해 실증적으로 증명할 수 있는 근거나 확실하고 객관적인 증거를 제시할 수 있게 된다. 따라서 Etic 접근은 외부자적 관점을 바탕으로 객관적, 실증적, 거시적 접근으로 해석되며 양적연구의 특징을 가진다.

Emic의 구조는 연구 중인 현지 문화 구성원에 의해서 의미 있고 적절한 것으로 간주되는 것을 개념적인 도식과 범주로 표현한 설명, 기술, 분석이다. Emic의 구조는 내부자가 문화에 대해 자신들이 적절하다고 이해하고 지각한다는 가정하에서만 'Emic'으로 바르게 정의될 수 있다. 여기서, 내부자적 관점이라는 말은 내부자의 시각에서 바라보았을 때 정확한 해석이 가능하다는 말이고 이것은 주관적인 연구방법을 의미한다. 이는 질적연구를 의미한다. 정해진 틀(정해진 가설)에서 움직이는 것이 아니라 언제든지 자료가 변할 수 있다. 즉, 역동성을 가지고 있고, 음을 이루는 성분의 원소 하나하나를 분석하는 것으로 개인들의 구체적인 행위와 상호작용의 분석에 초점을 두기 때문에 미시적 접근이라고도 한다. Emic의 지식 타당도는, 즉 연구자들이 현지 문화의 특성을 공유하고 지각한 것을 현지 정보제공자가 자신들의 문화와 그 구조가 일치한다고 반드시 동의해야만 성립한다. 우리는 인류학적 지식을 습득하기 위한 특정 연구 기술은 이러한 지식의 본질과 상관없다는 것을 명심해야 한다. 현지인들의 생각을 추론한 객관적인 관찰이 매번 가능하지는 않기 때문에 Emic의 지식은 연구자의 도출이나 관찰을 통해서만 얻을 수 있다.

Etic의 구조는 과학적인 관찰자가 의미 있고 적절하다고 간주되는 것을 개념적인 도식과 범주로 표현한 설명, 기술, 분석이다. Etic의 구조는 과학자가 적절하다고 판단을 내린 인식론적인 원칙(예를 들면, Etic은 정확하고, 논리적이고, 종합적이고, 반복 가능하고, 반증 가능하고, 독립적인 관찰자로)에 일치한다는 가정하에서만 'Etic'으로 바르게 정의된다. Etic의 지식 타당도는 논리적이고 경험적인 분석의 문제가 된다. 특히, 구조가 반증 가능하고,

종합적이고, 논리 일관적이고, 개념이 반증 가능하거나 반복 가능한지 안 한지에 관한 문제이다. 또, 인류학 지식을 습득하기 위해 사용된 특정 연구 기술은 지식의 본질과 관계없다. Etic의 지식은 현지 정보제공자가 과학적으로 유효한 지식을 완전하게 가지고 있어야만 가능하기 때문에 도출 및 관찰을 통해 얻을 수 있다.

위의 설명을 요약하여 Emic과 Etic에 기초한 현상 해석의 차이점을 설명하면 다음과 같다.

Emic과 Etic의 관점 비교

특징	Emic(내부자적 관점)	Etic(외부자적 관점)
가정	내부자적 관점으로부터 기술된 행동, 자기 이해로부터 나온 구조	외부적 위치에서 기술된 행동, 다른 문화에 동등하게 적용되는 구조
연구 목표	작동하는 전체로서의 문화 체계 기술	특정 행동의 일반적인 인과 모델과 어울리게 문화적 변수를 기술
연구법	질적 양식으로 기록된 관찰	다른 문화에 적용할 수 있는 변인, 지식을 찾기 위한 방법 적용
관찰방법	다양한 환경을 장기적이고 광범위하게 관찰	간결하며 단순한 환경을 정밀하게 관찰
분석방법	문화기술적 현장연구, 면담	질문지, 변수 측정, 통계
사례	토착적 사고를 통한 내용 분석	실험을 통한 문화 비교 연구

[예] 보호시설을 탈출한 7명의 아이들

뉴스 보도

2013년 9월 18일(수요일), 추석 연휴 첫날에 일어난 사건이다. 서울에 있는 한 청소년 치료 보호시설에서 고등학생 등 6명이 집단으로 탈출하는 사건이 벌어졌다. 탈출한 청소년들은 대부분 학교 폭력 문제로 보호치료 처분을 받은 상태이다. 당시 문제 학생들은 서울에 있는 한 청소년 보호치료시설에서 프로그램에 참가하고 있었다. 연령은 16세에서 18세로 고등학생도 있지만 학교를 다니지 않는 청소년도 있었다. 해당 청소년들은 학교 폭력 문제 등으로 가정법원에서 치료보호 조치 명령을 받고 시설에 들어와 있었다. 짧게는 2-3개월에서 길게는 6개월까지 보호조치를 명령받은 상태였다. 추석 연휴라 아이들이 시설 기숙사 강당에서 놀고 있었는데, 강당 문이 열린 틈을 타서 몰래 달아났다는 것이 시설 측의 설명이다. 청소년 보호치료시설은 가정법원이나 지방법원소년부 지원에서 불량 행위를 한 청소년에 대해 보호를 위탁한 경우, 청소년들을 입소시켜 선도하기 위해 마련된 시설이다. 학생들은 치료 보호를 받으면서 규정상 시설 안에서만 생활하도록 되어 있지만, 이번에 그 규정을 어기고 탈출하여 현재 수배 중에 있다. 청소년들에 대한 빠른 조치와 함께 명확한 책임 추궁이 필요해 보인다. 〈뉴스 보도 요약〉

아이들의 생각

이 곳 보호원은 소년원과는 다르게 좀 자유롭다. 담장도 낮고, 대문도 항상 열려 있다. 여기는 전부 선생님들이 계시고, 정해진 규칙만 잘 지키면 학교와 별 다를 바가 없다.

여기서는 친구들과도 비교적 자유롭게 이야기할 수 있고, 같이 운동을 하거나 숙제를 해도 괜찮다. 나도 처음에는 혼자였는데, 한 달쯤 지나 친구들을 몇 명 사귈 수 있었다. 이들은 나랑 학교가 가깝고, 말이 잘 통해서 금방 친해지게 되었다.

추석 전날이었다. 시설 방 안에 누워 있다가 누군가가 벌써 추석이라는 이야기를 했다. 우리들은 모두 창 밖을 내다보았다. 창 밖에는 추석과 관련된 현수막이 크게 걸려 있었고, TV에서도 추석과 관련된 뉴스가 계속해서 흘러나왔다.

선생님들도 추석 잘 지내라는 말씀을 하시고는 거의 다 집에 가셨다. 그러나 우리는 추석이라는 것이 실감이 안 났다. 누군가가 부모님 이야기를 했다. 나도 부모님을 생각했다. 그냥 집에 가고 싶어졌다. 가족의 품이 그리웠다.

누가 먼저랄 것도 없이 다 같이 걸어 나오게 되었다. 조금 두려웠지만 들키지는 않은 것 같았다. 그 길로 버스를 탔다. 〈학생들과의 면담 요약〉

[예] 미국 드라마: 크리미널 마인드

크리미널 마인드는 미국 드라마의 제목으로서, 이 드라마의 주인공은 FBI 행동 분석 팀원들이다. 이들은 범죄의 유형과 범죄자의 행동 패턴, 피해자들의 공통점을 분석해서 범죄자의 연령, 직업, 성격, 심지어 인상착의까지 추리해 내는 프로파일러들이다. 프로파일러가 범죄를 수사한다는 점에서는 기존의 형사나 검사들과 같지만, 특별한 점은 크리미널 마인드의 등장인물들은 심리 분석의 달인들이라는 점이다. CSI가 증거라는 객관적이고 물질적인 대상을 따라가는 데 반해 크리미널 마인드는 인간의 내면, 그것도 범죄자의 심리를 따라간다. 그들은 '범죄의 유형과 범죄자의 심리가 인도하는 대로' 간다.

이 드라마는 실제로 경찰 프로파일러들에게서 자문을 구하여 각본과 대사를 만들고 있으며, 현재 일어나는 범죄들 역시 이러한 프로파일 기법에 의해 해결되는 경우가 많다고 한다.

[예] 영화: 비열한 거리

이 영화에서 이름 없는 영화주인공 조인성의 친구가 조폭을 주제로 한 영화를 만들려고 한다. 그러나 조폭 세계와 싸움 장면에 대해 잘 알지 못하는 친구는 감독으로서 데뷔하는 영화에서 무경험이 노출된다. 이에 친구를 돕기 위해 실제 조폭이었던 조인성은 영화 촬영 장에 나타나 조폭이 어떻게 사람을 죽이는지, 칼을 찌를 때 어떻게 찌르고 어떻게 맞는지에 대해 실제 경험을 바탕으로 설명해 준다. 그리하여 영화배우들은 실제 조폭처럼 싸우고 서로를 죽이는 액션장면을 성공적으로 찍을 수 있게 된다.

2. 특정 사례 연구

질적연구의 두 번째 특징은 특정한 사례에 대한 연구 관심이다. 일반화를 목적으로 대규모 표집을 대상으로 하는 양적연구와는 달리 연구자가 관심을 두고 있는 특정한 사례나 사건, 현상에 대해 심층적으로 연구하고자 한다. 그러한 점에서 질적연구를 사례 연구라는 용어로 표현하기도 한다. 대단위 사례가 아니라 특정한 사례를 연구하기 때문에 양적연구에 비하여 사례의 수는 상당히 적다. 극단적으로는 N=1이 될 수도 있다. 그렇지만 연구 문제, 연구 목적에 따라서 특정한 현장 한 개 또는 일련의 참여자, 프로그램이 연구 대상이 된다.

　폭(width)보다는 깊이(depth)를 강조한다는 점에서 질적연구의 사례는 연구자가 관심을 두는 특정한 사례들로 한정하는 것이 일반적인 전략이다.

질적연구 고전 작품에서 사용된 사례의 수

연구	연구 참여자 수
피아제(Piaget)의 인지 발달 연구	자식 2명
콜버그(Kohlberg)의 도덕성 발달 연구	미국 학생 49명
콜버그(Kohlberg)의 공포증(Phobia) 연구	9명
길리건(Gilligan)의 인간 도덕성 연구	여성 25명

3. 목적표집

세 번째 특징인 목적표집(purposeful sampling)은 연구자가 관심을 둔 특별한 사례를 의도적으로 선택하여 연구 대상(연구 참여자)으로 삼는 표집 방법을 말한다. 일반화를 목적으로 하는 양적연구에서는 이 방법 대신에 무선표집 방법이 사용된다. 따라서 양적연구에서처럼 연구 대상이 무차별적으로 선택되는 것이 아니라 연구자가 연구하려고 하는 연구 문제를 가장 잘 대표하는 사례가 표집으로 선정된다. 즉 연구자가 연구의 목적에 가장 충실한 예를 담고 있는 사례를 찾아서 표집하고 연구한다. 그러한 사례는 연구자가 흥미를 느끼는 현상에 대해 필요한 많은 정보를 제공해 주는 특별한 사례이기 때문에 현상에 대한 통찰을 제공해 줄 수 있는 표집이 선택된다.

다른 평교사에 비하여 열정이 뛰어난 교사들에 대한 연구에서는 열정을 남달리 더 가지고 있는 교사들이 선택되어야 하며 열정이 시들어 버린 교사들에 대한 연구에서는 그러한 생애적 경험을 가지고 있는 연구 참여자를 찾아야 한다. 패튼(Patton)은 목적표집 방법에 속하는 여러 가지 표집 방법을 잘 설명해 주었다. 아울러 다음 장의 연구 계획서 쓰기 부분에서 목적표집 방법에 대해 상세히 설명한다.

질적연구에서의 대표적인 표집의 예

대표적인 질적연구	목적표집 대상
〈네 학교 이야기〉	한국 초등학교의 전형을 드러내는 학교들
〈미운 오리 새끼〉	초임교사 8명
〈In a different voice〉	미혼모로 살아온 미국의 명문대학교 여대생
〈The Balancing act〉	남성 중심 교직사회에서 교장으로 성장한 3명의 여 교사들
〈Becoming a mariwhana user〉	마리화나 중독의 발달 단계를 여러 단계로 경험한 중독자
〈Reinventing high schools〉	미국의 중등학교 개혁을 성공적으로 실현시킨 6개의 고등학교

[예] 실제 목적표집의 과정: 영재학원 연구하기

영재학원을 연구할 때 가장 중요하게 생각했던 점이 바로 영재학원의 전형을 가장 잘 드러낼 수 있는 특징적인 영재학원을 찾는 것이었다. 따라서 교육과정과 수업의 실제가 명확히 드러나고 많은 학생과 학부모에게 인정을 받고 있는 일정 규모 이상의 영재학원을 선택하

는 것이 연구의 타당도를 높일 수 있을 것이라 판단했다. 이 점에서 아인슈타인 영재학원이
영재학원의 모습을 잘 드러내 주는 충분한 목적표집 사례에 해당한다고 판단하여 선정했
다. 아인슈타인 영재학원은 서울특별시 강남 일대에 설립되어 현재 약 10년의 역사를 갖고
있으며, 본원을 제외하고 5개의 분원이 같이 운영되고 있다. 영재학원임에도 불구하고 총
학생 수가 2,000여 명에 이르며, 영재학생들을 가르치는 유능한 교사들도 50명이 넘는다.

　물론 학원의 교육과정과 수업을 연구하는 질적연구자의 입장에서 학원의 가치를 단순
히 학생 수로만 판단해서는 안 될 것이다. 그러나 학원에 수많은 학생들이 특정한 목적을
갖고 학원의 수업에 꾸준히 참여한다는 사실은 대단히 중요한 점이라고 판단했다. 즉, 학교
와 달리 학원에서 학원생의 수는 학원을 유지하는 데 결정적인 역할을 하는 것이다. 영재학
원이라면 주변에 영재아들이 많아야 유지될 수 있다. 그러한 점에서 아인슈타인 영재학원
의 학원생이 줄어들지 않고 유지되고, 심지어는 늘어난다는 사실은 학원이 계속해서 영재
아들을 위한 교육을 펼칠 수 있는 환경을 제공한다는 점에서 의미 있다는 생각이 들었다.

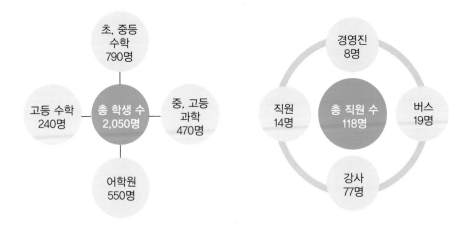

영재학원의 학생 및 직원 수

[예] 잘못된 목적표집: 제18대 국회의원 선거 예측 조사

한국갤럽은 지난 4월 9일 오후 6시 SBS 방송에 제18대 국회의원 선거 예측 결과를 발표했
습니다. 한국갤럽은 한나라당이 162-181석을 차지할 것으로 예상했으나, 개표 결과 한나
라당 의석수는 153석으로 나타나 선거 예측이 성공적이지 못했습니다. 당선자 예측이 틀
린 선거구 수는 전체 245개 중 29개였으며, 전반적으로 한나라당을 과대 예측하고 친박연
대와 무소속 후보들의 당선을 과소 예측했습니다.

　이러한 경향은 MBC, KBS, YTN의 선거 예측에서도 공통적으로 나타났으며, 각 방송사
들은 총선 예측 조사와 관련해 시청자 사과 방송을 내보낸 바 있습니다.

선거 예측 조사를 진행한 조사기관으로서 그동안 국민들께서 보내 주신 신뢰와 기대에 부응하지 못하고 정확한 총선 예측 결과를 발표하지 못한 점에 대해 사과의 말씀을 드립니다.

저희 한국갤럽은 선거 예측 조사의 진행 과정과 실패 원인을 면밀히 검토하고 개선점을 마련하여 학계를 비롯한 국민 여러분의 궁금증을 풀어 드리기 위해 이번 선거 전 과정을 분석한 연구 결과를 책자로 준비하고 있습니다.

우선 이번 예측이 빗나갔던 원인으로 크게 다음 세 가지를 꼽을 수 있습니다.

첫째, 이번 선거가 역대 어느 선거보다 경합도가 높았다는 점입니다. 지난 17대 총선에선 1-2위 간 지지도 격차가 4%P 이내인 초경합지역이 38개였던 반면, 이번 18대 총선에선 51개로 많았습니다. 실제 한국갤럽이 예측에 실패한 20개 지역에서 1-2위 간 격차가 4%P 미만이었습니다.

둘째, 부동층의 비율이 높고 판세가 유동적이었던 이번 선거에서 막판 판세를 종합적으로 반영하는 시스템이 미흡했습니다. KBS MBC는 2개 조사회사와 함께 선거 당일 90개 선거구에서 출구조사를 진행한 반면, 한국갤럽은 30개 선거구를 전화조사만으로 예측했으며 전체 선거구 중 2/3 지역의 예측을 D 3일에 마무리함으로써 선거일까지 지속된 지역별 판세 변화를 반영하지 못했습니다. 출구조사와 전화조사의 정확성과 효율성에 대해서는 추후 학계에서 활발한 논의가 있기를 기대합니다.

셋째, 응답자 편향을 꼽을 수 있습니다. 우세 정당이 아닌 소수 정당 지지자들은 여론 분위기가 자신의 의견과 다르다고 인식할 경우 체계적으로 조사를 거절하거나 거짓 응답을 하는 것으로 알려져 있습니다. 이 경우 발생하는 오차는 그 크기를 정확히 측정하기 어렵습니다. 지난 대선에서 이회창 후보 득표율이나 이번 총선에서 친박연대/자유선진당 의석수가 과소 예측된 결과는 이러한 응답자 편향에 기인한 것으로 해석됩니다.

한국갤럽조사연구소는 이번 총선 예측 조사의 실패를 반면교사 삼아 개선점을 마련하여 정확하고 신뢰도 높은 조사를 진행함으로써 앞으로도 공정한 사회 여론 수렴과 올바른 기업 경영 정책 수립의 동반자 역할을 다하기 위해 끊임없이 노력하겠습니다.

4. 현장 작업

질적연구의 네 번째 특징은 현장 작업이다. 현장 작업은 연구자가 직접 현장에 들어가 참여자들과 계속 상호작용을 하면서 자료를 수집하고 연구하는 것을 말한다. 그러한 점에서 질적연구를 현지연구(field research, field based research)라고 칭하기도 한다. 린컨(Lincoln)과 구바(Guba)가 질적연구를 자연주의적 탐구(naturalistic inquiry)라고 한 이유가 여기에 있다. 따라서 이 특징은 양적연구와 질적연구를 극명하게 구분시키는 특징으로서 양적연구의 경우, 현장에 거의 들어갈 필요가 없거나 질문지나 연구의 개념화를 위해 보조적으로 연구 현장을 잠시 방문한다. 또는 초기에 질문지를 만들기 위해 기초자료 수집을 위해 현장에 들어가 질문을 하기는 한다.

그러나 질적연구의 경우 양적연구와는 달리 현장에서 연구자가 오랫동안 머물면서 연구를 한다는 점에서 큰 차이가 있다. 연구자는 현장에 머물면서 또는 계속적으로 참여관찰하면서 자연적으로 일어나는 실제 세계의 상황을 현장에서 연구한다. 연구 참여자를 계속 만나고 대화하며 질문을 한다. 학습자로서 또는 내부자의 삶을 이해하려는 외부자로서 그들과 함께 상호작용한다. 예를 들면, 과거 고전 인류학의 경우 질적연구자들의 현장 작업 대상은 태평양의 섬이나 아프리카의 여러 민족들이었고 이들은 그들과 함께 그곳에서 생활하며 지냈다. 또한 시카고 사회학파의 경우 현장 작업은 시카고의 슬럼지역이나 이민자들의 거리들에서 이루어져 은폐된 문화를 소유하고 있는 집단들의 생활 장소가 연구 현장이 되었다.

교육학의 경우 연구 현장은 교육이 이루어지는 모든 장소이기 때문에 공식교육과 비공식교육이 이루어지는 모든 생활공간이 현장 작업이 이루어지는 장소라고 할 수 있다. 따라서 학교, 학원, 교실, 교무실, 운동장, 학생들의 은폐된 공간, 학교 바깥의 놀이 공간 등 다양한 장소가 현장 작업의 대상이 된다고 할 수 있다. 전통적인 교육인류학의 경우, 제3세계의 학교문화를 연구한다는 측면에서 제3세계의 학교가 현장 작업의 공간이 되었지만 이제 교육에서의 질적연구는 제3세계나 다른 국가의 학교교육에 대한 연구보다는 자국의 학교교육의 현실에 대해 더욱 연구한다는 측면에서 연구 현장은 바로 자국의 교

[그림 4-1] 질적연구에서 현장의 종류

육이 이루어지는 모든 교육적 공간이 된다고 할 수 있다. 그리고 질적연구자는 그 공간에 찾아가 오랫동안 머물면서 또는 방문하면서 현장 지향적인 연구방법을 사용하여 현장으로부터 자료를 수집한다.

5. 장기간의 관찰

질적연구의 다섯 번째 특징은 장기간의 관찰을 요한다는 것이다. 진실한 자료를 얻기 위해 연구자는 연구 현장 속에서 연구자들과 생활하거나 대화하면서 오랫동안 그들을 관찰해야 할 필요가 있다. 이에 구체적으로 얼마 동안의 현장 관찰이 필요한지는 연구의 목적과 특성별로 다르겠지만 교육학에서의 질적연구를 하는 경우, 최소 약 3개월 이상의 관찰을 해야만 논문을 제출할 수 있는 자격이 주어진다고 인식되고 있다. 그러나 연구의 주제나 목적에 따라서 이 기준은 유동적으로 변화될 수 있으며 연구 지도교수와의 합의에 따라 조정 가능하다. 그 예로서 한 교실에서의 대화적 상호작용의 특징이 무엇인지를 규명하는 연구의 경우는 꼭 3개월이 아니라 그보다 짧은 기간 동안만 관찰해도 무방하다. 미시 대화분석의 경우, 수업 현장에 대한 분석을 녹화된 비디오테이프를 중심으로 하기 때문에 오히려 현장에 대한 장기적인 관찰이 다른 연구들에 비하여 크게 강조되는 것은 아니다.

그러나 교육학과는 달리, 인류학의 경우 현장에서의 생활과 관찰 작업은 최소한 1년 정도를 해야 하는 것으로 간주되고 있고 많은 인류학의 연구들이 현지에서의 장기적인 관찰을 전제로 하여 이루어졌다는 것을 명심할 필요가 있다. 예를 들어 대표적인 질적연구의 실제 연구 기간은 다음과 같다.

- 〈오래된 미래: 라다크로부터 배우다〉: 히말라야 라다크 지역 현장 작업 15년
- 〈네 학교 이야기〉: 현장 작업 4.5개월, 분석과 글쓰기 작업 1.5년
- 〈별이 빛나는 밤 2〉: 3년
- 〈한국 최고의 학원〉: 현장 작업 1년
- 〈한국 다문화 아동 가르치기〉: 교실연구 1.5년, 글쓰기 6개월

이러한 장기적인 관찰이라는 질적연구의 특징은 질적 자료의 신뢰도에 상당한 기여를 하지만 연구자에게는 양적연구자가 경험할 수 없는 다양한 형태의 문제와 갈등, 심리

적 문제를 경험하게 만든다. 질적연구자들은 오랜 기간의 관찰에서 오는 육체적 피로뿐만 아니라, 계속적인 유대감 형성을 위해 항상 긴장해야 하고, 언제 끝날지 모르는 연구에 지치며, 연구 자금이 부족해지거나, 심한 경우는 졸업이 미뤄지는 등 많은 고통을 겪는다.

6. 유연한 연구 설계

여섯 번째 특징인 유연한 연구 설계는 연구 설계 과정이 연구 이전에 결정되는 것이 아니라 연구가 진행되면서 점차적으로 구체화되는 것을 말한다. 따라서 유연한 연구 설계는 연구자가 연구 계획서를 작성하는 단계에서나 연구 계획서를 발표하는 단계 그리고 실제적으로 연구를 하는 과정에서 연구 작업에 대한 결정들이 사전에 완벽하게 이루어지기보다는 연구를 진행하면서 연구자가 상황에 맞게 의사결정을 해나가면서 연구를 설계하고 실행하는 것을 의미한다. emergent라는 단어에 '드러나다', '발생하다'라는 뜻이 있기 때문에 '발현적', '발생적'이라는 용어로 해석되기도 하지만 여기에서는 '유연한'이라는 용어로 표현했다. 질적연구의 이러한 특징과 관련하여 유연한 설계라는 용어 이외에도 '포괄적 설계(general design)' 또는 '융통성 있는 설계(flexible design)'라는 용어가 사용된다.

연구 설계가 연구 시작 이전에 완벽하게 결정되는 양적연구에서의 설계과정과 달리 질적연구 설계의 이러한 특징은 연구자로 하여금 무엇을 얼마나 어떻게 해야 하는가에 대한 문제와 관련하여 계속적으로 질문하고 답하고 반성할 것을 요구한다. 그 예로서 표집을 얼마나 해야 하는가? 어떤 면담 가이드를 만들어야 할 것인가? 그러한 면담 가이드가 현장에서 적절하게 사용되는가? 아니면 그 내용을 바꾸어야 하는가? 연구 참여자의 수는 적절한가? 이 연구 현장에 오랫동안 머무를 수 있는가? 다양한 질적연구방법들을 어떤 계열로 사용할 것인가? 어떤 분석 방법이 적절한가? 이와 같은 여러 가지 질문은 현장에 들어가기 이전에 결정되는 것이 아니라 연구 현장에서 연구자가 경험하게 되는 이상과 현실 간의 괴리, 할 수 있는 작업과 할 수 없는 작업, 도움을 받을 수 있는 작업과 도움을 받을 수 없는 작업 등 상황에 대한 예리한 판단을 통해 이루어질 수밖에 없다.

그러한 점에서 질적연구에서의 연구 설계는 비예측적이고 비규정적이며 나아가 상황에 맞게 변경 가능한 방법으로 진행되어야 한다는 것을 유념해야 한다. 따라서 질적연구 계획서의 심사자는 질적연구의 이러한 특징을 고려하여 연구자가 개괄적으로 쓴 연구 계

획서(양적연구 계획서에 비하여 간단하고 심층적이지 않으며 자세하지 않은)를 평가절하
하거나 체계적이지 못하다고 비난하기보다는 질적연구의 이러한 특징을 이해하고 포용
해 주는 태도를 갖는 것이 필요하다. 질적연구에서의 연구 계획은 연구를 위한 잠정적인
조감도로 이해해야지 양적연구에서처럼 명료한 계획과 분석 기준, 예상 결과를 갖는 확
실한 자료로 간주해서는 안 된다.

다음의 연구 이야기는 질적연구가 얼마나 유연하고 비예측적으로 일어나는지를 잘 보
여 준다. 연구자가 제1회 면담에서 면담 가이드를 준비하여 면담을 실행했다. 그러나 자
신의 면담 가이드가 매우 부적절하다는 것을 알고 제2회, 제3회 면담에서 면담의 내용, 방
향, 깊이를 조정해 새롭게 접근해 가는 것을 알 수 있다.

[예] 심층면담에 대한 첫 경험

내가 처음 연구 참여자를 대상으로 하여 면담을 하게 된 것은 2011년 여름이었다. 당시 나
는 대학원 1학년에 재학 중이었다. 교수님의 추천으로 참여하게 된 연구 주제는 우리나라
종합학원에 대한 것이었다. 아직 질적연구에 대해 모르는 것이 더 많았었기에 막연한 마음
과 걱정스런 마음이 심신을 힘들게 했다. 직접 현장에 가서 학원 학생들의 이야기, 학원 선
생님들의 이야기를 듣고 학원을 둘러보면서 학원에 대해 이것저것 살폈다. 하지만 그렇게
하면서도 내가 무엇을 봐야 하는지, 무엇에 대해서 생각해야 하는지 확신이 서지 않았다.
같이 연구를 하고 계시던 선생님과 많은 대화를 나누고 이러저러한 점을 깨우쳤다고 생각
할 때도 있었지만 돌아서 생각해 보면 막연하고 개념이 제대로 잡히지 않는 것들이었다.

그러던 중 드디어 올 것이 왔다. 혼자서 학생들을 대상으로 인터뷰를 하게 된 것이다.
물론 전에도 학생들과 인터뷰를 한 적은 있었지만 그 때 나의 위치는 면담자라기보다 단
순 관찰자에 더 가까웠다. 면담 일정이 잡히자 걱정스럽기 시작했다. 먼저 면담 가이드를
만들어야겠다는 생각에 무엇을 물어봐야 할지, 사람들이 과연 궁금해할 것이 무엇인지를
고민했다. 그 전까지 이렇다 할 면담 가이드를 만들어 본 적이 없는 나로서는 먼저 참고할
만한 것이 필요했다. 전에 읽은 적이 있었던 지도교수님이 쓰신 면담 가이드 작성에 관한
「다문화가정 학생 연구를 위한 인터뷰 가이드 개발과정: 현장으로부터의 이야기」를 다시
한 번 찬찬히 살폈다. 하지만 그 내용이 다문화가정 학생 연구를 위한 것이었기에 면담 가
이드 작성의 과정을 짐작하는 것 외에는 참고하기가 힘들었다.

일단 일반 사람들이 학원에 다니는 학생들에게 궁금해할 것이라고 생각되는 질문을 나
열하기 시작했다. 그런 다음 '나(자신)'를 중심에 놓고 마인드맵을 그려서 그 하위 영역과
관련된 질문을 만들었다. 그리곤 첫 번째 질문 리스트와 두 번째 질문 리스트를 비교하고
종합하여 질문을 선정한 후 질문하는 순서를 정했다. 질문하는 순서를 정할 때는 '과거에

서 현재', '하위 단위에서 큰 단위', '주변에서 나'를 기준으로 했다. 그렇게 하면 '과거', '하위 단위', '주변'에 대해 이야기하는 동안 '현재', '큰 단위', '나'에 대한 생각이 구체적이 될 수 있을 것이라 생각했기 때문이다.

면담 전 준비한 연구자의 질문들(초기 면담 가이드)

(1) 현재 나이와 학년을 말해 주세요.

(2) 현재 다니고 있는 학원과 학교를 말해 주세요.

(3) 학원을 다니기 시작한 이유를 설명해 주세요. 구체적인 상황으로 설명해 주세요.

(4) 학원을 다니기 전과 비교해서 학원을 다니고 난 후 성적에 어떤 변화가 있었나요?

(5) 학원을 다니기 전과 비교해서 학원을 다니고 난 후 교우관계에 어떤 변화가 있었나요?

(6) 학원을 다니기 전과 비교해서 학원을 다니고 난 후 가족과의 관계에서 어떤 변화가 있었나요?

(7) 학원을 다니기 전과 비교해서 학원을 다니고 난 후 나의 꿈이 어떻게 바뀌었나요?

(8) 학원의 어떤 점이 위의 변화를 일으킬 수 있게 도왔나요?

(9) 만일 학원을 다니지 않았더라도 그런 변화가 일어날 수 있었을까요?

면담 가이드와 그 항목에 따르는 하위 질문들이 준비되자 마음이 한결 놓였다. 이제 남은 것은 이 질문을 하고 학생들의 대답을 잘 정리해서 자료로 만드는 것뿐이었다.

며칠 후 학생들을 만났다. 학생들을 데리고 고등학생 용돈으로는 쉽게 가기 힘든 프랜차이즈 커피숍에 갔다. 생각대로 학생들은 처음 와본다고 했고 내심 좋아하는 것 같았다. 나는 속으로 쾌재를 부르며 학생들이 좋아하는 음료와 간단한 먹을거리를 주문하고 자리에 앉았다. 본격적으로 면담에 들어가기 전 학생들과 래포를 형성해야 한다고 생각한 나는 이런저런 나의 이야기를 하고 또 학생들의 이야기를 들어주며 가벼운 이야기를 했다. 물론, 보이스 레코더를 켜 놓는 것은 잊지 않았다.

분위기가 적당히 부드러워졌다고 생각한 나는 학생들에게 나의 신분, 연구의 목적, 그리고 면담 내용의 보안 등을 설명했다. 이제 질문을 하면 학생들이 내가 모르는 것, 혹은 내가 잘못 알고 있는 것에 대해 쏟아낼 것이라 생각하며 기대감에 가득 차 질문을 시작했다. 하지만 그러한 내 기대가 산산 조각 나는 데는 그렇게 오래 걸리지 않았다. 네 번째 질문에 대한 학생들의 대답은 "별 차이 없는데요."였다. 당황스러웠다. 나는 학생들이 질문을 잘 이해하지 못했을 것이라는 생각으로 질문의 의미를 차근차근 설명하기 시작했다. '에 …… 그러니까 …… 왜 …… 성적의 변화 말고도 자기에게 …… 그러니까 학원 다니기 전과 비교해서 ……' 차근차근 설명해 준다는 나의 의도를 내 머리와 입은 배신하고 있었다. 머리에서는 이걸 어떻게 이야기해야 할지 잘 떠오르지 않았고 간신히 생각한 것을 내 입은 제대로 이야기하지 못했다. 학생들에게 처음이라 서툴다며 몇 번이나 양해를 구한 뒤 몇 가지 질문을 계속했다. 그런 식으로 면담은 진행되었고 준비해 간 질문의 상당부분에서 별다른 답을 듣지 못했다. 잠시 쉬었다 하자며 양해를 구하고 화장실에 가서 생각을 했다. '뭔가가 크게 잘못되었다.' 나는 그 자리에서 면담 전략을 바꾸었다. 면담 가이드와 함께 면담 가이드를 작성하는 과정에서 만들어진 질문의 목록과 마인드맵을 보며 무차별적으로 질문을 했다. 내 머릿속에 질문 순서 같은 것은 사라진 지 이미 오래였다.

그렇게 면담을 이어가던 중 면담 내용에서 하나의 이야기가 떠오르기 시작했다. 그것은 학생들이 단순히 학원 다니는 것으로는 변화하지 않는다는 것이었다. 학생들은 학원에 다니기 시작한 시기를 '본인의 의지와 상관없이 수동적으로 학원을 다니는 시기'와 '본인들이 성적향상에 대한 의지를 가지고 능동적으로 학원 생활에 임하는 시기'로 나누고 있었다. 절망의 끝에서 한 줄기의 빛을 보는 것 같았다.

일단 학생들에게 내가 위의 내용과 같이 생각하는데 그것이 자신들의 생각과 일치하는지 물었다. "그렇다."라는 학생들의 대답을 들은 후, 한 번 더 휴식을 취할 것을 제안하고 다시 화장실로 향했다. 원래 가지고 있던 내 질문들은 학원을 다니는 시기와 학원을 다니지 않던 시기로 초점이 맞추어져 있었다. 나는 이 질문의 초점을 '수동적으로 학원을 다니는 시기'와 '능동적으로 학원을 다니는 시기'로 옮겼다.

다시 면담을 하면서 초점이 바뀐 나의 질문은 학생들의 입을 열기 시작했다. 이전과 다른 많은 이야기를 쏟아 내었다. 나는 이제 학생들이 쏟아낸 이야기를 어떻게 정리할 것인지에 대한 행복한 고민을 염두에 두며 학생들에게 집중했다.

질문과 대답, 그리고 학생들의 이야기에 대한 그 자리에서 만들어진 추가적인 질문을 마치고 학생들과 헤어졌다. 진땀이 났다. 나의 질문들은 처음부터 초점이 잘못 잡힌 것들이었다. 면담 도중에 전략을 수정하고 또 수정한 결과 만족스럽진 않지만 의미 있는 정보들을 얻을 수 있었다.

새롭게 드러난 이야기

(1) 학원을 다니는 시기는 '수동적으로 다니는 시기'와 '적극적으로 다니는 시기'로 나누어진다.

(2) 학원을 다니는 동안 '특정한 계기'를 통해 '수동적으로 다니는 시기'에서 '적극적으로 다니는 시기'로 넘어간다.

(3) 학원에서의 학생의 생활을 제대로 이해하기 위해서는 각 단계에서 나타나는 학생의 모습을 각각 조사해야 할 필요가 있다.

그러나 그것이 끝은 아니었다. 자료를 정리하고 분석하는 과정에서 학생들의 대답과 관련해서 또 다른 질문들이 생겼다. 이 질문들은 면담을 하는 동안 떠오를 수 있는 질문들이지만 면담을 하던 중에는 알아채지 못하고 지나쳐 버렸다가 면담 내용을 분석하는 과정에서 발견한 것이다. 면담 전후의 질문들을 살펴보니 두 질문들 사이의 차이점이 눈에 보였다. 면담 전 질문이 전체적이며 포괄적이고 모호한 점이 있었다면 면담 후 질문은 좀 더 세부적이고 구체적이었다. 또한 맥락을 포함한 질문들이 대부분이었는데 이러한 맥락은 면담 전에는 좀처럼 생각하기 힘든 것들이었다.

새롭게 드러난 이야기와 관련된 새로운 의문점

(1) '수동적으로 다니는 시기' 동안 학생들이 학원에서 무엇을 배우고 느끼며 학원이 학생의 학교, 개인 생활에 어떤 영향을 미치는가?

(2) '적극적으로 다니는 시기' 동안에는 학생들이 어떤 태도나 마음가짐을 가지며 학원에서 학생들이 배우고 느끼는 것은 무엇이며 학원이 학생 개인의 생활과 학교생활에 어떤 영향을 미치는가?

(3) 어떻게 학생이 '수동적으로 다니는 시기'에서 '적극적으로 다니는 시기'로 넘어가는가?

(4) 학원에의 참여 전략이 두 시기에 각각 어떤 모습으로 나타나는가?

(5) '적극적으로 다니는 시기'를 넘어서는 또 다른 단계가 있는가?

이러한 질문들을 살펴보면서 나는 면담의 또 다른 의미를 찾을 수 있었다. 이번 면담을 통해 나는 내가 필요로 하는 정보를 얻을 수도 있었지만 이와 더불어 내가 무엇을 모르고 있는지 그리고 내가 무엇을 알아야 하는지를 알 수 있었다. 나는 이를 바탕으로 2차적 질문들을 만들어 낼 수 있었다.

면담 내용 분석 중에 생긴 질문들

(1) 학원을 다님으로 인해 공부 방식이 달라졌다면 구체적으로 어떻게 달라졌는가?

(2) 학원 과제를 통해 공부하는 방법이 체계적인 방법으로 바뀌었다고 했다. 그렇다면 체계적인 방법이라는 것은 어떤 방법을 말하는 것이고 학원에서는 구체적으로 어떤 과제를 제시했는가?

(3) 학원 선생님과의 상담이 학교 선생님과의 상담에 비해 많은 도움이 된다면 그런 점을 보여 주는 구체적인 경험이 있는가? 있다면 그 내용은 무엇이고 그 때 학원 선생님의 대처는 무엇이었는가?

(4) 시간이 지날수록 학원 선생님과 결속하게 된다면 그런 결속을 느끼게 된 구체적인 경험이 있는가? 학원 선생님을 믿고 의지한다는 것의 의미는 무엇이며 그와 관련된 구체적인 경험이 있는가?

(5) 학교 영어 선생님의 수업이 자신과 맞지 않아서 듣지 않는다고 했다. 그렇다면 학교 영어수업과 학원 영어수업의 차이를 구체적인 수업 장면을 통해 이야기해 줄 수 있는

가? 그리고 어떤 점이 자신과 맞지 않는지 구체적으로 이야기해 줄 수 있는가?

(6) 학원을 다녀서 성적이 많이 올랐다면 자신이 느끼기에 학원에서는 성적을 올리기 위해 구체적으로 어떠한 방법을 사용했는지 학교와 비교해 가며 이야기해 줄 수 있는가?

(7) 학원에서는 다 알아서 해주니까 크게 기대하지 않아도 된다고 했다. 다 알아서 해준다는 의미가 무엇인가? 그것과 관련된 구체적인 경험이 있는가?

(8) 학원을 다니기 시작한 초기에는 성적이 오르지 않았다고 했다. 그렇다면 그 시기에 학원을 다닌 이유는 무엇인가?

(9) 학원에서 공부하는 방법을 배웠다면 어떻게 공부하는 것이 성공할 수 있는 공부방법인가? 그리고 그런 공부 방법을 학원에서 구체적으로 어떻게 가르쳐 주었는가?

새로 생겨난 질문들을 가지고 학생에게 2차면담과 전화면담을 실시했다. 이 과정을 통해 학생의 학원에서의 생활을 좀 더 심도 깊게 이해할 수 있었다.

7. 자료 수집과 자료 분석의 순환성

질적연구의 일곱 번째 특징인 자료 수집과 자료 분석의 순환성(cycle)은 자료 수집 단계와 자료 분석 단계가 일직선상으로 전후관계에 있는 것이 아니라 수집과 분석이 사이클을 이루면서 진행된다는 것을 뜻한다. 따라서 자료 수집 단계와 자료 분석 단계는 선후 관계로서 확실하게 분리되어 진행되는 것이 아니라 두 개의 연구 과정이 상호보완적인 관계를 유지하면서 진행되는 것을 말한다. 두 개의 연구 과정에서의 순환성은 질적연구에서 가장 두드러지게 나타나는데 연구자가 연구 자료를 수집하면서부터 자료 분석을 시도하거나 자료 분석을 하면서 다시 자료 수집을 위해 현장에 들어가게 되는 형태로 나타난다.

이러한 순환성은 양적연구의 경우 수용이 되지 않는 것이 일반적이다. 양적연구의 절차에서는 연구자가 먼저 자료 수집 단계에서 자료를 수집하고 현장을 떠나면 바로 자료 분석이라는 다음 단계로 나아가게 된다. 연구가 특별히 잘못되지 않은 이상, 연구자는 수집한 자료를 자료 분석 단계로 이행시킨다. 연구자는 다시 자료를 수집하기 위해 현장에 들어가지는 않는다. 이에 비하여 질적연구 경우에는 연구자가 이 두 개의 단계에 대한 명확한 구분을 두지 않고 자료 수집과 자료 분석의 단계를 통합적으로 또는 보완적으로 사용한다. 앞에서 설명한 '유연한 설계'의 개념처럼 연구자는 현장에 들어가 자료를 수집하면서 분석을 시도하고 분석을 시도하다가 자료가 더 필요하다고 느끼면 다시 현장에 들어가 자료를 수집해 간다. 자료가 얼마나 필요하며 어떤 자료들이 추가로 필요할지 연구자가 예측하기가 힘들기 때문에 자료 수집 단계는 항상 자료 분석 단계와 맞물려 있다.

연구자는 머릿속에 나타나는 여러 가지 형태의 분석적인 스키마와 아이디어들을 구체화시키거나 확인하기 위해 수집한 자료를 여러 가지 국면에서 필요한 자료/불필요한 자료, 도움이 되는 자료/도움이 되지 않는 자료, 적절한 자료/적절하지 않은 자료로 평가하고, 변화하는 연구 주제나 분석 기준에 따라서 필요한 자료를 새로 수집해야 하는 필요성이 제기된다.

8. 연구자와 연구 대상의 친밀도

연구자와 연구 참여자 간의 친밀도(closure)는 여덟 번째 특징으로서, 연구자가 연구 참여자와 심리적 공감대인 라포르를 형성하는 것을 말한다. 외부자의 시각인 연구자의 관점을 확인하려는 양적연구의 경우 연구 참여자와의 이러한 라포르 형성이 굳이 필요 없지만 내부자의 시각과 생각을 이해해야 하는 질적연구의 경우 연구 참여자와의 심리적 공감대의 형성은 무엇보다 연구 작업의 성공에 필요한 요소가 된다. 따라서 양적연구의 경우 연구자가 연구 참여자와의 거리를 상당히 객관적으로 유지하고 멀어지려고 하는 반면에 질적연구에서 연구자는 연구 참여자와 깊은 심리적 공감대의 형성을 위해 인간적인 친밀성을 강화해야 할 필요가 있다.

이에 질적연구자는 연구 참여자의 생활세계와 그들의 감정과 지각을 이해하기 위해 그들과 계속적으로 대화하고 생활하며 그들의 삶 속 가깝게 접근해야만 한다. 외부자인 그들과 계속적으로 만나서 듣고, 질문하고, 대답하고, 생각하고, 자극하고, 토론하고, 공감하는 연구 태도를 가져야 한다. 그렇게 될 때, 연구 참여자는 기꺼이 그들의 삶과 생활세계를 외부자인 연구자에게 노출시키고 이해시키기 위해 노력할 것이다. 그러한 점에서 질적연구의 경우, 연구자가 연구 참여자에게 얼마나 가깝게 다가갔느냐 하는 정도는 연구를 성공적으로 만드는 데 중요한 역할을 하며 자료 수집의 양과 깊이를 결정하는 데 긍정적으로 작용한다. 연구자가 연구 참여자와 긴밀한 유대를 형성하고 인간적 관계를 유지하게 될 때 연구자는 누구인 척하는 사람에서 벗어나 실제로 누구인 사람(내부자)의 경계로 넘어가서 그들의 한 사람으로서 수용된다(Jorgensen, 1989). 공감적 중립성, 개방성,

민감성, 반응성 등이 강조된다.

그러한 점에서 질적연구의 경우 연구자는 양적연구에서 강조하는 전지전능한 존재로서 연구 참여자 위에 군림하는 것이 아니라 연구 참여자들과 감정을 공유하고 그들의 이야기를 기꺼이 들으려고 기다리는 친구나 도와주는 사람, 또는 그들을 이해하려고 하는 사람으로 비추어진다. 이러한 이유 때문에 질적연구에서 연구자와 연구 참여자가 어떠한 인간관계를 형성하게 되는가는 연구 작업에 상당한 영향을 끼친다.

9. 점진적 주관성

아홉 번째 특징은 점진적 주관성(progressive subjectivity)이다. 이것은 연구가 진행되면서 새로운 변화나 현장에 대한 이해가 초기에 설정한 연구 문제나 연구내용에 비하여 더 깊어졌는지를 연구 도구인 연구자가 개인적으로 반성하는 작업을 뜻한다. 질적연구의 연구목적이 익숙하지 않은 현상에 대한 이해이고 내부자에 대한 생활세계의 이해라고 한다면, 연구가 진행되면서 연구자가 초기에 설정하거나 개념화한 연구 문제나 연구 내용은 연구자가 연구 참여자의 세계에 직접 조우하면서 보다 적절한 형태로 변화되거나 발달될 것이다. 질적연구에서 연구자가 연구 초기에 가정했던 연구 현상 또는 연구 문제들이 연구를 실제적으로 진행시키고 자료를 수집하고 분석해 나가면서 어떻게 변화했고 발달했고 세분화되었는지를 반성하는 작업을 갖는 것은 그만큼 질적연구가 정말로 연구되어야 하는 현상을 탐구하는 데 가까이 다가갔는지를 판단하는 데 중요한 역할을 한다고 할 수 있다.

그러한 점에서 질적연구에서 연구가 진행되면서 연구 문제 또는 연구 질문이 어떻게 변화되었고 어떻게 구체화되어 갔는지를 노출시키고 기록하는 작업은 그만큼 연구자가 현장에 가깝게 다가갔으며 현장과의 조우를 통해 보다 적절하고 경험에 기초한 연구 주제를 규명하고 연구 현상을 포착했음을 설득시키는 효과적인 판단법이 된다고 하겠다. 이러한 점에서 질적연구자는 연구 문제가 초기와 말기에 어떻게 달라졌으며 자신의 연구관점이나 기존의 선입관이 어떻게 변화되거나 확대, 적절하게 변경되었는지를 끊임없이 보여 주는 좋은 증거가 된다고 하겠다. 이에 질적연구자는 연구가 진행되면서 방법적 반성 작업으로서 연구자의 주관성과 이해가 어떻게 변화되고 발달되었는지를 기술할 수 있는 연구자적 태도와 노력이 절실히 요구된다.

훌륭한 연구자는 연구 초기에 만들어 놓은 연구 주제나 현상을 연구가 끝날 때까지 고

집하거나 주장하는 것이 아니라 계속적인 현장과의 조우 그리고 새로운 자료들과 작업과
정을 통해 현장에 보다 의미 있는 주제, 연구 질문, 탐구현상을 심화하고 세련화하는 역할
을 해야 한다. 외부자로서, 학습자로서 타인의 세계에 들어간 연구자가 최초의 연구 질문
이나 주제에서 변화하지 않고서 연구가 끝날 때까지 그대로라고 한다면 그 연구 문제나
연구 질문은 현장의 특징과 변화 그리고 기대하지 않은 구체적인 상황의 특수성을 반영
하지 않은 것으로 추측할 수밖에 없다.

　　연구자는 연구가 끝날 때까지 연구에 대한 자신의 생각과 감정, 판단, 가치가 어떻게
변화하고 발달하고 확산되고 세련되게 변하는지를 고민하고 그러한 고민은 좋은 연구 문
제나 탐구 주제의 규명으로 나타나야만 할 것이다.

10. 서술적 형태의 자료 표현

열 번째 특징인 서술적 형태의 자료 표현은 연구 결과가 서술 형식의 글쓰기 양식을 통
해 표현된다는 것을 말한다. 질적연구를 질적으로 만드는 특징의 하나인 이 준거는 연구
자가 수집한 연구 자료나 연구 결과를 숫자가 아닌 서술적인 형식의 표현체계로서 나타
내는 것을 뜻한다. 따라서 기존의 양적연구에서 보편적으로 사용되는 숫자나 통계자료에
의한 표현방법이 아니라 인간 경험을 표현할 수 있는 다른 형태의 서술적인 표현양식이
질적연구에서 사용된다.

　　이렇게 서술적인 언어체계를 통해 연구 자료와 해석을 드러내게 되는 질적연구의 특
징은 질적연구의 목적으로부터 도출된 것으로서 인간의 경험과 생활세계, 이해를 드러내
고 나타내고 전달하기 위해서는 인간의 경험을 단순화시켜 버리는 숫자만으로는 부족하
다는 판단에서 비롯되었다. 이에 질적연구에서는 생활세계와 인간의 내적 경험을 나타내
는 데 적합한 형태의 표현체계들과 표현방식들이 강조되고 인용되며 활용되는 것이 특징
이다. 이러한 특징들은 다양한 형태를 띠는데 대표적인 방법으로는 경험을 서술해 주는
서술적(descriptive language) 글쓰기 방법이 있다.

　　이러한 서술적 글쓰기 방법은 최근에 와서 더욱 강조되어서 다양한 형태의 인문학적
표현체계나 사회학적 표현체계가 질적자료의 표현과 글쓰기에 접목되고 있는 실정이다.
이에 서술적인 문장, 이야기, 시, 전기, 자서전, 소설적 표현, 희곡적 표현, 여행문적 표현
등이 자유롭게 적용되고 있다. 그러한 점에서 질적연구방법이 사용된 질적연구의 논문과
보고서는 양적연구에서 사용되는 숫자가 아니라 연구 참여자의 말, 대화들을 그대로 인

용하며 원 자료를 여러 가지 문학적 장치를 통해 재구성하는 방식을 사용한다. 그리고 현상과 실재를 숫자라는 감환장치로 재구성하는 것을 강조하지 않기 때문에 여러 가지 현상과 세계에 대한 두툼한 설명과 소개, 참여자들의 이야기, 연구자의 해석이 종합적으로 섞여 논문의 분량이 양적연구에 비하여 많은 것이 사실이다. 도서관에 가서 질적연구 논문을 찾고자 하는 사람은 제목을 확인하지 않고 그 책의 두께만 보고서 결정하더라도 틀리지 않을 것이다.

11. 투명성

열한 번째 특징인 투명성은 질적연구의 결과가 얼마나 연구 현장의 세계를 투명하게, 이해할 수 있을 정도로 자세하게 기술하고 있느냐를 나타낸다. 프로그램의 효과나 변인들 간의 효과를 검증하는 양적연구에 있어서 연구 참여자의 생활세계나 프로그램에서 나타난 연구 대상들의 활동이나 행동 또는 의사소통에 대한 기술이나 표현은 그렇게 중요한 연구 결과의 주제가 되지 못한다. 대신에 연구자가 가정한 연구 가설이 수용되었는지 아니면 거부되었는지를 밝힐 필요가 있기 때문에 연구 현장에서 무슨 일이 어떻게 일어났는지를 자세하게 기술하는 것은 부적절한 글쓰기 방식이다. 양적연구에서의 연구 대상(연구 참여자의 생각, 생활세계, 프로그램의 진행 과정 등)에 대한 상세한 설명이나 표현은 연구자의 주요한 연구 작업의 한 과정이 아니며 그러한 기술은 오히려 연구의 결과를 요약적으로 제시하는 데 걸림돌이 된다.

질적연구의 투명성을 알아보기 위해 질적연구와 양적연구에서 대표적으로 사용되는 자료 표현 방법을 다음 표에 예시하여 대조해 보았다.

질적연구와 양적연구의 대표적인 자료 표현 방법 대조

질적연구의 자료 표현 방법: 사례별 연구 결과의 주요 특징 요약				
분석의 관점	초록고	바위고	달빛고	햇빛고
여건 및 특성	전통 명문, 서울 서남부 낙후지역에 위치, 학생 모집에 어려움, 교장의 확고한 교육적 리더십 발휘 중	신흥 명문, 교육과정 운영상의 우수성 인정받고 있음. 사교육 과열지역에 위치. 비교적 젊은 교사 다수 포진	전통 명문, 동문 및 재단 산하 유명 대학이 운영에 관여. 서울 중부지역 위치상 우수학생 모집에 어려움을 겪음	신설 학교로서 강력한 재정 지원 및 기업적 마인드로 무장한 재단 등이 적극 후원. 교장의 강력한 카리스마적 리더십 발휘 중

질적연구와 양적연구의 대표적인 자료 표현 방법 대조 (계속)

질적연구의 자료 표현 방법: 사례별 연구 결과의 주요 특징 요약

분석의 관점	초록고	바위고	달빛고	햇빛고
제도적 환경의 영향과 그 대응 양태	① 기존 교원 인사제도의 한계로 융통성 있는 교원 충원 불가 → 우수강사 초빙을 통해 제한적 해결 ② 교육감과의 정책 노선 갈등 → 재정지원 불이익 ③ 과거 입시 우수성과 학부모의 기대 → 학교장의 인성 함양에 중점을 둔 교육리더십 발휘로 극복 노력	① 신입생 선발 규제로 인해 우수학생 선발이 곤란해짐 → 교사들의 고민 증가 ② 증가된 학생간 학력편차 발생 및 학부모의 학력 향상 요구 증가 → 입학사정관제가 유리하게 작용하리라는 가정 하에 본격 대비	① 입학 경쟁률이 높을수록 우수학생 선발이 어려워지는 모순 발생 → 홍보 노력 감소 ② 교원인사제도의 영향이 있음 → 비교적 저호봉의 젊은 교사들이 다수 있어 상대적 영향력은 약화됨 ③ 수능위주의 대입전형제도 영향 → 내실 있는 특색 프로그램 운영 곤란	① 신설 학교로서의 제도적 환경의 영향력 거의 없음 → 젊고 우수한 신임 교원 충원 ② 입시에서의 우수성과 기대 → 학생 중심 교육과정 운영 및 특색 있는 프로그램 기획 및 운영 ③ 교육당국의 규제와 지침 → 학교장이 먼저 권위의식에서 탈피하고 경영자적 자세 견지

양적연구의 자료 표현 방법: 학교생활 만족도 다층분석(N-25100)

	m1	m2	m3	m4	m5
연도(2012년)	-0.057***	-0.025*	-0.095***	-0.094***	-0.093***
자율형 사립고	-0.077	-0.042	-0.037	-0.058	-0.089
자율형 공립고	-0.069	-0.036	-0.026	-0.04	-0.058
자율형 사립고*2012년	0.300***	0.159*	-0.006	0.007	0.022
자율형 공립고*2012년	0.110*	0.068	0.021	0.032	0.06
성별		-0.006	-0.002	-0.001	-0.006
SES		-0.019**	-0.021**	-0.022*	-0.022**
자아존중감		0.387***	0.194***	0.194***	0.194***
내재적 동기		0.167***	0.083***	0.083***	0.083***
부모자녀 관계		0.123***	0.030***	0.030***	0.030***
부모교육 지원		0.030***	-0.004*	-0.004	-0.004
성취도			0.030***	0.003***	0.002***
학교관계 만족도			0.399***	0.398***	0.396***
학업만족도			0.311***	0.312***	0.310***
교사 1인당 학생 수				0.005	0.006
학교 평균 SES				-0.011	-0.048
읍면지역				-0.066**	-0.041+

이에 비하여 연구 참여자의 생활세계(감정, 행위, 의도, 상호작용 등)를 기술하고 이해하는 것을 목적으로 하는 질적연구의 경우 생활세계에 대한 심층적인 기술과 표현은 무엇보다 중요한 연구의 작업 과정이자 작업 결과이다. 연구 참여자가 있었던 현장에서 도대체 무슨 일이 어떻게 일어났으며 어떤 의도와 행위를 가지고서 상호작용을 해나갔으며 그러한 과정을 통해 연구할 실재가 어떻게 구성되고 드러났는지를 자세하고 심층적으로 기술할 필요가 있다. 그리고 그러한 기술은 연구 참여자의 세계를 이해하고 해석하기 위한 필수자료에 해당한다. 이에 연구자는 읽는 사람이 연구 세계와 그 연구 세계의 이미지를 정확하고 공감적으로 이해할 수 있도록 선명한 글쓰기와 표현 방법을 통해 연구된 세계의 실상을 투명하게 제시하는 것이 무엇보다 필요하다.

그 자리에 없었지만 그 자리에 있는 듯이 현상을 기술하는 글쓰기, 글을 읽으면서 이러한 현상이 그럴 수 있다고 생각하도록 유도할 수 있는 설득적 글쓰기, 가본 적은 없지만 그 연구 참여자들이 왜 그렇게 생활하고 행동하는지를 유추하고 공감하게 만들 수 있는 텍스트의 구성 작업이 필요하다.

질적연구에서의 이미지 구성과 표현을 위한 글쓰기에 대해 연구해 온 젤러(Zeller, 1987)는 질적연구에서의 이미지 구성이 갖추어야 할 특징으로서 단순성 또는 명료성을 강조했다. 그녀에 따르면 질적연구가 그 현장에 있지 않았던 사람들에게 현장의 살아 있는 이미지를 전달하기 위해서는 연구 참여자들을 제3인칭으로 표현해야 하며, 수동태 표현을 지양하고 대신에 자연적 언어(참여자가 사용하는 언어, 용어, 의미 등)를 사용해야 하며, 연구 참여자가 사용하는 현지어 표현 또는 국지적 언어를 사용해야 한다고 했다. 그러나 그러한 언어의 사용은 현장에서 획득한 언어와 표현을 아무런 분석 없이 사용하는 것을 뜻하는 것이 결코 아니며 대신에 연구자의 세심하고 예술적인 감각을 이미지 생성 과정에 적용시켜서 읽는 사람이 관심과 흥미를 느낄 수 있도록 이야기의 서술과 전개를 극대화해야 한다고 했다.

12. 연구 도구로서 연구자

열두 번째 특징인 연구 도구로서 연구자는 연구자가 연구의 전체 과정에서 연구 도구가 되어 연구에 참여하는 것을 말한다. 더욱 구체적으로는 자료를 수집하는 작업을 연구자가 하고 수집된 자료를 분석하는 과정 역시 연구자가 직접 하는 것을 말한다. 질적연구에서 연구 도구로서 연구자의 역할은 두 가지 점에서 양적연구의 경우와는 다르다.

첫째, 연구자가 직접 현장에 들어가 필요한 자료를 수집한다. 이는 양적연구에서 하는 자료 수집 방법과는 큰 차이가 있다. 양적연구의 경우 연구자가 자료를 수집하는 것이 아니라 중립적인 언어나 개념 또는 조작적 정의로 만들어진 질문지, 검사지 또는 체크리스트를 가지고서 자료를 수집한다. 그러나 질적연구의 경우 연구자가 직접 현장에 들어가 참여관찰하고 면담하여 자료를 수집한다.

둘째, 자료 분석의 과정에서 연구자의 직접적인 개입이 강조된다. 양적연구의 경우 자료 수집은 수집된 자료를 체계적으로 정리하고 통계 패키지 프로그램(SPSS 또는 SAS)을 사용하여 분석이 이루어진다. 이 과정을 통해 나타난 자료 결과에 기초하여 연구자는 연구 가설이나 이론을 수용하거나 거부한다. 그들이 주장하기에 명료하고 객관적인 자료 분석 방법을 사용한다. 이에 비하여 질적연구 분석에서는 연구자가 직접 분석 도구가 되어야 한다. 수집된 자료를 심층적으로 읽고, 이해하고, 그 의미를 추론해 나가면서 새로운 주제와 숨겨진 이해를 찾으려고 노력한다. 따라서 기계적인 해석이나 절차가 아니라 인간이 가지고 있는 다양한 탐구 기술(이해력, 공감력, 분석력, 상상력, 창의력 등)이 개인적으로 발휘되어야 한다. 아울러 연구자의 개인적인 다양한 능력과 성격적 특성(과거의 경험, 세계관, 개인의 삶의 역사, 방법론 훈련 경험 등)이 자료의 이해와 배열, 분석 과정에 상당한 영향을 끼친다.

13. 반성적 연구 활동

열세 번째 특징인 반성적 연구 활동은 연구자가 질적연구를 하면서 갖게 된 여러 가지 인간적인 제약과 특징이 연구의 전체 과정에 어떻게 영향을 끼쳤는지를 해체적으로 분석하고 기술하고 노출시키는 작업을 말한다. 이 특징은 사회과학 연구 패러다임의 네 번째 영역인 포스트모던 연구 패러다임이 교육학 탐구에 끼친 영향으로, 불완전한 인간으로서 연구자가 갖고 있는 여러 가지 제한점과 제약이 연구에 어떻게 부정적으로 영향을 끼쳤는지를 노출시키는 작업을 말한다. 이러한 해체 작업은 기존의 실증주의 연구 패러다임에서 강조하는 신적인 존재로서의 연구자의 완전한 이미지에서 벗어나 연구가 불완전한 한 인간의 특정한 부분적 연구 이론과 관점에서 수행되는 불완전한 과학 행위라는 전제를 받아들이고, 그렇다면 진정으로 '과학적인 연구', '객관적인 연구'는 연구 결과를 기록하는 공간에 이 연구가 객관적으로 이루어졌다고 미화하기보다는 어떤 제한점과 문제점 그리고 연구자의 주관성을 반영한 채로 진행되었는지를 드러내는 것이 어떤 의미에서는 더욱 과학적이고 객관적인 연구라는 주장에 근거한다.

이 주장은 기존의 양적연구에서 연구 과정과 연구방법, 연구 결과들이 완전하게 객관적으로 이루어진다는 잘못된 신념을 재생산하기보다는 질적연구의 경우, 연구자가 어떤 특정한 이데올로기를 가지고 연구했으며 연구 과정에서 연구자가 성취한 것, 성취하지 못한 것, 잘 해석한 것, 잘못 해석한 것 등을 독자에게 과감하게 노출시킴으로써 연구의 결과와 과정이 특정한 한 개인의 문화적 세계와 주관성을 반영한 주관적인 연구 작업이었음을 과감하게 드러내야 한다는 것이다. 그러한 점에서 질적연구자는 자신의 연구 작업에 개입될 수 있는 다양한 주관성과 위치성(positionality)을 기술하고 그러한 위치와 개인적인 배경이 연구의 방법과 자료 수집, 해석에 어떻게 영향을 끼쳤는지를 솔직하게 소개하는 작업을 해야 한다는 것을 암시한다. 이 책의 연구 윤리에 대한 논의에서 자세하게 설명하겠지만, 연구자는 자신의 판단과 생각이 여러 가지의 주관적 잣대(역사, 문화, 성, 성취향, 인종, 국가, 종교 등)에 의해 명시적으로 또는 암시적으로 영향을 받는 불완전한 존재라는 것을 인정할 필요가 있다.

린컨과 구바(1990, p. 54)는 질적연구방법의 이러한 특징을 타협적 준거(resonance criteria)로 잘 설명해 주었다. 이들에 따르면 질적연구는 구성(construction) 그 자체이며 연구자, 연구 참여자, 현장 사이의 상호작용의 결과라고 전했다. 그리고 이러한 구성은 구성자인 연구자의 성격, 경험, 철학, 인간성의 영향을 받으면서 만들어지기 때문에 연구자는 연구 활동의 과정과 결론 도출에 대해 항상 자기 검증적이며, 자기비판적이고, 자기도전적이며, 자기의문적인 자세를 가져야 한다고 강조했다.

1. 인문/사회과학에서 이론이 어떤 의미를 가지는지를 생각해 보자. 이론은 진실이며 절대적 내러티브인지, 아니면 연구자가 개념화한 현상을 이해하고 설명하기 위한 하나의 해석체계인지 생각해 보자. 우리는 문화와 맥락, 역사와 가치가 상이한 장소에서 모든 상황에 적절하고 예측 가능한 법칙이나 이론을 만들 수 있을까? 그리고 그러한 이론들이 존재했었는지에 대해서도 생각해 보자.

2. 양적연구에 익숙한 우리 연구자들에게 이 장에서 설명한 질적연구의 여러 특징은 '교육과학 연구' 또는 '과학적인 교육학 연구'라는 이미지 속에 살아 온 우리에게 어떤 불편함을 불러일으키는가? 우리는 이러한 특징들을 수용할 수 있으며 그러한 이해 속에서 연구할 수 있는가? 아니면 여전히 양적연구의 논리에 더 편안함을 느끼고 그것을 그리워하는지 생각해 보자. 우리 '교육학 연구'가 언제부터 자연과학의 모델에 기초하여 물리학적 사고와 정확성에 대한 부러움(physics envy)에 몰입되어 인간/사회세상을 바라보는 데 규칙과 일반화, 법칙과 관계 등으로만 조각내고 추상화해 왔는지 평가해 보자.

3. 질적연구가 양적연구자로부터 비판을 받는 이유 중의 하나는 연구자가 연구 도구라는 점이다. 그리고 그 연구 도구가 바로 인간이라는 믿을 수 없는, 변덕스러운 주관적 존재라는 이미지에 기초하기 때문이다. 그렇다고 한다면 양적연구에서 사용하는 '질문지'는 과연 객관적인 것인가? 그 질문지는 누구에 의해 만들어졌으며, 그 많은 이론 중에서 왜 특정한 이론과 가설에 근거하여 만들어지는 것일까? 그리고 연구자의 개입을 통한 자료의 오염을 막기 위해 연구자가 만들어 내는 그리하여 중립적인 언어로 구성되었다고 주장하는 '질문지'는 과연 객관적인가? 질문지에서 사용하는 언어와 표현, 개념은 모든 사람들에게 동일하게 이해되는 것일까? 그리고 포스트모던의 전제처럼 언어는 과연 완전하고 재현 가능한 것인가? 차연(deference)의 개념에 근거하여 우리가 사용하는 단어들이 얼마나 불완전하고 부정확한 것인지 생각해 보자.

4. 양적연구자들이 비판하는 질적연구의 문제 중의 하나는 연구 현장에 연구자가 참여함으로써 자료가 오염된다는 것이다. 즉, 연구 참여자의 현장 참여로 인하여 현장이 과거와는 다르게 변형되고 그리하여 연구자가 현장에 들어오기 전과는 다른 상황이 연출되고 따라서 연구 결과가 달리 만들어질 수 있다는 우려이다. 과연 그럴까? 실제 교실 현장에 들어가 참여관찰을 해 본 모든 사람들(양적연구자, 질적연구자)은 연구 참여자(교사, 강사, 프로그램 개발자, 소비자 등)가 3일 내로 항복하게 될 것이라는 사실을 경험한다. 평소와는 다르게 행동하려고 하지만 연구 참여자 스스로 자신의 다른 이미지 연출에 스트레스를 받아 과거의 진정한 모습으로 돌아가 행동한다. 그리고 연구 참여자와 연구자의 라포르가 더

강화되면 인위적, 인공적 이미지는 연구 시작부터 깨져 버린다.

참고문헌

김위정, 남궁지영(2014). 자율형 공·사립 고등학교의 성과 분석. 교육평가연구, 27(2), pp.491-511.

장덕호(2013). 자율형 사립고등학교의 운영 실태에 관한 사례 연구: 제도주의적 관점에서의 분석을 중심으로. 교육정치학연구, 20(3), pp.29-56.

조재성(2015). 학교의 영재들은 어디로 갔을까?: 아인슈타인 영재학원의 쿠레레(currere)에 관한 질적 사례 연구. 진주교육대학교 교육대학원 석사학위 논문.

Barone, T., & Eisner, E. (1988). Arts based educational research, In *Complementary methods for research in education.* Jaeger R(ed.), pp.73-99.

Bogdan, R. C., & Biklen, S. K. (1992). *Qualitative research for education*, MA: Allyn & Bacon.

Bryman, A. (1988). *Quality and quantity in social research,* London: Macmillan.

Erickson, F. (1986). *Qualitative methods in research on teaching.* In M. C. Wittrock (ed.), Handbook of research on teaching. (pp.119-161). New York: Macmillan.

Fetterman, D. (1989). *Ethnography step by step.* Newbury Park: Sage.

Gage, N. L. (1989). The paradigm wars and their aftermath, *Educational Researcher,* 5, pp.4-10.

Gilligan, C. (1982). *In a different voice: Psychological theory and women's development.* Cambridge, Mass: Harvard University Press.

Hammersley, M., & Atkinsonk, P. (1983). *Ethnography: Principles in practice.* London: Tavistock.

Hammersley, M. (1990). *Classroom ethnography: Empirical and methodological essays.* Philadelphia: Milton Keynes/Open University Press.

LeCompte, M. D., Millroy, W. L., & Preissle, J. (Eds.). (1992). *Handbook of qualitative research in education.* San Diago, CA: Academic Press.

Lett, W. J. (1996). *Encyclopedia of Cultural Anthropology.*

Morris et al. (1999). Views from inside and outside: Integrating Emic and Etic insights about culture and justice judgment. *Academy of Management Review,* 24, 781-796.

Pike, K. L. (1967). *Language in relation to a unified theory of the structure of human behavior* (2nd. ed.). The Hague: Mouton.

Salomon, G. (1991). Transcending the qualitative quantitative debate: The analytic and systemic approaches to educational research. *Educational Researcher,* 20(6), pp.10-18.

Smith, J. K. (1989). *The nature of social and educational inquiry,* NJ: Ablex Publishing Company.

Smith, J. K. (1983). Quantitative versus qualitative research: An attempt to clarify the issue, *Educational Researcher,* 12(3), pp.6-13.

Sparkes, A. C. (1989). Paradimatic confusions and the evasion of critical issues in naturalistic research, *Journal of Teaching in Physical Education,* 8, pp.131-151.

5

질적연구 설계와 계획서 쓰기

제5장에서는 어떻게 질적연구 설계와 계획서 쓰기를 성공적으로 할 수 있는지에 대해 논의해 보고자 한다. 질적연구가 일반화된 미국과는 달리 질적연구가 변방에 속해 있는 우리나라의 연구 문화에서 논문 계획서를 통해 질적연구의 설계를 발표하고 설득시키는 일은 여전히 어려운 일이다. 질적연구의 설계가 양적연구의 설계와는 다르게 체계적이지 않고 아울러 유연함을 가지고 있다는 점에서, 게다가 심사위원들이 모두 양적연구를 선호하는 경우에는 그러한 심사위원들을 설득시키는 일이 더욱 쉽지 않다.

그럼에도 불구하고 질적연구의 설계는 과학과 비과학의 사이에서 질적연구가 최소한 과학적 활동을 통해 계획적으로 이루어질 것이라는 점, 어떠한 연구 활동을 거쳐 이루어질 것이라는 점을 소개한다는 점에서 학위 논문을 쓰는 데 반드시 필요한 과정이다. 이에 이 장에서는 질적연구방법을 활용하여 질적연구 설계와 계획서 쓰기를 준비하고 있는 연구자들에게 기초적인 도움을 줄 아이디어와 전략을 소개한다.

1. 질적연구 설계

연구 계획서의 가장 핵심적인 부분의 하나는 연구 설계이다. '설계(design)'란 용어는 다양하게 해석될 수 있지만, 어원이 의미하는 것처럼 연구 목표 달성을 위해 어떻게 잘 계획하고 실행할 것인지에 대한 청사진을 그려 나가는 일이다. 우리가 설계라는 용어를 너무 익숙하게 받아들여서 그렇지 이 개념은 건축 또는 예술 분야에서 사용되는 것으로서 과학적인 측면과 함께 유연성을 배려한 예술성과 감식안을 포함하는 매우 창의적이고 심미적인 개념이다. 그렇기 때문에 질적연구 설계란 질적연구를 어떻게 계획해야 하는지에 대한 질문들에 대한 진술을 의미한다. 예를 들어, 데이터 수집 및 분석을 어떻게 수행할 것인가, 연구 상황이나 사례 혹은 연구 참여자 등과 같은 방법론적인 재료들을 어떻게 선택할 것인가, 당신이 설정한 연구 질문에 답하기 위해 사용 가능한 수단을 이용하여 가용한 시간 내에 이를 달성할 수 있도록 어떻게 이들을 선택 및 활용해야 하는가 등이 이에 해당한다. 앞에서 설명한 연구의 목적과 필요성, 연구 문제의 해결을 위해 연구자가 다음 단계에서 계획하는 연구 설계는 양적연구이든 질적연구이든 간에 다음의 내용을 핵심적으로 포함해야 한다.

- 연구 장소
- 연구 대상/참여자
- 연구방법
- 자료 수집
- 자료 분석
- 연구 실행 계획

라긴(Ragin, 1994: 191) 역시 질적연구 설계는 연구자가 자신이 제기한 어떤 질문에 대답할 수 있도록 증거를 수집하고 분석하기 위한 계획이라고 했다. 그렇기 때문에 이들 과정은 데이터의 세부 수집에서부터 자료 분석 기법의 선택에 이르는 연구의 거의 모든 측면에 접촉해야 한다고 언급했다. 플릭(Flick, 2007)은 대부분의 질적연구의 설계는 다음의 두 가지 방법적인 접근으로 해결될 수 있다고 언급했다. 첫째, 연구자들은 질적연구 설계의 기본 모델들을 살펴보고 이들 속에서 구체적인 연구를 선택할 수 있다는 것이다. 기본 모델과 관련된 내용들을 이후의 내용에서 자세히 다뤄 보고자 한다. 둘째, 구체적인 연구 설계를 위해 나열되고 설명된 구성 요소들을 선택할 수 있다고 했는데, 구체적인 연구 설계를 위해 고려할 수 있는 구성 요소는 다음과 같다.

- 연구의 목표
- 이론적 틀
- 연구의 구체적인 질문
- 일반화 목표
- 실증적 자료의 선택
- 방법론적 절차
- 표준화(standardization) 및 관여(control)의 정도
- 사용할 수 있는 시간, 개인 및 물적 자원

위의 요소를 바탕으로 관련된 주요 내용들을 조금 더 살펴보자. 먼저, 연구의 목표와 관련된 내용이다. 질적연구는 다양한 목적을 위해 활용할 수 있다. 그런데 시간과 예산이 한정되어 있는 졸업 논문에서는 연구의 목적이 질적연구 주제들을 수행하는 이들의 의도와는 달리 비현실적이거나 양립할 수 없는 것처럼 보이는 경우가 많다. 때문에 질적연구에서는 상세한 묘사와 현재 수행에 대한 평가가 요구된다. 맥스웰(Maxwell, 2005: 16)에 따르면 서로 다른 수준의 목적들이 연구의 차별성을 만들어 낸다고 했다. 예를 들어, 특정한 프로그램 또는 상품의 기능을 발견하는 실제적인 목적에서부터, 특정한 주제에 대한 일반적인 지식의 발전과 관계된 연구 목적, 그리고 졸업 논문이나 학위와 관련된 개인적인 목적 등이 이에 해당한다.

다음은 연구 질문과 관련된 내용이다. 질적연구에서의 연구 질문은 연구의 성공 또는 실패에 영향을 주는 결정적인 요인들 중 하나이다. 즉, 연구 질문은 연구 설계에 강력한 영향을 미치는 노력들을 생성하는 방법으로 다루어진다. 이러한 질문들은 가능한 한 명확하게 생성되어야 하고, 프로젝트 과정에서 최대한 빨리 만들어져야 한다. 그러나 질적연구에서는 이렇게 초기에 설정된 질문들이 연구 과정에서 점점 더 명확해지고, 초점화되어야 하고, 개선되어야 한다. 맥스웰(2005: 66)은 연구 질문들이 연구의 작은 시작점이 되어야 하면서 동시에 연구 설계 형성의 결과가 되어야 한다고 했다. 즉, 연구 질문은 연구자들이 생성되는 가정들에 대한 확인을 찾는 과정, 또는 새로운 발견 혹은 이것을 허가하려는 목표에 따라 확장됨에 따라 분류되거나 살펴져야 한다. 연구 질문이 너무 넓게 설정될 경우에는 연구의 계획과 실행에 있어 유의미한 지침을 제공하지 못할 가능성이 높다. 반대로 너무 좁게 설정될 경우에는 탐구의 초점을 놓치거나 새로운 발견을 증진하기

보다는 오히려 방해하는 결과를 초래할 수 있다. 그래서 연구 질문은 충분히 답변될 수 있는, 예를 들어 활용 가능한 자원들을 사용하거나 계획된 연구의 문맥에 따르는 방식으로 생성되어야 한다.

이번에 살펴볼 내용은, 연구 설계에서는 연구의 일반화를 위한 내용을 고민해야 한다는 것이다. 특정 연구에서 '가능한 많은 면에서의 상세한 분석을 원하는지', '비교를 하고 싶은지', 혹은 '다른 경우, 다른 상황, 다른 개인 등에 대한 이해를 원하는지' 등에 대한 고민이 선행되어야 한다. 예를 들어 비교적인 연구를 수행하고자 한다면 특정한 현상에 따르는 핵심적인 차원들에 관련된 질문들이 비교되고 생성되어야 할 것이다. 만약 해당 연구가 몇몇의 이론들 혹은 연구 질문들에 기반한 한 가지 혹은 적은 비교적인 차원에 제한되어 있다면, 이것은 가능한 모든 차원에 대한 고려를 하는 것에서 멀어지게 되고 동시에 다양한 문맥들과 그룹들의 사례를 포함하는 것 역시 어렵게 된다. 그렇기 때문에 모든 연구에서 고려되어야 한다고 요구되는 전통적인 인구 통계학적인 차원의 범위를 비판적으로 점검하는 것이 중요하다. 그런데 성별, 나이, 도시와 시골, 동쪽과 서쪽 등에 따라 비교하는 연구가 정말로 가능할까? 이 모든 차원을 고려해야 한다면, 각각의 맥락에 따른 사례들을 모두 포함해야 할 것이다. 결과적으로 시간적 혹은 물질적으로 제한이 있는 연구로는 더 이상 다룰 수 없을 만큼의 사례를 필요로 하게 된다. 그러므로 질적연구에서는 이들 차원들 중 결정적인 한 차원을 명확히 하는 것이 더 효과적이다. 이러한 연구들은 다루기 쉬울 뿐 아니라 대체적으로 더 유의미한 속성을 지니게 된다. 이때 중요한 점은 질적연구는 수치적이고 이론적으로 접근하는 양적연구의 일반화와는 차이점을 만들어 내야 한다는 것이다. 어떤 질적연구들은 특정한 인구에 대해 연구된 사례로부터 결론을 묘사할 수 있거나 혹은 묘사하기를 원한다. 그렇기 때문에 일부 양적연구자들은 이러한 연구를 통한 일반화에 의문을 제기하기도 한다. 따라서 질적연구에서는 일반화를 위한 설득력을 높이기 위해 삼각검증과 같은 작은 경우의 사례들에 대한 조사를 위한 다양한 방법을 사용하게 되고, 이러한 방식은 가능한 가장 많은 사례들에 대한 하나의 방법을 사용하는 양적연구보다 더 설득력이 있을 수 있다.

연구 설계 과정에서 종종 과소평가되는 것은 바로 자원과 관련된 요소이다. 시간이나 인적 자원, 기술적 지원, 경쟁력, 경험 등과 같은 활용 가능한 자원은 어떤 것이고 어떻게 활용할 것인지에 대한 내용은 질적연구에서 매우 중요한 요소이다. 그런데 많은 질적연구 계획서에서 계획된 과업과 요구되는 인적 자원 간의 비현실성이 발견되는 경우가 있다. 예를 들어, 면담에 걸리는 시간을 계산할 때는 면담 대상자와의 면담 시간만을 고려하는 것이 아니라 면담 대상자를 선정하고 약속을 정하고 이동하는 등의 시간에 대한 종합적인 고려가 이루어져야 한다. 또한 면담 내용을 전사하는 시간도 고려해야 하는데, 이는 전사 시스템의 정확도에 따라 달라질 수 있다. 모스(Morse, 1998: 81-82)는 전사 과정에 걸리는 시간을 계산하기 위해서는 면담 시간의 원래 시간에 4배를 곱하도록 제안했다. 만약 전사된 자료를 점검하는 과정이 포함되어야 한다면 이때는 6배를 곱하도록 했다. 또한 그녀는 연구의 정확한 계산을 위해서는 보이지 않는 어려움 혹은 재앙에 대비하기 위해 시간을 두 배 정도 여유 있게 계산하는 것이 좋다고 한다. 이처럼 자료를 해석하기 위해 필요한 시간을 계산하는 것은 어렵다. 그렇기 때문에 ATLAS-ti나 NUD*IST, 파랑새 2.0 프로그램과 같은 질적 자료 분석 프로그램을 활용하는 것이 효과적일 수 있다. 즉, 자원에 대한 고려 시 해당 단계에서 수행한 연구 과업과 활용할 자원 사이의 관계에 대해 섬세하게 점검하는 것이 중요하고, 필요하다면 방법론적인 단계에서의 효율성을 높이기 위한 전략들을 함께 고려해야 한다.

이처럼 질적연구 설계 과정의 내용 요소들을 살펴보았는데, 이는 양적연구 설계와는 분명 차이점이 있다. 그리고 질적연구 설계에 대한 이해를 조금 더 돕기 위해서는 이러한 차이에 대해 이해하는 과정이 필요하다. 먼저 양적연구에서는 연구 설계의 구조나 내용이 완벽하게 기술되어야 한다. 잘 쓰여진, 계획된 연구 설계가 좋은 연구 결과를 생산할 수 있는 개연성이 높다고 간주되기 때문에 연구자는 좋은 연구 설계 글쓰기를 위해 최선을 다해야 한다. 그리고 그렇게 해야만 논문 계획서 발표에서 통과한다. 왜냐하면 앞에서 설명한 것처럼 연구 문제가 기존의 이론에서 도출되고 그 연구 문제를 실험설계법을 통해 해결하려는 것이기 때문에 설계가 완벽해야만 연구의 모든 추후 과정이 매끄러워지기 때문이다. 그러한 점에서 양적연구 계획서의 심사에서 심사자들이 가장 신경 쓰는 부분은 연구 목적과 연구 문제에 맞는 설계를 잘했는지를 평가하는 것이다(설문지 작성, 분석의 방법 등). 잘 계획된 연구 설계의 준비와 글쓰기는 연구가 어떻게 끝날지에 대해 대부분의 예측을 가능하게 만든다.

2. 질적연구 설계 기초 다지기

질적연구의 경우 연구 설계의 중요성과 위치는 양적연구에 비해 상대적으로 그 비중이 낮다. 아울러 연구 설계라는 용어가 원래 양적연구에서 유래한 개념이어서 이 용어에 대해 질적연구자들이 부여하는 정서적 가치는 양적연구에 비해 상대적으로 낮다. 질적연구가 갖는 목적과 특징으로 인해 양적연구에 비해 연구를 미리 정확하게 설계하는 것이 불

가능하기 때문이다. 질적연구에서 연구 설계가 체계적으로 진술된다는 것이 불가능한 이
유를 소개하면 다음과 같다.

(1) 연구자가 설정한 연구 문제는 현장 작업을 통해 달라질 수 있고 변화된다. 학습자
(learner) 또는 이방인(outsider, stranger)으로서 연구 참여자의 세계를 연구하려고 하
기 때문에 연구 세계에 대해 연구자가 연구에 들어가기 이전에 도출한 연구 문제
나 연구 목적이 부적합하거나 부적절하다는 판단을 하게 된다. 아울러 조금 더 적
합한 연구 문제, 연구 방향이 현장 작업을 통해 나타난다.

(2) 현장 작업의 가변성이다. 현장에 들어갔지만 언제 연구가 시작되고 종결될 것인지,
그리고 얼마만큼의 자료가 수집되어야 분석을 할 수 있는지에 대해 미리 장담할
수가 없다. 운이 좋으면 기대하지 않게 좋은 자료를 많이 수집하겠지만 그렇지 않
은 경우 아무리 노력해도 좋은 연구 참여자나 제보자, 자료를 수집할 수가 없다.

(3) 연구방법에서의 유연함이 요구된다. 양적연구의 경우, 잘 계획된 연구방법의 실행
으로 연구가 종료된다. 다시 할 필요도 없고 연구방법을 바꾸지도 않는다(물론 예
외는 있지만). 이에 비해 질적연구의 경우, 연구방법에 대한 실행이 현장과 조우하
면서 달라진다. 면담, 관찰, 그 이외의 연구방법이 상황에 따라서 비계획적으로 사
용되고 달리 사용된다. 아울러 언제 어떻게 사용해야 할지가 현장에서 결정된다.
연구 설계에서 기술하지 않았던 여러 가지 현장 작업과 연구방법을 고민하고 새롭
게 만들어 실행해야 한다. 그 대표적인 예가 면담 가이드에 대한 계속적인 변경이
며 여러 차례의 개정을 통해 좋은 면담 가이드가 나타난다. 아울러 관찰 역시 애초
에 생각했던 장소가 부적절하거나 불가능하여 다른 장소로 이동하거나 더 좋은 장
소를 물색하게 된다.

(4) 자료 분석과 글쓰기에서도 계획과는 다른 방식으로 변화가 일어난다. 수집된 자료
를 앞에 두고 어떤 자료 분석을 해야 하는지에 대해 현장 작업 이전에 생각했던 것
이상으로 더 많은 고민들이 나타난다. 질적연구 교재에서는 자료 분석 방법으로
주제별로 약호화(coding)하라고 설명하지만 상황에 따라서 다른 분석 방법들을 사
용하는 것이 낫다는 생각을 한다. 단순한 에피소드, 이야기, 생애사, 사진, 그 외의
다양한 표현 기법과 묘사 전략이 총출동한다.

질적연구의 이러한 특징들을 고려했을 때 질적연구에서의 연구 설계는 많은 질적연
구 이론가들이 강조한 대로 유연적, 순환적, 반성적, 예술적, 비계획적이라는 생각이 든

다. 이에 해머슬리와 앳킨슨(Hammersley & Atkinson, 1995: 24)은 질적연구에서의 설계는 연구의 모든 과정 속에서 계속적인 자기 반성이 일어나는 활동이라고 강조했고, 베커(Becker, 1961: 17; Flick, 2007: 37에서 재인용)는 자신의 연구를 예로 들면서 질적연구에서의 설계를 한편으로는 존재하는 것, 다른 한편으로는 아예 존재하지 않는 것으로까지 대칭화했다. 존재하지 않는 이유로는 잘 만들어진 가설이 없다는 점, 구체적인 자료 수집 기법이 없다는 점, 사전에 분석 도구를 설명할 수 없다는 점을 예로 들었다. 그리고 조금 느슨한 관점에서 설계된다고 주장한다면 그것은 연구 문제에 대한 연구자의 독창적인 관점에 대해 기술하는 것, 연구자가 가지고 있는 방법론적, 이론적 관여에 대해 설명하는 것, 그러한 관여들이 연구에 영향을 주고 또 영향을 받는다는 것이 바로 설계라고 할 수 있다고 했다. 또한 크레스웰(Cresswell, 1998)은 매우 극단적인 관점에서 자신이 제시한 질적연구의 다섯 가지 전통 중에서 연구자가 선택한 지적 전통에 대해 구체적으로 소개하는 것이라고 했다.

그럼에도 불구하고 필자는 레이더가 강조한 것처럼 과학과 비과학 사이에서 질적연구가 과학적 활동으로 수행되었다는 점, 수행될 것이라는 점을 각인시키기 위해 연구자는 최소한의 수준에서 연구 설계 계획에 대한 글쓰기를 해야 한다고 생각한다. 그리고 그러한 설계에 대한 계획은 연구를 실제적으로 해 본 연구자들이 느꼈겠지만 현장 작업 속에서 질적연구자가 일반적으로 겪게 되는 학술적, 심리적 공황상태(내가 무엇을 하고 있는지 모르는 상태, 연구 주제가 너무 많아서 무엇을 연구해야 할지 모르는 상태, 화살을 쏘아야 할 과녁이 흐릿해졌을 때 등)를 예방하고 그러한 위험으로부터 연구자를 보호해 주기 위한 방책으로서 작용할 수 있다. 이러한 점에 기초하여 필자는 질적연구자가 연구 설계 계획서를 쓸 때 유념해야 하고 포함시켜야 하는 글쓰기의 내용과 요소에는 어떤 것이 있는지를 제시하고자 한다. 이러한 조언은 필자의 공부, 학생 지도, 질적연구 계획서 발표에서의 다른 심사위원들의 태도 등을 기초로 하여 형성된 것이다.

질적연구 설계의 기본 모형

질적연구를 설계하는 데 있어 기본적으로 언급되는 모형들을 살펴보는 과정은 중요하다. 왜냐하면, 특정한 연구 시작점에서는 어떤 모형을 적용하는 것이 효과적인지, 혹은 연구를 수행하는 데 필요한 요소들을 어떻게 통합하고 조합하여 연구를 수행할지에 대한 실질적인 도움을 줄 수 있기 때문이다.

이에 이 장에서는 플릭(2009: 127-146)의 연구 및 분류에 근거하여, 사례 연구(case

study), 비교 연구(comparative study), 회고적 연구(retrospective study), 종단적 연구(longitudinal study)를 중심으로 질적연구 설계를 위한 기본 모형을 살펴보고자 한다.

첫째, 사례 연구는 라긴과 베커(Ragin & Becker, 1992)가 밝히고 있듯이 좀 더 상세한 사례에 대한 재구조화 및 정확한 묘사를 위해 수행한다. '사례'란 용어는 다소 과소평가되는 경향이 있는데, 사례 분석의 주제는 요양원과 같은 기관이나 조직, 가족과 같은 사회 공동체, 그리고 개인 등 폭넓다. 사례 연구에서의 주요한 문제들은 연구 질문에 중요하다고 여겨지거나 해당 사례에 무엇이 포함되는지를 명확히 하거나, 재구성을 위한 요구에 어떤 방법론적인 접근을 취해야 하는지를 확인하는 것이다. 예를 들어, 수행하고자 하는 사례 연구가 학생의 학교에서의 문제와 관련 있다면 학교 환경에서 학생을 충분히 관찰할 수 있는지를 명확히 해야 하는 것이다. 또는 교사 및 학급 친구들과 면담을 수행해야 하는지, 일상생활에서 그들의 가족과 생활하는 모습까지도 분석 자료로 활용하기 위해 관찰해야 하는지 등을 고민해야 한다. 사례 연구는 매우 세심하고 정확한 방법으로 연구되어야 한다. 사례 연구는 의도된 비교 때문에 제한되어서는 안 되고, 어떠한 방법의 잠재성까지 모두 활용할 수 있어야 한다. 이러한 사례 연구에서는 목적표집이 이루어져야 한다. 사례 연구에서는 자료 수집을 위한 내러티브 면담이나 자문화기술적 연구와 같이 개방된 사례에 민감한 방법론적인 접근을 취할 때 가장 교육적(instructive)이다. 특히 삼각검증과 같이 여러 방법론적인 접근이 가미된다면 사례에 대한 재해석을 목표로 한 분석 방법들은 효과적이다. 그렇다면 사례 연구의 제한점은 무엇인가? 하나의 사례에 대한 집중이 학술적인 이해보다 덜 통계적이기 때문에 일반화의 문제로 이어질 수 있다는 것이다. 이런 경우에는 관련된 후속 연구들을 통해 보완하는 방법이 있다. 그럼 사례 연구를 연구 설계에 적용할 때의 문제점에는 무엇이 있을까? 구체적인 사례에 대한 하나의 진술을 목표로 할 수 없다는 것이다. 오히려 더 일반적인 문제를 위한 전형적이고도 특수한 교육적 사례를 위해 연구를 수행할 수 있다. 만약 그것을 다른 방식으로 보길 원한다면, 그것을 분석하기 위해 그려진 더 일반적인 결론을 수용하기 위해 연구 사례를 어떻게 선택해야 하는지 등의 질문들을 추가해야 한다. 결국, 그것을 분석하기 위해 무엇을 포함해야 하는지 혹은 사례들을 어떻게 구분할 수 있는지를 명확히 할 수 있어야 한다.

둘째, 비교 연구에서는 사례를 전체적으로 혹은 사례의 복잡성을 관찰하기 위함이 아니라, 예외적 상황과 관련된 사례의 다양성을 살펴보는 것을 목적으로 한다. 예를 들어, 특정한 병에 대한 구체적인 경험과 관련한 생애사 혹은 사람들의 전문적인 지식에 대한 구체적인 내용을 비교하고자 할 때 사용할 수 있다. 그리고 비교될 구성원들의 사례에 대한 선택을 일으킬 수 있는 질문들이 있어야 한다. 또 다른 문제는 비교의 대상이 아닌 나머지 조건에 필요한 표준화 또는 지속성의 정도이다. 예를 들어, 포르투갈과 독일 여자들의 건강에 대한 관점의 문화적 차이를 보여 주기 위해서는 양 문화의 면담 대상자를 선택해야 한다. 그리고 그들은 큰 도시에서의 생활 경험, 학력, 수입, 전문성 등의 조건이 가급적 비슷한 가운데서 문화 차원에서의 차이를 확인해야 한다(Flick, 2000). 비교 연구에서도 비교를 위한 관련된 차원들에 집중하기 위한 목적표집이 중요하다. 더욱 직접적인 질문들을 위한 자료를 수집하고 면담을 진행하는 과정 역시 필요하다. 컴퓨터를 활용한 코딩과 목록화 작업은 자료를 분석하는 데 도움을 줄 수 있다. 그런데 비교를 위한 단일 차원에 지나치게 집중하다 보면, 연구 분석의 과정에서 다른 관점들을 소홀히 여기는 문제를 초래할 수 있다. 그렇기 때문에 분석을 위한 자원은 그것의 맥락과 고유의 구조만 살펴서는 안 된다. 또한 어떻게 적합한 단일 차원을 선택할 수 있을지에 대한 문제 역시 고려해야 한다. 선택된 차원에 대한 일관성 있는 비교를 위해서는 여러 조건들을 잘 통제하여 변하지 않도록 하는 과정 역시 필수적이다. 마지막으로 비교되는 사례의 구조와 복잡성을 어떻게 잘 기술할 것인지에 대한 문제 역시 꼭 고민해 봐야 한다.

셋째, 회고적 연구는 일련의 사례 분석을 비교적으로, typologizing, 대조적인 태도를 분석할 수 있는 생애사적인 방법을 활용해서 사례를 재구성하는 원칙을 특징으로 꼽을 수 있다. 회고적 연구의 한 종류가 생애사 연구인데, 개인적이고 종합적인 삶의 역사 속에서 의미 있다고 분석되는 특정한 사건이나 과정들에 대한 조사를 수행하게 된다. 회고적 연구와 관련된 연구 설계에는 탐구되어야 하는 유의미한 과정을 위한 정보 제공자를 선택하는 과정이 포함되어야 한다. 또한 비교를 위한 적합한 그룹을 정의하고, 연구되어야 할 시간의 범위를 확정하고, 연구 질문들 역시 점검해야 하며, 어떤 자원이나 기록물을 면담에 추가적으로 사용해야 하는지 등이 연구 설계 과정에서 고려되어야 한다. 그리고 이전 경험에 대한 평가나 인식에 영향을 미치는 현재의 관점에 대해서도 고려해야 한다. 회고적 연구에서는 내러티브 방법을 활용한 자료 수집이 주로 이루어지고, 자료 분석 역시 내러티브와 해석학적 접근을 통해 수행된다. 분석된 자료로부터 이론들의 개선을 추구하는 것이 목적이 되는 경우도 있다. 그런데 회고적 연구는 종속적 연구와 달리 어떻게 사건들이 발전했는지에 대한 활동의 선택들을 포함시키기가 어렵다. 분석된 과정에 영향을 미치는 과정들 혹은 관련 문서들이 면담 대상자의 관점으로 걸러지는 경우가 많기 때문이다.

넷째, 종속적 연구는 자료 수집 이후의 시간들에 대한 진술 및 과정에 대한 연구를 의미한다. 이 전략은 질적연구에서 명시적으로는 잘 사용되지 않는다. 대부분의 질적 방법들에서 자료 수집에 많은 시간이 요구되는 종속적 연구를 어떻게 적용해야 할지에 대한 지침을 거의 찾을 수 없다. 임시적으로 제한된 틀 속에서 종속적 관점은 현장연구에 대한 연구자들의 확장된 참여에 의한 자문화기술적으로 이해된다. 회고적인 초점을 지닌 생애사 연구, 생애에 대한 확장된 선택으로 여겨진다. 하지만 종속적 연구의 강점은 반복되는 주기를 통한 연구 참여자의 관점의 변화 혹은 행동의 변화를 기록하기 용이하다는 것이다. 즉, 변화의 초기 진술에서부터 마지막 진술이 어떠한 영향 없이 기록될 수 있기 때문이다. 종속적 연구는 흥미로운 변화가 연구의 시작점이 된다. 여느 설계 모형과 마찬가지로 목적표집이 이루어지게 되고, 선택은 연구 과정 내내 지속된다. 주로 관찰과 자문화기술지 방식이 활용된다. 면담 가이드를 활용한 면담이 포커스 그룹이나 내러티브 면담보다 더 쉽게 반복되어 적용된다. 그런데 이론을 위한 연구 혹은 연구 지원을 받는 프로젝트에서는 이 연구 방식이 부분적으로 적용된다. 왜냐하면 그러한 연구들은 눈으로 확인할 수 있는 변화와 발전을 만들어 내기 위한 자료 수집에 충분한 시간을 요구하기 때문이다. 바꾸어 말해서 충분한 시간과 자원에 대한 지원이 없다면 쉽게 수행하기 어려운 것이 종속적 연구의 특성이다.

질적연구 계획서의 다양한 유형

여기서는 APA 양식과 Anthony and Heath 모델, Marshall and Rossman 모델 Maxwell 모델을 살펴본다.

APA 양식에 기초한 양적연구 계획서 쓰기 양식

1. 제목
2. 요약: 120자 정도의 연구에 대한 전체 소개
3. 서론: 연구 문제, 연구 배경
4. 방법: 연구 대상, 특징, 표집 방법, 연구 도구, 연구 절차, 분석 방법
5. 결과: 유의도 수준에 기초한 자료 결과 제시, 표와 그 외 양적연구방법의 자료 제시 방법 활용
6. 논의: 가설의 검증에 대한 결과 제시, 연구의 기여점, 연구 문제에 대한 해결 결과, 결론과 시사점, 연구의 제한점, 미래 연구에 대한 제안점
7. 참고문헌

Anthony and Heath 모델

I. 서론

A. 독자의 관심을 불러일으킬 수 있는 흥미로운 이야기나 일화로 시작한다.

B. 자신의 질문이나 의구심을 소개한다. 당신이 알고 싶거나 이해하고 싶은 것은 무엇인가? 그 주제에 관심을 갖게 된 이유는 무엇인가? 당신의 질문이 변화해 왔다면, 그 과정을 묘사한다.

C. 연구의 필요성을 기술한다. 선행연구를 인용함으로써 이 연구의 필요성을 상기시키거나, 그 주제에 대한 기존의 관심이 부족했다는 점을 증명한다. 자신의 언어와 목소리로 이 연구의 유용성에 대해 기술한다.

D. 당신의 연구에 관심을 기울이는 청중에 유의한다(예, 일반대중, 가족 치료사 등)

E. 연구 결과물을 묘사한다. 연구는 어떠한 형식으로 산출될 것인가?

F. 전체 연구 계획서에 대한 개관으로 서론을 마무리한다.

II. 연구 패러다임

이 부분은 독자나 심사자가 질적연구에 익숙하지 않을 경우 포함시켜야 한다. 그러나 심사자가 질적연구를 심층적으로 이해하고 있는 경우에는 굳이 필요하지 않다.

A. 연구의 패러다임을 묘사하고 규명할 수 있는 용어를 활용한다(예, 자연주의적, 후기실증주의적). 여기서 패러다임이란 질적연구를 위한 인식론적이고 개념적인 시각을 나타낸다.

B. 연구 패러다임의 철학적 관점을 묘사한다(예, 현상학, 해석학).

C. 사회과학 내에서 질적연구의 패러다임을 규정하고 구체적인 분야에서 이를 접목했던 연구자들을 인용한다.

D. 연구 패러다임의 가정을 설명한다.

　1. 이 연구를 통해 의도하는 바를 기술한다(예, 지식의 기반 확장, 양적연구의 가설 생성, 근거이론의 개발, 정보 제공자의 해방, 이론의 신뢰성 확보 등)

　2. 연구 패러다임에 내재되어 있는 지식과 실재에 대한 가정을 설명한다.

　3. 이 연구 패러다임에서 연구자의 주요한 역할을 설명한다. 그리고 이러한 역할이 전통적인 사회과학 연구와 어떠한 차별성을 지니는지 묘사한다.

　4. 연구자와 연구 참여자 간의 관계를 설명한다(예, 방관적 관찰자, 참여 관찰자, 협조자, 해방자 등).

E. 연구 결과, 연구 절차, 연구 보고서 등을 평가할 수 있는 적절한 기준을 제시한다. 이 기준은 연구 패러다임과 조화를 이루어야 하며, 문서화되어야 한다.

III. 연구방법

A. 연구방법(예, 문화기술지적 현장 연구, 사례 연구)과 연구 절차(예, 심층면담, 참여관찰)를 정의하고, 이들을 개략적으로 진술한다.

B. 선행 연구에서 유사한 연구방법을 사용한 주요한 저자를 인용한다.

C. 연구에 대한 연구자의 의도를 기술한다.

   1. 정보 제공자, 입장 승인(gain entry) 등의 방법에 대해 설명한다.

   2. 정보 제공자의 인권을 보호하기 위한 절차를 기술한다.

   3. 정보 제공자와의 관계를 규명한다. 예를 들어 연구자는 중립적, 협조적, 객관적 입장 중 어떠한 입장을 취할 것인지 정의한다.

   4. 수집하고자 하는 자료의 종류를 묘사한다(예, 전사기록, 오디오테이프, 비디오테이프, 대화에 대한 전사, 기존 자료에 대한 조사 등).

   5. 자료 수집 절차를 기술한다. 만약 인터뷰를 활용한다면 지문을 목록으로 정리한 후 부록에 첨부한다.

   6. 연구 절차에 수반되는 절차를 기록한다. 이는 논문 심사 과정의 일부분이 된다.

      a. 절차 기록 노트: 활동 기록, 방법론 기록, 의사결정 절차 등

      b. 의도나 반응과 관련한 자료: 동기, 정보 제공자와의 경험 등에 대한 개인 노트

      c. 조사 기구의 발달에 대한 정보: 인터뷰 질문지 내용의 변화 등

   7. 자료 분석의 절차를 묘사한다(예, 코딩, 소팅 등).

      a. 자료 축소: 현장 노트 요약 정리, 규정과 절차에 대한 기록, 컴퓨터 프로그램의 활용 등

      b. 자료 재구축: 카테고리의 개발, 연구 결과 발견, 결론, 선행 연구와의 관련성, 개념의 통합 등에 대한 재고

   8. 연구 설계가 어떠한 과정으로 진행될지에 대해 묘사한다.

   9. 자료를 구성하는 방법, 자료를 제시하는 방법, 해석, 결론 등에 대해 묘사한다.

D. 신뢰도와 타당도를 어떻게 확보할 것인지에 대해 묘사한다. 체계적 방법과 절차, 삼각기법, 멤버체크, 동료 검증, 감사 등을 활용할 것인가?

IV. 연구 가설(suppositions and hypothesis)

A. 연구와 관련한 선행 자료를 요약하고 제시한다.

B. 선행 연구에 대한 고찰이 연구에 접근하는 데 어떠한 영향을 주었는지 묘사한다.

C. 과거의 경험이 연구를 개념화하는 데 어떠한 영향을 주었는지 논의한다.

D. 가정과 연구 결과를 기술해 나간다.

E. 연구의 제한점을 논의한다.

V. 참고문헌 제시

Marshall and Rossman 모델

I. 연구의 서론

연구 문제의 진술이나 연구의 초점

일반적 연구 문제와 연구 설계 및 방법에 대한 개관

현재 연구에 대한 파일럿 연구의 시사점

연구의 목적

이론과 경험적 연구, 정책, 실행, 방법론적 관점에 대한 유의성

II. 문헌고찰

연구의 기초가 되는 이론적 관점

전문가들이 기존에 실시한 연구와 관련된 주요 문헌에 대한 조망(신문기사 포함)

III. 연구의 제한점

이론적 관점, 설계 계획, 연구방법상의 제한점

IV. 설계 및 연구방법

1. 연구에 대한 개괄적 접근
   — 사례연구, 역사, 문화기술, 참여, 실행연구(action research) 등에 대한 예시
   — 연구자가 이 접근법을 사용하게 된 이유, 연구 문제와의 관련성에 대한 논의, 연구방법
   론에 대한 문헌고찰을 활용하여, 자신의 결정에 대한 근거 마련
   — 신뢰성 확보를 위해 연구자가 계획한 구체적인 요소에 대한 논의
2. 분석 요소
   — 환경(setting): 특별한 프로그램, 조직, 장소, 종교에 대한 연구
   　(예, 앰허스트 고등학교의 인종차별과 성차별, 매사추세츠 주의 특수교육에 대한 지원 구조)
   — 인물(population): 개인이나 조직에 대한 연구
   　(예, 중고등학교 여학생의 성차별과 인종차별에 대한 구조, 초등학교 특수학급 교실)
   — 절차(process): 다양한 장소와 많은 개인을 통해 연구되는 현상과 절차에 대한 연구
   　(예, 중학교에서 특수아 선별과정, 이질집단 조직화 과정)
3. 표집에 대한 초기 결정 및 접근에 대한 협상
   — '결정권자(gatekeepers)'에게 접근하는 방법에 대한 초기의 결정
   — 연구 참여자에 대한 신뢰관계의 확인
4. 일차자료와 이차자료 수집 방법
   — 연구에서 의도하는 바와 연구 절차를 구체화할 것. 자료 수집 방법을 규정하고, 연구방

법상의 장점과 약점을 기술할 것. 그리고 이들이 어떠한 형태의 자료로 연결될 것인지 기술할 것. 특히 연구자가 활용하려는 연구방법론에 대한 문헌을 인용할 것

— 인터뷰 참가자, 관찰자, 참여-관찰 소요일 등을 열거할 것. 자료 수집을 위한 일차방법과 이차방법을 지시할 것

5. 연구 대상, 행동, 사건, 장소, 절차에 대한 표집

— 처음에 연구 대상, 행동, 사건, 장소, 절차를 표집하게 된 이유를 논의할 것. 이 결정에 대한 배경과 목적을 기술할 것

— 왜 이러한 방법이 연구 문제에 대한 최적의 해결 과정인지 설명할 것

6. 자료 관리

방대한 양의 질적 자료를 관리하는 방법을 논의할 것

(예, 소프트웨어, 파일정리 시스템, 기록지)

7. 자료 분석

연구자가 사용하고자 하는 초기의 자료 분석 절차를 규정할 것. 연구자가 방법론적 문헌에 익숙하고, 연구를 하는 동안 이 문헌들을 참고할 것을 증명해 보일 것

8. 연구자의 역할—연구자에 대한 진술

독자에게 연구자를 소개함으로써, 잠재되어 있는 편견의 요소를 최소화할 것. 또한 자신에 대해 가질 수 있는 가정들을 최대한 명료화할 것. 연구가 방법론에 근거한 것임을 증명할 것. 방법론에 관한 문헌들을 통해, '연구 도구로서의 연구자'와 관련한 이슈를 논의할 것

9. 윤리적 문제

질적연구에서 제기되는 일반적인 윤리 문제와 자신의 연구에서 고려해야 할 구체적인 딜레마를 논의할 것. 연구방법론에 대한 문헌을 인용함으로써, 연구자 자신이 이미 윤리 문제를 알고 있고, 이를 주지하고 있음을 증명할 것. 특히 연구 참여자와 연구와 관련 있는 기관장을 둘러싼 윤리 문제에 대해 구체적인 언급이 필요함.

10. 연구의 신뢰성 확보

신뢰성 확보를 위해 연구자가 기획한 연구 설계의 특징과 절차를 논의할 것. 방법론 관련 서적을 통해 이와 같은 절차를 확고히 할 것

(예, 동료 평가, 연구 참여자 확인(member check), 삼각기법, 연구자의 일지 등)

11. 연구 일정표

V. 부록

1. 면담 가이드라인
2. 참여관찰 프로토콜
3. 연구 참여자 동의서(이름 삭제)
4. 연구 참여자나 기관장의 연구 동의서(이름 삭제)
5. 파일럿 연구의 제시

VI. 참고문헌

인용한 참고문헌 목록을 제시할 것
APA 양식으로 표기할 것

Maxwell 모델

다섯 가지 요소

연구 목적: 연구의 궁극적 목표는 무엇인가? 연구로부터 어떠한 주제들을 조명할 것인가? 연구를 통해 어떠한 실행에 영향을 줄 것인가? 이 연구를 진행하려 하는가? 왜 연구 결과에 관심을 가져야 하는가? 이 연구가 가지는 가치는 무엇인가? 이런 질문을 통해 연구 목적을 정한다.

개념적 맥락: 계획한 연구의 현상에 대해 어떠한 선행 연구들이 진행되고 있는가? 연구하고자 하는 현상들과 관련되어 있는 어떠한 이론, 발견점, 개념적 체제가 연구를 진행하는 데 도움과 안내를 제공할 것인가? 어떠한 선행 연구들과 개인적 경험들이 도움을 줄 것인가? 이런 질문들을 통해 개념적 맥락은 이미 존재하고 있는 이론을 포함하거나, 연구 주제들을 위해 개발할 이론들을 포함해야 한다. 이론적 구성을 위해 네 가지 주요 자료를 제안한다: 개인이 가지고 있는 경험, 기존 이론과 연구, 스스로 진행해 온 실험적 연구.

연구 질문: 이 연구를 통해 구체적으로 무엇을 이해하려고 하는가? 연구하려는 주제에 대해서 알지 못하고 있는 것은 무엇인가? 배우고자 하는 것은 무엇인가? 이 연구를 통해 어떠한 질문들에 답변하려 하는가? 어떻게 각각의 질문들이 연계성을 가지는가? 이런 질문을 통해 연구 질문을 정한다.

연구방법: 이 연구를 이끌기 위해 실제로 하고자 하는 것은 무엇인가? 어떠한 접근과 기술을 통해 이 연구를 위한 자료를 모으고 분석할 것인가? 자료를 위한 접근과 분석이 어떻게 서로 연계되는가? 이런 질문에 대한 답변을 중심으로 연구방법을 결정한다. 설계를 위한 네 가지 주요 요소들을 제안한다: 연구 대상과 연구의 관계, 연구 현장과 대상에 대한 결정, 자료 수집 방법, 자료 해석 방법.

타당도: 가정의 오류가 일어날 수 있는 가능성에는 어떠한 것들이 있는가? 진실되지 않고 변형적인 설명이나 타당도에 위협을 줄 수 있는 가능한 결론에는 어떠한 것들이 있는가? 수집한 자료들이 어떻게 나의 의견을 증명하거나 기각시킬 수 있

는가? 어떻게 하면 이끌어 낸 결과들을 독자들이 믿을 수 있을까? 이런 질문들에 대한 답변을 통해 타당도를 정한다.

이러한 모델에서 살펴볼 수 있는 것처럼, 질적연구 계획서는 다양한 형태로 쓸 수 있지만, 대부분의 계획서는 다음의 세 가지 부분을 포함한다. 첫째는 소개 부분이다. 계획의 조망을 포함한 소개와 주제에 대한 논의 또는 탐구의 초점과 일반적인 연구 목적들과 연구의 잠재적인 중요성, 연구의 제한점 등이 포함된다. 둘째, 문헌과 관련된 논의 부분이다. 연구와 관련된 지적 전통이 어떻게 개발되어 왔는지, 주제와 관련된 연구 동향에서 해당 연구의 위치가 어떠한지에 대한 기술이 포함된다. 셋째, 연구 설계와 방법 부분이다. 전반적인 계획에 대한 상세화, 자료 수집하는 방법, 자료 분석 전략에 대한 예비 논의, 연구의 타당성을 어떻게 확보할 것인지, 연구자의 개인적인 생애 맥락, 연구를 수행하는 중에 발생할 수 있는 정치적이고 윤리적인 이슈들을 다루는 부분이다. 모든 연구에서 이 부분들은 상호연관성을 가진다. 더불어, 질적연구에서 설계는 연구 질문과 계획에 따라 변동될 수 있다.

질적연구 계획서의 구성요소

서론	• 연구의 배경 • 주제 및 목적 • 잠재적 중요성 • 이론적 뼈대(framework) 및 연구 질문 • 연구의 제한점
이론적 배경	• 학술적 전통 • 전문가의 에세이 • 선행 연구 분석
설계 및 연구방법	• 종합적인 연구 설계 • 연구 장소와 연구 참여자 • 자료 수집 방법 • 자료 분석 과정 • 타당성 • 윤리적, 정치적 고려점
참고문헌	

3. 질적연구 계획서 쓰기 전략

질적연구 계획서에는 연구의 중요한 초점인 주제를 묘사하는 것, 더 큰 이론적 · 정치적 · 사회적 또는 실제적 영역들을 구체화해서 연구의 중요성을 구체화하는 것, 초기 연구 질문의 설정, 이론적 배경과 관련된 논의, 그리고 연구의 제한점 등에 대한 논의가 포함되어야 한다. 계획 설계자는 연구의 핵심을 독자들이 확실히 알 수 있도록 하기 위해 정보들을 잘 배열해야 한다. 이론적 배경과 관련된 부분에서는 개념적인 연구의 틀을 만들고, 독자들에게 연구의 핵심적인 초점과 목적을 말해야 한다. 그런 후 연구 설계 부분에서는 연구가 어떻게 수행될지와 연구를 수행하는 필자의 능력 역시 제시한다. 이 장에서는 이동성(2013), 주재홍(2014)의 계획서를 예시하여 독자들의 이해를 돕고자 한다.

서론 쓰기

서론은 연구 전체의 개요를 알려 주는 학술적 공간이다. 구체적으로는 연구의 필요성과 목적, 중요성과 연구 문제에 대해 독자에게 알려 주는 공간이다. 왜 이 연구가 필요한지, 왜 이 연구에 관심을 가지게 되었는지, 어떤 연구들이 있어 왔고 어떤 문제들이 해결되지 않았는지, 어떤 연구 문제들이 탐구되어야 하는지 등의 논문에 대한 연구자의 최초의 생각을 공개하는 장소이다. 그러한 최소한의 글쓰기 조건들을 충족시키면서 저자가 가장 고민해야 하는 것은 바로 독자들이 자신의 연구에 흥미를 느낄 수 있게 써야 한다는 것이다. 즉, 독자들에게 이 연구에서 기대해야 하는 것이 무엇인지를 알려 주는 것과 함께, 더 많은 능력이 있다면 독자들이 연구에 더 깊은 관심을 갖도록 그들을 유혹하고 몰입시키고 유도할 수 있는 글쓰기를 해야 한다(Biklen & Casella, 2007: 72).

필자의 저서 ≪Bricoleur≫에서 소개한 것처럼 질적연구의 목적은 발견과 이해이며 일반화나 이론의 검증이 아니다. 연구자의 일반적 의도가 대단위 표집을 통한 모집단의 경향성을 추정하는 것이 아니기 때문에(물론 이론을 생성하거나 검증하는 것이 목적일 수 있다) 특정한 사례에 대한 특별한 관심을 연구한 경우가 많다. 따라서 독자들이 그러한 사건들에 관심을 갖도록 학술적으로 유도하기 위해서는 기존의 학술적 글쓰기 방법뿐만 아니라 글쓰기 스타일이 중요하다. 즉 무엇을 쓰느냐에 더하여 어떻게 매력적으로 쓰느냐가 질적 학위 논문 서론의 중요한 한 축이 된다. 이에 비해 기존의 양적연구에서는 이론의 검증을 목적으로 하기 때문에 글쓰기가 확증(confirmation)의 방법으로 이루어진다. 글쓰기는 매우 실증적이고 과학적이며 기존의 메타내러티브나 메타이론들을 기초로 하여 건조하고 사실적으로 이루어진다. 연구자의 개인적 관심이나 경험, 독자들을 특별하게 유도할 글쓰기 스타일을 구사할 필요가 없으며 그러한 글쓰기는 아마도 비과학적인 것으로 폄하되어 비판받을 것이다.

비클렌과 카셀라(Biklen & Casella)는 질적연구의 학위 논문에서 연구자가 사용할 수 있는 서론의 전개 방식 다섯 가지를 소개하고 있다(pp. 72-76).

직접적 방법

연구자가 독자들에게 이 연구가 무엇에 관한 것인지를, 연구해야 할 중요한 문제가 무엇인지 등을 직접적으로 알려 주는 글쓰기 방법이다. '이 연구는 ~에 관한 연구이다' 또는 '이 연구에서 다루려고 하는 쟁점은 ~이다' 등의 표현이 사용된다. 이 방법은 복잡하지도 않고 독자들을 인상적으로 설득하지도 않지만 제3인칭 글쓰기가 갖는 특징으로 인해 신적인 존재로서 연구자의 이미지를 부여하기 때문에 권위를 가진 연구자로서 독자들을 연구에 유도할 수 있다. 우아하지는 않지만 적절한 수준에서 만족스럽다.

역사적 맥락

연구 문제를 역사적 맥락에서 논의함으로써 연구 문제의 중요성을 알려 줄 수 있는 글쓰기 방법이다. 사회학, 인류학, 심리학 분야에서 오랜 세월 동안 연구되어 왔고 현재까지 연구되고 있는 문제를 탐구할 때 사용할 수 있는 표현기법이다. 이 방법은 논쟁이 오래되지 않은 연구 문제에는 적용할 수 없지만, 그렇지 않은 경우 연구자가 이 문제에 대해 오랫동안 고민해 왔고 어떤 다양한 방법들이 있었으며 연구자가 이 와중에서 어떤 독창성을 가지고 이 연구 현상을 연구할 것인지를 알려 줌으로써 독자들을 설득할 수 있다.

미디어의 주요 현상

연구자가 연구하려고 하는 연구 문제가 독자들이 살고 있는 이 시대의 주요 현상이라는 점과 독자들의 삶의 한 부분이라는 점을 강조함으로써 글을 쓰는 방식이다. 이 시대의 사회현상과 문제를 매일 알려 주는 미디어에서 그 주제에 대해 어떻게 다루고 있으며 어떻게 우리의 생활 일부가 되어 있는지를 독자들에게 알려 줌으로써 독자들의 관심을 끌 수 있다.

일반 상식이나 지식과 다른 지식의 소개

독자들이 가지고 있는 상식이나 지식과는 다른 지식이 있음을 독자들에게 알려 줌으로써 독자들의 관심을 유도하는 방법이다. 즉, 대중적으로 알려져 있는 특정한 주제에 대한 지식과 연구자가 연구하려고 하는 지식 간에 상당한 차이가 있으며 그 차이를 비교함으로써 연구의 가치가 있음을 알리는 글쓰기이다. 연구자가 다소 과장하여 글을 쓸 수 있는 위험이 있지만 자제하여 글을 쓰면 효과적이다. 가장 대표적인 서술문은 다음과 같이 진술될 수 있다.

"아마도 X를 사실이라고 믿고 있고 생각해 왔을 것이다. 그러나 이 연구에서 나는 Y가 사실이라는 점을 보여 주겠다."

이야기

연구 주제를 가장 잘 나타낼 수 있는 연구 현장에서의 경험이나 연구 참여자의 면담 내용을 서론의 첫 문구로 제시하여 연구 서론의 전체를 구조화하는 방법이다. 이 방법은 연구 자체에서 자료를 도출하여 서론에 제시했다는 점에서 연구자가 이야기를 쉽게 풀어 나갈 수 있으며 독자들 역시 연구자가 선택한 한 개의 이야기를 읽음으로써 연구에 대한 흥미를 느낄 수 있다. 연구자가 이 연구가 무엇에 관한 것인지를 논리적으로 설명하지 않더라도 독자들은 이 한 개의 이야기를 읽음으로써 연구자가 무엇을 이야기하고자 하는지, 무엇에 대해 고민하고 있는지를 추측할 수 있다.

개관 쓰기

연구 계획서를 쓸 때 가장 먼저 해야 하는 것은 독자를 위한 연구의 개관을 제공하는 것이다. 개관에는 연구 주제 혹은 연구 문제, 연구의 목적, 연구의 질문들, 연구의 모형 등이 들어간다. 이 부분은 간결하지만 짜임새 있게 쓰여야 하고, 독자의 흥미를 끌 수 있어야 하며 뒤따르는 부분들에 대한 소개가 있어야 한다. 먼저, 연구에서 진술할 연구 주제 혹은 연구 문제를 소개하고 이를 실천과 정치, 사회적 이슈와 이론들, 그리고 연구의 중요성과 연결시켜야 한다. 다음으로 이론의 배경과 관련된 연구들이 이론적 고찰 부분에서 다루어져야 한다. 그리고 나서 연구의 구체적인 설계, 즉 어떤 방법론을 활용할 것이고 중요한 자료 수집 기법은 무엇이며, 해당 모형만의 독특한 특징이 무엇인지 제시해야 한다. 마지막으로, 주제와 관련된 더욱 상세한 논의의 변화, 연구의 중요성과 연구 질문들을 제시한다.

주재홍(2014)은 '한국 청소년 성 소수자의 삶과 딜레마에 대한 생애사적 탐구'란 주제로 연구를 한 바 있다. 해당 연구는 우리나라 청소년 성 소수자들이 성장과정에서 겪게 되는 성 정체성에 대한 자기인식과 이에 따른 딜레마를 규명하고자 했다. 연구의 전체적인 개요를 살펴보면, 먼저 본 연구는 청소년 동성애자들이 성 정체성의 이해와 발달을 위해 어떤 문화적 · 사회적 관계를 형성하는지 질적연구를 통해 묘사하고, 이들이 지각하는 교육적 요구나 핵심 이슈들이 무엇인지를 교육학적 측면에서 탐구하고자 목적했다. 즉, 연구자는 이 연구를 통해 성 소수자들에 대한 부정적이고 왜곡된 사회적 편견에서 벗어나 보다 평등하고 정의로운 실천을 모색하기 위한 첫 단계로서 교육적 의의가 있을 것으로 기대했다. 또한 동성애와 성 소수자 관련 연구 분야에 중요한 정보를 제공함으로써 청소년 성 소수자에 대한 연구가 매우 드문 국내에서 청소년 동성애 연구를 활성화하고, 민족 · 인종 분야에만 치우쳐 있는 한국 다문화교육의 지평을 넓히는 데 크게 기여할 수 있을 것으로 기대했다.

한편 이동성(2013)은 현장교사들의 전문성 발달에 대한 예술기반 생애사 연구를 수행했다. 전체적인 연구의 개요를 살펴보면, 현장교사들의 전문성 발달에 대한 예술기반 생애사 연구를 위한 연구 계획서이다. 최근의 교육학 연구는 현장교사들의 직업적 삶과 교수 전문성을 탐구하기 위해 생애사 연구에 주목하고 있다(김영천 · 한광웅, 40-43). 하지만 국내의 생애사 연구들은 교사 전문성의 형성과정과 특징을 해명하는 과정에서 현장교사들의 자율적이고 주체적인 전문성 발달의 측면을 과소평가했고, 언어 중심의 제한적인 글쓰기 방식에 머물렀다. 또한 국내의 선행 연구들은 교사들의 개인적 경험을 보다 거시적인 사회문화적 및 역사적 맥락과 관련 짓는 데 제한적이었으며, 표집 방법의 문제로 중등교사들과 초등교사들이 형성한 전문성의 공통성과 차이점을 해명하는 데 다소 제한적이었다고 밝히고 있다. 따라서 연구자는 본 연구에서 교육현장에서 탁월한 교수 전문성을 나타내는 초중등 현장교사들(초등교사 3명, 중등교사 3명)을 대상으로 예술기반 생애사 연구에 기초하여 그들의 교육적 삶을 탐구하고자 했다. 즉, 이 연구는 예술적 및 문학적 글쓰기를 통해 현장교사들의 직업적 삶에 스며들어 있는 전문성 발달의 기제와 구조를 탐구하고, 그들의 전문성이 한국의 거시적인 사회문화적 및 역사적 맥락과 어떻게 연결되어 있는지를 해명하고자 했다.

연구 주제 및 목적 진술

질적연구에서 연구를 위한 초기의 호기심은 실제 세상에 대한 관찰 또는 연구자의 직접적인 경험에 의한 상호작용, 정치적 논평, 실행에 대한 관심, 높은 학술적 흥미로부터 나타난다. 한편 주제는 이론적 전통과 경험적 연구의 참여를 통해 생성되기도 한다. 연구 초심자들은 광범위한 논문 점검을 통해 현재 현장에서 어떤 내용들이 이슈화되고 있는지를 배울 수 있다. 그리고 결정적인 주제에 대해서는 그들의 전문가에게 평가받아야 한다. 그들은 어떤 주제가 참신한지 그들의 개인적 · 전문적 · 정치적 관심사에 따라 힌트를 제공할 수 있다. 다음으로 연구자들은 연구를 수행하고자 하는 의도, 즉 목적을 설명해야 한다. 일반적으로 주제에 대한 논의에서 거의 다루어지는 것은 연구를 통해 연구자들이 무엇을 성취하고자 하는지와 같은 연구의 결과를 독자들에게 말하는 진술이다. 역사적으로 질적연구방법론자들은 연구를 위한 주요한 세 가지 목적으로 흥미 있는 현상에 대한 탐구, 설명, 묘사를 언급해 왔다(Marshall & Rossman, 1999: 32-33). 그들의 논의에 따르면 이러한 용어들의 공통점은 이해와 발전, 발견을 포함할 수 있다는 것이다. 많은 질적연구들은 설명적이거나 탐구적이다. 그것은 문헌에서 탐구되지 않은 복잡한 환경들에 대한 풍부한 설명을 제공한다. 다른 것은 명확한 설명이다. 이러한 연구들은 사건과 의미가 가지고 있는 관계를 보여 준다. 그러나 이러한 연구 목적에 대한 전통적인 논의들은 비판적, 페미니스트적, 포스트모더니즘적 가정에 근거한 연구들에서 주로 발견되는 실천과 권한, 지지, 해방을 언급하지는 않는다. 그 연구자들은 제안된 연구 목적의 한 부분으로 실천을 취할 것은 주장할 수 있다. 또한 참여적 실행 연구의 목적과 같이 권한을 주장할 수 있다. 어떻게 탐구할 수 있을 것인지에 대한 논의는 권한을 위한 기회를 생성할 수 있다. 또한 주제와 목적에 대한 논의는 분석의 단위, 즉 연구의 초점을 어디에 둘지와 탐구의 수준을 조율할 수 있도록 돕는다. 전형적으로 질적연구들은 개인들과 짝, 그룹과 과정 또는 기관에 초점을 맞춘다. 탐구의 수준에 대한 논의는 자료 수집과 관련된 후속적인 질문들에 초점을 맞추도록 돕는다.

다시 한 번 정리하자면 대부분의 질적연구 계획서에서 연구 목적 혹은 필요성을 적을 때는 연구의 핵심적인 내용을 잘 포함해야 한다. 즉, 왜 이 연구가 필요한지, 그렇다면 관련 연구는 없었는지, 이러한 분석을 통해 해당 연구를 어떻게 수행할 것인지에 대한 독자들의 호기심을 충분히 해소할 수 있게끔 핵심적이고도 간결하게 써야 한다.

최근 동성애는 질병이나 정신병이 아니라 새로운 대안적 성적 지향이라고 정의 내리고 있어 전 세계적으로 동성애 금지나 처벌에 관한 규정이 폐지되는 추세이다. 성적 지향은 개인의 선택이 아니라 선천적인 것이며, 다수의 연구자들에 의해 동성애가 정신질환이 아니라는 사실이 알려졌다(Ross et al, 1988; Cabaj & Stein, 1996). 미국 정신의학회(American Psychiatric Association, 2004)는 성적 지향은 본인이 마음대로 선택할 수 있는 것이 아니라 선천적으로 타고나는 것이라고 했다. 따라서 성 정체성을 바꾸려는 정신과적 치료가 필요 없고, 동성애는 정신장애도 행동장애도 아니어서 정서적, 사회적으로 문제가 되지 않는다고 판단하여 1973년에 동성애를 ≪정신질환 진단 및 통계 편람

(Diagnostic & Statistical Manual of Mental Disorders-III)≫에서 공식적으로 삭제했다. 또한 이 학회는 게이와 레즈비언이 참된 부모의 역할을 수행할 수 있다고 주장했다. 1975년 미국 심리학회도 동성애는 정신질환이 아니라고 재확인한 바 있다(신승배, 2013; Glassgold et al., 2009).

먼저 주재홍(2014)은 연구를 시작하게 된 문제점 혹은 배경에 대한 설명을 제일 처음 밝히고 있다. 즉, 흔히 동성애는 정신질환의 한 종류로 다루어져 왔으나, 최근 연구에 따르면 동성애는 선천적으로 성적 취향으로 인정받고 있는 추세임을 안내하고 있다. 그런 뒤, 동성애에 대한 개념적 정의를 여러 학자들의 논의를 중심으로 다시 내리고 있다.

동성애는 동성에게 애정적, 정서적, 성적 매력이 끌리는 성적 지향으로 이성애와 차이가 있는 또 하나의 성 정체성이다. 이와 같이 동성애는 역사적, 문화적으로 어느 문화에서나 존재해 온 인간관계의 또 다른 현상이다(Harrison, 2005). 그 결과, 미국을 포함한 선진국 등에서는 동성애 결혼을 불법이 아닌 헌법적 권리를 보장한 것으로 인정하고 있다. 동성애에 대한 이런 사회·문화적 담론의 변화와 새로운 규정과 법규에 따라 많은 학문 분야에서 동성애에 대해 보다 긍정적인 입장을 취하고 있다. 그러한 점에서 외국에서는 교육학(Kumashiro, 2002; Walters, 1994), 역사학(Crompton, 2006; Hubbard, 2003), 사회학(Galliher et al., 2004), 심리학(Lehmiller, 2014), 정신분석학(Dean & Lane, 2001; Various, 2011) 등의 학문적 영역에서 동성애에 대한 심도 있는 학술적 논의들이 진행되고 있다. 특히 청소년 발달에서 차지하는 청소년 동성애의 중요한 위치를 인정하기 때문에, 동성애에 대한 교육학적 연구들이 교육과정(Harbeck, 1992; Rofes, 2005), 상담심리학(Burr, 2009), 생활지도(Ryan & Futterman, 1998), 다문화교육(Mayo, 2013), 교사교육(Murray, 2014) 등의 분야에서 다양하게 이루어지고 있다.

그런 뒤, 연구자는 이러한 세계적 흐름과 달리 현재 우리나라에서 동성애에 대한 학문적 탐구는 여전히 미진하다는 점과 함께, 그나마 초보적인 국내 연구에서도 전혀 다루지 않고 있는 청소년의 성 정체성 발달과 동성애 발달에 대한 심층적인 연구의 필요성을 역설하고 있다.

하지만 우리나라에서의 동성애에 대한 학문적 탐구는 아직까지 답보상태에 있다. 최근 동성애에 대한 우리 사회의 인식 변화와 더불어 학문적 관심 역시 높아지고 있는 추세이다. 하지만 동성애 관련 연구, 교육 및 상담은 아직까지 초보적인 수준에 머물고 있다(김경호, 2009). 특히 청소년 동성애에 대한 연구는 그렇게 많지 않으며, 그것도 주로 치료와 개입의 목적을 위해 사회복지학 분야에서 연구되고 있는 실정이다(강병철 · 하경희, 2005, 2007; 성정숙 · 이현주, 2010; 이영선 · 권보민 · 이동훈, 2012; 이영선 · 김소라, 2010). 이 주제에 대해 가장 깊이 연구해야 하는 페미니즘에서도 동성애에 대한 학문적 이론화는 부족하고, 교육학 분야에서는 더더욱 없는 실정이다. 또한 학교 교육의 실천 현장에서도 청소년 발달에서 차지하는 청소년 동성애자의 존재를 무시하고, 동성애를 일탈로 간주하고 있는 실정이다. 그래서 조대훈(2005)은 성적 소수자는 우리나라의 교육과정과 수업, 그리고 교사교육의 영역에서 철저히 '침묵의 대상', 영 교육과정(null curriculum)의 대상이며 투명인간과도 같은 존재라고 비판하고 있다. 이렇게 '이성애가 정상'인 반면, '비정상으로서 동성애'는 학교라는 강력한 제도를 통해 더 엄격하게 통제되고 훈육되어야 할 일탈로 간주된다. 대부분의 사회와 학교, 부모들이 청소년의 동성애 정체성을 인정하지 않고 한때의 '치기'나 '방황'으로 여기거나 상담과 치료를 통해 고칠 수 있는 '증상'쯤으로 치부하기 때문에 학교나 가정이 청소년이 자신의 성 정체성을 충분히 탐색하고 필요한 지지를 받을 수 있는 안전한 장소가 되지 못하고 강제적인 규율과 처벌이 행사되는 억압적인 장소가 되고 있다(함인희, 2003: 18-19). 위와 같이 우리나라 청소년들의 성 정체성 발달 그리고 동성애에 대한 발달적/교육적 연구는 아직까지 초보적인 수준에 머물고 있다. 따라서 우리나라 청소년들 중에서 과연 동성애자들이 있는지, 그리고 그들은 일반 이성애자들과는 달리 어떤 삶을 살고 있고, 어떤 심리적/사회적 발달을 경험하고 있는지에 대한 보다 심도 있는 연구가 필요하다.

이러한 연구의 필요성에 대해 연구자는 국내 청소년의 동성애 비율 및 현실에 대한 안내와 함께 다시 한 번 강조하고 있다.

특히 우리나라 청소년의 동성애 비율이 약 11~13%로 조사되었으며(이영식 · 전창무 · 김소연 · 고복자, 2005; 한국청소년상담원, 2003), 자신을 성 소수자라고 응답한 청소년이 9.4%로 나타났다(김경준 · 김지혜 · 류명화 · 정익중 · 김윤정, 2006). 또 학교에서 성 소수자 청소년을 실제로 접한 중등학교 교사의 비율이 무려 43.6%에 달했다(조용진, 2006). 이러한 조사 결과를 반영하듯, 동성애 경험과 관련한 사이버상담 건수는 2005년 112건, 2006년 171건, 2007년 178건, 2008년 257건으로 매년 증가하는 것으로 나타났다(한국청소년상담원, 2009). 이러한 연구 결과들은 우리나라의 많은 청소년들이 자신의 성 정체성에 대해 심각하게 고민하고 있으며, 특히 우리나라 청소년에게도 성 정체성에 대한 고민이 청소년 발달의 중요한 부분을 차지하고 있음을 보여 준다. 이렇게 청소년기에 성 정체성에 대한 혼란과 고통이 크고 이 시기에 형성된 성 정체성이 지속될 가능성이 높다는 점을 고려할 때, 연구 대상으로서 청소년 성 소수자에 대한 연구가 필요하다. 무엇보다 이들의 삶의 세계와 발달은 다른 일반 청소년들에 비해 다를 것이다. 특히 동성애자를 소수자 범주로 간주하는 사회 정의적 이론화 측면에서 바라본다면 이들의 사회적 약자로서 그리고 타자로서의 삶에 대한 이해와 연구는 인권과 평등이 더욱 강조되는 이 시대에 있어서 필수적으로 필요하다.

이동성(2013)의 연구를 살펴보자. 이동성의 계획서 역시 앞서 소개한 주재홍의 연구와 마찬가지로 연구를 시작하게 된 문제의식 혹은 연구의 배경을 먼저 제시하고 있다.

학교교육을 개선하기 위한 국가단위의 교육정책 변화와 노력에도 불구하고, 교육수요자들의 불만과 불신은 날로 거세지고 있다. 이러한 현상의 원인은 거시적인 교육정책 및 교육연구가 주로 학교교육을 둘러싼 외적 환경요인, 즉 교육여건, 입시정책 등에 치우쳐서 실제적인 교육혁신으로 나아가지 못했기 때문이다(이동성, 2009: 4-8). 이러한 반성에 기초하여, 일부 교육학 연구는 미시적이고 질적인 연구 패러다임에 기초하여 학교교육의 내부자를 탐구하려 한다. 특히 최근의 교육학 연구는 현장교사들의 직업적 삶과 교수 전문성을 탐구하기 위해 생애사 연구에 주목하고 있다(김영천·한광웅, 40-43).

그런 뒤, 연구의 주요 방법으로 활용되는 생애사 연구에 대한 개념화와 함께 이러한 연구 방식이 관련된 연구에 기여할 수 있는 점 혹은 필요성에 대해 설득을 시도하고 있다.

생애사 연구는 개인의 삶을 새로운 관점에서 바라보고, 연구 참여자와의 깊은 소통을 통해 삶의 의미와 가치를 새롭게 발견할 수 있는 방법론이다(장노현, 2010: 240). 특히, 생애사 연구는 개인의 직업적 경험을 이해하는 데 유용한 질적연구방법론이다(Wicks & Whiteford, 2006: 94-100). 왜냐하면, 직업적 삶에 대한 생애사 연구는 경험의 시간적 측면뿐만 아니라, 경험에 영향을 미친 사회적, 경제적, 역사적, 지리적 영향력을 탐구하는 데 유용하기 때문이다. 즉, 생애사 연구는 현장교사들의 교수 전문성을 구성하는 사회문화적 및 역사적 맥락을 체계적으로 밝힘으로써 교사교육의 체계화에 기여할 수 있다. 생애사 연구는 현장교사의 교수내용지식(PCK), 실천적 지식, 상황적 및 암묵적 지식 등 교사 지식에 대한 연구와 연동되어, 교수 전문성이 개인적으로 구조화된 맥락을 탐구할 수 있다. 보다 구체적으로, 생애사 연구는 현장교사들이 어떤 경로와 과정을 거쳐 전문적 지식을 축적하게 되었는지를 역사적으로 추적할 수 있다(김영천·한광웅, 2012: 37).

연구 문제의 진술 방법

아이디어의 생성과 과학의 진보라는 측면에서 기존과는 다른 참신한 연구 문제와 질문을 진술할 수 있는 능력은 어떤 연구 능력보다 중요하다. 따라서 그러한 연구 문제를 제시하거나 진술한 연구 계획서는 심사위원들로부터 좋은 평가를 받는다. 때문에 미국 연구위원회(NRC; National Research Council)는 교육에서의 과학적 연구에서 좋은 질문을 제기하는 것이 어쩌면 문제를 해결하는 과정보다 더욱 중요하다고 강조했다. 나아가 양적연구자이든 질적연구자이든 오래된 질문들을 새로운 각도에서 해석하고자 창의적인 능력을 발휘해야 한다고 강조했다(NRC: 55). 그 예로서 구바(Guba)는 개념, 행동, 가치 측면에서의 갈등이 연구를 하게 만들기 때문에 기존의 이론이나 가설을 거부하고 의심하는 태도에서 좋은 연구 질문이 만들어질 수 있다고 했다. 맥밀란과 슈마커(McMillan & Schumacher, 1984)는 연구 문제의 출처는 단순히 기존의 이론에서 출발하기보다는 연구자의 개인적인 경험, 이론으로부터의 연역, 사회적, 정치적 현안쟁점, 연구자가 처해 있는 실제적인 상황이라고 연구 문제의 출처를 보다 폭넓게 제시해 주었다.

그러한 점에서 연구의 목적과 필요성을 구체화시킨 연구 문제는 연구자가 구체적으로 무엇을 연구할 것인지를 진술한 문장으로서 연구에서 차지하는 위치가 상당히 크다. 훌륭한 연구자라고 한다면 연구 결과나 논문을 받았을 때 우선적으로 이 연구가 어떤 현상을 연구하려고 했는지를 확인하고 그 연구의 가치를 평가할 것이다. 이러한 맥락에서 질적연구에서 연구 문제의 진술은 다음과 같은 형태를 띠어야 한다.

첫째, 연구 문제는 개방적 형태로 진술되는 것이 일반적이다. 질적연구의 경우 연구자는 미리 무엇을 연구할 것인지를 구체적으로 알 수 없는 상황에서 연구를 시작하게 된다. 따라서 연구 문제는 있을 수 있는 모든 가능한 연구 주제와 의미를 찾아내기 위해 개방적이고 포섭적으로 진술되는 것이 바람직하다. 양적연구와는 달리 연구의 범위를 좁힐 수 있는 형태의 폐쇄적인 방법으로 연구 문제나 연구 현상을 진술해서는 안 된다.

둘째, 연구 문제는 기존의 이론을 다시 한 번 확인하거나 확증하거나 아니면 일반화를 목적으로 만들어지는 것이 아니다. 따라서 질적연구에서의 연구 문제는 기존의 이론이나 결과들로부터 출발하기보다는 연구자가 일상생활에서 경험한 사실, 고민, 아니면 학습한 이론과 일치하지 않는 현상을 새롭게 탐구하기 위해 만들어지는 것이다(Marshall & Rossman, p. 28). 그러한 점에서 연구 문제는 기존의 이론에서 출발하기보다는 연구자가 평소에 관심을 두었던 현장에서의 이슈나 현상이 연구 문제로 승화된다. 이는 좋은 연구 문제를 찾고 만들기 위해서는 질적연구자가 일, 연구 세계, 탐구 대상에 대해 계속적인 반성과 비판 작업을 해야 한다는 것을 시사한다. 과거의 경험과 현재의 경험 속에서 정말로

탐구해야 할 필요가 있다고 느꼈거나 흥미를 느낀 주제가 무엇인지를 반추하는 노력이
필요하다.

　질적연구의 이러한 정신은 질적연구에서 최근에 강조되고 있는 실행연구에서 더욱 뚜
렷하게 나타나고 있다. 기존의 양적연구와는 달리, 현장교사의 연구 목적은 자신의 현장
에 대한 실제적인 개선이어야 하며, 그렇게 하기 위해 그 현장교사가 하게 되는 교육연구
(석사학위 또는 박사학위 논문 등)는 교실교사의 경험이나 필요성과는 거리가 먼 이론의
세련화와 법칙의 발견이 아니라 자신의 수업과 교육활동에 대한 개선이어야 한다는 것이
다. 그리고 그러한 개선은 대학연구자의 연구 목적인 추상적인 이론의 검증이 아니라 자
신의 교실에서 실제적인 프로그램을 적용하고 그 변화과정을 수집하고 분석하여 자신의
수업에 도움이 될 수 있는 의미 있는 결론과 아이디어를 찾는 형태의 실행적인 연구여야
한다는 것이다.

　셋째, 좋은 연구 문제는 (양적연구이든 질적연구이든) 연구 과정에서 연구자가 갖
게 되는 통찰력과 직관으로부터 나타난다. 그러한 점에서 훌륭한 질적연구는 기존 이
론에 얽매여서는 안 되며, 현장에서의 연구 참여자, 작업, 계속적인 의문의 과정을 거치
면서 예기치 않게 좋은 연구 문제를 만나거나 만들게 된다. 마샬과 로스만(Marshall &
Rossman)은 저명한 과학자들이 만든 연구 문제들이 연구 이전에 만들어지기보다는 연
구를 하면서 작업과정에서 획득한 창조적인 통찰 즉 직관을 통해 나타났다고 강조했
다. 이에 바버와 던칸(Barbar & Duncan, 1982: 3)을 인용하여 직관과 창의적 아이디어
생성의 역할이 질적연구에서 좋은 연구 문제를 규명하고 개발하는 데 중요한 역할을
한다고 주장했다.

　연구란 아이디어를 다듬는 비평적인 도구로서 논리적인 분석을 사용하는 과정이다. 그
　러나 그것은 종종 상상, 은유, 유추, '직관적인 예감', 감정 상태, 심지어 꿈과 같은 상태
　를 통해 시작하기도 한다.

　크레스웰(2005: 133)은 양적연구와 질적연구에서 연구 문제의 성격이 어떤 차이점을
갖는지를 설명했다. 그의 도식은 질적연구에서의 연구 문제의 성격을 이해하는 데 도움
을 줄 것이다.

크레스웰의 양적연구와 질적연구의 연구 문제 비교

연구 문제 성격	양적연구	질적연구
가설	연구 문제는 가설을 통해 진술된다.	가설이 사용되기는 하지만 대신에 연구 질문이 사용된다.
변인	여러 개의 변인들을 규명하고 그 변인들을 측정하려고 한다. 연구 질문은 두 개 또는 그 이상의 집단 간에 일어나는 차이를 측정하려고 한다.	변인이라는 용어는 사용되지 않으며 특정한 개념에 대한 정보를 수집하려고 한다. 이 특정한 개념은 일반적으로 포섭적 개념 또는 핵심적 현상을 뜻한다. 집단을 비교하거나 변인을 관련시키려고 하지 않으며 대신에 특정 집단 또는 연구 참여자의 관점을 심층적으로 이해하려고 한다.
이론 검증	연구 문제는 이론을 검증하려는 목적을 가진다.	주된 목적은 참여자들의 생각을 공유하고 그 생각에 기초하여 포괄적인 주제나 아이디어를 생성 또는 규명하는 것이다.
연구 문제의 변화	연구 질문은 연구가 시작되면 변하지 않는다.	연구 질문은 연구가 진행되면서 변하기 쉽다. 개방적인 태도를 취하면서 연구 참여자의 반응에 기초하여 연구 질문들이 변화할 수 있다. 이러한 특징이 질적연구를 귀납적으로 만든다.

학위 논문에서 연구 문제를 진술하거나 규명하는 일은 초임 연구자에게는 쉽지 않은 일이다. 연구 문제가 생각나지도 않고 직접 만든 연구 문제들은 조잡한 감이 있다. 그리하여 상당 기간 동안 좋은 연구 문제를 만들기 위해 최선을 다하고 그 와중에서 시행착오를 거친다. 질적연구에서의 연구 문제는 '질적연구를 왜 하는가'라는 목적이나 특징과 깊은 관련이 있기 때문에 연구 문제를 진술하려고 할 때 질적연구의 목적에 대해 생각해 보는 것이 무엇보다 필요하다. 이에 본서 제3장의 질적연구의 목적이나 제4장의 질적연구의 특징을 잘 읽어 보기 바란다.

이 절에서는 질적연구의 연구 문제를 규명하거나 개발하려고 할 때 연구자가 참고할 수 있는 지침을 제공하고자 한다. 이러한 기준은 질적연구의 모든 영역에 해당되지만 이 기준을 만든 저자들이 해석적 전통에 입각해 있다는 점에서 비판적 질적연구와 포스트모던 질적연구의 측면에서는 그 연구 문제의 성격이 구체적으로 논의되지 않았다는 점을 이해할 필요가 있다.

에릭슨(Erickson)의 연구 문제 기준

1. 사건의 일반적인 특성과 전체적인 상태보다는 사건발생의 세부적인 구조에 관심을 가질 때
2. 특정한 사건(event)에서 개별 행위자들의 의미-관점을 알고자 할 때
3. 여러 가지 윤리적이고 상황에 대한 조작의 우려가 있어서 실험연구 대신에 자연적인 상황에서 연구를 해야 할 때
4. 특수한 상황 아래에서 발생한 사회적 행위 속에는 무엇이 일어나는가?
5. 이러한 행위는 사건을 경험한 그들에게 무슨 의미가 있는가?
6. 이러한 사건발생은 사회 조직의 패턴 속에서 어떻게 조직되는가?
   사람들은 의미 있는 타자들의 환경 속에서 어떠한 모습을 드러내는가?
7. 교실과 같은 전체로서의 환경에서는 다른 수준의 체제(학교 건물, 학생들의 가정, 학교 시스템, 연방정부의 교육정책)와 관련하여 무엇이 어떻게 일어나는가?
8. 이러한 상황하에서 사람들의 일상적인 삶은 보다 넓은 다른 장소와 시간 속에 살고 있는 사람과 비교하여 어떻게 이루어지는가?

무스타키스(Moustakis, 1994)의 연구 문제 기준

1. 인간 경험의 본질과 의미를 충분히 드러내고자 할 때
2. 행동과 경험에서 나타나는 양적 요인보다는 질적 요인을 발견하려고 할 때
3. 연구 참여자의 삶에 몰입하여 개인적이면서 열정적인 연구관계를 유지하고자 할 때
4. 인과관계를 예측하거나 결정하려고 하지 않을 때
5. 측정, 점수 등의 방법보다는 경험에 대한 생생하고 정확한 이해를 하려고 할 때, 세심한 묘사를 목표로 할 때

다음은 연구 문제를 명료하게 제시한 질적연구 작품의 예이다. 각 연구에서 연구자들이 연구 문제를 어떻게 규명하고 서술했는지를 잘 살펴보기 바란다.

[예] 낸시의 학위 논문(Rudestam & Newton, 2001: 71 재인용)

낸시(Nancy La Pelle, 1997)의 학위 논문은 회사 조직에서 어떤 변인(환경, 개인, 과정)들이 관리자들의 동기 부여나 감소에 영향을 미치는지를 수행평가와 관련하여 밝히는 것이었다. 이를 밝히는 데 있어 핵심 질문은 다음과 같다. 수행평가를 통해 회사 직원들이 경험하는 중요한 경험은 무엇인가? 지속적인 수행과 동기에 영향을 미치는 요인은 무엇인가? 보다 자세하게 살펴보면, 수행평가는 긍정적인 효과를 가져올 것인가 아니면 부정적인 효과를 가져올 것인가?(p. 6) 그리고 다음으로 이와 관련한 많은 하위 질문들이 생성되었다. 그 질문들 중 일부는 다음과 같다.

1. 조직은 조직원들의 활동과 동기에 긍정적 혹은 부정적 영향을 미칠 수 있는 수행평가를 시도할 것인가? 그들의 목적은 무엇인가? 그리고 수행평가가 다른 조직 혹은 다른 관리

자들에 의해 실행될 때 가지는 영향은 무엇인가?

2. 수행평가에 의해 동기가 상승하고 저해하는 조직원들의 경험은 무엇이며 그러한 과정은 무엇인가? 수행평가의 어떤 요인과 환경이 직원들의 동기를 저해하는가?

3. 수행에 관한 피드백은 업무와 동기를 향상시키는가? 그리고 어떠한 조건이 그러한가? 피드백 제공과 수행평가는 같은 것인가?

4. 경험적 데이터는 어떤 가설들을 드러내는가? 어떤 현존하는 이론체계가 수행평가와 동기 사이에 드러난 관계를 설명하는 데 도움을 줄 수 있는가? 어떤 현존하는 이론체계가 연구 결과와 관련이 있는가? 어떻게 하나의 이론 형태로 통합할 수 있는가?

[예] 임상 경험과 교육의 관계를 밝힌 맥도날드의 박사학위 논문(Kilbourn, p. 69)

맥도날드(James McDonald, 2004)의 박사학위 논문은 간호사들의 임상 경험이 간호 교육으로 어떻게 바뀌는지를 밝혔다. 이 연구 계획서는 처음 두 단락에 현재의 간호계가 겪고 있는 상황을 제시하면서 빠르게 논문의 주제와 초점이 무엇인지를 밝히고 있다.

온타리오(Ontario)에서 간호계는 현재 수많은 도전에 직면해 있다. 현재 간호계에서는 점점 늘어나고 있는 문제를 해결하기 위한 노력이 다각도에서 이루어지고 있으며, 일부에서는 이러한 문제를 비판적인 시각에서 바라보고 개혁하려 하고 있다. 특히 지방의 간호사 부족은 심각한 문제가 되고 있으며, 새로운 교육적 요구와 변화 또한 이러한 문제 상황을 보다 복잡하게 만들고 있다(현재 간호사 협회는 협회에서 인준하는 간호사가 되기 위해 최소 3년에서 4년의 학위 프로그램을 이수하도록 요구하고 있음). 온타리오 간호사 협회가 새로운 간호사의 양성과 기존 간호사의 유지를 위한 문제들을 해결하기 위해 노력하고 있는 것과 마찬가지로 간호사를 양성하는 교육 기관에서도 새로운 교육과정 개발을 위해 노력하고 있다. 이러한 복잡한 상황 속에서 많은 교육 기관들 역시 간호사를 양성하고 가르칠 교육자들이 부족한 상황에 직면해 있다.

과거 각 교육 기관들은 각 분야에서 전문가로 인정받는 박학다식하고 숙련된 교육자들을 고용해 왔다. (중략) 간호계에서, 이러한 새로운 교육자들은 어떤 체계적인 교수 훈련이나 이론적 기반 없이 가르치기 위해 자신의 임상 경험을 바탕으로 교육을 실시한다. 간호계에 널리 퍼져 있는 교육에 대한 생각은 유능한 간호사가 곧 좋은 교육자라는 것이다. 즉, 간호에 대한 풍부한 경험과 숙련된 간호사가 가장 성공적인 교육을 할 수 있다는 생각이다. 그래서 그들은 훌륭한 간호사가 곧 훌륭한 교사라는 관념을 전제하고 있다. 그러나 여러 문헌에서는 교육자들 역시 잘 가르치기 위해 다방면으로 노력한다는 사실을 제시하고 있다. 이 논문은 이러한 자신들의 경험을 가르치는 것에 접목시킨 간호사들의 경험이 무엇인지를 밝히기 위한 것이다.

다음은 이해를 돕기 위해 대표적으로 알려진 질적연구에서 만들어진 연구 영역에 따른 연구 문제를 정리한 것이다.

Harry Wolcott의 〈A man in the principal's office〉

● 영역: 전통 문화기술지
● 연구 문제: 미국의 한 초등학교 교장선생님의 일 년 동안의 삶은 어떠한 것인가?

Paul Willis의 〈Learning to labor〉

● 영역: 비판문화기술지
● 연구 문제: 노동계층의 고등학생들은 어떻게 하여 다시 노동계층의 직업을 갖게 되는가?

William Whyte의 〈Street corner society〉

● 영역: 도시 사회학
● 연구 문제: 보스턴 지역의 이탈리안 슬럼가에서 살고 있는 이태리계 이민자들의 삶은 어떤 것인가?

Robert Bullough의 〈The first year teacher〉

● 영역: 교육과정, 교사발달, 교사교육
● 연구 문제: 중학교 초임교사인 Carrie는 첫 일 년을 어떻게 보내는가? 무엇을 고민하면서 첫 일 년을 성공적으로 마치는가? 가장 힘든 일은 무엇이고 그 일을 어떻게 해결해 가는가?

Louis Smith와 William Geoffrey의 〈The complexities of an urban classroom〉

● 영역: 교육과정, 수업
● 연구 문제: 미국 초등학교의 한 교실에서 교사는 수업을 어떻게 진행하는가? 교사가 개발한 교수이론은 어떤 것인가?

Michelle Fine의 〈Framing dropouts〉

● 영역: 비판문화기술지, 교육과정
● 연구 문제: 노동계층의 고등학교 학생들은 졸업을 하지 못하고 왜 자퇴하는가? 자퇴를 만드는 학교의 암시적 문화는 무엇인가?

Susan Bracken의 〈The Balancing act〉

● 영역: 페미니즘 교육학, 교사발달, 교육행정
● 연구 문제: 세 명의 초등학교 여교사는 어떻게 하여 교장으로 승진했는가? 그들의
　승진은 남자 교장과는 어떻게 다른가(발달의 경로)? 그들의 아동관과 철학은 남자
　교장들과 어떻게 다른가?

Debora Britzman의 〈Practice makes practice〉

● 영역: 교육과정, 교사교육
● 연구 문제: 두 명의 교생실습 학생들은 교육실습을 통해 어떻게 발달해 가는가?

Gail McCutcheon의 〈Solo and group deliberation〉

● 영역: 교육과정, 수업
● 연구 문제: 초등학교 교사들이 수업을 하는 데 있어서 내리는 결정은 도대체 어디에
　서 온 것인가? 그들의 실제적 지식은 수업을 어떻게 구조화하는가?

Robert Bogdan의 〈Autobiography of Jane Fry〉

● 영역: 특수교육, 젠더의 사회학
● 연구 문제: 트랜스젠더인 Jane Fry는 어떻게 일생을 살아왔는가?

Hugh Mehan의 〈Learning lessons〉

● 영역: 민속방법론, 대화분석, 수업연구
● 연구 문제: 교실에서의 대화는 다른 장소에서의 대화와 어떻게 다른가? 교실의 대화
　구조의 시퀀스는 어떤 특징을 가지는가?

Carol Gilligan의 〈In a different voice〉

● 영역: 여성학, 도덕발달
● 연구 문제: 여성의 도덕발달의 특징은 무엇인가? 남성의 도덕발달 단계와 어떤 차이
　점이 있는가?

Douglas Macbeth의 〈Classroom order as practical action: The making and un-making
of a quiet reproach〉

● 영역: 미시문화기술지, 수업연구
● 연구 문제: 교실에서 교사는 어떻게 교실관리를 유지하는가? 교실의 질서를 유지하
　기 위해 교사가 사용하는 대화구조의 숨겨진 역할은 무엇인가?

⟨Beyond surface curriculum⟩

- 영역: 교육과정, 교육 프로그램 평가
- 연구 문제: 미국 정부가 의도하고 실행한 교육개혁이 실제적으로 학교 차원에서 나타났는가? 나타나지 않았다면 그 이유는 어디에 있는가?

Barrie Thorne의 ⟨Gender play: Girls and boys in school⟩

- 영역: 젠더의 사회학, 비판문화기술지
- 연구 문제: 초등학교에서의 여학생과 남학생은 어떻게 다르게 사회화되는가?

Francis James-Brown의 ⟨Black male crisis in the classroom⟩

- 영역: 비판교육과정 연구
- 연구 문제: 백인 중심의 연구대학에 들어간 흑인 학생은 무엇을 경험하는가?

Florio Schultz의 ⟨Social competence at home and school⟩

- 영역: 대화분석, 미시문화기술지
- 연구 문제: 가정과 학교에서 나타나는 아동의 대화 참여구조는 어떻게 다른가?

Jean Anyon의 ⟨Social class and hidden curriculum of work⟩

- 영역: 교육과정, 교육과정의 사회학
- 연구 문제: 사회계층이 다른 다섯 개의 학교 교육에서 각 아동이 갖는 학습 경험과 잠재적 교육과정의 특징은 무엇인가? 자본주의 미국의 학교 교육은 아동들에게 차별적인 교육과정을 어떻게 제공하고 이를 내면화하고 있는가?

Max van Maanen의 ⟨The tone of teaching⟩

- 영역: Pedagogy, 교사교육
- 연구 문제: 아동과 교사가 맺고 있는 교육적 관계(pedagogical relationship)는 교육실제에서 어떤 양상으로 드러나며, 그 속에서 가르친다(teaching)는 말의 의미를 우리는 어떻게 이해하고 실천해야 하는가?

O. F. Bollnow의 ⟨The pedagogical atmosphere⟩

- 영역: Pedagogy
- 연구 문제: 교사와 아동의 교육적 관계는 그들을 둘러싼 환경(분위기)의 영향을 받는다. 어떤 분위기를 교육적 분위기라고 할 수 있으며, 그와 같은 분위기는 어떻게 형성되는 것인가?

M. van Maanen의 〈Moral language and the pedagogical experience〉

- 영역: Pedagogy
- 연구 문제: 교육적 장면에서 드러나는 다양한 현상들을 설명하고 이해하기 위해 우리가 채택하는 수많은 용어나 개념들에는 도덕적 의미가 담겨 있다. 그러나 그러한 의미들이 교육현장에서 언제나 '살아있는 것'으로 드러나지는 않는다. 무엇이 그와 같은 차이를 만들며, 그러한 차이를 극복하기 위해 우리가 할 수 있는 일은 무엇인가?

〈On the epistemology of reflective practice〉

- 영역: 교사교육
- 연구 문제: 반성적 실천이란 무엇이며, 그것이 교사들의 삶에서 갖는 의의는 무엇인가?

Max van Maanen의 〈Childhood's secrets: Intimacy, privacy and the self reconsidered〉

- 영역: Pedagogy
- 연구 문제: 아동들은 비밀의 세계를 어떤 방식으로 경험하며, 그와 같은 경험들은 아동들이 갖는 친밀감(intimacy)의 요구, 프라이버시 등과 어떻게 관련되는가? 또 그러한 것들은 아동들의 자아형성이나 성장, 발달에 어떠한 영향을 미치는가?

V. Bergum의 〈Woman to mother: A transformation〉

- 영역: 여성학
- 연구 문제: 여성에게 있어서 임신과 출산은 어떤 의미이며, 어머니가 된다는 것이 여성의 삶에 있어서 어떤 변화를 초래하는가?

R. Montgomery-Whicher의 〈The phenomenology of drawing〉

- 영역: 미술교육
- 연구 문제: 그림 그리기가 우리 삶에서 갖는 의미는 무엇이며, 회화 교육의 의의와 중요성은 어떻게 이해될 수 있을 것인가?

H. Bleeker와 K. Mulderij의 〈The experience of motor disability〉

- 영역: 특수교육
- 연구 문제: 장애아동들은 신체적 장애를 어떻게 경험하며, 그러한 경험이 삶에 어떤 의미를 갖는가? 또 그러한 경험과 의미에 대한 공감적 이해를 갖는 것이 교육자들에게 중요한 까닭은 무엇인가?

N. Friesen의 〈Student-computer relation: A phenomenology of Its pedagogical significance〉
- 영역: 원격교육
- 연구 문제: 컴퓨터 공학과 인터넷의 발전은 전통적인 교수체제와는 다른 새로운 형태의 교수-학습 상황을 탄생시켰다. 원격교육, 컴퓨터를 통한 교육방식을 학생들은 어떻게 경험하며, 그것은 전통적인 면대면 교수방식과 어떤 점에서 동일하며 또 어떤 점에서 차이를 갖는가?

이러한 국외의 연구들과 달리, 국내의 연구물에서는 연구 문제를 주로 세 가지 이상으로 구체화해서 제시하는 경우가 많다. 이는 앞서 밝혔던 연구의 목적 혹은 필요성에 따라 연구를 수행하고자 하는 연구의 최종적인 목적을 달성하기 위한 중심적인 연구 문제들을 구체화할 필요성이 요구되기 때문에 이에 따르는 연구 문제를 세 가지 이상으로 압축하여 밝히는 것이다. 아울러, 단순히 연구 문제만을 제시하기보다는 각 연구 문제가 전체적인 연구의 과정 속에서 어떠한 의미를 가지는지도 상술한다. 먼저 주재홍(2014)이 제시한 연구 문제를 살펴보자.

[예] 주재홍(2014)의 '한국 청소년 성 소수자의 삶과 딜레마에 대한 생애사적 탐구'

이와 같은 문제의식하에 본 연구는 우리나라 청소년 성 소수자들이 성장과정에서 겪게 되는 성 정체성에 대한 자기인식과 이에 따른 딜레마를 규명하고자 한다. 즉, 청소년 동성애자들이 성 정체성의 이해와 발달을 위해 어떤 문화적/사회적 관계를 형성하는지 질적연구를 통해 묘사하고, 이들이 지각하는 교육적 요구나 핵심 이슈들은 무엇인지를 교육학적 측면에서 탐구하는 것이다. 이를 위해 다음과 같은 세 개의 연구 문제를 설정했다.

연구 문제 1 우리나라 청소년 성 소수자들의 자아 정체성은 어떻게 발달하고, 그 특징은 무엇인가?

청소년기는 자아정체성을 형성하게 되는 중요한 시기이다. 특히, 요즘 청소년 성 소수자들은 과거처럼 혼란기나 저항기를 거치지 않고, 자신의 정체성에 대해 쉽게 받아들이며 자긍심을 갖고 긍정적으로 생각하거나 아니면 아예 전통적인 성 소수자의 범주에 자신을 포함시키기를 거부하여 이성애자와 성 소수자의 구분 자체를 무의미하게 본다(Savin-Williams, 2005). 따라서 이 연구는 청소년 성 소수자들의 생애담(life histories)을 경청하고 재해석함으로써 그들의 자아 정체성이 어떻게 발달하고 그 특징이 무엇인지를 규명할 것이다. 이를 통해 청소년 성 소수자들이 자신들에 대한 긍정적/부정적 인식, 또는 자아에 대한 편견과 강점의 인식, 그리고 그러한 정체성에 영향을 미치는 다양한 환경적 요소 등이 무엇인지를 알 수 있을 것이다. 또한 동성애에 대한 우리사회의 담론이 서구사회와 다르다는 점에서 서구 청소년의 자아 정체성 발달과 비교했을 때 공통점과 차이점을 규명할 수 있을 것이다.

연구 문제 2 **우리나라 청소년 성 소수자들의 학교와 학교 바깥 생활세계의 특징은 무엇인가?**

우리나라 청소년 성 소수자들은 동성애에 대해 금기시하고 혐오의 대상으로 인식하는 부정적인 사회분위기속에 노출되어 있다. 그들은 일반 청소년과는 다른 성의식과 동성애 경험으로 인해 고민을 쉽게 노출하기 어렵고, 다양한 어려움을 호소할 수 있다. 이로 인해 청소년 성 소수자들은 일반 청소년들과는 다른 학교생활과 학교 바깥 생활을 경험하고 있을 것으로 추측된다. 따라서 본 연구에서는 청소년 성 소수자들이 다른 일반 청소년들과는 달리 자신들의 성적 지향과 욕망을 위해 어떤 일상적 삶을 살아가고 있으며, 어떤 문화적/사회적/인간관계적 활동을 하고 있는지를 규명하게 될 것이다. 이를 통해 그들의 놀이문화와 소비문화, 그리고 네트워크 형성의 특징 등을 밝힐 수 있을 것이다.

연구 문제 3 **우리나라 청소년 성 소수자들의 경험과 학교교육의 다양한 반동성애적 교육 문화와 요소는 무엇인가?**

최근 수년 동안 성적소수자에 대한 우리 사회의 담론과 인식의 많은 변화에도 불구하고, 성적 소수자에 대한 객관적인 인식과 사회적 차별의 문제는 학교교육에서 다뤄지지 않았고 배제되어왔다. 오히려 최근 '성적 지향' '성별 정체성'을 '개인 성향'으로 뭉뚱그려 서울시의회에 재상정한 서울시교육청의 인권조례의 사례처럼, 우리나라 학교교육은 동성애는 여전히 무시하거나 억누르거나 올바른 정체성으로 고쳐줘야 할 것에 지나지 않는 것으로 보고 있다. 따라서 본 연구에서는 우리나라 청소년 성 소수자들이 경험한 학교교육의 반동성애적 교육문화와 요소를 규명하게 될 것이다. 그리고 그러한 학교의 다양한 반동성애적 교육내용과 문화는 어떻게 청소년 성 소수자들의 교육적 권리와 인권, 평등추구권에 부정적으로 영향을 끼치고 있는지를 탐구하게 될 것이다. 이를 통해 학교의 문화, 교육내용, 교사의 생활지도 등의 반동성애적 지도방법과 신념들을 규명하고, 청소년 성 소수자들의 정서적 발달을 저해하는 학교의 다양한 물리적/문화적/구조적 메시지와 내용들을 발견하고 제거하는 데 기여할 수 있을 것이다.

다음에는 이동성(2013)의 사례를 살펴보자.

[예] 이동성(2013)의 '현장교사들의 전문성 발달에 대한 예술기반 생애사 연구'

앞서 밝힌 바와 같이, 이 연구는 초중등 현장교사들의 전문성 발달에 대한 개인적 기억과 체험 그리고 이야기들을 예술기반 생애사 연구법을 통해 조명함으로써 교사 전문성의 발달 기제와 구조를 해석적으로 탐구하고자 한다. 아래에 제시한 연구 문제들은 순차적이고 독립적인 관계가 아니라, 상호작용적인 관계를 나타낸다. 연구 목적을 달성하기 위한 세부적인 연구 문제를 제시하면 다음과 같다.

연구 문제 1 **초중등교사들이 이야기하는 전문성의 개념과 의미는 무엇인가?**

현장교사들의 교수 전문성은 잠재적이고 암묵적인 특성이 있기 때문에 기존의 연구방법과 언어로 재현하는 데 한계가 있을 수 있다. 따라서 이 연구는 각 교사들의 생애담(life histories)을 경청하고 재해석함으로써 각 교사들의 전문성에 대한 개념과 의미를 포착하고, 그것을 문학적 및 예술적 글쓰기를 통해 재현하고자 한다. 이러한 시도는 그동안 간과되었던 교사 전문성의 재개념화에 기여할 수 있을 것이다.

연구 문제 2 **초중등교사들은 각자의 고유한 전문성을 어떻게 형성했는가?**

각 교사들은 자신들이 처한 개인적, 제도적, 역사적 상황에 따라서 각자의 고유한 교수 전문성을 형성했을 것이다. 따라서 이 연구는 각 교사들의 생애 전반을 역사적으로 추적함으로써 전문성 발달의 심리적 기제와 사회적 구조를 탐구할 것이다.

연구 문제 3 **현장교사들이 전문성을 형성하는 데 영향을 미친 요소는 무엇인가?**

현장교사들이 자신만의 고유한 교수 전문성을 신장하는 데 영향을 미친 개인적, 제도적, 사회적, 문화적, 정치적, 경제적, 역사적 맥락을 검토할 것이다. 즉, 교사들의 개인적 이야기와 체험을 보다 거시적인 맥락에 유기적으로 연결함으로써 교사 전문성 발달의 촉진 및 저해 요인을 심층적으로 해명할 것이다.

연구 문제 4 **전문성 발달은 교사로서의 직업적 삶에 어떠한 변화를 가져왔는가?**

각 교사들이 형성한 교수 전문성은 사적인 체험에 머물기보다는 교사로서의 직업적 삶에 영향을 미쳤을 개연성이 크다. 따라서 이 연구는 교사로서의 전문성 발달과정과 결과가 교실수업과 학생 생활지도 측면에서 어떠한 변화를 가져왔는지 밝히고자 한다. 특히 교사들의 정체성 및 역할의 변화가 교수적인 실천과 어떻게 연결되는지를 집중적으로 탐구할 것이다.

연구 문제 5 **초중등교사들은 전문성과 관련하여 어떠한 공통점과 차이점을 나타내는가?**

우리나라의 초등교사와 중등교사가 경험하는 교수 전문성 사이에 어떠한 공통점과 차이점이 있는지를 살펴보고자 한다. 초중등교사의 전문성에 대한 차별화는 전문성 신장을 위한 학교 급별 맞춤형 교사연수의 계획 수립과 실행에 이론적 및 실천적인 기여를 할 수 있을 것이다.

연구의 중요성과 가치

질적연구의 계획서에서 많은 연구자들이 놓치고 있는 글쓰기 영역은 연구의 중요성이다. 양적연구의 경우, 그 어떤 특정한 변인들의 상관관계를 규명한다든지 하여 매우 실제적인 중요성을 강조할 수 있지만 질적연구의 경우, 그러한 명백한 명시적 중요성을 강조하기 힘들다. 그러한 점에서 실증주의자인 포퍼(Popper)와 해석주의자였던 슈츠(Schutz)가 주고받은 편지를 통한 논쟁은 유명하다. 필자의 기억에 따르면, 이 둘의 편지에서 포퍼는 슈츠의 현상학적 연구에 대해 특정한 현상을 이해하는 것이 우리 사회현상의 발달과 개선에 어떤 기여를 하는지와 관련하여 'So what'이라는 답장을 보냈다. 실제의 개선이나 예측을 할 수 없는 국지적 이해가 '그래서 무슨 의미를 갖느냐'고 반박한 것이라고 할 수 있다.

필자의 경우, 질적연구의 초창기에는 현상 자체에 대한 묘사나 이해만으로도 교육연구의 가치가 있다는 입장을 가졌지만 세월이 흐르면서 이에 대한 시각이 달라졌다. 질적연구는 현장에 대한 관심과 개선, 개혁에 그 어떤 패러다임보다도 더 크게 기여할 수 있고 잠재력이 있다고 생각한다. 따라서 질적연구가 연구자 한 사람의 개인적인 학술적 흥미를 넘어서 특정 연구 학문 분야의 새로운 지식의 창출에 기여해야 할 필요가 있으며 현장에 어떤 실제적 개선을 할 수 있는지에 대한 중요성을 기술해야 한다. 이와 관련하여 마샬과 로스만(Marshall & Rossman, 1989: 31)은 연구의 중요성에 대한 기술에 있어서 연구자가 고려해야 하는 내용으로 다음과 같은 항목들이 있다고 강조했다.

(1) 누가 이 탐구 주제에 관심을 가지고 있는가?
(2) 이 주제에 대해 우리가 이미 알고 있는 내용은 무엇인가?
(3) 기존의 연구에서 적절하게 답해지지 않은 내용은 무엇인가?
(4) 이 연구 주제가 이 영역의 지식, 실제, 정책에 어떤 기여를 할 것인가?

그런데 문제는 우리나라의 질적연구자들, 논문연구자들이 학위 논문 계획서에 연구 목적과 연구 문제를 진술하는 데 있어서 연구 결과가 어떤 점에서 중요성과 가치를 갖는 지에 대해 중요하게 서술하지 않는다는 점이다. 자세히 읽으면 그 중요성이 담겨 있지만 독자들은 저자가 알려 주지 않는 이상 그 중요성이 어디에 있는지를 알 수 없고 알려고 하지 않는다. 따라서 대부분의 질적연구 학위 논문의 경우에 연구자는 연구 문제에 대한 학술적 탐구의 필요성에 대해 서론에 강조할 뿐 이 연구 문제에 대한 탐색이 학문 분야와 교육현장에서 그 어떤 실제적인 기여를 할 수 있는지에 대해 자세하게 써 내려가는 글쓰기를 하지 않고 있다. 이렇게 된 이유는 질적연구에서의 글쓰기와 관련한 훈련이 제공되지 않아서겠지만 가장 큰 이유는 연구/탐구 자체에 대한 가치를 지나치게 강조하면서 그 결과가 갖는 실제적, 현장적, 기관적 시사점과 기여점에 대해 심도 있게 생각하지 않았기 때문이라고 생각한다. 그러한 점에서 연구의 중요성의 강조는 연구자가 독자에게 자신이 밝히고자 하는 것이 무엇인지, 어떤 의미를 가지고 있는지를 이해시키는 역할을 한다. 그리고 독자들은 저자의 연구에 관한 상황 설명을 읽음으로써 그 연구가 보편타당하면서도 가치 있다는 것을 느끼게 된다(Golden-Biddle & Locke, 2007: 27).

이러한 기준을 중요하게 생각하게 된 필자는 최근 여러 대학의 박사학위 논문 계획서 심사 또는 졸업 논문 심사에서 학위 연구자에게 제1장 서론의 마지막 부분의 하나로 이 연구 결과와 연구 작업이 다른 연구들에 비해 어떤 점에서 이론의 생성, 새로운 담론의 규명, 새로운 연구 관점의 제공, 실제 현장에 대한 새로운 지식의 창출 등과 관련하여 중요성을 갖는지 그리고 가질 수 있는지에 대해 자세하게 기술하도록 요구한다. 그리고 그렇게 쓰인 질적연구 계획서는 '연구의 중요성'이 누락된 연구 계획서에 비해 훨씬 더 무게감이 있고 연구의 의의를 찾을 수 있으며, 자칫 추상적이거나 이론적으로 끝날 수 있는 질적연구 작업의 가치를 매우 현실적으로 관련시킬 수 있다는 점에서 심사위원들에게 좋은 평가를 받는 결과를 가져왔다.

다음은 질적연구의 중요성을 잘 나타낸 연구의 내용이다.

[예] 샌드버그(2002)의 조직관리에 대한 연구

차량 생산, 질병 치료, 운송업, 교직과 같은 조직적 행위는 항상 인간의 수행능력의 영향을 받는 직업이다. 그리고 그러한 조직에서의 관리 문제는 그 조직이 생존하고 생산성을 높일 수 있도록 그 조직에서 일하고 있는 구성원들의 수행능력을 개발하는 일과 깊은 관계가 있다. 그래서 그런지 최근에 와서 인간 수행능력의 개발은 더욱더 중요한 인재개발의 목표 가 되고 있다. …… 그러나 훈련과 개발을 효율적으로 달성하기 위해, 관리자는 구성원들 이 작업을 하는 데 요구되는 인간 수행능력이 무엇인지를 잘 이해할 필요가 있다(p. 9).

[예] 데니스 등(2000)의 새로운 CEO에 대한 연구

조직의 CEO에 대한 낭만적인 개념, 즉 CEO가 기업의 운명을 결정하는 전지전능하고, 박학다식하며, 조직을 모두 통제할 수 있는 권력을 가지고 있는 존재라는 개념은 사업계에 널리 퍼져 있다(Meindl et al., 1985). 따라서 새로운 CEO가 조직에 부임하게 되면 몇 달이 되지 않았음에도 CEO에게 많은 기대가 요구된다. 그 예로 조직의 장단점을 파악하고, 새로운 전략과 비전을 제시하고, 조직 재구조화에 대한 계획을 제출해야 하고, 심지어 그 조직 전체를 완전히 장악해야 한다는 믿음이 있다(예, Dobrzynski, 1993). 그러나 어떤 CEO가 새로운 조직에 부임해서 그 조직을 이해하고 통제하게 되는 과정은 '간단한' 일과는 전혀 거리가 멀다. …… 이에 이 연구는 한 CEO가 새로운 조직에 부임하여 어떻게 적응하고 통제하게 되는지에 대한 역학 과정을 심층적으로 이해하는 것을 목적으로 한다.

이동성(2013)의 경우에는 생애사 연구에 대한 학술적 논의들이 얼마나 이루어지고 있는지를 분석하고자 했으며, 교사의 전문성 발달에 대한 생애사적 연구가 얼마만큼의 학술적 중요성을 지니는지를 설명하고자 했다.

앞서 밝힌 바와 같이, 논리실증주의에 기초한 양적연구방법만으로는 교사들의 고유한 교수 경험에서 비롯된 전문성 발달의 기제와 구조를 밝히기가 쉽지 않다. 따라서 각 교사들이 형성한 전문성 발달의 복잡한 기제와 구조를 밝히기 위해서는 생애사 연구를 통해 현장교사들의 개인적 삶에 대한 사회적 및 역사적 의미를 조명할 필요가 있다. 왜냐하면, 생애사 연구는 개인적 경험을 역사적 및 사회적 맥락에 위치시킴으로써 특정한 경험과 사건에 대한 의미를 해석하기에 유용한 방법론이기 때문이다(김세은, 2012: 299). 따라서 우리는 현장교사들의 삶에 대한 생애사 연구를 통해 교사들의 개인적 전문성을 한국의 사회문화적 및 역사적 맥락 속에서 이해할 수 있으며, 교사들의 직업적 삶을 역으로 추적함으로써 한국의 교육적 및 역사적 맥락을 심층적으로 이해할 수 있을 것이다.

한편, 생애사 연구에서의 언어적 글쓰기는 연구 결과의 재현을 가능케 하지만, 동시에 재현을 제한하기도 한다(Dhunpath & Samuel, 2009: 30-31). 언어적 재현방식에 대한 이러한 비판은 포스트모던 연구 영역에서 촉발되었다. 프랑스의 후기구조주의자인 데리다의 해체이론을 지지하는 레이더(1991)의 관점에 따르면, 언어는 '거울과 같은 실재'를 재현하는 데 한계가 있다. 한 개인의 내부적 삶은 언어와 기호 그리고 의미화의 과정을 통해 걸러진다. 그러나 언어 그 자체는 가치중립적이지 않으며, 특정한 실재를 창조하기 위한 사회적 수단에 가깝다. 따라서 연구자와 연구 참여자에 의해 사용된 언어는 거울처럼 삶을 비추기보다는 특정한 사회적 세계에서의 삶을 새롭게 창조하는 것에 가깝다(Dhunpath & Samuel, 2009: 30).

따라서 생애사 연구자는 양적연구나 일반적인 질적연구에서의 언어에 기초한 사실적이고 객관적인 글쓰기와 차별화된 대안적 형태의 재현방식을 적용할 필요가 있다(Dhunpath & Samuel, 2009: 85-92; Hammersley, 2008: 22-36). 또한 생애사 연구자는 연구 결과의 가독성을 강화하기 위한 장식적 수단으로 대안적 글쓰기를 하는 것이 아니라, 새로운 인식론적 가능성을 탐구하기 위한 수단으로 글쓰기를 해야 한다(Dhunpath & Samuel, 2009: 85-92). 왜냐하면, 생애사 연구에서의 대안적 글쓰기는 독특한 존재론적 및 인식론적 가정에 근거하기 때문이다(Hammersley, 2008: 22-36; Wicks & Whiteford, 2006: 94-100). 여기에서 말한 존재론적 가정이란 '실재란 무엇인가'에 대한 물음이며, 인식론적 가정이란 우리가 '어떻게 아는가'에 대한 물음을 의미한다(Wicks & Whiteford, 2006: 94-100).

또한 연구자는 생애사적 접근 중 '예술기반 연구'에 초점을 맞추어, 이러한 예술기반의 생애사 연구가 교사의 이야기와 삶을 이해하는 데 얼마나 기여할 수 있는지 강조하고 있다.

이러한 맥락에서 교육학을 비롯한 최근의 사회과학 연구는 새로운 탐구의 장르로서 '예술기반 연구(arts-based research)'에 주목하고 있다. 그 예로, 콜과 나울즈(Cole & Knowles, 2001: 10-11)는 생애사 연구에서 심미적 접근을 시도했다. 소위 '예술기반 생애사 연구'는 과학적 방법으로 칭해지는 전통적 탐구방식의 엄격성, 선형성, 형식성, 체계성에 도전하면서, 예술장르의 상상적인 특징을 강조하고 있다(Cole & Knowles, 2001: 10-11). 즉, 예술기반 생애사 연구는 다양한 문학 및 예술장르, 즉 시, 소설, 자서전, 연극, 드라마, 그림, 콜라주, 영화, 비디오, 무용, 음악, 사진 등을 연구 과정과 글쓰기 작업에 적용하고 있다(김영천 · 이동성, 2013: 5-15).

예를 들면, 참여자는 회화적 사고방식 혹은 회화적 관점으로 실재를 바라보며, 그러한 이야기 방식과 관점에 기초하여 이론적 의미를 이끌어 낸다(Cole & Knowles, 2001: 11). 또한 콜라주나 시를 통해 자신의 생애를 이야기하는 사람들의 경우, 그들은 콜라주나 시의 내적 논리를 통해 교사로서의 정체성을 형성하며, 그러한 정체성을 통해 타자들과 대상세계를 인식하고 상호작용한다(Cole & Knowles, 2001: 11). 즉, 문학 및 예술장르는 문자화된 텍스트를 대체하여 진리와 사실을 전달하는 표현적 도구가 아니라, 그 자체가 연구 참여자들의 실재를 재현하기 위한 방법론적 렌즈라고 볼 수 있다. 따라서 예술기반 생애사 연구에서의 문학적 및 예술적 글쓰기는 연구 결과를 독창적으로 제시하기 위한 재현수단이 아니라, 화자들의 이야기와 삶을 이해할 수 있는 일종의 인식론이라고 볼 수 있다.

따라서 이 연구는 예술기반 생애사 연구에 기초하여 현장교사들의 전문성 발달을 탐구하고자 한다. 즉, 이 연구는 예술기반 생애사 연구에 기초하여 현장교사들의 전문성 발달의 기제와 구조를 탐구함으로써 그들의 고유한 전문성이 우리나라의 정치적, 경제적, 사회문화적, 역사적, 교육적 맥락과 어떠한 관련성이 있는지 탐구하고자 한다. 이 연구의 결과는 우리나라 현장교사들의 전문성 발달의 과정과 그 결과를 심층적으로 해명함으로써 학교교육의 이해와 개선을 위한 이론적 및 실천적 함의를 제공할 것이다.

연구의 제한점

제한점이 전혀 없는 연구는 존재하기 힘들다. 즉, 완전하게 설계된 연구가 있을 수 없다는 말이다. 패튼(Patton, 1990)은 "완전한 연구 설계는 없다. 언제나 얻는 게 있으면 잃는 게 있다."라고 언급했다. 연구의 제한점에 대한 논의는 연구자들이 무엇을 배우고 있는지와 관련된 일반화나 확정성에 대한 자만적인 주장을 할 수 없다는 현실에 대한 이해를 묘사한다. 제한점은 개념적인 뼈대나 연구 설계로부터 기한된다. 초기 계획에서의 이러한 제한점에 대한 논의는 독자들에게 무엇을 연구할 것인지에 대해, 즉 어떻게 연구의 결론이 이해에 도움을 줄 수 있을지 혹은 없을지에 대한 연구의 범위에 대해 알게 해준다. 예를 들어, 인도네시아의 땅 사용에 대한 연구는 경제를 발전시키는 데 적합할 수 있다. 왜냐하면 독자들은 연구가 비판을 가라앉히는 데 도움을 주는 방식으로 설계되었을 때, 게다가 종합적인 설계는 이 연구가 얼마나 폭넓게 적용 가능한지를 가리킨다. 비록 질적연구들이 통계적인 관점에서는 일반화가 불가능하지만, 질적연구를 통한 발견은 변형 가능하다. 이러한 점들에 대한 논의들을 통해 독자들은 해당 연구가 구체적인 맥락에 위치하고 제한된 연구임을 깨닫게 된다. 그러면 독자들은 다른 상황을 위한 그것의 유용성을 판단하게 된다.

이론적 배경 글쓰기의 전략

이론적 배경 및 연구 동향 밝히기

이론적 배경과 문헌 분석은 연구 관련 정보에 대한 과거와 현재 상태를 기술해 주고 연구 주제를 조직하는 것을 말한다. 또한 제안된 연구의 필요성을 알려 주는 학회지의 논문, 서적, 다른 자료를 요약한 내용을 말한다. 모든 연구자들은 자신의 연구에서 연구의 기초적 작업으로서 이론적 배경 작업 또는 문헌 분석 작업을 한다. 모든 사회과학 연구가 한 연구자가 선택한 이론에 기초하여 이루어진다는 점에서 연구자가 연구 계획서에서 자신이 현상/실재를 분석하기 위해 의존하게 될 이론이 무엇인지를 기술하는 것은 당연하다. 특정한 이론체계 없이 현상과 경험을 기술한다는 것은 불가능하기 때문에 사회과학 연구자들은 자신이 선택한 이론에 기초하여 현상을 기술하고 해석하고자 한다. 그러한 점에서 양적연구, 질적연구, 또는 역사연구 역시 예외가 아니다.

때때로 양적연구가 객관적이고 과학적이라고 이야기하지만 이미 연구자가 연구 현장에 들어가기 이전에 특정한 이론을 가지고 질문지를 만들고 자료를 수집하기 때문에 양적연구 역시 시작부터가 주관적이고 상대적인 연구라고 말할 수밖에 없다. 예를 들어 인지발달이론에서 아동을 연구하는 경우 연구자는 연구의 문제와 가설을 인지발달의 관점에서 만들게 되며, 콜버그의 도덕성 이론으로 학교교육 프로그램의 특징을 평가하고자 할 때 연구자는 이미 학교 도덕교육의 현상을 콜버그의 이론으로만 해석하려고 할 뿐이다. 그러한 점에서 모든 사회과학 연구자는 피자의 한 조각을 덜어 낸 것처럼 역사적으로, 문화적으로, 이론적으로, 언어적으로 영향을 받는 주관적이고 상대적이며 부분적인 존재일 뿐이다. 과학하는 행위의 이러한 특징을 감안한다면, 그리하여 진실 생산의 불완전성, 비결정성, 비정초성(anti-foundationalism)을 수용한다면 연구 계획서 쓰기는 바로 연구자가 어떤 위치에서 현상을 바라보고 해석하려고 하는지를 공개적으로 노출하는 반성적 작업에 속한다. 연구자가 왜 그 현상을 그렇게 바라보려고 하는지를, 그러한 흥미를 느끼는지를 독자에게 알려 주는 공간이 된다. 이러한 연구 배경과 개인적 취향의 노출은 연구자가 연구 현상을 연구하는 데 어떠한 체계와 범위 안에서 연구하려고 했는지를 드러내는 것이기 때문에 있을 수 있는 모든 공격(다른 이론들에서 나타난 결과들)으로부터 자신의 연구 행위를 보호할 수 있는 장치가 된다.

교육연구에서 이론적 배경의 활용은 양적연구와 질적연구에 있어서 다른 역할을 한다. 먼저 양적연구는 이론의 완성과 법칙의 발견을 목적으로 하기 때문에 연구 계획서에서 이론적 배경이 차지하는 비중이 상당히 크다. 연구자가 선택하는 연구 문제는 한 개인의 가변적인 또는 일시적인 사유에서 출발하기보다는 지난 오랜 세월 동안에 기존의 연구자들이 검증해 온 연구 결과나 이론에서 도출된다. 즉, 연구자의 연구 문제는 기존 이론의 정당성을 끊임없이 검증하여 그 이론의 타당성이나 일반화를 위한 확정작업 과정이다. 그렇기 때문에 양적연구를 하는 연구자는 연구할 문제와 관련된 배경지식과 기존 이론에 대해 통달해야 하며 그러한 이론에 대한 배경지식에 박식하다는 증거를 이론적 배경에 대한 완벽한 서술을 통해 드러내야 한다. 그 결과로서 양적연구에서 이론적 배경에 대한 서술은 길며, 세부적이며, 체계적이고, 안내적이다.

이와 관련하여 크로스월(Krathwohl, 1997: 103)은 양적 연구에서 문헌고찰이 갖는 역할을 다음과 같이 정리해 놓았다.

(1) 연구 문제를 개념화하는 데, 세련화하는 데, 또는 실행 가능한 크기와 범주로 감환하는 데 도움을 준다.

(2) 주요한 변인들을 설정하는 데 도움을 준다.

(3) 변인들 간의 관계를 이해하는 데 도움을 준다.

(4) 연구 문제의 역사를 추적하는 데 도움을 준다. 이 주제에 대한 연구가 언제, 어디에서, 누구에 의해 시작되었고 얼마나, 어떻게 진행되었는지를 알게 해준다.

(5) 연구 문제를 기존에 존재해 온 이론의 네트워크 또는 설명체계와 관련시킨다.

(6) 보다 나은 연구를 할 수 있는 아이디어들을 제공해 준다. 기존의 연구에서 나타난 실수를 피해야 하고 어떤 새로운 방법들이 더 효과적일 것인지를 결정하는 데 도움을 준다.

(7) 연구 문제를 기존 연구 상황에 위치시킴으로써 그 연구 문제가 과거의 연구 문제와 어떤 관계가 있는지 아니면 그 연구 문제의 수준을 뛰어넘는 것인지를 규명해 준다.

그러나 양적연구에서 문헌 분석과 이론적 배경의 중요성이 차지하는 비중과 달리 질적연구에서 이론적 배경의 활용은 그만큼 강조되지 않는다. 사회과학에서의 절대적인 이론은 존재하지 않는다는 신념, 실재와 진실은 사회적 구성이라는 전제를 가지고 있는 질적연구에서 이론에 대한 지나친 신봉은 질적연구의 궁극적인 목적에 부합되지 않는다. 또한 새로운 현상이나 알려져 있지 않은 현상을 연구하는 경우에 연구자가 연구 초기에 작성하는 연구논문 계획서 쓰기에서 관련된 참고문헌이나 이론들을 찾아서 기술하고 자신의 이론적 입장을 명료하게 강조하기가 어려울 것이다. 연구의 목적이 특정한 한 사례에 대한 현상의 기술이나 심층적인 이해인 경우에는 어려움이 더욱 클 것이다.

그러나 질적연구 계획서 역시 '과학'이라는 이름 아래 이루어지는 과학적인 활동인 만큼 연구자가 현상을 어떠한 이론적 체계 속에서 바라보고자 하는지를 제시하는 것은 필요하다. 질적연구자 역시 연구 계획서에 자신의 연구가 어떠한 이론적 배경 속에서 도출되었으며 연구 현상을 어떠한 관점과 이론에서 바라보려고 하는지를 기술할 수 있어야 한다. 그러한 점에서 이론적 배경은 연구의 필요성과 관련된 선행 연구들의 종합, 연구 문제의 배경을 이해시켜 줄 수 있는 관련 문헌들의 요약, 또는 관련될 수 있는 잠정적인 이론들에 대한 설명을 다루어야 한다.

그 예로서 크레스웰(Cresswell, 2004, pp. 78-80)은 질적연구에서의 문헌 분석은 양적연구와는 그 성격이 다르다고 설명했다. 그에 따르면 양적연구의 경우 연구의 초반부에 연구와 관련된 문헌들을 방대하게 다룬다. 이러한 문헌 분석은 두 가지 역할을 하는데, 첫째, 연구 문제가 얼마나 중요한지를 강조하는 것이고, 둘째, 연구 목적, 연구 질문 또는 가설에 대한 합리적 원리를 제공하는 것이다. 따라서 양적연구에서 연구자들은 문헌 분석을 한 '장(chapter)'으로 구분하여 문헌 분석의 가치를 드러낸다. 또한 연구의 결말 부분에 자신의 연구 결과가 기존의 연구 자료들과 얼마나 일치했는지를 비교한다.

이에 비해 질적연구에서의 문헌 분석은 다르다. 연구의 중요성을 강조하기 위해 연구의 초반부에 문헌 분석에 대해 할애하지만 양적연구만큼 방대하게 다루지는 않는다. 문헌 분석이 이렇게 상대적으로 비중이 낮아진 이유는 참여자의 관점이 드러날 수 있도록 하기 위해 기존의 연구 문헌에 제시되어 있는 결론이나 가설로 연구자의 사고나 탐구를 방해하지 않기 위한 것이다. 아울러 문헌 분석의 내용을 연구 결론 부분에 제시하는 경우가 있는데 이 목적은 자신의 연구에서 나온 결과들이 기존의 문헌이나 이론에서 제시한 설명이나 결과와 맞는지 아니면 맞지 않고 새로운 발견인지를 평가하기 위한 것이다.

마샬과 로스만(Marshall & Rossman, 1989, pp. 34-35)은 질적연구에서 문헌 분석이 갖는 역할을 다음 네 가지로 정리했다.

(1) 문헌 분석은 연구 질문 뒤에 감추어져 있는 가정이 무엇인지를 드러내 준다. 그 연구자가 어떤 연구 패러다임에 입각해 연구하고 있으며 연구라는 작업에 대해 부여하는 가정들이 무엇인지를 드러내야 한다는 것을 의미한다. 연구자가 세계를 어떻게 바라보고 어떠한 관점에서 해석하려고 하는지를 드러내 주는 역할을 한다.

(2) 문헌 분석은 연구자가 연구 주제와 관련하여 상당히 해박한 지식을 소유하고 있으며 그 연구를 지지할 수 있는 지적 전통들에 대해서도 깊은 지식을 갖고 있다는 것을 표현해 준다.

(3) 문헌 분석은 기존 연구들에서 해결되지 않은 문제점이 존재한다는 것을 발견했고 이 연구 계획서가 그러한 문제점을 해결하는 데 도움을 줄 것이라는 사실을 강조해야 한다.

(4) 문헌 분석은 연구 문제를 보다 넓은 경험적 전통 속에 위치시킴으로써 연구 질문 그리고 관련될 수 있는 잠정적 가설을 전문적으로 정련하고 세련화하는 역할을

한다. 따라서 문헌 분석은 양적연구에서 연구 시작 이전에 모두 준비되기보다는 연구가 진행되면서 새로운 연구 주제(emerging theme)들이 나타나고 이론적 이야기(theoretical narrative)가 도출되며 그러한 주제나 이론을 보다 잘 이해하고 구체화하기 위해 그에 걸맞은 이론을 찾거나 연결하는 노력이 필요하다. 그러한 점에서 질적연구에서의 문헌 분석은 질적 자료의 분석이 진행되거나 끝나가는 시점에서 연구 결론이나 새로운 이론을 생성하기 위한 방법으로서 사용되는 것이 일반적이다.

골든-비들과 로크(Golden-Biddle & Locke, 2007, pp. 38-44)는 질적연구에서의 문헌 분석의 의미는 양적연구와는 다르게 문헌 분석의 내용을 정하고 방향을 교정하기 위한 방법으로서 다음 세 가지 측면에서 이루어질 수 있다고 했다. 이 의미는 질적연구에서 이론의 역할에 대한 해석일 수 있다.

불완전성(Incomplete)

특정한 어떤 연구 현상이나 문제에 대해 만족할 만한 문헌 분석이 이루어지지 않았다. 따라서 연구할 현상에 대해 더 많은, 심층적인, 추가적인 리뷰가 필요하다. 기존 이론 어딘가에 문제가 있는 것 같다. 기존 이론의 문제점을 찾을 필요가 있다.

Y에 대한 지식으로서 X가 필요하지만 이전에 연구된 X를 가지고는 Y를 충분히 이해할 수 없다. 따라서 X에 대해 더 많은 연구를 하는 것이 필요하다.

부적절성(Inadequate)

기존의 문헌들이 연구 현상에 대해 새로운 다른 관점과 대안적 관점을 충분히 제공해 주지 못하고 있다. 따라서 이 현상을 더 잘 이해하고 설명하는 데 필요한 추가 자료와 참고문헌, 연구 결과에 대한 문헌 분석이 필요하다. 특정한 현상에 대해 여러 가지 혼란스러운 이론들이 존재하고 있다. 이에 각 이론의 적절성에 대한 심층적인 이해가 필요하다.

Y에 대한 현상에 대해 X를 통한 설명이 있었지만 X가 Y를 이해하는 데 100% 도움을 주는 것은 아니다. X 이외에 A, B의 관점 역시 Y를 이해하는 데 필요하다. X, A, B의 관점을 모두 가지고 있다면 Y를 이해하는 데 더 나은 입장에 있게 될 것이다.

불완전하고 부적절함(Incommensurate)

기존의 문헌 분석은 연구 현상에 대해 더 나은 관점이나 해석을 제공해 주지 않고 있다. 아울러 그러한 자료들은 정확하지도 않고 잘못된 해석이 많다. 따라서 Y에 대해 더 많은 심층적인 연구가 있어야겠지만 한편으로 기존 문헌을 다시 읽고 고치거나 더 좋은 새로운 참고문헌을 읽고 정리해야 한다. 이론화되어 있지 못한 현상에 대해 새로운 이론을 개발하는 것이 필요하다.

> 초기의 문헌 분석은 Y에 대해 X와 관련된 내용을 다루었다. 그러나 X는 잘못된 자료이며 지식이다. 또한 불충분한 것이다. 결과적으로 Y에 대해 알아야 할 내용은 X가 아니라 바로 K이다.

질적연구의 지적 전통 소개

연구자는 질적연구의 다양한 연구 전통이나 방법론적 전통 중에서 어떤 전통을 선정하여 현상을 바라보고 해석하고자 하는지를 설명하는 일 역시 배우 중요하다. 그런데 지적 전통과 방법적 관점은 상호 밀접한 관계에 있기 때문에 이 영역에서 연구자들은 대부분 지적 전통을 소개하면서 아울러 방법적 전통에 대해 쓰는 경우가 있다. 이와 관련하여 크레스웰은 자신이 개념화한 질적연구의 다섯 가지 전통 중에 하나를 선정하여 쓰는 일이 연구 설계라고 이야기하고 있지만, 필자의 관점 그리고 다른 질적연구자들의 입장에서는 그러한 주장이 매우 제한적이고 전통적이라는 데 동의하고 있다. 왜냐하면 그는 질적연구의 지적 전통을 크게 다섯 가지(사례연구, 문화기술지, 전기적 연구, 근저이론, 현상학)로 설명하고 있지만 인간/사회과학의 탈실증주의 연구 패러다임의 다양한 차트에 따르면 질적연구는 이 범주 이상의 다양하고 다채로우며 복잡한 지적 전통을 가지고 있다. 가장 대표적으로 우리가 알고 있는 페미니즘, 담화분석, 포스트모더니즘 등의 지적 전통은 아예 포함되어 있지도 않다. 그러한 점에서 질적연구를 하려고 하는 연구자들은 자신의 연구가 어떤 지적 전통에 위치하고 있는지에 대해 자세하게 공부하고 글을 쓸 준비가 되어 있어야 한다. 아울러 레이더의 패러다임 차트를 알고 있는 것 역시 도움이 된다.

연구자가 자신의 연구의 지적 전통을 알리는 방법으로서 학교교육 현상을 현상학 관점에서 연구하고자 한다면 연구 설계의 제1장은 현상학에 대해 소개하고 아울러 현상학의 관점에서 연구한다고 했을 때 연구 개념이 무엇이고 분석을 어떻게 하는지에 대해 소개하는 것이 필요하다. 또 다른 예로 연구자가 학교생활의 일상적 삶에 대해 기술하기를 원한다면 아마도 문화기술적 연구가 그 지적 전통으로 가장 적합할 것이다. 교실에서 일어나는 학생들과 교사의 대화 특징을 밝히려고 한다면 대화분석(conversational analysis)이 적합할 것이며, 한 교사의 교실수업에 대한 생애사적 연구를 하고자 한다면 내러티브 연구가 적절하다. 그리고 그러한 지적 전통을 소개하면서 연구자는 당연히 그 지적 전통에서 강조하는 연구방법, 분석방법에 대해 알아야 할 것이며 그러한 지식을 연구 설계 부분에 적절하게 소개해야만 한다. 특히 질적연구의 이러한 지적 전통의 소개는 앞에서 설명한 것처럼 방법적 시사점을 내포하기 때문에 이에 대한 소개는 자연스럽게 자료 수집, 자료 분석, 결과 표현 등에 직접적으로 아이디어를 제공한다. 그러한 점에서 우리나라 교육학 분야에서 쓰인 많은 박사학위 논문들에서 이 영역에 대한 구체적 소개가 부족하다는 점은 우리가 해결해야 할 점으로 남아 있다. 아울러 질적연구의 지적 전통들이 계속 개척되고 확산되고 있는 시점에서 어떤 새로운 관점에서 연구를 바라볼 것인지를 기존과는 다르게 시도하는 것 역시 매우 흥미롭고 선구자적인 일이다.

이러한 관점에서 우리나라 교육학 분야의 학위 연구논문들을 살펴보면 연구의 지적 전통들이 계속적으로 변화하고 있다는 사실을 알게 된다. 과거 1990년대의 경우, 대부분의 학교교육 연구가 문화기술지에 기초한 질적연구였던 반면에 최근에 와서는 그 범주가 다양화되고 있다. 생애사 연구에서 페미니즘 연구, 현상학적 연구, 대화분석 연구, 자서전적 연구, 포스트모던 연구 등으로 확대되고 있다.

[예] 김영천의 〈네 학교 이야기〉

미국 오하이오 주립대학교 박사학위 논문이었던 필자의 연구는 다양한 지적 전통들이 어우러져 연구의 시각을 형성하고 있는 복잡한 연구이다. 따라서 독자들이 세심하게 읽지 않는다면 이 연구가 어떤 지적 전통에 위치하는지를 이해하기가 어렵다. 연구 설계 제3장 방법론 부분에 어떤 지적 전통을 소개할 것인지와 관련해서는 필자와 지도교수 두 명과의 진지한 대화가 있었을 정도로 문제가 되었었다. 한편에서는 다양한 지적 전통들을 모두 소개하는 것은 읽기를 방해한다는 점에서 삭제하자는 의견이 있었고 또 다른 한편에서는 이 연구를 이해하기 위해서는 질적연구 전반의 모든 지적 전통들에 대한 소개가 필요하다는 주장이 있었다. 그 결과 질적연구의 지적 전통 모두를 소개하는 쪽으로 결정이 났다. 질적연구의 지적 전통이 필자의 학위 논문에 어떻게 스며들어 있는지를 간단히 정리해 보았다.

제1장: 문화기술지, 탈식민주의, 포스트모더니즘
제3장: 자기 반성(self-reflexivity), 페미니즘 연구 윤리

이론적 배경 및 연구 동향 분석은 선행연구 고찰이라는 항목으로 정리되는 경우가 많다. 즉, 많은 질적연구물에서 연구자들은 선행연구 고찰 부분을 별도로 편성하여 제시하고 있다. 이 부분은 보통 논문에서는 이론적 배경에 포함되는 내용으로 연구의 중요성 및 참신성과 같은 가치를 더욱 부각시킬 수 있다는 점에서 중요하다.

[예] 이동성(2013)의 연구 계획서에서 발췌한 선행연구 고찰 부분

외국의 교육연구는 생애사 연구법에 기초하여 교사의 삶과 교육현상을 연결 짓고자 했다(Ayers, 1990; Cole & Knowles, 2001; Connelly & Clandinin, 1988; Doll, 1982; Eisner, 1985; Goodson, 1992; Goodson & Sikes, 2001; Grumet, 1990; Miler, 1992; Pinar & Grumet, 1976). 교사의 삶에 대한 전형적인 작품으로는 굿슨(Goodson, 1992)의 "교사의 삶을 연구하기", 콜과 나울즈(Cole & Knowles, 2001)의 "맥락 속에서의 삶: 생애사 연구의 예술", 굿슨과 사이크스(Goodson & Sikes, 2001)의 "교육적 배경에서의 생애사 연구: 삶으로부터의 학습"이 대표적이다(김영천·한광웅, 2012: 10-14). 특히, 파이너와 그루메(Pinar & Grumet, 1976)와 같은 학자들은 'currere'라는 개념을 통해 교육과정을 한 개인의 교육적인 경험이라고 재해석하고, 교사들의 경험을 이해하는 방법으로서 생애사 연구의 중요성을 인정하고 이론화했다.

한편, 한국의 생애사 연구(김세은, 2012; 양영자, 2009, 2011, 2012; 유철인, 1990; 이희영, 2005; 장노현, 2010)는 인류학, 언어학, 사회복지학, 사회학 분야를 중심으로 방법론과 연구 사례에 대한 논의가 본격적으로 시작되었다. 교육학 분야에서도 생애사 연구법에 기초한 교육연구(김석례·손민호, 2011; 김영천, 2005; 김영천·정정훈, 2003; 김영천·한광웅, 2012; 김영천·허창수, 2004; 김재룡, 2010; 류태호, 2000; 박성희, 2004; 이동성·김영천·황철형, 2012; 이점우, 2006; 최영신, 1999)가 수행되었다. 우리나라의 교육관련 생애사 연구 영역은 ① 교사들의 삶(김영천, 2005; 김영천·정정훈, 2003; 김재룡, 2010; 류태호, 2000; 이점우, 2006), ② 학생의 삶(이동성·김영천·황철형, 2012), ③교사의 전문성 발달(김석례·손민호, 2011), ④ 생애사 연구방법론의 교육적 의미(김영천·한광웅, 2012; 김영천·허창수, 2004, 2006; 박성희, 2004; 최영신, 1999)로 구분할 수 있었다.

첫째, 현장교사의 삶을 탐구한 국내의 연구들은 '교직문화' 또는 '학교문화'와 관련하여 교사들의 삶과 교직의 문화를 이해하고자 했다. 그리고 교사의 직업 사회화 관점에서 초임 교사의 교직 사회화, 직전 교육기관에서의 가르침과 관련한 교사의 사회화 경험을 연구했다. 또한 국내 연구들은 교사들이 어떻게 수업을 하며, 어떻게 교수적인 딜레마를 해결하는지를 탐구했다. 둘째, 학생들의 삶을 탐구한 국내의 생애사 연구(이동성 · 김영천 · 황철형, 2012)는 매우 제한적이었는데, 이는 학생이라는 연구 대상이 생애사 연구의 참여자로서 제한적인 입장에 있기 때문이다. 셋째, 현장교사들의 전문성 발달을 주제로 생애사 연구를 수행한 연구 사례(김석례 · 손민호, 2011)도 매우 제한적이었는데, 이는 현장교사들을 대상으로 한 생애사 연구의 방법론적 이해가 낮았기 때문인 것으로 사료된다.

넷째, 교육학 분야에서 생애사 연구방법론을 탐구한 연구로는 김영천 · 허창수(2006), 김영천 · 한광웅(2012)이 대표적이다. 김영천 · 허창수(2006)는 파이너가 주창한 '쿠레레(currere)'에 기초하여 교사들의 생애사 텍스트를 연구하는 것이 교육과정을 연구는 것과 다름 아니라고 주장했다(김영천 · 허창수, 2006: 317). 그들은 생애사 연구가 현장교사들의 삶에 대한 심층적인 연구를 가능케 하며, 교육과정 연구법에 대한 방법론적 이해와 확장을 이끌어 낼 수 있다고 주장했다. 그리고 생애사 연구방법론은 교사교육을 위한 교육 자료를 제공하며, 학교의 교육과정 개발과 평가 그리고 개선 작업에 실제적인 기여를 할 수 있다고 보았다. 또한 김영천 · 한광웅(2012)은 생애사 연구방법론이 교육과정 개발자의 생애사를 통해 교육과정의 생성과정을 이해할 수 있게 하고, 교사의 전문성을 탐구함으로써 교사교육을 체계화할 수 있으며, 학습자의 탁월한 학업성취와 학습부진의 원인을 탐구할 수 있는 기회를 제공한다고 주장했다(김영천 · 한광웅, 2012: 36-37).

교사의 전문성에 대한 국내 유일의 연구인 김석례 · 손민호(2011)는 생애사적 접근을 통해 초등교사들의 전문성 발달을 탐구했다. 연구 결과, 첫째, 초등교사의 전문성 발달은 '상황판단 노력'의 영향을 받았으며, 집단적인 경로보다는 교사 개인의 사적인 동기에 의해 좌우되었다. 둘째, 교사들은 경력관리의 차원에서 현장연구를 수행해야 한다는 압박감을 느끼고 있었으며, 전문성 발달의 한계와 딜레마를 체험했다. 셋째, 초등교사들은 수업과 생활지도로 대변되는 교육 전문성보다는 보직이나 승진 등 조직적 보상 차원에서 전문성을 신장하려 한다(김석례 · 손민호, 2011: 190-194). 이 연구는 생애사적 접근을 통해 초등교사의 전문성이 갖는 특수성이 무엇이며, 그러한 전문성이 개인적 삶의 궤적에 따라 어떻게 형성되는지에 대한 통찰을 제공한 측면에서 연구의 가치가 있다.

지금까지 살펴본 국내의 생애사 연구들은 아직까지 생소한 생애사 연구의 방법론적 가치와 의의를 논의하고, 연구 절차와 기법을 소개하며, 교육현상을 주제로 연구 사례를 축적한 측면에서 학문적 가치가 있다고 볼 수 있다. 그러나 국내의 생애사 연구들은 교사 전문성의 형성과정과 특징을 해명하는 과정에서 현장교사들의 자율적이고 주체적인 전문성 발달의 측면을 과소평가했고, 언어중심의 제한적인 글쓰기 방식에 머물러 있었다. 또한 국내의 선행연구들은 교사들의 개인적 경험을 보다 거시적인 사회문화적 및 역사적 맥락과 관련 짓는 데 제한적이었으며, 표집 방법의 문제로 인해 중등교사들과 초등교사들이 형성한 전문성의 공통성과 차이점을 해명하는 데 다소 제한적이었다.

따라서 이 연구는 교육현장에서 탁월한 교수 전문성을 나타낸 초중등 현장교사들(초등교사 3명, 중등교사 3명)을 대상으로 예술기반 생애사 연구에 기초하여 그들의 교육적 삶을 탐구할 것이다. 즉, 이 연구는 예술적 및 문학적 글쓰기를 통해 현장교사들의 직업적 삶에 스며들어 있는 전문성 발달의 기제와 구조를 탐구하고, 그들의 전문성이 한국의 거시적인 사회문화적 및 역사적 맥락과 어떻게 연결되어 있는지를 해명하고자 한다.

[예] 주재홍(2014)의 연구 계획서에서 발췌한 선행연구 고찰 부분

최근 성 소수자에 대한 사회적 관심과 인식의 변화에 따라 전 세계적으로 학문적 관심이 높아지고 있다. 이런 상황에서 서구의 청소년 성 소수자에 대한 선행연구를 분석하여 정리하면 다음과 같다. 첫째, 동성애에 대한 부정적인 사회적 인식의 관점에서 이들이 갖고 있는 여러 문제행동과 이에 대한 사회적 지원에 초점을 맞추고 있다. 예컨대, 청소년 성 소수자들이 이성애자 청소년보다 흡연이나 음주, 약물 사용빈도가 더 높고(Bradford, Ryan & Rothblum, 1994), 학교에서의 중도탈락, 비행, 가출을 더 자주 하고(Kosciw & Daiz, 2006), 안전하지 않은 성매매 가능성이 더 높은 것(Carragher & Rivers, 2002)으로 나타났다. 이러한 연구 결과들은 청소년 성 소수자들에 대한 사회적 지원의 필요성을 제기한다는 점에서 의미와 가치가 있지만, 한편으로는 이들을 사회적 일탈과 문제 집단으로 규정하는 한계도 있다. 둘째, 사회적 차별과 배제 속에서 청소년 성 소수자들이 주로 우울, 자살, 비행, 폭력, 노숙 등 위험요인에서의 취약성을 강조하고 있다. 청소년 동성애자들은 언어, 위협, 물건, 신체, 무기 등에 의한 반동성애 폭력에 노출되어 있고(Russell & Joyner, 2001), 이는 두려움, 낮은 자아 존중감, 불안, 수치, 슬픔 등과 같은 내재화된 문제에 영향을 미치는 것으로 나타났다(Elze, 2002). 더욱이 청소년 동성애자는 청소년기라는 발달적 특성과 함께 동성애자로서의 성 정체성을 동시에 형성해 나가야 하기 때문에 이런 심리사회적 문제들이 더욱 두드러질 수 있다(Curtis & Victor, 1994; Harrion, 2003). 특히 이들의 자살 위험성은 많은 연구 결과에서 공통적으로 지적하고 있다(Kulkin et al., 2000; Russell et al., 2001). 이러한 연구 결과들은 청소년 성 소수자들의 안전과 심리적 건강을 위협하는 사회적 환경의 문제들을 제기하면서 사회적 인식의 변화 및 지원체계의 확대를 강조하고 있다(강병철 · 한경희, 2012: 103).

국내에서도 동성애와 관련된 청소년들의 고민이 늘어나는 사회적 추세에 맞추어 청소년 동성애 또는 성 소수자들에 대한 연구가 늘어나고 있는 실정이지만 아직까지 초보적인 수준에 머물고 있다. 국내의 연구들 역시 주로 청소년 성 소수자들이 겪는 어려움(강병철 · 하경희, 2005, 2007; 김태균, 2013; 이영선 · 김소라, 2010; 2013; 이영성 · 권보민 · 이동훈, 2012), 청소년 성 소수자의 성 정체성 형성 과정 및 경험에 대한 연구(강병철·하경희, 2012; 성정숙·이현주, 2010; 이영식·전창무·김소연·고복자, 2005), 상담 방안에 대한 연구(김경호, 2009; 동성애인권연대 등, 2014) 등이 주를 이루고 있다. 이러한 국내의 선행연구들은 질적으로나 양적으로 아직은 초기 단계에 있다고 볼 수 있다. 특히 청소년 성 소수자들을 위험에 처한 집단으로 보는 입장을 강조함으로써 사회적 지원과 서비스의 필요성을 제기한다. 하지만 여전히 이들이 가지는 우울, 자살 위험성 등의 문제에만 초점을 맞춤으로써 '요보호자 계층'이라는 편향된 이미지를 고착시키는 한계가 있다.

이와 같은 국내외의 선행연구들은 사회복지 실천가나 원조전문직에서 치료와 개입의 목적을 위해 주로 청소년 성 소수자들이 직면하는 문제와 어려움에만 편중되어 있다는 공통점이 있다. 이러한 선행연구 결과들은 동성애에 대해 척박한 우리 사회의 청소년 성 소수자들이 직면하는 문제와 어려움을 밝혀내고 목록화함으로써 동성애를 혐오하는 사회의 구조적 억압과 차별, 배제의 문제와 실태를 드러낸다는 점에서 가치 있다. 또한 청소년 성 소수자들의 척박한 삶의 질을 이슈화하고, 그동안 잘 드러나지 않았던 그들의 존재를 공적으로 드러냄으로써 학생과 성 소수자라는 이중의 억압과 차별 속에서 그들이 인간으로서 누릴 수 있는 기본권을 누리게 해줄 수 있다는 점에서 중요한 역할을 수행한다고 할 수 있다. 하지만 이러한 선행연구들은 지나치게 결함과 문제에만 편중되어 동성애에 대한 부정적인 인식을 더 강화시키고 있어, '우리'가 아니라 '그들'로 타자화하는 한계가 있다. 그래서 툴리(Tully, 2000)는 사회복지실천가가 진단과 치료의 전문적 관계를 통해 동성애를 '사악한 것' 또는 '정신적인 질병'으로 바라보는 시각을 만든다는 신랄한 비판을 하기까지 한다. 또한 이마저도 주로 양적 분석이 주를 이루고 있는 실정이어서 청소년 성 소수자의 생생한 경험을 반영하여 이해하는 데에는 한계가 있다. 이 때문에 기존의 많은 선행연구들은 청소년의 발달에 중요한 영향을 끼치는 성 소수자들의 심리사회적 경험을 간과하거나 주목하지 못하는 한계가 있다. 따라서 성 정체성에 대한 청소년들의 고민이나 갈등이 그들의 발달적 이슈가 된다고 할 때, 청소년 성 소수자들의 발달에 대한 보다 심도 있는 교육학적 연구가 필요하다. 본 연구는 우리나라 청소년 성 소수자들이 성장과정에서 겪게 되는 성 정체성에 대한 자기인식과 이에 따른 딜레마를 규명함으로써 그들이 어떻게 교육적인 성장과 발달을 하게 되는지 그 과정을 심층적으로 설명할 수 있을 것이다.

한편 본 연구는 최근 인종이나 민족을 포함하여 계급, 종교, 장애, 더 나아가 성적 지향, 젠더 등으로까지 확대해 다양한 사회적 소수자를 강조하고 있는(Baker, 1994; Banks, 2004; Bennett, 2007; Bhattacharyya, 2007; Chapman et al., 2010; Glazer, 1997; Nieto & Bode, 2007; Sleeter & Grant, 2009) 다문화교육의 최근 연구 경향을 반영하고 있다. 이와 관련하여 본 연구의 책임자(2012)는 이미 ≪2012 문화다양성 교육 추진을 위한 기초연구≫라는 보고서에서 우리의 다문화/다문화교육이 지나치게 인종적이고 민족적인 문제에만 소극적으로 적용되어 왔음을 지적하고, 인종/민족뿐만 아니라 계급, 젠더, 장애, 성적 지향 등의 문화적 다양성이 반영된 '진정한' 의미의 다문화교육으로 확장하여 접근해야 된다고 주장했다. 또한 한국문화예술교육진흥원이 주최한 두 번의 심포지엄(제1회: 2012.10.29, 제2회: 2013.1.30)에서 〈기초 인성교육으로서 문화다양성 교육의 함의〉와 〈문화다양성 교육 추진을 위한 기초연구〉라는 주제 발표를 했다. 이 발표에서 역시 문화다양성 교육의 범주 안에 인종/민족뿐만 아니라 성적 지향까지도 포함할 것을 주장했다. 이에 대한 후속 작업으로 2013년에는 〈문화다양성 교육의 개념적 특질 및 이론적 배경 고찰〉이라는 논문을 통해 문화다양성 교육의 개념적 특질과 이론적 배경을 천착함으로써 한국의 다문화교육과 문화다양성 교육의 개념을 규명했다. 계속하여 〈다문화교육 연구를 위한 탈식민주의 이론의 역할과 가능성〉(2013)이라는 논문에서는 인종, 젠더, 성적 지향, 장애, 계급 등이 반영된 진정한 의미의 '다문화'의 이념이 효과적으로 우리 사회에 잘 적용되고, 접목될 수 있는 교육적 실천전략으로 탈식민주의 담론을 탐구했다. 이외에도 한국문화예술교육진흥원이 발주한 ≪2013 문화다양성 교육 매뉴얼 제작≫도 수행했으며, 한국열린교육학회에서 주최한 2013 추계학술발표대회(2013. 10. 18)에서 '한국의 학교교육과 문화다양성 연구의 방향'이라는 주제를 확산시켰다. 따라서 '청소년 성 소수자'를 대상으로 하는 본 연구의 과제는 본 연구 책임자가 지속적으로 관심을 갖고 연구해 온 다문화/다문화교육이라는 연구 주제를 보다 심화시키고 확장시킬 수 있는 후속적인 작업이라고 할 수 있다.

4. 연구방법에 대한 설명

연구 장소와 연구 참여자

연구 참여자들의 선정기준 및 맥락을 밝히는 것은 일반적인 질적연구 계획서의 3장 도입부에 해당하는 내용이다. 질적연구에서는 양적연구와는 달리 연구 대상이라는 말보다는 연구 참여자라는 말을 더 많이 쓰는데, 이는 대부분의 질적연구가 연구자와 연구 참여자가 서로 영향을 주고받는 과정에서 수행된다는 점에 기인한다. 즉, 질적연구에서는 연구 참여자를 어떻게 선정했고, 이들이 어떠한 환경적·배경적 맥락을 지녔는지를 상세히 묘사하는 과정이 연구방법을 소개하는 부분에서 필수적으로 요구된다. 특정한 장소나 대상 또는 소수의 사례를 대상으로 하는 연구이므로 그 연구 장소나 참여자에 대한 구체적인 소개가 중요하기 때문이다. 특히 사례 연구인 경우에는 그 사례가 갖는 물리적, 구조적, 인간관계적, 사회적, 문화적, 역사적 특징이 자세하게 기술되어야 한다. 연구 참여자에 대한 기술과 관련하여 연구자가 알아야 하는 내용은 다음과 같다.

'연구 참여자'라는 용어의 사용

질적연구에서는 양적연구에서 일반적으로 사용되는 용어인 '연구 대상' 또는 '피험자'라는 표현이 사용되지 않는다. 대신에 사회과학의 새로운 지식 생산을 위해 기꺼이 연구 작업에 참여한 사람들의 자유의지와 능동성, 존중감을 드러내기 위해 '연구 참여자'라는 용어를 사용한다. 이 표현을 통해 질적연구에서는 조금이나마 양적연구에서 강화되어 버린 연구자와 연구 대상 간의 불평등한 권력문화를 제거하고 보다 평등하고 인간적인 연구 문화를 만들어 가려고 노력한다.

연구 참여자의 표집 방법

표집 방법으로서 목적표집이라는 용어가 사용된다. 목적표집은 앞 장에서 설명한 것처럼 연구자가 연구 흥미를 느낀 연구 장소나 연구 참여자들을 직접 선택하여 연구하는 것으로서 무선표집과는 그 방법이나 목적이 다르다. 질적연구에서 강조하는 비확률 표집 방법(non-probability sampling methods)이 대표적인 양식이다. 양적연구에서 추구하는 일반화나 이론 검증이 연구의 목적이 아니기 때문에 무선표집을 하지 않으며 연구자가 연구의 목적에 맞는 대상을 직접 찾아서 선택하여 연구한다. 목적표집에 사용되는 여러 가지 방법은 다음과 같다.

편의표집

연구자가 어려움을 느끼지 않고 주위에 있는 사람들을 대상으로 표집하는 방법이다. 연구에 적합한 연구 참여자를 섭외할 수 있을 때 표집하는 경우로, 예를 들면 연구를 도와줄 수 있는 사람들, 연구조교가 잘 알고 있는 사람들을 선택하는 것이다. TV 방송국 시사 프로그램에서 방송국 앞을 지나가는 사람을 붙들고 여론을 물어보는 방법, 학교 앞에서 오후 5~6시에 교문을 통과하는 학생을 표본으로 뽑는 경우 등이 편의표집에 속한다.

이 표집의 장점은 표본추출이 용이해서 시간과 비용을 절약할 수 있고, 표본선정이 용이하므로 조사 결과도 신속하게 확보할 수 있다는 것이다. 편의표집의 단점은 표본의 대표성이 약하므로 일반화가 어렵다. 만일 전철로 출퇴근하는 사람만 붙잡고 대중교통 개혁에 관해 묻는다면 승용차 이용자들이 모두 배제되어 잘못된 여론조사 결과가 나올 수 있다. 편의표집은 모집단에 대한 사전정보가 전혀 없거나 모집단 중 누구를 선정해도 문제가 되지 않을 때 조사자가 마음대로 표본을 추출하는 방법이다. 이는 기술적 연구나 설명적 연구를 위한 방법으로는 적절치 않고 탐색적 연구나 설문지의 사전조사 등에 적합한 표집 방법이다.

할당표집

할당표집은 층화표집처럼 모집단을 일정한 기준에 따라 소집단으로 분류하고, 각 소집단 별로 표본을 뽑되 표본추출은 조사자에게 일임하여 조사자가 임의대로 뽑도록 하는 방법 이다. 간단하게 말해서, 층화표집에서는 무작위적 방법이, 할당표집에서는 조사자에 의한 작위적 방법이 사용된다. 할당표집의 장점은 표집 과정이 편리하고 비용도 저렴하다는 것이다. 또 모집단을 구성하는 계층이 골고루 반영되도록 할당하므로 표본의 대표성을 높일 수 있다. 확률에 근거하지 않지만 모집단 안에서 범주의 부분 또는 전부에서 대표성 을 선택하는 것을 시도한다.

인구 또는 인구 특성의 주요 특징을 구별하는 것이 요구된다. 연구자들은 확실한 숫 자, 또는 할당을 구별한다. 예를 들어, 연구자들이 성, 나이, 학력, 수입이 사람들이 투표 하는 것에 어떻게 영향을 끼치는지에 흥미가 있을 때, 연구를 위해 그들은 일반적으로 이 집단을 대표하는 사람들을 선발한다. 비슷하게, 연구자들은 표본 안의 사람들과 모든 관 련 있는 부분으로부터 대표성이 필요한 모집단 중에서 다양한 조사를 한다. 할당표집은 특히 연구 초반에 유용하다. 왜냐하면 그것은 연구자들이 한 명 한 명의 모든 멤버로부터 정보를 끌어낼 필요 없이 사람들의 행동, 태도, 의견의 모든 범위를 확인하는 것을 도와주 기 때문이다. 그렇기 때문에, 포커스 그룹과 인터뷰에 참여한 사람들을 확인하는 데 적절 한 전략이다. 할당표집은 아주 정확하지는 않은 방법이지만 문화의 다양성 범위를 알아 내는 데 아주 중요한 전략이다.

[예] 모리셔스 지역의 성적 위험도 조사를 위한 할당표집 사용

모리셔스에서 성적으로 위험한 행동 연구를 하는 데 할당표집을 사용했다. 즉 이 연구에서 할당표집은 모리셔스에서 생활사와 성적 위험 행동의 다양성 범위를 밝히는 데 사용되었 다. 연구자는 민족성과 성별에 의한 다양한 성적 위험에 대한 가설을 세웠다. 인터뷰를 위 한 응답자를 선발하는 데 다음 선발 기준이 사용되었다.

종교	남자	여자
힌두교	10	30
이슬람교	10	30
기독교/서인도	10	30

포화표집

포화표집(saturated sampling)은 연구자가 연구 목적에 적합한 자료를 찾을 수 있을 때까지 끝까지 연구 참여자를 찾아서 표집하는 방법이다. 표집의 끝은 어떤 연구 참여자를 선택하더라도 더 이상의 새로운 자료나 정보가 나타나지 않을 때이다. 이 방법에는 두 가지가 있는데, 첫 번째 표집 방법은 연구 대상에 해당되는 모든 사람을 표집으로 선정하는 경우이고, 두 번째 표집 방법은 '충분한 중복확보(sufficient redundancy)'이다. 이는 연구 참여자가 제공한 모든 정보들을 분석한 후에 더 이상 정보가 중복되어 나타나지 않을 때까지 표집하는 방법이다.

극단적 또는 특별한 사례표집

연구 주제에 대해 극단적인 자료를 제공해 줄 수 있는 표집을 선택하는 방법이다. 극단적 사례 선택이 통상 연속체의 끝부분을 다룬다면 이분법적인 사례 선택은 연속체의 양쪽 끝 모두를 필요로 한다. 극단적인 사례를 선정함으로써 연구 주제에 대해 특별하고 평범하지 않은 자료를 획득할 수 있다는 전제가 있다. 예를 들면, 프로그램 평가의 경우에 가장 성공적인 프로그램 실행 장소와 가장 실패한 프로그램 실행 장소를 연구하는 것이며, 학년을 기준으로 하는 경우에 A부터 F까지의 모든 학생들이 해당되며, 담임에게 최고의 학생과 최악의 학생들을 순서대로 정렬해 주기를 부탁하는 것이다. 또한 젊은 주부의 사회적 관계를 조사한다면 동일한 지역의 사회 경제적 연속체의 최고와 최저 양쪽 모두를 조사하는 것이다.

남성의 성 역할 긴장에 대한 연구의 경우, 극단적 사례는 전통적인 남성의 역할을 벗어나 생활을 하고 있는 연구 참여자 집단을 선정하는 방법이다. 여기에는 게이 아버지, 가사 전담 아버지, 독신 아버지 집단이 속한다. 이러한 집단들에서 전통적인 성 역할을 가진 남자들이 성 역할에 대한 정체성에서 다소 새롭고 갈등적인 양상을 드러낼 것이다.

최대 다양성 표집

표집 안에서 나타나는 다양한 사례들을 최대한 많이 선정함으로써 개별 사례에서 나타나는 특별성을 기술하면서 아울러 각 사례들에 공통적으로 나타나는 주제들이나 결과들을 발견하기 위한 방법이다. 일반화를 목적으로 하는 표집 방법은 아니지만 다양성 속에서 나타나는 일련의 공통적인 패턴이 있는지를 발견하는 데 도움이 된다.

동질집단 표집

최대 다양성 표집 방법과는 반대로 작은 동질집단을 선정하는 방법이다. 이 표집 방법이 갖는 특징은 소규모의 참여자들이 대부분 동일한 특징을 가지기 때문에 그 집단에 대한 이해를 심층적으로 할 수 있다는 것이다. 핵심주제 면담이 이 표집 방법의 대표적인 방법인데 공통적인 주제나 범주에 속하는 연구 참여자를 5명에서 8명 정도 선정하여 특별한 주제에 대해 그들의 경험과 감정이 무엇인지를 이해하는 방법이다.

지역표집

지역표집이란 한 지역을 선정하여 집중적으로 연구하는 방법이다. 이는 특정 지역에 연구 목적을 반영하는 사례들이 집중적으로 존재하는 경우에 하는 방법으로 지역 연구에 적합하다. 마약을 연구하는 경우에는 마약 집단이 모여 있는 지역을, 노숙자 연구의 경우에는 노숙자들이 모여 있는 거리를 선정하면 된다.

전형적 사례표집

이 사례에서 나타난다면 다른 사례에서도 나타난다고 주장할 수 있는 그런 사례를 선정하는 표집 방법이다. 이 사례에서 무슨 일이 일어나는지 또는 어떤 문제점을 가지고 있는지를 안다면 다른 사례나 표집들에서 무슨 일이 일어날 것인지를 추정할 수 있다는 확신에 근거하고 있다. 일부분의 표집이 전체를 대변할 수 있다는 가정하에 출발한 표집 방법으로서 지목 표집 방법(targeted sampling)에 해당한다. 일반적이고 보통의 수준에서 일반적이고 보통의 특징을 가지는 사람이나 단위를 한정해야 한다. 예를 들어 성매매 여성, 가출 청소년, 학교 퇴학자들을 모두 만나기는 힘들다. 대신 이러한 어려움에 처해 있는 사람 몇 사람과 인터뷰함으로써 연구에 필요한 자료를 수집할 수 있다.

예를 들어, 미국의 교사 연구를 한다면, 유럽이나 미국 선조의 중류 계층의 32~50세의 기혼 주부를 상대로 한다. 갈릴레오의 중력 실험에서 '깃털' 실험은 물리학의 다른 모든 사례에서 역시 그러한 현상이 나타난다는 것을 확신시킨다.

눈덩이 표집

질적연구에서 많이 이용되는 표집 방법이다. 인간관계나 네트워크를 통해 최초의 연구 장소에서 연구하면서 연구 참여자로부터 연구에 적합한 또 다른 연구 장소를 추천받는 형식으로 연구 대상을 표집하는 방법이다. 연구자의 대화기술이나 연구기술이 뛰어날 경우 이 방법이 도움이 된다. 눈덩이가 구르면서 점차적으로 커지는 것처럼, 표집의 수는 연구가 진행되면서 점차적으로 늘어나고 다양해진다. 표집 대상이 음성적으로 분포해 있는 경우 유용하다. 표본으로 뽑고자 하는 대상들이 쉽게 노출되지 않아 표본선정이 어려울 때 사용하는 표집 방법이다. 추적60분, 시사매거진 2580, 소비자고발 프로그램을 보면 인터뷰에 응하는 대부분의 사람들이 화면상에서 모자이크 처리되거나 음성변조되어 촬영되는 것처럼, 조사원 또는 연구 결과가 발표될 때 대중에게 노출되는 것을 꺼리는 문제가 흔하게 발생하는 연구에서는 이러한 연구 대상에 접근하는 것 자체가 어려울 수밖에 없다.

예를 들어 마약 사용자, 불법적 활동, 노숙자를 대상으로 한 연구에서 가능하다. 눈덩이 표집에서는 먼저 연구에 참여할 소수의 대상자를 선정한다. 그리고 이들로부터 마약 사용, 성 매매와 같이 음성적인 부분에서 활동하는 친구나 지인을 소개받는다. 이들은 2차 표집 대상이 되며, 이들을 바탕으로 3차, 4차 표집 대상을 선정하게 된다.

연구 참여자에 대한 구체적인 기술

연구 참여자의 정보에 대해 구체적으로 기술하고 설명하는 것이 필요하다. 질적연구의 경우 사례의 수가 적기 때문에 연구자는 연구 계획서에서 연구할 참여자들이 어떤 사람들인지를 여러 가지 측면(인구학적, 경제학적, 생애사적, 발달적, 인간관계적 등)에서 기술할 필요가 있다. 이에 나이, 학력, 가정 배경, 신념, 직업 등에 대한 인구학적 지식과 함께 이들이 어떻게 살아 왔으며 어떤 구조 속에서 삶을 살아가고 있는지를 자세하게 소개하는 것이 필요하다. 연구 참여자가 여러 명인 경우에는 비교의 목적으로나 참조자료서 연구 참여자의 특징을 잘 나타내는 표를 제시하면 도움이 된다.

연구 주제가 연구 참여자의 삶이 아니라 특정한 장소에서의 문화 또는 프로그램인 경우에는 인간에 대한 설명과 비슷하게 그러한 장소와 프로그램이 어떻게 실행되고 있는지를 매우 구체적으로 묘사할 필요가 있다.

다음에는 기존의 질적연구들에서 어떤 사례들이 연구 참여자로 선정되었는지를 제시했다. 질적연구에서 누가, 어떤 지역에서, 얼마나 표집으로 선정되었는지를 이해하는 데 도움이 될 것이다.

〈노동학습〉

- 중심 사례: 영국의 한 산업지역에 소재한 해머타운의 고등학교에 다니는 학교문화에 반항하는 12명의 '사나이' 학생들(Lads)
- 비교 사례 5개: 노동자계급의 아이들이 다니는 다른 고등학교의 순응적인 학생들, 해머타운의 '얌전이 학생들(earholes)'들 등

〈또 다른 미국에서 자라는 두 아이의 이야기〉

- 시카고의 빈민지역인 Henry Horner Homes의 공동주택, 거리, 학생 2명, 12세의 Laffeyette, 9세의 동생 Pharoah

〈천사들의 고통〉

- 미국 오하이오 주 데이튼, 콜롬버스, 신시내티 소재의 HIV/AIDS를 가진 여성들: 이성애자 여성, 동성애자 여성(레즈비언), 과부, 딸까지 감염된 여성, 여자 대학교수, 백인여성, 흑인 여성

〈공중 화장실에서의 이성애자의 동성애 연구〉

- 미국 중서부 대도시의 공원에 소재한 공중화장실, 공중화장실을 이용하는 결혼한 이성애자

〈Street corner society〉

- 미국 보스턴의 이탈리아계 미국인이 살고 있는 빈민지역, 이탈리아계 미국인들(갱단, 레스토랑 주인, 주민 등)

〈Man in the principal's office〉

- 미국의 중하류에서 중류계층의 학생들이 다니는 한 초등학교의 교장 선생님(Ed Bell) 1명

〈The teacher〉

- 1908년에 뉴질랜드에서 태어나 마오리족의 학생들을 대상으로 유기체적 교수업이라고 알려진 새로운 읽기 방법과 교과서를 펴낸 창의적인 초등학교 교사(Sylvia Ashton-Wanrer) 1명

〈The first year teacher〉

- 중학교 초임교사가 겪는 첫 일 년 생활의 교직 경험에 대한 발달적 연구. Kerrie라는 여교사 1명

〈Lives of teachers〉

● 교직경력에 따라서 교사의 생애 발달 주기가 갖는 특징을 규명하기 위해 스위스에 있는 중학교와 고등학교의 교사 160명(5~10년 경력 교사, 11~19년 경력 교사, 20~29년 경력교사, 30~39년 경력 교사)

〈The Balancing act〉

● 5년 경력 이상의 미국 초등학교 여 교장 3명, 20년 평교사 경험이 있는 흑인 여 교장, 45세의 백인 유태계 여 교장, 노동계층 출신의 67세 백인 여 교장

〈Jocks and burnouts〉

● 디트로이트 소재의 한 고등학교와 인근 네 개 고등학교의 학생들
● 교사들의 애완동물로 비유되는 엘리트 학생들(Jocks)
● 문제아로 낙인찍힌 학생들(Burnouts)
● 벨튼 고등학교 학생들 118명 면담
● 인근 네 개 고등학교 학생들 100명 면담

〈The complexities of an urban classroom: An analysis toward a general theory of teaching〉

● 미국의 한 도시 빈민촌에 있는 Wahington이라는 초등학교의 한 개 교실, Geoffrey 선생님과 그 반 학생들

〈In a different voice〉

● 도덕적 갈등: 대학 2학년 무작위 25명
● 임신 중절 결정: 15~33세의 임신 3개월 이내의 여성으로서 임신 중절을 고민하는 여성 29명의 권리와 책임 연구: 나이, 지능, 학력, 계급을 대표하는 144명의 전체 표본 중에서 36명

〈Sandbox society〉

● 한 도시에 소재해 있는 두 개의 유치원 학생들(1마일 거리 정도)
● 중류계층의 유치원 한 반(백인 학생들)
● 노동계층의 유치원 한 반(흑인 학생들)

〈Tell them who I am: homeless women〉

● 도시의 여성 노숙자 수용소의 노숙자 여성 16명

- Ginger(25세 백인 여성), Grace(44세 백인 여성), Jeanette(60대 초반 백인 여성), Judy(23세 백인 여성), Kim(30세 여성), Lisa(27세 흑인 여성), Louise(42세 백인 여성), Marian(33세 백인 여성), Martha(30세 백인 여성), Patty(19세 백인 여성), Peggy(50세 백인 여성), Phyllis(71세 백인 여성), Regina(50세 여성), Rose(50세 흑인 여성), Sora(31세 흑인 여성), Sybil(30세 백인 여성)

⟨Urban educators' perceptions of successful teaching⟩

- 디트로이트 AT and T 프로젝트에 참가한 교사 73명
- 교사 45명, 교생 18명, 교사교육기관의 대학교수 10명
- 여성 85%, 디트로이트 소재 초등학교 교사 73명

연구 참여자에 대한 기술을 구체적으로 풀어쓰면 다음과 같은 형태를 지니게 된다. 주재홍(2014)의 계획서를 살펴보자.

본 연구에서의 참여자 선정기준은 다음과 같다. 첫째, 연구 참여자는 인터뷰에 오랫동안 참여할 수 있어야 한다. 둘째, 연구 참여자는 자신의 삶에서 발생한 사건과 경험을 풍부히 회상하고 이야기할 수 있는 언어적 능력이 있어야 한다. 셋째, 생애사 연구에 참여하는 화자들은 이야기에서 유발될 수 있는 긍정적 및 부정적인 기억들을 직면할 수 있는 심리적 강인함이 필요하다. 본 연구에서는 이에 부합하는 청소년 성 소수자들(N=6)을 선정하기 위해 노력할 것이다. 하지만 우리나라에서 동성애자를 포함한 성 소수자에 대한 접근은 현실적으로 매우 어려운 실정이며, 특히 본 연구의 참여자들인 청소년 성 소수자는 더욱 그렇다. 따라서 본 연구에서는 우선 성 소수자 인권단체를 통해 한 명의 청소년 성 소수자를 섭외할 예정이다. 그리고 그를 통해 또 다른 청소년 성 소수자를 소개받는 눈덩이 표집법(snowball sampling)을 실시할 것이다. 이 과정에서 본 연구의 목적에 부합하도록 청소년 성 소수자를 익명으로 하지만, 자신을 낯선 타인에게 드러낼 수 있을 정도로 어느 정도 자신의 성 정체성에 대해 수용하고 있는 청소년들을 표집할 것이다.

이동성(2013)은 연구 참여자를 더욱 세밀하게 묘사하여 독자의 이해를 돕고 있다.

첫째, 연구 참여자는 인터뷰에 오랫동안 참여할 수 있어야 한다. 둘째, 연구 참여자는 자신의 삶에서 발생한 사건과 경험을 풍부히 회상하고 이야기할 수 있는 언어적 능력

이 있어야 한다. 셋째, 생애사 연구에 참여하는 화자들은 이야기에서 유발될 수 있는 긍정적 및 부정적인 기억들을 직면할 수 있는 심리적 강인함이 필요하다. 이 연구에 참여할 초중등교사들(N=6)은 이와 같은 요건을 충족시키며, 학교현장에서 탁월한 전문성을 인정받아 학습연구년을 보낸 교사들이다.

이진봉 교사(이하, 가명)는 서각, 서예, 콜라주 분야의 대가이며, 서각 분야의 초대작가로 2편의 저서를 발간했다. 문학박사학위를 취득한 김수민 교사는 시 교육, 영성교육의 전문가로서 수편의 학술논문을 작성했으며, 현재 시도교육청 단위의 연수강사로 활약하고 있다. 중학교 국어교사인 이숙인 교사는 소설 분야의 대가이며, 오랜 여행 경험을 통해 대안적인 가르침을 실천하고 있는 여 교사이다. 초등 영화교육의 대가인 차민승 교사는 10년간 영화교육 카페를 운영하고 있으며, 최근에 영화교육 관련 저서를 출간했다. 음악교육 전문가인 송세인 교사는 대안적인 음악교육을 실천하고 있는 인물이다. 그는 초등교육 실천가로서 덕망이 높아 수차례 공모교장 추천을 받았으나, 평교사로서의 소신과 철학을 지키기 위해 교장직을 고사한 인물이다. 그는 수십 년 동안 동요를 작곡하고 있으며, 현재 초등국악교육학회 편집위원으로도 활약하고 있다. 마지막으로, 이돈재 교장은 사진 분야의 대가로 명성을 쌓아 왔으며, 수차례의 사진전을 개최했다. 현직 초등학교 교장인 그는 교사예능경진대회(사진 분야) 심사위원으로도 활약하고 있다. 이 연구에 참여할 교사들의 개인적 맥락을 간략히 소개하면 다음 표와 같다.

순	학교급	성명(가명)	성별	보직	교직 경력	담당 교과	전문성 분야
1	중학교	이진봉	남	부장교사	25년차	도덕	서각/콜라주 교육
2	고등학교	김수민	남	부장교사	27년차	국어	시(詩) 교육
3	중학교	이숙인	여	평교사	26년차	국어	소설 교육
4	초등학교	차민승	남	부장교사	15년차	초등교과	영화 교육
5	초등학교	송세인	남	평교사	36년차	초등교과	음악 교육
6	초등학교	이돈재	남	학교장	38년차	초등교과	사진 교육

현장 들어가기

현장 들어가기는 연구자가 선정한 연구 장소, 연구 참여자를 어떻게 만나고 연구하게 되었는지를 설명하는 것을 말한다. 앞 장에서 설명한 것처럼 질적연구의 특징이 현장 작업을 지향하는 것이기 때문에 연구자가 현장에 어떻게 들어갈 것인지 그리고 들어갔는지를 서술하는 것을 뜻한다. 특히 현장에 들어가는 것을 허락받는 것이 절반의 성공을 의미하는 질적연구의 경우, 연구자가 현장에 어떻게 들어가 어떤 역할과 관계를 형성하면서 연구 작업을 하게 되었는지를 설명하는 것은 당연하다고 하겠다.

이 주제와 관련해서는 이 책의 다른 장에서 자세하게 소개할 것이다. 연구 계획서에 서술할 '현장 들어가기'와 관련된 내용으로는 주로 연구자가 현장에 들어가기 위해 어떤 노력을 했는지를, 할 것인지를 기술하는 것이 필요하다. 예를 들면 그 현장에 들어가기 위해 어떤 공식적인 허락을 받으려고 했는지, 어떤 사람을 만나서 허락을 받아냈는지, 연구 참여자나 연구 장소에 대한 첫인상이나 느낌 등을 포함시키면 된다. 나아가 효과적인 현장 들어가기를 위해 연구자는 어떤 절차와 과정, 전략을 이용했는지, 이용할 것인지를 상세하게 기술하는 재치가 필요하다. 아울러 연구 이전에 실행한 파일럿 문화기술지가 있었다면 그 내용을 기술하는 것이 필요하다.

연구방법 기술

연구 계획서에 들어갈 다음 내용으로 연구방법이 있다. 연구방법의 진술은 연구 목적을 달성하기 위해 어떠한 연구방법을 사용할 것인지를 전체적으로 기술하는 것을 말한다. 양적연구의 경우 실험, 조사법이 일반적인 연구방법이 되겠지만 질적연구의 경우 여러 가지 방법이 함께 사용된다는 점에서 다양한 방법(참여관찰, 심층면담, 현장조사지, 내용 분석 방법 등)에 대해 모두 소개하는 것이 바람직하다.

- 질적연구의 주요 연구방법: 참여관찰, 심층면담, 현장조사지, 문서분석
- 최근에 강조되고 있는 연구방법: 인터넷 질적연구, 핵심집단 면담, 생애사 면담

외국의 경우 질적연구를 사용하여 학위 논문을 쓰는 경우 질적연구에 대한 이해가 확산되어 있기 때문에 각 연구방법의 개념과 특징에 대해 방법적 차원에서 소개할 필요가 없다. 그러나 우리나라의 경우 이 방법에 대해 잘 모르거나 그 근본 원리들을 제시하기를 원하는 심사위원들이 있기 때문에 그러한 상황에 처해 있는 연구자는 연구 계획서에 자신이 사용할 질적 방법에 대해 자세하게 소개할 필요가 있을 것이다.

그러나 각 방법들을 연구 작업의 어떤 단계에서 어떻게 사용할 것인지를 논의하는 문제에서 연구자는 양적연구자와는 다르게 다소 유연하고 비결정적인 글쓰기 형태로 연구방법을 소개해야 한다. 연구자가 현장에 들어가서 어떻게 연구방법을 사용할 것인지에

대해서는 직접 경험하지 않고서 정확하게 설명하기가 어렵기 때문에, 연구자는 연구 계획서에서 연구방법에 대한 논의를 하는 경우 구체적인 절차나 적용의 과정은 개방적으로 기술하고 연구가 끝나고 논문을 마감하는 경우에 방법론 제3장에서 현장 작업에 대한 종합적 검토와 요약을 기초로 하여 자세하게 쓰는 것이 요구된다.

연구방법에 대해 자세하게 글을 써야 한다고 조언하게 된 이유는 필자의 개인적인 경험에서 비롯되었다. 필자는 국내의 논문 연구자들이 무엇을 정확하게 연구해야 할지 모르기 때문에 그런지 몰라도 많은 학위 논문 계획서에 연구방법과 과정에 대한 설명을 너무 추상적으로, 이론적으로 쓰는 경향이 있다는 사실을 알게 되었다. 그리고 그러한 글쓰기가 질적연구를 전공한 필자와 이를 옹호해 줄 자세가 되어 있는 일반 심사위원들에게 반감을 불러일으킨다는 사실을 알게 되었다. 물론 전문학자로서 발을 딛지 못하고 처음으로 학술적인 연구를 하게 된 학위 논문 연구자들의 충분하지 않은 글쓰기 경험에 대해 공감은 하지만 자신이 연구를 위해 어떤 방법을 어떻게 실행할 것이며 누구를 얼마나 오랫동안 연구할 것인지를 명료하게 쓰지 못한다면 이는 문제라는 생각이 든다. 그러한 점에서 학위 논문 제출자들은 가능하면 여러 가지 문헌을 읽고서 자신의 연구를 위한 연구방법과 과정을 어떻게 진행해 나갈 것인지를 가상적으로 또는 상상적으로라도 생각하면서 구체적으로 설명하려는 노력이 필요하다.

이러한 지적이 이 절에서 필요한 이유는 많은 논문 연구자들이 질적연구는 개방적, 점진적이라는 특징을 들어서 연구방법과 과정에 대한 설명을 생략하거나 대강 적거나 아니면 너무 교과서적으로 적는 경향이 있기 때문이다. 따라서 연구 설계를 읽어도 연구를 어떻게 할 것인지에 대해 독자로서, 심사자로서 잘 알 수 없다는 평가를 하게 된다. 그리고 그러한 평가는 질적연구를 전공한 심사자라고 하더라도 이 연구자가 정말로 이 연구에 대해 어느 정도의 청사진을 가지고 있는지, 고민은 해 보았는지에 대해 의심하게 만든다. 그러한 의심은 이 연구자가 연구를 할 수 있을 만큼의 준비가 되어 있는지 능력에 대한 의심으로까지 이어진다. 글쓰기의 '설득'이라는 측면을 명심해야 할 단계이다.

이러한 상황을 방지하기 위해 연구자는 가능하면 자신이 알고 있는 지식과 아이디어를 활용하여 연구의 방법과 과정에 대해 자세하게 설명하는 것이 낫다고 강조하고 싶다. 그리고 그 기술 방법은 기존의 참고문헌이나 대가들이 설명해 놓은 교과서적 지식(예, 심층면담의 목적, 참여관찰의 의미 등)을 나열하지 말고 자신의 연구에서 연구를 잘 하기 위해 어떤 연구방법을 어떤 상황에서 잘 실행할 것인지에 대해 자신의 언어로, 생각에 기초하여 이야기하는 것이다. 그러한 설명은 육하원칙에 근거하여 제시하면 효과적일 것이다. 아마도 심사위원 역시 발표자의 논문에서 연구자가 기존의 어떤 대가의 말을 잘 인용했는지보다는 발표자가 자신의 연구에서 연구를 구체적으로 어떻게 해나갈 것인지에 대해 얼마나 고민했는지를 더 알고 싶어 할 것이다—면담의 내용은 무엇인지, 몇 번을 할 것인지, 참여관찰을 못하게 된다면 어떤 다른 방법을 쓸 것인지, 어떤 자료를 어떻게 수집할 것인지 등. 간단하게 말하면, 면담의 형식에 대해 장황하게 설명하기보다는 자신의 연구에서 어떤 면담 가이드를 사용할 것인지, 그 면담 가이드의 내용이 어떤 것인지를 직접 알려 주는 것이 더 효과적이다. 이에 연구 현장, 연구 참여자의 특징, 연구방법의 종류, 면담 가이드의 형식, 연구방법의 실행 시기, 연구방법 간의 신중한 적용 계획, 있을 수 있는 현장에서의 다양한 이슈를 자세하게 설명하고 어떻게 해결해 나갈 것인지를 기술한다면 심사위원은 매우 만족할 것이다. 이를 위해 연구자가 가끔은 표나 다이어그램 또는 차트를 통해 연구방법에 대한 구체적인 정보를 제공하는 것은 참으로 바람직하다. 그리고 이러한 구체적 정보가 제시되었을 때만이 심사위원들은 발표자의 계획에 적합한 더 나은 방향을 제시해 줄 수 있다.

[예] 주재홍(2014)의 연구 계획서에서 발췌한 연구방법론 부분

본 연구는 생애사 연구로서, 개인의 삶에 대한 복합적인 설명을 자신의 단어들과 자신의 목소리를 통해 설명하는 방법이다. 생애사 연구는 화자의 주관적인 경험을 중시하며 사회적 실재를 어떻게 구성하는지에 집중하여 현실의 주관적인 세계를 그들의 시각에서 이해하려는 시도에서 비롯되었다(이효선, 2010: 52). 연구자는 화자가 들려주는 생애이야기를 구성하고 있는 특정하고 주요한 생애사건들에 초점을 맞추면서 이러한 사건들에 대한 주제적 해석과 이러한 해석들이 사회적 맥락 안에서 형성되는 방식을 탐구한다(Brotman & Kraniou, 1999: 420). 개인의 생애사 또는 생애이야기가 개인의 '들여다보기'가 아니라, 그가 체현하고 있는 지평으로부터 '세상을 조망하는 것'이 되는 이유는 매우 개인적인 설명인 동시에 '시대의 살아가기'가 육체화(incarnation)된 사회적인 자료이기 때문이다(Schrager, 1983: 93). 그래서 Dülmen(1997: 17)은 인간의 개인화 과정은 사회발전과 정치상황 그리고 경제적 확장과 결부되어 있으며, 개인이 무엇인가는 시대의 변화 속에 놓인 각 개인의 삶과 행위의 맥락 속에서 규정된다고 했다. 따라서 자기를 주제화하는 것은 언제나 사회문화적 맥락과 관련되어 있다(Dülmen, 1997: 68). 한 개인의 삶을 심층적으로 이해하기 위해서는 개인의 생애 경험뿐만 아니라, 거시적인 사회문화적 및 역사적 맥락과의 연결에 대한 탐구가 필수적이다. 바로 이러한 이유에서 전기적 연구방법론의 하나인 생애사 연구에 대한 학술적 관심이 급증하고 있다(한경혜, 2005: 1).

생애사는 외부자의 시선과 지배적 담론에 의해 소외된 이들의 삶이 왜곡되지 않도록 하는 내재적 접근의 가능성을 극대화하기 때문에 이제까지 공식적인 역사와 사회연구의 대상에서 배제된 권력 없는 체험들을 언어화한다(이희영, 2005: 136). Brotman과 Kraniou(1999)는 정체성의 형성이 복합적이고 갈등적인 것을 전제하면서 인종적이고 민족적이 맥락이 복합적으로 교차하는 레즈비언의 구술생애사를 통해 그가 구성하는 주관적인 정체성들을 탐구했다. 성정숙(2012)은 복합적이며 이야기적인 '정체성의 구성'에 주목하여 중년 레즈비언의 생애이야기를 주의깊게 경청하고, 이로부터 얻게 된 이들의 삶에 대한 '앎'을 이론적으로 검토하고 그 함의를 성찰했다.

청소년 성 소수자 문제는 당사자 주축의 운동이 부재하고, 청소년 성 소수자에 대한 담론이 극히 단면만 이야기되고 있는 실정이어서 사회적으로 복잡하고 갈등이 보다 첨예하다. 그런 점에서 청소년 성 소수자에게 생애사는 억압되고 배제되었던 자신들의 역사 쓰기이며, 동성애 인간으로서의 존재를 드러내며 주체성을 확립하는 과정이며 탄압과 차별에 대항하는 첫걸음이라고도 할 수 있다. 생애사 연구는 교육학에서도 개인과 집단이 살아온 삶의 기억 속에 경험과 성장, 변화라는 교육학적 핵심 범주를 파악할 수 있는 중요한 방법으로 선택되어 왔다(이병준·석영미, 2013: 106-107). 따라서 생애사 연구는 사회적으로 배제되고 차별받는 청소년 성 소수자의 삶과 딜레마를 가시화하고, 이를 통해 그들이 지각하는 교육적 요구나 핵심 이슈들이 무엇인지를 교육학적 측면에서 탐구하는 본 연구에 가장 부합되는 연구방법이라 하겠다.

[예] 이동성(2013)의 연구 계획서에서 발췌한 연구방법론 부분

20세기 철학분야에서의 해석학 및 탈근대성 논쟁이 '언어적 전회(linguistic turn)'와 관련이 있듯이, 인문학 및 사회과학 연구에서의 '내러티브 전회(narrative turn)'는 구술사(oral history), 생애사(life history), 자서전(autobiography), 전기(biography), 내러티브 탐구(narrative inquiry), 자문화기술지(autoethnography) 등과 같은 전기적 연구방법론을 부상시켰다(Lewis, 2008: 561; Roberts, 2002: 5). 이러한 '내러티브 전회'에 기초한 전기적 연구방법론은 개인의 경험과 삶의 이야기를 주관성에 오염된 사적 자료로 여기기보다는, 개인의 생활세계 속에 가려진 사회적 및 역사적 구조와 진실의 파편들을 재구성할 수 있는 하나의 '입구'로 간주했다. 이와 맥락을 같이하여, 생애사 연구에서의 내러티브는 소설, 영화, 드라마 같은 영역을 벗어나, 게임, 광고, 디자인, 홈쇼핑, 테마파크, 스포츠, 박물관 등의 수많은 부분에서 중요한 기획 요소가 되었다(장노현, 2010: 218). 하지만 전사의 원칙과 방법, 텍스트의 표준 양식, 자료의 분석에 대한 지속적인 개발과 정교화가 필요하기 때문에, 생애사 연구방법에 대한 한국 학계의 논의는 출발선에 놓여 있다고 볼 수 있다(장노현, 2010: 239).

Dülmen(1997: 13)은 ≪개인의 발견≫이라는 저서를 통해 인간을 개인적으로 파악하려는 서구인들의 현대적 의식을 분석했다. 그의 분석에 따르면, 인간의 개인화 과정은 사

회발전과 정치상황 그리고 경제적 확장과 결부되어 있으며, 개인이 무엇인가는 시대의 변화 속에 놓인 각 개인의 삶과 행위의 맥락 속에서 규정된다(Dülmen, 1997: 17). 따라서 자기를 주제화하는 것은 언제나 사회문화적 맥락과 관련되어 있다(Dülmen, 1997: 68). 한 개인의 삶을 심층적으로 이해하기 위해서는 개인의 생애 경험뿐만 아니라, 거시적인 사회문화적 및 역사적 맥락과의 연결에 대한 탐구가 필수적이다. 바로 이러한 이유에서 전기적 연구방법론의 하나인 생애사 연구에 대한 학술적 관심이 급증하고 있다(한경혜, 2005: 1).

생애사 연구방법은 1920년대 초반 시카고학파의 사회학적 연구에서 중요한 위치를 차지했으며, 1980년대 이후 교육연구를 위한 방법론으로 광범위하게 활용되고 있다 (Goodson & Choi, 2008: 5). 특히, 서구의 많은 교육연구자들은 교사들의 개인적 삶을 연구하는 것이 교사의 교수를 이해하기 위한 방법이 될 수 있다는 점을 공유함으로써, 생애사 연구방법은 최근에 더욱 각광을 받고 있다(Goodson & Choi, 2008: 24). 생애사 연구방법은 일상적인 상호작용과 우연적 사건을 직면하는 한 교사의 상황적 반응과 주관적이고 개인적인 직업경험을 분석하기 위한 강력한 수단이다(Goodson & Choi, 2008: 6). 특히, 주체적인 교사의 경험을 조명하는 생애사 연구방법은 탈근대적인 세계와 사회적 및 문화적 맥락에 위치한 교사들의 동기와 실천이 제도적 경험과 개인적 경험의 교차를 어떻게 반영하고 있는지를 이해하기 위한 진정한 수단으로 간주되고 있다(Dhunpath, 2000: 544).

생애사 연구방법은 자기-이해의 사회적 및 이데올로기적 기원으로 볼 수 있는 의식적 자각을 통해 현장교사들이 자신들의 불확실한 세계관을 수정하고, 거부하고, 공고히 할 수 있게 한다. 또한 생애사 연구방법에 기초한 교육연구는 교사들의 오류 가능성과 삶의 모순을 탐구할 수 있도록 하고, 교사들의 전문적 실천을 이론화하는 데 기여하며, 교사들의 학습의 질을 개선하는 데 유용하다(Dhunpath, 2000: 544). 그리고 생애사 연구에서의 내러티브는 교사들의 교수와 학습을 위한 함의를 내포하고 있다. 왜냐하면, 생애사 연구방법은 양적연구방법과 근본적으로 다른 방식으로 교수와 교육과정 연구에 대한 재개념화를 가능하게 하기 때문이다. 이러한 맥락에서 Dhunpath(2000: 544)는 생애사 연구방법을 새로운 방법론적 렌즈, 즉 '내러다임(narradigm)'으로 칭했다. 특히, Goodson과 Choi(2008: 6-7)는 생애사 연구방법이 전문적 교사로서의 사회적 기대는 무엇이며, 전문적 교사로서의 개념과 실천의 특징은 무엇이며, 교사 전문성의 발달에 영향을 미치는 요소는 무엇이며, 전문성의 발달 과정에 어떠한 역동성이 수반되었는지, 그리고 교사 전문성의 실재와 사회적 기대 사이의 유사점과 차이점을 탐구하는 데 유용한 방법론이라고 주장했다.

───

연구방법에 대한 글쓰기와 관련하여 또 중요한 사실은 자신의 연구에서 어떤 질적 방법이 더 우선적으로 가치 있는지, 더 핵심적으로 쓰이는지에 대한 이해가 필요하며 그러한 중요도의 순서에 따라 연구방법을 묘사하는 작업이 필요하다는 것이다. 그리하여 연구자는 자신의 연구에서 여러 가지 연구방법이 사용되지만 연구의 목적에 비추어 특정한 연구방법이 더욱 중요하게 사용될 경우에는 왜 그런지에 대한 이유와 함께 자신의 연구가 특정한 연구방법과 더욱 밀접하게 관련된다는 사실을 강조해 주는 것이 요구된다. 이 경우에 연구자가 자신의 연구가 참여관찰을 더 강조하는 연구인지 아니면 심층면담을 강조하는 연구인지, 또는 심층면담에서 개별 면담인지 아니면 핵심 집단 면담인지를 구분해 주는 것은 연구의 성격을 이해시키는 데 도움을 준다.

다음은 기존의 질적연구 중에서 연구방법의 가중치에 따라 그 예를 제시한 것이다.

면담이 강조된 연구

〈Beyond surface curriculum〉

새로운 교육 프로그램의 실행에 대한 현장교사들의 이해를 알아보기 위한 연구로서 질적연구방법 중에서 면담 방법을 주로 사용했다. 자료 수집을 위해 면담 가이드가 핵심적으로 사용되었다.

〈Women's ways of knowing〉

참여관찰과 면담, 내용분석 방법이 모두 쓰였다. 그러나 여성의 인식 발달 단계를 규명하기 위해 면담 가이드를 만들어 의식의 발달을 규명하는 데 적용했다.

〈Collaborative teaching of a social studies methods course: intimidation and change〉

현장교사, 대학원생, 대학교수가 실제 학교 현장의 수업에 대해 어떤 생각과 선입견을 가지고 있는지를 알아보기 위해 실제 협력적 수업을 하면서 그 차이를 이해하려고 했다. 3~4년의 연구 기간 동안 대화 형식의 면담을 약 50회 가졌다.

관찰이 강조된 연구

〈Social class and hidden curriculum of work(Jean Anyon)〉

사회경제적 배경이 다른 초등학교 다섯 곳에서 학생들이 경험하는 교육과정이 어떠한 잠재적 기능을 하는지를 분석하려 했다. 연구방법으로는 주로 관찰을 사용했다. 학생들이 교실에서 하는 일, 교사가 사용하는 용어, 교사와 학생의 상호작용 등이 주요한 분석 대상이 되었다.

〈Smith and Geoffrey〉

대도시의 한 학교에서 초등학교 교사가 일 년 동안 어떻게 지내는지 그리고 수업은 어떻게 하는지를 질적 방법을 통해 연구했다. 여러 가지 방법 중에서 주로 참여관찰 방법을 사용했다. 일 년에 걸쳐서 현장교사의 교실수업을 방문하여 관찰했다.

자료의 수집과 분석

자료 수집과 분석은 연구 현장에 들어가 자료를 어떻게 수집할 것이며 그러한 자료를 어떻게 분석할 것인지를 개념적으로 설명하는 것이다. 양적연구와는 달리 질적연구에서의 자료 수집과 분석 과정은 '질적연구의 특징' 부분에서 설명한 것처럼 점진적, 발달적이기 때문에 연구 계획서에 자세하게 설명하는 것이 어렵다. 대신에 어떤 자료를 어떻게 수집하고 어떻게 분석할 것인지를 포괄적으로 제시하면 된다. 계획서에는 잠정적인 개요를 제시하고 논문을 제출하는 단계에서는 자료 수집과 분석이 어떻게 이루어졌는지를 구체적으로 기술하면 된다.

그러나 심사위원들은 연구자가 어떠한 자료 수집과 분석 계획을 가지고 있는지를 조금이나마 알고 싶어 하기 때문에 수집과 분석에 대한 기초적인 정보를 서술하는 것이 좋다. 그 예로는 자료 수집의 개념과 분석의 개념, 분석의 종류와 방법, 더욱 구체적으로는 코딩을 어떻게 하겠다는 설명을 하면 좋을 것이다. 구체적인 사례를 살펴보자.

[예] 주재홍(2014)의 연구 계획서에서 발췌한 자료 수집 및 해석 부분

본 연구는 화자가 자신의 삶의 의미를 어떻게 구성하는지에 초점을 두는 내러티브 인터뷰를 통해 자료를 수집할 것이다. 생애사 혹은 내러티브 인터뷰의 목적은 연구 참여자의 말을 듣는 데 있는 것이 아니라, 삶의 이야기를 이해하기 위해 언어적 및 비언어적 이야기에서의 의미를 해석하는 데 있다(Dhunpath & Samuel, 2009: 25). 생애사 연구자는 내러티브 인터뷰를 통해 사회적 삶의 변증법적 본성과 모순 그리고 총체적인 삶의 모습을 일체화할 수 있다(Sokolovsky, 1996: 282). 따라서 본 연구는 연구 참여자가 살아온 삶의 전 영역에 걸쳐 광범위한 자료를 수집하는 '일반적 생애사 자료'와 연구 참여자의 삶 중에서 연구자가 관심을 갖는 분야의 자료를 집중적으로 수집하는 '주제 중심적 생애사 자료' 수집 방법을 활용할 것이다(김영숙·이근무, 2008: 10). 본 연구는 초기국면에서 일반적 생애사 자료 수집 방법을 채택할 것이며, 특정한 주제가 가시화되면 주제 중심적 생애사 자료를 집중적으로 수집할 것이다.

본 연구는 전반적인 연구 과정에서 연구 참여자와 일대일 심층면담을 통해 인터뷰 자료를 수집할 것이다. 생애사 인터뷰는 예비인터뷰, 후기모임 등을 제외하고 총 세 시기에 따라 진행될 것이다(박성희, 2003: 7-10). 제1시기는 연구자가 연구 참여자에게 태어나서 지금까지의 인생 이야기를 들려 달라고 요청하는 것이다. 제2시기는 연구 참여자 자신의 생애이야기를 스스로의 선택에 의해 중단 없이 구술하는 시기이다. 마지막으로 제3시기는 연구자가 연구 참여자의 생애이야기를 경청한 후에 연구자의 시각으로 구성된 질문을 할 수 있는 시기이다. 그러나 인터뷰의 방법보다 더 중요한 것은 인터뷰의 횟수와 시간이다. 생애사 연구는 최소한 2회 이상의 인터뷰를 통해 자료를 수집하는 것이 적절하며, 개인당 최소 4시간 이상의 시간을 할애하는 것이 적절하다(한경혜, 2005: 14). 따라서 이 연구는 개인당 5회(개인별 1회기 기준 3시간, 총 15시간)의 인터뷰(6명*15시간, 총 90시간)를 실시하고, 자료의 분석과 해석 결과에 따라서 추가적인 내러티브 인터뷰를 실시할 것이다.

생애사 인터뷰는 전적으로 연구 참여자인 화자에 의해 주도되는데, 연구자의 질문에 대해 연구 참여자가 응답하는 것이 아니라, 자신의 생애사적 경험들을 스스로의 선택과 결정에 의해 연구자에게 '이야기하는 것(narrative)'이다(성정숙, 2012: 88). 그렇기 때문에 연구자는 연구 참여자의 생애사적 관점을 이해하고 재구성하기 위해 자유로운 인터뷰 조건이 충족되도록 해야 한다(이희영, 2005: 134). 즉, 연구 참여자가 연구 주제, 시간, 장소의 제한 없이 자유롭게 내러티브를 구술할 수 있도록 해야 한다. 연구자는 연구 주제를 해명하기 위한 사전 질문목록이 아니라, 개방적인 질문을 통해 상대적으로 자유로운 서술공간을 제공해야 한다(이희영, 2005: 135). 즉, 내러티브 인터뷰에서는 무엇을, 어떻게, 왜 등과 같은 질문을 통해 연구 참여자의 주장이나 항변을 유도하는 것이 아니라, 연구 참여자가 자유로운 인터뷰 분위기 속에서 자신의 체험을 서사적으로 묘사할 수 있는 수평적 관계가 중요하다(이희영, 2005: 135).

본 연구는 우선, 자료 수집을 위해 연구 동의서에 대한 충분한 검토과정을 거친 후, 여섯 명의 연구 참여자들로부터 연구 허락과 녹음에 동의한다는 연구 참여자의 서명을 받을 것이다. 그리고 그들의 모든 생애담을 채록하고 이를 2명의 보조연구자와 함께 '음성 그대로(verbatim)' 전사하여 현장 텍스트를 확보할 것이다. 그리고 문자로 변환된 전사본(1인당 5개 파일*6명, 총 30개)의 정확성을 검증하기 위해 연구 참여자들로부터 1차적인 구성원 검증을 받을 것이다. 한편, 이 연구는 수집된 생애담 자료를 분석 및 해석하기 위해 Lieblich, Tuval-Mashiach, & Zilber(1998)가 제안한 분석 방법을 혼합하여 활용할 것이다. Lieblich, Tuval-Mashiach, & Zilber(1998)는 생애사 내용 혹은 텍스트를 분석하기 위한 네 가지 접근방식으로 ① 총체적 내용 접근, ② 범주적 내용 접근, ③ 총체적 형태, ④ 담화분석을 제시했다(한경혜, 2005: 15-16 재인용). 첫째, 총체적 내용 접근은 개별적 생애사를 분석의 초점으로 하여 각 생애사의 주요한 주제를 찾아내는 방법이다. 둘째, 여러 개의 생애 사로부터 공통의 주제를 도출하는 범주적 내용 접근은 개별 생애사의 전체성을 훼손하지 만, 연구 참여자들의 생애과정의 유형을 파악하고 다양한 유형과 사회문화적 요소와의 관 련성을 탐색하는 데 유용한 분석 방법이다. 셋째, 총제적 형태의 분석 방법은 생애사의 내 용적 측면보다 각 생애사의 전체적인 구조를 분석의 초점으로 삼는다. 가령, 생애과정에서 가장 행복했던 시점과 불행했던 시점의 위치를 중심으로 삶의 변화를 표시하는 생애도표 구성방식이나 생애전이의 위치를 탐색해 보는 것이 여기에 해당한다. 마지막으로, 담화분 석은 '왜 그러한 방식으로 말하는가?'와 같은 이야기의 조직 원리에 초점을 맞추어 생애사 서술의 서사구조를 탐색하는 접근이다. 앞서 언급한 네 가지의 분석 방법은 연구 참여자들 이 어떻게 자아의 연속성을 유지하고 정체성을 구성하면서 삶의 의미를 창출해 가는가의 공통점이 있다(한경혜, 2005: 15-16).

타당도 작업

타당도 작업은 연구자가 도출한 결론이 과연 연구하려고 한 내용을 정말로 연구했는지를 밝히는 과정이다. 타당도와 관련하여 양적연구에서는 내적 타당도와 외적 타당도에 대한 개념화가 잘 이루어져 있다. 그러나 질적연구의 경우 연구의 신뢰성 확보를 위해 구체적 으로 어떠한 활동을 해야 하는지에 대해 다양한 의견들이 있으며 새롭고 진보적인 타당 도 작업의 활동이 계속적으로 연구되고 있다. 그러나 과학과 비과학의 경계를 구분해야 하는 교육연구자로서 연구의 타당성 확보를 위해 구체적으로 어떤 활동을 해야 할 것인 지에 대해 어느 정도의 합의가 이루어졌다. 이에 린컨과 구바의 신뢰성 확보 방법이 서구 의 질적연구 논문에서 타당도를 입증하는 방법으로 널리 인용되고 있다.

그러한 점에서 연구 계획서에서 타당도 작업에 대한 내용을 기술하려고 하는 연구자 들은 린컨과 구바가 개념화한 타당도 조건을 자신의 연구 작업에서 적용할 것이라는 점 을 강조하면 무리가 없을 것이다. 이들의 타당도 준거는 타당도(validity)라는 용어 대신에 신뢰성(trustworthiness)이라는 용어를 사용하고 있는데 이 신뢰성을 확보하는 방법에 적합 한 연구 활동으로는 다음 예들이 있다.

- 트라이앵귤레이션
- Member check
- 장기적인 관찰

- 동료들과의 비평 작업
- 참고자료의 활용
- 부정적 사례 분석

이동성(2013)의 연구를 통해 구체적인 사례를 살펴보자.

[예] 이동성(2013)의 연구 계획서에서 발췌한 타당도 검증 부분

이 연구는 최종적인 연구 결과에 대한 타당도를 검증하기 위해 김영숙·이근무(2008), 김영천·한광웅(2012) 그리고 사이크스(Sikes, 2010)가 제시한 생애사 타당도 준거를 종합하여 적용하고자 한다. 즉, 이 연구는 위에서 제시한 타당도 준거들을 재구성하여 다음과 같은 다섯 가지의 타당도 준거들을 적용하고 활용할 것이다: ① 대화성, ② 반영성, ③ 촉매성, ④ 진정성, ⑤ 연결성. 여기에서 대화성이란 연구자와 연구 참여자의 수평적인 대화적 관계를 의미하며, 반영성이란 연구의 과정과 결과에서 연구자의 위치성과 상황성의 제시 여부와 정도를 의미한다. 그리고 촉매성이란 연구의 과정과 결과를 통해 연구자와 연구 참여자들의 삶이 실제적으로 얼마나 개선되었는지에 대한 이슈이며, 진정성이란 자료의 분석과 해석의 논리적 일관성과 정교함, 그리고 글쓰기의 솔직성과 진실성을 의미한다. 그리고 연결성이란 연구 참여자들의 개인적인 생애담이 보다 바깥의 정치적, 경제적, 사회적, 문화적, 역사적 맥락과의 연결 유무와 정도를 의미한다. 이 다섯 가지 준거들은 각 생애사 텍스트에 동일하게 적용되기보다는, 연구 참여자들과 연구 상황의 맥락에 따라 차별적으로 적용될 것이다.

그러나 최근에 와서 린컨과 구바의 타당도 준거에 대한 비판이 계속되고 있고 새로운 타당도 준거들이 개발되고 있다는 점을 주지하는 것이 필요하다. 특히 이 주제와 관련하여 레이더가 제시한 포스트모던 타당도 준거는 자료의 해석과 분석, 재현에서 연구자의 주관성을 해체하려고 한다는 점에서 이정표적인 타당도 준거로서 수용되고 있다. 따라서 다양한 새로운 준거들이 개발되고 수용되고 있다는 점을 이해할 필요가 있다.

연구 윤리

연구 설계 부분에서 빠뜨려서는 안 되는 글쓰기 내용 중의 하나가 연구 윤리이다. 양적연구와는 달리 연구 윤리를 강조하는 질적연구에서는 연구 결과에 대한 생산만큼 연구 윤리에 가치를 두고 있다. 따라서 연구자는 연구를 하면서 연구 참여자의 복지와 안녕을 위해 어떻게 노력했는지에 대해 자세하게 묘사하는 것이 중요하다. 이를 위해 연구자가 할 수 있는 방법은 다음과 같다. 첫째, 자신의 학문영역에서 사용되고 있는 연구 윤리의 요소들을 알고서 그 요소들을 진술하는 방법이 있고, 둘째, 일반적 차원에서 사용되는 연구 윤리규정을 차용하여 진술하는 방법이 있다. 어떤 방법을 사용하든지 간에 연구 윤리의 내용에는 큰 차이가 없다는 점에서 가장 중요한 연구 윤리의 요소가 무엇인지를 알고서 이를 잘 실천할 것이라는 약속을 연구 설계 글쓰기에 담아 두면 될 것으로 보인다. 그 예로는 미국 인류학회 윤리규정, 미국 심리학회 윤리규정, 각 대학교에서 정한 연구 윤리규정, NIH(National Institute of Office of Human Subjects Research)에서 정한 윤리규정이 있다.

우리나라와는 달리 외국의 경우, 이 연구 윤리는 논문 계획서 통과의 중요한 한 평가 기준이기 때문에 최선을 다하여 적는 것이 중요하다. 아울러 자신이 속한 학문분야의 연구 윤리규정을 쓰면 되는 것인지, 아니면 자신이 속한 대학교의 연구 윤리규정을 준수하고자 하는 그 어떤 공식적 문서를 제출해야 하는 것인지에 대해 상세하게 알아 놓는 것이 필요하다. 아울러 그러한 절차가 필수라고 한다면 연구 계획서 발표 시에 심사위원들에게 알려 주는 것이 요구되기 때문에 자신이 언제 어떻게 그 규정에 대한 문서를 제출하고 최종 통과를 허락받았는지를 쓰는 작업이 필요하다. 그리고 그러한 연구 윤리의 수용과 적용은 단순히 연구 시작을 위해서만 필요한 것이 아니라 다음과 같은 다양한 차원에서 그 중요성이 강조된다.

연구자가 속한 해당 대학에서 요구하는 연구 윤리

각 대학마다 학위 논문 연구자가 수행해야 하는 연구 윤리규정이 있다. 이에 연구자는 그 연구 윤리규정을 통과해야만 연구에 착수할 수 있다. 이를 위해 해당 부서에 가서 연구 윤리 통과 지원서를 교부받아 그 지원서에 제시되어 있는 질문에 성실히 답해야 한다. 답변이 만족스러우면 통과 허락을 받고 연구에 착수할 수 있지만 그렇지 못한 경우에는 연구 최종 허락을 받을 때까지 연구 윤리 통과 지원양식의 문항에 대해 성공적인 답변을 준비해야만 한다.

연구자가 연구 참여자에게 직접 실천해야 하는 윤리

대학에서 요구하는 연구 윤리규정을 통과했다고 하여 연구 윤리가 모두 해결되는 것은 아니다. 연구자는 연구를 시작하면서 학교 현장 또는 학생들의 학부모를 만났을 때 지켜야 하는 연구 윤리 행동이 있다. 연구에 대한 소개, 어린 아동들에 대한 연구에서 해당 학부모의 공식적 동의 등이 그것이다. 현장 차원에서의 이러한 연구 윤리 활동은 연구자가 모두 예상하지 못한 형태로 나타나기 때문에 개별 사례 방법으로 또는 상황에 따라서 나타날 수 있는 윤리규정을 잘 지키도록 최선을 다해야 한다.

5. 연구 실행 계획표

연구 설계의 마지막 내용이다. 바로 앞부분까지 연구의 핵심 내용과 윤리에 대해 설명했다면 모든 중요한 글쓰기는 끝난 셈이다. 이제 마지막으로 남은 연구 설계의 글쓰기 내용은 연구의 실행과 마침에 대한 잠정적인 일정표가 된다. 즉, 언제 현장에 들어갈 것이며 얼마나 오랫동안 있을 것이며 언제 떠나서 글을 쓸 것이며 최종 발표는 언제쯤 할 것인지를 심사위원들에게 알려 주는 일이 남았다. 연구비를 제공해 주는 외부 연구기관이나 재단의 경우, 이 연구 일정에 대한 글쓰기는 중요하지만 학위를 목적으로 하는 논문 발표의 경우, 이 일정에 대한 글쓰기는 그렇게 어렵지 않다. 연구자의 졸업 후의 계획, 재정 상태, 현장 작업이 가능한 기간, 학위 논문 최종 발표 학기의 지도교수의 상황, 연구자의 개인적인 상황 등을 고려하여 가장 느슨하고 자유로운 방식으로 글을 쓰면 된다. 물론 연구자의 연구 주제가 지도교수의 외부 연구 기금과 관련 있는 경우, 이 영역에 대한 기술은 더욱 명료하고 확실한 형태로 진술되어야 할 것이다.

연구 설계에서 이 계획표에 대한 제시는 연구자에게 여러 가지 점에서 도움을 준다. 첫째, 연구 기간에 대해 전문가들인 심사위원들로부터 실제적인 조언을 들을 수 있다. 예를 들면 의욕이 강하여 현장에 오랫동안 있을 것으로 기술했으나 전문가가 생각했을 때 그렇게 오랫동안 있을 필요가 없는 경우에는 심사위원이 현장 작업의 기간을 단축할 수 있다. 또한 예정되어 있는 학기에 심사위원들이 모두 심사에 참여할 수 있는지를 확인할 수 있고 그 기간 동안에 어떤 교수들이 자신의 연구에 조언과 비평을 해줄 수 있는지를 알 수 있다. 또한 미래 직업 시장의 전망이 개인적으로 낙관적인 경우, 아니면 바로 자신의 직업세계로 돌아가야 하는 경우, 심사위원들을 설득할 수 있는 좋은 이유가 된다.

수업활동 및 토의내용

1. 우리나라에서 출간된 질적연구방법을 사용한 석사학위 논문과 박사학위 논문을 한 개 또는 두 개 정도 선정한다. 그리고 그 논문이 이 장에서 설명한 설계의 여러 요소와 기준에 잘 맞는지를 평가하는 토론을 한다. 연구 참여자, 현장 들어가기, 연구방법 등 구체적인 내용에 대하여 종합하고 비평해 보자. 그리고 그 연구가 문제가 있다면 어떤 점에서 문제가 있었는지 자신이 그 논문의 연구자라고 한다면 다시 어떻게 새롭게 연구할 수 있는지에 대하여 논의해 보자. 이러한 논의는 이 장의 전체 내용을 이해하였을 때 비평 가능하다.

2. 석사와 박사과정 학생들이라면 자신의 석사논문 작업에서 또는 박사논문이나 수업과제로서 보고서 작업에서 어떤 연구방법을 사용하였는지를 발표하거나 토론해 보자. 그리고 양적연구였던 질적연구였던 간에 연구 설계와 관련하여 가졌던 개인적 경험, 논문에서 쓸 수 없었던 내용, 또는 새로 연구를 한다면 어떻게 다르게 할 수 있을 것인지에 대하여 평가해 보자. 자신이 다니고 있는 학과의 연구법 문화 속에서 자신의 선택(양적연구 또는 질적연구)이 연구심사자들에 의하여 어떻게 불평등하게 비평받았는지를 기억해 보자. 나아가 심사위원들이 주로 질문하였던 비판은 무엇이었는지에 대하여 집단적 회고를 하고 대화를 통하여 노출시켜 본다. 이 과정을 통하여 사회과학 연구에서의 연구 설계의 실제와 이데올로기에 대하여 논의해 보자.

3. 이 수업을 듣고 나서 양적연구와 질적연구의 설계에서 차이가 나는 내용과 기준은 무엇인지에 대하여 그룹작업을 통하여 표 또는 차트를 만들어 보자. 이 작업에서 교재의 내용을 중심으로 정리하고 다양한 시각적 표현 방법(다이어그램, 순서도 등)을 활용하여 공통점과 차이점을 정리해 보자. 이 작업을 통하여 강사의 일방적인 수업에서 벗어나 자신의 경험, 교재의 내용, 통찰에 근거하여 이 두 연구 패러다임에서 추구하는 연구 설계의 차이점과 특징에 대하여 내면화하자.

참고문헌

주재홍(2014). 한국 청소년 성 소수자의 삶과 딜레마에 대한 생애사적 탐구. 한국연구재단 신진연구자지원사업 연구 계획서(미발간).
이동성(2013). 현장교사들의 전문성 발달에 대한 예술기반 생애사 연구. 한국연구재단 신진연구자지원사업 연구 계획서(미발간).

Berg, B. L. (2001). *Qualitative research methods.* CA: Allyn and Bacon.
Creswell, J. W. (1998). *Qualitative inquiry and research design.* London: Sage.
Creswell, J. W. (2003). Research Design: Qualitative, Quantitative, and Mixed Methods Approaches. Thousand Oaks, CA: SAGE.

Creswell, J. W. (2005). *Educational research.* NJ: Pearson.

Donmoyer, R. (2001). *Components of a mini-proposal for a qualitative research study.* Manuscript.

Flick, U. (2007). *Designing Qualitative Research.* London: Sage.

Flick, U. (2009). *An introduction to qualitative research*(4th). London: Sage.

Gilligan. C. (1993). *In A Different Voice: Psychological Theory and Women's Development.* Cambridge: Harvard University Press. 허란주 역(1997). 다른 목소리로. 서울: 동녘.

Goetz, J. P. & Lecompe, M. D. (1984). *Ethnography and qualitative design in educational.* CA: Academic Press.

Hammersley, M. and Atkinson, P. (1995) *Ethnography: Principles in Practice* (2nd edn). London: Routledge.

Lecompte, M, D. (1999). *Essential Ethnographic Methods.* CA: Sage.

Locke, F. L., Spirduso, W. W., & Silverman, J. S. (2000). *Proposal that Work: A Guide for Planning Dissertation and Grant Proposals*(4th). CA: Sage.

Marshall, C., & Rossman, G. B (1999). *Designing qualitative research*(3rd). Newbury Park: Sage.

Marshall, C., & Rossman, G. B (1989). *Designing qualitative research.* Newbury Park: Sage.

Maxwell, J. A. (2005). *Qualitative Research Design: An Interactive Approach* (2nd edn) . Thousand Oaks, CA: SAGE.

Maxwell, J. A. (1996). *Qualitative research design.* CA: Sage.

Morse, J. M. (1998). "Designing Funded Qualitative Research," in N. Denzin and Y.S. Lincoln (eds.), *Strategies of Qualitative Research.* London: SAGE. pp. 56-85.

Morse, J. M. (1991). On the evaluation of qualitative proposals. *Qualitative Healthy Research*, 1(2). 147-151.

Patton, M. Q. (2002) *Qualitative Evaluation and Research Methods.* London: SAGE.

Shostak. M. (2000). *Nisa: The Life and Words of a !Kung Woman.* Cambridge: Harvard University Press. 유나영 역(2008). 니사: 칼라하리 사막의 !쿵족 여성 이야기. 서울: 삼인.

Ragin, C. C. (1994) Constructing Social Research. *Thousand Oaks*, CA: Pine Forge Press.

Ragin, C. C. and Becker, H.S. (eds.) (1992). What Is a Case? *Exploring the Foundations of Social Inquiry.* Cambridge: Cambridge University Press.

Venkatesh. S. (2008). *Gang Leader for a Day: A Rogue Sociologist Takes to the Streets.* New York: Penguin. 김영선 역(2009). 괴짜사회학. 서울: 김영사.

Willis, P. (1982). *Learning to Labor: How Working Class Kids Get Working Class Jobs.* New York: Columbia University Press. 김찬호, 김영훈 역(1989). 교육 현장과 계급재생산: 노동자 자녀들이 노동자가 되기까지. 서울: 민맥.

6

참여관찰

우리가 관찰하는 인간의 행동이나 행위는 대부분 타인들이 원하는 방향 또는 우리가 하도록 허용하는 행동(frontstage behavior)이다. 그러나 진정으로 우리가 관찰해야 하는 인간연구의 내용은 그들이 가장 친한 친구들에게 이야기하는 내용 그리고 행동하는 내용(backstage behavior)을 찾아내는 것이다(Goffman의 무대 이론 중에서).

질적연구의 가장 대표적인 방법 중 하나가 참여관찰이다. 참여관찰은 연구자가 현장에 들어가서 연구 참여자의 세계에 오랫동안 머물면서 관찰, 연구하는 방법을 말하는 것으로서 질적연구의 특징을 가장 잘 나타내는 방법이다. 이 장에서는 참여관찰을 위해 연구자가 알아야 하는 필수 지식에 대해 살펴본다. 이를 위해 첫째, 참여관찰의 목적에 대해 알아보고, 둘째, 참여관찰 기법에는 어떤 것들이 있는지를 소개한다. 그리고 셋째, 참여관찰에서 사용할 수 있는 다양한 관찰일지 양식에 대해 설명한다.

1. 참여관찰의 목적

참여관찰은 인류학의 주요한 연구방법으로서 제1세계의 식민국가들의 문화와 민족 연구를 위해 사용되었다. 사회학의 경우 파커에 의해 주도된 시카고 대학교의 시카고 사회학파에서 개척되기 시작했고 많은 실증적인 연구 작품을 만들어 냈다. 특별히 미국의 도시 연구를 위해 사용되기 시작했다. 이를 통해 나타난 연구로는 앤더슨(Anderson)의 〈Hobo〉, 크레시(Cressey)의 〈The taxi dance hall〉, 트래셔(Thrasher)의 〈The gang〉, 린드(Lynd)의 〈Middletown〉, 화이트(Whyte)의 고전적인 연구인 〈Street corner society〉 등을 들 수 있다. 인류학과 사회학에서 발달된 이 참여관찰 방법은 교육학 연구에 적용되기 시작하여 학교문화 연구, 교사의 수업행동 연구, 학생문화 연구, 교육행정가의 직무수행 연구, 비판이론적 연구가 새로운 전통을 만들게 되었다.

페터만(Fetterman, 1991: 94)에 따르면 참여관찰은 관찰가로서의 전문적인 거리를 유지하면서 연구 대상에 있는 참여자의 삶에 참여하는 현장활동을 의미한다. 따라서 연구자는 참여관찰 방법을 통해 연구 현장에 들어가 장기간의 참여관찰과 접촉을 하면서 그들의 다양한 생활양식과 의식, 감정, 신념의 특성을 밝힐 수 있는 자료를 획득하게 된다(Bogdan, 1973: 303; Schwartz & Schwartz, 1969: 91). 이러한 참여관찰은 단순히 연구자가 물리적으로 그 장소에 있는 것을 의미하는 것을 넘어서 다른 한편으로 감정적인 관여를 의미하기도 한다. 따라서 참여관찰은 연구 상황을 이해하는 데 직접적으로 도움을 주며 연구 참여자들조차 알지 못하고 있는 또는 인식하지 못하고 있는 일상적인 내용들을 밝히는 데 효과적이다. 그러나 과학자로서 연구해야 하는 상황을 고려했을 때, 타인과 공감을 하되 과학적 객관성을 유지해야 한다는 점에서 이 용어는 나름대로 모순적인 의미를 함축하고 있다. 참여는 감정적 관여를 필요로 하지만 관찰은 객관적 거리를 요구하기 때문이다(Paul, 1953).

패튼(Patton, 1990: 202-205)에 따르면 참여관찰은 질적연구에서 가장 핵심적인 연구방법으로서 다음과 같은 현상을 연구할 때 효과적이다.

참여관찰의 주된 연구 현상(Patton, 1990)
(1) 관심 있는 현상에 대해 알려진 사실이 없을 때
(2) 현장의 상황, 활동, 사람, 의미를 기술하고자 할 때
(3) 참여자가 직접적으로 언급하기 싫어하거나 말하지 않게 되는 사건들을 직접 이해할 필요가 있을 때

(4) 참여자가 면담 상황에서 연구자에게 거짓말을 할 때

(5) 참여자 자신 역시 자신의 일상적인 삶의 과정에 어떤 특징이 있는지를 설명하지 못할 때

패튼의 논의와 더불어, 조르겐센(Jorgensen, 1989)은 참여관찰이 다음과 같은 학문적 문제를 탐구하는 데 유용하다고 했다.

참여관찰의 학문적 문제(Jorgensen, 1989)

(1) 현상에 대해 알려진 지식이 없는 경우: 새로 형성된 집단, 새로 설립된 기독교 학교

(2) 외부자와 내부자 사이에 견해가 큰 경우: 인종집단, 노동조합, 누드족

(3) 현상에 대해 외부자의 견해가 불분명한 경우: 종교의식, 십대들의 성, 정신적 질병을 가지고 있는 사람들

(4) 어떤 현상에 대해 일반인이 모르는 경우: 마약 복용자, 밀교단체, 비밀집단

조르겐센의 학문적 주제들은 패튼의 주된 연구 현상들에 비해 연구자와 참여자의 관점의 차이를 상대적으로 강조한 주제들이라 할 수 있겠다.

이러한 주제들과 더불어, 최근에 와서는 대안적 평가가 대두하면서 관찰은 학습자 평가방법으로서 유용하게 쓰인다. 아동이 실제 학습 상황에서 문제를 어떻게 해결하는지를 정확하게 평가하기 위해 아동의 학습과정을 관찰하고 기록하여 분석하는 여러 가지 방법이 개발되어 사용되고 있다. 그 예로서 유아교육 분야에서는 기록작업(documentation)이 일반적으로 사용되고 있고 언어교육 영역에서는 러닝 리코드(running record) 방법이 이용되고 있다. 과학 분야에서는 학생들의 학습기술로서 인내력이나 탐구태도 등이 관찰을 통해 평가된다. 이에 다양한 관찰지나 체크리스트를 활용하여 학생들의 숨겨진 인지적, 사회적, 정서적 발달을 진단하고 평가하는 데 관찰 방법이 이용되고 있다.

참여관찰 분야의 대표적 학자들인 스프래들리, 로플란드와 로플란드의 논의도 '어떤 대상과 현상을 관찰해야 하는가'라는 질문과 관련하여 그 일반적 지침을 제공해 주었다는 점에서 매우 유익하다.

스프래들리(1979)의 참여관찰 대상

① 공간: 물리적 장소(예: 교실, 놀이터, 사무실, 집)

② 행위자: 연구 현장에 관련된 인물들(예: 학생, 교사, 행정가 등)

③ 활동: 참여자가 하게 되는 일련의 행위(목적을 가진 연속적 행위)

④ 행위: 참여자가 하게 되는 행동(단일 행위들)

⑤ 물체: 연구 현장에 있는 물건들(예: 건물들, 가구, 장비, 책, 학습자료)

⑥ 사건: 일련의 관련된 활동(예: 국어교실 수업)

⑦ 시간: 시간, 빈도수, 지속도, 사건과 활동의 계열성

⑧ 목적: 참여자가 달성하고자 하는 것

⑨ 느낌: 사건, 활동, 사람들에게 참여자가 느끼거나 표현하는 감정

로플란드와 로플란드의 참여관찰 대상

① 의미   ② 실제   ③ 에피소드   ④ 사건
⑤ 역할   ⑥ 관계   ⑦ 집단   ⑧ 조직
⑨ 영역   ⑩ 문화활동세계   ⑪ 라이프스타일

그렇다면 이러한 참여관찰이 실제 연구 현장에서 어떠한 것을 밝혀낼 수 있는지를 사례를 통해 살펴보도록 하자.

[에피소드] 과학직 사고의 시스템 활용에 있어서 일상적 관찰의 중요성

다음의 예는 대형 항공기인 '에어버스 A380'의 제작과정에서 과학자들의 과학적 사고와 그것의 활용에 대한 참여관찰의 일부이다. 이 예에서 연구자는 과학의 세계에서 일상적으로 일어나는 과학자의 사고 과정을 참여관찰을 통해 드러내고 있다.

에어버스 A380은 세계 최대의 여객기로서 무려 853명이나 수용할 수 있고, 그 무게 또한 560톤이나 된다. 지금은 A380이 잘 운행되고 있지만, 그 속을 들여다보면 A380을 설계할 당시 설계자들이 했을 많은 고민을 볼 수 있다. 왜냐하면 비행기가 가지는 여러 가지 속성이 있기 때문이다. 우선 날아다니기 때문에 크기와 무게가 무한정 커질 수 없다는 점이 있다. 그리고 많은 사람과 짐을 실어 나르면서도 연료를 적게 소비해야 한다. 이윤이 남아야 하기 때문이다. 설계자들은 이러한 문제점을 해결하기 위해 완전히 새로운 신소재를 개발하거나 이전에 볼 수 없었던 추진기술을 개발할 수는 없었다. 그러나 우리 주변의 동물과 사물을 잘 관찰하여 영감을 얻고, 이전보다 훨씬 더 효율적인 방법을 터득하여 A380에 적용했다.

첫 번째로 비행기 날개에 대한 문제점을 생각해 보자. A380은 다른 여객기에 비해 크기가 대단히 크기 때문에 그것을 날게 해줄 날개 또한 아주 커야 한다. 그러나 대부분

의 공항은 그러한 큰 날개를 수용할 공간이 부족하다. 실제로도 공항 내에서 비행기 날개의 크기는 약 80m 정도로 제한하고 있다. 즉 아주 큰 몸체를 띄우기 위해서 비행기 날개는 조금만 커져야 한다는 문제가 있는 것이다. 그리고 전통적인 비행 원리에 대한 생각도 필요했다. 전통적인 비행 원리는 바로 '양력'의 원리이다. 이것은 비행기 날개를 설계할 때 날개 위쪽 공기가 더 빨리 흘러가도록 유선형으로 설계하는 것인데, 이렇게 하면 날개 밑쪽 공기가 위로 올라가려는 힘에 의해 날개를 들어올리게 되는 것이다. 이러한 전통적인 양력의 원리를 이용한 날개에는 한 가지 단점이 있는데, 날개 끝부분으로 갈수록 양력이 약해지고, 끝쪽에 가면 공기가 소용돌이치면서 양력이 전혀 발생하지 않는 부분이 생긴다는 점이다. 약 5~10% 정도의 날개가 있으나마나 하다고 생각하면 된다. 지금까지의 비행기에서는 별 문제가 없었지만 A380과 같은 큰 날개에서는 그 부분 때문에 큰 문제가 발생하는 것이다. 이를 해결하기 위해서 설계자들은 독수리의 비행 방법에 주목했다. 새 중에서 가장 큰 몸집을 가진 독수리가 큰 날개를 어떻게 쓰는지 관찰했더니, 날개 끝 깃털을 90도로 바짝 세워 공기가 소용돌이치지 않고 그대로 날아가게 했다. 이 방법을 사용하여 날개의 모든 부분에서 원활하게 양력이 발생하도록 조절하고 있었다. 설계자들은 이 점에 착안하여 A380에 '윙릿'이라는 날개 끝 구조를 제작하게 되었다. 그리하여 비행기 날개 80m 규정도 지키면서 큰 몸체를 비행시킬 수 있게 되었다.

　두 번째로 튼튼하면서도 가볍게 만들어야 한다는 문제에 대해서 생각해 보자. 큰 비행기는 한 번에 많이 실어 나를 수 있어 좋기는 하지만, 너무 무거워 연료가 많이 든다면 소용이 없다. 따라서 튼튼하면서도 가볍게 만들어야 한다. 지금까지 가장 많이 이용되어 온 재료로 알루미늄이 있다. 알루미늄은 금속 중에서는 단단하면서도 가벼운 편에 속해서 비행기 재료로 많이 이용되었다. 그러나 무게를 줄이기 위해 얇게 만들면 그 강도가 아주 약해지는 단점이 있다. 즉, 알루미늄이 얇아지는 만큼의 공간을 다른 아주 가벼운 소재로 보완해야만 했다. 이를 해결하기 위해서 설계자들은 고대 몽고제국의 활을 관찰했다. 기존의 활은 나무로만 이루어져서 짧게 만드는 것이 불가능했다. 즉 활을 길게 만들지 않는 한 당기는 힘을 이겨내지 못하고 부러졌던 것이다. 그래서 옛날에는 주로 사람의 키만한 장궁을 사용했다. 반면에 몽고의 활은 두 가지 소재로 이루어져 있다. 늘어나는 부분인 활의 겉면은 물소의 가죽이나 뿔로 제작되어 활을 아주 세게 잡아 늘여도 끊어지지 않도록 하고, 수축되는 부분인 활의 안쪽은 질긴 나무를 사용하여 그 힘을 지탱하도록 했다. 덕분에 몽고 사람들은 다루기 힘든 장궁만큼의 위력을 가진 작은 활을 만들 수 있었고, 말에 올라타서도 자유자재로 활을 쏠 수 있었다. 이러한 관찰의 결과로 설계자들은 알루미늄을 얇게 만들고, 거기에 잘 부러지지 않는 유리 섬유를 덧대어 기존의 알루미늄보다 25% 이상 가벼우면서 더 단단한 소재를 만들어 내게 되었다. 이것이 '글레어'라는 소재인데, 이를 이용하여 A380

은 더 가벼우면서도 더 크고 단단한 비행기가 되었다.

출처: National Geographic Channel, 2011-06-09 04시, (HD)엔지니어링 커넥션, (01)에어버스 A380

2. 관찰의 다섯 가지 스펙트럼

연구자는 참여관찰을 잘하기 위해 기초적으로 알고 있어야 하는 지식이 있다. 패튼은 이러한 지식을 다섯 가지 형태로 구분하여 제시해 주었는데, 그것은 연구자의 현장 관여의 정도, 관찰자의 노출 정도, 연구 참여자의 연구 목적의 숙지 정도, 기간 등이다. 이러한 지식과 관련하여 관찰을 계획하고 있는 연구자들은 자신의 연구 작업이 각 영역에서 어떻게 관련되는지를 알아야만 심도 깊고 의미 있는 참여관찰을 수행할 수 있을 것이다.

관여의 정도

이는 연구자가 연구하는 현장에 대해 어느 정도의 개입을 하면서 관찰을 하는가를 뜻한다. 관찰 관여에는 크게 다섯 가지 형태가 있다.

비참여에 의한 관찰

연구 참여자와의 어떤 상호작용 없이 다른 형태의 자료를 통해 연구 참여자를 관찰하는 것을 말한다. 텔레비전, 신문 또는 소설이나 일기를 통해 연구 참여자를 연구한다. 초기 문화인류학 연구에서 많이 시도했는데 대표적인 연구가 베네딕트(Ruth Benedict)의 일본 문화를 분석한 〈국화와 칼〉이다. 베네딕트는 일본에 직접 가본 적이 없는 상태에서 이차 자료를 이용하여 일본인의 특징과 문화에 대해 분석했다.

완전한 관찰자로서 참여관찰

연구 참여자와의 상호작용이나 만남이 완전히 배제된 형태의 관찰을 말한다. 실험실의 일방향 거울을 통해 연구 참여자의 행동이나 태도가 기록되는 실험형태에서 이루어지는 관찰이다. 연구자는 실험실에 부착된 거울을 통해 실험실 안의 연구 참여자가 어떻게 행동하는지를 연구 참여자와의 접촉 없이 관찰한다. 외부자적 시각에서 참여관찰을 하는 것으로서 연구 참여자들이 무엇에 대해 연구되고 있는지를 알 수 없고 따라서 연구 참여자가 다르게 행동할 이유가 없다는 점이 장점이다.

참여자로서 참여관찰

연구의 목적을 연구 참여자에게 이야기하고서 참여관찰을 한다. 그러나 현장에 많이 머무르지 않으며 제한적 형태의 관찰을 시도한다. 연구 현장에서 한 번 정도의 관찰 또는 면담을 하는 형태의 관찰을 말한다. 만남은 매우 단순하고 형식적이다. 아울러 연구 참여자와 라포르나 계속적인 관계를 유지하려는 욕구가 거의 없다. 내부자적 관점을 획득하기 어렵다.

관찰자로서 참여관찰

연구자는 연구 참여자에게 자신의 존재를 알리고 현장에 들어간다. 따라서 연구자는 현장에 들어가서 연구 참여자 또는 제보자와 관계를 형성해 가면서 연구를 진행하게 된다. 중도적인 정도의 참여를 한다. 연구의 목적을 연구 참여자에게 알린다는 점에서 완전한 참여자로서 참여관찰하는 방법과는 다르다. 연구 장소에 있지만 연구 참여자들과 적극적으로 상호작용하거나 참여하지 않는다. 현장에 있지 않고 자신의 집에서 출퇴근하면서 연구 장소에 들러 연구한다. 연구를 시작할 때는 연구자의 정체성이 강하지만 연구가 진행되면서 연구 참여자의 역할이나 정체성 쪽으로 변화하는 경향이 있다.

완전한 참여자로서 참여관찰

연구자는 연구 대상이나 연구 세계의 한 구성원으로서 살아가면서 연구한다. 내부자의 역할을 가지면서 그들과 생활한다. 예를 들면 유치원의 교사로 일 년간 근무하면서 유치원에서의 교사의 삶이나 학생들에 대한 수업방법을 연구하는 방법이다. 이 경우 연구자가 자신의 신분을 밝히고 참여자가 되거나 아니면 자신의 신분을 속이거나 은폐하고 현장에 접근하는 것을 말한다. 연구자가 신분을 속이는 경우 나중에 윤리적인 문제가 발생할 수 있다. 연구자는 자유롭게 녹음하거나 관찰일지를 작성하기가 어렵지만 연구 참여자들이 연구자의 존재를 인식하지 못한다는 점에서 사회 세계의 숨겨진 단면을 있는 그대로 관찰할 수 있다. 신분이 노출되는 경우 연구를 끝마치지 못하고 연구 장소로부터 추방된다.

관찰 사실의 노출 정도

연구 참여자들이 관찰되고 있다는 사실이 어느 정도 알려져 있는지를 뜻한다. 연구 참여자들이 자신들이 관찰되고 있다는 사실을 거의 알고 있지 못한 상태에서 완전하게 알고 있는 상태까지 다양하다.

연구 목적의 설명

연구의 목적이 연구 참여자에게 얼마나 자세하게 설명되었는지를 뜻한다. 연구자는 연구의 목적을 완전히 진실하게 설명한 경우에서부터 완전히 거짓으로 설명한 경우까지 그 설명의 정도를 선택할 수 있다.

관찰의 기간

관찰을 얼마나 오랫동안 하는지를 뜻한다. 연구 기간은 일회성의 단순한 관찰에서 장기간의 관찰에 이르기까지 다양하다.

관찰의 범위

관찰의 범주를 뜻한다. 연구 현장에서 특정한 한 개의 단위나 조직 또는 부분만을 관찰한 것인지 아니면 그 관찰 현장의 전체를 연구한 것인지에 대한 서술이 필요하다. 한 예로서 프로그램의 효과를 평가하고자 할 때 관찰이 프로그램의 특정한 한 부위나 부분만을 관찰하는 것인지 아니면 프로그램 전체를 다루는 것인지를 구분할 수 있어야 한다.

이러한 다섯 가지의 스펙트럼을 도식으로 나타내면 다음과 같이 정리할 수 있다.

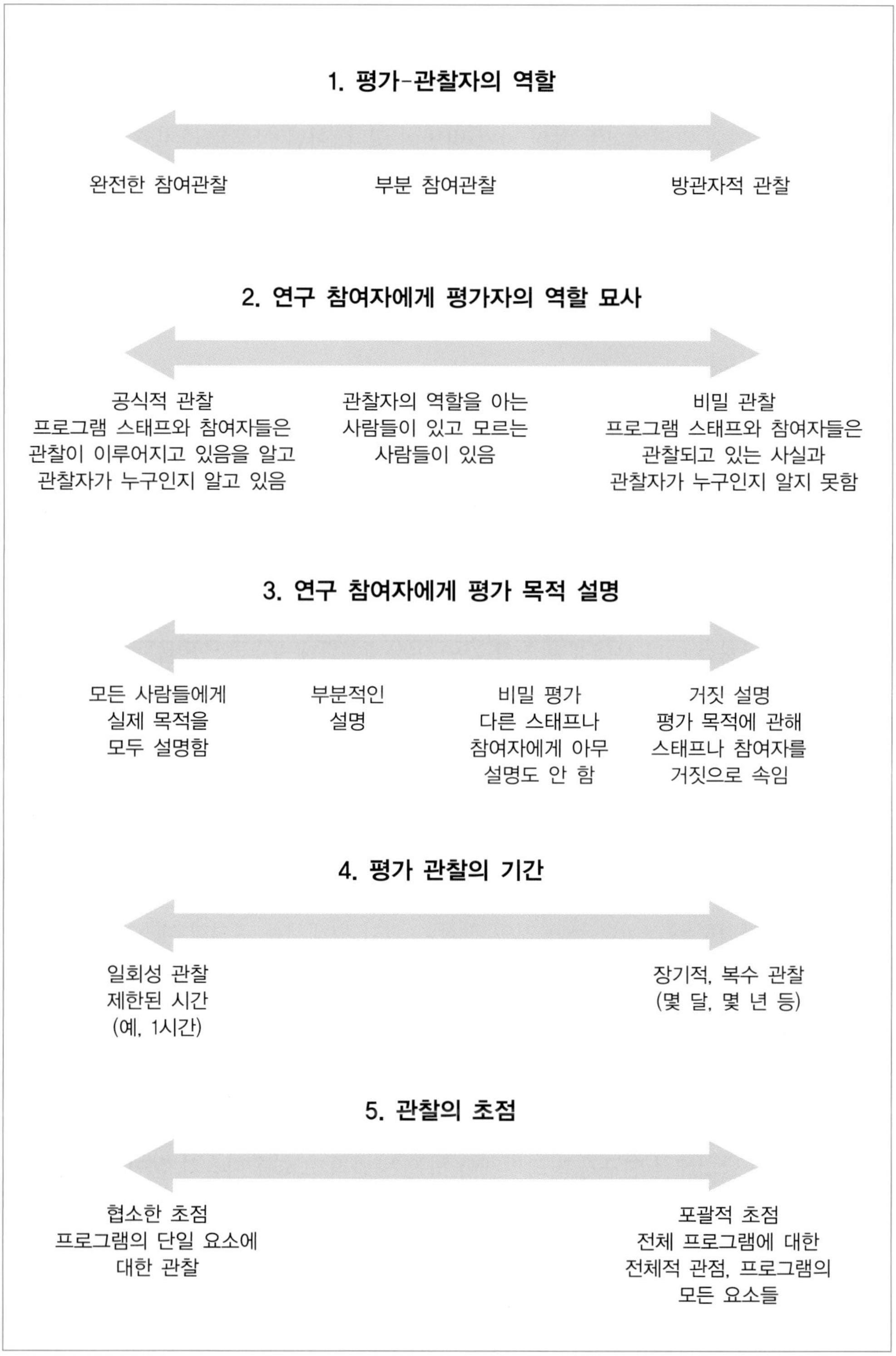

1. 평가-관찰자의 역할

완전한 참여관찰　　　　　　부분 참여관찰　　　　　　방관자적 관찰

2. 연구 참여자에게 평가자의 역할 묘사

공식적 관찰
프로그램 스태프와 참여자들은
관찰이 이루어지고 있음을 알고
관찰자가 누구인지 알고 있음

관찰자의 역할을 아는
사람들이 있고 모르는
사람들이 있음

비밀 관찰
프로그램 스태프와 참여자들은
관찰되고 있는 사실과
관찰자가 누구인지 알지 못함

3. 연구 참여자에게 평가 목적 설명

모든 사람들에게
실제 목적을
모두 설명함

부분적인
설명

비밀 평가
다른 스태프나
참여자에게 아무
설명도 안 함

거짓 설명
평가 목적에 관해
스태프나 참여자를
거짓으로 속임

4. 평가 관찰의 기간

일회성 관찰
제한된 시간
(예, 1시간)

장기적, 복수 관찰
(몇 달, 몇 년 등)

5. 관찰의 초점

협소한 초점
프로그램의 단일 요소에
대한 관찰

포괄적 초점
전체 프로그램에 대한
전체적 관점, 프로그램의
모든 요소들

[그림 6-1] 관찰자의 다섯 가지 스펙트럼

3. 참여관찰의 종류

참여관찰은 연구자가 현장에 들어가서 현장을 관찰하는 것을 포괄적으로 의미하지만 어떻게 관찰하는지와 관련해서는 여러 가지 방법이 있다. 어떤 이론을 가지고 현장을 해석하려고 하는지에 따라서 현상의 의미가 설명되고 이해되는 것처럼 어떤 관찰 기법을 사용하느냐에 따라서 현상과 실재는 다르게 표현되고 다르게 해석된다. 이에 이 절에서는 관찰자가 사용할 수 있는 여러 가지 방법 중에서 일반적으로 통용되고 있는 방법 몇 가지를 소개하고자 한다. 각 방법을 공부하면서 각 방법이 갖는 장점과 단점이 무엇인지를 논의하는 것이 필요할 것이다.

체계적인 관찰 방법

체계적인 관찰 방법은 연구자가 현장에 들어가기 전에 미리 무엇을 관찰할 것인지를 정하고서 나름대로의 준거를 가지고서 관찰을 하는 방법을 의미한다. '체계적'이라는 용어가 나타내는 것처럼 미리 무엇을 관찰할 것인지를 체계화해 놓는 방법이다. 이때 '체계화'라는 말은 관찰할 목록 또는 행동의 내용, 사건을 체크리스트 형식으로 만들어 놓고서 그러한 목록들이 과연 현장에서 나타났는지 나타나지 않았는지, 나타났다면 얼마나 나타났는지를 수량화하는 것을 뜻한다. 그러한 점에서 이 방법은 양적인 특징을 가진 관찰 방법이라고 이해할 수 있다. 체크리스트가 미리 만들어져 있기 때문에 이 관찰에서 하게 되는 관찰자의 역할은 연구 현장이나 대상을 미리 만들어진 준거에 근거하여 기록하고 수량화해서 특징을 양화하는 것이다. 성공적인 관찰이 되기 위해서는 관찰할 내용을 미리 체계적으로 범주화하고 객관화할 수 있는 프로토콜 또는 체크리스트를 개발해야 한다. 그리고 이러한 프로토콜이나 체크리스트를 개발하는 데 있어서 무엇을, 어떻게, 언제 관찰할 것인가에 대한 고민이 함께 있어야 한다.

이러한 고민과 관련하여 존슨과 크리스텐센(Johnson and Christensen, 2004: 187-188)은 체계적인 관찰 방법에서 연구자가 고려해야 하는 방법적 요소를 다음과 같이 제시했다.

(1) 누가 관찰되는가?(교사 또는 학생 등)
(2) 무엇이 관찰될 것인가?(어떤 변인들이 관찰될 것인가? 과제하는 시간 또는 자리 바깥에서 하는 행동 등)
비언어적 행동(몸 동작, 얼굴 표현, 자세, 응시 등)

공간적 행동(사람들 간의 거리, 또는 사람들과 물체들 간의 거리 등)

특별한 언어적 행동(톤, 말소리의 크기, 말소리의 속도 등)

언어적 행동(사람들이 하는 이야기 또는 쓰는 이야기 등)

(3) 관찰이 언제 이루어질 것인가?(아침 또는 점심 등)

(4) 관찰은 어디에서 이루어질 것인가?(실험실, 교실, 식당, 도서관, 운동장 등)

(5) 관찰된 내용을 어떻게 양적인 형태로 바꿀 것인가?(빈도수, 숫자, 또는 백분율 등)

체계적인 관찰 방법은 학교연구와 관련하여 가장 오랜 역사를 가지고 있으며 행정가와 수업개선을 목표로 한 교육연구자들에게 폭넓게 수용되어 왔다. 우리가 아는 것처럼 플랜더스의 교실 교수언어의 상호작용 분석 방법을 시작으로 하여 다양하고 많은 관찰 체크리스트들이 개발되어 사용되고 있다. 이러한 관찰 방법의 핵심은 바로 교사의 행동에 두고 있는데 학생의 학업 성취는 바로 교사의 언어적 행동과 밀접한 관계가 있을 것이라고 추정하고서 교실 교사의 수업행동을 미리 만들어진 범주들에 기초하여 분류하고 수량화하여 그 교사의 수업행동이 갖는 특징들(장점, 문제점 등)을 규명하고 평가하는 데 사용되었다. 따라서 있을 수 있는 모든 가능한 교사의 언어적 행동의 종류를 찾아내고서 그러한 행동이 교사의 수업에서 얼마나 나타나는지를 관찰자인 장학사 또는 교육행정가들이 기록하는 방식으로 교육연구에서 많이 사용되어 왔다.

이러한 체계적 관찰을 위해 연구자가 숙지하고 있어야 할 몇몇의 방법적 요소들이 있는데, 여기서는 표집과 관찰 도구를 중심으로 살펴보도록 한다.

체계적인 관찰을 위한 표집 방법

고정간격 관찰 표집

고정간격 관찰은 연구 참여자의 행동을 지속적으로 관찰하지 않고 이들을 일정한 시간 간격으로 구분하여 관찰하는 것이다. 즉, 일정한 시간 간격을 두고 그 시간에 일어나는 현상을 중심으로 관찰하는 것이다. 그리하여 이전 행동과 다음 행동 사이에 이어지는 전이를 기록하고 연구 대상자의 순간적인 행동을 포착한다. 관찰 간격은 전체 관찰 시간에 따라 1초, 15초, 또는 5분 등으로 다양하다. 대개 5분간 관찰한다면 1분에 한 번씩 기록하는 것이 보통이다. 이러한 특성으로 인해 관찰일지는 일종의 스톱모션 사진처럼 나타날 것이다.

이러한 표집을 사용하는 목적은 연구 참여자의 활동에 대한 전체적인 지속과정을 보여 주기 위함이다. 고정간격 순간적 표집의 장점은 연구자의 피로감을 줄이고 지속적인 관찰보다 더 집중력 있는 자료를 제공할 수 있다는 점이다. 이는 연구 참여자가 한 장소에 계속 머물러 있고 연구자가 한 사람 이상일 경우 적합하다. 다만 이 표집 방법은 관찰의 내용이 지속적이지 않을 수 있다는 단점을 지닌다. 그래서 빈도, 지속 기간, 순서에 대한 추정이 정확하지 않을 수도 있다. 이러한 단점 때문에 이 표집 방법은 체계적 관찰 방법 중에서 그리 많이 사용되지 않는다.

임의간격 관찰 표집

임의간격 순간적 관찰은 지속적으로 이루어지는 연구자의 행동 중 한순간을 포착하여 관찰하고 기록하는 것이다. 앞에 설명한 고정간격 순간적 관찰이 모션 사진처럼 연속적으로 이루어진다면 임의간격 순간적 표집은 한 장의 사진에 비유할 수 있다. 순간적인 관찰 (spot observation)은 관찰할 구체적인 날짜, 시기, 대상 등을 설정하는 것으로부터 시작된다. 관찰 대상은 임의적으로 추출하는 것을 원칙으로 한다. 장소, 기후, 사용한 도구 등과 같은 맥락과 관련한 자료를 기록에 포함하는 것이 좋다.

이 관찰의 큰 장점은 순간을 관찰하고 기록하는 것이므로 연구자가 충분히 이를 분석할 수 있는 시간적 여유가 주어진다는 것이다. 그리고 관찰한 것에 대해 연구 대상자와 심도 있게 인터뷰할 수도 있다. 또한 이 표집은 관찰 시간에 비해 매우 경제적이라는 큰 장점이 있다(Gross, 1984). 반면에 이 표집은 연구 대상자의 행동을 한순간으로 대변하기에는 부족하다는 점, 행동에 대한 연구자의 주관이 내포될 수 있다는 단점이 있다.

활동 유무 관찰 표집

활동 유무 관찰이란 관심을 가지고 있는 특별한 행동의 유무를 파악할 때 사용하는 기법이다. 이는 특정한 시간 간격 동안 일정한 행동이 벌어지는지 여부를 관찰할 뿐 그 횟수와 지속정도에는 관심을 가지지 않는다. 일일 활동 기록, 출입 여부 기록 등이 관찰에서 활용되기도 한다. 이 관찰은 노동의 패턴과 같이 행동 유형의 범주를 파악하고 이들을 연구에 적용하는 데 유용하다. 활동 유무 관찰 시 연구 대상에 대한 관찰이 빠르게 진행되므로, 단시간 내에 많은 표집을 할 수 있다.

이 표집의 최대 장점은 관찰 시간이 짧고 경제적이라는 점, 관찰 기법이 쉽고 신뢰도를 높일 수 있다는 점, 비교적 멀리서도 연구 대상을 관찰할 수 있다는 점이다. 반면에 결과에 대한 종합적인 해석 과정이 애매모호하다는 단점이 있다. 예를 들어 활동의 시간과 노력의 정도가 어느 정도인지 파악하기 어렵다. 이와 같은 단점은 참여관찰이나 체계적인 행동관찰을 통해 보완할 수 있을 것이다.

　　이러한 체계적 관찰 방법은 그 특성상 관찰을 용이하게 하는 도구들을 사용하는데 그러한 도구들은 일반적으로 체크리스트와 같은 형태를 지닌다. 다음은 이러한 체계적 관찰 방법을 위한 체크리스트의 예이다.

체계적인 관찰 도구의 예

체계적인 관찰 방법은 교육현장에서 가장 많이 사용되어 온 관찰 방법이다. 앞에서 소개한 체크리스트처럼 교사의 행동을 수량화할 수 있다는 점에서 학교행정가, 장학사, 의사결정자들에게 선호되어 왔다. 따라서 교수 효과성 연구, 교실의 학습풍토를 측정하기 위해 교사의 행동을 중심으로 한 구조적이고 체계적인 다양한 체크리스트가 개발되었다. 이에 이 절에서는 교육현장에서 보편적으로 사용되어 온 몇 가지의 체계적인 관찰 도구의 예를 살펴본다.

[예] 국어과 교실 관찰일지: 문학과 쓰기 수업(Newwell & George, 1993)

교사: _____　　참관일: _____

학년: _____　　수학능력 수준: _____

학생 수: _____　　참관인: _____

수업 시간(분): _____

단원 명: _____

관찰 주: _____

관찰 날짜: _____

관찰 기간: _____

이 수업의 특징을 이전의 수업, 다음에 전개될 수업과 비교하여 기술하시오.

_____

학생들에게 부여된 숙제의 형태, 그 목적에 대해 기술하시오.

_____

강조되는 교과영역(해당되는 모든 영역에 표시하시오)

　문학 _____　작문 _____

　언어 _____기타(구체적으로 기술하시오) _____

관찰되는 활동들(해당하는 시간을 %로 표시하시오)

　강의　　　　　　　　　　　　　　　　　_____ %

조 활동   _____ %

묵독   _____ %

낭독(누가 읽었는지 기술하시오)   _____ %

글쓰기   _____ %

내용에 대한 교사의 토론   _____ %

학생의 반응과 관심에 대한 교사의 토론   _____ %

학생 발표   _____ %

교사가 사용하는 시청각 도구 또는 자료

종류: _____   _____ %

비강의 시간(이동하는 시간 등)   _____ %

기타 _____   _____ %

문학수업에서 강조하는 내용	가장 중요함	약간 중요함	중요하지 않음
주제 교수	1	2	3
면밀한 텍스트 분석	1	2	3
학생들의 반응과 해석에 대한 강조	1	2	3
문학역사 강조	1	2	3
지적인 역사 강조	1	2	3
도덕적 가치 강조	1	2	3
사회적 역사로서 문학 강조	1	2	3

수업 장르

_____ 시

_____ 단편 이야기

_____ 소설

_____ 연극

_____ 영화

_____ 기타(기술하시오)

쓰기 수업의 강조(해당되는 모든 것에 체크하시오)

_____ 학생들을 돕기 위해서 글쓰기를 시작한다.

_____ 학생들로 하여금 글을 쓰도록 하기 위해 브레인스토밍을 한다.

_____ 글스기 예시나 샘플을 제공한다.

_____ 학생들이 서로 돕도록 동료 간의 대화와 토론을 장려한다.

_____ 교사와 학생 간의 컨퍼런스를 활용한다.

_____ 글쓰기 규칙과 표현법에 대해 가르친다.

_____ 수필과 소설 쓰기에 필요한 조직구조를 설명한다.

_____ 평가 기준에 대해 설명한다.

_____ 글을 편집하는 방법에 대해 설명한다.

_____ 기타: _____

글쓰기 형태(해당되는 모든 내용에 체크하시오)

개인적 글쓰기

_____ 이야기

_____ 편지

_____ 일기

상상 글쓰기

_____ 소설

_____ 시

_____ 희곡

정보제공 글쓰기

_____ 공식적 수필

_____ 개인적 수필

_____ 보고서

_____ 노트 기록하기

_____ 공부에 대한 질문에 답하기

기타: _____

출처: Newwell, George, 1993, Conduction literature curriculum: A study of teacher decision-making. 전국 영어교사 연구 재단에 제출된 연구 계획서.

교사와 학생의 상호작용 분석: 플랜더스의 상호작용 분석 범주

플랜더스(Flanders)는 '효과적인 교사란 어떤 교사인가?'라는 연구 문제에 대한 탐구를 위해 교실 교사가 행할 수 있는 언어적/비언어적 행동, 학생의 행동 등을 열 개의 범주로 분류하여 교실 수업을 체계적으로 분석할 수 있는 아이디어를 처음으로 제공했다. 이렇게 그가 제시한 분석 기법이 플랜더스의 상호작용 분석 범주(FIAC; Flanders' Interaction Analysis Categories)이다.

그는 교사가 수업 중에 어떠한 유형의 언어를 사용하는지를 알 수 있다면 그 행동을 관찰하여 평가한 다음 장학 자료로 사용할 경우에 교사의 수업행동이 개선될 수 있다는 신념을 가지고서 이 체크리스트를 개발하게 되었다. 이러한 연구 문제 아래 플랜더스는 교실 수업의 대화를 크게 열 개로 범주화하고 이에 근거하여 교사의 수업을 체계적으로 관찰하는 작업을 시작했다.

이 분야의 효시로서 그의 체계적 관찰 방법의 개발은 이후의 체계적인 교실 관찰을 위한 체크리스트의 개발에 자극제가 되었고 현재 그의 모델은 고전으로 남아 있다. 교실 상호작용 분석은 교사 직전 교육과 교사 재교육 장면에서 교사 자신의 수업에 대한 피드백을 제공해 주는 데 활용되며, 교사의 교수 리더십 향상에 중요한 역할을 한다.

체크리스트는 관찰자가 교실에 들어가 교사의 행동이 열 개의 범주 중에서 어느 영역에 속하는지를 3초마다 기록하는 방법으로 진행된다. 이렇게 교사의 행동과 학생의 행동을 열 개의 유목에 따라서 3초씩 총 40분 기록한다면 한 개의 수업에서 교사가 어떤 행동을 많이 하고 어떤 행동을 적게 하는지를 양화할 수 있게 된다. 그리고 그 양화된 자료는 그 교사의 수업을 평가하는 중요한 자료로서 이용된다(예, 교사가 지나치게 말을 많이 한다든지, 교사가 학생의 생각과 의견을 인정해 주는 민주적인 수업을 한다든지 등).

플랜더스의 교실 상호작용 분석 체계

교사의 간접적 영향	1. 느낌 수렴	위협적이지 않게 학생들의 음성을 명확히 하고 받아들인다. 감정은 긍정적 또는 부정적일 수 있다.
	2. 칭찬과 격려	학생의 행동이나 활동을 칭찬, 격려한다. 긴장을 푸는 농담도 좋지만 다른 개인을 희생양으로 삼아서는 안 되고 한 학생에 의해 제안된 생각을 긍정하거나 발전시킨다. 교사가 자신의 생각을 활동에 더 포함시키려면 범주 5로 옮겨라.
	3. 학생의 생각을 수렴하거나 이용	학생에 의해 제안된 생각을 명확히 하고 체계화하거나 발전시킨다. 교사가 자신의 생각을 활동에 더 포함시키려면 범주 5로 옮겨라.
	4. 질문	학생이 대답하는 취지와 관련된 내용과 과정에 관해 질문한다.
교사의 직접적 영향	5. 강의	내용과 과정에 관한 사실 또는 의견을 제시한다. 자신의 생각을 표현하고 수사학적 질문을 한다.
	6. 방향 설정	학생들이 따르리라고 기대되는 방향의 지시, 요구, 명령을 한다.
	7. 비평과 권위의 정당화	수용적이지 못한 학생들의 행동을 수용적인 행동패턴으로 변화시킬 수 있는 진술을 사용한다. 교사가 하고 있는 것을 왜 하는지 진술한다.
학생의 발언	8. 학생 발언 · 반응	교사에게 반응하는 학생의 발언
	9. 학생 발언 시작	학생들이 시작하는 학생의 발언
	10. 침묵 또는 혼란	관찰자에 의해 의사소통이 이해될 수 없는 일시 정지, 단기간의 침묵, 혼란의 상태

그렇다면 이러한 플랜더스의 상호작용 분석 범주는 어떠한 것이 있는지 살펴보도록 하자.

범주 1

범주 1은 학생의 태도와 감정을 수용하고 이를 명료화하는 진술이다. 학생의 감정은 긍정적일 수도 부정적일 수도 있다. 이는 교사가 수업 중에 하는 진술 가운데 상대적으로 빈도가 약한 편이다. 다음은 범주 1에 해당되는 진술이다.

"저런! 여러분들 기분이 무척 좋아 보이네요. 쉬는 시간 동안 운동장에서 무슨 일이 있었어요?"
"여러분들 무척 흥분되어 있는 것 같네요. 자, 잠시 1분 동안 눈을 감아 보세요."

범주 2

칭찬이나 격려는 학생의 행동에 대한 승인이나 인정이 내포되어 있는 진술이다. 예를 들어 학생의 대답에 대해 '그래요'라고 말하며 고개를 끄덕이는 것은 학생의 대답에 대해 긍정적인 피드백을 주는 것이다. 학생의 태도를 수용한다는 점에서 범주 1과 범주 2는 유사하다. 그러나 범주 2에는 학생의 대답에 대한 옳고 그름이 명확하게 드러나는 차이가 있다. 다음 대화는 이 범주에 대한 예문이다.

교사: 조지, 8번 문제 정답이 나왔나요?
학생: 예, 정답은 5286m입니다.
교사: 잘했어요. 매리, 9번 문제 정답을 말해 볼래요?

범주 3

범주 3은 교사가 학생의 아이디어에 대응하는 방식에 대한 내용이다. 교사는 학생의 의견에 크게 다섯 가지 방식으로 반응하게 되는데, 이 모두가 범주 3에 해당한다. 앞에 제시한 다섯 가지 반응 방식은 다음과 같다. 1) 학생이 표현한 명사를 반복하거나 논리적 접속사를 사용함으로써 아이디어를 승인하기, 2) 아이디어를 수정하거나 반복하거나 교사 자신의 말로 풀어 말하기, 3) 추론을 통해 아이디어를 적용하기, 4) 다른 표현과 비교하기, 5) 학생의 아이디어를 종합하기. 다음 예문은 범주 3에 속하며, 학생의 아이디어를 수용하는 예이다.

학생: 사막에 내리는 비는 식물들이 자라는 데 도움을 줍니다.
교사: 메리는 비 때문에 식물들이 자란다고 대답했어요. 제리는 이 의견이 옳다고 생각하나요, 그르다고 생각하나요?

범주 4

범주 4는 교사가 학생에게 질문하는 것이다. 이 질문은 다음 단계로 넘어가기 위한 것이 될 수도 있고, 새로운 개념을 소개하는 방식이 될 수도 있다. 또한 교사가 중요하다고 생각하는 내용을 포함하기도 한다. 범주 4에서 교사는 질문에 대한 학생의 답변을 기대하게 된다. 다음은 범주 4에 속하는 대표적인 예문이다.

(잭의 과제를 들며) "이렇게 잘 쓰고 구조화가 잘 된 에세이를 본 적이 있나요?"
"조용히 하라는 소리 안 들려? 너희들 귀 먹었어?"

범주 5

강의, 의견의 제시, 사실 전달, 생각의 교류, 비평 등이 이 범주에 속한다. 범주 5는 교수에서 가장 많이 발견되는 핵심적인 내용이기도 하다. 범주 5와 관련해서는 세 가지 주목할 만한 사항이 있다. 첫째, 유능한 교사는 범주 3에서 범주 5로 재치 있게 넘어간다. 다시 말해 학생의 의견을 바탕으로 자연스럽게 강의해 나간다. 둘째, 교사는 범주 4와 같이 많은 질문을 던지되, 각 질문을 구체적이고 길게 설명한다. 그리고 다시 이들을 종합한다. 셋째, 교사는 방향을 제시하고 과제에 대해 설명한다. 이 설명 자체가 범주 5에 속하기도 한다. 이처럼 범주 5는 교사가 수업에서 많이 활용하는 강의식 전달임을 알 수 있다.

범주 6, 7

범주 6과 7은 교사가 학생들이 순응하도록 의도한 발언으로서, 지시와 비판 및 권위의 정당화가 포함된다. 이와 같은 교사의 발언은 자신의 권위를 높이고, 과제에 대한 주도권을 학생 중심에서 교사 중심으로 옮기게 된다. 교사는 이 두 범주를 학생에 대한 지시나 감독으로 사용하게 된다. 다음은 각 범주에 대한 예이다.

범주 6
"자, 지리책을 꺼내고 67쪽을 펴세요."

범주 7
"펜으로 깨끗하게 정리한 과제만 받도록 하겠어요."
"여러분들이 그 문제에 대해 잠시 생각해 보았으면 좋겠어요."

범주 8, 9

앞에서 제시한 범주 1~7이 교사 중심의 발언이라면, 범주 8과 9는 학생 중심의 발화이다. 범주 8은 교사의 발문에 대답하는 내용이고, 범주 9는 자신의 의견이나 아이디어를 표현하는 내용이다. 그러나 사실상 전사내용을 중심으로 이 두 범주를 나누는 것이 어렵기도 하다. 다음에 제시된 예문은 범주 8과 9에 대한 설명이다. 한편, 플랜더스의 상호작용 분석

체계가 지닌 약점 중 하나는 학생이 자발적으로 발화하는 것을 범주 9로 한정하여 제시했다는 점이다. 그래서 그 내용이 협조적이든 비협조적이든 모두 같은 범주에 묶이게 되는 한계가 있다.

> 교사: 왜 이 시기 동안 인구가 두 배로 증가했다고 생각해요?
>
> 학생: 책에 있는 그래프를 보면 알 수 있어요. 그러니깐 67쪽이요.
>
> 교사: 차트는 어떠한가요? 차트 중 어느 부분이 자신의 논리를 입증할 수 있어요?
>
> 학생: 차트를 보면 인구가 두 배 이상인 것으로 나타나요.
>
> 교사: 좋아요. 짐과 제인은 이 문제에 대해 어떻게 생각해요?
>
> 학생: 그러니까, 차트에 나와 있는 막대가 인구 증가를 보여 줘요. 막대의 높이를 보면 그 차이를 알 수 있어요. 하지만 이 저자가 차트를 어디서 인용했는지 표기하지 않았어요. 결국 그 그래프가 믿을 만한 것인지 아닌지 정확하지 않아요.

범주 10

범주 10은 침묵이나 혼란에 대한 내용이다. 교실에서 발생하는 의사소통에는 침묵도 있고 잡담이나 혼란도 있다. 이 범주는 위의 두 상황 모두를 포괄한다. 대화분석 기법은 교사와 학생 간의 의사소통 분석에 중점을 두기 때문에 침묵과 혼란에 대한 내용은 분석에서 간과되기 쉽다. 그러나 이러한 상황이 시작되는 시간과 종료되는 시간을 분석함으로써 비언어적 의사소통의 내용을 참작하게 된다. 범주 10의 약점 중 하나는 비생산적 침묵과 생산적인 휴지기간, 비생산적인 혼란과 발전을 위한 토의과정 등이 구별되지 않는다는 점이다. 이 둘을 구별하기 위해서는 범주 11이라는 새로운 유목을 개발할 필요도 있다.

소어와 소어의 교실관리 체크리스트

소어와 소어(Soar and Soar)는 플랜더스(Flanders)의 체계적 관찰 방법의 영향을 받아 교실에서의 교사의 관리방법을 관찰할 수 있는 체계적인 관찰 체크리스트를 개발했다. 플랜더스의 모형이 수업 내용에 대한 교사의 효과적인 반응에 강조를 두었다면 이 체크리스트는 교사가 학생들을 얼마나 효과적으로 통제하고 관리하고 있느냐를 관찰하는 것을 목적으로 한다. 효과적인 수업이 되기 위해서는 먼저 교사가 잘 가르쳐야 하며(교과내용), 둘째로 잘 가르치기 위해 교실을 잘 통제해야 한다는(교실 관리) 점에서 플랜더스의 연구 관심이 교사의 효과적인 수업발문 기술에 해당했다면 소어와 소어의 연구 관심은 교사의 학생 통제 기술에 있다고 하겠다. 소어와 소어는 교사가 교실에서 행하는 통제방식을 총 26가지로 규명했고 이 체크리스트에 근거하여 어떤 교사가 어떤 행동을 많이 하는지를 양화했다. 이러한 체크리스트의 구체적인 예는 다음 표와 같다.

소어와 소어의 교육 관리를 위한 관찰 체크리스트

유형	행동 통제	5분마다의 관찰						관찰된 횟수
언어적 통제	1. 인정, 동의, 승낙							
	2. 칭찬							
	3. 제안, 안내							
	4. 피드백							
	5. 비평을 동반한 교정							
	6. 통제를 위한 질의							
	7. 질의, 행동규칙 진술							
	8. 이유 있는 지시							
	9. 이유 없는 지시							
	10. 시간 제약의 사용							
	11. 상기							
	12. 방해, 중단							
	13. 감독, 고정							
	14. 비평, 경고							
	15. 지시, 요구							
	16. 문책, 처벌							
신체적 통제	17. 수긍, 미소							
	18. 몸짓 사용							
	19. 제스처							
	20. 가볍게 두드림							
	21. 머리를 흔듦, 눈맞춤							
	22. 장비와 책을 압수							
	23. 신호를 보냄							
	24. 노려봄, 눈살 찌푸림							
	25. 쥐기, 밀기, 말하기							
	26. 무시, 포기							

보리크의 교실 상호작용 분석 체크리스트

보리크(Borich)의 교실 상호작용 분석 체크리스트는 이 분야의 기존 학자들의 아이디어를 승계하여 교실의 수업을 여러 가지 관점에서 관찰하여 양화하고 그에 따라서 교사의 행동을 평가할 수 있는 자료를 제공해 주는 자료이다. 보리크는 현재 텍사스 대학교의 교육과정학과 수업 교수로서 교실 수업의 체계적인 관찰 방법을 이론화하고 구체적인 체크리스트를 개발한 이 분야의 대표적인 연구자이다. '효과적인 교사를 위한 관찰기술'이라고 명명된 그의 유명한 교실관찰 체크리스트 자료 모음집은 현장교사들의 교실 수업의 다양한 행동을 체계적으로 관찰할 수 있는 수많은 체크리스트로 가득 차 있어서 어떤 특정한 주제에 대해 교사의 행동을 평가할 목적을 가지고 있을 경우에 필요한 체크리스트를 찾을 수 있을 만큼 방대한 체크리스트를 개발해 놓았다.

이 절에서 그의 책을 모두 정리할 수 없지만 그의 책 내용에 따르면 교실 수업의 관찰은 크게 여섯 가지 영역에 대한 평가로 구분될 수 있다. 다음 표는 그의 책과 그가 개발한 다양한 체크리스트가 사용될 수 있는 교실 수업의 관찰 영역을 정리한 것이다.

보리크의 교실 상호작용 분석 체크리스트의 여섯 가지 가능한 탐구 영역

	학습풍토	의견과 감정을 표현하기 위한 절차 경쟁적, 협력적, 독립적인 과제 수행 학생의 반응이 사용되고 확대되는 빈도수 학급내 학생의 학습 성과물의 전시(시험, 프로젝트 등)
	수업의 명료성	학생이 질문을 받았을 때 질문을 이해하지 못하는 빈도 지시 후 그 지시에 대한 명료화를 요구하는 학생의 비율 교사의 생각이 무엇인지를 물어보는 학생의 수 수업 종료 시 복습 또는 요점 정리
질문 범위	수업의 다양성	주의집중 방법의 사용 음성 억양, 몸 움직임, 시선 접촉의 변화 학생들이 가지고 있는 상이한 학습 통제력을 고려해서 과제를 선정 학습양식의 혼합 사용(시각, 구술 등)
	과제 지향	과제를 위한 규칙의 선정 과제 전환에서의 정연함 행정적/관리적 업무에 대한 사전조정과 조직 활동에 보내는 시간의 양
	학습과정에서 학생 집중	학생의 반응을 이끌어 내기 위한 연습 문제와 활동의 이용 자습 시 체크와 관찰 느린 학습자를 위한 개선적이고 프로그램화된 자료의 활용 학생의 관여를 고취하는 탐구성, 짝짓기, 다른 학습 활동 사용

보리크의 교실 상호작용 분석 체크리스트의 여섯 가지 가능한 탐구 영역 (계속)

질문 범위	학생의 성공	60~80%의 올바른 반응을 취하는 학생의 수(교훈적인 교수법을 위해) 질문 후 옳은 혹은 부분적으로 옳은 답변의 수 부분적으로 인정되거나 강화된 정답의 수 즉각적인 것과 대비하여 지연된 정확성의 수

그렇다면 이러한 탐구 영역을 위한 체크리스트의 구체적인 몇 가지 예를 살펴보도록 하자. 다음 체크리스트는 교사가 교실에서 사용하는 보상의 형태를 관찰하기 위한 체크리스트의 예이다.

교사가 사용하는 보상 형태에 대한 관찰 체크리스트

	교사의 응답/활동	발생 횟수									
		1	2	3	4	5	6	7	8	9	10
비형식적 (날짜별)	단지 칭찬만 하거나, 웃어 주거나, 고개만 끄덕이는 행동만 보인다.										
	왜 그 대답이 맞았는지를 설명하면서 칭찬한다.										
	학생의 대답을 사례로 사용한다. (칠판에 쓴다든가 하는 식)										
	학생으로 하여금 그 문제를 어떻게 해결했는지를 다른 학생에게 설명하도록 한다.										
	다른 학생들이 감탄의 표현을 하도록 유도한다.										
	기타										
형식적 (주, 월)	특별한 점수를 주고 그것을 과제에 적어 준다.										
	특별한 재료나, 시뮬레이션, 게임 등의 사용을 허락한다.										
	무리지어 공부하는 것을 허락한다.										
	학생들에게 특별한 의무를 부과한다.										
	인정서를 수여한다.										
	학습장, 도서관, reference desk의 사용을 허락한다.										
	혼자서 공부할 수 있도록 허용한다.										
	시험/숙제를 게시한다.										
	학부모에게 서신을 보낸다.										
	기타										

위의 체크리스트의 경우 교사가 교실에서 보일 수 있는 형식적, 비형식적 보상과 그 횟수를 기록할 수 있게 구성되어 있음을 확인할 수 있다.

다음 체크리스트는 탐구 수업 중 교사의 언어적 행동의 특징을 확인할 수 있는 체크리스트의 예이다.

탐구 수업에서 교사가 사용하는 언어적 행동에 대한 체크리스트

교사의 질문	수렴적	교사가 정답에 대해서 질문을 한다. (예: 6 곱하기 6은?, 허클베리핀에서 누가 주인공들의 이름을 지었는가?)
	발산적	교사가 정답 이상의 것을 질문한다. (예: 나트륨 원소로 만들어진 생필품에는 무엇이 있는가? '생쥐와 인간' 같은 것을 좋아하는가?)
학생의 응답	정답	교사는 확인을 통해서 그 답을 정답으로 받아들인다. (예: 그거 맞아, 좋아요, 그래)
	정답에 근접	교사는 학생에게 그 답은 정확한 답이 아니라고 말한다. (예: 잘 했지만 정확한 답은 아니다)
	정답이 아님	교사는 학생에게 그 대답은 받아들일 수 없다고 이야기한다. (예: 다음, 틀렸습니다. 안 됩니다)
	대답하지 못함	학생이 대답하지 못했다. 교사는 학생이 답을 얻을 수 있도록 노력할 것이다. 그러나 소용없다.
교사의 탐구	없음	교사는 학생의 대답을 추궁하려다가 실패한다. 다음 질문이나 행동으로 넘어간다.
	뚜렷함	교사는 학생에게 다른 표현으로 뚜렷하고, 자세하고, 상세한 답을 요구한다. 교사는 학생이 이야기하는 바를 더욱 잘 이해하기를 원한다.
	권유	교사는 새로운 정보를 제공함으로써 학생의 대답을 향상시키고 발전시키기 위해 노력한다.
	새 방향으로 돌리기	교사는 힌트나 얻고자 하는 방향에 대한 실마리를 제공함으로써 학생의 대답을 바꾸려 한다.
	다른 사람에게 묻기	교사는 학생의 부족한 대답이나 대답을 무시하고 다른 학생에게 같은 질문을 한다.

위의 체크리스트는 수업 중 일어나는 교사의 언어적 응답의 형태, 학생의 응답에 따른 교사의 언어적 반응, 학생의 응답을 유도하기 위한 교사의 언어적 전략 등에 대한 항목을 리스트로 보여 주고 있으며, 관찰자는 이러한 체크리스트에 따라 교사의 언어적 행위를 체계적으로 관찰할 수 있다.

다음 체크리스트는 학생의 주의집중을 유도하기 위한 교사의 전략을 관찰하기 위한 체크리스트의 예이다.

학생의 주의집중을 향상시키기 위해 교사가 사용하는 전략 체크리스트

날짜	수업 주제	구두 진술과 질문					시각 매체				미디어			실물 교재			기타
		호기심	반박	논쟁유발	놀림	기타	표/차트	칠판	사진/그림	기타	오디오	필름/TV/비디오	컴퓨터	생물	모형	기술/실습용장비	

이 체크리스트는 수업 중 학생들의 주의집중 향상을 위해 교사가 사용할 수 있는 전략을 네 가지 범주와 그 범주의 하위 요소로 제시하여 이에 대한 관찰을 용이하게 하고 있다.

코스타의 아동의 인지적 행동 체크리스트

아동연구 분야에서 아동의 인지적 발달을 평가하는 영역을 개념화한 코스타(Costa)는 아동의 지적 능력이 얼마나 발달했는지를 평가하는 준거로 다음 열네 가지 분야에서의 기록이 필요하다고 했다. 이에 특별한 아동에 대한 발달을 평가하는 연구에서 이 체크리스트는 아동의 발달 영역을 규명하는 데 도움을 줄 것이다. 그 구체적인 준거들은 다음과 같다.

(1) 인내
(2) 충동성 줄이기
(3) 타인에게 경청
(4) 사고의 유연성
(5) 메타인지
(6) 정확성과 정밀성을 위해 노력
(7) 질문과 문제제기
(8) 과거 지식과 경험 끌어오기
(9) 독창성, 창의성, 통찰성
(10) 언어와 사고의 정밀성
(11) 모든 감각을 이용한 자료 수집
(12) 유머 감각 보이기
(13) 경탄, 호기심, 신기함
(14) 협력적 사고와 사회적 기능

러닝 리코드(Running Record) 체크리스트

이 체크리스트는 미국의 아동 언어교육과 읽기 능력 회복 프로그램(reading recovery)에서 많이 쓰이는 방법이다. 이 방법을 통해 아동이 언어를 읽는 과정에서 드러나는 여러 가지 실수와 오해를 체계적인 관찰과 표현방법을 통해 규명할 수 있다. 또한 이 방법은 연구방법이면서 아동의 학습 진도에 대한 평가방법으로 이용할 수 있다. 아동이 책을 읽는 방법과 내용을 구체적으로 관찰하고 기록해 놓은 다음 그 내용을 러닝 리코드 기법으로 재구성하면 특정 아동이 가지고 있는 언어 사용의 문제점이 무엇인지를 교사가 찾아낼 수 있다. 다음 그림은 이 방법이 갖는 교육적 효과를 나타낸 것이다. 그림이 나타내는 것처럼 교사는 아동의 수업 과정을 관찰하면서 그 아동에게 필요한 학습이 무엇인지를 찾아내고 이를 보완해 준다. 이 과정을 통해 아동은 점차적으로 독립적인 문제해결자로 성장할 수 있다. 러닝 리코드 기법을 통해 아동의 말하기를 관찰하고 기록한 예를 다음 표에 나타냈다(261쪽 참조).

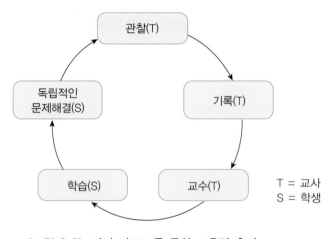

[그림 6-2] 러닝 리코드를 통한 교육적 효과

그림(지도) 그리기 관찰 방법

그림 그리기 관찰 방법은 연구자가 현장의 구조나 상호작용을 그림으로 표현하는 방법이다. 공간연구 분야에서 오랫동안 사용되어 온 그림 그리기 방법을 교육연구에서의 질적 연구에 응용한 것으로서 특정 현장의 물리적, 공간적 구조의 특징을 드러내는 데 효과적이다(Marshall and Rossman, 1989: 89). 이 방법이 사용된 원래의 목적은 다양한 장소들에서 인간이 그러한 공간을 어떠한 방법으로 사용하고 있는지를 연구하고 나아가 특정한 문화에서 각 참여자들이 자신들의 영토와 공간, 지역을 어떻게 관리하는지를 이해하기 위한 것이었다. 그러나 이러한 원래의 목적은 사라지고 현재 교육현장에서의 지도 그리기 관찰 방법은 관찰의 대상과 상호작용의 특징을 시각적 이미지로 변환시킴으로써 현장에 대한 정보를 더욱 효과적으로 제시하는 장점을 가진다.

　　때로는 많은 문장에 의한 서술보다 한 개의 그림이나 이미지로 실재를 더욱 효과적으로 표현할 수 있다는 점에서 이 지도 그리기 관찰 방법은 경제적이고 간편하며 사용

러닝 리코드를 활용한 관찰 기록

	Running Record #1 Nicholas	One Sock, Two Socks Level 12 93% sc 1:3
	One Sock, Two Socks Level 12	

Pg 2	✓ Tim · ✓ was · going getting · [r–] ready[ ] T · ✓ for · ✓ school
Pg 3	정확한 읽기
Pg 5	✓ Then · ✓ he · started getting · ✓ to · ✓ play · ✓ with · ✓ his · ✓ toy · ✓ car
Pg 6	✓ Tim · did didn't · [sc] · ✓ like · ✓ to · ✓ hurry ✓ He · ✓ put · ✓ on · ✓ his · – blue · ✓ pants R ✓ He · ✓ played · ✓ with · ✓ his · ✓ car
Pg 7	✓ Tick · ✓ tock · ✓ said · ✓ the · ✓ clock ✓ Hurry · ✓ said · ✓ his · ✓ the · mom mother · sc
Pg 8	정확한 읽기
Pg 9	정확한 읽기
	✓ Hurry · played pulled–T · [A] [p–] · ✓ and · ✓ pulled
Pg 10	

하기가 편리하다. 특히 연구 현장의 구조적인 특징을 설명하는 경우, 참여자들이 연구 공간을 어떻게 사용하고 있는지를 기술하는 경우, 나아가 두 개의 대비되는 연구 공간을 상호 비교하여 기술하려고 하는 경우에 이 그림 그리기 관찰 방법은 각 공간에서 나타나는 물리적, 구조적, 대인관계적 특징을 잘 드러내는 데 도움이 된다. 예를 들면 연구 대상이 전통적인 교실 수업과 열린 교실 수업인 경우에 이 두 교실 수업의 물리적 구조와 상호작용 패턴은 기본적으로 달라진다. 자리 배치가 다르고 교사와 학생의 위치가 다르다. 상호작용 패턴 역시 두 공간에서 질적으로 다르게 나타난다. 이런 경우에 관찰자는 관찰한 내용을 그림 그리기 방법을 통해 표현하는데, 즉 교사와 학생들 간의 상호작용이 어떻게 다르게 나타나고 교사의 공간 사용이 어떻게 다른지를 그림으로 표현할 수 있다.

그림 그리기 관찰 방법의 예는 다음과 같다.

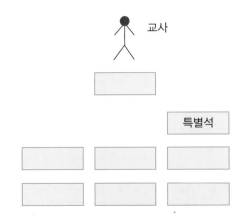

[그림 6-3] 교사의 처벌(격리)의 형태(김영천, 1997)

위의 그림 그리기 관찰의 예는 교실에서 교사의 처벌 유형인 격리가 어떠한 형태로 이루어지고 있는지를 그림으로 나타낸 관찰의 예이다. 위의 예를 통해 교사의 처벌로서의 격리는 공간적으로 학생들과 격리되는 반면 교사와의 물리적 거리가 가까운 곳에서 이루어짐을 확인할 수 있다.

다음은 교실에서의 차별적 보상이 어떠한 형태로 이루어지고 있는지를 보여 주는 관찰의 예이다.

성공의 공간(장난감 가지고 놀기)

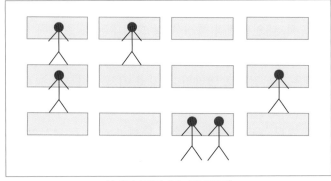

실패의 공간(계속 공부하기)

[그림 6-4] 1학년 교실에서의 차별적 보상 형태(김영천, 1997)

위의 그림 그리기 관찰은 교실에서 교사의 보상이 차별적으로 이루어지며 그러한 차별은 과업뿐 아니라 공간적인 분리와 함께 이루어지고 있음을 보여 준다.

일화적 관찰 방법

일화적 관찰(anecdote observation)은 관찰자가 현장에 들어가 모든 것을 관찰하지 않고 연구자가 관심을 가지고 있는 특정한 주제만을 선별하여 관찰하는 방법을 말한다. 관찰 내용을 수량화하지 않는다는 점에서 체계적인 관찰 방법에 비해서는 덜 비결정적, 사전적, 처방적이지만 다음에 소개할 서술적 관찰 방법에 비해서는 체계적이고 구조적인 관찰 방법이다. '일화'라는 용어가 나타내는 것처럼 이 관찰 방법은 관찰자가 관찰하려고 하는 대상들(특정한 이야기, 사건, 연구 주제 등)을 미리 결정한 다음에 관찰과정에서 그러한 대상만을 중점적으로 관찰하고 기록하는 방법을 말한다. 예를 들면, 다인수 학급에서의 특정한 아동의 수업 참여방법, 교사의 특별한 수업방식, 교사의 특별한 보상 형태만을 선별하여 관찰하고 기록하는 것이 이에 해당한다.

이해를 돕기 위해 관찰자가 사용할 수 있는 몇 개의 일화적 관찰 방법의 예를 소개한다.

[예] 도서관에서 교사와 학생들의 상호작용에 대한 일화적 관찰

다음 예는 도서관에서 일어나는 교사와 학생들의 상호작용을 보여 주는 일화적 관찰의 예이다. 이 예에서 관찰자는 도서관에서 일어나는 교사와 학생들의 상호작용을 기술적인 일화의 형태로 기록하고 있다.

관찰자 이름: 카렌 리치
관찰 일시: 2000년 12월 2일 오전 10시 30분
관찰 기간: 약 35분
관찰된 사람, (또는) 사건: 메노티 선생님의 읽기 수업 교수법
학년, 과목: 2학년, 읽기
관찰 목적: 메노티 선생님이 읽기그룹 내에서 개인들과 어떻게 상호작용하는지를 이해

메노티 선생님은 빨간색 그룹을 공간 침입자로 불렀으며 공간 침입자들은 교실 뒤 오른쪽 코너에서 책을 읽도록 했다. "공간 침입자 여러분, 여러분이 원하는 책으로 가져오도록 하세요."라고 메노티 선생님이 말했다.

나는 독서 코너로 이동해서 그 그룹을 좀 더 잘 관찰할 수 있었다. 그 독서 코너는 창문 옆에 있었고, 학생들의 의자가 원형으로 배열되어 있었다. 메노티 선생님의 의자는 나무로 만들어진 커다란 흔들의자로 책장 옆에 있었다. 선생님의 의자는 의자들의 원형 배열 안에 있었다.

학생들은 책상에서 책을 갖고 왔다. 조이가 "메노티 선생님, 저는 책을 다 읽었습니다. 도서관에서 찾을 수 있다면 볼 책을 찾고 싶습니다."라고 말했다. "그 책이 교실 도서관에 있니, 조이?"라고 선생님이 물었다. 조이는 "네."라고 대답했다. 메노티 선생님은 "그래, 찾아보도록 해라. 단, 책 찾는 동안에 다른 사람들에게 방해가 되지 않도록 해라."라고 말했다.

조이를 제외한 모든 학생은 원형으로 앉아 있었다. 메노티 선생님은 책을 꺼냈다. 메노티 선생님은 조이에게 "책을 찾았니?"라고 물었다. 조이는 "아직 못 찾았어요."라고 대답했다. "그럼 내가 책을 읽는 동안 같이 하자. 그러고 나서 다시 도서관에서 책을 찾아보도록 해라."라고 메노티 선생님이 말했다.

메노티 선생님은 멜로디에게 이야기의 끝부분에 무슨 일이 일어났는지에 대해서 물었다. (나는 메노티 선생님이 읽고 있었던 책의 제목을 볼 수 없었다. 메노티 선생님에게 꼭 물어봐야겠다.) 멜로디는 그 이야기를 말하기 시작했다. 멜로디가 꽤 빨리 이야기를 해서 듣기 어려웠다. 메노티 선생님은 다른 학생들에게 몇 가지 질문을 했다. "샌디, 그 소년이 아팠을 때 토끼에게 무슨 일이 일어났는지 기억하니?" "그들이 보육원에서 토끼를 내려갔습니다."라고 샌디기 말했다. "그들은 토끼가 오염되어 있는 것을 두려워했습니다."라고 매기가 말했다. "오염된 것의 의미를 아니?"라고 메노티 선생님이 그녀의 손을 쳐다보면서 물었다. 매기는 "네."라고 빨리 대답했다. "맞아요, 매기. 매우 훌륭한 대답이에요."라고 메노티 선생님은 매기를 보고 웃었다. "왜 그들은 토끼가 오염되어 있는 것을 두려워했지, 션?"하고 션에게 물었다. 션은 "음, 토끼는 박제되었고 소년은 아파요. 그래서 토끼는 많은 세균을 가지고 있었을 거예요."라고 대답했다. "아주 좋았어요, 션"이라고 메노티 선생님이 말했다.

메노티 선생님은 책을 읽기 시작했다. 모든 학생들은 듣고 있었다. 페이지를 넘길 때마다 선생님은 페이지의 삽화를 학생들에게 보여 주었다. 메노티 선생님은 한 페이지를 읽고 다음 페이지로 넘겼다. 그때 션이 "선생님, 우리에게 그림을 보여 주지 않았어요."라고 말했다. 메노티 선생님은 "방금 전 페이지에는 그림이 없었단다. 션"이라고 말했다.

선생님은 약 10분 동안 책을 읽고 질문했다. "아비, 너는 이 이야기를 좋아하니?"라고 물었다. 아비는 고개를 끄덕였다. "왜 그것을 좋아하지?"라고 메노티 선생님이 물었다. "나는 그 소년을 좋아해요. 그리고, 그가 빨리 회복되기를 바라고, 그의 토끼도 돌아오기를 바랍니다."라고 아비가 말했다. "마크, 넌 슬픈 이야기를 좋아하니?" "네, 가끔은요."라고 마크가 말했다. "네가 읽고 있는 이야기는 슬프니?" "아니오."라고 마크가 대답했다.

"네가 읽고 있는 책에 대해서 우리에게 이야기해 줄 수 있겠니?" 마크는 이야기를 시작했다. "작은 소년이 화성에 간 우주 여행 이야기입니다." 멜로디가 "마크, 정말로 그가 우주 여행을 했니? 내 생각엔 그것은 전부 꿈이야."라고 말했다. "아니야." 마크가 "그것은 사실이야."라고 말했다. "어떻게 알 수 있니, 마크?"라고 션이 말했다. 마크가 뒤돌아보며 큰 소리로 "왜냐하면 책에 그것이 꿈이란 말이 없기 때문이야."라고 말했다. "그래."라고 멜로디가 말했다. "하지만, 책에서 시작은 그의 침대였고 끝에서도 그는 침대로 돌아왔어." 마크는 조용해졌다. 메노티 선생님이 웃으며 "여러분들은 그 이야기를 읽었을 때 그것이 무엇을 의미하는지 여러분 스스로 결정할 수 있습니다. 그것이 꿈이라고 생각하는 멜로디 생각이 맞을 수도 있어요. 마크가 그것이 꿈이라고 생각하지 않을지라도. 멜로디, 그것이 꿈이라고 여전히 생각한다면 그것을 읽어 보지 그러니?"라고 말했다. 멜로디는 대답하지 않았다. 메노티 선생님은 돌아서서 조이에게 말했다. "조이, 아비가 책에 관해 이야기한 후, 네가 고르려고 했던 책에 대해서 우리에게 이야기해 줄 수 있지?"

[예] 수업의 진행 과정에 대한 일화적 관찰

다음 예는 수업의 진행 과정에 대한 일화적 관찰의 예이다. 여기서 관찰자는 수업 동안 일어나는 사건들을 일화의 형태로 시간순서로 기록하고 있다.

관찰자 이름: 실비아 로드리즈
관찰 날짜와 시간: 10월 20~29, 아침 8시 45분
관찰 기간: 하루 종일
관찰된 사람과 사건: 행크스 선생님
학년과 과목: 5학년
관찰 목적: 단체형을 연구하기 위해

8:45   읽기그룹이 선생님과 만났다. 각 그룹 안의 아이들 모두는 같은 레벨의 기초적인 학생부터 차례로 읽었다; 세 가지 다른 레벨의 학생들이 다섯 그룹으로 나누어져 있다.

9:15   수학그룹에서 모든 아이들은 다양한 종류의 수학 문제들을 풀고 있다. 두 그룹은 장제법을 하고 있었고, 다른 그룹은 곱셈, 다른 그룹은 분수를 하고 있었다. (수학그룹은 읽기그룹과는 다르다. 즉 사라 제인은 수학에서 분수그룹에 속했지만 가장 낮은 읽기그룹에서는 가장 낮은 레벨의 독자이다.)

9:45   아이들은 수학그룹을 유지했다. 세 개의 큰 그룹을 두 명씩 짝지었다. 짝은 칠판에 각 그룹에 주어진 숙제를 끝낼 수 있도록 서로 도왔다.
      행크스 선생님은 그의 시간을 다른 그룹의 문제에 대답하기 위한 몇 분을 제외

하고 곱셈집단(짝지어 하지 않은 유일한 그룹)에서 보냈다.

10:15   휴식 — 아이들은 그들 자신만의 그룹을 만들었다. 10명의 남자아이들이 축구를 했고, 7명의 여자아이들이 줄넘기를 했고, 2명의 여자아이가 책을 읽었고, 4명의 남자아이가 추적놀이를 했고, 2명의 여자아이가 걷고 있었고, 한 여자아이가 행크스 선생님과 앉아 있었다.

10:45   사회 학습 그룹 — 학생들은 사회의 다른 면을 공부했다. 아이들은 숙제를 알고자 했다. 각각의 학생들은 폴더를 가지고 있었다. 행크스 선생님이 사회 학습 시간이라고 알렸을 때 학생들은 교실 앞쪽에 있던 폴더를 가지러 갔다: 학생들은 재료가 필요하면 사물함 혹은 책장에 가지러 갔다; 그들은 문제를 가지고 행크스 선생님의 책상으로 갔다. (행크스 선생님은 이들 그룹과 함께하지는 않았지만 그의 책상에서 그들의 활동을 관찰했다.)

11:45   점심(관찰하지 않았음)

12:00   모든 학생들이 할로윈 축제에 관하여 행크스 선생님과 함께 반 모임에 참가했다. (반장은 이 커다란 그룹에서 사회를 보았다.); 학생들은 커다란 원으로 둘러앉았다; 그들은 의견을 말하기 위해 손을 들었다; 행크스 선생님은 플립 차트에 각각의 요점을 기록했다; 그는 다른 학생들에게 회의의 초점을 바꿀 때만 입을 열었다.

12:30   행크스 선생님의 명령으로 학생들은 줄을 맞춰서 음악을 하러 갔다. 주로 남학생늘의 줄은 조용해질 때까지 가지 못했다. 그들은 그들의 악기를 가지고 있지 않았고 떠드느라 바빴다; 그들이 준비되고 조용해지기까지 3분이 소요되었다; 그때 행크스 선생님이 그들을 가게 했다.

2:15   작은 그룹이 교실 관리 청소에 참여했다. (즉, 한 그룹은 종이를 줍고, 책상, 테이블, 바닥을 청소했다. 다른 그룹은 다시 의자의 줄을 맞추고 블라인드를 조정했다; 세 번째 그룹은 학생들의 폴더 안에 종이를 넣었다; 네 번째 그룹은 책을 모아 책장에 꽂았다.)

[예] 교사와 학생의 상호작용에 초점을 맞춘 일화적 관찰

다음 예는 학생과 교사 사이의 상호작용에 초점을 맞춘 일화적 관찰의 예이다. 여기서는 상호작용에 초점을 맞출 수 있게 도와주는 표를 사용하여 기록함으로써 교사와 학생 사이의 상호작용을 좀 더 뚜렷이 드러내고 있다.

교사와 학생의 상호작용에 대한 일화적 관찰

관찰자 이름: 카렌 수잔 리치
관찰 일시: 2000년 12월 2일 오전 10시 30분
관찰 기간: 약 35분
교사: 메노티 선생님
학생: 조이
학년, 과목: 2학년
관찰 목적: 메노티 선생님이 개인 학생과 어떻게 상호작용하는가?

	교사(메노티 선생님)	학생(조이)
10:36		"메노티 선생님, 저는 제 책을 끝냈구요. 제가 도서관에서 그것을 찾을 수 있기를 원합니다." 조이는 교실 저쪽에 있는 메노티 선생님에게 매우 큰 소리로 말했다.
	메노티 선생님은 조이에게 미소 짓고, 조용히 하라는 사인을 보냈다. 눈을 똑바로 쳐다보며 "그것이 교실 도서관에 있니, 조이?"	
		"네." 조이는 훨씬 더 조용하게 대답하고 메노티 선생님에게 미소를 보냈다.
	"좋아, 조이. 책을 찾도록 해라. 다만, 네가 찾는 동안 다른 사람들이 방해받지 않도록 해라."	조이는 조용하게 메노티 선생님의 흔들의자 뒤의 교실 도서관으로 가서 찾기 시작했다.

[예] 교실 조직 및 환경에 대한 일화적 관찰

구체적인 사건에 관한 것뿐만 아니라 현장의 구조 및 조직과 같은 사안에 대해서도 일화적 관찰이 가능하다. 이러한 형태의 일화적 관찰에서는 현장에 대한 관찰자의 관찰 내용이 서술적으로 기술된다. 다음 예는 교실의 조직 및 구조, 환경에 대한 관찰자의 일화적 관찰 기술의 예이다.

관찰자: 마빈 앤더슨
관찰 일시: 2000년 9월 19일 오전 8시 15분
관찰 시간: 30분
관찰 대상: 슈로더 선생님의 교실
관찰 목적: 슈로더 선생님의 교실이 어떻게 구조화되어 있는지 보기 위해

교실은 29명이 쓰기에 꽤 좁다. 학생들의 책상은 5~6개씩 다섯 줄로 칠판 앞에 배열되어 있다. 책상에는 작은 수납공간과 분리된 의자가 있다. 학생들의 오른쪽 앞에는 의자와 작은 교단이 있다. 학생들의 왼쪽에는 교실 길이만큼의 창문이 있다. 태양빛의 반대 방향으로 그림자가 드리워져 있다. 학생들의 오른쪽에는 벽면 위쪽에 복도쪽으로 향하는 창문이 있다. 이 창문 아래에 게시판이 있다. 선생님의 책상은 교실의 뒤쪽 바깥 창문 옆에 있다. 창문 옆에 서랍 4개짜리 파일 캐비닛이 있다. 교실 뒤 오른쪽에는 모둠 테이블과 8개의 의자가 있다. 테이블 뒤에 벽을 따라서 학생들의 사물함과 책장이 있다. 마루에는 기품 있는 파란색 카펫이 얼룩진 채 깔려 있다.

교실의 조명은 좋다. 바깥에서 빛이 많이 들어오고 복도의 불빛도 들어온다. 교실에는 긴 형광등이 설치되어 있다. 선생님은 책상에 램프를 가지고 있다. 외부 창문 아래에는 선반이 있다. 선반길이의 약 4분의 1 아래에 히터와 에어컨이 설치되어 있다. 교실은 냉·난방장치가 되어 있다. 선반 아래 나머지 공간에는 책장과 캐비닛이 있다.

앞쪽 칠판 뒤로 게시판이 있다. 이 게시판에는 교실 규칙이 적혀 있는 커다란 포스터가 있다. 또한 이 게시판에는 쓰기와 읽기에 관한 포스터가 있다. 게시판의 가운데에는 여러 개의 지도가 매달려 있다. 학생들의 오른쪽에 있는 게시판에는 학생들의 작품과 사진이 전시되어 있다. 사진 아래에는 각각의 학생들이 쓴 자기 소개와 학교 첫날에 대한 내용이 쓰여 있다. 나머지 게시판은 비어 있다. 뒤쪽 오른편의 복도쪽 문 근처에는 학교 공고와 한 주간의 할 일이 있다. 그 목록에는 식물관리, 출결점검, 점심시간 관리, 복도 관리, 운동장 관리, 교실 관리, 애완동물 돌보기 등이 있다. 각각의 목록 옆에는 한 사람 이상의 이름이 적혀 있다. 교실 뒤쪽 사물함 위에 화분이 쭉 놓여 있다. 사물함 옆에 물뿌리개가 놓여 있다. 책장 위에는 수족관이 있다. 그 근처에 두 마리의 게르빌루스쥐(아마도)가 새장에 있다.

학생들이 교실로 들어오면 매우 혼잡하다. 책상 사이의 공간이 너무 좁다. 계속 서로서로 부딪힌다. 그래서 매우 자주 소음이 일어난다. 선생님은 출결점검을 하면서 점심 대금을 모으고 있는 그 주간의 출결 점검자와 함께 앞쪽에 서 있다. 여러 명의 학생들이 선생님께 질문을 하면서 교단 주위에 몰려 있다. 세 명의 남자아이들이 교실 뒤쪽의 테이블에 앉아 있다. 선생님은 테이블로 다가와서 테이블이 잘 맞지 않겠지만 주말까지는 새 책상을 가질 수 있을 것이라고 말했다. 교실 왼쪽에 있는 학생들은 선반에 너무 가까이 있어서 책상을 옮기지 않고서는 학습센터를 이용할 수 없다. (나는 선생님이 이것을 어떻게 해결하는지 볼 것이다.) 한 여학생이 손을 들고 게르빌루스쥐에게 물을 주러 화장실에 가도 되는지 물었다. 선생님이 "물뿌리개를 가지고 화장실로 가서 화분에도 줄 만큼 충분한 물을 가져와라."라고 말씀하셨다.

개방적인 관찰 방법

개방적인 관찰 방법은 관찰자가 연구 현장에서 일어난 사건을 특정 범주나 연구 주제 없이 빠짐없이 매우 세부적으로 기록하고 관찰하는 방법을 말한다. 이 개방적인 관찰 방법은 연구 초기에 많이 쓰이는 방법으로 연구자가 연구의 주제를 찾기 위해 또는 보다 세부적인 연구 주제나 사건들을 규명하기 위해 일차적으로 현장에서 일어난 모든 사건과 현상을 자세하게 빠짐없이 기술하는 관찰 방법을 말한다. 진정한 의미에서 질적인 관찰이라고 할 수 있다. 사전에 무엇을 관찰할 것인지를 정하지 않고서 자연적인 상황에서 일어나는 사건들을 탐구적인 목적 아래에서 실행하는 관찰 방법이다.

따라서 체계적인 관찰 방법과는 다르게 관찰자가 무엇을 관찰할 것인지를 미리 결정하고 체크리스트를 만들지 않으며 일화 관찰 방법처럼 연구 현장에서 일어나는 다양한 사건들 중에서 관찰자가 필요로 하는 어떤 특정한 사건이나 현상만을 선별하여 관찰하지 않는다. 대신에 연구의 주제나 흥밋거리가 점차적으로 드러날 것이라고 전제하고서 관찰 현장에서 일어나는 여러 가지의 사건들을 개방적인 태도를 가지고 모두 기록하고 관찰하는 방법이다. 일화 관찰 방법과 함께 현장의 사건과 상호작용을 언어로 기술한다는 점에서 서술적 관찰 방법에 해당한다. 이러한 특징 때문에 이 관찰 방법에서 연구자가 관찰 내용을 현장노트에 기록하는 작업이 매우 중요하며 이 과정을 통해 점차적으로 의미 있는 연구 주제나 현상이 분명해진다.

이 기술 방식은 포섭적인 연구 개념을 가지고서 현상을 바라보고 기술하는 관찰 방법이기 때문에 연구 현장의 문화나 삶을 전체적으로 관찰하고 그려낼 수 있다는 장점을 가지면서 그 기술의 방대성과 세심함으로 인해 현장에서 무슨 일이 일어났는지를 가장 근접하게 이해할 수 있는 관찰 방법이라고 할 수 있다. 이 관찰 방법이 갖는 가장 큰 특징은 관찰자가 현장에 들어가기 전에 연구자가 가지고 있는 특정 분석 체계나 이론적 가정을 현상의 기술에 적용하여 객관화하기보다는 연구 대상인 조직이나 문화를 있는 그대로 수용하고 관찰하고 재현하려고 한다는 점에서 질적연구의 목적과 특징인 근거이론과 발견의 목적을 가장 잘 대표할 수 있다는 것이다. 또한 다른 관찰 방법이 갖는 대표적인 문제점인 이미지의 객관화, 수량화, 선별화, 사건이 일어난 맥락의 상실, 한 사건과 다른 사건 간의 연계성의 차단 등의 문제를 해결할 수 있다는 장점을 갖는다.

완전한 기술을 강조하는 이 개방적인 관찰이 갖는 효과는 다양하다. 첫째, 통합적인 관점에서 연구 현장을 이해하는 데 도움을 주고, 둘째, 철저하게 기술된 자료에는 참여자의 내부자적 해석과 의미가 포함되어 있기 때문에 그 내용을 추출하기가 쉽다. 셋째, 있을 수 있는 모든 내용을 기술하기 때문에 관찰자가 가졌던 여러 가지 감정, 지나치는 생각,

주관성, 방법론적 반성, 의문, 점진적인 주제의 규명이 이 관찰 방법과 그에 따른 기록에 담겨 있다.

교육연구에서의 질적연구 분야에서 이 개방적인 관찰 방법을 사용한 연구들은 어렵지 않게 찾을 수 있다. 대표적으로 초등학교 교사의 수업에 대한 일 년 생활을 그린 스미스와 제프리(Smith and Geoffrey, 1968)의 〈교실의 교수문화연구〉, 애쉬턴-워너(Ashton-Warner, 1986)의 〈교사〉, 잠재적 교육과정의 개념을 규명한 잭슨(Jackson, 1968)의 〈아동의 교실생활 연구〉, 하그리브스 외(Hargreaves et al., 1975)의 〈학교에서의 일탈문화연구〉, 로렌스-라이트풋(Lawrence-Lightfoot, 1983)의 〈어떤 좋은 고등학교〉, 월콧(Wolcott, 1973)의 〈교장의 삶〉, 파인(Fine, 1991)의 〈고등학교 탈락자들의 삶〉, 김영천(1997)의 〈네 학교 이야기: 한국 초등학교 생활과 수업〉이 이 영역에 속한다.

개방적인 관찰 방법에서 가장 많이 쓰이는 관찰일지의 양식은 특별히 없으나 일반적으로 사용되는 양식으로는 다음과 같은 예가 있다. 이 양식은 교실에서 활동을 기록하기 위해 일반적으로 사용되는 형태이다. 왼쪽 난에는 정확한 시간을 기록함으로써 시간 경과에 따른 활동의 변화 과정을 기록하고 오른쪽 난에는 수업 내용과 수업 방법을 기술한다. 학생과 교사의 언어적 상호작용을 기록한다.

교실활동 관찰일지 양식 견본

시간	활동의 묘사

위의 양식 외에 아래와 같은 관찰일지 양식도 개방적인 관찰을 위해 사용할 수 있다. 아래의 양식은 본격적인 관찰 기록을 위한 일련의 정보를 먼저 기록한다는 측면에서 위의 양식과 차이를 보인다.

관찰일지 양식 견본

관찰자: _____

관찰 일시: _____

관찰될 교사: _____

학년, 교과내용 등: _____

교실 위치: _____

관찰 시작 시각: _____

관찰 종료 시각: _____

총 소요 시간: _____

관찰노트	이론적 노트	방법적 노트

그렇다면 이러한 개방적 관찰 기술이 어떻게 나타나는지 예를 통해 살펴보도록 하자.

[예] 교실 활동에 대한 개방적 관찰

다음의 관찰 기술은 교실 활동에 대한 개방적 관찰의 예이다. 특히 이 관찰 기록에는 관찰 자이자 연구자인 '나'가 지속적으로 등장하며 사건 관찰 당시의 연구자의 상황이 기록되고 있는데, 이러한 것은 특별한 형식을 추구하지 않는 개방적 관찰의 특징이라 할 수 있다.

종이 울리자마자 아이들이 제자리로 빨리 움직였다. 그들은 그들이 할 일과 그들에게 기대 되는 것을 정확하게 알고 있는 듯했다. 메노티 선생님이 교실의 두 반장에게 점심과 사진 대금을 거두라고 지시했을 때, 학생들은 책상에서 책을 꺼냈고, 손을 책상 위에 포개었다. 선생님은 돈을 낼 때, 학생들에게 리스트에 이름을 체크하도록 상기시켰다. 학생들이 이렇 게 하자, 선생님은 아침 알림사항을 읽었다. 선생님은 읽는 동안 학생들이 돈을 거두는 것 을 모니터링하고 있었다. 학생들은 어떤 소란도 없이 질서정연한 방식으로 돈을 거두고 있 는 듯했다. 선생님은 출석을 부르지 않았지만, 나는 선생님이 교실문 바깥에서 누군가가 들어오는 것을 알아채는 것을 보았다. 그 학생이 자리에 앉았기 때문에 선생님은 누가 없었는지 간단하게 볼 수 있었다. 이 모든 것이 10분 내에 이루어졌다.

메노티 선생님은 읽기구역에서 빨간색 읽기그룹과 먼저 만날 것이라고 학생들에게 말했다. 나머지 아이들은 읽기그룹의 컬러로 칠판에 쓰여진 그들의 과제를 발견했다. 얼마나 멋진 생각인가! 나는 이것을 기억해야 할 것이다. 선생님이 읽기그룹에서 할 것을 이야기하는 동안 아이들은 재빨리 그들의 책을 꺼내 모두 하기 시작했다. 선생님이 고개를 들었을 때 한 아이가 하지 않고 옆에 있는 아이와 다른 이야기를 하고 있는 것을 보았다. 선생님은 칠판에 가서 그들의 이름을 적었다. 아이들은 즉시 과제를 하기 시작했다.

나는 비록 읽는 소리를 듣지 못했지만, 메노티 선생님이 이야기 속에서 사용된 문장 조합을 플립 차트에 쓰는 것을 볼 수 있었다. 나는 각각의 아이들이 돌아가며 읽고 있는 것과 메노티 선생님이 한 아이가 소리 내어 읽는 것을 도와야 할 때만 끼어드는 것을 들을 수 있었다.

학급의 나머지 아이들이 조용히 과제를 하고 있었기 때문에 나는 교실을 둘러보았다. 나는 교실이 얼마나 질서정연하고 조직적인지에 감탄하고 있었다. 모든 책상들은 질서정연하게 줄 맞춰 있었다. 교실의 오른쪽 앞에는 읽기구역이 있었다. 메노티 선생님은 읽기 구역 아이들뿐만 아니라 교실의 나머지 아이들도 볼 수 있도록 앉아 있었다. 벽에는 색색의 포스터가 붙어 있었다. 책장은 매우 주의깊게 정리되어 있었다. 메노티 선생님의 책상 뒤에 있는 게시판에는 학생들의 작품이 단정하게 정리되어 있었고 그것은 매우 훌륭한 것이었다. 교실 앞에는 위쪽에 영사기가 있었다. 지도와 지구본도 있었다. 책장에는 많은 사전과 책이 있었다. 바닥에는 휴지 한 장 없었고, 아이들은 책상 안에 책을 가지고 있었다. 메노티 선생님이 줄곧 통로로 걸어다녔지만, 아이들은 주의를 돌리지 않았다.

읽기그룹이 하는 동안 단 한 번 메노티 선생님은 한 학생을 꾸짖기 위해서 멈추게 했다. 일찍이 지적당한 학생 중의 한 명이었고, 선생님은 칠판으로 가서 그의 이름 옆에 체크하고, 그가 미술 시간에 그림을 그리지 못하고 책을 읽어야 한다고 주지시켰다. 학생은 그림 도구를 책상 안으로 넣었고, 나는 그가 책 읽기에 집중하는 것이 아니라 책의 가장자리에 낙서하는 것을 알아차렸다. 어느 순간 나는 그가 책상 안에서 그림을 그리고 있는 것을 알아차렸다. 메노티 선생님은 알아차린 것 같지 않았고, 나는 선생님에게 이야기해 주어야 할지 망설였다.

약 20분 후, 읽기그룹은 질서정연한 방법으로 바뀌었다. 파란색 그룹이 읽기구역으로 갔고, 빨간색 그룹은 책을 꺼내서 칠판에 빨간색으로 쓰인 과제를 하기 시작했다.

나는 정말 이 교실에서의 질서정연함과 조직에 감명받았다. 거의 모든 학생들이 조용하고 활동적으로 과제에 참여했다. 메노티 선생님은 읽기그룹에서 소수의 학생들과 함께할 수 있었다. 나도 미래에 그런 질서정연한 교실을 가질 수 있기를 희망한다.

[예] 교실 분위기에 대한 개방적 관찰

개방적 관찰의 특징은 특별한 형식을 취하지 않는 자연적 관찰이기 때문에 관찰 대상자의 행위뿐만 아니라 시각적으로 드러나지 않는 분위기 등과 같은 요소들도 포착하여 기록할 수 있다는 것이다. 다음 예는 이러한 개방적 관찰의 특징이 잘 드러난 예로서, 관찰기록에 관찰 대상과 상황 속에서 드러난 교실 분위기가 중점적으로 기술된 특징을 확인할 수 있다.

나는 종이 울리기 약 10분 전에 교실에 도착했다. 나는 메노티 선생님에게 내 소개를 했다. 선생님은 친절해 보였고 나에게 편하게 하라고 말했지만, 나는 선생님이 주의를 딴 데 돌리고 있으며 오히려 냉담하다고 느꼈다. 아이들은 작은 그룹을 지어 이야기하고 킥킥거리고 웃으며 즐거운 시간을 보내고 있었다. 내 곁에 있던 한 그룹의 소년들은 축구 경기에 대해 이야기하고 있었다. 그들은 정말 그들이 이겼던 경기에 대해 흥미진진해했다. 나는 내가 벌써 이 아이들을 좋아하고 있다는 것을 알았다. 그들은 열광적이고, 밝은 눈을 가졌으며, 숱 많은 머리카락을 가지고 있었다.

종이 울리자 모든 것이 변했다. 분위기는 굳어졌다. 메노티 선생님은 교실 앞에 서서 학급을 응시한다. 선생님은 아무 말도 하지 않았지만, '공부할 시간이다'라는 메시지는 명확했다. 학생들은 이야기하는 것을 멈추고 제자리로 돌아왔으며, 그 책상은 질서정연하게 줄지어 있었다. 메노티 선생님은 절대로 웃지 않고 "안녕하세요?"라고 말했다. 선생님은 단지 공지사항을 읽는 동안 두 반장에게 점심과 사진대금을 거두라고 말했을 뿐이다. 나는 반장으로 선택된 학생들이 비싸 보이는 옷을 입은 상류층 학생들로 보인다는 것을 알았다. 그들이 돈에 대해서 이야기하고 있는 동안 그들 중 하나는 덜 좋은 옷을 입은 아이들에게 힘든 시간을 주고 있는 것으로 보였다. 아이들의 자리가 정리된 것으로 보였을 때, 선생님은 이름을 부르지 않고 출석을 체크했다. 학급은 질서정연하게 보였지만, 아이들은 마치 거기에 없는 것처럼 보였다. 메노티 선생님은 단지 반장의 이름만 불렀다. 나는 내가 처음 받은 인상이 맞다고 생각했다. 선생님은 차가운 여자였다.

나는 도와줄 수는 없었지만, 교실이 얼마나 차가운지 알 수 있었다. 아이들의 유일한 작품은 메노티 선생님의 책상 뒤에 전시되어 있었다. 거기는 아이들이 쉽게 갈 수 없었다. 그것은 나에게 완벽한 작가의 논문으로만 보였다. 교실의 다른 유일한 장식으로는 20년 전 메노티 선생님이 가르치기 시작했을 때부터 있었던 것처럼 보이는 대량으로 판매되는 포스터뿐이었다. 그늘이 드리워져 있었고, 교실에서 밝은 것은 단지 인공적이었다. 나는 학생들이 여기 있는 것이 혐오스러웠고, 아이들이 어느 것도 매우 좋아하지 않을 것이라고 느꼈다. 나는 종이 울린 후로 한 번도 웃음을 보이지 않았다.

읽기그룹으로 가야 할 시간이 되었을 때, 메노티 선생님은 빨간색 그룹을 구역으로 불렀다. 이 반은 능력 있는 그룹인가? 나는 그렇게 생각했다. 빨간색 그룹의 모든 아이들은 디자이너의 옷을 입고 있는 것처럼 보였다. 두 반장도 그 그룹에 있었다. 그들이 그룹에 갔을 때 메노티 선생님은 책에서 아직 과제를 시작하지 않은 두 소년을 알아차렸다. 한 소년은 칠판의 과제를 읽을 수 없는 것처럼 보였고, 나는 왜 그런지 알 수 있었다. 소년은 노란색 그룹에 있었는데, 과제는 노란색으로 쓰여 있었고, 소년이 앉은 자리에서 보기 어려웠다. 그러나 메노티 선생님은 그가 왜 이야기하는지 묻지 않았고, 단지 칠판에 소년의 이름을 적었다. 나는 소년의 눈에서 눈물이 흐르는 것을 알아차렸다. 나는 메노티 선생님이 싫어지기 시작했다. 다른 소년은 책상에서 안달하고 있었다. 소년은 책을 찾지 못하는 것 같았다. 그래서 그 소년의 이름도 역시 칠판에 올려졌다.

나는 약 10분 동안 읽기그룹을 보았는데 송장 같아 보였다. 메노티 선생님은 플립 차트에 문장 조합을 적었다. 아이들이 읽을 때 선생님은 문장을 지적하고 그들에게 소리 내어 읽도록 주문했다. 아이들이 매우 잘 읽는 것처럼 보였으나, 이런 종류의 제도는 필요하지 않아 보였다. 나는 지루했기 때문에 아이들이 어떤 종류의 과제를 하고 있는지 보려고 걸어다니기로 했다. 각각의 그룹은 같은 책에서 각기 다른 쪽의 과제를 하고 있는 듯했다. 나는 총명한 아이가 누구인지 말할 수 있다. 그들도 역시 말할 수 있다. 어느 순간 메노티 선생님은 앞서 칠판을 볼 수 없었던 같은 소년에게 소리 지르기 위해 읽기그룹을 멈추게 했다. 그 소년은 여전히 과제를 하지 않고 있었다. 나는 앞서 그가 그림을 그리고 있었고, 그가 정말 훌륭한 예술가라는 것을 알아차렸다. 그러나 선생님은 소년의 능력을 인정하지 않는다. 대신 이름을 체크하고 과제를 하기 위해 방과 후 남으라고 말했다. 이 교실에서 예술의 가치는 얼마인가!

졸업하기 전 얼마나 많은 아이들이 낙오할지 의심의 여지가 없다. 메노티 선생님은 이미 예술가 셰인을 그들 중 하나로 결정했다. 셰인에게 어떤 희망이 있을까?

미시 관찰 방법

미시 관찰 방법은 대화분석에서 사용하는 상호작용의 규칙을 사용하여 교실의 대화를 미시적으로 분석하는 방법이다. 이 방법은 실재의 사회적 구성에 기초하여 교실의 질서, 관리, 수업이라는 실재가 언어를 통해 어떻게 구성되고 파괴되는지를 연구하는 분야이다. 다른 관찰 방법과는 달리 교실 대화의 미세한 부분만을 연구 주제로 삼아 참여자들의 상호작용(교사와 학생, 학생과 학생, 교사와 학생들 등)을 녹화하고 녹음하여 각 문장을 전사한 다음 전사규정에 따라 기록하고 수업의 질서나 수업의 시퀀스 등을 연구한다. 특히 대화를 통해 나타나는 담화자 간의 상호작용과 실제적 행위(practical action)를 탐색하고자 한다.

　　연구자는 이 과정을 통해 담화자의 특성을 발견하고, 대화 안에 내포된 의미를 파악하게 된다. 이 분야의 대표적인 학자로는 미한(H. Mehan), 힙(J. Heap), 맥홀(A. McHoul) 등이 있으며 맥베스(D. Macbeth) 역시 여러 편의 논문을 발표했다. 전사규정에 근거하여 참여자의 언어적 특징을 표현하고 해석한다는 점에서 분석에 세밀하고 정교하며 상당한 노동력과 인내력이 요구된다.

　　이 절에서는 이러한 미시 관찰 방법을 교실 현장과 수업에 적용한 대표적인 학자들의 연구물을 소개한다.

미한의 연구

미한(Hugh Mehan)에 따르면 문화기술지를 통해 교실 현상을 살펴보는 것은 교수–학습 과정을 더 잘 이해할 수 있는 기초를 마련한다. 기존의 통계 연구가 현상에 대해 '왜'라는 의문사 중심으로 진행된 것에 반해, 미한의 연구는 '어떻게'를 중심으로 이루어진다. 예를 들어 연구 패러다임이 '왜 A 학교와 B 학교 간에 교육 프로그램의 효과성에 차이가 있는가?'와 같은 연구 문제에서 'A라는 조직은 어떻게 구성되어 있고 업무를 진행해 가는가?'와 같은 형태로 전환된다.

　　그의 미시 관찰적 접근을 잘 설명해 주는 상호작용의 계열성을 소개하면 다음과 같다.

상호작용의 계열성에 대한 분석

교실에서 발생하는 사건은 교사와 학생 간의 상호작용으로 구성된다. 미한은 이를 '상호작용의 계열성(interactional sequences)'으로 구체화했다. 수업 구조를 통해 수업 내용을 심도 있게 분석할 수 있다. 교실에서 교사와 학생 간의 상호작용은 크게 발문(initiation), 대답, 평가의 세 부분으로 진행된다.

[그림 6-5] **수업 계열성의 세 부분**

　　다음 표에 제시된 '이름카드'와 관련한 수업 사례는 위와 같은 계층적 구조를 잘 나타내고 있다.

'이름카드' 수업에서 나타난 교사, 학생 상호작용의 계층적 구조

		발문	대답	평가
4.9		T: (이름카드를 들며) 이게 누구 이름 카드죠?	P: 제 거요. C: (손을 든다.)	T: 자, 여러분도 알다시피 이름카드 에는 자신에 대한 비밀스런 많은 정보가 있으니, 그 비밀을 함부로 남에게 보여 주지 마세요.
4.10		T: 자, 선생님이 이름카드 몇 개를 가지고 있어요. 음, 자신의 이름 카드가 있다면 앞으로는 다른 사 람들에게 비밀을 알려 주지 마세 요. 자, 이것 누구의 이름카드일까 요?(이름카드를 든다.)	C: (손을 든다.)	T: 자, 여러분도 알다시피 이름카드 에는 자신에 대한 비밀스런 많은 정보가 있으니, 그 비밀을 함부로 남에게 보여 주지 마세요.
4.11		T: 캐롤린	C: 패트리시아요.	
4.12		T: 패트리시아를 지목해 주겠어요?	C: (P를 지목하며)	T: 맞아요.
4.13		T: 자기 이름카드 맞죠?	P: (끄덕인다.)	
4.14		T: 이건 누구의 이름카드일까요? 자, 자신의 비밀이라면 절대 남에게 보여 주지 마세요.(이름카드를 든 다.)		

교사는 이름카드를 확인하기 위해 학생들에게 이를 보여 준다(4.9). 패트리시아가 자 신의 카드라는 것을 밝히자, 교사는 다시 한 번 카드를 든다(4.10). 캐롤린이 그 카드가 누 구의 것인지 정확히 확인한 후(4.10), 카드에 적힌 이름을 재확인하고(4.12), 카드 주인에 게 다시 한 번 점검한다(4.13). 이 모든 과정이 끝나자 교사는 이름카드를 내려놓고 "좋아 요!"라고 응답한다. 이 표현은 일련의 사태가 마무리됨을 의미한다.

위의 상호작용에서 이름카드를 학생들 앞에 제시하고 누구의 것인지 밝히려는 것이 논의의 화제를 설정하는 '기본적 계열성'이다(4.9~11). 카드를 주인과 대응시키고 자신의 것임을 확인하는 과정은 '조건적 계열성'이 된다(4.12~4.13). 그리고 4.14에서 또 다른 대화 를 시작하게 된다. 이처럼 교사와 학생 간의 상호작용은 크게 세 가지 계열성을 통해 드 러나기 마련이다. 교사가 먼저 발문을 하고, 여기에 맞추어 학생이 대답을 하며, 교사의 전체적인 평가가 수반된다(4.12).

플랜더스와 더킨의 상호작용 분석 연구

교실 수업에 대한 연구 주제의 핵심적인 내용 중 하나는 교실 사건에 대한 규명이나 정의 (event identification)이다. 교실 사건 연구는 대개 상호작용 분석(interaction analysis) 형식으로 진행되어 왔으며, 이 분야에서는 플랜더스의 연구와 더킨의 연구가 대표적이라 할 수 있다. 이와 관련하여 플랜더스는 교실 수업에서 발생하는 행동을 관찰할 수 있는 10개의 범주를 개발했다. 그리고 이 범주를 바탕으로 교사와 학생 간의 상호작용에 대한 빈도를 측정했다. 이 범주는 교사의 질문에 비해 학생이 먼저 질문하는 횟수와 교사의 반응에 대한 상대적인 빈도를 측정하는 데 목적이 있다.

이러한 플랜더스의 연구는 교사와 학생 간의 상호작용 빈도를 분석으로 측정하고, 교사의 행동에 대한 결과를 제시한다는 측면에서 의의가 있다. 그러나 3초 간격으로 교사와 학생의 상호작용을 측정하는 가운데 누락될 수 있는 부분이 있다는 점, 10개의 항목만으로 교사와 학생의 행동을 정확하고 면밀히 조사할 수 없다는 한계가 있다.

더킨은 이러한 한계점을 보완하고 교사와 학생 간의 상호작용을 다른 시각으로 관찰할 수 있는 방법을 제안했다. 그녀는 관찰 항목을 90개로 확장했으며, 사건을 계열적으로 나열하는 방법을 사용했다. 그리고 관찰한 내용을 '수업중심의 이해(comprehension: instruction)'와 '평가중심의 이해(comprehension: assessment)'로 분류했다. 전자는 교사가 학생의 이해를 돕기 위해 단어나 다른 방법을 사용하여 지시적으로 설명하는 방법이다. 반면 후자는 학생이 읽은 내용을 제대로 이해했는지 알아보기 위해 질문하거나, 작문 연습을 하거나, 이야기를 설명하도록 지시하는 것을 말한다. 더킨은 3일에 걸쳐 3학년부터 6학년까지 36개의 국어 교실을 관찰한 결과, 수업중심의 이해와 평가중심의 이해가 1:25의 비율이라는 점을 발견했다.

대안적 연구

앞에서 살펴본 바와 같이 더킨의 연구는 플랜더스의 교사 행동 관찰 범주의 제한점을 보완하고, 새로운 교수 행동을 분석할 수 있는 틀을 마련했다는 점에서 의의가 있다. 다시 말해 몇 초 사이에 몇 가지 사건이 발생할 수 있는 교실의 역동적인 면을 좀 더 구체적인 분류 범주를 바탕으로 관찰했으며, 수업 내용을 수업중심의 이해와 평가중심의 이해로 분류했다. 그러나 이와 같은 더킨의 분류는 교실에서 일어나는 실제적인 수업 장면과 연관시켜 볼 때 몇 가지 제약점이 발생하게 된다. 먼저 평가중심의 이해 목록이 너무 광범위하다. 더킨이 1:25라는 표현을 사용했듯이, 수업 내용이 대부분 평가중심의 이해 목록으로 분류되기 쉽다. 다음의 수업 장면을 예로 들어 보자.

상호작용의 수업 장면

254   T: 자, 다음 문단을 한 번 봅시다.

255   ?:   (크게 숨을 내쉰다.)

256   T: 애나벨라, 우리는 지금

257   그들이 양동이를 수액으로 채운 다음

258   무엇을 할 것인지 알아보려고 해요. 다음 문단을 한 번 읽어 줄래?

259   A: 은빛 구름의 어머니는 큰 불을 만들고

260   조약돌을 그 안에 넣었습니다. 조금 지나 소년이

261   수액이 가득 찬 양동이 두 개를 들고 불에 가까이 왔습니다.

262   그는 수액을 불 옆에 놓여 있는 커다란 나무 기둥에 놓았습니다.

263   그러고는 수액을 더 구하러 돌아갔습니다.

264   은빛 구름이 단풍나무 곁으로 다가가자

265   그는 자신을 부르는 목소리를 들었습니다.

266   고개를 들어 보니 친구가 자기를 지켜보는 것이었습니다. "안녕, 친구?"

267   그는 말했습니다. "저기

268   단풍나무 수액 좀 구해 줄래?"

269   T: 좋아요. 그러면

270   그들은 수액으로 가득 찬 양동이로

271   무엇을 했나요? 존?

272   J: 그것을 끓였습니다.

273   T: 아니죠. 그것은 그들이 한 일이 아니에요.

274   ?   음

275   T: 그들은 (( ))을 보았지요.

276   J?: 아니요. 그들은 ( )

277   그러니까, (( )) 그들은 음, 불을 놓았어요.

278   ?   저도 알아요.

279   ?   생각해 봐. ( )

280   T: 존, 그들은 양동이로 무엇을 했을까요?

281   ?   그들은……

282   T: 책 73쪽을 다시 보세요.

283   그리고 애나벨라가 읽었던 부분을

284   다시 조용히 읽어 보고, 한 번 알아보세요.

285   ?   (( ))

286   T: 그들은 양동이로 무엇을 했나요? 코스토스.

287   알아요?

288   K: 네./

289   T: / 무엇이죠?

290   K: 그들은

291   양동이를 나무 기둥에 (( ))

292   T: 그것들을 나무 기둥 옆에 놓았지요? 맞았어요.

293   어머니는 돌을 가지고 무엇을 했지요 ( ) 헬레카?

더킨의 분류에 따르면 위의 수업 내용 중 270~292의 내용은 평가중심의 이해 목록에 해당한다. 비록 교사가 질문을 하고 학생의 대답을 유도했지만 학생의 행동 변화를 수업 내에서 지시하는 항목이 포함되어 있지 않기 때문이다. 그녀의 분류 체계에 맞추어 수업을 분석하면 교사와 학생 간의 상호작용이 평가중심의 이해로만 분석되기 쉽다. 이는 상호작용 분석을 통해 교수의 향상을 도모하고자 하는 연구 취지에도 부합하지 않는다.

결국 '수업의 계열성'의 관점에서 볼 때, 수업중심의 이해를 확장할 필요가 있다. 이는 더킨이 제시한 수업중심의 이해의 개념을 좀 더 확대하는 것이다. 그녀가 "학생의 이해를 돕기 위해 단어나 다른 방법을 사용하여 지시적으로 설명하는 방법"을 수업중심의 이해라고 정의 내린 것에 덧붙여, 구체적이고 지식적인 내용을 확인하는 수업 내용 역시 수업중심의 이해에 포함시키는 것이다. 예를 들어 학생들이 수업의 전반적인 흐름과 계열성 안에서 '그리고'와 '혹은'의 차이점을 이해하는지, 주제어, 접속어, 상징어 등을 올바로 이해하는지 여부를 확인하는 과정도 '수업중심의 이해'라는 목록에 포함될 수 있는 것이다.

아울러 대안적인 방법에서는 관찰 방법에서도 플랜더스와 더킨이 제시한 현장 관찰 방법 외에 다음과 같은 방안을 필수적으로 제시한다. 즉, 교실 수업에서는 사건의 계열성이나 순간적인 상호작용이 많으므로, 비디오 촬영이나 오디오 녹음을 필수적으로 실시하는 것이 필요하다. 또한 전사 작업에 들어가기 전에는 이들을 먼저 시청하거나 청취함으로써, 전반적인 흐름과 맥락을 파악하는 것이 중요하다.

지금까지 제시한 대안적인 상호작용 분석 방법은 수업 장면에서 진행되는 발문-대답-피드백이라는 차원을 효과적으로 분석할 수 있는 또 다른 틀을 제공했다. 교실에서 진행되는 사건의 특성상 교사와 학생 간의 상호작용을 체계적이고 완벽히 분석한다는 것이 쉬운 일은 아니다. 그러나 다양한 방법을 통해 적절한 자료를 수집하고 이들을 분석할 수 있는 대안적인 방법이라는 점에서 그 의의를 찾을 수 있을 것이다.

맥홀의 연구

교실에서의 담화는 교사와 학생 간의 상호작용으로 일축할 수 있다. 맥홀(Alexander McHoul)은 일상적인 대화(natural conversation)와 달리 교실에서 진행되는 교사와 학생 간의 대화 순서에 특히 관심을 가지고 이를 구조화했다. 그는 이들의 상호작용을 살펴본 결과, 교사와 학생 간에는 사회적으로 지정된 관계에 의해 대화 참여의 권한이 부여된다는 점을 밝혔다. 특히 대화에 참여할 수 있는 권리 측면에서 최대화의 원리와 최소화의 원리를 제시하고 있다. 그는 교실 대화와 일반 대화의 차이점에 대해 최대/최소의 원리를 기준으로 하여 다음과 같은 세 가지 규칙을 논의했다.

교실 대화 순서의 최대/최소 원리

1. 학생의 대답을 기다리는 잠재적인 간격과 휴지시간은 최대화된다.
2. 발표할 학생이 나타나면 교사의 반응시간이 최소화된다.
   교사가 학생을 지목하면, 대답을 기다리는 시간이 최소화된다.
3. 교실 대화에서는 대화 간의 상호작용 및 교환이 최소화된다.

위의 세 가지 원칙을 구체적인 교실 수업을 바탕으로 살펴보기로 한다.

학생의 대답을 기다리는 잠재적인 간격과 휴지시간은 최대화된다

수업에서 한 학생에게 발언 기회가 주어지고 교사가 학생의 대답을 기다리는 경우, 그 간격이 최대화된다. 특히 처음 질문을 던질 경우 이러한 현상이 일어나게 된다. 다음은 이러한 예를 보여 준다.

교실에서의 공식적 담화에 나타난 대화 순서의 구조 원리 1

T: 여러분의 생각에는 철길의 방향이

(0.3)

T: 토지 사용에 어떠한 영향을 미칠까요?

(1.8)

T: 존

(2.6)

T:　철길의 방향이 토지 사용에 아무런 영향도 주지 않나요?

JC:　그러니까

　　(3.1)

JC:　그러니까 철길은 거기:: CBD라는 도시를 지나니까요

　　(1.0)

JC:　음:: 산업 지역 주변이니까

T:　음:/흠::

　　(0.3)

JC:　그리고 저

　　(2.8)

JC:　그러니까

　　(2.1)

　　위의 예에서 우선 교사는 전체를 향해 질문을 던진 후 존을 지목한다. 질문 후 2.6초가 지났음에도 불구하고 존의 대답이 없자, 교사는 존이 잘 이해하지 못했거나 적절한 답변을 생각하지 못하고 있다고 판단하고, 질문 내용을 좀 더 쉽게 풀어 질문한다. 존은 교사의 질문에 대해 생각하면서, '그러니까'라는 말을 하게 된다. 이 신호를 통해 교사는 존이 무언가 대답을 할 것이라고 기대하고, 존이 충분히 대답할 수 있는 시간을 최대한 주고 있다.

발표할 학생이 나타나면 교사의 반응시간이 최소화된다. 그리고 교사가 학생을 지목하면, 대답을 기다리는 시간이 최소화된다

앞선 내용이 최대화의 원리라면, 이번에 설명하는 것은 최소화의 원리에 해당한다. 아래의 간단한 대화 순서에서 볼 수 있듯이 교사가 질문하고 이 질문에 대해 학생이 대답을 하면 전체 대화 순서 간의 간격이 최소화된다. 이는 특히 단답형의 대답처럼 질문에 대한 답변을 비교적 용이하게 찾아낼 수 있을 때 발생한다.

교실에서의 공식적 담화에 나타난 대화 순서의 구조 원리 2-1

T: 자, 교재를 다시 보지 말고, 우리가 읽은 내용이 무엇인지, 무슨 일이 진행되는지
     말해 볼 수 있는 사람?
     (1.5) (학생들이 손을 든다)
T: 네.
A: 광산입니다.

한편, 많은 학생들이 대답할 준비가 되어 있는 상태에서 교사가 한 학생을 지목하게
되면, 대기 시간이 최소화된다. 달리 말해, 이는 잠정적인 순서가 정해져 있는 상태(current
selects next)에서 교사가 학생의 대답을 요구하는 장면에서 많이 볼 수 있다. 다음은 이러
한 교실 대화 순서의 예이다.

교실에서의 공식적 담화에 나타난 대화 순서의 구조 원리 2-2

T: 다른 주요 지역에서
     (0.3)
T: 왜 이 시기에 산업이 발달해 왔을까요, 루이스?
     (0.3)
L: 음, 아마도 철길을 따라 있기 때문입니다.

교실 대화에서는 대화 간의 상호작용 및 교환이 최소화된다

일반적인 대화와 달리 교실에서 발생하는 대화는 교사와 학생, 학생 상호 간의 교환이
최소화된다. 이는 교실 대화의 80% 이상이 교사 중심으로 진행되기 때문이다. 교사는
자신이 이야기하는 동안 주도권을 가지며, 학생의 발언권을 조절할 수 있는 권한을 지닌
다. 결과적으로 교사는 다음과 같이 발언 중간중간 상황에 따라 적절히 휴지시간을 갖게
된다.

교실에서의 공식적 담화에 나타난 대화 순서의 구조 원리 3

T: 그래서, 우리는 상업적 활동에 대해

(0.2)

T: 중점적으로 살펴보았습니다.

(0.2)

T: 그리고 도시의 주요 핵심도 마찬가지입니다.

(0.2)

T: 결과적으로 유사한 지역적 특성을 가지고 있다는 점과

(0.4)

T: 도시의 외곽적 특성에 맞는

(0.2)

T: 고객 중심의 정보가 형성되어 있다는 것을 알게 되었지요.

(0.3)

T: 우리의 논의를 마치면서 숙제로 포츠빌의 1880년부터 1890년까지의 양상을 읽어 오세요.

(1.2)

지금까지 교실에서의 공식적 담화에 나타난 대화 순서의 구조 원리에 대해 크게 세 가지 관점에서 살펴보았다. 이와 같은 교실 대화 순서에 대한 분석은 교실에서 나타나는 교사와 학생 간의 위계 구조와 대화 양상을 살펴봄으로써, 효과적인 대화를 위한 전략과 아이디어를 제공해 주는 데 그 의의가 있다.

맥베스의 연구

다음에 제시하는 두 가지 미시적 대화분석은 교실 내에서 교사와 학생 간의 상호작용을 나타낸다. 특히 이들 대화 간의 시퀀스와 교실에서의 교사의 권위를 살펴볼 수 있다.

미시적 대화분석 사례 1

(교사가 학생의 작문 과제물을 검토하는 동안, 학생은 질문을 하고 교사는 전체 학생을 대상으로 그 질문에 답한다.)

9.   S: 내일까지 최종 과제물을 내야 하나요?

10.   (0.7)

11.   T: 음. 초안 말이지?

12.   (S): 그러니까, 최종본이요. 그것 내야 하나요? =

13.   = 그럼. 그래요.

14.   (S): 오늘 제출한 것도요?

15.   :   //예. (0.5) ((교사는 일어서서 교단쪽으로 간다.))

16.   그래요: 좋은 지적이에요. =

17.   여러분들이-쉬이이!

18.   여러분들이 만약 오늘까지 초안을 마치지 못하면

19.   //((잡담이 끝난다.))

20.   (1.0)

21.   그래서 다른 친구들의 동료평가를 받지 못하면

22.   내일까지 제출해야 해요.

위의 대화구조에서 학생들은 과제에 대한 교사의 의도를 파악할 수 있고, 현재 자신의 상황을 발견하게 된다. 교사가 학생들에게 언급한 내용만으로는 어느 학생이 초안을 제출했고 동료평가를 마쳤는지 알 수 없다. 다만 교사가 학생 전체를 대상으로 과제 제출 방법이나 내용을 전달함으로써, 초안이나 최종본이 준비되지 않은 학생들은 교사의 의도를 다시 한 번 파악하게 된다.

미시적 대화분석 사례 2

(교사는 교실에서 학생들의 성적표와 출석부를 정리하고 있으며, 학생들은 조용히 자율학습을 하고 있다.)

62.   (7.5)

63.   T: 그래- 매튜, 한 가지 일러두겠는데, 다시 한 번 더 떠들면:=

64. 방과 후에 청소시킬 거예요.=
65. M: //( )-
66. = 지금 하고 있는 건.
67. (1.0)
68. T: 그러니까, 한 가지만 말해 두겠는데-
69. M: //뭘요?
70. (1.0).
71. T: 잡담하지 말고.
72. (0.7)
73: M: 네?
74. T: //그러니까, 매튜, 선생님은
75. 더 이상 얘기하고 싶지 않아요.
76. 그러니까
77. M: 지금 하는 것은 다른 게 아니구요.
78. T: 잡담하지 마세요.
79.   //(M는 고개를 돌려 컴퓨터에 기댄다.)
80. S2: (h)(h)(h) 헤헤
81. S3: 헤헤헤
82. (0.7)
83. T: 쉐논…… (교사는 다른 학생을 호명한다.)

이 담화에서는 교사와 매튜의 상호작용이 전사 기호를 통해 전달된다. 교사와 매튜의 대화를 간략히 분석하면 다음과 같다. 63~64라인에서 교사가 매튜에게 던지는 메시지가 명료하게 전달되며, 65~66라인에서 매튜는 교사의 지시에 변명으로 응답하고 있다. 두 사선(//)으로 전사된 것으로 볼 때 매튜와 교사가 순차적으로 대화하는 것을 알 수 있다. 이 다음에 이어지는 라인에서는 교사와 매튜 간의 역동적인 물음과 답변을 보여 준다.

한편 70라인과 72라인의 괄호 안 숫자는 교사와 매튜의 대화 사이에 있었던 공백으로, 각각 1.0초와 0.7초를 의미한다. 특히 67라인의 1.0초는 교사가 매튜 자신이 잘못을 깨닫도록 기회를 준다는 의미이다. 그러나 매튜가 스스로 잘못을 깨닫지 못하자, 교사는 71라인과 같이 구체적으로 매튜의 잘못을 지적한다. 교사는 매튜의 행동 변화가 없자 다시 한 번 0.7초 동안의 기회를 주게 된다. 이처럼 담화에 있는 시간 간격은 둘 사이에 있었던 세밀한 감정과 모호한 분위기를 대변한다. 교사는 75라인과 같이 다시 한 번 경고 메시지를

전달하기도 하고, 78라인에서 매튜에게 원하는 바를 직접적으로 전달하게 된다. 79라인처럼 사건이 종료된 후, 83라인에서와 같이 교사 자신의 일을 시작한다.

스프래들리(1980)의 발전적 관찰 방법

스프래들리(Spradley)는 문화기술지 연구에 있어서 참여관찰의 단계가 어떻게 이루어져야 하는지에 대해 논의한 바 있는데, 이러한 논의는 참여관찰의 기법에 대한 논의와 더불어 참여관찰의 단계가 어떻게 이루어져야 하는지에 대한 시사점을 제공한다는 측면에서 그 의의가 있다. 따라서 여기서는 참여관찰의 단계를 살펴본다는 측면에서 스프래들리의 발전적 관찰 방법을 살펴보고자 한다.

스프래들리는 참여관찰에 있어서 관찰과 분석을 함께하며 그 관찰 영역을 초점화시켜 가는 일련의 발전적 관찰 절차에 대해 논의한 바 있는데, 이를 그림으로 나타내면 다음과 같다.

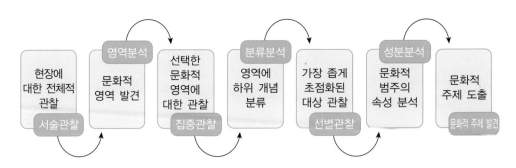

[그림 6-6] 스프래들리의 발전적 관찰 방법

위의 그림과 같이 스프래들리는 관찰과 분석이 병행하며 점차적으로 그 관찰의 범위가 초점화되는 참여관찰의 단계에 대해 논의하고 있는데, 이에 따라 관찰의 범위는 연구가 진행되는 동안 점차적으로 서술관찰에서 선별관찰로 좁아지게 된다. 이를 그림으로 나타내면 다음과 같다.

[그림 6-7] 참여관찰의 범위 변화(Spradley, 1980)

그렇다면 이제 이러한 발전적 참여관찰이 진행되는 각 단계에 대해 좀 더 살펴보도록 하자. 단, 이 장에서는 참여관찰에 대해 논의하고 있기 때문에 분석의 각 단계는 이해를 돕기 위한 수준에서 간단히 다루고, 뒤에 다루게 될 자료 분석에서 더 살펴보도록 한다.

서술관찰

서술관찰은 상황과 현장에서 무엇이 벌어지는지에 대한 전체적 조망을 위한 광범위한 관찰이다. 이때 관찰의 범위는 가능한 한 넓은 범위이며 관찰의 대상 또한 가능한 한 많은 대상이 된다(Spradley, 1980). 연구자는 이 관찰 단계에서 자신이 탐구하고자 하는 대상과 관련하여 최대한 많은 자료를 통해 그것에 대한 조망을 얻고자 한다.

영역분석

영역분석은 서술관찰을 통해 수집된 자료를 분석함으로써 관찰 대상들 속에 내재한 문화적 영역들을 발견하는 단계이다(Spradley, 1980). 이러한 영역분석은 수집된 자료 속에서 개념들을 도출하여 그 개념들 사이의 관계에 집중하며 그러한 개념들의 상위 범주로서 문화적 영역을 발견하는 데 초점을 맞춘다.

집중관찰

집중관찰은 영역분석을 통해 도출된 문화적 영역으로 범위가 좁아진 관찰이다(Spradley, 1980). 연구자는 앞선 영역분석을 통해 관찰 대상에 포함되어 있는 몇몇의 문화적 영역을 발견하게 된다. 그렇다면, 그러한 영역에 집중된 관찰이 이어지게 되는데, 이것이 바로 집중관찰이 이루어지는 방식이다. 이때 집중관찰은 다수의 문화적 영역에 대한 관찰이 이루어질 수도 있고, 소수의 문화적 영역에 대한 심층적인 관찰이 이루어질 수도 있다.

집중관찰을 이끄는 질문은 문화적 영역과 관련된 구조적 질문이 된다. 예를 들어, '교실 수업 과정'이라는 문화적 영역에 대한 집중관찰이 이루어진다면 이 집중관찰을 이끄는 질문은 '수업은 어떠한 단계로 이루어지는가?'와 같은 것이 된다.

분류분석

분류분석은 문화적 영역의 하위 범주나 개념을 분류하는 분석이다(Spradley, 1980). 앞서 이루어진 집중관찰을 통해 연구자는 그 문화적 영역에 속하는 범주나 개념을 발견하게 된다. 그렇다면 이러한 관찰을 통해 획득한 자료를 통해 그 문화적 영역에 속하는 하위 범주나 개념을 그 관계를 고려하며 분류하게 되는데, 이것이 바로 분류분석이다. 그리고 이러한 하위 범주나 개념들은 뒤에 이어질 선별관찰의 대상이 된다.

선별관찰

선별관찰은 반복되는 분석과 관찰 속에서 그 범위가 더욱 좁아진 관찰이다(Spradley, 1980). 이러한 선별관찰을 통해 연구자는 문화적 범주들이나 개념들 사이의 차이점을 발견하기 위해 노력하게 된다. 예를 들면, 수업의 단계로 '동기유발하기'라는 단계를 분류했다면 그것이 수업의 다른 단계와 어떻게 관련되며 다른 단계들과 어떠한 차별적 특징을 지니는지 관찰하게 된다.

1. 공공장소 중 하나를 선정하여 약 2시간에서 3시간 정도 관찰하자. 예를 들면 레스토랑, 술집, 버스정류장, 목욕탕, 버스터미널 등이다. 그 장소에서 사람들이 상호작용하는 장면을 관찰하고 상세하게 기록하자. 기록할 때 아래에 제시된 관찰의 주요 요소들을 유념해야 한다. 관찰일지는 다음 내용을 다루어야 한다.
   (1) 연구 장소를 선택한 이유
   (2) 연구 현장에 대한 상세한 설명
   (3) 연구 현장에서 일어난 일에 대한 세부적인 기술
   (4) 연구자의 역할
   (5) 도출할 수 있는 잠정적 결론, 또는 의미 있는 발견
   기술할 때 유념해야 하는 기준
   (1) 물리적 상황: 사건은 어디에서 일어났는가?
   (2) 인간적, 사회적 환경: 그 사건이 일어난 사회적 상황은 어떠한가?
   (3) 참여자: 그 사건에 참여한 사람들은 누구인가?
   (4) 사건: 무슨 일이 일어났는가? 사람들은 무슨 일을 하고 있었는가? 어떤 상호작용들이 일어나고 있었는가? 어떤 활동들이 일어나고 있었는가?
   (5) 참여자의 언어: 그 사건을 특징짓는 특별한 문화적 표현, 언어들이 있었는가?
   (6) 사건의 해석: 그 사건은 무엇을 의미하는가? 그 사건은 참여자들에게 어떤 의미로 해석되고 있었는가? 왜 그 사건이 일어났는가?

2. 학생들이 실제 녹화할 수 있는 장소를 선정하여 관찰하고 비디오카메라를 사용하여 약 10분에서 30분 정도 녹화한다. 그런 다음 녹화된 테이프를 가지고 다시 관찰하면서 테크놀로지를 활용한 관찰이 갖는 특징과 장점, 문제점 등에 대해 논의해 보자. 장소로는 교실, 로비, 병원, 학교 운동장, 아이들의 놀이터 등이 가능하다.

3. 관찰로 유명한 연구 작품을 선정하여 그 연구에서 관찰이 어떻게 사용되었는지를 논의해 보자. 관찰의 기간, 방법, 주제, 연구자의 노력 등에 대해 조별로 또는 학생 전체가 논의한다.

참고문헌

Berard, H. R. (1994). *Research methods in anthropology: Quantiative and qualitative approaches.* Thousand Oaks, CA: Sage.

Bogdan, R. (1973). Participant observation, *Peabody Journal of Education,* 50(4), pp. 302-308.

Fine, M. (1991). *Framing dropouts.* Albany: State University of New York.

Heap, J. L. (1985). Discourse in the production of classroom knowledge: Reading lessons. *Curriculum Inquiry,* 15(3), 245-279.

Jorgensen, D. (1989). *Participant observation: a methodology for human studies*. Newbury Park, CA: Sage.

McHoul, A. (1990). The organization of repair in classroom talk. *Language in Society*, 19(3), 349–378.

Mehan, H. (1979). *Learning lessons*. Cambridge, MA: Harvard University Press.

Prosser, J. (Ed.). (1998). *Image-based research*. London: Falmer Press.

Reed, A. S., and Bergemann, V. E. (2001). *Guide to observation, participation, and reflection in the classroom*. NY: McGraw-Hill.

Spradley, P. (1980). *Participant observation*. New York: Holt, Rinehart & Winston.

Whyte, W. (1979). On making the most of participant observation. *American sociologist*, 14, pp.56–66.

Whyte, W. (1981). *Street Corner Society*. 3rd edition. Chicago: University of Chicago Press.

Wilkinson, L. (Ed.). *Communicating in classroom*. NY: Academic Press.

7

심층면담

우리가 두 개의 귀와 하나의 입을 갖고 있는 이유는 더 많이 듣고 더 적게 말하기 위함일 것이다(Zero of Citium 300 B.C., Patton에서 인용).

사람들이 이야기를 하면서 사용하는 단어들은 그들의 의식을 보여 주는 축도(microcosom)인 것이다(Vygotsky, 1987, pp. 236-237).

인간 행동을 이해한다는 것은 언어의 사용을 이해한다는 것을 의미한다(Heron, 1981).

심층면담(in-depth interview)은 앞에서 설명한 참여관찰 방법과 함께 질적연구를 대표하는 연구방법이다. 참여자들의 세계를 기술하고 이해하는 데 심층면담 방법만큼 효과적인 방법은 없을 것이다. 이 장에서는 심층면담과 관련된 기본적인 지식과 기술에 대해 살펴보고자 한다. 첫째, 심층면담의 개념에 대해 알아보고, 다음으로 심층면담의 종류에 대해 알아본다. 그리고 심층면담을 잘 하기 위한 대화기술을 소개하고, 마지막으로 심층면담 연구에서 개발된 면담 가이드를 소개한다.

1. 면담의 역사와 개념

면담의 역사

면담(interview)은 꽤 오랜 역사를 지닌다. 고대 이집트 사람들은 사람들의 합의를 도출하기 위해 개인별 면담을 실시했다. 그리고 1차 세계 대전 동안에는 적군과 아군의 심리 측정을 위해 면담이 유행했다. 또한 부스(Charles Booth)는 1886년 런던 사람들의 사회, 경제 상태를 알아보기 위해 면담으로 사회적 설문조사를 실시했다. 아마도 그것은 비구조화된 일종의 일상생활적 면담이었던 것으로 여겨진다(Life and Labor of the People in London, 1902-3). 이에 대해 갤럽(George Gallup)은 1935년 공식적인 기관(American Institute of Public Opinion)을 세워 여론 체크를 위한 면담을 실시했다. 1920년대에 토마스와 파커(W. I. Tomas & R. Park) 등 시카고 대학의 사회심리학자들에 의해 이루어진 관찰, 개인자료, 개별 면담 등은 질적연구의 영향을 받은 미국 최초의 생활 기술적 연구를 위한 면담이었던 것으로 여겨진다. 그 이후 면담은 상당히 보편화되었으며, 1950년대의 사회학자들은 양적연구에서 면담을 널리 사용했다(예: Columbia Survey Center, Merton etc.). 1960년대 이후에는 질적 일상생활 기술적 면담(ethnographic interview)이 자리 잡기 시작했다고 할 수 있다. 최근 들어서는 일상생활 기술적 연구자들이 면담에서 나타나는 도덕 문제나 전제 또는 면담하는 사람과 면담 참여자의 관계 및 역할 등에도 관심을 갖기 시작했고, 면담 응답자의 목소리와 감정, 면담자와 면담 참여자의 관계, 질문자의 성이나 인종의 영향 등에 대한 관심이 크게 증가하고 있다(조영달, 2005, pp. 107-108).

면담의 개념

면담 연구의 핵심은 다른 사람의 이야기에 대한 관심이다. 면담을 하는 이유도 다른 사람들의 이야기에 관심이 있기 때문이다. '이야기(story)'라는 단어의 어원은 그리스어 'histor'인데 이는 '현명하고(wise)' '박식한(learned)' 사람을 의미한다(Waktins, 1985: 74). 이야기를 만들어 가는 것은 본질적으로 의미를 만들어 가는 과정이라고 할 수 있다. 면담은 인간 행동의 맥락에 접근할 수 있게 해주며, 이를 통해 연구자가 그 행동의 의미를 이해할 수 있는 길을 제공해 준다.

　　면담은 "연구 참여자로부터 정보나 의견이나 신념에 대한 자신의 관점을 표현하도록 유도하는 언어적 의사교환"(Maccoby & Maccoby, 1954), 또는 "목적을 가진 대화"를 뜻한다(Bogdan & Biklen, 1992: 133; Kahn & Cannell, 1957: 149; Lincoln & Guba, 1985: 268). 대화가 인간과 사회 세상에 대한 우리의 지각과 해석을 획득하는 가장 효과적이고 기본적인 인간 상호작용의 방식이라는 점을 인정할 때 대화가 전제되는 면담은 참여자들의 관점과 생활세계, 의식, 주관성, 감정을 이해하기 위한 자연스러우면서 동시에 목적적인 연구방법이라고 할 수 있다. 또한 자연적으로 일어나는 행동을 기록하는 수동적인 방법으로서 관찰법과 비교해 보았을 때 참여자와의 대화를 통해 그들의 행동을 유발한다는 점에서 연구 대상에 대한 심층적 정보와 이해를 획득하기 위한 적극적인 연구방법이라고 할 수 있다.

면담은 질적연구의 대표적인 연구방법으로, 개인 혹은 다수의 연구 참여자 간에 대화의 형식으로 이루어진다. 이는 직접적으로 의사교환이 이루어지기 때문에 단순히 질문지를 이용한 방법 등에서 오는 반응의 단점을 보완해 줄 수 있을 뿐만 아니라 연구자의 역량에 따라 심층적인 연구가 이루어질 수 있다. 그리고 관찰이 어려운 상황(지나가 버린 사건과 기억)이나 연구 참여자의 내적 세계를 이해하고 발견하기 위해 사용될 수 있는 가장 효과적인 연구방법이라 할 수 있다(김영천, 2006). 면담은 수단이나 매체, 연구 참여자의 수, 면담 가이드의 활용 정도 등에 따라 여러 가지 형식을 가진다. 여기서는 구조화된 면담의 한 형식인 녹음 스케줄(recording schedules), 반구조화된 면담(semi-structured interview), 집단 면담(group interview), 전화 면담(telephone interview), 이메일 면담(e-mail interview)에 대해 소개한다. 그리고 여러 연구에서 활용된 면담 가이드의 예시 자료를 소개하고자 한다.

일반적으로 심층면담(in-depth interview), 생활사(life history), 전기(biography), 구술사(oral history), 포커스 그룹 면담(focused group interview), 문화기술적 면담(ethnographic interview) 등의 용어가 면담과 유사한 의미로 사용되고 있다. 면담에는 미리 정해지고 표준화된 폐쇄형 질문으로 이루어진 구조적인 조사 면담과 스프래들리(Spradley, 1979)가 칭한 것처럼 거의 친근한 대화라고 볼 수 있는 개방적이고 명백하게 비구조적이며 인류학적인 면담도 있다(Bertaux, 1981, 1986: 20; Ellen, 1984: 231; Kvale, 1996; Lincoln & Guba, 1985, pp. 268-169; Mishler, 1986, pp. 14-15; Richardson, Dohrenwend, & Klein, 1965, pp. 36-40; Rubin & Rubin, 1995; Sparadley, 1979, pp. 57-58).

2. 심층면담의 다양한 활용

심층면담은 흔히 피면담자의 삶과 경험, 그리고 상황을 그들의 언어와 관점으로 이해하기 위해 면담자가 자주 얼굴을 맞대고 대화하면서 만남을 지속하는 것이라고 정의할 수 있다. 이처럼 집단 구성원의 삶의 현장을 연구하기 위한 참여관찰이나 면담은 기본적으로 처음에 '가슴을 가진 인간적인 대화나 상황의 이해'에서 출발하여 점차 '깊이 있고 해결해야 할 문제에 초점을 모으는 방식'으로 옮겨 가야 한다. 그리고 연구자는 항상 '따뜻한 가슴과 냉철한 머리'를 가져야 한다. 따뜻한 가슴이 없으면 연구 대상과의 공감적 동일시가 불가능하고 냉철한 머리가 없으면 연구 문제로 초점을 모을 수 없기 때문이다.

이러한 심층면담은 다양한 상황에서 매우 유용하게 사용되고 있다.

첫째, 심층면담은 사회현상 및 인간의 행위를 총체적이고 맥락적으로 이해할 수 있게 한다. 사회현상 및 인간의 행위는 표면적이고 현상적으로 드러나는 것 이면에 심층적인 의미의 세계를 포함하고 있어 현상 그 자체로서 드러나는 것만으로는 사회현상을 심층적으로 이해할 수 없다. 이러한 관점에서 기어츠는 문화인류학자들의 역할이 각 문화의 주도적 상징들을 해석하려고 노력하는 것이라며, 방법(론)으로 채택한 것이 길버트 라일(Gilbert Ryle: 영국 철학자, 1900~1976)의 두꺼운 기술, 즉 '심층기술(thick description)'이다. 윙크를 '눈꺼풀의 수축'으로 기술하면, 그것은 얇은, 즉 현상기술(現象記述, thin description)이고, 전후사정에 따라 달라지는 윙크의 의미(사회 안에서 실제로 일어나는 일과 담론의 맥락)를 설명하는 것은 심층기술이다. 이에 따라 심층면담은 사회현상의 맥락과 행위자들의 사고와 실천, 가치관을 파악할 수 있는 방법이 되며, 타 문화나 집단의 낯선 행위 또는 문화현상의 원인을 심층적으로 이해하고 그들의 삶의 세계를 이해하게 해 주는 방법이 된다.

둘째, 심층면담은 인간의 삶과 경험, 그리고 그들의 감정을 이해하는 효과적인 자료수집 방법이다. 심층면담의 목적은 질문에 대한 대답을 얻는 것이 아니며 심층면담의 근원에는 다른 사람들의 생생한 경험과 그 경험으로부터 만들어지는 의미를 이해하는 것에 대한 관심이 있다(van Maanen, 1990). 연구자가 직접적으로 관찰할 수 없는 상황에서 심층면담은 현상을 이해할 수 있는 중요한 도구이며, 관찰하려는 상황에 대한 폭넓은 견해를 얻으려고 할 때에도 이를 가능하게 하는 수단이 된다. 이러한 면담의 접근법이 적용될 수 있는 주제의 범위는 현대인들의 경험과 관련된 모든 문제를 거의 다룰 수 있을 정도로 광범위하다(Irving Seidman, 2009). 우리는 심층면담을 통해 용어의 이해, 생애사적 자서전, 이상적인 보고서, 전형적인 보고서, 연구 참여자의 세세한 영향이나 감정, 경험, 신념과 태도 등을 알아보고 얻을 수 있다. 이에 대해 연구 대상의 전체적인 인생사와 경험을 이해하려 하거나(사례 연구), 면담자와 같이 상호작용하고 협력하면서 피면담자의 사회학적 자서전(sociological autobiography)을 쓰려고 하거나, 상담을 위해 개별사(case history)를 얻으려고 할 때(clinical interview)에 심층면담은 중요한 도구가 될 수 있다(조영달, 2005: 116). 또한 강민수·문용린(2007)은 생애사적 연구가 교육학 분야의 주요 연구방법으로 대두함에 따라 이를 교육심리학 분야에 적용할 수 있는 방법을 탐색했다. 그들은 생애사 연구가 교육심리학 분야에서 인간 능력의 형성과 계발과정을 심층적으로 살펴보게 하고 인간의 지적·정서적 성취과정을 해석하는 교육학적 안목을 제공하고 능력 계발을 도모하려는 교육현장에 실제 사례를 제공할 수 있을 것이라고 기대한다(강민수 외, 2007: 16). 심층면담 연구에서의 기본 가정은 인간이 자신의 경험에 부여하는 의미가 그 경험을 수행하는 방식에 영향을 미친다는 것이다(Blumer, 1969: 2). 면담은 우리가 그들의 행동을 그 행동이 일어난 맥락 안에 놓아 볼 수 있도록 돕고, 그들의 행동을 이해할 수 있도록 한다.

셋째, 심층면담은 자기성찰에 기여하고, 그 결과 내적 성장과 심리치유의 효과를 가진다. 김영천(2011)은 생애사 연구가 개인의 정체성을 재인식시키는 과정이며 개인의 관점에서 문제를 바라보고 해결하도록 하여 개인에게 실제적인 도움을 줄 수 있다고 보았다. 즉, 그는 생애사 연구를 하면서 개인이 자신의 생애를 구술하는 과정은 자신의 정체성을 찾아가는 배움의 과정이며 치료사와 환자와의 심층적인 이해를 도움으로써 치료로서 이야기가 가지는 힘이 크다고 보았다. 이러한 관점에서 전병진 외(2007)는 장애인의 일상생활의 어려움을 치료하기 위해 생애사적 연구를 했으며, 윤택림(2011)은 생애사 연구로서 구술자는 과거의 경험을 재현하면서 자기성찰 기회를 제공한다고 보고 구술사가 역사적 상흔을 가진 사람들의 치유의 역사학에 기여한다고 보았다. 즉, 그는 한국 근현대사에서 일제 식민 지배로 인해 강제 징용되고 일본군 위안부로 동원되었거나 한국전쟁으로 인한 사상자 및 학살과 같은 역사적 사건들로 인한 역사적 상흔과 트라우마로 고통받는 사람들이 자신의 이야기를 하면서 치유될 수 있다고 보았다.

한편, 이러한 심층면담은 심리치료 영역에서도 활용된다. 심층면담은 기본적으로 피면담자가 자기의 경험 및 감정을 진솔하게 이야기하는 방식이라는 점에서 상담 분야에서 내담자가 자기의 심리를 표현하는 것과 유사하다. 대표적으로 모래놀이치료, 미술치료, 문학치료는 도구 및 장치를 활용하여 내담자조차 기억하지 못하는 무의식적인 기억 및 경험을 언어화하여 표현하도록 하는 심층면담 기법으로 볼 수 있다. 이러한 분야에서는 내담자의 심리가 이야기로 구성되어 있으며, 내담자의 단절적이고 편파적인 이야기를 재구성함으로써 심리를 치료할 수 있다고 본다. 이민용(2007)에 따르면, 프로이트의 엠마

(Emma) 치료를 중심으로 프로이트의 정신분석학의 문학적이고 서사적인 행위와의 연관성을 논의하면서, 그는 정신분석학의 주된 대상인 무의식 활동이나 이것들의 반영인 꿈을 꾸는 과정이 기억과 상상력, 욕망 등에 추동되어 은유, 직유, 환유, 비유, 상징 등의 방법으로 이루어진다는 점에서 문학 행위와 비슷하다고 간주된다고 주장했다. 그는 프로이트의 정신분석학이 진술의 형태로나 설명의 구조로서 서사에 의존할 수밖에 없다는 사실을 알고서 사례 보고서들이 단편 소설들과 같다고 보았다. 더 나아가 프로이트는 환자의 내러티브에서 발견되는 논리적 단절에서 환자에게 문제가 있다고 확인하고, 내담자의 내면에 감추어진 스토리와 무의식에 잠긴 스토리들을 드러내게 해서 내담자의 단편적이고 비논리적인 이야기를 메꾸고 이어주어서 논리적으로 병의 원인과 결과를 설명해 주는 이야기를 구성하는 데에서 치료가 일어난다고 보았다. 변학수(2012)는 인간이 동물과 달리 이야기로 과거를 반추할 수 있는 능력을 가졌다고 보며, 인간은 무엇을 경험할 뿐만 아니라 그것이 의미하는 바를 이야기로 다시 모니터할 수 있는 능력을 가지고 있다고 보았다.

3. 심층면담의 형식

심층면담은 여러 가지 형식이 있으며, 여기서는 다음 네 가지 형식을 소개한다.

구조화된 면담 가이드에 의한 면담

면담자가 구조화된 면담(structured interview) 스케줄을 기초로 하여 피면담자와 면담하는 방법을 의미한다. 면담자는 각 응답자에게 동일한 질문을 한다. 면담자가 하게 되는 질문은 자연스러운 대화라기보다는 질문지에 제시된 항목이나 목록이다. 질문이 미리 정해져 있고 피면담자는 그 질문에 대해 정해진 범주(항목) 내에서 답해야 하기 때문에 피면담자가 가지고 있는 생각이나 의견을 자유롭게 표현할 수 없다. 미리 만들어진 응답 항목 중에서 자신의 생각을 가장 잘 나타내는 항목을 선택하도록 요구받는다. 이 형식의 면담에 쓰이는 가이드로는 질문지, 평가척도, 체크리스트, Pile sort, Q sort, 검사, 시험, 서열 매기기 등이 있다. 가장 질적이지 않은 면담 방법이다.

면담 스케줄의 예:

응답자가 이 문항에 대해 3번이라고 답하면 다음 문항 27번으로 가서 다음 질문을 하
고 그렇지 않고 2번이라고 답하면 28번으로 가서 질문하시오.

위와 같이 구조화된 면담은 일정범위 내에서 이론이나 연구를 위해 이미 마련된 질문
으로 반응자의 응답을 이끌어 내는 것이다. 구조화된 면담은 다음과 같은 몇 가지 특징을
지닌다. 첫째, 매우 구체적인 면담 계획 속에서 잘 다듬어지고 조직된 표준화된 질문이 사
용된다. 이 경우 모든 면담 대상자들에게 똑같은 방식으로 같은 질문을 한다. 이것은 각
면담 간의 편향과 차이를 막기 위해서 중요하다. 둘째, 미리 짜인 계획에 의해 주로 폐쇄
형 질문이 주어진다. 즉, 각 피면담자는 미리 주어진 답지(예를 들어, 예, 아니오, 모름 중
에서 선택) 중 하나를 선택하게 되어 있다.

구조화된 면담 과정에서 연구자들은 몇 가지 사항을 전제로 하고 있다. 첫째, 연구
자들이 하는 질문이 연구 영역에서 매우 적절한 것이라는 가정을 가진다. 둘째, 연구자
는 면담의 전 과정을 통해 피면담자를 통제하며, 피면담자는 종속적인 존재(subjects or
respondents)로 여겨진다. 구조적인 면담은 성격상 일방적 면담의 특성을 지닌다. 셋째, 면
담자를 단지 면담을 원활하게 하는 역할을 맡은 중립적인 전달자로 인식한다.

구조적인 면담은 이러한 과정을 통해 연구의 객관성을 확보할 수 있으며 이는 연구에
서 매우 바람직한 것으로 여겨진다. 구조적인 면담에서 면담자는 질문을 조정함으로써
면담 속도를 조절할 수 있으나, 응답자의 견해에 끼어들어서는 안 된다. 질문자는 단지 흥
미 있는 청자의 입장을 취해야 한다. 또한 응답자의 경우에도 개방형 질문을 제외하고는
자유롭게 말할 수 없다는 특징이 있다(조영달, 2005. pp. 108-109).

반구조화된(표준화된) 면담 가이드에 의한 면담

반구조화된 면담(semi-structured interview)은 연구자가 만든 면담 가이드로 면담을 진행하
되 면담자가 취할 수 있는 면담상의 유연성과 융통성을 배제한 면담 형식이다. 그래서 면
담자가 미리 준비한 일련의 구조화되고 조직화된 질문을 한 다음 좀 더 풍부한 정보를 얻
기 위해 개방형 질문을 사용하여 더 깊게 피면담자의 반응을 이끌어 내는 면담이라고 할
수 있다. 반구조화된 면담은 면담자의 개인적인 질문기술이나 진행기술에 따라 달라질
수 있는 면담 결과를 미연에 방지하기 위해 매우 구체적으로 진술된 일련의 질문에 대해
피면담자들이 어떻게 생각하는지를 답할 수 있도록 만든 면담 방법이다. 면담 가이드에

서 공통적으로 묻는 내용이 체계적으로 기술되어 있기 때문에 면담자는 모든 피면담자에게 동일하게 질문하면서 면담을 실행할 수 있다. 이것은 면담 가이드 없이 진행되는 대화로서의 면담 방법이나 자유식 면담이 갖는 비예측성을 상당히 줄일 수 있다. 면담자의 개인적인 융통성과 자발성이 반영되지 못한 면담 결과 자료가 만들어진다. 또한 면담 중에 나타나는 새로운 주제나 기대하지 못했던 내용이 면담 주제로 선정되지 않는다.

구조화된 면담은 미리 만들어진 질문지를 사용하는 등 질문의 내용과 방식을 제한하여 면담자와 피면담자의 재량권을 최소화하는 면담이다. 이에 비해 반구조화된 면담은 이러한 면에서 상당한 융통성을 가진다. 면담자는 미리 만들어진 질문을 순서대로 진행하되 면담 대상자에게 면담지를 바탕으로 추가적인 질문을 한다. 반구조화된 면담의 질문은 개방적인 형태로 진술되어 있어서 연구 대상자의 입장, 의견, 느낌을 표현할 수 있으며 상황에 따라 질문의 순서나 속도, 질문의 폭과 범위 등을 유연하게 바꿀 수 있다(이용숙, 2005).

반구조화된 면담은 리서치 면담에서 가장 중요한 방법이라 할 수 있다. 이는 획득된 데이터의 질과 구조에 의해 균형 잡힌 유연성 때문이다. 반구조화된 면담의 과정은 준비 단계에서부터 시작된다. 면담 준비 단계가 지루하고 일종의 방해물처럼 보이지만 이를 통해 면담에 성공할 수 있다. 그리고 다음으로는 면담 초점을 개발해야 한다. 반구조화된 면담의 강점 중의 하나는 구소석 조점이 언어로 분석되는 동안 그것이 발견의 강력한 요소를 촉진한다는 것이다. 예를 들어 연구 주제가 이혼과정에 있는 여자의 경험이라면 다음과 같은 면담 질문이 가능할 것이다. 즉, 이혼 사건과 깨달음의 단계를 촉진, 상호 간의 어려움을 위한 해결 시도, 공식적/비공식적 충고의 역할, 재정적 중요성과 고려, 아이와 관리 문제, 육체적/정신적 건강 효과, 자신과 다른 사람의 인식의 변화 등이다.

반구조화된 면담 수행 5단계의 구체적인 내용은 다음과 같다.

1단계. 면담이 발생하기 전에 시작할 준비 단계
2단계. 초기 접촉 단계(primarily social in character)
3단계. 오리엔테이션 단계(원하는 방향으로 응답자에게 지시하는 단계)
4단계. 주요 단계(면담의 핵심, 분석을 위한 경험적 초점)
5단계. 종결 단계(부분적으로 사회적이고 지적이며 중요한 비평을 포함)

1단계는 준비 단계이다. 연구자가 면담하고자 하는 사람들의 편의를 도모하는 단계이다. 면담 시간과 장소의 적정성, 면담 장소 위치, 연락할 방법, 가능한 면담 길이 및 기록하고 싶은 것을 상기하기, 여분의 테이프와 배터리를 포함한 모든 녹음 장비, 방과 의자의 편안함 정도, 물, 차, 커피, 과자 같은 다과, 면담자의 외모 등이다. 이러한 사전준비는 면담의 방향을 상당히 결정한다.

2단계는 초기 접촉 단계이다. 먼저 면담자 소개, 다과 제공, 그들의 장소에 대한 질문, 방의 편의성 및 온도의 적절성, 화장실 위치 등 환경적, 사회적 정보를 점검하는 단계이다.

3단계는 오리엔테이션(면담 설명하기) 단계이다. 연구자가 면담 주제나 질문 등에 대해 원하는 방향으로 면담 참여자에게 지시하는 단계이다. 가령 연구 참여자에게 면담의 목적이 아니라 연구의 목적을 설명하거나 분석을 어떻게 할 것인지에 대해 설명한다. 또한 면담 일정과 어떻게 진행할 것인지에 대해서도 설명한다. 마지막으로 테이프 녹음기의 기능을 시험해 본다.

4단계는 주요 단계이다. 면담의 핵심 단계로서 분석을 위한 경험적 초점이 이루어져야 하는 단계이다. 미리 준비한 구조화되고 조직화된 일련의 질문과 개방형 질문을 사용하여 피면담자와의 면담을 더 깊게 진행하고 반응을 알아본다.

5단계는 종결 단계이다. 종결 단계의 중요성은 면담이 어떻게 구조화되었는지에 따라서 다르다. 상대적으로 구조화되지 않은 면담에서는 마지막 단계에서 평가와 요약이 필요하다. 왜냐하면 참여자들은 무엇을 다루고 있는지 놓치게 될 것이기 때문이다. 관심 주제를 통해 응답자가 연구자에게 이끌린 반구조화된 면담에서는 다른 종류의 차이가 있을 수 있으나 그러한 요소는 구조의 정도 때문에 제외된다. 종결 단계에서 가장 중요한 것은 검토와 피드백의 제공이다. 구체적으로, 피면담자가 그들이 말한 것을 알기 위해 면담 기록을 보길 원하는지 알아보고 재확인한다. 피면담자가 신원을 밝히길 원하는지 아니면 익명을 원하는지도 알아본다. 연구 결과를 원하는지 전체 보고서 보기를 희망하는지도 알아보고 피면담자가 연락할 필요가 있을 때를 대비해 면담자의 연락처를 알고 있는지 알아보아야 한다.

비구조화된 면담

비구조화된 면담(unstructured interview)은 면담자가 알고 싶은 주제에 대해 자유로운 상태에서 개방적으로 피면담자와 하는 면담을 말한다. 앞에서 소개한 두 개의 면담 방법에 비해 훨씬 개방적이며 자유롭다. 따라서 효과적인 면담이 이루어지기 위해서는 면담자의 대화능력과 다양한 인간관계 기술, 추론력이 요구된다. 피면담자에게 무엇을 물을 것인지를 거의 통제하지 않으면서 자유롭게 면담을 진행해 나간다. 이 면담의 목적은 포괄적인 주제에 대해 피면담자가 무슨 생각을 하고 있고 어떤 경험을 했는지를 스스로 이야기할 수 있도록 하는 것이다. 피면담자가 생각을 적극적으로 표현할 수 있게 한다.

즉, 비구조화된 면담은 미리 정해진 질문이나 주제를 사용하지 않은 채 면담하는 것을 말한다. 연구자는 연구 대상자에게 일반적인 경험에 대해 말해 달라고 하고 그 과정에서 중요하게 생각되는 주제가 있다면 더 깊게 물어보는 면담 방법이다. 보통 심층면담과 연관성이 많은 면담 방법이다. 이 방법에서도 연구의 목적을 위해 면담 가이드가 사용된다. 그러나 가이드는 면담을 유지하고 자극하기 위한 재료로서 사용되는 것이지 면담의 방향과 내용을 전적으로 통제하기 위해 사용되지는 않는다. 따라서 면담 가이드를 참고하면서 상황에 맞추어 유연하게 면담을 진행한다. 기대하지 않았던 질문이나 주제, 대화가 나타나면 이러한 내용을 의미 있는 자료로 이용한다.

비구조화된 면담은 사회 구성원의 복잡한 행동을 이해하기 위해 행하는 것으로, 응답자로부터 그들의 문화와 언어와 삶의 방식을 배우는 과정이라 할 수 있다. 따라서 이를 위해서는 피면담자와 관련된 전체적인 접근이 필요하다. 대개 해석적 연구물이나 생애사적 접근(life-history or oral history)에서는 비구조화된 심층면담을 하게 된다. 그리고 이러한 면담을 위해서는 다음과 같은 면담 과정을 거치게 된다(조영달, 2005, pp. 109-110).

첫째, 면담 상황에 접근(예; 누드족을 면담하기 위해 자신이 누드가 되는 것)

둘째, 그들의 언어와 문화의 이해

셋째, 면담자 자신에 대한 소개

넷째, 접촉과 주요 제보자(key informant)의 물색

다섯째, 면담 상황에서 신뢰 획득

여섯째, 공감대(Rapport) 형성(연구에서 매우 중요한 과정이다. 깊이 있는 공감대 형성은 연구의 깊이를 더해 준다. 물론, 너무 깊이 몰입하여 연구자의 역할을 잊어버리면 곤란하다.)

일곱째, 면담과 자료 수집(오디오, 비디오, 현장노트에 기록한 자료는 정기적으로 신속하게 정리해야 하며, 되도록 자세하게 적어야 하고, 어느 하나가 너무 부각되지 않게 정리해야 하고, 정리한 자료를 자주 분석해야 한다. 이러한 자료의 수집 과정은 분석 과정과도 일치하는 것이다. 분석 없이 새로운 자료가 모아지기는 불가능하다.)

여덟째, 수집된 면담 자료의 정리(즉시적인 정리의 중요성은 아주 크다.)

대화로서 면담

이름이 나타내는 것처럼 자연스러운 대화를 말한다. 면담이라고는 하지만 워낙 자유롭게, 아무런 조건 없이 대화가 진행된다는 점에서 피면담자는 크게 부담감을 느끼지 않는다. 면담 상황 역시 비공식적이며 자유로운 공간에서 진행되고 가끔은 약속 없이 우연히 이루어진다. 대화 분위기가 매우 자유롭고 개방적이기 때문에 피면담자들은 면담을 했다는 생각을 갖지 않을 것이며 자연스러운 대화라고 느낄 것이다. 피면담자가 면담이라는 행위 자체에 대해 느낄 수 있는 스트레스나 공포심을 없앨 수 있다.

그러나 대화로서의 면담은 단점을 수반한다. 첫째, 면담의 내용이 구체화되기 어렵고 피면담자가 사명감이나 문제의식을 갖지 않고 대화에 참여할 수 있다. 둘째, 연구 문제에 대한 답을 얻지 못할 수 있으며 면담이 끝까지 진행되지 않을 수 있다. 또한 주제에서 벗어난 내용으로 면담이 끝날 수 있다. 셋째, 심각한 주제로의 승화가 어렵다. 심도 있는 내용으로 넘어가게 되면 면담이 피면담자에게 부담을 줄 수 있다.

생애사 면담(Life History, Oral History)

생애사 연구는 사례 연구의 한 유형으로 일인칭의 전기적 형식의 이야기를 수집할 목적으로 한 명과 집중적인 면담을 실시하는 연구이다. 이런 유형의 면담은 역사가들에 의해서 주로 이루어지는데 일명 구술사(oral history)라고 한다. 사례 연구 면담을 통해 사회학적 또는 심리학적 측면에서 이루어진 일인칭 생애사 연구의 목적은 보통 역사적인 서술보다는 인간 행동의 근본적 측면에 대한 이해나 현존하는 기관이나 단체에 대한 이해를 피면담자로부터 구하는 것이다. 연구자는 어떤 사람의 평생 경력이나 그 경력의 특정한 일부분을 이야기하고자 한다. 예를 들면 페미니스트 관점에 의한 생애사적 연구는 연구 참여자의 삶의 경험과 그런 경험이 어떻게 남녀의 성, 인종, 사회 계층과 상호 관련되어 있는지를 알아보는 데 목적을 두고 있다(조정수, 2010, pp. 82-83).

생애사 면담은 한 사람의 과거의 삶을 전체적으로, 발달적으로 이야기하게 하는 면담을 말한다. 따라서 한 피면담자가 면담자에게 자신이 한 개인으로서 어떻게 삶을 살아왔는지를 가능한 한 완벽하고 솔직하게, 말하고자 하는 것에 대해 이야기하게 하는 면담 방법이다. 개인의 인생 전체를 통틀어 주관적인 자료를 수집하는 질적연구방법으로서, 한 개인의 인생 전체를 바라보는 방법으로 개인의 삶을 깊이 있게 연구할 수 있다. 피면담자의 출생부터 현재까지의 시간 혹은 그 전과 그 후를 다루며 삶에 있어서 중요한 사건, 경험, 느낌을 포함한다.

우리의 삶, 역사, 문화가 한 개인이 타인에게, 한 세대가 다음 세대에게 이야기를 통해 연결되고 전달되었다는 점에서 생애사 면담은 우리 삶의 가장 기초적인 의사소통의 한 형태이다. 아울러 인간이 끊임없이 특정한 상황에서 타인과 대화하며 이야기를 만들곤 하는 종이라는 사실은 생애사 면담이 인간의 의식과 감정, 발달과 문화를 이해할 수 있는 가장 자연스러운 면담 방법 중의 하나라는 사실을 인지하게 해준다. 그러한 점 때문에 생애사 연구는 인간의 발달 영역에서 많이 쓰였고 여러 사회과학 영역에서 주요한 역할을 해왔다. 그 예로서 프로이드(Freud, 1957, 1958)는 그의 심리분석학적 이론을 개인 삶에 적용시키는 데 주로 사용했다. 알포트(Allport, 1942)는 개인의 인간성 발달을 연구하기 위해 개인의 이야기를 사용했다. 또한 에릭슨(Erikson, 1958, 1969)의 간디(Gandhi) 연구에서는 생애사 면담을 한 개인의 역사적 순간이 인생에 어떻게 영향을 미치는지 연구하는 데 사용했다.

연구 분야를 확대한다면 심리학 영역에서는 발달과 인간성을 연구하기 위해 생애사가 사용되었다. 인류학 영역에서는 문화적 유사성과 다양성을 이해하기 위해, 사회학 영역에서는 상호 관계와 그룹 간의 상호작용, 구성원의 문화를 정의하고 이해하기 위해 생애사가 사용되었고, 교육학에서는 아동발달, 교사발달, 교직 사회화, 교육행정가의 사회화 영역에서 핵심적으로 사용되었다. 교육학에서 생애사 연구의 역사와 최근 동향을 이해하려고 하는 연구자들은 김영천과 허창수(2004)의 '생애사 텍스트로서의 교육과정연구' 논문을 참고하기 바란다.

앳킨슨(Atkinson, 2002, pp. 127)은 다음과 같이 생애사 면담의 유용성을 강조했다.

"만약 우리가 개인의 독특한 관점에 대해 알기를 원한다면, 그 사람의 목소리 안에 들어가는 것보다 더 좋은 방법은 없을 것이다. 나는 그들이 삶을 전체로서 보도록 허락하는 유리한 점으로부터 그들의 이야기를 하도록 하는 데 흥미를 가진다. 그것은 결국, 이 주관적 관점이 우리의 모든 노력을 쏟은 연구에서 무엇을 찾는지 말해 준다. 아울러 다음 이야기는 생애사 면담이 면담자와 피면담자에게 어떤 의미를 부여하는지를 잘 드러내 준다."

아버지와의 생애사 면담을 마친 한 여성이 말했다. "나에게 닥친 이런 경험과 같은 정신적 충격에 대비할 아무런 방법이 없었다." 그녀는 아버지에 대해 그녀가 배운 것에 의해 혼란을 겪었고 나중에 '감정적 앙금'을 많이 가지게 되었다고 기록했다. 또 다른 여성은 아버지를 면담하고 그와 유사한 경험을 했다. 그녀는 나중에 다음과 같이 기록했다. "세 시간 동안 아버지와 함께 앉아서 그의 생애사를 듣는 것은 우리 둘 모두에게 정말 좋은 경험이었다. 우리의 관계는 생각이나 느낌을 공유하지 않았었다. 나는 비록 아버지가 말이나 행동으로 보여 주지 않아도 그가 나를 사랑하고 있다고 항상 느끼고 있었다. 우리 둘 모두에게 약간 불편한 경험으로 시작된 것은 결국 매우 특별한 시간으로 끝나게 되었다. 그것은 마치 우리 둘이 이 세상에서 벗어나 이 방안에 둘만 존재하는 것 같은 느낌이었다. 물론, 나는 다른 삶의 사건에 대해 그가 느낀 바를 좀 더 듣는 것을 좋아했으나 나는 그 시간을 나와 좀 더 공유했었다는 것을 알게 되었다. 세 시간 후에 우리는 서로 끌어안았다. 나는 아버지에게 사랑한다고 말했고, 그가 내 아버지인 것이 기쁘다고 말했다. 그는 내게 사랑한다고 했으며 내가 그녀의 딸인 것이 기쁘다고 했다. 우리의 눈은 눈물로 가득 찼고, 이 특별한 시간이 끝났지만 이 시간의 영향은 항상 우리와 함께 있을 것이다. 아버지가 열세 살 때 꽝 하고 닫혔던 문은 찰칵 하고 열렸고 나는 그 안에 들어가서 아버지의 내면을 볼 수 있었다. 나는 그것에 감사드린다."

이처럼 생애사 면담은 심층면담과 유도된 대화를 통해 피면담자가 자신의 설명으로 이루어진 개인적인 삶의 역사에 대한 설명이다. 이런 생애사를 이용하는 이면에는 피면담자가 스스로 자신의 과거사에 대한 의미를 부여할 수 있고 또한 공식적인 정보자료만이 항상 타당한 것은 아니라는 점이 전제되어 있다.

플루머(Plummer, 1983)는 상징적 상호작용론자 입장에서 생애사 연구에 대한 몇 가지 이론적인 전제를 제안했다. 첫째, 개인의 경험은 사회의 구성이나 신체의 작용과 떨어질 수 없으며 이러한 것들의 매우 구체적인 조합이라는 것이다. 즉, 개인의 삶은 어떤 사회의 구성과 이 속에 존재하는 개인 신체가 조합된 채 특정한 상황 속에서 영위되는 '아주 구체적인 경험(life as concrete experience)'이다. 둘째, 사회는 지속적으로 변화하는 비고정적 상태에 있다는 점을 전제로, 인간은 어떤 실체를 그것에 대해 구성원이 내리게 되는 정의 속에서 경험하며, 우리가 경험하는 객관적인 세상이란 불확실성 아래서 협상된 주관적인 견해를 통해서만 접근할 수 있다는 것이다. 따라서 실체를 인지할 수 있는 매우 중요한 자료는 바로 개인적 자료(personal document)이다. 셋째, 만약 우리가 한 사람의 주관적 실체를 택하고 그런 다음 그것을 다른 사람의 주관적 실체와의 관계 속에서 고려한다면, 같은 상황이라 하더라도 양자의 관계성이 지니는 불확정성 때문에 항상 불일치와 불분명성이 있을 수 있다(조영달, 2005, pp. 138-139).

4. 면담의 종류

면담에는 다양한 종류가 있다. 이에 이 절에서는 연구 참여자에 따라서 고려할 수 있는 면담의 종류에 대해 살펴본다. 연구자는 연구 목적에 어떤 면담이 가장 부합되는지를 판단하는 것이 중요하다. 아울러 상황에 따라서 한 가지 이상의 면담을 사용할 수 있다는 점을 인지하는 것이 좋다.

일반 제보자 면담

연구 현장에서 살고 있는 연구 참여자 한 명과의 면담을 의미한다. 면담은 연구자 한 명과 피면담자 한 명으로 구성되며 이 피면담자는 연구 대상(조직)의 구성원이다.

조직 관리자 면담

피면담자가 연구 현장의 일반 구성원이 아니라 조직을 통제하고 있거나 책임지고 있는 조직의 관리자인 경우에 해당하는 면담을 지칭한다. 조직을 책임지고 있으며 조직의 구조와 역사에 대해 해박한 지식을 가지고 있다는 점에서 일반 제보자로부터 얻을 수 없는 정보를 얻을 수 있는 장점이 있다. 이 면담은, 첫째, 연구자가 무엇을 관찰하고 연구해야 하는지에 대한 아이디어를 제시함으로써 연구자의 시간과 노력을 줄일 수 있다. 둘째, 왜 그 조직이 그러한 형태로 유지되고 관리되는지에 대한 근본적 설명을 제공해 준다는 점에서, 일반 정보 제보자와는 다른 시각에서 현상을 설명해 주어 자료를 해석하는 폭을 넓혀 준다. 셋째, 조직의 의사결정자를 연구에 직접 관여시킴으로써 조직 관리자에게 관심과 흥미를 불러일으키고 이러한 연구 관계는 기대하지 않은 많은 지원을 받을 수 있게 한다.

집단 면담(Group Interview)

면담자와 피면담자가 일대일로 하는 면담이 아니라 피면담자가 두 명 이상으로 구성된 면담을 말한다. 피면담자가 혼자서 대화하는 것을 꺼리거나 내성적인 성격인 경우 개인 면담은 도움이 되지 않는다. 특히 어린이들과의 면담 시 집단 면담이 효과적이다. 대화를 자극시키고 한 사람의 생각이나 주장에 대해 다른 사람들이 반박하거나 추가 자료를 제공해 주는 등 개인 면담에 비해 포괄적이고 다양한 의견이 포함된 자료를 얻을 수 있다. 한 면담자가 여러 명의 피면담자를 상대하고 면담을 진행해야 하기 때문에 통제력과 리더십, 노련한 진행 능력이 요구된다.

　　집단 면담은 형식적 또는 비형식적 상황에서 하나의 집단을 이루는 여러 개인들에게 동시에 체계적인 질문을 던지는 방법이다. 사회학이나 마케팅 연구에서 자주 사용되며, 말리노프스키 역시 이 방법을 사용했다는 기록이 있다. 이는 일상생활 기술적 연구의 한 방법(ethnographic interview)으로 사용되기도 하며, 때때로 반구조화되거나(semi-structured) 초점이 주어진(focused) 면담의 형태를 지닐 수 있다(조영달, 2005, pp. 111).

여러 목적으로 사용되는 집단 면담은 구조화된 집단 면담과 비공식적이고 자연스러운 집단 면담으로 나눌 수 있다. 특정 집단을 중심으로 하는 면담은 형식적이고 구조화된 질문을 사용하는 경우가 많으며 탐색적인 면담의 성격을 지닌다. 브레인스토밍 유형의 집단 면담은 탐색적이나 비구조화되고, 비형식적, 지시적이지 않다. 그러나 전문가를 대상으로 하는 델파이기법으로서의 집단 면담은 매우 공식적이며, 구조화된 질문을 사용하고 상당히 지시적이다. 이에 비해 자연적인 집단 면담은 매우 자발적이고 비공식적이며, 비지시적이고 구조화되어 있지 않다.

집단 면담의 장점을 살펴보면 다음과 같다. 집단 면담은 최초의 실험적 기술로서의 가치를 지니며 상호작용을 통한 역동성과 개인 면담을 통해서는 볼 수 없는 이슈들이 나타날 수 있으며 관점의 범위와 초기 징후를 제공한다는 장점을 가지고 있다. 집단 면담 시 개별 면담보다 자료를 더욱 빨리 모을 수 있고 더욱 효율적으로 얻을 수 있지만 피면담자 각자의 반응이 완전히 독립적이지 않을 수 있다. 또한 관리하기가 힘들며 기록의 어려움, 부분적이고 불완전한 자료를 획득할 수 있다는 단점을 가지고 있다. 그리고 의견이나 토론이 주로 그 집단의 지배그룹에 의해 좌우될 가능성이 크다(조영달, 2005, pp. 111-113).

성공적인 집단 면담 과정을 위해서는 다음 사항에 유의해야 한다. 첫째, 집단 면담 과정을 기록한다. 자세한 사항은 단순히 기억력에만 의존할 수 없으며 그렇기 때문에 테이프 레코딩이 필요한 것이다. 둘째, 예비 집단 면담에서 연구자는 점차 연구에 적합하게 초점을 맞춘 접근을 해야 한다. 집단의 다양한 구성원에게 조언을 들을 필요가 있다. 가령, 예비 교사, 경력 5년 미만의 교사, 조직의 리더, 중간 관리와 같은 사람에게 어떤 조언을 얻어야 할 것이다. 셋째, 집단의 구성은 중요하다. 집단 구성 정도에 따라서 개개인의 참여 주요 효과(major effect)가 달라진다. 넷째, 조력자의 역할이 중요하다. 어떤 종류의 모임이든지 의장의 역할은 참여자가 아무리 많고 다양하더라도 참여자 모두가 의견을 말하도록 하는 것과 면담을 원활히 진행시키는 것이다. 다섯째, 집단 토론이 주제에서 벗어나지 않아야 한다. 그리고 집단 면담이 개방적이고 사려 깊어야 한다. 여섯째, 집단 면담 후 반성 과정을 거쳐야 한다. 예를 들면, 주요 이슈, 의견이 일치하거나 불일치한 내용, 부연 설명이 요구되었던 주제, 부수 연구가 요구되었던 범위의 지시, 연구자에게 주어진 조언 등을 다시 한 번 돌아보고 점검해야 집단 면담에서 누락되거나 요구되는 면담 참여자의 목소리를 제대로 반영할 수 있다.

포커스 그룹 면담(Focus Group Interview)

포커스 그룹 면담은 수십 년 전에는 일부 사회학자들만이 주목했지만 최근에는 광범위하게 활용되는 면담 방법이다. 모르간(Morgan, 1996: 130)은 포커스 그룹 면담을 "연구자에 의해서 결정된 주제에 대해 그룹의 상호작용을 통해 자료를 수집하는 연구 기술"이라고 보았다. 이 정의는 광범위한 것으로 다양한 형태의 그룹 면담을 포함하는데 자연 지속적인 상호작용에서 발생하는 대화의 관찰은 제외한다.

포커스 그룹

포커스 그룹 또는 집단 면담은 여러 가지 방법으로 사용되는데 이 면담은 원래 기업에서 개발된 상품을 검사하고 이를 다시 상품 개발 과정에 반영되도록 하는 시장조사 연구자가 사용하는 방법이었다. 질적연구에서 포커스 그룹 면담은 특정한 주제에 대해 연구 참여자들 사이의 대화를 촉진하기 위한 구조화된 집단 면담을 말한다. 벡, 트롬베타, 샤레(Beck, Trombetta, Share, 1986)는 포커스 그룹을 "특정한 주제와 관련 있는 선택된 사람들 사이에서 이루어지는 비공식적인 토의"라고 정의했다. 포커스 그룹 면담에서의 포커스 그룹은 어떤 사람들의 집단으로서 포커스 그룹의 인식, 의견, 신념과 태도에 대해서 쌍방향으로 참가자들이 다른 그룹 회원들과 이야기하는 질적연구의 한 형태이다. 포커스 그룹 면담은 포커스 그룹 안에서 고도로 숙련된 운영자가 포커스 그룹을 대상으로 실시하는 면담이다.

포커스 그룹 면담의 정의

포커스 그룹에 대한 학자들의 정의를 살펴보면 다음과 같다. 크루거(Kruegger, 1986)는 포커스 그룹 면담을 "한 가지 주제에 초점을 맞춘 조직적인 그룹 토의"라고 말한다. 포커스 그룹은 허용적이고 비위협적인 환경에서 주어진 관심사에 대한 지지를 얻기 위해서 설계되며 주의깊게 계획된 토의를 하는 특징이 있다. 포커스 그룹 면담은 연구자가 특정 연구 주제에 대해 그 집단의 사람들이 어떻게 생각하고 느끼는지를 자세하게 알아보기 위해 소집단을 구성하여 면담을 하는 방법이다(Morgan, 1996: 130). 그리고 모르간(1997)은 포커스 그룹 면담은 동일한 관심사를 가진 사람들과 함께 특정한 주제에 대해 이야기하라고 분위기를 만들어 주는 것이라고 밝혔다.

　　포커스 그룹은 주요 실험적인 학문을 위한 자료 수집 방법 중 하나일 수도 있지만, 다른 종류의 그룹 면접시험과 마찬가지로, 연구 프로그램의 초기, 탐구 단계에 더 유용하다. 보통 집단 면담에서 포커스 그룹은 두 가지 방법에 초점이 맞추어진다. 토의를 위해 확고

하게 정의된 주제와 특별히 정의된 개인들의 집단이다. 그렇기 때문에, 예를 들어 만약 그 주제가 3세 이하의 아이들을 상대로 하는 보육 제공에 관한 것이라면 연구자는 각각 다른 여러 개의 작은 집단으로 나누어야 할 것이다. 즉, 2~3세의 아이들과 그 부모들, 보육담당 간호사, 보육담당 선생님, 유치원 선생님 등이다. 각각의 그룹에 있어 초점은 동일하지만 그 집단들은 다르게 구성된다. 따라서 구성의 초점에 따라 그룹은 바뀔 수 있다. 예를 들어, 보육 제공이라는 주제에 따라 각기 다른 부모 집단들을 가지게 된다. 부모와 같이 하는 경우, 같이 하지 못하는 경우, 고용인과 같이 하는 경우, 그렇지 않은 경우 등이다.

포커스 그룹 면담은 그 성격상 보편적이고 다양하다기보다는 협소하지만 구조화되어 있다고 할 수 있을 것이다. 보통은 질문적인 자세를 취하지 않지만 주제를 지속시킬 수 있는 다양한 장치를 통해, 즉 주제와 그 주제를 무대에 올릴 수 있는 조력자 또는 촉진자에 의해 면담이 지속된다.

포커스 그룹의 구성 과정

포커스 그룹 면담에서는 연구 목적을 분명히 인식하는 것이 중요하며 연구 목적에 대한 명료화는 계획 세우기, 필요한 그룹 수, 얻어진 정보의 정확성 평가 수단, 다음 포커스 그룹의 수행 여부 등에 대해 전반적으로 마련되어야 한다.

포커스 그룹 구성에 대해서는 다양한 의견이 있지만 약 최소 4명~최대 12명 정도로 그룹을 구성하는데 12명 이상의 큰 그룹은 대화 중에 참가자들에게 골고루 의견을 말할 수 있는 기회가 주어지기 어렵기 때문에 적절치 않고, 4명 이하의 작은 그룹은 참가자들에게 아이디어를 내놓을 기회는 많지만 참가자의 수가 적기 때문에 상대적으로 빈약한 정보를 얻을 수 있는 단점이 있으므로 4명에서 10명 정도로 구성한다. 그리고 한 집단은 보통 7명에서 10명 정도의 연구 참여자와 한 명의 대화 조정자로 구성된다. 이 면담 방식은 연구하려는 주제가 일반적일 때 유용하며, 면담의 목적이 집단 참여자들의 다양한 관점을 이야기하도록 자극하거나, 개별 면담에서는 말하기 어려운 주제에 대해서 연구 참여자들이 말할 수 있도록 할 때 유용한 방법이다. 그러나 포커스 그룹이 가지는 문제점은 집단 사람들에게 자신의 경험을 말하는 것이 부끄럽거나 당황스러워 자신이 가진 중요한 경험을 공유하지 않는 것이다. 따라서 연구자는 연구 참여자들로부터 얻으려는 경험이 무엇인지를 먼저 결정해 두는 것이 필요하다. 그리고 다른 문제점은 한 사람이 말을 너무 많이 한다거나 참여자들끼리의 대화가 연구자가 원하는 연구 주제에 맞추어지도록 유지하는 것이 힘들다는 것이다(조정수, pp. 147-148).

대화 조정자

포커스 그룹 면담에서는 연구자가 면담을 이끌지 않으며 대신에 면담을 진행할 조정자 (moderator)를 이용하여 면담을 한다. 면담은 집단 면담의 형태로 진행되지만 단순한 의미에서 각 개인을 한 집단으로 놓고서 면담하는 것과는 달리 어떤 주제에 대해 면담자들로 하여금 핵심적으로 토론하고 고민하게 한다는 측면에서 다른 일반적인 집단 면담과 다르다. 멀튼(Merton)과 라자펠드(Lazarsfeld)의 라디오 프로그램에 대한 평가 연구에서 시작한 이 포커스 그룹 면담은 마케팅 분야에서 활발하게 사용되다가 평가 연구에서 사용되었으며 최근에 와서 질적연구의 한 가지 자료 수집 방법으로서 교육학 분야에서 널리 이용되고 있다(Bernard, 2002: 224).

대부분의 포커스 그룹에서의 방법은 그룹 내의 상호작용을 자유롭게 권장하는 동안에 주제에 대한 결정을 유지하는 것을 강조하는데 이것은 그룹 내 대화 조정자의 가장 큰 역할이다. 포커스 그룹의 주제에 대한 결정을 유지하는 것과 연구 참여자들이 자신의 관심사를 말하는 것을 허락하는 것 간의 균형을 유지하는 것이 중요하다. 그러나 대부분의 연구에서는 그룹 내의 면담을 조정하는 좁은 전략에 의존하는 편이다. 그러나 대화 조정자가 개방적인 질문을 사용하면서 집단 토론을 자극시키고 촉진시킨다. 포커스 그룹 면담은 진행자가 연구 참여자들의 반응을 예측할 수 있을 때까지 한다. 토의 결과가 반복되는 경향을 보여서 더 이상 새로운 정보를 얻을 수 없을 만큼의 그룹 수가 필요하며 일반적으로 2~4그룹 정도를 사용한다. 소요 시간은 토의 주제, 참가자 구성, 참가자 수의 영향을 받으며 일반적으로 1시간 30분에서 2시간 정도의 시간이 걸린다.

포커스 그룹 면담은 포커스 그룹을 통해 연구 주제에 대한 정보와 통찰을 얻기 위한 면담이므로 가장 생산적인 토의를 할 수 있는 참가자를 선택하는 것이 중요하다. 따라서 다른 질적연구처럼 목적표집을 사용한다. 또한 연구자의 관심과 참가자의 관심이 일치하느냐 여부는 그룹의 역동성에 큰 영향을 준다. 또한 참가자들이 서로 근본적으로 유사하다고 인식할 때 토의가 활성화되어 심층적인 자료를 얻을 수 있기 때문에 그룹의 동질성이 확보된다면 역동적이고 활발한 토의가 이루어질 수 있다(Morgan & Krueger, 1998; 박형원, 2004, 재인용).

핵심 질문 구성하기

포커스 그룹 면담을 실시하기 전에 진행자는 질문을 미리 계획하여 연구 주제에 적합한 토의를 위한 핵심 질문을 구성한다. 핵심 질문은 참가자들이 자율적으로 응답할 수 있도록 개방형 질문으로 구성하며 면담 중에는 되도록 참가자들의 동의하에 비디오나 녹음기를 사용하여 녹음하는 것이 추후 자료 전사 및 의미 분석에 도움이 된다. 토의가 끝나면 수집한 자료를 전사하고 분석하여 중요한 개념과 정보를 도출한다(Krueger, 1986).

포커스 그룹 면담의 장점과 단점

포커스 그룹 면담은 데이터와 통찰력을 증진시키고, 그룹 구성원 간의 상호작용 환경을 설정하며, 참가자의 기억, 생각, 경험을 자극한다. 그룹 구성원이 비슷한 경험을 설명하는 일반적인 언어를 발견할 수 있고, 그 상황을 이해하는 '자연적인 언어' 또는 '그 지방 특유의 연설'의 양식을 얻을 수 있게 한다. 그리고 포커스 그룹 면담은 이처럼 면대면 면담보다 모든 참여자가 자유롭게 말할 수 있는 자연스러운 환경을 만들 수 있다. 포커스 그룹 면담은 높은 타당성을 가지고 있어서 생각이나 결과를 믿고 이해하기 쉽다. 또한 면대면 면담보다는 비용이 낮으며 비교적 신속하게 결과를 얻을 수 있고, 한 번에 여러 사람들과의 대화를 통해 보고서의 샘플 크기를 늘릴 수 있다. 한편 포커스 그룹 면담의 단점도 있는데 포커스 그룹 면담에서는 면대면 면담보다 집단이 덜 통제되고 주제와 관련 없는 것에 시간이 소비되고, 그룹 구성원 간의 이야기가 구성원 간의 대화와 반응으로 이루어지기 때문에 분석 자료로 분석하기에는 어려울 수 있다. 그리고 포커스 그룹의 구성원의 수가 인구의 대표적 샘플이 아니기 때문에 그룹에서 얻은 데이터는 여론 조사의 데이터와 달리 반드시 전체 인구를 대표하지는 않는다는 것이다.

스튜워트와 샴다사니(Stewart and Shamdasani, 1998, pp. 506-507)는 포커스 그룹 면담의 장점을 다음과 같이 제시했다.

(1) 연구 주제에 대한 일반적인 배경적 정보의 획득
(2) 후속 연구에 적용될 수 있는 연구 가설의 생성
(3) 새로운 아이디어나 창의적 개념의 자극
(4) 새로운 프로그램, 서비스, 또는 산물이 가지고 있는 잠재적인 문제점의 진단
(5) 결과물, 프로그램, 서비스, 또는 다른 연구 대상에 대해 피면담자들이 가지고 있는 인상의 생성
(6) 피면담자들이 연구 현상에 대해 어떻게 이야기하는지에 대한 이해
(7) 기존에 수집된 양적 자료의 결과에 대한 해석

포커스 그룹의 유형

포커스 그룹의 다양한 유형을 살펴보면 다음 표와 같다.

포커스 그룹의 유형과 특징

포커스 그룹 유형	특징
양방향 포커스 그룹	한 포커스 그룹은 다른 포커스 그룹을 관찰하고, 관찰된 집단 간의 상호작용에 대해 의논하며 결론을 내린다.
두 운영자 포커스 그룹	다른 운영자가 모든 주제를 아우르는 동안에 한 운영자는 포커스 그룹 전 과정을 부드럽게 이끌어 나간다.
대립적인 두 운영자 포커스 그룹	두 운영자가 의도적으로 논의에 대한 이슈에 대해서 대립적인 입장을 취한다.
응답자 중심 운영 포커스 그룹	한 명이나 응답자 중 하나만 일시적으로 중재자 역할을 한다.
소규모 포커스 그룹	6~12명보다는 4~5명으로 구성된다.
원격 회의 포커스 그룹	전화 네트워크를 사용한다.
온라인 포커스 그룹	인터넷에 연결된 컴퓨터를 사용한다.

포커스 그룹에 대한 더 구조적인 접근과 덜 구조적인 접근의 비교

보통 마케팅 시장에서는 매우 구조적인 접근을 사용하는 데 반해 사회과학자들은 덜 구조적인 접근법을 자주 사용한다. 다음은 매우 구조적인 포커스 그룹과 덜 구조적인 포커스 그룹에 대한 접근법을 보여 준다(Morgan, 2001, pp. 147).

포커스 그룹의 접근법 비교

포커스 그룹에 매우 구조적인 접근	포커스 그룹에 덜 구조적인 접근
목표: 연구자들의 질문에 대답하기	목표: 참가자들의 생각을 이해하기
연구자들의 관심이 지배적임	참가자들의 흥미가 지배적임
질문은 토론에 대한 의제를 설정하기	질문 가이드 토론하기
다수의 아주 특수한 질문	적은, 보다 일반적인 질문
질문마다 일정량의 시간 배정	유연한 시간 배정
대화 조정자는 결정을 지도	대화 조정자는 상호작용을 촉진
대화 조정자는 주제에서 벗어난 발언에 대해서 초점을 다시 맞추기	대화 조정자는 새로운 방향을 탐험하기
참가자들은 대화 조정자와 이야기하기	참가자들은 서로 이야기하기

전화 면담(Telephone Interview)

전화를 사용하여 면담을 하는 방법이다. 직접 마주 보지 않고서 면담을 하기 때문에 면담을 효과적으로 진행하기 위해서 잘 구조화된 면담 가이드를 가지고서 면담을 한다. 면담 상황을 면담자가 직접 통제할 수 없기 때문에 미리 만들어 놓은 질문 순서에 따라서 면담을 실시한다. 한 개인을 대상으로 하는 전화 면담인 경우에는 특별히 구조화된 면담 가이드가 필요 없겠으나 전화 면담의 목적이 많은 피험자를 대상으로 하는 연구이기 때문에 면담자들(보조 연구자나 연구 조교)에게서 나타나는 개인적인 면담능력의 차이를 최소화시키기 위해 연구자가 개발한 면담 가이드와 질문에 따라서 면담을 실행한다. 미리 개발된 면담 가이드를 가지고서 면담을 한다는 점에서 양적연구에서 사용하는 전화 조사법과 유사하다.

전화 면담은 1970년대부터 시장연구의 조사 기술로서 발전했으며 이와 관련하여 전화조사 수행(Bourque and Fielder, 2002)의 표준 참고지침과 같은 과정과 분석이 발달했다. 면담 구조는 상대적으로 간략하게 계획되어 사용되어야 하고 그 결과는 표준화된 형식으로 분석될 수 있어야 한다. 그러나 면담은 시장연구 기술 정보를 학문적인 연구의 목적과 기준에 맞게 적절히 전환시키지 못하는 분야이며 특히 질적 자료를 찾는 경우 더욱 그렇다.

이러한 기술은 때때로 학문 연구를 위한 방법으로 보이는데, 조사표본 영역의 장점과 인간 대 인간의 심층면담의 장점을 결합한 것으로 보인다. 즉, 깊이 있는 해석과 넓은 표본을 획득할 수 있다. 그러나 사실상 다른 경우도 있다. 러셀(Russell, 1993)이 샌프란시스코에서 어린이에 대한 성적 희롱 경험을 면담했을 때가 그랬다. 그러한 주제에는 대상 가족의 선정에 있어서 무작위 추출 선정으로 연락하는 형태가 적합하지 않았다. 그녀가 50%의 응답률을 얻은 것은 놀랄 만하지만 응답하지 않은 사람들의 성격이 알려지지 않았기 때문에 표본으로 대표자 집단을 만들려는 연구자의 노력은 의미 없게 되었다.

이러한 불균형은 전화 면담의 주요 약점이다. 심지어 5분이면 상대방의 생각을 알 수 있을 것 같은 매우 숙련되고 설득력을 가진 질문자인 경우에도 임의전화에 대한 거부가 많다는 것이다. 시장연구를 위한 전화 질문자는 초기 거부를 극복하는 데 매우 숙련된 사람들이다. 다수의 권위자들은 면담 이전에 소개편지와 알림전화의 사용을 강조하여 목표된 사람들이 자신의 참여가 연구에 고려되었다고 느끼게 해야 한다고 강조했다. 그 예로 프레이와 오이시(Frey and Oishi, 1995)는 이러한 접근법을 다루었고 개인 면담과 그냥 전화 통화에 대한 기준을 구별하려고 했다.

전화 면담은 프라이버시 침해와 설득의 과정이 필요하다. 대부분의 사람들은 집에 전화가 있다. 또한 휴대폰 소유의 급격한 증가와 통신 설비에 연결된 회신서비스가 제공되어 원하지 않는 전화나 메시지가 매우 많이 수신된다. 조그만 침해라도 한 번 일어나면 계속해서 부정적으로 프라이버시 침해를 형성하는 경우가 많다. 문제는 개인 프라이버시의 침해와 거부권을 합리적인 동의로 어떻게 바꾸는가 하는 것이다. 갑작스러운 전화 면담은 괴롭힘의 형태로 설득하려는 압력과 필요하지도 않은 배려처럼 받아들여질 수 있다. 다시 말해 학문적인 연구방법으로 인정되기 이전의 도덕적인 문제로서 주의해야 한다는 것이다. 최소한 투명한 정보로서 면담이 요청되어야 하고 거부감 없이 거절할 수 있도록 해야 한다.

전화 면담의 장점과 단점

전화 면담의 최대 장점은 명확성으로, 연구자가 실시간으로 상대방에게 말하고 반응을 얻을 수 있다. 그러한 것은 목소리 톤으로 느끼며, 오해는 바로 해결되며, 자극과 그 결과의 탐색으로 이루어지고, 면담 내용이 생산적이어야 한다는 것에 상호간 묵언의 약속이 있기 때문이다. 일반적인 원거리 면담의 가치와 관련하여, 전화가 가능한 곳에서는 면담이 가능하고 널리 퍼져 있는 휴대폰을 고려해 볼 때 거의 모든 곳에서 가능하다.

전화 면담의 단점은 다음과 같다. 연구자가 직접 대화하는 사람을 보지 못하는 상태에서 면담을 한다는 사실이다. 면담 제공자와 응답자는 말로만 통화하기 때문에 일반적인 대면 면담보다 더 많은 집중이 요구되고 인내할 수 있는 시간의 한계가 일반적으로 더 짧다. 전화로 면담하는 방법에서는 이러한 한계를 극복하는 것이 중요하다.

전화 면담의 과정

전화 면담의 과정은 다음과 같다. 전화 면담은 펜과 종이로 기록하는 질문지 방식과 유사하게 처리하므로 구조도가 높은 조사방법 중 하나이다. 반대로 표현방식에서 면담 제공자가 응답자와 같은 흐름과 방향을 유지해야 하기 때문에 구조가 없는 방법을 사용할 때는 적합성이 떨어진다. 어떤 경우라도 전화 면담은 최대한 반시간이 넘지 않는 일반적인 형태의 면담보다 짧은 시간 내어 이루어져야 한다. 비공개 질문서, 일정 기록(녹음) 등의 구조적 요소를 포함하는 경우에는 10분 정도가 적합하다.

응답자들은 면담 제공자가 도덕적일 것을 기대한다. 그래서 대면 면담과 동일하게 전화 면담에서도 약속을 잡는 것은 중요하다. 또한 약속시간이 여전히 편리한지를 확인해야 한다. 바쁜 일상을 사는 사람들은 예측할 수 없는 변화가 생기는 경우가 많다. 이를 위해서 서면 자료를 보내는 것도 도움이 될 것이다. 계획된 자료는 질문지처럼 작용하여 당신이 긴 질문을 일일이 설명할 필요가 없게 되는 효과를 얻을 수도 있고, 때로는 대답을 원하는 주제에 대한 문제의 목록일 뿐일 수도 있다. 가능하면 당신이 전화하기 얼마 전에 팩스나 이메일을 보내는 것이 더 좋다.

전화 면담의 종류

전화 면담의 종류에는 구조화된 전화 면담과 반구조화된(또는 비구조화된) 전화 면담이 있다. 구조화된 전화 면담은 대면 면담처럼 구조적인 계획이 가장 중요한 질문으로 구성된 질문서 또는 질문카드가 필요하고 이것들은 응답자들이 스스로 선택을 하고, '○○에서 가구를 구입한 적이 있는가?'와 같은 직접적인 질문에만 간단한 응답하도록 한다. 이것이 가장 직접적인 전화 면담의 형태이며 가장 자주 사용된다. 반구조화된(또는 비구조화된) 전화 면담의 경우에는 질문서를 미리 보내서 응답자가 질문 목록을 알고 면담의 구조를 알고 대답의 방향을 알 수 있도록 진행할 수 있다.

이처럼 전화 면담은 깊이 있는 면담과 조사표본의 장점을 결합했고, 대면 면담과 같은 질을 가지고 지리적 한계가 없으며, 가능한 면담 구조 단계의 범위라는 장점을 가지고 있다. 그러나 침해 등 원하지 않는 대화에 대한 일반적인 저항과 비구어적 요소의 배제, 면담 시간의 한계가 있다.

인터넷 면담

공학과 전자매체가 인간의 삶에 깊이 들어오면서 면담 방법 역시 이러한 세태를 반영하고 있다. 개인과 개인 간의 의사소통과 연락이 인터넷(전자메일과 대화방, 메신저 등)을 통해 이루어지는 새로운 특징을 활용하여 인터넷 면담 방법이 교육연구와 사회학 연구에서 개발되어 사용되고 있다. 시카고 대학 인류학과의 경우 'Internet ethnography'라는 새로운 질적연구방법론 수업이 개설되어 인터넷을 통한 인간연구의 방법적 특징과 기법에는 어떤 것이 있는지를 이론화하는 작업을 하고 있다.

인터넷 면담의 장점과 단점

인터넷을 통해 이루어지는 면담은 면담자와 피면담자가 서로 만나지 않고서 대화를 한다는 점에서 장점과 단점을 갖는다. 물론 첫 면담에서 직접적으로 만나고 다음 면담부터 인터넷 면담을 실행하는 경우와 처음부터 만나지 않고서 인터넷 면담을 하는 경우는 인터넷 면담의 내용과 방법이 달라질 것이다. 아울러 대화의 주제 측면에서 인터넷 면담이 갖는 장점이 있을 수 있다. 정치적이고 윤리적이며 도덕적인 주제 또는 개인의 은밀한 문제를 다루는 주제인 경우 인터넷 면담은 상당한 장점을 갖는다. 이에 최근에 실시되고 있는 상담영역에서의 온라인을 활용한 대화 방법과 면담은 오프라인에서 직접 만나서 하게 되는 상담과 비교했을 때 여러 가지 점에서 긍정적인 역할을 한다.

인터넷 기반 질적연구

이외에도 질적연구를 위해 인터넷을 이용하는 다양한 방법이 있다. 한 방법은 온라인 환경, 채팅룸, 온라인 문화를 연구하기 위해서 토론방을 사용하는 것이다. 다른 방법은 온라인 기술을 사용하는 포커스 그룹에 집중하는 것이다. 질적연구자들은 시각적 일기, 블로그, 웹을 통한 세미나 같은 정보의 원천을 평가하기 시작했다. "인터넷은 사용 가능한 자료를 만드는 데 사용되며 다른 연구자들은 이차적인 분석을 위해 사용할 수 있다"(Lichtman, 2005). 결국 인터넷은 회의와 교환을 용이하게 한다. 그리고 플라워스와 무어(Flowers and Moore, 2003)는 어떻게 참가자들의 신원을 확인하는지에 대해서 의논했으며, 돌라키아와 장(Dholakia and Zhang, 2004)은 상업적 데이터 사이트, 게시판, 뉴스그룹, 채팅룸, 서브 로그 파일, 웹사이트로부터 얻은 자료의 사용에 대해서 이야기했다. 그들은 더 이상 구두의 문화나 문자로 쓰인 문화를 볼 수 없을 것이며 오히려 컴퓨터가 매개된 통신을 보게 된다고 했다. 그리고 인터넷(채팅룸, 위키, 블로그, 비디오 블로그, 온라인 과정 기록)은 질적연구 자료의 풍부한 원천이다.

이처럼 인터넷 기반 질적연구들은 채팅룸, 가상 커뮤니티들, 가상 박물관 등과 같은 가상 사회적 모습으로부터 문화기술적인 데이터 편집을 통해 수행되어 왔다(Hakken, 1999; Sudweek & Simoff, 1999). 인터넷 기반 질적연구는 기본적으로 텍스트와 채팅의 분석을 기초로 하거나(Herring, 1996; Mitra & Cohen, 1999), 참여 관찰자로서의 온라인 상호 연구, 즉 면담이나 질적연구 경계를 명확히 하기 위해 제공하는 포럼이나 커뮤니티로서의 인터넷 통신 그룹에 대한 활동을 기록하거나 면담하는 것을 연구하는 것을 기초로 한다(Fernback, 1999; Kendall, 1999; Sharf, 1999). 특별한 가상 커뮤니티에서의 인터넷 기반 질적연구를 살펴보면, 인터넷에서 질적연구를 하는 것은 사이버공간에서 어떻게 살아가는지를 배우는 것과 시간 속에 사건의 고려를 포함한다. 인터넷 기반 질적연구는 단순한 참여관찰 이상일 뿐 아니라 풍부하고 다양한 자료 수집 방법을 사용하는데 또한 질문지와 오프라인의 구조화된 면담을 포함하고 있다. 그리고 질문지는 답이 있는 질문이나 폐쇄형 질문이 혼합되며 그것의 목적은 동기, 다양한 이슈에 대한 흥미와 인식을 찾는 것이다.

인터넷 면담의 특징

인터넷 면담 또는 온라인 면담에 대해 구체적으로 살펴보면 다음과 같다.

컴퓨터 중개 통신(CMC, Computer Mediated Communication) 면담

컴퓨터 중개 통신은 컴퓨터 사용자들에게 키보드를 통한 텍스트를 사용함으로써 다른 사람과 직접적으로 상호작용하는 것을 가능하게 만들었다. 컴퓨터 중개 통신에는 비동시성 컴퓨터 중개 통신, 동시성 컴퓨터 중개 통신, 반사적(私的) 컴퓨터 중개 통신, 공적(公的) 컴퓨터 중개 통신이 있다. 첫째, 비동시성 컴퓨터 중개 통신은 이메일 메시지를 보내면 전자적으로 전송되고 수취인은 언제든지 선택하는 대로 읽기, 답장하기, 복사하기, 파일 정리하기가 가능하다. 둘째, 실시간 채팅 같은 동시성 컴퓨터 중개 통신은 둘 이상의 사용자가 동시에 다른 컴퓨터에서 접속하여 메시지 상호 교환에 참여한다. 셋째, 반사적 컴퓨터 중개 통신은 이메일, 개인 간 토론(채팅, 컨퍼런스, 포럼, 동시적 토의그룹)으로 토론자나 연구 참여자에게 상호작용 내용이나 자연스러움에 대해서 약간의 통제가 허용된다. 넷째, 공적 컴퓨터 중개 통신의 경우 면담을 진행하는 사람의 직접적인 통제 아래에서 상호작용은 극단적으로 즉흥적일 수 있다(MaLaughlin, Osborne, and Smith, 1995). 예를 들면, BBSs(bulletinboard systems), newsgroup, Usenet, WELL, ECHO, 간접적 IRC 등이다.

인터넷 면담 및 온라인 면담은 현장의 면대면 면담과 비교하여 연구자들에게 다음과 같은 이점이 있다.

첫째, 지리적으로 아주 먼 거리에 흩어진 사람들에게도 면담을 실행할 수 있다.
둘째, 접촉하기 어려운 개인이나 그룹에 대한 면담이 가능하다. 즉, 물리적 이동이 적은 경우(거동이 불편하거나, 감옥, 병원에 있는 경우 등), 사회적으로 고립된 경우(약물 판매자, 정기적 환자 등), 위험한 곳에 사는 사람들(전쟁터 등)에게는 특별한 방법으로 다른 기술을 사용할 수 있다.
셋째, 연구자의 비용을 절감해 준다.
넷째, 면담 데이터를 베끼는 준비를 유연하게 할 수 있다. 그리고 빠르고 저렴한 면대면 면담을 대신하는 것을 제공한다.
다섯째, 참가자와 면담자가 서로 볼 수 없어서 면담자의 효과를 줄일 수 있다.

한편, 인터넷 면담 및 온라인 면담의 약점은 다음과 같다.

첫째, 각자가 볼 수 있는 단서의 부족으로 질문과 대답이 어떻게 해석되는지에 대해 평가하는 데 어려움이 있다.

둘째, 컴퓨터가 매개된 연구이므로 연구자와 연구 참여자 사이에 건전한 공감대와 신뢰 수준을 형성하는 것이 중요하다.

셋째, 필요시에 참여자들에 의해서 연구 주제에 대한 긴 기간의 약속을 만들기가 힘들다.

넷째, 연구 참여자에게는 다양한 영역의 기술이 요구된다. 연구 참여자들이 연구방법에 필요한 기술적인 능력을 모두 겸비했다고 가정하기는 어렵다.

면담을 하는 사람들은 인터넷에 대한 접근과 사용에 있어서 경제적인 것뿐만 아니라 성(性), 문화, 민족적 배경, 언어에 있어서 세계 속에서 자신의 위치를 인식할 필요가 있다 (Mann and Stewart, 2000). 자원이 풍부한 인터넷의 사용은 면담 대상자들이 어떻게 확인되는지에 대한 경계를 확장할 수 있다. 다양한 온라인 정보 체제, 즉 채팅룸, 메일링 리스트, BBSs, 컨퍼런스, 특별한 주제에 대한 집중, 흥미와 경험 또는 전문적 기술을 나눌 수 있는 지리적으로 떨어져 있는 참여자들을 이끌어 내기 등이다. 다른 분야의 연구와 비교해서 가장 강력한 이점은 인터넷 연구의 저비용이다. 인터넷의 구조적인 접근에서 사용자들은 언구나 프로젝트 비용이 거의 들지 않는다. 디지털 데이터로 작업하는 것은 연구자들에게 상당한 이득과 위대한 변화와 함께하는 선물을 제공한다. 컴퓨터로 실행되는 면담 수단에 기반을 두는 기술적인 기초는 연구자들에게는 익숙한 것이 되었다. 개인 면담이나 컴퓨터 중개 통신에서 조사로부터 얻은 거대한 자료는 다른 컴퓨터로 쉽게 이동될 수 있으며, 전자적인 메시지는 모니터로 반복해서 볼 수 있으며 저장되고 워드프로세에 의해서 접근되고, 프린트나 컴퓨터 디스켓 저장이 가능하다. 면담 자료의 데이터 분석은 기술의 발전과 집약의 혜택을 누리고 있다. 예를 들면, 인터넷 면담 데이터는 양적 또는 질적 분석 프로그램으로 직접 이동될 수 있으며(Creswell 1997; Fielding and Lee, 1998; Tesch 1990) 서로 연결될 수 있다(일부 질적 소프트웨어 프로그램은 이미 SPSS 기능을 가짐). 이러한 경향으로 미래에 디지털 과정의 상호 관련성의 엄청난 증가가 예상된다.

이메일 및 웹페이지를 통한 표준화된 면담

이 방법에는 이메일 조사(e-mail surveys)나 웹페이지 기반 조사(web page-based survey)가 있다. 이메일 조사에서 질문은 항상 응답자들에게 텍스트 형태로 이메일을 통해 보내진다. 이메일 조사를 완성하는 것은 응답자들이 이메일의 '답장하기'를 사용하거나 그들의 이메일 문서에 대한 대답을 문서 형식으로 하는 것이다. 웹페이지 기반 조사에 대해서 샤퍼와 딜만(Schaefer and Dillman, 1998: 392)은 "이메일 조사는 오직 잠시의 조사 기술을 대신하는 가능성을 드러낸다"고 했다. 많은 연구자들은 질문지들을 관리하는 더 적합한 수단으로서 관심을 웹으로 옮기고 있다(Comley, 1996).

온라인 설문 조사 시 이메일과 웹페이지를 사용할 수 있다. 대화형 HTML 양식을 사용할 수 있기 때문에 웹이 전자메일보다 선호되기도 한다. 온라인 조사의 특징은 다음과 같다. 자주 관리하는 것이 저렴하며, 검색 결과가 빠르고 수정하기 쉽다. 그리고 데이터 생성, 조작 및 보고가 쉽다. 그러나 응답의 정직성이 문제 될 수 있다.

이메일 조사는 모든 경우에 메일을 통해 연구자에게 전달되며 대부분 시간에 구애되지 않고 언제든지 편리하게 묻고 받아볼 수 있다. 종종 시간이 오래 지연되기도 하지만 모든 조사가 반환되기 전에 조사가 이루어지는 대로 분석을 시작할 수 있다. 이메일 조사의 가장 큰 장점은 대량의 정보를 얻을 수 있다는 것이다. 메일 패널로 참석을 동의한다면 참석자의 응답 속도를 향상시킬 수 있으며 동일한 응답자가 긴 조사기간 동안에 여러 번 조사를 할 수 있다.

마이어스(Myers, 1987)는 두 가지 종류의 온라인 전문가를 제안했는데, 전문적으로 예리한 것과 관계적으로 예리한 것(양육하고, 직접적인 온라인 관계, 개인 간 유대를 만드는 사회적 전문가)이다. 온라인에서 면담을 하는 사람들은 확실히 양쪽 영역에서의 자격이 필요하다. 표준화된 온라인 면담을 진행하는 것은 기술적으로 짐이 된다. 온라인 조사에 대한 회고에서 스미스(Smith, 1997)는 "운영하는 시스템이나 서버, 브라우저 간의 표준화의 부족은 연구자가 기술적으로 이해하고 방법론적으로 온전해야 하는 사회문화적으로 변화하는 환경을 만들 수 있다는 것이다."라고 결론을 내리기도 했다. 비규격화된 질적 인터넷 면담에 있어서 기술은 더욱 접근하기 쉬우나 관계있는 전문적 지식의 획득이 강조된다.

관계적인 기술과 비표준 면담

관계적인 기술과 비표준 면담에서 연구자들은 집단 면담, 개인 면담을 결정하는 방법론적인 이유와 친숙하다. 그러나 온라인 면담이 진행되면 심층면담을 사용하기 위한 결정이거나 가상 포커스 그룹이 일시성과 관련된 미래의 이슈를 다룬다. 개인 면담 선택사항 소프트웨어를 이용할 수 있는데 그 예는 다음과 같다. 첫째, 이메일이다. 이메일은 개인 대 개인 간 비동시적 면담을 가능하게 한다. 둘째, 실시간 이루어지는 개인-개인 간 채팅(real-time one-to-one chat)이다. AOL이나 Instant and ICO(I Seek YOU)는 실시간 개인 대

개인 간 채팅이나 집단 사람들과의 채팅을 가능하게 한다. 셋째, 실시간에 이루어지는 다수-다수 간 채팅이다. 다른 장소에서도 동시에 메시지가 쓰이고 읽힌다. 넷째, 비동시성의 다수-다수 간 컨퍼런스이다. 참여자들은 동시에 다른 참여자들의 메시지들에 반응할 수 있다.

인터넷 면담의 예로 오가드(Orgad, 2005)의 유방암 극복에 관한 이야기가 있다. 이 연구는 인터넷 사이트에서 〈유방암 질병부터 그 회복까지의 경험에 대한 인터넷 면담을 통한 경험적인 연구〉를 진행했다. 이것은 인터넷 공간에서 이루어진 유방암 환자들의 참여연구이다. 경험을 이야기하고 면담하는 과정을 통해 유방암 환자에 대한 정보뿐만 아니라 인터넷, 건강과 질병 및 사회 기관에 대한 경험을 알 수 있는 연구이다. 특히 경험을 이야기하는 것은 면담자와 면담 참여자의 상호작용을 증진시킨다.

이메일 면담(E-mail Interview)

인터넷은 1980년대 미국의 대학과 연구센터의 슈퍼컴퓨터 간에 시간을 공유하기 위해 미국 과학재단에 의해 설립되었다. 그러나 인터넷은 소형 컴퓨터의 증가세로 세계의 몇 억 규모로 성장했다. 이메일은 메시지가 개인 컴퓨터를 거쳐 네크워크나 전화선을 통해 전해질 수 있는 체계이다. 인터넷의 발전과 함께 이메일이 전송되고 공유될 수 있는 속도도 향상되었다. 기술역사학자인 그라우(Oliver Grau, 2003: 3)는 "최근 매체 촉진 범위와 일자리 및 일처리 기술은 다른 시대보다 매우 향상되지만 그만큼 문제를 만든다."고 주장했다. 이러한 발전은 온라인으로 방대한 정보에 바로 접근할 수 있으며, 이메일의 속도와 유연성을 이용할 수 있도록 연구자에게 매우 중요한 가치가 되고 있다.

이메일 면담의 특징

이메일 면담은 온라인 면담 중에서 비동시적인 방법이다. 연구자와 응답자의 일대일 관계는 상대적으로 이메일 교환에 의해 의사소통을 더 개인적이고 심사숙고하여 할 수 있는 계기를 만들어 준다. 면담 상황은 주로 면담자가 참여자의 경험과 감정을 자유롭게 이야기할 수 있는 분위기를 설립하는 데서 대인간에 이루어진다. 온라인 면담자들 간에 이루어지는 이메일 면담의 주된 주제 중의 하나는 정확하게 텍스트에 기반한 이메일 의사소통이 연구자와 면담자 간의 가까운 접촉을 가능하게 하고, 그것이 좋은 자료를 만들어 내는가에 관한 문제이다.

인터넷 환경에서 이메일 면담이 적용될 수 있는 이유는 다음과 같다. 첫째, 응답자가 너무 바쁘거나 다른 국가 또는 도시에 사는 경우에 사용될 수 있다. 이러한 환경에서 이메일 면담은 증거가 녹음되기 어려운 사람들에게 접근할 수 있게 해준다. 둘째, 대면 면담을 꺼리는 참여자에게 선호되는 방법이다. 면담 주제가 어렵거나 현장 상황에서 이루어지기 어려운 경우에 대안이 될 수 있다. 셋째, 개인적인 생일이나 직업과 같은 중요하지 않은 세부사항을 명확히 하는 데 이상적인 방법이다. 많은 응답자들이 과거의 응답 전화기에 남겨진 메시지나 편지보다 이메일에 더 빠른 반응을 보인다. 게다가, 과거처럼 우편을 통해 보내는 것보다 더 빨리 요청이 수신된다. 중요한 것으로, 이메일 면담은 전통적인 방법의 약점을 피하고 대면 면담의 장점을 결합한다.

이메일 면담의 장점과 단점

오늘날 편리한 인터넷으로 이루어진 인터넷 환경에서 대면 면담과 같은 이메일 면담은 좋은 정보를 제공하고 매우 구체적이고 '색상이 풍부'하다. 편지보다는 전화에 가까운 매체의 비공식적인 기록은 차별적이고 개인적인 정보를 제공하고 자주 비공식적인 예의 특징을 갖는다. 질문서나 관찰기술과 비교하여 이메일 면담은 자료의 복잡성과 깊이를 더한다. 더욱이, 과거의 대면 면담 시 준비와 실행에 있어서 또 녹음을 문서화하는 데 시간이 많이 소요된 것과 달리 이메일 면담 시 시간이 상당히 절약된다. 실시간의 면담도 필요 없고 단지 질문서만 보내면 된다. 그리고 추가적인 중요한 점은 문서화가 준비된다는 것인데 이는 과거의 방법들과 비교하여 큰 시간 절약이 된다. 성공적인 대면 면담을 위해 필요한 우수한 대인 기술, 예를 들어 눈을 마주치거나 적극적인 청취와 같이 대면 면담에서 매우 중요한 기술이 이메일 면담에서는 필요하지 않기 때문에 이메일의 사용으로 대폭 피할 수 있다. 그렇다고 해서 이메일 면담이 사회적으로 민감함이 없다는 것을 의미하는 것은 아니다.

이메일 면담의 가장 큰 특징은 더 비공식적인 기록으로서 의미 있다는 것이다. 사람들은 쓰는 것보다는 말로 할 때 자신을 더욱 잘 나타낸다. 그러나 예외는 있다. 상당수의 사람들은 말하는 것보다 글로 더 잘 표현한다. 부끄러움이 많거나 말하는 것을 어려워하는 개인들은 그들의 반응을 다시 읽고 검토하는 기회를 갖는 것을 좋아할 수 있다. 그러나 종종 이메일의 깔끔한 특징은 대면 면담의 동시성이 만드는 솔직함을 주지 못한다.

이메일 면담에서 일어날 수 있는 또 다른 문제는 오해석의 가능성이 있다는 것이다. 콜론, 세미콜론, 괄호 등으로 만들어지는 미소, 윙크, 슬픈 얼굴표정의 많은 사용에 따라서 글쓴이가 전달하고자 하는 이메일의 감정적인 의미를 이해하기가 쉽지 않다. 이메일 면담과 관련된 많은 약점이 있음에도 불구하고 이 방법은 두 가지의 최대 장점이 있다.

바로 이메일 면담의 속도와 유연성이다. 베네딕트(Michael Benedikt)는 ≪Cyberspace≫의 저자로서, 가상의 실제에서 우리의 일상적 시간과 공간의 개념은 달라진다고 강조한다. 질문과 응답을 하는 면담 제공자와 응답자의 관계는 여러 다양한 형태(직장, 집, 호텔, 공항, 인터넷카페 등)에서 이루어진다. 이메일을 통한 회신은 가능하지만 1시간 정도의 물리적 면담을 할 수 없을 정도로 아주 바쁜 사람들에게는 적절한 방법이 될 수 있다. 종종 응답자들은 이메일 이후에 특정 논점을 명확히 하고 확대시키려고 한다. 상황에 따라서, 모든 응답들에 대해 밀고 당기는 대화가 나타나기도 한다.

이메일 면담의 활용 방안

이메일 면담은 세계 어디서든 즉각적인 의사소통이 가능하고 대면 면담을 내켜 하지 않는 응답자에게 적용하기 용이하며, 시간 절약, 응답자의 편리에 따른 응답, 문서화의 불필요라는 장점과 함께 응답이 연구 목적에 지나치게 비공식적일 수 있고, 응답이 지나치게 요약되거나 검토된 것일 수 있고 이메일 수신함에 쌓이거나 무시될 수 있다는 단점을 가진다. 질적인 자료 수집을 위한 방법으로서 이메일 면담을 선택하는 것은 연구자로 하여금 시험적인 면담 프로젝트를 받아들이도록 요구한다. 비용이 들지 않고, 지리적인 거리나 복제의 위협이 없는 이메일 면담은 대인관계의 일정에 기초한다. 이것은 면담자 사이의 강한 유대로서, 연구 아래에서 면담의 과정은 첫째 메일을 교환하기에서 시작되고 지속된다. 각각의 이메일 면담은 연구자와 응답자들 사이에 개인적인 접촉의 관점에서 보았을 때 아주 특별하다. 종종 오프라인 맥락에서 쉽게 접근할 수 없는 상황이 선택되고, 편리하고 매력적인 면담의 연습 도구로서 이메일 면담은 일반적으로 연구 과제를 결정하기도 하지만 연구자들은 면담을 고대하고, 덜 일반적이고, 심지어 때때로 문제를 일으키는 연구 관계에 대해 지각해야 한다.

5. 심층면담 기법

면담에서의 성공은 연구자 개개인의 상황적 인식과 문제해결 속에서 이루어진다. 그러나 면담기법에 대해 연구한 이 분야의 연구자들은 면담에서 가장 중요한 요소로서 면담자의 질문기법을 강조했다. 돌비어와 슈만(Dolbeare and Schuman)은 좋은 면담을 하기 위해서는 적어도 세 번 면담을 해야 한다고 주장했다(Schuman, 1982). 첫 번째 면담에서는 연구 참여자의 경험을 정립하고, 두 번째 면담에서는 연구 참여자로 하여금 자신의 경험 속에 일어났던 맥락 속에서 그 경험의 세부적인 내용을 재구성하도록 하며, 세 번째 면담에서는 연구 참여자로 하여금 경험이 갖는 의미를 반영해 보도록 격려하는 것이다.

그러나 피면담자라고 해서 자기의 경험을 모두 잘 기억하고 있는 것은 아니다. 피면담자가 자신의 오래된 과거 기억이나 경험을 떠올리지 못하는 경우도 많다. 심지어 피면담자조차 의식적으로 기억하지 못하고 망각된 경험들이 있을 수 있다. 뿐만 아니라 연구자는 언어로 표현하는 능력이 부족하거나 내적 세계를 효과적으로 표현하지 못하는 많은 피면담자들을 만나게 된다. 이에 따라 때때로 말로 하는 질문은 주제에 대한 데이터를 끌어내는 데 불충분하게 되고 연구자가 피면담자와 라포를 형성하는 데도 어려움을 겪게 될 수 있다. 그러한 경우에 연구자는 다양한 심층면담 기법을 활용할 필요가 있다. 사진, 인공물, 주제에 대한 실제 항목, 혹은 실질적으로 시각화할 수 있는 것들이 연구 참여자에게 보다 많은 생각과 이야기를 유도할 수 있는 역할을 한다. 이에 연구자는 피면담자에 대한 효과적인 면담을 진행하기 위해 다양한 기법이나 도구를 활용할 필요가 있다.

사진을 활용한 면담(Photo-elicitation Interview)

사진을 활용한 면담은 연구자 또는 연구 참여자가 준비한 사진을 활용하여 면담을 하는 연구방법이다. 사진이라는 구체적 기록물이 있다는 점에서 이 면담 방법은 기억을 새롭게 이끌기도 하고, 사진으로 야기된 다양한 경험과 잊혀진 이야기들을 끄집어 낼 수 있다는 점에서 면담을 더욱 촉진시키는 역할을 한다. 이러한 방법으로 연구자는 면담을 할 때 더욱 확장된 질문을 할 수 있으며, 참여자들 역시 자신들의 숨겨진, 알려지지 않은 삶의 모습들을 재생할 수 있다. 아울러 면담자의 면담 기술이 미숙한 경우에도 이를 보완해 주는 중요한 기능을 한다. 또한 연구자가 연구 참여자의 삶을 사진으로 찍을 때 더 나은 내적 교감을 이룰 수 있다(Collier, 1967; Schwartz, 1989).

여기에는 두 가지의 활용 방법이 있다. 하나는 연구자가 현장 또는 연구 참여자의 행위, 물건, 장소, 사람 등을 사진으로 기록하고 심층면담 과정에서 주제와 관련된 사진을 제공하는 방법있다. 그러나 이때 모든 사진이 효과적인 것은 아니며, 연구자는 주제 분석 과정에서 분석적이고 적절한 장면을 선정하고 사진으로 기록할 수 있는 안목을 가져야 한다. 일반적으로 연구자는 연구 참여자와 연구가 진행되고 심층면담 자료를 분석하는 과정에서 주제를 심화하는 질문을 찾게 된다. 그러한 과정에서 연구자는 특정 장면에 초점을 두고 관찰을 하는 과정에서 사진으로 기록해 둘 수 있다. 또한 연구자는 참여관찰 과정에서 촬영한 사진을 활용하면서 심층면담을 할 수도 있다.

또 다른 사진 활용 면담 방법은 연구 참여자가 소유하고 있는 사진을 활용하는 것이다. 연구자는 주제와 관련하여 특정한 경험 및 사건에 대해 심층면담을 하는 경우에 연구 참여자에게 그러한 내용과 관련된 사진 자료가 있는지 확인한다. 특히 연구 참여자의 오랜 과거의 사건과 관련된 주제로 면담을 할 경우에 기록 사진을 활용하는 것이 더욱 필요하다. 예를 들어, 연구자가 연구 참여자의 어린 시절의 경험이나 가족에 대한 경험담을 듣고자 할 때 연구자는 연구 참여자에게 가족 앨범, 사진첩 등 관련 사진을 준비하도록 할 수 있다. 그러면 연구자는 연구 참여자가 준비한 사진들에 등장하는 장소 및 인물을 보면서 더욱 풍부한 이야기 자료를 수집할 수 있다.

동영상 자료를 활용한 면담

영상 자료를 활용한 심층면담은 연구자가 연구 참여자의 활동 및 일상을 촬영하고, 연구자는 연구 참여자와 그 동영상 자료를 함께 보면서 연구 참여자의 행위 및 상황 등에 대해 이야기를 나누는 방식을 말한다. 이러한 기법을 활용함으로써 연구자는 연구 참여자들의 이야기와 행위적인 실천의 의미를 상황적이고 맥락적으로 파악하도록 한다. 이에 따라 연구자는 연구 참여자의 구술 내용이 구체적으로 무엇을 의미하는지 이해하도록 돕고, 상황에 대한 연구 참여자의 해석이 보다 더 명확하게 드러나도록 해준다. 그러나 무엇보다도 영상 자료를 활용한 심층면담은 연구 참여자로 하여금 의식하지 못한 행위들을 자각하도록 하여 습관적인 행위들의 의미를 발견하도록 한다는 점에서 발견적인 심층면담 방법이라고 볼 수 있다.

이러한 면담기법은 연구자가 효율적으로 연구 참여자의 세계관을 이해하도록 돕는다는 장점과 더불어 연구 참여자가 자기의 행위 및 실천을 자각하며 논리적인 분석을 할 수 있는 기회를 제공한다는 장점이 있다. 반면에 연구 참여자에게 동영상 촬영에 대한 동의를 얻어내기가 쉽지 않으며, 동영상 촬영을 하는 과정에서 연구 참여자의 일상을 왜곡할 수 있다는 단점이 있다. 이러한 기법은 주로 교사의 수업 행위를 파악하거나 연구 참여자의 특정 행위 및 장면, 또는 문화 집단의 의례 및 행사 등을 맥락적이고 심층적으로 이해하고자 할 경우 주로 활용될 수 있다.

피면담자가 구성한 기록물을 활용한 면담

피면담자가 구성한 기록물을 활용한 면담이란 연구자가 연구 참여자로 하여금 사진기 및 동영상기기를 제공하여 자발적으로 기록하도록 하고, 그 기록물을 활용하는 면담 방법을 말한다. 위에서 살펴본, 사진 및 동영상 활용 면담은 연구자가 중심이 되어 연구 참여자의 행위를 기록하거나 연구 참여자가 이미 소유한 기록물을 활용하는 방법이다. 그러나 자발적 기록물 활용 면담 방법은 연구 참여자가 중심이 되어 스스로 장면을 선정하게 하고 기록하도록 하는 방법이다. 연구 참여자는 사진기 및 동영상기기를 활용하여 자기의 관점과 세계관으로 사물을 바라보고 중요한 장면을 선정하고 특정한 각도에서 사진 및 장면을 촬영할 것이다. 따라서 그러한 기록물에는 연구자가 직접 촬영한 사진 및 동영상보다 연구 참여자가 사물 및 상황을 해석하는 세계관 및 관점이 좀 더 직접적으로 투영되어 있다.

이에 따라 연구자가 이러한 방법을 활용하여 면담할 경우 연구 참여자의 내적 세계 및 관점에 좀 더 직접적으로 공감할 수 있다는 장점이 있다. 뿐만 아니라 연구자가 시간적, 공간적 제약으로 인해 연구 참여자가 속한 현장에 접근하기 어려운 경우에 효과적으로 활용할 수 있다. 또는 연구자가 요구되는 자격이나 권한이 없는 경우, 연구자가 그 현장에 참여하게 되면 현장에서 수행되는 일련의 일을 방해하는 경우에 이러한 방법을 활용할 수 있다. 이때 연구자는 항상 연구자의 윤리에 근거하여 연구 참여자에게 자료를 요청해야 한다. 그러나 연구 참여자가 바쁜 일상 중에서 현장을 사진 찍고 촬영하기가 쉽지 않다는 점에서 활용에 제한적일 수밖에 없다.

고고학적 발굴 방법에 기초한 면담

고고학적 심층면담 기법이란 피면담자의 삶의 흔적이 묻어 있는 유물을 활용하여 피면담자의 삶의 세계를 파악하는 방법을 말한다. 사실, 연구자가 수집한 사진이나 동영상 자료들은 피면담자의 삶과 실천의 흔적 및 유물의 일종이라고 볼 수 있다. 넓은 의미에서 인간은 삶을 살아가면서 흔적과 유물을 어떤 형태와 종류로든 남기게 된다. 이에 심층면담에서 피면담자의 유물을 적극 활용하는 것이 필요하다. 이러한 기법은 특히 피면담자의 삶의 생애사를 이해하려고 할 때 크게 도움이 될 수 있다. 연구자는 피면담자가 소중하게 간직하고 있는 물건이 있는지 확인할 수 있다. 아마도 피면담자는 어린 시절의 사진과 함께 일기 등 소중하게 간직해 온 물건을 가지고 있을 것이다. 그러한 물건들은 피면담자의 삶의 경험을 담고 있는 기억상자(memory box)라고 볼 수 있다. 더불어 연구자는 피면담자가 사용했거나 사용하고 있는 공간을 잘 살펴볼 필요가 있다. 연구자는 피면담자의 삶을 이해하기 위해 피면담자가 살아왔고 다녔던 학교나 고향, 그리고 선호하는 장소에도 동

행할 수 있다. 연구자는 피면담자에게 그가 소유한 물건에 담긴 이야기를 듣거나 피면담
자가 살아온 공간들에 입혀져 있는 의미들을 물어볼 수 있다.

　이와 같이 피면담자가 소중하게 생각하는 물건을 활용하는 심층면담은 연구자가 피면
담자와 라포를 형성하게 하는 효과적인 방법이자 유아들 및 어린 피면담자의 삶의 세계
를 이해하는 데 유용하다. 특히 감각기에 속하는 유아들이나 어린 피면담자는 벽에 낙서
를 그리거나 바닥이나 모래사장에서 놀이를 하면서 자기만의 세계를 다양한 표현방식으
로 펼쳐내기도 한다. 또는 장난감을 가지고 놀면서 상상력을 펼쳐내기도 하고, 쓰레기와
같은 휴지조각을 가방에 한 가득 넣고 다니기도 한다. 그러한 사물들은 유아나 어린 피면
담자의 삶의 세계가 녹아져 있는 상징적인 것이고, 연구자는 그러한 사물들을 관찰하고
그 안에 녹아져 있는 이야기에서 출발할 때 피면담자와 라포를 형성하고 소통관계를 형
성할 수 있다. 뿐만 아니라 이러한 심층면담 기법은 피면담자가 속한 집단의 생활양식을
파악하거나 그것의 변천을 이해할 때 효과적으로 활용할 수 있다.

저널 쓰기(Journal Writing)를 활용한 면담

저널 쓰기를 활용한 면담이란 연구자가 피면담자로 하여금 저널 쓰기를 하도록 하고, 피
면담사가 삭성한 저널을 대화와 면담의 촉진 도구로 활용하는 것을 말한다. 저널 쓰기를
성찰일지 쓰기라고도 말한다. 로드릭(Roderick, 1986; 이우진, 2016 재인용)은 저널을 자신
에 대해 반성적으로 사고하고 이러한 내용을 타인과 공유하고 대화의 수단으로서 가능하
게 해주는 개인적인 경험으로 정의하고 있다. 피면담자가 이러한 저널 쓰기를 하게 될 때,
피면담자는 자기의 일상을 통해 경험한 바를 자신의 언어로 기록하게 된다. 또한 연구자
가 피면담자로 하여금 저널 쓰기를 정기적이고 지속적으로 하게 할 때, 피면담자는 자기
의 삶을 성찰하는 유익한 기회를 가지게 되는 이점이 있다. 피면담자는 연구 과정에서 자
기의 삶을 다시 정리하고 반성하며 발전의 기회를 맞게 됨에 따라 면담의 과정에 적극적
으로 참여하는 효과가 나타나기도 한다. 연구자는 그러한 저널 자료를 활용하여 피면담
자의 상황을 나타내는 하나의 증거로 사용하기도 하나 그 저널을 바탕으로 면담을 할 때
더욱 심층적인 질문을 할 수 있고, 결국 심층적인 이해에 다다를 수 있게 된다. 또한 연구
자는 저널을 통해 피면담자의 경험의 변화 및 성장의 과정을 이해할 수 있다. 이와 같이
저널 쓰기를 통한 면담은 피면담자의 성찰에 기반한 경험의 기록이라는 점에서 성찰에
기반한 경험의 재구성 및 자아성찰적 탐구의 성격을 갖게 된다. 이에 따라 연구자가 피면
담자로부터 풍부한 자료를 수집하는 것을 넘어 연구자와 피면담자가 대화를 통해 성찰

및 변화를 기대하는 내러티브 탐구에서 주로 이러한 면담 방식을 활용한다.

모래놀이 및 미술치료 기법을 활용한 면담

모래놀이 및 미술치료 기법 활용 면담이란 연구자가 피면담자조차 의식하지 못하는 무의식적인 경험에 대해 면담할 때 사용되는 방법이다. 연구자는 피면담자와의 면담과정에서 피면담자도 의식하지 못하는 경험들을 조사하고자 할 때 어려움을 겪게 된다. 또는 피면담자가 자기의 내면의 의식을 표현하고자 할 때, 그것이 너무 오래되어 명확하지 않거나 감정이 억압된 경우 그것을 언어로 표현하기 어려워하는 경우들이 있을 수 있다. 그러나 심층면담에서 연구자는 피면담자의 감정을 포함하여 경험을 생생하게 듣는 것이 중요하다. 따라서 연구자는 피면담자의 이야기에 귀를 기울임과 동시에 그들 과거의 경험 및 깊은 내면을 언어화할 수 있는 장치들을 제공해 주는 것이 필요하다.

대표적으로 이러한 장치에는 모래놀이와 미술치료가 있다. 모래놀이는 다양한 피겨(인형)를 활용하여 모래가 담겨진 상자 안에 내면을 표현하는 기법을 말하며, 미술치료는 그림으로 내면의 감정을 표현하는 치료 기법을 말한다. 이들 장치들은 공통적으로 피면담자가 자신의 내면세계를 비언어적이고 가시적인 방식으로 표현할 수 있도록 하고 있다. 모래놀이에서 피면담자는 수많은 피겨들 중에서 여러 특정한 피겨를 선정하고 그것을 모래상자 안에 배치하는 방식으로 내면의 세계를 상징적으로 표현하도록 한다. 또한 이러한 기법은 피면담자가 비언어적인 방식으로 표현함에 따라 방어심리를 줄여 주는 효과도 있다. 특히 이러한 기법은 언어 학습이 부족한 유아 및 초등학교 저학년이나 언어 장애가 있는 피면담자에 대한 연구에 유용하다. 그러나 연구자가 이러한 기법을 쉽게 활용하려면 모래놀이, 미술치료 기법을 익히고, 필요한 재료를 준비할 필요가 있다.

6. 면담에서 활용할 수 있는 질문의 종류

면담은 면담자의 재치와 전문적 지식에 전적으로 의존한다. 그러나 모든 연구자들은 면담이 성공적으로 이루어지기 위해 최소한 면담의 과정에서 어떤 형태의 질문을 물어야 하는지에 대해 알아야 할 필요가 있다. 이와 관련하여 패튼(Patton)은 다음과 같이 면담에서 연구자가 활용할 수 있는 질문의 종류를 구체화시켜 주었다(pp. 290-293).

(1) 배경 지식에 대해 질문하기: 연구 참여자의 배경에 관련된 질문이다. 나이, 교육정 도, 직업, 주거지, 가족관계 등이 여기에 속한다.

(2) 경험에 대해 질문하기: 연구 참여자가 하는 행동이나 했던 행동에 대한 질문이다. 연구 참여자가 현장에 있었다면 관찰할 수 있었던 경험, 행동, 행위, 활동에 대한 기술을 도출하기 위해 하는 질문이다.

  예) 당신과 함께 그 프로그램에 있었다면 당신이 무슨 일을 하고 있는 것을 보았을 까요? 제가 당신의 일상적인 하루를 함께 보낸다면 당신이 주로 하는 일은 어 떤 것일까요?

(3) 의견/가치에 대해 질문하기: 연구 참여자의 인지적, 해석적 과정을 이해하기 위해 하는 질문이다. 이 질문에 대한 응답을 통해 연구 참여자가 특정한 주제에 대해 어 떻게 생각하는지를 알 수 있다. 또한 연구 참여자의 목적, 의도, 욕망, 가치에 대해 알려 준다.

  예) 무엇을 믿으세요? 이 주제에 대해 어떻게 생각하세요? 이 주제에 대한 당신의 의견은 무엇인가요?

(4) 감정에 대해 질문하기: 연구 참여자의 경험과 생각에 대해 느끼는 정서적 반응을 알기 위해 하는 질문이다. 주로 어느 정도 걱정했는지, 행복했는지, 무서워했는지, 또는 자신 있었는지와 같은 형용사를 사용하여 묻는다.

(5) 지식에 대해 질문하기: 연구 참여자가 어떠한 실제적인 정보를 가지고 있는지를 알기 위해 묻는 질문이다.

  예) 서비스 유무, 조직의 구조, 고객의 특징, 프로그램의 제공자, 프로그램의 규칙

(6) 역할 놀이/시뮬레이션 질문하기: 연구 참여자를 다른 누구라고 가정하거나 어떤 상황에 있다고 가정하게 해 놓고서 질문하는 방법이다. 윤리적, 도덕적 문제를 질 문하는 경우, 연구 참여자가 직접 대답하기 힘들 때 가정법적인 상황을 연출하여 다른 누구로서 이야기하게 한다.

  예) 이 프로그램에 처음 가입한 사람이라고 가정합시다. 이에 제가 당신에게 이 프 로그램에서 잘 해내기 위해 어떻게 해야 하느냐고 물었을 때, 당신은 저에게 어떻게 이야기해 주시겠습니까?

  예) 당신이 신뢰하는 사람이 당신에게 감옥에서 어떻게 도망쳐 나올 수 있느냐고 물었을 때, 당신은 그 사람에게 어떻게 이야기하겠습니까?

7. 대화를 촉진하는 대화의 표현

성공적인 면담을 완성하기 위해 면담자는 질문의 종류와 함께 면담을 촉진시키는 표현을 잘 알고 있어야 한다. 그리고 그러한 표현을 적재적소에 사용하여 면담 중에 일어나는 대화와 의사소통이 잘 이루어지도록 윤활제 역할을 해야 한다. 이러한 질문기법은 면담을 한층 더 세련화시키고 연구 목적에 맞는 적절한 주제를 규명하는 데 기여한다. 패튼(Patton), 크발(Kvale), 버나드(Bernard)의 아이디어를 종합하여 다음과 같이 정리했다.

탐구 질문하기

'탐구(probe)'라는 단어가 의미하는 것처럼 연구 참여자가 한 말이나 주제에 대해 보다 심층적으로 대화를 진행시키는 질문을 말한다. 일종의 후속적 질문이라고 하겠다. 면담 가이드에는 미리 만들어져 있지 않으며 면담하는 과정에서 면담자가 면담 내용을 이해하면서 후속적 질문을 만드는 과정에서 창조적으로 만들어 내는 질문으로서 유능한 면담자라면 갖춰야 할 연구 기술이다. 패튼은 세부적인 자료를 찾기 위한 질문이라고 했다. 이 탐구 질문하기의 세부 내용으로는 '누가, 어디에서, 무엇을, 언제, 어떻게'라는 용어가 사용되며, 이외에도 다음과 같은 다양한 방법이 사용된다.

(1) 침묵: 가장 어려운 형태의 자극 방법이다. 피면담자에게 더 많은 이야기와 정보를 말하기를 원한다는 메시지를 전달하는 방법이다. 답을 하도록 또는 더 이야기하도록 응답하지 않고 더 말하기를 기다린다.

(2) 메아리: 피면담자가 한 마지막 말을 다시 한 번 언급하고서 "그래서요?" "그리고 그 다음에 무슨 일이 일어났는데요?"라고 묻는 방법이다.

(3) 긍정적 수긍: "음" "흠" "그렇죠" 등의 언어적 반응

(4) 심층적 자료 요청: 가장 많이 쓰이는 자극 방법이다.
예) "더 말씀해 주시겠어요?" "왜 그렇게 느끼신 거죠?" "그렇게 말씀하신 이유는 어디에 있나요?" "이제 알 것 같은데요. 더 이야기해 주세요." "이제야 알 것 같습니다. 더 말씀해 주시기 바랍니다."

(5) 긴 질문을 하기: 간단한 문장으로 묻기보다는 질문의 내용을 서술하면서 질문하는 방법이다.
예) "잠수하는 기분은 어떤가요?"라고 묻기보다는 "잠수에 대해 말씀해 주시겠어

요?" "처음에 어떻게 준비해 어떻게 물에 들어가서 깊은 바다로 들어가나요?"
"그 깊은 바다로 들어가면 어떤 기분이 들어요?"

(6) 고개 끄덕이기: 연구 참여자의 이야기를 경청하고 있으며 더 많은 이야기를 기다린다는 표현으로 전달된다.

(7) 명료화하기: 연구 참여자가 한 이야기를 면담자가 충분히 이해하지 못했으니 다시 자세하게 설명하기를 요청하는 질문이다.

예) "그 이야기를 더욱 자세하게 기술해 주시겠어요?"

(8) 대조하기: 반응의 범주를 명확히 하기 위해 사용하는 탐구 질문이다.

예) "이 경험이나 느낌을 다른 경험이나 용어와 비교한다면 어떻게 하시겠습니까?"

분류학적 질문하기

'분류학(taxonomy)'이라는 용어가 의미하는 것처럼 면담의 목적은 연구하려고 하는 대상, 문화, 참여자의 삶을 분류학적 방법으로 기술하기 위해 참여자의 삶의 전체를 분류학적 방법으로 찾아내는 것이다. 이 면담에서는 참여자에게 "그러한 대상에 대한 이름이 무엇이냐?", "당신의 삶에서는 무엇이라고 불리느냐?"라고 질문한다. 이 방법을 통해 문화에 존재하는 관련된 범주와 용어를 규명할 수 있다. 이 면담은 연구자로 하여금 연구 참여자의 세계에 존재하는 지역적 개념들, 사물에 대한 지역적 명칭들을 밝혀내는 데 효과적이다. 연구 참여자가 가지고 있는 생각, 경험을 분류하기 위한 목적으로 사용하는 이 면담법은 참여자들에 의해 사용되는 범주, 용어가 무엇인지를 분류하기 위한 목적으로도 사용된다. 면담의 진행은 포괄적이고 일반적인 질문으로 시작하여 구체적인 질문으로 이루어진다.

대표적으로 이 방법을 사용하여 성공적인 연구를 한 예는 필리핀의 풍토병 종류를 분류학적으로 서술한 프레이크(Frake, 1961)의 연구이다. 그는 분류학적 질문하기 면담을 사용하여 병에 대한 필리핀 지역민이 가지고 있는 134개의 표현을 찾아냈다. 이러한 병의 종류를 찾아낸 다음에 더욱 구조적인 면담법을 사용하여 병들 간의 관계, 진단방법, 병의 발달과정 등을 도출해 냈다.

스프래들리는 이 면담을 사용하여 한 직업인이 하게 되는 일의 종류를 분류학적으로 구분해 낼 수 있다고 했다. 예를 들면, 그가 실행한 웨이트리스의 삶에 대한 연구에서 웨이트리스에게 대단위 질문으로서 직장에서 전형적으로 일어나는 일상을 묘사해 달라고 질문할 수 있고, 그 다음 단계인 소단위 질문 단계에서는 웨이트리스가 탁자 위에 '쟁반을 바르게 놓기' 위해 구체적으로 어떻게 하는지를 자세히 설명해 달라고 질문할 수 있다(Spradley, 1979). 또한 오바크(Orbach, 1977; Spradley, 1979에서 인용)의 면담 연구에서는 먼저 어부에게 참치 어선에 대해 전체와 부분에 대한 세심한 묘사를 부탁했고 다음으로 참치 어선을 구성하는 기계에는 어떤 것이 있으며 어떤 것이 이 어부에게 중요한지를 묘사하게 했다.

자유연상 질문하기

특정한 한 주제에 대해 연구 참여자가 알고 있는 모든 것을 이야기할 수 있도록 자유연상 방법을 통해 면담을 하는 것을 말한다. 분류학적 면담법이 포괄적으로 질문하여 범주, 범주 간의 관계를 규명하려고 한다면, 자유연상 면담은 특정한 한 가지 주제에 대해 연구 참여자가 가지고 있는 많은 생각과 경험을 될 수 있으면 많이 제시할 수 있게 하는 방법이다. 이에 피면담자에게 자신의 생각을 나열하게 하는 면담 방법이다. 정보 제공자로부터 특정 주제나 유형에 대한 정보를 얻기 위해 개방형 질문을 활용하는 기술이다(예, "거기에는 어떠한 종류의 ~이 있습니까?" "~의 이름을 알고 있는 대로 나열해 보세요").

대표적인 예는 웰러와 덩기(Weller and Dungy)의 연구로서 이 연구에서는 여성들이 왜 모유를 아이에게 먹이려고 하는지 아니면 왜 우유를 먹이려고 하는지에 대해 있을 수 있는 모든 이유를 나열하도록 면담했다. 이 면담법은 특정한 주제들을 대립적인 방법으로 비교하여 면담하여 참여자들이, 어떻게 생각하는지를 알아보려고 할 때 유익하다. 그 예로서, 웰러, 롬니, 오르(Weller, Romney, and Orr, 1987)의 연구는 인종별로 아동의 잘못된 행동들에 대해 부모가 하는 반응을 아동들이 어떻게 다르게 지각하는지를 규명하려고 했다. 이에 참여자들에게, 첫째, 청소년으로서 자신들이 잘못하는 행동들은 무엇인지를 질문했고, 둘째, 일반적으로 십대의 청소년들이 잘못하는 행동에는 무엇이 있는지를 물었으며, 셋째, 아동들이 답한 내용들을 개별적으로 하나씩 선택하여 그 행동들에 대해 부모들이 어떠한 반응을 나타냈는지를 물었다. 그리하여 인종별로 부모들이 보여 주는 반응 목록의 내용을 유목했다.

웰러(1984)는 미국 여성 20명에게 다음과 같은 질문을 했다. "질병이나 아픈 것에 대한 표현을 알고 싶습니다. 당신이 생각하고 있는 모든 질병을 말씀해 주시겠습니까?" 이와 같은 질문에 대한 응답자의 대답과 빈도는 다음 표와 같다.

미국인의 질병 용어

빈도	병명	빈도	병명	빈도	병명	빈도	병명
15	암	7	폐렴	5	성홍열	3	정신 질환
13	볼거리	7	동맥경화	5	성병	3	간염
12	홍역	6	감기	4	관절염	3	단구증가증
9	수두	6	독감	4	편두통	3	천연두
9	백혈병	5	폐기종	4	천식	3	연쇄 구균증
9	결핵	5	심장병	3	디프테리아	3	중풍
7	당뇨병	5	소아마비	3	두통	3	신장염

자유연상 질문 목록에는 다양한 질문이 가능하다. 예를 들어 영아의 수유와 관련해서는 다음과 같은 자유연상 질문을 활용할 수 있다(Weller and Dungy, 1986).

- 왜 모유수유를 원하는지 이유를 말씀해 주세요.
- 왜 일부 사람들은 모유수유를 한다고 생각하십니까?
- 왜 우유를 먹이지 않기로 결심하셨나요?
- 모유수유의 장점은 무엇이라 생각하십니까?
- 모유수유의 단점은 무엇이라 생각하십니까?
- 모유수유를 좋아하는 이유를 모두 열거해 주세요.
- 모유수유를 싫어하는 이유를 모두 열거해 주세요.
- 언제 모유수유가 적당한가요?
- 어떠한 상황에서 모유수유를 포기하고 싶으신가요?

문장 만들기 질문하기

매우 구조화된 면담 방법으로서 피면담자에게 이미 만들어진 또는 구조화된 질문들을 주고서 그 질문들에 대해 보충하거나 설명하거나 답을 채워 넣게 하는 면담법을 말한다. 조직 평가, 사회 풍토 평가 연구에 많이 사용되는 면담법으로서 연구 참여자들에게 연구자가 제작한 문장 삽입 형태의 면담지 또는 질문지에 답하도록 하는 형식의 면담 기법이다.

다음의 예는 누가 남극 아문센 연구센터에 연구원으로 가야 하는지를 결정하기 위한 자료를 얻기 위해 실행된 면담 방법이다. 두 연구자들은 남극기지에 머물렀던 경험을 가지고 있었던 7명의 승무원들과의 면담을 통해 아문센 연구센터에서의 겨울나기의 경험이 어떠했는지를 비공식적, 사회적 역할에 근거하여 밝히고자 했다. 이를 기초로 하여 다음 표의 사회적 역할에 대한 평가지가 개발되었다(10개의 진술문).

문장 만들기 면담을 통해 개발된 질문지 예

1. _____ 는 기지에서 어떤 일을 할 때 자연스러운 리더가 된다.
2. _____ 는 파티나 다른 사회적 이벤트를 조직하는 데 앞장선다.
3. _____ 는 기지에서 만능재주꾼이거나 코미디언 중의 한 명이다.
4. _____ 는 기지에서 많은 사람들의 상담자나 절친한 친구로서 도와주고 다른 사람의 이야기를 잘 들어준다.
5. _____ 는 할 수 있을 때는 언제라도 항상 자원봉사자가 되어 도와준다.
6. _____ 는 특히 자신의 일에 전념하거나 열중한다.
7. _____ 는 단지 하나의 그룹과만 어울리지 않고 실제로 모두의 친구가 된다.
8. _____ 는 당신이 곤경에 처했을 때 극복하기 위해 의지할 수 있는 사람이다.
9. _____ 는 훌륭한 이야기꾼이다.
10. _____ 는 평화적 중재인으로서 사람들 사이의 차이점 해결에 도움을 준다.

네트워크 질문하기

사회연구와 인간연구는 바로 사회관계와 인간들의 상호작용에 대한 연구이기 때문에 연구 참여자에 대한 연구는 바로 그의 삶과 관련된 다른 참여자들에 대한 연구이기도 하다. 그러한 점에서 네트워크 질문하기는 연구 참여자의 자아와 관련된 사람들이 누구이며 그러한 사람들과의 삶이 어떤 관련을 가지고 있는지를 묻는 것을 말한다. 친구, 선후배, 부모, 애인, 이웃, 동료, 지역 사회 시민들 모두가 연구 참여자의 삶을 이해하는 데 연관되는 정보 자료가 될 수 있다.

8. 사이드만의 성공적인 면담 방법 가이드

사이드만(Seidman)은 심층면담이 성공적으로 이루어지기 위해서는 적어도 세 번 정도의 면담을 해야 한다고 주장하고 있다(박혜준, 이승연 공역, pp. 46-66). 처음 만나는 '피연구자'와 단 한 번의 만남을 예정하고서 주제에 대한 탐색을 꾀하는 연구자는 얇은 얼음판 위를 걷는 것과 같다(Locke, Silverman, & Spirduso, 2004, pp. 209-226; Mishler, 1986)는 전제에 기초한 것이다. 한 연구 참여자마다 세 번씩 면담을 하는 것은 연구자에게 상황에 따라서 상당한 피로감과 부담을 주기는 하지만 여러 가지 점에서 효과적이라고 하겠다. 이 절에서는 사이드만이 강조한 3회 기초 면담 방법을 살펴보도록 하자.

생애사 면담 과정

생애사 면담	면담 내용
첫 번째 면담	생애사 집중하기 연구 참여자의 경험의 맥락 정립하기
두 번째 면담	경험의 세부사항 재구성하기 연구 참여자로 하여금 자신의 경험이 일어났던 맥락 속에서 그 경험의 세부적인 내용을 재구성하도록 돕기
세 번째 면담	의미에 대해 숙고하기 연구 참여자로 하여금 자신의 경험이 갖는 의미를 반영해 보도록 격려하기

첫째, 심층적이고 현상학적인 면담을 위해서는 각각의 연구 참여자와 최소한 세 번의 생애사 면담을 수행한다. 첫 번째 면담은 생애사 집중하기이다. 첫 번째 면담에서 연구자의 과업은 연구 참여자에게 주제와 관련하여 지금까지의 자기 자신에 대해 가능한 한 많은 이야기를 해 달라고 부탁함으로써 연구 참여자의 경험을 맥락 안에 놓도록 하는 것이다. 매사추세츠 주에 위치한 한 사범대학교에서 실시한 교생들과 지도교사들의 경험에 관한 연구(O'Donnell et al., 1989)를 예로 들면, 연구자는 연구 참여자들에게 교생이나 지도교사가 되기까지의 과거 삶에 대해 90분 이내로 가능한 한 많이 이야기해 달라고 부탁했다. 그리고 가정, 학교, 친구, 동네, 직장에서의 초기 경험들을 재구성해 보도록 청했다.

두 번째 면담은 경험의 세부사항 재구성하기이다. 두 번째 면담의 목표는 연구 주제와 관련하여 연구 참여자가 현재 하고 있는 생생한 삶의 경험의 구체적인 세부사항들에 집중하는 것이다. 연구자는 연구 참여자들에게 이러한 세부사항들에 대해 재구성해 달라고 부탁한다. 예를 들면, 임상 현장에 있는 교생과 지도교사에 관한 연구에서 교생과 지도교사에게 실제로 어떤 일을 하는지 묻는다. 여기서 연구자는 그들의 의견을 묻는 것이 아니라 그들의 의견을 형성하는 토대가 될 수 있는 경험의 세부사항을 묻는 것이다. 두 번째 면담에서는 연구 참여자들이 경험하는 무수한 세부사항들이 불완전하더라도 재구성해 보도록 최선을 다하는 것이 중요하다. 연구 참여자들은 경험을 그들이 속해 있는 사회 환경의 맥락 속에 놓기 위해서, 예를 들면 연구자는 교생들에게 그들이 학교에서 학생들, 지도교사, 그 학교의 다른 교사진, 경영진, 부모들, 지역사회와 맺고 있는 관계에 대해서 이야기해 달라고 했다. 그리고 교생들에게 아침에 일어난 순간부터 밤에 잠들 때까지 교생으로서 하루를 재구성해 보도록 요청했고, 세부사항들을 끌어내는 하나의 방법으로서 학교에서의 경험 이야기들을 청하기도 했다.

　세 번째 면담은 의미에 대해 숙고해 보기이다. 세 번째 면담에서는 연구 참여자들에게 그들의 경험이 갖는 의미에 대해 숙고해 보도록 요청한다. 질문은 "당신은 지도교사가 되기 전의 삶에 대해 이야기한 것과 지금 하고 있는 일에 대해 이야기한 것을 감안할 때, 당신의 삶에서 교생지도를 어떻게 이해하고 있습니까? 교생지도는 당신에게 어떤 의미입니까?"라는 말로 표현될 수 있을 것이다. 이 질문을 미래지향적으로 물을 수도 있는데, 예를 들면 "이 면담들을 통해 당신이 재구성한 것을 감안할 때, 당신은 미래에 어떤 모습이 되어 있을 것 같습니까?"라고 물을 수 있다. 이처럼 의미를 만드는 활동은 연구 참여자들로 하여금 그들의 삶에서 여러 요인들이 어떻게 상호작용하여 현재의 상황으로 이끌었는지에 주목하게 한다. 이는 또한 연구 참여자들로 하여금 현재 경험을 경험이 일어난 맥락 안에서 세부적으로 살펴보도록 요구한다. 비록 경험에 대한 연구 참여자들의 이해에 초점을 맞추는 것은 세 번째 면담이지만, 세 번의 면담 모두에서 연구 참여자들은 의미를 만들어 간다. 경험을 언어화하는 바로 그 과정이 의미를 만드는 과정인 것이다(Vygotsky, 1987). 연구 참여자들에게 경험에 대한 이야기를 해 달라고 부탁하면, 연구 참여자들은 도입, 전개, 결말의 형태로 경험에 대한 이야기를 조직하게 된다.

　둘째, 구조를 중시한다. 세 번의 면담 구조를 따르는 것이 중요하다. 그리고 개방적이고 심층적인 면담에서는 세 번의 면담 구조를 따르되 연구자는 해야 하는 수많은 결정들을 인식하고 면담의 목적에 충실해야 한다. 세 번의 면담을 수행하면서 연구자는 연구 참여자들에게 충분히 개방적이면서 면담의 구조가 기능할 수 있도록 각각의 면담에서 초점을 유지하는 것 간의 세심한 균형을 유지해야 한다(McCracken, 1998: 22).

　셋째, 면담의 길이이다. 세 번의 면담 각각이 가지고 있는 목적을 달성하기 위해 돌비어와 슈만(Dolbeare and Schuman)은 90분 체제를 사용했다(Schuman, 1982). 이 접근법의 목적이 연구 참여자들로 하여금 그들의 경험을 재구성하고, 그 경험을 그들의 삶의 맥락 안에 놓고, 그 의미를 숙고하도록 하는 것임을 감안하면 90분 미만의 짧은 면담은 짧은 것이다. 이것은 절대적인 것은 아니나, 중요한 것은 면담의 길이를 면담이 시작되기 전에 결정해야 한다는 것이다. 그렇게 하면 면담이 조화를 이룰 수 있게 된다.

넷째, 면담의 간격이다. 세 번의 면담 구조는 연구자가 각 면담을 3일에서 1주일 정도 의 간격으로 진행할 수 있을 때 가장 효과적이다. 이 간격은 연구 참여자가 지난번의 면 담에 대해 숙고해 볼 수 있도록 하면서도 두 면담 사이의 관련성을 잃지 않을 만큼의 시 간을 제공해 준다.

다섯째, 대안적인 구조와 절차이다. 세 번의 면담 구조와 면담 길이 및 간격에서 변형 이 이루어질 수 있다. 면담 연구의 설계에서 가장 중요한 원칙은 반복할 수 있고 문서화 할 수 있는 합리적인 절차를 얻기 위해서 노력하는 것이다. 면담을 전혀 실행하지 않는 것보다는 이상적인 조건에 못 미치더라도 면담을 실행하는 것이 더 바람직하다.

여섯째, 타당도와 신뢰도이다. 질적 접근을 지지하는 연구자들은 질적 접근과 양적 접 근 간의 중요한 차이로 심층면담을 수행하는 연구 도구로서 연구자의 역할을 인정하고 지지한다. 자료 수집에 사용된 도구가 자료 수집 과정에 영향을 미친다는 사실을 비판하 기보다는 오히려 심층면담을 수행하는 연구자는 자신이 가지고 있는 지식과 기술을 활용 하여 다양한 상황에서 적절하게 반응할 수 있는 놀랍도록 현명하고 변화할 수 있고 융통 성 있는 도구가 될 수 있다고 주장한다(Lincoln & Guba, 1985: 107).

일곱째, 스스로의 심층면담을 경험하는 것이다. 면담 연습을 통해 면담을 하는 경험과 면담에 참여하는 경험을 가져볼 수 있다.

9. 현장에서 경험한 효과적인 면담 기법

이 절에서는 필자의 개인적인 면담 경험에 기초하여 면담을 효과적으로 이끄는 데 필요 한 방법 또는 전략에 대해 소개하고자 한다. 물론 이러한 표준화된 답변들이 다양한 상황 에 처할 면담자들에게 절대적으로 도움을 줄 수는 없겠지만 면담 경험이 미진하거나 좋 은 면담을 계획하는 연구자라면 한 번쯤은 알아두면 좋을 것이라고 생각한다. 특히 이 경 험의 이야기들은 한국 상황에서 이루어진 것이기 때문에 외국의 면담 관련 서적에서 제 시한 내용보다 더 적절할 것이다.

(1) 면담의 시작은 가벼운 대화로 출발한다. 면담 초기부터 대화의 주제가 심각하면 면담이 계속적으로 진행되기 힘들다. 연구 참여자로 하여금 면담이 대화와 비슷하다는 생각을 갖게 만들어 면담에 참여하도록 유도해야 한다. 옷, 최근의 대중적인 이슈, 재미 있는 기삿거리를 대화의 양념으로 사용하는 것이 낫다.

(2) 면담을 언제 하는가를 결정하는 것이 중요하다. 연구 참여자와 라포르가 충분히 형성되었다고 생각할 때 면담을 실시하는 것이 낫다. 그렇지 않을 경우 면담은 매우 경직되고 서로에게 아무런 의미가 없는 건조한 대화가 될 것이다.

(3) 면담에서 녹음기 사용은 필수적이다. 인간의 기억을 절대적으로 믿어서는 안 된다. 그러나 연구 참여자가 녹음기 사용을 반대하는 경우에는 사용하지 않는 것이 낫다. 그러한 경우에는 노트 필기 또는 기억해 두었다가 면담이 끝난 직후에 공책에 기록해야 한다.

(4) 연구자는 면담의 진행을 통제할 수 있는 요령을 갖추어야 한다. 때로는 면담이 연구 참여자의 신세한탄으로 이어지는데, 특히 생애사 면담의 경우 더욱 그렇다. 면담을 허락해 준 연구 참여자에게는 고맙지만 신세한탄으로 면담 시간을 허비할 수는 없다. 특히 면담자가 연구 참여자에 비해 나이가 어린 경우에는 연장자의 말을 끊기가 어렵다. 그러나 면담이 끝나고 난 뒤에 집에서 녹음자료를 들으면서 후회하는 것보다 연구 참여자에게 면담의 목적을 상기시키고 효과적으로 면담을 마치는 것이 훨씬 더 낫다. 그렇지 않을 경우, 두세 시간을 소비해 녹음한 테이프에 면담자가 원하는 정보가 없다는 사실을 뒤늦게 알고 깊은 자괴감에 빠질 것이다.

(5) 면담자의 대화기술이 좋은 자료를 생성해 낸다. 면담자는 연구 참여자로 하여금 면담에 즐겁게 몰입할 수 있도록 자극시켜야 한다. 연구자는 다양한 형태의 언어적, 비언어적 표현을 통해 면담이 잘 되고 있으며 연구 참여자의 정보가 유용하다는 사인을 주어야 할 필요가 있다. 대표적인 표현으로는 몸짓으로 의견을 수용하기, 언어로 의견을 수용하기, 칭찬 등을 계속해 주기 등이 있다.

(6) 면담 중에 연구자는 적는 태도 또는 적는 행동을 하는 것이 필요하다. 상대방의 이야기를 받아 적는 행동은 연구 참여자에게 자신의 이야기가 가치 있으며 신중하게 듣고 있다는 느낌을 줄 것이다. 자신이 존중받는다는 생각은 연구 참여자를 면담에 더욱 몰입시킨다. 굳이 적지 않더라도 공책을 지참하는 습관을 갖자.

(7) 연구 참여자가 필요로 하는 정보가 있으면 면담 중이나 면담 후에 제공한다. 면담이 모두 면담 주제와 관련된 대화로 진행되는 것만은 아니다. 때로는 연구 참여자

의 생활과 관련된 대화가 있을 때, 연구자가 제공할 수 있는 중요한 자료들이 있으면 알려 주거나 갖다 준다.

(8) 연구 참여자에게 면담이 의미 있는 결정이었다고 생각하게 만든다. 자신의 이야기와 경험이 다른 교사나 사람들의 삶의 이해와 개선에 기여할 것이라고 생각하게 만들어야 한다. 새로운 자료를 얻어 행복한 연구자만큼, 자신의 가치를 인지하고 행복해하는 연구 참여자가 있어야 한다. 자신의 희생과 노력이 헛되지 않았다는 생각이 들어야 한다.

(9) 면담자는 연구 참여자에 비해 이야기는 적게 하고 많이 듣는 태도를 가져야 한다. 연구 참여자의 세계를 이해하는 것이 목적이므로 자극을 위한 질문만을 하고 주로 연구 참여자의 이야기를 듣고 새로운 질문을 만드는 방향으로 면담을 하는 것이 필요하다.

(10) 면담 주제가 다소 어려운 내용일 경우에는 미리 연구 참여자에게 면담의 내용에 대해 알려 준다. 면담 주제가 연구 참여자가 평소에 생각해 보지 않은 주제들, 심오한 사고를 요구하는 경우, 윤리적인 의견을 요구하는 경우, 아니면 오래된 기억을 떠올리는 경우에는 면담 상황에서 이러한 주제들에 대해 바로 답하기가 어렵다. 이를 대비해 연구자는 이메일이나 전화를 통해 사전에 어떤 내용으로 면담을 할 것이며 어떤 내용이 꼭 필요한 자료인지를 상기시키고 연구 참여자를 준비시켜야 한다. 그렇지 않을 경우, 연구 참여자가 그러한 주제들에 대해 직접적인 면담 상황에서 연구자가 필요로 하는 자료들을 모두 제공해 주기는 어렵다. 또한 연구 주제에 대해 심오하게 준비해 오는 연구 참여자들은 거의 없다. 이에 이러한 비효과적인 면담 상황을 방지하기 위해 토론 주제에 대해 생각해 오도록 질문 항목들을 미리 전달해 주는 것이 효과적이다.

(11) 면담은 면담자의 주장을 전달하는 자리가 아니라 연구 참여자의 경험과 생각을 듣는 자리라는 것을 잊어서는 안 된다. 따라서 면담에서 면담자가 연구 참여자에게 어떤 주제에 대해 판단하거나 자신의 주장을 강하게 나타내지 않도록 주의한다. 연구 참여자는 면담자가 갖고 있는 생각과 다르다고 느끼거나 면담자의 주장이 너무 강한 경우에 자신의 생각을 말하려고 하지 않거나 숨기는 경우가 있다. 또한 면담자를 매우 평가적이고 판단적인 사고를 하는 사람으로 간주하고서 평가를 받을 수 있는 생각을 제공하려고 하지 않을 것이다.

(12) 면담자는 주어진 연구 주제에 대해 박식하며 상당한 지식을 소유하고 있다는 인상을 효과적으로 표현할 수 있어야 한다. 면담자의 이미지가 완벽할 필요는 없으

나 연구 주제에 대해 많이 준비했고 상당한 지식을 소유하고 있다는 것을 느끼게 해주어야 한다. 면담자가 박식하지 않거나 어리숙하거나 아니면 어떤 특정 주제에 대해 깊은 지식이 없는 경우, 연구 참여자는 면담자에게서 매력을 느끼지 못하게 되며 아울러 자신이 대수롭지 않은 사람과 대화하고 있다는 생각을 갖게 되고 이는 피면담자가 면담에 부여한 가치를 절하시키는 결과를 가져올 수 있다. 거만하지는 않으면서 박학하고 세련되었으며 연구 참여자에게 안정감을 제공해 줄 수 있는 정도의 학식과 인격, 표현력을 가지고 있어야 한다. 그러한 표현은 상황에 따라서 유려하게, 간접적으로 이루어져야 한다.

(13) 면담자 역시 완전한 존재가 아니라는 이미지를 드러내는 것이 필요하다. 연구 현장에서 살아온 연구자와 실제 세계를 살아온 연구 참여자의 미묘한 권력관계가 존재한다. 다양한 권력관계 중에서 연구 참여자가 가질 수 있는 감정 중의 하나는 면담자가 자신에 비해 학구적으로 우수하며 나중에 보다 높은 사회적 지위를 가질 것이라는 동경과 비교이다. 이에 면담자는 그러한 이미지가 면담에 도움이 되지 않을 수 있다는 점에서 자신이 가지고 있는 약점, 고민 또는 여러 가지 문제들을 드러냄으로써 자신 역시 연약한 인간적 존재이며, 피면담자와 마찬가지로 인간의 생로병사와 다양한 세속적 고통 속에서 웃고 울고 아파하면서 살아가는 존재라는 이미지를 전달해 주어야 한다. 동류의식은 모든 피조물들에게 내부자적 공감대를 형성하게 하는 지름길이다.

(14) 면담이 끝나고 나면 녹음한 것을 반드시 듣는 태도를 갖는다. 면담이 끝난 날에 대부분의 연구자들은 피로에 지쳐서 녹음테이프를 방 한구석에 놓아두거나 나중에 듣게 될 것이다. 그러나 아무리 피곤하다고 할지라도 그날 녹음된 테이프를 듣고서 이해되지 않는 부분, 추가 질문이 필요한 부분, 흥미로웠던 내용을 기록했다가 다음 날이나 가까운 날에 연구 참여자에게 다시 질문한다. 한참 후에 녹음된 면담 자료에 대해 연구 참여자에게 질문하는 경우 면담에 대한 참여자의 태도가 바뀌었을 경우가 있고, 그 당시에 했던 내용에 대한 감상이나 느낌이 달라졌을 수 있다. 아울러 참여자가 일상으로 돌아가 버리고 난 후여서 면담은 더 이상 중요한 일로 간주되지 않을 것이다. 면담이 끝난 다음 날 참여자를 다시 한 번 각성시키는 질문들은 참여자에게 호의적인 평가와 추가적인 이야기들을 들을 수 있는 기회를 제공한다.

(15) 마지막으로 면담자는 피면담자와 지속적이고 생산적인 관계를 맺을 필요가 있다. 질적연구에서 면담자는 지속적으로 피면담자와 관계를 맺고 자료를 수집하

는 것에 가장 큰 어려움을 느낀다. 이에 따라 면담자는 지속적인 면담이 가능한 방법을 고려하는 것이 성공적인 연구의 지름길이 된다. 특히 내러티브 탐구, 생애사 연구, 문화기술지 연구 등 면담자가 피면담자와 장기적이고 지속적으로 면담이 필요한 연구를 하는 경우 면담자는 피면담자의 관심과 상황, 그리고 인터뷰 과정에서 나타나는 문제 등에 세심하게 관심을 기울일 필요가 있다. 지속적인 연구가 가능하기 위해서는 면담자는 피면담자가 면담 과정에서 유익함이나 즐거움을 느낄 필요가 있다. 이를 위해 면담자는 피면담자의 성향 및 관심을 고려하여 면담 장소를 선정하거나 개인적 또는 집단적 면담 방법 등을 고려할 필요가 있다. 그러나 무엇보다도 면담자는 피면담자를 연구자로서 관계를 맺을 필요가 있다. 피면담자는 면담 과정에서 면담자가 요구하는 모든 질문에 대한 답을 제공해 줄 수 없으며, 피면담자 역시 고민을 하고 탐구를 할 때 면담자에게 가치 있는 자료를 제공할 수 있다. 면담자뿐만 아니라 피면담자 역시 면담 과정에서 질문을 던지고 탐구하는 연구자가 될 수 있다는 것을 기억하는 것이 필요하다. 이러한 점에 기초하여 면담자가 협력적으로 피면담자와 연구를 진행함으로써 피면담자의 면담에 대한 만족도가 높아질 뿐만 아니라 보다 심층적인 자료 수집을 할 수 있다.

10. 면담 가이드 제작

실제 현장에 나가서 면담을 할 연구자들은 연구의 목적에 맞게 면담 가이드를 만들어야만 한다. 그리고 좋은 질문을 담고 있는 면담 가이드가 만들어져야만 좋은 면담(좋은 자료들)을 마칠 수 있다. 그러한 점에서 기존의 연구자들이 만들어 놓은 면담 가이드들을 미리 읽고 그에 맞추어 면담 가이드를 만들어 본다면 자신의 최종 면담 가이드를 완성하는 데 상당한 도움이 될 것으로 생각한다. 실제 구미의 경우, '면담연구'라는 개별 강좌를 통해 연구자들이 면담 가이드를 만드는 연습을 하는데 우리나라의 경우 그러한 경험을 충분히 할 수 없기 때문에 잘 만들어진 면담 가이드들을 읽으면서 아이디어와 통찰력을 기르는 노력이 무엇보다 요구된다.

면담 가이드는 구조화된 면담뿐만 아니라 비구조화된 면담에서도 연구자의 자질과 함께 연구 결과에 영향을 미치는 중요한 도구라고 할 수 있다. 질적연구의 면담은 어떻게 구성하는가에 따라서 그 정도가 다양하다. 비록 개방적인 면담이라 할지라도 어떤 면담은 특정한 주제에 초점을 맞추기도 하고 가이드라인이 되는 일반적인 질문을 사용하기도 한다. 가이드라인이 되는 질문을 사용하더라도 질적연구의 면담은 연구자에게는 폭넓은 주제를 다룰 수 있는 상당한 재량권을 주며 연구 참여자에게는 면담 내용을 채우고 구성하는 권한을 준다. 연구자가 너무 엄격하게 면담의 내용을 통제하여 연구 참여자가 자신의 말로 이야기할 수 없게 된다면, 이러한 면담은 질적연구의 면담이라고 할 수 없다. 따라서 면담 가이드는 연구자의 의도를 살려서 연구 참여자의 면담의 내용과 방향을 결정해 주는 역할을 하는 면담 질문지라고 할 수 있다. 연구자는 면담 가이드를 활용하여 면담을 진행하고 연구 참여자의 면담을 유도하여 연구의 목적과 주제에 따라 영역을 세부적으로 나누고 그에 따른 핵심 질문들을 정리할 수 있다.

[예] 한국 다문화가정 아동의 생애사 연구 면담 가이드 개발과정과 내용

이 면담 가이드는 우리나라 초등학교에 재직하고 있는 다문화가정 아동들을 위한 면담을 위해 만들어진 것이다. 연구자들은 1년 동안(2009년 9월~2010년 8월)의 실제적인 내러티브 면담을 통해 면담 가이드를 개발했는데, 3개 국가(중국, 필리핀, 인도네시아)의 다문화가정 학생들과 담임교사들, 학부모들을 연구에 참여시켜 다문화가정 학생의 삶과 교육을 조명하는 연구 결과를 발표했다. 면담 가이드는 세 차례에 걸친 작업을 통해 총 6개 영역(① 다문화가정 학생의 학교생활 영역, ② 다문화가정 학생의 교육과정 및 수업 영역, ③ 다문화가정 학생의 가정생활 영역, ④ 다문화가정 학생의 교우관계 영역, ⑤ 다문화가정 학생의 어머니에 대한 영역, ⑥ 다문화가정 학생의 담임교사에 대한 영역)에 대한 질문목록을 기초로 하여 최종적으로 개발되었다.

면담 가이드의 개발방법과 과정

제1차 면담 가이드는 연구의 책임자인 김영천 교수가 2009년 9월에 설계했다. 그는 다문화가정 학생의 삶과 교육적 생애를 탐구하기 위해 다문화교육 관련문헌들을 검토한 후, 모두 4개 영역(① 학교생활 영역 ② 교육과정 및 수업 영역 ③ 가정생활 영역 ④ 교우관계 및 생활 영역)의 27개 예상 질문을 예시했다. 제1차 면담 가이드는 보조 연구자들과 연구자의 6개월(2009년 10월부터 2010년 3월까지) 가량의 실제적인 내러티브의 면담 과정을 통해 제2차 면담 가이드로 새롭게 변화되었다. 제2차 면담 가이드는 2010년 4월 3일 연구자인 이동성에 의해 개발되었는데, 보조 연구자들과의 포커스 그룹 면담(FGI), 이메일, 다음 카페를 통한 대화, 전화 등의 방법을 통해 새로운 질문목록이 개발되었다. 제2차 면담 가이드는 기존의 4개 영역에 새로운 2개 영역(다문화가정 학생의 어머니에 대한 영역, 다문화가정 학생의 담임교사에 대한 영역)이 추가되어 6개 영역으로 확대되었고, 새로운 질문들이 추가적으로 생성, 수정, 삭제되었다.

　최종적(제3차)인 면담 가이드는 연구자와 보조 연구자들의 실제적인 내러티브 면담(2010년 4월부터 2010년 8월까지 5개월 동안) 경험과 포커스 그룹 면담(2010년 8월 29일 실시), 반성적 저널 쓰기를 통해 최종적으로 개발되었다. 즉, 최종적인 면담 가이드의 질문목록은 연구자들의 실제적인 면담 경험과 전사 작업, 자료의 분석과 해석, 글쓰기의 과정이 마무리되는 시점에서 포커스 그룹 면담을 통해 확정되었다. 제2차 면담 가이드를 통해 내러티브 면담 경험을 공유한 연구자들은 공동사고와 대화과정을 통해 제2차 면담 가이드 질문목록의 문제점과 한계를 지적했으며, 최종적인 면담 가이드의 질문목록의 개발을 위한 유용한 아이디어를 제공했다. 특히, 실제적이고 장기적인 내러티브 면담의 경험과 글쓰기를 통해 면담 가이드 질문목록을 가다듬는 역순 작업은 연구 결과의 타당성을 확보하는 데 결정적인 도움이 되었다.

　최종적인 면담 가이드는 연구자들의 핵심주제 면담을 통해 새로운 질문들이 추가적으로 생성, 변화, 추가, 삭제, 이동됨으로써 최종 형태로 변모하게 되었다. 특히 최종적인 면담 가이드에서는 하나의 질문에 대한 화자들의 반응에 따라서 차별적인 하위 수준의 질문들을 생성함으로써 미래의 다문화교육 연구자들이 역동적인 면담 상황에서 당황하지 않고 유연하게 면담을 이끌 수 있도록 했다. 물론 최종적인 면담 가이드의 질문목록을 개발하는 과정에서 각 연구자들은 공통적인 연구 경험뿐만 아니라 차별적인 면담 경험도 동시에 말했다. 그러나 최종적인 면담 가이드를 개발할 때는 각 연구자들의 차별적인 면담 경험보다는 공통적인 연구 경험에 주목했다. 세 차례에 걸친 면담 가이드의 개발과정을 간략히 제시하면 다음과 같다.

제1차 가이드	학교생활	교육과정/수업	가정생활	교우관계/생활		
	6개 예상 질문	7개 예상 질문	6개 예상 질문	6개 예상 질문		

⬇ (6개월간의 내러티브 면담)

제2차 가이드	학교생활	교육과정/수업	가정생활	교우관계	어머니	담임교사
	10개 질문	9개 질문	13개 질문	8개 질문	20개 질문	17개 질문

⬇ (5개월간의 내러티브 면담)

제3차 가이드	학교생활	교육과정/수업	가정생활	교우관계	어머니	담임교사
	10개 질문	7개 질문	13개 질문	5개 질문	28개 질문	16개 질문

시기별 면담 가이드의 개발과정

면담 가이드의 개발과정과 질문목록

다문화가정 학생의 삶과 교육을 조명하기 위한 면담 가이드를 개발하기 위해 학생(N=8)과 어머니(N=8), 담임교사(N=8)를 대상으로 한 예시적이고 예상적인 면담 가이드를 작성했다. 내러티브 면담의 상황은 자유로운 분위기를 조성하도록 했으며, 면담의 형태는 대화, 반구조화, 구조화된 형태를 다양하게 결합했다. 우리는 면담 가이드를 사용하는 목적과 유의사항을 아래의 표와 같이 정리했다.

내러티브 면담 가이드 활용의 유의점

내러티브 면담 가이드의 개요와 질문의 예들

개요

다문화가정 학생과 관련된 문화적 맥락과 실제적인 삶을 생애사적인 접근을 통해 분석하고자 한다. 이를 통해 다문화가정 학생에 대한 심층적인 이해와 이들에 대한 정책 및 제도 구성을 위한 기초 자료를 제공하고자 한다.

질문의 예들

각각의 질문들은 예시적인 것들이며, 다문화가정 학생과 관련된 여러 이슈들을 중심으로 구성되었다. 따라서 실제 면담 상황에서 그대로의 적용을 꾀하거나 혹은 질문에 대한 단편적인 대답에 만족하는 일로 그쳐서는 안 된다. 질문을 던지고 참여자가 이야기를 시작하면, 때로 해당 질문에 대한 정확한 응답이 아니더라도 의미 있는 내용을 포착하려는 노력 혹은 인내심이 면담자에게 요청된다.

내러티브 면담 가이드 개발과정과 그 결과에 대한 타당도(validity)를 확보하기 위해 경남 지역의 5개 시군(김해시, 밀양시, 진주시, 통영시, 거창군)을 목적표집했으며, 3개 국가 출신의 다문화가정 학생들을 면담했다. 이때 대화의 질적 수준을 고려하여 초등학교 고학년(4~6학년)을 선정했으며, 면담 상황의 비예측성을 고려하여 일반적이고 개방적인 형태의 예상 질문목록을 작성했다.

여기에서는 모든 영역 중에서 선별한 두 개 영역의 면담 가이드의 예를 소개한다.

면담 가이드 예 1   학교생활 영역의 면담 가이드 개발과정

학교생활 영역의 제1차 질문목록은 6개의 물음들로 구성되었는데, 학생의 학교에서의 생활, 학교생활에 대한 기대, 즐거운 경험, 담임교사와의 관계, 과제나 숙제에 대한 인식과 경험, 학교에서 발생한 어려움의 극복 방법 등에 대해 질문했다. 구체적인 질문목록은 다음 표와 같다.

학교생활 영역의 제1차 면담 가이드 질문목록

예상 가능한 질문목록

생애사 장면 1: 학교생활 영역

1. 그 동안 학교에서의 생활은 어떠했습니까? 구체적 생애사건을 중심으로 이야기해 주세요.

2. 학교생활을 통해 무엇을 얻게 될 것이라고 기대했습니까?

3. 학교생활에서 가장 즐거운 것은 무엇입니까? 구체적 생애사건을 중심으로 이야기해 주세요.

4. 담임선생님과는 어떻게 지내고 있나요? 구체적 생애사건을 중심으로 이야기해 주세요.

5. 학교에서 공부나 숙제는 어렵지 않나요? 구체적 생애사건을 중심으로 이야기해 주세요.

6. 학교에서의 어려움을 극복하는 방법 및 경험이 있나요? 구체적 생애사건을 중심으로 이야기해 주세요.

위에서 확인할 수 있는 것처럼, 질문1과 질문2는 학생의 전반적인 학교생활과 기대를 탐구하는 개방적인 질문형태로서 대화를 열기에는 적절했으나, 학생들의 수준에서는 다소 추상적인 표현이었다. 따라서 제2차 면담 가이드의 질문목록에서는 학생과 담임교사의 소속과 관련된 기초적인 정보들을 확인한 후, 유아기부터 현재까지의 인상적인 친구들과 담임교사가 누구였는지를 물어보았다.

제1차 면담 가이드에서 학생의 즐거운 경험에 대해 물어봤다면, 제2차 면담 가이드의 질문에서는 유치원부터 현재까지의 슬펐을 때와 기뻤을 때의 경험들을 이야기하게 했다. 그리고 제1차 면담 가이드의 질문은 공부와 관련된 학생의 어려움과 극복방법을 묻는 것이었다. 그러나 2차 면담 질문들(질문7~질문10)은 이것을 보다 구체화시켜서 누가, 어떻게 도움을 주었는지, 어떻게 스스로 문제를 해결했는지를 물어보았다. 제2차 면담 가이드의 질문목록의 특징은 학생들이 이해하기 쉽고, 학생들에게 친숙한 용어로 질문을 했다는 것이다. 구체적인 제2차 면담 가이드의 질문목록은 다음 표와 같다.

학교생활 영역의 제2차 면담 가이드 질문목록

새롭게 변화된 면담 질문목록

다문화가정 학생의 학교생활 영역

1. 00는 지금 몇 학년 몇 반인가요? 선생님 이름도 궁금해요.

2. 00는 지금까지 어떤 선생님들과 친구들을 만났는지 궁금해요. 유치원 때부터 자세히 이야기해 줄래요?

3. 지금까지 가장 기억에 남는 학교 친구들은 누구인가요? 만일 그런 친구들이 있었다면 어째서 그런지 얘기해 줄래요?

4. 그럼, 지금까지 가장 기억에 남는 학교 선생님은 누구인가요? 만일 그런 선생님이 있었다면 자세히 얘기해 줄래요?

5. 학교를 다니면서 가장 슬펐던 때는 언제였나요? 그 때 무슨 일이 있었죠?

학교생활 영역의 제2차 면담 가이드 질문목록 (계속)

6. 학교를 다니면서 가장 기뻤던 때는 언제였나요? 유치원 때부터 지금까지 모두 다 이야기해도 좋아요.

7. 선생님이 내주는 숙제, 수업시간의 과제 해결은 어렵지 않나요? 만일 어렵다면 어째서 그런가요?

8. 지금까지 학교를 다니면서 여러 가지 일들로 어려웠을 때가 있었을 것 같아요. 어떤 어려운 일들이 있었나요?

9. 그런 이야기를 부모님이나 선생님, 친구들에게 이야기한 적 있나요? 만일 이야기를 했다면 그 사람들은 어떤 이야기를 해주었나요?

10. 학교나 교실에서 여러 가지 어려운 일을 당하면, 스스로 이겨낸 적도 있나요? 어떻게 그런 어려운 일들을 해결했나요?

제3차 면담 가이드의 질문목록은 제2차 면담 가이드의 질문(질문7)이 타 영역(교육과 정과 수업 영역)으로 이동하고, 한 개의 질문(질문8)이 삭제되었으며, 한 개의 질문(쉬는 시 간에 하는 일)이 새롭게 생성됨으로써 총 8개의 질문들로 구성되었다. 다문화가정 학생의 학교생활 영역에 대한 최종적인 질문목록은 다음 표와 같다.

학교생활 영역의 최종적인 면담 가이드 질문목록

최종적으로 개발된 면담 질문목록

다문화가정 학생의 학교생활 영역

1. 지금 몇 학년 몇 반 몇 번인가요?

2. 지금 담임선생님은 다문화가정의 학생인 것을 알고 계신가요?
   2-1. 알고 계시다면, 어떤 내용을 어느 정도 알고 계신가요?
   2-2. 담인 선생님은 어떻게 대해 주시나요?

3. 지금까지 가장 기억에 남는 학교 선생님은 누구인가요?
   3-1. 만일 그런 선생님이 있었다면, 왜 그런지 자세히 이야기해 주세요.
   3-2. 혹시 선생님들 중에서 서운하게 한 분도 있었나요?

4. 지금 친한 친구들은 모두 몇 명인가요?
   4-1. 그 친구들과 언제부터 친해졌나요?
   4-2. 그 친구들의 어떤 점이 좋나요?

5. 지금까지 학교를 다니면서 가장 힘들었던 때는 언제였나요?
   5-1. 그 때 무슨 일이 있었나요?
   5-2. 아직도 힘든 일이 있나요?

6. 지금까지 학교를 다니면서 가장 재미있었던 때는 언제였나요?
   6-1. 그 때 무슨 일이 있었나요?
   6-1. 지금도 그 일이 재미있나요?

학교생활 영역의 최종적인 면담 가이드 질문목록 (계속)

7. 만일 걱정거리가 생긴다면, 학교의 누구에게 말하고 싶은가요?
   7-1. 왜 그 사람에게 말하고 싶은가요?
   7-2. 스스로 혼자 이겨낸 적도 있나요?

8. 쉬는 시간에는 주로 무엇을 하나요?

면담 가이드 예 2 **교육과정 및 수업 영역의 면담 가이드 개발과정**

교육과정과 수업 영역에 대한 제1차 면담 가이드의 질문들은 학생이 어려워하는 과목이나 숙제, 수업참여의 어려움, 교육과정에 포함되어야 하는 내용 등을 물어보았다. 구체적인 질문목록은 다음 표와 같다.

교육과정 및 수업 영역의 제1차 면담 가이드 질문목록

생애사 장면 2: 교육과정 및 수업 영역

1. 특별히 어려운 과목이나 숙제는 무엇인가요? 구체적 생애사건을 중심으로 이야기해 주세요.
2. 수업 시간에 참여하는 것이 어렵지는 않나요? 구체적 생애사건을 중심으로 이야기해 주세요.
3. 교과 내 교육과정에서 특별히 어려웠던 것은 무엇인가요? 구체적 생애사건을 중심으로 이야기해 주세요.
4. 수업 측면에서 힘들었던 것은 무엇인가요? 구체적 생애사건을 중심으로 이야기해 주세요.
5. 수업에 집중하지 못하는 이유는 무엇인가요? 구체적 생애사건을 중심으로 이야기해 주세요.
6. 교육과정 내용을 이해하기가 어렵지 않나요? 구체적 생애사건을 중심으로 이야기해 주세요.
7. 교육과정에 포함되어야 할 내용은 무엇이라고 생각하나요? 구체적 생애사건을 중심으로 이야기해 주세요.

그러나 실제적인 면담의 경험을 통해 볼 때, 위 표의 질문들도 초등학생들의 수준에서 이해하기 힘든 질문이었다. 따라서 제2차 면담 가이드의 질문(질문1~질문9)은 다문화가정의 학생들이 이해하기 쉬운 질문으로 수정했다. 예를 들어, '수업'이라는 말을 들었을 때 떠오르는 생각이나 느낌, 그 이유를 연대기적으로 말하게 했다. 그리고 질문에서 가정법을 활용하여 학생들이 심리적인 부담감 없이 선호하거나 싫어하는 수업방식과 교과내용, 수업태도 등을 물어보았다. 교육과정 및 수업 영역에 대한 제2차 면담 가이드의 구체적인 질문목록은 다음 표와 같다.

교육과정 및 수업 영역의 제2차 면담 가이드 질문목록

새롭게 변화된 면담 질문목록

다문화가정 학생의 교육과정 및 수업 영역

1. 00이는 담임 선생님, 친구들과 교실에서 공부를 하고 있지요. 그럼 '수업'이라는 말을 들으면 제일 먼저 어떤 생각이 떠오르나요? 예를 들면, 재밌다, 지루하다, 겁난다 등

2. 00이는 수업에 대해 그런 느낌을 가지고 있군요. 어떤 일들이 있어서 그런 생각들을 하게 되었나요? 유치원 때부터 현재까지의 경험을 생각나는 대로 이야기해 줄 수 있나요?

3. 00이는 어떤 과목이 제일 쉽고 재미있나요? 왜 그런 생각을 하나요?

4. 00이는 어떤 과목이 가장 지루하고 어렵나요? 특별히 공부해도 성적이 오르지 않는 과목이 있나요? 어떤 과목들이 그런지 얘기해 줄 수 있나요?

5. 만일 내가 미래에 학교 선생님이 된다면, 어떻게 가르치고 싶나요?

6. 만일 내가 학교 선생님이 된다면, 아이들에게 어떤 숙제를 내주고 싶나요?

7. 지금 사용하고 있는 교과서에 어떤 내용들이 많이 들어가면 좋을까요?

8. 지금 사용하고 있는 교과서에 어떤 내용들이 빠지면 좋을까요?

9. 00이는 수업시간에 선생님이나 친구의 말을 귀담아 듣는 편인가요? 만일 그렇지 못할 때가 있다면 왜 그런지 자세히 이야기해 주세요.

제3차 면담 가이드의 질문목록은 제2차 면담 가이드의 2개 질문(질문1, 2)이 삭제되고 나머지 질문들이 새롭게 수정, 변화되어 총 7개의 질문목록이 생성되었다. 교육과정과 수업 영역에 대한 최종적인 면담 가이드의 질문목록은 다음 표와 같다.

교육과정 및 수업 영역의 최종적인 면담 가이드 질문목록

최종적으로 개발된 면담 질문목록

다문화가정 학생의 교육과정 및 수업 영역

1. 어떤 과목이 가장 쉽고 재미있나요?
   1-1. 왜 그 과목이 쉽고 재미있나요?

2. 어떤 과목이 가장 지루하고 어렵나요?
   2-1. 왜 그 과목이 지루하고 어려울까요?

3. 열심히 공부해도 성적이 오르지 않는 과목이 있나요?

4. 내가 만일 우리 반 선생님이라면 어떻게 아이들을 가르치고 싶나요?

5. 어떤 과목의 수업을 많이 하면 좋을까요?
   5-1. 좋은 과목을 순서대로 말해 주세요.
   5-2. 왜 그렇게 생각하나요?

교육과정 및 수업 영역의 최종적인 면담 가이드 질문목록 (계속)

6. 수업에서 어떤 활동을 많이 하면 좋을까요?

7. 수업시간에 선생님이나 친구의 말을 귀담아 듣는 편인가요?

   7-1. 만일 그렇지 못할 때가 있다면 왜 그런지 자세히 이야기해 주세요.

면담 가이드 예 3　**가정생활 영역의 면담 가이드 개발과정**

다문화가정 학생의 가정생활 영역에 대한 제1차 면담 가이드의 질문들은 가정생활에서의 어려움과 즐거움, 부모 및 친지들과의 관계, 가정에서 주로 하는 일, 가정에서의 어려움 극복방법을 물어보았다. 제1차 면담 가이드의 구체적인 질문목록은 다음 표와 같다.

가정생활 영역의 제1차 면담 가이드 질문목록

예상 가능한 질문목록

생애사 장면 3: 가정생활 영역

1. 그 동안 가정에서의 생활은 어떠했나요? 구체적 생애사건을 중심으로 이야기해 주세요.

2. 가정에서의 생활 중 가장 어려운 점은 무엇인가요? 구체적 생애사건을 중심으로 이야기해 주세요.

3. 가정에서 가장 즐거운 것은 무엇인가요? 구체적 생애사건을 중심으로 이야기해 주세요.

4. 아버지와 어머니의 관계는 좋은가요? 구체적 생애사건을 중심으로 이야기해 주세요.

5. 여러 친척들과의 관계는 어떠한가요? 구체적 생애사건을 중심으로 이야기해 주세요.

6. 집에 있을 때는 주로 시간을 어떻게 보내나요? 구체적 생애사건을 중심으로 이야기해 주세요.

7. 가정에서의 어려움을 극복하는 방법 및 경험이 있나요? 구체적 생애사건을 중심으로 이야기해 주세요.

위의 질문목록은 실제적인 면담의 실행을 통해 질문의 대상과 내용을 확장했다. 제2차 면담 가이드에서는 집에서 같이 살고 있는 사람, 집에서 가장 고마운 분, 부모와 조부모, 형제자매, 친척 관계, 집에서의 재미있고 괴로운 일들, 구체적인 대화의 상대, 집에서의 실제적인 학습 조력자가 누군지를 물어보았다. 구체적인 질문목록은 다음 표와 같다.

가정생활 영역의 제2차 면담 가이드 질문목록

새롭게 변화된 면담 질문목록

다문화가정 학생의 가정생활 영역

1. OO이는 지금 누구와 함께 집에서 살고 있나요?

2. 집안 식구들 중에서 가장 고마운 분은 누구라고 생각하나요? 그렇게 생각하는 특별한 이유가 있나요?

3. '엄마'라는 말을 들었을 때 가장 먼저 떠오르는 생각은 무엇인가요? 그런 생각이 떠오르게 된 경험들을 이야기해 주세요.

4. '아빠'라는 말을 들으면 어떤 생각이 나나요? 그런 생각이 떠오르게 된 경험들을 이야기해 주세요.

5. 만일 할머니, 할아버지가 계시다면, 그 분들과 자주 만나고 이야기를 하는 편인가요? 할머니, 할아버지와 주로 어떤 이야기를 하나요?

6. 만일 동생이나 형(누나)이 있다면, 어떤 사이인지 궁금해요.

7. 엄마와 아빠는 서로 사이좋게 지내는 편인가요? 만일 그렇게 생각하지 않는다면 왜 그런 생각을 하나요? 엄마와 아빠 사이에 어떤 일들이 있었는지 이야기해 줄 수 있나요?

8. 집에 오면 가장 재미있는 일들은 무엇인가요? 재미있는 일들을 자세히 이야기해 주세요.

9. 집에 있으면 가장 괴롭고 슬픈 일들은 어떤 것들인가요? 어렸을 때부터 지금까지의 경험들을 이야기해 주세요.

10. 친척들이 있나요? 어떤 분들이 있는지 궁금해요. 그 분들과 어떻게 지내고 있나요?

11. 나에게 어려운 일이 닥치면 누구와 함께 이야기를 하는 편인가요? 그 사람과 주로 어떤 일들에 대해 이야기하나요?

12. 혼자 있으면 심심할 때가 많잖아요. 그럼 그 때는 주로 뭘 하면서 시간을 보내는 편인가요?

13. 학교나 선생님이 내주신 과제나 숙제는 주로 누가 검사하는 편인가요? 숙제검사를 하는 엄마나 아빠를 보면서 어떤 생각들을 하나요?

제3차 면담 가이드의 질문목록은 제2차 면담 가이드의 2개 질문(질문11, 12)이 삭제되고, 새로운 질문(어머니의 고향나라에 관련된 정보)이 생성되어 총 12개의 질문으로 구성되었다. 그리고 제3차 면담 가이드에서는 학생의 말뿐만 아니라, 그림이나 문장완성, 선호하는 사람의 순서 짓기를 통해 화자의 경험을 최대한 자세히 이끌어 내고자 했다. 최종적인 면담 가이드의 구체적인 질문목록은 다음 표와 같다.

가정생활 영역의 최종적인 면담 가이드 질문목록

최종적인 면담 질문목록

다문화가정 학생의 가정생활 영역

1. 지금 누구와 함께 집에 살고 있나요?

2. 가족 중에 내 이야기를 가장 잘 들어주는 사람은 누구인가요?
   2-1. 집에서 누구와 가장 많은 시간을 보내나요?

3. '엄마'라는 말을 들었을 때 떠오르는 생각을 그림이나 문장으로 표현해 보세요.

4. '아빠'라는 말을 들었을 때 떠오르는 생각을 그림이나 문장으로 표현해 보세요.

5. 할머니, 할아버지와 주로 어떤 이야기를 나누나요?
   5-1. 할머니, 할아버지는 주로 어떤 이야기를 많이 해 주시나요?
   5-2. 할머니, 할아버지가 주로 바라는 것은 무엇인가요?

6. 동생이나 누나(오빠)와 함께 무엇을 하면서 시간을 보내나요?

7. 엄마와 아빠는 서로 사이좋게 지내는 편인가요?
   7-1. 만일 그렇게 생각하지 않는다면, 왜 그런 생각을 하나요?
   7-2. 엄마와 아빠 사이에 어떤 일이 있었는지 이야기해 줄 수 있나요?

8. 학교를 마치면 집에서 주로 무엇을 하나요?
   8-1. 가장 재미있는 일은 무엇인가요?
   8-2. 집에 있기 싫을 때는 언제인가요?
   8-3. 가족들은 몇 시에 집으로 오나요?

9. 친척들 중에는 어떤 분들이 있는지 궁금해요.
   9-1. 그분들과 어떻게 지내고 있나요?

10. 마을에서 누구와 무엇을 하면서 함께 노나요?

11. 선생님이 내주신 숙제는 누가 도와주나요?
    11-1. 알림장과 준비물은 누가 챙겨 주나요?

12. 어머니의 고향나라에 대한 이야기를 들은 적이 있나요?
    12-1. 그 이야기를 누구로부터 처음 들었나요?
    12-1. 그 이야기를 들었을 때 어떤 마음이 들었나요?

13. 어머니의 (고향)나라에 가 본 적이 있나요?
    13-1. 가 보았다면, 누구랑 갔나요?
    13-2. 몇 살 때 가 보았나요?
    13-3. 지금까지 몇 번이나 가 보았나요?
    13-4. 갔을 때 가장 기억에 남는 일은 무엇이었나요?
    13-5. 어머니의 고향나라를 생각하면 무엇이 떠오르나요?
    13-6. 외할아버지와 외할머니는 어떻게 대해 주셨나요?
    13-7. 외삼촌과 이모는 어떻게 대해 주셨나요?
    13-8. 어머니의 고향나라에 가기 전과 후에 생각이나 느낌은 어떻게 달라졌나요?
    13-9. 아직 한 번도 가 보지 못했다면, 그 나라는 어떨 것 같아요?
    13-10. 만일 갈 수 있다면, 가장 먼저 무엇을 하고 싶나요?

[예] 벨렌키 외의 〈여성의 인식방법의 발달 연구〉

여성학과 질적연구 영역에서 대표적인 작품으로 평가되는 벨렌키 외(Belenkey et al.)의 〈여성의 인식방법의 발달에 관한 연구〉에서 사용된 면담 가이드이다. 여성의 발달이 어떻게 생애과정을 거쳐서 다양한 발달의 장(가정, 학교, 그 외 교육기관 등)에서 일어나는지를 알아보기 위해 다양한 형태의 면담 가이드를 개발하여 사용했다.

영역 1 배경, 사전지식

A1. 과거 몇 년 동안 인생의 목표는 무엇이었습니까?

　　어떤 것들이 당신에게는 중요하게 여겨졌습니까?

　　무엇이 당신과 함께 존재했습니까?

A2. 당신 현재의 삶이 어떤지 말해 주시겠습니까?

　　그리고 당신이 어떤 부분에 대해서 신경 쓰는지 말해 주시겠습니까?

　　그 부분에 대해서 생각은 해보셨습니까?

영역 2 자기에 대한 묘사

당신의 삶에 대해 조금 더 이야기를 하면서 자신에 대해 생각해 보기 바랍니다.

B1. 당신은 자기 자신을 어떻게 설명하겠습니까?

　　당신이 누구인지를 묘사할 수 있다면 해주세요.

　　어떻게 당신은 그렇게 할 수 있습니까?

B2. 당신이 과거에 자신을 보았던 방법이 현재와 다릅니까?

　　무엇이 그런 변화를 가져왔습니까?

　　어떤 전환점이 있었습니까?

B3. 당신은 미래에는 자신을 바라보는 게 어떻게 변화할 거라고 생각합니까?

영역 3 성

C1. 당신에게 여자라는 존재는 어떤 의미인가요?

　　당신은 남녀 사이에 중요한 차이가 있다고 생각합니까?

　　여자로서의 인식은 어떻게 변하고 있습니까?

영역 4 관계

D1. 삶을 돌아볼 때 당신에게 있어서 정말로 중요한 관계는 무엇입니까?

　　왜 그런가요?

　　당신은 그런 관계들을 어떻게 말할 건가요?

　　당신은 다른 사람들이 그 관계를 말하는 것에 대해 어떻게 생각합니까?

당신은 당신의 모습을 변화시킨 사람과 사귀어 본 적이 있습니까?

당신은 다른 사람을 돌봐야 되는 중요한 관계가 있었습니까?

당신은 그것을 어떻게 표현할 수 있습니까?

그것은 당신의 삶에 어떻게 중요했습니까?

D2. 아빠나 엄마 또는 성장기 보호자에 대해 말해 주시겠습니까?

부모님에 대한 생각은 변하고 있습니까?

그리고 자녀들을 각각 어떻게 소개할 수 있겠습니까?(무엇이든 만약에)

D3. 한 가지 사실은 많은 여성들이 삶에서 성적인 학대를 받았다는 것입니다. 심지어 어린 시절에조차도. 연구들은 여성들의 많은 비율이 성적으로 또는 육체적으로 학대받는다는 것을 보여 줍니다. 당신도 이런 일을 겪은 적이 있습니까?

영역 5 실생활에서 도덕상의 딜레마

모든 사람들은 결정해야만 하는 어떤 일에 직면했을 때 어떤 결정이 옳은 것인지 확신하지 못합니다. 어떻게 하는 것이 옳은지 확신할 수 없었던 당신이 겪은 상황을 말해 주시겠습니까?

E1. 그 상황은 무엇이었습니까? 그 상황에서 당신에게 상충되었던 것은 무엇입니까?

E2. 무엇을 할 건지 생각함에 있어서 딩신이 고려한 섯은 무엇이었습니까? 왜 그랬나요? 당신이 생각한 다른 것이 있었습니까?

E3. 당신이 결정한 것은 무엇이었습니까? 왜 그랬나요? 어떻게 되었습니까?

E4. 지금 돌아볼 때, 당신은 최선의 선택을 했습니까? 왜 그런가요? 혹은 왜 아닌가요?

E5. 전체적으로 다시 생각해 볼 때 당신은 무엇을 배웠습니까?

영역 6 교육

앞에서 말했다시피, 이 프로젝트는 여자와 관련되어 있고 그들의 삶에 있어서 배움과 교육의 역할들, 그리고 지금 그것에 대해 당신에게 묻고 싶습니다.

F1. 이곳(이 학교, 이 교육과정)에서의 당신의 경험들 중 어떤 것이 당신의 기억에 남을 것이라고 생각합니까? (특정한 학구적인 경험과 비학구적인 경험을 위한 시험; 좋은 선생님과 나쁜 선생님; 좋은 과제와 나쁜 과제; 좋은 수업 또는 교육과정과 나쁜 수업 또는 교육과정; 기숙사 또는 캠퍼스 밖의 제도)

F2. 당신은 이 프로그램을 통해 당신과 세상을 바라보는 방식을 변화시키고 있습니까?

F3. 여기서 배우면서, 사물을 다르게 바라보거나 그것에 대해 우연히 다르게 생각한

적이 있습니까?

F4.   여기서 당신에게 가장 도움이 된 것은 무엇입니까?

F5.   학교, 프로그램, 환경이 제공해 주지 않는 당신에게 중요한 것들이 있나요? 여기선 배울 수 없지만 배우고 싶은 것들이 있습니까?

F6.   당신의 삶에서, 학교 안팎에서 겪었던 기억에 남는 경험에 관해 말해 주시겠습니까?

영역 7   앎의 방식

(학교교육의 경험이 없는 여성은 영역 7-1로, 학교교육의 경험이 있는 여성은 영역 7-2로 가시오.)

영역 7-1   (학교교육 경험이 없는 여성)

G1.   당신은 알기 원하는 것(예를 들면, 양육하는 방법, 누구에게 투표할 것인지 결정하는 것, 기타)에 대해 배울 때 전문가에게 의존하는 편입니까?

G2.   그렇지 않다면 누구에게 혹은 무엇에 의존합니까? 그렇다면 전문가들이 의견일치가 되지 않을 때 당신은 어떻게 합니까?

G3.   누가 전문가인지 어떻게 아나요?

G4.   만약에 전문가들 간에 의견일치가 안 되는 것이 오늘날 있다면, 당신 생각엔 언젠가는 그 문제가 합일점을 찾을까요?

G5.   당신은 무엇이 옳고 그른지 어떻게 압니까?

영역 7-2   (학교교육 경험이 있는 여성, 혹은 졸업자)

(면접자는 A, B, C, D의 각각 다른 타입으로 구분해 놓은 진술카드를 가지고 있어야 한다.) 지금 저는 조금 다른 것을 하려고 합니다. 여기 누군가의 진술이 있습니다. (A라고 쓰인 진술카드를 여자에게 건네주어라.) 당신은 큰소리로 이걸 읽고 의견을 진술해 보기 바랍니다.

A.   나는 옳은 답들이 알려진 상황에서는 전문가들은 우리에게 옳은 것을 말해야만 한다고 생각한다. 그러나 정답이 없는 상황에서는 누군가의 의견이 다른 사람의 의견과 비교했을 때 좋고 나쁨이 없다고 생각한다.

질문의 예들:

G1.   당신은 알기 원하는 것(예를 들면, 양육하는 방법, 누구에게 투표할 것인지 결정하는 것, 기타)에 대해 배울 때, 전문가에게 의존하는 편입니까?

G2.   그렇지 않다면 누구에게 혹은 무엇에 의존합니까? 그렇다면 전문가들이 의견일

치가 되지 않을 때 당신은 어떻게 하나요?

G3.   누가 전문가인지 어떻게 아나요?

G4.   만약에 전문가들 간에 의견일치가 안 되는 것이 오늘날 있다면, 당신 생각엔 언 젠가는 그 문제가 합일점을 찾을까요?

G5.   당신은 무엇이 옳고 그른지 어떻게 압니까?

G6.   당신은 정답이 없는 상황에서, 누군가의 의견이 다른 사람의 의견과 비교했을 때 좋고 나쁨이 없다는 말에 동의합니까?

G7.   당신이 생각한 의견이 잘못되었다는 것에 동의할 수 있습니까?

G8.   이런 일은 일어나지 않겠지만, 누군가가 푸른색 눈을 가지고 태어난 모든 아이 를 익사시켜야 된다고 말한다면 당신은 그 의견이 잘못되었다고 말할 수 있습 니까? 당신은 그 의견이 틀렸다고 말합니까? 왜 그런가요? 혹은 왜 그렇지 않나 요?

G9.   만약 100명의 사람들이 한 영화(책을 읽거나 등등)를 보았다면 100명의 모든 사 람들이 그것이 좋다고 말할까요? 이런 일들이 좋은 것을 의미하나요?

G10.   어떤 영화들(책들, 사상들)이 다른 것들보다 더 좋나요?

       (그렇다면) 왜 그것들이 더 좋은가요?

G11.   때때로 사람들은 진실 추구에 대해서 말합니다. 나는 그들이 말하는 것에 확신 하지 않습니다. 당신은 그들이 그렇게 말하는 것에 대해 어떻게 생각합니까?

       당신은 그것이 과학자들이 하고 있는 일이라고 생각합니까?

       진실 추구? 그들은 진실을 찾을까요?

       예술가(화가, 작가, 기타)들은 어떠한가요?

       그들은 진실을 찾고 있나요?

(여자의 지식, 진실, 권리 등의 생각에 대한 정보가 좀 더 필요하다면 다음의 카드들에 대한 의견을 물어라.)

B.   때때로 나는 누군가가 쓰거나 말한 것을 읽고 듣는데 그것은 실로 나에게 감동 을 준다. 나는 그만큼 좋은 생각을 못할 거라고 생각한다. 난 그저 사람들이 중 요한 것을 말할 때 어떻게 요점으로 넘어가는지 모르겠다.

C.   한 나라의 사람들이 '우리는 이러이러한 것이 무언가를 생각하는 데 옳은 방법 이라고 믿는다'라고 말하고, 다른 나라의 사람들은 정반대의 것을 이야기하는 데, 반대의 것도 옳은 방법이다. 어느 나라가 맞는지는 보통 시간이 말해 준다.

D.   가끔 나는 학교가 지루해진다. 왜냐하면 죽치고 앉아서 다른 사람이나 선생님이 말하는 별로 중요하지도 않은 것을 듣고 있어야 하기 때문이다.

자, 그럼 지금 짧은 이야기를 읽고 몇 가지 질문에 답해 보세요.

하인츠 딜레마: 유럽에서 한 여자가 희귀한 질병으로 위독했다. 의사들이 생각하기에 그녀를 살릴 수 있는 약이 하나 있었다. 그것은 마을의 한 약사가 최근에 발견한 약이었다. 그 약은 만드는 데 돈이 많이 들었고, 약사는 약을 조제하는 데 든 비용의 10배를 요구하고 있었다. 200달러의 조제비용이 든 의사는 처방전에 2000달러나 요구했다. 아픈 아내의 남편 하인츠는 돈을 빌리기 위해 그가 아는 모든 사람들에게 갔지만, 그는 필요한 돈의 절반인 약 1000달러를 겨우 모을 수 있었다. 그는 약사에게 아내가 죽어 가고 있다고 나중에 갚을 테니 그 약을 좀 싸게 팔라고 요구했다. 그러나 약사는 자기가 발견한 약으로 돈을 모아야 한다며 안 된다고 거절했다.

H1.   여기서 문제점은 무엇이라고 생각합니까? 어떻게 해야 합니까?

H2.   하인츠는 약을 훔쳐야 합니까?

H3.   하인츠가 더 이상 아내를 사랑하지 않는다고 해도 하인츠는 아내를 위해 약을 훔쳐야 될까요? 왜 그런가요? 혹은 왜 아닌가요?

H4.   죽어 가는 사람이 아내가 아니라 모르는 사람이라고 가정합시다. 모르는 사람을 위해 약을 훔쳐야 될까요? 왜 그런가요? 혹은 왜 아닌가요?

H5.   하인츠가 약을 훔친다고 가정합시다. 그는 잡혀서 재판에 끌려갔습니다. 배심원은 그가 유죄임을 알아냈고, 판사는 형을 정했습니다. 판사는 그에게 형을 선고해야 합니까? 아니면 그를 놔줘야 합니까? 왜 그런가요?

[예] 흑인 학생의 대학교 학습 경험에 대한 면담 가이드

대학교 신입생들을 위한 초기 면담 질문(계층/민족성을 고려한 다양한 질문)

설명: (1) 당신의 허락하에 이 면담을 기록하지만 모든 대답은 철저히 비밀이 지켜질 것입니다. 나는 우리들의 상담에 관한 노트나 기록물뿐만 아니라 테이프를 보호하기 위해 많은 주의를 기울일 것입니다. (2) 일반 종합대학이 아닌 약학대학에 대한 당신의 인식에 관해 응답해 주십시오. (3) 만약 당신이 특정한 질문에 답변하기를 원치 않는다면 자유롭게 느끼는 그대로 말해 주세요. 그러면 우리는 다음으로 넘어갈 것입니다.

1. 다음 글에 대한 당신의 첫인상은 어떻습니까?
   - 학생 단체, 교수회, 학교경영진은 어떻습니까? 당신은 위 단체들과 조화 또는 조율을 위해 무엇을 할 필요가 있습니까? 학생 단체 내에서 파벌 근성이 분명히 드러납니까? 어떻게 이런 단체들이 형성될까요? 이러한 단체들의 일반적인 구성은 어떻습니까? 교수진은 당신에게 무엇을 기대합니까? 그들의 기대는 높은가요, 낮

은가요?

- 학생들은 수업에 어떻게 참여합니까? 예를 들면, 당신은 어디에 앉으며, 출석, 수업참여, 수업시간의 행동과 관련해서 무엇이 적절한 것입니까? 당신은 어떻게 공부합니까?
- 누가 참여하며 당신은 어떻게 다양한 학생조직들을 설명할 것입니까?
- 당신은 대학 내의 사회생활의 특성을 어떻게 기술하겠습니까?
- 이곳의 백인학생과 흑인학생은 어떻습니까? 만약 이 단과대학에 있는 백인학생과 흑인학생을 비교한다면, 당신은 어떻게 설명하겠습니까? (1) 그들의 상대적인 지위, (2) 각 단체들에서 주장하는 목표들 또는 가치들, (3) 이 단체들이 서로에게 의존하는 정도

2. 당신은 벌써 인턴 자리를 구하려고 노력해 본 적이 있습니까? 만약 그렇다면 당신은 어떤 노력을 했습니까?

3. 당신이 이 단과대학에서 여태껏 경험했던 긍정적인 경험들을 설명해 주세요.

4. 당신이 이 단과대학에서 부정적이거나 스트레스를 느꼈던 경험들을 서술해 주세요. 당신은 이러한 스트레스를 줄이기 위해 무엇을 했습니까?

5. 당신은 이 단과대학에서 편안함을 느끼고 환대를 받았습니까? 당신이 학생활동과 학교행정이 관계된 그러한 관점에서 이 대학의 보편적인 생활의 한 부분을 차지하고 있다고 느낍니까? 대학당국은 이 대학에 대한 당신의 만족수준에 어떤 영향을 미쳤습니까? 학문적으로나 사회적으로 이 대학에서 성공하는 것이 당신에게 훨씬 중요합니까?

6. 왜 당신은 OSU/XU에 입학할 것을 결심했습니까? 이 단과대학에서 당신이 할 수 있는 경험 면에서 어떤 기대를 가지고 있습니까?

7. 만약 당신이 어떻게든 이 단과대학을 바꿀 수 있다면, 거의 바꿀 수는 없다 하더라도, 당신은 무엇을 바꾸겠습니까?

8. 우리는 이 단과대학의 환경에 대한 탄탄한 청사진을 얻으려고 노력 중입니다. 이제까지 요청된 적이 없지만 우리가 알아야 할 다른 어떤 것이 있습니까? 즉, 우리가 간과했던 것, 다시 말해, 우리가 과대 혹은 과소평가했던 것은 무엇입니까?

상급생들을 위한 초기 면담 질문(계층/민족성을 고려한 가능한 한 다양한 질문)

설명: (1) 당신의 허락하에 이 면담을 기록하지만 모든 대답은 철저히 비밀이 지켜질 것입니다. 나는 우리들의 상담에 관한 노트나 기록물뿐만 아니라 테이프를 보호하기 위해 많은 주의를 기울일 것입니다. (2) 일반 종합대학이 아닌 약학대학에 대한 당신의 인식에 관해 응답해 주십시오. (3) 만약 당신이 특정한 한 질문에 답변하기를 원치 않는다면 자유롭게 느끼는 대로 말하세요. 그러면 우리는 다음으로 넘어갈 것입니다.

1. 내가 이 단과대학에서 새로운 아프리카계 미국인 또는 백인학생(같은 인종)이고 당신은 나의 동료교사가 되기로 되어 있다고 가정해 봅시다. 당신은 다음에 대해 어떤 충고를 할 것입니까?

   - 학생 단체, 교수회, 학교경영진은 어떻습니까? 나는 위 단체들과 조화 또는 조율을 위해 무엇을 할 필요가 있습니까? 학생 단체 내에서 파벌 근성이 분명히 드러납니까? 어떻게 이런 단체들이 형성될까요? 이러한 단체들의 일반적인 구성은 어떻습니까? 교수진은 당신에게 무엇을 기대합니까? 그들의 기대는 높은가요, 낮은가요? 당신은 교수회/학교경영진/동료들(흑인 대 백인)을 믿습니까? 당신은 직장 혹은 대학원 진학을 위해 대학의 추천장을 얻기 위해 어떻게 노력할 것입니까? 이런 추천장을 얻기에 충분히 좋은 감정을 가지고 있다고 스스로 생각할 만한 교수가 얼마나 많습니까?

   - 학생들은 수업에 어떻게 참여합니까? 예를 들면, 자신이 어디에 앉아야 하며, 출석, 수업참여, 수업시간 행동과 관련해서 무엇이 적절한 것입니까? 당신은 어떻게 공부합니까?

   - 누가 참여하며 당신은 다양한 학생조직들을 어떻게 설명할 것입니까?

   - 당신은 대학 내의 사회생활의 특성을 어떻게 기술하겠습니까?

   - 당신은 인턴 자리를 얻기 위해 어떻게 노력해야 합니까?

   - 이곳의 백인학생과 흑인학생은 어떻습니까? 만약 이 단과대학에 있는 백인학생과 흑인학생을 비교한다면, 당신은 어떻게 설명하겠습니까? (1) 그들의 상대적인 지위, (2) 각 단체에서 주장하는 목표들 또는 가치들, (3) 이 단체들이 서로에게 의존하는 정도.

2. 당신이 이 단과대학에서 가졌던 긍정적인 경험을 설명해 주세요.

3. 이 단과대학에서 당신이 경험한 부정적이거나 스트레스를 느꼈던 경험을 서술해 주세요. 당신은 이러한 스트레스를 줄이기 위해 무엇을 했습니까?

4. 당신은 이 단과대학에서 한 학생으로서 만족스럽다고 느낍니까? 당신은 당신 스스로가 이 단과대학에서 꼭 필요한 부분을 차지하고 있다고 생각합니까? 당신은 학생활동과 학교행정이 관련되어 있는 일들이라는 관점에서, 당신이 이 대학의 보편적인 생활의 일부분이라고 느낍니까? 대학당국은 이 대학에 대한 당신의 만족수준에 어떤 영향을 미쳤습니까? 학문적으로나 사회적으로 이 단과대학에서 성공하는 것이 당신에게 훨씬 중요합니까?

5. 왜 당신은 OSU/XU에 입학할 결심을 했습니까? 이 대학에서 당신의 경험은 당신이 기대했던 경험입니까? 당신은 다시 똑같은 결정을 내릴 것입니까?

6. 만약 당신이 어떻게든 이 단과대학을 바꿀 수 있다면, 거의 바꿀 수는 없다 하더라

도, 당신은 무엇을 바꿀 것입니까?

7. 우리는 이 단과대학의 환경에 대한 건전한 청사진을 얻으려고 노력 중입니다. 이제 까지 요청된 적이 없는 우리가 알아야 할 다른 어떤 것이 있습니까? 즉, 우리가 간과 했던 것, 즉 우리가 과대 혹은 과소평가했던 것은 무엇입니까?

[예] 비장애인의 장애인에 대한 인식 변화에 대한 면담 가이드

다음 면담 가이드는 약 10일 동안 비장애인과 장애인이 함께 생활하면서 상대방에 대한 인식이 어떻게 달라졌는지를 알아보고자 하는 Outward Bound라고 하는 프로그램 평가를 위해 만들어졌다. 면담은 세 번에 걸쳐서 진행되는데, 첫 번째는 프로그램 시작 시에, 두 번째 면담은 프로그램이 끝난 지 10일이 경과한 후에, 세 번째는 6개월 후에 실행된다. 여 기에는 첫 번째 두 개의 면담 가이드 자료만을 소개한다.

코스 참여 전에 하는 면담

1. 먼저, 우리는 당신이 어떻게 이 코스를 밟게 됐는지 궁금합니다. 이것에 대해 어떻게 아셨나요?

    a. 이 코스의 어떤 부분이 당신의 흥미를 끄나요?

    b. 밖에서 이전에 당신은 어떤 경험을 했나요?

2. 어떤 사람들은 Outward Bound 과정에 참여하는 데 어려움을 겪기도 하고, 또 어떤 이들은 쉽게 결정을 내리기도 합니다. 참여할 것인지 말 것인지 결정하는 데 어떤 과정이 작용했습니까?

    a. 어떠한 점을 걱정했습니까?

    b. 이 과정에 참여하도록 자극이 된 현재 생활의 구체적인 사건은 무엇입니까?

3. 지금, 당신은 코스에 참여할 것이라는 결정을 내렸습니다. 기분이 어떻습니까?

    a. 지금 감정을 묘사한다면?

    b. 이 프로그램의 참여를 잘못한 것으로 생각하게 만드는 요인이나 걱정이 있습니까?

4. 이 과정이 당신 개인에게 미칠 효과에 대해서 당신이 기대하고 있는 바는 무엇입니까?

    a. 이 경험의 결과로서 얻어질 것으로 당신의 어떤 점이 변화했으면 합니까?

    b. 이 경험으로부터 얻고자 하는 것은 무엇입니까?

5. 과정이 행해지는 동안 같은 그룹의 사람들과 일련의 기간동안 함께 생활할 것입니다. 9일 동안 함께 할 생각을 하니 기분이 어떻습니까?

    a. 과거 그룹과의 경험에 비추어 Outward Bound의 그룹에서 당신은 어떻습니까?

장애인에게 묻는 질문

6. 이 과정을 통한 결과로서 좀 더 깊은 이해를 가지고자 하는 것 중 하나는 장애인들의 일상의 경험입니다. 우리가 흥미롭게 알고 싶어하는 내용은 다음과 같습니다.

    a. 당신이 관여한 활동에 당신이 장애자라는 요소가 어떤 파급효과를 가져왔습니까?

    b. 당신이 할 수 있기를 바라지만 하지 않는 활동들에는 어떠한 것들이 있습니까?

    c. 장애라는 사실이 당신이 함께 생활했던 사람들에게 어떤 영향을 끼쳤습니까? 어떤 사람들은 그들의 장애가 의미하는 바는 다른 장애우들과 함께 하는 것이라고 말합니다. 또 다른 이들은 그들의 장애는 사람들과의 접촉에서 전혀 문제될 바가 없다고 말합니다. 이런 의견에 비추어 당신의 경험으로는 어떠했습니까?

    d. 때때로 사람들은 장애우들의 참여가 그룹 안에서 제한적이라고 이야기합니다. 이러한 우려에 대해 당신이 실제로 경험한 것은 무엇입니까?

일반인에게 묻는 질문

6. 이 과정을 통한 결과로서 좀 더 깊은 이해를 가지고자 하는 것 중 하나는 장애우들과 함께 하는 일반인들의 감정입니다. 과거 장애우들과 함께 한 경험에는 어떠한 것들이 있습니까?

    a. 장애우들과 함께 활동하게 되었을 때, 개인적으로 어떻게 느꼈습니까?

    b. 장애우들과 함께 할 때면 평소의 자신과 어떠한 점이 달라진 것을 발견했습니까?

    c. Outward Bound 과정에서 장애우들과 함께 하기 위해서 어떤 역할을 수행해야 한다고 생각합니까? 꼭 해야만 하는 몇 가지 활동들이 있었습니까?

    d. 장애우들과 함께 코스의 일부가 되는 기분은 어떠한 것이었습니까?

7. 이 과정 참여자의 절반은 장애우들이고 절반은 장애가 없는 사람들입니다. 장애우들과의 관계는 일반인들과의 관계와 어떻게 다를 것이라고 생각합니까?

8. 당신이 새로운 상황에서 어떠한 대처를 하는지 알고 싶습니다. 어떠한 사람들은 위험에 처해지든 말든 새로운 상황에 직면하길 좋아합니다. 또 다른 이들은 상황에 대한 이해가 될 때까지 신중합니다. 두 가지 경우에서 당신은 어느 쪽에 해당합니까?

9. 지금까지 많은 도움이 되었습니다. 당신이 과정에 대해서 어떻게 생각하는지 우리가 좀 더 잘 알 수 있도록 알려 줄 내용은 없습니까?

코스 참여 후에 하는 면담

1. 과정에서 바랐던 것 중 실현된 것은 무엇입니까?

    a. 어떤 점이 기대와 다릅니까?

    b. 과정에 참여하기 전 우려했던 점 중 어떤 것이 현실로 나타났습니까?

b-1. 어떤 것이 실현되었습니까?

b-2. 어떤 것이 실현되지 않았습니까?

2. 이 과정이 당신에게 개인적으로 미친 영향은 무엇입니까?

a. 이 과정의 결과로써 어떤 변화를 느꼈습니까?

b. 이 경험을 통해 어떤 말을 하고 싶습니까?

3. 지난 9일 동안 같은 그룹의 사람들과 지속적으로 함께 생활했습니다. 그 시간동안 함께 한 것에 대해서 어떻게 생각합니까?

a. 그룹에 대해서 느낀 바는 무엇입니까?

b. 그룹에서 어떤 역할을 했다고 생각합니까?

c. 다른 그룹과의 차이점은 무엇입니까?

d. 그룹이 당신에게 미친 영향은 무엇입니까?

e. 당신이 그룹에 미친 영향은 무엇입니까?

f. 당신이 속한 그룹의 장애우와 일반인들에 대해 어떻게 다르게 행동했습니까?

4. 이 프로그램의 효과는 무엇입니까?

a. Outward Bound 과정을 과정답게 만드는 중요한 점은 무엇이라고 생각합니까?

b. 과정이 당신에게 가져다준 이점은 무엇입니까?

c. 단점은 무엇입니까?

5. 당신이 집으로 돌아왔을 때 이 코스가 당신한테 영향을 미치는 것에 대해 어떻게 생각합니까?

a. 이번 코스에서 당신이 경험했던 것 중에서 어떤 것이 당신의 평범한 앞으로의 삶에 영향을 미칠 것이라고 생각합니까?

b. 이 코스 수행의 결과 당신한테는 어떤 것이라도 변화시켜야만 하거나 아니면 어떤 것이라도 다르게끔 해야만 하는 계획이 있습니까?

장애인에게 하는 질문

6. 우리는 이 코스를 실시하기 전에 장애가 있는 당신의 경험에 대해 물어보았습니다. 지금 장애자라는 것에 대해 무슨 느낌이 듭니까?

a. 코스를 실시하는 중에 참여한 활동 중에서 당신의 장애가 어떻게 영향을 미쳤습니까? 당신이 장애 때문에 하지 못하는 것은 어떤 것입니까?

b. 당신의 장애가 당신의 그룹 내 참가 활동에 어떤 영향을 미쳤습니까?

일반인에게 하는 질문

6. 우리는 이 코스를 수행하기 전에 장애인과 같이 있다는 것에 대해 어떤 느낌인지 물었습니다. 지난 9일 동안의 경험 결과, 장애인에 대한 당신의 느낌은 어떻게 바뀌었습니까?

  a. 장애인에 대한 스스로의 느낌이 어떻게 변했습니까?

  b. 개인적으로 이 코스를 하는 동안 장애인과 같이 있다거나 작업하는 것을 피하기 위해 무엇을 했습니까?

  c. 장애인과 같이 연극을 할 때 당신은 무슨 배역을 맡았습니까?

  d. 이 역할은 당신이 보통 장애인과 연극했을 때 맡은 배역과 어떻게 달랐습니까?

7. 이 코스를 실시하기 전에 우리는 당신에게 어떻게 전형적으로 다양한 새로운 상황에 직면하는지 물었습니다. 지난 9일 동안 당신은 갖가지 새로운 상황에 놓여 있었습니다. 이러한 새로운 경험에 어떻게 착수했는지에 관하여 어떻게 당신 스스로를 묘사할 겁니까?

  a. 이것은 당신이 보통 어떤 일에 착수해 왔던 방법과 어떻게 다릅니까?

  b. 이 경험이 미래의 어떤 새로운 상황에 착수하는 방법에 영향을 미칠 것이라는 것에 대해 어떻게 생각하십니까?

8. 당신은 지금 정부부처로부터 이것과 비슷한 코스를 후원해 달라고 요청을 받고 있다고 가정해 보세요. 당신은 뭐라고 말할 겁니까?

  a. 당신의 의견에 힘을 실어 주기 위해 당신은 무슨 논쟁을 벌일 겁니까?

1. 실제 면담을 하고 난 다음 연구자가 갖게 된 경험담에 대해 서로 동료들과 이야기해 보자. 면담은 얼마나 잘 되었는지, 성공적이었는지, 아니면 실패로 끝났는지, 실패로 끝났다면 왜 그렇게 되었는지를 분석적으로 비평해 보자.

2. 자신이 면담한 내용을 녹음한 테이프나 MP3를 직접 들어 보자. 특히 아무도 없는, 방해받지 않는 조용한 상황에서 자신의 면담 목소리를 들으며 자신의 면담 수행 능력에 대해 판단해 보자. 연구 참여자의 답변에 대해 얼마나 잘 대처했는지 생각해 보자. 가장 중요하게, 면담을 위해 연구자가 얼마나 잘 준비하고서 면담에 대처했는지 생각해 보자.

3. 그룹별로 특정 주제를 하나 선정하자. 그리고 그 주제에 맞는 면담 가이드를 가상적으로 만들어 보자. 어떤 면담 질문과 면담 질문 영역이 개념화될 수 있는지를 고민해 보자. 면담 가이드의 제작 과정을 경험을 통해 학습해 보자.

참고문헌

김영천(2010a). 질적연구방법론Ⅲ: 글쓰기의 모든 것. 서울: 아카데미프레스.
박혜준 · 이승연(편)(2009). 질적연구방법으로서의 면담. 서울: 학지사.
조영달(2005). 제도공간의 질적연구방법론. 서울: 교육과학사.
조정수 역(2010). 교육의 질적연구방법론. 서울: 경문사.

Collier, J., Jr. (1967). *Visual anthropology: Photography as a research method.* Newbury Park, CA: Sage.

Orgad, Shani. (2005) *Storytelling online: talking breast cancer on the internet.* Peter Lang, New York, US.

Orgad, Shani. (2005) From online to offline and back: moving from online to offline relationships with research informants. In: Hine, Christine, (ed.) *Virtual methods: Issues in social research on the internet.* Berg, Oxford, UK, pp.51-66.

Denzin, N. K. (1989). The sociological interview. *The research act: a theoretical introduction to sociological methods,* 102-120. Englewood Cliffs, NJ: Prentice Hall.

Fontana, A., & Frey, H. J. (1994). 'Interviewing: The art of science', In N. K. Denzen & Y. Lincoln (Eds.), *Handbook of qualitative research,* Newbury Park, CA: Sage.

Kvale, S. (1996). *Interviews.* Newbury Park: Sage.

Mishler, E. (1986). *Research interviewing: context and narrative.* Cambridge, Massachusetts: Harvard University Press.

Mishler, E. (1990). Meaning in context: Is there any context? *Harvard Educational Review,* 49, pp.1-19.

Patai, D. (1988). Constructing a self: A Brazilian life story, *Feminist Studies,* 14(1), pp.143-166.

Schwartz, D. (1992). *Wacoma twilight: Generations on the farm.* Washington, DC: Smithsoniam Press.

Spradley, J. P. (1979). *The ethnographic interview.* NY: Holt, Rinehart & Winston.

Young, B., & Tardif, C. (1992). Interviewing: two sides of the story, *Qualitative Studies in Education,* 5(2), pp.135-145.

Werner, O., & Schoepfle, G. M. (1987a). Foundations of ethnography and interviewing: Vol. 1. *Systematic fieldwork*. Newbury Park, CA: Sage.

8

문서 분석

질적연구에 있어서 연구자의 공간적, 시간적 한계는 연구를 수행하는 데 있어서 실질적인 한계를 가져온다. 질적연구자는 이러한 한계를 극복하기 위해 다양한 방법을 사용할 수 있는데, 그러한 방법 중의 하나가 문서 분석이다. 연구의 과정에서 연구자가 획득하게 되는 문서는 연구 참여자의 삶을 담고 있는 또 하나의 자료 원천이 될 수 있는데, 왜냐하면 연구 과정에서 수집하게 되는 문서에는 연구 참여자의 삶이 연구 참여자 집단의 언어로 기록되어 있기 때문이다.

하지만 안타깝게도 우리나라의 질적연구 이론화에서 이러한 문서에 대한 관심은 참여관찰이나 심층면담과 같은 여타의 연구방법에 비해 이론화가 더딘 상황이다. 따라서 여기서는 이러한 문서 분석 방법을 질적연구의 한 방법으로 다루면서, 문서의 개념을 살피고, 질적연구에서 다룰 수 있는 문서의 종류와 이를 기반으로 한 다양한 연구를 살피며 질적연구에서 문서 분석이 어떠한 역할을 할 수 있는지 알아본다.

1. 질적 자료로서 문서의 개념

문서(document)는 사전적으로 '정보를 제공하는 기록물(written)'이라는 큰 의미를 가지며, 세부적으로 상징적 표시를 통해 개인 사고의 표현을 제공하는 일체의 것이라는 의미도 함께 가진다(Longman Dictionaries, 1995; Penguin Random House, 2015). 이러한 사전적 의미와 더불어 많은 학자들이 학술적 측면에서 문서를 논의하고 있다. 우선 라일즈(Riles, 2006: 2-19)는 문서에 대해 '특별한 장르나 형식을 가진 인공물(aritict)'이라 논의했는데, 그는 이러한 문서가 근대의 지적 관습을 보여 주는 전형적인 것이며, 이러한 문서들이 가지고 있는 미적 언명(commitment)에 주목한 바 있다. 고트샬크(Gottschalk, 1945: 12-14)는 문서를 '문서(the document)'와 '개인적 문서(human and personal document)'로 구분하며, 문서를 기록된 역사적 정보의 출처로, 개인적 문서를 주체적 개인으로서, 사회 구성원으로서의 개별적인 행위에 적용되는 경험'에 대한 것이라 논의했다. 게일릿(Gaillet, 2010: 30)은 정보의 원천으로서 '아카이브(archive)'에 대해 논의하며 아카이브를 인공물과 문서를 포함하는 개념으로 보았는데, 이러한 아카이브에 속하는 정보 원천으로 편지, 일기, 저널, 학생 노트, 메모, 온라인 자료, 오디오와 비디오테이프, 나아가 고고학적 유물이나 발견까지도 포함시켰다. 이러한 학자들의 논의를 살펴보면 질적 자료로서의 '문서'는 넓은 범위에서는 인간의 경험을 담고 있는 일체의 인공물 전체를 의미하며 좁은 의미로는 정보를 담고 있는 기록이라 정의할 수 있겠다.

이러한 문서는 우리의 주변에 산재해 있다. 플루머(Plummer, 2010: 15)는 세상은 '인간들과 개인적인 문서들'로 가득 차 있다고 했는데, 이는 인간의 주요한 활동으로서의 기록을 강조하는 논의라 할 수 있다. 실제로 인간은 일기, 편지, 사진, 메모, 자서전, 인터넷, 낙서, 회고록, 유서, 유언, 영상 등을 통해 개인적인 기록을 남기기 위해 애쓴다. 푸코(Foucault, 1975)의 논의처럼, 개인에 대한 기록은 '후세 사람들의 기억을 위한 기념물'일 뿐만 아니라, '활용을 위한 기록의 문서'가 된다. 출생 신고증, 시험성적, 운전 면허증, 은행 거래 확인서, 신문기사, 회의록, 부고, 유언 등 개인에 대한 기록은 공적인 차원에서도 개인의 정체성을 규명한다(McCulloch, 2004: 1). 또한 이러한 문서들은 그 작성의 주체나 목적에 따라 다양한 명칭과 형식을 가진다.

우리 주변에 산재한 이러한 문서들은 일반적으로 역사적인 사건을 밀접하게 구술하는 문서일수록 그것의 역사적인 목적에 더 나은 자료를 얻을 수 있고, 작가의 의도가 적게 들어간 기록일수록 그 문서의 신뢰도는 더욱 높아진다. 또한 문서를 주시하는 눈이 적을수록 그 문서는 원자료에 가까운 의미를 지니며, 훈련받고 경험이 많은 관찰자 또는 기록자의 진술이 문서의 신뢰도를 높일 수 있다.

인간의 경험을 담고 있는 문서는 다양한 분야의 연구 보고서에 삶의 의미를 담은 원천으로 사용되어 왔다(Altheide, 2000; Cory, 1998; Thomas & Znaniecki, 1958). 특히 영미 국가들에서는 이러한 문서를 기반으로 한 연구가 20세기 초반부터 지금까지 이어져 오고 있는데, 폴란드계 미국 이민자 농부들의 삶에 대한 토마스와 즈나니에츠키(Thomas & Znaniecki)의 연구에서부터, 특정한 국가의 국민성에 대한 연구, 환자들의 경험에 대한 연구까지 다양한 학문 분야의 다양한 주제와 관련된 많은 연구들이 오로지 문서를 기반으로 하거나 문서를 중요한 자료 중의 하나로 하여 진행되었다(Benedict, 2005; Merlin, Turan, Herbey, Westfall, Starrels, Kertesz, Saag, & Ritchie, 2014; Thomas & Znaniecki, 1958). 이러한 실제 연구 사례와 더불어 문서 분석과 관련된 방법론적 논의도 지속적으로 이어져 왔는데, 특히 영미권 국가에서 이러한 논의가 활발하게 이루어지고 있다(Alaszewski, 2006; Bowen, 2009; Brundage, 2013; Davie, 2013; McCulloch, 2004; Prior, 2011; Stanley, 2013). 이러한 논의들은 문서의 종류에서부터 문서의 확장성과 한계에 이르기까지 광범위한 주제에 걸쳐 문서의 활용에 대해 최근까지도 다양하게 전개되고 있다.

2. 문서를 기반으로 한 다양한 연구들

20세기 초반부터 문서를 기반으로 한 연구들이 진행되면서 문서에 대한 관심이 지속되어 왔는데, 그러한 관심의 결과로 많은 연구들이 문서를 주요한 자료 원천으로 하여 이루어져 왔다. 이러한 움직임은 초기에는 주로 사회학 분야에서 이루어져 왔으며 점차로 심리학, 사회학 분야로 확대되어 갔다.

폴란드계 미국 이민자의 삶과 문화에 대한 연구
(The Polish Peasant in Europe and America)

토마스와 즈나니에츠키(Thomas W. I. & Znaniecki, F., 1926)는 20세기 초 미국으로 이민 온 폴란드 농부들의 삶을 통해 이민이 미국 사회에 미치는 영향에 대해 탐구하고자 했다. 그들은 폴란드 이민자와 그 가족들의 삶을 그들의 개인적 문서의 분석을 통해 탐구했는데, 그러한 문서에는 편지, 참여자의 자전적 기술, 신문, 기관의 문서 등이 포함되었다.

연구 결과 그들은 폴란드인 공동체가 그들의 문화와 공동체적 유대감을 기반으로 형성되며, 그러한 유대감이 해체될 때 개인들이 고립된다는 것을 밝혔다. 또한 이러한 폴란드 이민자들은 진정한 미국인으로 변모하기보다는 자신들의 문화적 배경을 유지하는 동시에 미국의 상황에 맞게 그것들을 변형시켜 가며 미국적인 것도 아니고 폴란드적인 것도 아닌 제3의 인류학적 공동체를 형성한다는 것을 발견했다.

이들의 주요한 문서 자료는 참여자들이 가족들 혹은 이웃들과 주고받은 편지였는데, 그 중 일부분을 살펴보자. 다음은 참여자 중 Walery Wrobleski의 편지에 대한 기술적 분석이다. 그들은 이러한 분석을 통해 그의 편지에는 주로 정보 전달이나 가족 간의 유대 형성을 위한 내용이 포함되어 있음을 분석했다.

Wrobleski 가족은 문화인류학적인 폴란드의 북동쪽에 살고 있다. 그곳은 상대적으로 빈곤한 지역이다. 그 가족(우리는 그들의 본명을 사용하지 않았다.)은 부유한 소작농에 속하고 비교적 잘 교육받았다. 그들은 적어도 15세기 이후부터 그곳에 살았다. 12곳의 이웃마을에 같은 조상의 후손들이 살고 있다. 하지만 그들의 이름은 부분적으로 다양하다. 공동체의 초기 모습은 아마도 상당부분 잊혔을 것이다.

일련의 편지들의 주된 내용은 편지 대부분의 작성자인 Walery Wrobleski에 대한 것이다. 그의 편지는 거의 전적으로 정보 전달이나 친교의 형태이다. 그 편지의 기능은 보통의 대화 전체나 일반적인 관심을 지속하고 발전시킴으로써 Walery와 그의 형제들과의 가족적 유대를 지속하는 것이다. 고맙게도 이 편지들은 특별히 우리에게 가지가 있다. 이것들은 우리에게 전형적이고 평범한 폴란드 농부인 Walery의 기본적인 삶의 관심에 대한 완벽한 설명을 제공한다.

본질적인 관심은 분명하게 일, 특히 개인적인 일에 대한 것이다. 수입을 얻는 노동(공공 기차역의 정원사로서)은 Walery의 삶에서 순수하게 부차적인 부분이고 금전적으로 크게 도움이 되지 않는다. 그의 주된 직업은 농부 일이다. 그러한 부분은 폴란드 농부의 평균적인 형태와 같다.

(중략)

두 번째 기본적인 관심은 가족에 대한 것이다. 그러한 관심은 일어날 수 있는 대부분의 가족적 상황에서 발견된다.

　　1. 상속문제에 기반한 Walery와 그의 아버지와 형제들과의 관계

(중략)

　　2. 순수하게 감정적이고 지적인 Walery와 Antoni의 관계
　　3. 첫 부인의 투병과 죽음을 통해 드러나는 Walery와 첫 부인의 관계
　　4. Walery와 입양한 딸인 Olcia의 관계 — 경제적, 감정적 문제
　　5. Walery와 그의 아이들의 관계 그리고 경제적 상황 변화의 영향과 진보적인 성향

을 가진 아이들의 영향으로 인한 변화

(중략)

6. Walery와 두 번째 부인의 관계

7. Walery와 그의 제수의 관계

이러한 분석의 기반이 되는 편지의 내용은 다음과 같다.

폴란드의 Walery와 Jozef가 미국의 형제들에게 보내는 편지

(1906년 1월 2일, Lapydptj)

사랑하는 형제들: (평범한 인사와 안부) 10월 29일날 네가 보낸 편지를 11월 30일에 받았다. 편지가 오는 데 2달이나 걸렸구나. 어쩌면 우체국에 묵혀 있었을지도 모르지. 우체국이 파업했으니까. 모든 기차가 1주일 이상 멈춰 있었어. 그리고 그 후로 우체국과 방송국에서 3주간의 파업이 있었지. "파업"은 우리말로 "bezrobocoe"이고 러시아말로 "zabastowka"(일을 멈추기)이다. 지금 여기에는 그런 일이 자주 일어나. 특히 공장들에서 말이야. 노동자들은 그들의 요구를 앞세우지. 그들은 높은 임금과 짧은 근무일을 원하지. 그들은 하루에 8시간 이상 일하는 것을 거부했어. 이제는 모든 것이 끔찍해지는구나. 특히나 구두장이와 양복장이들에게 (중략) 이제서야 내가 그렇게 참을성을 가지고 기다려 왔던 너의 편지를 받는구나. 그렇게 오랫동안 편지를 쓰지 않는 것은 옳지 않아. 근 반년동안 너로부터 소식을 듣지 못했어. 우리는 네가 돈을 보내는 걸 원치 않아. 왜냐하면 우리는 아직 우리 스스로 살 수 있으니까. 하지만 네가 조금 더 자주 편지를 보내 주었으면 좋겠구나. 다른 사람들은 편지를 매달 혹은 그것보다 더 자주 보내. 그들은 편지 쓰는 방법도 모르면서 새로운 소식을 전해 주고 집에 무슨 일이 있는지 묻곤 한다. 나는 네가 알고 싶어 할 것이라 믿어. 특히 지금 … Jozef는 네 편지로 조금 기분이 나빠졌어. 그건 피할 수 없는 것 같구나. 나는 그 애에게 읽으라고 편지를 줄 거야. 만일 내가 그렇게 하지 않으면 우리 사이에 비밀이 있다고 말할 것 같구나. 그런 일이 우리 사이에 있어서는 안 돼. (중략) Edward는 올해 Lapy에 있는 학교에 갈 거야. 나는 그의 학비로 매달 50copeck를 지불해야 해. 하지만 내가 일을 그만두면 아마도 그들은 더 많이 요구할 거야. 말 두 마리가 숨을 잘 못 쉬고 좋지 않아 보여. 크리스마스가 다가오고 있구나. 새해가 오기까지 날씨가 더 추워질 거야. 벌써 썰매를 끌 수 있겠는걸. … Lapy에 새로운 교회가 지어지고 있는 걸 이야기해 줬는지 기억이 나지 않는구나. 그들은 첫 예배당을 지으려고 하고 있어. … 우리 방앗간에서는 옥수수를 갈고 있어. 아버지는 아버지대로, 나는 나대로, 각자 시간이 될 때. 너에게 우리의 감사를 보낼게. 그리고 아이들도. 항상 행복해. 신이 축복하기를.

〈W. Wroblewski.〉

위의 편지 내용에서 편지의 작성자는 미국에 사는 동생에게 정보와 친교를 위한 목적으로 편지를 썼음을 확인할 수 있다. 편지의 내용은 가족사에 대한 정보, 당시의 사회적 상황, 안부를 묻는 내용과 무정한 동생을 책망하는 것이 주요한 것이었다. 이 편지를 통해 연구자들은 당시 폴란드계 이민자들의 삶의 모습을 확인할 수 있었다.

일본인의 국민성에 대한 연구
(The Chrysanthemum and the Sword: Patterns of Japanese Culture)

베네딕트(Benedict, R., 1946)는 2차 세계 대전 중 미국 정부의 요청으로 일본의 국민성에 대한 인류학적 연구를 의뢰받았다. 당시는 전쟁이 막바지로 치닫고 있는 시점이었으나 일본군은 결코 항복하려는 조짐을 전혀 보여 주지 않고 오히려 더욱 극단적인 형태로 미국에 대항하고 있었다. 따라서 미국 정부는 이러한 일본과의 전쟁에서 승리하기 위해 일본의 국민성을 파악하고 이에 기반한 전술을 구사하려는 구상의 일환으로 그녀에게 연구를 의뢰했던 것이다. 하지만 전쟁 중이라는 상황은 당시 인류학자들이 일반적으로 수행했던 기본적인 연구방법인 현지 조사와 참여관찰을 불가능하게 했고, 따라서 베네딕트의 연구는 전적으로 일본 외부에 있는 자료에 의지해야 했는데, 그 주요 자료들은 미국 내 일본인들과의 인터뷰 자료와 일본 문화를 담고 있는 문헌, 연설문, 그림, 영화와 같은 문서들이었다. 베네딕트는 이러한 문서들에 대한 분석을 통해 일본의 국민성에 내재하는 폭력성과 억압성의 주제를 도출했고 이를 '국화(chrysanthemum)'와 '칼(sword)'이라는 은유를 통해 기술했다.

이러한 분석의 과정에서 그녀가 문서에 대해 어떠한 분석을 했는지 구체적 예를 통해 살펴보도록 하자. 다음의 예에서 그녀는 국가 지도자나 국가 기관의 발언을 분석함으로써 육체보다 정신의 우위를 주장하는 일본인의 국민성을 분석하고 있다.

일본의 위정자들은 일반인의 일상생활에서도 물질적 환경에 대한 정신의 우위를 강조했다. 예를 들어 국민은 공장에서 24시간 노동에 시달렸고, 야간 폭격까지 지속되자 극도로 지쳐 있었다. 그러면 위정자들은 "우리의 육체가 고통스러워질수록 우리의 의지나 정신은 드높아진다", "우리가 극도의 피로를 경험하는 것은 우리에게 좋은 훈련이 된다"며 정신력을 강조하고 나섰다. 또한 국민들은 겨울에 온기 하나 없는 방공호에서 떨었다. 그러면 라디오 방송에서는 대일본체육회가 방한체조를 강조하고 있다는 내용을 보도했다. 대일본체육회의 말에 따르면, 이 체조는 난방시설이나 이불을 대용할 뿐만 아니라, 나아가 국민의 체력을 정상적으로 유지시켜 주는 기능을 한다는 것이다. 즉 식량을 대신해 일본인을 살아있게 해 준다는 것이다. "지금과 같이 식량이 부족할 때 체조를 한다고 해서 무엇이 달라지느냐고 말하는 사람도 있으리라. 그러나 결코 그렇지 않다. 식량이 부족할수록 우리는 체력을 다른 방법으로 향상시켜야 한다." 즉 체력을 소비하는 과정을 통해 역설적으로 체력을 증진할 수 있다는 논리였다.

또 다른 예를 살펴보자. 다음은 일본 국민성의 또 다른 개념인 '온(恩)'의 독특한 의미에 대해 분석하며 일본 교과서에 나오는 이야기를 분석한 내용이다.

'온'이라는 단어의 공통적인 의미는 인간이 짊어질 수 있는 부담이나 채무, 즉 무거운 짐이다. 인간은 윗사람으로부터 '온'을 받는다. 그러나 윗사람이 아니거나, 적어도 자기 자신과 동등하지 않은 사람으로부터 '온'을 받는 행위는 불쾌감을 준다.
(중략)
일본 초등학교 2학년 교과서에 실려 있는 〈온을 잊지 말자〉라는 제목의 짧은 이야기는 '온'을 이런 의미로 사용한 경우이다. 다음은 아이들 교과서에 실린 이야기다.

하치는 어여쁜 개입니다. 하치는 태어나자마자 낯선 사람의 손에 넘어가 그 집에서 아이들의 귀여움을 독차지했습니다. 그런 보살핌 때문에 하치는 허약했던 몸도 건강해졌습니다. 하치는 주인아저씨가 매일 아침 직장에 출근할 때마다 전차 정거장까지 배웅했습니다. 주인이 저녁에 돌아올 때에도 다시 정거장까지 나가 기다렸습니다.
    그러던 어느 날 불행하게도 주인은 세상을 떠났습니다.
    하치는 그 사실을 알지 못하는지 날마다 주인을 찾아 헤맸습니다. 항상 정거장 주위에 나가 전차가 도착할 때마다 많은 인파속에서 주인을 찾아 헤맸습니다.
    이런 가운데 날과 달이 갔습니다.
    1년이 지나고 2, 3년이 지나고 10년이 지났을 때에도 하치는 여전히 자기 주인을 찾았습니다. 그런 늙은 하치의 모습을 정거장 앞에서 볼 수가 있었습니다.

이 짧은 이야기가 주는 교훈은 애정이 섞인 충성심이다. 어머니를 극진하게 생각하는 아들은 어머니한테서 받은 '온'을 잊지 않는 사람이다. (중략) 그러나 이 말은 특별히 그의 애정을 가리키는 것이 아니라 그와 어머니의 특수한 관계로부터 발생한 것이다. (중략) 그것은 이런 채무를 되돌려줘야 한다는 의미를 포함하고 있다. 따라서 그것은 사랑을 의미하기도 하지만, 원래의 뜻은 빚이다.

이러한 분석을 통해 연구자는 은혜를 의미하는 일본의 '온(恩)'이 단순한 타인의 호의를 의미하는 것이 아니라 언젠가는 갚아야 할 부채와도 같은 개념으로 다루어진다는 것을 발견했다.

미국 중산층의 삶에 대한 문화기술지 연구
(Middletown: A Study in Modern American Culture)

린드와 린드(Lynd, R. S. & Lynd, H. M., 1956)는 1890년부터 1925년까지의 미국의 중류층의 삶과 문화에 대한 사회인류학적 연구를 수행한 바 있는데, 이를 종합하여 ≪Middletown: A Study in Modern American Culture≫란 제목의 책으로 출판했다. 이 연구에 사용된 자료는 미국 공동체와 그것의 행위에 대한 참여관찰, 인터뷰, 그리고 다양한 종류의 문서들이었다. 특히 문서를 통한 분석은 단순히 연구 당시의 사회의 모습뿐만 아니라 1890년대부터의 사회의 변화 추이에 대한 분석을 가능하게 했다.

이 연구에는 다양한 유형의 문서들이 자료로 사용되었는데 그것은 통계 자료, 인구 조사 자료, 도시와 도시 주변의 기록, 재판 기록, 학교 기록물, 해당 주의 격년보(State Biennial Report), 연감(Year Book), 여러 단체와 기관의 기록, 학생기록 등이었다. 또한 개인적 기록으로서 일기도 분석에 사용되었는데, 주된 일기는 사업에 종사하는 개신교도의 일기와 요리사로 일하는 젊은 가톨릭교도의 1886년부터 1900년까지의 일기였다. 이와 함께 다른 몇몇의 일기도 포함되었고, 스크랩북, 스케줄표, 편지 등도 포함되었다. 이와 함께 지역 역사와 도시 인명록, 지도, 상공회의소의 배포 자료, 고등학교 연감, 조사 자료 등 최대한 문서들을 수집하여 분석했다.

그들은 이러한 연구를 통해 미국 중류층의 삶과 문화에 대해 크게 5개의 영역, 즉 경제활동, 가정생활, 교육활동, 여가생활, 종교활동, 정치적 공동체적 영역으로 나누어 제시했다. 그렇다면 그들이 연구 속에서 어떠한 분석을 했는지 살펴보도록 하자. 아래의 예는 종교생활과 관련된 목사와의 인터뷰, 신문 사설에 대한 분석을 통해 물질적 세계의 변화에도 불구하고 불변의 신앙을 추구하는 Middletown의 종교생활 측면에 대해 논의하고 있다.

> 반면에, 종교의 가치를 일상의 생활과는 매우 동떨어지고 다른 것으로 부여하는 경향도 있다. 그것은 "또 다른 세상, 또 다른 삶"으로 여겨진다. Middletown에서 가장 존경받는 목사 중의 한 명은 이렇게 말했다.

"기독교인은 우리가 살고 움직이는 이 세상은 진짜 세상이 아니라는 것을 깨닫습니다. 당신은 믿을 수 없겠지만 믿음이 있는 자가 하나님의 곁으로 이끌어지는 경외와 공경의 한가운데서 단 한 시간만이라도 보내게 된다면 당신은 새로워질 수 있습니다."

Middletown에서의 삶의 다른 측면들은 변화하고 있다. 하지만 종교적 믿음만은 예외로 가치를 부여한다. 왜냐하면 그것은 변하지 않는 것이라 확신하기 때문이다. 1989년의 Middletown의 신문 한 면은 Ethical Society 모임의 주제인 "인간의 삶은 일련의 실험이다."와 주류 교회의 설교 주제인 "우리의 변할 수 없는 종교"에 대해 보도하고 있다. 그 속에서 현재 이 도시에서 가장 큰 교회의 목사의 설교도 보도하고 있는데 그것은 "나의 임무는 당신의 믿음을 하느님의 왕국의 분명한 영원성과 권능 속에 세우는 것이다."이다. Federated Women's Club의 한 연사는 "매번 새로운 것들이 밀려온다. 변화, 변화! 우리가 우리의 온건한 정신을 유지하는 방법 중의 하나는 영원한 것을 가지는 것이다. 하느님은 영원불변하다."라고 말했다. Middletown 교구의 감리교 사제단 (Methodist Episcopal Conference)이 "카드 게임, 춤, 음주, 도박에 대한 반대는 오랜 기간 이어져 온 교리"라는 것을 다시 한 번 재확인했을 때, Middletown 신문은 다음과 같은 사설을 실었다.

"의심할 여지 없이, 언젠가 감리교 사제단이 그들 자신을 기독교인 단체를 힘들게 하고 있는 교리와 원리에 대한 토론에 참여시켜야 할 때가 온다면, 우리가 감리교주의라고 부르는 애매하지만 확신하는 것들의 많은 부분을 상실하게 될 것이다. 그리고 그것들의 영향력은 쇠퇴할 것이다. 다른 이들은 감리교 신자들이 기독교 신앙과 기독교 삶의 기반이라 여기는 어떤 것들에 대해 의심할지도 모른다. 하지만 John Wesley의 추종자들은 그렇지 않다. 그들과 그들의 교회는 오늘날 물질적인 것과 정신적인 것에 대한 의심과 억압으로 산산조각난 모든 신념을 지키는, 마치 정신적으로 방어하는 강력한 바위처럼 견디고 있다."

종교적 믿음의 본질의 불변의 특성에 대한 강조는 그것들을 라이노타이프 기계나 새로운 항독소 혈청과 같은 실제의 영역에 속하는 실제의 관심으로 보지 않고 희망하지만 도달하기 힘든 어떤 것으로 보는 것과 관련 있다. 다른 지역에서의 삶의 다른 영역에서 괄목할 만한 변화는 주로 물질적 문화에서 있어 왔다.

위의 예에서 연구자들은 Middletown의 급격한 변화 속에서도 종교적 영역만은 그 변화의 예외적인 영역으로 다루어지고 있으며 오히려 그러한 변화 속에서 안식을 얻을 수 있는 불변의 영역으로 다루어지고 있음을 발견한다.

자살에 대한 사회학적 접근(Suiciud)

프랑스의 사회학자인 뒤르켐(Durkheim, E., 1897)은 자살을 하나의 사회적 현상으로 보고 사회적 현상으로서의 자살에 대해 탐구하기 위해 여러 통계자료를 담고 있는 문서에 대한 내용 분석을 수행했다. 그가 사용한 문서들은 유럽 각국의 자살과 관련된 통계자료를 담고 있는 문서들이었는데, 그는 이를 통해 다음과 같은 사실을 발견했다. 첫째, 기존에 자살의 원인이라 일반적으로 인정되었던 개인의 성향, 즉 정신병이나 신경증과 같은 것들이 실제로는 자살과 밀접한 관련이 없다는 것이다. 둘째, 자살을 부추긴다고 생각되었던 자연적 요인, 즉 기후나 기온 같은 것들도 자살 현상과 결정적인 관련성은 없다는 것이다.

따라서 뒤르켐은 자살을 개인의 특질이나 자연적 환경에서 비롯되는 것이 아닌 사회적 상황에서 일어나는 것으로 보고 이러한 관점에서 자살을 그 사회적 원인에 따라 세 가지 유형으로 제시했다. 그것은 이기적 자살, 이타적 자살, 아노미적 자살이다. 이기적 자살은 개인이 지나친 개인화로 인해 종교, 사회적으로 고립되어 있을 때 일어나는 자살이다. 이타적 자살은 이기적 자살과는 반대로 개인이 과도하게 집단화되어 있어 집단에 대한 사회적 의무감이 원인이 되어 일어나는 자살이다. 아노미적 자살은 극도의 사회적 혼란 속에서 규범적, 도덕적 통제의 부재로 인한 가치관이나 규범의 혼란이 원인이 되어 일어나는 자살이다.

이러한 결과를 도출하기까지 뒤르켐은 전 유럽의 자살 통계와 관련된 문서들에 대한 내용 분석을 실시했는데 다음의 예를 살펴보자.

유럽의 자살 분포도를 보면 스페인, 포르투갈, 이탈리아처럼 가톨릭을 믿는 나라에서는 자살이 별로 늘지 않는 반면, 프로이센, 작센, 덴마크 같은 개신교 국가에서 자살이 가장 많이 늘어난 것을 알 수 있다. 모르셀리가 계산한 다음의 평균치는 이 첫째 결론을 뒷받침해 준다.

개신교 국가	190명
혼합 종교국(개신교와 가톨릭)	96명
가톨릭 국가	58명
그리스정교 국가	40명

그리스정교를 믿는 나라들의 낮은 자살률은 순전히 종교 때문으로만 돌릴 수 없다. 그 나라들의 문명은 유럽의 다른 나라들과 매우 다르기 때문에, 낮은 자살률은 문화의 차이 때문일 수 있다.

(중략)

독일의 큰 지방들 가운데 바이에른은 자살자가 가장 적다. 이 지방의 주민들은 1874년 이후 매년 인구 백만 명당 90명의 자살자를 냈을 뿐이다. 반면에 프로이센은 133명(1871~1875)이고, 바덴은 156명, 뷔르템베르크는 162명, 작센은 300명에 달했다.

위의 예에서 뒤르켐은 유럽 각국의 백만 명당 자살자 수에 대한 분석과 각 지역이 가지고 있는 종교적, 문화적 특징들을 서로 비교하며 자살과 종교의 관련성에 대한 분석을 하고 있다. 또한 다음의 예에서는 자살과 인구학적 특징에 대해 분석하고 있다.

또한 인구학적 분포와 자살률을 관련시켜 분석함으로써 자살과 인구학적 특성과 관련된 다음과 같은 법칙을 도출했다.
1. 너무 이른 결혼은 특히 남성의 경우 자살률을 촉진하는 경향이 있다.
2. 20세 이후의 연령층에 있어서 기혼자는 남녀 모두 미혼자보다 자살 방지 계수가 높다.
3. 미혼자와 비교해서 기혼자의 자살 방지 계수는 성별에 따라 다르다.
4. 과부와 홀아비는 각 성별 기혼자의 계수를 감소시키지만 완전히 상쇄시키는 일은 거의 없다.

그 후 이러한 통계자료가 보여 주는 경향성에 대해 다음과 같은 분석을 했다.

기혼자들의 자살 면역성은 다음 두 가지 원인 가운데 한 가지일 것이다.
첫째로, 가정환경의 영향일 수 있다. 즉 가족의 영향이 자살 경향을 중화시켰거나 그 표출을 방지한 것이다.
둘째로, 소위 결혼 선택 때문일 수 있다. 결혼은 전체 인구를 대상으로 한 일종의 선택이다. 결혼하기를 원하는 모든 사람이 결혼하는 것은 아니다. 건강, 재산, 도덕성 같은 일정한 자격 없이는 가정을 이룰 기회가 적다. 자격을 갖추지 못한 사람들은 예외적으로 유리한 상황이 생기지 않는 한, 원치 않지만 미혼자 계층에 속하게 되며, 또한 미혼자 계층에는 병자, 심신불능자, 가난한 자 등 여러 문제를 가진 사람들도 속하게 된다.

위의 예와 같은 분석을 통해 뒤르켐은 자살이 종교나 지역의 자연적 환경과 연관된다기보다는 그 사회적 환경의 영향을 받는다는 결론으로 나아가고 있다.

살인과 광기를 다루는 담론들에 대한 분석
(Moi, Pierre Rivière, ayant égorgé ma mère, ma soeur et mom frère⋯)

푸코(Foucault, M., 1973)는 1835년, 임신한 어머니와 누이 그리고 남동생을 살해한 피에르 르비에르(Pierre Rivière)라는 청년의 사건에 대해 문서 분석을 통해 연구한 바 있다. 그는 판사와 검사의 조서, 재판 관련자들 간에 오고간 서신, 각 증인의 조서, 재판 중의 심문 기록, 증인들의 증언, 재판과정과 관련된 공식 문서, 신문기사, 법의학 감정서, 피에르 르비에르가 쓴 수기, 배심원 명단, 주민 증명서와 같은 공공 문서, 보고서, 정신 감정서 등의 사건과 관련된 다양한 문서에 대한 분석을 실시했다. 이러한 분석을 통해 그는 하나의 살인 사건 안에서 살인과 광기를 다루는 다양한 담론들의 형태, 신문 등이 이러한 사건들을 다루는 태도, 그리고 텍스트와 범죄의 일체성에 대해 논평했다.

그렇다면 이 연구에 사용된 문서를 직접 살펴보도록 하자. 다음은 피에르 르비에르를 검거한 헌병대 반장이 진술한 조서의 일부분이다.

> 금일 1835년 7월 2일 오전 5시
> 다음과 같이 서명한 칼바도스도 랑가느리 소재 헌병대 반장이 랑가느리 도로에서 수상 해 보이는 사람과 마주쳐서 그에게 다가가 어디에 사는 사람이냐고 물었다. 그 사람은 주거 부정자라고 대답했으며, 어디로 가는 길이냐는 물음에 신이 자신에게 명하는 곳 으로 간다고 했다. 그를 조사한 결과, 우리는 그가 모친과 남동생, 여동생을 살해한 이 른바 피에르 리비에르임을 확인했다. (중략) 그는 오네에 사는 피에르 리비에르라고 대 답했다. 그에게 모친을 살해한 이유를 묻자 그는 모친이 신 앞에서 죄를 범했다고 대답 했고, 또 누이와 남동생을 죽인 동기에 대해서도 그들이 모친과 함께 공모해서 죄를 범 했다고 대답했다. (중략) 그리고 나서 우리는 경찰 당국으로 연행하기에 앞서 구류실에 그의 신병을 유치했고, 그 과정에서 단검 2정과 나이프 1정, 유환봉과 약간의 끈을 압 수했다.
>
> 상기   년 월 일   랑가느리
서명

다음은 피에르 르비에르가 검거된 무렵쯤의 신문기사이다.

현재까지 보도된 삼중살인범 오네의 피에르 리비에르는 아직도 체포되지 않은 상태이다. 오네 주변의 한 읍에서 생선 장사가 그와 마주쳤으나, 그 사람이 피에르 리비에르를 확인하고 경찰 당국에 신고했을 때는 이미 너무 늦은 뒤였다. 이 지역의 많은 사람들은 이 가련한 살인범이 자살하여 머지않아 물가 어딘가에서 시체로 발견되지 않을까 추측했다.

〈칼바도스 신보 1835년 6월 17일자〉

이미 보도한 바 있는 삼중살인범 피에르 리비에르라 불리는 자가 이틀 전인 7월 2일 랑가느리 헌병대에서 체포되었다. 그는 체포될 당시 활과 화살, 2정의 단검과 나이프를 소지하고 있었다. 이와 함께 유황봉도 발견되었다.

〈칼바도스 신보 1835년 7월 5일자〉

특히 분석의 대상이 된 문서에는 피에르 르비에르 본인이 수감 기간 동안 스스로 작성한 수기가 포함되어 있었는데, 이 수기는 이 연구에서 중요한 자료가 되었다. 그 중 일부를 살펴보자.

어머니, 누이, 남동생을 살해하고 어떤 동기로 이 범행을 저지르게 되었는지를 알리려고 하는 나 피에르 리비에르는, 결혼한 이래 양친이 영위한 삶 전반을 여기에 상세히 기록했습니다. (중략) 결혼식 당일 밤, (부모님) 부부는 동침하지 않았습니다. 어머니는 "그가 나를 임신시켜 놓고 떠나버리면 나는 어떡하나."하고 말했습니다. 이 말이 일리가 있다고 생각한 아버지는 어머니에게 동침을 강요하지 않았습니다. (중략) 결혼 후 어머니는 자신의 양친과 함께 쿠르보동에 살았고, 아버지는 그 집에 경작을 하러 가야 했습니다. 아버지는 결혼 초기에 종종 어머니를 방문했으나 냉담하게 맞이해 기분이 상했고 오히려 장인과 장모가 그에게 더 좋은 표정을 보였습니다. (중략) 그런데 이 시기에 어머니는 아버지에게 엄청난 혐오감을 보였습니다. 쿠드보동으로 간 어머니는 아버지 집 식구들이 자신을 죽이려고 했고 모든 것이 부족했으며, 자신이 아픈 동안에도 체로 거르지 않은 2바르테 분량의 혼합 곡물만을 주어 병이 오래 지속되었다고 했다면서 친청으로 돌아올 수밖에 없었다고 말하고 다녔습니다. 아버지가 어머니 집으로 일하러 갔을 때, 어머니는 아버지에게 심한 혐오감을 표현했습니다. (중략) 만인은 나무랄 데 없는 행실의 한 남자가 한 여자로 인해 너무나 심한 불행과 너무나도 잔인하게 박해를 당하는 것을 보고 충격을 받았습니다. 일요일에 아버지가 미사에서 성수 축복 성가를 선창했을 때 50명의 신도들이 눈물을 흘렸습니다. (중략) 아버지와 관계없는 사람들도 이렇게 우는데, 아들인 내가, 어떻게 가만히 있을 수 있을까. 이렇게 해서 나는 그 무시무시한 결심을 하고, 세 명을 모두 죽이기로 한 것입니다. 그중 두 명은 공모해서 아버지를 괴롭히려고 했기 때문이고, 남동생에 대해서는 다음 두 가지 이유가 있었습니다. 첫 번째 이유는, 남동생이 엄마와 여동생을 사랑했기 때문이며, 다른 이유는 만약 내가 남동생을 빼고 두 명만 죽인다면, 나의 행위가 얼마나 무서운 것이건 간에, 아버지가 나중에 내가 아버지를 위해 죽였다는 것을 알고, 내 일로 속상해하지나 않을까 걱정스러웠기 때문입니다. 나는 아버지가 이 똑똑한 남동생을 사랑한다는 것을 알고 있었습니다.

위에 발췌한 수기의 일부분에서 우리는 피에르 르비에르의 살해 동기를 확인할 수 있다.

푸코(1973)는 이러한 문서에 대한 분석을 통해 다음과 같이 전체적인 논평을 제시했다.

사실 리비에르의 행동에서 수기와 살인 행위는, 범행 다음에 오는 그것에 관한 이야기라는 단순한 시간적 순서를 따르지 않는다. 텍스트는 범행 그 자체를 쓰지는 않지만, 범죄에서 그 이야기에 이르기까지 어떤 관계의 직조가 있다. 양자는 그 관계를 계속 변화시켜 가면서도 서로 지탱하며 자극하고 있다. (중략) 그런데 두 번째 계획에서 살해는 더 이상 수기와 결부되지 않는다. 살해는 수기의 중심에서 떨어져 나와 외부, 종결 지점에 위치하며, 텍스트에서 떨어져서 마지막에 리비에르 본인에 의해 일어나는 것으로 계획되었다. 리비에르는 누구나 읽을 수 있는 수기에서 양친의 생활을 이야기하기로 계획했고, 다음으로 그가 '최후와 최초의 이유'라고 명명한 이제부터 일어나야만 할 살해 행위를 이야기하는 비밀 텍스트를 쓰기로 했으며, 그것이 끝나면 드디어 범죄를 저지르려고 계획했다. (중략) 피에르 리비에르의 존속살해는 그가 갈망했던 영광을 대가로 지불해야 했다. 적어도 그것은 헐값으로 지불되었던 것이다. 그 시대의 많은 범죄가 그러했던 것처럼, 그의 범죄도 삼류 신문에서 노래가 되었다. 습관적으로 그것은 노래로 불리고 왜곡되었으며, 범죄의 요소라든가 이론 종류의 이야기에는 불가피한 요소들이 섞였다. 이 노래들은 리비에르에게 죽음을 주고 있다. 리비에르는 죽음을 바라고 있었고 법률은 죽음을 명했다. 그러나 그 죽음은 그의 죽음이 아니었다. 왜냐하면 그는 더욱 영광스러운 죽음을 준비하기 위해 수기를 써 놓았던 것이며, 그 수기가 그의 오명을 씻어 주었던 것이다. 그러나 한 신문이 전한 바에 의하면, 그는 형무소에서 이미 자신을 죽은 것으로 여기고 있었다고 한다.

문헌을 통한 한국 현대사에 대한 접근('한국 현대사 산책' 강준만, 2004)

우리나라의 문서기반 연구는 주로 역사학 분야에서 있어 왔는데, 그것은 그 학문적 특성에 기인한 것으로 보아야 할 것이다. 이 분야에서 주목할 만한 문서를 기반으로 한 연구는 강준만(2004)의 연구로, 그는 1940년대의 해방 이후부터 2000년대에 이르기까지의 한국 현대사를 각종 문헌에 대한 분석을 통해 기술하고 있다. 특히 이 연구는 현대 정치와 같은 현대사의 어느 한 측면만을 바라보지 않고, 정치를 비롯하여 대중문화, 경제, 사회와 같은 우리나라 전반에 걸친 역사적 상황을 기술하려 했다.

이 연구에서는 각종 개인적, 공적 문서와 TV나 영화 같은 영상 매체에 대한 분석과 더불어 사진 등에 대한 분석도 함께 이루어졌다. 그렇다면 그 속의 예를 살펴보자. 다음의 예에서 강준만(2004)은 당시 해방 이후 혼란했던 상황에 이승만과 이철승, 두 정치인 사이에 벌어진 일과 그 맥락에 대해 분석하고 있다.

이승만이 미국에서 단독정론 외교를 펼치고 있을 때 국내에서 일어났던 47년 1·18 반탁대회 후 얼마 되지 않아 이승만은 이철승에게 장문의 전보를 보냈다.

"군의 불타는 용기와 애국심에 의한 전국학련의 반탁투쟁은 나의 외교에 큰 도움이 됐다."

이승만의 그런 치하는 이철승을 사로잡았다. 이승만의 귀국 후 이철승의 이승만 독대는 이철승에게 더욱 강한 동기 부여가 되었을 것이다. 이철승의 회고다.

"이 박사가 돈암장으로 나를 불러서 '우리는 자율정부를 만들어야 한다. 단독정부가 아니다'면서, '이제 미소만 믿고 있다가 어떻게 할 것이냐, 신탁통치를 하자는 것 아니냐. 그러니까 우리 민족의 의사로서 세계 여론에 호소해야 한다'고 말하는 겁니다. 이에 따라 우리 학련 동지들이 종로에서 무허가 데모를 하고는 이 박사의 '자율정부 수립 지지'의 플래카드를 들고 하지 사령관이 머물러 있는 반도호텔(지금의 롯데호텔)로 건의하러 가고 있는데…… 그때는 내가 무서울 것이 뭐 있겠어요. 이 박사의 지령이었는데……."

이철승은 그로부터 50년이 지난 뒤에도 "이승만 박사는 '태양'적인 존재였고, 김구 선생은 '달'과 같은 존재로서 '형제의 우의'를 맺은 지도세력이 반탁반공 애국단체의 호응을 얻어 이승만 박사의 도미 외교가 성공한 것입니다"라는 평가를 내렸다.

3. 문서 분석 방법 이론화의 역사적 발달

문서 분석에 대한 영미권 국가의 관심은 그것이 질적연구에 도입된 이후부터 지금까지 지속적으로 이어지고 있다. 20세기 초, 토마스와 즈나니에츠키의 미국으로 이민 온 폴란드 농부들의 삶에 대한 연구에서 문서가 중요한 자료의 원천으로 다루어진 이래 질적연구에서 문서의 가치는 지속적으로 주목받았으며, 이후로 문서를 기반으로 한 연구에 대한 많은 학자들의 논의가 있어 왔다. 여기서는 그중 몇몇을 살펴보도록 하자. 먼저 문서 분석의 이론화에 대한 초기 시도 중의 하나로 알포트(Allport, 1942)의 논의를 들 수 있다. 그의 ≪The use of personal documents in psychological science≫는 연구에서의 문서의 역할과 종류를 다룬 고전적인 연구인데, 이 책에서 그는 심리학 분야의 초기 연구에서 이루어진 문서에 대한 느슨한 접근에서부터 과학적 방법으로서의 엄밀한 접근까지를 고찰하며 문서를 심리학 연구에 사용하는 목적과 문서의 종류까지, 문서에 대한 폭넓은 논의를 시도했다. 고트샬크와 그의 동료들(Gottschalk, Angell, Kluckhohn, 1981)은 ≪The Use of Personal Documents in History, Anthropology, and Sociology≫를 통해 역사학, 인류학, 사회학의 측면에서 문서가 어떻게 다루어질 수 있는지에 대한 학술적인 논의를 전개했다. 스콧(Scott, 1990)은 사회학 연구에 있어서 문서의 중요성에 대해 논의하며, 문서의 질을 판단하기 위한 기준들과 다양한 문서의 종류에 대해 논의했다. 그는 초기부터 2000년대 초반까지 문서 분석에 대한 학자들의 논의를 편저한 바 있다(Scott, 2006).

맥클로크(McCulloch, 2004)는 21세기 초반에 문서 자료를 주요한 기반으로 하여 교육학적, 사회학적 측면에서 중요한 연구들이 많이 나왔음을 언급했으며, 더불어 문서 분석의 사용과 한계에 관한 유용한 방법론적 논의를 제시했다. 그는 그의 책 ≪Documentary Research in Education, History and the Social Sciences≫에서 책, 보고서, 공식문서, 소설작품 및 인쇄매체를 포함하여 개인 아카이브에서 온라인 문서까지 과거와 현재의 모든 문서를 분석하여 연구한 바 있다. 녹스와 윈컵(Noaks & Wincup, 2004)은 ≪Criminological Research: Understanding Qaulitative Research≫에서 범죄 연구에 있어서 문서의 가치에 대해 논의하면서 범죄 연구에 사용될 수 있는 문서의 종류로 법원 기록과 경찰 기록, 관련된 미디어 자료, 정치적 문서 자료와 개인적 문서 자료 등에 대해 논의한 바 있는데, 이는 문서의 활용 범위가 단지 하나의 학문 분야에 국한되지 않음을 보여 주는 논의라 하겠다.

라일즈(2006)의 ≪Documents: Artifact of Modern Knowledge≫를 들 수 있다. 그는 이 책에서 현대사회의 지적 관습을 담고 있는 문서의 가치와 의미에 대한 논의와 더불어 실제 문서를 기반으로 한 다수의 사례들을 제시한 바 있다. 알라셰프스키(Alaszewski, 2006)는 사회연구 기술로 일기 분석에 대해 논의한 바 있는데, 그는 ≪Using Diaries for Social Research≫에서 일기에 대한 연구들의 역사적 발전과정과 일기의 수집에서 분석에 이르는 일련의 연구 절차에 대한 논의를 전개한 바 있으며, 보윈(Bowen, 2009)은 질적연구에서 사용할 수 있는 자료로서 문서의 기능에 대해 논의하며 이러한 문서의 분석을 근거이론과 관련지어 논의를 전개했다.

프라이어(Prior, 2011)는 ≪Using Documents and Records in Social Research≫에서 문서를 기반으로 하는 연구에서 다루어야 할 이론적 논의와 실제 문서를 기반으로 한 연구의 예를 다수 제시했는데, 이론적 논의는 언어와 문자에 대한 논의에서부터 온라인 문서에 대한 논의까지 다양한 주제에 대해 다루었고, 연구 사례들은 범죄학, 건강, 교육, 조직 등의 분야뿐만 아니라, 과학 및 기술 연구 등 다양한 분야에서의 연구들을 다루었다. 스탠리(Stanley, 2013)는 이야기 및 전기적 구조에 담긴 삶의 기록들과 인간의 경험을 담은 문서들이 어떤 의미를 드러낼 수 있는지를 실제 연구들의 사례를 통해 논의한 바 있다.

모르간과 스미스(Morgan & Smith, 2013)는 계보학 연구에서 인구 조사, 출생 증명서, 결혼 증명서, 사망 증명서, 부고, 묘비명, 사진 등과 같은 문서들이 중요한 자료로 사용될 수 있음을 언급하며 이러한 자료들을 어떻게 사용할 수 있는지에 대한 논의를 전개한 바 있다.

이러한 논의들을 개괄적으로 살펴보면, 문서와 문서 분석에 대한 논의가 특정 학문 분야에 한정되지 않고, 다양한 분야에서 이루어져 왔으며, 연구에 활용될 수 있는 다양한 문서들이 있음을 확인할 수 있다.

4. 문서의 종류와 활용

문서 분석에 대한 학자들의 다양한 방법론적 논의들은 질적연구에 사용될 수 있는 문서의 다양한 유형을 제시하고 있다. 플루머(2011)는 질적연구에 기반이 될 수 있는 문서의 종류로 일기, 편지, 여론 및 게릴라 저널리즘, 사실을 기록한 논픽션 소설(faction)과 뉴저널리즘(new journalism), 소유물이나 역사를 가진 물건(biographical objects), 생애사, 사진, 영화와 다큐멘터리, 비디오 등을 논의한 바 있고, 스콧(2006)은 자서전, 편지, 사진, 출판물, 대중매체, 사이버 문서, 공공 기록, 보고서, 통계자료 등이 연구를 위한 자료로서 사용될 수 있음을 논의한 바 있다. 이러한 문서들은 문서 작성의 주체와 문서의 목적에 따라 분류될 수 있는데, 여기서는 고트샬크(1981)의 논의를 따라 문서를 구분하여 살펴보도록 하자. 그는 문서들을 대체적으로 동시대적 문서, 개인적 문서, 공적 문서로 구분하고 있는데, 여기서는 그것들의 개념과 유형, 그리고 실제 연구에서 그것들이 어떻게 활용되고 있는지 살펴보도록 한다.

동시대적 기록문서

동시대적 문서(contemporary document)는 기록하고자 하는 사건이 발생한 시점과 멀지 않은 채 즉각적으로 기록된 문서들을 의미한다(Gottschalk, 1981: 17). 동시대적 문서는 활동에 관계했던 사람들의 기억을 돕거나 지시들을 담기 위해 기록되는 의도된 문서라고 할 수 있다. 즉, 사건이 발생한 시점에서 가장 가깝기 때문에 연구를 할 때 연구자들이 잘 기억할 수 있고 작은 속임수나 실수가 거의 없기 때문에 자료의 신뢰성이 가장 높다고 볼 수 있다. 왜냐하면 기록의 경우 기록된 시점과 상호작용이 일어난 시점 사이의 시간 격차가 중요하며, 기억을 돕기 위한 기록의 경우 사건과 사건의 회상 사이의 시간 격차는 문서의 신뢰도에 매우 중요한 영향을 미치는 요소이기 때문이다(Gottschalk, 1981: 17). 이러한 동시대적 문서에는 대표적으로 의료 기록, 재판 기록 등이 포함될 수 있다.

동시대적 기록문서의 의미와 가치를 종합하여 정리하면 다음 표와 같다.

동시대적 기록문서의 정의와 종류

문서의 정의	사람들의 기억을 돕거나 지시들을 담기 위해 사건이 발생한 즉시 기록된 문서들
문서의 종류	진료 기록, 재판 기록, 명령 문서, 속기 문서, 속음 기록

그렇다면 이러한 기록들이 연구에 어떻게 활용되었는지 살펴보도록 하자. 머린과 그의 동료들(Merlin, Turan, Herbey, Westfall, Starrels, Kertesz, Saag, & Ritchie, 2014)은 에이즈나 만성질환을 앓고 있는 환자들의 약물에 의한 이상행동(aberrant drug-related behaviers, ADRBs)에 대한 탐구를 위해 환자들의 의료기록에 대한 내용 분석을 실시했다. 그들은 이러한 분석을 통해 '약물을 요구하는 환자들', '규정 외 약물의 사용', '중독에 대해 감정적이 되기'의 범주를 도출했다.

그 중 일부 분석을 살펴보자. 다음의 발췌에서 연구자들은 환자들의 의료 기록에 환자들의 중독성 약물의 사용에 대한 의심과 걱정이 기록되어 있음을 분석했다.

의료 기록들은 때때로 ADRBs의 잠재적인 부작용 혹은 부정적 결과에 대한 걱정을 표현했다. 예를 들어, 한 정보 제공자는 환자의 소변 약물 검사의 결과가 "고무적이지 않은(not encouraging)" 것에 대한 걱정을 표현했다.

Dr. X의 메테돈에 대해 음성반응과 코카인에 대해 양성반응을 언급하는 메모는 그가 규정된 치료를 지킨다는 것에 대해 고무적이지 않다.

또 의료 기록의 예에서 정보 제공자는 소변 약물 검사 결과가 약물 중독으로 "규정하기에 어렵다."는 것에 대해 성찰하고 있다.

현재 검사 결과를 보면 그녀의 처방에 마약성 약물이 없다고 규정하기 어려워 보인다. 그리고 그녀의 결과에서 처방되지 않은 벤조다이아핀이나 카나보이드 약물의 검출도 그렇다.

다른 예를 보면 지난 행위에 대한 걱정으로 만성질환 치료 동안 경고나 더 증가된 모니터링이 필요함을 기술하고 있다.

그녀가 이전에 마약을 판매했을 의심이 든다. 따라서, 그녀가 다시 치료받기를 결정한다면 우리는 좀 더 조심할 필요가 있다.

위의 예에서 연구자들은 의료 기록에 환자의 검사 결과와 관련된 몇몇의 걱정이 드러나 있으며, 그러한 걱정은 환자의 약물 중독이 여전히 지속되고 있다는 의심에서 비롯된 것임을 분석하고 있다.

의료 기록에 대한 또 다른 연구를 살펴보자. 칼슨과 린델(Karlsson & Lidell, 2013)은 개흉 심장 수술을 받은 환자들의 의료 기록에 환자들의 행복(wellbeing)에 대해 얼마나 그리고 어떻게 기술되어 있는지에 대한 연구를 수행한 바 있는데, 이를 위해 모두 8명의 환자들의 의료 기록에 대한 분석을 수행했다. 크게 양적 분석과 질적 분석이 병행되었는데, 특히 질적 분석에서는 내용 분석이 이루어졌다. 그 결과 특히 환자의 신체적 행복에 대한 언급이 의료 기록 전체에서 주요하게 발견되었으며, 심리적 행복이 그 다음이었다. 반면 행복의 사회적 측면은 거의 드러나지 않은 것으로 밝혀졌다. 아래의 예는 그 중 신체적 측면의 행복에 대한 분석의 예이다. 이 예에서 연구자들은 신체적 측면에서의 행복이 의료 기록 전반에 걸쳐서 나타나며, 처음에는 병원 안에서의 신체활동에 집중되다가 시간이 갈수록 그 범위가 병원 밖으로 넓어짐을 분석했다.

신체적인 측면

아홉 개의 하위 범주로 이루어진 신체적 측면에 대한 범주가 모든 문서의 모든 시기에 포괄적으로 나타났다.

'움직일 수 있는 능력'이 첫 번째 하위 범주이다. 환자들의 움직일 수 있는 능력은 흥미로운 것이었는데 특히 수술 직후부터 5주까지 환자들이 병원에 머물러 있는 시기에 많이 나타났다. 기록된 병원 내에서 움직일 수 있는 능력들은 짧은 진술 형식을 띠고 있었는데 그것들은 '병동 주변을 걷기', '샤워하기' 등이었다. 퇴원 후에는 그 초점이 재활 훈련과 일상의 근무에 집중되었다. '수술 후 기분이 괜찮고 정원에서 조금씩 일을 하기 시작함. 심장 마비와 수술 이후 조금 좋지 않은 신체적 조건을 경험함.' 같은 진술이 예가 된다.

의료 기록 이외에 동시대적 문서의 예가 될 수 있는 것은 재판 기록이다. 재판 기록은 재판 상황에서 속기 형식으로 기록되기 때문에 동시대적 문서의 대표적인 유형이라 할 수 있다. 그렇다면 이를 활용한 몇몇의 연구를 살펴보도록 하자.

파비안(Fabian, 2010)은 캐나다 괴롭힘 범죄에 대한 사법적 결정에 대한 사회-법률적 분석을 위해 재판 기록을 분석한 바 있다. 이 연구에서 연구자는 온라인을 통해 수집한 526개의 괴롭힘 범죄에 대한 재판 기록을 분석했다. 그리고 이를 통해 그러한 괴롭힘 범죄에 대해 판사들이 그것들을 어떻게 다루고 있는지, 성과 괴롭힘의 종류, 원고와 피고의 관계가 그것에 어떻게 영향을 미치는지, 성역할과 관습과 관련하여 판결 속에 어떠한 주제가 포함되어 있는지를 밝히고자 했다. 특히 그는 문서에 대한 양적 접근과 질적 접근을 동시에 했는데, 양적 접근을 통해서는 그러한 범죄 상황의 전체적인 윤곽을 드러내고 질적 접근을 통해서는 문서들에 담겨 있는 주제들을 드러내려 했다.

그 중 질적 접근을 통해 문서에 내재되어 있는 다음의 세 가지 주제를 찾았다. 첫째는 피고와 원고 양측의 신뢰성에 대한 사법적 해석은 종종 수감자와 피해자 사이의 경쟁과 같은 형태가 되어 버린다는 것이다. 둘째는 심리전문가의 역할에 대한 부분이다. 그는 많은 문헌들이 재판에서 심리전문가의 역할이 중요하다고 말하고 있지만 대부분의 경우 그들의 역할은 미미하고 심지어 판사가 전문가의 조언이나 도움 없이 그것을 처리해 버린다는 것을 밝혔다. 마지막 주제는 그런 괴롭힘 범죄자들은 때때로 좋은 관계를 형성할 능력이 없는 것으로 특징화되고 이전의 친밀한 관심을 얻기 위해 무엇이든 할 사람으로 특징화된다는 것이다.

그의 분석 중 일부를 살펴보자. 다음의 예에서 연구자는 분석을 통해 재판장이 하나의 진실 대회와 같은 속성을 띠는 장소로 드러나고 있음을 다음과 같이 분석했다.

기대했던 것과 같이, 진실성을 부각시키는 사례들은 모순되거나 반대되는 증거와 관련된 이슈들로 맴돈다. 그리고 이러한 것 중 많은 수가 신뢰성과 진실성 콘테스트 수준으로 환원된다. 법정이라는 맥락 속에서 양측은 종종 그 혹은 그녀에 대한 이의를 제기하며 서로 경쟁한다. 몇몇의 괴롭힘 범죄 사례를 살펴보면 오직 한쪽 편만이 진실을 이야기하고 있는 것으로 보인다. 반면 다른 경우 피고와 원고의 증거들은 부분적으로 신뢰받는다. (중략) R. v. Carter의 사건에서 Minard 판사의 진술을 예로 들어보자.

내 생각에는 몇몇 사건들에 대한 지극히 자기중심적인 묘사가 Mr. Carter, 어떤 면에서는 Ms. Cutler에 의해 이루어지고 있는 것 같습니다. 그리고 몇몇 경우에 대한 과장도 마찬가지고요. 예를 들어, Ms. Cutler는 그가 45분 동안 문을 크게 두드렸다고 말했는데, 그것은 분명히 과장된 것이라 생각합니다. Mr. Gadsby와 피고의 증거들은 그것이 일어난 전체적인 시간이 10분이나 15분 정도라는 것을 말해 줍니다. 그리고 나는 그것이 진실이라고 생각하며 더 정확한 묘사라고 여깁니다.
  반면에, Mr.Carter가 분노가 아닌 낙담을 해서 물병을 집어 던졌다고 했는데 그것은 그 사건에 대해 꾸미려 한 것이라고 생각합니다. 나는 그것과 관련해서 높은 수준의 분노가 포함되어 있다고 확신합니다. 어쩌면 둘 다일 수도 있습니다.

Judge Minard의 그 두 사건에 대한 요약, 그가 양쪽의 증언들 속에서 분명하게 분노와 잘못된 표현을 규정했던 그 요약 속에 양측의 모순되는 증거들이 드러난다.

또 다른 형식의 동시대적 문서로 연설문을 들 수 있다. 특히 유명 인사들의 연설문은 사회, 정치학 분야의 주요한 자료로 사용될 수 있다. 그렇다면 그 예들을 살펴보자.
  샤리피파와 라히미(Sharififar & Rahimi, 2015)는 미국 대통령 오바마(Obama)와 이란 대통령 로우하니(Rouhani)의 유엔 연설에 대한 분석을 한 바 있다. 그들은 분석을 통해 두 대통령이 가진 힘과 능력, 정책들이 그들의 연설을 통해 드러나고 있었으며, 오바마 대통령의 연설은 로우하니 대통령의 연설에 비해 쉽고 일반인들이 접근하기 쉬운 형식의 표현들로 이루어져 있음을 발견했다. 특히 이 연구에서는 그들의 연설문에 대해 이행성(transitivity) 분석과 양태(modality) 분석을 행했는데, 이행성 분석에서는 제제(material), 관계(relational), 정신(mental)의 측면에서, 양태 분석에서는 동사(verbs), 시제(tense), 글의 조직(taxtual)의 측면에서 분석했다.
  그 중 일부를 살펴보자. 다음의 예는 이행석 분석 중 제제 분석의 일부분으로, 그들은 이 분석에서 글에 들어 있는 요소들을 크게 세 가지 관점, 즉 행위자(actor), 목적(goal), 제제(material)의 측면에서 분석했다.

오바마의 연설에서 드러나는 행위자는 주로 나, 우리, 미국, 미합중국들이었고 이러한 것들은 오바마와 그의 정부가 화학무기를 막는 행위 주체자이며 국가 간의 평화를 지키기 위해 최선을 다하기를 원하는 행위 주체자임을 드러낸다. 하지만 로우하니의 연설에서는 이러한 것들에 대한 언급이 매우 적었고, 행위자로 주로 언급되는 것은 나,

우리, 이란이었다. 하지만 이것이 그가 행위 주체자가 아니라는 것을 의미하지는 않는다. 그의 재임 초기 시절이었으며, 이란의 역할에 대한 선택에 대해 언급했다.

오바마 연설

우리(행위자)는 테러리스트의 연결(목적)을 무너뜨릴 것입니다(제제). 그것들은 우리의 사람들(목적)을 위협하고 있습니다(제제). 우리(행위자)가 우리의 동지들의 능력(목적)을 키울 때마다(제제), 국가들의 자율권(목적)을 존중할(제제) 것이고, 테러의 원인(목적)을 설명하는 작업(제제)을 존중할 것입니다. 하지만 테러리스트들의 공격에 맞서 미합중국(목적)을 방어해야 할 때(제제)가 온다면, 우리(행위자)는 직접적인 행동을 취할 것이며(제제), 마침내 우리는 그러한 진행(목적)이나 대량살상무기의 사용을 용인하지 않을(제제) 것입니다. 따라서 우리(행위자)는 핵무기의 확산(목적)을 거부합니다(제제).

로우하니 연설

최근 선거에서 판단력 있고 분별 있는 선택을 했던 이란 사람들(행위자)은 희망의 담론(목적)과 비전 있고 장래(목적)를 생각하는 현재에 표(제제)를 던졌습니다. 외교 정책에서 이러한 요소들의 결합은 이란 이슬람 공화국(행위자)이 종교적 국제 사회적 평화(목적)를 고려한 책임감 있는 행동(제제)을 해야 한다는 것을 의미합니다.

주된 자료가 되는 연설문은 주요한 정치 지도자의 연설분일 경우가 많은데, 여기서 오바마의 연설문 분석과 관련된 또 다른 예를 살펴보도록 하자.

맥도갈(Mcdougal, 2013)은 오바마 대통령의 연설문 분석을 통해 그가 흑인문제에 대해 어떻게 규명하고 있는지에 대한 연구를 수행했다. 이를 위해 그는 오바마가 공식 석상에서 한 몇몇의 연설에 대한 담화 분석을 통해 연구를 수행했는데, 이를 통해 오바마가 흑인과 여성 그리고 다른 유색인 공동체가 직면한 문제와 도전들을 어떻게 규명하는지에 대해 분석했고, 이를 기반으로 하여 그가 흑인 공동체와 관련된 문제와 도전을 어떻게 규명하는지에 대해 분석을 수행했다. 특히 연구자는 그가 이 문제를 사회구조적인 문제로서 어떻게 보고 있는지, 또 개인적 문제로서 어떻게 보고 있는지에 대해 중점적으로 분석했다. 연구의 결과로서 오바마 대통령이 그 문제에 대해 양쪽 모두의 문제로 바라보고 있었으며 다른 집단, 예를 들어 여성이나, 남미계열 이주민, 미국 원주민, 아시아계 미국인, 성적 소수자 등의 집단에 대한 문제를 다룰 때 더욱 도덕적인 관점에서 이 문제를 규명하고 있는 것을 밝혀내었다.

이 연구에서는 오바마가 2007년 대통령 후보로 나선 시기부터 2012년 5월까지의 33개의 연설문이 자료로 수집, 분석되었는데, 그 중 일부를 살펴보도록 하자.

오바마의 33개의 연설 속에서 공통적으로 나타나는 절반을 조금 넘는 문제 규명 방식은 그것을 사회구조적인 문제로 보는 관점이었다. 대통령의 연설에서 가장 빈번하게 나타난 관심은 그러한 사회적 문제에 대한 사회구조적 측면이었다. 그리고 연방정부가 그들에게 그것을 설명하기 위해 어떤 방식을 취할 수 있는가 하는 것이었다. 분석의 결과, 그는 연설들 속에서 그러한 이슈들은 아프리카계 미국인들과 관련 있는 것으로 설명하고 있었다. 대통령은 1.43 대 1의 비율로 사회구조적 관점과 개인적 관점을 보여 주었는데, 이것은 그 이슈들에 대해 개인적 문제의 관점으로 1번 언급할 동안 1.43번의 사회구조적 관점을 보여 주었다는 것을 의미한다. 따라서, 매번 다음과 같은 사회적 문제를 개인적 문제로 보는 관점을 제기할 때마다

정부는 플레이스테이션 게임기를 없앨 수 없습니다. 정부는 적당한 시간에 애들을 잠들게 할 수 없습니다. 정부는 학부모 교사 모임에 참여할 수 없습니다. 정부는 잠자리에 들기 전 당신의 아이들을 위해 책을 읽어 줄 수 없습니다. 정부는 그들의 숙제를 도울 수 없습니다. 정부는 당신의 아이들이 제 시간에 학교를 떠나게 할 수 없습니다. 이러한 것들은 오직 어머니만이 할 수 있고 아버지만이 할 수 있습니다.

다음과 같은 관점도 함께 제공한다.

차별이라는 국가적인 유산인 사회구조적 불평등을 포함해 힘든 장애물들이 여전히 남았습니다. 불평등이라는 병균이 너무 많은 공동체를 감염시키고 있고 너무 많은 국가적인 무관심을 일으키고 있습니다. 이러한 장애들은 우리가 점차적으로 무너뜨리기 시작해야 할 것들입니다. 힘든 일에 대해 가치를 부여하고 세금 정의를 확대하고 더 많은 집을 짓고, 범죄자들에게 두 번째 기회를 제공하면서 말입니다.

이러한 예는 대통령이 연설에서 드러낸 아프리카계 미국인들의 이슈에 대한 분석을 통해 그러한 문제의 원인을 약간 더 사회구조적 문제로서 보면서도 사회구조적 원인과 개인적 원인으로 보는 관점 사이에서 적절한 균형을 잡고 있음을 보여 준다.

개인적 기록문서

개인적 문서(confidential document)는 개인의 자발적이고 사적인 목적에 의해 주로 사건 이후에 기록된다. 기억을 돕는 것보다 특정한 인상을 의도적으로 창조하는 경우가 많다는 점이 특징이다. 개인적 문서를 사용할 때는 이것이 대중에게 보여 줄 목적으로 작성되

는 것이 아니라는 점을 주의해야 한다. 저널이나 사설 또는 일기도 자발적이고 사적인 목
적에서 쓰여졌다면 개인적 문서의 한 종류라고 할 수 있으며, 이러한 조건에 잘 부합될수
록 높은 수준의 역사적 문서라고 평가할 수 있다. 특히, 개인적 기록 중에 사건이 일어난
후 전문가들에 의해 쓰인 군사적 편지나 외교적 문서들은 가장 신뢰할 수 있는 문서라 할
수 있다. 하지만 이러한 종류의 문서들도 사건이 발생한 직후 기록되지 않고 한참 뒤에
쓰였다거나 꾸며진(designated) 기억들일 수 있다는 점을 기억해야 한다(Gottschalk, 1981).

사적인 문서 중 중요한 가치를 지니는 것으로 일기, 편지, 자서전, 회고록 등을 들 수
있는데, 이러한 개인적 기록문서는 허구이든 사실이든, 의도적이든 비의도적이든, 이러한
문서들이 작성된 시대상과 문화적인 영향들을 반영하여 역사가들에게 지역적인 색채와
환경에 대한 이해를 제공함으로써 저자의 시야를 형성하는 데 큰 도움을 준다.

이상 개인적 기록문서의 의미와 가치를 종합하여 정리하면 다음 표와 같다.

개인적 기록문서의 정의와 종류

문서의 정의	개인의 자발적이고 사적인 목적에 의해 주로 사건 이후에 기록된 문서들이며, 기억을 돕는 것보다 특정한 인상을 의도적으로 창조하는 경우가 많음
문서의 종류	일기, 편지, 자서전, 회고록

몇몇 학자들이 이러한 개인적 문서들에 관해 심도 깊은 논의를 제공하고 있는 만큼 여
기서는 이것들을 나누어 구체적으로 살펴보도록 한다.

일기

일기는 정기적인, 개인적인, 동시대적인 기록을 지속하는 개인에 의해 창조되는 문서라
할 수 있다(Alaszewski, 2006). 알포트(1947)는 이러한 일기가 개인 감정의 변화를 포착하는
데 특히 효과적이라 언급하며 그것의 장점을 논의한 바 있다. 맥클로크(2004)는 일기의
네 가지 특징에 대해 언급하고 있는데 그것은 첫째로 일기는 인간 본성이며, 둘째로 삶의
귀중한 자료이며, 셋째로 위조 판정에 대한 기준을 필요로 하며, 마지막으로 일기 자체가
연구자의 가치에 영향을 미칠 수 있다는 점이다. 결국 이러한 논의들은 개인적 문서로서
일기의 가치를 인정하며 그것이 인간에 대한 연구에 도입되어야 하는지에 대한 정당성의
주장이라 할 수 있다.

이러한 일기는 다양한 형태를 가지는데, 그 내용 면에서 개인적 일기, 정치적 일기, 사

무적 일기로 나누어질 수 있고 특히 질적연구와 관련하여 네 가지 유형으로 분류될 수 있다. 첫째는 이미 존재하는 일기로, 이미 존재하는 기존의 일기에 대한 연구와 관련된 개념이다. 둘째는 연구를 위해 연구자의 요청에 의해 쓰이는 일기로, 연구자가 참여자에게 연구와 관련된 주제에 대해 일기를 작성해 줄 것을 요청하는 경우의 일기이다. 이들의 예는 하루일과에 대한 일기나, 인터뷰 형식의 일기, 특정한 형식의 일기가 될 수 있다(Plummer, 2001).

그렇다면 이러한 일기가 연구에 어떻게 사용될 수 있는지 살펴보자. 먼저 기존의 일기에 대한 분석과 관련된 연구의 예를 살펴보자. 기어츠(Geertz, 1988)는 저명한 일류학자들의 사상에 대한 개괄적 분석을 통해 연구를 수행한 바 있는데, 그 중 인류학자 말리노프스키(Malinowski)의 일기인 'A Diary in the Strict Sense of the Term'에 대한 분석을 수행했다. 그는 여기에서 인류학자가 가지게 되는 갈등 중의 하나인 주관성과 객관성의 갈등에 대해 논의했는데 이를 보여 주는 대표적인 사례로 말리노프스키의 일기를 제시했다. 다음의 예를 살펴보자.

> 그 어떤 것도 민족지 연구로 나를 끌어당기지 않는다. 나는 마을로 가서 새로운 문화권이 주는 인상에 예술적으로 굴복했다. 전반적으로 마을은 그다지 우호적인 느낌을 주지 않았다. 확실히 무질서했고, 분위기는 산만했다. 웃고 노려보고 거짓말하는 사람들의 난폭함과 고집 때문에 어쩐지 용기가 사라졌다. 이 모든 것에서 길을 찾아내야 하다니…….
>
> (중략)
>
> 바라 춤 사진을 몇 장 찍을 수 있을까 해서 마을로 갔다. 반 토막짜리 담배를 나눠 주고 춤추는 광경을 몇 장면 본 뒤 사진을 찍었지만 결과는 정말 엉망이었다. 빛이 충분하지 않았고 춤꾼들은 카메라의 장시간 노출에 맞추어 오랫동안 포즈를 취해 주지 않았던 것이다. 가끔 그들에게 무척 화가 났다. 자기들 몫의 담배를 받고 나서 그냥 가버렸기 때문에 특히 더 그랬다. 토착민에 대한 전반적인 감정은 '저 야수들을 몰살하라'쪽으로 기울고 있었다. 많은 경우 나는 공정하지 못했고 바보같이 행동했다. 도마라로 떠난 여행에서도 그랬다. 내가 보수를 두 배로 주었더라면 그들이 그 일을 했을 텐데. 결국 나는 최고의 기회를 놓쳤던 것이 분명하다.

레이먼드 퍼스는 지독하게 어색한 분위기를 풍기는 이 책의 서문에서 이렇게 말한다. "어떤 단락은 요즘 독자들을 오히려 화나게 하거나 그들에게 충격을 줄 것이다. 일부 독자들은 …… 인상적으로 여길지도 모른다. 이 문제에 대해 생각해 본 결과 이 일기에 실린 단락들을 비웃고자 하는 사람은 자신의 생각과 글에 대해서도 먼저 똑같이 솔직하게 말한 다음 다시 판단하라고 말해 주고 싶어졌다.

(중략)

(말리노프스키의) '일기'는 읽는 사람을 혼란스럽게 만들지만, 말리노프스키 자신에 대한 내용 때문에 그런 것은 아니다. (중략) 그것이 읽는 사람들을 혼란스럽게 만드는 이유는 '그곳에 있기'에 대한 내용 때문이다.

위의 발췌에서 기어츠는 일기에 드러나는 말리노프스키의 원주민에 대한 모순적 태도 보다는 인류학 연구자로서 현장에 있는 것에 대한 갈등에 주목하고 있음을 알 수 있다.

손탁과 리프(Sontag & Rieff, 2008)는 소설가인 수잔 손탁(Susan Sontag)의 일기에 대해 연구를 수행한 바 있다. 특히 이 연구는 손탁의 사후 그 아들인 리프가 어머니의 일기를 편집하는 과정을 통해 이루어졌다. 그는 그 일기에 대한 특별한 분석을 기술하기보다는 일기의 주요 부분을 배열함으로써 일기의 내용 그 자체만으로 그녀의 삶에 대해 기술했다. 예를 살펴보자.

1956년

8월 12일

"영혼"은 힘이 있는가? 이는 고 막스 셸러 철학의 주요 주제 중 하나였다. 셸러가 찾을 수 있었던 유일한 대답은 "그렇다"였지만, 오직 일련의 잔인한 행동들을 연기시키고 사건의 진행을 거부하는 비-사교를 통해서였다.

결혼 생활에서 모든 욕망은 하나의 결정이 된다.

9월 3일

모든 미학적 판단을 실은 문화적 평가다.

1. 퀘슬러의 예-진주/우유 방울
2. "가짜들"

9월 4일

아이들은 사랑스런 이기주의……

대학 교육은 대중문화의 상표다. 대학은 엉망진창으로 운영되는 매스미디어다.

결혼을 발명한 사람이 누구든지 간에 그 사람은 천재적인 고문 기술자였다. 결혼은 감정을 무디게 만들려고 작정한 관습이다. 결혼의 핵심은 반복이다. 그 최상의 목적은 강한 상호 의존성을 만들어 내는 것이다.

　말다툼은 항상 그걸 행동으로 옮기려는 준비가 되어 있지 않다면 결국 소용없어진
다. 그러니까, 결혼 생활을 끝낼 준비 말이다. 그러므로 한 해가 지나고 나면 말다툼 후
"화해하는 것"을 그만두게 된다. 그저 분노에 찬 침묵 속으로 빠져들게 되고 이는 다시
보통의 침묵으로 이어지며, 그리고 나서는 또다시 싸움이 시작되는 것이다.

　리프는 위와 같이 그녀의 일기를 배열함으로써 그 당시 그녀가 겪었을 고통과 그에 대
한 그녀의 사상을 전달하고 있다.

　위의 두 일기처럼 역사적, 문화적, 사회적으로 큰 의미를 가지는 인물들의 일기는 그
안에 당시의 사회, 문화, 정치적 상황에 대한 의미를 담고 있다. 우리나라 또한 이러한 역
사적 인물의 일기에 대해 지속적인 연구가 이루어지고 있는데, 대표적으로 임진왜란 당
시의 정치사회적 의미를 담고 있는 '난중일기'에 대한 연구나 일제 강점기의 시대적 상황
과 독립운동 상황에 대해 다루고 있는 '백범일지'에 대한 연구가 있다(도진순, 2005; 이은
상, 2014).

　두 번째 유형의 연구를 위해 특별히 작성된 일기를 살펴보도록 하자. 에밀슨과 그의
동료들(Emilsson, Svensk, Olsson, Lindh, & Öster, 2011)은 항암 치료 환자 후원 공동체에 참
여하는 유방암 환자들의 경험에 대해 탐구하는 연구를 수행한 바 있다. 이 연구를 위해
그들은 참여자들에게 방사선 치료를 받으며 후원 공동체에 참여하는 2주 동안 그 경험과
관련된 일기를 써줄 것을 요청했고 후에 그 일기에 대한 분석을 통해 연구를 수행했다.
특히 그들이 요구한 일기 속에는 특정한 형식이 있었는데, 그것은 후원 공동체에 대해 어
떻게 생각하는지에 대한 6개의 개방형 질문이 포함되어 있는 형식이었다. 참여자들 중 몇
몇은 주어진 질문에만 답하는 짧은 일기를 썼지만 나머지 참여자들은 그 이상의 내용이
포함된 긴 일기를 작성했다.

　이러한 일기에 대한 분석 결과 그들의 경험 안에 내재하는 다음의 세 가지 범주의 주
제를 발견했다. 그것들은 '긍정적인 공동체의 발전', '공동체 발전의 장애', '질병과 함께하
는 개개인의 삶'이었다. 그렇다면 그들이 이러한 일기에 대해 어떠한 분석을 했는지 살펴
보도록 하자.

　경험의 나눔이 중요한 요소라고 거의 모든 여성 참여자들이 말했다. 그러한 경험의 나
눔은 자신을 다른 이들과 비교해 보는 기회로 여겨졌고 또한 이러한 경험의 나눔을 통
해 다른 사람들의 개인적 경험과 상황을 이해할 수 있는 기회가 되었다.

공동체 안에서 경험을 나누는 것은 긍정적이었다. 어떤 경험들은 비슷했고 다른 것들은 달랐다. 하지만 우리는 마치 한 보트에 타고 있는 것처럼 느껴졌다.

공동체 모임은 타인들과 교류할 수 있는 방법을 제공해 주었다. 그들은 이러한 공동체 속에서 발견되었던 동료애를 그들 간의 사회적 동료애로 이끌었고 공동체 모임 이외의 만남도 이어졌다.

공동체 모임을 하면서 가장 좋았던 것은 나 이외의 비슷한 상황에 있는 다른 사람들을 만날 기회를 얻을 수 있는 것이었다. 그리고 우리는 여기서의 시간동안 너무 즐거웠고 우리가 지금의 힘든 시기에 겪은 모든 것들에 대해 서로 이야기를 나누었다.

위의 예에서는 참여자들의 일기에 대한 분석을 통해 참여자들이 후원 공동체에 대한 참여를 통해 서로간의 경험을 나누고 있고 이러한 것들이 그들이 겪고 있던 유방암과 방사선 치료의 과정에 긍정적인 영향을 미치고 있음을 밝혀냈다. 또 다른 예를 살펴보자.

홀츠랜더와 더글비(Holtslander & Duggleby, 2008)는 가족을 잃은 여성들의 일기 분석을 통해 그들이 보여 주는 희망에 대한 통찰을 분석한 바 있다. 그들은 참여자들과 인터뷰를 했고 특히 그들에게 2주 동안 희망 일기(hope diary)를 작성해 줄 것을 부탁했다. 그 일기들에 대해 근거이론에 따른 내용 분석을 수행했는데 이를 통해 다음의 주제들을 발견했다. 첫째, 희망은 긍정적인 전망을 가지고 매일을 직면하고 미래를 바라볼 수 있게 하는 평화, 용기, 강함, 자기만족과 같은 감정을 느끼는 것이었다. 둘째, 이러한 희망을 방해하는 것은 다양한 상실, 외로움, 신체적 건강에 대한 걱정들이었고 이러한 것들은 희망에 대한 내적 투쟁을 일으키는 것이었다. 마지막으로, 긍정적인 생각, 연대감, 보살핌 등은 희망을 강화시키는 요소였다.

그 구체적인 분석을 살펴보자. 다음의 예에서 연구자들은 연구 참여자들이 희망을 어떻게 표현하고 있는지에 대한 분석을 하고 있다.

연구 참여자들은 그들의 희망을 평화, 용기, 강함, 자기만족감과 같은 감정으로 묘사했는데 그것들은 그들이 긍정적인 관점을 가지고 불확실한 미래뿐만 아니라 매일을 대면할 수 있게 해 주는 것이었다. 그들의 희망은 그들 배우자의 상실을 이겨낼 수 있게 했고 자신감을 되찾을 수 있게 하고 타인들과 다시 관계 맺을 수 있게 만들었다. 그들의 희망은 또한 그들 가족의 희망이었다. 한 참여자는 이렇게 썼다.

내 희망은 우리가 할 수 있는 최선을 다하는 하루를 맞을 수 있다는 것이었고 그 없이도 견딜 수 있다는 것이었다.

또 다른 참여자는 이렇게 썼다.

희망이 내게 의미하는 것: 그것은 언젠가 내가 비탄에서 벗어나 자신감을 가지고 행복할 수 있다는 것이며 그리고 나의 만족감을 다시 찾을 수 있다는 것이다. 다른 이들이 나에게 주고 있는 것, 내가 다른 이들에게 주어야 할 것들을 획득하는 것이다.

한 참여자는 그녀의 희망 경험을 다음과 같이 요약했다.

내 생각에 나 자신을 위해 너무 많은 희망을 느끼는 것은 너무 이른 것 같다. 내가 가족들을 위해 가져야 할 희망은 늘 그랬던 것과 같은 것이다. 그들의 건강, 안전, 행복에 대한 희망이다.

편지

편지는 일기와는 다른 특성을 가지는데, 편지는 일기에 비해 그것을 보내는 기록자와 받는 수신자 사이의 필수적인 상호작용이 존재한다는 점이다(McCulloch, 2004: 115). 맥클로크(2004)는 이러한 편지를 두 종류로 구분하고 있는데, 그것은 개인적인 목적으로 이루어지는 '개인적' 편지와 사업적이나 공공의 목적으로 이루어지는 '공공적 또는 공식적' 서신 교환이다. 또한 토마스와 즈나니에츠키(1958)는 편지의 종류를 크게 다섯 가지로 분류하고 있는데, 그것은 결혼, 세례와 같은 특별한 기념을 위한 편지, 부재한 가족에 대한 정보를 제공하기 위한 편지, 감정을 전달하기 위한 편지, 문학적 편지, 업무적 편지이다.

그렇다면 이러한 편지들이 사용된 연구에 대해 살펴보도록 하자. 카하레인과 그의 동료들(Cahalane, Parker, Duff, 2013)은 아동 성범죄자 배우자들이 경험을 어떻게 구성하며 어떻게 이해하고 있는지 탐구하기 위해 연구 참여자들의 24개월 동안의 편지를 주제 분석을 통해 분석한 바 있다. 총 9명의 연구 참여자들의 편지를 분석한 결과 그들은 다음과 같은 네 가지의 주제를 얻을 수 있었다. 첫째, 배우자의 성범죄를 발견하는 것은 극도의 감정적 압박을 불러일으키는 점진적이고 계속적인 과정이었으며, 그러한 경험은 여성들로 하여금 무엇이 일어났는지에 대한 자신들만의 해명을 구성하도록 이끌고 있었다. 둘째, 여성들의 경험의 중요한 측면이면서 해결되지 못하고 남아 있는 부분이 있었는데 그것은 아이들이 받았을 충격과 그 아이들에게 위협을 가할 수 있는 자신들의 배우자와 관련된 논쟁 같은 것들이었다. 셋째, 여성들은 그러한 범죄와 관련하여 자신들이 할 수 있는 역할에 대해 고민했고 그들의 삶과의 관련성이라는 측면에서 배우자의 범죄에 대한 폭넓은 함의에 도달하기 시작했다. 넷째, 여성들은 그것에 대해 계속적으로 성찰하며 이 과정에서 그들만의 전략이나 방법을 사용했다. 다음은 이 연구의 일부를 발췌한 것이다.

여성들은 그들 배우자의 범죄를 이해하기 위한 설명들을 다양하게 구축했다. 그들은 그러한 것을 개인적 요인으로 보거나 넓은 범위의 외적 요소로 보기도 했다. 세 명의 여성은 개인적 측면에서 설명을 이끌어 내었다. 한 여인은 "그러한 문제와 특징적인 기질이 당신의 범죄를 이끌었다고 생각해요."라고 기술했으며(참여자 7), 다른 여성은 배우자의 충동적인 성품에 대해 넌지시 암시했다. 그 여성은 "나는 당신이 종종 … 그것에 대해 단지 생각해 보는 것 대신에 … 그냥 뭐든지 하라고 말했던 것을 기억해요. 결국 이렇게 되었네요."라고 기술했다(참여자 9). 반대로, 두 명의 여성은 넓은 범위에서 원인 요소를 규명했다. 한 여인은 "타인들과 함께 해야 하는" 사회적 압박이 그들에게 소위 말하는 모든 사람들에게 영향을 미치는 정신적인 문제를 일으켰다고 말했다(참여자 8). 반면 또 다른 여성은 구체적인 습관의 문제를 언급했다. 그녀는 "당신은 약물과 술 때문에 당신 자신이 무엇을 하고 있는지 정확하게 알 수 없었을 거예요."라고 말했다(참여자 2). 이와 함께 네 명의 여성은 배우자가 어렸을 적에 겪은 학대의 경험을 그들의 뒤따르는 범죄와 연결하기도 했다. 그들은 "나는 우리의 어린 아들을 떠올려요. 그리고 (그 사람이) 우리 아들과 같은 나이의 당신에게 저지른 고통을 상상할 수도 없네요."(참여자 1). 이러한 의견은 성범죄에 대한 인지적 이론의 수용을 함축하는 것이다. 하지만 그들은 아동 성범죄에 대한 경험이 있다는 근거를 제공하고 있지 않다.(Cahalane, Parker, & Duff, 2013)

위의 예에서 연구자는 아동 성범죄자의 배우자들이 그 범죄의 원인을 어디서 찾고 있는지에 대한 분석의 결과를 보여 주고 있다.

김세곤(2012)은 조선시대의 대학자들인 퇴계 이황과 고봉 기대승 사이에 오간 서신에 대한 분석을 수행한 바 있다. 이를 통해 그들 사이에 오간 편지에 담겨 있는 유교적 철학과 그들에게 일어난 개인사에 대한 주제를 도출했는데, 그 중 일부를 살펴보도록 하자.

고봉은 8월 14일과 15일에 연달아 쓴 편지에서 사단칠정에 대한 그의 주장을 첨부한다. 여기에서 고봉은 '사단과 칠정은 모두 정인데 사단을 이로 칠정을 기로 분리한다는 것은 맞지 않다'는 논리를 편다. 또한 이는 기의 주제이고 기는 이의 재료여서 본래 구분되기는 하나 실제 사물에 있어서는 혼재되어 나눌 수 없다는 것이다.

자사가 말하기를 "희·노·애·락이 아직 발현되지 않은 것을 중이라 하고, 발하여 절도에 맞는 것을 화라 한다."라고 했고, 맹자가 "측은한 마음은 인의 단서이고, 수 오의 마음은 의의 단서이고, 사양의 마음은 예의 단서이고, 시비의 마음은 지의 단 서이다."라고 했습니다. 이것은 바로 성정의 고나한 이론으로서 옛 유학자의 틀이 다 밝힌 것입니다. 그런데 제가 연구해 보건대, 자사의 말은 그 전체를 말한 것이고, 맹자의 논은 그 일부분을 떼어 낸 것이었습니다. (중략)

이에 퇴계는 1559년 10월 24일에 고봉에게 상당한 장문의 두 번째 편지를 보낸다. 그는 사단 역시 정이라는 고봉의 견해에 동의하면서도 사단과 칠정은 근원이 다 르다고 한다. 즉 사단은 본연지성에 근원하고 칠정은 기질지성에 근원한다는 것이 다.(김세곤, 2012)

위의 예에서 연구자는 조선 시대의 대유학자들 간에 오간 유교 철학적 논의가 어떤 양 상으로 발전하고 있음을 보여 주고 있다. 특히 위의 연구에 사용된 문서와 같이 역사적으 로 큰 의미가 있는 인물들 사이에 오간 편지는 당시의 사회적, 정치적, 문화적 상황을 추 론할 수 있는 중요한 문서로서의 의미를 가진다(국립중앙박물관, 2009; 이용형, 2009).

위의 예들이 전통적인 형태의 종이 편지를 분석 대상으로 하여 진행한 연구라면, 최근 에 일상적인 형태의 편지교환으로 자리 잡은 이메일에 대한 연구도 발견할 수 있다. 선드 크비스트와 론버그(Sundqvist & Ronnberg, 2010)는 학생들의 이메일 사용 실태에 대한 질 적연구를 수행한 바 있다. 12주 동안 175통의 편지들이 연구 참여자들 간에 유통되었고 연구자들은 이 편지의 내용에 대한 질적 분석을 수행했다. 이 연구에서 그들은 학생들의 이메일에 대한 질적 분석을 통해 7개의 범주를 도출했는데, 그것은 사회적 예절, 개인의/ 가족의 정보, 개인적인 배경, 연구 자체에 대한 질문, 여가활동, 참여자의 기호(favorite), 학 교에서와 방과 후의 활동이었다. 또한 그들은 학생들의 이메일 사용 전략이 초기에서부 터 시간이 지날수록 변화하는 것을 발견했는데, 초기 학생들의 이메일에는 자신의 정보 를 전달하고 상대의 정보를 탐색하는 내용이 주를 이룬 반면, 시간이 갈수록 개인적인 배 경과 정보에 대한 내용이 증가하는 것을 발견했다. 이러한 연구를 통해 연구자들은 학생 들이 이메일 사용을 통해 그들의 사회적 기술을 발전시키고 그들 자신의 사회적 참여를 증가시킨다는 것을 발견했다. 이 연구의 일부를 살펴보도록 하자.

또 다른 범주는 여가 시간에 대한 부분이었다. 아이들은 휴일 동안 어디에 갈 것인지, 방과후에 무엇을 할 것인지, 혹은 휴식동안 무엇을 했는지에 대해 언급했다. 예를 들어

Helen은 "오늘 우리 가족은 Arlanda에 갈 거야."라고 썼다.

자료 속에는 기호에 대한 범주도 포함되어 있었다. 아이들은 좋아하는 색, 좋아하는 음식, 좋아하는 TV 프로그램, 좋아하는 장난감 등과 같이 그들이 무엇을 좋아하고 무엇을 싫어하는지에 대한 내용을 이메일에 포함시켰다. Gavin이 Cecil에게 쓴 편지 내용의 예를 살펴보자.

내가 좋아하는 음식은 감자와 생선이야. … 니가 좋아하는 색은 뭐니? 내가 좋아하는 색은 검은색, 갈색, 빨강, 노량, 초록 그리고 흰색이야.

〈Sundqvist & Ronnberg, 2010〉

위의 예에서 연구자들은 학생들의 이메일 속에 자신의 기호에 대한 내용이 포함되어 있음을 밝히고 있다.

자서전과 회고록

또 다른 개인적 문서로서는 자서전(autobiography)과 회고록(memoir)이 있다. 자서전은 개인이 작성한 자신의 삶에 대한 글쓰기 형태로서 상황, 자아, 가치에 대한 변화를 담고 있는 개인적 글쓰기의 형태이고 회고록은 특정한 인물 혹은 사건에 대해 그것을 잘 알고 있는 사람이 그것에 대해 알려 주기 위해 쓴 글이다(Wood, 1988). 자서전과 회고록은 일기와 마찬가지로 개인이 남긴 자기 자신에 대한 기록물이라 할 수 있지만 일기와는 다른 특징을 가지는데, 우드(Wood, 1988)는 일기와 자서전의 차이에 대해 후자가 전자에 비해 시간과 비용 면에서 더 큰 노력이 요구되며, 특히 자서전의 경우 출판을 염두에 두고 집필되는 경우가 많기 때문에 일기에 비해 상대적으로 많은 제한을 가진다고 논의했다. 이러한 논의는 자서전이 일기에 비해 상대적으로 자신의 사상을 그대로 드러내는 것에 한계를 가진다는 것을 시사한다고 할 수 있다. 따라서 자서전을 활용한 연구는 이러한 사항을 염두에 두어야 할 필요가 있다.

그렇다면 이러한 자서전을 기반으로 한 연구를 살펴보도록 하자. 페이지와 키디(Page & Keady, 2010)는 치매 노인들의 삶에서 드러나는 주제들을 찾기 위해 치매 노인의 자서전에 대한 분석을 수행한 바 있다. 그들은 1989년에서 2007년 사이에 출간된 12개의 자서전을 분석했는데, 이를 통해 그들의 삶에서 드러나는 다섯 가지 주제를 도출했다. 그것은 '변화 인지', '상실 경험', '견디며 간증하기', '삶을 계속하기', '자유와 죽음'이었다. 그 중 일부를 살펴보도록 하자.

견디며 간증하기(standing up and bearing witness)

간증의 개념에 대해 잘 모르는 사람은 아무도 없다. Davis는 종교적 죄의식과 그가 자신의 의사소통 능력을 유지하고 있다는 이야기를 들려준다.

> 하나님은 도대체 왜 이러한 능력의 창(window)을 나에게 남겨 놓은 것인가? 내가 이것에 대해 깊게 고민한 결과, 나는 어쩌면 내가 치매를 앓고 있는 말할 수 없는 사람들의 목소리가 되어 줄 수 있기 때문에 이러한 일이 벌어졌을지도 모른다는 생각을 했다.

이러한 '간증'이라는 행위는 Davis로 하여금 '목소리를 읽은 자들의 목소리'가 되어야 한다는 삶의 의미와 목적에 대한 의식을 회복할 수 있게 했다. 흥미롭게도, 대부분의 자서전에서 저자들은 그들이 치매 체험(lived experience)에 대해 주의를 집중시키고 말할 수 없는 사람들의 대변하는 이야기를 해야 하는 의무를 가지고 있다고 생각했다. Mobley는 이러한 관점을 더 확대한다.

> 나는 이제 질명의 한가운데 머물러 있다. 그리고 나는 신이 나에게 준 기회에 감사하고 있다. 그 기회는 커튼이 올라가는 것을 보는 기회이고 그 미래가 다른 이들에게도 더 쉬울 수 있다는 것을 보는 기회이다. 나는 우리의 이야기가 다른 가족들에게 새로운 희망을 줄 수 있기를 바라고 또 그 가족들이 우리의 목소리가 시작되는 그것에 대해 통찰과 용기를 가질 수 있기를 바란다.

위의 예에서 연구자는 치매를 앓고 있는 자서전의 저자들이 그들의 상황을 단순히 비극적인 고통으로 인식하기보다는 그들에게 주어진 종교적 또는 사회적 사명을 수행하는 기회로 바라보고 있음을 밝히고 있다.

버크와 스파크스(Burke & Sparkes, 2009)는 고산등반가들이 경험한 인지 부조화 경험과 관련된 자아구조(construction of self)에 대해 탐구하기 위해 여섯 편의 자서전에 대한 분석을 수행한 바 있다. 이를 통해 그들은 세 가지 주제를 도출했는데 그것은 다음과 같다. 첫째, 심리적 불쾌감은 어쩔 수 없이 자아와 연결된 것이다. 둘째, 충분한 정도의 인지적 모순의 존재는 곤혹스러운 자아의 묘사를 환기시켰다. 셋째, 회고적 자아정당화 과정에 드러나는 인식들 사이의 모순을 감소시키는 것은 자기 통합의 필요성에 의해 동기화되고 있었다. 그 중 일부를 살펴보자.

그들의 자아개념의 중요한 요소를 위협하는 결정을 한 후나 그러한 행위를 한 후, 등반가들은 그들의 자전적 설명 속에서 그들의 심리적 불편감에 대한 경험을 언급했다. 이러한 측면에서 그들의 경험에 대한 기억은 어쩔 수 없이 그들 자아에 대한 감각과 연결되는 것이었다. 이는 다음의 Krakauer의 진술에서 드러난다.

> 내 행위 혹은 실패한 행위는 Andy Harris의 죽음에 직접적인 역할을 했다. 그리고 Yasuko Namba가 South Col에서 숨져 쓰러져 있을 때, 나는 텐트 안에서 웅크리고 그녀의 고통은 생각지 않은 채, 오직 나의 안전만을 생각하면서 거의 350야드 정도 멀리 있었다. 나의 마음속에 남아 있는 이러한 나의 수치심은 단지 몇 달의 슬픔이나 자책적인 양심의 가책으로 씻을 수 있는 그런 종류의 것이 아니다.

단지 자신의 개인적 안전 때문에 다른 이의 삶을 가장 먼저 고려하지 못한 것은 Krakauer의 자아개념의 중요한 요소들을 공격했다. 산 위에서의 그의 행위의 결과는 그를 심리적 불편이나 내적 갈등의 상황으로 이끌었고 그 속에서 그는 극도의 자아개념 위협을 경험했다. '자책', '양심의 가책' 등을 사용하여 그의 행위의 결과를 기술하는 것은 Krakauer가 얼마나 심리적 불편을 경험하고 있는지 설명해 준다.

마찬가지로 미국에서 가장 높은 고도까지 등반하는 데 성공한 등반가 중의 한 명인 Wickwire는 Mckinley 산 등반을 설명하면서 자신을 책망하는 단어들을 사용하여 심리적 불편을 표현했다. 그는

> 밤에 등반을 할 때 가장 힘든 부분은 추위나 공포가 아닌 거기에 있는 자기 자신이 얼마나 멍청한가를 깨닫는 것이다. 나는 도대체 무엇을 증명하기 위해 노력하고 있는 것인가? Mckinley 산을 홀로 오르는 것은 단지 나의 이기적인 여행일 뿐이다. 다섯 명의 어린아이들을 집에 남겨 둔 채 나 자신의 생명을 그러한 위험에 처하게 하는 것은 믿을 수 없을 만큼 무책임하고 철저히 이기적인 행동이다.

개인적 바람과 욕구를 자신의 자녀들의 필요와 부합시키는 데 대한 실패는 Wickwire의 자아개념을 위협했다. 결과적으로 Wickwire와 Krakauer 모두에게 깊은 성찰은 인간으로서 자기 자신은 누구인가를 숙고하게 하는 방아쇠가 되었다.

위의 예에서 살펴볼 수 있는 연구자의 분석 결과는 산악인들이 겪는 심리적 불편함이다. 연구자는 산악인들의 자서전에 대한 분석을 통해 그들이 가진 심리적 부조화에 대해 논의하고 있다.

회고록과 관련된 연구로는 코니디스(Connidis, 2012)의 연구를 살펴보도록 하자. 코니

디스(2012)는 동성애자들이 경험하는 가족 간의 결속력, 특히 부모와 형제들 간의 관계에 대해 탐구하기 위해 두 종류의 자료에 대한 분석을 수행했는데, 이 중 특히 Dan Savage라는 남성의 이미 출간되어 있었던 회고록에 대한 분석을 수행했다. 이 회고록에 대한 분석을 통해 연구자는 Dan의 일대기와 그 속에서 드러나는 그의 일생의 중요한 이슈와 사건들을 분석해 내었다. 그 주요 주제는 Dan과 그의 부모님, Dan과 그의 형제들 그리고 그의 삶의 궤적에 대한 관점이었다. 그 중 일부를 살펴보자.

그의 "남자 친구들"이 그와 자신들과 서로 다르다는 것을 느끼고 그를 멀리한 이후, 12세에서 14세 사이 Dan은 대부분의 시간을 집에서 혼자 보냈다. 그리고 여자 친구들과 노는 것도 두려웠는데, 왜냐하면 그렇게 놀다 보면 "분명히 나에 대해 알려질 것"이라 생각했기 때문이다. 15세가 되었을 때, 그는 "집에서 종일 혼자 시간을 보내는 대신 … 나는 자전거를 사서 온 동네를 돌아다녔다. … 내가 친구들로부터 느낀 소외감은 나의 가족들에게로 퍼져 갔다. 나는 나의 동성애적 성향에 대해 알고 있었고 나의 형제들이나 부모님이 그 비밀을 알게 될지도 모른다는 공포 속에서 그 비밀을 지키고 있었다."라고 기술했다. 한편으로는 그의 가족이 그 사실을 받아들이기를 원하고 한편으로는 게이로서 자신을 밝히기를 원하는 이중의 욕구를 관리하기 위한 Dan의 전략은 시카고를 떠나 이사를 가는 것이었다.

> 15세가 되었을 때, 나는 내가 동성애자라는 것을 알았다. 하지만 나는 가족들에게 그 사실을 알릴 준비가 되지 않았다. 그러나 나는 준비가 되었고 나는 시내의 동성애 파티에 놀러갔다. 하지만 … 만약 내가 동성애자들 주위를 어슬렁거린다면 나의 형제들이 버스 안에서 나를 볼 수도 있었다. 또 만약 내가 게이바 안으로 몰래 들어간다면, 나의 삼촌들 중의 한 명이 내가 거기서 기어 나오는 것을 볼 수도 있었다. 만약 내가 서점의 동성애자 섹션에 서있다면 나의 조부모나 사촌이나 고모조차, 혹은 삼촌, 가장 끔찍한 경우는 나의 부모님이 나를 볼 수 있었다. 내가 원하는 만큼 자유롭게 동성애자의 삶을 살아가는 유일한 방법은 가능한 한 나의 가족들로부터 멀리 떨어지는 것이었다. … 나의 가톨릭적 가족으로부터 벗어나는 것은 그 당시 하나의 선택의 문제로 보이지 않았다. 나는 내가 분노를 일으킬 것이라는 것을 받아들였고 … 의절당했다.

Dan은 발각되고 그의 부모로부터 거부당하는 것에 대한 강한 두려움을 강조하고 있다. 이러한 것은 지질학적 거리와 가족 관계 사이의 복잡한 관련성을 보여 준다. 물리적 거리는 그가 그의 성적 지향을 추구하며 살아가는 것과 그가 그렇게 했을 때 그를

거부할지도 모른다는 걱정을 일으키게 만드는 가족들과의 강한 유대를 유지하기 위한
욕구를 동시에 추구할 수 있는 기제였다. 누군가는 그가 시카고를 떠나기 전까지 그 사
실을 밝히지 않았을 것이라 생각할 수 있지만, 사실은 그렇지 않았다.

> 모순적이지만 나는 대학을 떠나기 전 가족들에게 그 사실을 밝혔고 얼마간의 불안
> 한 여름이 지나고 그들은 나에게 진보적인 지지를 보내 주었다. 따라서, 나는 떠날
> 필요가 없었다. 하지만 떠날 필요는 사라졌지만 욕망은 남아 있었다. 12살에서 18
> 살까지 벽장 속에서 보냈던 시간은 내가 부모, 형제, 조부모, 숙모, 삼촌, 조카들을
> 존재가 발각되고 거부당할 수 있다는 나약한 공포와 동일한 것으로 여기게 만들었
> 다. 어른이 되고 나서 한 번씩 고향집을 방문할 때마다 하루 이틀 쯤 지나면 조바심
> 이 났고 내가 나를 위해 만들어 놓은 그 삶으로 돌아가고 싶었다.

위의 예에서 연구자는 Dan이라는 동성애 남성이 왜 집을 떠나려 결심했고, 특히 가족
들에 대한 이미지가 자신에 대한 억압의 이미지와 연결되는 상황에 대해 논의하고 있다.

위의 예가 이미 출간된 혹은 존재하고 있는 회고록에 대한 연구였다면, 연구 목적을
위해 연구 참여자들에게 특정 사항에 대한 회고록을 요청하여 이에 대한 분석을 하여 이
루어진 연구도 있다. 세이커(Saker, 2015)는 예비교사들이 겪은 훌륭한 교육에 대한 경험
을 탐구하기 위해 연구를 수행했다. 그는 어떤 교육적 사건들이 예비교사들에게 영향을
미치고 그 사건들의 어떤 요소들이 그러한 영향을 미치게 되는지 탐구하기 위해 총 214
명의 예비교사들로부터 훌륭한 교육에 대한 회고록을 요청하여 이를 분석했다. 이를 통
해 '배움에 몰입하는 적극적인 참여', '실천을 통해 배움', '특별한 방법의 사용', '감정적
인 경험', '실생활과의 관련성', '극적, 놀이적 교육', '미디어 기술의 사용', '반복과 강화' 등
의 좋은 교육의 요소들을 발견하고 다음과 같은 좋은 교육과 관련된 주제들을 도출했다
(Saker, 2015).

- 실제 삶과 연결하기
- 적극적인 참여, 배움에 몰입하는 학생
- 실천과 경험을 통해 학습하기
- 강화와 반복의 기회 제공하기
- 감정적인 경험 제공하기
- 극적 활동, 역할 놀이, 놀이 포함시키기
- 아이디어 제공하기

● 매체와 테크놀러지의 사용
● 기억을 강화하는 특별한 방법과 전략의 사용

그 중 일부를 살펴보도록 하자.

실제 삶과 연관 짓기

나는 학생들이 작성한 회고록 중 14편이 이 주제에 해당하는 것을 발견할 수 있었다. 그 중 일부는 다음과 같이 나타나고 있다.

> … 우리 선생님은 교통과 응급처치라는 수업을 위해 교통 경찰을 교실로 초대했었다. 교실에서 몇 번 실습을 해 보고, 우리는 학교 근처에 있는 도로에 가서 교통 결찰과 짝을 맞추어 일을 해 보았다.(예비교사 H F)

> … 수압에 대해 공부하는 동안, 우리는 근처 저수지(외곽지에 있는 자연적으로 물이 저장되는 저수지였으며 이 물을 사용하여 식수나 관계 수로에 물을 공급했다.)를 방문하여 살펴보았다. 이 과정을 통해 나는 물이 어떻게 우리 가정까지 올 수 있는가에 대해 배울 수 있었다.(예비교사 T J)

이 중 일부 회고록은 배치 프로그램에 참여하고 있는 예비교사들에게 의해 작성되었는데 이 속에서도 실제 삶과 연관되는 교육의 효과성에 대해 발견할 수 있다.

> 나는 오스만투르크어를 좋아하지 않는다. 나는 그것에 대해서 잘 알지도 못한다. 우리 선생님은 우리가 그것을 좋아하지 않는다는 것을 알고 하루는 나와 내 친구 4명을 공동묘지로 데리고 가셨다. 그는 우리에게 공동묘지 안에 있는 묘비에 적혀 있는 오스만투르크어를 읽으라고 했다. 처음 우리는 고고학자처럼 그 묘비를 깨끗이 정리했다. 그리곤 때로는 묘비에 적혀 있는 문장을 해석했고 때로는 우리가 이해한 몇몇 단어에 대해 고심했다. 사람들이 묘지에서 즐거운 시간을 보낼 수 있을까? 그 날 우리는 묘지에서 정말 재미있는 시간을 보냈다.(예비교사 M Z)

이러한 예비교사 그룹에서 나타난 회고록은 좋은 교육의 기초들 중의 하나가 학습을 실제의 삶과 연결하고 실제 속에서 예를 제시하는 것이라는 것을 알려 준다.

공적인 문서

앞에서 살펴본 개인적 문서가 개인의 필요에 의해 한 개인에 의해 쓰여진 문서라면, 공적인 문서는 공공의 목적으로 작성된 문서라고 할 수 있다. 공적인 문서는 다수에게 역사적으로 의미 있는 사건들을 보관할 목적으로 일정한 양식에 맞추어 기록한 문서로 볼 수 있으며 국회의 기록이라든지, 정책, 성명, 통계자료, 조사 보고서, 위원회 보고서, 행정부서의 연례 보고서, 집행 결과 보고서 등이 포함될 수 있다(Mogalakwe, 2006). 이러한 문서들은 다수의 독자들이 그 문서를 읽을 것이 기대되는 상황에서 작성된다는 측면에서 앞에서 논의한 개인적 문서들과는 구분된다고 할 수 있다. 스콧(1990)은 이러한 공식적 자료를 사회 연구에서 가장 중요한 범주로 다루고 있는데, 그 중 문자 사용을 특징으로 하는 인공의 가공물로서 공적인 문서의 높은 가치에 대해 논의한 바 있다.

이러한 공적인 문서에 속하는 문서들은 다음 표와 같이 나타낼 수 있다.

공적인 문서의 정의와 종류

문서의 정의	최근 활동에 대한 공식적 역사들이 객관적인 사실에 근거하여 작성된 문서들이며 다수의 독자들이 문서 읽기를 기대하는 경우가 많음
문서의 종류	뉴스와 신문, 정부 기관 백서, 공공 기관 문서

그렇다면 이러한 공적인 문서가 기반이 된 연구들을 종류별로 살펴보도록 하자.

신문

신문을 기반으로 한 연구는 주로 공공의 특정한 이슈에 대해 그것들이 사회적으로 어떻게 다루어지고 있는지에 대해 탐구하는 연구들이 주를 이룬다. 이러한 신문을 기반으로 한 연구로 플랫(Platt, 2010)의 연구를 살펴보자. 그는 신문이 알코올 중독을 어떻게 다루고 있는지에 대한 연구를 수행했다. 이 연구는 네 개의 연구 문제를 중심으로 진행되었는데, 그것은 첫째, 각각의 신문이 알코올 중독을 어떻게 묘사하고 있는가, 둘째, 알코올 중독에 대한 도덕적 설명 모델이 얼마나 강조되고 있는가, 셋째, 알코올 중독에 대한 질병으로서의 설명 모델이 얼마나 강조되고 있는가, 넷째, 그것 이외에 또 어떤 설명 모델들이 알코올 중독을 묘사하는 데 사용되고 있는가이다. 이를 위해 연구자는 2004년부터 2008년까지의 뉴욕타임즈, 로스앤젤러스 타임즈, 시카고 트리뷴, 월스트리트 저널의 관련 기사를 무작위로 선정하여 분석했다. 이를 위한 분석으로 연구자는 질적 내용 분석을 수행했는데, 그 과정에서 코딩(coding), 패턴코딩 매트릭스(pattern coding matrices), 주제 메타 매트릭스(thematic meta-matrix)가 이루어졌다. 그 결과 연구자는 각 신문에서 주로 공공 보건과 도덕적 모델이 나타나며 상대적으로 질병 모델은 드물게 나타나는 것을 발견했다. 더불어 '사회 규범적 지속성'이라는 개념이 중독에 대한 질병 모델이 주요 인쇄매체들에서 드물게 나타나는 원인이라는 것을 밝혀냈다. 그 중 일부를 살펴보자.

종교적 측면은 그러한 행위와 알코올 소비에 대한 종교적 타깃이 되는 코드를 제공했다. 비록 일부 종교는 음주를 허용하고 있지만 일반적으로 무분별한 음주는 금지되고 있다.

> 하지만 랍비 Weinreb과 다른 이들은 그리스 정교회의 Kidush 클럽에 대한 설명이 상징적이라고 말한다. 그리스 정교회는 랍비들의 클럽 출입을 금지하고 있으나 랍비들에게 그러한 요구를 강요할 권리는 없다. 다만 지도자들은 랍비들이 클럽에 출입을 하더라도 그러한 출입을 부끄러워하기를 그리고 클럽이 사라지기를 바라고 있다('A Push to Curb', The New York Times, 2005).

이 기사는 그리스 정교회가 더 이상 음주를 조장하는 클럽을 허용할 수 없다는 것을 묘사하고 있다. 개인들의 Kiddush 클럽 출입을 단념시키는 전략으로 부끄러움이라는 단어의 사용은 알코올 소비에 대한 도덕적 심판을 함의한다.

음주는 개인들이 영적으로 약해졌을 때 그들의 영적 감각을 강화시키는 종교적 의식의 일부분이다. 이러한 것들은 종교적 목적을 위해 종교적 가이드라인 안에서의 음주와 부도덕한 알코올 중독을 대립시킨다. 유대교에 대해 더 언급하자면, 자료들은 다른 종교들이 음주를 어떻게 보고 있는지에 대해 드러낸다. 무슬림은 음주를 금지한다.

> 이슬람 경제 제도 역시 Shariah가 금지한 관습을 피해야 한다: 이슬람 은행가들은 술, 도박, 포르노, 담배, 무기 혹은 돼지고기를 포함하는 어떠한 기금도 제공하거나 제공받지 못한다('Adapting finance', The New York Times, 2007).

이러한 물음에 기반하면 이슬람은 음주를 금지하고 있다. 본질적으로 음주와 관련된 금지는 특별한 종교적 믿음과 관련된 행위의 도덕적 개념과 관련된다.

위의 예에서 연구자들은 신문기사 중 음주 행위를 종교적 측면에서 다루고 있는 기사 내용에 대한 분석을 함으로써 음주 행위가 개인의 일탈이라는 측면 이외에 종교적 의미도 함께 가지는 행위임을 밝히고 있다.

우드와 그의 동료들(Wood, Patterson, Katikireddi, & Hilton, 2013)은 최소가격제한정책 (minimum unit pricing)이 시행되는 기간 동안 영국의 언론이 음주와 관련된 위험을 어떻게 다루고 있는지에 대해 연구를 수행했다. 이를 위해 이들은 2003년 1월부터 2012년 5월까지 일곱 개의 영국 신문과 세 개의 스코틀랜드 신문의 관련 기사들에 대한 내용 분석을 수행했다. 그 결과, 그들은 음주와 관련된 해악들이 점점 더 심각한 것들로 다루어지고 있음을 밝혀냈는데, 특히 그 신문기사에서 드러난 음주 행위가 주는 해악은 경제적 비용, 사회적 무질서, 범죄와 폭력성에 대한 것들이었다. 다음의 예를 살펴보자.

누가 누구에게 해를 끼치는가?

스코틀랜드에서 나타난 주류 소비의 위험성은 개인의 건강과 복지뿐만 아니라 사회에도 영향을 미치고 있다(Politician, The Sun, 12 March 2012).

묶음 기반의 가격 책정으로 부채질되는 지나친 음주 소비는 스코틀랜드 공공보건의 가장 큰 위협 중 하나이다(Politician, Sunday Herald, 27 September 2009).

누구든 우리 고장에서 그것도 늦은 시간에 벌어지는 진저리쳐지는 음주로 인한 추태를 목격한다면 그러한 문제가 사회 전반에 걸쳐 문제가 됨을 알 수 있다(Editorial, Daily Record, 23 November 2009).

그럼에도 불구하고 나는 여전히 용돈 정도로 값싼 술을 살 수 있는 소수에 의해 일어나는 음주로 인한 반사회적 행위가 더 응집된 사회를 이룩하려는 노력을 붕괴시킬 수 있다는 사실에 대해 걱정하고 있다(Alcohol Industry Figure, The Daily Telegraphy, 8 December 2010).

우리가 치러야 하는 바로 그 비용은 책임감 없는 소수의 무분별한 행위로 인해 발생하는 것이다(Politicain, Daily Mail, 12 February 2012).

신문을 살펴보면, 주류 소비는 모든 사회 계층에 광범위하게 퍼져 있으며 모든 사회 구성원들에게 직접 혹은 간접적으로 해를 끼치고 있는 것으로 묘사된다. 그리고 사회의 '황폐'로 묘사된다. 다양한 기사들 속에서 주류 소비는 '타인들'에게 해를 끼치고 있는 것으로 묘사된다. 많은 기사들이 이를 음주자와 흥청망청 대는 젊은 음주자들 중의 '무책임한 소수'라고 묘사한다. 이러한 무리들의 그러한 음주 습관은 점점 더 무책임해지고 있고 그들은 '음주'로 인한 반사회적인 행동을 통해 '타인'들에게 의도적 그리고 비의도적 점위에 해당하는 해를 끼치고 있다고 비난받고 있다. 기사는 반복적으로 '통제 불가능', '젊은 불한당' 등으로 그들을 언급하고 있으며 '… 도심에서 … 소란을 일으키고, 소리 지르고, 토하는 젊은이들 …'로 그들을 묘사한다. 신문기사에서 둘째로 광범위하게 규정되는 음주자 집단은 주로 '무모한'으로 묘사되는 알코올 의존적 음주자들이다. 이 두 무리는 '상식적인', '책임감 있는', '다수'의 사람들에게 피해를 입히는 '가시적인', '문제 있는', '소수의' 무리들로 표현된다.

위의 예에서 연구자들은 분석을 통해 신문기사들이 지나친 음주 행위를 무책임한 소수에 의한 무고한 다수의 피해의 양상으로 다루고 있음을 드러내고 있다.

공공 문서

공공 문서를 기반으로 한 연구들은 주로 국가를 비롯한 공공 기관들에 대한 문서 분석을 통해 국가 혹은 공공 기관이 특정한 이슈에 대해 그것을 어떻게 개념화하고 다루고 있는지에 대한 분석을 수행하는 것이다. 소린과 니칸더(Solin & Nikander, 2011)는 영국과 핀란드의 자살 예방 정책이 그 보건 정책에서 어떤 형태로 나타나는지 탐구하기 위해 영국과 핀란드의 보건 정책 문서, 프로그램 공식 문서, 관련 논문에 대한 질적 내용 분석을 수행했다. 그들은 분석을 통해 국가 자살 방지 정책 문서들 속에서 자살이 어떻게 논의되고 있는지 탐구하려 했다. 분석의 결과 그들은 그러한 문서 속에 드러나는 네 가지 형태의 레퍼토리(repertorie)를 도출했는데 그것은 '공공 보건 역학으로서의 레퍼토리', '일상으로서의 레퍼토리', '방지 행위로서의 레퍼토리', '반성적(reflective) 레퍼토리'였다. 그 예를 살펴보도록 하자.

방지 행위로서의 레퍼토리

이 레퍼토리 속에서, 자살은 효율적인 방지 행위를 필요로 하는 공공 보건의 문제로 여겨지고 있다. 자살은 최악의 경우 죽음으로 이끌 수도 있는 '정상적이지 않은 행위(malfunction)'로 묘사되고 있다. 이것 역시 결론을 가진다. 일상으로서의 레퍼토리는 자살의 심리학적이고 감정적 결과에 주목하지만 방지 행위로서의 레퍼토리는 그 중심 되는 단계에 더 구체적이고 실천적인 결론를 부여한다. 이러한 부분은 앞서 살펴본 병행으로서의 레퍼토리의 예에서 확인할 수 있고 다음의 발췌에서도 확인할 수 있다.

'가족과 친구들은 (자살의) 감정적이고 실제적인 결과를 느낀다.'(Department of

Health, 2002)

이 발췌는 두 가지 레퍼토리의 결합을 보여 주는 또 다른 예이다. '감정적이고 실제 적인 결과'는 더 이상의 부가 설명 없이 단순히 언급되고 그 독자들이 그것의 본질을 알아챌 것을 기대하고 있다. 또한 방지 행위 레퍼토리는 효율적인 중재나 실행에 대해 논의하고 있으며 전형적으로 '제시된 가이드라인'(문서 속에서)의 형태로 드러난다. 제 시되는 행위와 방지 업무는 단지 보건 영역에만 직접적으로 한정되는 것은 아니다. 자 살이 다양한 원인과 위험 요소들로 인한 문제라는 것이 인식되었을 때, 다양한 영역의 협조가 도모된다. 예를 들어,

'따라서 밀착적이고 협력적인 자살 방지 전략은 넓은 범위의 기관과 개인의 협동을 필요로 한다.'(Department of Health, 2003)

'이 프로그램은 자살이 단지 한 가지의 행위 혹은 사회의 한 역역에서만의 실천을 통해 방지될 수 없음을 보여 준다.'(Finnish Ministry of Social Affairs and Health, 1992)

몇몇 영역의 협조에 대한 강조는 모든 이들을 그러한 상식적인 노력에 포함시키려 노력하고 있다. 반면, 자살 방지에 대한 책임은 각각의 영역에 나누고 있다.

위의 발췌를 통해 연구자들은 공공 기관이 자살로 인해 야기되는 실제적이고 감정적 인 측면에서의 손실을 인정하고 있으며, 자살 방지를 하나의 특정한 기관이나 영역에서 책임질 수 있는 것이 아닌 그와 관련된 다수의 영역에서 협동적으로 이루어져야 효과를 발휘할 수 있는 문제임을 인정하고 있다는 것을 드러낸다.

핀토와 그의 동료들(Pinto, Manson, Pauly, Thanos, Parks, & Cox, 2012)은 캐나다의 온타 리오와 브리티시 컬럼비아(Ontatio & British Columbia)에서 공공 문서를 통해 의료 평등 의 개념이 어떻게 드러나고 다루어지는지에 대해 분석한 바 있다. 이들은 이 두 주의 공 공 보건 관련 공공 문서에 대한 질적 내용 분석을 수행했는데, 특히 질적 자료 분석 프로 그램인 Nvivo를 통한 분석을 실시했다. 분석의 결과, 이 두 지역에서 비슷한 양식으로 의 료 불평등을 규명하고 있는 것과 그러한 불평등을 불공정한 구조적 조건의 결과로 보는 것의 두 가지 사실을 발견했다. 또한 이러한 의료 불평등을 제거하는 것을 공공 보건 재 건과정의 명확한 목표로 설정하고 있었다. 그 중 예를 살펴보도록 하자.

의료 불평등을 제거하고자 하는 목적은 OPHS(Ontarino Public Health Standards)와 다른

모든 기준들을 뒷받침하고 있는 Foundational Standard의 서론에 잘 드러나 있다. 의료 평등을 확보하는 것은 모든 계층의 보건 증진만큼이나 중요한 것으로 나타나고 있다. Foundational Standard는 대중 의료, 보건의 결정요인, 의료 평등에 대한 정보를 사용하여 우선 지원 계층을 포함한 지역의 요구에 부합하는 프로그램을 구성하기 위해 Board of Health의 요구를 개관하고 있다. 그것과 관련된 제안이 있다. 그것은 공공 보건을 담당하는 단체는 이 두 가지 공공 보건의 목적을 동시에 달성할 수 있는데, 그것은 "의료 불평등을 해소하고 전체 계층에 대한 의료 서비스를 극대화하는 것이다(Ministry of Health and Long-Term Care: Ontario Public Health Standards. Toronto, 2008, p.13). 보건 불평등을 해소하는 것은 우선 지원 계층을 강조함으로써 전체 계층의 건강을 증진시키는 방법 또한 될 수 있다. 예를 들어 "우선 지원 계층의 필요에 프로그램과 서비스를 맞춤으로써 공공 보건이 모든 계층의 보건 증진에 공헌할 수 있는 것"이다. 그리고 "공공 보건은 불균형적으로 보건 지위에 있어서 불평등을 경험한 하위 계층에 의해 종종 영향을 받는다."(Ministry of Health and Long-Term Care: Ontario Public Health Standards. Toronto, 2008, p.13)

위의 발췌에서 연구자들은 공식적인 문서에 대한 분석을 통해 의료 평등의 개념을 취약 계층에 대한 개선의 개념으로만 보는 것이 아니라 모든 계층의 보건 증진을 이룩하는 개념으로 다루고 있다는 것을 드러냈다.

5. 질적연구에서 문서 활용의 장점

앞 절에서는 질적연구에서 활용할 수 있는 문서의 종류에 대해 개괄적으로 살펴보았다. 그럼 이 장에서는 그러한 문서들이 질적연구에서 어떻게 사용될 수 있으며 어떤 역할을 할 수 있는지에 대해 논의하고자 한다. 이와 관련하여 알포트(1947)는 심리학 연구에서 개인적 문서를 사용하는 몇몇의 이유를 언급한 바 있는데, 그것은 다음과 같이 정리할 수 있다.

(1) 현상학적 연구
(2) 종교적 경험에 대한 연구
(3) 성인의 정신 생활에 대한 연구
(4) 개인의 자신에 대한 성찰을 위한 실재적 사용

(5) 자신의 경험을 기록하기 위한 실재적 사용

(6) 자기 분석

(7) 역사적 진단을 위한 목적

(8) 정신병리학적 검사를 위한 목적

(9) 주관적 해석에 대한 실증과 타당성 확보를 위한 목적

(10) 특별한 육체적 상태의 정신적인 효과를 확인하기 위한 목적

(11) 사회 과학의 심리학적 분석을 위한 목적

(12) 문헌의 심리학적 분석을 위한 목적

(13) 일반인이 가진 생각을 표현하는 예증으로 사용하기 위한 목적

(14) 연구 문제를 찾기 위한 목적

(15) 개인 상호간의 관계를 연구하기 위한 목적

(16) 테스트나 질문지를 구성하기 위한 첫 번째 단계로서의 목적

이와 더불어 에인젤(Angell, 1974)은 사회학에서 개인적 문서의 사용이 줄 수 있는 장점에 대해 논의한 바 있는데, 그것은 첫째, 개인적 문서의 사용은 연구자들로 하여금 개념적인 직감을 획득할 수 있도록 도와주고, 둘째, 연구자들에게 새로운 가설이나 개념적 틀을 제공할 수 있으며, 셋째, 개인저 문서에 대한 조금은 성급 이용은 연구자들에게 중요한 일반 상식이나 다소 거친 형식의 가설을 제공하는 선집(selection)이 될 수 있고, 넷째, 위에서 언급한 가설들의 타당성을 확인할 수 있는 방법이 될 수 있으며, 다섯째, 사람이나 집단, 제도에 대한 역사적 이해를 뒷받침할 수 있는 사실들을 제공할 수 있다고 논의한 바 있다.

이러한 논의를 기반으로 하여 질적연구에서 문서 활용을 통해 얻을 수 있는 장점은 크게 다음의 세 가지로 논의해 볼 수 있다. 그것은 첫째, 문서는 개인의 자아에 대한 이해를 돕는 역할을 한다. 둘째, 연구자는 개인과 대중의 관심이 투영된 문서들을 그 사회적 환경과 연관시켜 이해함으로써 개인적, 사회적 현상에 대한 직관적 이해의 획득이 가능해진다. 셋째, 문서 분석을 통한 유형화와 조직화는 보편적 법칙과 도출 및 개별 사례에 대한 질적 이해를 가능케 한다.

그렇다면 이러한 문서 분석 방법의 이점에 대해 살펴보기로 하자. 첫째, 문서 활용을 통한 질적연구는 인간 내면의 갈등하는 자아와 직면을 통해 자아에 대한 학습을 가능하게 한다. 일기나 편지, 자서전과 같은 개인적 문서를 기반으로 한 연구들을 살펴보면 그 내용이 필연적으로 자아와 관련된 것이며 이를 통해 개인의 심리 혹은 자아의 심리에 대

한 이해를 도울 수 있다. 알포트(1942)는 심리학적 측면에서 개인적 문서에 중점을 두고 논의를 전개했는데, 그는 이러한 개인적 문서에 대한 연구가 지속적으로 발전되어야 함을 논의한 바 있다. 플루머(2001) 또한 알포트와 마찬가지로 개인 문서의 정통적 분석을 비중 있게 다루며 생활사를 기록하는 방법에 대한 유용한 논의를 제공했다.

이러한 개인의 내면에 대한 학습으로서 개인적 문서에 대한 연구는 앞에서 살펴본 기어츠(1988), 푸코(1973), 리프(2008) 등의 연구에서 확인할 수 있다. 기어츠(1988)는 말리노프스키의 일기에 대한 분석을 통해 문화인류학자로서 기대되는 모습과 다른 그의 내면을 드러내면서 그 내적, 외적 갈등을 드러내고 있으며, 푸코(1973)는 피에르 리비에르의 자전적 기록을 통해 그 내면의 갈등과 사고, 성찰이 어떻게 이루어지고 있는지에 대한 분석을 수행했다. 리프(2008) 또한 수잔 손탁의 일기에 대한 연구를 통해 그녀의 일기에 드러난 그녀의 내면 세계를 보여 줌으로써 수잔 손탁이라는 인간이 겪은 내면적 갈등과 그 갈등에 대한 그녀의 성찰을 드러내고 있다. 이와 더불어 앞에서 살펴본 개인적 문서에 대한 연구들은 그 문서의 저자들의 삶과 내면의 관련성을 드러내는 것들이었고, 그 결과 연구자들은 그 문서들과 관련된 자아에 대한 주제를 도출할 수 있었다. 이와 같이 개인적인 문서를 활용하는 질적연구방법은 다양한 사회 구성원들이 가지는 주관적인 의미에 대해 연구할 수 있으며 이를 통해 개인적인 자아의 성장을 위해 공동체 구성원들이 가지는 의미의 중요성이 발견될 수 있다.

둘째, 개인과 대중에게 투사된 문서들은 사회적 환경과 연관시켜 개념적인 직감을 확보하는 수단으로 활용된다. 연구자들은 철저한 통찰로 가득 찬 기록들에 몰두함으로써 질적연구에 주어진 문제들을 다각도로 점검할 수 있다. 이러한 점검은 개념 획득을 위한 전통적인 방법에서 벗어나 문서에 몰입하도록 도와주며, 이를 통해 비일상적인 각도에서 독립적인 마음상태로 문제를 직시하도록 유도한다. 또한 개인이나 기관이 기록한 역사적 문서들은 기존의 개념적 틀에 매여 있는 연구자들이 새로운 가설을 도출할 수 있는 기회를 제공한다. 질적연구에서 문서를 활용하는 연구자들은 문서 안에 담긴 역사적 사실을 귀납적 또는 연역적으로 분석해 보며 새로운 가설을 검증할 수 있다.

예를 들어 리비트(Leavitt, 1996)는 《The Healthiest City: Milwaukee and the Politics of Heath Reform》에서 19세기 밀워키 지역의 고도 성장에 따른 높은 사망률, 감염성 질환, 붐비는 주택, 불결한 거리, 불충분한 물 공급, 고약한 악취 등의 도시화 문제를 사회적 환경과 연관시켜 분석했다. 그녀는 공중 보건 대책과 정치적 입법 문서를 영역별로 정리하여 도시 보건 활동의 문제점을 검토하고, 천연두, 쓰레기, 우유 등 특정 문제들의 사례를 제시하여 19세기 전환기 미국 도시의 정치적 긴장에 대한 설명을 제공했다. 또한 앞서 살

펴본 베네딕트(1946)의 일본인에 대한 국민성에 대한 연구가 그 한 예가 될 수 있다. 그녀
는 당시 미국에서 생소한 일본인의 국민성에 대한 연구에서 문서를 통한 분석과 고찰을
통해 그것을 대표하는 두 가지 주제로서 폭력성과 억압성을 제시했으며 이러한 주제들은
일본인의 국민성을 이해하는 개념적 틀로서 작용했다.

셋째, 문서를 활용한 유형의 조직화는 보편적 법칙과 개별 사례에 대한 이해로서 질
적연구의 발전을 이루는 데 일조한다. 문서의 조직화를 통한 연구는 연구자로 하여금 그
안에 내재된 어떤 법칙이 있음을 발견하게 한다. 이러한 조직화는 문서에 대한 분석을 통
해 이루어지는데 이러한 분석의 과정에서 연구자는 대상에 대한 직감, 통찰력, 가설을 획
득할 수 있다. 그리고 이러한 직감, 통찰력, 가설들을 통해 보편적 법칙을 추구할 수도 있
다. 앞에서 살펴본 뒤르켐(1897)의 연구가 여기에 해당하는 예가 될 수 있는데, 그는 유럽
의 자살에 대한 통계자료에 대한 분석을 통해 기존에 보편적으로 받아들여지고 있던 자
살과 종교적 성향의 관련성, 자살과 자연적 환경의 관련성에 대한 이견을 제시하며 오히
려 자살이 사회적 현상이며 이러한 관점에 따라 사회적 측면에서 자살을 설명하는 이론
적 틀을 제공했다. 다만, 보편적 법칙의 발견을 위한 질적연구를 진행할 때 표본 수집의
양에 관한 문제가 발생할 수 있다. 따라서 인간의 행동이 단순히 기본적인 형태로 유지될
수 있다는 것을 가정할 때 인간의 본성에 대한 변수들의 사례를 늘리는 것이 필요하다.

다른 한편으로 드문 사건의 경우에는 몇 가지의 사례만으로도 충분할 수 있다. 한 사
람의 삶에서 발견되는 드문 현상에 대한 질적연구의 경우, 그 개인의 문서에서 드러나는
삶 자체로 충분한 가치를 가진다. 개별 기술적인 접근과 보편적 법칙설정적인 접근의 차
이는 일반화의 크기와 세분화의 정도를 어떻게 바라보느냐에 따라 달라진다. 예를 들어
앞에서 살펴본 코니디스(2012)의 동성애 남성에 대한 자서전 연구나 페이지와 키디(2010)
의 치매 노인들의 자서전에 대한 연구는 드문 현상에 대한 문서 분석 연구로 단 하나 혹
은 몇몇의 사례에 대한 분석을 통해 드러난 삶 자체로 충분한 가치를 보여 준다. 그 사건
각각에 대한 인간의 본성에서 특정한 성향의 진술은 모든 인간성에 가장 가까운 진실을
추구하느냐와 전체적인 구성원으로서 인간을 위한 것이냐의 문제이다. 모든 개인은 그들
의 개인적인 행동에 대한 경향성을 가지며 합법적인 행위로 간주될 수 있다. 즉, 하나의
사례를 통해 개별 사례적 접근방법으로 연구가 가능하고 특정한 법칙을 발견하고자 하는
목적에도 부합할 수 있기 때문에 개인적 문서는 오히려 잠재적인 장점을 가진다고 할 수
있다.

위와 같은 장점들과 더불어 연구의 수행에 있어서도 문서의 사용은 연구자들에게 실
질적인 도움을 줄 수 있는데, 첫째, 문서는 연구자로 하여금 시간과 공간의 한계를 넘을

수 있게 도와주고, 둘째, 현장으로 진입하기 전 자신이 찾아야 할 대상이 무엇인지에 대한 대략적인 직감을 가능하게 하고, 셋째, 트라이앵귤레이션을 통해 연구의 타당성을 확보할 수 있게 한다. 이들에 대해 좀 더 구체적으로 논의해 보자.

첫째, 문서는 연구자가 가진 시간적, 공간적 한계성을 넘어설 수 있게 도와준다. 당연한 이야기이지만 연구자는 모든 시간, 모든 곳에 머무를 수 없다. 특히 연구 주제가 과거의 사건이나 현장, 혹은 지리, 정치, 사회, 문화적으로 접근하기가 현저하게 곤란한 현장과 관련되어 있는 경우 연구자는 어쩔 수 없이 자신에게 허락된 시간과 공간을 기반으로 연구를 진행해야 한다. 이러한 상황에서 현장에 대한 정보를 담고 있는 다양한 문서는 연구자가 이러한 한계에서 벗어날 수 있는 주요한 방법을 제공할 수 있다.

둘째, 문서는 연구자가 연구 현장으로 진입하기 전에 연구 문제에 대한 사전 지식을 제공함으로써 연구자가 연구 문제에 대한 개략적인 개념을 가질 수 있게 돕는다. 특히 이러한 과정은 인터뷰 가이드의 작성에서 큰 힘을 발휘할 수 있는데, 연구자는 문서를 통해 사전에 획득한 개념을 인터뷰 가이드 작성에 활용할 수 있어, 좀 더 연구 참여자의 맥락에 부합하는 질문을 구성할 수 있고, 이러한 맥락적 질문들은 연구 참여자들의 적극적인 반응을 이끌어 내는 데 적합하다.

셋째, 문서는 트라이앵귤레이션을 가능하게 함으로써 연구의 타당성 확보에 도움을 줄 수 있다. 앞에서 언급했지만 연구자는 연구를 수행함에 있어 여러 한계점을 가진다. 그리고 이러한 한계들은 주요한 연구방법인 참여관찰이나 인터뷰를 통한 자료 확보를 불가능하게 할 수 있는데, 이러한 상황에서 문서는 자료와 방법의 트라이앵귤레이션을 가능하게 해준다. 예를 들어 과거 사건에 대한 연구의 경우 참여관찰이 불가능한데, 이때 주요한 자료 원천으로 문서를 도입함으로써 트라이앵귤레이션을 위한 자료와 방법의 확보가 가능해지는 것이다.

6. 문서 분석의 주의점

질적연구방법으로서 문서 분석은 문서를 바탕으로 현상에 대한 이면을 이해하고 그것들의 의미와 주제의 도출을 가능케 한다. 하지만 심리학적 주제들은 대부분 눈에 보이지 않는 과정과 원인을 다룬다는 점에서 특히 불분명한 점이 많다. 주제의 심오한 복잡성은 분석과 추상 이전에 구체적인 문서 분석을 필요로 한다. 이에 문서 분석에서의 문제점과 한계들에 대한 소고를 개인적 문서에 대한 보편성의 관점과 문서 진실성의 조건에 대한 관점으로 나누어 비평해 보고자 한다.

첫째, 개인적 문서는 특정 인물의 정신적 과정이나 성격을 드러내는 소수의 기록들이 므로 개인적 기록에 기초하여 일반화하기에는 다소 제한적이라는 비평이다. 실제, 생애사 방법 등에서 개인 문서 활용은 토마스와 즈나니에츠키 같은 사회학자들로부터 받은 열 광적인 환호에도 불구하고 심각한 비판에 부딪쳤다. 특히, 블루머(Blumer, 1939)는 그들의 폴란드 농부에 관한 개인 문서 분석을 대표성, 적절성, 신뢰성 그리고 해석의 타당성 등 네 가지 기준에서 비평한 바 있다. 그는 토마스와 즈나니에츠키가 문서의 대표성에 관한 주장의 증거를 내놓지 못했다고 주장했고, 완전하고 포괄적인 진술을 기반으로 하는 문 서의 적절성에 의문을 제시했다. 이러한 류의 비평은 특히 양적연구의 측면에서 많이 제 기되고 있는데, 무선으로 표집된 다수의 사례를 통한 일반화가 아닌 개별 사례에 대한 의 도적 표집을 통한 연구 자체를 통한 일반화는 무리가 따르고 따라서 그것들이 그 현상과 관련된 전체적인 모습을 보여 줄 수 없다는 비판이 그것이다.

둘째, 문서 자체의 진실성에 대한 비평이 존재한다. 알포트(1942)는 심리학 연구에서 개인 문서 활용의 가장 심각한 비판으로 대표 사례 획득의 문제, 지나친 단순화 및 동기 의 설명, 자기정당화, 기만, 자기기만의 문제, 그리고 실험 데이터와 이론 사이의 타당한 연계성에 대해 비평한 바 있는데, 이러한 그의 비평 중 상당부분이 문서 자체가 가진 진 실성에 대해 의문을 제기한 것이라 할 수 있다. 블루머(1939) 또한 문서의 신뢰성과 진실 성 및 진정성에 의문을 던졌으며, 그것은 특정 대상의 관점에서 볼 때만 그러한 기술이 가능할 것이라 비평했다. 더 큰 문제점으로 그는 자서전 기술의 생애사 방법에서 기억의 정확성에 문제가 있음을 제기했으며, 최종적으로 문서 분석에 기초한 그들 해석의 타당 성에 의문을 제기했다.

따라서 연구자는 문서를 활용할 때 그 진실성에 대한 검증이 필요하다. 문서의 진실성 을 찾는 노력으로 그 문서의 내적인 요소, 즉 문서 안의 텍스트 및 저자와 독자의 관점에 서 진실을 찾아봐야 한다. 연구자들은 문서 분석의 과정에서 이 정보가 정말 믿을 만한지, 실제로 일어난 것들을 비판적인 검증과정을 통해 배울 수 있는지 점검해야 한다. 일단 문 서의 세부적인 부분들에 대한 신뢰성 검증을 할 때는 그 진실성에 대한 비판적 시각을 유 지하며 검증하는 자세가 필요하다. 이때 저자 이름의 기재 여부, 주요한 날짜 등에 대한 확인이 이러한 진실성 검증에 유용한 방법이 될 수 있다.

셋째, 분석의 타당성과 관련된 비평이 존재한다. 문서들은 글을 쓴 저자의 개념적 틀 속에서 의미를 취하는 것이 아니라 해석의 기초를 제공한다. 어떤 사례에 대해 수차례 읽 고 난 뒤 통찰하는 해석의 과정은 원자료에 비해 완전히 다른 느낌의 개념화를 가져올 수 있다. 특히, 개인적인 문서를 쓰는 저자는 그들이 생각하기에 중요하다고 생각되는 내용을 중심으로 제한하기도 하고, 연구자 스스로도 중요하다고 생각되는 주제를 중심으로 하여 논의를 유지한다. 또한 이러한 선택에 앞서 문제의 원인과 결과를 제시하고, 자신의 이론에 대한 구조화 및 예상을 제한하기도 한다(Gottschalk et al., 1981).

이러한 분석의 타당성을 확보하기 위해 연구자는 무엇보다 자신의 분석과정을 독자들에게 상세히 전달할 필요가 있고 이러한 과정을 통해 독자로부터 자신의 분석에 대한 타당성을 인정받는 과정이 필요할 것이다.

7. 결론

이제까지 우리는 질적연구방법의 하나로서 문서 분석에 관해 논의해 보았다. 앞선 논의의 요점은 다음과 같이 요약해 볼 수 있다. 첫째, 문서는 인간의 경험을 담고 있는 특수한 형태의 자료로서 질적연구의 주요한 분석 대상이 될 수 있으며, 우리의 주변에 산재해 있다. 둘째, 이러한 문서 분석에 대한 이론적 논의는 1920년대부터 지금까지 이어져 오고 있으며, 역사학뿐만 아니라 인류학, 심리학 등의 다양한 분야에서 다양한 학자들에 의해 진행되어 왔다. 셋째, 역사적으로 의미 있는 많은 연구들이 문서 분석을 유일한 방법 혹은 중요한 방법의 하나로 하여 이루어져 왔다. 그 영역은 인류학, 사회학, 역사학 등 다양한 학문 분야에 걸쳐 있으며, 그 주제 또한 이민자의 문화에 대한 탐구, 국민성에 대한 탐구, 범죄 행위에 대한 사회학적 논의, 도시의 문화에 대한 인류학적 탐구와 같이 다양하게 나타난다. 넷째, 문서 분석의 대상이 될 수 있는 다양한 종류의 문서들이 존재하는데, 그것은 크게 동시대적 기록문서, 개인적 문서, 공적 문서로 구분될 수 있다. 동시적인 문서에는 진료 기록, 재판 기록 등이 포함될 수 있으며, 개인적 문서에는 일기, 편지, 자서전, 회상록 등이, 공적 문서에는 신문기사나 공공 문서가 포함될 수 있다. 그리고 이러한 문서를 기반한 다양한 연구들이 이루어져 왔다. 다섯째, 이러한 질적연구방법으로서 문서 분석은 몇몇의 장점을 가지는데, 그것들은 개인에 대한 이해의 증진, 개인적·사회적 현상에 대한 이해의 획득, 보편적 법칙과 개별 사례에 대한 질적 이해이다. 여섯째, 문서 분석 방법은 몇몇의 약점을 가지기도 하는데, 그것은 일반화의 제한, 문서의 진실성에 대한 문제, 분석의 타당성과 관련된 문제이다.

이상의 질적연구방법으로서 문서 분석에 대한 논의는 우리에게 다음과 같은 시사점을 제공한다. 첫째, 문서 분석은 과거와 현재를 저자의 입장에서 해석해 줌으로써 교육과 역사 그리고 사회과학 분야에서 주요 연구방법이 되어 미래 연구자들의 관심을 사로잡는 훌륭한 프로젝트가 될 것이다. 둘째, 사회가 발전할수록 개인과 대중 간의 상호작용이 더욱 복잡해지는데, 이러한 상황 속에서 그러한 상호작용이 내포되어 있는 문서에 대한 분석의 필요성이 높아질 것이다. 셋째, 인터뷰와 현장 관찰을 통한 자료의 수집과 분석에 병행하는 문서 분석 방법은 질적연구에서 중요시되는 트라이앵귤레이션을 통한 타당도 획득에 매우 유용한 도구가 될 것이다. 넷째, 공공과 개인의 주요 문서의 활용을 통한 역사학적 또는 민족지학적 데이터 분석이 참여관찰자의 질적연구를 통해 전문화될 것이다.

그 동안 우리나라의 질적연구는 점진적으로 발전해 왔으며 이제는 다양한 학문 분야에서 보편적인 연구방법의 하나로 자리 잡았다. 그럼에도 불구하고 아직 질적연구방법의 이론화의 범위는 참여관찰 및 인터뷰와 같은 한정된 영역에 국한되어 있다. 이제는 이러한 연구방법의 한계로 인해 우리 스스로가 질적연구라는 범위를 좁은 영역으로 가두어 놓지는 않았는지 반성해야 할 때이다. 현상을 이해하기 위해 부단히 그 영역을 확대해야 한다는 점에서 질적연구방법으로서 문서 분석에 대한 논의가 그러한 한계를 넘어서는 데 작으나마 시사점을 던질 수 있기를 바란다.

수업활동 및 토의내용

1. 우리가 과거의 생활과 현재의 생활을 이해하고 연구하는 데 문서들이 어떻게 이용되고 있는지를 생각해 보자.

2. 한 개인이 발달을 묘사하고 이해하는 데 고려될 수 있는 다양한 문서에는 어떤 것들이 있는지를 제시하고 이들의 각 기여점을 논의하자.

3. 역사 연구에서 문서들의 활용은 어떤 기여들을 해 왔는지 구체적인 예들을 통하여 이해하자.

4. 질적연구방법으로서 문서 분석이 갖는 장점과 그 의미를 다른 질적연구방법들과 비교하면서 분석하자.

5. 자신의 질적연구에서 고려할 수 있는 문서에는 어떤 것들이 있는지를 한번 생각해 보자.

참고문헌

강준만(2004). 한국 현대사 산책. 인물과 사상사.

국립중앙박물관(2009). 정조 임금 편지. 그라픽 네트.

김세곤(2012). 퇴계와 고봉, 소통*하다. 온세미로.

도진순 옮김(2005). 백범일지. 돌베개.

이용형(2009). 다산 정약용의 편지글: 마음은 엄한 스승이다. 예문서원.

이은상 역(2014). 난중일기. 지식 공작소.

Alaszewski, A. (2006). *Using Diaries for Social Research*. London: SAGE Publications.

Allport, G.W. (1947). *The Use of Personal Documents in Psychological Science*, Social Science Research Council, New York.

Angell, R. (1974). A critical review of the development of the personal document method in sociology, 1920–1940, in L. Gottschalk, C. Kluckhohn and R. Angell, *The Use of Personal Documents in History, Anthropology, and Sociology*, Social Science Reserch Council, New York, pp. 175–232.

Angers, J., Machtmes, K. (2005). *An ethnographic–case study of beliefs, context factors, and practices.*

Atkinson, P. A. & Coffey, A. (2004). Analysing documentary realities. In D. Silverman(Ed.), *Qualitative research: Theory, method and practice* (2nd ed.), London: Sage, 56–5.

Altheide, D, L. (2000). Tracking discourse and qualitative document analysis. *Poetics*, 27, 287–299.

Benedict, R. (2005). *The Chrysanthemum and the Sword: Patterns of Japanese Culture*. Mariner Books. 노재명 역(2006). 국화와 칼: 일본 문화의 틀. 북라인.

Blumer, H. (1939). "An appraisal of Thomas and Znaniecki's The Polish Peasant in Europe and America." Critiques of Research in the Social Sciences I. New York: Social Science Research Council.

Bowen, G. A. (2009). Document Analysis as a Qualitative Research Method. *Qualitative Research Journal*, 9(2), 27–40.

Brundage, A. (2013). *Going to the Sources: A Guide to Historical Research and Writing*. Illinois: Wiley–

Blackwell.

Burgess, R. (1984). *In the Field: An Introduction to Field Research*. Routledge, London.

Cahalane, H. & Parker, G. & Duff, S. (2013). Treatment Implications Arising From a Qualitative Analysis of Letters Written by the Nonoffending Partners of Men Who Have Perpetrated Child Sexual Abuse. *Journal of Child Sexual Abuse*, 22, 720-741.

Cory, M. E. (1998). Hedda Rosner Kopf. Understanding Anne Frank's The Diary of a Young Girl. A Student Casebook to Issues, Sources, and Historical Documents. *German Studies Review*, 21(1). 178.

Davie, M. M. (2013). *Qualitative Research in Business and Management*. London: SAGE Publications.

Durkheim, E. (1897). *Suicide: A Study in Sociology*. 황보종우 역(2008). 자살론. 청아출판사.

Emilsson, S. & Svensk, A-C. & Olsson, K. & Lindh, J. & ÖSter, I. (2011). Experiences from having breast cancer and being part of support group. Notes written in diaries by women durin radiotherapy. *Palliative and Supportive Care*, 10, 99-105.

Fabian, S. C. (2010). "I'll be watching you": Asocio-Legal Analysis of Judicial Decisions in Canadian Criminal Harassment Case, 1993-2006. Dessertation of Philosophy. Simon Fraser University.

Foucaut, M. (1973). Moi, Pierre Rivière, ayant égorgé ma mère, ma soeur et mom frère⋯. 심세광 역(2008). 나 리에르 리비에르. 앨피.

Foucaut, M. (1995). *Discipline & Punish: The Birth of Prison*. Vintage. 오생근 역(2011). 감시와 처벌: 감옥의 역사(2판). 나남.

Gaillet, L. L. (2010). *Archival Survival: Navigating historical Research*. Working in the Archives. Southern Illinois University.

Geertz, C. (1989). *Works and Lives: The Anthropologist as Author*. 김병화 역(2014). 저자로서의 인류학자. 문학동네.

Gottschalk, L. (1945). *The Historian and The Historical Document*. Ann Arbor: University of Michigan.

Gottschalk, L. & Angell, R. & Kluckhohn, C. (1981). *The Use of Personal Documents in History, Anthropology, and Sociology*. Omnia-Mikrofilm-Technik.

Holtslander, L. & Duggleby, W. (2008). An inner struggle for hope: insights from the diaries of bereaved family caregivers. *International Journal of Palliative Nursing*, 14(10), 478-484.

Longman Dictionaries (1995). *Longman Dictionary of Comtemporary English*(3th Ed). Longman Dictionaries.

Lynd, R., Lynd, H. (1956). *Middletown: A Study in American Culture*. Constable, London.

Merlin J. S. & Turan, J. M. & Herbey, I. & Westfall, A. O. & Starrels, J. L. & Kertesz, S. G. & Saag, M. S. & Ritchie, C. S. (2014). Aberrant Drug-Related Behaviors: A Qualitative Analysis of Medical Record Documentation in Patients Referred to HIV/Chronic Pain Clinic. *Pain Medicine*, 15, 1724-1733.

McCulloch, G. (2004). Documentary Research in Education, History and the Social Sciences. London: Falmer Press.

McDougal, S. (2013). Framing the Black Experience: A Discourse Analysis of President Barack Obama's Speeches. *The Journal of Pan African Studies*, 6(4), 1-17.

Morgan, G. G. & Smith, D. (2014). *Advanced Genealogy Research Technique*. McGraw-Hill Education.

Noaks, L. & Wincup, E. (2004). *Criminological Research: Understanding Qualitative Methods*. Sage.

Plummer, K. (2001). *Documents of Life 2: An Invitation ot a Critical Hummanism*. Sage, London.

Prior, L. (2011). *Using Documents and Records in Social Research*. London: SAGE Publications.

Sontag, S. & Rieff, D. (2008). *Reborn: Journal and notebooks,* 1947-1963. 김선형 역(2013). 다시 태어나다: 1947-1963. 이후.

Riles, A. (2006). *Documents: artifacts of modern knowledge.* Ann Arbor: University of Michigan Press.

Scott, J. (2006). *Documentary Research.* Sage.

Scott, J. (1990). *A Matter of Record: Documentary Sources in Social Research,* Polity, Cambridge.

Sharififar, M. & Rahimi, E. (2015). Critical Discourse Analysis of Political Speeches: A Case Study of Obama's And Rouhani's Speeches at UN. *Theory and Practice in Language Studies,* 5(2), 343-349.

Silverman, D. (2001). Interpreting Qualitative Data: Methods for Analysing Talk, *Text and Interaction,* 2nd edn, Sage, London.

Stanley, L. (2013). Documents of Life Revisited: Narrative and Biographical Methodology for a 21st Century Critical Humanism. Ashgate Pub Co; New Edition.

Stanczak, G. C. (2007). All Photos Lie: Images as Data(by Barry M. Goldstein). Visual Research Methods, 61-81.

Sundqvist, A. & Ronnberg, J. (2010). A Qualitative Analysis of Email Interactions of Children Who Use Augmentative and Alternative Communication. *Augmentative and Alternative Communication,* 26(4), 255-266.

Thomas, W. I. & Znaniecki, F. (1958). *The Polish Peasant in Europe and America.* New York: Dover.

9

현장 들어가기

현장 작업을 성공적으로 해내기 위해서는 현장 작업에 대한 기술적 지식 이상의 능력을 가지고 있어야 한다. 연구자는 자신의 존재와 연구 목적을 연구 참여자에게 명료하게 설명할 줄 알아야 하며, 그들로부터 신뢰감과 협조를 구할 수 있어야 할 뿐 아니라 끈끈한 인간관계를 맺을 수 있는 능력이 있어야 한다. 또한 다양한 딜레마와 여러 가지 불편한 상황을 맞이했을 때 최상의 문제해결을 가져다줄 수 있는 자기반성과 자기성찰의 여유를 가져야 한다. 이러한 노력에도 불구하고 교육적으로 가치 있는 연구 프로젝트가 때로는 실패하기도 하고 원래 의도와는 다른, 전혀 기대하지 않았던 방향으로 진행되기도 한다. 반면 예기치 않았던 반가운 기회가 찾아오기도 하고 생각해 보지 않았던 새로운 관점이 연구가 진행되면서 나타나기도 한다(Georges & Michael, 1980).

제9장에서는 현장 들어가기(gaining entry)에 대해 설명하고자 한다. 현장 들어가기는 연구자가 자료 수집을 위해 연구 현장에 직접 들어가는 것을 말한다. 양적연구와는 달리 질적연구는 그 특징 중의 하나가 '현장 작업'인 만큼 현장에 들어가는 과정, 방법, 인간관계의 유지와 자료 수집 작업이 연구의 성공에 필수적이다. 그러한 점에서 많은 개론서에서 연구자가 어떻게 현장에 성공적으로 들어갈 것인지에 대해 심층적으로 논의해 주었다. 이에 현장 들어가기를 잘하기 위해 연구자가 알고 실행해야 하는 방법적 지식과 통찰에 대해 알아보기로 한다.

1. 현장 들어가기의 개념

현장 들어가기는 연구자가 자료를 수집하기 위해 연구 현장에 들어가서 연구 활동을 시작하고 계속하는 것을 말한다. 양적연구와는 달리 연구의 과정이 현장 지향적이고 현장에서 오랫동안 이루어진다는 점에서 현장 들어가기는 질적연구의 과정에서 없어서는 안 되는 절차이다. 현장이 없는 질적연구는 상상하기 어렵다. 그러한 점에서 이 분야의 이론화 작업에서 성공적인 현장 들어가기의 전략 또는 방법을 소개하는 연구물이 상당수 출간되어 왔다.

현장 들어가기는 크게 두 가지의 의미를 갖는다. 첫째의 의미는 공간적 들어가기이다. 이는 용어가 뜻하는 것처럼 책임자로부터 공식적인 허락을 받고 연구 현장이라는 공간에 공식적으로 머무를 수 있는 권리를 부여받는 것을 의미한다. 책임자로부터 연구 허락을 받았기 때문에 연구 현장에 자유롭게 다니면서 연구 참여자들을 만나고 면담할 수 있다. 그러나 이 단계에서의 연구자는 이방인으로서 간주되기 때문에 연구에 필요한 자료를 진정으로 수집할 수 있는지를 판단하기가 어렵다. 연구자는 참여자들에 의해 다른 대상(손님, 대상, 방문객, 대학 연구자, 자신과는 다른 사람, 졸업하기 위해 그들의 자료가 필요한 외부자 등)으로 인지될 뿐이다.

또 다른 의미로서 현장 들어가기는 심리적 들어가기이다. '심리적'이라는 표현이 나타내는 것처럼 연구자가 단순히 공간에 머무는 것이 아니라 인간적 유대 또는 심리적 공감을 형성하여 연구 참여자와 밀접한 인간관계를 유지하는 것을 뜻한다. 심리학적 용어로 라포르(rapport)를 형성하는 단계를 말한다. 이 단계를 형성하게 되면 연구자는 연구 목적을 잘 이해시켜서 참여자들로부터 연구를 도와주겠다는 의지와 동기를 불러일으키고 연구에 필요한 여러 가지 도움을 받게 된다. 이제 연구자는 연구 참여자들에 의해 이방인으로서가 아니라 새로운 이미지로서 간주되는데, 대표적으로 친구, 동료, 도움을 주고 싶은 사람, 또는 이야기하고 싶은 사람 등으로 인지될 것이다. 나아가 연구 참여자들은 그들과 대화하고 경험을 공유하면서 즐겁고 행복하고 의미 있는 경험과 감정을 느끼게 된다.

이러한 단계가 구축되면 연구 참여자들은 연구자에게 연구에 필요한 정보를 자발적으로 가져다주며 연구에 필요한 자료가 무엇인지를 알고 싶어 하고 연구자가 갖게 되는 현실적 어려움과 장애를 해결해 주기를 원한다. 제비가 박씨를 물고 오는 형상이다. 단순히 다른 인간으로서가 아니라 연구자에게서 연민이나 호의적인 감정을 느끼며 그들의 연구 활동이 성공적으로 끝날 수 있도록 진정으로 관용과 이해, 신속한 일처리, 충분한 자료의 제공, 네트워크의 형성 등 포용적이고 협조적이며 이타적인 행위를 기꺼이 해 준다.

2. 현장의 종류

연구 현장은 연구자의 목적에 따라서 결정되겠지만 일반적으로 두 종류로 나누어진다 (Jorgensen, pp. 42-45). 교육 현장을 연구할 연구자에게 현장은 바로 학교이겠지만 다른 사회현상을 연구할 연구자에게 현장의 종류는 다양하다. 가시성과 비가시성에 따라서 현장의 종류는 다음과 같이 분류된다.

가시적 현장

그 현장이 어디 있는지를 쉽게 알 수 있는 현장을 말한다. 전화번호나 공식 기록을 통해 연구할 장소가 어디에 있는지를 알 수 있다. 예를 들면 교회, 학교, 음식점, 감옥, 사회복지 시설, 장애아 교육시설, 유치원, NGO 등이 있다.

비가시적 현장

연구자, 일반인에게 쉽게 노출되어 있지 않은 현장을 말한다. 이러한 현장은 공식적인 정보에 의존해서는 찾기 어려우며 그 현장을 잘 알고 있는 주요 제보자나 그 현장의 내부자 도움을 통해 현장에 들어갈 수 있다. 특히 경찰, 택시운전기사, 호텔 종업원을 통해 은밀하게 정보를 얻을 수 있다. 예를 들면 학교 폭력 서클, 고액 과외 학생 집단, 민주화 독서 모임, 창녀촌, 동성애자 술집, 마약 밀매꾼, 호스트 바, 사교도집단, 깡패집단, NGO(일본 내 한국 관련 역사 교과서 개선을 위한 지원 단체) 등이 있다.

3. 연구자가 갖추어야 하는 연구 태도

성공적인 현장 들어가기를 위해 연구자는 연구자로서 요구되는 여러 가지 탐구 기술을 연마하고 실행할 수 있어야 한다. 특히 인간과의 상호작용이 요구되고 여러 가지 문화적, 윤리적, 정치적 권력관계가 존재하는 사회적 상황에서 연구를 하기 위해서는 인간에 대한 여러 가지 대화 기술과 관리 기술이 필요하다. 단순히 연구 참여자를 일회성으로 만나서 질문지를 주고서 답을 받아오는 연구 관계가 아니라 오랫동안 현장에서 함께 연구하고 대화하고 감정을 교류해야 하는 질적연구에서는 다른 형태의 심오하고 인간적인 연구 기술을 발휘할 수 있어야 한다.

개방성

현장 작업에서 개방성의 중요성은 이 분야의 문헌에서 많이 강조되었다. 조르젠센(Jorgensen, 1989: 82)은 질적연구자는 기대하지 못했던 것에 대해 항상 열려 있어야 한다고 했고, 블루머(Blumer, 1969)는 연구의 시작을 너무 협소한 연구 개념으로 시작함으로써 현상을 이해할 수 있는 범위를 사전에 좁히기보다는 포괄적인 연구 개념(sensitizing concept)을 사용함으로써 개방해 놓는 것이 질적연구의 기본 전제에 부합하다고 했다. 에릭슨(Erickson, 1986)은 "익숙한 현상을 새로운 시각에서 재해석해 보는(make familiar thing strange) 것이 곧 질적연구"라는 은유를 사용하여 개방성의 중요성을 강조했다.

이렇게 개방성이 현장 작업의 중요한 연구 태도로서 간주되는 이유는 연구 참여자의 생활세계가 무엇인지를 이해하는 것이 쉽지 않기 때문이며, 아울러 그러한 생활세계는 연구자(외부자)의 시각으로 해석해서는 올바르게 이해될 수 없는 독특한 것일 수 있다는 점에서 비롯한다. 즉 참여자의 생활세계는 연구자의 생활세계와는 다를 수 있기 때문에 연구자가 지금까지 세상을 바라보았던 방식에서 벗어나지 않는다면 그들의 관점과 의미에 접근하기 힘들다는 것이다. 그 예로 스미스(Smith, 1998: 83)는 문화기술자를 문화적 맹인으로 비유하면서 개방성의 중요성을 강조했다.

아울러 호프스테드(Hofsteade)는 상징(symbol)이 문화에 따라 다르게 해석되고 사용되고 있는 점을 들어서 연구자의 개방성을 문화연구의 핵심적 가치로 인정했다(1994, 차재호·나은영 역). 상징은 그 문화 속의 구성원 사이에서만 공유되는 의미를 가지므로 그 구성원의 관점에서 이해하려고 하지 않는다면 그 의미를 정확하게 해석하기 힘들다는 것이다. 그러한 점에서 현장 작업자는 기존에 의존하고 있는 문화의 시각으로부터 벗어날 필요가 있는데 그러한 문화적 시각과 영향력은 연구자의 어린 시절부터 습득되어 내면화되어 온 것이기 때문에 그 시각의 영향권에서 벗어나서 현상을 달리 보고자 하는 것은 여간해서는 쉽게 이루어지지 않는다. 인류학에서 강조하는 문화적 상대주의(cultural relativism)의 인식이 필요하다.

이러한 개방적 태도를 강화하는 방법으로서 질적연구에서는 현상학의 주요 연구 개념인 판단정지(epoche)의 개념을 강조한다. 페터만(Fetterman, 1991: 91)에 따르면 판단정지는 현장 작업자가 자료를 분석하는 과정에서 개인적인 평가를 잠시 동안 유보하는 것을 지칭하는 것으로서 자료 자체가 함유하고 있는 의미를 발견하기 위해 연구자가 심리적으로 비판단 상태에 정지하려고 노력하는 것을 말한다. 따라서 이 판단정지의 개념은 연구자로 하여금 개방적 시각에서 문화의 독특성과 차이성을 바라볼 수 있게 해 준다. 문화적 상대주의, 그 사람들의 관점에서 바라보고자 하는 노력(native's point of view), 다민족 중심주의

(polycentrism), 공감적 중립태도(emphatic neutrality) 등이 판단정지와 관련된 개념이다.

현장 작업과 관련하여 연구자가 이러한 개방적 시각을 가지고 있으면 여러 가지 점에서 작업이 효과적으로 실행될 수 있다. 첫째, 새롭고 창의적인 연구 문제를 만들어 낼 수 있다. 연구자가 기존의 관점과 이론에서 벗어나 색다른 관점에서 연구 문제를 작성하고 개념화한다면 발견되지 않았던 새로운 현상을 규명할 가능성이 높다. 둘째, 유연성과 점진성을 필요로 하는 현장 작업이 순조롭게 진행된다. 현장 작업에서 해야 할 결정(연구 기간, 연구방법의 선택, 분석방법)이 미리 계획되기보다는 작업이 진행되면서 이루어지기 때문에 연구자가 고정적인 판단이나 시각을 가지고 있을 때보다는 유연한 관점과 상황에 따른 해결력을 가지고 있을 때 최상의 의사결정과 연구 활동이 실행될 수 있다. 셋째, 뜻하지 않았던 의미 있는 연구 결과가 만들어질 수 있다. 연구자가 선험적 관점에 치우치지 않고자 노력할 때, 모순적인 발견을 중요한 것으로 수용하게 될 때 새로운 연구 결과가 나타난다는 인(Yin, 1989, pp. 63-65)의 지적대로, 연구자가 자료를 더욱 개방적인 관점에서 읽고 해석하게 될 때 기대하지 않았던 주제가 생성될 확률이 높아진다는 것이다. 스트라우스와 코르빈(Strauss & Corbin, 1991)도 달라 보이는 어떤 새로운 의미를 발견했을 때 그것을 새로운 것으로 평가할 수 있는 개방성이 있다면 새로운 연구 결과가 나타난다고 했다.

상징에 대한 문화적 해석의 차이

대상	관점
까치	중국: 기쁨을 가져다주는 새, 행운, 기쁜 소식, 손님의 방문 기독교: 악마, 사탄, 낭비, 방탕
뻐꾸기	남유럽: 봄 북유럽: 여름 그리스: 결혼
암소 숭배	서양인: 비합리적이고 원시적인 문화형태 인도 농부: 농업기술이 낙후되어 있는 인도의 농업상황을 가장 잘 반영한 생존전략, 생태학적으로 가장 적절한 선택
아편 흡입	일반인: 무절제와 일탈 인디언: 집단 결속력의 강화, 공동체 의식의 함양
유능한 교사	행정가: 가시적인 업무능력 교사: 아동과의 상호작용, 부드럽고 세련된 대화기법

호기심

현장 작업에서 필요한 두 번째 연구 기술은 호기심이다. 샤피어와 스테빈스(Shaffir & Stebbins, 1991)는 호기심을 사회현상의 신비를 파헤쳐 나가는 데 중요한 역할을 담당하는 인간의 능력으로 보았고 페터만(Fetterman, 1991: 88)은 성공적인 현장 작업자가 갖추어야 할 가장 중요한 능력의 하나라고 했다. 이러한 점에서 인류학의 초기 문화연구들이 알려지지 않았던 타 문화의 신비와 이국적 정서가 어떤 것인가에 대한 지적 호기심으로부터 출발했다고 가정해 보는 것은 어렵지 않다. 화이트(William Whyte, 1981)의 문화기술지인 〈미국 보스턴의 이태리인 빈민지역에 대한 질적연구(Street Corner Socitey)〉가 중상류계층 출신이었던 연구자가 잠깐 방문한 이 지역 사람들의 생소한 생활에 대한 관심으로부터 출발했고, 베커(Howard Becker, 1963)의 〈마리화나 중독자의 연구(Becoming a mariwhana user)〉 역시 마리화나의 애용자가 어떻게 중독자로 발전하는가에 대한 호기심에서 시작되었다는 것도 같은 맥락에서 이해할 수 있다.

호기심은 현장 작업 과정에서 다음과 같은 역할을 한다. 첫째, 연구자의 호기심은 연구 참여자의 관심을 촉진시킨다. 연구자가 연구 문제에 대해 집요하게 물어올수록 연구 참여자는 그 주제에 관심을 갖게 되고 '시간을 투자할 만큼 가치로운 것'으로 생각하게 된다. 자신의 삶에 대해 생각해 보는 것이 매력적인 일이라는 생각을 갖게 되면서 스스로 탐구심을 갖게 되는 것이다. '도대체 무엇을 연구할 것이 있다고 저렇게 열심일까?'라는 처음의 생각에서 벗어나 연구에 적극적으로 임하는 태도를 갖게 되는 것도 여기에서 비롯된다. 둘째, 호기심이 있어야만 어려운 현장 작업의 일이 어렵지 않게 느껴지는 것이다. 호기심에 가득 찬 연구자는 현장 작업에서 해내야 하는 수많은 작업과 노동을 기꺼이 인내한다. 이러한 인내심은 '나는 할 수 있다'고 생각하는 자기동기화의 능력을 강화시킴으로써 욕구만족 지연과 잠재력을 최대한 발휘하고자 하는 태도를 지니게 한다. 감내해야 할 일(연구 기간, 연구기금, 육체적 피로, 심리적 불안감)이 많은 현장 작업에서 호기심은 인내심을 유지시켜 주는 첫 번째 촉매제이다. 셋째, 호기심이 있을 때 좋은 연구 자료와 결과가 만들어진다. 현장은 연구자가 원하는 자료, 연구자의 입맛에 맞는 최상의 자료를 쉽게 찾을 수 있는 곳이 절대로 아니다. 연구 결과는 현장에서 그대로 주워오는 것이 아니라 적극적인 자료 탐색 활동을 통해 만들어진다. 자료와 연구 결과의 성과는 연구자의 탐구 활동 정도에 따라서 달라진다. 그렇기 때문에 연구자가 적극적으로 수집한 자료는 그렇지 않은 자료에 비해 그 수준과 깊이에 있어서 뚜렷한 차이를 보인다. 연구 참여자가 연구자에게 하는 '무엇을 알고 싶으신데요?'라는 물음은 연구자의 능력(질문을 얼마나 많이 하고 어떤 질문을 하느냐)에 따라서 자료 수집의 내용이 달라질 수 있다는 사실을 함축적으로 보여 주고 있다. 연구자가 질문하지 않았는데도 연구자에게 필요한 자료를 기꺼이 찾아 제공해 주려고 하는 마음씨 좋은 연구 참여자를 만나는 것은 쉽지 않다. 연구는 답을 찾아가는 과정이라기보다는 오히려 좋은 질문을 찾아가는 과정이라고 할 수 있으며 호기심은 그 선행요건에 해당한다(Yin, 1989: 63).

모호함의 수용

현장 작업자를 괴롭히는 대표적인 연구 감정으로 모호함이 있다. 질적연구는 양적연구와는 달리 현장 작업 자체가 명확하게 진행되거나 예측하여 이루어지는 것이 아니어서 현장 작업자는 연구의 시작부터 종결까지 모호함의 감정에 시달린다. 그러한 점에서 모호함을 수용하고 인내하며 조절할 줄 아는 능력이 중요하다. 그렇지 않은 경우 연구자는 현장 작업을 주관적, 비과학적, 불확실한 것으로 평가함으로써 심리적 불안감과 불확신감 속에서 연구를 진행하게 되고 현장 작업을 성공적으로 끝내지 못할 수 있다.

모호함의 근원은 현장 들어가기와 현장 작업의 여러 측면에서 찾을 수 있다. 첫째, 질적연구에서 연구 문제는 최종적으로 규명되기까지 다양한 변환의 과정을 겪는다. 따라서 연구 문제의 규명과정이 오래 걸리기 때문에 연구자는 무엇을 연구하고 있는지를 확신하기가 어렵다. 연구 문제가 연구 현장에 들어가기 전에 결정되는 양적연구와는 달리 질적연구에서는 연구 문제가 연구 현장에 들어가고 난 후에 규명되거나 결정되는 경우가 많다. 극단적인 경우 질적연구에서는 체계적인 연구 문제조차 갖지 않고 연구를 시작하기도 한다(조용환, 1998: 17). 따라서 최종적인 연구 문제가 완전하게 규명될 때까지는 연구자가 움직이는 표적을 찾아가는 것처럼 수없이 많아 보이는 연구 문제에 시간을 투자해야 하고 고민해야 한다. 이 와중에서 연구 문제가 계속적으로 나타났다가 사라지기도 하고 중요하게 생각되었던 어제의 연구 문제가 오늘은 쓸모없는 것으로 판단되어 버려지기도 한다. 연구 문제가 갖는 이러한 성격이 연구자로 하여금 무엇을 연구하고 있는지, 무엇을 연구해야 하는지에 대해 확실하게 대답하기 어렵게 만든다.

더 나아가 연구 문제에 대해 느끼는 이러한 모호한 감정이 지나치게 되면 가치로운 연구 문제를 규명하고서도 과연 이 연구 문제가 연구 문제로서 가치 있는 것인지를 의심하게 되는 경우가 많다. 화이트(Whyte, 1981)의 〈미국 보스턴의 이태리인 빈민지역에 대한 질적연구〉는 연구 문제의 규명작업이 혼란과 모호함 속에서 이루어지는 연구 활동이라는 사실을 여실히 보여 주고 있다. '빈민가 깡패집단의 사회구조'라는 최종적인 연구 문제를 만들어 내는 데 약 3년의 현장 참여관찰 기간이 걸렸다. 또한 스미스(Smith, 1998)의

〈Juanita 미용실: 아프리카계 미국인 미용실에 관한 문화기술적 연구〉는 미용실에 관한 문화기술적 연구에서 시작하여 상당한 현장 작업을 거치면서 이 분야에서 역사적인 인물이었던 C. J. Walker 부인의 일대기와 그 역할에 대한 연구로 구체화되었다.

둘째, 양적 자료와는 달리 질적 자료는 모호하다. 양적연구에서 수집된 자료는 연구자의 질문에 명확하게 응답하고 있기 때문에 자료 처리와 해석에 별 문제점이 없다. 그 예로서 조사방법이 사용된 호오도 연구에서 응답자는 각 항목에 대해 마음에 드는 수준을 선택함으로써 자신의 평가 정도를 명료하게 드러낼 수 있다. 그러나 현장 작업에서의 응답자의 답변은 그렇게 시원하지 않다. 그 이유는 다음 세 가지에서 찾을 수 있다. 첫째, 응답자가 토론 주제에 대해 잘 알고 있지 못하거나 특별한 지식을 가지고 있지 않은 경우이다. 따라서 명확한 응답이 나오기 어렵다. 둘째, 응답자가 많은 경우에, 그 관점의 변산성이 높은 경우 누구의 관점이 더욱 신뢰로운 것인지를 평가하기 어렵다. 그래서 누구의 말이 진실한 것인지 혼동스럽다. 셋째, 내부자인 응답자 역시 연구자가 찾고 있는 답을 갖고 있지 않을 수 있다. 자신의 삶에 어떤 의미를 부여하면서 살고 있는지 내부자 역시 알지 못하는 경우가 있기 때문이다. 넷째, 응답자도 거짓말을 한다. 질적 자료의 이러한 모호한 특성은 연구자가 수집한 자료를 그대로 사용하기 어렵게 만들며 자료가 더욱 정확한 것이 될 수 있도록 고민하고 비평할 수 있기를 요구한다.

셋째, 분석방법의 임의성이 연구자에게 모호함을 불러일으킨다. 자료만 수집하면 분석에 대해 고민하지 않아도 되는 양적연구와는 달리 현장 작업에서의 분석은 쉽게 이루어지지 않는다. 어떤 분석방법을 써야 하는지 결정하기 어려우며 따라야 하는 특정한 분석방법이 존재하는 것도 아니다. 아울러 미리 개발된, 규정된 방법을 무조건적으로 선택하여 사용하는 것이 효과적이지 않을 수 있다. 따라서 현재 인정되고 있는 일반적인 질적 자료의 분석방법(이용숙, 1998)을 사용하는 것이 효과적인 경우도 있겠으나 그렇지 못한 경우 연구자는 수집된 자료의 특성을 가장 잘 표현할 수 있는 분석방법을 나름대로 고안하거나 개발하는 것을 고려해 보아야 한다. 이 과정에서 연구자는 분석방법을 새롭게 개발해야 하는데 그것이 그다지 쉽지 않다는 점에서 혼란과 어려움을 겪는다.

사회과학 연구에서의 모호함의 위치와 관련하여 모호함의 중요성을 강조한 카플란(Kaplan)의 주장은 시사하는 바가 크다. 카플란은 지금까지의 행동과학 연구에서 정확성과 엄밀함의 지나친 적용이 연구 결과의 산출에 부정적으로 영향을 끼쳤을 뿐만 아니라 연구에 필요한 창의적인 사고를 마비시켜 버리는 역효과를 가져왔다고 비평했다. 확실성을 지나치게 추구하는 것은 사회과학/행동과학 분야에서 연구자가 가져야 하는 연구 자세가 아니라는 사실을 지적한 것이다(Kaplan, 1964: 71).

성실성과 열의

현장 작업자가 가져야 하는 또 다른 중요한 연구 기술은 성실성과 열의이다. 연구에 몰입하고 적극적으로 행동하며 희생적인 태도를 보이는 연구자에게 도움을 마다할 내부자는 없다. 그러한 점에서 현장 작업 동안에 성실한 연구자의 이미지를 보여 줄 수 있도록 최선을 다해야 한다. 성실성과 열의를 보여 주고 실천하는 방법은 각 연구자마다 다를 것이며 상황에 따라서 다르게 나타날 것이다. 그러한 점에서 현장 작업자는 성실성과 열의를 어떻게 다할 수 있는지를 고민해 보아야 한다.

필자의 연구 경험에 비추었을 때 성실성과 열의는 다음과 같이 드러날 수 있다. 첫째, 자신이 어떤 사람이며 왜 이 곳에 와 있는지에 대해 진솔하게 설명한다. 이 과정에서 연구자의 인생철학, 가치관, 생활신조, 인생의 목적이 어떤 것인지를 인상적으로 소개하는 것이 중요하다. 특히 현재 하고 있는 현장 작업이 연구자의 인생의 전체적인 과정에서 어떤 역할을 하는지, 교육연구자로서의 인생 목표와는 어떤 연관이 있는지를 이해할 수 있게 설명한다. 아울러 현재 하고 있는 연구가 교육 현장의 개선과 이해에 어떤 기여를 할 수 있는지를 소개하는 것도 빠뜨릴 수 없다. 연구자의 삶의 전체적인 계획을 현재의 연구 순간과 관련시켜 설명해 주는 것은 보다 큰 관점에서 연구자가 하고 있는 연구의 중요성을 이해하게 해준다. 따라서 이러한 시도는 내부자에게 협조의 의지를 불러일으킬 수 있다. 둘째, 가능한 한 많이 질문하고 경청한다. 현장에 있는 동안 관심 있는 주제에 대해 항상 캐묻는 버릇을 갖는 것이 필요하다. 어떤 내부자는 연구자의 그러한 노력을 피곤하게 생각할 수 있겠으나 대부분의 경우 학습자로서 다가오는 연구자의 노력을 인상적으로 평가한다. 따라서 대화하는 동안에는 집중하면서 질문해야 하며 아울러 진지하게 경청하는 태도, 받아 적는 습관을 보여 주는 것이 중요하다(Kvale, 1996). 셋째, 내부자가 제공한 자료와 정보가 가치로운 것임을 인정하고 외적으로 표현한다. 연구자는 어떤 도움이나 자료를 받았을 때 그러한 고마움을 가슴 속에만 갖고 있지 말고 연구 참여자에게 감사의 마음을 구체적으로 표현할 수 있어야 한다. 그 방법으로 '어제 선생님께서 주신 자료에 따르면 ……' 또는 '선생님께서는 이렇게 말씀하셨는데요. 오늘 제가 관찰한 바에 따르면 ……' 등의 문장을 사용할 수 있겠다. 이러한 문장의 사용은 현재의 연구가 내부자가 애써 준비한 자료나 정보를 성실하게 읽고 이해한 결과로 나타난 것임을 느끼게 해 줄 것이다. 또한 연구자가 느끼는 애로사항, 추가로 필요한 지원사항이 무엇인지를 '이유'와 함께 이야기하는 것도 연구자가 연구를 위해 최선을 다하고 있다는 이미지를 만들어 준다.

[예] 찰스 중학교(Ilinois Saint Charles Middle School)의 통합교육과정과 수행평가 연구

최선을 다했다. 하루에 짜여진 4~5개의 면담은 육체적으로 너무나 힘든 것이었다. 눈이 충혈되고 두통이 왔다. 너무 웃어서 얼굴 근육이 경련을 일으킬 것 같았다. 그러나 더욱 웃으려고 애썼고 목소리를 신선하게 만들고자 애썼다. 무엇보다도 참신하고 수준 높은 질문을 만들고자 노력했다. 나는 4~5명의 교사를 만나는 것이지만 그들에게는 처음 만나는 한 사람이라는 사실을 마음속에 되뇌였다. 그리고 나에게 시간을 내어준 만큼 나도 의미 있는 그 무엇인가를 대화를 통해 주어야겠다는 생각을 했다. 면담 동안 최선을 다했다. 나의 교육학적 지식과 능력을 모두 사용하여 함께 이야기하고 서로의 생각을 교환했다. 몇몇 선생님께서 '한 번도 생각해 보지 않았었다'는 말씀을 하시고 연구자를 떠났다. 그리고 감사하다는 말이 내 뒤에서 들렸다. 다음에 들어오는 선생님께서 앞에 면담한 선생님에게서 시간이 아깝지 않고 좋았다는 평가를 들었다고 나에게 귀띔해 주었다.

호텔로 돌아왔지만 피곤한 몸을 그냥 누일 수 없었다. 새벽이 지날 때까지 어제 있었던 면담 내용을 이해하고 다시 읽은 다음, 외부인의 관점에서 평가해 본 이 학교 교육과정의 특징과 몇 가지 의문점을 요약하여 간단한 보고서를 작성했다. 쏟아지는 잠을 참으면서 다음 날 아침, 그 보고서를 교장 선생님에게 전달했다. 교장 선생님의 눈빛과 태도가 달라지는 것을 느낄 수 있었다.

인내심

현장 작업에서 인내심의 중요성은 많은 질적연구자의 글에서 강조되고 있다(Baoo, 1990; Fetterman, 1991; Golde, 1979; Stephenson & Geer, 1981; Zinn, 1979). 모든 연구가 학문적인 인내심과 지적 지구력을 필요로 하겠지만 질적연구는 오랫동안의 현장 작업을 해야 하는 연구 활동이기 때문에 다양한 차원(육체적, 심리적, 인간관계적)의 인내심을 요구한다. 이러한 인내심은 연구가 장기간에 걸쳐 진행된다는 점, 연구자와 다른 생활환경 속에서 살고 있는 참여자에 대한 연구를 하는 경우 자신의 생활방식과 성격까지 바꾸어야 한다는 점, 또는 연구 참여자가 연구자에게 진실한 자료를 제공하지 않고 거짓말을 하는 경우 등 다양한 영역에서 요구된다(deMarris, 1998; Holmes, 1998; Smith, 1998; Tunnell, 1998). 이에 볼(Ball, 1990, pp. 157-171)은 '불가능한 임무(mission impossible)'라는 은유로서 현장 작업의 어려움을 표현하면서 생소한 장소에 아무런 무장(연구 도구) 없이 들어가야 하는 현장 작업자는 무수히 많은 어려움을 헤쳐 나가야 한다고 지적했다.

인내심은 현장 들어가기와 현장 작업의 여러 가지 측면에서 요구되는 기술이다. 첫째, 연구 허락받기(gaining entry)는 연구자에게 많은 인내심을 요구한다. 현장에 들어가는 것이 쉽게 결정되는 것이 아니기 때문에 연구자는 허락을 받을 수 있을 때까지 계속적인 준비와 최상의 노력을 기울이는 것이 필요하다. 이러한 노력에는 편지 보내기, 전화 걸기, 결정에 참여하는 사람들에게 연구 목적 설명하기, 연구에 관한 비밀을 지키겠다는 약속하기, 표정과 복장 관리하기, 친한 동료나 선배에게 부탁하기, 자신에 대해 인상적으로 소개하기, 예절 있게 말하기 등이 해당한다.

그러나 이러한 다양한 노력 중에서 연구자가 연구 허락을 얻기 위해 가장 인내심을 가지고 노력해야 할 사항은 연구 참여자가 가지고 있는 '외부에 대한 노출의 두려움'을 대화로서 제거해 주는 작업이다. 연구자는 연구의 목적이 교사의 행동을 평가하기 위한 것이 아니라는 점을 분명히 함으로써 교사가 가지고 있는 불안감을 없애도록 노력해야 한다. 또한 현장 관찰은 일반적으로 말하는 것처럼 부담스럽고 힘들기도 하지만 다른 한편으로는 교사에게도 의미 있는 경험이 될 수 있다는 점을 이해시키는 것이 중요하다. 아울러 학생의 성적표, 학교 프로그램, 교실 관리, 체벌, 학생 지도와 같은 민감한 문제를 담당하고 있는 직원에게는 그러한 자료가 노출되지 않을 것이며 연구만을 위해 가명과 함께 사용될 것이라는 점을 이해시키는 것이 필요하다.

미드(Mead)는 현장 작업에서 연구 허락을 얻는 과정이 얼마나 어려운지를 단적인 예를 통해 보여 주었다. 그녀의 연구에서 현장 들어가기는 계속적인 시행착오를 통해 이루어진 값비싼 노력의 결과였다. 그녀는 연구 참여자를 섭외하는 작업이 얼마나 피곤하고 인내심을 요구하는지를 네 번의 시행착오에 대한 이야기를 통해 설명하고 있다. 첫 번째 통역자와 함께 현장에 갔을 때 연구 참여자는 사라져 버리고 없었고 두 번째 갔을 때는 술 취해 있었다. 세 번째 갔을 때는 부인이 아파서 만날 수 없었으며, 네 번째 찾아갔을 때는 5달러를 제공할 것을 요구하여 주었더니 4시간 동안 계속적으로 거짓말을 했다(1966, pp. 313-14). 미드의 연구와 함께 화이트의 〈미국 보스턴의 이태리인 빈민지역에 대한 질적연구(Street Corner Society)〉는 연구자가 내부자에게 편안한 대상으로 수용되기까지 얼마나 오랜 시간 동안 점진적으로 노력해야 하는지를 잘 보여 주고 있다. 물리적으로는 주거지를 옮기는 것뿐만 아니라 주요 제보자인 Doc과 함께 그 지역 사람들에게 친숙한 인물로 인정받기 위해 다방면에서 노력이 필요했음을 밝히고 있다.

그러나 이러한 연구 허락받기가 연구자의 인내력을 요구하는 또 다른 이유는 연구 허락받기의 노력이 연구 초창기에 한 번으로서 끝나는 것이 아니라 연구가 끝날 때까지 계속되어야 한다는 점에 있다. 현장 작업의 특성상 작업의 진행은 연구 참여자의 불참으로 인해 어느 때라도 중단될 수 있기 때문에 연구자는 연구가 끝날 때까지 연구 참여자의 참여가 계속적으로 이루어질 수 있는 호의적인 대인관계를 유지하는 것이 필요하다. 이를 위해 연구자는 연구 기간 동안 연구 참여자의 연구 협조를 이끌어 낼 수 있는 설득력, 문제해결 능력, 위기관리 능력, 의사소통 능력 등의 대인관계 능력을 성공적으로 발휘해야만 한다(Lee, 1995: 16). 왁스(Wax, 1971: 47)가 지적한 것처럼 연구자의 연구 목적이 고매하여 연구자가 현장의 내부자에게 전적인 환영을 받을 것이고 연구 참여자가 연구자를 내부자의 한 구성원으로 인정해 줄 것이라고 생각하는 것은 현장 작업자가 범할 수 있는 가장 잘못된 생각임을 인식하는 것이 필요하다.

둘째, 반복이다. 타 문화, 알려지지 않은 현상을 연구한다는 점에서 현장 작업은 매우 흥미롭고 도전적인 연구 활동이다. 현장을 구석구석 찾아다니고 많은 사람과 이야기하며 새로운 사실을 발견하는 현장 작업은 신비감과 호기심을 불러일으킨다. 그러나 이러한 기대와는 다르게 현장 작업의 이면에는 지루함과 따분함을 일으키는 반복적인 작업이 기다리고 있다. 그리고 그 반복적인 작업의 양은 생각보다 많아서 초창기의 설렘과는 다르게 지리한 연구 감정을 불러일으킨다.

학교 현장 작업의 경우 연구자가 해야 하는 대표적인 반복 작업에는 크게 세 가지가 있다. 첫째, 관찰 작업이다. 연구자는 오랜 기간을 교실에서 수업을 관찰하면서 보내야 한다. 날짜에 따라서 수업의 내용은 달라지지만 교실이라는 공간에서 일어나는 교사와 학생의 대화를 연구한다는 점에서 관찰 작업은 반복적이다. 이러한 반복적인 관찰은 시간이 지나면서 관찰 초기에 가졌던 신선하고 낯선 이미지를 퇴색하게 만들고 무관심한 것으로 바꾸어 놓는다. 때로는 느낌이 없는 그림처럼 교실의 대화가 연구자의 시야에서 나타났다가 사라지기도 한다. 이때 반복이 야기하는 부정적인 감정에 효과적으로 대처하지 않으면 관찰은 일상화되면서 전체 관찰횟수에 하나를 덧붙이기 위한 수단으로 전락한다. 관찰을 하기 위한 초기의 목적이 열정 없는 기록 작업으로 추락하고 마는 것이다. 둘째, 전사(transcribing) 작업이다. 전사는 수집된 다양한 원자료를 추후분석을 위해 컴퓨터 파일에 저장하여 출력함으로써 원자료를 읽기 쉽고 깨끗하게 정리하는 작업을 말한다. 연구자는 전사 작업을 실행하기 위해 녹음테이프를 듣고 타이핑하는 활동을 반복적으로 해야 한다. 전사 작업에는 많은 시간이 소요된다. 예를 들어 한 시간짜리 면담 녹음테이프를 전사하기 위해서는 약 5~6배의 시간이 소비되는데 이 시간 동안 연구자는 앞에서 기술한 전사활동을 쉬지 않고 계속해야만 한다. 녹음테이프가 소량일 경우 흥미와 적극성을 가지고 할 수 있겠으나 테이프가 10개 이상일 경우 전사 작업은 연구자를 육체적으로, 정신적으로 피로하게 만든다. 노동을 하고 있다는 생각이 들면서 지루함이 몰려든다. 셋째, 녹화테이프 분석 작업이다. 연구자는 기초적인 분석을 위해 녹화테이프를 처음부터 끝까지 여러 번 시청해야 하며 흥미를 느끼는 부분에 대한 집중적인 관찰(focused observation)을 할 경우 동일한 녹화 장면을 더 많이 시청해야만 한다. 아울러 미시분석기법을 사용하여 교실대화를 분석하고자 하는 경우에는 초시계를 이용하여 교실대화를 정확하게 측정해야 하며 쉼, 끼어듦, 음의 높낮이, 말의 빠르기 등과 같은 대화의 특징을 기록해야 한다. 상당한 시간을 테이프 청취에 투자해야 한다. 잘 들리지 않는 부분이 있을 경우 확인될 때까지 청취해야 한다.

셋째, 피로이다. 현장 작업은 연구자를 끊임없이 피곤하게 만든다. 따라서 연구 기간 동안 피로에 저항하면서 연구 작업을 진행시켜 나가야 하지만 극복되지 않는 경우 피로를 관리하면서 작업할 수 있는 생활계획이 필요하다. 이와 관련하여 리(Lee, 1995)는 현장 작업의 스트레스가 연구자에게 신체적으로 영향을 끼칠 수 있음을 언급하고 있다. 그리고 그 예로서 인류학자, 사회학자, 고고학자, 지리학자 등이 현장 작업을 하는 중에 신체적으로 심각한 위험에 처한 사례를 제시했다. 나아가 현장 작업자는 사고, 아픔, 정신적 스트레스, 고독, 우울, 불안 등의 정신건강 문제를 경험할 수 있음을 지적했다.

학교연구의 경우 현장 작업은 연구자를 여러 가지 점에서 피곤하게 만들 수 있다. 첫째, 교실에 오래 앉아 있는 것이 연구자를 쉽게 피로하게 만든다. 오랜 시간 교실에 앉아 있는 것은 육체적으로 고통스러운 일이다. 연구자를 위해 특별한 책상과 의자가 배려되는 경우는 다행이지만 그렇지 않을 경우 연구자의 체격에 맞지 않는 의자가 연구자를 피로하게 만들며 허리와 다리, 목에 통증을 유발하기도 한다. 둘째, 관찰 작업이 육체적 피로를 부추길 수 있다. 관찰자는 정신을 집중하고 주의깊게 관찰하기 때문에 이 과정에서 정신적인 소진이 쉽게 나타난다. 어떤 특별한 현상을 발견해야 한다는 목적의식, 하나도 빠뜨리지 않고서 보아야 한다는 긴장감과 완벽에 대한 집착이 보는 행위를 피곤하게 만든다. 눈의 통증이 나타나면서 다음으로 목과 어깨의 결림, 두통이 유발되고 이로부터 관찰이 영향을 받게 된다. 해결 방법으로는 육체적 피로에 저항하는 방법밖에 없다. 셋째, 면담 작업이 연구자를 피로하게 만든다. '목적을 가진 대화'(Bogdan & Biklen, 1992; Lincoln & Guba, 1985)라고 정의한 것처럼 면담은 단순한 질문활동으로 진행되어서는 안 된다. 대신에 경청의 태도, 이해력, 종합력, 추론력, 신속함, 언어의 유창함, 요약력, 대화 예절, 표현력, 민감성 등의 다양한 정신 활동이 가미되어야 한다(Kvale, 1996: 148). 그러나 이러한 능력의 발휘는 면담자에게 엄청난 양의 정신 활동을 요구하기 때문에 연구자는 그 대가로 엄청난 양의 피로를 지불하게 된다. 넷째, 글쓰기 작업은 연구자를 피로하게 만든다. 단순히 수치를 제시하는 양적연구와는 달리 독자가 흥미를 느낄 수 있는 텍스트를 구성해야 하는 질적연구에서 보고서 작성과 글 쓰는 작업은 연구자를 육체적으로 힘들게 만든다. 현장의 일상성과 복잡성을 근접하게 그려 내기 위해 현장 작업자는 많은 시간을 글쓰기와 편집에 사용해야 한다. 최상의 근접한 표현을 찾기 위해, 한 단어 한 문장을 사려 깊게 만들기 위해, 세련된 용어와 표현을 찾고자 하는 수사학적 글쓰기를 위해, 독자를 텍스트에 유도하고자 하는 창의적 글쓰기를 위해, 엄청난 노동의 시간이 필요하다. 마음에 드는 문장을 만들어 내기까지 연구자가 하는 작업은 눈의 피로, 목의 통증, 두통, 미열과 같은 육체적인 증상을 불러일으킨다. 이때 심리적 강인함과 자기동기화 능력이 필요하다. 아울러 피로를 관리할 수 있는 효과적인 글쓰기 시간 계획을 수립해야만 한다.

기대 만족시키기

연구자가 연구 참여자에게 기대하는 것만큼 연구 참여자들 역시 연구자에게 많은 기대를 한다. 이 경우에 연구자는 자신의 연구 목적만을 생각하지 말고 그들이 연구자에게 원하는 행동을 기꺼이 해주는 것이 필요하다. 연구 윤리 측면에서 받았으니 주어야 한다는 상호호혜적 관계라기보다는 연구 참여자들이 연구자에게 갖게 되는 기대를 저버리지 말고 기꺼이 달성하도록 노력해야 한다는 것을 뜻한다. 연구 참여자가 연구자에게 갖는 기대를 충족시켰을 때 나타나는 연구 작업 과정은 훨씬 유연해지며 인간적이고 헌신적으로 바뀔 것이다. 그러한 점에서 적극적, 수용적, 진취적으로 그들의 요구사항과 기대사항을 실행에 옮기는 것이 필요하다.

　다음의 일화는 필자가 미국의 한 학교에서 경험한 기대하지 못했던 요구를 충족시킨 사례이다. 필자에게는 굉장히 힘든 기대였지만 최선을 다했고 그 기대는 학교 전체의 적극적인 지원으로 연결되는 결과를 가져왔다. '저 사람이 어떤 사람인가', '저 사람은 과연 일에 대해, 어떤 자극에 대해 어떤 태도로 임하는가?'라는 그들의 숨겨진 평가 기회를 아깝게 놓쳐서는 절대로 안 된다.

[예] 미국 메릴랜드 파크 고등학교 참여관찰 연구

1998년 12월 어느 날 아침 메릴랜드 주 볼티모어 파크 고등학교에 도착했다. 월요일이었고 필자가 연구하러 이 학교에 온다는 사실을 많은 학생들이 알고 있었다. 복도나 학교 바깥에서 인사하는 아이들이 많았다. 입구에 있는 관리소에서 교사에게 나를 소개했더니 교장실로 나를 데리고 갔다. 아침 약 8시 45분경, 교장 선생님을 만났다. 반갑게 맞이해 주면서 왜 이 학교에 왔는지를 학교의 고등학생들에게 설명해 달라고 했다. 학생들은 지금 강당에 모여 있었다.

영어를 쓰지 않은 지 약 3년이 지났는데 약 300명이 모여 있는 고등학교 강당에서 왜 이 학교에 왔는지를 소개하라니. 현기증이 나는 듯했고 못 한다고 말하려고 했다. 그러나 잠깐 생각하니 그럴 일이 아니었다. 여기는 미국. 잘하나 못하나 자기표현을 강조해야 하는 나라였다. 1990년 겨울에 오하이오 데이턴에 있는 친척집 친구네 집에 갔다가 음료수 마실 거냐고 물어서 그냥 괜찮다고 했더니 더 이상 권하지 않고 자기들끼리 먹던 모습이 생각났다.

이끌리다시피 교장 선생님을 따라 강당에 들어갔다. 미국의 상류학생들만 다닌다는 이 학교의 강당. 카펫이 깔린 복도. 나는 거기서 원하지 않은 약 30분간의 강연을 했다. 어디서 공부하고, 왜 미국으로 왔는지, 이 학교에서 무엇을 하려고 하는지. 잘하지는 못했지만 '미국에서 졸업한 후에 미국에 오지 않겠다고 맹세했다가 왜 이렇게 다시 미국에 오게 되었는지, 한국 학교교육의 특징과 문제점, 청소년의 일상생활, 그들의 고민, 아울러 미국 고등학교 학생들의 학교 문화에 대한 나의 생각을 english(Not English)로 말했다.

감동적이었다나. 그 날 이후로 여러 선생님이 말씀하시길 나의 발표가 부유한 미국에서 아무런 고민 없이 살아가고 있는 주류 미국 학생들에게 좋은 사회과 수업이 되었다나. 나를 만나는 선생님들은 나의 강연을 듣지는 않았지만 내 강연이 감동적이었다는 소문이 학교에 퍼졌다고 말해 주었다. 그 이후 면담과 참여관찰은 매우 쉽게 진행되었다.

4. 현장 들어가기의 핵심으로서 라포르

현장 들어가기와 현장 작업에서 가장 중요한 연구 기술로는 라포르가 있다. 현장 작업이 각기 다른 삶을 살아온 두 사람의 만남이며 그 만남 속에서 심리적 공감대가 형성될 때 연구 작업이 성공적으로 이루어진다는 측면에서 라포르의 역할은 핵심이다. 이에 이 절에서는 앞에서 설명한 연구 기술과는 분리하여, 연구 작업에서 라포르가 갖는 중요성에 대해 논의하고자 한다.

라포르는 심리학에서 도출된 개념으로서 한 개인이 다른 개인을 신뢰하고 공감할 수 있는 심리적 상태를 일컫는 말이다. 상담심리학, 대인관계에서 라포르가 형성될 때만이 원만한 대화와 의견 교환, 의사결정이 이루어질 수 있다는 점에서, 라포르는 사회생활과 타인의 삶을 이해하는 과정에서 가장 필요하다. 이에 외부자로서 현장에 들어가게 되는 연구자는 현장 들어가기에 성공하기 위해, 연구를 성공적으로 끝내고 연구 참여자의 삶을 진정으로 이해하기 위해 라포르를 형성하는 데 최선을 다해야 한다.

그러나 라포르의 형성은 연구자의 기대만큼 쉽게 얻어지는 것이 아니다. 대부분 일반적 수준에서의 연구자는 자신의 연구가 너무나 중요하고 교육적으로 가치 있는 기여를 할 것이기 때문에 연구 참여자들이 자신의 연구에 깊은 관심을 가지고 애정을 느끼며 상당한 도움을 줄 것으로 기대하는 착각에 빠지는 경향이 있다. 그러나 현장, 데이터는 연구자를 기다렸다는 듯이 연구자에게 던져지는 것이 절대 아니다. 연구자가 연구 참여자와 심리적 거리를 줄이고 공감을 형성하게 될 때 진정한 의미에서의 좋은 자료가 만들어지고 전달되는 것이다. 그러한 점에서 연구자는 자신의 상황에서 라포르의 형성을 위해 어떤 노력을 기울이고 전략을 개발해야 하는지를 심도 있게 고민할 필요가 있다.

라포르의 형성은 극히 두 개인 간에 이루어지는 미묘한 심리적 관계이기 때문에 라포르의 형성에 기여하는 절대적인 원리나 규칙은 없다. 따라서 연구자는 자신의 연구 상황에서 라포르를 형성하는 가장 효과적인 방법이나 아이디어가 무엇인지를 창안할 수 있어야만 한다. 이와 관련하여 이 절에서는 필자가 현장 작업 과정 중에 어떻게 라포르를 형성했는지를 안내자료로 제시할 것이다. 이 자료는 현장 들어가기, 그 다음 단계의 연구를 매끄럽게 해주는 라포르의 형성에 대한 지식을 넓혀 주는 데 기여할 것으로 생각한다.

[예] 영화 'Prince of tide'

이 영화는 상담심리학 영역에서 상담가와 피상담자 사이에 라포르의 형성이 얼마나 중요한지를 잘 보여 주는 사례이다. 남자 주인공(닉 놀테)은 피상담자로서 자신이 일생동안 가져 왔던 여러 가지 심리적인 문제(사회 부적응, 불안 등)가 어디에 기인하는지를 상담가인 여자 주인공(바브라 스타라이샌드)에게 거의 일 년 동안의 상담 기간에 말하지 않는다. 그러나 일 년이 지난 후 상담자와 라포르를 형성한 남자 주인공은 자신의 어린 시절 어떤 날에 집에서 무슨 일이 있었는지를 말한다.

[예] 영화 '빠삐용'

이 영화는 인간의 라포르 문제를 잘 드러낸 영화이다. 빠삐용이 섬에서 탈출한 후에 밀림에서 우연히 배를 가지고 있는 원주민을 만난다. 나환자처럼 얼굴이 이상한 원주민에게 배를 부탁했으나 거절당한다. 원주민은 빠삐용에게 자신이 피우던 담배를 피워 보라고 이야기한다. 머뭇거리던 빠삐용은 그 원주민의 침이 묻어 있는 담배를 받아서 피운다. 그리고 빠삐용은 밀림에서 원주민에게서 배를 건네받는다.

[예] 영화 'Crash'

이 영화는 한 남자 형사와 한 여자 형사가 마약 밀매자들을 잡기 위해 마약 상인으로 위장하고 현장에 들어가는 이야기이다. 의심하는 마약 밀매자들을 속이기 위해 남자 형사는 자신이 마약 사용자라는 사실을 믿게 해야 했다. 이에 남자 형사는 계속적으로 마약을 복용하게 되는데 결국 빠져나올 수 없을 정도의 마약을 사용하게 되고 그 고통으로 자살한다. 마약 밀매상 소탕작전은 성공적으로 끝난다.

마지막 영화 장면에서 사랑했던 남자 형사를 잃은 여자 형사가 모래 사장을 뛰어가면서 아름다운 추억을 생각하고 이때 에릭 크랩튼(Erick Clapton)의 노래 'Tears in heaven'이 들린다.

5. 현장에서의 라포르 형성 방법

앞에서 언급한 것처럼 라포르는 특별한 상황에 있는 다른 개인 두 사람이 심리적 공감을 형성하는 문제이기 때문에 어떤 라포르 형성 방법이 가장 좋은지를 제시할 수는 없다. 이에 개인 연구자의 임기응변적인 판단력과 인간 이해력이 무엇보다 필요할 것이다. 여기에서는 필자가 질적연구 현장 작업을 하면서 연구 참여자와 라포르를 어떻게 형성하게 되었는지를 소개하고자 한다. 필자 한 사람의 경험이기 때문에 다른 연구자에게 보편적으로 도움이 되지 않을 수도 있지만 라포르 형성에 대한 통찰력을 얻을 수 있을 것이다.

다양한 현장 작업을 통해 필자의 라포르 형성에 가장 핵심적인 역할을 한 요소는 두 개인을 연결시켜 주는 공통 경험이었다. 때문에 필자는 현장 작업을 하는 과정에서 연구 참여자와 연구자가 공통적으로 대화할 수 있는 주제나 경험을 찾으려고 노력했다. 왜냐하면 그러한 공통 경험은 건조하고 다소 불편한 두 성인의 관계를 부드럽게 만들고 대화를 지속하게 해주는 연결고리 역할을 하기 때문이다. 즉, 연구 주제와 관련된 내용이 아닐지라도 특정한 공유된 경험에 대한 이야기는 두 사람을 한 가지의 공통 주제에 몰입시키고 대화하게 함으로써 일체감 또는 내부자의 의식을 심어 준다. 그리고 그러한 일체감이나 내부자적 의식은 연구와 관련된 주제를 다루는 상황에서 연구 관계를 더욱 인간적으로 만들고 이타적인 태도를 갖게 해준다. 그 결과로서 연구 참여자는 연구자에게 호의적인 태도를 갖게 되고 그러한 태도는 연구에 대한 참여와 희생을 기꺼이 감수하려는 의지로 승화된다.

이에 연구자는 연구 참여자와 어떤 점에서 공통 경험을 소유하고 있거나 소유했었거나 연결될 수 있는지 그 연결고리를 찾는 노력을 해야 할 것이다. 그러한 측면에서 인간관계를 분석한다면 다른 삶을 살아온 두 사람은 굳이 어렵지 않게 두 삶을 연결시켜 주는 공통적 경험 또는 역할을 했다는 사실을 알게 된다. 우리는 누구의 자식으로서, 어느 지역의 출신으로서, 어느 대학의 동문으로서, 아니면 학부모로서, 대학에 낙방한 경험을 가진 사람으로서, 철책선에서 군 생활을 한 군인으로서, 대학원에서 석사학위를 수여한 사람으로서, 자식을 둔 부모로서, 결혼하지 않은 사람으로서, 영화를 좋아하는 사람으로서 타인의 삶의 영역을 건드리게 된다. 그럴 때 연구자와 연구 참여자는 더 이상 이방인으로 남지 않는다.

　　필자가 여러 연구 현장에서 나름대로 경험하거나 개척한 공통 경험을 다음 표에 요약, 정리했다.

라포르 형성에 있어서 공통 경험의 역할

연구 참여자	제안	연구자의 반응	결과
교사	뮤지컬 '라이온 킹'에 대한 이야기	뮤지컬에 대한 관심 표명	라포르 형성 성공
미국 기업체 CEO	한국 학교교육의 문제점 지적	이틀 동안 계속 만나서 흥미롭게 대화	라포르 형성 성공
교사	저녁에 포장마차에서 술 마시기	피곤하다고 하면서 포장마차에 따라 가지 않음	라포르 형성 실패
교사	포스트모던 댄스에 대한 관심	직접 공연을 보러 감	라포르 형성 성공
교장	교장직의 딜레마와 고독	교장실에서 계속 이야기를 들어줌	라포르 형성 성공

[에피소드] 괘씸죄

미국의 메릴랜드 주 볼티모어에 있는 파커 고등학교를 참여관찰하러 갔다. 1998년이었다. 이 학교는 미국에서 진보주의 교육을 최초로 실시한 학교 중의 하나로서 University of Chicago의 존 듀이가 설립한 Laboratory School 이후의 오랜 역사를 가지고 있었다. 초등학교 교장 선생님에게서 저녁식사 초대를 받고 저녁을 맛있게 먹었다. 얼마 뒤 이번에는 이 학교의 총책임자인 고등학교 교장 선생님께서 저녁식사를 하자고 했다. 비서가 연락을 했다. 이 교장 선생님은 다소 엄격해 보이고 무섭게 생겨서 다른 약속이 있다고 거짓말을 했다. 대신에 그 일요일에 혼자 Amtrack을 타고 뉴욕에 놀러 갔다. Central Park, Firth Avenue, Metropolitan Museum of the Arts를 구경했다.

　　그리고 며칠 후에 내가 뉴욕에 혼자 놀러 갔다는 사실을 교장 선생님이 알게 되었다.

그리고 나를 좋아했던 어떤 선생님께서 교장 선생님이 초대한 저녁식사에 가지 그랬느냐고 일러 주었다. 어쨌거나 말거나 문제가 없을 거라고 생각하고 연구를 계속했다. 그러나 며칠 후 우연히 만난 교장 선생님 태도가 너무나 달라져 있었다. 만나기는 했지만 면담은 제대로 이루어지지 않았다. 괘씸죄에 걸린 게 틀림없었다.

[에피소드] 미국 친구 마크와의 이메일

미국의 기숙사에서 알게 된 친구 마크와 가끔씩 전자 메일로 연락을 주고받는다. 마크는 최근에 시카고에 카페를 오픈했다가 장사가 안 되어서 문을 닫았다고 한다. 장황한 내용의 편지가 왔다. 은행 빚이 얼마고 부모님께서 도와주기 힘든 상황이라고 했다. 상당히 긴 편지였다. 약 세 쪽 정도였다. 새로운 삶을 시작하고 싶다고 했고 남들에게는 쉬운 삶이 자신에게는 왜 그렇게 어려운지 모르겠다고 했다.

나는 그 친구의 편지에 답장을 하면서 잘 될 거라는 이야기만을 썼고 내 근황으로는 무슨 책을 집필 중이고 어디 학술지에 글을 게재할 예정이라는 내용을 주로 썼다. 글을 많이 써서 몸이 아프고 진주에는 갈 곳이 없어서 집과 학교에만 있다고 했다. 외롭다고 했고 가끔씩 기분 전환하러 서울에 간다고 했다. 우리는 서로 안부를 묻는 그러한 형식의 편지를 계속 교환했다.

그러던 어느 날 나는 최근 나빠진 내 재정 상태에 대해 아무 생각 없이 글을 썼다. 이야기할 사람이 없었고 그날따라 그 친구에게 글을 쓰고 싶었다. 그 친구가 어렵다고 하니까 나 역시 어렵다는 이야기를 해야겠다는 생각이 들었다. 지난 달 월급을 어떻게 썼는지 소상하게 설명했다. 어머니 수술비, 아버지 약값, 두 분 용돈, 내 병원비, 아마존 책방에서 구입한 미국 책값, 내 연구를 위해 고용한 학생 아르바이트 비용, 은행에서 빌려다가 누나에게 준 상당한 금액에 대한 매달 이자 등. 은행 빚이 미국 친구보다 훨씬 더 많다는 사실을 썼다.

며칠이 지났을까. 마크에게서 긴 내용의 편지가 왔다. 평소와는 다른 긴 편지였다. 편지의 내용이 사뭇 달랐다. 평소와는 다른 미국 친구의 반응, 자신의 느낌, 공감, 격려, 시까지 적어서 나를 위로했다. 참으로 긴 편지였다. 자신이 경제적으로 어려운 상황에서 느끼는 감정, 희망, 사회에 대한 편견, 부모님에 대한 그리움, 평소에는 알 수 없었던 마크의 내면세계를 조금은 알 수 있었던 글이었다.

연구자로서 필자는 왜 마크가 필자에게 갑자기 그런 긴 편지를 썼는지를 추론했고 그 결과 마크는 나 역시 자신과 비슷한 채무자라는 사실에 공감하지 않았나 생각했다. 그리고 내가 지금까지 마크에게 어떤 이미지로 각인되었고 나는 계속 어떤 이미지를 전달했는지를 분석했다. 그 친구에게는 별 의미가 없었던 나의 글 내용(책의 내용, 책의 출간, 논문 등)이 나의 편지 내용의 주라는 것을 알게 되었다. 자부심을 느끼는 대학교수의 이미지는 그에게는 아무것이 아니었고 특히 경제적 어려움 속에 있는 그에게는 그다지 공감되지 않는 내용이었을 것이다. 특히 자본주의 사회인 미국에서는 특별한 위치가 아닌 '교수'에 대해 그토록 자부심을 가지고 메일을 썼으니 미국 친구의 반응이 시큰둥할 수밖에 없었던 것이다. 다음 번에는 내 생활, 그 친구가 좋아하는 내용을 중심으로 글을 써야겠다.

[에피소드] 미국 여 교사와 라포르 형성하기

1999년 1월, 추운 미국 뉴저지의 사우스 브룬스윅의 어느 고급 레스토랑. 연구 참여자인 미국 선생님, 그녀의 친구들과 저녁을 먹었다. 그 연구 참여자는 필자가 호텔에 머무는 것이 불편하다고 하면서 자신의 집으로 데려가겠다고 이야기했다. 이에 레스토랑에서 저녁을 먹고 콘서트를 감상한 후에 그녀의 집으로 가기로 했다. 그러나 저녁을 먹고 난 후에 컨디션이 갑자기 달라졌다. 하루종일 무리해서 그런지 몸에 열이 나고 춥고 쑤셨다. 어디든지 집이라면 들어가서 곤히 자고 싶었다. 그렇지만 예약한 러시아 필하모니 콘서트가 있었기 때문에 필자는 아프다는 말을 하지 못한 채, 그녀가 이끄는 음악 예술회관으로 갔다. 무수히 모인 사람들.

수행평가로 유명한 그랜트 위긴스(Grant Wiggins) 박사의 수행평가 연구소에서 추천한 선생님이었기 때문에 거절하지 않고 연주회장으로 들어갔다. 약 300명의 미국인들. 그리고 외국인은 나 혼자인 듯했다. 내가 앉을 좌석은 앞자리에 있었다. 음악이 시작되었다. 문제가 시작되었다. 저녁이 되어 피로가 누적되면서 몸에 열이 나고 온 몸이 쑤시기 시작했다. 눕고 싶다. 눈을 감고 싶다. 뜨거운 욕조에 들어가 아무런 생각을 하고 싶지 않다. 이런저런 상상으로 30분 정도가 흘렀다. 한참 지난 것 같았다. 그러나 30분밖에 지나지 않았다. 프로그램 안내서(brochure)에 있는 많은 곡 중에서 이제 한 곡이 끝났다.

고통스러운 나의 몸. 바이러스가 내 몸을 뜨겁게 만들고 눈을 충혈시키고 근육을 아프게 만든다. 필자가 가장 좋아하는 교향곡 중의 하나인 쇼스타코비치 교향곡 5번이 러시아 필하모니에 의해 실제로 연주되고 있지만 귀에 들어오는 소리는 오직 기계 소리밖에 없다. 온 몸이 너무 아파서 몸을 만지고 싶고 주무르고 싶었다. 그러나 그럴 수가 없었다. 많은 사람들, 유일한 외국인. 움직이고 싶었지만 내가 몸을 움직이면 뒤에 있는 사람들이 '저 열등한 동양인'이라고 비웃을 것 같아서 몸을 움직일 수가 없었다. 라포르니 뭐니. 이 연주회에 오지 말 것을. 열이 가득 찬 눈에서는 눈물이 흐르고 온 몸의 근육은 끝없이 쑤셨다. 여기를 만지고 싶고 저기를 주무르고 싶었다. 감기 기운에 목 안이 간지러웠다. 기침이 나올 듯 말 듯. 이게 꿈이었으면 좋으련만. 모두 다 조용하고 움직임이 없는 미국의 한 도시의 음악 연주회 강당. 러시아 교향악단 단장의 몸놀림, 끝없이 계속되는 악기들의 협연. 타악기, 현악기들이 나를 죽이는 것 같았다.

몸을 움직이지 않으려고 필사적으로 노력했다. 방법이 생각났다. 손가락으로 허벅지를 꼬집었다. 고통 부위를 두통과 근육통에서 허벅지 통증으로 옮겨가게 만들었다. 꼬집고 쥐어뜯었다.

아, 드디어 이 교향곡의 마지막 부분. 살았다. 음악이 끝났다. 엄청난 박수소리. 이제 집에 갈 수 있겠다. 그러나 그러한 안도는 잠깐. 사람들이 계속 박수를 맞추어 쳤다. 앙코르 사인이었다. 앙코르. 지휘자는 약 5번의 앙코르를 받고 연주를 한 후에 커튼에서 나타나지 않았다. 이제 살 것 같다. 행복하다는 생각이 이제야 든다. 너무나 추운 미국의 밤 기온. 주차장으로 가는 길이다. 미국 초등학교 선생님이 오늘 음악이 어떠했느냐고 물었다. 좋았다고 했다. 특히 좋아하는 곡은 무엇이었는지 물었다. 다 좋았다고 했다. 기억을 할 수 없었으니까.

늦은 밤 그 선생님의 집에 가서 방에 들어갔다. 샤워를 하고 침대에 드러누웠다. 어딘가 아픈 것 같았다. 몸 여기저기를 만졌다. 손이 허벅지 부분으로 간다. 두 허벅지 모든 부분에 쌓인 피멍. 고통 없이 얻는 것은 없다더니. 나는 라포르를 피멍으로 갚은 것이었다.

6. 현장 들어가기 전략: 그 사례

기존의 연구자들이 현장 들어가기를 어떻게 성공적으로 했는지를 공부하는 것 역시 이 주제에 대한 이해를 증진시키는 데 도움이 될 것으로 생각한다. 이에 필자의 연구범위 안에서 현장 들어가기를 인상적으로 시도한 연구 작품을 소개한다. 아울러 대부분의 질적 연구 작품의 방법론을 읽으면 연구자가 현장에 어떻게 들어갔는지를 자세하게 알 수 있기 때문에 그 부분만을 주의깊게 읽는 방법 역시 자신의 학습에 도움이 될 것이다. 아울러 질적연구 결과를 현장 작업의 경험과 함께 기술한 형식의 연구 작품을 읽는 것 역시 필요하다. 그 대표적인 작품으로는 브릭스(Jean Briggs, 1970)의 〈Never in anger: Portraits of an Eskimo family〉, 라비노우(Rabinow)의 〈Morroco〉가 있다.

[예] 테리 윌리엄즈(Terry Williams, 1992)의 ≪The Cocaine kids. Mass.: Addision-Wesley≫

연구자는 뉴욕 시에 있는 코카인 나이트클럽에서 참여자들이 어떻게 코카인을 구입하고 사용하며 타인들과 상호작용하는지를 연구하기 위해 현장에 들어갔다. 여러 가지 방법을 동원했으나 효과적이지 못했고 시행착오를 거쳐 몇 가지 현장 들어가기 지식을 획득하게 되었다. 연구자가 얻은 지식은 다음과 같다.

(1) 적절한 옷차림: 대학생 스타일 옷 대신에 가죽, 스웨이드 또는 고급스러운 옷을 입어야 한다는 사실을 알고 그렇게 옷차림을 했다.

(2) 인지도의 활용: 코카인 클럽에서 유명한 사람들의 이름을 도용하거나 그들을 잘 아는 사람이라고 소개하는 경우, 현장에 들어갈 수 있다.

(3) 코카인에 대한 거부 지식: 코카인을 할 줄 모르는 연구자가 코카인을 흡입할 수는 없었기 때문에 클럽에서 이용되는 다른 거부 전략을 사용하여 실행했다. 이 방법으로 다른 참여자들이나 매니저나 주인으로부터 받을 수 있는 의심을 제거할 수 있었다. 예를 들면, '다른 사람이 주는 코카인은 믿지 못하겠다', '이미 많이 흡입했다'가 대표적인 표현이다.

[예] 맥나마라와 로버트(McNamara & Robert, 1994)의 ≪The Times Square Hustler: Male prostitution in New York City. Conn: Praeger≫

연구자는 뉴욕 시의 타임 스퀘어 근처에 있는 버스 터미널 근처에서 활동하는 남자 매춘부(Hustler)를 연구하려고 했다. 이에 택시기사, 버스 터미널 근처의 패스트푸드 가게 점원들로부터 기초적인 지식을 얻었다. 그리고 버스 터미널 근처에서 몸을 파는 남자 매춘부들을 찾을 수 있었다. 이들을 찾는 것은 그렇게 어렵지 않았다. 왜냐하면 버스 터미널의 로비에 앉아 있으면 30대의 승객이 지나가는 경우 잘 생긴 젊은 남자가 다가와서 잠깐 말을 거는 경우가 있는데 이 남자들의 대부분이 남자 매춘부임에 틀림없기 때문이다. 여러 가지 대화 중에서 연구자가 처음으로 현장 들어가기에 성공한 이야기가 흥미롭다. 그 대화를 인용하면 다음과 같다.

연구자: 안녕하세요. 저는 로버트예요.

에디: 저는 에디인데요. 안녕하세요.

연구자: 저 있잖아요. 제가 이 버스 터미널에서 활동하는 허슬러들에 대해 책을 쓰려고 하는데 저를 도와줄 수 있는지요? 혹시나 여기서 일하는 허슬러를 알면 조금 가르쳐 주실래요?

에디: 허슬러에 대해 책을 쓴다구요. 여기 있잖아요. 얼마?

연구자: 얼마를 왜요?

에디: 얼마를 지불할 거냐구요.

연구자: 이해를 못하시네요. 저는 당신의 도움이 필요합니다. 제가 돈은 없구요. 점심이나 사드릴게요.

에디: 뭐라구요. 점심을 사준다구요. 그 점심 가지고 뭐를 어떻게 하라구. 내 시간은 돈이에요. 그 시간을 그렇게 버릴 수는 없어요.

연구자: 어쨌든 점심은 먹어야 되잖아요.

에디: 배 안 고파요.

연구자는 직접적으로 허슬러인 에디에게 다가가서 연구의 목적을 설명하고 연구 참여
자들을 섭외하려고 했다. 처음에 에디는 그러한 접근이 불공정하다고 생각했으나 연구자
의 설득에 넘어갔다. 연구자는 에디에게 지금 일하고 있지 않은 허슬러들을 소개해 주면
되고 에디가 일을 하지 않을 때는 에디에게 점심을 사주면서 이야기를 하게 했다. 연구자
가 현장 들어가기를 위해 노력한 흔적은 다음과 같다.

(1) 더울 때나 추울 때나 그들과 함께 버스 터미널의 로비나 거리에서 지냈다. 허슬러
들은 자신들이 연구자에게 존경받고 있다고 느꼈다.
(2) 연구자는 미국 연방정부 건강관리국으로부터 연구 참여자 익명보호 자격증을 획득
했기 때문에 허슬러들은 신분 노출에 대해 걱정하지 않아도 되었다. 그들에게 신뢰
감을 주었다.
(3) 연구자가 기록한 현장기록 내용을 읽고 싶어하는 허슬러들에게 직접 읽게 했다.
(4) 허슬러들이 의도적으로 계획한 '믿기' 시험에 통과했다. 허슬러들은 연구자가 과연
믿을 만한 사람인지 검증하기 위해 '다음 내용을 당신에게만 이야기해 주니까 다른
사람에게 이야기하지 말라'고 해놓고서 과연 연구자가 말을 옮기고 다니는지 아니
면 비밀을 지키는지를 실제로 확인해 보았다. 연구자는 절대로 자기가 들은 이야기
를 다른 허슬러에게 옮기지 않았기 때문에 나중에 허슬러들로부터 신뢰롭고 정직
한 사람이라는 평가를 받았다.
(5) 가끔씩 1달러나 2달러를 요구하는 경우가 있었는데 그때는 그냥 돈을 주지 않고 그
가족이 필요한 물품을 직접 슈퍼에 가서 사서 함께 허슬러의 집으로 찾아갔다. 어
떤 허슬러에게는 어린아이의 우유가 필요해서 직접 우유를 가지고 집으로 갔다.

[예] ≪매춘, 마약중독, AIDS(Claire Sterk)≫

연구자는 뉴욕과 뉴저지를 배경으로 매춘을 하는 여성들의 삶을 연구하고자 했다. 미국인
이 아닌 네덜란드 출신으로서 대학원 교육을 위해 미국으로 건너 온 외국 학생이었다. 미
국에 오기 전에는 네덜란드 거리 여성들에 대한 페미니스트적 문화기술적 연구를 했다. 외
국 학생으로서 브루클린, 맨해튼, 뉴저지의 밤길을 헤매다가 한 매춘 여성을 자주 만나게
되었다. 아무도 말을 걸어 주지는 않았으나 이 여성을 자주 만났기 때문에 연구 참여자인
매춘 여성이 먼저 말을 걸어왔다. 그러나 다행스럽게도 이 여성은 연구자가 네덜란드 출신
이라는 사실에 매우 반가워하면서 라포르를 형성할 수 있었다.

매춘 여성의 말에 따르면 가장 친한 여자 친구 중의 한 명이 군인과 사귀어 네덜란드로 이사를 가게 되었다고 한다. 그러나 두 사람의 사이가 깨지자 그 여성은 암스테르담의 홍등가에서 몸을 파는 매춘 여성으로 전락했다. 이에 연구 참여자가 암스테르담의 어떤 클럽 이름을 대자 연구자는 그 클럽과 주인에 대해 잘 알고 있었기 때문에 두 사람의 라포르가 쉽게 형성되었고 연구 참여자는 그 후에 연구자에게 필요한 모든 지식을 제공해 주었다.

[예] 김영천(1997)의 ≪네 학교 이야기: 한국 초등학교의 교실생활과 수업≫

네 학교 이야기 연구를 위해 서울의 한 초등학교를 방문했다. 어렵게 교장 선생님께는 동의를 얻었으나 교실관찰을 할 선생님들에게는 허락을 받지 못했다. 교장 선생님께서는 각 선생님께 허락을 받는 문제는 연구자의 몫이니 알아서 하라고 하셨다. 교장 선생님에 의해 호출된 세 명의 여교사들은 불만으로 가득 차 있었다. 무엇보다 자신의 수업을 보여 주어야 한다는 생각이 선생님들로 하여금 연구에 참여하지 않게 만들었다.

연구의 의의와 가치를 세 선생님 앞에서 자세하게 설명했으나 선생님들은 그렇게 호의적인 태도를 보이지 않았다. 교장 선생님께서 '도와줍시다'라고 이야기했지만 그럴 수 없다고 했다. 교장 선생님은 연구실을 나가시고 세 교사와 나만 있었다. 자연스럽게 내가 누구인지에 대해 이야기를 하게 되었다. 누나 네 분에 형님 한 분, 여 동생 하나. 이런저런 이야기를 한참 하다가 나는 무심코 다음과 같은 말을 했다.

"누나들이 공부시켜 주었고 내가 잘되어야 누나들이 좋아할 텐데."
"누나가 몇 살인데요?"
"아마 선생님 나이하고 비슷할 거예요. 다들 제 누나랑 비슷한데요."

갑자기 분위기가 달라지기 시작했다.

"어쩌나! 우리 역시 김 박사하고 비슷한 나이의 동생이 있는데."
"선생님들! 우리 도와줍시다. 우리 동생하고 비슷한데 우리 동생이 어려움을 겪으면 안 되잖아요."

한 선생님이 갑작스런 제안을 했다. 그러자 나머지 두 선생님이 말했다.

"그래 그럼 누나가 동생 도와주는 것은 당연하니까 어렵지만 도와주어야죠. 그래 그럼 우리가 무엇을 해주면 되나요? 자, 이쪽으로 가까이."

수업활동 및 토의내용

1. 김영천의 '현장 작업에 필요한 여러 가지 연구 태도와 기술'을 근거로 하여 각 학생이 어떤 점에서 장점을 가지고 있고 문제점을 가지고 있는지를 대화하고 토론해 보도록 한다. 이 작업을 통해 Bricoleur라는 단어가 의미하는 것처럼 양적연구와 달리 다양한 연구 능력을 갖추어야 하는 질적연구자의 연구 능력처럼 자신이 훌륭한 질적연구자가 되기 위해 어떻게 노력해야 하는지를 자기 반성해 보는 교육적 시간을 갖도록 한다. 각 학생의 개별적인 발표와 비평은 한 인간으로서 연구자가 가지고 있는 개별적인 특징과 문제점, 개선해 나가야 할 내용을 규명하는 데 참으로 좋은 자기 해체적 활동이 된다.

2. 질적연구의 현장 작업은 연구자와 연구 주제에 따라서 달라진다. 그러한 점에서 이 장에서 제시한 여러 가지 연구자의 태도와 연구 전략은 하나의 가이드라인이 될 수는 있지만 완벽한 절대적 가이드라인은 될 수가 없다. 이에 자신의 현장 작업에서 연구자가 직접 경험한 현장 들어가기의 여러 가지 문제점과 어려움, 그리고 딜레마 상황은 어떤 것이 있는지를 발표해 본다. 그리고 그러한 문제 상황에 대해 연구자였던 학생들은 어떻게 해결하려고 했는지, 해결했는지에 대해 개인적인 경험을 발표해 본다. 이러한 작업 경험을 통해 자신의 연구 작업에서 최선의 전략은 연구자 자신만이 해결할 수 있고 그 해결의 아이디어를 규명할 수 있다는 점을 이해하는 것이 중요하다.

3. 최근 우리나라의 중요한 사회현상 중의 하나는 '다문화'와 '다민족'이다. 이러한 상황에서 자신의 역사적, 인종적, 문화적 정체성과는 다른 집단이나 주제를 탐구하는 과정에서 자신과는 다른 피부색과 언어, 문화적 지식을 갖고 있는 연구 참여자들에게 어떻게 현장 들어가기를 시도했는지, 그러한 시도가 성공했는지, 또는 성공하기 위해서는 어떤 준비(언어, 그 사람들의 생활방식, 그 사람들이 우려하는 내용들 등)가 있어야 하는지에 대해 이야기해 본다.

참고문헌

Anderson, G. L., Herr, K., & Nihlen, A. S. (1994). *Studying your own school*. CA: Corwin Press.

Bernard, R. (2002). *Research methods in anthropology*. NY: Altamira.

Briggs, J. (1970). *Never in anger: Portrait of an Eskimo Family*. Harvard University.

deMarris K. B. (ed.). (1988). *Inside stories: Qualitative research reflections*. London: Lawrence Erlbaum Associates.

Fetterman, D. (1991). A walk through wilderness find your way, In Shaffir & Stebbins(eds). *Experiencing fieldwork*, Newbury Park: Sage. pp.87–96.

Georges, R. A., & Michael, O, J. (1980). *People studying people: The human element in fieldwork*. Berkeley and Los Angeles: University of California Press.

Hume, J., & Mulcock, J. (Ed.). (2004). *Anthropologists in the field*. NY: Columbia.

McCall, G. J. (1984). Systematic field observation, *Annual Review of Sociology*, 10, pp.263-282.

Pagett, D, K. (2004). *The qualitative research experience*. NY: Thomson.

Reed, A. S., and Bergemann, V. E. (2001). *Guide to observation, participation, and reflection in the classroom*. NY: McGraw-Hill.

Sanger, J. (1996). *The compleat observer? a field research guide to observation*. London: The Falmer Press.

Shaffir, W., & Stebbins, R. (1991). *Experiencing fieldwork*. Newbury Park: Sage.

10

현장일지 쓰기

현장일지(fieldnotes) 쓰기는 연구자가 현장에 들어가 자신의 연구 과정과 활동, 연구의 잠정적인 결과를 추후 분석을 위해 기록하는 활동을 뜻한다. 이 일지 쓰기가 연구의 과정과 경험, 새로운 연구 결과를 수록하고 있다는 점에서 연구 분석의 한 부분이라고 할 수 있다. 이에 이 장에서는 연구 활동과 내용에 대한 기록물로서 현장일지의 개념은 무엇이며, 어떻게 써야 하는지를 소개하고자 한다. 나아가 기존의 연구에서 잘 만들어진 현장일지의 예를 제시함으로써 미래의 질적연구자들이 현장일지를 쓰는 데 참고할 수 있도록 했다.

1. 현장일지의 개념과 범주

현장일지는 연구자가 현장에 들어가면서부터 경험하게 되는 모든 사건을 기록해 놓은 공책, 일지를 뜻한다. 공식화된 형식을 갖춘 일지는 없기 때문에 깨끗한 공책 또는 연구자가 준비한 기록장에 현장에서 경험한 여러 가지 내용을 자세하게 기록해 놓았다면 현장일지라고 할 수 있다. 이러한 현장일지에는 그날의 생각, 느낌, 사실, 이야기, 메모, 에피소드, 대화내용 등 다양한 형태의 현장에서의 상호작용과 경험이 기록된다.

현상일지의 작성은 연구자가 '현장'을 어떻게 바라보느냐에 따라 영향을 받게 된다. 예를 들어 현장을 외부의 객관적 대상으로 바라보는 입장에서는 현장에 대한 객관적이고 세밀한 기술을 통해 현장 그대로의 모습을 독자들에게 전달해야 한다는 관점에서 현장일지를 작성하게 된다. 반면, '현장'을 연구자의 연구를 통해 구성되는 대상으로 바라보는 입장에서는 연구자가 가진 학술적, 개인적 세계관에 입각하여 현장일지를 작성하게 된다 (Atkinson, 1992). 이러한 점에서 볼 때, 현장일지는 단순한 현장의 기술, 혹은 모사라는 측면을 넘어 연구자의 세계관이 반영된 현장에 대한 반성의 기록이라 할 수 있다.

따라서, 현장일지가 현장 작업에 대한 완전한 기록이라는 점에서 현장일지 쓰기는 질적연구자에게 필수적이며 연구의 성공을 가져다주는 매개체 역할을 한다. 그러한 점에서 현장일지는 단순히 현장 작업에 대한 단순한 내용만을 기록하는 것이 아니라 연구자의 경험, 기분, 느낌, 주관성, 방법적 전략, 반성을 모두 적기 때문에 연구가 이루어진 역사적, 인간관계적, 분석적, 발달적, 문화적 특징까지를 포함한 연구 경험에 대한 총체적 기억의 공간이라고 할 수 있다.

이러한 목적을 가지고 있는 현장일지는 역사적 기록이면서 아울러 반성을 위한 자극제 역할을 한다. 발견한 사실에 대해 연구자가 어떤 생각과 분석을 하게 되었는지를 기술하고 비평하며 또한 지나가 버린 현장의 경험을 기억하고 재해석하는 데 주요한 역할을 한다. 그리고 이 과정에서 초기에 갖지 못했던 분석 아이디어와 갑작스러운 창의적 생각이 도출된다. 이에 보그단과 비클렌(Bogdan and Biklen)은 그러한 목적을 위해 현장일지를 구분하여 사용하라고 했는데 이들은 현장일지를 다음과 같이 '사건에 대한 현장일지', '연구자의 감정에 대한 현장일지', '연구방법에 대한 현장일지', '이론적 현장일지'의 네 범주로 나누어 제시했다.

사건에 대한 현장일지

실제 현장에서 관찰자가 보고, 듣고, 느꼈고, 알게 되었던 현상에 대해 기술하는 일지이
다. 따라서 이러한 현장일지의 주요 내용은 관찰 내용의 기술에 초점이 맞추어진다. 다음
의 예들을 살펴보자.

[예] 사건에 대한 현장일지 1: 학급회의의 진행 상황에 대한 묘사

초등학교 학급회의(관찰일지 3권 15쪽)

학급회의는 먼저 반장에 의한 개회선언으로 시작된다. 그 후 국민의례가 진행되면 학생들
은 모두 자기 자리에서 일어나 국민의례를 낭독한다. 국민의례가 끝나면 그 자리에 서서
애국가를 제창한 후 반장의 지시에 따라 자기 자리에 앉는다.

반장은 회의가 시작되었음을 알린 후 각 부장의 지난주 반성 또는 지적 사항, 다음주
계획에 대한 발표를 듣는다.

생활 반성 부분에서 먼저 총무부장이 우윳값을 지난주에 잘 걷었다고 말했다. 다음으
로 학습부장은 학생들의 학습태도가 나빴다고 지적했으며 미화부장은 학급신문이 잘 만
들어지지 않았다고 말했다. 그리고 체육부장은 학생들이 체육복을 잘 가지고 오지 않았다
고 했으며 바른생활부장은 학생들이 쓰레기를 던지지 않아야 한다고 지적했다. 그리고 봉
사부장은 학생들이 행한 봉사활동이 잘못되었다고 말했다. 마지막으로 도서부장은 책을
잘 정리해야겠다고 발표했다.

반장은 각 부장의 다음주 각 부의 생활계획에 대해 진행시킨 후, 이번주 선행 학생에
대해 소개를 한다.

마지막으로 선생님의 지난주 반성과 다른 여러 가지 일에 대한 말씀을 듣고 학급회의
를 끝마친다.

위의 예는 학급회의라는 사건에 대한 연구자의 묘사가 이루어진 현장일지이다. 이러
한 사건에 대한 기술적 기록은 현장에 대한 자료로 사용될 수 있으며, 자료 분석이 대상
이 된다.

[예] 사건에 대한 현장일지 2: 연구 참여자의 발언의 기록

네 학교 이야기(관찰일지 4권 79쪽)

10시 15분 선생님: 박승렬, 너 어디 아프니?

연필 놓고 열중쉬어.

똑바로 앉아봐. 앉을 수 있는 한 최대한 똑바로.

책상과 몸 사이 주먹 하나 들어갈 정도로.

어깨는 똑바로 하고 의자를 책상에 딱 붙여봐.

위의 현장일지에 나타나는 연구 참여자의 발언에 대한 기록은 연구 참여자가 사건을 어떻게 인식하고 접근하는지를 보여 주는 중요한 자료가 될 수 있다.

[예] 사건에 대한 현장일지 3: 사건 속의 상황과 대화에 대한 기록

네 학교 이야기(관찰일지 4권 63쪽)

8시 30분: 몇몇 아이들이 농구공을 가지고 놀고 있으며 몇몇은 신문을 보며 이야기하고 몇몇은 새로 산 게임에 대해 이야기하고 있다.

반장: 너희들 그만하고 자리에 들어가 앉아 있어.

아이들은 대답하지 않고 계속 소리지르며 놀고 있다. 반장이 2명의 아이에게 기름걸레로 청소를 시킨다. 다른 아이들은 어제 실과시간에 만든 종이집에 대해 서로 이야기하며 놀고 있다. 당번들은 복도를 청소하고 있다.

위의 예는 하나의 사건과 그 속에서 일어나는 상호작용에 대한 현장일지의 일부분이다. 이러한 일지의 내용은 앞의 일지 내용들과 마찬가지로 사건과 그 사건 안에서의 연구 참여자의 발언 그리고 연구 참여자 간의 상호작용을 드러내 보여 줌으로써 뒤에 이어질 분석의 주요한 대상이 될 수 있다.

연구자의 감정에 대한 현장일지

연구자가 만난 사람들, 연구, 연구자 자신에 대한 감정(어려움, 두려움, 의지 등)에 대한 일지로서 연구자의 주관성까지 기술한다. 특히 이러한 연구자에 대한 현장일지는 연구자 자신에 대한 반성적 성찰로서 연구의 방향 진행을 보여 주는 자료라 할 수 있다.

[예] 연구자의 감정에 대한 현장일지 1: 현장의 서구화에 대한 연구자의 감정

네 학교 이야기(관찰일지 7권 88쪽)

한국 초등학교의 교실과 연구자의 모든 행동과 물품은 모두 미국 상품이거나 아니면 서구화된 것이라는 생각이 들었다. 그리고 이러한 서구화된 문화, 환경, 연구자의 의식이 이 연구를 하는 데 어떻게 영향을 끼칠지 고민하지 않을 수 없다는 생각이 들었다. 연구자가 쓰는 볼펜, Big made in USA, 학생들 옷, Polo, Benetton, Gap, 교실 안의 가전제품, 선풍기, 텔레비전, VTR, 스피커, 태극기 아래에 있는 모든 물건, 아이들 고무에까지 새겨진 영어이름.

위의 연구일지는 연구 현장에 대한 연구자의 반성적 성찰을 보여 줌으로써 연구자가 현장에 대해 어떠한 이미지를 생성했는지를 보여 준다.

[예] 연구자의 감정에 대한 현장일지 2: 학교의 모습에 대한 현재와 연구자의 기억 속의 모습 비교

네 학교 이야기(관찰일지 4권 45쪽)

우리나라의 초등학교 교실. 나는 졸업을 한 지 한참 후에 다시 들어갔다. 미국의 교실을 관찰해서 그런지 상당히 좁다는 생각을 했다. 참으로 아이들이 많이 있고 지도하기가 어렵겠다는 생각이 들었다. 내가 학교 다닐 때와 특히 다른 점은 아이들의 체구가 엄청 커졌다는 점이다. 영양상태가 좋아진 이유일 것이다.

그러나 여전히 교실에서 교사가 많은 아이들을 관리하기 위해 교탁을 막대기로 세게 두드리는 일은 1970년대 나의 초등학교 교실과 비슷하다. 학생들을 자리에 앉게 하고 학생들의 이름을 부르는 것 역시 변하지 않았다. 참으로 변하지 않았다는 느낌이 든다.

연구자는 연구의 과정에서 연구 현장에서 나타나는 사건과 현상들과 관련된 연구자 자신의 과거와 연관하여 일지를 작성할 수 있다.

[예] 연구자의 감정에 대한 현장일지 3: 연구 현장에서 겪는 연구자의 딜레마

네 학교 이야기(관찰일지 3권 57쪽)

오늘 선생님은 나에게 특별한 이야기를 하지 않았다. 무슨 일이 있었는지 물었지만 문제가 없다는 식으로 대답했다. 엄청난 긴장. 그러한 기분이 하루 내내 흘렀다. 오후에 다시 물었다. 선생님은 이 연구 작업이 자신에게는 너무나 신경 쓰인다면서 화를 자제하는 것 같았다. 나 역시 그 말을 듣자 왜 이런 연구를 해야 하나 하는 생각이 들었다. 잘 지나가야 할 텐데. 걱정이 수북하다.

연구자는 연구 과정에서 많은 딜레마를 겪게 된다. 이러한 딜레마에 대한 기록은 연구자에게 현장의 특성과 성격을 파악하고 이에 대해 성찰해 볼 수 있는 계기를 제공한다.

[예] 연구자의 감정에 대한 현장일지 4: 연구방법에 대한 연구자의 성찰

네 학교 이야기(관찰일지 5권 19쪽)

1993년 11월 20일 토요일 드디어 서울 강동구 천호동에 있는 삼성 대리점에서 비디오 카메라를 할부로 구입했다. 약 150만 원의 비용, 매우 큰 돈이었다. 그 동안 비디오 카메라를 빌려서 사용했는데 이제 직접 가지고 다니면서 사용할 수 있으니 너무 기쁘다. 할부 갚을 일을 생각하니 걱정이 깊지만 이제 현장 관찰과 녹화를 더욱 잘 할 수 있게 되었다. 현장 작업 일이 더욱 쉬워질 것이라는 생각이 든다.

연구방법에 대한 현장일지

자료의 수집과 분석에 관련된 내용을 기술하는 일지로서 현장에 어떻게 들어가고 어떤 전략을 수립하고 어떤 분석 기법을 개발했는지에 대해 기술한다. 이러한 연구방법에 대한 현장일지는 연구자가 자신의 연구 과정을 메타적으로 바라볼 수 있게 함으로써 연구의 전체적인 방향을 이끄는 데 도움을 준다.

[예] 연구방법에 대한 현장일지 1: 도출된 개념에 대한 반성

네 학교 이야기(관찰일지 7권 77쪽)

답이 틀린 학생을 학급 전체의 모든 학생들에게 공고하여 그 답이 틀렸음을 알리는 교사의 행동은 어쩌면 매우 부정적으로 그려질 수 있다. 그러한 점에서 이 글이 외국의 대학교 박사학위 논문으로 출간될 예정인데 걱정이 많아진다.

위의 현장일지에는 연구 중에 발견된 현장의 부정적 모습에 대한 연구자의 우려가 기술되어 있다. 연구 중 도출한 개념이나 주제에 대한 반성도 현장일지의 중요한 부분이 될 수 있다.

[예] 연구방법에 대한 현장일지 2: 인터뷰 방법에 대한 연구자의 반성

네 학교 이야기(관찰일지 9권 61쪽)

연구자의 연구 질문을 교사에게 미리 알려 주고 생각해 본 다음에 면담을 하는 것이 효과적이라는 생각이 든다. 교사가 생각하지 못했던 문제를 갑자기 물으니 교사는 적절하게 답하지 못했다. 내가 필요한 연구 질문을 교사에게 미리 주고 Warming up을 시킨 다음 면담을 했더라면 더욱 효과적인 면담이 되었을 것이라는 생각을 했다.

위의 내용은 인터뷰를 위해 사전에 질문을 주는 방법에 대한 연구자의 반성이 기록되어 있는 현장일지의 일부분이다. 이처럼 구체적인 연구방법에 대한 연구자의 반성의 기록은 연구자가 더 효과적이고 타당한 연구방법을 고안할 수 있도록 돕는다. 특히 질적연구의 특징 중 하나가 유연한 연구 설계라는 점을 고려하면 위와 같은 반성은 현장에서 연구자의 연구방법의 점진적 발전을 도모하는 데 도움을 줄 수 있다.

[예] 연구방법에 대한 현장일지 3: 관찰 위치에 따른 관찰 내용 변화에 대한 연구자의 반성

네 학교 이야기(관찰일지 1권 33쪽)

나의 교실에서의 관찰 위치가 달라짐에 따라서 아이들의 행동이나 여러 가지 활동이 다르게 보이는 것을 느꼈다. 한 자리에 있지 말고 여러 자리에서 관찰하는 것이 참여자들의 행위를 이해하는 데 도움이 될 것이라는 생각이 처음 들었다.

인터뷰 방법에 대한 연구자의 반성과 마찬가지로, 위의 예에서는 관찰 위치에 따라 연구자에게 관찰되는 현상이 다를 수 있음을 성찰하고 있다. 이렇게 연구자의 연구방법에 대한 현장일지 내용은 더 나은 연구방법을 구사할 수 있는 시사점을 연구자에게 제공해 줄 수 있다.

[예] 연구방법에 대한 현장일지 4: 연구자가 연구 참여자에게 미치는 영향에 대한 반성

네 학교 이야기(관찰일지 1권 33쪽)

교사가 수업 중에 부정적인 관리 기법을 사용하는 경우 바로 관찰 일지에 기록하지 않았다. 교사가 의식하는 것을 방지해야 한다는 생각이 들었다. 이에 그러한 부정적인 행동이 지나가고 난 후 몇 초가 지났을 때 연구자는 그제서야 관찰일지에 교사의 부정적인 학생 관리 방법을 기록했다.

위의 현장일지에는 연구자의 행위가 연구 참여자에게 영향을 미칠 수 있음과 그것을 방지하기 위해 연구자가 어떠한 방법을 사용할 수 있는지에 대한 반성이 기록되어 있다.

이론적 현장일지

연구 작업에서 연구자가 얻은 새로운 생각, 아이디어, 가설, 점진적 이슈에 대한 일지로서 연구자가 연구의 이론적 의미와 새로운 가능성을 탐구할 수 있는 여지를 제공해 준다. 대안적 해석과 새로운 이론적 체계가 무엇인지를 발견하고 생성할 수 있는 기초적인 자료로 이용된다. 특히 이러한 이론적 현장일지는 현상에 대한 연구자의 해석과 통찰을 반영하고 있음을 고려할 때 분석 과정에서 연구자가 참고할 수 있는 귀중한 자료가 된다.

[예] 이론적 현장일지 1: 수업 문화 속에 내재한 사회적 요소의 발견

네 학교 이야기(관찰일지 8권 35쪽)

'2 + 3은 얼마예요'라고 질문하는 교사에게 한 학생이 '5'라고 답했다. 교사는 아무런 대꾸를 하지 않는다. 이러한 현상이 초등학교 교실에서 계속적으로 일어난다. 교사는 왜 2 + 3은 5라는 답을 무시하거나 오히려 답한 학생을 나무라는 걸까?

도대체 2 + 3 = 5가 정답이 되는 경우는 언제일까? 이 고민이 나를 괴롭히기 시작한다. 그리고 그러한 질문에 대해 나는 더욱 흥미를 느끼기 시작했다. 계속적인 관찰과 면담을 통해 나는 2 + 3 = 5가 복잡하고 시끄러운 교실에서 정답이 되기 위해서는 나름대로의 사회 규칙을 갖추고 있어야 한다는 사실을 알게 되었다. 그리고 그러한 규칙은 시끄러운 교실, 교실에서의 대화규칙, 한국 사회의 장유유서의 가치 등이 복합적으로 반영된 사회적 구성 물이라는 전제를 하게 되었다.

위의 이론적 현장일지는 수업이라는 문화 속에는 단순히 지식의 학습이라는 요소 이 외에 대화규칙, 유교적 예절과 같은 사회적인 요소도 포함되어 있음을 기술하고 있다.

[예] 이론적 현장일지 2: 교실내 성 불평등 요소에 대한 고찰

네 학교 이야기(관찰일지 15권 57쪽)

초등학교 교실에서 남학생과 여학생이 차별적으로 취급받는 경우가 참으로 많다. 신발 위치, 호명 순서, 체육에서의 과제의 정도 등. 그리고 그러한 차별은 초등학교에서 바른 생활 또는 착한 어린이의 이데올로기와 관련이 있다는 사실을 알게 되었다. 이에 연구자는 필립 잭슨이 개념화시킨 잠재적 교육과정에 우리나라 초등학교의 잠재적 교육과정으로서 성차별을 주요 한 준거 중의 하나로 상정하고 이와 관련된 부가적인 자료를 수집하기로 결정했다.

위의 예에서는 교실이라는 공간에 산재한 성 불평등 요소에 대한 연구자의 반성을 확 인할 수 있다. 이러한 이론적 현장일지는 연구자가 탐구해야 할 또 다른 자료에 대한 시 사점을 제공할 수 있다는 측면에서 이론적 표집의 기반이 된다.

2. 실제 현장 관찰일지의 예

앞서 논의한 바와 같이 현장일지에는 정해진 양식이 없다. 따라서 연구자가 필요에 따라 다양한 방식으로 기록할 수 있다. 실제 연구 현장에서 이루어진 현장일지의 예를 발췌하 여 다음에 제시했다.

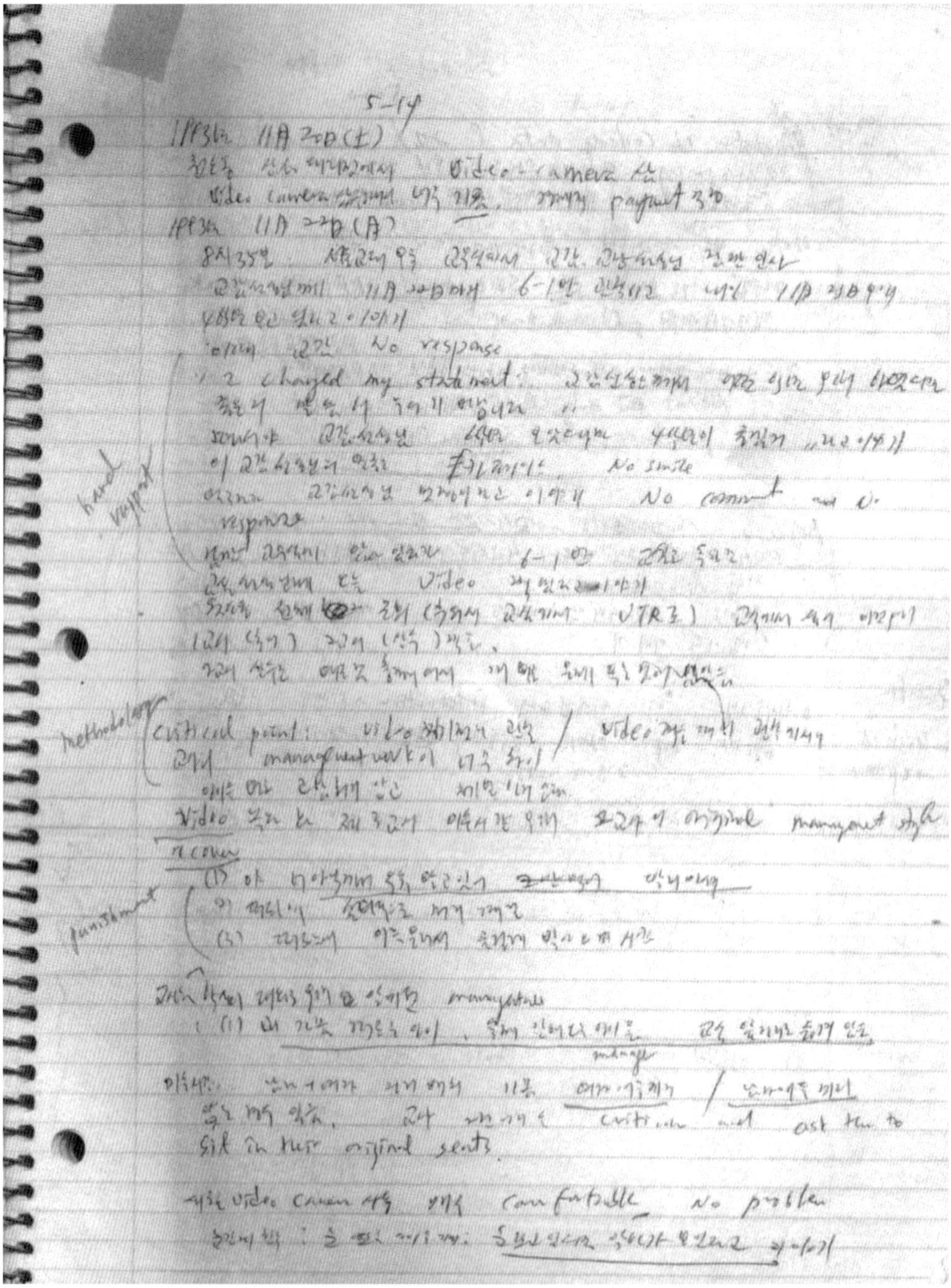

[그림 10-1] 네 학교 이야기 관찰일지 제5권

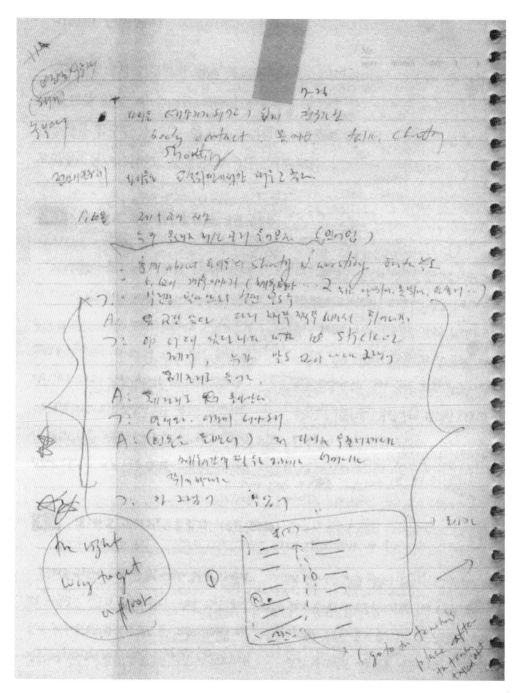

[그림 10-2] 네 학교 이야기 관찰일지 제7권

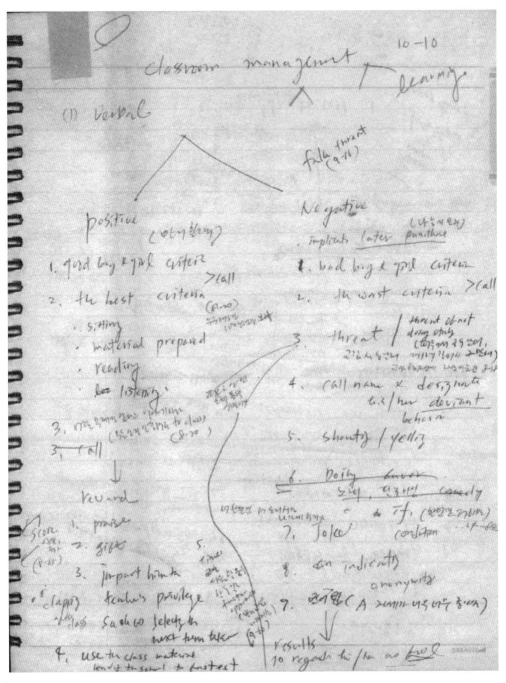

[그림 10-3] 네 학교 이야기 관찰일지 제10권

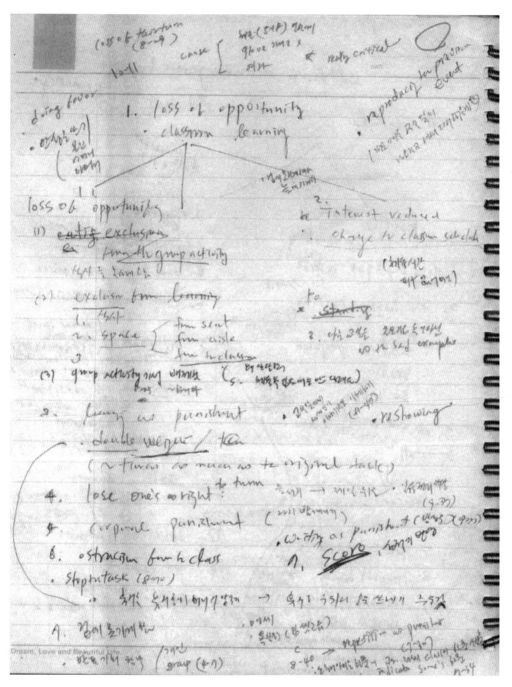

[그림 10-4] 네 학교 이야기 관찰일지 제10권

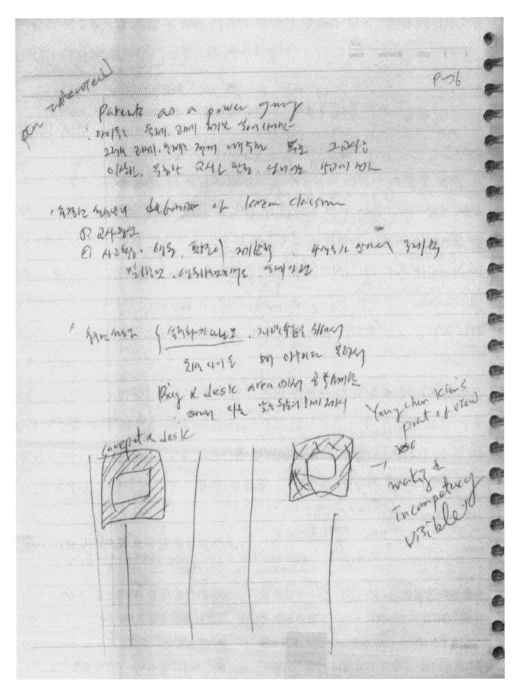

[그림 10-5] 네 학교 이야기 관찰일지 제9권

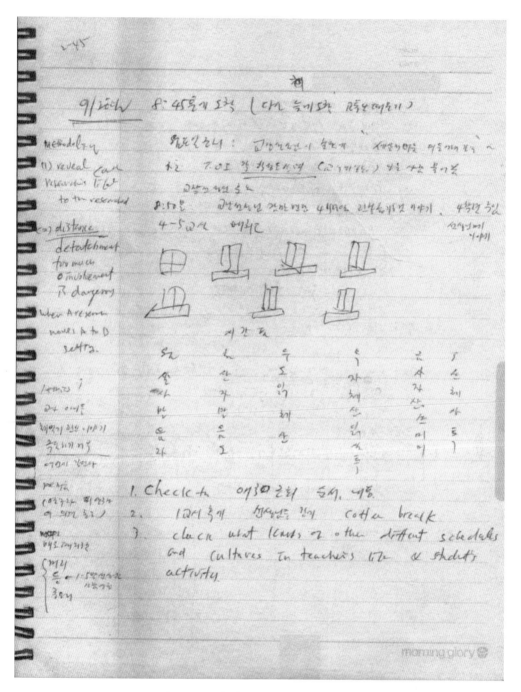

[그림 10-6] 네 학교 이야기 관찰일지 제2권

3. 시점에 따른 일지 쓰기 방법

에머슨은 현장일지를 쓰는 방법을 시점에 따라서 다음과 같이 1인칭 시점과 3인칭 시점, 실시간 기술법으로 제시했다.

1인칭 시점

1인칭 시점은 "작품 속의 한 사람이 서술자로서 인물의 경험과 사건의 경과, 대화를 통해 인물들의 성격을 파악할 수 있도록 하는 시점이다." 필드 메모에서 1인칭 시점은 실제 기술자가 작품 속에 '나'로 등장하여 사건을 이야기해 나가는 형식이다. 이러한 시각은 자신의 경험과 행동, 이야기와 다른 인물들의 이야기나 행동을 자세히 이야기할 수 있다. 1인칭의 글에서 연구자는 그가 본 것, 경험한 것, 그리고 지금 그만의 시각과 그만의 목소리로 기억한 것을 상세히 나타낼 수 있다.

특히, 1인칭 시점의 기술은 기술자가 연구에 참여한 그룹의 멤버일 때도 효과적이다. 그것은 제3자의 눈을 통해 사건을 보게 해준다. 그래서 내부자의 행동 관점을 보는 것을 가능하게 해주고 그의 입장에서 사건을 걸러내는 효과가 있다. 게다가 1인칭 시점은 관찰자의 입장에서 자연스럽게 경험을 드러낼 수 있도록 해준다.

> **[예] 1인칭 시점을 사용한 현장일지: 타인의 언행에 대한 '나'의 주관적 해석을 드러낸 예**
>
> 하루의 중반쯤에 나는 관리자 중 한 명인 리차드, 오늘 당직인 매니저 Al와 진열대 앞에 서 있었다. 나는 선글라스를 쓰고 말했다. "오! 정말 훌륭해요." 나는 맘껏 폼을 잡았다. 리차드는 "안 돼."라며 그것이 나에게 어울리지 않는다고 중얼거렸다. 나는 그것이 VVO 안경 제조업자에 의해 만들어진 것을 알았다. 나는 내가 전에 이것들을 본 적이 없다는 것에 놀랐다. 그리고 리차드는 그 결과를 재빨리 판단했다. 나는 그것들을 쓰고 리차드에게 물었다. "어때요?" 그는 나를 보고 말했다. "최고예요. 그렇지 않아요?" 나는 그가 "당신은 상당한 감각을 가지고 있어요. 그렇지 않아요?"라고 말한 것이라 생각했다. 그래서 난 말했다. "그래요, 훌륭해요."라며 거울 속의 나 자신을 보았다. (난 역시 내가 안경을 쓰지 않았다면 그렇게 보이지도 않았을 것이며 그런 이야기도 듣지 못했을 것이라고 생각한다. 나는 리차드의 말을 그의 행동과 언행으로 미루어 해석했다. 하지만 나의 관점에서 마음대로 해석한 것은 아니다.) 난 리차드를 보았다. 그가 말했다. "그것들은 정말 훌륭하군." 난 작게 말한다. "어?" (나는 지금 그가 처음 했던 부정적인 말도 나의 기준에 맞춰 생각했다. 그리고 나

의 안경에 대한 그의 의견을 놓쳐 버렸다. 아마도 나는 그에게서 그런 이야기를 듣자마자 나의 생각에 맞춰 이해해 버린 것이다. 부정은 다시 평행 상태로 돌아온다.) 그가 말했다. "정말 단단하고 품질이 좋다." 그는 진심에서 나온 말처럼 제스처를 취했다. 난 놀랐다. 그리고 팔짱을 꼈다. (난 무의식적으로 그 행동을 했다. 그리고 내가 한 행동이 방어적 행동이라는 것을 깨달았다.) 그가 이어서 말했다. "얼굴이 빨개졌어요." 그는 팔짱을 꼈다. "당신이 부끄러워하는 것을 본 적이 없는데." 그가 자신있게 말했다. 나는 말했다. "그렇지 않은데."

3인칭 시점

1인칭 시점에서 글을 쓰면 연구자나 연구에 참여한 인물이 그들의 생각과 느낌을 잘 표현할 수 있다. 하지만 기술자의 궁극적인 목적은 다른 사람의 행동과 말을 묘사하는 것이다. 3인칭 기술은 다른 사람의 행동과 말을 보는 시각에서 글을 쓸 것을 제안한다. 근본적으로 3인칭 시점은 다른 사람을 설명하고자 하는 것이다. 기술자는 관찰자로서 어떤 장면에 포함될 수도 있고 1인칭을 제외한 그나 그녀의 반응도 기술할 수 있다. 예를 들어, 잠비아 무간다 의식을 참여관찰하는 라이첼 프레츠는 종종 다른 사람들의 행동을 묘사한 글을 쓴다. 이 글은 물론 때때로 1인칭 시점이 있기도 하지만 궁극적으로는 3인칭 시점에서 기술된 설명문이다. 그녀는 순간순간의 반응들을 이야기하고 좀 더 자세한 설명을 하기 위해 '나'라는 1인칭 시점을 사용하기도 한 것이다.

[예] 3인칭 시점을 사용한 현장일지: 3인칭 시점에서 사건에 대한 관찰 기술이 드러난 예

그날 오후 우리는 여자들과 아이들의 외침소리를 들었다. 우리는 마을 가운데로 카메라를 들고 달려갔다. 그곳에는 토끼탈을 쓴 칼루루가 있었다. 그는 작고 나긋나긋한 인상으로 풀치마와 셔츠를 목까지 두르고 있었다. 그는 그물과 같은 보통 가죽 의복을 입고 하얀색으로 얼굴을 칠했다. 그는 콧노래를 불렀다. "와, 와" 그 소리는 아이의 울음소리같이 들렸다. 그는 안마당 주위를 뛰면서 아이들을 향해 달렸다. 그리고 나서 우두머리가 여자들에게 그와 함께 춤을 추라고 말했다. 그래서 D는 몇몇 여자와 아이들을 부르고 그들은 칼루루를 두고 주변을 돌았다. 그리고 노래하고 춤을 췄다. 지금 칼루루는 여자와 아이들을 추적하는 데 관심이 없는 듯했다. 그 때 갑자기 그가 여자아이에게 손전등을 비추며 달려갔다. 아이들은 비명소리를 지르며 도망갔다. 토끼탈을 쓴 그 아이는 J의 집으로 갔다. 그리고 돌아왔다.

우두머리는 존을 부르고 그에게 명령을 하는 듯했다. 왜냐하면 그는 그녀의 손녀 카인즈를 발견했기 때문이었다. 그리고 그는 그녀를 완강히 잡았고, 그녀는 비명소리를 내며 칼루루에게 끌려갔다.

그녀는 다른 방향으로 소리를 지르며 달려갔다. 그리고 존은 그녀를 다시 추적했다. 그리고 그녀를 잡고 코끼리탈을 쓴 사람에게 데리고 갔다. 카인즈는 그녀의 어깨를 넌지시 봤다. 그녀는 매우 두려워 눈물을 흘리고 비명을 질렀다.(나도 보면서 두려움을 느꼈다.) 이 때 토끼탈을 쓴 아이가 그녀를 살짝 쳤다. 그러자 그녀는 집을 향해 비명을 지르며 달려갔다. 이에 마스크를 쓴 소년은 그녀를 잡으려고 집으로 들어갔다. 그리고 나서 칼루루는 징가를 잡기 위해 추적했다. 징가 역시 붙잡혔고 비명을 질렀다. 그러나 그녀는 두려워하지 않았다.

이 때쯤 나는 다른 어린 소녀 하나가 사라졌다는 것을 알았다. (몇몇은 그녀가 풀숲에 숨었다고 말했다.) 토끼탈을 쓴 소년은 그녀가 자기 집에 숨었다고 생각하는 것 같았다. 그는 그녀의 어머니 나나를 추적했다. 그녀는 재빨리 집으로 들어가 문을 닫아 버렸다. 토끼탈을 쓴 소년은 더 이상 문을 열지 못했다.

(사실 칼루루는 사람과 춤추는 책략가였다.) 다음 날 나는 존에게 카인즈의 징가를 잡았느냐고 물었다. 그는 그들이 매일 학교로 가는 척하면서 다른 곳으로 가고 학교에 오지 않기 때문이라고 말했다. 잠시 후 토끼탈을 쓴 소년은 무간다 길로 달려가고 나는 집으로 돌아왔다. 아직도 (나는 그가) 두 여자에게 한 짓에 대한 인상이 남아 있다.

실시간 기술

설명하는 글을 쓸 때 기술자는 부가적인 선택에 직면하게 된다. 불확실한 정보와 불충분한 지식이지만 실시간으로 사건을 설명해야 할지, 아니면 보다 확실한 지식으로 기술할 수 있는 묘사를 해야 할지에 대한 문제에 직면하게 된다.

실시간 기술은 기술자가 단지 발생한 사건에 대해 단편적인 시점에서 아는 것을 인용하여 사건을 특징화하여 찾아내는 것이다. 그러므로 기술자는 과거에 발생한 사건이나 미래에 일어날 사건에 대한 언급을 피하려고 노력한다. 예를 들어 우범지대의 사람들에 대해 기술하고자 할 때 기존에 알고 있던 우범지대의 사건은 제외하고 기술자에 의해 실제 관찰된 사건을 서술하는 방식이다.

[예] 실시간 기술법을 사용한 현장일지: 도심의 모습에 대한 실시간 기술

미국 뒷골목을 포함한 주변 지역 블록가에 많은 사람들이 밀집해 있다. 대략 80%가 흑인
이다. 그리고 (그 중) 대략 90%가 남자이다. 이들은 보통 누워 있거나 앉아 있다. 아니면 벽
에 기대어 서 있다. 왼쪽 편에 사람들이 줄지어 서 있는 모습이 인상적이다. 그들은 모두
같은 유니폼을 입고 일정한 거리를 유지한 채 서 있다. 그리고 여러 시간 동안 같은 사람들
이 서 있다. 나는 그 지역 주위에 있었다. 후에 그 지역에 관한 글을 읽었을 때, 난 그들이
그 지역에서 하룻밤을 보낼 수 있는 숙박권을 받기 위해 줄을 서 있었다는 것을 알았다. 그
기사에는 12시 30분에 배급되는 '숙박권'을 얻기 위해 사람들이 그 이전부터 줄을 선다고
했다. 더 흥미로운 사실은 그 지역 사람들은 '숙박권'보다 '식사권'을 위해 더 긴 줄을 선다
는 것이었다.

---

4. 현장 이미지의 표현 방법

에머슨은 현장 이미지를 적절하게 표현할 수 있는 방법으로 묘사, 대화, 특징화, 스케치,
에피소드, 현장노트의 여섯 가지를 제시하고 있다.

묘사

묘사는 한 가지 이상의 의미로 사용되는 용어이다. 묘사는 분석적인 논증과는 대조적인
'기술적 글쓰기'로서 현장노트 쓰기를 말한다. 현장 연구자가 관찰한 기본적인 장면, 상황,
사물, 사람, 행동과 같은 구체적인 감각의 세부 항목들을 마음속에 그리는 수단으로써 묘
사를 더 명확하게 할 수 있다. 이러한 의미로, 이미지를 기술하는 글쓰기는 연구자가 하루
의 사건들에 관한 이야기를 말하는 것을 뜻한다.

　글쓰기 전략으로서, 묘사는 추상적인 일반화라기보다는 구체적인 세부 항목을 요구한
다. 또 평가보다는 감각적 심상을 요구한다. 그리고 근접한 영역에서 나타나는 세부 항목
을 통한 즉시성을 요구한다. 연구자는 장면을 묘사할 때, 가장 선명하고 생생하게 이미지
를 창출하는 세부 항목들을 선택한다. 따라서 글쓴이가 일부 목적과 명확한 관점에 따라
세부 항목들을 선택할 때, 묘사를 가장 성공적으로 할 수 있다. 이러한 묘사의 글쓰기를
수행함에 있어 다음의 사항을 유념하는 것이 도움이 될 것이다.

(1) 연구자는 행동과 대화를 설명하기 위한 묘사 장면의 일부분인 대상의 형체를 생생하게 묘사해야 한다.

(2) 연구자는 두 가지 방면에서 자신을 훈련시켜야만 한다. 먼저, 사회 일반적 범주의 표준척도(나이, 인종, 계층 등) 그 이상을 인지해야 한다. 그리고 미래의 독자(연구자 자신이나 발췌록을 읽을 다른 사람)가 연구자가 보고 경험한 것 이상을 머릿속에 그릴 수 있도록 해주는 특유의 자질을 획득해야 한다.

(3) 연구자는 사람, 장소, 사물을 묘사하는 것 외에 우선 행동을 통해 장면을 묘사한다. 그리고 시간의 경과에 따라 행동을 묘사한다.

그렇다면 다음의 예를 통해 묘사 기법이 어떻게 글쓰기에서 구현될 수 있는지 살펴보도록 하자.

[예] 묘사 기법을 사용한 현장일지 1: 특정 인물 묘사

로버트와 나는 오늘 오후 얘기를 나누며 매점 옆에 앉아 있었다. 그 때 브루스라는 새 거주자가 몇 차례 지나갔다. 그는 키가 크고 심하게 마른 체구였으며, 머리카락은 회색빛으로 퇴색되었으며, 길고 덥수룩한 턱수염이 있었다. 그는 어떻게 보면 겉늙어 보였으나, 겨우 30대라는 말을 들은 적이 있다. 그는 길고, 더럽고, 회색빛의 갈색 오버코트와 찢어진 청바지, 그리고 앞쪽 하단에 커피얼룩처럼 보이는 것이 묻어 있는 흰색 티셔츠를 입고 있었다. 단정치 못한 차림새도 차림새지만, 브루스는 매우 흥분하고 들뜬 상태로 사람들 옆을 지나다녔다. 그의 얼굴은 무표정했으며, 그의 말은 마치 고무로 만들어진 듯이 넓은 호를 그리며 흐느적거리며 흔들리고 있었다. 브루스가 지나갈 때 로버트가 말했다. "저 사람은 정말 미쳤어."

위의 예에서는 관찰되는 특정 인물에 대한 글쓰기가 묘사 기법을 중심으로 이루어지고 있다. 글을 통해 우리는 인물에 대한 묘사에서 체형, 나이, 옷차림, 표정 등의 다양한 항목에 대한 묘사가 이루어지고 있음을 확인할 수 있다.

[예] 묘사 기법을 사용한 현장일지 2: 특정 상황 묘사

나는 홀의 중앙에 있는 벤치에 앉아 있었다. 그리고 나에게 관심을 보여줄 무언가를 기다리고 있을 때, 나는 관리자가 샤워실 문을 닫으면서 "샤워할 땐 옷을 벗어!"라고 소리 치는 것을 들었다. 샤워실 문 밖에서 관리자는 고객을 조사하는 일을 맡은 직원 중 한 명인 로버트와 이야기한다. 그 때 카렌이 밖에서 찾은 작고 더러운 스카프를 가지고 그들에게 다가간다. "이것 보세요. 얼마나 예쁜지! 여기에 키스해 줘요." 그녀는 관리자에게 말했지만 그는 그녀에게 관심을 보이지 않는다. 그는 로버트와 계속해서 이야기를 하다가, 슬쩍 보고 내가 그들을 지켜보고 있다는 것을 눈치 챈다. 우리의 시선이 고정되어 있을 때, 그는 카렌을 향해 팔을 펴고 포옹을 요청한다. 카렌은 평소대로 수줍은 듯이 깔깔 웃으며 그의 포옹에 응한다.

위의 예는 특정한 사건에 대한 묘사를 드러낸 것이다. 이를 통해, 사건의 상황에 대한 묘사에는 사건의 인물, 배경, 사건의 흐름, 청각적·시각적 이미지 등이 포함될 수 있음을 확인할 수 있다.

대화

연구자들은 현장에서 일어나는 다른 사람들과의 대화를 가능한 한 정확하게 재연한다. 연구자는 보고된 말과 부연설명을 통해 직·간접적으로 대화를 재생산한다. 단, 인용된 말은 인용부호 사이에 위치해야 한다.

다음의 예는 직접인용과 간접인용의 방법과 보고된 말이 앞뒤 대화를 전달하는 데 어떻게 작용하는지를 설명해 준다.

[예] 대화 기법을 사용한 현장일지 1

내가 떠나기 전 잠깐 동안 나는 학교 정문을 지키는 흑인 여성 폴리와 걸으면서 이야기를 했었다. 폴리는 한 여자를 가리키며 "저 여자를 봤습니까?"라고 물었다. 나는 그렇다고 대답했고, 폴리는 그 여자가 자신을 괴롭힌다고 나에게 털어놓았다. 폴리는 그 여자가 허가 없이 학교를 나가려고 한다고 말했다. 폴리는 학교장이 와서 그 일을 제지하려고 했다고 말했다. 그러자 그 여자가 "여긴 나의 학교예요. 당신은 나에게 뭐라고 할 수 없어요!"라고 대답했었다. 폴리는 그 여자는 '나쁜 태도'를 가지고 있으며 자신을 골치 아프게 하고 있다고 말했다.

위의 예는 직접인용, 간접인용, 그리고 누군가에 의해 보고되는 형식의 대화들이 혼합되어 있는 형식의 기술이다. 이러한 형식의 기술은 대화의 활기를 북돋우며, 긴박감을 더해 준다. 직접인용, 간접인용, 그리고 보고된 말을 분명히 표시해 주는 것은 그것들이 어떻게 함께 작용하는지를 알 수 있게 해준다. 이러한 인용의 세 가지 형태를 구분하고 각각의 예를 들면 다음과 같다.

- 직접 인용: "저 여자를 봤습니까?"
- 간접 인용: 나는 저 여자에게 나는 ~ 다고 말했다.
- 보고된 말: "여긴 나의 학교예요. 당신은 나에게 뭐라고 할 수 없어요!"라고 대답했었다.

대화를 하는 것은 단순히 이야기나 문자로 재생하는 것보다 더 복잡하다. 사람들은 순간적으로 그리고 단편적으로 이야기하기 때문이다. 또한 제스처나 표정 따위로 말을 끝내기 때문이다. 그래서 연구자는 언어와 수반되는 제스처, 표정 등과 같은 신체적 표현으로부터 추리된 의미를 기록해야 한다. 게다가, 사람들은 대화에서 부드럽게 순서를 지키지 않기 때문에, 글을 쓸 때에는 순서가 중복된 말을 일괄하여 다룸으로써 지켜진다.

메모와 관찰노트에서 명확히 대화를 획득하는 것은 상당한 노력을 요한다. 그러한 대화들은 대상의 성향을 알려 주고, 행동을 진전시키며, 화자의 사회적 지위, 정체성, 흥미에 관한 단서를 제공해 준다. 게다가 대화는 문화적인 세계관의 주안점을 지적해 줄 것이다.

많은 언어적 어려움에 대한 해결 방편으로서, 그리고 자연스레 일어나는 대화의 세부적인 기록을 보존하기 위해, 많은 현장 연구는 다양한 리코딩과 인코딩 징치들을 사용하고, 오디오와 비디오 기록으로 관찰노트를 조합한다.

특징화

한 사람의 의복과 활동에 관한 간단한 설명을 통해 우리는 그에 관해 조금은 알 수 있게 된다. 하지만 질적연구자는 말투, 행동, 다른 사람과의 관계에 관한 충분한 관찰을 통해 인간을 특징화한다. 또한 개개인의 특징에 관한 간단한 리스트를 작성해 사람을 특징화하기보다는 그들의 하루하루 활동을 자세히 바라보며 더욱 효과적으로 사람을 특징화한다.

한 인간의 특징에 관해 말하려 한다면 그들의 삶에 관해 조명하는 것만큼 효과적인 방법은 없다. 여기에는 독자가 그 사람의 특징을 충분히 추측할 수 있도록 그의 옷매무새, 말투, 몸짓, 얼굴표정에 관한 설명도 포함된다. 그러므로 인간의 특징은 개인에 관한 단편적인 정보보다는 다른 사람과의 상호작용을 통해 더욱 잘 드러난다. 그러므로 특징화는 저자의 설명, 기록, 대화의 기술을 바탕으로 그려진다. 다음의 예를 통해 특징화가 어떻게 나타나는지 살펴보도록 하자.

[예] 특징화 기법을 사용한 현장일지: 인물의 특징을 보여 주는 기법

나는 테리와 제이가 직접 리모델링한 공간을 보기 위해 그들과 함께 그들의 아파트로 갔다. 테리는 나에게 집의 구석구석을 소개해 주었다. 그녀는 나에게 복도 끝 침실에서 그 옆에 있는 거실 그리고 부엌을 어떻게 만들었는지 보여 주는 것에 대해 매우 자랑스러워했다. 그들은 그들의 침대에 다른 침대에는 없는 좋은 매트리스가 들어 있다고 했다. 거실 바닥에는 융단이 깔려 있고, 침대 머리 곁에 TV가 있다고 했다. 그러고 나서 테리는 찬장을 열었고 제이는 선반을 가리키며 잔의 개수를 이야기했다. 그녀는 아침마다 제이에게 모닝커피를 타주는 단지를 보며 자랑삼아 이야기했고, 테이크 아웃 피자를 데우는 오븐에 대해 이야기해 주었다.

테리는 다른 가정들이 가지지 못한 아파트를 가지기 위해 얼마나 노력했는지 그리고 어떻게 이 집을 만들었는지 설명해 주었다.

"소음, 비명, 긴장감이 나를 괴롭힌다. 여기에선 난 그 평범한 아내일 수가 없다. 난 아침에 일어나 남편이 출근하기 전에 커피 한 잔과 달걀, 베이컨, 오렌지 주스로 된 아침을 차려 주고, 집안 청소를 하며 아이들을 돌보고 퇴근한 남편을 위해 그가 원하는 건 무엇이든지 만들어 주기를 원한다. 여기서, 난 아침에 일어나 그에게 인스턴트 커피를 한 잔 가져다줄 수 있다."

테리는 그녀의 말과 행동을 통해 그의 특징을 드러내고 있다. 그녀는 평범한 삶을 살기 위해 최선을 다했다. 우리는 그녀의 말과 행동을 통해 그녀가 더 나은 공간에서 살기 위해 행한 노력을 알 수 있다.

위의 예에서 우리는 테리라는 인물의 말과 행동에 대한 기술적 묘사를 통해 '더 나은 사람, 평범한 삶'을 추구하며 노력하는 인물의 특징을 확인할 수 있다.

현장일지 이야기

현장일지에는 연구자가 연구 과정 중에 직접 혹은 간접적으로 수집한 다양한 사건들이 이야기 형식으로 기록된다. 그리고 이러한 이야기는 하나의 이야기에서 그칠 수도 있고, 하나의 사건과 관련된 여러 가지 이야기들의 연합이 될 수도 있다. 이때 하나의 연합으로서의 이야기가 가능한 것은 그것들이 같은 인물이나 비슷한 사건을 기술하고 있기 때문이다. 그러한 사건들은 사건의 진행, 시간의 흐름, 즉각적인 결과와 같은 형식으로 일어나기 때문에 저자들은 이러한 연결된 사건을 바탕으로 그 사건을 이해한다. 이런 사건들을 말함에 있어서 질적연구자들은 서사적 형식에 따라 글을 쓰게 되고, 현장일지 속에서 이야기처럼 드러난 사건을 기술하게 된다.

그러나 이러한 현장일지 속의 이야기 쓰기는 기교적인 이야기와 두 가지 면에서 구별된다. 첫째로, 기교적인 이야기는 독자가 이야기를 잘 따라올 수 있게끔 시간 순으로 행동을 기술할 뿐만 아니라 드러난 사건을 흥미 있게 만들기 위해 여러 가지 수사적 장치들을 사용할 수 있다. 둘째로, 기교적인 이야기들은 사건을 그대로 기술하기보다는 '어떤 사건'을 새롭게 만들어 낸다. 보통 이런 형식의 이야기들은 극적 결론이 있는 교훈적 방향으로 흐르기 마련이다.

하지만 질적연구자들이 현장일지를 통해 기술하는 이야기는 대부분 삶의 사건들이고 하나의 행동이 분명하게 다음의 행동으로 연결되거나 명확한 결론으로 이어지기보다는 그 연관성이 불분명할 경우가 많다. 따라서 이러한 현장일지 이야기는 이야기 형태로 삶을 기술하는 것이고 극적 효과를 보여 주기보다는 매우 단순한 설명적인 이야기 글쓰기가 된다. 연구자들은 이러한 이야기를 기술하고 분석하는 과정에서 사건과 결론을 향한 움직임 사이의 연결을 이끌어 낸다. 반면, 이야기의 형식적 요구에 맞추어진 모든 경험 만들기는 이야기를 왜곡시킨다.

따라서 연구자들은 연구 과정을 통해 수집된 이야기를 기술함에 있어서 극적 요소를 고려하여 왜곡, 변형시켜서는 안 된다. 또한 흥미적 요소가 부족하다고 해서 억지로 그러한 요소들을 만들어 내도 안 된다. 현장일지 속의 이야기들은 최대한 일어난 사건들만 이야기하도록 노력해야 한다. 따라서 현장일지 속의 이야기는 사건을 중심으로 한 연대기적 사건의 연속적 형식이 된다.

이러한 현장일지 이야기는 높은 기교 또는 세련된 이야기가 아닐지라도 그 구성이 느슨한 것에서부터 좀 더 밀착되게 합쳐진 단일체에 가까운 형식에 이르기까지 다양한 모습을 띨 수 있다. 대부분의 현장일지 이야기는 허술하게 구성되어 있는 경향이 있다. 왜냐하면, 저자는 단지 자신이 보고 기억나는 것만큼만 기록하기 때문이다. 예를 들어, 질적연구자들이 유사한 활동에 집중하여 여러 가지 특징을 잘 드러내 주는 이야기들(사건을 하나의 장면처럼 서술하기 때문에 삽화적 이야기로 지칭함)을 쓰는 것이 그런 것이다. 이러한 삽화적인 현장일지가 구성되는 것은 연구자들이 보기에 그 행동들이 허술하지만 연결되어 있다고 여기기 때문이다. 물론 이러한 이야기들이 밀착된 형태로 구성되는 것이 사건을 이해하는 데 더 도움이 될 수 있겠지만 질적연구자들은 그러한 밀착된 이야기를 구성하려 애쓰기보다는 관찰하고 기억하는 모든 행동을 포함하는 에피소드에서 시작하여 다음 것이 그러한 에피소드와 어울리든 아니든 개의치 않고 다른 이야기들을 기록하게 된다.

물론 질적연구자들이 좀 더 밀착 연결된 이야기로 현장일지 속의 이야기를 구성하기 위해 노력하는 경우도 있다. 이때 질적연구자는 구성원들이 보여 주는 행동의 연속된 사건으로 하나의 연결된 이야기를 기술하게 된다. 이러한 경우, 연구자는 행동들이나 사건들의 서사적, 인과적 관련성에 초점을 맞추어 활동을 관찰하고 기술한다.

이와 유사하게 연구자는 사람들이 말하는 응집력 있는 이야기들을 듣게 될 것이고 이것을 화자의 입장에서 그들에게 이야기해 주어야 할 것이다. 예를 들어 사람들이 서로 그날의 경험에 관해 이야기한다고 생각해 보자. 그들은 연구자의 질문에 대한 응답으로 과거의 사건을 설명한다. 그리고 그와 관련된 다양한 이야기를 언급할 수 있다. 이러한 사건과 이야기에 관해 쓰면서 연구자들은 잘 융합된 설명적 구조를 가진 현장일지를 쓰게 된다. 즉, 사건과 이야기가 하나로 연결되어 행동은 다음 행동의 결과가 되고 하나의 결론을 완성할 수 있다.

다음의 예를 통해 이러한 현장일지 이야기가 어떻게 드러날 수 있는지 살펴보도록 하자. 다음에 제시되는 두 개의 현장일지는 모두 연구자가 보고 기억하는 것으로서의 삽화적인 이야기들을 드러낸 것이지만, 첫 번째 이야기는 느슨하게 연관된 남자 경찰과 여자 경찰 두 주인공의 활동을 나타낸다. 이 삽화적 이야기는 단지 인물의 일관성만을 보여 준다. 왜냐하면 저자의 주체적인 관심이 두 경찰관의 행동에 있기 때문이다. 결론적으로 그 삽화적 이야기들은 인물이라는 같은 주제로 묶여 있다고 할 수 있다. 반면 두 번째 이야기는 좀 더 밀착되고 치밀한 형식으로 구성되어 있다. 이 이야기는 학생의 잘못과 처벌이라는 하나의 큰 사건들 속에서 순차적, 인과적으로 일어나는 일련의 작은 이야기들로 구성되어 있다.

첫 번째 예를 살펴보자. 첫 번째 이야기는 연구자가 어느 날 밤 두 명의 경찰관인 샘과 엘리사와 함께 경찰차를 타고 이동하는 도중에 보고 관찰한 내용을 쓴 것이다. 연구자는 연속적으로 사건들을 자세히 이야기하지만 실제 상당히 불연속적인 이야기의 연속이다. 비록 이 삽화들이 모두 경찰활동을 포함하고 있더라도 그것들은 허술하게 연결되어 있고 일어날 가능성이 있는 일을 여러 가지 포함하고 있다.

우리가 차 안에 있을 때, 엘리사는 샘에게 다른 부서의 여자 경찰관에 대해서 이야기하는 중이었다. "나는 몇몇 여자 경찰과 훈련생들의 행동을 이해할 수 없어! 왜냐하면, 가장 바보 같은 짓을 하는 것은 여자들이기 때문이야. 그리고 그것 때문에 여자 경찰들에 대한 인식이 좋지 않은 거야." "너는 문제가 뭔지 알고 있지? 안 그래?" 샘은 말했다. "여자의 뇌구조의 잘못된 부분으로 생각해." "뭐?" "그들은 뇌의 잘못된 부분에서 생각을 한다 이 말이지." "아니면 우리(여자들)의 생각이 거기(급소)를 가지지 않아서 그런 거니?" 엘리사는 웃음을 터트렸다. "아~냐." "니가 생각하는 게 바로 그런 거니, 샘?" "아니 만약 아내에게 그렇게 말한다면 그녀는 거기를 뻥 차버릴 거야." 우리는 좁은 길에 차를 세웠다. 20살쯤 되어 보이는 히스패닉 청년이 지나갔다. "저 남자는 저기 있는 타이어를 훔쳐가려는 중이었어." "저 애들 자전거?" "그래." "아마." "음 거의 확실해." "난 모르겠어." "그들은 어젯밤에도 저 자전거에 접근했을 거야." "그럼 우리가 지금 가볼까?" 우리는 좁은 길에서 나와서 기회가 오기를 기다렸다. "저걸 멈추고 말겠어." 나는 불이 꺼진 채 서 있는 트럭을 쳐다보았다. 우리는 트럭 뒤로 가까이 다가갔다. 그 차는 우리가 그랬듯이 회전로에 도착해 있었다. 신호가 바뀌고 우리는 사거리를 통과해서 나아갔다. 샘은 라이트를 껐다. 그 지프차는 가스공급지로 들어갔다. 샘은 그 차로 걸어가고 엘리사는 걸어가며 그녀의 손전등으로 창문 안을 밝혔다. 그녀는 돌아와서 내 앞에 섰다. 가스공급지에 있던 모든 사람이 우리를 쳐다보았다. 그 소녀는 차 밖으로 나와서 뒷걸음질치며 차의 미등을 쳐다보았다.

위의 예에서 연구자는 '무슨 일이 일어났는지'를 자세히 기술하려고 했고 이를 위해 일련의 삽화(에피소드) 구성을 통한 기록을 선택했다.

두 번째 예는 학교에서 일어난 학생의 잘못과 그 처벌에 대한 이야기이다. 이 이야기는 앞의 예에 비교하여 상대적으로 높은 짜임새를 보여 주고 있는데 이러한 짜임새의 현장일지 이야기들은 뚜렷하게 연관되어 있고 그들 간의 관계를 통해 결말로 나아간다. 특히 이 현장일지 이야기들의 저자는 삽화로 이야기들을 순서대로 나열(a부터 I까지)하여 현장일지를 구성하고 있다.

a 존슨 씨는 사무실로 돌아와 책상 위에 있는 서류들을 검토하기 시작했다. 흡연문제를 일으킨 학생들의 파일은 따로 놓여 있었다. 그는 흡연이 주요 학교 폭력 중 하나라고 했다. "처음은 반성문과 함께 경고 조치를 하지만 두 번째 발각 시에는 현행 주의 정책에 따라 정학처분을 받습니다." 나는 무척 놀랐다. 그는 한숨을 쉬며 흡연이 발각된 모든 아이들이 오늘 결석을 했다고 말했다.

b 존슨 씨는 서류를 훑어보고 낙서가 또 다른 학교 문제라고 말했다.
  "거의 매번 우리가 학생들을 잡는다면 그들은 감옥으로 갈 수도 있어요. 우리가 고발할 수 있는 범위에서는 당연히 그렇게 할 수 있다는 것입니다. 문제가 재발할 경우 다른 학교로 전학을 가게 되거나 15시간의 학교 봉사활동을 해야 합니다. 일반적으로 우리는 낙서를 벗겨내는 작업을 시킵니다."(왜냐하면 그들이 벽에 낙서를 했기 때문에) 나는 많은 학생들이 전학을 가는지 물었다. 그는 그렇다고 했으며 "우리는 그들을 이 지역 어디라도 보낼 수 있습니다. 문제는 수송일 뿐이지요. 우리는 많은 아이들을 비행 집단에서 구했습니다. 그들 대부분은 남쪽으로 보내집니다. 그러나 우리 또한 다른 곳으로부터 오는 이런 부류의 아이들을 받습니다."라고 덧붙였다. "그렇다면 그 많은 문제들이 해결되는 것이 아니라 그저 학교들 사이를 오가는 것일 뿐이겠네요?" 내가 묻자 존슨 씨는 대답했다. "일단 학생이 새로운 환경에 들어서게 되면 그는 변하기 위해 더 노력할 것입니다. 따라서 이곳이 그를 위해 할 수 있는 게 없다면 우리는 그가 나쁜 영향을 받지 않는 다른 곳으로 보내는 것입니다."

c 서류를 넘기던 중 존슨 씨는 그가 찾던 것을 발견했다.

"여기 있군. 흡연으로 두 번째 불려오네요. 이건 정학감입니다." 그는 나를 향해 자신감 있는 목소리로 말했다. "당신도 알다시피 정학은 학생의 미래를 무너뜨리는 처벌입니다. 왜냐하면 정학을 당하면 다른 어느 곳에서도 받아 주지 않기 때문입니다. 우리는 당신에게 이러한 심각성을 알려 주고 싶군요." 그 학생의 이름은 소콜로프였다. 존슨 씨는 소콜로프의 두 번째 흡연 시기가 언제인지를 알기 위해 일정표를 보고 있었다.

d 소콜로프가 있을 것이라 예상되는 방으로 가면서 나는 모든 아이들이 서로를 걱정스럽게 바라보는 것을 보았다. 존슨 씨는 교사에게 소콜로프가 여기 있는지 물었다. 교사는 반 아이들에게 소콜로프라는 이름을 가진 아이가 있는지 물었다. 많은 아이들이 긴 머리에 헤비메탈 셔츠를 입은 백인 남자아이를 바라보았다. 그가 일어나 자기 이름임을 밝혔다. 존슨 씨는 아이를 근엄하게 바라보았고 "책가방을 가지고 나와라. 너에겐 처벌이 필요할 것 같다."라고 말했다. 우리는 그 방을 나왔다. (사실 나는 최대한 눈에 띄지 않으려고 출입문 쪽에 서 있었다.)

e 그 아이는 러시아 억양을 가지고 있었다. 일단 우리가 복도로 들어서자 아이는 극도로 불안해 보였다. 그는 존슨 씨 옆에 나란히 붙어 걸으며 존슨 씨를 올려다보고 있었다. 그는 "제가 무슨 잘못을 했죠?"라고 물었다. 존슨 씨가 답하길 "너는 흡연으로 두 번이나 걸렸다. 이 말은 네가 정학처분을 받는다는 뜻이야." 아이는 믿을 수 없다는 듯 한숨을 쉬며 "하지만 그건 지난 학기의 일이에요. 저는 지금 담배를 피우지 않아요. 제발 선처해 주세요."라고 했다. 존슨 씨는 주 정책의 설명과 함께 정학 이외에는 선택의 여지가 없음을 말했다. 아이는 로지스 양에 대해 말하기 시작했다. "그녀는 규칙이 이번 학기에 바뀔 것이라 했어요. 반 친구인 줄리오에게 물어보세요." 존슨 씨는 점점 흥분하며 말했다. "지금도 충분히 많은 문제가 있다. 나는 학교 정책을 만들고 있는 중이야!" 우리는 출석실로 들어갔다.

f (어떻게 내가 조용하게 굴었는지는 잘 모르겠지만 나는 존슨 씨 책상 맞은편에 앉아 있었고 거기서 그의 책상 위에 있는 종이를 보는 것처럼 행동하기 시작했다. 소콜로프는 나를 주목했고 계속 내 무릎 위에 있는 공책을 주시했다.) 그는 계속 존슨 씨에게 선처를 호소했다. "흡연이 너에게 어떤 영향을 주는지 보지 못했니? 나는 너의 어머니께 전화를 해야겠다. 어머니께서 영어를 하시니?" 아이는 아무 대답도 하지 않았다. 존슨 씨가 접수원에게 아이 어머니의 근무처를 묻자 아이는 다시 한 번 선처를 부탁했다. "고등학교 교장 존슨입니다. 어머니 계신가요?" 아이 엄마는 아직 출근 전이었다.

g 아이는 차분하게 선처를 구했다. 존슨 씨는 완강하지만 덜 상기된 투로 대답했다. "나는 그럴 뜻이 없다. 나는 로지스 양이 무슨 말을 했는지도 몰라." 아이는 계속 자기를 변호했고 존슨 씨는 침묵으로 일관했다. "내 친구들은 세 번째 경고에 정학을 받았어요!" 아이의 말에 존슨 씨는 "그것은 올해 새 정책이야. 내 생각엔 로지스 양이 잘못 알고 있었던 것 같다."라고 말했다.

h 존슨 씨가 말할 때 중년의 키 작은 동양 여성이 방으로 들어왔다. 그녀는 아이에게 어떤 일이 일어나고 있는지 정확하게 아는 듯 보였다. "넌 흡연을 했지? 흡연이 네게 얼마나 해로운지 몰랐니? 너희 부모님께서도 담배를 피우시니?" 소콜로프는 대답했다. "네. 그리고 사촌들까지도요. 제 가족들은 모두 흡연자들이에요. 저는 금연하려고 노력했고 정말 잘 실천했어요. 그렇지만 그게 어렵다는 걸 아시잖아요?" 동양 여성이 말하길 "넌 더 노력해야 해. 나도 흡연을 하곤 했었다." 존슨 씨도 덧붙여 "나도 그랬었다." 존슨 씨는 그녀에게 말했다. "나는 이번에는 아이에게 정학 처분을 내리지 않을 겁니다. 소콜로프는 처벌에 관한 정확한 정보를 모르고 있었으니까요. 하지만 다음 번엔 봐주지 않을 겁니다."

i 그리고 존슨 씨는 아이를 보내주었다.

위의 기술에서 연구자는 차례대로 펼쳐지며 전개되는 행동을 보이기 위해 별개의 이야기들을 서로 연관지었다. 이야기는 흡연 문제에 대한 서류들을 점검하는 존슨 씨의 행동이 시작되는 지점부터 출발한다. 그리고 문제아를 찾아내 그를 벌하려는 행동이 나오는 중간 단계를 지나 아이에게 면죄의 기회를 주며 변화를 암시하는 장면에서 절정을 이룬다. 그리고 학생이 떠나는 이완적인 행동을 마지막으로 싣고 있다.

비록 이 이야기가 특정한 결말로 진행되었을지라도 저자가 이야기를 기록하는 동안에는 결과를 예측하지 못한다. 마지막 삽화에서(h와 I) 우리는 단지 학장과 여자 행정관이 함께 일을 진행했고 여자가 흡연 문제에 대해 더욱 자세하게 학생과 의논했다는 점만 알 수 있을 뿐이다. 그녀의 등장은 학장이 마음을 바꿀 수 있는 기회를 제공했다. 왜냐하면 그녀가 나타난 이후 학장이 바뀌었기 때문이다. 그러나 우리는 왜 학장이 누그러졌는 지에 대한 분명한 단서는 얻지 못한다. 아마도 그는 아이를 진짜로 처벌하려고 했던 것이 아니라 단지 겁을 주고 싶었던 것일 수도 있다. 그 결과 또한 현장일지의 결말에 불과하고 너무나 갑작스러운 것이었다. 또한 학생은 장면에 배치되어 있을 뿐이다.

현장일지 이야기는 사건을 수집하고 조직하는 특별한 방법으로서 '모든 것'을 쓰고자 하는 노력과 두드러진 한 단면만을 창조하고자 하는 행위 사이의 긴장을 팽팽하게 만드는 작업이라 할 수 있다. 연구자가 의도하는 이야기가 더 통합적이고 극적인 성격을 띨수록 연구자들은 행동 간 상호 연결에 더 강제성을 부여하며 주변적 요소를 배제하려고 한다. 예를 들어 학장이 학생을 징계하는 이야기에서, 낙서에 관한 삽화 b는 흡연 문제로 일관하고 있는 전체 이야기와 직접적인 연관성이 없다. 따라서 통합적 이야기를 구성하려는 연구자들은 이러한 부분을 간과하거나 기록에서 제외할 수도 있다. 따라서 연구자로서 현장일지 이야기를 기록하려 할 때에는 이러한 두 가지 관점, 즉 사건을 있는 그대로 기록하려는 관점과 좀 더 치밀한 형태의 사건들의 구성을 조직하려는 관점 사이의 긴장을 고려하여 기록해야 할 필요가 있다.

5. 현장일지의 예

질적연구에서 현장일지를 어떻게 써야 하는가에 대한 학문적 규정은 없다. 오히려 현장일지는 현장 작업자가 채워 나가야 하는 기록과 반성을 위한 창의적 공간이어야 한다. 따라서 현장일지 쓰기는 한 개인 연구자가 누구의 도움이 없는 상태에서 자신의 연구 활동과 수집된 자료, 연구 과정을 솔직하게 기록하고 기술하고 분석하기 위한 기초자료로서 사용할 수 있도록 연구자에게 친화적인 형식으로 이루어져야 한다. 아울러 현장일지는 단순히 기록물이 아니라 현장의 사건과 사실을 관찰하고 대화하여 연구자가 써내려가는 글쓰기의 공간이기 때문에 분석적 아이디어를 생산하는 역할을 한다.

예를 들어 교실관찰에 대한 경우 연구자가 계속 일지를 써나간다면 약 3일이 지나면 무엇을 써야 하는지 무엇을 쓰지 않아도 되는지 연구자는 느끼게 될 것이다. 즉, 기술할 것과 기술할 필요가 없는 것에 대해 날마다 쓰는 현장일지의 경험을 통해 자연스럽게 개념화와 범주화가 이루어지는 것이다. 그리고 그러한 귀납적 형태의 글쓰기는 연구자가 다음에 하게 될 분석의 모티브를 제공하는 수단이 된다.

이에 이 절에서는 미래의 연구자들이 참고할 수 있는 현장일지의 몇 가지 예들을 제시했다. 자신의 연구에 도움이 될 것이다. 자료는 오하이오 주립대학교 교육학과 방법론 수업의 읽기 자료 모음집과 국내에서 이루어진 질적연구에서 기록된 현장일지 중 일부를 발췌한 것이다. 이러한 예들을 통해 독자들이 현장일지 작성에 대한 전반적인 감각을 익히기를 바란다.

스키 프로그램 필드 저널

먼저 살펴볼 예는 장애인의 스포츠 프로그램 참여에 대한 질적연구에서 작성된 현장일지이다. 이 예의 특징은 일지가 다른 현장일지에 비해 일정한 양식과 규칙 아래 작성되었다는 점이다. 구체적인 내용을 살펴보자.

일시	활동	시간
99. 1. 7	연구 장소를 선택하고 그 장소와 사용 가능성 탐색하기	2시간
99. 9. 1	연구 수행과 관련하여 스키 학교 강사와 연락하기	30분
99. 1.16	참가자(드보라)와 이번 프로젝트에 관해 논의하고, 인터뷰 관계, 참여관찰과 관련한 내용을 이야기하기 드보라와 친분 쌓기, 관찰을 통해 정보 수집의 다른 방법 시도하기	30분 2시간
99. 1.30	매드 리버 스키 학교 관찰하기 드보라와 인터뷰하기 참여관찰 노트의 기록과 반성하기	2시간 30분 3시간
99. 1.31	드보라와의 인터뷰와 녹음내용에 대한 반성하기	2시간30분
99. 2. 6	분석에 필요한 자료를 수집하고 정리하기	2시간
99. 2.17	관찰일지, 인터뷰 전사내용, 교재, 문헌 고찰을 통해 근거 설문조사(grounded survey) 구축하기	2시간
99. 2.28	미국 전문 스키 강사용 매뉴얼(1997) 분석하기 제6장: 고난이도 스키(p. 77-82)의 주제 및 내용 분석하기	4시간
99. 3. 1	관찰노트, 인터뷰 전사, 자료 분석에 대한 자료 축소: 자료의 탐독, 초기 코드 설정, 참여일지, 인터뷰 전사, 분석 자료에 대한 코딩작업, 코드의 그룹화, 코딩 종이 준비, 누락된 자료에 대한 점검	5시간
99. 3. 6	재활 스키 강사와의 근거 설문조사 실시 및 피드백 얻기	30분

날짜	활동	시간
99/ 1/ 7	연구 장소를 선택하고 그 장소의 사용 가능성을 탐색하기	2시간

반성

나는 콜롬부스 근처에서 장애인을 위한 도전 프로그램을 관찰할 수 있는 최적의 장소를 물색하는 데 시간을 보냈다. 여러 프로그램 중 등산 프로그램과 스키 강습 프로그램이 적합하다고 생각했다. 나는 두 가지 모두에 몰두했다. 결국 스키 강습 프로그램을 선택했는데, 이는 이 프로그램이 등산 프로그램보다 계획이 더 탄탄하고, 참여자들에게 더 많은 기회가 주어지며, 기술 향상력이 가시화되기 때문이다. 두 가지 프로그램에 대한 접근성과 입장 승인이 문제되지 않았지만, 이 이유만으로 연구 대상을 선택해서는 안 된다는 점을 주의했다. 특히 현장 기술에 대한 연구에서 최적의 결과를 기대하려면 내가 흥미를 가지고 접근할 수 있는 프로그램 영역이 필요했다. 그래서 나는 장애를 가진 사람들이 그들의 개인적 배경을 조사하는 데 수반되는 어려움을 막기 위해 다른 프로그램도 찾아보았다. 공교롭게도 센트럴 오하이오 내에는 그러한 프로그램이 많이 없었다.

이 장소의 사용 가능성을 고려할 때, 내가 깊이 몰두하고 있는 조사 프로그램이 일으킬지도 모르는 모든 문제를 고려해 보았다. 나의 연구(장애인들의 참여효과)에 몰두해 있느라 향후 발생할 많은 문제를 발견하기 어려웠다. 그 주제는 이 프로그램과 관련된 사람들을 비판하는 것이라기보다는, 오히려 프로그램의 이점에 초점이 맞추어져 있다. 만약 나의 관심 주제가 지도의 효율성이었다면, 나와 함께 일하는 사람들을 관찰하고 인터뷰하는 것에 대해 내가 고려할 만한 주제가 더 많이 있었을 것이다.

나는 현장 관찰에 관한 자료 수집과정에 참여했다. 나는 내가 지도했던 참여자들을 관찰하고 또 다른 강사와 학생들을 관찰하기 위해 가능한 한 참여관찰을 한 당일에 인터뷰를 실시하기로 결정했다. 그러나 수업 일정이나 기타 일정이 바쁜 날에는 자료 수집에 여유를 가졌다.

날짜	활동	시간
99/ 1/ 9	연구 수행과 관련하여 스키 학교 강사와 연락하기	30분

반성

예전에 스티브 교수님과 나의 논문에 대해 논의할 때 입장 승인 과정에서 생길 수 있는 어떠한 문제도 예측하지 못했다. 그는 최대한 나를 도와주려 했다. 그의 수업은 워낙 유명한 강의여서, 조기 마감되기 일쑤였다. 교수님과 나는 연구에서 '연구자'의 위치를 어떻게 설정한 것인가의 문제로 논의한 바 있었다. 이 과정에서 스키 강사로 직접 활동하기보다, 스키 보조원의 역할로서 참여하기로 했다. 이 역할이 참여자들을 관찰하고 일지를 기록하는 데 더 용이했기 때문이다. 아무것도 확정된 것은 없었지만, 매주 토요일마다 연구의 방향을 설정하기로 했다.

나는 다른 장소에 입장하는 허가와 권리를 얻는 것과 관련된 어려움이 많다는 점을 깨달았다. 전에는 아는 사람의 소개로 입장 승인을 얻은 덕택에, 입장 승인 면에서 질적 탐구(naturalistic inquiry)가 그리 어렵게 느껴지지 않았었다. 그러나 이번 논문에서는 운이 좋을 것이라 생각되지 않는다. 그래서 장소 선택, 허가, 입장 권리에 대해서는 좀 더 서둘러야 한다고 생각된다.

날짜	활동	시간
99/ 1/16	참가자(드보라)와 이번 프로젝트에 관해 논의하고, 인터뷰 관계, 참여관찰과 관련한 내용을 이야기하기	30분
	드보라와 친분 쌓기, 관찰을 통해 정보 수집의 다른 방법 시도하기	2시간

반성

나는 드보라와 라포르를 형성하기 위해 많은 시간을 투자했다. 특히 다른 일반 학생들보다 더욱 친해지기 위해 그녀와 수업을 함께 했다. 알파인 스키에 적응하도록 가르치기 위해서는 강사와 학생 사이에 강한 신뢰관계를 만드는 것이 필수적이었다. 스키란 왼쪽 마비와 머리에 상처가 있는 드보라에게 특별한 사건이었다. 그러므로 스키를 타는 것은 드보라에겐 다소 위험부담이 큰 활동이었다. 그렇기 때문에 성공적인 경험을 위해서 신뢰를 쌓는 것은 중요한 일이었다. 나는 또한 아침부터 드보라와 인터뷰를 실시하고, 다음 수업관찰과 관련된 나의 프로젝트에 관해 이야기하는 데 시간을 보냈다. 그녀는 나의 아이디어에 무척이나 긍정적이었고 나의 일에 관심 있어 보였다. 나는 두 가지 이유에서 드보라를 연구 참여자로 선택했다. 첫째, 이번이 사고 후 처음으로 스키를 타는 시간이기 때문에, 그녀는 처음부터 다시 스키를 배워야 했다. 둘째, 등산 프로그램에서 그녀를 만났었는데, 그녀가 모험 프로그램에 참여함으로써 가지는 이점과 효과를 인터뷰하는 것에 흥미를 가질 것이라 생각했다.

나는 수업시간 동안 관찰하면서 수행한 자료를 수집할 계획을 세웠다. 연구에 전적으로 참가해야 하는 입장에서, 현장 연구를 기록하는 시간적 여유가 불가능해 보였다. 오직 리프트를 타는 시간이 현장일지를 기록하는 데 적절한 시간일 수도 있었지만, 이 시간은 기술 향상을 점검하고 다음 과제를 생각해 보는 데 필요했다. 내가 직접 가르치거나 관찰대상이 있는 수업에서는 수업 후 일지를 꼭 기록해야만 했다.

이 연구에서 나 스스로가 연구 도구로서 참여하는 것은 재미있는 과정이었다. 연구의 본질과 함께 해석학자의 관점이라 느끼는 것은 내가 추구하는 입장이다. 나는 알파인 스키를 배우는 것과 같은 모험 프로그램에서 참가자들이 무엇을 얻는지 이해하고자 노력하고 있었다. 나는 자료를 모으기 위해 현장연구 기술을 사용하고 있었지만 이 시기에 해석학자의 관점을 사용하고 있었다. 이것은 이번 연구 동안 배운 것을 이 수업에서 전개시키고, 논문 연구를 좀 더 연장하게 할지 모른다.

게다가 내가 자료를 수집하는 과정에 선입견이 투입되었다는 점을 깨달았다. 특히 수년간 모험 교육 현장에서 장애를 가진 사람들과 함께 지내면서 이러한 점을 더욱 깨달았다. 장애인들은 이러한 프로그램에 참여함으로써 사회적 교류, 재능의 지각, 자기 가치화, 자아 효능감 등을 향상시키기 마련이다. 이러한 선입견으로 내가 참여자들의 상호작용과 성취감을 보는 관점과 느낌은 관찰하고 인터뷰하는 과정에서 영향을 끼칠 것이다. 이러한 깨달음은 이번 연구뿐만 아니라, 나의 논문의 관심 분야와도 관련된다는 점에서 중요하다. 나는 선입견이 결과가 되지 않게 하며 주제로 나타나지 않도록 집중해야만 한다. 비록 어떤 연구를 할 때 선입견이 들어간다 할지라도 이를 지각함으로써 그 영향력을 최소화하고, 자료 수집 과정에서도 이를 '통제'해야 한다는 점을 깨닫게 되었다.

날짜	활동	시간
99/ 1/31	드보라와의 인터뷰와 녹음내용에 대한 반성하기	2시간 30분

반성

처음에 나는 이 조사지의 구성 방법에 대해 잘 알고 있다고 생각하고 개방형 질문지를 사용했다. 나는 현장 연구와 관련한 유용한 자료를 구하지 못한 나머지 설문조사는 오직 양적연구에서만 사용된다는 생각의 틀을 가지고 있었다. 지금까지 모은 자료로부터, 나는 이 프로그램의 다른 스키 강사에게 물어본 10개의 개방형 질문을 만들었다. 10가지 질문은 내가 지금까지 찾은 자료에서 나타난 주제로 이루어져 있었다. 나는 이 프로젝트와 관련하여 몇 가지 가정을 가지고 있었다. 우선 내가 장애인들을 가르쳤던 경험이 있다는 점, 모험 프로그램 참여가 주는 이점을 다룬 문헌을 많이 접했다는 점, 자아효능감과 관련한 문헌을 많이 알고 있다는 점이 그러했다. 이와 같은 관점에서 설문은 내가 이 연구 프로젝트를 잘 진행시키고 있는지, 내가 전에 생각해 왔던 가정이 옳은 것인지 점검할 수 있는 좋은 방법이 되었다. 이번 조사를 다른 스키 강사들에게 제공함으로써, 이 조사가 회원 감독처럼 행해지기를 바랐다.

그러나 수업 후 기본 조사의 근본이 확연해질 때 나는 질문의 양식을 수정했다. 이 과정은 비교적 쉬웠다. 나는 그들에게 질문하고자 하는 것을 알고 있고, 조금은 그들의 대답이 어떠할지 생각할 수 있었다. 하지만 이렇게 중립적인 방법으로 질문하는 것은 다소 시간이 걸렸다. 나는 새로운 단어로 질문을 수정했기 때문에 이 조사가 주제표현과 이전의 가정과 관련하여 멤버 체크(member check)의 과정으로 사용될 수 있다고 생각했다.

날짜	활동	시간
99/ 1/30	매드 리버 스크 학교 관찰하기	2시간
	드보라와 인터뷰하기	30분
	참여관찰 노트의 기록과 반성하기	3시간

반성

한마디로 말해 이것은 매우 대단한 학습 경험이다. 오늘 나의 반성을 살펴보려면, 관찰일지와 인터뷰 전사내용을 참조할 것.

날짜	활동	시간
99/ 2/ 6	분석에 필요한 자료를 수집하고 정리하기	2시간

반성

물론 전에도 인터뷰 내용을 기록한 적이 있었지만, 이는 듣고 이해하는 것이 비교적 쉬운 어른들과 함께한 것이었다. 드보라가 지닌 장애의 특성 때문에 이번 작업은 다소 힘들었다. 인터뷰 대본에 좀 더 상세히 반성을 기록했다.

날짜	활동	시간
99/ 2/17	관찰일지, 인터뷰 전사내용, 교재, 문헌 고찰을 통해 근거 설문조사(grounded survey) 구축하기	2시간

반성

이 과정에서는 시간이 조금 오래 걸렸다. 처음에는 이 작업이 매우 단순하리라 생각했다. 나는 자료 분석을 위해 어떤 자료를 사용해야 할지 몰랐다. 왜냐하면 드보라의 스키 활동에 대한 자료가 하나도 없었기 때문이다. 나는 항상 자료 분석을 역사적 기록, 사진, 일화 등으로 항목을 다루는 것이라 생각했다. 나는 관련된 모든 것을 분석으로 여기지 않았다. 결국 그녀의 불가능과 가능 단계를 상세히 설명한 스키어의 평가를 사용하기로 했다. 그것을 사용하여 자료 분석에 해당하는 것이 무엇인지에 대한 나의 제한된 관점을 뚫을 수 있었으며 내가 사용할 수 있는 자료가 매우 많다는 것도 알게 되었다. 이것은 나에게 큰 학습 경험이 되었다. 생각하는 것에 있어서 단순히 직선의 것이 아닌 좀 더 창의적인 생각의 구조를 가질 수 있게 해주었다.

날짜	활동	시간
99/ 2/28	미국 전문 스키 강사용 매뉴얼(1997) 분석하기 제6장: 고난이도 스키(p. 77-82) 주제 및 내용 분석하기	4시간

반성

처음에 나는 '스키인 평가 양식'을 바탕으로 드보라를 평가하려 했다. 하지만 나는 그녀의 허락을 구하지 않았기 때문에 그 평가를 사용하는 것은 연구 윤리에 위배된다고 생각했다. 그래서 그녀의 허락 없이 그녀의 장애에 관한 정보를 제공할 수 있는 이 방법을 사용할 수 없었다. 그래서 나는 분석하기 위한 적응 스키 안내서 중에서 고난이도 스키 부분을 선택했다.

이 과정은 나에게 즐거운 학습 경험이었다. 왜냐하면 이전에는 이러한 종류 중 어떤 것도 맡아 본 적이 없었기 때문이다. 나는 수업 읽기 자료에 몰두한 후, 내용 분석을 어떻게 수행해야 하는지 이해하고 있는 듯 생각되었다. 하지만 내가 선택했던 자료를 다소 많은 사람들에게 제공할 수 있는 정확한 시기에 대한 확신이 없었다. 그러나 일단 내용 분석을 시작하면서 언어 사용, 주제 표현, 멤버 체크로 진행할 수 있는 몇 가지 점에서, 자료 분석 과정이 정보를 제공할 때 아주 유익하다는 것을 깨달았다. 이를 위해 내가 선택한 자료는 스키 강사들을 위한 적응 안내서의 한 부분이다. 이 자료는 적응 스키를 가르치고, 그것과 관련된 것에 관해 기록되었기 때문에 나에게 매우 유용했다. 나는 이 자료가 몇 가지 점에서 부정적으로 사용될 수 있다고 생각되었다. 이 문서의 거의 대부분은 평가, 장비, 강사의 교수 관심사에 초점이 맞춰져 있고, 학생들의 자기 효능감과 관련한 참여의 이점에 대해서는 거의 언급이 없었기 때문이다. 이미 수집되어 부분적으로 분석된 자료를 통해 자아 효능감의 결과는 학생들에게 중요한 주제로 나타났다. 그러나 안내서에는 스키를 배울 때 학생들의 동기와 관련한 사항만이 언급되었을 뿐이었다. 이 안내서에는 스키를 가르칠 때 고려되어야 할 점이나 학생들과의 밀접한 관계에 대해서는 언급되지 않았다. 만약 이 데이터를 자기 효능감에 대한 관심사에 활용하고자 한다면, 안내서에 이와 관련한 정보가 추가적으로 필요할 것이다.

내용 분석을 마치고 난 후, 자료에 대한 접근 방식이 명료하게 떠오르지 않았다. 만약 더 많은 자료를 분석했다면 다른 자료와의 비교를 통해 보다 심층적인 자료나 인터뷰, 관찰을 위한 또 다른 시각을 제공받을 수 있었을 것이다.

자료에 대한 주제 분석 과정은 어려웠다. 나는 추후 인터뷰 질문이나 다음 참여관찰에 유용하게 활용할 수 있는 좋은 자료를 얻어야 한다는 생각 때문에 이 과정에 의미를 부여하고 있었다. 특히 주제 분석이야말로 풍부한 자료를 생산하고, 인터뷰 질문이나 학위 논문에 활용할 참여관찰의 다양한 방법을 제시해 주리라 믿었다. 나는 탐험 교육 프로그램을 통해 훈련이나 프로그램 내용 자료를 분석할 수 있었다. 이들은 심도 깊은 자료가 되었다. 그리고 이러한 과정은 지금까지 수집한 자료를 다른 방법론적 관점에서 살펴볼 수 있는 시각을 열어 주었다.

날짜	활동	시간
99/ 3/ 1	관찰노트, 인터뷰 전사, 자료 분석에 대한 자료 축소: 자료의 탐독, 초기 코드 설정, 참여일지, 인터뷰 전사, 분석 자료에 대한 코딩작업, 코드의 그룹화, 코딩 종이 준비, 누락된 자료에 대한 점검	5시간

반성

이 과정에는 매우 긴 시간이 소요되었다. 나는 자료를 보다 총체적인 관점에서 지켜볼 필요성을 느꼈다. 그렇지 않으면 자료가 넘치는 결과를 낳게 될 것이기 때문이었다. 특히 이 과정에서 시간을 조절하고 계획을 세우는 과정의 중요성을 뼈저리게 깨달았다. 이 과정을 완료하기 위해서는 자료를 모으고 정리하는 데 시간을 잘 관리하는 것이 필요했다. 이는 나의 정신 건강이나 작업의 완료를 위해서 중요할 뿐만 아니라, 다음 인터뷰에 새로운 방향으로 접근하고 자료에 심도 있게 접근하기 위해서도 꼭 필요한 요소였다. 나는 자료에 더욱 몰입할수록 작업이 더 용이해지고 시간을 절약할 수 있으리라는 희망을 가졌다.

모든 자료를 탐독하는 동안 내가 가지고 있는 선입견이나 이론적 편견에서 벗어날 수 있도록 주의를 기울였다. 이미 설정해 놓은 코드에 자료를 접목시키는 것은 그리 어렵지 않았다. 다만 이 과정에서 누락되는 정보가 없는지 주의를 기울였다. 나는 두 가지 방법을 통해 자료를 읽었다. 첫째, 자료를 읽고 명료한 관점에서 코딩하는 것이다. 일단 이 작업이 완료되면 이론적 관점에서 자료를 다시 읽고, 내가 가진 선험적 가정에 맞추어 자료를 관찰했다. 이 과정은 두 가지 다른 방법으로 자료에 접근한다는 점에서 매우 유용했다. 만약 이론적 관점이나 선험적 가정을 통해서만 자료를 분석했다면, 발현적 주제나 다른 정보를 놓쳤을지도 모른다. 나는 다른 관점에서 자료를 보기 위해 의식적으로 노력했으며, 이는 더 풍부하고 심도 있는 분석의 과정으로 이어졌다.

나는 자료를 종합하는 과정에서 자료에서 나온 모든 코드를 코딩 전용 종이에 기록했다. 이 작업이 완료되면, 코드를 NUD*IST 수업 시간에 해 본 대로 핵심주제(parents)와 부주제(children)라는 노드별로 분류했다. 이 과정은 각 코드를 조직적으로 정리하는 데 도움이 되었으며, 그 흐름을 파악하는 데 유용했다. 나는 각종 정보를 별도로 코딩하고, 전반적인 흐름에 맞추어 분석해 보았다. 핵심주제와 부주제 전략은 자료를 좀 더 조직적으로 관리하는 데 도움이 되었으며, 이야기의 전반적인 흐름을 기록하는 데 매우 효과적이었다.

코딩 전용 종이를 완성한 후 혹시 누락된 주제가 없는지 다시 한 번 훑어보았다. 비록 또 다른 시간이 걸리지만, 이 과정은 매우 중요하다고 생각했다. 그리고 새로운 주제를 생각해 내고 누락된 정보를 확인하기 위해서도 지속적으로 원자료를 보고 이를 읽어 나가는 것이 중요하다는 점을 깨달을 수 있었다.

날짜	활동	시간
99/ 3/ 6	재활 스키 강사와의 근거 설문조사 실시 및 피드백 얻기	30분

반성

사실 설문조사에 참여해 준 사람과 함께 논의하는 것이 나에게는 매우 값진 학습 경험이었다. 설문 내용을 명료화하는 데에는 쌍방간의 대화가 있었다. 설문에 응한 참가자는 연구자와 수년간 스키 프로그램에 참여했던 사람들이고, 교수와 관련한 나의 철학을 잘 아는 사람들이었다. 그들은 설문 내용이 매우 많다는 점을 지적했다. 그들과 이야기를 나누면서 설문지의 내용이 강사들이 가르치는 프로그램의 배경이 되며, 강사의 철학이 담긴 것이라는 점을 느낄 수 있었다. 그리고 다른 재활 스키 강사들에게도 이러한 정보가 매우 유용할 것이라는 점에 동의했다.

또한 나는 설문조사 과정에서 참여관찰과 인터뷰에 다른 강사들을 포함시켜야 하는 필요성을 깨닫게 되었다. 한 명의 참여관찰자가 현상을 관찰하고 인터뷰를 실시하는 과정에서 정보의 내용이 협소하고 강사의 관점을 놓칠 수도 있기 때문이다. 설문조사 동안 나는 설문조사에 참가한 이들에게 자신의 대답을 설명해 달라고 부탁했다. 이 설문은 추후 인터뷰나 발현적 주제에 대한 멤버 체크 용도로 활용될 수도 있을 것이다.

도시 지하경제(성매매)에 대한 현장일지

이 예는 도시민들의 삶에 대한 질적연구 과정에서 작성된 현장일지 중 일부이다. 발췌한 부분은 특히 여성들의, 그 중에서도 도시 여성의 지하경제(성매매)에 대한 연구자의 기술이 중심을 이루고 있다.

베일리 부인을 관찰하게 된 동기는 시카고 대학의 한 지도 교수의 조언 덕분이었다. 뛰어난 민족지학자인 진 코마로프 교수는 내가 남자들하고만 너무 많은 시간을 보낸다고 지적했다. 코마로프 교수는 그 지역 사회의 3분의 2가 아이들을 키우는 여성이므로 그들이 어떻게 살림을 꾸리고 시카고 주택공사로부터 서비스를 받아내는지, 그 밖에 어떤 방식으로 가족들을 먹여 살리는지 좀 더 잘 이해해 보라고 권했다.(중략)
　　나는 제이티 구역의 핵심을 이루는 세 고층 건물에서 돌아가고 있는 지하경제 연구에 초점을 맞추기로 결정했다. 이미 상당히 많은 부분들, 즉 무단 입주자들이 골목에서 자동차를 수리하고, 주부들이 집에서 음식을 팔고, 매춘부들이 고객을 빈 아파트로 끌어들이는 것은 알고 있었지만 수익이 얼마나 되는지, 어떤 비용을 지출하고 있는지 등을 물어본 적은 없었다. 제이티는 내 연구 계획에 적극적으로 협조할 의사를 보였고 직접 무단 입주자들을 만나서 인터뷰를 할 수 있도록 해주었다.
　　제이티는 내가 포주들과 인터뷰를 시작하도록 해주었다. 제이티는 자기 구역의 건물 안이나 근처에서 일하는 모든 포주에게 세를 매기고 있다고 설명했다. 일부는 일정한 금액을 내고 또 일부는 수입에 따라 냈다. 그리고 모두가 무상으로 여자를 제공하는 것과 같은 방식으로 제이티의 갱 단원에게 세를 냈다. 물론 포주들은 빈 아파트를 매음굴로 이용할 경우 돈을 더 내야 했다. 계단이나 주차장을 이용하기 위해 사례금을 내기도 했다.

　포주들을 인터뷰하면서 나는 클래리스처럼 그 건물에 살면서 포주 없이 혼자서 일하는 일부 매춘부들과 친구가 되었다. "아, 여기 여자들은 주목받는 걸 좋아해." 이 여성들과 이야기할 수 있도록 도와달라고 부탁하자 클래리스는 이렇게 말했다. 나는 2주 동안 그들 가운데 20명 이상과 인터뷰했다.

　매춘부들과 포주들과의 인터뷰에서 일부 차이점이 드러났다. 포주들이 관리하는 매춘부, 이른바 '회원' 여성들은 혼자서 일하는 '무소속'에 비해 분명 이점을 가지고 있었다. 혼자서 일하는 여성들이 얻어맞는 횟수가 1년에 대략 4회 정도인 데 비해 전형적으로 포주 밑에서 일하는 여성들은 1년에 한 번꼴로, 얻어맞는 일이 훨씬 덜했다.

　또한 포주 밑에서 일하는 여성들은 혼자서 일하는 여성들보다 주당 20달러 정도를 더 벌었다. 비록 포주가 거기서 33퍼센트를 떼어가기는 했지만 말이다. 로버트 테일러의 보통 매춘부가 주당 약 100달러밖에 벌지 못한다는 점을 고려할 때 20달러는 결코 작은 금액이 아니었다. 그리고 포주 밑에서 일하는 여성들 가운데 일을 하다가 도중에 죽임을 당한 예는 들어보지 못했으나 혼자서 일하는 여성들의 경우 최근 2년 사이에 3명이 살해당했다.

　하지만 두 유형의 매춘부들은 공통점도 많았다. 양쪽 다 헤로인과 코카인의 이용 비율이 높았고 섹스 수요층이 대부분 저소득 고객인 이 주택단지에 한정되어 있었다. 로버트 테일러에서 1.6킬로미터밖에 안 떨어져 있지만 사정이 완전히 다른 댄 라이언 고속 도로 저편 트럭 운전사들 식당에서는 전혀 다른 포주들이 백인 트럭 운전수 고객들에게 음식과 서비스를 제공하면서 공영 주택단지의 전형적인 흑인 고객들이 내는 돈보다 더 많은 돈을 벌었다.

　매춘부 관련 조사를 진행하면서 나는 성 아닌 다른 것을 파는 여성 부정 수익자들을 만날 수 있도록 해달라고 베일리 부인에게 부탁했다. 나는 장부에 기장되지 않은 많은 거래들에 대해 대충은 알고 있었다. 자기 아파트에서 음식을 팔거나 파티를 여는 여성, 옷을 만들고 결혼 상담을 해주거나 아이를 돌봐 주는 여성, 별점을 봐 주고 머리를 만져 주고, 소득세 신고를 대신 작성해 주고, 콜택시 면허로 몰래 거리에서 택시 영업을 하고, 사탕에서부터 중고 전기제품, 장물에 이르기까지 온갖 잡다한 물건을 파는 여성 등등. 하지만 이들의 경제활동은 대부분 남의 눈을 피해 이루어져서 베일리 부인을 통해 그 집의 문을 열어야 했다.

연구자의 성찰의 기록으로서 현장일지

이 예는 교사의 평가과정에 대한 연구 중 작성된 현장일지이다. 이 일지에는 연구 중 연구자가 가지게 되는 딜레마가 드러나 있는데, 연구 참여자의 진실성과 연구자의 선입견, 그리고 이러한 딜레마가 연구 속에서 어떻게 해결되는지 확인할 수 있다.

2013. 5. 9.

K선생님과 첫 면담을 했다. 면담내용이 이전 다른 선생님과 나의 경험과 비교해서 너무 달라서 혼란스럽다. K선생님의 면담내용의 요지는 생활기록부 작성이 너무 즐거운 경험이라는 것이다. 과연 그런가? 솔직히 K선생님이 진실을 말하지 않고, 자신의 사명감이나 교사로서의 책무성에 비추어 자신을 꾸미고 있다는 생각을 지울 수가 없다. 만약 선생님의 말이 정말로 진실이 아니고 꾸며낸 것이라면 나는 어떻게 해야 하는가? 연구 참여자에서 제외시켜야 하는가? 아니면 그냥 받아들여야 하는가? 더 나아가, K선생님의 말이 진실인지 아닌지는 어떻게 알 수 있는가? 이것을 확인하기 위해 나는 어떻게 해야 하는가? 혼란스럽다.

(중략)

2013. 5.30

K선생님과의 2차 면담. 이전의 면담내용을 분석해서 새로운 면담가이드를 만들었다. 선생님과의 면담내용은 이전과 크게 다르지 않았다. 이전 면담내용에 대한 진위에 대한 의심은 있지만 일단 변경 없이 지속적으로 면담을 진행하며 판단해 보기로 했다. 면담내용은 이전의 면담내용과 일관성을 띠었다. 선생님이 말하는 것은 이전의 내용과 부합하고 있었다. 이러한 일관성적인 측면에서 보자면 선생님이 진실을 이야기하고 있는 것으로 보인다. 하지만 여전히 의문이 남는 것은 다른 선생님의 면담내용과 비교했을 때, 그 내용이 너무 다르다는 것이다.

그렇다면 이 선생님의 케이스를 나는 어떻게 다루어야 하는가? 다른 사례에 비해 너무 다르게 드러나서 혼란스럽다. 그 분석에 있어서도 다른 선생님들의 면담자료 분석 결과와 너무도 달라서 이러한 내용을 다른 선생님들의 그것과 통합하기 위해서는 어떻게 해야 하는지 혼란스럽다.

(중략)

2013.6. 15.

연구자 반성. K선생님의 사례와 관련하여 그동안 내가 가지고 있던 선입견이 나의 연구에 얼마나 영향을 미칠 수 있는지 나 자신에게 너무 놀랐다. 내가 그 동안 입으로만 선입견 없이 사태에 접근한다고 떠들고 있었지만 어느새 나는 나의 선입견의 노예가 되어 있었다. 내가 학교 생활기록부를 너무 힘들어한다는 것. 다른 선생님들도 그것을 힘들어하는 경우가 많다는 것이 나의 선입견이 되어 K선생님의 경험을 제대로 보지 못하는 눈가리개가 되었던 것이다.

앞으로 K선생님의 면담에서 이러한 나의 선입견을 배제하고 면담이나 자료의 분석이 이루어질 수 있도록 조심 또 조심해야 한다.

(중략)

2013. 6. 20.

선입견이 얼마나 무서운 것이고 현상학적 연구에서 선입견을 왜 배제시키려 노력해야 하는지 K선생님의 인터뷰를 분석하며 다시 한 번 확인할 수 있었다. 나 자신도 눈치채지 못한 상태에서 나를 지배한 나의 선입견을 깨달은 후, 자료를 다시 보았을 때, 나는 이전의 내가 보지 못한 의미들을 발견할 수 있었다. 질적연구는 연구자의 주관성이 중요한 요인이 된다. 내가 어떠한 의식을 가지고 있는가에 따라 내가 볼 수 있는 것이 달라진다. 나의 선입견을 버리고 최대한 내 연구에서 다양한 모습을 발견할 수 있도록 노력해야 한다.

사건 기록 중심의 현장일지

이 예는 현장에서의 참여관찰 내용이 중심으로 기술된 현장일지이다. 학원에서의 수업 장면이 주를 이루는 이 일지 내용은, 특히 현장에서 연구자가 느끼는 분위기를 어떻게 표현하고 개념화할 것인지에 대한 고민도 포함하고 있음을 확인할 수 있다.

2014. 8.

강의실에는 남학생 8명, 여학생 2명이 앉아 있다. 아이들은 조용히 교재를 보고 있고, 그 중 몇몇은 서로 이야기를 나누고 있다. 선생님이 들어왔다. 가벼운 인사를 하고 학생들에게 서울로 이사 간 친구에 대해 이야기한다.

"A친구가 이번에 ○○중학교로 갔다. 거기서 ○○영재교육원에 들어갔는데, 어머니가 연락이 왔는데, 다 같이 열심히 해서, 다 ○○고등학교나 이런 곳에 가서 좋은 대학에 가서 다시 만나 친하게 지내자라고 연락이 왔다."라고 말하고 수업이 시작되었다. 수업이 시작되자, 교사의 수업 안내가 이루어진다. ○○에 대해 공부하겠다고 이야기했다.

"누가 설명해 볼까?"

교사의 설명에 앞서 학생들에게 설명을 해보기를 요구하고 있다. 즉 학생들이 이 부분에 대해 미리 공부하고 참여했다는 것을 의미할 것이다.

학생들이 경쟁적으로 손을 든다. 조용한 가운데 이루어졌지만 귓가에 '저요, 저요'라는 소리가 들리는 것 같다. 지명받은 학생이 앞으로 나가 설명을 시작한다. 아이들은 침묵 속에서 학생의 설명을 경청한다. 조용하지만 긴장감이 돈다. 소리 없는 아우성. 고요 속의 긴장. 이 분위기를 어떻게 표현할 수 있을까?

학생의 설명이 이루어지는 동안 몇몇의 학생들이 서로 출력물을 교환해 가면서 보고 있다. 후에 출력물 확인할 것.

"잘 했나요?"

교사의 피드백, 아이들 중의 몇몇이 손을 든다. 그 중 한 학생이 지목당하여 앞으로 나간다. 앞에서 이전 학생의 발표 중 잘못된 부분을 지적하고 바로잡는다. 그 동안 다른 아이들이 산발적으로 자신의 의견을 이야기한다.

"○○ 부분이 틀렸어요. ○○을 빠뜨렸어요."

이전의 소리 없는 아우성들이 이제는 소리가 되어 드러나기 시작한다. 아이들 사이에 치러지는 전쟁과도 같다. 자신의 논리를 무기로 하여 이루어지는 전쟁. 아이들은 이야기하고 싶다. 그리고 이야기의 기회가 주어졌을 때, 봇물이 터지듯 자신들의 논리를 쏟아낸다. 교사는 기회를 주었을 뿐이다.

프로그램 실행과 그 실행 중 연구자의 성찰에 대한 연구일지

이 현장일지의 예는 다문화 아동의 학력신장을 위한 실행 연구 과정에서 작성된 연구자의 현장일지이다. 이 현장일지의 특징은 현장일지의 형식을 정해 이에 따라 기록을 했다는 점이다. 이 일지에서 연구자는 현장일지의 형식을 '만남을 준비하며', '만남을 진행하며', '만남을 돌아보며'로 구성했는데, '만남을 준비하며'에서는 이전 단계 진행에 대한 연구자의 성찰과 이에 기반한 당일 프로그램을 위한 준비를 중심으로 한 기술이, '만남을 진행하며'에서는 당일 프로그램 진행 과정 및 맥락에 대한 기술이, '만남을 돌아보며'에서는 당일 프로그램 진행 전체에 대한 연구자의 성찰에 대한 기술이 중심을 이루고 있다. 이러한 현장일지의 구성은 프로그램의 실행과 그 실행 과정에서의 연구자의 성찰과 현장의 개선이라는 실행 연구의 특징을 잘 보여 주는 것이라 할 수 있다.

2012.5.11, '받아쓰기를 시작하다!'

▷ 만남을 준비하며

지난 시간 승진이와 함께 받침이 없는 자음과 모음의 읽기와 쓰기 수업을 진행했었다. 자음과 모음을 따로따로 쓰면서 읽어 보게 할 때에는 전혀 문제가 없었으나, 자음과 모음을 조합하여 읽어 보게 하는 부분에서는 약간의 문제점을 드러내었다. 특히 자음 'ㅊ' 이후로의 자음과 모음의 조합에서 제대로 읽지 못하는 글자들이 있었는데 예를 들어 '챠'를 '자'를 읽는다든지, '호'를 '코'를 읽는 등의 문제점을 나타내었다. 이때 다시 조합된 글자를 자음과 모음으로 떨어뜨려 하나하나씩 읽어 보게 한 후 다시 조합해서 읽어보게 하면 잘 읽었다. 지난 시간의 수업을 토대로, 이번 만남에서는 인디스쿨에서 1학년 선생님들이 올려 준 자료 중에 16급 단계별 받아쓰기 자료가 있는 것을 보고, 이를 활용하여 승진이의 받아쓰기 단계를 확인해 보고자 하는 계획을 세웠다.

▷ **만남을 진행하며(적용한 프로그램 및 효과, 학생의 반응 등)**

오늘 수업은 승진이와의 대화로부터 시작되었다. "오늘 학교에서 뭐 했어요? 재미있는 일 없었어?"와 같은 일상적인 질문부터 시작해서, 어제 방과 후에 한 일을 물어보는 과정을 통해서 승진이가 아버지와 함께 한글 공부를 하고 있다는 점을 알게 되었다. 나중에 어머님과의 대화를 통해서 승진이는 매일 아침, 그리고 아버님의 퇴근 후 아버님과 함께 일정시간 한글 공부를 하고 있음을 알게 되었다. 그래서 승진이가 지난 시간에 비해 자음과 모음의 조합 글씨를 한결 정확하게 읽는 모습을 관찰할 수 있었다. 읽기 테스트 후 이번에는 받아쓰기를 통해 승진이의 쓰기 능력을 테스트해 보게 되었다. 일단 준비해 간 자료의 1단계에 해당하는 주로 받침이 없는 글자들의 조합에 대한 테스트를 실시했다. '나', '우리', '오이' 등의 낱말 테스트에서 승진이는 10문제 모두를 맞추는 실력을 보여 주었다.

100점 맞은 테스트지를 가리키며, "이건 제가 가져도 돼요? 아빠한테 보여 주고 싶어요."라고 말하는 모습에서 아버지가 자신의 한글 실력에 관심을 많이 가지고 있다는 것을 인지하고 있다는 것을 추측할 수 있었다. 요즘 한창 1학년 교실에서 유행이라는 '원숭이 모음 노래'를 준비해 간 노트북을 통해 들려주고 화제를 전환하고 계속적으로 다음 단계의 받아쓰기 테스트를 진행하고 싶었으나, 예상외로 승진이는 준비해 간 노래에는 관심을 보이지 않았다. 받아쓰기도 하고 싶지 않다는 승진이의 의견을 수용하여, 혹시 승진이가 지루해하면 활용하려고 가져간 '암호해독 학습지'를 통해 학습을 진행해 나갔다. 약 4가지의 문장들은 그림으로 제시되어 있는데 예를 들어 파인애플 모양은 'ㄱ'을 가리키고 핫바 모양은 'ㅏ'를 가르친다. 그림들에 해당하는 글자들을 찾아서 낱말을 완성하는 과정으로 이루어지는데, 첫 암호해독 정답인 '바나나'에서는 흥미를 느꼈지만 'ㅊㅗㄷㅡㅇㅎㅏㄱㄱㅛ'와 같은 받침이 있는 암호는 어려움을 느끼고 학습을 진행하는 것에 거부감을 보였다. 이전의 과정에서도 몇 번 관찰된 적이 있는데 승진이는 읽기나 쓰기에 어려움이 느껴지면 다시 한 번 도전해 보고 물어보는 성향보다는 주어진 과제를 무시하고 다른 것을 하려는 경향이 있음이 종종 관찰된다. 어렵게 설득하여 학습을 진행하면서 승진이는 받침이 있는 글자에서 어려움을 느낌을 확실히 알 수 있었다. 예를 들어 '하'를 정확히 읽을 수 있으나 '학'은 정확히 읽지 못하는 모습을 보였다.

▷ **만남을 돌아보며**

오늘 수업에서 먼저 느낀 점은 1학년 학생들의 집중력이 유지되는 시간에 대한 유의가 필요함을 느꼈다. 오늘은 90분으로 예정하고 진행한 수업이었으나 60분밖에 진행하지 못했다. 중간중간 동기유발 자료로 준비해 간 것에 대한 승진이의 관심이 부족했고, 이에 따라 학습에 대한 관심으로 연결시키는 데 실패했다. 따라서 앞으로는 학습에 대한 지속적인 관심이 유지되도록 더욱 정선된 자료가 준비되어야 하겠고, 40분 정도 후 충분한 쉬는 시간 후 수업을 이어나가야겠다는 생각이 들었다. 프로그램 면에서는 오늘 받아쓰기 결과 받침에 대한 읽기 및 쓰기에 어려움을 느끼는 모습이 발견되었기 때문에 이에 대한 자료를 준비해 나가야겠고, 아울러 쌍모음에 포함된 낱말에 대한 테스트를 진행해 나가야겠다. 아울러, RISS나 중앙다문화센터 등 다문화교육에 관한 서적 및 논문, 학술지 등 전문자료를 잘 검색하여 입문기 다문화 학생의 한글 및 국어 지도에 관한 자료를 더욱 찾아 정리해야 할 필요성을 느꼈다.

현장에 대한 묘사적 기술이 중심이 된 현장일지

이 예는 현장에 대한 묘사적 기술이 주를 이루고 있는데, 특히 지형, 역사, 사회, 경제적 측면에서의 기술적 묘사가 중심을 이루고 있다.

Fernando는 San Sebastian de las grutas(멕시코 오아하카주: 멕시코 동남부에 있는 상업 도시. 농산물·광산물·축산물 따위를 집산·가공하며, 도자기·직물 따위의 민속 공예품으로 유명)로 가기 위해 오전 8시경 나를 신속하게 데리러 왔다. 그는 친구에게 차를 빌려서 80km의 여정(출장)을 수월하게 진행할 수 있었다. 우리는 약간 운이 좋은 편이었다. 왜냐하면 내가 Fernando에게 잠시 내려서 아침을 먹자고 했을 때, 마침 우리는 Sn. Sebastian으로 가는 분기점에 있었기 때문이다. 만약 그렇지 않았다면, 우린 아마 길을 잘못 들어섰을 수도 있었을 것이다. 우리는 San Sebastian으로 뻗은 비포장 도로를 달리기 전, El vado에서 아침을 먹었다.

비포장 도로는 둑을 따라 꽤 아름다운 작은 강과 평행으로 나 있었다. 강에는 크고 거대한 노간주나무도 심어져 있었다. 이것은 많은 브롬엘리아드와 덩굴들로 이루어진 자체적인 생태계다. 물은 매우 깨끗하고 작은 여울들이 많았으며 물이 거대한 표석들 사이로 흘렀다. (이것은 내게 투손(tucson) 근처에 있는 언덕으로 이어지는 노간주나무 협곡을 떠올리게 했다.) 넓고 납작해서 소풍 온 사람들이 많이 이용할 법한 장소도 있었는데 놀라울 정도로 깨끗했다.

Sn. Sebastian에는 크고 잘 유지된 교회가 있다. 지방자치제이며 안전한 indigena 사무실들은 그 교회 바로 앞에 있다. 한쪽 면 끝에는 정말로 크고 잘 유지된 학교가 있다. 우리는 두 명의 젊은이들을 만나게 되었는데, 그들은 주 사무관들이 언덕 위에서 우리를 계속 기다리고 있다고 말해 주었다. 그들은 우리를 기다리고 있었고, 다른 사람들은 오지 못한 것에 대해 미안해했다. 우리는 다른 사람들을 기다리면서 이야기를 나눴다. 그들은 시청 비서인 J.S.R, the Comisariado de Bienes Comunales의 비서인 L.S.S이었다.

그들은 작년에 지진이 일어나기 전에 오두막집 세 채를 빌려 주고 있었다고 말하면서, 그들의 생태관광 프로젝트에 대해 말했다. 지진은 세 오두막 중 두 개를 부수었고,

그래서 오로지 한 채만 남아 있다고 했다. 그 오두막집들은 아도비 벽돌(말린 벽돌)로 만들어졌다. 그들은 CEDETUR가 그들에게 말하기를, 훼손된 두 오두막은 더 이상 이용할 수 없다고 했다고 했다. 그들이 PROCYMAF와 함께하는 프로젝트 중 하나는 생태관광 연구로서, 그들은 현재 세 채의 나무 오두막을 짓는 것에 매달려 있다.

우리는 그 장소의 역사에 대해 조금 이야기를 나눴다. 그들이 말하기를, 1500년대부터 1600년대까지 기록된 San Sebastian에 관련된 오래된 문서들이 있다고 했다. 그 교회는 오래되어서 8년 전에 재건축했다.

그들은 지역 공동체에 5400헥타르에 이르는 땅을 가지고 있다. 또한 이웃 공동체(Aldama)와 분쟁하에 있는 약 2000헥타르의 땅도 있다. 화해를 위한 대화가 이루어진 적도 있는데, 그들은 이 상황이 빨리 풀리기를 바라고 있다. 공동체에는 400명의 'mayores de edad(성인들)'이 있고 그들은 comunero들이었다. 총 인구는 도심과 두 렌체리아(거주지)에 약 2000명이 살았다. 공동체의 몇몇 사람들은 작물을 재배하지 않지만, 대부분의 사람들은 농업으로 생계를 꾸려나간다고 한다. 1970년대에 Compania Forestal de oaxaca가 좋은 나무들을 가지고 가버려서 그들에게는 생산 가능한 숲이 작았다. 그들은 지금은 더 이상 숲을 개척하지 않는다. 작년에 그들은 병든 나무들을 제거하고 일부를 파는 등 숲을 '청소'했다. 그들은 1985년에 그들의 나무들을 아주 조금만 팔았다. 그들은 지금 당장 개척할 수 있는 숲을 많이 가지고 있지 않다. 그들이 작년에 팔려고 했던 것은 병든 나무들을 추려낸 것이었다. 그들은 그들의 숲 관리에 10년을 투자할 계획이다.

그들은 Mixa 조합의 일원이었지만 2000년 5월에 탈퇴했다. 그들은 임업 활동에 참가하지 않기 때문에 그 조합에 속해 있을 이유가 없었다고 한다. 어떤 관점에서 보면, 그들이 처음에는 조합의 기술자에게 비용을 지불했지만 후에 상황이 달라졌기 때문이라고 말하지만, 이것은 왜 탈퇴했는지에 대한 분명한 이유가 아니다. Mixa 조합은 1982년 혹은 1983년에 만들어졌다.

그들은 지방에서 열린 회의 때문에 1998년에 처음으로 PROCYMAF에 대해 주의를 기울이기 시작했다. 그들은 foros regional은 여러 다른 지역에서 열리는데 첫 회의를 San Sebastian에서 주최했다고 말해 주었다. 가장 최근에 열린 회의는 Sebastian Jutanin에서 지난 목요일에 열렸다. 그들은 대표자를 보내려고 했지만 일이 생겨서 아무도 가지 못했다. 원래 그들은 정기적으로 참석하는 편이다.

그들은 공동체를 지원하는 PRODEFOR에서 추진하는 여러 프로젝트들에 참여했었다. 1999년 10월, PRODEFOR은 preaclareos(나무들의 감소 현상)을 지원했다. PROCYMAF는 그들을 위해 두 연구를 지원해 주었다. 1998년에 그들은 지역의 생수를 상업화할 수 있는 가능성에 관한 연구를 했다. 이 연구는 가능하면서도 좋은 사업이 될 수 있지만 1백만 페소에 달하는 투자가 필요해 보여서 선뜻 착수할 수는 없었다. 그들은 이것이 매우 비싸고, 두 대의 새 트럭을 포함한 새로운 모든 것들을 포함한다는 점에 불평했다. 지역 공동체는 사업의 착수에 대해 투표했다. 왜냐하면, 장비를 설치할 기금이 없고, 몇몇 사람들은 관개를 할 만한 땅이 부족해서 물이 충분하지 않기 때문이라고 말한다.

두 번째 연구는 생태관광 연구로서, 1999년 말에 진행되었다. 그들은 이제 기존의 어도비 대신 이 지역의 나무를 이용하여 새 오두막집을 건설할 계획을 가지고 있다. 'The Centro Interdisciplinario de Investigacion paral Desarrollo Integral Regional of the Politecnico in Oaxaca'는 두 가지 연구를 했다. 생태관광 프로젝트를 위해 지역 공동체는 비용을 25% 높이고 PROCYMAF는 75%를 높여야 할 것이다. 그들은 멕시코시에서 이 프로젝트를 승인해 주기를 기다리고 있다.

그들은 또한 사람들을 여러 가지 과정의 훈련에 참여시켰다. 하나는 1998년 11월에 Santiago Textitlan에서 열린 환경적 영향에 관한 것이고, 다른 것은 1999년 2월에 Santa Catarina에서 열린 시골의 스토브들(estufa lorena)에 관한 것이었다. 한 어린 소녀는 생태관광에 관한 과정을 완수했다. 어떤 사람은 지역 공동체를 벗어나 일을 하러 나갔기 때문에 같은 과정에서 떨어졌다.

나는 시골의 스토브와 이것의 효과들에 관한 과정에 대해 물어보았다. 그들이 대답하기를, 그들이 돌아왔을 때 그들은 사람들에게 스토브에 관해서 이야기를 나눈다고 한다. 그러나 그들은 정말로 그것을 설치할 만한 확신을 주지는 못한다고 한다. The Comisariado de Bienes Comunales는 참여했던 사람들 중 한 명이었다. 그들은 PROCYMAF는 이것이 많은 영향력을 끼치기 전에 지역 공동체에서 과정을 진행할 필요가 있다고 말한다.

우리는 권리를 제거하기 위해 고군분투하는 것에 대해 잠시 이야기를 했다. 그들은 이미 수행한 지역 공동체들의 조직에 대해 이야기했다. San Pedro el Alto, Sta. Maria Zanisa, 다른 곳에서 온 사람들이 싸움을 주도했다. The Comisariado de Bienes Comunales인 L.P.L과 the Comite de Vigilancia의 수장인 N.L.G는 인터뷰를 통해 약 절반을 표시했다. 그들이 PRODEFOR과 PROCYMAF 간의 차이점을 명확하게 이해하지 못한 것이 분명했다. 두 프로그램에 대한 그들의 주된 접촉은 그들과 함께 일하는 기술자 P.C를 통해 이루어졌다. 그들은 프로젝트들에 매우 협조적이었지만, 그들이 가지고 있는 큰 문제는 그들이 숲에 대한 권리를 갖고 난 후에는 지원이 제공되지 않는다는 점이다. 이것은 처음 실제적으로 지원되는 것이다. 그리고 지방의 회의들은 지원의 수단으로 보인다. 그들은 Comite de Recursos naturales가 1998년에 시작되었다고 말해 주었다.

나는 cargos(지역 공동체 사무실들)과 이주에 대해 물어보았다. 그들이 답하길, cargos로 선택된 사람들은 지역 공동체에 돌아오지만 시스템의 mayordomo 부분은 완전히 깨진다고 한다. 그들은, 그들이 모든 것에 대해 mayordomo가 있지만 지금은 축제를 위한 공동체의 협력만 있다고 말한다. 프로테스탄트 종파에 속하는 여러 사람들이 있지만 그들은 이것이 문제가 되지는 않는다고 말한다. 이 사람들은 tequios에 참여하고, 또한 지역 공동체의 구성원이기도 하다. 확실히 종교 때문에 작은 사회적 갈등들이 있다. 그들은 또한 PRI가 단지 몇 표로 그들을 이겼고 그 다음이 PRD고 세 번째는 PAN이라고 말한다. 다시, 그들은 공적인 차이들이 지역 공동체를 등지게 만들지는 않는다고 말한다. 이주를 한 이들은 석공, 운전자, 공장 인부로 고용된다. 소년들, 소녀들 둘다 똑같이 이주하고 있다.

그들의 땅의 약 20%는 주로 옥수수나 콩을 경작하고 있다. 10% 가량은 pine을 경작하고, 나머지 70%는 pine과 Encino를 함께 경작한다. 그들은 지난 10년 넘게까지 담배를 가지고 있었지만 회사가 부도난 후에 시장을 가지지 못하게 되었다. 그들은 또한 Zempozuche(나는 이것을 메리골드라고 생각한다)를 얼마 동안 재배했다.

Comisariado는 300명의 가장들이 있고 그들 중 50%는 자기 소유의 yunta가 있다고 말해 주었다. 그들이 재배하는 평균 면적은 3헥타르이다. 그는 수확량의 추산량에 대해 말해주지 않았지만 Fernando는 다른 방법으로 정보를 기술적으로 획득했다. 결과적으로 그는 그들이 1헥타르당 40carga를 수확하고 이것은 1헥타르당 약 1500에서 2000킬로의 옥수수를 생산하고 300킬로의 콩을 생산한다고 어림잡게 되었다. 그들은 1킬로의 강낭콩부터 4킬로의 옥수수까지 무작위로 배치하여 경작한다. 300킬로의 콩은 한 가족의 일 년 식량이 되고 그들은 한 주에 56킬로의 옥수수를 소비하는 것으로 추정된다. Comisariado는 꽤 혼합된 사업을 하고 있는데 약 150마리의 양과 염소, 많은 닭들을 키우고 있다. 그가 말하기를 다른 사람들은 더 많은 수의 양과 염소를 키우고 있다고 한다. 그들은 외부에서 사들이지 않아도 될 만큼 충분히 많은 닭들을 지역 사회 안에서 키우고 있다. 그들이 외부에서 일감을 찾으면, 그들은 San pedro el Alto의 임업 사업에서 농장일꾼으로서 일하게 된다.

우리가 떠나기 전에, 우리는 우리를 도와준 세 명에게 점심을 샀다. 그 지역에는 테이블에 멋진 팔라파를 장식해 놓은 작은 식당이 있다. 그들은 닭요리와 소고기스테이크를 먹었다. 나는 거의 바삭바삭하게 구워진 소고기스테이크를 먹었다. Fernando는 닭요리가 더 맛있진 않다고 말했다. 그들 중 몇몇은 맥주를 마셨다. 그리고 나와 어떤 한 명은 메스칼주를 마셨다. 그들은 메스칼주는 지역 사회에서 만들어져서 Oaxaca의 인공적인 재료보다 더 좋다고 말했다. 우리가 지방자치 건물로 돌아갈 때, 우리는 마지막 인사를 했다. 그들은 우리들 각자에게 Oaxaca로 돌아가는 길 위에서 먹을 작은 복숭아들을 한 움큼 주었다.

1. 자신이 선택한 연구 현장에서 기록한 현장일지를 가지고 조별로 발표를 한다. 어떤 관점에서 현장의 경험과 사실, 기억을 어떤 방식으로 기술했는지를 이야기해 보자.

2. 이 책에서 제시된 다양한 현장일지의 양식 중에서 어떤 방법이 자신의 연구에 가장 적합했는지에 대해 이야기한다. 또한 기존의 양식과 달리 자신이 가장 편안하게 느낀 새로운 기록 방법이 있는지에 대해 고민해 보자.

3. 가장 믿을 수 없는 것이 인간의 오감이다. 그러한 점에서 연구 현장에서 떠나 버리고 난 후, 그 현상이 사라지고 난 후에 그 현장을 충분히 기억할 수 있게끔 연구자가 쓴 현장일지가 잘 만들어져 있는지 평가해 보자. 또는 동료 연구자가 읽었을 때 그 현장을 가 보지는 않았지만 충분히 잘 이해할 수 있을 정도로 잘 기록했는지 질문해 보자.

4. 현장일지 기록에 있어서 감정과 여러 가지 인간적 감성의 역할은 무엇인가? 그리고 특정한 사건과 경험에 대해 연구자가 갖게 되는 특별한 감정은 현장일지 쓰기와 해석에서 어떤 역할을 하는가? 연구자의 개인적인 느낌과 반성이 포함되지 않은 완벽한 형태의 묘사 중심의 현장일지는 어떤 점에서 문제가 있다고 생각하는지 발표해 보자.

Emerson, R. M. (2001). *Contemporary field research.* LA: University of California.

Emerson, R. et al., (1995). *Writing ethnographic fieldnotes.* Chicago: University of Chicago.

Holmes, R. M. (1988). *Fieldwork with children.* Thousand Oaks: Sage.

Lee, R. (1995). *Dangerous Fieldwork.* Newbury Park: Sage.

Marcus, G. E., & Cushman, D. (1982). Ethnographies as text. *Annual Review of Anthropology,* 11, 25-69.

Marcus, G. E. (1998). *Ethnography: through thick & thin,* New Jersey: Princeton University Press.

Simmons, H. W. (ed.)(1988). *Rhetoric in the human sciences,* London: Sage.

Wax, R. (1971). *Doing fieldwork.* Chicago: The University of Chicago Press.

Zinn, M. B. (1979). Field research in minority communities: Ethical, methodological and political observation by an insider. *Social Problems,* 27, pp.209-219

11

자료의 전사와 분석

이 장에서는 질적연구의 전사와 자료 분석에 대해 설명하고자 한다. "질적 자료 분석에는 아직 일정한 기준이 존재하지 않으며, 아직도 많은 것이 연구 대상으로 남아 있다."는 마일 즈와 휴버만(Miles & Huberman, 1994)의 지적처럼 질적 자료 분석에 대한 구체적인 방법에 대한 논의는 질적연구의 다른 연구 분야에 대한 탐구에 비해 느리게 진행되어 왔다. 또한 마샬과 로스만(Marshall & Rossman, 1988)은 질적연구의 자료 분석이 직선적이고 질서정연 한 방식을 통해 진행되지 않으며 자료를 분석하는 데 적용할 수 있는 하나의 '명확한, 말썽 의 여지가 없는' 방식이 존재하지 않는다고 강조함으로써 질적 자료 분석에 대한 개념화와 방법에 대한 탐색이 무척 어려운 작업이라는 점을 인정했다.

그러나 최근에 와서 질적연구자가 증가하고 수집된 자료를 어떻게 분석할 것인가에 대한 연구 관심과 문제 제기가 늘어나면서 질적 자료 분석에 대한 이 분야의 이론화와 방법론적 탐색 작업이 상당히 진척되고 있다. 그 결과 질적 자료를 분석하는 체계적인 방법이 개발되고 정련화되기 시작했다. 아울러 다양한 분석 방법이 연구자들에 의해 소개되고 연구에 적용되었다. 이에 이 장에서는 그러한 최근 연구 동향을 소개하면서 질적 자료 분석을 위해 연구자들이 알아야 하는 필수 지식과 기법을 설명하고자 한다.

1. 전사 작업의 개념

전사(transcribe)는 현장 작업에서 수집하거나 기록한 자료(손으로 쓴 관찰 내용, 녹음테이프 내용, 여러 가지 기록물, 현지 자료 등)를 추후 분석을 위해 깨끗하게, 체계적으로 새롭게 받아 적는 것을 뜻한다. 컴퓨터에 의한 자료 관리와 글쓰기가 보편화된 요즘 연구 문화를 고려해 볼 때, 전사는 현장에서 수집한 내용을 컴퓨터 파일에 입력하여 저장하고 새로운 형태로 변환하는 과정까지를 의미한다. 이 작업을 거쳐 나타난 현장의 기억을 그대로 담고 있는 말끔한 자료를 전사지(transcript)라고 한다.

연구자의 연구 작업이 바로 컴퓨터의 워드 작업으로 처리된다는 점에서 전사의 대상은 현장 작업을 통해 연구자가 획득한 모든 형태의 현장 자료이다. 즉 연구자가 관찰을 통해 기록한 관찰일지, 녹음을 통해 녹음한 녹음테이프, 연구 과정 중에 연구자가 얻게 된 여러 가지 생각, 느낌, 방법 모두가 해당한다. 또한 현장 참여관찰을 통해 수집한 현장에 관한 자료 역시 해당한다. 예를 들면 학생들의 일기, 공책 내용, 교사일지, 학생 작품, 학급 관리 경영록, 학교의 일 년 교육과정 지침서, 교사용 지침서, 교사의 학생 상담일지, 학생들의 포트폴리오 등 다양하다. 이 과정을 통해 체계화되어 있지 못하던(깨끗하지 못하고, 복잡해 보이고, 장황하고, 산만한, 중복되는, 때로는 읽기 어려운) 내용이 깨끗하고 체계적으로 정리되어 출력될 수 있다.

이 과정을 거쳐 전사지가 출력되면 연구자는 의미의 왜곡을 막기 위해 몇 가지 확인 작업을 거친다. 첫째, 표현에 문제가 되는 잘못된 정보를 찾아내어 고친다. 철자, 띄어쓰기, 여러 가지 표기법 오류를 교정한다. 둘째, 출력된 수많은 전사지 속에서 연구자가 혼란스럽지 않도록 전사지 나름대로 고유 명칭을 붙여 자료의 유지에 노력한다.

2. 전사 작업의 여러 가지 기능

전사 작업이 원 자료를 체계적으로 기록하고 재구성한다는 점에서 일차적 기능은 워드 작업의 역할을 한다. 그러나 이 전사 작업의 과정과 그 절차를 분석해 보면, 전사 작업은 기록 작업 이외에 여러 가지 기능을 가지고 있다. 그리고 그러한 기능은 질적 자료의 분석과 해석에 직접적으로 관련되어 있다는 점에서 분석 작업의 일부라고 평가할 수 있다. 이에 전사 작업은 단순한 타이핑 작업을 넘어선 고차원적인 사고와 상상력을 가져다주는 탐구 과정이라고 할 수 있다. 전사 작업의 여러 가지 기능을 소개하면 다음과 같다.

첫째, 깨끗하게 정리되어 출력된 전사지는 연구자에게 질적 자료 분석을 위한 차분한 의지와 욕구를 불러일으킨다. 갈겨쓴 또는 알아보기 힘든 자료가 흰 종이에 새롭게 정리된 자료로 바뀌면서 연구자는 이제 분석을 어떻게 할 것인가에 대한 지적 동기를 부여받을 것이다.

둘째, 무수히 많은 현장 자료를 쉽게 관리하고 찾아낼 수 있다. 관찰일지, 면담일지, 현장에서 획득한 자료를 범주에 맞게 정리해 놓음으로써 필요할 때 손쉽게 자료를 찾을 수 있다. 수북이 쌓인 자료 대신에 파일로 정리된 자료는 연구자에게 체계적인 자료 관리와 분석의 태도를 갖게 만들 것이다.

셋째, 현장에서 수집한 모든 자료를 안전하게 보관할 수 있다. 이제 원 자료를 분실하는 경우에 대체 자료로서 이 자료를 사용할 수 있다. 컴퓨터 파일에 저장하고 나아가 외장하드나 USB로 저장한다면 분실에 대한 걱정을 줄일 수 있다.

넷째, 비밀이 보장되어야 하는 자료를 비밀스럽게 간직할 수 있다. 타인이 보아서는 안 되는 자료를 자신의 공간에 기록하고, 컴퓨터에 비밀번호를 장치함으로써 타인이 기밀 자료를 읽지 못하도록 할 수 있다.

다섯째, 전사지 내용을 컴퓨터 편집 기능을 활용하여 자유롭게 변형할 수 있다. 다른 자료와 비교하고자 할 때 특정 자료를 잘라서 다른 자료 옆에 복사하여 나란히 비교할 수 있고 특정 내용을 인용하거나 결합하고자 할 때 편집 기능은 이러한 목적을 달성하는 데 도움이 된다.

여섯째, 연구에 필요한 만큼 출력하여 전사지를 사용할 수 있고 연구 참여자가 필요한 만큼 출력하여 제공할 수 있다. 과거의 수작업이 더 이상 필요하지 않다.

일곱째, 전사지를 필요로 하는 연구 참여자가 있거나 다른 장소에서 전사지를 받아 읽을 필요가 있을 때 인터넷을 통해 자료를 신속하게 송부할 수 있다.

여덟째, 전사 작업은 질적 자료의 훌륭한 분석 작업의 과정이다. 전사자는 원 자료를 워드 작업하면서, 무엇을 입력하고 입력하지 않을 것인지를 결정하는 과정에서 자료 분석 과정인 자료의 감소 작업에 참여하게 되고 자료의 표현 작업에 대한 창의적 생각을 갖게 된다. 이 많은 자료 중에서 필요 없는 전사 자료가 무엇이고, 어떤 전사 자료가 앞에서 전사한 어떤 자료의 내용과 유사하다든지, 이 전사 내용은 참으로 특별한 의미와 내용을 담고 있다든지 하는 자료의 분석적 감환 작업, 자료의 계속적인 비교와 대조 작업을 하면서 자료의 전체적인 종합에 대한 감각을 얻게 된다. 자료의 가치/무가치, 충분성/불충분성, 적절성/부적절성, 대표성/비대표성 등의 기준으로 전사지의 글을 전사하는 과정에서 평가하게 된다. 즉, 전사 작업은 또 하나의 훌륭한 분석 작업의 역할을 담당하는 것이다. 전사하는 동안, 글 내용을 머릿속에 담아서 읽어 나가는 동안, 연구자에게는 여러 가지 생각이 스치고 지나가게 될 것이다. 스쳐 가는 생각은 때로는 의미 없기도 하지만 분석에 필요한 의미 있는 아이디어를 가져다주기도 한다. 즉, 아이디어의 생성 작업을 불러일으킨다. 깨끗한 스크린에 수집된 자료를 들으면서 기록하는 작업은 연구자에게 데이터의 숨은 의미를 찾아 기술하고, 그 의미에 대한 학구적 이름을 주고, 바꾸고, 변경시키는 기능을 한다.

3. 전사 작업의 정치학

전사 작업이 현장에서 수집한 자료를 컴퓨터의 스크린으로 옮겨서 자료를 기록하는 작업이기는 하지만 이 작업 역시 연구 도구인 연구자에 의해 이루어지는 만큼 연구자의 개인적인 주관성이 어떻게 개입되는지를 이해하는 것은 매우 중요하다. 즉, 전사 작업이 현장의 자료나 이미지를 새롭게 기록하는 기록 작업이기는 하지만 또 다른 의미에서는 어떤 자료를 선택하여 전사하고 어떤 자료를 선택하지 않고 전사하지 않을지를 결정하는 작업이기 때문에 매우 정치적이고 주관적인 연구 작업에 해당한다. 그러한 점에서 현장에서 수집된 모든 자료가 전사되는 것은 아니며 연구자에 의해 취사선택되어 전사된다는 사실을 명심하는 것이 중요하다. 결국, 전사는 수많은 수집자료 중에서 연구자가 의미 있다고 판단되는 특정한 자료(이미지, 이야기, 현상 등)만을 기술하고 재구성하려는 한 개인의 의지가 반영된 매우 주관적인 표현 작업이라고 할 수 있다.

그러한 점에서 전사 작업의 다양한 방법을 이해할 필요가 있다. 첫 번째 방법의 전사는 현장에서 수집한 모든 원 자료를 그대로 베껴 내는, 즉 빠짐없이 수집된 모든 자료를 전사하는 것이다. 두 번째 방법의 전사는 먼저 연구자가 워드 작업을 할 자료와 워드 작업을 하지 않을 자료를 구분하고 이에 따라 전사 작업을 하는 것이다. 필요한 내용과 필요하지 않은 내용에 대한 연구자의 판단이 분석 이전에 개입된다. 세 번째 방법의 전사는 수집된 자료를 연구자의 목적에 맞게 재구성하는 방법을 말한다. 즉, 원 자료가 갖고 있는 여러 가지 문제점(방대함, 복잡함, 비체계적임 등)을 해결하고 연구 목적에 맞는 자료만을 효과적으로 선별하여 체계적으로 제시하기 위해 전사하는 과정에서 원 자료의 내용과 이미지를 재구성하는 방법을 말한다. 그 대표적인 예로, 일 년의 교육과정을 모두 전사하여 표현할 수 없기 때문에 전사자는 이 모든 내용을 한 장의 표나 도식으로 재구성하여 제시할 수 있다.

Green(1992)은, 독자들은 전사 작업의 이러한 정치적 특징을 인정하고서 연구자가 그려낸 재구성된 전사지를 읽을 때 다음과 같은 점에서 전사지의 내용을 해독할 수 있어야 한다고 했다.

전사지를 읽을 때 연구자의 초점

(1) 전사지에 어떠한 정보가 표현되어 있는가? 또는 어떠한 정보가 들어 있지 않은가?

(2) 전사지에 표현되어 있는 참여자들은 누구인가?

(3) 참여자들, 그들이 하고 있는 상호작용 속에 드러난 역할과 관계는 무엇인가?

(4) 그 상호작용은 어디에서 일어났는가?

(5) 그 상호작용은 언제 일어났는가?

(6) 참여자의 일상적인 삶 중에서 이 전사지에 드러난 대화나 상호작용은 언제, 어디에서 일어난 것인가?

(7) 전사자가 이 전사지를 전사하려고 하는 목적은 무엇인가?

(8) 참여자들의 상호작용이 갖는 행위의 목적은 무엇인가?

(9) 참여자들은 어떠한 형태로 참여하는가?

(10) 누구와 어떤 방식으로, 언제, 어디서, 어떤 결과를 위해 참여하는가?

(11) 참여자들에 의해 구성되는 주제는 무엇인가?

4. 질적 자료 분석의 개념

질적 자료 분석의 개념을 정의하는 것은 어려운 작업이다. 여러 학자들이 질적 자료 분석의 개념을 다양하게 진술했기 때문이다. 그 예로서 월콧(Wolcott, 1994)은 분석은 기술, 분석, 해석의 세 영역으로 나누어지며 질적 자료를 기준으로 놓고서 그 자료를 기술하는 차원, 분석하는 차원, 해석하는 차원의 세 가지로 구분했다. 그리고 그가 사용한 용어 '변형(transforming)'이 나타내는 것처럼 질적 자료 분석은 질적 자료(qualitative data)를 세 가지 차원에서 어떤 차원으로 변형하는가의 문제라고 설명했다.

월콧과는 달리, 레이더(Lather)는 자료 분석을 보다 확대해석하여 질적 자료의 글쓰기와 표현의 문제라고 했다. 그녀에 따르면 질적 자료 분석은 수집된 자료를 가지고서 이야기를 만드는 과정이기 때문에 연구자가 중요하다고 생각하는 연구 결과를 효과적으로 이야기로 만드는 작업이라고 설명했다. 그러한 점에서 자신의 방법론 수업 세 번째인 '질적 자료의 분석'의 부제를 'Writing and politics of representation'으로 칭했다. 즉, 사용 가능한 자료, 사용 가능하지 않은 자료, 가치 있는 자료, 가치 없는 자료, 더욱 의미 있는 자료, 덜 의미 있는 자료를 연구자가 읽고 판단하여 연구 문제에 적합한 자료를 엄선하고 체계화해서 이야기를 만드는 작업인 것이다. 이러한 이유 때문에 최근 질적연구의 주요 탐구 주제가 어떻게 질적 자료를 하나의 이야기로 만들거나 써나갈 것인가에 대한 '글쓰기와 표현'의 문제로 집중되고 있다(Ely, 2001; Richardson, 1990; Van Maanen, 1988). 또한 데이 (Dey, 1993)는 자료 분석은 자료가 가지고 있는 특징적인 주제와 의미를 잘 규명하고 도출하기 위해 주제적 요소를 중심으로 자료를 줄여 가면서 분석적 범주를 규명하고 관련시키는 작업이라고 정의하고 있다.

질적 자료 분석의 개념에 대해 합의된 개념이 없고 다양한 개념이 존재한다는 점에서 이 절에서는 여러 학자들이 정의한 '질적 자료 분석' 개념이 무엇인지를 소개함으로써 그 개념을 설명하고자 한다. 먼저 일련의 학자들은 질적 자료 분석을 수집한 많은 자료를 재검토하고, 요약하고, 다른 방법으로 입증해 보고, 양식을 살펴보고, 의미를 찾는 과정이라고 개념화했다(LeCompte & Schensul, 1999; Wolcott, 1994). 마샬과 로스만(Marshall & Rossman, 1988)은 질적 자료 분석은 수집된 자료에 일련의 질서, 체계, 의미를 부여하는 과정이라고 했다. 이러한 학자들의 논의를 종합해 보면 질적 자료 분석이란 연구자가 자료로부터 일련의 주제를 도출해 내는 일체의 과업이라 정의해 볼 수 있겠다.

5. 질적 자료 분석의 방법론적 특징

앞서 살펴본 것처럼 질적 자료 분석이란 일련의 절차나 방법이기보다는 질적연구의 철학적 방법론적 특징이 반영된 것이라 할 수 있다. 따라서 여기서는 질적 자료 분석의 특징을 방법론적 측면에서 살펴보도록 하자.

질적 자료 분석의 특징

양화된 자료가 아닌 언어적 자료 또는 문서화된 자료를 분석하고 연구의 목적이 기술과 이해라는 측면에서 질적연구에서의 분석은 양적연구와는 다른 특징을 갖는다. 그 특징은 다음과 같다.

첫째, 자료의 수집과 분석이 분리되지 않고 상호보완적으로 이루어진다. 양적연구의 경우 자료 수집이 끝나고 나면 분석이 시작되지만, 질적연구의 경우 자료 수집을 하면서 자료 수집을 한 후에 분석을 하고 분석이 끝난 후에도 추가 자료의 분석이 필요한 경우에는 자료를 수집하기 위해 현장 작업을 다시 한다. 이에 자료 분석은 계속적인 주제 찾기를 위해 현장 작업 시작부터 이루어지며 자료 수집이 진행되면서 분석 작업 역시 발달적으로 진화한다(Glaser & Strauss, 1967: 109; Miles & Huberman, 1984: 63). 자료의 분석은 연구 초기부터 시작되며 자료의 수집(면담, 관찰, 문헌 자료, 문화 유물, 현장일지 등)과 분석(수집한 자료로부터 의미를 생성하는 작업)은 계속해서 교차하며 반복적으로 일어난다. 자료의 수집과 분석, 분석 중에 생겨난 또 다른 개념을 분석하기 위해 자료의 수집과 분석을 반복한다. 그러한 특징을 반영하듯이 이 과정을 과정 분석(interim analysis)이라고 한다.

둘째, 질적 자료 분석은 반성적이고 예술적인 특징을 갖는다(Lincoln & Guba, 1985). 분석의 과정은 재미있으며(Goetz & LeCompte, 1984), 과학적 엄격함과 비과학적 통찰 사이의 절충과 보완의 과정으로 구성된다. 양적 자료 분석에서 시도하는 기계적이고 객관적인 분석 절차와는 달리, 연구자는 수집된 자료의 이야기 속에 숨겨져 있는 의미와 메시지를 찾아내기 위해 계속적인 사유와 반성을 적용하고 공감과 추론 작업을 해나간다. 이 과정 속에서 인간의 내면적 삶이나 생활세계를 찾아내기 위해 연구자가 자연, 세계, 인간에 대한 심도 있는 민감성과 감수성을 부여하는 태도를 갖는 것이 무엇보다 필요하다. 감정이입 능력, 끊임없는 상상력 등이 필요하다.

셋째, 양적 자료 분석에서 요구되는 탐구 기술과는 다른 탐구 기술이 요구된다. 수많은 자료 중에서 의미와 주제를 찾아서 그 주제를 부각시키는 언어와 은유의 생성 능력, 관련되지 않는 자료끼리 연관시키는 연합 능력, 그러한 주제의 생성과 발견을 독자에게 설득적으로 제시할 수 있는 글쓰기와 표현 능력 등이 상당히 요구된다. 즉 여러 가지 자료를 순서적으로 잘 배치하고 독자가 이해하기 쉽게, 독자를 설득할 수 있는 방식으로 자료를 제시하는 글쓰기 능력 역시 필요하다. 특히 질적 자료의 결과가 은유(metaphor)를 통해 표현된다는 측면에서 은유를 생성할 수 있는 능력은 매우 필요하다(Ely et al., 1997: 112).

질적 자료 분석의 원리

질적 자료 분석의 논리는 일반적으로 귀납적 추론의 원리로 대표된다. 즉, 자료를 분석하여 그 속에 드러나는 일반적, 공통적 성질을 찾아 그것을 기반으로 새로운 지식을 도출하는 것이 질적 자료 분석의 방법론적 기반이 된다. 하지만 이러한 귀납적 원리 외에도 질

적 자료 분석의 논리적 기반이 되는 몇몇의 원리들이 있기에 여기서는 이것을 살펴보도
록 한다.

개연적 삼단논법

개연적 삼단논법(abduction)은 쉽게 말해 어떠한 현상을 발견하고 그것에 대한 그럴듯한
설명을 가정한 후 자료들을 통해 그것을 확인하거나 변경하며 이론을 도출하는 논리적
추론이다. 이러한 개연적 삼단논법은 Peirce에 의해 과학적 지식을 발견하는 또 다른 추론
의 원리로 논의되었다(Lipscomb, 2012). 가추법 혹은 귀추법이라고도 불리는 개연적 삼단
논법은 그 논리의 형식에서 다음과 같이 귀납, 영역과 비교할 수 있다.

연역, 귀납, 개연적 삼단논법(Tavory & Timmermans, 2014)

연역법	모든 A는 B이다. C는 A이다. 따라서 C는 B이다.
귀납법	관찰된 모든 A는 C이다. 따라서 모든 A는 C이다.
개연적 삼단논법	놀라운 사실 C가 관찰되었다. 하지만 A가 진실이라면, C는 당연할 것이다. 따라서 A가 사실이라고 생각하는 것은 타당하다.

즉, 개연적 삼단논법은 어떠한 현상에 대해 그 보이지 않는 원인과 효과, 그리고 이전
의 유사한 다른 현상들을 염두에 두며 새롭게 관찰되는 현상을 다른 현상과 관련되는 것
으로 받아들이며, 그것과 관련된 보이지 않는 원인이나 효과가 있다거나 혹은 이전의 다
른 현상들과 유사하다는 측면에서 그것을 살펴보는 추론 형태라고 할 수 있다. 또한 'A'가
사실 이전에 가정되지 않는다는 측면에서 연역법과 대조되고, 관찰 이전에 가정되지 않
는 다는 측면에서 귀납법과 대조된다고 할 수 있다(Tavory & Timmermans, 2014).

차마즈(Charmaz, 2006)는 근거이론의 특수한 형태의 추론 방식으로 개연적 삼단논법
에 대해 논의한 바 있는데, 그녀는 이러한 개연적 삼단논법이 '자료에 대한 검토에서 시작
하는 추론의 형태'로 먼저 자료를 확인하고 그러한 자료에 대한 모든 가능한 설명을 포함
시킨 후, 또다시 자료를 통해 그 중 관찰한 자료를 가장 잘 설명하는 해석에 도달할 때까
지 가설을 변화시켜 가는 추론 방식이라 논의한 바 있다. 즉, 개연적 삼단논법은 가장 그

럴듯한 설명에 도달할 때까지 실제 세계와 가설을 오가며 이론을 발전시키는 일련의 추론 방식이다.

글레이서(Glaser, 1978)는 자료의 분석과 가설 수립과 그 가설의 확인이라는 일련의 분석 절차에 대해 논의한 바 있는데, 이러한 그의 논의는 질적 자료 분석에서의 개연적 삼단논법이 분석의 논리로 적용되어야 함을 밝힌 것이라 할 수 있다. 이에 대해 차마즈(2006)는 근거이론에서의 이론적 추적은 경험에 기반하여 추론한 다음, 추가적 경험을 통해 이를 확인하는 과정을 통해 이루어진다고 논의하며 자료에 기반한 가설 형성과 자료를 통한 가설의 확인을 논의한 바 있다.

이러한 학자들의 논의를 종합해 볼 때, 질적 자료 분석의 논리로서 개연적 삼단논법은 자료를 통해 가설을 형성하고 그 가설을 자료를 통해 확인하며 그 가설을 지속적으로 변화, 수정하며 설득력 높은 이론으로 발전시키는 일련의 과정이라 할 수 있다. 이에 따른다면 질적연구자는 자료 분석을 통해 자료와 가설을 지속적으로 오가며 가설의 타당성을 확보하고 그것을 이론의 수준에까지 이르게 하는 노력이 필요할 것이다.

분석적 귀납

분석적 귀납(analytic induction)은 현상과 그 현상을 설명하는 가설을 확인하고 자료에 대한 분석을 통해 현상과 가설을 지속적으로 수정하며 이론을 도출하는 분석의 원리이다. 이 분석적 귀납은 사회학에서 이론을 발전시키는 하나의 분석 원리로 즈나니에키(Znaniecki, 1934)에 의해 논의되기 시작했다. 분석적 귀납은 귀납법에 비해 가설의 범위를 벗어나는 사례에 주목하는데, 왜냐하면 이러한 예외를 통해 좀 더 포괄적인 설명을 구성하려 하기 때문이다. 로빈슨(Robinson, 1951)은 예외를 통한 가설과 현상의 수정이라는 분석적 귀납의 일련의 과정을 좀 더 분명하게 논의하고 있는데, 이를 정리하면 다음과 같다.

분석적 귀납의 과정(Robinson, 1951)

(1) 설명 대상인 현상에 대한 대략적인 정의가 구성된다.
(2) 그 현상에 대한 가설적 설명이 구성된다.
(3) 가설이 사례를 설명할 수 있는지에 대한 관점으로 하나의 사례가 연구된다.
(4) 만약 가설이 사례에 부합하지 않는다면 가설을 재구성하거나 현상을 재정의한다. 그리고 이를 통해 그 사례를 제외한다.
(5) 적은 수의 사례를 살펴본 후 실제적 확실성을 획득할 수도 있다. 하지만 연구자 혹은 다른 연구자가 그 설명을 반증하는 발견을 한다면 가설을 재구성한다.

(6) 사례를 점검하는 위와 같은 과정, 즉 현상을 재정의하고 가설을 재구성하는 것은 일반적 관련성이 확립될 때까지 지속된다. 각각의 부정적 사례는 재정의와 재구성을 요구하는 것이다.

즉, 분석적 귀납은 설명되어야 할 현상을 정의하고 그 현상을 설명할 수 있는 가설을 구성하는 것에서 시작해 그 가설에 부합하지 않은 사례가 발견될 때마다 현상을 재정의하고 가설을 재구성하는 과정을 통해 일반적 관련성의 확인으로 나아가는 분석의 과정이라 설명할 수 있다. 이와 관련하여 로빈슨(1951)은 분석적 귀납에서 발견되는 두 가지 변형에 대해 논의한 바 있는데, 그에 따르면 그것은 가설의 변형과 현상의 변형이며 이러한 변형은 부정적 사례가 발견될 때 이루어진다. 가설의 변형은 부정적 사례를 포함하기 위해 가설을 변형하는 것이고, 현상의 변형은 부정적 사례를 제외하기 위해 변형하는 것이다(Robinson, 1951).

예를 들어 한 연구자가 '청소년의 흡연'이라는 현상을 설명하기 위해 '청소년은 금단 현상 때문에 흡연을 지속한다.'라는 가설을 설정했다고 생각해 보자. 만약 연구자가 가설에 부합하지 않은 사실, 예를 들어 몇몇의 학생이 금단 현상보다는 자신의 우월함을 어필하기 위해 흡연을 한다는 사실을 발견한다면 연구자는 위의 두 변형 중 하나의 변형을 통해 이 부정적 사례를 해결해야 한다. 이때 가설을 수정한다면 이 사례를 가설에 포함시킬 수 있다. 즉 가설을 '청소년은 금단 현상과 자신의 우월감을 드러내기 위해 흡연을 지속한다.'로 변경하면 부정적 사례가 가설에 포함된다. 반대로 현상을 수정한다면 사례를 현상에서 제외할 수 있다. 만약 현상을 '원치 않는 청소년의 흡연'이라고 재정의한다면 그 사례는 설명되어야 하는 현상 자체에서 제외되는 것이다. 이러한 현상의 변경과 관련하여 해머슬리(Hammersley, 2010)는 베커(Becker)의 'Becoming a Marihuana User'의 예를 제시하고 있다. 그에 따르면 베커는 처음에 '사람들이 어떻게 마라화나 사용자가 되는가?'에 대한 연구를 시작했으나, 즐거움이 아닌 단지 자신이 다른 사람들과 다른 사람이라는 것을 드러내기 위한 하나의 도구로 마라화나를 사용한다는 사실을 발견하고 연구되는 현상을 '사람들이 어떻게 즐거움을 위해 마리화나를 사용하게 되는가?'로 재정의함으로써 즐거움 외의 목적으로 마라화나를 사용하는 사람들을 현상에서 제외했다.

종합해 보면 분석적 귀납이란 현상과 가설에서 시작하여 반대사례에 주목하며 지속적으로 현상과 가설을 재정의하는 활동을 통해 하나의 일반적 사실에 다가서는 추론의 원리라고 할 수 있다. 전체적으로 보면 앞서 살펴본 개연적 삼단논법과 유사한 형태를 보이지만 자료 이전에 현상에 대한 정의와 가설이 구성된다는 점에서 차이가 있다고 할 수 있다.

6. 질적 자료 분석의 절차

위에서 언급한 바와 같이 질적 자료 분석이란 단순한 절차 및 방법의 문제라기보다는 질적연구의 방법론적, 철학적 기반을 토대로 자료로부터 의미를 이끌어 내는 과정이다. 따라서 이러한 과정을 일련의 절차나 과정으로 규정화하는 것은 연구의 유연성을 강조하는 질적연구의 성격에 모순되는 것이라고도 할 수 있다. 하지만 질적연구를 처음 시도하는, 혹은 질적연구에 대한 이해가 다소 부족한 연구자들에게는 이러한 질적 자료 분석의 절차화가 그들의 이해를 돕는 데 도움이 될 것이다. 따라서 여기서는 여러 학자, 그리고 질적연구 전통의 분석 절차를 살펴보고 이에 따라 질적 자료 분석의 포괄적 분석 절차를 살펴보도록 한다.

질적 자료 분석 절차에 대한 논의

질적 자료 분석의 절차들에 대해서는 각 질적연구 전통별로, 또한 학자별로 다양한 논의를 진행해 오고 있다. 그렇다면 여기서는 이러한 논의들을 살펴보고 이 속에 들어 있는 분석의 원리와 공통 요소들을 살펴보도록 하자.

　연구방법론의 측면에서 대표적인 분석 절차는 근거이론, 문화기술지, 현상학적 질적연구의 분석 절차라고 할 수 있다. 그 중에 근거이론의 분석 절차를 먼저 살펴보도록 한다. 스트라우스와 코르빈(Strauss & Corbin, 1998)의 분석 절차는 국내에서 가장 널리 알려진 근거이론 분석 절차라고 할 수 있다. 이들은 크게 '개방 코딩(open coding)', '축 코딩(axial coding)', '선택 코딩(selective coding)'의 일련의 절차를 제시하고 있는데 '개방 코딩'은 자료로부터 개념을 추출하고 이러한 개념을 중심으로 범주(categories)를 도출하는 단계, '축 코딩'은 추출된 범주들 사이의 관계에 따라 연결하는 단계, '선택 코딩'은 이러한 분석의 결과 이야기의 윤곽을 잡는 단계라고 할 수 있다.

　글레이서(Glaser, 1987)는 그의 저서 ≪Theoretical Sensitivity≫에서 분석 절차를 크게 '실제적 코딩(substantive coding)'과 '이론적 코딩(theoretic coding)'으로, 실제적 코딩은 다시 '개방 코딩'과 '선택 코딩'으로 나누어 제시하며, 결과적으로 '개방 코딩', '선택 코딩', '이론적 코딩'의 단계들을 제시하고 있다. 이 단계들은 각각 자료에 코드를 부여하며 범주를 형성하는 단계, 핵심 범주를 선택하는 단계, 코드와 범주를 통합하며 이론을 발전시키는 단계로 설명될 수 있다.

　차마즈(2009)의 논의도 위의 근거이론 학자들과 유사한 단계를 제시하고 있는데, 그녀는 분석 단계로 '초기 코딩', '초점 코딩', '축 코딩', '이론적 코딩'을 제시하고 있다. 이 단계에 따르면 연구자는 개념을 찾아 코드를 부여하고, 코드를 중심으로 범주들을 발견하고, 핵심 범주를 중심으로 범주를 규합하고, 범주들을 연결하여 이론을 도출한다.

문화기술지의 대표적인 학자로는 스프래들리(Spradley, 1980)를 들 수 있다. 그는 저서 ≪Participant Observation≫을 통해 일련의 분석 절차를 논의한 바 있는데, 그것은 크게 '영역 분석', '분류 분석', '성분 분석', '주제 분석'의 단계로 요약될 수 있다. 영역 분석은 개념들 사이의 '의미론적 관계'에 주목하며 문화적 영역을 확인하는 단계로서, 자료 속에 들어 있는 개념들을 묶어 그 개념들로 이루어진 하나의 영역을 발견하는 단계라고 할 수 있다. 분류 분석은 영역 분석을 통해 발견한 문화적 영역에 내재하는 하위 문화적 범주나 개념을 분류하는 단계, 성분 분석은 범주나 개념 속의 속성과 그 속성의 정도를 분석하는 단계, 주제 분석은 앞선 분석의 과정을 통해 하나의 문화적 주제를 도출하는 단계라 하겠다.

마지막으로 현상학적 분석 절차를 살펴보자. 현상학적 분석 절차에 대해서는 지오르기(Giorgi), 콜라이지(Colaizzi), 반 캄(van Kaam), 무스타카스(Moustakas), 워츠(Wertz) 등이 논의한 바 있는데(Crotty, 1996; Moustakas, 1994; Wertz, 2011), 여기서는 워츠(2011)의 논의를 중심으로 살펴보도록 한다.

워츠(2011)의 현상학적 분석 절차는 크게 '반복적으로 읽으며 의미 단위 파악하기', '의미 단위별로 분류하기', '분류된 자료 읽으며 성찰하고 기술하기', '성찰과 기술 과정에서 주제 파악하기', '주제를 묶어 전체적인 주제 구조 파악하기'로 나타낼 수 있다. 이러한 과정을 풀어서 나타내면 다음과 같다. 첫째, 연구자는 자료를 반복적으로 읽으면서 자료의 각 부분들이 내포하고 있는 주제나 의미를 파악한다. 둘째, 의미 단위별로 자료를 분류하고 병합한다. 셋째, 분류된 자료를 반복적으로 읽고 그것에 대한 분석적 기술을 작성한다. 넷째, 이러한 과정을 통해 직관적으로 주제를 발견한다. 다섯째, 주제들을 연관 지어 하나의 의미 구조를 도출한다.

위와 같이 방법론적 측면에서뿐만 아니라 몇몇의 학자들에 의해 논의된 질적 분석 단계에 대해서도 살펴보도록 하자. 마일즈와 휴버만(1984)은 ≪Qualitative Data Analysis: An Expended Sourcebook≫에서 자료 수집 기간 동안의 체계적 분석 절차를 3단계(자료 감환 → 자료 전시 → 결론 도출/확인)로 제시했다. 자료 감환(reduction)은 현장일지나 전사본에 나타난 자료를 선택하고, 초점을 두고, 단순화하고, 요약하고 변형하는 과정을 말한다. 자료 전시(display)는 결론을 도출하기 위한 조직되고 압축된 정보의 조합인데, 무엇이 발생하고 있는지에 대한 이해, 연구자로서 무엇을 할 것인지에 대한 방향을 제공한다. 자료 전시의 형태로는 텍스트, 매트릭스, 그래프, 차트, 네트워크 등이 있다. 결론 도출 및 확인은 사물과 현상에 대한 의미를 결정하는 단계이며, 분석 결과에서의 규칙성, 패턴, 설명, 가능한 형태, 인과적 흐름에 주목한다. 이러한 마일즈와 휴버만(1994)의 분석 단계를 정리하면 다음 표로 나타낼 수 있다.

마일즈와 휴버만(1994)의 자료 분석 활동

단계	활동
1. 자료의 감환	자료의 선정과 응축, 범주화, 주제로 세분화
2. 자료의 전시	자료가 의미하는 바를 잘 나타내기 위해 추린 자료를 다이어그램, 그림, 시각 형태로 표현, 결론 도출을 가능케 하는 정보를 조직적, 응축적으로 배열
3. 결론의 도출	배열된 자료로부터 의미를 도출

이러한 마일즈와 휴버만(1994)의 분석 단계는 앞에서 살펴본 월콧(1994)이 제시한 3단계 분석 절차(기술-분석-해석)와 유사하다. 즉, 자료 감환은 기술, 자료 전시는 분석, 결론 도출/확인은 해석에 해당한다고 볼 수 있다. 이들이 제시한 분석 절차의 특징은 자료 수집이 자료의 감환, 전시, 결론 도출/확인 작업에 지속적이며, 상호작용적으로 영향을 미친다는 점이다.

한편 크레스웰(Creswell, 2007)은 질적 자료 분석이 기성품이 아니라, 동시적이고 상호작용적으로 구성된다는 입장에서 나선형 분석 단계를 제시했다. 즉, 그는 자료 수집, 자료 분석, 그리고 보고서 작성의 과정이 별개의 단계가 아니며, 서로 연결되어 동시적으로 진행되고(Creswell, 2007), 연구자의 '3I(insight, intuition, impression)'에 의존하는 경향이 있다고 보았다(Dey, 1993). 크레스웰(2007)은 처음에 5단계의 분석 절차(텍스트 자료 읽기 → 특수한 세그먼트 밝히기 → 세그먼트 명명하기 → 범주들 사이의 겹치거나 중복적인 범주 줄이기 → 범주들을 모을 수 있는 하나의 모델 개발하기)를 제시했고, 이후에 이를 나선형 분석 4단계로 특징화했다(Creswell, 2009). 이 단계들은 '자료 관리', '반복적 읽기/메모하기', '기술/분석 해석', '자료의 제시 및 시각화'이다. 이것들을 간략하게 설명하면, '자료 관리'는 텍스트나 이미지를 적절하게 텍스트 단위로 전환하는 것이며, '반복적 읽기/메모하기'는 전사본을 여러 번 읽은 후, 전체 자료를 파악한 상태에서 현장일지나 인터뷰 전사본, 사진 등에 분석적 메모를 작성하는 단계이다. '기술/분석 해석'은 이전 단계에 기초하여 코딩과 범주화 그리고 주제, 개념 등을 생성하는 단계이다. 마지막으로, 자료 제시 및 시각화는 연구 결과를 텍스트, 그림, 비교표, 매트릭스, 가설이나 명제 진술, 은유 등으로 제시하는 단계이다.

듀이(1993)는 접근 가능한 실용적 접근으로서 9단계의 분석 절차를 제시했는데, 그것은 '연구 질문 혹은 연구 목적에 대한 초점', '자료 관리', '자료 읽기와 주석 달기(분석적 메모)', '자료 범주화(범주 생성, 범주의 배정, 범주 쪼개기와 묶기)', '자료 연결하기', '범주 연결하기(결합하기와 연결하기, 개념적 지도와 매트릭스 사용)', '증거 확증하기', '하나의 이야기 만들기' 이다.

질적 자료 분석에 관한 방법론별, 학자별 논의를 살펴보면 그들의 논의에는 질적 자료 분석의 공통 요소들이 포함되어 있음을 확인할 수 있다. 따라서 다음에서 이러한 공통 요소들을 중심으로 질적 자료 분석의 포괄적 분석 절차를 논의해 보고자 한다.

7. 실용적 절충주의에 기초한 포괄적 분석 절차

위에서 살펴본 다양한 분석 절차는 특정한 연구방법론에서 한 걸음 물러나 질적 자료 분석을 포괄적으로 조망할 수 있는 종합적 시야를 제공했다. 그러나 그들이 제시한 분석 절차는 상호 중첩되거나 상이한 부분이 교차하고 있다. 따라서 여기서는 위에서 살펴본 분석 절차를 실용적 절충주의 입장에서 종합하여 다음과 같은 '포괄적 분석 절차'를 구안했으며 그 절차는 다음 표와 같이 나타낼 수 있다.

실용적 절충주의에 기초한 포괄적 분석 절차

단계	관계	분석 절차	세부 내용
1단계	↕	자료 읽기/정리	자료의 반복적 읽기와 자료 정리
2단계	↕	분석적 메모 쓰기	연구자의 통찰과 반영성
3단계	↕	1차 코딩	코딩을 통한 코드와 범주의 초기 생성
4단계	↕	2차 코딩	추가적 코딩을 통한 새로운 코드와 범주의 관계 파악
5단계	↕	3차 코딩	최종적 코딩을 통한 범주들의 통합 및 문화적 주제 발견
6단계	↕	연구 결과 재현	시각적 모형, 이론 제시, 명제 제시, 표, 그림, 내러티브

위의 6단계 분석 절차는 표면적으로는 선형적이고 순차적인 단계로 구성되어 있다. 하지만 포괄적 분석 절차의 메커니즘은 내부적으로 순환적이고, 반복적이며, 연역과 귀납

의 논리를 오가며 질적 자료를 정제하는 개연적 삼단논법(abduction)에 기초한다. 여기서 말한 '개연적' 이란 잠정적이고 임시적이며 그럴듯한 논리적 특징을 의미한다. 1단계인 자료 읽기 및 정리는 수집 혹은 전사된 자료를 반복적으로 읽으면서 연구 질문의 해결을 위한 분석적 민감성을 높이고, 다양한 질적 자료를 정량화, 분류, 저장하는 작업을 말한다. 2단계인 분석적 메모 쓰기는 이전 작업인 자료 읽기 및 정리와 이후 작업인 코딩 및 연구 결과 재현 작업에서 발생한 연구자의 통찰과 반영성을 메모하는 작업이다. 그리고 3~5단계로서의 1~3차 코딩은 코드와 범주들 사이의 지속적인 비교 분석을 통해 최종적으로 하나의 문화적 주제나 이론을 생성해 가는 과정이며, 연구 결과의 재현은 최종적인 연구 결과를 시각적 모형, 이론, 명제, 표, 그림, 내러티브 등으로 제시하는 글쓰기를 의미한다. 그러면 다음에서 이러한 절차에 대해 좀 더 자세히 논의해 보도록 하자.

자료의 읽기 및 정리

자료의 읽기와 정리는 연구자가 수집한 자료를 정리하고 이것을 반복적으로 읽으며 그 안에 내재되어 있는 의미를 찾아가는 단계로 너무도 당연한 단계에 해당하기에 여기서는 이것에 대해 자세히 논의하기보다는 앞서 설명한 전사에 대해 좀 더 논의하기로 한다.

전사 작업(transcribing)은 질적 자료 분석의 첫 단계이다. 이 단계는 수집된 자료를 컴퓨터 파일에 깨끗하게 정리하여 기록하고 저장하는 작업으로서 가장 기초적인 분석 단계에 속한다. 단순히 글을 옮긴다는 의미가 아니라 이 과정에서 여러 가지 분석 아이디어가 도출되고 발달한다는 측면에서 분석적 의미를 갖는다.

전사는 질적 자료 분석의 주요한 한 과정으로서 자료의 기록과 저장 역할을 한다. 전사는 현장 작업에서 수집하거나 기록한 자료(손으로 쓴 관찰 내용, 녹음테이프 내용, 현장 자료)를 후속의 분석을 위해 깨끗하고 체계적으로 기록하는 것을 말한다. 컴퓨터에 의한 자료 관리와 글쓰기가 보편화된 현재의 연구 문화를 고려해 볼 때 전사는 수집한 내용을 컴퓨터 파일에 입력하여 저장하는 활동까지를 말한다. 간단하게 설명해, 만약 자료가 음성 녹음이라면, 전사는 녹음한 것을 듣고 테이프에서 이야기된 것을 워드프로세스 파일로 만드는 것이다. 이 전사 과정이 분석 작업에서 중요한 이유는 다음과 같다.

첫째, 분석 대상인 모든 자료를 공식적으로 기록하고 파일에 저장함으로써 자료를 보관할 수 있는 안전성이 확보된다. 둘째, 타인이 보아서는 안 되는 자료를 연구자 자신만이 접근 가능한 장소에 간직할 수 있는 기밀 유지성을 위해 필요하다. 셋째, 후속 분석의 과정(주제와 의미 찾기)에서 편집을 자유롭게 할 수 있는 간편성과 경제성(특정 자료를 잘라서 다른 자료와 비교하고 분석하고자 할 때, 특정 내용을 인용하고자 할 때, 특정 내용을 복사할 필요가 있을 때 등)이 확보된다. 넷째, 원하는 양만큼 계속 출력하여 사용할 수 있는 용이성이 확보된다. 다섯째, 전사하는 과정 자체가 하나의 훌륭한 분석의 과정(자료와의 계속적인 상호작용을 통한 분석 아이디어의 생성과 발전)이 된다.

관찰일지인 경우 정리가 잘 되었다면 컴퓨터 파일에 다시 저장할 필요 없이 복사하여 쓰면 되나 면담 내용은 반드시 전사하는 것이 필요하다. 이때 전사의 양이 지나치게 많은 경우 시간 절약 측면에서 연구 보조자의 원조를 받는 것이 효과적이다. 전사 과정이 끝나면 연구자는 저장된 자료를 출력해 본 다음 의사소통의 문제가 있을 수 있는 틀린 글자, 띄어쓰기 등에 대한 글자 편집, 원문에서 생략된 내용을 보완한 다음 전사 과정을 마무리한다. 이 과정에서 효과적인 자료 관리(인출, 저장), 기초적인 분석(범주화와 요약) 작업을 위해 필요한 질적 자료 관리와 분석용 컴퓨터 소프트웨어를 사용할 것인지를 결정할 필요가 있다. 미국과 유럽에서는 다양한 질적 자료 분석용 소프트웨어가 개발되어 학생들의 연구에 대중적으로 이용되고 있으며, 우리나라에도 최근 질적 자료 분석 프로그램인 '파랑새'가 개발되어 질적연구자의 자료 관리와 분석에 도움을 주고 있다.

분석적 메모 쓰기

분석적 메모(analytic memo)란 분석 과정에서 연구자가 가진 반성과 성찰 등을 메모의 형식으로 기록한 것을 말한다. 질적 자료 분석 과정에서 분석적 메모 작성이 중요함에도 불구하고, 국내의 연구자들은 분석적 메모 쓰기의 중요성을 간과하는 측면이 없지 않다. 분석적 메모 쓰기는 비록 원 자료에 대한 직접적인 코딩의 분석 기법은 아닐지라도, 범주와 속성을 포함시킴으로써 이론 생성의 중심이 된다(Glaser & Strauss, 1967). 분석적 메모 쓰기의 목적은 코딩 과정과 코드 선택에 대한 연구자의 반성과 보고이다(Saldaña, 2009). 즉 연구자는 분석적 메모 작성을 통해 분석의 과정이 어떻게 패턴, 범주, 하위범주, 주제 혹은 개념을 생성했는지에 주목한다. 분석적 메모는 연구자가 자료에 대해 스스로 대화하는 장소이며, 분석 및 해석의 과정에서 중요한 역할을 한다. 분석적 메모 쓰기는 자료 분석을 위한 효과적인 전략이며, 연구자의 사고를 추적하고, 연구 질문에 답하는 최종적 개념화와 이론 형성에 도움을 준다(Miles & Huberman, 1994). 즉, 연구자의 분석 과정에서 메모를 작성함으로써 자신이 무엇을, 왜 분석하는지에 대한 반영성을 추구하며, 어떠한 사고 과정으로 패턴, 범주, 하위범주, 주제, 개념이 생성되는지를 추적할 수 있다(Merriam, 2009).

스리바스타바와 호프우드(Srivastava & Hopwood, 2009)의 견해에 따르면, 자료 분석에서 파생된 패턴, 주제, 그리고 범주들은 자생적으로 생겨난 것이 아니라, 연구 질문, 이론적 얼개, 연구자의 주관적 관점, 연구자의 인식론적 및 존재론적 위치, 직관적인 연구 현장의 이해에 기초한다. 따라서 질적 자료 분석은 분석 절차의 객관적인 연구 현장의 이해에 기초한다. 따라서 질적 자료 분석은 분석 절차의 객관적인 적용이기보다는 고도의 반영적인 과정이다. 또한 분석적 메모를 통한 반영적 분석은 통찰을 촉발하고 의미를 개발하는 데 핵심적인 요소이다. 분석적 메모를 통한 반영적인 반복은 자료 분석의 심장에 해당하며, 새로운 통찰과 정련된 초점과 이해를 이끈다(Srivastava & Hopwood, 2009).

연구자가 이러한 분석적 메모를 작성할 때 염두에 두어야 할 지침을 제시하면 다음과 같다(Saldaña, 2009). 첫째, 연구자는 탐구하고자 하는 연구 참여자들 및 현상에 대해 연구자 자신이 어떠한 방식으로 관여되어 있거나 개입되어 있는지를 성찰해야 한다. 즉, 연구자는 자신과 탐구하고자 하는 대상 사이의 상호작용적 관계를 심사숙고하고, 참여자들의 내부적 관점과 세계관을 이해하기 위해 그들의 진솔한 이야기에 공감하고, 감정이입을 해야 한다. 둘째, 연구자는 메모 작성을 통해 자신이 최초 설정한 연구 질문을 성찰하고, 그것의 수정과 변화 과정에 대해 글쓰기를 해야 한다. 셋째, 연구자는 참여자들의 일상적인 언어 사용과 연구자 자신이 선택하거나 생성한 코드의 관계와 차이에 대해 성찰하고, 그것에 대한 글쓰기를 해야 한다. 넷째, 연구자는 질적 자료 분석에서 새롭게 생성된 패턴, 범주, 주제 혹은 개념을 논리적으로 검토하고, 코드, 패턴, 범주, 주제와 개념 사이의 개념적 네트워크(연결, 결합, 겹침, 흐름)를 반성적으로 살펴야 한다. 다섯째, 연구자는 새롭게 생성된 개념이나 주제를 기존의 사회이론이나 선행연구에 연결함으로써 자신만의 차별적인 연구 결과를 기술해야 한다. 여섯째, 연구자는 연구의 과정과 결과에서 비롯된 개인적 혹은 윤리적 딜레마를 성찰하고, 그것에 기초하여 후속연구를 위한 방향성과 전망을 제시해야 한다. 마지막으로, 연구자는 지속적으로 생성되는 추가적인 분석적 메모를 검토하고, 그것을 최종적인 보고서에 기술해야 한다.

스미스, 플라워와 라르킨(Smith, Flower, & Larkin, 2009)은 이러한 분석적 메모와 유사한 개념으로 '초기 논평(initial comment)'에 대해 언급하고 있는데, 이러한 초기 논평의 유형으로 '기술적 논평(descriptive comment)', '언어적 논평(linguistic comment)', '개념적 논평(conceptual comment)', '해체(deconstruction)'를 언급하고 있다. 그들은 이러한 논평에는 일정한 형식이 없으며 개방적인 태도로 연구자의 흥미를 일으키는 것이라면 어떤 것이든 기록할 것을 제안하고 있다. 그렇다면 이러한 분석적 메모가 구체적으로 어떻게 이루어지는지 예를 통해 살펴보도록 하자.

살다냐(Saldaña, 2009)는 자신의 연구에서 연구 문제와 관련된 회고의 분석적 메모를 다음과 같이 기술했다.

2007년 11월 17일
문제: 연대기 상자 밖에서 생각하기
나 자신이 전통적인 인간발달 스키마에 갇혀 있다는 사실을 알게 되었다. 초기 아동기, 중기 아동기, 성인, Barry의 인생궤도는 초등, 중등, 그리고 고등학교와 같은 구식의 유형으로 범주화될 수 있다. 이것이 잘못되었다고 말하고 싶은 것은 아니지만 Barry의 삶을 구상하는 데 단계별로 구분이 되는 체제를 생각해야 한다. 처음부터 우리는 우리 삶의 일부를 '초등학교 시절', '고등학교 시절' 등에 귀착시켰다. 학년에 상관없이 지금까지 찾은 것을 '전환점' 또는 '이정표'로 나눌 것이다(Saldaña, 2009).

위의 분석적 메모에서 살다나(2009)는 자신이 자료를 분석하는 과정에서 자신이 가지고 있는 인간발달에 대한 선입견이 연구 참여자의 삶을 바라보는 데 방해가 되고 있음을, 연구 참여자의 삶을 제대로 보기 위해서는 그런 것을 버리고 다른 기준으로 바라보아야 함에 대한 분석적 메모를 작성했다.

또한 연구 과정에서 연구자가 겪는 어려움에 대한 내용도 분석적 메모의 한 유형이 될 수 있다. 다음의 예를 살펴보자.

분석적 메모: 2000. 1. 5.
자료를 반복적으로 살피고 조사를 하는 동안, 나는 이러한 것들이 잘 짜인 몇몇의 다발로 묶여질 수 없을 수도 있다는 것을 인정하기 시작했다. 어쩌면 이 분석이 향해야 할 방향이 아닐 수도 있다. 나는 조금 어렵더라도 이것들을 정리할 수 있을지 알아보기 위해 나의 질적연구 멘토인 Margot Ely(1991, 1997)와 이야기를 나눌 것이다.

어쩌면 넓은 범위를 따라 나의 각 장들에 제목을 붙일 수 있을지도 모른다. 긍정적인 사람들, 부정적인 사람들, 긍정적 행위들과 중재들, 부정적 중재와 행위, 제한 그리고 자아 붕괴로 말이다. 그 후 개별 연구 참여자들에게 내가 생각하고 있는 그들의 치료 경험의 주요한 단위들에 대해 이야기할 수 있을 것이다.

이 방법 이외에는 다른 수가 없다. 그리고 이것이 만약 받아들여지지 않는다면, 나는 모든 것이 그냥 흘러가게 두어야 할 것이다. 이 자료 안에 무엇이 있다는 것을 알고 있다. 나의 연구 참여자들이 나에게 말한 것을 알고 있다. 그들은 도움이 되는 무언가에 대해 다른 식으로 이야기하고 있다. 물론, 내가 묻는 질문에 답할 방법이 없다는 것을 안다. 하지만 나는 어떤 주제가 도출되길 바란다.

그렇다. 몇몇의 주제는 있다. 하지만 내가 그것을 가지고 단위를 만들 수 있을지 모르겠다. 오 이런. 내일도 분석을 지속해야 한다. 어쩌면 이것들로부터 무언가를 만들 수 있을지도 모르겠다(Appendix D, 2002).

위의 분석적 메모는 분석 과정에 대한 연구자의 고통과 어려움에 대해 기술하고 있다. 이러한 분석적 메모 외에 범주나 개념에 대한 연구자의 해석의 기술로서 분석적 메모도 있다. 다음을 살펴보자.

도덕적 지위로서 고통받음

고통은 근본적 신체적 경험이자 도덕적 지위다. 도덕적 지위는 상대적인 인간의 가치를 나타내고, 그렇기에 받아 마땅한 가치나 가치폄하의 잣대이기도 한다. 고통을 다룬 이야기는 이러한 도덕적 지위를 반영하고, 재정의하거나 그것에 저항한다. 고통의 이야기는 옳고 그름, 도덕적 미덕과 흠결, 이성과 합리화 등을 다루는 도덕적 훈화를 형성한다. 이와 관련해 클라인만 등은 현재 고통을 묘사하는 집합적이고 전문적인 언어는 고통이 도덕적이고 종교적인 의미를 표현하기보다는, 합리화되고 관례화된 형태를 취한다고 주장한다. 당연히 고통이 갖는 도덕적 의미는 직접적으로 명백하게 나타나거나 표현되지 않을 수 있다. 그럼에도 고통이 갖는 도덕적 의미는 여전히 생각과 행위에 영향을 미치고 있다(Charmaz, 2006).

위의 분석적 메모는 범주로서 '도덕적 지위로서 고통받음'에 대한 연구자의 분석적 기술로, 이러한 유형의 분석적 메모는 연구 결과로서의 글쓰기에 주요하게 반영될 수 있다. 이러한 분석적 메모는 분석의 시작에서부터 종료에 이르기까지 지속적으로 이루어져야 한다. 특히 분석적 메모 중 주제, 범주, 개념의 도출과 관련되는 분석적 메모는 분석의 최종 단계인 연구 결과로서 제시되는데, 이러한 특징은 자료의 수집, 분석, 글쓰기가 순환적으로 이루어지는 질적연구의 성격을 잘 드러내 주는 것이라 하겠다. 이러한 과정을 그림으로 나타내면 다음과 같다.

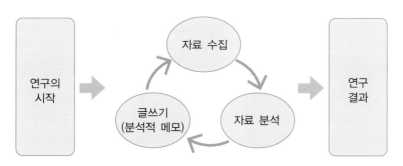

[그림 11-1] 질적연구의 자료 수집, 분석, 글쓰기의 관계

즉, 자료의 수집, 분석, 글쓰기는 순차적이기보다는 동시에 일어나는 과업이다. 이러한 성격에 대한 논의는 뒤에서 좀 더 살펴보도록 한다.

질적 자료 분석을 위한 1차 코딩

1차 코딩에서의 핵심적 활동은 수집된 원 자료에서 코드와 범주를 생성하는 것이다. 여기서 언급한 원 자료(raw data)란 풍부한 기술과 지역적인 맥락으로부터 사회적 과정과 연대기적 흐름을 확인할 수 있는 자원을 지칭한다(Miles & Huberman, 1994). 1차 코딩에서 '좋은' 질적 자료는 원 자료를 초월하여 개념적 얼개를 만들거나 범주를 생성하는 데 유용하다(Miles & Huberman, 1994). 그리고 코드(code)란 질적 자료를 대상으로 총합적 의미, 현저한, 즉 본질, 호소적인 의미와 특징을 압축적으로 표현하기 위한 하나의 단어 혹은 짧은 구절을 의미한다(Charmaz, 2006; Saldaña, 2009). '좋은' 코드는 특정한 정보를 명명하고, 자료의 특징을 정의하며, 주제의 명료화를 추구한다(Boyatzis, 1998). 범주(category)는 여러 개의 코드들이 군집화된 것이며, 하위범주들을 포함한다. 특히, 주요한 범주들은 여타 범주들과의 비교와 통합을 통해 자료의 '실제(reality)'를 초월하면서 주제적, 개념적, 이론적 추상화를 지향한다(Saldaña, 2009). 그리고 '좋은' 범주는 연구의 목적을 반영하고, 전체적인 자료를 포괄하며, 개념적 일치성을 드러낸다(Merriam, 1998).

초기 코드를 생성하는 작업으로서 1차 코딩은 많은 질적 자료를 단순히 감환하는 것이 아니라, 분석의 '뼈대'를 생성하는 작업이다(Charmaz, 2006). 무엇보다, 코딩은 연구자의 학문적 논리, 존재론적 및 인식론적 지향, 이론적 및 개념적 얼개에 의존한다. 즉, 1차 코딩은 최초의 연구 상황을 구조화하는 이론, 모델, 언어, 개념을 반영하며, 하나의 접근방법(방법론)뿐만 아니라 존재론적, 인식론적, 방법론적 이슈를 반영한 해석적 행위이다(Creswell, 2007; Mason, 2002; Merriam, 1998). 따라서 1차 코딩은 객관적인 과학적 행위가 아니라, 하나의 판단 요청이며 연구자의 주관성, 인성, 기질 그리고 버릇과도 연결되어 있다(Sipe & Ghiso, 2004). 그러나 하나의 발견적 과정으로서 1차 코딩은 분석의 중요한 측면이지만, 분석 그 자체가 아님을 유념할 필요가 있다(Basit, 2003). 즉, 1차 코딩은 이후에 상위범주의 생성을 위한 교량 역할을 수행한다. 그리고 1차 코딩은 순환적 행위(cyclical act)로 볼 수 있다(Saldaña, 2009). 왜냐하면, 자료 분석에서 1차 코딩은 단 한 번만의 시도로 완벽하게 이루어지는 경우가 드물기 때문이다. 따라서 연구자는 순환적이고 지속적인 재코딩(recoding)을 통해 의미를 포착하고, 이론을 생성하기 위한 범주, 주제, 개념을 추구해야 한다.

연구자가 1차 코딩을 시도할 때 고려할 사항은 다음과 같다(Emerson, Fretz, & Shaw, 1995). 첫째, 연구자는 연구 참여자들이 무엇을 원하고, 그들이 달성하고자 하는 것이 무엇인지를 살펴야 한다. 둘째, 연구자는 참여자들이 어떠한 방식으로 특정한 행위와 활동을 하는지, 즉, 그들이 사용하는 수단과 전략을 검토해야 한다. 셋째, 연구자는 참여자들이 일어나고 있는 현상에 대해 어떻게 이야기하고, 특징화하며, 이해하는지를 살펴야 한다. 넷째, 연구자는 연구 상황에서 참여자들이 가정하는 것이 무엇인지를 고려해야 한다. 다섯째, 연구자는 연구 현장에서 일어나는 일에 대해 무엇을 보았으며, 무엇을 배웠는지를 살펴야 한다. 마지막으로, 연구자는 참여자들이 특정한 것을 왜 포함하고 배제하는지를 살펴보아야 한다(Emerson, Fretz, & Shaw, 1995).

구체적으로 1차 코딩을 위한 분석 단위로는 문화적 실천(일상적 루틴, 직업적 과업, 미시문화적인 활동 등), 에피소드(비예상적 혹은 불규칙적 활동, 예를 들면 이혼, 최종결승전, 자연재해 등), 만남(두 명 혹은 그 이상 사이의 일시적 상호작용), 역할(학생, 어머니, 고객 등)과 사회적 유형(불량배, 고지식한 사람, 얼간이), 사회적 및 개인적 관계(남편과 아내), 집단과 도당(cliques), 조직(학교, 패스트푸드 레스토랑), 정착 및 거주, 하위문화 및 삶의 방식 등이 있다(Bogdan & Biklen, 1992; Lofland, 1971; Lofland, Snow, Anderson, & Lofland, 2006). 1차 코딩에서 생성 가능한 코드의 개수는 연구의 맥락적인 요소에 따라 가변적이라서 자료 분석에서 결정된다고 볼 수 있다.

여기서는 포괄적 분석 절차에서의 1차 코딩의 분석 기법을 예시적으로 논의하기 위해 스프래들리(Spradley, 1980)의 영역 분석, 스트라우스와 코르빈(Strauss & Corbin, 1998)의 개방 코딩, 차마즈(Charmaz, 2006)의 초기 코딩, 글레이서와 스트라우스(Glaser & Strauss, 1967)의 지속적 비교 분석을 지목하고자 한다. 문화기술지(영역 분석 및 분류 분석)와 근거이론(개방 코딩, 초기 코딩, 지속적인 비교 분석)에서 파생된 이들 분석 기법들은 모두 주제 분석을 위한 기초 작업이라 볼 수 있다. 여러 학자들의 학문적 및 방법론적 지맥에 따라 1차 코딩의 이름이 다양하게 불릴 수 있지만, 하나의 공통점은 원 자료에 대한 초기 코딩을 통해 새로운 코드와 범주를 생성한다는 점이다. 이후에 개략적으로 예시할 분석 기법들은 1차 코딩의 본보기가 아니라, 특정한 이론적 맥락에 기초한 1차 코딩의 예시에 불과하다. 따라서 초보 연구자라도 자신의 이론적 맥락과 연구 목적, 연구 질문에 따라 자신만의 독특한 1차 코딩을 명명하거나 개발할 수 있다.

이제 1차 코딩에서의 연구자의 과업과 사용 가능한 전략에 대해 살펴보도록 하자.

세그멘팅과 코드 부여

1차 코딩에서 연구자의 주요한 과업은 코드와 범주를 생성하는 것이다. 이러한 코드와 범주의 생성은 자료와 연구자 사이의 상호작용을 통해 일어난다(Charmaz, 2011). 연구자는 자료를 지속적으로 살펴보는 과정을 통해 그 안에서 개념을 발견하고 그것에 코드를 부여하고 이를 기반으로 범주를 형성하게 되는데, 이것과 관련하여 연구자들이 수행하는 구체적인 활동은 무엇이며 그 활동에 어떠한 전략이 사용될 수 있는지 살펴보도록 하자. 여기서는 이를 설명하기 위해 코드의 부여와 범주의 형성을 따로 분리할 것이다. 하지만 이는 어디까지 설명의 용이함을 위한 것이지 이러한 것이 순차적으로 일어난다는 것을 의미하지는 않는다. 연구자는 코드 생성과 범주 생성을 오가며 지속적으로 1차 코딩을 수행해야 할 것이다.

세그멘팅

세그멘팅(segmenting)은 어떤 자료(문장, 단락, 대화, 관찰자료, 산품 등)에서 그 자료의 의미나 요지가 잘 드러나 있는 문장 또는 문장에서 추후 코딩을 위해 괄호를 넣거나 줄을 긋는 작업을 뜻한다. 즉, 코딩의 이전 작업으로서 많은 자료 중에서 분석을 위해 필요한 자료와 필요하지 않은 자료, 연구자에게 새로운 아이디어를 주는 자료와 그렇지 않고 불필요한 자료를 구분하는 작업이다. 세그멘팅이 잘 될 때만이 다음 작업인 코딩 작업이 잘 이루어질 수 있다. 연구자는 세그멘팅 작업을 할 때 다음 질문을 해보기 바란다.

세그멘팅에서의 연구자의 주의점

(1) 나는 연구에 중요할지도 모르는 특정한 의미의 자료 세그멘트를 알 수 있는가?

(2) 세그멘트를 하기 전과 후 세그멘팅된 부분과 그렇지 않은 부분에 어떤 차이가 나타나는가?

(3) 선택한 분석의 문장들 중에서 세그멘트의 시작과 끝은 어디인가?

코드 부여

세그멘팅과 동시에 그것에 포함되어 있는 개념을 발견하고 그것에 코드를 부여한다. 먼저 예를 살펴보도록 한다. 다음은 루프스 병을 앓고 있는 연구 참여자의 인터뷰 내용에 대한 차마즈(2006)의 코드의 예이다.

코드 부여의 예(Charmaz, 2006)

코드	세그먼트
증상의 이동, 비일관된 나날 경험하기	당신이 루프스 병을 앓는다고 해 봐요. 그러면 하루는 간이, 하루는 관절이, 하루는 머리가 아파 오죠.
타인이 떠올리는 자신의 이미지 해석하기	매일 아픈 부위가 달라지니, 사람들이 진짜 당신을 심인성 환자라고 생각할 거예요.
공개 회피하기 거부 예견하기	그러면 아마 당신은 정말 아무 말로 하기 싫을 거예요. 사람들이 '아이고, 저 사람에게 가까이 가지 마. 저 여자는 온종일 불평뿐이야.'라고 생각하기 시작하니까요.
다른 사람에게 알리지 않기 증상을 연결된 것으로 바라보기	내가 어떤 말도 하지 않는 이유는요. 내가 느끼는 모든 고통이 어떤 식으로든 루프스 병과 관계있는 것 같기 때문이에요.
다른 사람은 모름 불신 예견하기 다른 사람의 관점 통제하기 낙인 회피하기 공개에 따른 잠재적 상실과 위험 평가하기	하지만 대부분의 사람은 내가 루프스 환자란 걸 몰라요. 심지어 그걸 알고 있는 사람도 10가지 다른 증상이 모두 한 가지 이유 때문이라는 것을 믿지 않으려 하죠. 난 사람들이 내가 불평하기 때문에 내 주변에 있기를 원치 않는다고 말하는 것이 싫어요.

코드 부여 전략

세그멘팅과 코드 부여에 특별히 따라야 하는 규칙이 있는 것은 아니다. 연구자는 자료를 반복적으로 읽으며 그 속의 의미와 개념을 찾고 그것에 자신의 연구 주제를 탐구하는 데 초점이 맞추어진 코드를 부여한다. 하지만 이러한 코딩 과정은 초보자에게 다소 어려울 수 있다. 따라서 여기서는 학자들이 제안하는 몇몇의 코드 부여 전략을 제시하는 것이 연구자들에게 다소 도움이 될 것이다. 다만 주의해야 할 점은 이러한 전략들은 어디까지나 예시라는 것이다. 연구자들은 이러한 전략을 참고로 하여 자신의 연구 주제에 맞는 코딩 전략을 탐색하고 사용해야 할 것이다. 참고로 여기에 발췌된 자료들은 이전의 연구 과정에서 수집된 자료의 일부를 편집한 것임을 밝힌다.

첫째로 구조적 코딩(structural coding)을 살펴보자. 구조적 코딩은 연구 주제를 드러내는 어절을 통해 코드를 부여하는 전략이다(McQueen, 2008; Saldaña, 2009에서 재인용). 이 전략은 코드를 선택할 때 연구자의 연구 주제와 관련된 구나 절을 이용하여 코드를 부여하는 것이다. 이 방법을 사용하면 연구 주제를 중심으로 일관성 있는 코드를 확보할 수 있어 연구자가 연구 주제를 중심으로 일목요연하게 분석하는 데 용이하다. 그렇다면 예를 살펴보자.

구조적 코딩의 예

코드	자료
학원 공부의 결실	장학금 받았거든요. 그게 막상 제가 모범상 받고 … 제가 그걸 받았거든요. 저는 그것 때문에 장학금 받은 줄 알았는데, 고등학교 올라와서 애들이 하는 말을 들어보니까 제가 공부를 잘해서 받은 거래요. 중3 때 성적이 갑자기 오르니까 그것 때문에 장학금 준 거래요.
학원에서 얻는 것	중3 배치고사 때는 원장선생님께서 매일 자주 자습실에 오셨어요 얘기하시잖아요. "너희가 지금 이 시점이 가장 중요한 시점이다. 이때 공부 제대로 안 하면 너희 인생이 많이 바뀐다"면서 그런 얘기 많이 하셨어요. 그 얘기 제가 곱씹었거든요. 뼈에 막 새기죠. 공부할 때마다 그 생각하고. 선생님이 하라는 거 마인드 컨트롤 같은 것도 많이 해봤거든요. 나는 공부를 좋아한다. 나는 공부가 재밌다. 이런 말도 많이 해보고 아침에도 일찍 일어나서 공부가 좋다, 원장샘이 하라는 거 다 해봤어요.

위의 예는 학원에서의 학생들의 학습 경험에 대한 연구에서 수집된 자료의 일부이다. 이 자료에 코드를 부여할 때, 연구 주제인 '학원'을 중심으로 하여 '학원 공부의 결실', '학원에서 얻는 것'처럼 연구 주제인 '학원'을 중심으로 코드를 부여할 수 있다.

둘째로 기술적 코딩(descriptive coding)이 있다. 기술적 코딩은 자료 안에 내재되어 있는 주제를 매우 축약한 단어나 구를 이용하여 코드를 부여하는 전략이다(Saldaña, 2009). 이 전략의 핵심적인 부분은 최대한 축약된 단어나 구를 사용한다는 점인데, 이런 전략을 사용하면 상대적으로 균일한 코드를 얻을 수 있어 후에 코드별로 자료를 병합하는 데 다소 용이한 면이 있다. 예를 살펴보자.

기술적 코딩의 예

코드	자료
책상	교실 안에는 15개의 책상과 의자가 배치되어 있다.
캐비닛	교실 벽에는 캐비닛이 2개 있는데,
캐비닛	캐비닛 안에는 학생들의 시험지가 들어 있다.
시험지	시험지는 학생별로 파일로 정리되어 있다.
책상	책상에는 학생의 이름과 그 학생이 공부하는 시간이 시간표처럼 정리되어 있다.
책싱	책상과 의자는 깨끗하다.
칠판	칠판은 앞쪽 벽면을 가득 채우고 있으며 한쪽 모퉁이에는 단계별 공부법이 A4 용지에 프린트되어 붙어 있다.

축약된 기술적 표현으로 코드를 부여하는 것이 기술적 코딩이다. 위의 예를 살펴보면 축약으로 인해 균일한 코드들이 도출되는 것을 확인할 수 있다.

셋째로 내성 코딩(in vivo coding)이 있다. 내성 코딩은 연구 참여자가 사용한 언어를 이용하여 코드를 부여하는 전략이다(Charmaz, 2009). 차마즈(2009)는 참여자의 용어가 연구의 출발점을 제공할 수 있으며, 이러한 참여자의 언어에 기반한 내성 코드를 통해 참여자의 의미를 코드 안에 보존할 수 있다고 논의하고 있다. 그녀는 이와 더불어 내성 코드의 유형으로 다음의 세 가지를 언급하고 있다.

(1) 함축되었지만 중요한 의미를 나타내며 모든 사람이 '알고 있는' 일반적인 용어
(2) 의미나 경험을 포착할 수 있는 참여자의 혁신적인 용어
(3) 특수한 집단의 관점을 반영하는 내부자의 축약된 용어

그렇다면 예를 통해 살펴보도록 하자. 다음은 자신의 학원 경험에 대한 연구 참여자의 인터뷰 내용에 대한 내성 코드이다.

내성 코드의 예

코드	자료
독학의 두려움	학교에도 보면 독학하는 애들이 있거든요. 학원 안 다니고. 그런데 저는 제가 그렇게 독학하기에는 의지도 좀 부족하고 그런 걸 아니까, 쉽게 학원을 그만두지를 못하겠어요. 일단은 제가 좀 자신이 생길 때까지는 학원을 다니고 그 뒤에 독학을 할지 학원을 계속 다닐지 생각해 봐야겠어요.
캡틴에 대한 믿음	캡틴이 … 학원에서는 원장 선생님을 캡틴이라고 하거든요. 일단 캡틴이 시키는 대로 하면 뭔가 좀 안정감이랄까. 그런게 좀 있거든요. 학교 선생님들은 좀 신뢰가 안 가고, 캡틴은 이것저것 정보도 우리에게 많이 알려 주고.

위의 자료에서 연구 참여자는 학원을 다니지 않는 것을 독학이라고 부르고 있는데, 이는 학생들에게 학원의 중요성이 어느 정도인지를 보여 준다. 따라서 이때 학생들이 말하는 '독학'은 도움 없이 혼자 공부한다는 사전적인 의미가 아닌 학원에 다니지 않고 학교의 도움만으로 공부를 한다는 집단의 문화적 의미가 내재되어 있는 단어라 할 수 있다. 또한 캡틴이라는 단어도 단순히 학원 원장의 별명이 아니라 학생들에게 학원 원장이라는 존재가 어떠한 의미를 가지고 있는지를 보여 주는 단어이다. 따라서 이러한 연구 참여자들의 언어에 기반하여 내성 코드를 도출할 경우 그 문화집단이 가진 의미를 내포하고 있는 코

드를 추출하는 것이 가능해진다. 또한 이러한 내성 코드를 부여할 경우 연구 참여자의 문화적 의미를 함축하고 있는 좀 더 민감한 코드나 주제의 도출에도 많은 도움이 된다(정상원, 김영천, 2014).

넷째로 과정적 코딩(process coding)이 있다. 과정적 코딩은 동명사를 이용하여 코드를 부여하는 전략이다(Glaser, 1978). 차마즈(2006)는 이러한 동명사에 대해 연구자가 행위와 그 연속성에 대한 강력한 의미를 얻을 수 있는 도구라고 논의한 바 있다. 즉, 동명사, '~하기'를 중심으로 한 코드 부여 전략은 연구자로 하여금 행위들과 그 행위들의 흐름에 대한 전체적인 이해를 포착하게끔 도움을 줄 수 있다. 그렇다면 다음의 예를 살펴보자.

과정적 코딩의 예

코드	자료
교사 입장하기	교실로 강사가 들어왔다.
인사, 출석 확인하기	'안녕' 가벼운 인사를 하고 아이들을 둘러보며 출석을 확인한다.
과제 확인하기	'인터넷으로 오늘 수업내용 확인했지요? 안 한 사람?' 아무도 없다.
수업내용 설명하기	'그래, 그럼 이차 방정식에 대해 간략하게 정리해 보자.' 수업내용에 대한 교사의 이론적 설명이 짧게 이루어진다.
문제 제시하기	'자, 문제를 풀어 봅시다. 1번, 2번, 3번 나와서 풀어 볼 사람?'
학생들 지원하기	학생들이 경쟁적으로 손을 든다.
문제 풀기	'그럼 철수, 영희, 영수 나와서 풀어 보자' 아이들이 칠판으로 나가 문제를 푼다.
집중하며 점검하기	다른 아이들은 앉아서 풀이 과정을 집중하여 바라보고 있다.

위의 예처럼 동명사를 이용한 코딩은 현상 속에 내재하는 행위와 그 흐름을 일목요연하게 파악하는 데 도움을 준다.

다섯째로 감정 코딩(emotion coding)을 살펴보자. 감정코딩은 참여자가 드러내거나 연구자가 추론을 통해 확인할 수 있는 감정적 요소를 중심으로 코드를 부여하는 전략이다(Saldaña, 2009). 이 코딩 전략은 인간의 행위나 현상 속에 내재하는 인간의 감정적 요소를 확인하는 데 유용한 전략이라 할 수 있다. 예를 통해 살펴보자. 다음은 교사의 경험에 대한 인터뷰 중 일부이다.

감정 코딩의 예

코드	자료
분노	얼마 전에는 우리 반 부반장이, 얘가 조금 여자애들 사이에서 리더 역할을 하고 있거든요. 얘가 수업시간에 딴짓을 하길래 집중 좀 하라고 야단을 쳤는데, 다른 애들도 그러는데 왜 자기한테만 그러느냐고 하더라구요. 그래서, 다른 애들은 수업에 방해될 정도는 아니었고 용인해 줄 정도였지만 너는 수업을 방해하는 수준이었다. 저도 화가 좀 나고. 뭐 그런 식으로 좀 말이 오고 가다가 애가 울고…
후회	물론 애들이 다 똑같지요. 애들은 애들이고. 그렇게까지 야단칠 일이 아니었다고 생각할 수도 있는데
정당화	그래도 교사고 어느 정도 교실의 질서를 지켜야 하는 측면도 있으니까 좀 더 엄하게 야단친 부분도 있는데 …
당당함	그래도 저는 제가 당연히 해야 할 부분을 했다고 생각합니다.

여섯째로 대립 코딩(versus coding)이 있다. 대립 코딩은 자료 안의 대립을 드러낼 수 있는 코드를 부여하는 전략이다(Saldaña, 2009). 즉 'VS', '대'와 같은 어휘를 중심으로 대립되는 두 항을 배치하는 코드를 사용하여 자료 안에 있는 갈등을 드러낼 수 있는 코드를 구성하는 전략이다. 이러한 대립 코딩은 갈등 상황을 파악하는 것이 필요한 연구 주제와 관련된 분석에서 큰 힘을 발휘할 수 있다. 예를 통해 구체적으로 살펴보자. 다음은 교사의 수업 실행과 관련된 인터뷰 내용과 코드이다.

대립 코딩의 예

코드	자료
여교사 대 체육 수업	아무래도 체육 수업 같은 건 좀 어렵거든요. 제가 시범이 안 되니까. 그러다 보면 수업도 자꾸 줄이게 되고 시범 같은 건 건너뛰고. 학교 행사나 이런 걸로 수업시간이 줄면 주로 체육 수업을 줄이고 이런 식으로.
교사 대 학생	그러다 보니까 아이들이 좀 불만을 이야기하기도 하는데, 특히 남자애들 같은 경우는 학교 행사 때문에 체육 수업을 줄인다 그러면 좀 많이 싫어하거든요.
교사 대 죄책감	이렇다 보니 나도 좀 애들에게 미안하기도 하고. 죄책감도 좀 느끼고.

일곱째로 주제화 코딩(themeing the data)이 있다. 주제화 코딩이란 단어나 구가 아닌 자료 속에 드러나는 주제를 찾아 하나의 주제문 형태로 코드를 부여하는 것이다(Saldaña, 2009). 이러한 주제화 코딩은 앞의 코딩에 비해 주제를 좀 더 구체적이고 뚜렷하게 표시

하는 코드를 확인할 수 있어 연구자가 코드를 통해 범주를 형성하거나 코드에 대한 분석을 할 때 구체적인 정보를 제공할 수 있다. 예를 통해 살펴보자. 다음은 학원에서의 학습 경험에 대한 연구 참여자의 인터뷰 일부와 주제화된 코드들이다.

주제화 코딩의 예

코드	자료
학원은 나에게 진정한 친구의 의미를 알게 해주었다.	지금 성적이 오른 후 내 주위에 있는 친구들을 보면 평생지기가 될 친구들이란 생각을 많이 한다. 문득 내 주위의 친구들을 둘러보면 아 이 친구들이 내 진짜 친구들이구나. 이 친구들과 함께라면 앞으로 열심히 살아갈 수 있겠구나 하는 생각이 들 때가 있다. 전에 주위에 있었던 친구들은 지금 생각해 보면 친구가 아니었던 것 같다. 그냥 나를 골려 먹는 게 재미있어서 나와 놀았던 아이들이었던 것 같다.
학원으로 인해 가족 간의 관계가 좋아졌다.	어머니와의 사이도 훨씬 좋아졌다. 이제는 나를 믿으신다. 옛날 같으면 잔소리를 하시거나 꾸중을 하실 만한 일도 그냥 넘어가신다. 전에는 컴퓨터를 켜기만 해도 잔소리를 하셨는데 이제는 늦은 시간에 컴퓨터를 하고 있어도 별 말씀을 하지 않으신다. 어머니와의 대화시간도 길어지고 나도 어머니에 대한 마음이 애틋해졌다. 전에는 어머니가 아프다고 해도 괜찮아지시겠지 했는데 이제는 걱정이 많이 되고 신경도 많이 쓰인다.

이상의 코딩 전략들이 개방적인 상황에서 자료로부터 코드를 추출하는 전략이라면 사전에 준비된 코드를 사용하여 코딩을 진행할 수도 있다. 그것은 첫째, 일반적 도식에 의한 코딩 방법, 둘째, 사전 코딩 방법이다. 그렇다면 다음에서 이러한 방법들에 대해 좀 더 살펴보도록 하자.

일반적 도식에 의한 코딩 방법

모든 사회적, 인간적 상황에 대한 분석에 적용될 수 있는 일반적인 분석 코드를 사용하여 연구 대상과 수집된 자료를 분석하는 방법이다. 이 방법은 무엇을 코딩할 것인지가 미리 결정되어 있기 때문에 분석하기 쉽다. 이 방법의 대표적 예로는 보그단과 비클렌(Bogdan & Biklen, 1982), 로플랜드(Lofland, 1971)의 방법이 있다. 먼저 보그단과 비클렌(1982)의 방법을 살펴보도록 하자.

보그단과 비클렌(1982)이 그들의 책에서 처음 개념화한 이 분석적 코드는 여러 질적 연구에서 많이 쓰이고 있다. 이 코드를 가지고 자료를 분석하는 경우 다양한 질적 자료를 어렵지 않게 분석할 수 있다. 그 코드들은 다음과 같다.

보그단과 비클렌(1982)의 일반적 도식

장면/상황 코드: 환경에 대한 일반 정보

상황 정의 코드: 참여자가 주제 상황을 정의하는 방법, 참여자들의 세계관, 상황 또는 어떤 주제에 대해 참여자들이 자신들을 어떻게 바라보는가를 연구하는 것. 그들은 무엇을 성취하고자 하는가? 그들은 그들이 하는 것을 어떻게 정의하는가? 그들에게 중요한 것은 무엇인가? 그들은 관계(종교적, 정치적, 사회적 지위, 페미니스트, 삶의 권리)를 정의하는 방식에 영향을 끼치는 특별한 방침이 있는가?

참여자들이 소유하고 있는 관점 코드: 공유된 규칙, 규범, 일반적인 법칙

참여자가 인간과 대상에 대해 생각하는 방식 코드: 서로에 대해, 외부자에 대해, 자신들의 삶을 구성하고 있는 대상에 대해 가지고 있는 이해. 교사가 학생에 대해 생각하는 방식, 유치원에서 아동들이 교사에 의해 어떻게 분류되는가 하는 그 기준

과정 코드: 계열, 흐름, 변화

활동 코드: 규칙적으로 일어나는 행동의 종류. 학생들의 흡연, 농담, 교내에서의 아침운동, 점심식사, 출석, 교장실 방문, 학급여행, 특별 교육사례 컨퍼런스

사건 코드: 자주 일어나지 않는 특별한 활동, 아니면 한 번 일어나는 활동. 교사 체벌, 학생 폭동, 여성의 신체 변화

전략 코드: 일을 성취하는 방법, 전술, 방법, 기법, 계략, 학생 통제 기법

관계와 사회적 구조 코드: 조직 차트에서 공식적으로 정의되지 않는 사람들 사이의 규칙적인 행동의 패턴. 도당, 우정, 로맨스, 적, 스승과 학생

공식적인 사회적 구조: 사회적 역할, 지위

방법적 코드: 연구 과정에서 연구자가 겪은 여러 가지 어려움, 감정, 딜레마 등에 대한 내용

로플랜드(1971)는 그의 저서 ≪Analyzing Social Setting≫에서 질적 자료 분석의 단위가 어떻게 되어야 하는지를 잘 설명해 두었다. 그는 분석 단위를 크게 11가지 코드로 규명하고 각 단위에서 분석하는 경우 연구자가 질문할 수 있는 문제 영역을 7가지로 규명했는데, 분석 단위로서 코드의 종류는 다음과 같다(Lofland, 1971).

  (1) 의미 코드: 행위를 정의하고 지도하는 참여자의 언어적 결과, 규칙
  (5) 관계: 여러 참여자들의 상호관련성. 친구, 적, 타인, 폭정적, 비인간적, 관료적
  (7) 실제: 의식
  (8) 에피소드
  (9) 역할: 미리 주어진 역할, 획득된 역할

(10) 사회적 유형: 예, 학생들 분류방식

(11) 집단: 위계, 도당, 적응적 중요성

(12) 조직

(13) 거주지: 도시, 농촌, 빈민가, 길거리, 다운타운

(14) 라이프스타일: 남성과 직업, 자녀 없는 아버지, 남편과 부인, 연인과 착취자

(15) 사회적 세계: 형태가 없는 존재로서 실재. 스포츠 세계, 캘리포니아 정치체제 등

다음은 보그단과 비클렌(1982)의 일반적 도식 방법 중에서 활동 코드에 근거하여 특정 문화 영역에서 참여자들이 사용하는 시간 활용의 영역을 표준화한 분석 사례이다.

시간 사용 패턴에 대한 문화 비교를 위한 활동 코드

F	**식량 생산**: 축산, 농업, 식량을 구하기 위한 여행, 토지 경작 등을 포함한 식량 생산 관련 활동
FA	농업
FC	야생 식용식물 수거
FF	어업
FH	사냥
FL	가축 기르기
FX	다른 식량 생산
FU	유형 구분이 불가능한 식량 생산
C	**상업 활동**: 생산, 무역, 거래에 관련한 활동
CA	판매를 위한 축산 활동
CC	판매를 위한 자연물의 수집, 광업
CM	판매를 위한 물품 생산
CS	구매, 매매, 무역
CW	노동력 제공
CX	기타 상업 활동
CU	유형 구분이 불가능한 상업 활동
M	**산업**: 가구제품, 의류, 도로정비, 관개 등과 같은 주택 관련 산업
MA	휴대용 물품의 수리
MC	의류 수선 및 제작
MF	부동의 물품 제작 및 수리
MM	산업을 위한 물품 확보
MX	기타 산업
MU	유형을 알 수 없는 산업
P	**음식 준비**

시간 사용 패턴에 대한 문화 비교를 위한 활동 코드 (계속)

PC	조리
PG	저장을 위한 음식 조리
PH	가까운 시일 내에 먹을 수 있는 음식 조리
PS	음식의 조달 및 서빙
PX	기타 음식 준비
PU	유형 구분이 불가능한 음식 준비
H	**가사**
HH	집안 청소 및 정리
HM	상수도와 연료와 관련한 일
HX	기타 가사
HU	유형 구분이 불가능한 가사
E	**식사**: 식사와 이와 관련한 활동
EE	식사, 음료 마시기
ES	수분 섭취
EX	기타 음식 섭취
EU	유형 구분이 불가능한 음식 섭취
S	**사회 활동**: 물물교환 같은 활동과 구분되는 넓은 의미에서의 사회 활동
SC	육아
SE	교육 활동(제공 및 수혜)
SO	다른 사람을 돌보는 것
SP	종교나 정치 활동
SR	레크리에이션 활동
SS	사회화, 방문
SX	기타 사회 활동
SU	유형 구분이 불가능한 사회 활동
I	**개인 활동**: 다른 영역과 분리되는 개별 활동
IE	혼자 받는 교육
IG	개인 위생 및 옷 입기
II	병으로 인한 휴식
IN	아무것도 안 하는 휴식
IP	개인적인 종교 생활
IR	개인적인 여가 활동
IS	수면, 낮잠
IX	기타 개인 활동
IU	유형 구분이 불가능한 개인 활동
X	**기타**: 위의 모든 범주에 적합하지 않은 내용이나 활동

사전 목록에 의한 코딩 방법

이 방법은 마일즈와 휴버만(1984)에 의해 개발된 방법으로서 용어가 나타내는 것처럼 연구자가 자료를 수집하기 전에 미리 분석할 코드의 종류를 개발한 다음, 그 개발된 코드에 기준하여 수집된 자료를 분류하고 범주화하는 분석 방법이다. 연구자가 미리 코드를 만들어 놓는다는 점에서 사전 코드(priori codes)라고 한다. 이 코딩 방법이 성공적으로 이루어지기 위해서는 연구자가 사전에 잘 만들어진 코딩 목록(star list)을 작성해 놓아야 한다. 이 목록을 마스터 리스트(master list)라고 한다. 사전 코드를 사용하여 코딩할 경우에 연구자는 만들어진 코드에 억지로 자료의 내용을 맞추어서는 안 되며, 대신에 사전에 만들어 둔 목록에서 적절한 코드를 찾을 수 없을 때에는 새로운 코드를 생성해야 한다. 잘 만들어진 사전 목록이 있을 때 연구가 효과적으로 진행될 수 있다.

다음 표는 사전에 만들어진 코드 착수 목록의 예이다. 착수 목록은 12개 내외에서 최대 50~60개의 코드로 구성될 수 있다. 이는 연구자가 기억하여 참고할 수 있는 수준의 목록 개수라고 할 수 있다. 이 코드 착수 목록표를 살펴보면, 첫째 열에는 총괄적인 범주와 각 코드를 기술하는 짧은 라벨을 정리한다. 둘째 열에는 코드를 제시한다. 셋째 열에는 코드가 유도된 연구 질문이나 하위 질문의 번호를 정리한다. 다시 말해서 셋째 열의 해당 질문을 분석하여 예상되는 코드를 미리 정리해 두는 것이다. 이러한 방식으로 각각의 코드가 어떤 내용, 즉 연구 질문과 연관이 있는지 등을 정리하여 연구자가 연구의 전체 구조를 생각하면서 분석할 수 있도록 돕는다.

코드 착수 목록의 예(Miles & Huberman, 1984)

향상의 영역	IP-OBJ	3.1
IP: OBJECTIVES	IP-OC	3.1.1
IP: ORGANIZATION	IP-ORG/DD, IS	3.1.1
IP: IMPLIED CHANGES-CLASSROOM	IP-CH/CL	3.1.4
IP: IMPLIED CHANGESORGANIZATION	IP-CH/ORG	3.1.5
IP: USER SALIENCE	IP-SALIENCE	3.1.2
IP: (INITIAL) USER ASSESSMENT	IP-SIZUP/PRE, DUR	3.1,3.3.4,3.5
IP: PROGRAM DEVELOPMENT(IV-C)	IP-DEV	3.1.1,3.3.3,3.3.4
외부 상황	EC(PRE)(DUR)	3.2,3.3,3.3.4
EC: ENDORSEMENT	EC-DEM	3.2,3.3,3.3.4
지역 내부, 학교 인력	ECCO-DEM	3.2,3.3,3.3.4
지역 외부, 비학교 인력	ECEXT-EDM	3.2,3.3,3.4

코드 착수 목록의 예(Miles & Huberman, 1984) (계속)

향상의 영역	IP-OBJ	3.1
EC: ENDORSEMENT	EC-END	3.2.3,3.3,3.4
지역 내부, 학교 인력	ECCO-END	3.2.3,3.3,3.4
지역 외부, 비학교 인력	ECEXT-END	3.2.3,3.3,3.4
EC: CLIMATE	EC-CLIM	3.2.3,3.3,3.4
지역 내부, 학교 인력	ECCO-CLIM	3.2.3,3.3,3.4
지역 외부, 비학교 인력	ECEXT-CLIM	3.2,3.3,3.4
내부 상황	IC(PRE)(DUR)	
IC: CHARACTERISTICS	IC-CHAR	3.2.2,3.4,3.5
IC: NORMS AND AUTHORITY	IC-NORM	3.2.2,3.4,3.5
IC: INNOVATION HISTORY	IC-HIST	3.2.1
IC: ORGANIZATION PROCEDURES	IC-PROC	3.1.1,3.2.4,3.3,3.4
IC: INNOVATION-ORGANIZATION CONGRLIENCE	IC-FIT	3.2.2
채택 과정	AP	3.2,3.3
AP: EVENT CHRONOLOGY-OFFICIAL VERSION	AP-CHRON/PUB	3.2.4,3.3.1
AP: EVENT CHRONOLOGY-SUBTERRANEAN	AP-CHRON/PRIV	3.2.4,3.3.1
AP: INSIDE/OUTSIDE	AP:-IN/OUT	3.2.5
AP: CENTRALITY	AP-CRNT	3.2.2
AP: MOTIVES	AP-MOT	3.2.6
AP: USER FIT	AP-FIT	3.2.7
AP: PLAN	AP-PLAN	3.3.3
AP: READINESS	AP-REDI	3.3.4,3.2.1
AP: CRITICAL EVENTS	AP-CRIT	3.3.1
현장의 역동과 변화	TR	3.4
TR: TVENT CHRONOLOGY-OFFICIAL VERSION	TR-CHRON/PUB	3.4.1,3.4.2,3.4.3
TR: EVENT CHRONOLOGYSUBTERRANEAN	TR-CHRON/PRIV	3.4.1,3.4.2,3.4.3
TR: INITIAL USER EXPERIENCE	TR-START	3.4.1,3.4.2,3.4.3
TR: CHANGES IN INNOVATION	TR-INMOD	3.4.1
TR: EFFECTS ON ORGANIZATIONAL PRACTICE	TR-ORG/PRAC	3.4.3
TR: EFFECTS ON ORGANIZATIONAL CLIMATE	TR-ORG/CLIM	3.4.3
TR: EFFECTS ON CLASSROOM PRACTICE	TR-CLASS	3.4.2
TR: EFFECTS ON USER CONSTRUCTS	TR-HEAD	3.4.2,3.4.3
TR: IMPLEMENTATION PROBLEMS	TR-PROBS	3.4.1
TR: CRITICAL EVENTS	TR-CTIT	3.4.1,3.4.2,3.4.3
TR: EXTERNAL INTERVENTIONS	TR-EXT	3.4.3
TR: EXPLANATIONS FOR TRANSFORMATIONS	TR-SIZUP	3.4.1,3.4.2,3.4.3
TR: PROGRAM PROBLRM SOLVING	TR-PLAN	3.4.1,4.4.2,3.4.3

코드 착수 목록의 예(Miles & Huberman, 1984)

새로운 구성과 최종 결과	NCO	3.5
NCO: STABILIZATION OF INNOVATION-CLASSROOM	NCO-INNOSTAB/CLASS	3.5.1
NCO: STABILIZATION OF USER BEHAVIOR	NCO-STAB/USER	3.5.2
NCO: USER FIRST- LEVEL OUTCOMES	NCO-USER 1OC	3.5.4
긍정적 및 부정적	NCO-USER 1OC/+, -	
예상된 및 예상치 못한	NCO-USER 1OC/A, U	
조합(적절할 때)	NCO-USER 1OC/A+, A- U+, U-	
NCO: USER META OUTCOMES	NCO-USER META	
긍정적 및 부정적	NCO-USER META OC/+, -	
예상된 및 예상치 못한	NCO-USER META OC/A, U	
조합(적절할 때)	NCO-USER META OC/A+, A- U+, U-	
NCO: USER SPINOFFS AND SIDE EFFECTS	NCO-USER SIDE	3.5.5(3.5.2)
긍정적 및 부정적	NCO-USER SIDE OC/+, -	
예상된 및 예상치 못한	NCO-USER SIDE OC/A, U	
조합(적절할 때)	NCO-USER SIDE OC/A+, A- U+, U-	
NCO: CLASSROOM INSTITUTIONALIZATION	NCO-INST/CLASS	
NCO: STABILIZATION OF INNOVATION- ORGANIZATION	NCO-INNOSTAB/ORG NCO-STAB/ORG	3.5.5 3.5.6
NCO: STABILIZATION OF ORGANIZATION BEHAVIOR	NCO-INST/ORG	3.5.7
NCO: ORGANIZATIONAL INSTITUTIONALIZATION	NCO-ORG IOC	3.5.8
NCO: ORGANIZATIONAL FIRST- LEVEL OUTCOMES	NCO-ORG IOC/+, -	3.5.9
긍정적 및 부정적	NCO-ORG IOC/A, U	
예상된 및 예상치 못한	NCO-ORG IOC/A+, A- U+, U-	
조합(적절할 때)		
NCO: ORGANIZATIONAL META OUTCOMES	NCO-ORG META	
긍정적 및 부정적	NCO-ORG META OC/+, -	3.5.9
예상된 및 예상치 못한	NCO-ORG META OC/A, U	
조합(적절할 때)	NCO-ORG META OC/A+, A- U+, U-	
NCO: ORGANIZATIONAL SPINOFFS AND SIDE EFFECTS	NCO-ORG SIDE NCO-ORG SIDE OC/+, -	3.5.9(3.5.7)
긍정적 및 부정적	NCO-ORG SIDE OC/A, U	
예상된 및 예상치 못한	NCO-ORG SIDE OC/A+, A- U+, U-	
조합(적절할 때)		
NCO: INSTITUTIONAL EXPANSION	NCO-INNOGRO/ORG	3.5.8
NCO: ORGANIZATIONAL REDUCTION	NCO-INNODWIN/OR	3.5.8

코드 착수 목록의 예(Miles & Huberman, 1984) (계속)

새로운 구성과 최종 결과	NCO	3.5
내부와 외부의 지원	ASS-LOC	3.6.1
(외부, 동료, 행정가를 별도로 코드)		
ASS: LOCATION	ASS-RULE	3.6.1
ASS: RULES, NORMS	ASS-ORI	3.6.2
ASS: ORIETATION	ASS-TYPE	3.6.3
ASS: TYPE	ASS-EFF	3.6.4
ASS: EFFECTS	ASS-ASS	3.6.5
ASS: ASSESSMENT BY RECIPIENTS	ASS-LINK	3.6.6
ASS: LINKAGE		
인과관계를 연결하기	CL	
CL: NETWORKS	CL-NET	N.A.
CL: RULES	CL-RULE	N.A.
CL: RECURRENT PATTERNS	CL-PATT	N.A.
현장 내부	CL-PATT/LS	N.A.
현장 간	CL-PATT/OS	N.A.
CL: EXPLANATORY CLUSTER(연구자)	CL-EXPL	N.A.
(응답자)	SITECL-EXPL	N.A
의문 제기	QU	
QU: SURPRISES	QU-!	N.A.
QU: PIZZLES	QU-Q	N.A.

위 코드 착수 목록의 선정된 코드의 정의

현장의 역동과 변화-TR

Event chronology-official version: TR-CHRON/PUB	실행 초기와 진행 중에 이루어지는 사건의 연대적 배열은 이용자, 행정가 또는 다른 응답자에 의해 열거된다.
Event chronology-subterranean version: TR-CHRON/PRIV	실행 초기와 진행 중에 이루어지는 사건의 연대적 배열은 이용자, 행정가 또는 다른 응답자에 의해 열거된다. 그리고 (a) 공공 버전보다 서로 다른 시나리오에 합의해야 하며, (b) 같은 사건에 대해서도 설명이 다양하다.
Change in innovation: TR-INMOD	초기 실행과 진행과정에서 교사와 행정가는 새로운 실천과 프로그램 요소의 수정된 부분을 보고한다.
Effects on organizational practices: TR-ORG/PRAC	새로운 실천이나 프로그램의 영향에 대한 색인: (a) 조직 간의 계획, 모니터링, 일상적 작업 할당(예, 직원 임명, 일정 짜기, 자원 사용, 직원 간 의사소통)에 대한, (b) 조직 간 실천(예, 지부 사무소, 학교 위원회, 지역사회, 부모집단과의 관계)에 대한 색인
Effects on classroom practice: TR-CLASS	정규적이고 일상적인 수업에 대한 새로운 실천, 프로그램의 영향에 대한 색인(교육 계획과 관리)
Effects on user constructs: TR-HEAD	교사와 행정가의 인식, 태도, 동기, 가정이나 교육, 학습, 관리이론에 대한 새로운 실천이나 프로그램의 효과 색인(예, 전문적 자기상, 성취나 효율성의 결정요인에 대한 새로운 인식, 학생/동료/직원들에 대한 다른 태도, 또 다른 혁신적 실천에 대한 입장)

범주 도출 전략

범주(category)는 여러 개의 코드들의 묶음이며 여기에는 하위범주들도 포함된다(Saldaña, 2009). 이러한 범주들은 세크멘팅과 코드 부여의 과정에서 연구자의 통찰을 기반으로 형성된다. 그렇다면 여기서 1차 코딩 전략으로 몇몇의 코딩 전략을 살펴보도록 한다.

첫째, 1차 코딩의 분석으로 가장 대표적인 사례는 문화기술지에서의 영역 분석과 분류 분석이다. 문화기술지는 지식체계로서의 문화, 특정한 집단 구성원들의 독특한 지각방식 혹은 특수한 행동을 이끄는 공통의 문화적 규칙을 연구하는 인지 인류학에 기초한다(Gribich, 2007; Spradley, 1980). 심리학과 언어학을 결합한 인지 인류학(cognitive anthropology)은 제보자를 둘러싼 세계를 개념화하는 분류체계를 파악하기 위해 심층 인터뷰와 참여관찰을 실시함으로써 각 사회의 개념적 세계의 구조를 설명하고자 하는 인류학의 하위분야이다(이용숙, 2009; Spradley, 1979, 1980). 문화기술지에서의 1차 코딩으로서 영역 분석은 기술적 참여관찰 혹은 인터뷰 전후 시점에서 문화적 의미의 요소를 발견하고 그것이 어떻게 조직되어 있는지, 즉 문화적 영역을 찾아내는 분석 활동이다(Spradley, 1980). 문화적 영역(범주)을 구성하는 세 가지 기본 요소는 총괄 용어(cover term), 포함 용어(included term), 그리고 이 두 가지(범주들) 사이의 의미론적 관계이다(Spradley, 1980). 문화적 영역의 종류는 민속적 영역(folk domains), 분석적 영역(analytic domain), 혼합적 영역(mixed domain)으로 나뉜다.

민속적 영역은 구성원들이 사용하는 언어로부터 용어들이 직접 도출되는 경우이며, 분석적 영역은 일정한 문화적 행동의 패턴이 드러났는데 명명할 적당한 민속 용어가 없을 때 연구자가 용어를 생성하는 것이며, 혼합적 영역은 민속 용어만으로 영역을 표현할 수 없을 경우 연구자가 추가적으로 적절한 분석적 용어를 생성하는 것이다(Spradley, 1980). 이러한 영역 분석은 문화적 영역이라는 범주를 도출한다는 점에서 범주 형성을 과업으로 하는 1차 코딩의 주요한 전략으로 사용될 수 있다. 그렇다면 구체적으로 어떻게 이러한 분석이 이루어지는지 살펴보도록 하자.

먼저 문화적 영역을 도출하는 영역 분석의 예를 보고 그 다음 분류 분석을 보도록 한다. 두 가지 예는 스프래들리(1980)에서 발췌한 것이다.

[예] 영역 분석(Spradley, 1980의 재구성)

개념 및 범주

커튼을 치다.
산책을 하다.
TV 휴게실에 가다.
독실을 주문하다.

포함 용어	의미론적 관계	사생활 찾기
커튼을 치다. 산책을 하다. TV 휴게실에 가다. 독실을 주문하다.	수단 - 목적 형식: X는 Y를 위한 방법이다.	"사생활 찾기"

위에서 살펴볼 수 있는 것처럼 개념과 범주는 의미론적 관계인 'X는 Y를 위한 방법이다.'를 통해 하나의 영역인 "사생활 찾기"로 묶여져 영역으로서의 범주를 추출할 수 있다.

분류 분석(taxonomic analysis)은 특정한 문화적 영역(범주)이 조작된 방식을 찾아내는 활동이다(Spradley, 1980). 분류 분석은 제보자가 한 영역에 속하는 개념들을 어떻게 분류하여 관계 짓는지를 파악하는 것이다(이용숙, 2009). 즉, 분류 분석의 목적은 몇 개의 문화적 영역을 지정하여 한 영역 안에서 모든 포함 용어들 사이의 많은 구성요소를 발견함으로써 문화적 의미를 밝히는 데 있다(이용숙, 2009). 분류 분석은 종종 영역 분석과 함께 사용되며, 단일한 영역에서 다층적 수준으로 개념의 정교한 유형(typology)을 개발할 때 활용된다. 제보자의 분류체계는 한 영역에 포함되는 모든 개념들 사이의 관계를 제보자가 어떻게 인지하고 있는지를 보여 주며, 개념들의 하위 집합과 이 하위집합들이 전체로서의 영역에 관계되는 방식을 드러낸다(이용숙, 2009). 연구자는 분류 분석을 위해 적절한 대체 틀(substitution frame)을 파악해야 하는데, 대체 틀에는 포함관계가 가장 많이 사용된다(이용숙, 2009). 분류 분석의 표현방식으로는 사각형 도형, 선과 매듭, 개요표 등이 있다.

구체적 사례를 통해 이러한 분류 분석이 어떻게 진행되는지 살펴보자. 다음은 참치잡이 배의 부분들에 대한 분류이다(Spradley, 1980).

[예] 분류 분석(Spradley, 1980)

참치잡이 배의 부분들	주축 통로			
	주 엔진실			
	돛대	망대		
		연단		
	갑판	상갑판	쾌속정 갑판	
			선교	굴뚝
				선장실
		중갑판	그물 기둥	예인망
				단정
			주 작업 갑판	주 윈치
				갑판 승강구
				상어 활주판
				돛줄 활대
			주 갑판실	사관실
				취사실
			뱃머리	닻 윈치
				레일 부착 윈치
		하갑판	생선 적재 갑판	
			상부실 엔진	

위의 예는 참치잡이 배라는 문화적 영역의 하위범주들과 용어들을 분류한 것이다. 연구자는 이러한 분류를 통해 그 영역의 하위영역과 용어들을 일목요연하게 확인할 수 있고 이를 통해 참치잡이 배라는 문화적 영역으로서의 범주를 확인할 수 있다.

둘째, 1차 코딩의 분석 기법으로서 또 다른 대표적인 사례는 근거이론에서의 개방 코딩, 초기 코딩, 지속적 비교 분석이다. 우리나라에서 근거이론은 주로 스트라우스와 코르빈(1998)의 분석 절차와 기법을 중심으로 발전했다. 그러나 1960년대 근거이론이 생성된 이후, 근거이론의 지맥은 학문적 전통에 따라 여러 지맥으로 분기했다(이동성, 김영천, 2012). 1차 코딩 분석 기법인 개방 코딩(open coding) 혹은 초기 코딩(initial coding)은 단어, 줄, 세그먼트, 사건, 내성 코드(in vivo code)를 통해 원 자료를 분절하는 작업이다(Charmaz, 2006). 개방 코딩과 초기 코딩은 앞에서 논의한 바가 있으니 여기서는 이 두 코딩의 원형으로 볼 수 있는 지속적 비교 분석에 대해 논의하도록 한다.

　질적연구자들이 '코딩'이라고 말할 때 지속적 비교 분석(constant comparison)을 떠올릴 정도로 지속적 비교 분석은 질적연구에서 일반적으로 널리 활용되고 있는 분석 기법이다(Leech & Onwuegbuzie, 2007). 글레이저와 스트라우스(1967)에 의해 창안된 지속적 비교 분석은 내용 분석의 효과적인 수단으로 인식되어 왔다(Leech & Onwuegbuzie, 2007; Lincoln & Guba, 1985). 1차 코딩의 분석 기법인 지속적 비교 분석은 사건과 행위 속에서 범주의 지시자(indicators)를 찾는 방법이다. 특히 코딩은 지속적 비교 행위 분석의 심장에 해당한다(Westbrook, 1994). 지속적 비교 분석은 질적 자료에서 논리적 일치와 차이를 찾기 위해 코드와 메모를 비교하고, 범주 생성을 위해 코드 사이의 논리적 일관성을 발견한다. 지속적 비교 분석은 새로운 코드가 더 이상 생성되지 않을 때까지 자료 분석을 시도하며, 새로운 코드가 더 이상 생성되지 않으면 특정한 범주가 포화되었다고 가정한다(Glaser & Strauss, 1967). 1차 코딩의 분석 기법으로서 지속적 비교 분석은 포괄적 분석 절차의 1단계(자료 읽기/관리)부터 6단계(연구 결과 재현)까지 지속적으로 분석적 영향력을 미친다고 할 수 있다.

　그렇다면 이러한 근거이론의 개방 코딩, 초기 코딩, 지속적 비교 분석이 어떻게 범주를 형성하는지 예를 통해 살펴보자. 다만 코드의 생성에 대해서는 앞에서 논의한 바 있으니 여기서는 범주의 형성을 집중적으로 살펴보도록 하자. 가르시아-로미오와 그의 동료들(Garcia-Romeu, Himelstein, & Kaminker, 2015)은 자기초월 경험에 대한 연구에서 지속적인 비교 분석을 통해 코드들로부터 다음과 같은 범주를 도출했다.

[예] 자기초월 경험과 관련된 중심 주제, 하위범주, 코드(Garcia-Romeu et al., 2015)

중심 주제	하위주제	중심 코드
맥락	구성	스트레스 자기반성 정신적 탐색
	구성하기	종교/정신적인 의식 자연에서의 야외활동 집단적 축제
	자극제	심리학적 요소 정신적인 교수/기도/묵상, 정신요법 춤

중심 주제	하위주제	중심 코드
현상	신체적 현시	떨림/흔들림, 진동 강렬한 표출 주체할 수 없는 흐느낌/폭소 신체에 대한 통제 상실 정신적으로 연결됨 광명 역겨움/구역질
	지각적인 변화	자기 영역 안에서의 전환 탈자아성/탈시간성/탈공간성/환각/공감각 정신적 소유, 채널링, 비인간적 지능 유체이탈 경험 투명
	인지 효과적인 변화	모순/형언할 수 없음 전지적인 능력/직접적 현시 긍정적 효과 항복/상처받기 쉬움/열림 감정적 카타르시스
결과	단기 효과	감소되는 분노 증가하는 에너지 증가하는 통찰 증가하는 교감 지속적인 긍정적 효과
	장기 효과	가치 재정립 증가하는 타인에 대한 관심 증가하는 긍정적 효과 관습적인 생각이나 행위로 정의하지 않음
	인지가능한 의미들	자기초월을 정의함 널리 보급된 정신/에너지 사회적 변화의 도구로서의 자기초월

위의 예에서 연구자들은 개념으로부터 하위범주를, 하위범주로부터 범주까지 발전적인 형태로 범주를 형성하고 있음을 확인할 수 있다. 다음의 예를 살펴보자. 다음은 사설 간호 시설의 환자들이 어떻게 동료환자들, 스태프들과 좋은 관계를 맺게 되는지에 대한 연구에서 도출된 범주들이다.

[예] 사설 간호 시설에서 환자들이 스태프들과 관계 맺는 현상 속의 범주들
(Roberts & Bowers, 2015)

범주	하위범주
자신이 되려 하기	동일한 사람이 되기 동일한 일 하기
좋은 분위기를 형성하려 시도하기	친절해지기 즐겁게 지내기 불평하지 않기 갈등 피하기
관계	친근하지 못함 친근함

질적 자료 분석을 위한 2차 코딩

2차 코딩은 개념들과 범주들 사이의 관계를 확인하고 이것들을 연결시키는 단계이다. 여기서는 2차 코딩을 위한 분석 기법으로서 스프래들리(1980)의 성분 분석, 스트라우스와 코르빈(1998)의 축 코딩, 차마즈(2006)의 패턴 코딩, 글레이서(1978)의 초점 코딩을 예시적으로 논의하고자 한다. 문화기술지(성분 분석)와 근거이론(축 코딩, 패턴 코딩, 초점 코딩)에서 파생된 이들 분석 기법들은 추가적인 2차 코딩을 통해 새로운 코드와 범주들을 기존의 코드 및 범주들과 의미적으로 관계 짓는 데 초점을 둔다. 여러 방법론의 학문적 전통에 따라 2차 코딩의 명명이 상이하지만, 하나의 공통점은 여러 코드와 범주들을 분류, 대조, 통합, 재구성, 삭제, 이동시킴으로써 보다 추상도 높은 범주들을 생성하고, 그러한 범주들의 특징과 관계를 해명한다는 것이다. 지금부터 예시할 분석 기법들은 2차 코딩의 예시에 불과하기 때문에 연구자는 자신의 연구 목적에 부합하게 새로운 방식의 2차 코딩을 재구성할 수도 있다.

첫째, 2차 코딩의 분석 기법으로서 대표적인 사례는 문화기술지에서의 성분 분석이다. 한 문화 영역의 분류 분석만으로는 영역 내에서의 의미론적 관계를 유지하는 개념들의 의미를 충분히 이해할 수 없기 때문에 개념의 속성을 이해할 필요가 있다(이용숙, 2009). 선별적 참여관찰 혹은 대조적 질문 전후에 위치한 성분 분석은 각 문화적 영역에서 속성(property)을 찾아내는 것이다(Spradley, 1980). 개념의 속성은 현장 사람들의 정의 (definition)를 얻음으로써 가능하며, 한 영역 내에서 대조관계에 있는 개념들에 대한 민

속 정의를 수집하고, 그 성분을 분석함으로써 대조관계의 의미를 이해할 수 있다(이용숙, 2009). 즉, 연구자는 문화적 영역에 대한 성분 분석을 통해 한 집단의 구성원들이 자신들의 문화적 범주(영역)에 부여하는 의미 단위를 파악할 수 있다. 여기에서 말한 속성(성분)이란 한 영역에서의 모든 문화적 범주가 가지고 있는 속성이나 규칙적인 정보를 파악하기 위한 대조점을 의미한다(이용숙, 2009). 성분 분석의 단계는 대조점을 찾아 분류하고, 대조의 차원에 따라 묶은 후 패러다임 도식에 입력하는 방식이다(Spradley, 1980). 성분 분석과 성분 분석에서의 패러다임 도식의 예는 다음과 같다.

[예] 성분 분석(이용숙, 2009)

성분 분석표 분류체계 분석표				혼자서 하는가?	선생님이 발견하면 혼나는가?	자주 하는 순서	선생님께 미움받는 정도
수업시간 에 집중하 지 않을 때 하는 일의 종류	소극적인 딴짓	잠자기		○	×	7	중하
		졸기		○	×	2	하
		창밖 보기		○	×	4	중하
		딴생각하기		○	×	1	하
	적극적인 딴짓	혼자서 하는 딴짓	공부에 해당되는 딴짓	다른 과목 공부하기	○	○	10	중하
				학원 숙제 하기	○	○	11	상
			공부와 관계없는 딴짓	만화 보기	○	○	12	상
				문자 보내기	○	○	6	중상
				낙서하기	○		5	중하
				다이어리 정리하기	○	○	8	중상
		친구와 함께 하는 딴짓	친구와 이야기하기	×	○	3	중상
			친구에게 장난하기	×	○	9	상

[예] '우편물'에 대한 패러다임 도식(Spradley, 1980의 재구성)

영역(범주)	대조의 차원		
	서명(대조점 1)	행동(대조점 2)	감정(대조점 3)
잡동사니 우편물	없음(차원 1)	버림(차원 2)	혐오감(차원 3)
개인적 연락	있음(차원 1)	읽고 보관함(차원 2)	기쁨(차원 3)
청구서	없음(차원 1)	읽고 지불함(차원)	반갑지 않음(차원 3)

둘째, 2차 코딩의 분석 기법으로서 또 다른 사례는 근거이론에서의 축 코딩, 패턴 코딩, 초점 코딩이다. 그러나 축 코딩(axial coding, 스트라우스 학파)은 근거이론의 지맥에 따라 패턴 코딩(pattern coding, 차마즈 학파), 초점 코딩(focused coding, 글레이서 학파)으로 불리기도 하기 때문에, 세 가지 코딩 방법을 유사한 분석 기법으로 간주하고자 한다. 2차 코딩으로서의 패턴 코딩과 초점 코딩은 초기 코딩 혹은 1차 코딩에서 도출된 코드(범주)보다 지시적이고, 선택적이며, 개념적인 특징을 나타낸다(Glaser, 1978). 특히, 초점 코딩 혹은 패턴 코딩은 이전의 코드들 가운데 가장 중요하거나 빈번히 출현하는 코드(범주)에 주목한다. 즉, 패턴 코딩과 초점 코딩의 결정기준은 자료를 범주화하는 데 있어서 어떠한 코드와 범주가 분석적 센스를 형성하는가에 달려 있다(Charmaz, 2006). 이와 관련하여 패턴 코딩과 초점 코딩의 예를 통해 이러한 코딩이 어떤 형태로 일어나는지 살펴보도록 하자. 살다나(2009)는 리더십에 대한 연구에서 자신이 초기 코딩을 통해 도출해 낸 개념들이 어떻게 관련되는지를 패턴 코딩을 통해 밝히고 있는데 이를 나타내면 다음과 같다.

[예] 패턴 코딩(Saldaña, 2009)

코드	패턴 코드
불명확한 자시	역기능적인 지시
성급한 지시	
불완전한 지시	
정보의 기대	
그녀는 의사소통을 하지 않아요.	
글로 쓴 지시가 요구됨	
당신은 내게 말한 적이 없어요.	

초점 코딩은 가장 두드러지고 빈번한 코드를 도출하고 점검하는 것이다(Charmaz, 2006). 살다나(2009)는 이러한 초점 코딩을 통해 핵심 범주를 도출하고 이를 중심으로 범주를 연결하는 과정을 제시한 바 있는데 이를 표로 나타내면 다음과 같다.

[예] 초점 코딩(Saldaña, 2009의 재구성)

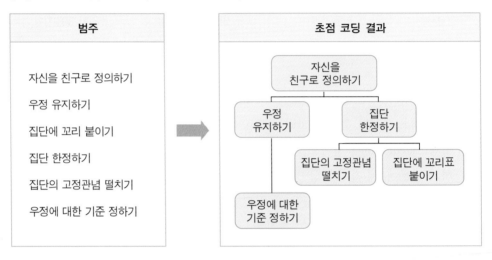

한편, 스트라우스(1987), 스트라우스와 코르빈(1998)은 하위범주와 범주를 관계 짓는 축 코딩을 예시했다. 축 코딩의 목적은 개방 코딩(1차 코딩) 이후에 새로운 방식으로 자료를 분류하고, 종합하고, 조직하는 것이다. 즉, 축 코딩은 언제, 어디서, 왜, 누가, 어떻게, 무슨 결과와 같은 물음에 답함으로써 한 범주의 속성과 차원을 구체화한다(Strauss & Corbin, 1998). 이러한 맥락에서 축 코딩에서의 패러다임 모델과 그 구성요소들(원인, 중심현상, 맥락, 중재조건, 행위/상호작용, 결과)은 이러한 범주들의 속성과 차원을 시각적으로 나타낼 수 있는 하나의 예시에 해당한다. 따라서 연구자는 자신의 자료(추가적인 원자료 및 1차 코딩 자료)가 무엇을 말하는지에 초점을 두고, 전혀 다른 방식의 패러다임 모델과 구성요소를 재구성할 수 있을 것이다. 그렇다면 예를 통해 이러한 축 코딩이 어떻게 수행될 수 있는지 살펴보자.

홍나미, 신문희, 박은혜, 박지현(2013)은 학업을 중단한 뒤 다시 학업에 복귀하기 위한 다양한 과정에 있는 학생들의 경험을 탐구하기 위한 연구에서 자료의 분석을 통해 다음과 같은 범주들을 도출했다.

[예] 학업 중단 청소년 학업 복귀 과정 개념의 범주화의 일부(홍나미 외, 2013)

개념	하위범주	범주
삶의 의미를 상실하고 자포자기 심정이 됨	자퇴 이후 불안과 우울을 경험함	심리적 어려움을 온 몸으로 경험함
불면, 우울, 섭식장애, 자살사고 등의 심리적 문제가 나타남		
남들과의 비교의식으로 힘들어함		
친구관계에서 소외되었다는 외로움을 느낌	친구관계 단절로 인한 외로움	
친구들과 예전처럼 함께 어울리고 싶음		
스스로 가족들로부터 멀어지게 됨	가족으로부터 소외감을 느낌	자퇴생이라는 사회적 낙인
가족들이 자신을 모임에서 소외시킴		
자퇴생은 질 나쁜 아이라는 편견으로 힘들었음	자퇴생이라는 편견에 힘듦	
자퇴생이라는 이유로 무시당하고 입에 오르내림		
자퇴한 것을 다른 사람에게 알리는 것이 어려움		
부모에 대한 미안함		

　이러한 분석을 통해 모두 13개의 범주를 도출한 연구자들은 이를 스트라우스와 코르빈의 패러다임 모형을 따라 다음과 같이 연결했다.

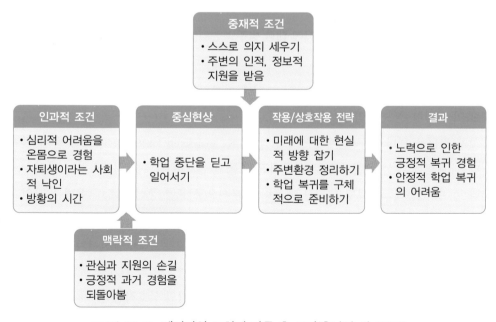

[그림 11-2] 패러다임 모형에 따른 축 코딩(홍나미 외, 2013)

축 코딩에서 이러한 패러다임 모형을 반드시 따라야 하는 것은 아니다. 실제 차마즈 (2006)는 축 코딩에서의 특정한 개념틀을 참고하는 것에 대해 다소 조심스러운 입장을 취하며 특별한 개념적 틀을 제공하고 있지 않기 때문이다. 다음의 예를 살펴보자. 일다라바디와 그의 동료들(Ildarabadi, Moonaghi, Heydari, Taghipour, Abdollahimohammad, 2015)는 간호 교육을 받고 있는 학생들이 백신과 관련된 교육을 받을 때 어떠한 경험을 하는지에 대한 탐구를 통해 도출된 범주들을 다음과 같이 연결하고 있다.

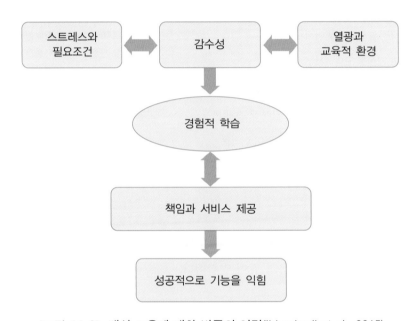

[그림 11-3] **백신 교육에 대한 범주의 연결(Ildarabadi et al., 2015)**

위와 같은 범주의 연결은 패러다임 모형에 따른다기보다는 자료와 연구 주제의 성격에 따라 연결한 축 코딩의 예가 될 것이다.

2차 코딩을 위한 도구로 매트릭스 분석(matrix analysis)을 사용하는 것도 도움이 될 수 있다. 매트릭스 분석은 행과 열로 이루어진 표를 중심으로 자료를 시각화하는 분석 기법이라 할 수 있는데, 축 코딩을 위한 매트릭스 분석으로 표를 중심으로 하여 범주 간의 관계를 파악하는 것이 가능할 것이다. 이때 열과 행의 항목은 연구 주제에 따라 다양하게 구성될 수 있는데, 분석 과정에서 이러한 항목을 지속적으로 변화, 발전시켜 가며 매트릭스의 한 항목 아래 범주나 개념을 위치시킴으로써 그것들 사이의 관계를 파악할 수 있다. 이러한 매트릭스의 사용은 다양한 차원 혹은 변인들 사이의 상호작용을 시각적으로 드러내는 데 효과적이다(Miles & Huberman, 1994). 다음의 예를 통해 2차 코딩에서 매트릭스 분석이 어떻게 활용될 수 있는지 살펴보자.

[예] 시간 중심 매트릭스(Miles & Hubman, 1994의 재구성)

	심리-사회적 조건						수행 계획				
	관련 선행 경험	참여도	이해도	기술	학교 행정 지원	중앙 행정 지원	자료	사전/ 사후 훈련	진행 중인 연수 교육	계획/ 시간 조정	기타
사용자											
구축 관리자											
중앙부서 관리자											
다른 중앙 부서 관리자											

위와 같은 매트릭스에 범주나 개념을 배치시킴으로써 연구자는 그들 사이의 관계나 변화의 추이 등에 대한 파악이 용이할 것이다.

질적 자료 분석을 위한 3차 코딩

3차 코딩은 분석의 최종적 결과물로 이론이나 문화적 주제, 패턴 등을 분석하는 단계이다. 여기에서는 포괄적 분석 절차에서의 3차 코딩의 분석 기법으로서 스프래들리(1980)의 주제 분석, 글레이서(1978), 차마즈(2006)의 이론적 코딩, 스트라우스와 코르빈(1998)의 선택적 코딩을 예시적으로 논의하고자 한다. 문화기술지(주제 분석)와 근거이론(이론적 코딩, 선택적 코딩)에서 파생된 이들 분석 기법들은 최종적인 코딩 작업을 통한 기존의 여러 가지 범주들을 개념적으로 연결하고 포섭하여 하나의 문화적 주제 혹은 실체적 이론을 생성하는 데 공통점이 있다. 즉, 3차 코딩의 이름이 다양할지라도, 그 핵심은 기존의 범주들을 하나로 통합하여 추상도가 가장 높은 명제, 가설, 이론 등을 도출함으로써 사회현상이나 교육현상을 예측하고 설명하는 데 있다. 지금부터 예시할 분석 기법들도 3차 코딩의 예시에 불과하기 때문에 연구자는 자신의 연구에 적합한 새로운 방식의 3차 코딩을 시도할 수도 있다.

첫째, 3차 코딩의 분석 기법으로서 대표적인 사례는 문화기술지에서의 주제 분석이다. 주제 분석은 기존의 1, 2차 코딩 작업에 기초하여 일종의 문화적 주제 혹은 패턴을 찾아내는 것이다(Spradley, 2006). 여기에서 말한 문화적 패턴이란 행위자들이 배우거나 창안한 행동과 인공물, 지식의 패턴을 의미하는데, 자료 분석은 행동과 사물을 기술하는 것을 넘어 행동과 사물의 의미를 발견하는 것이다(Spradley, 1980). 이러한 문화적 주제는 총체적 실재와 경험, 경험의 기저나 구조, 경험의 본성과 기능, 경험의 형태/안정성/가변성, 경험의 재현과 유형을 표현한다(DeSantis & Ugarriza, 2000). 즉, 문화적 주제는 한 문화의 특성을 일반적, 압축적, 반복적으로 구성하고 표현하는 서술적 명제이며, 한 문화의 다양한 규범, 제도, 관행들을 통합하는 상위의 원리이다. 그리고 문화적 주제는 생활세계의 영역과 상황에 적용 가능한 보편적인 원리이자, 한 집단 사람들의 생활 속의 가정 혹은 입장이다(Opler, 1945).

'좋은' 문화적 주제는 자료로부터 출현하고, 추상적 특징을 보이며, 행위 패턴의 재현과 반복에 대한 명료화를 추구한다. 이러한 주제 분석을 위한 구체적인 전략으로는 연구자의 몰입, 총괄 용어에 대한 성분 분석, 문화적 장면을 포함하는 더 큰 영역 찾기, 대조차원들 간의 유사성 찾기, 문화적 장면의 도식 만들기 등이 있다(Spradley, 1980). 또한 문화적 주제의 표현방식으로는 이야기 형태로 쓰기, 은유, 시각적 전시(차트, 그래프, 표, 그림, 스냅사진, 비네, 비디오, 시, 개념도) 등이 있다(Lecompte & Schensul, 1999).

앞서 언급한 것처럼, 3차 코딩으로서의 주제 분석은 특정한 문화적 영역이 문화적 장면이라는 전체에 어떻게 연결되는지를 밝힘으로써 문화적 주제를 발견하는 작업이다(Spradley, 1980). 따라서 연구자는 문화적 주제를 통해 문화적 장면에 대한 조망과 전체에 대한 이해를 제시할 필요가 있다. 문화적 장면에서 반복적으로 나타나는 인지 원리로서 문화적 주제는 공식적 혹은 암묵적으로 행동을 통제하고 활동을 자극하는 가정이나 입장이다(Opler, 1945). 또한 많은 영역들에서 암묵적으로 혹은 표면적으로 발생하는 원리로서의 문화적 주제는 문화적 의미의 하위체제를 연계하는 역할을 한다(Spradley, 1980). 사회의 구성원들이 참이며, 타당하다고 믿는 인지 원리로서의 문화적 주제는 영역들 사이의 일반적인 의미론적 관계를 파악함으로써 고도의 일반성과 개념적 추상성을 나타낸다. 가령, 주점에서 남녀의 차이를 강조하는 연구에서, "여자 손님들은 술을 사는 것을 경제적 거래 행위로 취급하는 반면, 남자 손님들은 그것을 남성다움을 과시하는 기회로 여긴다."라는 진술이 문화적 주제에 해당한다(Spradley, 1980).

둘째, 3차 코딩의 분석 기법으로서 또 다른 사례는 근거이론에서의 이론적 코딩과 선택적 코딩이다. 3차 코딩 기법으로서 선택적 코딩(selective coding, 스트라우스 학파) 혹은 이론적 코딩(theoretical coding, 글레이서 학파, 차마즈 학파)은 이전의 분석 결과(1차 코딩, 2차 코딩)로부터 특정한 개념 혹은 이론을 분류하고, 종합하고, 통합하고, 조직하기 위한 최종적인 분석 작업이다(Charmaz, 2006). 글레이서(1978)는 이와 같은 실체적 코드(substantive code)가 하나의 이론으로 통합되는 가설을 이론적 코딩으로 명명했다. 코딩과 범주화의 가장 정교한 수준인 이론적 코딩은 초점 코딩(2차 코딩)을 하는 동안 연구자가 선정한 코드/범주를 따르며, 초점 코딩에서 개발된 범주들 사이의 관련성을 구체화한다(Charmaz, 2006). 참고로 글레이서(1978)는 이론적 코딩에서 연구자가 참고할 수 있는 개념적 틀로서 코딩 패밀리(coding families)를 제시하고 있는데, 이는 이론적 코딩에서 연구자가 참고할 수 있는 기존의 개념틀이다. 연구자는 이론적 분석의 과정에서 이러한 기존의 이론적 틀을 참고함으로써 이론적 코딩에 좀 더 용이해질 수 있는데 이중 몇 가지만 살펴보도록 하자. 글레이서(1978)가 제시하는 코딩 패밀리는, 첫째, 'Six C's'를 가진다. 이것은 이론적 코딩을 '원인(causes)', '맥락(contexts)', '우연한 사건(contingencies)', '결과(consequences)', '공변인(covariances)', '조건(conditions)'의 측면에서 분석하는 것이다. 둘째, '과정(process)'의 측면에서 코딩을 진행할 수 있다. 이때 연구자는 분석을 '단계(stages)', '국면(phases)', '발달(progressions)'에 초점을 맞추어 진행할 수 있다. 셋째, '형식(type)'의 측면에서 자료를 분석할 수 있다. 이때는 분석을 '형식(type)', '형태(form)', '종류(kind)' 등에 초점을 맞추어 진행할 수 있다. 이러한 3차 코딩 분석 기법으로서 이론적 코딩과 선택적 코딩은 특정한 사람들이 자신들이 당면한 문제(기초적인 사회적 과정)를 어떻게 해결하는지에 대한 실체적인 이론을 생성하는 유용한 분석 기법이라고 평가할 수 있다.

지금까지 살펴본 것처럼, 3차 코딩으로서의 주제 분석과 이론적 코딩 그리고 선택적 코딩은 최종적으로 탐구 주제에 대한 하나의 문화적 주제나 실체적 이론을 생성하기 위한 체계적인 질적 자료 분석 전략이라고 볼 수 있다. 이러한 3차 코딩 단계와 그 결과를 비유적으로 표현한다면, '의미의 만국기 달기'라고 할 수 있다. 즉 만국기의 여러 가닥(줄)을 묶는 하나의 구심점은 3차 코딩을 통한 문화적 주제나 실체적 이론에 해당하며, 여러 가닥의 줄은 문화적 주제나 이론을 재현하는 2차 코딩의 범주들로 볼 수 있으며, 여러 가닥의 줄에 매달려 있는 만국기들은 1차 코딩에서의 코드(대조의 차원)에 해당한다고 볼 수 있다. 3차 코딩을 통해 최종적으로 생성된 '의미의 만국기'는 개념적 구심력과 원심력의 상호작용을 통해 현상이나 문화적 장면을 풍부하게 예측, 설명한다. 이러한 개념을 그림으로 나타내면 다음과 같다.

[그림 11-4] 의미의 만국기 달기

이러한 '의미의 만국기 달기'는 자료의 표현과도 밀접하게 관련되어 있는데, 그것은 자료의 분석 과정과 분석 결과가 글쓰기를 통해 드러나게 되고 따라서 위와 같은 '의미의 만국기'가 바로 연구 결과물로서 결과 표현의 뼈대가 되기 때문이다. 다음에서 좀 더 논의해 보도록 하자.

연구 결과 재현

앞서 살펴보았듯이 분석의 결과로서 연구 결과의 재현은 분석으로 드러난 의미의 뼈대를 중심으로 이루어진다. 따라서 연구 결과로시의 표현으로서의 글쓰기는 자료의 분석과 밀접하게 관계된다. 연구 결과의 재현으로서 글쓰기는 분석 결과의 기술이기 때문이다. 이러한 일련의 과정을 그림으로 표현하면 다음과 같다.

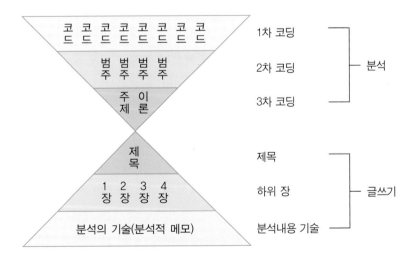

[그림 11-5] 분석과 글쓰기의 원리

위의 그림을 통해 살펴볼 수 있는 원리를 매우 단순화하여 설명하면, 그림에서 볼 수 있는 것처럼 질적연구에서의 글쓰기는 연구자의 분석에 대한 기술이며, 각 분석에서 도출된 각 범주는 글쓰기에서 하위 장의 제목이 될 수 있으며 각 하위 장의 내용은 연구자가 분석 과정에서 기술한 연구자의 분석적 메모가 될 수 있다. 이러한 분석과 글쓰기의 원리는 앞에서 논의한 자료, 수집, 글쓰기가 연구 동안 순환적으로 반복되는 질적연구의 특징과 관련되는 것이라 할 수 있다. 예를 통해 이러한 과정을 확인해 보자. 이동성(2015)은 초등 남자 교원의 경력 경로 및 경력 발달에 대한 생애사 연구에서 분석의 결과로 도출된 범주들을 밝히고 이에 따라 연구 결과를 3장에서 기술하고 있는데, 이를 요약하면 다음과 같다.

분석 결과와 글쓰기의 관련성(이동성, 2015의 재구성)

순환적 코딩과 범주화로 생성된 주제	Ⅳ. 연구 결과
1. 경력 경로의 선택 및 경력 발달에서의 외부 맥락: "학교 및 학교장과의 만남" 2. 경력 경로의 선택 및 경력 발달에서의 내부 요소: "개인적인 전문영역 구축" 3. 교장과 평교사의 전문성의 차이: "조직적 전문성 VS 일루지오" 4. 교장과 평교사의 전문성의 공통점: "승진과 비승진의 이분법을 넘어서"	1. 상이한 경력 경로의 선택과 경력 발달 　1) 경력 경로의 선택 및 경력 발달에서의 외부 맥락: "학교 및 학교장과의 만남" 　2) 경력 경로의 선택 및 경력 발달에서의 내부 요소: "개인적인 전문영역의 구축" 2. 초등학교 교장과 평교사의 전문성의 의미 　1) 교장과 평교사의 전문성 차이: "조직적 전문성 VS 일루지오" 　2) 교장과 평교사의 전문성의 공통점: "승진과 비승진의 이분법을 넘어서"

분석 절차에서의 핵심 원리: 개연적 삼단논법

여기에서는 지금까지 내용에 기초하여 포괄적인 분석 절차에서의 핵심적인 원리를 논의하고자 한다. 왜냐하면 포괄적 분석 절차에서의 핵심 원리에 대한 논의는 초보 연구자들이 포괄적인 분석 절차를 심층적으로 이해하고, 적용하며, 자신만의 고유한 분석 절차를 구안하는 데 유용할 수 있기 때문이다.

앞에서 밝힌 것처럼 하나의 문화적 주제나 이론의 생성은 코딩 그 자체에서 비롯된 것이 아니라, 지속적이고 반복적인 분석 단계와 분석적 메모의 결과물이다. 따라서 자료의 분절에서 비롯된 코드와 범주들은 가시적이지만, 최종적인 문화적 주제 혹은 이론은 보다 정교하고 체계적인 과정의 최종적 산물이라 평가할 수 있다(Creswell, 2007; Lichtman, 2006; Wolcott, 1994).

질적 자료 분석의 목적은 연속적인 코딩 작업에 기초하여 하나의 주제, 패턴, 개념, 통찰, 그리고 이해(이론)를 생성하는 데 있다(Patton, 2002). 질적 자료 분석은 그동안 가설-연역적 접근과 반대되는 귀납적 접근으로 인식되어 왔다. 그러나 포괄적 분석 절차에서 살펴본 것처럼, 질적 자료 분석의 논리는 연역과 귀납을 오가는 개연적 삼단논법(abduction)에 가깝다. 왜냐하면 질적 자료 분석은 지속적이고 반복적이며 순환적인 분석 과정에 기초한 잠정적 분석이기 때문이다. 이러한 잠정적 분석 과정을 보다 자세하게 기술하면 다음과 같다. 우선, 연구자는 귀납적 논리에서 도출된 연구 결과에 머무르기보다는 그 결과를 초기에 연역적 사고와 분석 결과에 환류시킴으로써 새로운 교육적 직관과 통찰을 얻게 된다. 그리고 새로운 직관과 통찰에서 비롯된 재코딩과 재범주화는 보다 정교하고 타당한 문화적 주제나 이론을 도출한다. 따라서 실용적 절충주의에 기초한 포괄적 분석 절차의 표면적 메커니즘은 귀납적 논리에 기초하지만, 내부의 실제적인 메커니즘은 귀납과 연역을 오가는 개연적 삼단논법에 가깝다고 볼 수 있다.

포괄적 분석 절차에서의 핵심 원리로서 개연적 삼단논법은 다양한 은유로 표현될 수 있다. 즉, 질적 자료 분석은 훌륭한 문화적 주제나 이론이 생성될 때까지 지속적으로 앞뒤로 오가며 자료를 정제하기 때문에 '만화경(kaleidoscope)'에 비유되기도 한다(Dye & Schatz & Rosenberg & Coleman, 2000). 또한 개념적 삼단논법에 기초한 포괄적 분석 절차는 '직소(jigsaw) 퍼즐'로 비유되기도 하며(LeCompte, 2000), 하나의 '대화'로 표현되기도 한다(Shank, 2006). 왜냐하면 질적연구를 수행하는 연구자는 자신에게 끊임없이 말을 걸어오는 질적 자료와 분석적 대화를 해야 하기 때문이다. 이처럼 실용적 절충주의에 기초한 포괄적 분석 절차는 귀납적이고 연역적인 동시적 사고과정을 통해 코드와 범주 사이, 기술과 해석 사이를 오가는 순환적 행위이다.

이러한 질적 자료 분석과 관련하여 보그단과 비클렌(1992)은 다음과 같은 지침을 제시하고 있는데 이를 여기서 살펴보는 것도 분석의 원리를 이해하는 데 도움이 될 것이다.

보그단과 비클렌(1992)의 분석 지침

(1) 무엇을 연구하는지, 연구할 것인지를 계속 명심한다. 연구의 핵심 주제를 규명하고 흥미로운 내용이 무엇인지를 알고 난 후에는 자료 수집의 대상과 수준을 좁히는 노력을 한다.

(2) 연구 형태가 무엇인지를 명심한다. 현상에 대한 기술인지, 이론에 대한 생성인지, 아니면 특정한 장면에서의 상호작용인지를 인지한다.

(3) 분석적 질문을 개발한다. 연구 목적에 기초하여 또는 현장에 들어간 후에 연구자

가 찾아내거나 결정한 연구 질문이 무엇인지를 명료히 한다.

(4) 지난번의 자료 수집 과정에서 발견한 내용에 기초하여 다음 자료 수집의 방법과 기간을 계획한다.

(5) 생성해 낸 아이디어에 대해 가능한 한 많은 비평과 스쳐가는 생각을 적는다. 현장 일지에 이론적, 기술적, 방법론적, 반성적 노트를 만들어 연구자의 여러 가지 생각과 점진적인 해석을 기록한다.

(6) 현장 작업을 통해 배운 사실에 대해 자신을 위해 메모한다. 기술된 현장 자료를 읽으면서 어떤 주제나 의미가 나타나는지에 대한 요약문을 적는다. 연구가 진행되는 동안 계속 쓰게 되는 이 메모는 매우 분석적이 될 것이며 자료 분석의 기초가 될 것이다.

(7) 현장 작업을 하는 동안 참고문헌을 탐색한다. 새롭게 발견한 사실은 무엇이고 기존의 연구에서 기술한 내용은 무엇인가? 과거의 연구 결과와 당신의 연구 결과는 어떤 관계에 있는가? 기존의 문헌과 당신의 관점은 어떻게 비슷하고 어떻게 다른가? 기존의 문헌에서 무시되거나 다루어지지 않은 내용은 무엇인가?

(8) 은유, 유추, 개념을 개발하기 위해 노력한다. 이러한 용어는 분석적 지평을 넓혀 주고 연구 결과를 명료하게 만들어 주면서 아울러 연구 문제를 생각할 수 있는 방법의 폭을 넓혀 준다. 또한 그러한 연구 결과가 어떤 다른 장면이나 상황에 어떻게 적용될 수 있는지에 대한 분석적 아이디어를 제시해 준다.

(9) 시각적 장치를 사용한다. 그래프, 차트, 표, 매트릭스 등은 훌륭한 표현 도구로 사용된다. 언어로 포착하기 어려운 복잡한 관계와 상황을 간단하게 표현할 수 있다. 연구자의 생각과 결과를 요약하여 제시하는 데 효과적이다.

8. 질적 자료 분석의 실례: 자아의 상실과 회복에 대한 차마즈(2011)의 분석 과정

여기서는 실제 질적 자료 분석 사례를 살피며 앞서 전개한 논의들이 실제로 어떻게 드러나는지 살펴보도록 하자. 이를 위해 갑상선 암을 이겨낸 Teresa라는 여성의 경험에 대한 차마즈(2011) 분석을 살펴보도록 한다. 워츠와 그 동료들(Wertz, Charmaz, McMullen, Josselson, Anderson, & McSpadden, 2011)은 Teresa라는 여인의 자전적 기술과 인터뷰 자료에 대해 다양한 질적 분석을 수행한 바 있는데, 이러한 자전적 기술과 인터뷰 내용을 요약하면 다음과 같다.

Teresa의 자전적 기술의 요약(Wertz et al., 2011)

(1) 갑상선 암 이전, 나는 전도유망한 보컬 전공자였음.

(2) 어느 날 낯선 혹이 목에 나타남.

(3) 몇몇의 병리사와 의사들을 찾아다니다 마지막으로 방문한 의사로부터 갑상선 암
   이라는 최종 병명을 받음.

(4) 의사가 수술 이후 목소리에 문제가 있을 것이라 이야기함.

(5) 갑상선 암이라는 선고를 받을 때보다 더 두려움에 휩싸임.

(6) 의사가 인간적인 태도로 위로해 줌.

(7) 충격에서 조금씩 벗어나며 상황을 인식함.

(8) 수술 후 가수와는 다른 삶(학자로서의 삶)을 살게 됨.

(9) 그러한 삶에 만족함.

(10) 목소리가 돌아오기 시작함.

(11) 살아오던 삶을 지속하며 가수로서의 삶도 병행함.

Teresa의 인터뷰 요약(Wertz et al., 2011)

(1) 아버지와 원만한 관계는 아니었음.

(2) 아버지는 감정을 표출하는 류의 사람이었으며, 독선적이었음.

(3) 아버지는 남미 출신의 백인 남성이었으며, 마초적인 성향을 가지고 있음.

(4) 어머니는 순종적인 사람이었으나, 나는 그렇지 못했음.

(5) 내가 갑상선 암 치료 중에 있을 때 부모님이 무척 많은 정서적, 물질적 지원을 해주
   었으나, 얼마의 시간이 지난 후 다시 예전 모습으로 돌아감.

(6) 보컬 교사는 나는 이해해 주는 사람이었음. 내가 보컬 능력을 잃음에 따라 그와의
   관계가 흔들렸음.

(7) 갑상선 암을 선고받았을 때는 그것을 이성적으로 받아들이려 노력했음.

(8) 수술 후 치료는 고통스러웠고 끔찍했음.

(9) 이후 목소리가 달라졌고, 나 자신도 더 이상 이전의 내가 아니었음.

(10) 목소리는 신과 나를 이어 주는 연결이었으며, 그것을 잃고 신, 삶의 부름, 삶의 열
    정도 함께 잃었음.

(11) 새로운 삶을 시작하고 심리학 박사과정을 시작함.

(12) 목소리가 돌아오고 파트타임으로 가수일을 병행하기 시작함.

(13) 학자적 성향의 남편과 결혼하고, 평등한 관계를 유지함.

자료에 대한 1차 코딩

차마즈(2011)는 이러한 자료를 반복적으로 읽으며 자료에 대한 초기 코딩을 수행했다. 초기 코딩은 줄 단위로 코드 부여하기, 범주 도출하기를 중심으로 이어졌는데, 그 과정에서 분석적 메모가 지속적으로 이루어졌다. 다음은 코드 부여 과정의 일부분이다.

자료에 대한 코드 부여의 일부(Charmaz, 2011)

	질문: 실제적 육체적 회복이 쉬웠는지 힘들었는지 이야기해 줄 수 있나요?
회복 처음 의식이 돌아온 순간을 기억하기 수술을 시간 단위로 측정하기 예상하지 못한 종양의 전이 확인하기 마취의 효과 설명하기	정말 끔찍했어요. 수술에서 막 깨어났을 때가 생각이 나네요. 그리고 아마 수술 예정 시간이 3시간이었을 거예요. 하지만 수술은 예닐곱 시간 동안 이어졌어요. 암이 전이되었을 거라곤 생각하지 못했거든요. 그리고 깨어났어요……. 그리고 마취는 사람들에게 참 흥미로운 영향을 주는 것 같아요. 전에도 마취에서 깨어난 사람을 본 적이 있지만 때로는 좀 웃기거든요. 사람들은 큰 소리로 떠들거나 웅얼거리지요. 자연히, 깨어
통곡과 함께 깨어나기 목소리 내기가 더 쉬워진 것을 발견하기 수술 결과에 만족스러운 감정 느끼기 고통스러워하기	나자마자 울기 시작했어요. 하지만 내가 첫 번째로 깨달은 건 수술 전보다 목소리를 내기가 더 쉬워졌다는 거예요. 그래서 나는 생각했지요. "좋았어. 멋진 걸." 이후 한 주 동안 너무 고통스러웠어요. 주요한 건 수술 때문이었지요. 물론 갑상선 절개 때문에 고통스런 회복기간이 필요했지요. 하지만 제 수술
절개의 증가 종양이 커지는 것을 막기 고정되기	경우는 좀 달랐어요. 왜냐하면 의사들은 종양이 퍼지기 시작하는 목의 옆 부분을 절개해야 했거든요. 그 결과로, 나는 걸을 수도 움직일 수도 없었어요. 나는 거의 3주나 침대에 누워 있어야 했어요. 나는 그렇게 침대에 오래 누워 있을 수 있는 사람이 아니에요. 그래서 나는 너무 두려웠어요. 그리고
두려움을 느끼기 부모님과 함께 지내도록 강요되기 아버지와 거리 두기를 원하기	더 불행하게도, 내 부모와 함께 머물러야 했지요. 어머니는 괜찮았어요. 어머니는 약간 맹목적으로 내 취향을 맞추어 주었어요. 그리 놀라운 건 아니지요. 하지만 아버지는 거기 계시지 않으실 수도 있었을 텐데. 아버지는 오랫동안 거기 머물렀어요. 내가 상태가 좋지 않다고 해서 아버지와 싸우지 못한
복잡한 갈등 지속	다는 건 아니지요. 왜냐하면 내 목소리와 관련해서는 좀 복잡한 사연이 있었거든요. 수술 이후에 한 달 동안은 말을 제대
목소리 문제 그녀의 무능력함이 외면화되기 변화된 목소리 경험하기 어떠한 장애를 정의하기	로 하기가 힘들었어요. 조금씩 그것은 원래의 것으로 돌아오기 시작했지요. 하지만 무언가 분명히 바뀌었어요. 나는 모

자료에 대한 코드 부여의 일부(Charmaz, 2011) (계속)

설명; 이유 묻지 않기 있을 수 있는 상실 열거하기 고뇌 함축하기 영속적인 상실 정의하기 강요된 상실 경험하기 목소리와 자아의 결합; 가치로운 자아의 상실 고통의 경험	든 걸 점검해 보았어요. 하지만 아무도 무엇이 바뀌었는지 말해 주지 않았어요. 이성적으로 봐서 수술로 인해 무언가 변화가 있었어요. 그런 점에서 몇몇 것들이 달라졌지요. 그건 너무 힘든 일이었어요. 신체적으로 회복했지만 그런 점에 있어서는 이전에 비해 많은 것들이 달라졌어요. 그 이후에 나는 더 이상 내가 생각했던 내가 아니었지요. 내 목소리가 사라졌고, 나도 사라졌어요. 나는 내 목소리 이외에 어떤 다른 것도 아니었어요. 그래서 그런 부분이 무척 힘들었어요.

차마즈(2006)는 코딩의 단어 코딩, 줄 코딩, 사안별 코딩 등에 대해 논의한 바 있는데, 위의 예에서는 주로 줄 단위의 코딩이 이루어지고 있다. 이와 관련해서 글레이서(1978)는 줄 단위 코딩을 통해 이론이 좀 더 치밀해질 수 있다고 논의한 바 있다.

이러한 줄 코딩을 통해 범주가 도출되었는데, 그것은 다음과 같다.

초기 코딩을 통해 드러난 범주와 하위범주들(Charmaz, 2011)

가치 있는 자아의 상실, 자아붕괴의 경험, 가치 있는 자아, 과거의 자아 포기하기, 과거로부터 교훈 얻기, 들을 수 있는 목소리 발견하기, 불확실성과 함께 살기, 변화된 꿈 실현하기, 상실의 대면, 상실 발견하기, 나쁜 소식 듣기, 소식 말하기, 가치 있는 자아의 회복, 되돌아오기, 과거로부터 교훈 얻기, 불확실성 제거하기, 꿈 변경하기

이러한 범주들은 초점 코딩을 통해 몇 개의 범주들로 연결되었는데, 다음 표와 같이 핵심 범주를 중심으로 하위범주를 연결하여 다섯 가지 범주를 도출하고 있다.

초점 코딩을 통한 범주 도출

범주	하위범주	
가치 있는 자아의 상실		
자아 붕괴의 경험		
가치 있는 자아	• 과거의 자아 포기하기 • 과거로부터 교훈 얻기 • 들을 수 있는 목소리 발견하기	• 불확실성과 함께 살기 • 변화된 꿈 실현하기
상실의 대면	• 상실 발견하기 • 소식 말하기	• 나쁜 소식 듣기
가치 있는 자아의 회복	• 되돌아오기 • 과거로부터 교훈 얻기	• 불확실성 제거하기 • 꿈 변경하기

이러한 분석의 과정에서 차마즈(2011)는 지속적으로 분석적 메모를 작성했는데, 그 중한 예를 다음과 같이 제시했다.

[예] 분석적 메모(Charmaz, 2011)

자아의 상실과 회복

이성적으로 봐서 수술로 인해 무언가 변화가 있었어요. 그런 점에서 몇몇 것들이 달라졌지요. 그건 너무 힘든 일이었어요. 신체적으로 회복했지만 그런 점에 있어서는 이전에 비해 많은 것들이 달라졌어요. 그 이후에 나는 더 이상 내가 생각했던 내가 아니었지요. 내 목소리가 사라졌고, 나도 사라졌어요. 나는 내 목소리 이외에 어떤 다른 것도 아니었어요. 그래서 그런 부분이 무척 힘들었어요.

위에서 보이는 그녀의 진술처럼, Teresa는 11년 전의 바로 그때를 다시 방문했다. 그녀는 그 순간을 마치 어제 일어난 일인 것처럼 이야기했다. 그 사건의 의미는 그녀를 있는 힘을 다해 내리쳤다. "내 목소리가 사라졌어요." 목소리는 그녀의 자아와 결합했다. 자아와 분리될 수 없다. 그녀 자신의 전부였다. Teresa는 그 순간 이후로 그녀의 인생이 바뀔 것이라는 것을 알고 있었다. 그리고 그것과 함께 그녀의 자아 역시 과거에 남을 것이다. 어쩌면 Teresa가 정의된 순간으로 돌아갔을 때, 시간의 붕괴가 일어난 것일 수도 있겠다. 또 어쩌면 우리는 그녀가 알고 또 가치를 부여했던 자아의 상실을 대면한 19세 소녀로 다시 돌아간 30대의 여성의 자아를 보고 있는 것일 수도 있다.

시간의 의미는 Teresa의 이야기 속으로 파고들었다. Teresa의 이야기가 펼쳐졌을 때, 과거, 현재, 그리고 미래가 격렬하게 의미를 드러내었다. 그녀는 자신의 이야기 중 그 사건을 가장 처음으로 자세하기 이야기했으며 위에 나타난 그녀의 진술을 보면 수술이 바로 그 지점이었다. Teresa는 갑상선 암을 과거와 현재를 경계 짓는 사건으로 다루었다. 그녀의 수술은 시간의 기준이 되었고 그녀의 삶을 변화시켰다. Teresa가 목소리의 상실과 고군분투할 때, 그녀는 그 사건을 자신의 과거, 미래와 대비해서 병치시켰다. 그녀의 이야기는 불행한 사건에 대한 설명을 넘어서는 것이다. 오히려, Teresa는 파괴적인 상실과 변했지만 여전히 가치 있는 자아의 회복에 대한 이야기를 들려준다.

Teresa에게, 그녀의 암, 수술, 그리고 목소리의 상실은 자아의 상실을 불러일으키는 압도적인 경험으로 합해진다. 과거는 그 사건의 힘과 뒤따르는 인생 변화의 소용돌이로서의 사건을 보여 준다. 하지만 그녀는 자신의 비극적 이야기를 긍정적이고 새로운 방향을 다시 시작하는 이야기로 바꾸어 주는 자세와 기술을 얻었다.

위와 같은 개념이나 범주에 대한 분석적 메모는 실제 글쓰기에 반영되는데, 이는 뒤에서 살펴보도록 하자.

자료에 대한 2차 코딩

차마즈(2011)는 도출된 범주들을 관계적으로 연결 지어 하나의 경험의 구조를 형성했는데, 이러한 2차 코딩의 결과를 시각적으로 나타내면 다음과 같다.

차마즈(2011)의 2차 코딩

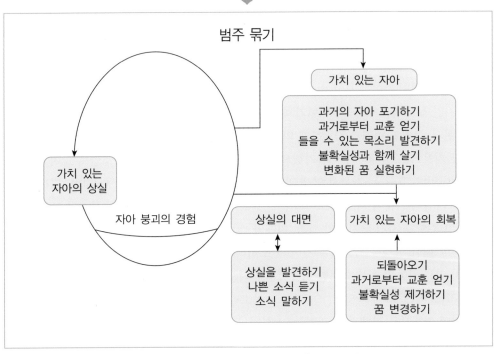

자료에 대한 3차 코딩과 글쓰기

차마즈(2011)는 위와 같은 분석의 결과로 자료 속에 드러난 주제를 '가치로운 자아의 상실과 회복'이라 도출했다. 그리고 이러한 분석의 결과를 글쓰기를 통해 기술했는데, 그녀의 글쓰기를 통해 우리는 다음과 같은 것들을 발견할 수 있다. 첫째, 글쓰기의 구조는 그녀가 도출한 개념과 범주를 중심으로 이루어져 있다. 즉, 분석의 과정이 글쓰기에 그대로 드러나며, 따라서 분석의 과정이란 글쓰기의 뼈대를 구성하는 점이라는 것을 확인 할 수 있다. 둘째, 범주와 개념에 대한 분석적 메모가 글쓰기에 드러나 있다. 따라서 글쓰기라는 것은 분석의 최종 단계로서의 작업이 아니라 분석 동안 지속되어온 연구자의 해석적 성찰의 드러냄이라 할 수 있다.

　　그렇다면 이러한 분석의 결과로서 차마즈(2011)의 글쓰기를 살펴보도록 하자.

9. 차마즈(2011)의 글쓰기: 가치로운 자아의 상실과 회복

"목소리가 없는 나는 아무것도 아니에요." 나는 Teresa의 11년 전, 그녀가 19세의 대학생이었을 때 일어났던 고통스러운 사건을 경험한 이야기를 분석하기 시작했다. Teresa는 놀라운 오페라 가수로서 놀라운 재능을 가지고 있었고 다른 보컬 학생들에 비해 월등히 앞서 있었으며 스타가 될 운명을 가진 학생이었다. 하지만 비극이 일어났다. 급격하게 커지는 그녀 목의 종양은 치명적인 암으로 밝혀졌고 섬세한 외과적 적출 수술을 받아야 했다. 그녀의 목소리에 어떠한 일이 일어났는지 그녀가 설명하는 이야기를 들어 보자.

> 수술 때문에 주위의 것들이 변하기 시작했다. 그 때 이후로 많은 것들이 달라지기 시작했다. 그것은 힘든 것이었다. 신체적으로 회복하고 그 때 이후로 많은 것들이 달라져야 한다는 사실을 받아들여야 했다. 나는 그 사건 이후로 더 이상 나 자신이 아니었다. 목소리는 사라졌고 나도 사라졌다. 그리고 목소리가 없는 나는 더 이상 나 자신이 아니었다.(마음속에 강력하게 각인된 부분)

　　이 말들을 통해, Teresa는 11년 전, 그녀가 자신의 목소리, 자기 자신을 잃어야 했던 현실을 경험한 바로 그 순간으로 돌아갔다. 이 앞선 순간은 이야기 속에 포함되는 여러 전환점 중에서 돌이킬 수 없는 전환점이 되었다. Teresa는 마치 어제 일인 것처럼 그 순간을 묘사했다. 이 순간의 의미는 그녀의 의식을 찢어 놓았으며 그 이전에 그녀가 알던 자아와 가치로부터 그녀를 소외시켰다. "내 목소리가 사라졌어요." 목소리는 그녀의 자아와 하나였다. 자아와 구분할 수 없는 것이며 그녀 자신 그 전부였다.

목소리는 자아의 은유다. 목소리는 신체와 자아와 하나가 된다. 목소리는 자아를 전달하고 자아의 열정을 표현한다. 암에 걸리기 전, Teresa의 목소리는 그녀의 대학 생활을 구성하고 프로 메조소프라노 가수가 되고자 하는 그녀의 미래를 가꾸어 주었다. 그 순간, 그녀의 목소리가 사라지고 그것과 함께 그녀가 그 이전에 가지고 있었던 자아가 사라졌다고 깨달은 그 순간, 그녀의 삶은 돌이킬 수 없게 변했다. 이 결정적인 순간은 비극적 상실을 나타냄과 동시에 예언했다. 이러한 자아의 상실은 그가 알고 있던 세상과 자아의 "격렬한 붕괴"이다. 어쩌면 Teresa가 그 중대한 사건을 회상했을 때 시간적 개념이 무너졌을 수 있다. 어쩌면 우리는 30세의 여인이 다시 그녀가 알던 그리고 가치롭게 생각하던 자아의 상실을 경험하는 19세 소녀로 돌아가는 그 모습을 어렴풋이 보았는지도 모른다.

(중략)

자아의 상실이란 무엇인가?

자아의 상실 정의하기

자아의 상실이란 신체적 상실 이상을 상징한다. 그것은 사람들이 그들 자신에 대해 알고, 정의하고, 느끼는 바로 그 방식의 상실을 의미한다. 그들이 정의한 속성들은 사라진다. 그들 삶의 기반이 되는 기초가 흔들리거나 부서진다. 자아의 상실은 다른 이들과 그들 자신을 차별화하고 세계 속에 그들 자신들을 위치시키는 방식을 변화시킨다. 그것은 세계 내 존재로서의 그들 방식의 상실을 의미한다. 혼란이 폭발한다. 공동체가 사라지고 돌이킬 수 없는 변화가 일어난다.

자아의 상실은 자아 재건의 연속성의 가장 끝자락에 위치한다. 그리고 반대쪽 끝자락에는 가치로운 자아의 회복이 위치한다. 이 둘은 확실성과 불확실성의 범위 내에서 그 역할을 한다. 자아의 상실은 삶을 불확실하고 혼란스럽게 만든다. 가치로운 자아의 회복은 삶이 예상 가능하고 통제할 수 있는 것이라는 느낌을 강화시킨다. 따라서 가치로운 자아의 회복은 그 사람이 안정적인 자아개념을 다시 정립했다는 것을 함축한다. 비록 그것이 새로운 태도와 입장에 기반을 둔 것이더라도 말이다.

상실의 깊이, 넓이, 존재론적 의미는 자아의 상실을 정의한다. 그러한 상실은 파괴적이고 통제할 수 없으며, 압도적이다. 이러한 상실은 불확실성을 강요하고 영속적일 것 같으며 자율성을 쇠퇴시키며 고통과 슬픔을 유발한다. 가슴이 미어지는 상실에 대한 Teresa의 이야기는 그녀가 겪어야 했던 고통에 대해 이야기한다. 그녀는 자신을 차별화시킬 수 있었던, 그녀에게 위안을 주었던, 삶을 구성했던 바로 그것을 상실했다. 면담자가 신과 그녀와의 연결성에 대해 물었을 때, 그녀는 그녀의 삶속에서 목소리의 상실이 어떻게 반향되었는지 나타내었다.

노래는 나의 기도였고 나와 신을 연결하는 것이었지요. 그건 나의 큰 재능이었어요. 나는 내가 기억할 수 있는 시간 안에서는 뚱뚱하고 친구가 없는 소녀였어요. 하지만 나는 노래할 수 있었지요. 그것은 내 안에 있는 거였어요. 그리고 내가 그것을 잃어 버렸을 때 나는 신과 나의 관계도 함께 잃어 버렸지요. 나는 친구를 잃어 버리고 삶에 있어서의 부름을 잃어 버렸어요. 삶에 대한 열정도 함께 잃었지요. 나는 나의 트럼프 카드를 잃었어요. 그것은 억압적인 아버지나 기타의 것과 함께하는 뚱뚱한 어린 소녀에서 나를 벗어나게 해주는 것이었어요. 그건 나를 내보내줄 표 같은 것이었고 나는 표를 잃어 버렸어요! 그래서 신과의 연결이 끊어졌지요. 사라졌어요.

목소리의 상실은 점점 퍼져 나갔다. 관계들의 단절, 열정의 상실, 목적의 상실로, 하나의 정체성이 상실되면 그 다음으로 이어졌다. 기능의 상실 가능성에 대한 예상은 자아의 상실로 이어졌다. Teresa에게, 자아의 상실은 그녀의 목소리를 잃을 수 있다는 위협에서 시작되었다. 그녀의 고통은 즉각적이었다. 의사가 "이 수술 이후에는 더 이상 노래할 수 없을 수도 있어요."라고 말한 그 순간, Teresa는 자신의 목소리와 자신의 세계가 얼마나 부서지기 쉬운 것인지 깨달았다. 그의 강력하고 분명한 언급으로 인해 Teresa는 그 순간을 의심할 나위 없는 대참사가 현실이 되었다는 즉각적이고 고통스러운 인식을 경험한 것으로 생각했다. 이 트라우마적 순간을 정의하는 동안 Teresa는 충격과 그녀를 뒤덮은 고통을 상기했다.

나는 얼었다. 숨을 쉴 수도, 움직일 수도, 눈을 깜빡일 수조차도 없었다. 총 맞은 것처럼 느껴졌다. 내장은 얼어맞은 것처럼 굳어 있었다. 내 입은 말라 갔고 펜을 만지작거리던 나의 손가락들은 갑자기 차가워지고 무감각해졌다. 내가 확실히 충격받았다는 것을 알아차린 의사는 약간의 미소를 지었다. "하지만, 우리는 당신의 생명을 구할 것입니다. 그게 중요한 것입니다. 그리고 그거 압니까? 나와 함께 일하는 다른 외과의사는 훌륭하다는 것을. 우리는 너무 거슬리지 않게 우리가 할 수 있는 모든 것을 할 것입니다." 나는 조금씩 아주 조금씩 숨을 쉬기 시작했고, 스스로 떨고 있다는 것을 느꼈다. 나는 의미 있고 인상적인 어떤 말을 하려 했다. 내가 할 수 있었던 말은 오직 "오……. 이런."

그 후, 나는 제멋대로 했다. 소리 없이 흐느꼈다. 눈물을 엄청나게 쏟아내고, 입을 열고 숨죽인 채 울었고, 그 저주받은 덩어리로부터의 압박을 견뎌내고 있었다.

두 번째를 살펴보면, 비극과 뒤따라올 심각한 상실을 암시하며 대화의 템포가 빨라졌음을 알 수 있다. 의미를 결정하는 시간은 빨랐지만 그것이 일으킨 고통과 통증은 순

식간이었다. 그 즉각성과 강렬함, 불운의 잔혹함은 사람들이 그들에게 무슨 일이 벌어
지고 있는지를 깨달은 순간 자아 상실의 감각을 긴장시킨다. 갑작스럽고 충격적이고
즉각적인 인식, 확대, 삶을 위협하는 상실은 압도하는 것이다. 특히 젊은 사람들에게는
더 그렇다. 치명적인 질병은 그들의 삶의 리듬과 어긋나는 것이다. 그것은 그녀가 그것
에 대한 경고를 듣지 못했기 때문일 뿐만 아니라 그녀의 그러한 갑상선 암은 그녀처럼
젊은 사람에게는 드문 것이었고 그러한 것이 그녀의 목소리를 상실하게 만들 수 있다
는 위협이 더 충격적인 것이었다.

1. 처음으로 수집된 자료를 전사하는 작업을 하니 어떤 기분이 드는가? 얼마나 어려운가? 한 시간의 녹음된 테이프를 전사하는 데는 약 몇 시간 정도 걸리는가? 포기하고 싶거나, 남에게 맡기고 싶거나, 아니면 전사하지 않고 그냥 기억하여 직접 논문 글쓰기로 가고 싶지는 않았는가? 전사과정에 얽힌 새로운 경험과 어려움에 대하여 이야기해 보자.

2. 학위 논문의 경우, 현장작업을 통하여 수집된 자료의 양은 엄청나다. 현장작업만으로도 피곤한 연구자가 모든 수집자료를 전사할 수는 없다. 이에 지나치게 많은 경우, 연구보조자를 이용할 필요가 있다. 이러한 경우에 연구자가 어떻게 전사작업을 분업화할 것인지, 연구보조자에게 맡긴 전사작업 내용에 대해서는 나중에 어떻게 읽고/읽지 않을 것인지에 대하여 생각해 보자. 타인이 전사한 내용을 읽는 것과 자신이 전사한 내용을 직접 읽는 것은 천지차이가 난다. 그러한 차이를 연구자는 어떻게 해결할 것인지에 대하여 진지하게 생각해 보아야 한다.

3. 전사는 수집된 자료를 컴퓨터에 저장하는 작업을 말하는 것으로 녹음테이프나 관찰테이프를 한글 프로그램을 사용하여 기록하는 작업이다. 그러나 단순히 수집된 자료를 스크린과 파일에 옮기는 기계적인 과정이 아니다. 그 과정에서 글을 들으면서, 다시 쓰면서 연구자는 많은 생각과 감정, 통찰력을 얻는다. 전사작업을 하고 난 다음에 연구자는 연구문제와 주제에 대하여 전사하기 전과 후에 얼마나 다른 생각을 하게 되었는지를 '전사작업의 해석적 기능'이라는 측면에서 논의해 보자.

4. 자신이 수집한 질적 자료를 전사하여 가장 기초적인 질적 자료 분석 작업을 경험해 보자. 세그멘팅이나 코드를 만드는 경험을 직접 해 보자.

5. 근거이론에서 개발한 다양한 코딩개발 작업을 경험하자. 책에 소개되어 있는 다양한 종류의 코딩들을 자신이 가지고 있는 질적 자료에 적용하여 만들어 보자.

6. 코딩의 이름을 만드는 방법에 대하여 생각해 보자. 질적 자료의 의미를 범주화하고 특징화시키기 위하여 질적연구자는 어떠한 지식과 관점, 상상력과 창의성, 나아가 통찰력이 있어야 하는지를 생각해 보자. 나아가 그러한 자신과 감식안을 개발시키기 위하여 질적연구자는 자신의 생활속에서 어떤 노력을 기울여야 하는지 고민해 보자.

참고문헌

이동성(2015). 도 초등학교 남자 교원의 경력 경로 및 경력 발달에 대한 생애사 연구: "우연과 필연의 이중주". 교사교육연구, 54(1), 102-119.

이동성, 김영천(2012). 질적연구방법으로서 근거이론의 철학적 배경과 방법론적 특성에 대한 고찰. 열린교육연구, 20(2), 1-26.

이용숙(2009). 분류체계, 성분 분석법 재개발 실행연구: 수업분석 적용사례를 중심으로. 열린교육

연구, 17(1), 99-128.

정상원, 김영천(2014). 질적연구에서의 현상학적 글쓰기의 전략과 방법의 탐구. 교육문화연구, 20(3), 5-42.

홍나미, 신문희, 박은혜, 박지현(2013). 학업중단 청소년의 학업 복귀 과정에 관한 근거이론 접근. 청소년복지연구, 15(1), 121-153.

Appendix D: Analytic memos in the beginning stages of working with the data of the women. (2002). *Occupational Therapy in Mental Health*, 18(3), 145-146. doi:10.1300/J004v18n03_13

Basit, T. N.(2003). Manual or electronic?: The role of coding in qualitative data analysis. *Educational Research*, 45(2), 143-154.

Bogdan, R. & Biklen, S. K.(1992). *Qualitative research for education: An introduction to theory and method*(2nd Ed.). Allyn & Bacon.

Boyatzis, R. E.(1998). *Transforming qualitative information: Thematic analysis and code development*. Sage.

Charmaz, C.(2006). *Constructing Grounded Theory: A Practical Guide through qualitative Analysis*. Sage. 박현선, 이산균, 이채원 공역(2013). 근거이론의 구성: 질적 분석의 실천 지침. 학지사.

Charmaz, K.(2011). A Constructivist Grounded Theory Analysis of Losing and Regaining a Valued Self. *Five Ways of Doing Qualitative Analysis*. The Guilford Press.

Creswell, J. W.(2009). *Research design: Qualitative, quantitative, and mixed methods approaches*(3rd Ed). Sage.

Creswell, J. W.(2007). *Qualitative inquiry and research design: Choosing among five approaches*(2nd Ed). 조흥식, 정선욱, 김진숙, 권지성 공역(2010). 질적연구방법론.

Crotty, M.(1996). *Phenomenology and nursing research*. Churchill Livingstone. 신경림, 공병해 공역(2011). 현상학적 연구. 현문사.

Desantis, L. & Ugarriza, D. N.(2000). The Concept of theme as used in qualitative nursing research. *Western Journal of Nursing Research*, 22, 351-372.

Dey, I.(1993). *Qualitative data analysis: A user-friendly guide for social scientist*. London: Routledge.

Dye, J. F. & Schatz, I. M. & Rosenberg, B. A. & Coleman, S. T.(2000). Constant comparison method: A kalieidscope of data. *The Qualitative Report*, 4(1/2). Retrieved from http://www.nova.edu/ssss/QR.

Ely, M.(2001). *on writing qualitative research: living by words*. Routledge Falmer.

Emerson, R. M & Fretz, R. L. & Shaw, L. L.(1995). *Writing ethnographic fieldnotes*. University of Chicago Press.

Garcia-Romeu, A. & Himelstein, S. P. & & Kaminker, J. (2015). Self-transcendent experience: A grounded theory study. *Qualitative Research*, 15(5), 633-654.

Glaser, B. G.(1978). *Theoretical Sensitivity: Advanced in Methodology of Grounded Theory*. University of California.

Glaser, B. G. & Strauss, A. L.(1967). *The discovery of grounded theory: Strategies for qualitative research*. Aldine. 이병식, 박상욱, 김사훈 역(2011). 근거이론의 발견: 질적연구 전략. 학지사.

Goetz, J. P. & Lecompte, M. D.(1984). *Ethnography and Qualitative Design in Educational Research*. Academic Press.

Gribich, C.(2007). *Qualitative data analysis: An introduction*. Sage.

Hammersley, M.(2010). On Becker's Studies of Marijuana Use as an Example of Analytic Induction.

Philosophy of the Social Sciences, 41(4), 535-566.

Ildarabadi, E. & Moonaghi, H. K. & Heydari, A. & Taghipour, A. & Abdollahimohammad, A.(2015). Vaccination learning experiences of nursing students: A grounded theory study. *Journal of Educational Evaluation for Health Professions,* 12, 29.

LeCompte, M. D.(2000). Analyzing qualitative data. *Theory Into Practice, 39*(3), 146-154.

LeCompte, M. D. & Schensul, J. J.(1999). *Analyzing and interpreting ethnographic data.* AltaMira Press.

Leech, N. L. & Onwuegbuzie, A. J.(2007). An array of qualitative data analysis tool: A call for data analysis triangulation. *School Psychology Quarterly, 22*(4), 557-584.

Lichtman, M.(2006). *Qualiative research in education: A User's Guide.* Sage.

Lincoln , Y. S & Guba, E. G.(1985). *Naturalistic inquiry.* Sage.

Lipscomb, M.(2012). Abductive reasoning and qualitative research. *Nursing Philosophy,* 13, 244-256.

Lofland, J.(1971). *Analyzing social setting: A guide to qualitative observation and analysis.* Wadsworth.

Lofland, J. & Snow, D. & Anderson, L. & Lofland, L. H.(2006). *Analyzing social setting: A guide to qualitative observation and analysis*(4th Ed.). Wadsworth.

Marshall, C. & Rossman, G. B.(1988). *Designing Qualitative Research.* Sage.

Mason, J.(2002). *Qualitative researching*(2nd Ed). Sage.

Merriam, S. B.(2009). *Qualitative research: A quide to design and implementation.* Jossey-Bass.

Merriam, S. B.(1998). *Qualitative research and case study application in education.* Jossey-Bass.

Miles, M. & Huberman, A. M.(1994). *Qualitaitve data analysis: An expended soursebook.* 박태영, 박소영, 반정호, 성준모, 은선경, 이재령, 이화영, 조성희 공역(2009). 질적자료 분석론. 학지사.

Moustakas, C.(1994). *Phenomenologocal Research Method.* Sage.

Opler, M. E.(1945). Theme as dynamic: forces in culture. *American Journal of Sociology,* 53, 198-206.

Patton, M. Q.(2002). *Qualitative research & evaluation methods*(3rd Ed). Sage.

Richardson, L.(1990). *Writing strategies: reaching diverse audiences.* Sage.

Roberts, T. & Bowers, B. (2015). How nursing home residents develop relationships with peers and staff: A grounded theory study. *International Journal of Nursing Studies, 52*(1), 57-67.

Robinson, W. S.(1951). The Logical Structure of Analytic Induction. *American Sociological Review, 16*(6), 812-818.

Salaña, J.(2009). *The coding manual for Qualitative researchers.* Sage. 박종원, 오영림 역(2012). 질적연구자를 위한 부호화 지침서. 신정.

Shank, G. D.(2006). *Qualitative research: A personal skills approach*(2nd Ed). Sage.

Sipe, L. R. & Ghiso, M. P.(2004). Developing conceptual categories in classroom descriptive research: Some problems and possobilities. *Anthnopology and Education Quarterly, 35*(4), 472-485.

Smith, J. A. & Flowers, P. & Larkin, M.(2009). *Interpretative Phenomenological Analysis: Theory, Method and Research.* SAGE.

Spradley, J. P.(1980). Participant Observation. *Wadsworth Publishing Company.* 신재영 역(2009). 참여관찰법. Cengage Learning.

Spradley, J. P.(1979). *Ethnographic interview.* 박종흡 역(2003). 문화기술적 면접법. 시그마프레스.

Srivastava, P. & Hopwood, N.(2009). A practical iterative framework for qualitative data analysis. *Journal of Qualitative Methods, 8*(1), 76-84.

Strauss, A. & Corbin, J.(1998). *Basic of Qualitative Research: Grounded Theory Procedures and Techiques.* Sage. 신경림 역(2001). 근거이론의 단계. 현문사.

Tavory, I. & Timmermans, S.(2014). *Abductive Analysis: Theorizing Qualitative Research.* University of Chicago Press.

van Maanen, J.(1988). *Tales of the field: on writing ethnography.* University of Chicago Press.

Wertz, F. J.(2011). A Phenomenological Psychological Approach to Trauma and Resilience. Five Ways of Doing Qualitative Analysis: Phenomenological Psychology, Grounded Theory, Discourse Analysis, Narrative Research, and Intuitive Inquiry. The Guilford Press.

Wertz, F. J. & Charmaz, C. & McMullen, L. M. & Josselson, R. & Anderson, R. & McSpadden, E.(2011). Five Ways of Doing Qualitative Analysis: Phenomenological Psychology, Grounded Theory, Discourse Analysis, Narrative Research, and Intuitive Inquiry. The Guilford Press.

Westbrook, L.(1994). Qualitative research methods: A review of major stage, data analysis techniques, and quality controls. *LISR*, 16, 241–254.

Wolcott, H. F.(1994). *Transforming Qualitative Data: Description, Analysis, and Interpretation.* Sage.

Znaniecki, F.(1934). *The Method of Sociology.* Rinehart & Company,

12

자료의 표현

마침내 모든 작업이 끝났을 때, 필자에게 있어 글쓰기 작업은 퍼즐 맞추기 게임 그 자체였던 것 같다. 써야 할 주제가 결정되고 카드화된 자료가 즐비했지만 앞부분에서 뒷부분으로 전개되기보다는 24시간 긴장과 초조 속에서 부분 부분을 찾아가면서, 동시에 전체 그림을 연상하면서 이야기가 맞추어지는 과정이었다. 부분과 전체를 동시에 고려한 글쓰기. 계속적으로 이미 쓴 부분을 출력하여 연결을 계속해 나가는 작업. 이런 작업 속에서 목차나 장/절과 같은 목록(headings)이 계속 새롭게 바뀌어 나간다. 결과적으로, 탐구 과정으로서의 글쓰기는 내용의 연결과 충실도뿐만 아니라 가장 적절한 목차의 구성 및 장/절의 표현을 세련되게 해주었다(조재식, 2003).

이 장에서는 질적 자료 분석의 한 부분이면서 연구 결과를 잘 나타내는 데 필요한 연구 과정으로서 질적 자료의 표현에 대해 설명하고자 한다. 질적 자료의 표현이란 쉽게 이야기하면 분석을 위해 도출된 자료를 효과적으로 배열하는 것을 뜻한다. 표현이라는 용어 자체가 창의성과 다양성을 의미하기 때문에 자료를 표현하는 문제는 연구자의 계속적인 창의적 고민과 효과적인 의미 전달과 이해를 위한 최상의 방법을 찾는 노력의 과정이라고 하겠다.

그러한 점에서 기존의 질적연구와 최근에 수행되고 있는 질적연구에서는 다양한 자료의 표현 방법이 소개되고 있다. 서술적, 시각적, 공간적, 서정적 형태의 여러 가지 표현 방법이 사용되고 있다. 특히 질적연구의 방대한 자료를 체계화하고 양을 적정화하는 방법이 대두되고 있다. 압축된 자료와 주제를 효과적으로 전달하기 위한 표, 매트릭스, 차트, 이야기, 그림, 사진, 인용, 문학적 표현 장치 등이 방대하게 이용되고 있는 것이다. 이 장에서는 질적연구의 표현에서 사용할 수 있는 여러 가지 표현 방법을 소개함으로써 질적연구 자료를 효과적으로 표현할 수 있는 기법을 공부하는 것을 목적으로 한다.

1. 들어가기 전에: 질적 자료 표현의 필요성

질적 자료의 표현 문제는 그 중요성으로 인해 질적연구의 새로운 탐구영역으로 성장했다. 따라서 이와 관련된 주제가 질적연구 분야의 학술대회에서 심층적으로 논의되고 있고, 최근에는 여러 질적연구자에 의해 질적 자료 표현에 관련된 주제에 대한 이론화가 계속되고 있다(Ellis, Bochner, Van Maanen, 1995). 반 마넨은 ≪문화기술지에서의 표현≫이라는 책을 편집하여 질적 자료가 어떻게 다양하게 표현되고 쓰일 수 있는지에 대한 최근의 노력을 잘 드러내 주었다. 그리고 그러한 표현의 문제는 인간 경험의 표현에 있어서 실증주의 이데올로기의 탈피와 관련하여 질적연구의 발표가 하나의 공연 양식으로서 이해되고 그 표현 방법을 이론화하는 작업으로까지 확장되어 연구되고 있다(Denzin, 2005).

그러나 무엇보다 질적 자료의 표현이 중요한 이유는 독자가 그 글을 읽을 때 정말로 그러한 사실이 있을 수 있는지에 대한 가능성을 불러일으키는가(believability) 또는 독자가 그 글에 대해 그럴 수 있다고 생각하도록 설득하는가(persuasion)와 깊은 관계가 있기 때문이다. 그러한 이유로 인해 수많은 질적 자료와 분석된 자료를 효과적으로 읽기 쉽게, 이해하기 쉽게, 설득할 수 있게 순서적으로 제시하고 배열하는 노력이 요구된다. 이를 위해 질적연구자들은 질적 자료를 어떻게 효과적으로 배열하고 표현할 것인가에 대한 대안을 탐구해 왔고 숫자가 아닌 표현 방법의 수용과 그 이론화에 박차를 가해 온 것이다. 그러한 점에서 이제 자료의 표현은 연구 결과를 무미건조하게 제시하는 작업이 아니라 A4용지를 어떻게 창의적으로 채워 나가야 하는가를 탐구해야 하는 작가에게 끊임없는 창조적 작업이라고 할 수 있다.

이러한 중요성으로 인해 양적 자료의 표현과는 달리 질적 자료의 표현에서는 연구의 목적과 결과를 효과적으로 전달하기 위해 여러 가지 표현 방법이 다양한 학문 영역에서 차용, 적용되어 왔다. 그러한 점에서 질적연구를 하는/하게 되는/쓰게 되는 연구자는 저자로서 또는 글을 만들어 가는 작가로서 질적 자료를 어떻게 언어적으로 잘 표현해 낼 것인지를 고민해야 하고 그에 필요한 최소한의 지식과 기법에 대해 공부해야 할 필요가 있다. 그러한 점에서 이 절에서는 최근의 여러 문헌과 연구에서 사용되고 개발되어 온 표현 기법을 종합적으로 제시하고자 한다. 이러한 기법의 제시는 질적 자료 표현을 보다 성공적으로 하는 데 연구자에게 실제적인 도움을 줄 것이다.

방법1. 원 자료의 인용

질적연구에서 가장 기초적이면서도 중요한 자료 표현 방법은 바로 원 자료를 연구 결과에 그대로 제시하는 것이다. 질적연구에서는 연구 결과가 서술적으로 표현되기 때문에, 때로는 연구자의 수많은 미사여구보다 연구 참여자가 실제로 이야기했던 한 마디 말이 연구의 충격을 더욱 강하게 전달할 수 있다. 따라서 원 자료의 인용은 자료를 제시하는 데 있어서 연구자의 주장을 뒷받침하기 위해 연구 참여자가 했던 원래의 대화나 이야기 또는 삶의 세계에 대한 관찰 자료를 그대로 재현해 낼 수 있는 중요한 방법이며, 질적 자료 표현 방법 중에서 가장 일반적으로 쓰이는 방법이다. 참여자의 이야기나 경험이 저자(연구자)의 체에 걸러지지 않고 그대로 재생된다는 측면에서 원 자료의 이미지를 효과적으로 구현하는 데 도움이 된다.

원 자료의 인용은 면담의 경우 연구자의 결론이나 주장이 연구 참여자의 실제적인 말에서 나왔다는 점에서 자료 해석의 신빙성을 높여 주고, 참여관찰의 경우 원래 상황에 대한 이미지를 가장 근접하고 투명하게 그려 내는 이점이 있다. 인용을 통한 원 자료의 사용은 읽는 사람으로 하여금 연구 참여자의 생각과 경험, 세계를 여과 없이 느끼게 해주기 때문에 연구가 실제로 일어났다는 것을 알게 해주고, 독자를 연구 세계로 몰입하게 만들어 준다.

이러한 인용 방법은 연구자가 특별한 주장을 하는 경우 또는 어떤 확실한 결론을 내리려고 하는 경우에 유용하다. 연구자의 해석이나 관점이 어떻게 도출되었는지를 가장 일반적으로 설득하는 방법으로서 인용은 연구 참여자가 그렇게 이야기했다는 것을 독자에게 직접 알려 줄 수 있기 때문이다. 이때 인용의 신뢰성을 부여하기 위해 날짜, 장소를 기록하는 것을 잊지 말아야 할 것이다.

[예] 원 자료 인용의 다양한 예시들

원 자료의 직접 제시

1. 교사: 김성한, 원주공식에 대해 말해 보세요.
2. 성한: 반지름 곱하기 3.14입니다.
3. 교사: 이것이 맞습니까?
4. 학생들: 아니요.
5. 철수: 지름 곱하기 3.14입니다.
6. 교사: 맞았습니까?
7. 학생들: 네.

다양한 원 자료들의 병렬적 제시

〈제순의 증언〉

우리는 보미를 싫어해요. 그 아이는 우리 선생님이 가장 좋아하는 아이인데 그 애의 아버지는 건축가이고 어머니는 의사예요. 그 아이는 예원 미술 중학교의 입학허가를 받았어요. 우리는 선생님이 그 아이에게 관심을 주는 방법을 참을 수 없어요. 산수시간에 있잖아요. 그 아이 머리에 있는 '개구리 리본'이 그다지 예쁘지도 않은데 우리 모두는 얼굴을 찌푸렸어요. 보미는 너무 관심을 많이 받아요. 우리는 참을 수 없어요. 어느 날 선생님이 사과를 들고 오셔서 보미를 불렀어요. 선생님이 왜 그 애를 불렀는지 궁금했어요. 선생님은 "보미야, 이 사과를 교장실에 갖다 놓아라. 만약 다른 애가 이 사과를 교장선생님께 가져가게 되면 교장선생님께서 그 사과를 먹지 않을지도 모른단다. 지금 갔다 오너라." 그리고 보미는 중학교 시험 때문에 학교에 오지도 않았어요. 그런데 결석 처리를 안 하는 거예요. 만약 다른 학생이 수업에 들어오지 않으면 당장 결석 처리했을 거예요. 우리 선생님은 보미를 결석으로 기록하지 않았어요. 가짜로 출석부를 작성했어요.

〈인자의 증언〉

우리 선생님은 우리 모두를 사랑한다고 말했습니다. 그렇지만 그런 말을 믿을 수가 없어요. 어느 날 교실 안에서 작은 파티를 했습니다. 각각 테이블에는 음식이 있었고 선생님은 주위를 돌아다니면서 몇몇 학생들에게 말을 걸었습니다. 그런데 자세히 보니까 선생님은 자신이 좋아하는 학생의 자리에만 다가가 그 학생들이 준비한 과자를 먹었습니다. 그리고 우리 자리에는 오지 않았습니다. 그리고 우리가 준비한 음식을 먹지도 않았습니다. 나는 선생님께서 우리 중에 몇몇만 좋아한다는 것을 알았습니다.

원 자료 인용을 통한 연구일지 생성

초임교사는 학업성적, 행동특성, 습관 등이 한 번의 지도로 하루아침에 바뀌지 않는다는 것을 알면서도 그것을 잊고 아이들에게 섭섭해한다. 이러한 경험을 통해 초임교사는 '교사는 지속적이고 일관된 자세와 지도로 아이들의 변화를 기다리며 아이에게 시간을 주어야 한다.'는 평범한 진리를 배우게 된다.
"아이들은 왜 그런지 모르겠어요. 때때로 서운할 때가 있어요. 어떤 날은 제가 너무 속상해서 밖에 나가 울고 들어와도 그것을 모르는 거예요. 자기들도 보면 알 텐데……"

방법2. 일화기록

일화기록 방법은 현장에서 일어났던 사건이나 현상을 제시하는 방법이다. '일화'라는 용어가 나타내는 것처럼 이 표현 방법은 분석 자료로 사용될 수 있는 일상적이거나 특별한 상황을 하나의 이야기로 서술하는 표현 방법이다. 이 방법은 실제 일어났던 사건이 정말로 어떤 상황에서 어떻게 일어났는지를 자세하게 묘사한다는 점에서 현장성과 선명성을 갖추고 있다. 또한 이 이야기 속에서 참여자들의 행동과 행위, 의도가 나타난다는 점에서 현장의 의미를 이해하는 데 도움이 된다.

[예] 일화기록 기법을 사용한 연구일지

간호사실에서 차트를 넘기고 있는 레지던트 의사를 발견했다. 그리고 AIDS에 관한 나의 연구를 소개한 후, 이 연구에 참여할 만한 지원자가 있는지 물어보았다. 레지던트는 "글쎄요." 하며 고개를 내저었다. 마침 옆에서 우리 얘기를 듣고 있던 간호사가 "제이라면 어떨까요?"라고 제안했다. 그 의사도 "음, 그 사람이면 괜찮겠네요. 하지만 그 사람 정말로 아픈지 모르겠어요. 마약만 달라고 하거든요. 그냥 인간쓰레기 같은 사람이에요."라고 말했다. "그래도 한 번 만나 보게 해주시지요."라고 청원한 후 나는 제이의 신상정보를 얻고 병실로 갔다.

제이는 다른 사람과 병실을 같이 사용하고 있었으나, 때마침 옆 사람이 자리를 비우고 없었다. 내 연구에 대한 소개가 끝나자 그는 인터뷰에 응하기로 했다. 그는 키가 170cm 정도이며, 말끔하게 면도한 얼굴이었다. 그는 환자 옷을 입고 있었고, 침대 옆 테이블에는 꽃, 카드, 과자 같은 물건이 없었다. 그는 32살 정도로 젊어 보였다. 아무튼 그가 잠시 화장실에 다녀온 후 이야기가 시작되었다.

제이는 한 달 동안 아랫배가 살살 아프다고 이야기했다. 한 달 만에 체중이 10kg 넘게 줄었으며, 피곤함을 점점 더 많이 느낀다고 했다. 술과 마약을 10년 넘게 해 왔지만, 지난 2개월 동안 이를 입에도 대지 못했다고 고백했다. 술이 입에 들어가기만 하면 구토 증상이 난다는 것이었다. 그는 마치 인생을 다 포기한 듯 이야기했다. "아무도 내 말을 들으려 하지 않아요. 그들은 내가 속이고 있다고 생각하나 봐요. 하지만 정말로 배가 아프거든요. 무엇인가 잘못된 것 같아요." 그는 아주 간단히 말했지만, 사실처럼 느껴졌다. 그와 인터뷰를 마친 후 나는 다시 한 번 들르겠다는 말을 뒤로하고 병실을 나왔다. 그는 자기가 노숙자 신세이기 때문에 이제는 호텔 같은 곳에서 쉬고 싶다고 했다.

일주일 후 다시 병원을 찾았을 때, 제이의 얼굴빛은 까맣게 타들어가고 뺨은 홀쭉해져 있었다. 제이는 기력조차 없어 인터뷰도 하지 못했다. 내가 집으로 돌아가려 할 때 인턴이 그에게 다음과 같이 말했다. "제이, 당신이 원하기만 한다면 다시 일어날 수 있을 겁니다. 최선을 다해 보세요." 그는 돌아서며 나에게도 "아시다시피 아무 일도 없을 겁니다."라고 말했다. 나는 그가 많이 악화되어 보이며, 무엇이든 조치가 필요하지 않겠느냐고 의견을 내놓았다. 그러나 그는 어깨를 으쓱할 뿐 그대로 병실을 나가 버렸다.

나는 며칠 뒤에 제이가 사망했다는 소식을 전해들을 수 있었다. 해부 결과 간 절반 이상에 암이 퍼져 있었다고 한다.

방법3. 비네트

영화나 연극에서 비네트 기법은 주변을 어둡게 만들고, 하나의 대상이나 인물에게 조명을 집중하는 것을 뜻한다. 그리고 광고나 TV에서 비네트는 앞뒤 연결되지 않고 한 장면에 초점을 맞추는 기법을 말한다.

이러한 점에 비추어 비네트의 기능에 대해 생각해 볼 수 있다. 질적연구에서 자료를 표현할 때 비네트(vignettes)란 작가가 묘사하는 한 개인, 경험, 상황에 대한 해석을 포괄하는 내러티브 표현 방식이다. 연구 참여자가 짧은 글이나 삽화 형태로 의견을 덧붙이는 것이라 할 수 있는데, 이는 사건을 기술한다는 점에서 일화와 유사한 면도 있지만 한 사건에 대한 복잡한 양상을 보여 줄 수 있다는 점에서 그 특성이 두드러진다. 일화에 비해 이야기의 전개가 다소 간접적이면서도 추상적인 형태를 띤다. 그 복잡성으로 인해 비네트에 의한 표현 방법은 한 사건에 대한 주변 인물을 소개하고 앞으로 다가올 사건이나 분석을 암시하며 특별한 결과를 묘사하는 데 적합하다.

아울러 비네트는 특별한 주제나 이슈를 요약하여 압축적으로 제시하는 데 효과적이다. 이에 비네트는 에피소드 형식의 글쓰기, 연구 전문가의 스냅사진이나 영화감독이 만든 단편영화와 같은 매력을 발산한다. 효과가 높은 반면에, 연구자가 비네트를 만들기 위해 특별한 글쓰기 감각을 가지고 있어야 한다.

질적연구에서 비네트의 사용은 연구 참여자들이 다른 연구 기법과 독립적이거나 통합적으로 사용되었는지의 여부, 어떻게 이야기를 나타낼 것인지(이야기 형식, 길이), 언제 자료 수집 과정을 소개할 것인지, 어떻게 연구 참여자들의 반응을 이끌어 낼 것인지에 따라 달라질 수 있다. 비네트는 자료 수집 과정에서 다른 방법과 병행해서 사용할 때도 유용하다. 예를 들면 아동 폭력에 관한 연구를 위해 인터뷰를 할 때, 시작부분에 사용하여 이야기를 원활하게 진행하거나 연구 참여자들의 마음을 열게 하여 연구자와 편안한 관계를 만들고 개인적인 경험에 관해 말하게 하는 데 사용한다.

비네트는 연구 대상자의 직접적인 경험에 관계없이 사용할 수 있고, 연령, 성별, 인종에 관계없이 특정한 문화적 요인을 사용하여 다른 그룹과 비교 또는 대조(예를 들면, 직원과 학생, 다른 학교의 학생)할 수 있다. 즉, 비네트는 소설이나 수필과 같은 성질을 갖고 있으며, 흥미로운 글 속에 상당한 암시나 통찰이 담겨 있기도 하다.

[예] 비네트 기법: 피트의 이야기

잠시 매직펜을 쓸 수 있을까요? 걱정 마세요. 돌려드릴게요. 저는 책임 봉사자입니다. 사실이라니까요. 이 종이에 무언가를 기록하려면 매직펜이 꼭 필요합니다.

저는 이미 6개월 동안 이 일을 해왔습니다. 저는 캐롤 소장님 덕분에 발탁되었습니다. 토요일마다 일을 하러 옵니다. 저는 문을 열고, 커피를 가지러 가고, 캔을 열고, 그 밖의 여러 가지 일을 하죠.

그들은 저를 많이 도와줍니다. 그들이 아니었다면 아마 저는 다시 교도소가 있는 북부 쪽으로 갔을 겁니다. 저는 많은 일을 캐롤과 상의했습니다. 캐롤 소장님은 제가 다시 교도소로 갈 것처럼 생각하셨거든요. [웃음]

캐롤은 이렇게 말했지요. "저는 교도소에 간다는 것이 무척 고된 과정이라는 것을 잘 알고 있어요. 그러니 당신이 다시 거기에 가기를 원하지 않습니다. 이곳 사람들은 여기에 들어오면서부터 이미 그 전의 자신들이 아닙니다."

"글쎄요, 잘 모르겠는데요." 나는 캐롤에게 말했습니다. "저는 2년 동안 교도소에 있었어요. 그러니 당신들이 저에게 더 이상 어떤 것을 할 수 있다고 생각하지 않습니다."

그러나 캐롤은 저의 말에 개의치 않고 테오도라 거리에 있는 성당의 짐 신부님을 만났고 편지를 써 줬습니다. 당신이 알다시피 캐롤은 제 사회봉사 책임자죠. 아무튼 재판에서 저는 무죄로 판명되었습니다. 그 이후에요? 저는 거리를 돌아다니고 인생을 즐겼습니다. 저는 한 가지를 생각합니다. '술을 마시지 마라.'

매직펜, 감사합니다. 커피나 가지러 가야겠습니다.

방법4. 연구 결과의 병렬적 대비

대부분의 연구에서는 자료 표현 방식이 단순하다. 즉, 글의 흐름에 따라 기준이 되는 연구 결과를 제시하고, 강조하고자 하는 자료를 뒤에 배치한다. 물론 연구자에 따라 약간 다르기는 하지만, 대체적으로 자료의 배열이 위에서 아래로 이루어진다. 그러나 이렇게 자료를 배열할 경우, 연구자의 의도가 제대로 반영되지 못할 경우가 생긴다. 연구 결과를 병렬적으로 표현하는 것은 이러한 위험을 해소해 준다. 방법은 의외로 간단하다. 텍스트를 반으로 구분하여 연구 결과를 왼쪽과 오른쪽에 각각 표현하는 것이다. 이 방법은 위와 아래를 오르내리며 연구 결과를 비교해야 했던 독자들에게 신선한 경험을 제공한다.

[예] 원 자료와 분석 결과의 병렬적 대비

원 자료	분석 결과
〈표〉 창포초등학교 설문조사 내용 일부 **조리원과 청소부의 서술형 설문** - 학생들이 쓰레기를 함부로 버린다. - 화장실에서 장난을 친다. - 쓰레기통을 발로 차기도 한다. - 나에게는 인사를 하지 않는다. - 나를 무시한다. **학생의 서술형 설문** - 조리사님이 밥을 억지로 먹인다. - 방과 후 선생님이 수업에서 무섭게 한다. 수업만 하면 될 것이지… - 왜 청소 아줌마를 위해 청소를 해야 하는지 잘 모르겠다. *"저는 수업할 때 학생들이 다른 행동을 하거나, 나쁜 말을 하는 것을 못 참거든요. 그래서 따끔하게 한마디해요. 근데 그러고 나면 담당 선생님한테서 전화가 와요. 수업에서 선생님한테 혼나서 수업 듣기 싫으니 방과 후 수업 빼달라고요. 그럴 때마다 정말 힘이 빠지고, 내가 무시당하는 것 같고 그래요."(방과 후 교사와의 면담 중에서)*	초등학교에서 계급이라는 단어는 역사 시간 이외에는 전혀 나오지 않는다. 오히려 인간은 누구나 평등하며, 직업에 귀천이 없다는 사실을 더욱 강조하고 있다. 인권교육, 인성교육, 덕교육 등을 통해 매일매일 학생들에게 주입되고 가르쳐지고 있다. 학교 교육과정을 충실히 이행했다면 학생들은 당연히 어른이라면 누구나 공경하고, 존경해야 할 것이다. 그럼에도 불구하고 그들은 다른 모습을 보여 주고 있다. 학생들은 교사와 교사가 아닌 사람을 구분하고 있다. 심지어는 교사 중에서도 '정식교사'와 '임시교사'를 구분하고 있기도 하다. 　학생들은 담임교사들에게 혼나고 벌받는 것은 당연하게 생각하면서도, 같은 이야기를 학교의 임시교사나 방과 후 교사, 학교 직원들에게 듣는 것은 굉장히 불쾌하게 생각하고 있다.

방법5. 그림

그림을 그려 자료를 표현하는 방법은 언어적 내용이나 자료를 시각적으로 재현해 내는 것을 뜻한다. 즉 장황한 장면 설명이나 인물 소개, 사건 소개를 굳이 서술을 통해 할 필요는 없다. 때로 긴 내용의 서술이나 내용 등을 그림 하나로 잘 요약해 묘사할 수 있다.

　이 방법은 일련의 활동, 장면에 대한 이해를 돕는 데 특히 효과적이다. 그러한 점에서 질적연구 중에서 참여관찰 방법을 통해 나타난 자료를 재구성하여 현장 이미지를 나타내거나 연구 참여자들의 행위나 활동의 특징을 개념적으로 나타내는 데 효과적이다. 그림 방법에는 여러 형태가 있는데 다이어그램, 플로차트, 인과관계 표 등이 있다.

　원 자료가 가지고 있는 세부적인 상호작용이나 참여자의 이해 등이 지나치게 단순화될 위험이 있지만 특별한 장면, 사건, 행위 등의 특징을 나타내는 데 효과적이다.

[예] 네 학교 이야기: 남학생과 여학생의 운동장 사용 차별

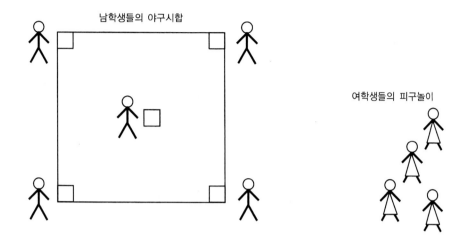

출처: 김영천(1997). 『네 학교 이야기: 한국 초등학교의 교실생활과 수업』.

[예] 교실 수업 관리 방식으로 격리

출처: 김영천(1997). 『네 학교 이야기: 한국 초등학교의 교실생활과 수업』.

[예] 교실의 물리적 특징을 나타내는 지도 제작

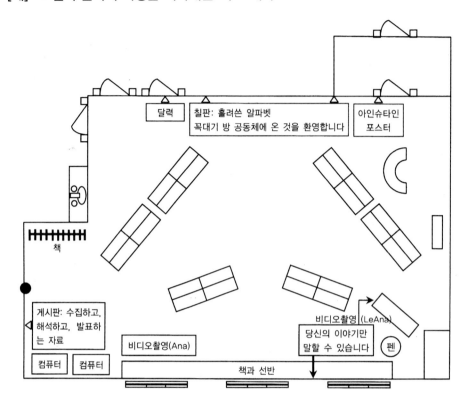

출처: Putney, L.(1997). 2개 국어를 사용하는 5학년 교실에서 단체와 개인의 발달: 사실성과 필연성의 상호작용적인 문화기술학적 분석. 미간행논문, 캘리포니아대학의 Santa Barbara.

[예] 그림을 첨가한 교실 대화 전사

교실 수업 중, 레니는 다음과 같은 자세로 책상에 연필을 던진다.

교사와 제니가 대화하는 동안 레니의 발이 공중에 나타난다. 그때 레니는 의자에 누워 발을 책상에 올리고 있다.

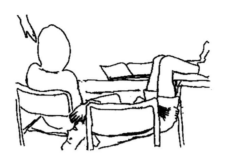

방법6. 공간 활용

질적 자료 표현의 목적이 의미의 전달과 설득이라면 A4 용지의 공간은 여러 가지 표현의 가능성이 존재하는 창의적인 미지의 공간이다. 그러한 점에서 질적연구자들은 글을 쓰는 부분만이 아니라 글을 쓰지 않고 남은 공간을 어떻게 이용할 것인지에 대해서 역시 고민해 볼 필요가 있다. 그리고 글이 들어 있지 않은 공간 또는 글과 글이 들어 있지 않은 공간을 어떻게 글의 의미 전달을 위해 효과적으로 사용할 것인지에 대한 고려 역시 필요하다. 그러한 점에서 글이 쓰여 있지 않은 공간은 더 이상 여백이 아니라 의미 전달과 강조를 위한 글쓰기 공간으로 인식할 필요가 있다.

[예] 김영천(1997)의 〈네 학교 이야기: 한국 초등학교의 교실생활과 수업〉

1995년에 박사학위 논문에서 시도된 방법으로서 미국 오하이오 주립대학교 질적연구방법론 수업에서 학생들에게 강의되었다. 연구자는 글이 갖고 있는 의미를 단순히 글의 내용으로만 전달한다는 것에 한계가 있다고 생각하고서 기존의 자료 표현 방법(가로쓰기)에서 탈피하여 텍스트의 여백과 글의 배열을 비전통적으로 디자인하는 방법을 창조해 냈다. 인용될 아동들의 이야기가 교실 통제에서 오는 생활의 어려움과 자유에 대한 갈망을 다루었기 때문에 학생들의 그러한 욕망을 가장 잘 표현해 내기 위해 텍스트에서 자유의 갈망에 대한 상징으로 여백을 특별한 방법으로 사용했다.

우리 교실은
지옥이다.

우리 교실은 감옥이다.

단지 규칙만
존재할 뿐이다.

우리는 마음대로
말할 수 없고
우리에게 요구되는 대로
생활해야만 한다.

우리 교실은 자유가
없는 장소이다.

여기서는 아동들의 이야기를 텍스트 가장자리에 모두 위치시키고 논문 A4 용지의 한 가운데는 텅 빈 채로 남겨 두었다. 이 빈 공간을 아동들의 이야기에 담겨 있는 자유로움과 벗어나고픔을 드러내기 위한 욕망의 장소로서 이용했다. 따라서 아동들의 대화 주제와 탁 트인 공간은 대조를 이루고 있다.

[예] 남성 무용수들의 훈련 방법

마지막 하위 범주인 남성 무용수의 훈련 방법이 있는가라는 질문에 대부분의 연구 대상자들은 클래스가 따로 존재하는 것은 아니었지만 자신의 신체를 위해 웨이트 트레이닝 등의 많은 연습에 임하고 있다고 보고한다. 그 중에서도 JHJ는 훈련의 필요성을 다음과 같이 이야기한다.

"남성 무용수들의 연습 체제의 분리가 필요하다. 중국의 경우 우리나라와 달리 남성 무용수를 체계적으로 가르치고 있다. 남자 수가 적다고 해서 똑같이 배우면 안 된다고 생각한다. 오히려 구분을 확실하게 해서 방법을 달리해야 한다. 같은 춤을 가르쳐도 남학생과 여학생은 받아들이는 것이 다르기 때문이다. 근데 이것을 한꺼번에 모아 두면 여학생 위주로 춤을 가르치게 된다. 그러면 남학생은 사실상 춤을 모르게 되고 설 자리를 잃게 된다. 자기가 왜 있는지 의문을 가지게 되면 춤추기가 힘들어진다. 또, 춤에 대한 개념을 심어 주어야 한다. 이것을 왜 하고 뭘 하는지에 대한 정신교육도 필요하다고 본다."

남성 무용수들의 훈련 방법 개선점에 대해 LWI는 몇 되지 않는 남성 무용수들은 남성 개개인의 신체에 맞는 교육이 필요하다고 지적했다.

위에서 제시하는 방법은 겉으로 보기에는 텍스트의 공간 사용에 있어서 기존의 논문에서 사용하는 방법과 큰 차이가 없다. 연구자의 목소리가 제시되고 다음으로 그 목소리를 지지하는 면담 자료가 제시된다는 점도 동일하다. 다만 기존의 글쓰기와 다른 점은 면담 자료를 제시하는 공간의 구성이 기존 방법과는 다르다는 점이다. 기존 방법과는 달리, 면담 자료의 인용 부분 공간을 다른 방식으로 구성했다. 즉, 면담 내용의 양쪽 공간을 훨씬 넓게 하고 면담 자료를 가운데에만 배치함으로써 연구자와 연구 참여자의 목소리를 명확하게 구분했다. 나아가 연구 참여자의 이야기를 다른 일반적인 면담 자료의 인용에서 사용되는 크기의 인용과 달리 더 조그맣게 하고 한가운데로 위치시킴으로써 읽는 사람에게 그 내용이 무엇인지를 더욱 궁금하게 하면서 글을 읽도록 유도했다.

방법7. 개념 지도

개념 지도란 개념과 각 개념 간의 관계를 그래픽으로 정리한 것으로서, 이론을 형성하고 제시하는 데 유용하다. 언어적으로 설명하기에는 너무 장황해질 수 있고 명료성이 떨어질 위험이 있는 경우에 연구자는 자신의 분석을 구체화하기 위해 이 방법을 사용한다. 연구자의 분석이 개념 지도화를 통해 나타나는 경우, 연구자의 주장이 시각적으로 제시되기 때문에 의미 전달에 매우 효과적이다.

[예] 신분에 관한 개념 지도

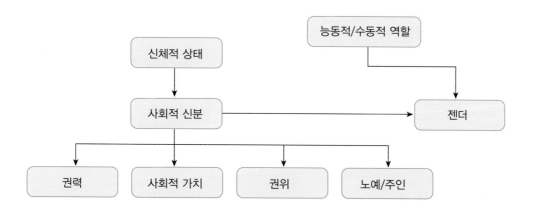

[예] 학원에 대한 개념 지도

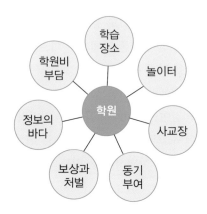

방법8. 순서도

순서도는 활동과 사건을 시간 순서에 따라 정리함으로써 자료의 의미와 해석을 효과적으로 전달하는 역할을 한다. 긴 이야기 자료를 간단하게 하나로 제시할 수 있다는 것은 여러 가지 점에서 경제적이면서 효과적이다. 아울러 순서도에 제시된 내용을 통해 여러 종류의 자료 간의 관계를 볼 수 있다는 점이 장점이다. 특히 상치되는 내용을 볼 수 있으며 이는 전체 분석의 틀 속에서 부분적 특징을 이해하는 데 도움이 된다. 이에 기존의 많은 질적연구에서 질적 자료를 순서도로 재구성하는 표현 방법을 사용했다.

[예] 카사바 생산에서 남성과 여성의 작업 과정에서의 차이

카사바 밀가루 만들기 – 남	카사바 녹말 만들기 – 여
뿌리 수확	뿌리 수확
↓	↓
운반(트럭)	운반(트럭/동물)
↓	↓
받고, 무게를 달아 지불	받고, 무게를 달아 지불
↓	↓
뿌리를 갈아서 가루로 만들기	껍질 벗기기
↓	↓
시멘트 바닥에 펼쳐 놓기	갈기

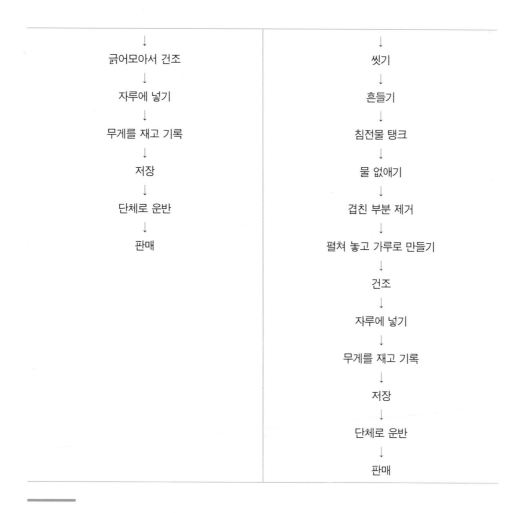

방법9. 사진

보조적인 질적연구방법으로서 사진은 자료를 표현할 때 중요한 역할을 한다. 실제로 일어난 사건이나 현장, 상호작용의 단면을 사진으로 보여 주는 것은 연구자의 주장이나 분석을 주도하거나 보충하는 데 효과적이다. 인류학이나 사회학에서 이국적인 문화나 생활세계를 연구하는 경우에 사진이 매우 효과적으로 사용되었다. 또한 이국적인 문화적 행위, 의식, 그들이 만든 물건, 일상 활동을 연구자와 연구자의 세계에 전달하는 역할을 했다.

교육현장에서 사진의 활용은 교육 연구자들이 더 이상 이국적인 현상에 대해 연구하는 것이 아니라 자국민의 교육현장에 대해 연구하는 것이기 때문에 이국적인 문화적 현상을 찍는 데 목적을 두지 않는다. 대신에 독자들을 연구 현장에 초대하는 역할을 함으로써 독자의 흥미를 불러일으키고 연구자가 내린 결론이나 해석을 이해하도록 돕는다. 아울러 사진을 먼저 제시하고 다음으로 그 사진 속에 나타나 있는 참여자들의 특징적 행위와 문화를 서술적으로 기술하는 것은 연구자 분석의 신빙성을 높이는 역할을 할 수 있다.

[예] 김영천(1999)의 연구에서 활용했던 사진 자료들

교실 사진

교실 수업 장면

평가 자료들

실험 수업

방법10. 미시적 대화 표현

이 방법은 교실 대화를 표현하는 데 많이 사용되는 표현 방법이다. 언어학에서 도래하여 교육현장의 대화를 상호작용적으로 분석하기 위해 수용된 방법으로서, 자연 대화가 가지고 있는 특징(속도, 고도, 길이, 말의 순서, 끼어듦 등)을 표현하는 데 적합하다. 언어학 분야에서는 제퍼슨(Jefferson) 등의 연구자들이 개발한 전사 규정이 널리 사용된다. 녹음된 교실 대화를 이 규정에 따라 기술한다면 그 대화가 갖는 여러 가지 특징을 어느 정도는 추측하면서 분석할 수 있다. 아울러 이 규정에 맞게 교실 대화를 기술하는 것이 보편적이기 때문에 교육연구에서 이 규정을 잘 알고 있다면 대화 분석을 시도한 연구 논문이나 연구 결과를 이해하는 데 도움이 된다.

교실 대화 또는 교육 장면에서의 상호작용 분석에서 많이 쓰이고 있으며 대표적으로 교육현장 연구에서는 미한(Mehan), 맥홀(McHoul), 맥베스(Macbeth), 히프(Heap), 그린(Green) 등이 이 방법을 적용하여 교실 대화의 특징을 밝혀 주었다. 전사 규정에 맞추어 대화를 기술하고 표현하기 때문에 이 방법을 사용하려고 하는 연구자는 전사 규정에 맞게 교실 대화를 기록하는 연습을 충분히 해야 한다. 교실 대화는 미시문화기술지에서 사용하는 전사 규정을 가지고 전사될 수 있으며, 이 방법은 참여자들이 하는 상호작용의 여러 가지 특징을 세부적으로 표현할 수 있도록 해준다. 이러한 방법은 대화분석, 민속방법론, 교실 수업의 국지적 분석에서 이용된다. 이 전사 방법을 사용하면 참여자들의 말하는 톤, 속도, 규칙, 중지, 대화의 끼어듦과 파괴 등 대화의 다양한 특징을 표현할 수 있다.

다음에서 전사 규정, 맥베스의 연구, 히프의 연구의 예를 보도록 하자.

[예] 전사 규정(Transcription Conventions)

1) 중복 사선(//): 현재 화자의 말이 다른 화자의 말과 겹치는 부분을 표시
2) 다수의 중복 사선(// //): 현재 화자의 말과 다른 화자의 말이 여러 번 겹치는 경우를 표시
3) 대괄호-중간([ ): 화자 간에 겹치는 대화를 동시에 표현하는 방법
4) 대괄호-문두([ ): 두 화자가 동시에 이야기하는 것을 표시
5) 대괄호-문미( ]): 동시에 나누던 대화가 끝나는 것을 표시. 이 표시는 별표(*)로 대체됨.
6) 등호(=): 전자의 말과 후자의 말이 휴지기간 없이 이어지는 경우를 표시
7) 괄호 안의 숫자: 두 화자의 대화 사이에 벌어진 시간 간격을 0.1초 단위로 표시
8) 긴 선(———): 측정되지 않은 시간 동안 벌어진 간격을 표시
9) 구두점(.): 전사에서 사용된 구두점은 문법 기호가 아니라 억양을 표시
10) 콜론(:): 모음이 길게 발음될 경우 사용한다.
11) 밑줄(_): 다양한 형태의 강세와 피치, 성량을 표시
12) 짧은 선(-): 전 단어의 소리가 희미해지는 경우를 표시
13) 정도 표시(°): 뒤에 이어지는 말이 흐려질 경우를 표시
14) 대문자(굵은 글씨) 표시: 소리의 증가를 표시

15) 소괄호( ): 전사한 내용이 불확실한 경우나 의미 전달이 안 되는 내용을 표시

16) 소괄호의 중복 ( ) ( ): 두 가지 가능성을 제시했으나 그 내용이 모두 애매모호할 경우를 표시

17) 내용 없는 소괄호 ( ): 들리지 않는 내용을 표시

18) 소괄호의 반복 (( )): 의성어, 의태어, 참고적인 내용을 표시

19) (.h): 숨을 들이마시는 경우, (.hh): 숨을 깊이 들이마시는 경우를 표시

20) (h.): 숨을 내뱉는 경우를 표시

21) (h)(h)(h): 숨쉬지 않고 말하는 경우를 표시

22) –: 발음이 끊어진 경우를 표시

23) _: 강조 혹은 소리의 크기를 표시

24) *: 속삭이는 말이나 소리를 표시

25) 〉: 빠르게 이어지는 말이나 소리를 표시

26) ((LF)): 웃음을 표시

27) ((WH)): 휘파람을 표시

28) ((CR)): 울음소리를 표시

29) ((WM)): 훌쩍거리는 울음을 표시

30) ((WN)): 흐느껴 우는 소리를 표시

31) ((GR)): 꿀꿀거리는 소리를 표시

32) ↑: 위를 본다(+목표물: +이름)

33) ↓: 아래로 본다(+목표물: +이름)

34) ↓: 자동차를 표시

35) 〉: 오른쪽으로 향함을 표시

36) 〈: 왼쪽으로 향함을 표시

37) ⊂: 골반의 방향을 표시

38) ▽: 카메라와 마주봄

39) △: 카메라를 향해 뒤통수가 보이게 함

40) T: 교사를 표시

41) S(st): 학생을 표시

42) Sts: 학생들을 표시

43) G: 집단, 학급을 표시

──────

[예] 맥베스(Macbeth)의 연구

(교사와 학생이 과제물 제출에 대해 이야기하고 있다.)

9. S: 내일까지 최종 과제물을 내야 하나요?

10.   (0.7)

11. T: 음. 초안 말이지?

12. (S): 그러니까, 최종본이요. 그것 내야 하나요? =

13.   = 그럼. 그래요.

14. (S): 오늘 제출한 것도요?

15. :   //예. (0.5) ((교사는 일어서서 교단 쪽으로 간다))

16.   그래요: 좋은 지적이예요. =

17.   여러분이– 쉬이이!

18.   여러분이 만약 오늘까지 초안을 마치지 못하면

19.   //((잡담이 끝난다))

20.   (1.0)

21.   그래서 다른 친구들의 동료평가를 받지 못하면

22.   내일까지 제출해야 해요.

──────

[예] 히프(Heap)의 연구

040 C: 새가 (   )였을 것이다.

    ?: 나는 그것을 다 읽었어.

    ?: 나는 비 오는 날 책을 다 읽었어.

    C: ~을 통해

045 C: 폭풍우

    ?: 폭풍우

    T: 폭풍우가 치는 날. 좋아.

    ?: (   )

    T: 그 밖에 뭐가 있을까? (   ) 이 새에게 무슨 일이 일어났을까?

050 ?: ((숨을 깊게 들이쉼))

    ?: 폭풍우가 치는 것은 아마도 매우 거칠고 (   )일 것이다.

    T: 그리고 그것은 다쳤을 거야/

055 ?: /맞아요/

	?:	/맞아요. ( )
	?T:	그래. 좋아.
	?:	((기침))
	?:	( )
060	T:	그래 Katina 네가- Katina?
	?:	네 ( )
	Ka:	그것은 날개를 다쳤어요.
	T:	그것은 다쳤다-매우 잘했어. 좋아. 그것에 관해서도 알고 있구나.
		((중얼거림))
065	T:	좋아. 그러면 한번 찾아보자. ( )
		32쪽을 읽어라.
	?:	((뒤에서 휘파람을 분다.))
	T:	-단락의 시작에서. ( ) 새에게 무슨 일이 일어났는지 찾아보자.
070	T:	( )
	T:	Rosella 네가 읽어 볼래? ( )
	Ro:	폭풍우 새

방법11. 의사결정 모델에 의한 표현

인간의 삶에서 가장 중요한 행위 중의 하나가 의사결정 과정이다. 의사결정은 인간의 일상적인 삶 속의 일련의 과정이며 삶의 목적과 의도를 잘 표현하는 활동이다. 무엇을 할 것인가, 어떤 선택을 할 것인가, 왜 그렇게 해야 하는가 등 인간의 가치, 태도, 딜레마 등은 바로 의사결정과 관련이 있다. 그러한 점에서 의사결정 모델을 만드는 방법은 인간의 의사결정 과정을 잘 이해하고 그들의 선택을 효과적으로 드러내는 데 필요한 표현 방법이다. 이 때문에 이 표현 방법은 인류학과 사회학 영역에서 분석 방법으로 많이 이용되었고 교육학의 경우 마일스와 휴버만의 연구에서 응용되었다(Bernard, 1995; Gladwin, 1989; Miles and Huberman, 1994a; Werner and Schoepfle, 1987b).

[예] 신입생이 식권을 구매하게 되는 과정

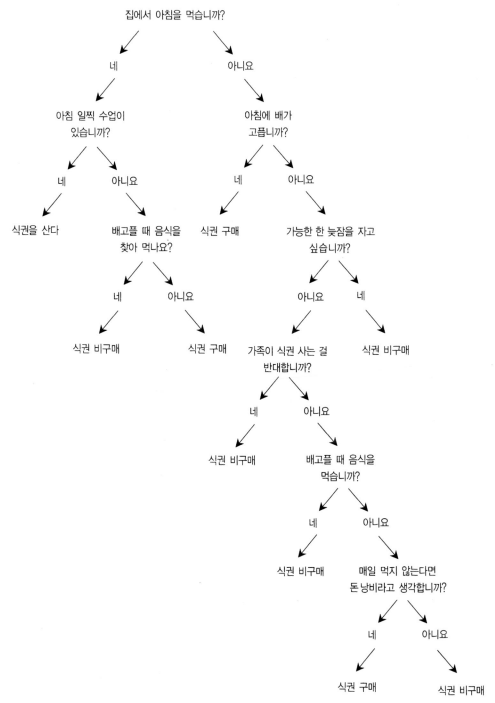

출처: Dewalt and Dewalt (2002), p. 187.

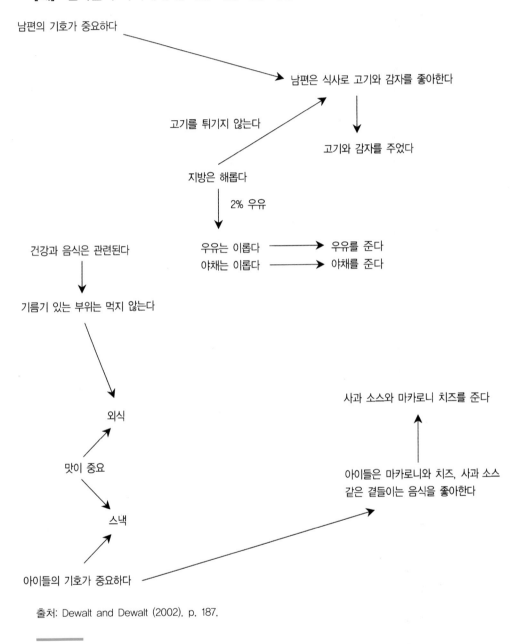

[예] 엄마들이 아이에게 음식을 제공하는 과정

남편의 기호가 중요하다

남편은 식사로 고기와 감자를 좋아한다

고기를 튀기지 않는다

고기와 감자를 주었다

지방은 해롭다

2% 우유

건강과 음식은 관련된다

우유는 이롭다 ⟶ 우유를 준다
야채는 이롭다 ⟶ 야채를 준다

기름기 있는 부위는 먹지 않는다

외식

사과 소스와 마카로니 치즈를 준다

맛이 중요

아이들은 마카로니와 치즈, 사과 소스
같은 곁들이는 음식을 좋아한다

스낵

아이들의 기호가 중요하다

출처: Dewalt and Dewalt (2002). p. 187.

방법12. 양적 자료와 질적 자료의 혼합

질적연구와 양적연구의 통합적 설계 방법이 강조되면서 대두된 방법으로, 쉽게 말하면
질적연구 자료에 양적연구 자료를 첨가시켜서 분석을 표현하는 방법이다. 두 개의 자료

를 통합하여 표현한다는 측면에서 덴진이 개념화한 자료의 트라이앵귤레이션에 해당한다. 최근 학위 논문에서 많이 사용되는 방법으로서 질적 자료는 참여자의 생각과 의도를 그대로 드러낼 수 있고 양적 자료는 질적 자료로 표현하기 힘든 통계적 의미나 양적 의미를 드러낼 수 있다는 점에서 의미 있다. 복합적 연구방법 설계(mixed methodologies design)는 최근 강조되면서 더 많이 사용되고 있으며 질적연구를 심사할 때, 양적연구자가 심사위원으로 있는 경우 이 방법을 설득 방법으로 유용하게 사용할 수 있다.

[예] 특수학교에서의 통합교육

(피면담자: 특수학급 담임교사, 나이: 49세, 여)

연구자: 완전통합교육은 어떤 교육이라고 생각하십니까?

피면담자: 완전통합교육은 장애아와 비장애아가 한 교실에서 교육을 받는 것이겠지요.

연구자: 네, 맞습니다. 완전통합교육의 긍정적 효과와 부정적 효과를 말씀해 주십시오.

피면담자: 현재와 같이 장애아를 분리하여 교육하면 그들은 그들만의 세계에 안주할 것이고 험난한 세상과는 동떨어진 생활을 하게 될 것입니다. 그러므로 완전통합교육이 빨리 이루어져야 조금이라도 장애아들의 사회적응이 이루어질 것이라고 생각합니다. 부정적인 측면은 장애아들이 일반교실에서 함께 공부하면 학습내용이 어려워서 언제나 심심해하거나 괴로워할 것인데 그들의 수준을 어떻게 맞추어 지도할 수 있겠습니까? 교과 진도도 그렇고요…….

연구자: 장애아 부모들의 완전통합교육에 대한 인식이 상당히 낮았으며, 그 실현 가능성에 대해서도 부정적으로 생각할 텐데 그 이유가 어디에 있다고 생각하십니까?

피면담자: 완전통합교육에 대해서 우리 선생님들도 잘 모르는 경우가 많은데 부모들은 모르는 것이 당연하지요. 완전통합교육의 실험을 부정적으로 생각하는 이유는 우리나라의 현실적인 교실여건을 부모들이 잘 아니까 자기 자녀가 일반교실에서 공부하지 못할 거라고 생각하는 것이겠지요.

연구자: 학교에 따른 장애아 부모들의 인식수준이 특수학급에 자녀가 다니는 부모에게서 가장 높고 특수학교의 부모에게서 가장 낮게 나타난 이유가 무엇이라고 생각하십니까?

피면담자: 특수학급은 현재도 시간제 통합교육을 실시하고 있으니까 완전통합교육을 원할 것이고 특수학교의 부모들은 일반학교에 자녀가 가는 것을 아마 두려워할 겁니다. 장애아 부모들은 자녀들을 상당히 과보호하는 것을 봤습니다.

장애아가 재학하는 학교에 따른 장애아 부모의 완전통합교육에 대한 인식수준은 하위영역 중 '완전통합교육의 필요성'을 묻는 문항에서 특수학급의 부모에게서 점수가 가장 높았으며(M=23.90), 특수학교에 자녀가 다니는 부모에게서 가장 낮게(M=22.13) 나타났다(다음 표 참조).

학교에 따른 완전통합교육의 인식수준 평균과 표준편차

학교	필요성	이념 효과	긍정적	부정적
특수학교 M	22.13	27.61	25.4	63.69
(N=137) SD	5.60	5.53	5.93	11.42
특수학교 M	23.90	29.00	27.25	53.60
(N=20) SD	5.87	6.47	4.72	17.63
일반학교 M	23.80	28.09	27.49	63.86
(N=35)	2.65	4.65	3.00	8.69

방법13. 이야기

이야기 방법은 질적 자료를 하나의 이야기 형식으로 변환하여 표현하는 방법을 뜻한다. 전기적 이야기, 자서전적 이야기가 이 표현 방법에 속한다. 전기적 이야기는 저자가 제3인칭 주인공의 삶을 이야기하는 방법이며 자서전적 이야기는 저자가 직접 연구 참여자가 되어 이야기를 제1인칭으로 기술해 나가는 방식이다. '이야기'라는 용어가 나타내는 것처럼 자료의 표현은 이야기 구조를 따라 진행된다. 최근에 질적연구에서 생애사 연구, 자서전적 연구가 활발해지면서 이 표현 방법에 대한 연구가 활발하게 진행되고 있고 다양하게 적용되고 있다. 인간의 삶은 그 자체로 하나의 이야기이며 과거-현재-미래의 형태 속에서 일어난다는 점에서 이 구조를 띤 표현 방법은 인간의 삶의 역사와 그들의 발달, 의미의 생성, 과정, 변화, 갈등, 상호작용 등을 드러내는 데 효과적이다.

[예] 이혁규 교수의 이야기적 글쓰기

나의 체험은 그리 '긴 여정(The long haul)'의 이야기가 아닐 수도 있다. 이틀 동안 학교 현장 참여관찰, 한 달 동안 교생들과 이메일 주고받기 및 직접 만나기, 두 달 동안 연구원들과의 지속적인 만남은 물리적으로 보아 그리 길지 않다. 그러나 처음 가는 길이 멀게 느껴지듯이 나에게는 매우 길게 느껴졌다. 연구원들과 수준 차이를 극복하면서 동시에 그들과 현장에 들어가야 하는 이중적인 고통을 지니고 있기에 더욱 그러했다. 나는 이 고통을 현장 풍경과 연구 담론 풍경으로 나누고자 한다. 사실 이 풍경은 나누기가 힘들며 나누는 것은 그리 큰 의미가 없다. 그럼에도 불구하고 편의상 둘로 나누는 것은 나의 고통을 독자들에게 생생하게 전하고자 함이다.

이후에 내가 그릴 풍경은 빙산의 일각이다. 전체 내러티브 탐구 풍경은 우리 연구자들이 참조한 책(≪Narrative Inquiry≫)에 잘 그려져 있다. 물론 그들이 그린 것도 완전하지 않다. 그들이 쓴 책 3장에서 밝힌 바와 같이 내러티브 탐구 방법은 환원주의와 형식주의에 얽매이지 않기 때문이다. 그들은 내러티브를 실천(doing)하는 것 자체를 사고를 내러티브하게 하는 주요 공급원으로 보고 있다. 내가 그린 풍경은 전적으로 내 삶과 내 인식의 성찰 수준이 지닌 한계를 보여 주는 것이지만, 이후의 독자 여러분의 사고를 내러티브하게 하는 데 공급원이 되었으면 한다.

현장에 들어간 경험을 이야기하기 전에 며칠 전 사석에서 허영식 선생님으로부터 귀동냥한 구절 하나를 소개하고자 한다. 만하임이 쓴 ≪지식 사회학≫의 서문에 "팰리스(palace)에서의 말과 생각은 플라자(plaza)에서의 말과 생각과 다르다."는 구절이 있다고 한다. 나는 허 선생님으로부터 그 구절에 관한 설명을 들으면서 작년에 연구차 갔던 독일의 하이델베르그 궁전과 광장이 생각났다. 하이델베르그 궁전은 상당히 높은 언덕에 위엄과 아름다움을 지닌 채 언덕 아래 옹기종기 모여 있는 집과 광장, 강을 내려다보고 있었다. 그 궁전에 살고 있는 사람들은 광장에 살고 있는 사람들에 대해 어떤 생각을 하고 있었을까? '이론의 궁전' 속에서만 살던 내가 '현장의 광장'에 살고 있는 사람들을 처음으로 만났다. 물론 공무와 관련된 형식적인 만남은 여러 번 있었지만, 내가 하고자 하는 질적연구와 관련된 실제적인 만남은 이번이 처음이었다.

오전 11시쯤 처음으로 필드(청주교대부설초등학교)에 나갔다. 교장 선생님과 교감 선생님을 만나 뵙고서 우리 공동 연구원이 하고자 하는 일을 설명해 드렸다. 늘 현장이 중요하다고 하면서 아무도 발을 들여놓으려고 하지 않는 교육 풍토를 나 자신이 처음으로 체험해 본 순간이다. 교장 선생님과의 첫 만남은 생각보다 쉽지 않았다. 현장 교사의 처지를 충분히 고려하지 못하고 시작한 우리의 잘못이다. 책에서는 시작이 중요하다고 했는데, 시작부터 매끄럽지 못한 것같이 느껴졌다. 이경화 선생님이 우리가 하고자 하는 연구의 제목을 'False Start and Dead Ends'라고 말했는데, 이 제목은 우리의 처지를 비유적으로 잘 표현한 것으로 보인다. 일주일에 몇 번 찾아갈지, 방법은 어떻게 할지 논의가 제대로 이루어지지 않은 채 시작하게 되었다.

[예] 소피아의 삶에 관한 연구

소피아는 내가 조사했던 모든 교사들 중에서 가장 복합적인 문제를 가진 것으로 드러났다. 아마도 이러한 사실이 나로 하여금 이 조사에서 가장 많은 경험을 할 수 있게 했을 것이다. student empowerment와 bottom-up perspective에 대한 소피아의 철학은 열악한 교실 상황에서도 그녀의 능력을 발휘하는 데 기여했다. 게다가 동료 의식, 교실 관리 능력, 가르치는 교과에 대한 풍부한 지식은 소피아로 하여금 항상 힘을 가지게 했다. 이번 연구의 모든 교사들 중 소피아는 가르치는 일에 있어서 가족생활과 자기 보존의 역할을 매우 중시했다. 또한 소피아가 가장 노골적으로 말하는 것은 관리자의 부적격함, 지원의 부재(不在), 교원 노조 쟁의, 학생들의 일탈, 흐트러진 주변 여건 등 교사들을 무기력하게 하는 것들에 관한 것이다.

도입

나는 소피아에게 내가 언제 관찰을 시작할 것인지를 편지로 알려 주었으나 월요일 아침 내가 소피아를 만났을 때 그녀는 "오 세상에! 아직 준비가 되지 않았어요."라며 나를 맞았다. 운 좋게도 그날 3교시 때 소피아는 "이 사람은 친구이지 적이 아니에요."라고 하면서 나를 학생들에게 소개해 주었다. 소피아를 따라다니면서 그녀가 일련의 이벤트처럼 모든 계획을 요술부리듯 다루는 것을 보고, 어떻게 나의 기록이 그녀의 가치 없고 수준 낮은 기준으로 평가되는지 알 수 있었다.

　나는 초기 관찰을 하는 동안 모든 교사들을 만나면서 소피아를 처음 만났다. 그녀와의 만남은 두 번씩이나 수업이 없을 때 이뤄졌다는 데서 많이 달랐다. 첫 번째는 상급생들이 학급 여행을 떠났을 때 이루어졌다. 소피아는 모든 상급생을 가르쳤다. 그래서 관찰에 할당된 시간 동안 우리는 얘기를 나누었다. 게다가 소피아는 그날 마지막 수업에서 여성 투표 연맹의 대표자가 수업 중에 학생들에게 대통령 예비 선거에 관해 어떤 것을 알려 주는가를 볼 수 있게 했다. 두 번째 만남은 소피아가 상관에 의해 관찰자로 초대된 법학도에게 자기 수업을 한 시간 보여 주기로 결정했을 때였다.

　실제적으로 소피아를 관찰하면서 나는 어떤 선입관을 가지게 되었는데 그것은 그동안 가졌던 긴 대화에서 그녀가 나에게 강한 인상을 주었기 때문이다. 내가 소피아에게 그녀가 나의 샘플이라는 것을 확신하기 전에 먼저 그녀의 수업을 보아야만 한다고 말했을 때, 그녀는 그것을 무시하고서 대신 제안하기를 "격식은 버리는 것이 어때요?"라고 했다. 이것으로 미루어볼 때 소피아는 나와의 라포르가 형성된 것을 감지했던 것이다. 하지만 소피아는 내가 그런 관례를 따라야만 한다는 것을 이해해 주었다. 수업을 보기 전일지라도 소피아를 관찰하기를 내가 원했다는 것이 당황스러웠지만 인정해야만 했다. 소피아와의 대화 동안 그녀가 무엇을 드러내 보였는지 나는 모르겠다. 그러나 관찰을 지나치게 단순한 격식이 되게 하는 어떤 것도 있었다. 나는 그녀의 교실에서 예상해야 하는 것이 무엇인지를 앞서 인지했다. 그리고 소피아가 나의 기대를 저버리지 않는다면 그녀가 나의 샘플 교사들 중 하나가 되리라는 것도 알았다.

어떻게 소피아를 그려 볼까? 그녀는 46세로서 23년 동안 학생들을 가르쳤다. 그 중에서 13년 동안은 시에라 고등학교에서 근무했다. 그녀는 역사학에서 학사 학위와 석사 학위를 받았고 마스터 등급을 받았다. 그리고 역사학 감독관 자격증도 취득했다. 소피아는 키가 작은 편으로 5피트 1인치이며 뚱뚱하지도 마르지도 않았다. 평상시 그녀는 갈색 머리를 머리핀으로 뒤로 당겨 묶고 있었다. 이런 헤어스타일은 패션보다는 편리함 때문인 것 같다. 또한 때때로 보인 단정치 못한 옷차림도 비슷한 맥락이다. 그러나 소피아의 걸출한 특징은 외모가 아니라 인격이다. 그녀의 인격을 그리면서 떠오르는 단어는 비꼼과 장난기이다. 소피아는 학교와 학생들에 대해 어떠한 실제적인 능력, 지식과 노하우를 가지고 있다. 소피아는 공화당의 기대주 조지 부시가 민주당의 기대주 제시 잭슨을 사기꾼으로 불렀던 사건을 언급하면서 장난기 어린 웃음으로 자기 자신을 사기꾼이라고 했다.

나는 준비 기간 동안 'the hustler'라는 프로그램을 보았고, 음주 운전에 관한 영화를 상영하기 위해 비디오를 가지러 갈 때 소피아와 사무실까지 함께 갔다. 모든 학생들은 다가오는 댄스파티 전에 그 비디오를 볼 예정이었다. 사무실에서 그 비디오를 보여 주라는 지시가 나왔지만 아무도 비디오의 행방을 알지 못했다. 소피아가 교장 보조원 중 한 사람을 구석으로 데리고 가자 다른 교장 보조원들이 추잡한 농담을 생각하며 소리 내 웃었다. 그러고 나서 소피아는 그에게 "내게 비디오를 가져다준다면 다시 한 번 들려줄게"라고 말했다. 도서관으로 가는 복도에서 그녀는 내게 이런 일은 흔히 일어나고 자신의 에너지를 소모하게 한다며 투덜거렸다. 그리고 그녀는 자기가 그런 일을 할 필요가 없다고 불평했다. 나는 그녀의 아부성 농담에 웃었고 그녀는 주위에 널린 뇌물을 가지고 있다며 웃었다. 그녀를 '하사관 빌코'처럼 느낀 것은 바로 이런 맥락에서였다.

나에게 충격을 준 소피아의 인격의 두 번째 측면은 교사 '규정' 중 어떤 것에 대해 순응적이지 못하다는 것이다. 사회 교과에 있어서는 특별히 그러했다. 소피아는 엄격한 정책의 변화를 언급했다. 만약 그녀가 시민학을 가르치고 싶다면 반드시 경제학도 가르쳐야만 한다. 그녀는 경제보다는 법을 좋아한다. 소피아는 최근 구성된 경제학은 잘 모르고 관심도 적다고 한다. 그녀는 경제를 가르치면서 '좌익의 시각에서 또 사회의 5분의 4에 해당하는 하류층의 시각에서' 바라보고 있다. 경제학 교사인 앤더슨이 그만둘 예정이다. 소피아는 그의 일을 맡기를 원하고 그래서 경제학 교수법을 배워야만 한다. 그녀의 카피문 요지: 나는 교재를 모으기 시작했다. 따라서 나는 커리큘럼을 바꿀 수 있다. …… 그것들이 나의 재능에 의해 인간적이 되든지 혹은 내가 그것을 원치 않든 간에 나는 내가 믿지 않는 것을 가르칠 수 있다고 생각하지 않는다.

소피아의 경제학에 대한 토픽에는 최저 임금, 다국적 기업, 변하지 않는 하류 계층, 십대 임신의 경제적 결과 등이 포함된다.

소피아가 일반적으로 따르지 않는 '규정' 중의 하나는 교사가 이데올로기나 가치를 나타내면서 편파적이지 않아야 한다는 것이다. 소피아와 함께 한 첫 번째 수업의 끝에서 나는 그녀가 조지 부시 후보에 대해 많은 생각이 없으며 대법원이 지극히 보수적이라고 생각한다는 것을 알았다. 그날이 끝날 즈음에 그녀가 제시 잭슨의 지지자이며 정치적으로 매우 자유롭다는 것을 나는 알았다.

첫 날부터 최근 사건의 두 항목은 '부시가 잭슨을 시카고에서 온 사기꾼이라고 부르는 것'과 타임지가 '마약과 노리에가에 대해 부시가 1985년부터 알고 있었다'고 보도한 것이다. 그녀가 반 아이들과 그 항목을 거론하면서 말하기를 "내가 부시를 욕하는 것처럼 보이겠지만 그것은 그냥 뉴스이거나 혹은 내가 골라 온 뉴스란다."라고 했다. 그리고 그녀는 정치 정세에 학생들이 깊이 참여하게 했다. 나는 학생들을 끌어들이는 그녀의 교육방식만이 오로지 옳은 것이 아닐 수 있다는 것을 안다. 한때 언론 매체에서는 제시 잭슨을 가장 지도력 있는 정치가로 분류했다. 잭슨은 관심을 받지 못하고 상속받지 못하며 시민권이 박탈당하는 정치적 진보주의 그룹에 힘을 모아 주었고 집결시켰으며 이끌었던 것으로 믿어졌다. 그래서 비록 학생들 모두가 잭슨의 지지자는 아니라 할지라도 대부분은 나의 관찰 때 있었던 대통령 예비선거에 대한 대화에 참여했다. 그녀의 세 번째 수업시간에 학생 중 하나가 조지 부시에 대한 몇 가지 부정적인 기사에 대해 단언하기를 "사람들은 단지 부시가 대통령이 되는 것을 원치 않을 뿐입니다."라고 말했다. 이튿날 수업시간 중에 소피아는 나에게 "나는 지금 내가 진정한 고등학교에서 가르칠 수 있을지 잘 모르겠어요."라고 말했다. 그녀는 처음 2년 동안 중급의 고등학교에서 가르쳤다. 그 나머지 기간 동안 시에라와 비슷한 크루치픽스 고등학교에서 가르쳤다. 나는 그녀에게 왜 '진정한' 고등학교에서 가르칠 수 없는지를 물었다. 소피아가 신중하게 대답했다. "나는 그것이 외적인 문제가 아니고 사고방식의 차이라고 생각해요." 그러자 난 그녀를 놀렸다. "그럼 당신은 반 전체가 부시의 지지자인 것을 상상할 수 있나요?" 소피아는 "하느님 맙소사!" 하며 소리 질렀다.

그녀의 페미니스트적 관점은 자주 부각되었다. 최근의 사건은 토론을 자극했다: 위닝 컬러라는 암망아지가 켄터키 경마에서 우승을 차지했다. 소피아는 반에게 물었다. "어째서 세 마리의 암망아지만 이겼죠? 여성들처럼 그들은 계속해서 망아지를 낳아요." 다른 수업에서 그녀는 다음과 같이 기록했다. "그들은 흔히 그해에 좋은 숫망아지가 없었기 때문에 하나의 암망아지만이 이겼다고 말하려고 애쓰지만 우리는 더 잘 안다." 주식에 관한 수업을 소개할 때 소피아가 말했다. "우리는 우리의 지식이 조금이나마 발전하도록 애쓸 것입니다. 주식에 관한 페이지가 어디죠?" 한 학생이 대답하기를 "스포츠부분 뒤입니다."라고 했다. 소피아는 "조금 성차별주의자구나. 남자는 스포츠를 읽고 또 남자는 산업의 지휘관이다." 이 수업 후에 그녀는 정유회사 관리자 회의 사진을 보여 주었는데 그것은 24명의 백인 남자와 한 명의 백인 여자가 있는 사진이었다.

그녀가 비록 스스로 그 용어를 사용하지 않았다 하더라도 나는 그녀의 교수 철학이나 이데올로기를 재건주의나 지루가 말하는 '시민권의 해방' 혹은 '비판적 교육학'이라고 널리 알려진 것으로 분류한다. 나는 그녀의 활기를 가능토록 하는 것으로 혹은 그것에 기여하는 그녀의 교수 철학에 대한 토론으로 돌아갈 것이다. 여기서는 그녀의 신념이 학교에서의 일상생활에 종종 반항적이라는 것을 밝혀 두는 것으로 충분하다.

[예] 이소영 교장에 대한 생애사 연구

이소영 교장 선생님께서는 연구자와의 만남이 이루어지기까지 2년 반 정도 관리자로서의 임무를 수행하고 계셨다. 사범학교를 졸업하고 교직 발령을 받은 지 40년의 세월이 흘렀으며 부부 교원으로서 교직 생활을 하는 데 남편의 이해가 큰 힘이 되었다고 한다. 현 근무지는 25학급의 중간 정도의 규모로서 2년간의 연구학교를 무사히 수행한 상태였다. 이소영 교장 선생님께서는 차분한 성격으로서 자신의 삶을 시간적 순서대로 이야기해 주시는 가장 보편적인 면담 형태를 띠었으며 인터뷰는 교사 시절의 이야기와 교장으로서의 역할, 가치관 등에 주안점을 두고자 하셨다.

"무엇을 해야 되겠다는 것에 대해 확실하게 기억나지는 않지만 꼭 선생님을 해야겠다고 생각하지는 않았던 것 같네요. 학창시절에는 수학과 과학 분야에 탁월한 재능을 보였으며 꽤 그런 쪽으로 흥미 있어 했답니다. 감성적인 쪽보다는 이성적인 부분에 강했으며 흔히 여자들이 갖고 있는 속성인 국어나 영어 또는 감성적인 면하고는 거리가 좀 있었지요. 그래서인지 학창 시절에는 기억상으로 변호사의 꿈을 품고 있었으나 여러 정황으로 교사의 길로 들어서게 되었지요. 그러나 생각해 보면 교사라는 직업과 아주 무관하지는 않았던 것 같아요. 어렸을 때부터 동네 어르신들께서 우는 아이도 소영이 손에만 가면 울음을 뚝 그친다고 하여 유치원 선생님을 하면 잘하겠다는 말을 많이 듣고 자라서인지 교사의 길을 걷게 되었을 때도 거부감이나 나의 길이 아니라는 생각이 들지 않았으며 오히려 기쁨과 설렘으로 교사직을 받아들인 것 같네요. 아이들을 좋아하는 무의식적인 마음이 지금의 모습을 있게 했을 수도 있지 않을까 싶네요."

"그때는 정말 경제적으로 매우 어려운 시기였지요. 굳이 설명을 안 해도 해방 후 전란 후의 상황, 보릿고개라는 의미를 안다면 겪어 보지 않은 사람들도 대충은 이해를 할 것입니다. 먹고 살기 힘든 그 상황에서 교육적인 관심이 있다 한들 무엇 하나 제대로 된 것이 있었겠습니까? 가건물 위에서 수업하고 교실부족으로 2부제는 기본이었지요. 낡아빠진 교실 안에는 나이를 구분할 수 없는 많은 아이들과 겨우 달려 있는 칠판, 분필이 있는 것만으로도 감사했을 정도였으니 …… 분필이 있다 한들 지금의 것과는 비교도 안 되었고요. 게다가 교과서조차 제대로 되어 있지 않은 상황에서 오로지 선생님이라는 존재가 최선의 교육 환경이었지요. 쉽게 생각해서 선생님이 이끌어 가는 주입식 교육이 주를 이루던 시대라고 보면 되지요. 더구나 5.16혁명이 일어난 직후라서 경제적으로 정치적으로 나라 안이 어수선했던 터라 교육에 대한 열망이 높다 하더라도 여러 가지로 교육환경을 개선하기에는 뒷받침되기 어려운 시기였답니다. 하지만, 지금도 그렇게 생각하지만 교육에 있어서 가장 중요한 환경은 선생님이 아니겠어요. 그때 사범학교 출신은 엘리트 중에서도 엘리트라는 자부심이 대단했지요. 나 또한 그런 자부심이 강한 사람이었구요. 그때 학창 시절 교육에 대한 열망은 지금의 교대 학생들도 따라오질 못할 정도라고 생각해요. 그러한 자부심 때문인지 아니면 선배들로부터 이어져 오는 전통 때문인지 선생님으로 발령이 나면 정말 투철한 사명감을 갖지 않을 수 없었답니다. 특히 초임 발령 때는 학창 시절 배운 교수 이론이나 실습 때 경험을 바탕으로 어려운 교육 환경 속에서도 이론들을 적용해 보기 위해 최선을 다했습니다."

"제가 발령받은 지 2년쯤 되었을 때 장학지도 온 장학사의 손에 회초리가 쥐어져 있었습니다. 수업을 잘못하거나 제대로 되어 있지 않은 부분에 대해 교사에게 질타를 하기 위한 매였지요."

"학교 물탱크에서 꽁꽁 언 물을 떠다가 교무실을 깨끗이 청소하고 조개탄을 사용하는 난로를 피워 놓고 그 위에 따끈한 물을 올려놓으면 그때부터 한두 분씩 오시기 시작하는 선생님들 …… 그렇게 오시는 선생님들께 정성이 담긴 따끈한 물 한 잔을 대접하면서 아침을 시작했습니다."

"한 번은 21살쯤 되었을 거예요. 같은 학교에 근무하는 한 남 선생님께서 공부를 하셨지요. 처음에는 그런 일이 없었는데 어느 정도 시간이 흐르니까 공부 때문에 시간이 없다고 하셔서 그 선생님의 업무까지 맡아야겠다고 관리자가 이야기했어요. 처음엔 황당했지요. 나도 공부하는 것을 좋아하고 그 남 선생님께서 그렇게 공부하는 모습이 참 보기 좋았는데 그래도 교사의 본분은 학교 일이 먼저라고 생각했는데 …… 그렇다고 어린 나이에 공부하시는 선생님께 뭐라고 할 수도 없고 참 난감했지요. 다른 많은 선생님들을 놔두고 왜 나일까? 아무래도 나이가 어리고 여자이기 때문이 아니었을까 생각했지요. 참 서글퍼지고 답답한 심정이었지요. 하지만 결국에는 그 업무를 맡게 되었지요. 처음에는 황당했지만 곧 유리한 쪽으로 긍정적으로 생각하기로 했지요. 그때 교장 선생님의 마음이 어떠했는지는 잘 모르겠지만 스스로 '나의 능력을 믿고 업무를 맡기셨을 거야. 이왕 맡은 것이니까 열심히 해서 나의 능력을 발휘해 보자' 그런 식으로 스스로에게 긍정적으로 최면을 걸기 위해 노력했지요. 그때 저는 때로는 합리적이지 못한 상황이 오더라도 긍정적인 생각만이 그 상황을 이겨 나갈 수 있는 방법임을 깨닫게 되었습니다."

수업활동 및 토의내용

1. 내용이 중요하지만 형식 역시 중요하다. 그리고 때로는 형식이 내용을 통제하는 경우가 있다. 이 장에서 제시한 다양한 표현 방법, 다양한 기존의 질적연구 고전에서 사용된 자료 표현 방법에 대해 다시 알아보는 것은 새로운 표현 방법을 창작하기 위한 필수적 단계이다. 그러한 점에서 김영천의 〈네 학교 이야기〉부터 〈별이 빛나는 밤〉, 〈미운 오리 새끼〉를 거쳐 〈가장 검은 눈동자〉에서 자료가 어떻게 다르게 표현되고 달라졌는지에 대해 생각해 보자.

2. 질적연구에서의 자료 표현과 글쓰기는 전통적인 '사실적 글쓰기'에서 '문학적 글쓰기'로 변화되었고 최근에 와서는 '예술적 글쓰기'가 새롭게 주목받고 있다. 김영천의 〈질적연구방법론 3: 글쓰기의 모든 것〉에 소개된 다양한 문학적 글쓰기 양식과 자료 표현 양식을 읽고 질적연구에서 표현의 위기가 어떻게 변화되어 왔는지를 생각해 보자. 질적연구는 (1) 연구방법으로서 (2) 연구 결과로서 (3) 글쓰기에 의해 구성되는 텍스트로서 간주된다는 말은 무엇을 뜻하는가? 특히 세 번째 해석에 주목하여 질적연구를 생각해 보자.

3. 이 장에서는 설득할 수만 있다면, 감동을 줄 수만 있다면, 연구 결과를 더 절실하게 전달할 수 있다면, 연구자가 자료를 어떻게 표현하든지 그것은 별로 중요하지 않다고 주장하고 있다. 그렇다면 기존에 우리가 날마다 타인에게 전달받고, 읽고, 쓰는 전통적인 3인칭 글쓰기의 표현과 자료 표현 방식에서 벗어나 우리는 어떻게 자신의 연구 결과(숫자로 나타내기 어려운 이미지, 경험, 상호작용 등)를 창의적으로 새롭게, 인정받을 수 있는 방법으로 나타낼 수 있을까? 여러분의 연구 결과를 더 멋있게 만들고 가치 있게 만들 수 있는 마지막 단계에서의 재치가 필요하다. 그러나 그러한 재치는 우연히 만들어지는 것이 아니라 비고츠키의 주장처럼 여러분의 인지체계가 높을 때, 다양한 예술적·심미적·문화적 경험과 통찰력과 지식이 있을 때 가능하다. 여러분은 그러한 준비가 되어 있는가? 그리고 그러한 글쓰기를 할 만큼 다양한 분야에서의 안목과 통찰력, 지식을 가지고 있는가?

참고문헌

Atkinson, P. (1992). *Understanding ethnographic texts*. Newbury Park: Sage.

Atkinson, P. (1990). *Ethnographic imagination: Textual construction of reality*. New York: Routledge.

Bazerman, C. (1987). Codifying the social scientific style: The APA publication manual as a behaviorist rhetoric. In J. Nelson, A. Megill, & D. McCloskey (Eds.), *The rhetoric of the human sciences: language and argument in scholarship and public affairs* (pp.125-144). Madison: University of Wisconsin Press.

Clifford, J., & Marcus, G., (Eds.), *Writing culture: The poetics and politics of ethnography*.

Connelly, M., & J. Clandinin. (1990). Stories of experience and narrative inquiry. *Educational Researcher*, 19(5), pp.2-14.

Ellis, C., & Bochner, A, P. (1996). *Composing ethnography*. CA: Altamira Pess.

Ely, M. et al. (1997). *On writing qualitative research living by words*. London: The Falmer Press.

Geertz, C. (1988). *Works and lives: The anthroplogist as author.* Stanford University Press.

Gordon, D. (1988). Writing culture, writing feminism: the poetics and politics of experimental ethnography, *Inscriptions*, 3(4), pp.7-24.

Macbeth, D. H. (1991). Teacher authority as practical action, *Linguistics and Education*, 3, 281-313.

Tierney, G, W., & Lincoln, S, Y. (1997). *Representation and the text: re-framing the narrative voice.* NY: State University of New York Press.

Van Maanen, J. (Ed.). (1995). *Representation in Ethnography.* Thousand Oaks, CA: Sage.

13

질적연구의 타당도

모든 과학자들은 어떠한 편견이나 정치적 문제를 스스로 의식하지 않는 한, 자신은 중립적이고 객관적이라고 확신한다. 사실 그러한 때 그들은 무의식 상태에 빠져 있는 것이다 (Namenwirth, 1986, p. 29).

현상/세계에 대한 모든 기술(description)은 이론-내재적 성격을 띠고 있다. 어떤 사실을 하나의 진실로 관찰하고 인정하는 결정의 과정은 오직 특정한 개념적/이론적 틀 안에서만이 가능하다 (Smith, 1989).

질적연구에서의 타당도에 대한 계속적인 고민과 이해는 과학주의로부터 우리를 벗어나게 해주는 새로운 사회적 상상력의 리허설이다(Lather, 2001).

이 장에서는 질적연구에서의 타당도 문제에 대해 설명한다. '타당도 작업'은 연구자가 자신의 연구 작업과 결론이 과연 연구하려고 했던 주제를 잘 연구했는지를 평가하는 과정으로서 좋은 질적연구 작품을 만들기 위해서는 연구자가 적용해야 하는 필수적인 작업 과정이다. 이는 질적연구의 이론화 분야에서 가장 많은 아이디어와 이론이 생성되고 있는 연구 분야로서 각종 학술대회에서 매년 새로운 논문과 연구물이 출간되고 있다. 크레스웰(Cresswell, 1988), 글레이저와 스트라우스(Glaser & Strauss, 1967), 크베일(Kvale, 1995), 레이더(Lather, 1986, 1993), 린컨과 구바(Lincoln & Guba, 1985, 1990), 맥스웰(Maxwell, 1992, 1996), 온우엑부지(Onwuegbuzie, 2000), 슈완트(Schwandt, 2001), 슈리히(Scheurich, 1991), 월콧(Wolcott, 1990) 등의 논문이 이 주제를 심층적으로 다루었다.

이에 이 글에서는 질적연구의 타당도 작업의 필수 조건으로서 인정받고 있는 린컨과 구바의 타당도 내용에 대해 알아보고 아울러 최근에 제시된 새로운 타당도 준거를 소개하고자 한다. 나아가 레이더에 의해 개념화된 포스트모던 타당도에 대해 소개하고 최근에 강조되고 있는 대안적 타당도의 개념에 대해 역시 논의한다. 이러한 지식의 이해는 질적연구자가 과학과 비과학 사이에서 자신의 연구 작업이 얼마나 타당하게 이루어졌는지를 외부 연구자와 평가자들에게 설득시킬 수 있는 전략이 된다는 점에서 모든 질적연구자들에게 도움이 될 것이다.

1. 질적연구에 있어서 타당도 논쟁

어떤 수행된 연구를 바라보는 하나의 중요한 시각은 그 연구가 얼마나 과학적으로 이루어졌는지에 있으며 그 정도는 바로 그 연구를 믿을 수 있는 것인지(연구가 얼마나 신뢰로운지)를 결정하는 준거가 되어 왔다. 이와 관련하여 지배적/전통적 교육학 연구 패러다임에서는 연구의 과학적 객관성을 측정하는 준거로서 타당도와 신뢰도가 이용되고, 이중 보다 중요한 준거는 타당도라 할 수 있다. 연구자들은 이 타당도 준거를 신뢰롭게 해결하는 것을 모든 연구 설계의 가장 근본적인 필수요건으로 간주해 왔다(Campbell and Stanley, 1963; Cook and Campbell, 1979). 이에 반하여 질적/후기실증주의 연구 패러다임 연구에서의 타당도는 그것의 정당성이 문제제기되고 있다. 그러한 문제제기는 타당도를 어떻게 이해하고 그 준거를 어떻게 정의할 것인지에 대해 다양한 관점과 입장을 양산시켰다(Eisenhart & Howe, 1992; Erickson, 1989; Lather, 1986; LeCompte & Goetz, 1982; Lincoln & Guba, 1985; Marshall, 1985). 예를 들면, 타당도는 실증주의 연구자의 실천처럼 방법과 절차의 성취(Goetz & LeCompte, 1982)로서 이해되거나 불필요한 것(Smith, 1984)으로 평가 절하되기도 한다. 더 나아가 최근의 타당도에 관한 대화는 후기구조주의자 관점에까지 확대되고 있다(Scheurich, 1992). 이러한 타당도에 대한 논의에는 타당도의 유용성에 대한 근본 질문이 내재하고 있으며 그러한 질문에 답하기 위한 노력으로 두 가지의 극단적인 입장(경험주의 접근에서처럼 질적연구도 타당도 준거를 개발해야 하는지, 아니면 더 이상 필요하지 않은 것인지)이 상존하고 있다.

질적연구에서의 타당도의 사용을 적극적으로 옹호하는 입장에서는 질적연구자 역시 전통적인 사회과학 연구 집단에 의해 합법화되어 온 탐구 형식을 그대로 모방해야 한다고 주장하고 있다(Miles & Huberman, 1984). 이 입장의 기저에는 객관적인 준거와 절차 없이 진실을 찾기 위한 과학 행위가 불가능하다는 신념이 존재한다. 따라서 진리는 특정한 분석적 절차를 개발하고 적용하는 문제로 간주된다. 이러한 신념에 맞춰 이들은 실증주의의 논리와 유사한 절차를 개발하고 정련해 왔다(Lincoln & Guba, 1985).

이러한 관점에 반대해 일련의 질적연구자들은 타당도에 대한 실증주의적 입장과 실제를 거부하고 있다. 스미스(Smith, 1989, pp. 153-155)는 가다머(Gadamer)의 관점을 차용하여 질적연구에서 타당도의 무용성을 다음과 같이 주장하고 있다.

연구자의 해석을 보편적으로 수용할 수 있게 만들어 주는 특권적인 방법이나 특별한 절차는 존재하지 않는다. 해석적 탐구의 기본가정(예를 들어 주체와 객체의 관계, 사실과 가치의 비분리성), 인간으로서의 연구적 시각은 과학적 객관성이 방법론을 통해 성취할 수 있다는 사고와는 양립될 수 없다. …… 해석적 관점에서는 결론에 도달하는 데 영향을 끼친 연구자의 편견(bias)을 차단하기 위해 고안된 복합적 방법의 사용이나 신뢰성과 같은 외적 방법론적 준거가 바람직스러운 것으로 간주되지 않는다.

아울러 연구자가 연구 대상과는 무관하게 중립적 태도를 취할 수 있다는 객관적인 연구방법이 존재할 수 있다는 사고는 근본적으로 거부된다. 오히려, 사회현상의 복잡성과 의미구조를 충분히 이해하고 해석하기 위해 연구자의 참여자(피연구자)에 대한 보다 깊은 관여와 상호 대화적인 의사소통이 강조된다. 연구자의 주관성이 연구의 과정에, 결론의 도달에 중요한 역할을 하는 해석적 연구에서는 보다 사실적이고 신뢰로운, 확실한 자료를 획득하기 위해 현상에 대한 인간적인, 긴밀한 이해 속에서, 연구자가 참여자로부터 얼마나 객관적 거리를 유지했느냐보다는 얼마나 현상에 가깝게 다가갔느냐는 근접성의 정도가 타당도로 간주되기도 한다. 따라서 방법의 성취로서의 타당도를 거부하는 질적연구자들에게 있어서 방법과 타당도는 서로 상반된 입장에 놓여 있다(Smith, 1989). 즉, 방법의 준수는 연구 세계를 볼 수 있는 연구자의 시각을 특정 방법으로 미리 결정해 버림으로써 통제되고 규격화된 지식을 양산하게 된다. 아울러 해석은 연구 세계로의 완전한 몰입과 관여를 통해 나타나는 것이기 때문에, 절차와 방법적 장치에 대한 요구는 해석적/질적 탐구의 목적에 위배된다.

이러한 질적연구에서의 타당도의 사용에 대한 찬성과 반대의 극단적인 입장 사이에서 주류는 질적연구에서의 타당도의 준거를 새로 만들고 재규정하는 작업이었으며, 많은 질적연구자들이 자기 나름의 준거를 개발해 왔다(Kvale, 1989; Lather, 1986; Maxwell, 1992). 예를 들면 월콧(Wolcott, 1990)은 아홉 가지 유념사항을, 맥스웰(Maxwell, 1992)은 기술 타당도, 해석 타당도, 이론 타당도, 평가 타당도를, 레이더(Lather, 1992)는 반성으로서 타당도를 개발했다.

이러한 혼동의 논의 속에서 린컨과 구바의 '신뢰성' 준거(1985)가 질적연구자들 사이에서 양적연구의 과학적 객관성에 대한 대안적 개념으로 널리 인정되고 있다. 그들의 신뢰성 준거(1985)는 크게 네 가지 개념(신뢰성, 전이성, 의존성, 확증성)으로 구성되어 있으며, 이중 신뢰성은 타당도에 해당하는 개념이라 할 수 있다. 린컨과 구바는 질적연구의 타당도를 높이는 방법으로 크게 다섯 가지 기법을 개발했고, 후(1986, 1989)에 자신들의 준거가 지나치게 실증주의적 관점에 근거하고 있다는 제한점을 인식하고 또 다른 신뢰성 준거를 개발했다. 구바의 제자인 레이더(1986)는 다소 기계적이고 절차적인 린컨과 구바의 타당도 준거의 이미지를 보다 간단명료하게 발전시켰다. 레이더는 어떤 질적연구가 과학적인 활동으로 실천되었음을 평가할 수 있는 최소한의 방법적 절차로서(과학적 활동과 비과학적 활동을 구분하는 경계선으로서) 네 가지 활동(다양한 연구방법의 사용, 연구 참여자에 의한 연구 결과의 검토와 평가, 반성적 주관성, 카타르시스 타당도)을 고안했고 이 네 가지 활동이 질적연구 작업의 타당도 준거로서 질적 작업에서 적용되기를 희망했다. 레이더는 오하이오 주립대학교 교육학과의 질적연구방법론/교육과정 전공영역에서 세 단계의 질적연구방법론 코스를 강의하고 있다. 그녀의 질적연구에서의 타당도에 대한 남다른 관심은 1986년의 'Issues of Validity in Openly Ideological Research' 글에 잘 표현되었고 최근에는 포스트모던/후기구조주의자적 질적연구에 주요 관심을 두고 있다. 페미니스트 질적연구방법론자로서 〈Re-searching the Lives of Women Living with HIV/AIDS〉(1993) 연구에서는 '이성연애자인 연구자가 동성연애자인 참여자들을 어떻게 이해할 수 있을 것인가?', 'HIV 병원체를 가진 참여자와 그렇지 않은 연구자 간의 정치적 관계는 무엇인가'와 같은 질문을 던짐으로써 질적 자료의 해석과 표현에 내재된 윤리와 정치학의 문제를 해체주의적 탐구 기법으로 논의했다.

2. 린컨과 구바의 신뢰성 준거

린컨과 구바의 신뢰성 준거는 질적연구자들이 자신의 연구 결과가 타당하다는 주장을 하기 위해 최소한으로 만족시켜야 하는 연구 활동의 예를 처음으로 이론화했다. 이는 질적연구 분야에서 가장 많이 보편화되어 있으며 적용되고 있다. 그러나 최근에 와서는 실증주의 이데올로기를 반영하고 있다는 비판과 함께 전통적 타당도 준거 또는 실증주의 타당도 준거라는 비판을 받고 있다. 이 준거는 크게 다섯 가지 활동으로 이루어져 있다.

충분한 기간의 집중적인 관찰

질적연구에서는 신뢰로운 자료를 얻기 위해 장기간 관찰을 해야 한다. 물론 미시문화기술적 연구에서는 교실현장을 녹화하여 그 녹화테이프를 가지고 분석하는 경우 그렇게 오랫동안 현장에 있을 필요가 없다. 그러나 대부분의 질적연구가 현장 작업을 전제로 하는만큼 장기간의 관찰은 필수적이다. 그렇지 않을 경우 왜곡된 자료 또는 편파적인 지식을 제공할 수 있는 자료가 수집되고 그러한 자료로부터 분석이 이루어질 수 있다. 오랫동안 현장에 있음으로써 특정한 한 기간에 수집된 자료가 가질 수 있는 한계성을 극복하고 다양하고 일관적인 자료를 수집함으로써 분석의 타당성을 높일 수 있다.

인류학 경우에는 약 1년 동안 현장 작업을 해야만 학위논문을 제출할 자격이 있는 것으로 일반적으로 평가되고 교육학 분야의 경우에는 약 3개월 정도 현장 작업을 요구한다. 예를 들어, 초등학교의 개학한 첫날 수업은 아무리 훌륭한 교사라고 할지라도 통제하기가 어렵다. 따라서 연구자가 이 시기에 약 며칠을 관찰하고서 그 교실의 문화나 교사의 수업관리 전략을 분석한다고 하면 문제가 있을 것이다. 학기 초, 시험 다음 날, 방학이 끝난 후 학생들의 주의 집중도, 교실에서의 상호작용은 매우 다르게 나타난다.

트라이앵귤레이션

트라이앵귤레이션은 다양한 연구방법에 의해 수집된 자료를 통합한다는 뜻이며, 다양한 연구방법을 통해 연구의 타당도(validity)와 완성도를 높이기 위한 방법이다. 우리말로 '삼각측정'이라고 번역되는데 측량, 항해, 측정, 천체측량학, 로켓공학 등에 쓰이며, 무기(대포 등)의 목표물을 탐지하는 데 주로 사용되는 방법이다. 삼각측량이란 어떤 한 점의 좌표와 거리를 삼각형의 특성을 이용하여 알아내는 방법이라 할 수 있는데, 목표로 하는 점과 두 기준점이 이루는 삼각형에서 밑변과 다른 두 변이 이루는 각을 각각 측정하고, 그 변의 길이를 측정한 뒤, 사인 법칙 등을 이용하여 그 점에 대해 좌표와 거리를 알아내는 방법이다.

아래의 두 그림을 보자. 토지 측량을 예로 들면, [그림 13-1]에서 두 지점 A와 B의 위치를 안다면 셋째 점 C의 위치를 결정할 수 있는데 삼각형의 두 지점에서 내각 X와 Y를 알면 점 C가 어디에 있는지를 알 수 있기 때문이다. 또는 [그림 13-2]에 나타낸 것처럼, A와 B 두 개의 관점을 사용하여 C의 현상을 알 수 있는데 이때 A의 관점이 2차원의 원이고 B의 관점이 2차원의 사각형이라고 한다면 A와 B를 통합한 결과로 3차원인 C라는 현상을 새롭게 조망할 수 있다.

이 논리를 질적연구에 적용해 본다면, A와 B 두 가지의 관점에서 대상을 관찰하거나 두 가지의 연구방법에서 도출된 자료(양적, 질적 증거)를 통합하여 사용한다면 우리가 연구하려 하는 연구 목적이나 대상인 C에 대해 충분한 결론과 해석을 내릴 수 있다.

이러한 트라이앵귤레이션이 갖는 의미는 첫째, 어떤 사실에 대한 이해는 특정한 한 가지 방법에 의존하기보다는 여러 가지 방법이나 자료에 의존했을 때 그 연구 대상에 대

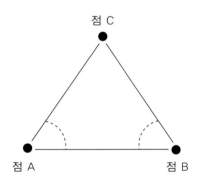

[그림 13-1] 두 개의 점에 의한 트라이앵귤레이션

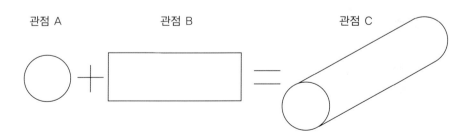

[그림 13-2] 두 개의 관점에 의한 트라이앵귤레이션

한 탐색과 이해가 좀 더 정확할 수 있다는 데 있다(Mathison, 1988: 13). 각각의 연구방법은 장점과 단점을 가지기 때문에 두 개 이상의 방법을 조합하여 사용함으로써 한 방법의 사용으로부터 야기될 수 있는 연구 자료 해석에서의 결점과 판단 오류를 보완할 수 있다. 둘째, 상이한 두 가지 이상의 방법이 동일한 현상에 대해 동일한 결과를 도출했을 때, 연구자가 내린 연구 결론이 보다 신뢰로울 수 있다는 입장을 지지할 수 있다. 이에 이 트라이앵귤레이션은 질적연구 자료의 타당도를 증진시키는 방법으로 일반적으로 사용되고 있다. 덴진(Denzin)은 이 방법 내에서 트라이앵귤레이션에는 다섯 가지 종류가 있다고 했다.

방법의 통합

트라이앵귤레이션에서 널리 사용되는 방법 중 하나로 한 가지 연구방법을 사용하는 것보다 두 가지 이상의 연구방법을 사용할 때 연구 자료의 신빙성을 확보할 수 있다. 예를 들어 양적연구만 사용하기보다 양적연구와 질적연구를 복합적으로 사용하면 그 현상에 대한 이해가 더 정확할 것이다. 면담과 참여관찰 방법의 통합, 문서 방법과 참여관찰 방법의 통합이 모두 이 영역에 속한다. 두 가지 이상의 연구방법을 통해 같은 결론을 도출해 낸다면 그에 대한 타당성이 성립된다는 것이다. 이 방법은 여러 가지 방법을 사용하여 평가하기 때문에 많은 자료를 요구하고, 이런 자료를 분석하는 데 시간이 많이 걸리는 단점이 있다.

예를 들어 당신이 1년간의 프로그램에 대한 참가의 결과로서 어느 한 여성의 복리후생 변화에 대한 사례연구를 한다고 가정해 보자. 당신은 한 방법만 사용하지 않고 관찰, 면담, 내용 분석 등 가능한 모든 방법을 쓸 것이다. 당신은 또한 질적연구방법으로 그녀의 가족 및 비슷한 사례에 대해 조사할 수 있다. 이러한 모든 연구 결과에서 동일하거나 유사한 결론을 나타낼 경우 그 타당성이 증명된다.

[예] 교사의 교육 철학

교실의 수업지도나 학생 관리에 대한 질문을 하는 경우 많은 교사들이 면담에서 자신들은 진보주의 교육 철학에 입각하여 가르치고 있다고 이야기한다. 그렇게 수업과 학생지도를 하는 선생님들이 있겠지만, 참여관찰을 해보면 그들의 주장과는 다르게 다른 교육 철학에 기초하여 학생들을 지도하고 수업을 하는 경우가 많다. 면담 내용만을 그대로 신뢰하기는 어렵다.

[예] 아프가니스탄 여성의 삶

참여자가 거짓말을 하는 경우가 종종 있다. 아프가니스탄의 억압받는 여성에 대한 프로그램에서 화상을 입은 12세의 새댁은 자신이 부주의해 화상을 입었다고 면담자에게 이야기했다. 그리고 그 옆에 있던 친정어머니 역시 새댁이 너무 어려서 뜨거운 물에 부주의했다고 이야기했다. 그러나 그 친정어머니가 나간 후 의사는 전혀 다른 이야기를 들려주었다. 첫째, 새댁은 남편의 폭력이 싫어서 뜨거운 물을 자신에게 부은 것이며 옆에 있던 친정어머니란 사람은 사실은 시어머니였다고 한다.

출처: 2005년 7월 31일 MBC 아프가니스탄의 억압받는 여성에 대한 프로그램

[예] 문서와 관찰 방법의 트라이앵귤레이션

많은 학교들이 외부의 학교 평가자들이 찾아오면 그 학교에서 개발해 사용하고 있다는 각종 프로그램과 교재를 자랑스럽게 늘어놓는다. 그러나 나는 그러한 자료들이 실제로 개발되었는지, 학생들의 수업에서 정말로 사용되는지를 의심하지 않을 수 없다. 공식적인 문서에 기록된 많은 활동은 단순히 공문서 작성을 위한 언어의 놀이에 불과하다는 사실을 너무 일찍 깨달았다.

[예] 전국 최고의 자전거 도로 확보 1위 도시

전국 도시 중에서 자전거 도로 확보율이 가장 높은 도시로 평가받은 K시는 도시 모든 도로에 자전거가 다닐 수 있는 도로를 만들었다. 이를 위해 이 시에서는 기존 보행자 도로를 반으로 나누고 다른 색깔의 블록으로 보행자 도로를 사람 통행 도로, 자전거 전용 도로로 구분했다. 이에 있을 수 있는 모든 도로의 공간을 1/2로 나누는 작업을 했고 총거리를 계산하여 보고했을 것이다. 문제는 과연 자전거 전용 도로로 만들어진 이 도로에서 자전거가 달릴 수 있는지, 1/2로 구분된 보행자 도로에서 보행자들이 안전하게 걸을 수 있는지였다. 이에 대해서는 연구자가 직접 그 도시를 찾아봐야 통계에 나온 자전거 도로의 총거리와 실제로 자전거가 달릴 수 있는 거리가 얼마나 차이 나는지를 알 수 있을 것이다.

[예] 네 학교 이야기

이 연구에서는 연구방법의 트라이앵귤레이션이 고려되었다. 세 가지 방법(참여관찰, 면담, 비디오녹화와 분석)이 연구 문제의 하나였던 '한국 초등학교 교실에서 질서가 어떻게 생성되고 유지되는가'를 밝히기 위해 사용되었다. 특히, 참여관찰과 면담은 상호보조적으로 기능했다. 먼저 면담은 참여관찰에서 얻을 수 없었던 풍부한 자료를 수집하는 데 좋은 기회

가 되었다. 교사와 학생에 대한 면담은 교실에서 일어났던 이야기, 역사, 숨겨진 현상을 연구자가 기술하고 재구성하는 데 큰 도움을 주었다. 하지만 면담은 세 가지 이유에서 연구 목적을 달성하는 데 유일하게 만족스러운 방법이 될 수 없었으며 그러한 약점들은 관찰방법으로 극복되었다.

첫째, 참여자들은 면담과정에서 연구자가 제기했던 질문에 답변해 주지 못했다. 주된 이유는 평소에 그러한 문제에 대해 생각해 보지 않았기 때문이었으며 면담상황은 그러한 질문에 제한된 시간 안에 답하기에는 최적의 분위기가 될 수 없었다. 교실의 질서가 어떻게 파괴되는가와 같은 미시문화기술적 현상에 대한 기억을 생각해 내는 것은 쉽지 않았다. 면담의 두 번째 문제는 참여자인 초등학교 교사의 연구 질문에 대한 답변/설명의 성격이었다. 상당히 많은 교사들은 교실의 사건과 생활을 실제적인 관점에서가 아니라 도덕적, 당위적, 개념적, 철학적으로 기술하는 경향이 있었다. 따라서 교실의 일상적인 삶과 상호작용은 교사가 실제로 어떻게 행동하느냐에 의해서가 아니라 교사의 교육학적 신념이나 신조에 의해 설명되거나 대체되었다. 면담의 세 번째 문제는 부정적으로, 비도덕적으로 생각되는 주제가 연구 질문으로 제기되었을 때 야기되었다. 강화기제나 체벌과 같은 이슈를 논의한다는 것은 상당히 어려웠다. 이는 먼저 나의 입장에서 참여자에게 연구의 주된 초점이 부정적인 교실의 실제를 찾는 것 같은 인상을 줄 수 있었고, 둘째, 많은 참여자들은 그러한 문제에 대해 논의하기를 꺼렸기 때문이었다. 따라서 이러한 면담 문제들은 직접 교실을 관찰함으로써 해결될 수 있었다.

[예] 여성 흡연 면담

여성들의 흡연율을 조사하기 위해 면담을 했을 때에 비해 실제 사례는 약 두 배 더 피우는 것으로 나타났다. 이를 보완하기 위해 익명의 설문조사와 같은 양적연구방법을 활용한다면 연구의 타당도가 높아질 것이다.

연구자의 통합

때로는 연구 참여자로서 학생들을 면담자로 활용하는 방법이 있다. 연구자의 통합은 한 연구자가 현상을 분석하기보다는 두 사람 이상이 연구에 참여하고 수집한 자료를 분석하고 이해할 때, 보다 신뢰성 있는 자료의 해석이 가능하다는 것이다. 이에 연구자, 연구 보조자나 공동 연구자가 참여한 질적연구에서의 자료의 신뢰성은 높아진다. 각 연구자들은 같은 질적연구방법(면담, 관찰, 사례연구, 포커스 그룹)을 사용하는데 각각의 연구 결과가 같은 결론에 도달하게 되면 신뢰도가 높아진다.

[예] 4-H 말하기 프로그램

학생들의 비언어적 및 언어적 의사소통 기술의 변화에 대한 사전/사후 관찰을 한다고 가정해 보자. 트라이앵귤레이션을 하기 위해 여러 연구자들에게 다른 역할을 주게 되는데 각 연구자들은 사전/사후에 동일한 관찰 체크리스트를 하게 된다. 각 체크리스트에서 일정 부분의 같은 내용이 체크된 것을 확인한다면 그 체크된 내용에 대한 연구자의 주장은 신빙성이 높아질 것이다. 연구자의 통합은 연구의 타당성을 높이는 데 효과적인 방법이다.

[예] 협력적 자기연구

박창민은 진주교육대학교 대학원 석사 논문에서 협력적 자기연구를 통해 연구 참여자 간의 활발한 의사소통을 진행했다. 나와는 다른 관점을 가진 이들과의 소통 과정 속에서 자기 자신에 대한 이해가 더욱 명료해지는 효과를 가져왔다. 더욱이 이러한 소통 과정은 타인의 관점을 새롭게 획득함으로써 자신의 실천적 개선 및 발전을 도모할 수 있다는 점에서 그 필요성이 더욱 강화된다. 연구 참여자들은 더욱 활발한 소통을 위해 면대면 협의뿐 아니라 온라인 협의방식을 적극적으로 활용했다. 특히 온라인 협의를 주로 이용했는데 연구 참여자들은 매번 생성된 현장기록과 성찰일지를 정해진 기한 내에 온라인 저장소(클라우드)에 올렸다. 동료 교사들 역시 정해진 기간 내에 검토하고 관련된 피드백을 제공하는 형태로 협의를 진행했다.

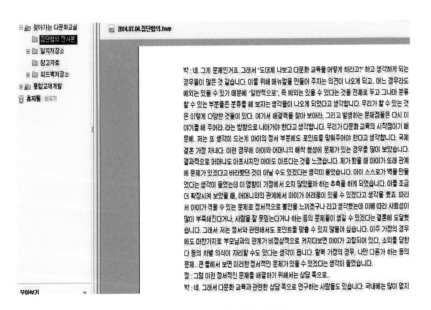

[그림 13-3] 집단 협의 내용

이론의 통합

어떤 현상을 해석하는 데 있어서 한 가지 이론을 가지고 바라보지 않고 두 가지 이상의 이론으로 현상을 해석하려 할 때 해석의 폭과 정확성이 높아진다. 아울러 자료 분석을 하는 데 있어서 하나의 분석적 체계에 고착하지 말고 두 개 이상의 가능한 분석적 체계를 만들려고 노력한다. 예를 들어 당신이 다이어트와 웰빙의 삶이 주는 변화를 배우는 영양학 과정에 참여하고 있는 사람들을 인터뷰한다고 가정해 보자. 이를 위해 다른 분야에 있는 동료들(영양, 간호, 약학, 보건 교육 등)의 기록을 공유하여 결과를 도출하고, 이를 다시 비교하여 결과의 신뢰성을 높일 수 있다. 연구자의 통합과 마찬가지로 모든 방법에서 실행 가능하다.

자료의 통합

여러 가지 자료를 통합하여 현상을 이해하면 그렇지 않을 때에 비해 해석의 신빙성이 높아진다. 질문지 자료와 면담 자료, 문서와 면담, 관찰 자료를 또는 면담 자료와 관찰 자료를 함께 사용하는 방법이다. 예를 들어 당신이 방과후 프로그램의 평가를 담당하고 있다고 가정해 보자. 이때 운영 프로그램과 학부모, 교사, 교장, 행정업무 담당자 등으로 구분할 수 있다. 이들에게 프로그램 만족도에 대한 통합적인 결과를 얻기 위해 심층면담을 실시하는데 먼저 각 그룹의 대표자들을 면담할 것이다. 여기서 공통적인 결과를 찾아 통합적인 결론을 도출해 내게 되는 것이다. 이를 통해 각기 다른 관점에서 나온 결과들을 종합하여 전체적인 신뢰도를 높이게 된다.

[예] 미국의 의학드라마 'House'

미국의 유명한 의학 전문 TV 프로그램인 House의 '신생아 병동'은 트라이앵귤레이션의 묘미를 잘 드러내 주는 증거이다. 프린스턴 대학교 종합병원의 신생아 병동에서 갓 태어난 아기들이 한 명, 두 명, 급기야는 여섯 명이 바이러스에 감염된다. 구토와 열, 기침을 하는 이 증세에 대해 소아과 의사는 장 폐색 또는 여러 가지 원인을 들어 모든 조사를 한다. 에어컨에서 나오는 바이러스부터 의료기구, 직원들에 대한 역학 검사 등 그러나 얻은 것은 아무것도 없었다. 마지막으로 가장 강력한 항생제 2종을 여섯 명에게 실험하는 데 어떤 항생제가 어떤 유아에게 적합한지 알 수 없어 유아군을 두 부류로 나누어 항생제 A군을 처치한 유아들, 항생제 B군을 처치한 유아들로 실험에 들어간다. 그리고 하루 지나서 항생제 A군을 처치한 유아가 죽자 의료진은 항생제 B군을 처치한 유아들은 호전될 것이라고 믿는다. 그러나 기대와 달리 그 집단의 유아들 역시 호전되지 않는다. 의료진의 계속적인 회의를 통해 유아가 가진 박테리아는 산모의 항체와 관계있다는 것을 알고 산모로부터 항체를 부여받은 유아들은 건강했다는 사실을 깨닫는다. 그리고 그러한 항체가 없는 유아에게는 항생제를 투여한다.

House 박사는 도대체 그 원인균이 어디에서 온 것인지를 찾기 위해 신생아 병동을 떠나지 않는데, 그때 한 늙은 간호사가 기침을 하면서 유아들에게 나누어 줄 인형들을 카트에 싣고 지나가는 것을 보게 된다. 계속해서 기침을 하며 콧물을 흘리는 그 간호사에게서 떨어져 나온 병원균은 인형으로 옮아가고 그 인형은 유아들에게 나누어진다. 그리고 유아들이 그 인형에 입 맞추면서 병원균이 유아의 몸 속으로 유입된 것이다. 아무리 찾을래야 찾을 수 없었던 소아과 아기들의 감염이 그 늙은 간호사의 기침 때문이라는 사실을 House 박사의 소아 병동 라운지에서의 우연한 관찰로부터 밝혀진다.

환경의 통합

작업환경, 하루 중의 시간, 요일, 계절 등의 환경 요인의 변화를 통해 연구 결과가 영향을 받을 수 있는데, 이때 환경 변화에 따른 연구 결과가 동일하게 나온다면 신뢰도가 높아진다. 예를 들어 자산관리 프로그램의 효과를 평가한다고 가정해 보자. 당신은 참가자들이 저축을 늘리고 지출을 줄이는 데 프로그램의 도움을 받았는지 확인하고 싶을 것이다. 이때 휴가철이라면 지출이 크게 증가하기 때문에 다른 결과를 얻게 될 것이다. 참가자들의 행동 변화와 정보를 수집하기 위해 1년 동안 소비 및 저축 습관을 관찰하게 된다. 환경의 통합은 모든 경우에 사용하지 않고 환경 요인으로 인해 연구 결과가 영향을 받게 될 때 사용한다.

심층적 기술

연구 결과의 신뢰성을 평가하는 또 다른 준거는 심층적 기술이다. 덴진(1989: 31)에 따르면 심층적 기술은 설명할 대상에 대해 전반적인 정보를 제공하여 독자로 하여금 그 상황을 완전하게 이해할 수 있도록 하는 기술을 말한다. 언어를 사용하여 현상의 복잡성과 상황성을 설명하고자 하는 질적연구의 목적과 특징을 생각해 보았을 때, 현상을 이해하기 충분할 정도로 참여자의 삶을 얼마나 밀도 있게 근접하게 잘 기술했는지는 그 연구가 얼마나 잘되었는지를 평가하는 기본적이면서도 직접적인 준거가 될 것이다. 덴진(1989)에 따르면 심층적 기술이 가져야 할 조건은 첫째, 행위의 맥락에 대한 기술, 둘째, 그 행위에 숨어 있는 의도와 의미의 진술, 셋째, 그 행위의 전개과정(발발 순간) 전과 후의 기술, 넷째, 독자가 그 상황을 해석할 수 있도록 그 행위를 텍스트로 발전시켜 제공하는 것이다. 당신의 해석과 분석을 어떻게 믿을 수 있느냐고 묻는 사람이 있다면 아주 세밀하게 전사되고 기술된 현장 자료를 제공하고 이 결과 이외에 어떤 해석이나 분석이 도출될 수 있는지를 반문하는 것은 효과적인 방어전략이 될 것이다. 심층적 기술은 연구자가 아닌 다른 외부자라 하더라도 그 자료들의 분석이 그렇게 만들어질 수밖에 없다는 것을 이해시키는 효과적인 자료가 된다.

참조자료의 사용

다음 준거는 참조자료의 사용이다. 참조자료는 연구자의 연구 결과가 타당하다는 것을 입증해 줄 수 있는 참고자료를 말한다. 참고자료는 연구자가 쓴 현장일지, 사진, 비디오테이프, 신문, 문서자료 등이다. 이러한 자료는 논문 결과를 읽는 사람이나 심사자가 왜 그렇게 결과가 도출되었는지를 설명하기를 요구할 때 또는 해석의 신뢰성을 의심할 때(정말 이럴 수 있는가? 정말 이 일이 일어났는가? 정말 이 참여자들이 이렇게 행동했는가?), 연구자의 신뢰성을 높일 수 있는 효과적인 자료로서 이용된다. 연구자가 직접 수집한 살아 있는 자료는 지나간 기억과 인간의 오감이 가질 수 있는 주관성을 극소화하는 데 중요한 역할을 한다. 그러한 점에서 연구자가 수집하여 언제든지 제시할 수 있는 참조자료는 연구자의 해석이 틀리지 않았다는 것을 입증하는 데 도움이 된다. 현상으로 생성되었다가 사라져 버리는 사회적 실재를 기록해 놓는 공학적 도구(사진, 카메라, 비디오테이프, 녹음테이프, 그림일기 등)는 그러한 점에서 질적연구에서는 훌륭한 참조자료로 이용된다.

동료 연구자의 조언과 지적

동료 연구자에 의한 비평은 동료를 연구 과정에 참여시켜서 1인 연구자가 범할 수 있는 방법적, 해석적, 절차적 오류를 줄이려고 노력하는 것을 뜻한다. 이를 통해 1인 연구자가 행할 수 있는 주관적인 해석을 방지할 수 있다. 외부 연구자의 점검을 받는 절차로서, 연구자 이외의 동료를 연구에 직접 참여시킬 필요는 없지만 그 연구의 배경에 대해 잘 알거나 깊은 지식을 소유한 내부자들을 연구에 초청하여 자료에 대한 연구자의 해석이 과연 정확했는지를 평가해 달라고 부탁한다. 이 과정을 통해 연구자가 연구 참여자의 관점에 지나치게 동조한다든지 연구의 객관성을 잃을 만큼 주관적이 된다든지 하는 위험을 지적해 줄 수 있다. 나아가 연구자가 놓쳐 버린 연구 문제, 관점, 아이디어들을 상기시키고 보다 신선하고 대안적인 아이디어를 제공함으로써 좀 더 신뢰로운 연구 결과를 가져오는 데 기여할 수 있다. 그러나 연구자가 생각하는 결론이나 주장에 반하는 의견을 제시할 수 있다는 점에서 구바(1985)는 '악마의 대변인'이라고 비유했다.

추적 감사

추적 감사법은 선임 연구자가 연구자(박사과정 학생 또는 학위 취득 예정자)의 연구가 신뢰롭다고 평가할 수 있는지를 평가하는 한 방법이다. 최초의 아이디어는 핼펀(Halpern)의 PhD 논문에 근거하여 만들어졌는데 핼펀이 제시한 추적 감사 방법은 다음과 같다.

　　(1) 원 자료의 제시 여부

　　(2) 데이터 감소와 결과물 분석

　　(3) 데이터의 재조직과 종합 결과

　　(4) 연구 진행 노트

　　(5) 연구 참여자들의 의도와 의향을 알 수 있는 자료

　　(6) 새롭게 개발된, 개선한 연구방법 도구에 대한 정보

　이러한 감사 방법을 통해 외부자와 심사자들은 연구자가 만들어 낸 연구 결과의 진실성을 다음과 같은 세 가지 영역에서 평가할 수 있다.

　　(1) 연구 결과가 데이터에 근거한 것인지에 대한 규명

　　(2) 연구에 사용된 분석적 기술과 타당도, 해석의 질, 추론의 논리성에 대한 결정

　　(3) 연구자의 선입관과 주관성이 연구의 과정과 결과에 미친 잠재적 영향에 대한 평가

연구 참여자에 의한 연구 결과의 평가 작업

질적연구의 타당도 작업에서 가장 중요한 준거 중의 하나이다. 영어로 'Member Checks'라고 하는데 우리나라에서는 '구성원 검토작업' 등으로 번역되기도 한다. 이 작업은 연구자가 도출한 임의적 분석과 결론이 과연 맞다고 할 수 있는지를 연구 참여자에게 확인하는 절차를 뜻한다. 이를 위해 연구 과정에 참여한 참여자 중에서 몇 사람을 따로 선발하여 그들에게 연구자가 도출한 연구 결과나 연구 보고서의 초안을 읽고서 평가해 달

라고 부탁한다. 이 과정을 거치는 근본적인 이유는 연구자가 학습자로서 현장에 참여했고 연구자가 수집한 자료와 결론을 연구자 혼자만이 경험한 것이 아니며 그 현장에 있는 또 다른 연구 참여자가 그 현상을 어떻게 바라보고 해석했는지를 알아볼 필요가 있기 때문이다. 이 과정을 통해 외부자인 연구자가 내부자인 연구 참여자의 세계를 얼마나 근접하게 그리고 이해했는지를 참여자가 평가하는 것은 연구 결과의 신뢰성을 확인하는 효과적인 방법이며, 그들의 입장을 반영할 필요가 있다. 연구 참여자들이 연구자의 잠정적인 결론이나 분석을 호의적으로 평가하는 경우에는 연구 결과를 신뢰롭다고 판단할 수 있다.

[예] 네 학교 이야기

내 연구의 경우, 현장 작업이 끝나고 임의적 분석 결과가 나타났을 때 참여자에 의한 연구 결과 평가 작업의 일환으로 일종의 질문지가 개발되었다. 그 질문지에는 연구자의 해석과 함께 질적연구에 있어서의 Member Checks의 정의와 그 중요성이 자세히 설명되었다. 그 이유는 질문지의 응답자에게 보다 이해하기 쉬운 지시문을 제공하는 것과 함께 사회과학을 하는 또 다른 방식으로서 질적연구의 실제와 아이디어를 한국의 참여자에게 전달하기 위한 것이었다. 총 17페이지로 구성된 연구 문제에 대한 연구자의 해석은 12명의 교사에게 배부되어 그 중 11부가 회수되었다. 전반적으로 Member Checks 과정을 통해 얻은 반응은 나의 해석이 얼마나 잘되었는지를 다시 검토하고 나아가 해석의 범위를 확장하는 데 도움이 되었다. 아울러 실제 현장 작업에서 얻지 못했던 정보와 자료를 부가적으로 수집할 수 있었다. 한국 교육학 연구에서는 새로운 연구 실제라 할 수 있는 Member Checks 과정에 참여한 교사들이 자신의 느낌과 생각을 다음과 같이 표현했다.

- 연구자의 주관적인 사고와 판단이 줄어 더욱 객관화될 수 있다고 생각한다.
- 약간 기분이 이상하다. 이런 형태의 질문지는 해본 적이 없다.
- 질적연구에서는 연구자의 노력과 시간이 다른 연구에 비해 많이 들 것 같다.
- 당신(연구자)은 연구를 하고자 내 교실에 와서 다른 연구에서와 다를 바 없는 과제(질문지)를 가지고 왔다.
- 나는 정말로 바쁘다. 이러한 질문지에 답하는 것은, 당신도 알다시피, 피곤한 노동에 불과하다.
- 매우 새롭다.

[예] 초등학교 다문화학생 멘토링의 연구 결과 평가

진주교육대학교 대학원 교육학과 석사 학위 논문으로 박창민은 교사의 내면적 · 실천적 변화로 인해 실제 멘토링 수업에 참여했던 학생이 어떠한 생각과 느낌을 가지는지에 대한 평가가 필요하다고 보았다. 교사 스스로 자신이 교수학적으로 많은 변화 및 개선을 달성했다고 믿지만, 정작 멘토링 학생의 경우에는 이러한 변화를 전혀 받아들이지 못하는 상황을 지양하기 위해서이다. 그런데, 멘토링에 참여했던 학생들 모두 저학년이고 다문화학생이어서 의사표현에 제한점이 많았다. 이에 소감문과 같은 방식보다는 매 시간 수업에 대한 느낌을 색깔이나 표정 혹은 스티커 등을 통해 표현하는 방식을 적극적으로 활용했다. 이러한 학생의 반응을 통해, 예상과 다른 평가가 이루어졌다면 그 이유가 무엇인지를 더욱 심층적으로 분석하는 과정이 뒤따랐다.

[예] 석사 논문 발표에서 대안적 형태의 타당도 입증 방법

한양대학교 대학원 교육학과 석사 학위 논문으로서 차경희는 질적연구의 결과가 과연 얼마나 잘 도출되었는지 즉 신뢰로운 것인지를 심사위원들에게 설득하는 문제가 무척 어려운 일이었다. 이에 첫 단계로서 연구 참여자들에게 논문 초고를 읽고서 잘못 기술한 부분, 잘못 해석한 부분, 잘된 부분, 왜곡된 부분, 생략된 부분을 찾아서 비평해 달라고 했다. 그리고 그들의 비평을 그대로 스캔하여 논문의 부록에 첨가했다. 다음으로 연구 참여자들이 그녀의 논문에 대해 어떻게 평가하는지를 직접 녹음하여 연구의 의미와 효과를 직접 석사 논문 발표회장에서 들려주었다. 그 녹음테이프를 통해 이 연구가 얼마나 잘되었는지가 현직 교사의 생생한 목소리를 통해 심사위원들에게 전달되었다. 다음 이 연구 결과가 얼마나 정확하게 잘 만들어졌는지에 대해 만약 100점 만점 기준으로 몇 점에 해당하겠느냐고 물었고 연구 참여자들은 모두 90점 이상이라고 답했다. 이러한 대안적인 타당도 작업을 마친 그녀는 논문 발표회를 성공적으로 마칠 수 있었다.

반성적 주관성

반성적 주관성은 연구가 시작되기 이전에 연구자가 가지고 있었던 선험적 이론이나 가설 또는 시각이 실제 현장 작업을 통해 어떻게/얼마나 변화되었는가를 의미한다. 연구 가설의 변화, 연구 문제의 심화, 연구 시각의 다양화 등은 모두 연구자의 반성적 주관성이 관여되었음을 나타내는 구체적인 증거라 할 수 있다. 반성적 주관성은 사회현상과 세계에 대한 질적연구의 가정을 그대로 반영하고 있다. 질적연구에서 이해되는 사회세계는 '의미의 세계'이며 인간은 이 의미의 세계 속에서 생활하며, 그러한 의미의 해석에 근거하여 행동한다(Blumer, 1962: 2). 사회세계의 이러한 특성 때문에 질적연구에서는 참여자의 관점(Geertz, 1975)과 참여자의 눈으로 바라보는 것(Bryman, 1988)이 강조되며, 사회세계는 참여자의 관점과 해석에 의해 설명되고 이해되어야 할 필요가 있다. 따라서 주어진 상황에 어떠한 중립적이고 외재적인 개념과 언어를 부과하는 노력은 생생한 일상적 경험의 의미를 상실시키고 변화시킨다. 이러한 점에서 전통적인 인과적 설명 모델은 그 가치가 의문시된다.

이러한 점에서 질적연구자는 기존 연구방법론에서 고려되는 연구방식(예: 특정 변인들을 어떻게 처치할 것인가에 대한 사전적 결정과 처치)들과는 다른 각도에서 연구 세계에 접근할 필요가 있다. 첫째, 사회현상의 복잡성과 심층적 의미구조를 찾아내기 위해 개방적, 유연적, 비결정적 연구 시각과 연구 개념을 설정한다. 이는 블루머(Blumer)가 언급했던 포섭적 개념(sensitizing concepts)과 같은 것이라 할 수 있다. 이러한 접근은 연구자가 연구 이전에 기대하지 못했던 다양한 자료와 시각을 발견할 수 있는 기회를 증가시켜 줄 것이다. 둘째, 질적연구자는 기존의 연구 시각(설정된 연구 문제나 가설, 이론)이 실제 연구 세계와 조우했을 때 어떻게 변화되는지를 주의깊게 사고해야 한다. 이론은 실재 또는 현상을 초월하지 못하기 때문에, 즉 이론은 포괄적인 관점으로 설명되어서 구체적인 현재의 연구 상황을 이해하는 데는 보다 직접적인 도움을 줄 수 없다. 따라서 질적연구자는 연구 세계에 대한 연구 작업을 해나가면서 연구 시작 이전의 연구 문제나 내용이 예측 불허한 실제자료/참여자세계의 상황에 의해 어떻게 변이되고 변화되는지에 대한 이론과 현상 간의 괴리에 대한 반성이 필요하다. 그러한 반성의 핵심은 연구자가 미리 설정한 연구 문제와는 다른 연구 문제를 발견하거나 기존의 연구 문제보다 심화된/발전된(연구 세계의 특수성을 반영하는) 연구 문제를 개발하는 것으로 나타난다.

[예] 네 학교 이야기

내 연구에서 반성적 주관성은 연구 문제의 범위와 깊이가 심화되는 방향으로 나타났다. 연구를 시작할 무렵, 주요한 한 가지 연구 문제는 '한국 초등학교 교실에서 관리와 질서가 어떻게 달성되는가'였다. 연구가 진행됨에 따라 '교실의 질서'라는 연구 개념 아래, 보다 다양하고 심화된 연구 질문이 점진적으로 생성되었고, 보다 적절한 질문 형태로 구체화되었다. 그 예로 '교실의 질서'라는 연구 주제와 관련하여 경험적 자료와 계속적으로 상호작용함으로써 다음과 같은 질문이 개발되었다.

1. 한국 초등학교 교육의 일반적 특징(문화적 주제)은 무엇인가?
2. 어떠한 교실관리의 실제들이 드러나고 사용되고 있는가?
3. 교사는 학생들의 주의를 어떻게 집중시키는가?
4. 교실에는 어떠한 규칙들이 있는가?
5. 교실의 질서는 어떻게 생성되는가?
6. 누가 언제 꾸지람을 듣는가?
7. 교실의 문제들은 어떻게 해결되는가?
8. 교실 내에서의 일탈 행위와 실패는 어떻게 시각화되는가?
9. 누가, 어떤 준거에 의해, 다음 발표자로 선정되는가?
10. 과밀학급의 실제 이슈는 무엇인가?

3. 레이더의 포스트모던 타당도

해체(deconstruct)는 텍스트가 어떠한 관점에서 작성되었는지를 들추어내는 것이다. 해체는 그 텍스트를 구성하고 있는 기본 원리들과 타당성을 의문시하는 반대적 관점에서 텍스트 자체를 분석하는 것이다(Said, 1975: 335).

핵심적인 이미지는 수정(crystal)이다. 수정은 균질한 물질로 구성되어 있고, 변형이 있고, 다차원적이며 각을 이루고 있다. 수정은 자라고 변하고 모양이 달라지지만, 무정형의 것은 아니다. 수정은 외부를 반영하는 프리즘이고 자신 내부에 굴절하여 다른 색깔, 다른 무늬, 다른 배열을 만들어 내고 그것들을 다른 방향으로 내던진다. (우리가 보는 것은 포즈를 취하는 각도에 따라 달라진다.) …… 구조를 잃지 않은 결정체, 타당성이라고 하는 전통적인 사고를 해체시키며(우리는 하나의 진실이란 없음을 느끼고, 텍스트가 자신을 어떻게 검증하는지 살핀다), 결정체는 토픽에 대한 깊이 있고 복합적이면서 철저한 부분적인 이해를 제공한다. 역설적으로 우리는 더 많이 알게 되고 우리가 아는 것을 의심하게 된다(Richardson, 1994: 522).

자기반성은 포스트모더니즘의 영향으로 질적연구에 새로운 타당도의 준거로 수용된 아이디어이다. 인간을 합리적이고 이성적이고 객관적인 존재가 아니라 문화의 영향을 받고 자신의 정체성의 영향을 받는 불완전한 존재로서 간주하는 포스트모더니즘의 인간관은 인간/사회 연구 작업에서 연구자가 얼마나 자신의 주관성을 연구 작업의 과정과 분석에 은연중 투사했는지를 해체하는 작업을 해야 한다고 주장한다. 그러한 점에서 질적 자료의 분석과 해석에 대해 이제 질적연구자들은 타당도 작업의 하나로 자신의 주관성이 자료의 수집과 분석, 표현의 과정에 어떻게 영향을 끼쳤는지를 솔직하게 드러내는 작업을 할 필요가 있다.

'자기반성' 개념은 다양하게 설명할 수 있지만 가장 대표적인 개념은 메이어호프와 루비드(Meyerhoff & Rubyd)의 설명이다. 이들에 따르면 자기반성은 연구자의 존재가 연구의 기술과 해석에 어떠한 영향을 끼쳤는지를 분석해 보는 반성적 활동으로서 연구 결과의 생산에 영향을 끼쳤을지도 모르는 연구자의 주관적 가정과 신념을 규명하게 함으로써 현장 작업을 보다 객관적이고 과학적인 것으로 변환시키는 역할을 한다(1982: 28). 크리거(Krieger, 1983)도 이러한 반성적 활동은 독자로 하여금 지금 읽고 있는 연구가 연구자의 어떤 주관적 시각을 통해 만들어진 것인지를 이해시킴으로써 연구를 보다 진실하게 읽을 수 있는 분위기를 제공한다고 했다. 따라서 자기반성 작업은 연구자의 개인적 주관성을 독자에게 은폐하기보다는 오히려 드러내는 것이 연구를 보다 진실하게 만들고 과학적인 것으로 제시하는 것이라고 보았다. 반 마넨(Van Maanen, 1988)은 현장 작업자의 감정 상태, 이론, 개인적 특징이 현장 작업에 어떻게 영향을 끼쳤는지가 텍스트에 자세하게 기록되어야 한다고 주장했다.

페미니즘과 포스트모더니즘의 연구 분야에서 발전되어 온 이 연구 개념을 교육학연구에 적용한 레이더(1991)는 자기반성이 연구의 과정과 결론에 영향을 끼칠 수 있는 연구자의 잠재적 편견이나 관점을 연구자가 스스로 인식하고 비판적으로 성찰하게 함으로써 연구를 보다 진실한 것, 과학적인 것으로 승화시키는 역할을 한다고 평가하고 있다. 그리고 이러한 자기반성의 노력을 포스트모더니즘 관점에서 매우 타당한 것이라고 주장하고 있다. 즉, 포스트모더니즘 관점에서 보았을 때 인간은 불완전하고, 모순적이고, 한정적이며, 관계적 존재이기 때문에 연구자의 시각과 해석을 항상 절대적이고 이성적인 것으로 간주해서는 안 된다는 것이다. 이에 현장 작업자는 이러한 관점에서 연구 과정과 결과를 합리적이고 이성적인 사유과정의 결과물로 비판 없이 수용하기보다는 연구자 개인의 주관적인 편견과 해석이 매개된 산물로 이해하고 그 영향력을 평가하는 것이 필요하다는 시사점을 도출하고 있다. 그리고 그 실천 방법으로서 연구 과정에 관여된 연구자의 신념, 배경, 감정에 대해 인식하고자 하는 '약한' 반성작업, 저자의 권위성과 참여자와의 권력관계가 텍스트에 어떻게 기명되어 있는지를 밝히고자 하는 '강한' 반성작업을 제시했다(Wasserfall, 1993: 23).

이미 오래전에 연구자의 성, 나이, 지위, 전문성, 국적의 여부가 현장연구에서 질적연구자가 성취할 수 있는 가능성에 상당한 제한을 가하거나 특정한 방식으로 영향을 끼침이 지적되었다(Wax, 1979: 513). 구체적인 예로서 질적연구에서 성이 끼치는 영향에 대한 논의는 상당히 진전되었다(Easterday, et al., 1977; Golde, 1970; Warren, 1977). 따라서 연구자의 주관적 자아와 배경이 연구 작업과 연구 참여자의 삶을 표현하는 방식에 어떠한 영향을 끼치는지를 논의하는 것은 연구자가 연구 도구인 질적연구에서는 중요하게 제기되어야 할 방법론적 질문/이슈가 된다. 이러한 질문에 답하기 위해 저자(author)인 연구자는 자신의 연구 작업(연구 장소의 선정, 자료의 수집, 결과의 해석과 표현)에 어떠한 주관성이 무의식적으로 반영되었는지 의식적으로 해체하는 작업이 필요하다. 그 예로 비판적 민속지에서는 연구자의 구인과 이데올로기적 편견, 연구 자료, 참여자의 구인에 대한 자기반성이 타당도의 주요 요건으로서, 페미니스트 연구방법론에서도 참여자의 삶에 대한 표현의 문제가 중요한 이슈로 간주되고 있다.

이에 최근의 많은 현장 작업 연구물에서 연구자들은 자기반성의 결과를 논문의 제3장 연구방법론 부분에 솔직하게 써 내려가는 작업을 중요하게 실천하고 있고, 연구자의 개인적 주관성(사회계층, 피부색, 성, 성 취향, 연령 등)이 연구 작업에 심각하게 영향을 끼쳤음을 분석해 주었다(Ball, 1990; Krieger, 1983; Wax, 1979; Wolf, 1992). 이러한 새로운 형태의 연구물 중에서 연구자의 자기반성 작업을 성공적으로 보여 준 한 예를 들면, 크리거가 미국 중서부의 여성 동성애자의 정체성과 프라이버시 문제를 심층적으로 연구한 〈거울을 보면서 추는 춤(Mirror Dance)〉(1983)을 들 수 있다. 크리거는 사회과학 연구에서 자기반성을 해야 하는 이유로 연구자가 자기분석 기술이 없고 자기에 관한 지식이 없다면 타인을 바라보는 데 있어서도 폭넓은 시각을 소유하기 어려울 것이라고 전제하면서 여성 동성애자의 생활세계를 연구하는 과정에 영향을 끼친 연구자의 주관성을 세 가지 차원에서 분석했다.

(1) 피면담자에 대해 가지고 있는 특정한 기대나 선입관 내용을 면담이 시작되기 전에 분석했다.
(2) 면담이 진행되는 동안에 새롭게 나타난 피면담자에 대한 특정한 감정과 편견을 기술하고 해석했다.
(3) 피면담자와 동일한 성 취향을 가졌던 연구자가 피면담자와 대화하는 동안에 느꼈던 성적 매력이 면담을 실시하고 면담 질문을 만드는 데 어떠한 영향을 끼쳤는지를 분석했다.

[예] 맥월리엄(McWilliam, 1992)의 〈In broken images: A postpositivist analysis of student needs talk in pre-service teacher education〉

맥월리엄은 연구 상황에서 연구자의 역할이 어떻게 구체적으로 변화되는지를 보여 줌으로써 기존의 사회과학/실증주의 연구 작업에서 당연하게 그려지고 있던 객관적이고 중립적인 사회과학 연구자의 이미지를 의문시하도록 요구하고 있다. 그녀는 연구 작업에서 자신의 역할이 현장 상황에 따라 어떻게 변형되는가를 중요한 방법적 반성의 문제로 삼고서, 그러한 문제의 대답으로서 연구자의 다원적, 상황적, 관계적, 정치적 이미지를 그려 주고 있다. 그녀의 연구에서 연구자는 세 가지 상이한 인물로 활동하고 있다(1인칭 단수로서의 연구자, 1인칭 복수로서의 연구자, 3인칭 단수의 객관적인 연구자로서의 연구자).

첫째, 맥월리엄은 1인칭 단수로서 연구에 참여하고 있다. 이때 '나'로서 연구자는 연구 작업에 참여하면서 동시에 자신의 그러한 행위를 객관적으로 바라볼 수 있는 반성적 '나'이다. '나'는 연구자가 연구 작업에 부여하는 또는 연구 과정을 통해 구성하게 되는 다양한 연구 경험(연구자의 개인적 감정과 주관성, 참여자와의 인간관계, 연구자의 역할)을 진실하게 기술한다.

둘째, 맥월리엄은 '우리'라는 1인칭 복수로서 연구에서 활동하고 있다. 그녀는 참여자(아방가르드적 현장교사들)의 정치적 입장에 동조하고 자신을 그들과 같은 집단의 한 구성원으로 동일시한다. 나아가 자신의 강의를 듣게 된 연구 참여자들과 함께 현장교사의 요구에 대한 비판적 관점을 토의하고 제시함으로써 연구 참여자들과 연구자는 교육연구자로서, 협동적 교육이론가로서 동일한 하나의 새로운 공동체를 형성한다.

셋째, 맥월리엄은 '연구자'로서 연구에서 활동하고 있다. '연구자'라는 3인칭 단수의 수사적 사용으로 그녀는 연구에서 자신의 또 다른 역할을 보여 준다. 그것은 연구 세계를 구조화하고 연구 결과를 타당한 작업으로 평가받도록 하기 위해 선정된 실증주의적 연구자의 이미지라 할 수 있다. 그녀는 자신을 객관적 연구자로 표현함으로써 자신의 해석과 연구 작업이 연구자의 중립적/합리적인 과학적 절차와 방법을 사용하여 도출되었다는 연구 이미지를 만들어 내고 있다.

[예] 김영천의 〈네 학교 이야기〉

이 연구에서 필자는 방법적 반성의 주제로 상정하고 해체하고자 네 가지 이슈를 다루었다. 근본적으로 네 가지 이슈는 교육연구자로서 내가 어떠한 주관성을 가지고 연구 세계와 참여자들을 접했으며, 연구 자료를 획득하는 데/기술하는 데 어떠한 문제가 게재되었는지를 보여 주는 것이다. 이러한 논의는 일차적으로 나의 현장 작업이 갖고 있었던 몇 가지 장애와 부정적 요소를 밝혀 주며 이차적으로는 연구 세계에 대한 연구자의 심리적/정서적 상황을 이해하게 함으로써, 독자가 더 나은 위치에서 연구자의 텍스트를 읽도록 도움을 주었다. 나아가 더 넓은 관점에서 이러한 논의는 내가 미국에서 학습한 연구방법이 한 외국 상황에서 어떻게 전개되고 현장과 상호작용하는지를 보여 주었고, 또한 나의 텍스트의 독자인 제1세계(미국)의 교육연구자와 논문심사위원회 교수들에게는 사회적으로, 문화적으로 매우 다른 연구 세계인 제3세계(한국)에서 한 질적연구자가 겪는 현장 작업의 딜레마가 무엇인지를 인식하게 해 주었다. 이 장에서는 크게 세 가지 이슈만을 언급하고자 한다.

첫째, 연구 장소로서 한국의 초등학교들은 전반적으로 권위적이고 관료적이었다. 교사의 일상적 과제의 하나는 그러한 관료적 구조 속에서 질서와 명령의 통일된 체계를 따르는 것이었으며 연구자의 위치도 예외는 아니었다. 오히려 어떠한 문제도 일으키지 않기 위해 그러한 질서들을 더욱 성실히 따라야 했고, 그렇게 하기 위해 연구자는 많은 시간과 노력을 바쳐야 했다. 매일 아침, 연구자는 제일 먼저 교장 선생님을 뵙고 인사드린 다음, 교감 선생님, 교무주임 선생님 순으로 인사를 드렸다. 더 많은 인내를 요구했던 것은 연구와 관련하여 도움을 청할 때 또는 연구의 진도를 설명할 때, 그러한 학교 권력의 위계를 따라야 했던 것이다.

둘째, 이러한 권력관계를 재생산하는 작업과 관련하여 연구에 영향을 끼친(연구자의 모든 행동에까지) 문화적 독특성은 '연령'이었다. 연령은 한국에서 인간 간의 권력관계 형태를 결정하는 하나의 중요한 사회척도이다. 대부분의 교사와 교육행정가에 비해 나이가 어렸던 연구자에게는 연령과 관련하여 기대되는 가장 큰 사회적 규범인 '연장자'에 대한 끝없는 존경을 구체적으로 재생산하는 과제가 중요한 일상사의 하나였다. 왜냐하면 이 과제의 성취정도는 연구자와 참여자와의 라포르(rapport)의 정도로 이어지고, 결국에 가서는 연구 작업에 대한 참여자의 헌신과 봉사의 정도로 이어질 수 있기 때문이었다. 연구자는 참여자에게 다양한 존경의 방식(언어적/비언어적)을 매 순간 인식하고 드러내는 것이 필요했다. 특히 연령이 연구 작업의 더 민감한 이슈로 등장한 것은 연령이라는 준거와 관련하여 한국 사회에서는 매우 중요한 학력이라는 사회척도가 연구자와 참여자 간의 인간관계에 영향을 끼치기 때문이었다. 연구자는 대부분 참여자보다 높은 학력(미국 대학의 박사후보)과 사회적 지위(대학강사)를 가지고 있었다. 따라서 '연령'(나이 어린)이라는 위계적 문화규범과 '학력'(미국 박사학위)이라는 직업적 위치 간의 충돌 가능성이 있었다. 이러한 갈등은 오직 연구자가 후자의 정체성을 약화시킬 때 해결될 수 있었다. 따라서 연구자는 가능한 한 연령과 관련하여, 나이가 어린 사람으로서 지켜야 할 존경의 규칙을 성실하게 표현하는 것이 필요했다.

셋째, 한국 학교교육의 경험에 대한 나의 부정적 기억은 특히 관찰 작업에 상당한 영향을 끼쳤다. 연구를 위해 다시 한국의 초등학교 교실에 들어갔을 때, 체벌이나 부정적 교실 관리 기법과 같은 상황에 직면했을 때, 사라졌다고 믿었던 나쁜 기억이 되살아났으며 연구자의 관찰을 방해했다. 연구자가 비민주적, 비교육적, 비인간적으로 생각하는 관리 기법이 연구자 앞에서 학생들에게 실시되었을 때, 연구자의 첫 번째 반응은 자신의 머나먼 기억으로 빠지는 것이고 다음은 분노와 같은 감정에 휩싸이는 것이었다. 연구자 자신의 감정이 평안하지 못했기 때문에, 당연히 교실 사건을 계속해서 관찰할 수 없었고 다시 관찰에 집중하기까지는 상당한 시간이 걸렸다.

4. 그 외 타당도

촉매 타당도

이는 연구 과정이 연구 참여자에게 자신을 둘러싸고 있는 삶, 즉 실재에 대해 비판적으로 볼 수 있는 지식과 안목을 어느 정도 길러 주었는지를 말하는 것으로, 프레이리의 의식화에 해당하는 개념이다. 크발(Kvale, 1989)은 실용적 타당도(pragmatic validity)로, 에릭슨(Erickson, 1989)은 비판적 타당도(critical validity)로 표현했다. 이 타당도는 특히 비판적/해방적 질적연구에서 중요하게 고려되는 준거이다. 비판적/해방적 질적연구의 최종 목적은 해방과 보다 평등한 사회를 향한 현 상황의 변형이기 때문에 이 분야에서 실천된 연구는 그러한 목적이 연구 과정을 통해 성취되었을 때만이 그것의 정당성과 타당성을 인정받을 수 있다. 그러한 관점에서 보면 참여자의 계몽이 비판사회과학의 의도라고 말한 브라이언 페이(Brian Fay, 1987)의 지적처럼 이 연구를 통해 연구 참여자들이 자신들의 문제(억압과 지배)에 대해 비판적인 자기이해와 지식, 나아가 실천력을 얼마나 얻게 되었는지가 기계적인 방법의 성취보다 좀 더 적절한 연구의 타당도가 될 수 있다.

보크너의 연구자의 정직성 타당도

보크너(A. Bochner, 2002)는 그의 평생 연구 동료인 일리스(C. Ellis)와 함께 자문화기술지(autoethnography)라는 연구 장르를 새롭게 개발한 학자이다(Ellis & Bochner, 1996, 2000). 자문화기술지는 기존의 자서전/전기문(autography/biography)과 문화기술지(ethnography)를 혼합하여 "개인을 문화와 연결시켜 복잡하고 다양한 의식의 모습을 드러내게 하는 자서전기문적 장르의 글쓰기 및 연구"(Ellis & Bochner, 2000: 739)이다. 보크너(2002)는 자신의 지난 수십 년간의 연구 활동을 회고하면서, "어떤 질적연구자들은 자신들이 혼잡스럽고 불확실하고, 복잡하고, 어쩐지 연약한 듯한 현상을 연구하고 있다는 것을 스스로 잘 알고 있으며 소위 과학의 이름에 주눅이 들어 종종 자신의 질적연구 작품을 떳떳하게 내세우지 않는 열등의식을 가진 것도 없지 않았다고 주장했다. 특히 타당도, 신뢰도, 객관성이란 용어들 앞에서 왠지 모를 두려움을 가지고 살아온 것도 사실"(pp. 258-259)이라고 언급했다. 또한 보크너는 많은 질적연구자들이 그릇된 허영(illusion)에서 벗어나 질적연구에 적합한 새로운 준거를 찾을 것을 다음과 같이 촉구했다.

> 전통적으로, 우리는 우리의 작품이 누구에게 유용하고, 통찰력이 있고, 혹은 의미 있는가 없는가에 대한 관심보다는 '과학자로서'의 우리는 다른 과학자들에게 어떤 평가를 받을까 하는 문제에 더 많은 관심을 가졌다. 우리는 엄격한 열성(rigor)에 지나치게 몰입하는 동안 상상력과 같은 측면을 등한시했다. 그 결과, 주관성을 배제하기 위해 탈문화적 표준화에 우리 자신을 맡기는 우를 범했다. 이제까지의 평가 준거는 하나같이 지나친 보편성에만 치중했다. 때때로, 나는 이런 준거들이 오히려 우리의 능력을 제한하고 우리의 창의적 에너지를 막는 역할을 한다고 느낀다(Bochner, 2002: 259).

보크너는 자신의 논문 제목 '우리 자신들에 비추어(Against Ourselves)'가 시사하듯이, 결국 질적연구자들이 양적연구자들이 쓰는 평가 준거와 같은 탈주관적 용어에 비추어 그 타당성을 찾으려 하기보다는 우리가 사는 이 불확실한 세계 속에서 정직함을 추구하려는 연구자 자신의 실존적인 고통스러운 노력, 즉 연구자 자신의 윤리적 존재 방식으로 질적연구 작품의 타당성을 논하는 것이 오히려 바람직하다고 주장한다. 무릇, 자문화기술지는 "문화기술지의 넓은 시각에서 개인의 경험을 둘러싸고 있는 외적인 사회문화적 측면을 먼저 서술하고, 그 외적 조건과 다양한 형식의 상호작용을 통해 연약한 자아의 생동감 있는 내적 모습을 일인칭 화법과 다양한 대안적 형식, 예를 들어 시, 단편, 수필, 사진 등으로 표현하는 것"(Ellis & Bochner, 2000: 739)이다. 한 개인—즉 연구자인 자신—의 역동적인 문화적 체험을 심층적으로 기술하는 이 연구 장르에서는 기존의 연구 시각에서—제3자로서—그 타당도를 논한다는 것이 불가능하다. 왜냐하면, 이 자문화기술지의 글쓰기는 극단적인 주관적 내러티브이기 때문이다. 흔히 훌륭하고 타당성이 높은 질적 작품은 독자가 연구의 맥락과 현상을 이해하도록 잘 도와주는 것이라고 하지만, 보크너는 이런 일반적 준거가 연구자의 주관성이 매우 강렬한 내러티브에서는 쉽지 않음을 전제하면서, 제3자의 시각에서 자문화기술지의 타당도를 평가하는 여섯 가지 측면을 제시했다.

(1) 풍부하고 상세한 기술, 역정의 삶을 극복한 과정, 사실과 감정의 혼합
(2) 시간성에 의한 복잡한 내러티브 구조
(3) 작가의 감정적 신뢰성, 연약성, 정직성

(4) 과거의 '나'와 현재의 '나'가 혼재함; 두 자아가 만들어 낸 한 이야기

(5) 윤리적 자의식; 독자를 위한 판단 공간; 이야기 속에 내재된 도덕성의 표현

(6) 평가자인 제3자의 감정 및 이성적 감동; 단순한 주관적 이야기로 끝나기보다는 평가자에게 삶이 어떻게 느껴지고 삶이 무엇을 의미하는지 분명히 보여 주는 이야기

크발의 타당도

크발(S. Kvale, 1994)은 질적 연구에 대한 포스트모던적 접근에서 타당도의 의미에 대해 다루었다. 질적연구에서는 양적연구와는 달리 연구 결과의 이론적 배경이 다양하기 때문에 이를 뒷받침하는 타당도의 개념 또한 다양하며 이를 검증하기 위한 준거도 다르다고 보았다. 따라서 질적연구의 폭넓은 이해를 위해 크발의 다양한 타당도를 살펴볼 필요가 있다. 다음의 전문가적 타당도(validity as craftsmanship), 의사소통적 타당도(communicative validity), 실용적 타당도(pragmatic validity)는 그가 포스트모던적 접근에서 타당도의 개념화를 위해 정의한 타당도이다.

전문가적 타당도

전문가적 타당도는 연구자의 윤리성과 관련된 타당도이다. 질적연구의 방법들이 윤리문제와 관련될 수 있기 때문에 연구자로서 민감하고 중요한 타당도라 할 수 있다. 따라서 연구자는 연구를 위한 조사와 확인 그리고 결과물에 대한 이론적인 해석의 윤리성을 반드시 검토해야 한다. 구체적으로 연구자는 연구 결과물의 유효성과 신뢰성을 지속적으로 확인하는 연구 과정을 포함해야 한다. 연구가 어떤 방법으로 조사되었고, 조사를 통해 수집된 자료는 신뢰할 만한 것인지 확인해야 한다. 또한 연구에는 다양한 이론과 사회적인 관계가 얽혀 있기 때문에 연구자가 주장하는 내용과 반대되는 사례의 확인 등을 통해 주장의 타당성을 검토해야 한다.

의사소통적 타당도

의사소통적 타당도는 지식인들의 다양하고 치밀한 대화와 토론을 통해 결과가 도출되었는지 확인하는 과정이다. 리오타드(Lyotard, 1984)는 포스트모던적 관점에서 결과는 대화와 토론의 장을 통해 도출되며, 대화와 토론은 적과의 경쟁이 아닌 동료 사이의 협동적 대화라고 말한다. 대화와 토론에 참여한 지식인들은 자신의 주장은 물론 다른 연구자들의 주장에 대한 신뢰성을 확인해야 한다. 이러한 과정을 통해 완전한 합의는 이루어질 수

없지만, 대화와 담론이 지속될수록 연구 결과에 대한 지식인들의 공감대가 형성되며 신뢰도 높은 결과를 얻을 수 있다. 여기서 의사소통적 타당도의 이상적인 실현은 권력에 의해 영향을 받는 것이 아닌, 지속적인 논쟁을 통해 유의미한 결과를 만들어 가는 것이다.

실용적 타당도

실용적 타당도는 연구자를 둘러싼 현실을 변화시키기 위해 실천을 촉구하는 타당도이다. 우리가 주장하는 지식의 실재는 우리의 실천으로부터 검증된다. 따라서 지식은 실천을 통해 형성된다고 할 수 있다. 마르크스는 그의 Feuerbach 두 번째 논문에서 연구자의 생각이 객관적인 진리에 가까워지기 위해서는 이론보다는 실천이 중요하다고 보았다. 따라서 연구자는 연구 결과의 현실적인 실천가능 여부에 대해 증명해야 한다. 우리가 연구를 하는 이유는 결국 우리가 처한 삶을 비판적으로 바라보고, 조금 더 나은 방향으로 변화시키기 위해서이다. 단순히 이론적인 주장에만 그치는 연구보다는 연구 결과가 현실을 변화시킬 때 그 연구가 성공적이라고 말할 수 있다.

5. 종합

이 장에서는 질적연구의 타당도에 대해 소개했다. 처음에는 질적연구에 있어서 타당도 논쟁에 대한 내용을 다루었다. 타당도의 사용을 적극적으로 옹호하는 입장은 질적연구자도 전통적인 사회과학 연구 집단의 탐구형식을 모방해야 한다고 보았으며, 반대하는 입장의 경우 연구자의 주관성을 통해 실제의 현상에 가깝게 가기 위한 해석적인 측면을 강조했다. 다음으로는 린컨과 구바의 신뢰성 준거에 대해 소개했다. 린컨과 구바의 신뢰성 준거는 질적연구자들의 연구 결과가 타당하다고 말하기 위해 최소한으로 만족시켜야 하는 연구 활동의 예를 처음으로 이론화하여 보편적으로 적용되고 있다. 그러나 최근 실증주의 이데올로기를 반영하고 있다는 비판과 함께 전통적 타당도 준거 또는 실증주의 타당도 준거라는 비판을 받고 있다. 이 준거는 충분한 기간의 집중적인 관찰, 트라이앵귤레이션, 심층적 기술, 참조자료의 사용, 추적 감사, 연구 참여자에 의한 연구 결과의 평가 작업 등으로 구성된다. 마지막으로 레이더의 포스트모던 타당도에 대해 소개했다. 레이더는 자기반성과 해체를 통해 연구자가 얼마나 자신의 주관성을 연구 작업의 과정과 분석에 은연중 투사했는지 확인하는 작업이 필요하다고 보았다. 이를 위한 타당도 작업의 하나로 자신의 주관성이 자료의 수집과 분석, 표현의 과정에 어떻게 영향을 끼쳤는지를 솔직하게 드러내는 작업을 할 필요가 있다.

　추가적으로 필자는 연구자들이 자신의 연구 작업과 결과를 평가하는 자기반성 작업으로 고려할 수 있는 자기반성 체크리스트를 고안했다. 이 표는 양적연구자들에게는 그렇게 수용되지 않겠지만 질적연구자들에게는 반드시 자기평가를 위해 고려해야 할 내용이라고 생각한다.

자기반성을 위한 체크리스트

영역	자기반성을 위한 검토사항
패러다임 수준	• 현상을 바라보는 나의 시각은 질적 패러다임에 근거하고 있는가? • 질적연구를 하면서도 나는 여전히 사회현상을 인과관계나 증명, 검증의 방식으로 이해하려고 하지 않았는가? • 새로운 사실이나 발견에 치중하기보다는 기존의/잠정적인 연구 결과나 관점(prior theory)을 재확인하려고 하지는 않았는가?
연구방법	• 나의 잠정적인 결론을 확증하기 위해 연구 참여자의 응답 내용과 방향을 제한하거나 의도한 특정 방향으로 몰고 가지는 않았는가? • 자료 수집 과정에서 나는 연구 참여자와 논쟁하고자 하지 않았는가? • 그들의 입장을 이해하기보다는 나의 관점에서 옳고 그름을 판단하려고 하지는 않았는가? • 연구 자료를 취사선택하여 사용하지 않았는가? • 그리하여 결론에 동조되지 않는 연구 사례(disconfirming case)를 의도적으로 생략하거나 그것의 중요성을 간과하지는 않았는가? • 자료의 수집 과정에서 나는 최선을 다했는가? • 쉽게 얻을 수 있는 자료만을 구하고자 노력한 반면 진정으로 얻기 힘든 자료는 포기하지 않았는가?
연구 참여자와의 관계	• 나와 다른 연구 참여자의 생활세계에 얼마나 가깝게 다가가고자 노력했는가? 그리고 다가갈 수 있었는가? • 많은 연구 참여자 중에서 특정한 대상과만 가깝게 지냈는가? • 불편을 느끼는 특정한 개인이나 집단은 없었는가? • 대화하는 데 어려움은 없었는가? • 나의 선입관, 편견, 삶의 역사가 연구 참여자(자료)를 이해하는 데 방해되지는 않았는가? • 나는 연구 참여자의 삶에 대해 적극적으로 몰입하면서도 한편으로 객관적인 거리를 얼마나 잘 유지하고자 했는가?
기술	• 일어난 사건을 정확하게 있는 대로 기술했는가? • 기술하고 있는 사건이 정말로 일어났는가? • 참여자가 발전시킨 의미(생각, 느낌, 경험)를 정확하게 기술하고 제시했는가? • 실증주의적 글쓰기 방식으로 글을 씀으로써 이야기하고자 하는 내용을 기술하고 설명하는 데 어려움을 겪지는 않았는가?

수업활동 및 토의내용

1. 레이더의 "과학과 비과학의 사이에서"라는 표현처럼, 질적연구자들은 자신의 연구가 최소
한 과학적으로 이루어졌으며 연구하려 한 내용을 탐구했다는 증명의 방법으로 '진실성' 또
는 '신뢰성'이라는 개념을 가지고 자신의 연구 작업을 타당화하려고 한다. 양적연구와 질적
연구라는 두 개의 다른 패러다임에서 연구 결과의 타당화 검증에 대한 주장이 어떻게 다
른지를 살펴보자.

2. 이 장에서 설명한 다양한 질적연구의 진실성 준거 중에서 자신의 연구 작업에서 실행하고
싶은 또는 실행했던 준거는 어떤 것들이었는지 이야기해 보자. 이때 각 준거를 이론적으로
설명하는 글쓰기에서 벗어나 각 준거가 자신의 연구 작업에서 어떻게 구현되고 실행되었
는지를 상세하게 소개하는 형태로 써 보자.

3. 우리나라의 많은 질적연구 논문과 보고서가 이 책에서 소개한 준거들을 실천하지 않은 채
발표되고 출간되고 있다. 이에 연구자들은 우리나라에서 출판된 학위논문 중 한 개를 선택
하여 이 책에서 소개한 준거들이 어떻게, 얼마나 잘 실천되었는지/실천되지 않았는지를 비
평해 보자. 그러기 위해 그 학위논문의 제3장을 잘 읽도록 해야겠다. 특히 질적연구의 가
장 특별한 준거로 인정되고 있는 연구 참여자에 의한 연구 결과 평가 작업(member check)
이 실제적으로 적용되었는지를 확인해 보자.

4. 포스트모더니즘의 도래는 양적연구, 질적연구 모두에서 타당도와 표현의 위기의 개념을
부각시켰다. 레이더가 개념화한 포스트모던 타당도에 대해 알아보고 이 개념에 대한 공부
가 우리 사회과학 연구자들에게 연구방법, 연구 과정, 전사, 분석, 글쓰기 등의 모든 영역
에 어떤 새로운 문제의식과 과제를 제시했는지를 살펴보자. 가장 중요한 것으로, 표현과
해석이라는 점에서 포스트모더니즘의 타당도는 연구자에게 어떤 글쓰기 태도를 갖추도록
요구하는지를 비평해 보자.

참고문헌

Geertz, C. (1973). Thick description. In C. Geertz (Ed.), *The interpretation of cultures*(pp. 3–30). New York: Basic Books.

Guba, E. (1981). Criteria for assessing the trustworthiness of naturalistic imquiries, *Educational Communication and Technology Journal*, 29(2), pp. 75–91.

Goetz, J., & LeCompte, M. (1982). Problems of reliability and validity in ethnographic research, *Review of Educational Research*, 52(1), pp. 31–60.

Hammersley, M. (1992). Some reflections on ethnography and validity. *International Journal of Qualitative Studies in Education*, 5, 195–203.

Krieger, S. (1983). *The mirror dance: Identitiy in a women's community.* Philadelphia: Temple University Press.

Lather, P. (1986a). Validity in qualitative research. *Harvard Educational Review*, 17(4), pp. 63–84.

Linden, R. (1993). *Making stories, making selves: Feminist reflections on the holocaust.* The Ohio State University Press.

Marshall, C. (1985). Appropriate criteria of trustworthiness and goodness for qualitative research on education organizations. *Qualitaty and Quantity,* 19, 353-393.

Mathison, S. (1988). Why triangulate? *Educational Researcher,* 17(2), 13-17.

Maxwell, J. A. (1992). Understanding validity in qualitative research. *Harvard Educational Review,* 62(3), pp. 279-299.

Mayerhoff, B., & Ruby, J., (1982). *Introduction. in A crack in the mirror: reflecxive perspectives in anthropology* (ed. by J. Ruby). Philadelphia: University of Philadelphia Press.

Phillips, D. C. (1987). Validity in qualitative research. *Education and Urban Society,* 20(1), pp. 9-24.

Smith, J. K. (1984). The problems of criteria for judging interpretive inquiry. *Educational Evaluation and Policy analysis,* 6(4), pp. 379-391.

Wasserfall, R. (1993). Reflexivity, feminism, and difference. *Qualitative Sociology,* 16(1), pp. 23-41.

Wolcott, H. F. (1990). Making a study 'more ethnographic.' *Journal of Contemporary Ethnography,* 19, pp. 44-72.

Wolcott, H. F. (1975). Criteria for an ethnographic approach to research in schools. *Human Organization,* 34(2), 111-127.

Wolf, M. (1992). *A thrice told tale: feminism, postmodernism and ethnographic responsibility.* CA: Stanford University Press.

14

IRB와 질적연구 윤리

과학의 목적, 절차, 작업의 결과는 연구 참여자에게 해를 끼쳐서는 안 되며 그들의 인간
적 잠재력을 증진시켜야 한다(Partridge, 1979: 239).

인류학적 연구에서 피험자(subjects)란 존재하지 않는다. 연구자는 신뢰와 상호존중의 분
위기에서 정보제공자(informants)와 함께 일할 뿐이다(Mead, 1969: 371).

연구 윤리(research ethics)는 질적연구 패러다임이 대두되면서 연구 과정에서 보다 중요하게
강조되고 있는 주제이다. 질적연구자들은 기존의 실증주의 연구 패러다임에서 연구 윤리
가 연구자들에게 중요한 것으로 인식되지 못했다는 점을 비판하면서 새로운 연구 윤리 문
화 형성을 위한 윤리적 쟁점을 심도 있게 다루었다. 이 장에서는 먼저 연구 윤리가 어떻게
강조되어 왔는지 굵직한 사례를 중심으로 연구 윤리 강조 배경을 살펴본 다음, 질적연구
수행 전에 심의를 받아야 하는 기관생명윤리위원회의 역할에 대해 알아본다. 이후 질적연
구 작업을 하면서 고려해야 하는 연구 윤리 문제가 무엇이며 그러한 문제를 어떻게 해결해
나가야 하는지에 대한 방법적 지식을 소개하고자 한다. 우수한 질적연구의 필요조건 중 하
나가 연구 윤리를 충실히 따르는 것이라 했을 때, 연구 윤리에 대한 이해와 실제적 적용은
질적연구자들에게 필수적인 학습 내용이 될 것이다.

1. 기관생명윤리위원회(IRB)의 탄생과 역할

2005년, 우리 사회를 충격에 빠뜨린 사건이 발생했다. 1999년 젖소인 '영롱이' 복제로 유명해진 황우석 교수가 2005년 환자맞춤형 배아줄기세포 논문을 '사이언스' 저널에 게재하면서 그는 세계적인 학자로 주목을 받았고 국내 '제1호 최고 과학자'로 선정되었다. 그러나 그의 논문에 대한 의구심이 한 방송채널을 통해 제기되었고 이에 대한 진실공방이 이루어지면서, 결국 그의 논문은 조작과 연구 윤리 위반으로 밝혀졌다. 이는 세계적인 과학자의 탄생을 바라는 국민적 염원을 분노로 바꾸어 버렸다. 그가 연구 윤리를 위반한 것은 연구 과정에서 약자의 위치에 있는 여성 연구원의 난자를 채취하여 연구에 사용했다는 것, 연구 결과를 조작했다는 것이며, 이후 논란을 해명하는 과정에서 거짓말을 했다는 점이다. 이 연구 윤리 위반 사건은 그를 국민적 영웅에서 사기꾼으로 추락시키는 결정적 역할을 했다.

황우석 사태로 불리는 이 사건은 전 국민에게 연구 윤리의 중요성을 강력하게 인식시켜 주었을 뿐 아니라, 연구 윤리 확보를 위한 규정과 지침을 만들게 하는 분위기를 조성했다. 2007년 2월, 과학기술부 훈령 제236호로 제정된 「연구 윤리 확보를 위한 지침」은 또 다른 황우석 사태를 미연에 방지하기 위한 정부의 조치에 해당된다. 이 지침의 목적은 '연구 부정행위를 방지하고 연구 윤리를 확보'(제1조)하기 위한 것으로, 과학기술 분야 및 인문사회 분야의 연구를 수행하는 기관은 이 지침을 적용하거나 준용할 것을 명시하고 있다. 이 지침을 바탕으로 국내 대다수의 연구기관에서는 연구 부정행위를 예방하고 처리하기 위한 연구윤리위원회를 구성했고 연구 윤리 관련 규정을 정비하게 되었다. 또한 2013년 2월, '생명윤리 및 안전에 관한 법률'이 전면 개정됨에 따라 '인간 대상 연구'[1]와 '인체 유래물을 대상'[2]으로 연구하는 연구자들은 기관생명윤리위원회(Institutional Review Board, 이하 IRB)에 사전심의 및 서면동의가 의무화되었다. 이제는 인간 및 인체 유래물 연구를 수행하는 대학, 연구기관, 의료기관, 기업연구소는 IRB를 설치하고 보건복지부장관에서 IRB를 등록해야 한다. 인간을 대상으로 연구하는 학문인 교육학, 인류학, 심리학, 사회학 등의 연구 분야 역시 IRB 심의 범위에 해당되며, 연구를 시행하기 전에 심의를 받아야 한다.

사람을 대상으로 하는 연구에서 연구자가 지켜야 하는 윤리 문제가 처음 제기된 것은 2차 세계대전이 끝나고 독일 뉘른베르크에서 열렸던 전범 재판 때의 일이라고 할 수 있다. 1946년 미국 판사들은 2차 세계대전 기간 중 나치 의사들이 저지른 비윤리적 인체 의

[1] 사람을 대상으로 물리적으로 개입하거나 의사소통, 대인접촉 등의 상호작용을 통해 수행하는 연구 또는 개인을 식별할 수 있는 정보를 이용하는 연구로서 보건복지부령으로 정하는 연구
[2] 인체로부터 수집하거나 채취한 조직·세포·혈액·체액 등 인체 구성물 또는 이들로부터 분리된 혈청, 혈장, 염색체, DNA, RNA, 단백질 등을 직접 조사·분석하는 연구

학실험에 대한 전모를 밝히고 심판하기 위해 이들을 법정에 세웠다. 1947년 이 재판의 판사들은 증인들의 증언 내용과 최후 변론 의견을 종합해서 10가지 인체실험 연구원칙 판결문을 명시했는데, 이것이 「뉘른베르크 강령(The Nuremberg Code)」이다. 이 강령의 첫 번째 조항은 바로 '사람을 대상으로 하는 모든 실험은 반드시 실험 대상이 되는 사람의 자발적 동의(voluntary consent)를 얻어야 한다'고 규정하고 있다. 여기서 자발적 동의에 대한 전제조건으로 연구 대상자에게 동의 능력이 있어야 하며, 폭력, 사기, 속임수, 협박, 술책 등이 개입되지 않고, 배후의 압박이나 강제 없이 스스로 자유롭게 선택할 수 있는 상태여야 한다. 또한 올바른 결정을 할 수 있도록 실험의 성격, 기간, 목적, 실험 방법 및 수단, 예상되는 불편 및 위험, 실험 참여가 개인에게 미치는 영향 등에 대한 충분한 정보가 제공되어야 한다. 그리고 원하면 언제나 연구 참여를 그만둘 수 있는 권리가 보장되어야 한다. 이 강령은 인간 피험자를 대상으로 하는 연구가 윤리적으로 수행되는 것을 보장하는 차후의 여러 강령의 원형이 되었다(조백현, 2014).

뉘른베르크 강령은 1964년 헬싱키에서 열린 세계의사연합 회의에서 더욱 세분화되고 보완되어 「헬싱키 선언문(Declaration of Helsinki)」으로 채택되었다. 이것은 뉘른베르크 강령의 한계를 보완하고 재해석한 것으로, 인체를 대상으로 한 생체실험 등 의학연구에 있어서의 윤리 원칙을 규정하고 있다. 인간을 대상으로 한 의학연구의 남용을 규제하고 피험자의 불이익을 구제하고 권리를 보호하려는 목적으로 제정된 이 윤리 선언은 의학연구에 있어 과학이나 사회의 이익보다는 피험자의 권익을 우선한다는 원칙을 강조하고 있다(구인회, 2009).

이후 미국에서 시행되었던 터스키기 매독 연구(Tuskegee Syphilis study)는 미국 및 세계적인 차원에서 연구 윤리의 기본적인 틀을 형성하는 데 지대한 영향을 미쳤다. 1932년부터 1972년까지 40년 동안 행해진 이 연구는 미국 공중보건원에서 직접 주도하여 실행한 연구로서 매독을 치료하지 않고 내버려두면 어떻게 되는지 알기 위한 실험이었다. 공중보건원은 농촌지역의 흑인들을 연구 대상으로 삼아 400여 명의 매독 보균자를 모집한 후 이 병을 공짜로 치료해 주겠다고 가장한 뒤 주기적으로 이들의 피와 뇌척수액 등을 채혈했다. 공중보건원의 목표는 환자의 치료가 아니라 매독이 인체에 어떠한 영향을 미치는지를 아는 것이었다. 이 실험은 1943년에 매독을 치료할 수 있는 페니실린이 개발된 이후에도 지속되었으며 실험에 참여했던 한 공무원의 폭로로 세상에 알려졌다. 이 연구의 윤리적 쟁점은 첫째, 연구 과정에서 연구 참여자들에게 연구의 의의나 내용에 대해 어떠한 설명도 하지 않았고 동의 과정도 없이 참여시켰다는 점이다. 둘째, 매독에 걸린 연구 참여자들에게 치료를 해줄 수 있는 기회가 있었음에도 불구하고 유의미한 연구 대상자로 남도록 치료기회를 제공하지 않았다는 점이다. 셋째, 연구 참여자들이 매독으로 인해 사망할 때까지 연구 대상자로 삼았다는 점이다(서이종, 2009).

터스키기 매독 연구로 인해 충격을 입은 미국은 1974년 「연방연구법(National Research Act)」을 제정하게 되었고, 1978년에는 생명윤리의 주요 원칙을 담은 「벨몬트 보고서(Belmont Report)」를 발표하게 되었다. 인간 피험자 보호를 위한 윤리 원칙과 지침을 표현한 벨몬트 보고서의 기본적 윤리 원칙은 크게 세 가지이다. 인간 존중의 원칙, 선행의 원칙, 정의의 원칙이 그것이다. 인간 존중의 원칙은 첫째, 인간은 자율적 존재로 취급되어야 하며, 둘째, 자율 능력이 부족한 인간은 보호를 받을 권리가 있다는 것이다. 전자는 자율성 인정에 대한 요구이고 후자는 자율성이 부족한 인간에 대한 보호의 요구이다. 선행의 원칙은 소극적 의미와 적극적 의미로 구분할 수 있는데, 소극적 의미의 선행은 해악을 끼치지 말아야 하는 것이고, 적극적 의미의 선행은 연구 참여자에게 이익을 가져다주어야 한다는 의미이다. 정의의 원칙은 연구에서 고생과 노력을 한 사람에게 정당한 몫이 돌아가야 한다는 것이다. 이 원칙은 부담과 이익을 어떻게 배분하는 것이 공정한가에 대한 논의를 포함한다(구정모, 권복규, 황상익, 2000).

이러한 일련의 연구 윤리 위반 사건을 경험하면서 미국은 IRB(Institutional Review Board, 이하 IRB) 제도를 법제화했으며, 우리나라 역시 2013년 2월, 「생명윤리 및 안전에 관한 법률」을 개정함으로써 IRB 설치를 의무화했다. Institutional Review Board, Independent Ethics Committee, Ethical Review Board 등과 함께 기관생명윤리위원회리 불리는 이 위원회는 '인간 또는 인체 유래물을 대상으로 하는 연구나 배아 또는 유전자 등을 취급하는 생명윤리 및 안전의 확보가 필요한 기관에서 연구 계획서 심의 및 수행 중 연구 과정 및 결과에 대한 조사, 감독 등을 통한 연구자 및 연구 대상자 등을 적절히 보호할 수 있도록 설치된 자율적·독립적 윤리 기구[3]'를 말한다. IRB는 연구에 참여하는 연구 대상자 개개인의 안전, 권리, 복지를 해당 연구로부터 보호하기 위한 것으로 일차적으로 연구 자체보다 연구 참여자의 보호와 권익을 우선하도록 하는 데 그 목적이 있다.

연구가 시작되기 전에 연구자는 IRB에 연구 계획서를 제출해야 하며, IRB는 이를 검토하여 연구의 윤리적 수행이 가능하도록 준비되어 있는지를 확인한 후 연구 수행을 승인한다. IRB의 승인을 받은 후 수행되는 연구에 대해서도 IRB는 그 진행 과정과 결과를 조사·감독함으로써 실제로 연구가 윤리적으로 수행되는지를 확인하며 관리를 한다. IRB의 주요 심의 내용은 다음과 같다.

---

3) 보건복지부 지정 기관생명윤리위원회 정보 포털(http://www.irb.or.kr/Home/html/menu02/definition.aspx)

(1) 연구 계획서의 윤리적, 과학적 타당성

(2) 연구 대상자 등으로부터 적법한 절차에 따라 동의를 받는지 여부

(3) 연구 대상자 등의 안전에 관한 사항

(4) 연구 대상자 등의 개인정보 보호 대책

(5) 그 밖에 기관에서의 생명윤리 및 안전에 관한 사항 등이다.

IRB의 심의 절차는 다음 표와 같다.

기관생명윤리위원회 심의 절차

연구 계획서 검토 (위원회 사무국)	**심의 제외** 연구에 해당하지 않거나, 인간을 대상으로 하지 않는 경우

심의 대상

심의 면제 (위원회 사무국)	**승인** 연구 대상자 및 공공에 미치는 영향이 미미한 경우

불승인

신속 심의 (위원회)	**승인** 위험도가 매우 낮은 연구

부결

정기 심의 (위원회)	**승인, 조건부 승인, 보완 승인, 결정 보류(반려), 부결(연구 중지)** 연구 대상자 모집의 적절성 및 공정성 충분한 동의에 근거한 연구 참여 여부 연구 대상자 안전보호 대책 마련 여부 유사 연구에 있어 이상반응 발생 여부 연구방법의 과학적 타당성 등의 심의

승인

지속 심의 (위원회)	**승인, 부결** 다년도 연구(1년에 최소 1회) 연구 대상자 중대이상반응 발생 시 연구 계획서 변경 시

출처: 김종빈, 김종수(2014). 기관생명윤리위원회와 연구 윤리. 대한소아치과학회지 41(2), 187-192.

인간 대상 연구 중에서 '연구 대상자 및 공공에 미치는 위험이 미미한 경우로서 국가위원회의 심의를 거쳐 보건복지부령으로 정한 기준에 맞는 연구'는 IRB의 심의를 면제받

을 수 있는데, 심의 면제 기준을 간단히 정리해 보면 다음과 같다.

첫째, 이미 일반 대중에게 공개되어 누구나 다 알고 있는 정보를 이용하는 연구의 경우 이러한 연구에 이용되는 정보는 이미 제한이나 통제를 할 수 없는 정보라고 할 수 있다.

둘째, 취약한 연구 대상자가 관계되지 않는다는 대 전제하에, 개인식별정보가 관계되지 않으면서 비침습적으로 이루어지는 연구이거나, 개인식별정보가 관계되지 않으면서 단순 접촉이나 관찰 정도를 통해 이루어지는 연구, 연구 대상자가 누구인지를 확인할 수 없는 연구, 연구 절차나 방법이 일반적으로 누구에게나 거의 부담이나 염려 없이 받아들여질 수 있는 연구, 연구 참여에 대해 연구 대상자의 판단에만 맡겨 두어도 무방한 연구 등이다.

아래는 보건복지부 지정 기관생명윤리위원회에서 권고하는 연구 계획서 작성 요령을 나타낸다.[4]

---

1. 연구 배경
- 선행 연구 등 연구 배경과 연구의 정당성에 대한 분명한 설명
- 연구에서 제기된 윤리적 문제나 고려사항에 대한 연구자의 관점, 그리고 적절한 경우에 그 문제나 고려사항을 어떻게 다룰지에 대한 제안
- 연구의 안전하고 적절한 수행을 위한 기능의 적절성에 대한 정보를 포함하여 연구가 수행되는 장소에 대한 간단한 기술 및 해당 나라나 지역에 대한 관련된 인구통계학적 및 역학 정보 등을 기술

2. 연구 목적
- 연구의 목적을 기술

3. 연구 실시 기관명 및 주소
- 실제 연구가 수행되는 기관의 기관명 및 주소를 기술

4. 연구 지원기관
- 연구비 또는 물품 등 경제적 이익을 제공하거나, 인력 등을 지원받은 경우에만 기술

5. 연구 책임자, 공동 연구자, 담당자의 성명과 직명
- 본 연구에 실제 참여하는 연구진 기술

(계속)

---

4) 기관생명윤리위원회 정보포털(http://www.irb.or.kr): 정보마당-자료실-게시글 2번

6. 연구 기간

- 연구 소요 예상 기간(승인일로부터 ○○년 ○○월 ○○일 또는 ○○년 ○○개월)

7. 연구 대상자

- 연구 대상자를 직접 모집하는 경우, 선정 기준과 제외 기준 반드시 명시
- 잠재적인 연구 대상자의 선정 또는 제외 기준에 대한 범위 및 나이, 성별, 사회적 또는 경제적 요인의 기초하에 모든 군의 제외에 대한 정당성 또는 기타 이유에 대한 정당성
- 연구 계획에 대한 구체적인 기술과 대조군이 있는 연구의 경우 각 군에 대한 배정 방법(무작위, 이중맹검 등) 및 필요성 등에 대해 구체적으로 기술
- 동의를 하기에 제한적인 능력을 가진 사람들이나 취약한 사람들을 연구 대상자로 포함시키는 것에 대한 정당성과 이러한 연구 대상자에 대한 위험 및 불편함을 최소화하는 특정 수단에 대한 기술

8. 예상 연구 대상자 수와 산출 근거

- 직접 모집하는 경우, 반드시 명시
- 연구에 필요한 연구 대상자 수를 선행연구, 통계 학적 평가 방법에 근거하여 제시
- 예상 연구 대상자 수는 절대적이 아니며, 계획된 연구에서 필요한 결과를 얻을 수 있는 최소한 이상의 연구 대상자 수이어야 함

9. 연구 대상자 모집

- 모집 과정(예, 광고), 모집하는 동안 개인의 사생활 보호와 비밀 유지를 위해 취해야 할 단계 등을 기술(해당하는 경우)

10. 연구 대상자 동의

- 연구 대상자의 서면 동의를 얻기 위해 제안된 방법 및 예상 연구 대상자들에게 정보를 전달하기 위해 계획된 절차
- 서면동의 면제를 요하는 경우, 동의 면제 사유를 반드시 기록(별도의 서면동의면제 신청서 제출)

11. 연구방법

- 모든 시술 또는 처치, 행위 등에 관한 구체적인 사항(연구를 위해 연구 대상자가 해야 할 일과 소요시간 등)을 기술
- 계획과 절차, 그리고 연구에서 지속되는 연구 대상자의 자발성에 영향을 끼칠 수 있

(계속)

으며 해당 연구로부터 또는 같은 주제를 가진 다른 연구로부터 생겨날 수 있는 정보 (예를 들어, 손상 또는 이익)를 전달할 책임이 있는 사람들 등에 대해 기술

12. 관찰 항목
- 연구를 통해 얻고자 하는 정보 또는 자료의 내용을 구체적으로 나열하고 기술

13. 효과 평가 기준 및 방법
- 연구의 효과성을 평가하는 기준 및 방법을 기술

14. 안전성 평가 기준 및 평가 방법
- 연구의 안전성을 평가하는 기준 및 방법을 기술

15. 자료 분석과 통계적 방법
- 연구를 통해 수집된 자료 또는 정보를 이용하는 방법(통계적 방법 포함)을 기술

16. 예측 부작용 및 주의사항과 조치
- 본 연구에서 나타날 수 있는 이상반응과 중대한 이상반응을 기술
- 중대한 이상반응 정의 및 보고 절차 기술
- 연구 대상자를 연구에서 제외시킬 수 있거나, (다기관연구에서) 기관을 중지시킬 수 있거나 또는 연구를 종결하도록 할 수 있는 규정 또는 범위
- 임부를 대상으로 하는 연구의 경우, 여성과 아기의 건강에 대한 장·단기적 영향 등 에 관하여 임신의 결과를 모니터링하는 등의 계획
- 연구의 목적을 위해 적용되는 의약품 또는 기타 시술의 지속적인 안전성을 모니터 링하는 계획과 적절한 경우에 이런 목적의 독립적인 자료 모니터링(자료 및 안전성 모니터링) 위원회의 지정 등을 기술

17. 중지 및 탈락 기준
- 연구자에 의해 연구 대상자의 연구 참여가 제한되는 경우 기술

18. 연구 대상자의 위험과 이익
- 연구 참여로 인해 연구 대상자에게 발생할 수 있는 위험이나 불편을 기술
- 연구에 참여함으로써 어떤 시술 또는 처치, 행위가 예상치 못하는 위험을 수반할 수 있다는 사실을 기술
- 연구에 참여함으로써 연구 대상자에게 기대되는 이익을 기술

(계속)

19. 연구 대상자 안전대책 및 개인정보 보호대책

● 연구 대상자를 안전하게 보호하기 위한 대책을 마련하고 연구와 관련된 손상이 발생했을 경우 보상/배상이나 치료방법 등을 구체적으로 기술

● 신체적 손상의 최소한의 위험 이상을 수반하는 연구에 대해 치료비 등 상해에 대한 치료를 제공하고 연구와 관련된 장애나 사망에 대한 보상을 제공하는 보험 보증 등의 계획을 구체적으로 기술

● 연구 대상자의 개인정보를 수집하는 경우, 수집하는 개인정보의 항목, 그 정보의 보관과 폐기 방법 등을 기술

20. 참고문헌

아래는 서울대학교 연구윤리위원회의 심의를 받기 위해 제출해야 하는 서류 중 연구 참여자를 위한 연구 설명서 및 동의서에 대한 예시를 나타낸다.[5]

어린이용 설명서 및 동의서 (예시/ 6~12세)

연구 과제명:
연구 책임자명: 성명 (소속, 직위)

이 설명서에는 이해되지 않는 말들이 포함되어 있을 수 있습니다. 분명하게 이해되지 않는 말이나 정보에 대해서는 연구를 담당하는 연구원 선생님(*이름, 전화번호 명시*)에게 문의하시기 바랍니다.

1. 이 연구를 왜 하나요?

(   ) 교수님과 연구원 선생님들이 (   )을 가진 어린이들에 대해 알기 위해 많은 정보를 얻고자 이 연구를 실시하고 있습니다. 우리는 여러분에게 이 연구에 대해 설명한 후 여러분이 이 연구에 참여할지 물어볼 것입니다.

(계속)

5) 서울대학교 연구윤리위원회(http://snuethics.snu.ac.kr) 게시판-생명윤리심의위원회-게시글 26번

2. 왜 저에게 참여하라고 하시는 건가요?

전국에서 (　　　　)을 가진 (　　　　　　)명의 어린이가 이 연구에 참여할 것입니다. 연구원 선생님은 여러분이 그 어린이들 중 하나가 될 수 있다고 생각하여 참여하고 싶은지를 묻는 것입니다.

3. 꼭 참여해야 하나요?

원하지 않으면 참여하지 않아도 되며 참여하지 않아도 여러분에게 해가 되는 일은 없습니다.

4. 연구 중에 어떤 일을 하나요?

연구원 선생님이 여러분에게서 (연구내용 기재, 예를 들어 *"피를 뽑아 갈 것입니다."* 혹은 *"몇 가지 질문을 할 수도 있습니다."* 등)을 할 것입니다. 보호자에게도 여러분과 관련된 몇 가지 질문을 할 수 있습니다. 여러분과 보호자가 허락하면 이 연구에서 얻은 정보들을 연구하는 다른 선생님들과 공유하게 될 것입니다. 이 때 여러분의 이름은 알려지지 않을 것입니다.

5. 연구 참여 기간은 얼마나 됩니까?

1) 단기간 참여시 다음과 같이 기재

　　약 (　　　　) 시간/일이 소요될 것입니다.

2) 장기간 참여시 다음과 같이 기재

　　(　　　　)일 동안 (　　　　)일에 한 번씩 (　　　　)회 참여하도록 요청받을 것입니다.

6. 이 연구에 참여할 경우 위험한 내용은 없나요?

(인체 부작용 및 개인 정보 유출 등 모든 위험 요소를 나열해 주십시오)

7. 연구에 참여하지 않는다고 불이익이 있나요?

여러분이 연구에 참여하기 싫으면 참여하지 않을 수 있습니다. 연구에 참여하지 않아도 불이익을 당하지 않습니다.

8. 이 연구가 저에게 어떠한 도움이 되나요?

이 연구는 여러분에게 직접적인 도움이 되지 않을 수도 있습니다. 그러나 이 연구가 나중에 여러분과 같은 어린이들에게 *(어떠한 도움이 되는지 그 내용을 기재)* 도움이 될 수 있습니다.

(계속)

9. 이 연구에 참여하면 선물이 있나요?

1) 여러분이 연구에 참여하면 (   )와 같은 선물을 줄 것입니다.

또는

2) 미안하지만 이 연구에 참여한 여러분에게 선물을 주지는 않습니다.

10. 궁금한 것이 있으면 어떻게 하나요?

연구에 대해 궁금한 것이 있거나 읽고 나서 이해가 안 가는 것은 무엇이든 연구원 선생님(이름, 연락처 기재)이나 부모님 혹은 보호자에게 설명해 달라고 하십시오. 원한다면 "보호자용 설명서"를 읽어 볼 수도 있습니다.

이 설명서는 여러분이 보관할 수 있도록 연구원 선생님이 복사해 줄 것입니다.

여러분이 이 연구에 참여하기 위해서는 부모님이나 법정 대리인도 함께 동의서 양식에 서명해야 합니다.

아래 사항을 확인한 후 연구에 참여하길 원한다면 이름을 써 주십시오.

1. 나는 이 설명서를 읽었습니다.
2. 나의 모든 궁금한 점은 완전히 이해할 수 있도록 연구원에게서 설명을 들었습니다.
3. 나는 이 연구에 참여할 것을 동의합니다.

※ 연구 수행 중 녹음이나 녹화가 이루어지는 경우 이에 대한 동의항목을 추가하도록 하십시오.

연구 참여자용 설명서 및 동의서 (예시/ 성인용)

연구 과제명:
연구 책임자명: *성명(소속, 지위)*

이 연구는 *(연구에 대한 간략한 설명)*에 대한 연구입니다. 귀하는 *(연구 참여자 선정 이유 기술)*이기 때문에 이 연구에 참여하도록 권유받았습니다. 이 연구를 수행하는 서울대학교 소속의 *(연구 책임자 혹은 직접 동의서를 받는 연구원명)* 연구원(이름, 전화번

(계속)

호 명시)이 귀하에게 이 연구에 대해 설명해 줄 것입니다. 이 연구는 자발적으로 참여 의사를 밝히신 분에 한하여 수행될 것이며, 귀하께서는 참여 의사를 결정하기 전에 본 연구가 왜 수행되는지 그리고 연구의 내용이 무엇과 관련 있는지 이해하는 것이 중요합니다. 다음 내용을 신중히 읽어 보신 후 참여 의사를 밝혀 주시길 바라며, 필요하다면 가족이나 친구들과 의논해 보십시오. 만일 어떠한 질문이 있다면 담당 연구원이 자세하게 설명해 줄 것입니다.

1. 이 연구는 왜 실시합니까?

이 연구의 목적은 *(간략히 한두 문장 정도로 기술)*입니다.

2. 얼마나 많은 사람이 참여합니까?

약 *(대략적인 연구 참여자 수를 연구 참여자 집단의 특징과 함께 기술, 예: 1년 이상의 직장 경험이 있는 26~30세의 직장인 500명)*명의 사람이 참여할 것입니다.

3. 만일 연구에 참여하면 어떤 과정이 진행됩니까?

(모든 과정과 테스트법, 그 횟수에 대해 자세히 기술해 주십시오. 또한 모든 과정이 이루어지는 장소를 기술해 주십시오.)

만일 귀하가 참여 의사를 밝혀 주시면 다음과 같은 과정이 진행될 것입니다.
(과정을 자세히 기술해 주십시오.)

예) 1) 귀하는 15분정도 분량의 비디오테이프 2개를 보게 될 것입니다. 하나는 유쾌함에 대한 것이고 다른 하나는 불쾌함에 대한 것입니다.

2) 두 비디오테이프를 본 후 (   ) 연구자가 주관하는 집단 토론에 참여하도록 요청받을 것입니다. 토론에 참여하는 모든 사람들은 이 비디오를 시청했습니다. 귀하와 다른 사람들은 두 테이프를 본 후에 나타난 반응에 대해 토론하게 될 것입니다. 이 토론 과정은 녹음될 것이며 소요시간은 30분 정도 걸릴 것입니다.

3) 귀하는 비디오테이프를 본 후 그와 관련된 설문조사를 하게 될 것이며 설문조사에는 총 15분 정도 소요될 것입니다.

모든 과정은 *(장소를 기술, 만일 각각의 절차가 서로 다른 장소에서 이루어지면 각각을 기술)*에서 이루어질 것입니다.

(계속)

4. 연구 참여 기간은 얼마나 됩니까?

1) 단기간 참여시 다음과 같이 기재

   약 (   ) 시간/일이 소요될 것입니다.

2) 장기간 참여시 다음과 같이 기재

   (   )일 동안 (   )일에 한 번씩 (   )회 참여하도록 요청받을 것입니다.

5. 참여 도중 그만두어도 됩니까?

네, 귀하는 언제든지 어떠한 불이익 없이 참여 도중에 그만둘 수 있습니다. 만일 귀하가 연구에 참여하는 것을 그만두고 싶다면 담당 연구원이나 연구 책임자에게 즉시 말씀해 주십시오.

6. 부작용이나 위험요소는 없습니까?

※ 부작용과 위험요소는 실험 연구에서의 인체 부작용뿐만 아니라 개인 정보 유출 위험도 포함할 수 있으며, 만일 없을 경우 그 이유를 간략하게 설명해야 합니다.

예) 몇몇 비디오테이프는 불쾌한 감정을 유발할 수 있습니다. 이럴 경우 귀하는 언제든지 비디오 시청을 멈출 수 있습니다. 만일 연구 참여 도중 발생할 수 있는 부작용이나 위험요소에 대한 질문이 있다면 즉시 담당 연구원에게 문의해 주십시오.

7. 이 연구에 참여시 참여자에게 이득이 있습니까?

(※금전적 이득을 의미하지 않으니 작성시 착오 없으시기 바랍니다.)

귀하가 이 연구에 참여하는 데 있어서 직접적인 이득은 없습니다. 그러나 귀하가 제공하는 정보는 (   )에 대한 이해를 증진하는 데 도움이 될 것입니다.

8. 만일 이 연구에 참여하지 않는다면 불이익이 있습니까?

귀하는 본 연구에 참여하지 않을 자유가 있습니다. 또한 귀하가 본 연구에 참여하지 않아도 귀하에게는 어떠한 불이익도 없습니다.

9. 연구에서 얻은 모든 개인정보의 비밀은 보장됩니까?

개인정보 관리 책임자는 서울대학교의 (연구 책임자명 기재, 예를 들어 ○○○ 교수, ○○○ 연구원, ○○○ 학생 등)(연구실 연락처 기재)입니다. 저희는 이 연구를 통해 얻은 모든 개인정보의 비밀 보장을 위해 최선을 다할 것입니다. 이 연구에서 얻어진 개인정보가 학회지나 학회에 공개될 때 귀하의 이름과 다른 개인정보는 사용되지 않을 것입니다. 그러나 만일 법이 요구하면 귀하의 개인정보는 제공될 수도 있습니다. 또한 모니터 요원, 점검 요원, 생명윤리심의위원회는 연구 참여자의 개인정보에 대한 비밀 보

(계속)

장을 침해하지 않고 관련 규정이 정하는 범위 안에서 본 연구의 실시 절차와 자료의 신뢰성을 검증하기 위해 연구 결과를 직접 열람할 수 있습니다. 귀하가 본 동의서에 서명하는 것은 이러한 사항에 대해 사전에 알고 있었으며 이를 허용한다는 동의로 간주될 것입니다.

10. 이 연구에 참가하면 대가가 지급됩니까?

1) 귀하의 연구 참여시 교통비 등의 실비로 귀하에게 (   )원이 지급될 것입니다.
    혹은

2) 귀하의 연구 참여시 감사의 뜻으로 (   )원 정도 되는 작은 기념품이 증정될 것입니다.
    혹은

3) 죄송합니다만 본 연구에 참가하는 데 있어서 연구 참여자에게 어떠한 금전적 보상도 제공하지 않습니다.

11. 연구에 대한 문의는 어떻게 해야 됩니까?

본 연구에 대해 질문이 있거나 연구 중간에 문제가 생길 시 다음 연구 담당자에게 연락하십시오.

2. 질적연구 윤리의 강조 배경

질적연구 개론서에는 연구 윤리가 일반적으로 별도의 장(chapter)으로 구성되어 있다. 이는 질적연구에서 연구 윤리를 준수하는 것이 중요함을 시사한다. 연구 참여자에 대한 표현을 할 때 외부자인 연구자는 연구 참여자의 복지와 안녕이 어떻게 영향받을 수 있는지를 심각하게 생각해야만 한다. 연구 보고서나 학위 논문의 연구방법에서 연구자는 연구 과정에서 연구 참여자의 복지와 안녕이 얼마나 고려되었는지 혹은 침해되지는 않았는지에 대해 반성적인 글을 제시하는 것이 일반적이다.

질적연구에서 연구 윤리가 방법적 주제로 부각된 것은 기존의 지배적인 연구방법이었던 실증주의 연구 패러다임에서 간주하는 연구 참여자의 복지에 대한 무관심 때문이라고 지적되고 있다. 진실의 탐색과 법칙의 발견을 그 어떤 것보다 우선시하는 실증주의 연구에서는 만인을 위한 객관적인 연구 결과를 얻을 수 있다면 연구에 참여했던 연구 참여자의 이익과 복지가 위험에 노출되더라도 개의치 않는 것이 일반적이었다. 일반적인 심리학 연구에서 연구 참여자를 속이거나 기만하거나 아니면 연구 대상(research subject)으로서 물신화하거나 하는 등의 비윤리적 절차나 속임수를 쓰는 연구 활동이 나쁜 것으로 간주되지 않았다. 이러한 실제의 이면에는 신적인 존재로서 연구자와 자료를 무조건 생성하고 갖다 바쳐야 하는 무지한 존재로서 연구 참여자라는 불평등한 이데올로기가 작용하고 있었다.

이에 후기실증주의 연구/질적연구 패러다임에서는 실증주의 연구 패러다임의 문화가 만들어 낸 잘못된 '연구 윤리' 의식을 개선시켜야 한다는 인식을 하게 되었다. 나아가 이러한 의식이 변화되지 않는다면 지식 생산의 원천지인 학교는 교육연구자와 외부 대학 연구자들에게 연구 장소를 제공해 주지 않을 수 있다는 위험한 상상까지 하게 되었다. 보다 근본적으로는 인간의 삶의 개선과 이해를 목적으로 하는 인간/사회과학 연구에서 연구자가 개인적으로 선택한 연구 작업에서 연구 참여자를 윤리적으로 고려하면서 연구하지 않는다면 그 연구는 자체적으로 모순에 빠진 연구가 된다고 주장한다.

이에 탈실증주의/질적연구에서는 실증주의 연구 세계와는 달리 연구 윤리에 대해 다음과 같은 신념을 소유하고 있다. 질적연구에서는 양적연구에서 깊게 반영되어 왔던 전제(연구 지식의 생성이 연구 윤리의 준수나 그 어떤 다른 윤리 규정의 준수에 비해 중요하다)에 동의하지 않는다. 따라서 양적연구에서 수용되어 왔던 전제와 실제가 그대로 적용되기를 바라지 않는다. 왜냐하면 더 이상 인간/사회 연구에서 지식 생산을 강조하는 태도에 의해 파생될 수 있는 '철학적/윤리적 이슈'를 간과하려고 하지 않기 때문이다(Blauner & Wellman, 1982: 104).

이에 린컨과 구바(Lincoln & Guba, 1989: 120)는 양적연구에서 강화된 잘못된 신화가 연구자를 사이에 연구를 위해서는 윤리적 경계선도 무시할 수 있다는 묵시적 신념을 양산시켰다고 비판했고 뷰챔프와 칠드레스(Beauchamp & Childress, 1979)는 기존의 연구자들이 연구의 성공적인 수행을 위해 연구 참여자를 속이거나 기만하는 심리연구방법론의 실제를 개발시켰다고 평가했다. 이들에 따르면 그러한 잘못된 믿음과 그에 기초한 계속적인 실천이 연구자 자신의 개인적, 직업적 목적을 위해 연구 참여자를 기만하는 것, 비인간적으로 대하는 것, 물상화하는 것, 참여자의 사생활을 침해하는 것, 참여자를 물리적, 심리적 위험에 빠뜨리는 것 또는 참여자를 착취하는 연구 행위를 때로는 적절하거나 심지어 필요한 것으로 만들었다고 한다.

특히 성차별적 차원에서 불평등을 연구해 온 페미니스트 방법론 학자들은 어떤 다른 연구 집단에 비해 이 문제를 이론화하는 데 기여했다. 이들은 기존의 양적연구와 질적연구에서 연구 참여자의 정치적 위치가 연구 상황에서 어떻게 몰개성화, 비인격화되었으며 연구 참여자에 대한 착취와 통제로 이어졌는지를 여러 자료에 대한 분석을 통해 밝혀 주었다(Cook & Fonow, 1986; Mies, 1983). 이에 이 연구자들은 이러한 불평등의 구조를 변화시키기 위한 노력으로서 질적연구에서 보다 평등한 연구자와 연구 참여자의 관계를 어떻게 생성시킬 것인지에 대한 구체적인 방법적 지식을 생성하기 위해 노력했다. 그 결과로서 페미니스트 학자들은 연구 윤리와 관련하여 연구자들이 고려해야 하는 이슈는 다음과 같다고 지적했다.

(1) 연구자와 참여자의 관계

(2) 중요한 연구 경험으로서 연구자와 참여자의 인간적 감정

(3) 연구자의 지적 자서전의 노출

(4) 연구자와 참여자의 서로 상이한 현실과 이해를 어떻게 조정할 것인가?

(5) 연구 작업과 연구 결과의 보고 과정에 개입되어 있는 권력에 관한 복잡한 이슈 (Stanley & Wise, 1989)

이러한 측면에서 질적연구에서는 연구 윤리와 관련하여 연구 참여자의 복지가 침해되는 경우를 다음 세 가지 형태로 지적했다.

첫째, 연구 참여자에게 연구의 목적 또는 사실 내용을 거짓으로 알리는 경우이다.

[예] 연구 대상을 고의적으로 속인 질문지

설문지 지시문: 최근 미국의 Newsweek는 치약을 묻혀서 이를 닦는 것이 그렇게 하지 않는 것에 비해 더욱 해롭다는 FDA의 연구 결과를 발표했다. 이 자료에 따르면 치약은 실제적으로 효과가 전혀 없으며 치약에 들어 있는 성분은 이를 더욱 마모시키는 것으로 나타났다. 이제 앞으로 여러분은 이를 어떻게 닦을 것인지요?

실제 이 실험에 참가한 연구 대상 중의 몇 명은 다음 실험 기간까지 치약을 사용하여 칫솔질을 하지 않았다고 연구 책임자에게 알려 주었다.

(이 연구를 실행한 연구 책임자와의 비공식 면담 자료)

둘째, 연구자의 자발적인 참여 동의 없이 강제적으로 연구에 참여시키는 경우이다. 많은 학생들이 자발적인 동의가 없는 상태에서 연구에 참여한다. 가장 일반적인 형태로 실행되는 연구는 설문지 조사로서, 수업이 시작될 때 갑자기 연구자가 들어와 연구 설문지를 작성해 달라고 부탁하는 경우이다. 이 경우 수업을 휴강한다는 조건일 경우에는 학생

들이 좋아하기 때문에 문제없이 실시된다. 그러나 교수의 반응을 살펴야 하는 수강생 대부분은 수업의 한 부분을 자신의 의사와 관계없이 설문지 작성에 바쳐야 한다.

셋째, 연구자에게 연구 결과를 제공해 주지 않는 경우이다. 대부분의 연구 결과는 연구에 참여한 연구 대상에게 전달되지 않는다. 익명으로 처리되는 특징이 있기는 하지만 연구 결과를 알고 싶어 하는 연구 대상에게는 다소 실망감을 가져다준다. 연구는 오직 연구자의 개인적, 전문적 목적을 위해 실행될 뿐 그 연구에 참여한 연구 대상이 그 연구에 대해 무엇을 새롭게 알았거나 연구 결과가 무엇인지를 알아야 한다는 전제에는 근본적으로 동의하지 않는다.

3. 인류학회의 윤리 규정

질적연구에서 연구 윤리의 준수가 강조되면서 인간/사회현상 연구 관련 학회들은 연구자들이 연구 참여자들의 복지와 안녕을 위한 연구 활동을 하도록 고취시키는 연구 윤리 규칙을 제정했다. 이 규칙은 연구자들이 연구 윤리를 지켜 가면서 연구를 충실하게 이행하는 데 도움을 주었다. 학회 차원에서 만들어진 대표적인 연구 윤리 규칙으로는 인류학회의 「인류학자를 위한 전문직 책임감의 원리(Principles of Professional Responsibiliy)」(1971), 심리학회에서 만든 「심리학자 윤리 원칙(Ethical Principles of Psychologists)」(1982)이 있다. 이 장에서는 교육학에서 널리 사용되는 원칙으로 인류학회의 「인류학자를 위한 전문직 책임감의 원리」를 소개하고자 한다. 아마도 질적연구 수업을 듣는 학생들은 인류학회에서 제정한 연구자 윤리 규정을 공부할 것이고 자신의 학위 논문에 기술하도록 요청받을 것이다.

「미국 인류학회 전문가가 지켜야 하는 책임 원리」는 1971년 미국 인류학회에서 처음 만들어진 연구 윤리 헌장으로 필요한 부분만을 발췌하여 〈별첨 1〉에 수록했다. 여기에서 「미국 인류학회 전문가가 지켜야 하는 책임 원리」에 나타난 윤리 규정을 조금 자세하게 설명하면 다음과 같다.

자발적 동의

자발적 동의는 연구 참여자가 연구의 모든 과정에 대한 설명을 충분히 듣고 연구에 자발적으로 참여해야 하는 것을 의미한다. 연구자는 연구 참여자에게 자발적 동의를 얻기 위해 연구 작업과 관련된 다양한 정보와 지식을 설명해 주어야 한다. 이러한 설명과정을 통해 연구자는 연구 참여자로부터 연구에 자발적으로 참여하겠다는 허락을 받아야 한다. 또한 어느 때라도 연구 참여자가 원하는 경우 연구에서 탈퇴할 수 있다는 것을 사전에 주지시켜 주어야 한다. 연구자는 연구 참여자를 연구에 강제로 참여시키기 위해 속임수와 강압을 사용해서는 안 되며 인간의 자유의지와 선택을 존중하는 태도를 가져야 한다.

기밀유지

기밀유지는 연구 참여자의 모든 신상명세 내용이 비밀스럽게 보관되어야 하며 외부인에게 노출되거나 제공되어서는 안 된다는 것을 의미한다. 연구자는 연구 과정에서 획득한 자료를 연구 이외의 목적을 위해 사용해서는 안 되며 참여자의 사생활 보호를 위해 참여자의 신변정보를 담고 있는 질적 자료(이름, 점수, 면담자료, 작품 등)가 타인에게 노출되지 않도록 비밀스럽게 보호해야 한다. 그러한 점에서 연구자가 연구 보고서와 논문에서 연구 참여자의 익명성을 보장하기 위해 가명을 사용하는 것은 매우 보편적인 전략이다.

[예] 화이트(Whyte)의 〈미국 보스턴의 이태리 빈민지역에 관한 연구〉

보스턴의 한 일간신문이 연구자에게 이 연구 지역이 어디인지를 알려 주면 상당한 금전적 보상을 하겠다고 제안했으나, 연구 참여자의 신변보호를 위해 거절했다. 몇 십 년이 지난 후에야 그 연구 장소가 어디였는지를 공식적으로 밝혔다.

[예] 터널(Tunnell, 1998)의 〈감옥의 죄수에 대한 연구〉

사법부가 감옥의 범죄자들에 대한 자료제출을 요구했으나 연구자는 연구 참여자의 신상보호를 위해 거절했다.

상호 호혜성

연구자는 연구 참여자에게 어떤 형태로든지 보상해 주어야 한다. 상식적인 의미로서 서로 도움이 되는 관계(give and take)가 되어야 한다는 것을 의미한다. 그러한 보상의 전통적인 방법으로는 시간당 연구에 참여하는 대가로 금전적 보상을 하거나 선물을 하거나 또는 연구 참여자가 가장 필요로 하는 물품이나 지식을 제공하는 형태가 있다. 일반적으로 행동과학 연구에서 연구 참여자에게 금전적인 보상이 실행되고 있으나 질적연구의 경우 다른 형태의 보상이 더욱 적절하다는 논의가 있다. 어떤 방법이 보상방법으로 가장 바람직한가와 관련한 연구에서 흥미로운 사실은 연구 참여자들이 금전적 보상보다는 다른 형식의 보상(우정의 교감, 진솔한 대화, 연구 참여자의 숨겨진 이야기를 들어 주는 것, 참여자의 현실 이해에 관한 지식의 증진 등)을 더욱 좋아한다는 것이었다(Whyte, 1979: 60).

4. 연구기관의 윤리 규정

연구기관에서의 윤리 규정은 대학교와 대학원, 연구소에 소속해 있는 연구자(학생들, 교수들, 연구원들)가 지켜야 하는 윤리 규칙과 지침을 말한다. 연구기금을 받은 대학의 연구자, 석사와 박사과정의 학생들, 연구소 소속의 연구원들에게 해당되는 연구 규정이다. 가장 보편적으로는 석사학위와 박사학위 논문을 쓸 연구자들에게 가장 밀접한 연구 규정이다. 우리나라에서는 대학교나 연구소의 경우 이러한 규정이 다소 미비하지만, 미국을 포함한 구미에서 연구 중심의 대학교와 대학원에서 연구를 시작할 학생들과 교수들은 이 규정을 지켜야만 연구에 착수할 수 있다. 따라서 학위논문과 연구기금에 의한 연구를 하는 대학교수들은 연구 시작 이전에 자신의 연구에서 그 대학이 정한 연구 윤리 규정을 어떻게 준수할 것인지에 대한 계획서를 제출해야 하고 공식적인 허락을 받아야만 연구를 시작할 수 있는 권리를 갖게 된다.

졸업을 목적으로 하는 석사와 박사과정의 학생들은 지도교수의 지도 아래 그 대학이 만들어 놓은 연구 윤리 준수를 위한 계획서를 작성하여 위원회에 제출해야 한다. 이를 위해 지도교수와 지도학생 간의 긴밀한 협조를 통해 계획서가 작성된다. 이렇게 대학 차원에서 관료적인 연구 윤리 준수 규정을 만들어 놓은 것은 미래의 연구자가 될 학생들에게 연구 윤리 의식을 길러 주는 것이 기초적인 목적이지만 또 다른 측면에서는 그 대학의 소속 학생이나 교수, 연구자가 연구 윤리를 지키지 않음으로써 나타날 수 있는 법적 문제를 미리 방지하기 위한 행정적 목적도 가지고 있다. 즉, 연구에 참여한 사람들이 윤리적으로 피해를 입은 것에 대해 법적으로 문제 삼을 경우를 대비하기 위해 그러한 문제의 여지를 없애기 위한 처방적 차원에서의 전략이다.

필자의 개인 경험에 비추어 볼 때 이러한 계획서 작성과 제출, 평가 작업이 연구자에게 많은 노동과 심리적 스트레스를 가중시키기는 하지만, '연구 참여자를 어떻게 보호할 것인가'라는 질문에 공식적으로 답하기 위해 노력하는 자세를 갖는 것은 인간 연구에서 연구자가 어떻게 연구해야 하는지를 심각하게 고민할 수 있는 학구적이고 진지한 자세를 갖게 해주었다는 점에서 교육적 기회가 된다고 할 수 있다. 그러나 각 대학에서 연구자가 제출해야 하는 계획서의 내용이 앞에서 설명한 인류학회가 만든 연구자 책임의 원리에서 강조하는 내용과 큰 차이가 없다는 점에서 인류학 연구 윤리 원리의 내용을 잘 이해하고 있다면 그러한 계획서를 작성하는 작업은 크게 어렵지 않을 것이다.

연구 윤리 계획서에서 답해야 하는 질문 내용

(1) 이 연구에 참여하는 피험자가 심리적, 사회적, 신체적 또는 법적으로 위험에 빠질 가능성이 있는지요? 만약 있다면 그 상황을 진술하시기 바랍니다.

(2) 이 연구에 참여하는 피험자가 연구에 의한 스트레스를 느낄 가능성이 있는지요? 있다면 어떤 스트레스를 야기할 수 있는지 설명하시기 바랍니다.

(3) 연구의 목적 때문에 이 연구에 참여하는 피험자를 의도적으로 속여야 하는 경우가 있는지 말씀해 주시기 바랍니다. 혹시 있다면 그 이유에 대하여 설명하시기 바랍니다.

(4) 수집할 자료의 내용이 지나치게 연구 피험자의 개인정보를 묻는 것은 아닌지요?

(5) 수집할 자료의 내용이 지나치게 모멸적인 것이어서 피험자의 기분을 상하게 하거나 당황하게 하지는 않는지요?

(6) 이 연구에 참여할 피험자를 어떻게 설득할 것입니까? 연구 동의를 얻기 위해 연구 참여자에게 제출할 연구의 목적과 절차를 설명한 연구 계획서를 첫째 문서 형식으로, 둘째 구술 형식으로 작성하여 위원회에 제출해 주시기 바랍니다.

(7) 이 연구에 참여하는 피험자는 자발적으로 연구에 참여하는지요?
피험자가 자발적으로 참여했을 때 피험자가 받게 될 보상은 어떤 것입니까?

(8) 피험자가 연구에 자발적으로 참여했다는 사실을 위원회에 어떻게 입증하시겠습니까? 문서 형식으로 만들어진 연구 참여 동의서가 준비되어 있다면 복사본 한 부를 위원회에 제출하시기 바랍니다.

(9) 이 연구에 참여하는 피험자가 연구를 위해 투자하는 시간은 얼마나 되는지요?

(10) 연구를 통해 획득한 자료를 기밀유지를 위해 어떻게 보관할 예정입니까?

(11) 연구가 끝난 후 수집된 자료는 어떻게 처리하실 겁니까? (폐기처분, 보관소에 보관 등)

대학교 수준에서 학생들과 교수들에게 어떠한 형태의 연구 윤리 계획서를 작성하여 제출할 것인지를 이해시키기 위해 미국의 대표적인 연구중심 대학의 하나인 오하이오 주립대학교의 예를 소개한다. 연구 윤리 계획서의 작성과 관련한 자료가 상당히 방대하지만 그 핵심 내용만을 정리하면 다음과 같다. 상세한 내용은 〈별첨 2〉를 읽으면 도움이 될 것이다.

[예] 연구 윤리 계획서에 대한 비네트

오하이오 주립대학교를 다녔던 필자 역시 앞에서 소개한 오하이오 주립대학교의 연구윤리위원회에서 요구한 연구 계획서를 연구가 시작되기 전에 제출하고 허락을 받을 필요가 있었다. 연구를 하기 위해 한국으로 와야 하는 상황에서 이 계획서를 작성하고 허락을 받아야 한다는 조항은 필자에게 상당히 번거로운 일이었다. 그러나 연구윤리위원회로부터 허락을 받아야 연구를 시작할 수 있었기 때문에 다음과 같은 과정을 거친 후에야 우리나라에서 연구를 시작할 수 있었다.

어느 날, 나의 메일함에는 위원회로부터 연구 윤리 계획서를 제출하라는 편지와 계획서 양식이 도착해 있었다. 먼저 계획서를 작성했고 다음으로 박사논문 지도교수인 레이더 박사에게서 몇 가지 필요한 조언과 비평을 들어 내용을 개선했다. 그리고 필자의 서명과 지도교수의 서명이 들어간 계획서 양식을 연구윤리위원회에 제출했다.

연구 윤리 계획서는 총 7장으로 구성되어 있었는데 주로 답해야 했던 질문의 내용은 참여자의 복지와 관련된 윤리적 문제(비밀유지, 자발적 연구 참여)였다. 즉, 연구 문제와 관련하여 나타날 수 있는 윤리적 문제를 나의 연구 상황에서 어떻게 해결할 것인지를 고민하게 하는 질문이었다. 질문은 녹화에 참여하지 않으려는 아이들은 어떻게 하겠느냐, 녹화하지 않아서 그 수업을 듣지 않은 학생들은 나중에 그 수업을 어떻게 보완하겠느냐, 녹화된 비디오테이프와 인터뷰테이프는 연구가 끝난 후에 어떻게 보관하겠느냐 등이었다.

연구 계획서가 제출된 지 2주일 후에 위원회로부터 회답이 왔다. 회답의 내용은 연구 계획서에서 필자가 작성한 답변이 위원회의 전체 심사위원들을 설득하지 못했기 때문에 (연구 허가는 평가위원회의 만장일치가 있을 때만이 가능했다) 연구 윤리 계획서를 보충하여 제출하라는 것이었다. 여러 가지 지적 중에서 가장 민감한 지적은 필자의 연구 참여자가 어린 초등학교 학생들인데 그들에게서 어떻게 연구 허락을 받아낼 것인지에 대해 명확한 아이디어를 제시하지 못했다는 것이었다. 요구사항으로서 필자가 연구에 관여하는 모든 초등학교 학생들의 부모로부터 공식적인 연구 승낙서를 받아서 위원회에 제출하라는 것이었다.

이에 필자는 여러 가지 지적 사항에 대한 보충적인 답을 기술하면서 연구 승낙서와 관련하여 그럴 수 없다는 입장을 제시했고 왜 그런지를 설명하는 제2차 개정 연구 계획서를 제출했다. 필자의 입장은 기본적으로 한국에는 교육연구와 관련하여 계약서를 통해 연구 승낙을 받는 절차나 문화가 형성되어 있지 않다는 점을 강조했고, 대안으로서 다음과 같은 두 가지 절차를 실행하겠다고 설명했다. 첫째, 필자의 연구는 초등학교의 특정 아동의 행동이나 삶을 연구하는 것이 아니라 복잡한 교실에서 수업이라는 현상이 어떻게 만들어져 나가는지를 연구하는 상호작용에 초점을 둔 연구라는 점을 강조했고, 둘째, 연구 승낙과 관련하여 아동의 복지를 책임지고 있는 학교의 교장 선생님과 담임선생님에게 연구 승낙을 받겠다고 했다.

2주가 지난 후 제2차 답변서를 받았다. 그 답변서에는 세 가지 조건을 전제로 연구를 시작할 것을 허락한다는 내용이 있었다. 첫째, 필자는 연구하게 될 모든 초등학교의 교육 행정가와 교사에게 구두로 연구의 목적을 공식적으로 설명해야 한다는 것이었다. 둘째, 아동들의 학부모에게 연구의 목적을 소상하게 진술한 공식적인 편지를 보내라고 하는 것이었다. 셋째 조건은 연구가 끝나는 시점에서 각 학교 책임자로부터 필자의 연구가 어떠한 윤리적 문제를 야기하지 않았다는 내용의 편지를 받아서 오하이오 주립대학교의 연구윤리위원회에 제출하라는 것이었다. 이런 과정을 거치면서 필자의 연구가 시작되었다.

5. 표현에서의 연구 윤리

AIDS가 창궐하기 시작하던 초기에 많은 대중은 AIDS를 동성애를 통해 전염되는 병으로 간주했다. 그리고 그러한 심리적 귀인에는 이성애자인 일반 대중이 수용할 수 없었던 동성애에 대한 혐오증이 도사리고 있었다. 이에 수많은 대중매체는 AIDS의 원인을 동성애로 간주하는 정보와 사진, 자료를 게재하기 시작했고 그 원인을 동성애자의 방만한 성생활로 귀인시키는 대중적 이미지를 양산했다. 따라서 동성애자들의 비윤리적 활동, 사교 방법, 나이트클럽에서의 유희, AIDS로 죽어가는 동성애자의 외로운 병실 등을 조명한 기사만을 신문에 게재했다. 실제의 사회적 구성은 바로 누가 다수인가 그리고 누가 권력을 쥐고 있는가의 문제와 직결된다(미국 오하이오 주립대학교 교육학과 Dr. Patti Lather의 질적연구방법론 세 번째 수업, 질적 자료의 표현과 정치학 중에서).

질적연구에서 연구 윤리 지키기는 앞에서 설명한 것처럼 속이지 않거나 자발적 동의를 얻는 차원에서 끝나는 것이 아니라 그들의 삶과 생각, 문화를 글로 옮기는 표현의 단계에서도 요구된다. 외부자로서, 학습자로서 타인의 삶을 관찰하고 대화하여 만들어 낸

보고서나 연구 서적에는 연구자가 의도하든 의도하지 않든 간에 연구자가 가진 특정한 주관적인 잣대로 연구 참여자의 삶이 기술되기 마련이다. 따라서 그렇게 만들어진 논문과 보고서는 독자들에 의해 특정한 이미지를 형성하면서 읽히게 된다. 이에 연구자가 그려 낸 연구 세계는 독자에게 '잔인하다든지', '기이하다든지', '미개하다든지', '잘 운영되고 있다든지', '문제가 있다든지' 등의 이미지와 감정을 불러일으키게 된다. 그리고 그러한 이미지의 형성 과정에는 연구 참여자와는 다른 정치적, 역사적, 사회적 삶을 살아 온 연구자의 잠재된 편견이나 주관성이 개입된다.

그러한 점에서 질적연구자들은 연구 참여자의 삶에 대한 표현과 기술이 단순히 연구 결과를 건조하게 그려 나가는 객관적인 텍스트가 아니라 자신과는 다른 삶을 살아가는 타자의 삶이 연구자의 시각에서 그려진다는 점에서 연구 참여자의 복지와 안녕에 직접적으로 영향을 끼친다. 그러한 점에서 연구 윤리 문제는 질적연구의 경우 단순히 동의와 보상의 문제를 넘어선 표현의 정치학 문제이다. 그리고 그러한 전제는 질적연구자가 타자인 연구 참여자의 삶을 기술하는 과정에서 그들의 복지나 안녕이 침해받을 수 있는 어떠한 의도적/비의도적 표현, 뉘앙스, 잘못된 정보, 판단, 왜곡, 특징화 등의 글쓰기가 이루어지지는 않았는지를 반성해야 한다는 것을 시사한다.

즉, 연구자는 객관적이고 합리적인 이성의 소유자가 아니라 문화적, 정치적, 젠더적, 인종적으로 상대적이며 편견을 가질 수 있는 존재이기 때문에 자신이 위치하고 있는 그러한 존재적 특징이 타자의 삶을 기술하는 데 어떻게 암시적으로 영향을 끼쳐서 자료의 기술과 해석이 왜곡되거나 불완전해질 수 있는지를 반성하는 노력을 기울여야 한다. 특히 이러한 주장은 포스트모던의 전제를 받아들인 것으로서 인간으로서 연구자는 더 이상 완벽한 존재가 아니라 불완전하고, 모순적이고, 한정적이며, 관계적인 존재이기 때문에 연구자의 시각과 해석을 항상 절대적이고 이성적인 것으로 간주해서는 안 된다는 것이다. 반 마넨(van Maanen, 1988)은 현장 작업자의 감정상태, 이론, 개인적 특징이 현장 작업에 어떻게 영향을 끼쳤는지가 텍스트에 자세하게 기록되어야 한다고 주장했다.

그리고 이러한 노력을 할 때 질적연구에서 강조하는 연구 윤리의 이상은 조금 더 실제적인 차원에서 실현될 수 있으며, 그렇게 될 때 우리의 연구는 진정한 의미에서 질적연구의 작업과 결과의 해석을 보다 객관적이고 과학적인 것으로 변환시키는 역할을 하게 될 것이다(Meyerhoff & Ruby, 1982: 28). 이에 크리거(1983)는 이러한 반성적 활동은 독자로 하여금 지금 읽고 있는 연구가 연구자의 어떤 주관적 시각을 통해 만들어진 것인지를 이해시킴으로써 연구를 보다 진실하게 읽을 수 있는 분위기를 제공한다고 했다. 나아가 연구자의 개인적 주관성을 독자에게 은폐하기보다는 오히려 드러내는 것이 연구를 보다 진실하게 만들고 과학적인 것으로 제시하는 것이라고 보았다. 레이더(1991)는 자기반성은 연구의 과정과 결론에 영향을 끼칠 수 있는 연구자의 잠재적 편견이나 관점을 연구자가 스스로 인식하고 비판적으로 성찰하게 함으로써 연구를 보다 진실한 것, 과학적인 것으로 승화시키는 역할을 한다고 평가하고 있다.

이에 최근의 많은 현장 작업 연구물에서 연구자들은 자기반성의 결과를 논문의 제3장 연구방법론의 부분에 솔직하게 써 내려가는 작업을 중요하게 실천하고 있고 연구자의 개인적 주관성(사회계층, 피부색, 성, 성 취향, 연령 등)이 연구 작업에 심각하게 영향을 끼쳤음을 분석했다(Ball, 1990; Krieger, 1983; Wax, 1979; Wolf, 1992). 이러한 새로운 형태의 연구물 중에서 연구자의 자기반성 작업을 성공적으로 보여 준 한 예로는 미국 중서부의 여성 동성애자의 정체성과 프라이버시 문제를 심층적으로 연구한 크리거(1983)의 〈거울을 보면서 추는 춤(Mirror dance)〉을 들 수 있다. 크리거는 사회과학 연구에서 자기반성을 해야 하는 이유로서 연구자가 자기분석 기술이 없고 자기에 관한 지식이 없다면 타인을 바라보는 데 있어서도 폭넓은 시각을 소유하기 어려울 것이라고 전제하면서 여성 동성애자의 생활세계를 연구하는 과정에 영향을 끼친 연구자의 주관성을 세 가지 차원에서 분석했다.

다음은 질적연구 과정에 어떤 주관성이 개입될 수 있는지를 평가할 수 있는 체크리스트의 예이다.

[예] 연구자의 주관성을 평가하기 위한 체크리스트

나는 다음 준거에서 어떤 위치를 차지하고 있는가? 그리고 그러한 위치가 타인을 바라보고 평가하고 기술하고 이해하는 데 어떻게 영향을 끼치는가?

사회경제적 지위(SES)	학벌
인종	출신지역
젠더	취미
성 취향(sexual orientation)	결혼
종교	이혼
국가	부모

[예] 사회경제적 지위

나의 사회경제적 수준이 연구 참여자의 삶을 이해하는 데 진정으로 방해되지는 않았는가:

상류계층 출신의 학자 집안의 아들로서 노동계층의 아동들의 삶을 연구하는 데 있어서 나는 그들을 어떻게 바라보았는가? 나는 과연 객관적이었는가?

2005년 3월 집창촌에서 화재가 났는데 여러 여성이 방을 빠져나오지 못하고 불타죽었다. 여성부의 관계자가 도착하여 마이크에 대고 이야기한다. "어떻게 이런 곳에서 살 수 있었을까요?" 슬픈 듯이 대중을 향하여 이야기한다. 그 면담은 곧바로 전국 방송으로 중계되었다. 세상에는 살 수 없을 것 같은 곳에서 사는 사람이 너무나 많다.

(어느 날 저녁, 필자의 감상)

깨끗한 외모, 잘 차려입은 옷, 기록을 위한 노트, 그 백인여자 교수는 남편에게 매맞고 병원에 실려 와 누워 있는 나에게 다가왔다. 그리고 느긋한 목소리로 "왜 맞았느냐?" "어디를 맞았느냐?" "그때 기분이 어떠했느냐?"를 묻는다. 나는 과연 저 부잣집의 아무런 문제가 없을 듯한 저 여자 교수가 나를 정말로 이해할 수 있을까 하는 생각이 들었다. 나는 간단하게 원하는 듯한 대답을 해주었다. "한 번도 남편에게서 맞은 경험이 없을 저 여자가 내 기분을 어떻게 이해할까?" "참 잘 차려입고 왔구나." "아마도 매우 비싼 옷일 거야."

나는 그녀에게서 큰 심리적 거리감을 느꼈다.

(Patti Lather의 방법론 수업 중에서)

[예] 피부색

저는 백인들이 사는 지역에서 밤이 늦어 집으로 달려간 죄밖에 없어요. 왜 제가 도둑질을 해 도망가고 있다고 생각했는지 이해가 안돼요(울부짖으며). 그 백인 경찰들은 저를 도둑놈으로 생각했대요. 백인 거주 지역에서 흑인이 달려가니까요. 왜 백인 주거 지역에서 흑인이 달려가면 운동이나 달리기가 아니라 도둑질로 인식하는가요?

(백인 경찰들에 의해 길거리에서 체포되어 절도범으로 몰려 이유 없이 수갑을
차게 된 흑인 가정 아들의 눈물어린 대사, 영화 'Grand Canyon' 중에서)

나는 흑인 노동계층의 대가족 출신이지만, 더 이상 나를 그들과 같은 종으로 생각하지 않는다. 나는 대학의 상아탑에서 가르치는 교수가 되기 위해 지난 수십 년을 백인이 다수인종으로 있는 대학교에서 생활했으며 대학교수가 된 이후로는 나를 그들과 같은 인종으로 생각해 왔다. 피부는 검은색이지만 마음은 백인이 된 것이다. 성공한 나를 두고 가족의 형제와 부모들은 왜 고향에 오지 않느냐고 난리이지만 이제 내가 거기서 쉴 곳을 찾기란 어렵다. 과거의 내가 아닌 셈이다. 이제 나는 그들과 다르다고 느끼며 그들과 있을 때는 노동계층 출신의 형제들이 하는 행동을 이해하기 어렵고 참기 어렵다. 나는 대학에서 가르치고 백인들과 함께 생활할 때 더욱 편안함을 느낀다.

(Bell Hooks, Yearning 중에서)

[예] 성 취향

HIV에 감염된 여성이 면담 중에 슬픔을 참지 못하고 나에게 달려들어 운다. 과연 나는 그녀를 안아 주어야 하는가? 아니면 감염이 우려되어 멀리 거리를 두고 떨어져 있어야 하는가? 그녀는 레즈비언이고 나는 아니다. 어떻게 해야 하나?

(Patti Lather의 'Troubling the angels' 중에서)

[예] 국가/문화

나는 타임지와 뉴스위크지를 읽을 때마다 분개하는 감정이 생긴다. '아시아판 스토리'라고 이름 붙여진 아시아 각국에 대한 이야기와 사진은 항상 부정적 이미지를 담고 있는 기사와 내용으로 가득 차 있다. 태국의 홍등가, 중국의 영아 살해와 영아 유기와 매매, 한국의 여자대학교 학생들의 과소비 문화, 한국 대학생들의 시위문화, 인도의 슬럼가, 북한의 굶주려 가는 아이들, 아시아에서의 장기 매매 동향. 이 모든 자료가 누구에 의해 선별되었으며 그러한 게재를 결정한 편집장은 어떤 인종이며 어떤 종교와 어떤 국가 출신일까? 나는 항상 궁금하다.

(김영천의 연구방법론 수업 중에서)

아프리카 난민 소녀가 독수리에 쪼이는 모습을 사진으로 촬영하여 퓰리처 상을 받은 미국의 신문기자는 처음에 뛰어난 사진기술로 많은 부러움과 영예를 안았다. 그러나 그러한 영예는 잠시였다. 그 사진을 본 많은 전 세계 사람들이 독수리에 쪼이는 그 소녀를 사진 찍은 사진기자의 비윤리적이고 비인간적인 행위에 비판을 가하기 시작했기 때문이다. 그 이유는 사진을 찍는 것보다 그 소녀를 살려내는 것이 더 중요한 인간적 행동이었다고 평가했기 때문이다. 기아와 독수리의 쪼임에 결국 죽임을 당한 그 아프리카 난민 소녀처럼 미국의 사진기자 역시 대중의 엄청난 비판에 못 견뎌 자살하고 말았다.

≪네 학교 이야기≫는 많은 글쓰기의 정치적, 윤리적 이슈를 내포한 텍스트였다. 외국의 독

자를 위해 한국의 초등학교 교육의 실제를 표현하는 것은 상당한 정치적 시사와 결정을 수
반하는 연구자가 해결해야 할 가장 민감한 윤리적 문제이자 딜레마였다. 이는 연구가 놓여
있는 두 개의 갈등적인 연구 상황(가장 선진화된 국가의 독자를 위해 주로 부정적 이미지
로 점철되어 있는 한 개발도상국의 학교의 실체를 보여 주는)에 기인했다. 내부자로서(한국
인으로서, 황인종으로서) 나의 딜레마는 연구자에 의한 기술과 표현이 독자에게(미국인들
과 코카시언) 어떤 이미지를 전달하게 될 것인가이며 구체적으로는 외국의 독자에게 기술
과 표현이 어느 정도까지 허용되어야 하는지의 글쓰기 문제로 이어졌다. 이는 나의 연구자
로서의 학자적 입장과 참여자의 세계를 보호하고자 하는 윤리적 갈등의 문제였다. 나의 박
사논문을 미국의 주요 출판사를 통해 영역판으로 출간하라는 미국의 여러 학자들의 제의가
있었다. 그러나 한국의 한 국민으로서 나의 학교교육에 대한 부정적 이미지를 대중 서적으
로 모두 알리는 것은 매우 비도덕적인 행위라고 생각했다. 그것이 나에게 어떠한 학구적 명
예와 보상을 준다고 할지라도. 이에 나는 그러한 제안을 거절했고 ≪네 학교 이야기≫는 영
어권 국가에서 출판되지 않았다.

[예] 젠더

영화 '델마와 루이스(Thelma & Louis)'는 'No'에 대한 남자와 여자의 해석 차이를 잘
드러내고 있다. 일상생활에 지루했던 루이스는 저녁 나이트클럽에 들렀다가 우연
히 마음에 드는 남자를 만나고 클럽 바깥에서 애무를 받는다. 그러나 처음과 달리
이 남자가 싫어진 루이스는 "NO"라고 말하며 계속 거부하지만 결국 성폭행 지경까
지 이르게 된다. 이에 루이스는 총으로 그 남자를 죽이게 되는데 이를 안 델마는 경
찰에 신고할 것을 생각한다. 그러나 자신들이 아무리 항변한다고 할지라도 '정당방
위'로 인정받지 못할 것으로 추측한다. 왜냐하면 형사, 검사 모두가 남자이기 때문
이다.

　많은 남자들이 루이스의 'No'라는 말의 의미를 의문시할 것이다. 그리고 이 두
여자의 상식적인(평범한) 판단은 이들을 죽음으로 몰고가는 도망여행을 시작하게
만든다. 그리고 마지막에 이들을 살리려고 하는 한 경찰의 노력에도 불구하고 두
여자는 그랜드 캐년의 깊은 벼랑으로 차를 몰아 자살한다. 손을 꼭 잡고. 공중에서
차가 떨어지는 장면으로 영화는 끝난다. 그리고 'You are part of me and I am part of
you' 노래가 흘러나온다.

(1991년 미국 오하이오 주 콜럼버스 시의 한 영화관에서)

6. 연구 윤리를 위반한 사회과학 연구 사례

모든 과학적 연구에서 연구 윤리가 얼마나 중요한지를 인식하는 효과적인 방법 중의 하나는 연구 윤리를 위반함으로써 연구 참여자의 삶과 복지가 어떻게 위협받는지를 예증하는 것이다. 이에 이 절에서는 인간/사회과학 연구에서 연구 윤리를 지키지 못하여 참여자의 안녕과 복지를 파괴한 몇 가지 연구를 소개한다. 연구 윤리에 대한 민감성이 약한 우리의 연구 문화를 생각한다면, 다음 예는 우리에게 과학적 연구에서 연구 참여자의 이익을 위해 얼마나 노력해야 하는지를 깨닫게 해줄 것이다.

[예] 밀그램의 실험

밀그램(Milgram)은 하버드대학교 박사학위 논문 작업 중에 인간의 권위에 대한 복종에 대한 실험연구를 하게 되었다. 그 당시 나치 정권에서 악명이 높았던 아이만(Eichmann)의 재판이 있었기 때문에, 과연 유대인 학살을 지시했던 아이만의 행동이 히틀러의 명령에 따른 것이라고 했을 때 그의 책임이 면제될 수 있는 것인가에 대한 논란이 한창이었다. 이에 밀그램은 인간이 권위에 어떻게 복종하는지, 동료의 압력과 권위의 위력에 대한 실험연구를 하기로 작정했다.

이에 신문광고를 내어 연구 대상을 모집했고 참가하게 된 연구 대상에게 자신의 연구는 인간의 기억과 학습에 관한 심리학적 실험이라고 소개했다. 그리고 연구 참여 조건으로 시간당 4.5달러를 지급했다. 밀그램은 연구 참여자들에게 연구의 목적은 학습에 있어서 체벌의 역할에 대해 연구하는 것으로서 한 사람은 교사 역할을 맡을 것이고 한 사람은 학생 역할을 맡아야 한다고 설명했다. 이에 연구에 참여한 연구 대상들은 대부분 교사가 되겠다고 했고 그렇게 되었다.

실험에서 학생 역할을 하게 된 피험자는 옆방으로 이동해 움직이지 못하도록 하는 의자에 포박되었으며 팔에는 전극 봉이 부착되었다. 이와 반대로 교사 역할을 하게 된 피험자는 발전기가 있는 인접한 방으로 이동했다. 실험이 시작되었다. 교사 역할을 맡은 피험자는 두 쌍의 연결된 단어의 목록을 읽었고 학생 역할을 맡은 피험자는 그 두 개의 단어 목록을 바로 읽도록 했다. 이 과정에서 학생 역할을 한 피험자가 잘 읽었으면 다음 단계로 넘어갔지만 그렇지 못했을 경우에는 그 피험자에게 교사 역할 피험자가 15볼트의 전압을 사용하여 학습자에게 쇼크를 주도록 했다.

발전기 용량으로 약 30개 스위치가 있었는데 한 개 스위치는 약 15볼트의 전류를 만들어 내었다. 따라서 피험자가 30개 스위치를 모두 켰을 경우 학생 역할을 맡은 피험자에게 부과되는 전류량은 약 450볼트가 되는 것이었다. 각 스위치에는 '가벼운 쇼크, 위험: 심각한 쇼크를 불러옴'이라고 적혀 있었다. 그리고 마지막 두 개의 스위치에는 XXX라는 표시가 있었다. 학생이 단어 목록을 잘못 읽을 때마다 교사는 전기 충격을 가하도록 실험이 설계되었으나, 실제로 학생으로 참여한 피험자는 영화배우였고 그들에게 전기충격은 가해지지 않았다.

때때로, 교사 역할을 맡은 피험자들이 이 실험에 대한 책임을 누가 지느냐고 물었는데 이 때 실험자가 모든 책임을 지니 걱정하지 않아도 된다고 그들을 안심시켰다. 오늘날 가장 비윤리적인 실험으로 평가되고 있는 이 밀그램의 연구는 이 주제에 대해 의미 있는 결과를 남겼다고 평가받는다. 실험 결과에 따르면, 연구에 참여한 피험자의 2/3(교사 역할을 한 사람들)가 권위에의 복종 범주에 들어갔으며 놀랍게도 그들의 개인적 배경은 노동계층, 관리계층, 전문직종 등 다양했다. 교사 역할을 한 피험자의 65%는 피험자인 학생에게 최고 450볼트의 전기자극을 가했고 모든 피험자들이 300볼트까지를 사용했다. 아울러 여성과 남성의 큰 차이는 없었으나 여성이 더 많이 걱정하는 경향이 있었다.

이 연구는 1961부터 1985년까지 25년간 실험했고 미국을 제외한 호주, 남아프리카 공화국, 유럽의 여러 나라에서 적용되었다. 독일의 경우, 피험자들인 교사의 85%가 사람을 죽게 만들 수 있는 양의 전기충격을 가했다.

출처: http://www.new-life.net/milgram.htm

[예] 미국 정부 산하 터스키기 연구소의 흑인 매독 연구

미국 터스키기(Tuskegee) 연구소가 미국 공중보건부의 요청에 따라 1932년부터 약 40년간 실험한 인간 연구로서, 의학실험에서 대표적인 비윤리적 연구 사례로 평가받는다. 앨라바마 주 메이콘 지역의 매독에 걸린 흑인 약 400명의 남자를 대상으로 매독이 인체에 어떻게 확산되고 영향을 끼치는지를 환자가 죽을 때까지 연구했고, 죽고 나면 부검을 통해 그 영향을 분석했다. 환자에게는 단순히 오염된 피를 치료한다고 알리고서 페니실린이 처방될 수 있었던 상황이었음에도 치료하지 않고 죽게 놔두었다. 실험 참가 흑인 남자에게는 무료 신체검사, 식사, 장례식 비용이 제공되었다. 실험은 약 40년간 진행되었고 그 연구소 직원이 대중매체에 알린 1972년까지 비밀리에 수행되었다.

이 연구를 통해 28명이 치료를 받지 못하여 사망했고 100명이 관련 질병으로 죽었다. 또한 약 40명의 부인이 매독에 감염되었고 19명의 아이들은 매독에 감염된 채 출생하게 되었다.

유색인종 권리 위원회는 이를 고소하여 약 90억의 손해배상을 국가로부터 받아 참가자의 가족들에게 제공했다. 1997년 미국 대통령인 빌 클린턴은 공식적으로 이러한 국가적 범죄에 대해 모든 국민에게 사죄했고 "우리는 수치스러운 행동을 했다" 그리고 "죄송하다"는 말을 했다.

출처: http://www.cnn.com/health/9705/16/nfm.tuskegee/

[예] Tearoom Trade

Tearoom Trade는 미국 세인트 루이스에 위치한 워싱턴대학의 사회학과 학생 로드 험프리 (Laud Humphrey)가 자신의 박사학위 논문을 책으로 만든 연구이다. 또한 1970년에 하워드 베커(Howard Becker)가 편집자였던 Aldine 출판사의 관찰 연구 작업 시리즈의 한 작품이다. 출간된 이후에 많은 사회적, 대중적 반향을 일으킨 이 책은 학구적으로는 사회문제연구학회(Society for the Study of Social Problems)의 C. Wright Mills Award를 받았다. 그러나 이 책이 출간된 이후 이 책에서 연구자가 사용한 연구방법 문제로 인해 사회학자들 사이에서 사회연구의 윤리 문제가 주요 이슈로 떠올랐고 지금까지 질적연구에서 윤리 문제를 논의할 때 가장 많이 언급되는 참고문헌이다.

이미 박사학위 논문 제출 시 이 연구가 안고 있었던 연구 윤리 위반 문제로 이 대학의 총장은 박사학위 수여를 거부했고 이 논문의 착수를 위한 연구기금을 제공한 미국 연방정부의 'Division of Public Health of the Department of Health, Education, and Welfare'로부터 추후 연구기금을 받지 못하게 되었다.

〈공중 화장실에서의 남성들 간의 동성애〉라고 번역할 수 있는 이 연구는 저자가 미국 대도시의 공원에 있는 공중 화장실에서 일어나는 남성들 간의 동성애를 참여관찰한 연구이다. Tearoom에서 Tea는 오줌을 나타내는 영어의 속어이며, Trade는 나중에 책의 분석 부분에 나오는 남성의 다섯 가지 성 취향 중에서 외형적으로는 이성애자로서 활동하지만 내부적으로는 철저히 동성애자인 남자를 범주화하는 말이다. 저자에 따르면 미국의 게이 바와 게이 문화에서 쉽게 들을 수 있는 용어라고 한다.

험프리는 사회학의 주요한 연구 문제로 인간의 개인적인 생활과 행위, 특히 사적인 장소에서 이루어지는 인간의 행위에 관심을 갖고서 사회학 연구 분야에서 논의되지 않았던 공중 화장실에서의 남성들 간의 동성애를 박사학위 논문주제로 선정하게 되었다. 이에 중서부의 대도시에 소재한 하나의 화장실을 선정하여 그 화장실에서 이루어지는 남성들 간의 동성애 행위를 참여관찰자(Voyeur)로서 연구했다. 이때 Voyeur는 남성들 간의 동성애를 옆에서 관람하는 사람이면서 다음 차례를 기다리는 사람이다. 또는 Voyeur는 동성애를 나누는 남성들의 안전을 위해 누가 문을 열고 들어오는지를 지키는 역할을 하는 사람이다.

험프리는 1967년 3월부터 8월까지 체계적인 관찰지를 사용하여 연구 장소에서 일어나는 남성들 간의 동성애를 연구했고, 그 결과로 남성들 간의 동성애의 여러 가지 형태, 규칙과 역할, 게임의 위험함 등에 대해 분석했다. 그러나 험프리는 자신의 연구를 여기에서 멈추지 않았고 일반 이성애자와 동성애를 하는 허구적인 이성애자의 여러 가지 인구학적인 특징(직업, 나이, 종교, 성에 대한 신념, 주거지역, 연봉 등)이 무엇이며 어떤 차이를 나타내는지를 분석하기를 원했다. 그러나 공중 화장실에서의 동성애는 아무런 사랑의 감정 없이 이루어지는 육체적인 사랑(impersonal sex)이었기 때문에 대부분의 참여자들은 행위가 끝나면 곧바로 차를 타고 집으로 가버렸다.

이에 험프리가 시도한 모험은 주차장에 있는 차의 차량번호를 모두 자신의 연구노트에 기록하고 그 차 주인이 누구인지를 밝히고자 한 것이었다. 그러나 험프리는 책에서 밝혔듯이(pp. 41-44) 곧바로 그 주인에게 찾아가서 내가 당신을 화장실에서 보았으니 연구에 참여해 달라고 요청할 수 없었다. 이에 시에서 실행하는 건강관련 설문지 연구를 하는 친구에게 부탁하여 자신이 필요한 연구 참여자들을 표본으로 선정하여 자신이 알고자 하는 질문내용을 첨가하여 설문지를 배부하도록 했다. 이 과정에서 참여자들의 주소를 알기 위해 험프리는 도로교통안전국의 담당자에게 가서 시민의 건강 관련 연구를 할 계획이어서 다음 사람들의 주소와 연락처가 필요하니 그러한 정보를 달라고 부탁했고, 그 담당자는 기꺼이 필요한 모든 정보를 제공했다.

이에 험프리는 관찰 작업이 끝난 약 1년 후에 설문지 면담자라고 자신을 위장하고 자신의 연구에서 표본이 된 사람들의 가정을 찾아가서 필요한 정보를 얻을 수 있었다. 이 과정에서 험프리는 있을지도 모르는 사건(표본에 뽑힌 연구 대상이 험프리를 알아보는 경우)에 대비하여, 헤어스타일, 수염, 옷 스타일, 차량 등을 모두 바꾸고 건강관련 설문에 필요한 면담자로서 이미지를 연출했다.

연구 윤리 문제

(1) 험프리가 도로교통안전국에 차량번호를 제공하고 그 차량번호의 주인이 누구인지를 알려고 한 것은 윤리적으로 문제가 없는 것인가?

(2) 공중 화장실에서 동성애를 하는 일반인의 대부분은 결혼한 남성이었는데 이들의 결혼생활이 험프리의 연구를 통해 위험에 빠지지는 않았는가?

(3) 험프리가 각 가정을 찾아갔을 때 연구 대상은 험프리를 전혀 알아보지 못했을까? 알았다면 연구 대상은 어떠한 심리적 고통과 압박을 느꼈을까?

(4) 연구 대상이 그러한 감정을 느꼈다면 그 연구 대상은 정말로 그 연구에 자발적으로 참여했겠는가?(자신의 비밀이 누설될까 봐 아마도 할 수 없이 참여했을 수 있다.)

(5) 연구 대상의 집에 가서 건강 관련 설문지 면담자라고 허위로 연구 목적을 설명한 것은 과연 정당화될 수 있는가?

(6) 험프리는 연구에 참여하기를 거부하는 연구 대상들에게 연구 참여를 강제하기 위해 심리적 위협을 가하지 않았을까?

(7) 험프리는 연구가 끝난 후에 모든 기밀 자료를 폐기 처분했다고 했는데(수천 마일 떨어진 장소에서 모두 불태웠음) 만약 이 자료가 Blackmail로 사용되었다면 어떻게 되었을까?

(8) 연구자의 자유가 우선인가? 아니면 연구 참여자의 자유가 우선인가?

(9) 박사논문과 책으로의 출간이 과연 동성애자의 이미지에 긍정적 역할을 했다고 할 수 있는가?(공중 화장실에서 나타난 남성들 간 동성애의 자세한 묘사는 동성애자들

의 이미지를 부정적으로 만들 수 있다. 영화 'Philadelphia'를 참고할 것)

[예] 윌리엄 화이트의 〈Street Corner Society〉

사회학 분야에서 도시 지역 연구와 집단의 권력에 대한 고전적 작품으로 인정받고 있는 〈이태리계 미국인의 삶〉은 보스턴의 Cornerville이라는 거리에서 살고 있는 사람들에 대한 참여관찰 연구이다. 저자인 화이트(William Whyte)는 이 연구를 위해 약 3년 8개월간 이 거리에 거주하면서 사람들의 삶을 참여관찰과 면담을 통해 연구했고 이를 책으로 출간했다.

그러나 1992년에 와서 볼렌(Marianne Boelen)이라는 학자는 이 유명한 책이 갖는 윤리적, 방법론적 문제를 지적하는 논문을 Journal of Contemporary Ethnography(1992, pp. 11-51) 21(1)에 게재했다. 이 논문에서 저자는 이 책에 대한 외경심을 표현하면서, 나아가 이 책이 과연 연구된 사람들의 삶을 내부자적 시각에서 이해하려고 했는지를 문제 삼고 있다. 이탈리아에서 약 4년간 실제로 살았던 경험이 있는 이 저자는 화이트가 도출한 연구 결과의 잘못된 해석과 함께 현장 작업에서 나타난 여러 가지 문제점을 자신의 현장 작업을 통해 매우 치밀하게 지적했다. 즉, 화이트가 했던 방법대로 Cornerville에서 과연 그러한 일이 일어났으며 기술과 해석이 정확한 것인지를 평가하기 위해 Cornerville을 찾아가 연구를 시작했다.

연구 결과로서 볼렌은 화이트가 책에서 기술했던 내용에 대해 제기될 수 있는 윤리 문제를 다음과 같이 지적했다.

(1) 저자인 화이트는 이태리계 미국인이 사는 동네를 빈민가(Slum)로 기술하고 있으며 책에서 적어도 100번 이상 그 용어를 사용했다고 지적한다. 화이트가 '빈민가'의 개념을 여러 가지 이론적 주장으로 설명했으나 정작 내부자인 이 지역에 살고 있는 사람들은 이 지역을 빈민가라고 생각하고 있지 않았으며 그렇게 기술된 사실에 대해 매우 불쾌한 감정을 표현했다고 지적했다. 나아가 볼렌 역시 현대화와 도시화의 부산물로서 Cornerville을 해석하기보다는 고향인 유럽의 이탈리아를 떠난 이민자들의 새로운 삶의 터전으로서 이해해야 한다고 주장했다.

(2) ≪Street Corner Society≫ 책의 2/3는 이 동네 삶을 대표하는 조직으로서 racketeering과 gangs의 삶을 기술하고 있다. 그러나 볼렌의 추후 연구 작업에서는 그 당시 그 동네 삶을 대표하는 것은 평범하고 평화로운 이태리계 미국인들의 삶이었지, 갱들과 불량배 집단이 아니었다고 지적했다. 분석자는 1943년 당시 그 곳에 살았던 동네 주민과의 면담을 통해 불량배들은 약 .001%만이 해당했다고 주장했다. 따라서 화이트가 Cornerville의 삶의 특징을 오직 불량배 조직 및 갱 집단 조직과 생활로서 특징화한 것은 매우 잘못된 상징이자 표현, 해석이었다고 할 수 있다.

실제로 볼렌은 화이트가 쓴 책을 가지고 가서 그 내용을 알려 주었더니 그 주민의 많은 사람들이 화이트가 자신들의 동네를 그렇게 표현한 것에 매우 크게 분노했다고 지적했다. 볼렌 역시 이태리 거주 경험을 살려서 Cornerville의 이미지는 갱들이 판치는 그러한 문제 동네가 아니라 젊은이들이 서로 만나서 배우고, 친구하며, 인생을 경험하는 이태리의 전형적인 시골마을과 비슷하다고 주장했다.

(3) Cornerville에 기술된 여러 주민들의 이미지에 대한 서술은 부정확하며 비윤리적이라고 지적했다. 예를 들면 화이트에게 자취방을 제공한 이태리 레스토랑 주인과 가족에 대한 기술은 매우 외부자적 시각에서 기술되어 있고 부정적으로 기술되어 있다고 분석했다. 실제 이태리 레스토랑 주인의 삶은 책에서 기술된 것과는 전혀 달랐다. 그는 책에 기술된 대로 '늦은 밤까지 접시를 닦는 삶을 살아가는 조그마하고 가난한 레스토랑 주인'이 아니라, 168개의 좌석을 갖추고 여러 명의 요리사를 둔 매우 큰 레스토랑을 사기 위해 자신이 가지고 있던 부동산을 팔 줄 알았던 현명한 경영주였다. 아울러 레스토랑은 유명한 가수들과 작곡가들이 노래를 불렀던 유명한 장소였다.

(4) 볼렌은 화이트의 연구의 주요 제보자였던 독(Doc)의 자식들을 만났는데, 책에서 기술된 것과는 달리 독은 연구 결과에 대한 어떠한 정보도 듣지 못했다고 했다. 화이트는 책에 기술된 많은 내용을 독이 읽고서 통과 또는 허락한 것이라고 설명했지만 그의 자식들의 이야기에 따르면 아버지는 화이트가 아버지와 동네에 대한 이야기를 책으로 출간할 것이라는 사실에 대해 전혀 알지 못했고 책이 출간된 이후에도 어떠한 연락이 없었다고 지적했다. 많은 주민들은 볼렌에게 만약 화이트가 책을 쓰기 위해 그 동네에 앉아 있었다는 것을 알았다면 그 동네의 진면목이 무엇인지를 더 잘 쓰도록 도와주기 위해 더 많은 정보를 제공했을 것이라고 이야기했다고 한다.

〈별첨 1〉은 1971년 미국 인류학회에서 처음 만들어진 연구 윤리 헌장으로 전문에서 필요한 부분만 발췌했다. 그리고 〈별첨 2〉는 오하이오 주립대학교의 연구윤리위원회에서 만들어진 연구 윤리 지침이다. 이 대학교의 학생들은 각 내용을 자세히 이해하고 계획서를 제출할 때 이 규정을 충분히 반영하여 평가위원들로부터 허락을 받아야만 한다. 전문에서 필요한 내용만 발췌했다.

별첨 1

미국 인류학회 전문가 책임 원리

서문

인류학자들은 세계 곳곳에서 그들이 연구하는 사람 및 상황과 긴밀한 유대를 맺으면서 일하고 있다. 그러므로 그들의 직업적 상황이란 대단히 복잡다단한 것이다. 그들은 나름의 규율과, 동료, 학생, 발주자, 실험참여자, 정부 및 주최국 정부, 현장 연구에서 맞게 되는 특정한 개인과 집단, 그들이 작업하는 국가의 이해집단과 다른 모집단, 그리고 복잡하게 연루된 현장에서는 오해, 알력과 상반된 가치를 선택해야 하는 요구를 받을 수 있고, 윤리적 딜레마를 겪을 수도 있다. 인류학자가 이러한 것을 예상하고 해결할 방법을 모색하는 것은 중요한 의무가 된다. 그리고 가능한 한 그들의 학자 동료사회와 연구 참여자 모두에게 해가 가지 않는 방법으로 해야만 한다. 이러한 조건이 충족되지 않는 한, 인류학자는 연구의 어떠한 부분도 진행하지 않도록 분별 있게 사고해야 할 것이다. 다음의 원칙은 인류학자에게 기초라고 여겨지는 직업의 윤리적, 의무적 조항이다.

1. 연구 참여자와의 관계

연구에 있어서 인류학자의 최대 의무는 연구 참여자에 있다. 인류학자는 항상 그들의 신체적, 사회적, 심리적 복지를 보호하고 그들의 존엄과 사생활을 존중하는 데 자신의 힘과 노력을 아끼지 말아야 한다.

　　① 연구의 목적은 반드시 통지되어야 한다.
　　② 정보 제공자는 익명으로 남을 권리를 가진다.
　　③ 개인적인 목적으로 정보 제공자를 착복해서는 안 된다. 공정한 보상이 모든 노력에 주어져야만 한다.
　　④ 연구의 예상되는 결과는 영향을 받을 수 있는 개인과 집단에게 통지되어야 한다.

2. 공공에 대한 의무

인류학자들은 공공, 즉 그의 직업적 노력의 모든 예상되는 수요자에게도 책임이 있다. 그들에게는 인간을 연구하는 사람으로서 자기의 의견을 개진하고 연구 결과를 발표하는 데 솔직하고 진실할 의무가 있다.

　　① 그는 자신의 발견을 남에게 비밀스레 말해서도 안 되고 감추어서도 안 된다.
　　② 그는 자신의 발견을 고의적으로 위조하거나 윤색해서는 안 된다.

③ 인류학자들은 개인적으로나 집단으로 인간에 대한 연구에서 얻은 전문적인 식견을 바탕으로 자신의 아는 바와 믿는 바를 공공 앞에서 적극적으로 말할 의무를 지닌다. 그것은 즉, 그들이 여론과 공공정책의 기초가 되는 '현실의 적절한 정의'에 힘쓸 의무가 있음을 말하는 것이다.

3. 규율에 대한 의무

인류학자는 자신의 규율과 실무자들에 대한 좋은 평판을 갖도록 노력할 의무가 있다.

① 그는 연구 결과가 자유롭게 공표될 수 없는 어떠한 비밀스러운 연구에도 참여해서는 안 된다.

② 그는 성실성과 친밀감의 수준을 현장에서 유지하도록 노력해야 하며, 그의 행동과 예들이 미래의 연구에 어떠한 위협도 없을 것임을 보여야 한다. 그 의무는 어느 누구에게도 위해를 입힐 보고나 분석을 하지 않는 것이며 정보 제공자의 복지와 사생활을 위하는 방법으로 연구가 수행되어야 함을 말하는 것이다.

4. 학생에 대한 의무

학생과의 관계에 있어서 인류학자는 솔직 공정하고 착취적이어서는 안 되며, 그들의 복지와 학문적 진보를 위해 힘써야 한다. 훌륭한 교사의 필수자질은 진실이지 중립성이 아닌 것이다. 진실하게 가르치는 것 외에, 교사로서의 인류학자는 선발, 윤리교수, 경력 상담, 학문적 감독, 평가, 보상과 정치에 있어서 윤리적 의무를 지닌다.

① 그는 학생선발에 있어서 성, 인종, 종족, 사회계급 그리고 지적 잠재력으로 구분할 수 없는 범주를 근거로 해서 차별을 해서는 안 된다.

② 그는 학생들에게 연구의 윤리 문제를 상기시켜야 하고, 의문시되는 윤리 기준을 가진 프로젝트에 참여하는 것을 막아야 한다. 이것은 학생으로 하여금 다른 대안을 찾게 해 줄 뿐만 아니라 연구 발주자가 뱉어내는 유혹과 비윤리적 압력으로부터 그들을 보호하기 위한 대화와 정보를 제공하는 것을 포함하는 것이다.

③ 그는 학생들의 인류학적 노력과 그 밖의 학문적 노력을 지원하고 격려하고 세심하게 지도해야 한다.

④ 그는 자신의 저작물에 대한 학생의 조력에 대해 활자로서 사의를 표해야 하며, 적절한 보상(공동저자 등)을 주어야 한다. 그리고 학생의 연구가 출판될 때는 학생의 가치 있는 논문이 출판되도록 도와주고 격려해야 한다. 그리고 학생이 시간과 정력과 지력을 연구와 교수에 쏟은 만큼 공정히 보상해야 한다.

5. 발주자에 대한 의무

연구 발주자와의 관계에 있어 인류학자는 자신의 자격, 능력, 목표에 대해 솔직해야 한다. 이처럼 연구에 임하기도 전에 발주자의 목적을 그의 과거의 행적에 비추어 진지하게 숙고해 봐야 할 의무에 직면하게 된다. 그는 특히 자신의 직업적 윤리 혹은 배치되는 의무에 반하는 조건의 응락을 암시하거나 약속하지 않도록 조심해야 한다. 즉 이는 발주자가 기금 출처에 대한 완전한 공개, 인사, 연구 과제와 기관의 목적, 연구 결과의 처리를 밝혀야 한다는 것을 의미한다. 연구자는 연구, 연구 결과, 보고와 관련해서 발주자와 어떠한 비밀스러운 합의도 해서는 안 된다.

후기

마지막 분석으로서, 인류학 연구는 인간의 일로 개인의 과학적 의무뿐만 아니라 윤리적으로도 의무를 가지기 위한 선택에 의존한다. 그 의무란 초인간적인 의무가 아닌 인간적인 것이다. 잘못은 인지상사요, 용서도 인간의 몫이다. 이 직업적 의무의 원칙에 대한 헌장은 처벌을 위한 것이 아니라, 용서할 만한 일의 발생을 최소화하기 위한 가이드라인을 제공하려는 것이다. 어떤 인류학자가 자신의 행위에 의해 연구 참여자, 동료, 학생 혹은 타인을 위협하거나 자신의 직업적 서약을 어겼을 때, 그의 동료는 그런 행위들의 적부성을 합법적으로 가릴 수 있으며, 회원들이 적절하다고 여길 때 협회의 합법적인 권한으로 필요한 조치들을 취할 수 있다.

별첨 2

오하이오 주립대학교 연구윤리위원회의 연구 윤리 지침

오하이오 주립대학교에서는 사람이 연구 참여자의 역할을 하는 연구에 있어서 연구 윤리 실천의 필요성을 인식하고 있다. 또한 연구는 연구 참여자들의 프라이버시, 안전, 건강, 복지 등을 전적으로 보호해야 한다는 책임에 대해서도 충분히 인식하고 있다. 그렇기 때문에 오하이오 주립대학교는 어떤 연구가 과연 연구 참여자 보호를 우선시하고 있는지를 평가하기 위해 위원회를 설립했다. 이 위원회에서 정한 정책 원리는 다음과 같다.

1. 모든 실험에서 연구 참여자의 참여는 반드시 자발적이어야 하고 연구 참여자의 동의를 얻기 위해 제공되는 정보는 정확하고 타당한 것이어야 한다. 연구에 참여한 사람에게 참여를 강요하지 말아야 하고 참가에 대한 적절한 선택이 주어져야 한다.
2. 연구 참여자를 포함한 연구와 훈련 활동은 자격있는 사람들에 의해 감독되어야 한다.
3. 연구 참여자를 포함한 모든 연구 계획서는 의정서를 작성하기 전에 연구윤리평가위원회에 의해 평가, 승인받아야 한다.
4. 연구 참여자의 동의는 강압이나 사기, 협박 등의 부정한 수단이 아닌 선택의 자유의지를 통해 이루어져야 한다.

동의의 기본 요소

(a) 뒤따르는 절차, 실험을 하는 사람들의 신분 증명을 포함하여 실험 목적을 설명하고, 연구 참여자가 이 실험에 참여하는 데 소요되는 예상 기간을 설명한다.
(b) 실험 참여자들에게 예상되는 불편한 사항과 위험한 사항들에 대해 합리적으로 설명해 준다.
(c) 실험 참여자들에게 예상되는 이점에 대해 합리적으로 설명해 준다.
(d) 실험 참여자들에게 이득이 되는, 선택 가능한 적합한 절차를 발표한다.
(e) 연구 참여자의 신분상의 기록에 대한 비밀보장과 그 범위를 설명한다.
(f) 연구 참여자가 어떠한 협박이나 손해 없이 그 연구에서 언제든지 그만둘 수 있음을 알려 준다.
(g) 생물의학적 또는 행동적 해를 당했을 경우에 어떠한 의학적 치료와 경제적 보상이 주어지는지에 대해 설명한다.
(h) 연구 참여자의 권리와 관련한 질문에 응답해 줄 사람이 누구인지, 그 실험과 관련하여 피해를 입었을 경우 누구에게 연락해야 하는지를 설명해 준다.

추가 요소

(a) 사용하는 실험 절차나 처치가 위험의 여지가 있음을 진술한다.

(b) 연구 참여자의 동의 없이 연구자에 의해 연구 참여자의 참여가 종료될 수 있는 상황을 설명한다.

(c) 그 연구 과정 동안 개발된 중요하고 새로운 연구 결과들이 연구 참여자들에게 제공되어야 한다.

(d) 연구 참여 시 문서로 작성되거나 구두로 작성된 동의서에는 해당 기관이나 대학이 그들의 부주의나 과실에 대한 책임을 회피하거나 연구 참여자가 법적 권리를 파손하는 어떤 행동을 할 수 없다.

어린 아동이나 무능력하고 결단력 없는 연구 참여자일 경우에 그들의 동의를 얻기 위해서는 연구에 앞서 문서나 구두형식으로 된 보고서를 부모나 후견인 또는 적합한 제3자에게 제공해 주어야 한다. 그러나 부모, 후견인 또는 다른 제3자가 동의서에 서명할지라도 연구 참여자에게 진정으로 참가할 의향이 있는지 아니면 참가하고 싶은 의향이 없는지를 표현할 수 있는 기회를 주어야 한다. 이에 연구에 참여한다는 동의서의 원본은 대학의 연구윤리위원회가 보관하고 그 복사본은 연구 참여자가 소지한다. 최소한 연구가 종료된 후 약 4년 동안 이 동의서는 보관되어야 한다. 아울러 두 개의 동의서의 복사본은 수석 연구자가 책임을 지고 보관한다.

다음 양식은 연구자가 동의서와 연구 윤리 성취 계획서를 위원회에 제출한 후에 위원회로부터 받게 되는 최종 평가서이다.

평가 위원회의 통지서

평가 위원회는 다음과 같은 행동을 취합니다.

_____ 찬성 _____ 반대

_____ 조건부 찬성* _____ 제시한 내용에 따라 동의

* 이 연구 계획서는 연구윤리위원회로부터 조건부 통과를 받은 양식입니다. 이에 연구자는 연구위원회가 정한 조건들을 만족시킬 수 있다고 할 때 연구를 시작할 수 있습니다. 이에 연구위원회가 진술한 조건부 내용을 자세히 읽어 보고 그 내용을 모두 수용할 수 있는지를 확인하고 그 조건을 충족시키면서 연구를 행해야 합니다.

이 평가서가 심사위원들을 잘 설득한 경우, 아무런 조건 없이 연구에 착수할 수 있다. 그러나 만족스럽지 못한 경우에는 조건부 통과를 받게 된다. 이 경우에 연구자는 다시 계획서를 작성해야 하거나 아니면 조건부로 연구할 수 있는 기회를 제공받는다. 조건부란 연구자가 대학이 규정한 코드를 불가피하게 수행하지 못하는 경우, 왜 그런가를 설명하여 심사위원들을 이해시켜야 함을 말한다. 다음 양식에서 통과 또는 조건부 통과인 경우에 연구자는 연구에 바로 착수할 수 있다.

[예] 연구 윤리 계획서: 에이즈 감염 여성들에 대한 페미니스트 연구

개요

심리치료사인 스미시스(Chris Smithies) 박사는 지난 3년 6개월 전부터 에이즈에 걸린 여성들에 대한 심리치료를 담당하는 지원모임을 운영하고 있다. 1992년 1월에 오하이오 주의 콜럼버스에서 이러한 여성들을 위한 모임들에 대한 연구를 위해 연구협력자로서 활동하기 시작했다. 이 모임을 통해 스미시스는 여성들의 에이즈 감염이 남성과 관련이 깊다는 사실에 대해 공개적으로 정보를 알리기 위해 이 모임에서 연구 참여자들의 이야기를 경청하도록 요구되었다. 아울러 동부중앙지역 에이즈 예방교육센터 이사인 제임스 퍼슨 의학박사, 스미시스가 초청한 오하이오 주립대학교 교육학과 교수인 레이더가 연구에 참여하게 되었다.

두 에이즈 지원모임은 1992년 5월 29일부터 31일까지 인디애나 주 올덴버그에서 만나 Member Check 계획을 세웠는데 그들 중 20~30명은 에이즈 관련 워크숍에 참석할 예정이었다. 이번 검토과정에서 연구자와 연구 참여자들 간에 충분한 공감대가 형성되었다. 그리고 그들이 요청한 '우리의 이야기를 일반인들에게 들려주는 것'에 대한 그들의 연구 참여가 자발적이었음을 확인하는 활동을 하게 될 것이다. 따라서 이 연구모임에 참여하려고 하는 연구 참여자들은 구두 또는 서면으로 다음과 같은 동의서와 서명을 하도록 요청된다.

연구 설계

1. 6월, 핵심 연구그룹에서 2~4명의 연구 참여자들은 연구와 관련된 여러 가지 이슈들과 생각들을 연구자들에게 말하게 될 것이다. 이를 위해 다음과 같은 질문에 답해야 할 것이다. 아울러 비밀을 보장하기 위해 이름과 개인정보를 익명으로 했다.

   7월부터 8월까지 1시간 동안 편안한 장소에서 개별적인 면담을 하며, 질문 내용은 다음과 같다.

- 연구 결과에 대한 최근의 재검토작업을 하는 것에 대해 어떻게 생각합니까?
- 당신은 자신에 대해 어떻게 설명할 수 있습니까? 어떤 것이 에이즈에 걸린 여성이라는 경험에서 벗어나는 데 가장 큰 도움을 줍니까? 방해 요소는 무엇입니까?
- 당신의 다양한 상황을 다시 말할 수 있을까요? 에이즈에 걸린 사람으로서의 삶이 평탄하지 않거나, 불편합니까? 아니면 순응하고 살고 있습니까?
- 어떻게 이 모임 속에서 공동체를 형성하게 되었습니까? 정신적 공감? 아니면 가족과 아이들로부터 받은 영향인가요?
- 우리가 이번 연구 작업의 결과를 어떻게 사용할 때, 이 연구가 에이즈 여성의 용기, 식견, 창의성, 관대함, 희망과 웃음에 대해 알릴 수 있을 거라고 생각합니까?
- 우리의 삶이 '자료'로 기록되는 것을 보고 어떤 기분이 듭니까? 당신이 당신과 우리들, 그리고 연구자들을 알려 하고 자신의 경험을 나타내려 할 때 어떤 방법을 이용할 생각입니까?

이러한 질문들에 대한 연구 참여자들의 면담은 그들의 동의하에 테이프로 녹음하여 기록할 것이다. 테이프와 기록은 연구자들이 보관할 것이다. 이름과 그들에 대한 배경지식은 익명으로 하여 비밀이 보장되도록 할 것이다. 또한 연구 결과에 대한 Member Check는 연구 보고서를 쓸 때 연구 참여자들에게 수정할 수 있도록 알려 줄 것이다.

2. 10월에 4~6명의 연구 참여자들이 참가하는 두 시간의 Member Check는 연구 참여자들의 다양한 이야기와 글을 모아서 해석의 차이를 논하고, 그들이 진정으로 바라는 점이 무엇인지를 고려하여 최종 보고서에 반영하는 것을 목적으로 한다.

1992년 5월/ 7월 3일 수정
받는 사람: 연구 참여자들
보내는 사람: 패티 레이더(Patti Lather)와 크리스 스미시스(Chris Smithies)

우리는 당신이 흔쾌히 우리의 연구 계획('우리의 이야기를 듣는 것: 에이즈 여성들')에 참가하게 된 것을 기쁘게 생각합니다. 첨부된 것은 연구 계획에 대한 동의서입니다. 우리는 당신이 가능한 한 빨리 서명을 하고 돌려주었으면 좋겠습니다. 면담은 다음 내용을 따를 것입니다.

(1) 가을동안에 크리스와 패티는 당신이 연구에서 다루기를 원하는 주제와 문제를 생각하는 작은 모임을 가질 것입니다. 우리는 이것이 책이나 몇 가지 기사로 되

기를 희망합니다. 우리는 또한 당신의 말을 어디서 어떻게 듣는 것이 좋을지 의
논할 것입니다.

(2) 가을과 겨울동안에는 그룹면담과 에이즈 여성으로서의 당신의 경험에 대한
개별면담에 초대받을 것입니다. 그룹면담은 에이즈 여성 지원단체가 개최하
는 장소에서 실시됩니다. 우리가 테이프나 기록으로 당신의 면담내용을 기록
하는 것을 허락해 주기를 바랍니다. 보안은 엄격하게 지켜질 것이고 테이프
와 기록문은 패티와 크리스가 보관할 것입니다. 연구가 끝나면 기록물은 파
기됩니다.

(3) 겨울에는 면담자료를 정리하는 초안 작업에서 해석의 차이를 논의하고 당신
의 의견을 듣기 위해 작은 모임을 가질 것입니다. 이것은 우리의 연구에 많이
기여하게 될 것입니다. 이 모임에서 연구 보고서를 추가적으로 수정할 수 있을
것입니다.

우리는 이번 연구에 대해 기대를 많이 하고 있으며, 당신에게도 소중하고 의미 있
는 경험이 되기를 바랍니다. 이번 연구의 전 부분에 참가해 주시면 더 좋겠지만, 면담
에 대한 참여가 특히 중요하다고 생각합니다. 물론 참여를 포기하려고 하시면 언제든
지 가능하고 우리는 이를 존중할 것입니다. 이번 연구의 참가여부가 당신의 다른 모임
의 활동에 아무런 영향도 미치지 않을 것입니다.

궁금한 사항은 다음 전화번호 중 하나로 연락 주십시오(장거리 전화는 받지 않습니
다). 많은 협조 부탁드립니다.

Patti Lather, Ph.D.

121 Ramseyer Chris Smithies, Ph. D.

29 W. Woodruff 52-C West Fifth Avenue

Ohio State University   Columbus, OH 43201

Columbus, OH 43210   614-292-1751

614-292-5181

1992년 10월

연구 참가 동의서

나는 '우리의 이야기를 듣는 것: 에이즈 여성들'의 연구 프로젝트에 참가하겠습니다.

이 프로젝트의 목적은 책에 들어갈 에이즈 여성들의 이야기를 모으는 것입니다. 연구 참가자로서 하나 또는 두 개의 모임으로 그룹면담을 하게 되고 내 경험에 대한 개별적인 면담은 가을과 겨울쯤 하게 될 것이고 2~4명은 겨울에 참가자로서 면담내용을 정리하기 위해 2시간 정도 모임을 가져야 되는 것을 알고 있습니다.

나는 이번 연구로 만들어진 어떤 문서에도 나의 이름과 개인정보에 대한 익명성이 보장됨을 알고 있고 연구가 끝나면 테이프와 기록은 폐기처분될 것입니다.

나는 개인의사에 따라 연구를 언제든지 그만둘 수 있고 연구에 참여한 것이 나의 다른 모임 활동에 아무런 영향을 미치지 않을 것임을 알고 있습니다.

이름: _____

주소: _____

_____

전화번호: _____ (신중하게 적어 주십시오.)

연락 가능한 시간: _____

본인 확인 서명 _____

1. 질적연구에서 왜 '윤리적 활동'이 양적연구에 비해 강조되기 시작했는지 그리고 왜 그렇게 되어야만 하는지에 대해 이 장에 소개된 글의 내용을 바탕으로 토론해 보자.

2. 톰 크루즈 주연 영화인 '마이너리티 보고서(Minority Report)'의 결말은 왜 그렇게 만들었는 지에 대해 윤리적 측면에서 생각해 보자. 그리고 우리의 주위에서 연구라는 명분 아래 실행되는 많은 연구에서 윤리적 측면이 얼마나 강조되고 있는지/안 되고 있는지를 살펴보자.

3. 연구 윤리는 단순히 연구 과정에서만 달성되는 것이 아니다. 연구 결과에서 나타난 내용이 연구하고 있는 연구 참여자의 삶과 직접적으로 관련 있을 때, 그리고 그들의 삶과 복지에 부정적으로 영향을 끼칠 수 있다고 생각될 때 연구자는 어떤 결정을 내려야 하는지에 대해 토론해 보자. 우리의 글쓰기는 연구의 결과만큼이나 연구 참여자의 이미지에 상당한 영향을 끼친다. 여러분이 묘사한 연구 참여자의 삶이 부정적인 것이라면 여러분은 과연 그 연구 결과를 출판해야 옳은가? 아니면 출판하지 말아야 하는가?

4. 김영천은 저서 ≪네 학교 이야기≫를 1997년도에 시카고 대학교의 Philip Jackson 교수의 추천을 받아 구미에 영어로 출간할 수 있게 되었다. 그러나 김영천은 그러한 학술적 명예 대신에 출판을 포기하는 결정을 내렸다. 윤리적 측면에서 출판을 포기한 이유를 추측해 보자.

5. 상당수의 질적연구들이 현장을 세부적으로 묘사하기 때문에 현상과 실제에 대해 부정적 결론이나 이미지를 만들어 내는 경우가 많다. 그렇기 때문에 질적연구자들은 때로는 진보주의자, 개혁주의자 또는 불평주의자로 평가받는다. 진보적 성격을 가진 연구자에게는 그러한 특징이 문제되지 않겠지만, 그렇지 않을 경우 연구자의 개인적 성격과 연구 결과 사이의 괴리 문제를 심각하게 생각해 볼 필요가 있다. 질적연구가 과연 개혁주의자들의 전유물인지 생각해 보자.

6. 김영천은 우리나라 국가 정부 소속의 국책 연구기관에서 시도한 연구 작업(한 개의 질적연구와 약 여섯 개의 양적연구)에서 유일하게 질적연구를 수행하게 되었다. 6개월의 연구 작업 후 연구 결과는 양적연구자와 질적연구자에게 서로 상이하게 나타났다. 모든 양적연구는 국가에서 실행한 A 프로그램이 '매우 효과가 있는 것'으로 발표했고 한 개의 질적연구는 '매우 만족스럽지 못한 상태'라고 결론지었다. 물론 대부분의 양적연구는 질문지를 통해 이루어졌고 한 개의 질적연구는 수십 명의 연구 보조원에 의한 현장방문과 인터넷 홈페이지에 대한 계속적 관찰을 통해 수행되었다. 이 두 개의 상이한 연구 결과에 대해 국책기관은 어떤 선택을 했을까? 어떤 연구 패러다임이 연구 결과에 포함되지 못했을까? 그리고 그 다음 해에 어떤 연구가 계속 연구비를 받으며 연구가 수행되었고 어떤 연구가 연구비를 받지 못하고 그해를 끝으로 중단되었을까? 추측해 보자.

참고문헌

구인회(2009). 뉘른베르그 강령과 헬싱키 선언의 분석 및 가톨릭교회의 연구 윤리 관점. 생명윤리, 10(1), 33-48.

구정모, 권복규, 황상익(2000). 벨몬트 보고서. 생명윤리, 1(1), 2-12.

김종빈, 김종수(2014). 기관생명윤리위원회와 연구 윤리. 대한소아치과학회지, 41(2), 187-192.

서이종(2009). 매국 터스키기 매독연구의 생명윤리 논란과 그 영향. 사회와 역사, 83, 187-221.

조백현(2014). 뉘른베르크 강령: 생명의학, 국가, 그리고 사회적 이념. 의철학연구, 17, 3-36.

Kimmel, A. (1988). *Ethics and values in applied social research,* Newbury Park, CA: Sage.

Krieger. S. (1983). *The mirror dance: Identity in a women's community.* Philadelphia: Temple University Press.

Lather, P. (1993). Politics and ethics in feminist research: researching the lives of women with HIV/AIDS, address prepared for Ethnography and Education Research Forum.

Lincoln, T. S., & Guba, E. G. (1989). Naturalistic inquiry. Beverly Hills, CA: Sage.

Lindsey, R. (1985). Informed consent and deception in psychotheraphy research, *The Counselling Psychologist,* 12(3), pp.79-86.

Mayerhoff, B., & Ruby, J. (1982). Introduction. J. Ruby ed. A crack in the mirror: reflective perspectives in anthropology. Philadelphia: University of Philadelphia Press.

Partridge, W. (1979). Epilogue: ethical dilemma, In Partridge. W., & Kimball. S. (Eds.) The Crafted community study: fieldwork dialogues. Florida: University of Florida Social Sciences, monograph Number 65.

Robinson, S., Gross, D. (1986). Counselling research-ethics and issues, *Journal of counselling and development,* 64, pp.331-347.

Stanley, L., & Wise. S. (1989). Method, methodology, and epistemology in feminist research processes. In Liz Stanley (Eds.) Feminist praxis: Research, theory, and epistemology in feminist sociology, London: Routledge.

Tunnell, K. (1998). Interviewing the incarcerated: Personal notes on ethical and methodological issues. deMarris, K. B. (ed.). Inside stories: Qualitative research reflections. Lawrence Erlbaum Associates.

Van Maanen. J. (1988). Tales of the Field, Chicago: The University of Chicago Press.

Wax, M. (1979). Research Reciprocity rather than informed consent in fieldwork, Sieber. J. (Ed.) *The ethics of social research fieldwork, regulation and publication,* NY: Springer-verlag.

Whyte, W. (1979). On making the most of participant observation. *American sociologist,* 14, 56-66.

Wolf, M. (1992). *A Thrice told tale: feminism, postmodernism and ethnographi responsibility.* Stanford University Press.

15

좋은 질적연구의 창작 및 평가기준

좋은 질적연구를 만들기 위해서는 우선 글을 쓰는 노력이 투자되어야 할 것이다. 그러나 이와 함께 이 분야의 전문가들이 추천한 '좋은' 질적연구란 어떤 것인지에 대해 개념적으로 또는 개략적으로 이해한다면 자신의 질적연구 작업에서 더 좋은 작업 결과와 글쓰기 작품을 생산하는 데 도움이 될 것이다. 지침과 기준, 안내 방향을 가지고서 길을 찾는 것과 그렇지 않은 것에는 목적지 도착에 있어서 큰 차이가 있을 것이다. 그러한 점에서 『질적연구방법론 I: Bricoleur』 책의 마지막 장에는 제목이 시사하는 것처럼 좋은 질적연구를 만들기 위해 초임연구자들이 알아야 하는 좋은 질적연구의 준거들을 제시하고자 한다. 연구 주제에 따라서 그리고 연구 전통에 따라서 좋은 글과 작품의 선정이 달라지겠지만 이 장에서 소개한 내용에 기초하여 글을 쓰고 글쓰기를 한다면 좋은 결과를 얻을 것으로 생각한다.

1. 린컨과 구바의 평가기준

질적연구의 대가로서 활동한 구바(Guba)와 그의 사후에 활동하고 있는 부인인 린컨(Lincoln)은 질적연구가 잘 되었는지를 평가하는 기준을 가장 먼저 이론화시킨 일군의 학자들에 속한다. 이들이 제시한 기준들은 질적연구를 구성주의적 관점에서 이해하여 질적글쓰기 작업과 결과 역시 그러한 측면에서 이론화시키고 있다. 린컨과 구바(1989)는 어떤 연구자의 질적연구를 평가할 수 있는 기준을 다음 네 가지로 제시했다.

다중적 실재

이는 질적연구자가 현상을 설명하거나 이야기를 전개해 나가는 데 있어서 단선적이거나 획일적인 하나의 관점만을 제공하기보다는 다중의 실재(multiple realities)가 존재하고 있다는 사실을 보여 주는 것을 의미한다. 이 준거가 중요한 이유는 사회/인간의 현상은 단순한 한 가지의 관점이나 이유로서 설명되기보다는 여러 가지의 복잡한 요인이나 관점의 상호작용이기 때문에 특정한 관점만을 진실로서 제시하는 것은 현상을 이해하는 데 최적의 방식이 아니라는 점에 있다. 이 준거를 적용한 한 예를 들어 본다면, 특정한 지역에 새롭게 시행된 교육과정에 대한 해석과 기술에 있어서 연구자는 특정한 한 참여자 집단(예, 교사 또는 행정가)의 해석만을 제시하는 것이 아니라, 교사의 관점, 학생의 관점, 행정가의 관점, 학부모의 관점 등 다양한 실재를 제공하는 것이 현상을 이해하는 보다 근접한 표현 방법이 되는 것이다.

수사학적 표현의 완성도

이 준거는 '수사'라는 말이 나타내는 것처럼 이야기가 얼마나 문학적으로 유려하고 세련되게 만들어지고 표현되었는지를 의미하는 것으로서 연구자의 문학적 표현 능력이나 재능과도 관계있다. 문체나 표현 기법이 수사적으로 완성도를 기해야 한다는 점에서 질적연구자는 일반 작가가 창작 과정에서 겪는 고통과 인내, 실험 정신, 창의성과 상상력을 구사하는 것이 절실하다. 아울러 이 준거로 인해 질적 작품에서의 자료 표현과 이야기 구성형식은 양적연구의 그것과는 상이한 형태를 띠게 된다.

행위 준거

행위 준거는 연구보고서를 읽은 독자로 하여금 논의되고 있는 대상에 대해 비판적인 의식의 각성이나 적극적인 행동을 취하게 할 만큼 만들어진 이야기가 지적 자극과 신선한 충격을 담고 있는지를 의미한다. 이는 질적 작품이 독자에게 끼치는 영향의 정도를 나타내는 것으로서 텍스트가 독자로 하여금 인간/사회현상을 재해석하도록 얼마나 영향을 끼쳤는지를 의미한다. 달리 표현한다면 통계와 숫자 중심의 양적연구 보고서와는 달리 질적 작품은 한 편의 소설이나 영화를 본 것과 같은 감동이 있어야 한다는 것이다.

적용과 일반화의 정도

이는 독자가 읽고 있는 질적 작품을 자신의 현장과 관련시켜 비교하고 평가해 봄으로써 연구자의 연구 결과를 독자가 처한 상황에 적용하여 일반화할 수 있을 것인지에 대한 판단과 탐구의 기회를 제공하고 있는가를 의미한다. 이 준거는 연구자가 얻은 결론이 독자가 처해 있는 상황에서도 똑같이 일어날 것인가(일반화)에 답할 수 있을 만큼 논의의 주제가 상세하게 기술되고 평가되었는가를 의미한다.

2. 린컨의 평가기준

구바 이후에 홀로 활동해 온 린컨은 1985년에 개념화시킨 '적합한 질적연구의 기준'을 1995년에 와서 새롭게 개정했다. 그녀가 개념화시킨 새로운 기준들은 구바의 생전과는 달리 새롭게 등장한 질적연구의 다양한 지식(표현의 위기, 포스트모더니즘 등)을 반영한 결과인 듯 보인다.

만족할 만한 기준들의 충족

연구는 한 연구 집단이 개념화시킨 일련의 연구에 대한 기준과 약속을 지키는 활동이다. 이에 좋은 질적연구는 질적연구자들이 만들어 놓은 여러 가지 연구 작업에 대한 기준들을 충족시키는 것이어야 한다.

위치성

연구자가 어떠한 주관성을 가지고서 연구를 해나갔는지를 기술해야 한다. 모든 연구는 한 연구자의 개인적인 인식의 표상이기 때문에 주관적이다. 따라서 좋은 연구는 연구자가 자신의 주관성을 연구에 어떻게 기명했는지를 솔직하게 드러내는 것이다.

참여자의 목소리

글에는 연구 참여자의 목소리가 강하게 드러나야 한다. 그들의 목소리는 무시되어서는 안 되며 강조되어야 한다.

비판적 주관성

연구자가 연구를 하는 동안 그리고 연구가 끝난 다음에 얼마나 연구 문제에 대해 비판적인 인식을 했으며 사회적 변화를 위한 노력을 하겠다는 의식이 형성되었는지가 나타나야 한다.

상호존중의 연구 관계

연구는 연구자와 연구 참여자 간의 평등한 인간관계 속에서 만들어져야 한다. 이를 위해 공유, 신뢰, 상호이득 등이 실현되어야 한다.

연구 결과의 공유

연구 결과를 통해 나타나는 여러 가지 이득을 연구 참여자에게 기꺼이 제공해 주어야 한다. 책에 그들의 이름을 첨가하거나 인세를 주거나 아니면 그들을 특강에 강사로 추천하는 방법 등이 있다.

3. 크레스웰의 평가기준

초기에 양적연구자였다가 후기에 질적연구와 양적연구의 통합적 모델로 인정받고 있는 크레스웰(Cresswell)이 제시한 기준이다. 그는 자신의 베스트셀러인『질적연구: 다섯 가지 접근』에서 질적연구의 전통을 다섯 가지(전기, 현상학, 근저이론, 문화기술지, 사례연구)로 규명하고 이들에 공통적으로 적용될 수 있는 글쓰기의 기준을 개념화시켰다. 그 내용 중에서 사례연구를 작성할 때 유념해야 할 기준을 다음과 같이 제시했다.

사례연구 평가기준

- 보고서가 읽기 쉬운가?
- 각 문장이 전체 글에 기여하면서 함께 잘 들어맞는가?
- 보고서에는 개념적 구조(이슈 혹은 주제)가 있는가?
- 이슈가 진지하고 학문적인 방식으로 전개되었는가?
- 사례가 적절히 규정되었는가?
- 발표하는 데 있어서 이야기라는 느낌이 드는가?
- 독자에게 대리 경험을 제공하는가?
- 인용이 효과적으로 사용되었는가?
- 제목, 묘사, 인공물(artifact), 부록, 색인이 효과적으로 사용되었는가?
- 제대로 교정되어 퇴고되었는가?
- 저자가 바른 주장을 했는가? 과대 해석이나 과소 해석은 없는가?
- 다양한 맥락에 대해 충분히 주의를 기울였는가?
- 원자료가 충분히 제공되었는가?
- 자료원이 잘 선정되었으며 충분한가?
- 관찰과 해석이 다원화되었는가?
- 연구자의 역할과 관점이 분명한가?
- 의도하는 청중의 특성이 명확한가?
- 모든 측면에서 감정이입이 발견되는가?
- 개인적 의도가 검토되었는가?
- 개인이 처했던 위험이 드러나는가? (Stake, 1995, p. 131)

근거이론 평가기준

- 최초의 표본이 어떻게 선택되었는가? 무엇을 근거로 하는가?

- 어떤 주요 범주들이 나타나는가?
- 주요 범주로 지목된 사건, 부수적인 사건, 행동 등은 무엇인가?
- 어떤 범주에 기초하여, 이론적 표본 추출이 이루어졌는가? 자료 수집은? 이것이 범주들을 대표하는가?
- 개념적 관계(즉, 범주들 간의 개념적 관계)와 관련된 가설은 무엇인가? 가설이 형성되고 검증되는 근거는 무엇인가?
- 가설이 실제로 나타나는 것을 지지하지 않을 때가 있는가? 이러한 차이를 어떻게 설명할 것인가? 이들은 가설에 어떠한 영향을 미쳤는가?
- 핵심 범주는 어떻게, 왜 선택되었는가(갑자기, 점진적으로, 어렵게, 쉽게)? 어떤 근거에서 선택되었는가? (Stake, 1995, p. 253)

4. 실의 평가기준

질적연구자인 실(Seale)의 작업 중에서 가장 널리 인용되고 있는 작업이 그의 질적연구 평가의 기준이다. 그는 저서 『질적연구의 수준』에서 질적연구에서 논쟁이 되는 여러 가지 방법적 이슈들을 정리하면서 마지막 부록에 질적연구 논문을 평가하는 기준을 제시했다. 다른 학자들의 주장에 비해 다소 기계적이고 절차적인 측면에서 질적연구의 평가기준을 정하기는 했지만 연구자들이 자신의 연구 계획서나 논문을 작성하는 경우에 참고하면 도움이 될 것으로 생각한다.

(1) 연구방법은 연구자가 선정한 연구 문제의 성격에 적합한 것인가?
- 연구는 과정이나 구조를 이해하려고 하거나 아니면 주관적인 경험이나 의미를 조명하려고 하는가?
- 미리 선정될 수 없는 또는 가능한 결과들이 사전에 구체화될 수 없는 한 형태의 범주나 집단들에 대해 연구되고 있는가?
- 양적연구방법으로 그 연구 주제를 더 잘 연구할 수 있지 않을까?

(2) 연구가 기존의 지식체계나 이론과 관련성이 있다는 점이 명백하게 드러나 있는가?
- 문헌에 대한 적절한 참고문헌들이 제시되어 있는가?
- 이 연구는 현존하는 이론과 관련되어 있는가 또는 비판적으로 이를 다루고 있는가?

(3) 연구 참여자의 선정, 자료 수집, 자료 분석 기준에 대한 설명이 명료하게 제시되어 있는가?

(4) 사례 선정 또는 참여자의 선정이 이론적으로 정당화되는가?
- 연구의 단위는 사람, 사건, 기관, 표본, 대화, 문서 등이 될 수 있다. 어떤 경우에라도 그 표집이 어떤 모집단과 관련 있는지가 설명되어 있는가?
- 표본이 특별하기 때문에 선정되었다는 점이 제시되었는가?

(5) 방법에 대한 민감성이 연구 질문의 요구와 잘 부합되는가?
- 방법에 대한 기술에서 연구 참여자의 생각과 인식을 존중하는 형태의 방법이 사용되었음이 드러나 있는가?
- 어떤 정의나 이슈들이 진지하게 검증되기보다는 당연한 것으로 수용되었는가? 그렇다면 어느 정도인가?
- 구조화된 면담 방법의 제한점들이 고려되었는가?

(6) 현장 연구자와 연구 참여자 사이의 관계가 고려되었는가, 그리고 연구 참여자에게 연구의 목적과 방법에 대한 설명이 확실히 제시되었는가?
- 연구자가 한 명 이상 참여했다면 연구자들이 연구 참여자에게 모두 연구에 대해 설명해 주었는가?
- 연구 참여자가 연구를 어떻게 인식했는지에 대한 증거가 제시되어 있는가?
- 어떤 그룹의 과정들이 어떻게 실행되었는지에 대한 증거가 있는가?

(7) 자료 수집과 기록 보관은 체계적이었는가?
- 기록은 주의깊게 보관되었는가?
- 특별한 검증을 한다면 그렇게 할 수 있는 증거들이 있는가?
- 대화 기록과 전사 자료가 적절하게 모두 사용되었는가?

분석

(8) 수용할 만한 분석이 이루어졌음을 나타내는 분석 방법에 대한 참고문헌이 제시되어 있는가?
- 분석이 어떻게 이루어졌는지가 분명한가?

- 분석의 결과가 신뢰할 수 있을 정도로 다른 경우에서도 그렇게 될 수 있는가?

(9) 분석은 얼마나 체계적인가?

- 자료의 활용에 있어서, 연구자가 범할 수 있는 자료 선택에서의 주관성을 방지해 주는 방법들이 선정되어 적용되었는가?
- 개인에 대한 연구에 있어서, 흥미로운 사례는 선택하고 그렇지 않은 사례는 제외시키는 방법을 쓰지 않았다는 증거가 있는가? 집단에 대한 연구에서는 모든 범주의 의견들이 고려되었는가?

(10) 주제, 개념, 범주들이 자료로부터 어떻게 도출되었는지 대해 적절하게 논의되었는가?

- 때로는 외부적인 범주나 미리 개발된 범주를 가지고 자료를 분석하는 것을 배제하기가 어렵다. 그러나 그런 경우에, 그 범주들에 대한 실제적 의미나 가능한 모호성이 검증되었는가?

(11) 연구자의 주장을 지지하거나 반대하는 증거들에 대한 적절한 논의가 있는가?

- 반증 자료가 주어졌는가?
- 이 연구에서 도출된 결론을 반박할 수도 있는 연구가 있었는가?

(12) 연구 결과의 타당도를 검증하기 위한 어떤 노력이 있었는가?

- 예를 들어, 응답자에게 피드백을 주는 것과 같은 방법, 삼각측정(triangulation) 또는 근거이론과 같은 절차들이 사용되었는가?

(13) 만약 분석이 타당하다면, 그러한 분석이 연구 참여자에게 역시 이해될 수 있는 것인지를 확인하기 위한 절차들이 사용되었는가?

- 연구 참여자는 연구자가 내린 설명에 대한 의미를 어떻게 생각하는지 비평할 기회를 가졌는가? 그리하여 그러한 비평을 통해 나타난 연구자의 주장과 연구 참여자의 주장에서 나타날 수 있는 해석의 차이와 모순이 심도 있게 논의되었는가?

표현

(14) 연구가 명백하게 맥락화되었는가?

- 연구 장소 그리고 연구 참여자들에 대한 적절한 정보가 제공되었는가?
- 연구된 변수들이 추상화와 비맥락화되는 대신 변인이 작용한 사회적 맥락 속에서 통합되었는가?

(15) 자료가 체계적으로 표현되었는가?
- 인용구, 현장일지 등이 독자가 이해할 수 있도록 제시되었는가?

(16) 자료와 자료 해석 간의 명백한 구분이 있는가?
- 결론은 자료를 근거로 했는가?(연구의 단계—자료 수집, 분석, 논의—가 구분되어 제시되지 않았고 논문은 양적연구방법에서 사용되는 연구방법, 결과, 논의의 단계를 반드시 따르지 않는다는 점이 강조되어야 한다.)

(17) 독자로 하여금 증거와 연구 결론의 관계를 이해할 수 있게 하는 원자료 증거가 충분히 제시되어 있는가?
- 서술적 자료의 표현이 항상 수치를 통한 표현에 비해 더 많은 공간(쪽수)을 차지하는 것은 확실하지만, 이 논문은 가능한 한 간단명료하게 쓰였는가?

(18) 작가 자신의 위치가 분명하게 언급되었는가?
- 연구자의 관점이 기술되었는가?
- 연구자는 자신의 역할, 잠재적 편견과 영향이 연구에 어떤 영향을 끼쳤는지를 검증했는가?

(19) 결과는 신뢰롭고 적절한가?
- 결과는 연구 질문들을 언급하고 있는가?
- 결과는 그럴듯하고 일관성이 있는가?
- 결과는 이론적으로나 실제적으로 중요한 것인가 아니면 사소한 것인가?

윤리

(20) 윤리 문제들이 적절하게 고려되었는가?
- 연구 참여자에 대한 기밀 유지가 적절하게 고려되었는가?
- 연구로부터 나타난 일련의 변화들(연구 참여자와의 관계의 수립, 기대의 형성, 행동

의 변화 등)이 고려되었는가?

출처: 영국 사회학 학회 내 의학 사회학 그룹, 1996

5. 리차드슨의 평가기준

질적연구의 이론화에서 리차드슨(Richardson)의 글쓰기 논의는 매우 특별하며 타의 추종을 불허한다. 그는 질적 글쓰기에 대한 계속적인 연구를 통해 질적연구에서의 글쓰기를 어떻게 새롭게 할 것인지 그리고 과거(실증주의 전통)와는 어떻게 다르게 할 수 있는지를 평생 연구했다. 그 결과 리차드슨은 포스트모더니즘과 페미니즘의 관점에서 질적연구가 갖추어야 하는 좋은 기준을 개발하는 데 성공했다.

(1) 과학적 공헌
- 이 텍스트는 사회적 삶에 대한 우리의 이해를 높였는가?
- 연구자는 연구 현상에 대해 진정으로 이해하는 사회과학적 관점을 드러냈는가?
- 그리고 그러한 관점이 텍스트의 구성에 잘 나타나 있는가?

(2) 심미적 특징
- 이 텍스트는 미학적으로 잘 만들어졌는가?
- 텍스트가 독자의 마음을 개방시켜 해석적 반응을 유발하도록 초대하고 있는가?
- 텍스트는 지루하지 않고 예술적으로 구성되어 있고 복잡하고 만족스러운가?

(3) 자기 반성
- 연구자는 포스트모더니즘의 인식론을 알고 있는가?
- 저자는 이 텍스트를 어떻게 완성하게 되었는가?
- 자료들이 어떻게 수집되었는가?
- 저자의 주관성은 어떻게 이 텍스트의 생산자이자 결과물이 되었는가?
- 독자가 저자의 결론을 판단할 수 있도록 저자의 인식과 자기 주관성의 노출이 나타나 있는가?
- 저자는 자신이 연구한 사람들을 알고 이야기하는 방법에서 사용된 준거들에 대해 설명하고 있는가?

(4) 영향

● 이 텍스트는 독자에게 정서적으로 또는 지적으로 영향을 끼쳤는가?

● 텍스트는 새로운 질문들을 생성했는가?

● 독자가 글을 쓰도록 감동을 주었는가?

● 새로운 연구 행위나 연구를 하도록 감동시켰는가?

● 사회와 교육 변화를 위해 직접 행동하도록 자극시켰는가?

(5) 실재의 표현

● 이 텍스트는 살아있는 인간의 경험을 그대로 구현해 냈는가?

● 텍스트가 진짜인 것으로 느껴지는가?

6. 김영천의 평가기준

앞에서는 외국의 학자들이 생각하는 좋은 질적연구를 평가하는 기준에 대해 설명했다. 질적연구 분야의 전공자 중의 한 사람으로서 필자 역시 지난 20년 이상을 이 분야에서 연구하면서 다양한 질적연구들을 읽고 좋은 질적연구란 어떤 형태를 띠어야 할 것인가에 대해 나름대로 개념화시켜 왔다. 그리고 그러한 내면적인 개념화가 대학원생들의 논문지도나 외부 연구 보고서 또는 학술지 논문을 심사할 때 평가하는 잣대로 작용했을 것이라는 생각이 든다.

이에 자기 반성의 과정을 거쳐서 질적연구자의 한 사람으로서 필자는 다른 질적연구를 읽을 때 어떤 기준을 가지고 평가하는지에 대해 그 내용을 나름대로 다음과 같이 구체화시켰다. 이 기준들은 필자가 어떤 새로운 질적연구를 평가하는 데 있어서 공개적으로 그 기준을 제시하고 사용하지는 않았지만 묵시적으로 그 연구가 '좋은' 연구라든지 아니면 어떤 부분을 어떻게 바꾸어야 한다는 비평을 써 내려가게 하는 판단을 내리게 만들었을 것이다. 이에 한 연구자로서 필자의 기준이 모든 질적 작품의 평가기준이 될 수는 없지만 '좋은' 질적연구를 만드는 데 어떻게 써야 하는가를 고민하는 데 도움이 된다는 점에서 참고하기 바란다. 그리고 먼 훗날 이 분야의 전문가들이 모여서 합의할 수 있는 좋은 질적연구의 기준을 제공하는 일 역시 필요하다는 생각을 한다.

특이함

필자에게 주어진 심사를 위한 학술지 또는 학위논문이 읽을 가치가 있는지 그렇지 않은
지를 판가름하는 첫 번째 기준은 그 연구가 얼마나 특이한가이다. 여기서 특이함은 단순
히 주제가 기이하거나 일반에서 벗어난 특별한 내용이라는 의미가 아니다. 필자가 뜻하
는 특이함은 이 연구가 기존의 주제를 다루면서도 아니면 새로운 주제나 별로 흥미가 없
으리라고 생각할 수 있는 주제를 얼마나 독자에게 매력적으로 읽힐 수 있도록 만들었느
냐를 의미한다. 글이 거부할 수 없는 유혹을 가지고 있느냐를 뜻한다.

이러한 특이함은 특히 연구의 서론에서 잘 나타나야 하는데 왜 하필 질적연구를 하려
고 했는지 또는 왜 이 연구가 그렇게 중요한지, 아니면 이 연구자가 왜 이 문제를 연구의
고민거리로 정했는지에 대해 신선하게 글을 전개했는지를 의미한다. 이러한 신선함은 우
리에게 귀에 익숙한 기존의 노래를 새로운 가수가 새로운 방식으로 부를 때 과거에 느끼
지 못했던 감흥이나 전율을 느끼는 것과 비슷하다. 또는 한 노래를 서로 다른 성악가들이
불렀을 때 우리가 다르게 감동을 받는 것과 비슷하다.

그러한 점에서 심사자에게 주어지는 질적연구 작품은 첫 쪽을 읽었을 때, 무언가 있을
것 같은 예감을 갖게 만들어 주어야 한다. 그러한 예감은 '흥미롭겠다' '재미있겠다' '무언
가 새로운 내용이 있겠다' '기존 방법과는 다르게 연구하는 이유는 무엇일까?' '결말이 어
떨까?' 등의 자극을 불러오는 텍스트여야 한다. 그리고 그러한 텍스트는 한두 번의 문장
쓰기와 고치기를 통해 이루어지는 것이 아니라 어떻게 시작할 것인가, 무엇으로 독자를
유인할 것인가, 어떻게 인상적으로 만들 것인가를 고민하면서 글을 쓸 때만이 이루어질
것이다.

유려한 문체

질적연구에서 연구의 내용과 결과는 연구자의 이야기를 통해 기술된다. 그리고 그러한
기술은 잘 만들어지고 세련된 것이어서 읽는 사람이 '그럴 수 있겠다'는 생각을 할 수 있
도록 만들어야 한다. 또한 연구자가 제시한 이야기를 끝까지 읽어 갈 수 있도록 문장 구
성과 자료의 제시가 철저하게 잘 체계화되어야만 한다. 이야기의 주제를 매끄럽게 표현
하지 못하고 기술하지 못하는 글쓰기는 독자들을 오랫동안 잡아 둘 수 없다.

그러한 점에서 좋은 질적연구는 독자가 끝까지 연구 내용과 연구 결과를 읽어 나갈 수
있도록 유려한 문체 또는 매끄러운 문장들과 표현들로 구성되어야 한다. 그렇게 될 때만
이 독자는 저자가 제시한 이야기의 내용에 몰입하고 연구의 종말을 향해 계속 읽어 나갈

것이기 때문이다. 특히 연구의 내용과 결과가 단순히 타인의 삶을 숫자나 표로 나타내는 것이 아니라 타인의 삶이나 문화를 이해하도록 묘사해야 한다. 그리고 그 작업은 잘 이해될 수 있도록 또는 그럴 수 있겠다는 생각을 할 수 있도록 연구자의 경험과 수집된 자료, 감상, 주장을 효과적으로 매력적인 이야기로 승화시켜야 하며, 이를 달성할 수 있는 방법은 바로 유려한 문학적 글쓰기가 될 것이다. 쉽게 읽히면서, 거기에 있었던 일을 직접 느끼게 해주는 글, 그들의 삶과 문화를 이해할 수 있는 토속적인 용어와 표현을 적절히 가미한 글, 감동을 극화시킨 표현법이 글쓰기에 적절하게 배합되어야만 한다.

특히 연구의 결과를 과연 믿을 수 있을 것인가가 숫자가 아니라 이야기를 통해 판단된다는 점에서 독자를 신뢰할 수 있게 만드는 이야기의 구성은 절대적으로 필요한 작업이다. 이에 좋은 질적연구는 그러한 목적을 반영한 듯이 저자의 끊임 없는 글쓰기 작업을 통해 가장 적절하고 절묘하고 인상적인 이야기가 만들어진 결과이다. 그리고 그러한 이야기는 자료의 효과적인 배열을 통한 논리적 전개, 사실과 주장의 효과적인 배치, 다양한 이미지를 연출해 낼 수 있는 문학적 기교의 활용(비유, 직유, 은유 등)을 통해 유려한 문체로 진행된다.

충분한 증거

필자가 질적연구 작품을 읽을 때 '좋다'고 느끼지 못하는 연구 작품이 갖는 특징 중의 하나는 주장을 지지해 주는 현장 자료가 충분하지 않은 경우이다. 특히 귀납적 방법을 통해 다양한 사례들로 특정한 주제나 코드를 생성해 내는 질적연구의 경우, 충분한 원자료들이 수집되고 제시되어야만 왜 그 코드나 주제 또는 범주가 생성되었는지를 이해할 수 있다. 그러한 점에서 질적연구의 귀납적 특징을 잘 나타내지 못했거나 아니면 근거이론(grounded theory)의 분석 기법을 반영하지 못한 자료 분석 방법이 드러난 질적연구는 '좋은 질적연구'라고 평가하기 힘들다. 물론 현장에서 자료를 너무 많이 수집하여 어떤 자료를 써야 하고 어떤 자료를 쓰지 말아야 하는지를 결정하기가 어려운 '데이터의 복수'를 경험하는 것 역시 힘든 일이지만 부족한 자료는 넘치는 자료보다 질적연구의 글쓰기에서 연구자를 더 힘들게 만든다.

이러한 평가기준에 비추어 그동안 우리나라에서 출간된 질적연구들을 평가했을 때 여러 가지 문제점들을 가지고 있는 논문들이 있음을 쉽게 알 수 있다. 물론 필자가 논문 심사자로 참가한 경우에는 게재를 통과시키지 않았지만 그렇지 않은 경우에 많은 질적연구들이 부족한 현장 자료들을 근거로 하여 연구 결과를 도출하고 결론을 내리는 논문으로 출간되었다. 가장 대표적인 예로서 열린교육에 대한 현장평가를 다룬 학술진흥재단 지원 연구비를 받은 연구의 경우 연구자가 현장에 들어가지 않고 보조 연구자를 이용하여 1년에 한 번 현장에 들어가 관찰한 자료를 가지고 논문을 작성한 것은 참으로 무모하기 그지없다고 하겠다. 특히 그러한 논문이 한국 내의 저명 학술지에 게재된 이유에 대해서는 여러 가지 '정치적 문제'들이 작용했겠지만 질적연구의 확산과 올바른 이해를 위해서는 엄격한 평가가 요구되는 분야라고 할 수 있다.

강인한 저자의 이미지

양적연구와는 달리 질적연구는 신적인 존재로서가 아니라 학습자로서 또는 현장 참여자로서 연구 결과를 기술해 나간다. 그러한 점에서 양적연구에서 기명되는 저자의 강인한 이미지(신적인 이미지)와는 다른 연약하고 의심받고 공격받기 쉬운 이미지로 독자에게 기명된다. 그리고 그러한 확실하지 못한 위치는 독자들로 하여금 글을 읽어 가면서 그 연구가 어떻게 잘못되었는지 또는 잘못을 찾을 수 있는지를 실험 삼아 또는 재미 삼아 시도하게 할 것이다. 이러한 형태의 문제는 질적연구에 대한 공개 강연에서 질적연구를 반대하는 학자들 또는 질적연구에 대해 모르는 문외한 또는 일생동안 교육학 연구에 대해 '객관성', '타당도', '조작적 정의'만을 머릿속에 담고 있는 교육 연구자들에 의해 자주 제기된다. 그리고 그러한 공격의 수준은 발표자가 당황하거나 자신감이 부족한 상태로 발표하는 경우 더 강렬해져서, "연구자의 현장 참여로 인해 현장이 왜곡될 수 있다" 아니면 "무슨 수필을 쓰는 것 아니냐"라는 비하적 표현으로 나아간다.

그러한 점에서 질적연구에서의 저자는 비록 자신이 쓴 연구 결과가 자신과 연구 참여자 간의 사회적 상호작용을 통해 만들어진 구성된 실재이지만 그러한 연구 결과가 신뢰로우며 합리적 절차를 거쳐서 구성된 작업의 결과라는 이미지를 느끼도록 만들어 주어야 한다. 아니, 그러한 책임을 가져야 한다. 이 주장은 자신의 글에 자신은 매우 훌륭한 연구자이며 훌륭하고 힘들게 연구를 했다는 문장을 첨가하라는 뜻이 절대 아니라 글쓰기의 기교를 통해 자신의 자료 분석과 결론 도출이 매우 논리적이며 이해 가능하며 공감할 수 있는 것이라는 인상을 만들어 내라는 것이다.

그러한 저자의 강인한 이미지는 매우 정교하게 만들어진 텍스트 속에 숨어 있으면서 필요한 경우에 드러나야만 한다. 이에 여러 가지 글쓰기 기법을 사용하여 어떤 자료를 어떻게 표현하고 배열하며, 그러한 자료가 무엇을 뜻하는지를 적절하게 설명할 수 있어야만 한다. 이에 연구자는 교육학 연구자로서 어려운 현장 작업을 성공적으로 끝냈으며 연구 참여자와의 라포르를 잘 형성했고 모든 윤리적 지침을 잘 수행했고 수집된 자료에 대한 철저한 분석을 통해 연구자의 위치성 안에서 자료를 해석했음을 독자에게 강렬하게 표현해야만 한다. 저자의 정직성, 성실성, 연구에 대한 열정과 노력 등이 잘 나타나야만 한다.

아울러 공격받을 수 있는 자료의 제시나 표현의 경우, 독자가 저자의 논리 전개와 결론 도출을 의심할 수 있겠다고 추측하는 경우, 저자는 텍스트의 표면에 나타나 왜 그러한 주장이나 이론을 만들어 내었는지를 설명해 주어야 한다. 의심이 갈 때쯤 나타나는 저자의 존재와 보충적인 설명은 독자가 가질 수 있는 텍스트에 대한 의심과 취약함을 없앨 수 있는 좋은 글쓰기 전략이 될 것이다. 아울러 저자의 주장을 효과적으로 전달하기 위한 방법으로서 어떤 글쓰기(1인칭, 3인칭 등)를 쓸 것인지, 두괄식/미괄식으로 논리를 전개해 나갈 것인지를 고민해야만 한다.

논리적 결말

양적연구 못지않게 질적연구도 논문으로서 또는 저서로서 아니면 연구 보고서로서 나름대로의 논리적 전개 순서를 갖추어야 한다. 그리고 연구 결론은 논리적인 연구 절차와 과정, 판단을 통해 나타났음을 보여 주어야 한다. 그렇게 될 때 질적연구 작품 역시 신뢰로우며 양적연구 패러다임과는 다른 목적과 방법론 속에서 진행되지만 연구의 결과 역시 타당한 것이라고 독자들이 믿을 수 있다.

그러한 점에서 질적연구 역시 양적연구의 형태는 아닐지라도 연구의 시작부터 연구의 결말까지가 이해할 수 있을 정도로 논리적이고 체계적인 연구의 과정을 통해 나타났음을 강조해야만 한다. 물론 최근에 와서는 양적연구와는 다른 형태의 글쓰기를 시도하여 서론이 없거나 새로운 실험적 글쓰기 방법을 통해 질적연구를 하는 경우가 있다. 이에 '연구자'라는 용어 대신 '나'라는 단어가 쓰이거나 '연구 결론'이라는 표현이 '연구자의 반성'이라는 표현으로 대치되는 연구까지 있다. 필자 역시 새로운 질적연구의 연구 풍토 속에서 연구하고 있는 학자로서 실증주의 교육연구 패러다임이 남긴 정형화된 연구 형태에서 이제는 벗어나 새로운 교육탐구 양식을 만들어 내야 한다는 생각에는 공감한다. 그러나 한편으로 좋은 질적연구는 어떠한 형식을 취하든지 간에 연구의 전체 과정이 투명하고 연구의 결론이 합리적이고 구성적인 탐구 과정을 거쳐서 만들어졌다는 증거를 가지고 있어야 한다고 생각한다. 그리고 그럴 때만이 질적연구 역시 하나의 과학적 탐구 과정으로서 인정받을 수 있을 것이다.

이에 질적연구자 역시 교육과학 연구가 갖추어야 하는 기본적인 글쓰기의 형식(연구 문제, 이론적 배경, 연구방법, 연구 결과, 제언 등)을 따라야 할 것이다. 특히 우리나라에서 수행된 많은 질적연구의 경우 연구방법 부분에 대한 설명이 상당히 부족하며 어떤 논문들의 경우에는 아예 연구방법 부분에서 참여관찰이나 면담에 대한 개론적인 수준의 소개만을 다루고 있기까지 한다. 그러한 점에서 '좋은' 질적연구는 무엇보다 그 연구가 어떤 상황에서 어떤 작업 절차를 거쳐서 어떻게 이루어졌는지에 대한 연구방법을 구체적으로 설명해야 할 것이다.

아울러 연구의 결론이 없거나 어떻게 도출되었는지를 이해하기 어려운 논문이나 연구도 있다. 물론 월콧(Wolcott)에 따르면 질적연구의 형태가 단순한 기술인 경우가 있겠지만 논문의 목적이 특정 현상에 대한 단순한 기술이나 이방인에 대한 특별한 이야기를 알려 주는 수준인 것은 곤란하다고 생각한다. 그러한 주장은 실버만(Silverman)이 잘 지적해 주었다. 이에 좋은 질적연구는 단순한 기술에서 벗어나 분석과 해석을 담고 있어야 하며 기존의 연구 세계와 연구 문화에 어떤 새로운 기여를 할 것인지에 대해 논의해야만 한다. 아울러 결론의 도출이 자세하게 기술되지 않아서 어떻게 하여 그러한 결론들이나 주제들이 만들어졌는지에 대한 논의가 부족하기 때문에 수용하기 힘든 연구들이 있다. 그러한 연구들은 외부인이나 독자가 왜 연구자가 그러한 연구 결과나 주제들을 도출했는지를 이해하게 하고 나아가 '잘되었다'고 평가할 수 있는 글쓰기의 체계를 갖추어야 할 것이다. 그러한 점에서 질적연구자는 좋은 연구를 만들기 위해 연구 문제와 고민을 기술하고, 자료를 어떻게 수집했으며, 연구자의 주관성이 자료의 수집과 해석에 어떻게 영향을 끼쳤고, 어떤 분석 방법을 통해 주제들이 도출되었는지를 상세하게 기술해야만 한다. 마지막으로, 연구의 전체를 나타내 주는 이론적 이야기(theoretical narrative)를 만들 수 있어야 한다.

연구 참여자에 의한 연구 결과의 평가 작업

Member Check라는 이 타당도 준거는 외국의 논문이나 연구에서 잘 지켜진다는 점에서 우리나라의 특수성을 반영한 평가기준이다. 타당도를 다룰 때 설명했듯이 이 작업은 연구자가 연구 결과를 연구 참여자에게 다시 한 번 확인하여 잘못된 해석, 부족한 해석, 더 필요한 해석이 무엇인지를 이해하고 변화시킴으로써 연구자의 해석 수준을 심화시키는 역할을 한다.

그러나 우리나라의 경우, 많은 질적연구 논문과 대학원의 박사학위 논문 심사과정에서 이 기준이 정확하게 적용되는 경우가 없는 듯하다. 그러한 판단은 지난 9년에 걸쳐서 국내에 출간된 많은 학위 논문들과 연구들에 대한 개인적인 읽기와 검토를 통해 도출된 것이다. 아마도 우리나라의 연구자들 또는 그 연구자의 심사자들은 이 준거를 강조하지 않거나 아니면 모르고 있지 않은가 하는 생각이 든다. 특히 질적연구를 선도하는 국내의 몇 개 대학 대학원의 박사학위와 석사학위 논문의 방법론 장에서 이 기준이 적용되지 않고 논문이 출판된 것에 대해서는 연구자의 훈련의 미숙, 지도교수의 부주의, 심사위원들의 이 분야에 대한 무지함을 지적하지 않을 수 없다. 린컨과 구바가 질적연구를 평가하는 기준 중에서 가장 중요한 기준이라고 강조했음에도 질적연구 분야의 연구자들과 학자들에 의해 이 기준이 지켜지지 않는 것은 참으로 안타깝다.

이 작업을 통해 연구자가 내린 판단의 오류 또는 과장된 해석을 줄이고 연구 참여자의 또 다른 해석이나 주장을 수용하여 보다 상호작용적이고 절충적인 연구 결과가 도출될 수 있는 장점을 생각한다면 이 작업은 좋은 연구가 갖추어야 하는 방법적 절차 중의 하나가 되어야 할 것이다.

변화

좋은 질적연구가 가져야 하는 마지막 기준은 텍스트의 영향이다. 이 영향은 그 질적연구를 읽은 독자가 연구된 주제 또는 현상이나 대상에 대해 얼마나 새로운 인식이나 지식, 변화된 시각을 갖게 되었는지를 말한다. 교육학 연구의 근본 목적이 학교교육과 참여자의 삶의 이해와 개선이라고 했을 때 우리는 어떤 연구가 독자들에게 어떤 영향을 끼쳐서 그러한 목적에 부합할 수 있을 것인지에 대해 생각할 필요가 있다.

그러한 점에서 좋은 질적연구는 그 연구를 읽은 독자에게 변화된 새로운 시각을 불러일으킬 수 있는 힘을 갖고 있어야 한다. 그러한 힘은 우리가 한 권의 소설을 읽고 나서 또는 한 편의 영화를 보고 나서 어떻게 살아야 하며 어떻게 생각해야 하고 어떻게 변화시켜야 하는지를 고민하게 하고 그러한 고민을 행위로 옮기게 하는 감동과 같은 것이다. 이에 한 편의 질적연구를 읽고서 독자가 새로운 인식 또는 비판적 인식을 발달시키고 사회, 교육, 학교교육에 대해 보다 비판적인 이해를 개발하고 행동으로 옮기려는 의지를 발달시켰다면 그 연구는 참으로 좋은 연구가 아닐 수 없다고 하겠다.

단순히 이론의 검증이나 가설의 검증으로 끝나는 것이 아니라 우리의 삶의 어떤 단편이 어떤 문제들을 가지고 있고 어떻게 바뀌어야 하는지를 독자에게 인식시키고 변화시킬 수 있다면 그러한 연구는 촉매적 타당도가 매우 높은 연구로서, 실천으로서 연구(research as praxis)의 역할을 충분히 한 것이다. 글을 읽는 사람을 감동시키지 못하고 의식의 변화를 가져오지는 못하면서 연구 결론의 변화와 새로운 이론의 발견을 강조한들 그 무슨 소용이 있겠는가? 독자를 감동시키지 못하는 연구가 무수한 대중을 위한 정책 연구에서 무슨 빛을 발하겠는가?

그러한 점에서 좋은 질적연구는 우리가 어렸을 때 읽었던 고전 문학작품들에서 얻은 교훈들을 줄 수 있는 그러한 내용을 담고 있어야 할 것이다. 우리는 이광수의 《흙》, 박경리의 《토지》 또는 톨스토이의 《부활》, 고리키의 《외투》를 읽고서 우리의 존재, 우리가 해야 할 일, 우리 사회의 문제점 등에 대해 간접적으로 경험하고 어떻게 살아야 할 것인지를 다짐했다. 외국의 좋은 질적연구들은 모두 그러한 실재 개선과 변화를 위한 엄청난 영향력을 가진 연구들이었다(《Dibs》, 《There are no children here》 등). 좋은 내용은 좋은 쪽으로, 나쁜 내용은 나쁜 쪽으로 독자들에게 교훈을 던져 준다. 질적 방법을 사용하여 쓰인 한 권의 논문 또는 책을 읽고서 독자가 무슨 갈등과 혼란에 빠질 것이며 어떤 새로운 문제의식을 가질지를 생각하면서 글을 써야 할 것이다.

1. 이 장에 소개된 여러 가지 질적연구의 평가기준들 중에서 가장 마음에 드는 또는 질적연구의 이상에 가장 적합하다고 생각하는 기준들은 어떤 것들인지 논의해 보자.

2. 각자 기존에 출간된 학위논문 또는 저서들을 선정하여 이 장에서 제시한 기준들에 근거하여 평가해 보자. 그 선정된 작품들이 어떤 기준을 충족시키고 어떤 기준에서 미달되는지를 엄격하게 평가해 보자. 이 연습을 통해 질적연구를 이해하고 평가하며, 나아가 개선시킬 수 있는 구체적인 지식과 통찰력을 길러 보자.

3. 여러분은 어떤 글(소설, 시, 비평문, 논문 등)을 읽었을 때 어떻게 감동받으며 변화되는지 생각해 보자. 이에 수업에 각자 한 권의 책이나 작품을 직접 가지고 와서 그 선정된 책들에 대해 친구들과 상의해 보자. 그리고 논의 주제로서 그러한 감동은 준 작품에 글쓰기의 어떤 전략과 전개, 장치가 적용되었기 때문인지를 비평가의 관점에서 품평해 보자.

부록 1

질적연구 전문서적과 대표적인 논문

1977 Rabinow, Reflections on Fieldwork in Morroco
인류학자로서 모로코의 현장 작업에 대한 사실적/해체적 반성을 시도한 고전

1977 Geertz, Interpretation of Cultures
질적연구에서 해석주의 패러다임의 이해를 제공한 저서. 국지적 지식의 중요성을 잘 설명

1979 Spradley, The Ethnographic Interview
질적연구에서의 면담방법의 이론화에 기여. 다양한 분석 방법을 제시

1979 Spradley, The Participant Observation
질적연구에서의 참여관찰 방법의 이론화에 기여. 다양한 분석 방법을 설명

1980 Patton, Qualitative Evaluation and Research Methods
프로그램 질적 평가 전공자가 쓴 질적연구방법 개론서. 질적연구의 전 세계적 교과서로 널리 활용

1984 Miles and Huberman, Qualitative Data Analysis
질적연구의 가장 우파에 해당하는 학자로서 질적자료의 양적 분석의 이론화 방법을 시도한 저서

1985 Guba and Lincoln, Naturalistic Inquiry
질적연구의 원조 연구자로서 인식론적/방법론적 기초를 제공한 책. 자연주의적 탐구라는 단어를 처음으로 사용

1986 Lather, Issues of Validity in Openly Ideological Research; Between a Rock and Soft Place
Guba의 제자로서 그의 신뢰성 준거를 질적연구의 타당도 작업의 이론화로 승화시킨 논문

1986 Clifford and Marcus, Writing Culture

문화기술지와 질적연구를 글쓰기 문제로 새롭게 개념화

1986 Harding, Feminism and Methodology

질적연구가 기초로 하고 있는 지식의 상대성 입장을 페미니즘 관점에서 서술

1986 Carr and Kemmis, Becoming Critical: Education Knowledge and Action Research

질적연구방법을 활용한 현장개선의 방법으로 등장한 실행연구에 대한 이론적 기초를 제공

1988 Van Maanen, Tales of the Field

질적연구에서 활용할 수 있는 다양한 글쓰기 방법을 제시

1990 Strauss and Corbin, Basics of Qualitative Research: Grounded Theory Perspectives

질적연구의 핵심 연구과정인 분석의 절차를 근거이론에 기초하여 개념화

1990 Richardson, Writing Strategies

사회과학 연구에서의 실증주의 글쓰기에 대해 문제를 제기

1991 Garfinkel, Studies in Ethnomethodology

질적연구의 지적 전통의 하나인 민속방법론에 대한 전체적 이론화를 시도

1991 Lather, Getting Smart: Feminist Research/Pedagogy within/in the Postmodern

질적연구 네 번째 연구 패러다임인 포스트모던과 해체 탐구의 이해를 포괄적으로 제공

1992 Bogdan and Biklen, Qualitative Research in Education

교육학을 비롯한 여러 학문 분야에서 초보 질적연구자에게 질적연구 전반에 대한 지식을 제공

1995 Denzin and Lincoln, Handbook of Qualitative Research

질적연구의 전체적 방법론적 지식과 이론을 체계화한 첫 번째 핸드북

1995 Emerson, Writing Ethnographic Fieldnotes

질적연구/인류학 연구에서 현장일지를 쓰는 방법과 예들을 제시

1995 Van Maanen, Representation in Ethnography

질적연구에서 제3인칭의 사실적 글쓰기를 벗어나 새로운 글쓰기를 시도한 다양한 작품을 발췌하여 소개

1996 Morgan, Focus Group as Qualitative Research

질적연구방법으로서 포커스 그룹 면담에 대한 이론적/방법적 소개

1996 Ellis and Bochner, Composing Ethnography: Alternative Forms of Qualitative Writing

질적연구의 새로운 형태의 글쓰기 양식을 소개

1996 Kvale, Interviews
심층면담의 이론들과 구체적인 방법들을 설명

2001 Atkinson (et al.). Handbook of Ethnography
다양한 학문 분야에서 나타나고 있는 문화기술지 연구 현황을 포괄적으로 소개

2001 Lather, Fertile Obsession: Validity after Postmodernism
구바의 모더니즘적 질적 타당도를 넘어서 포스트모던에 기초한 질적연구의 타
당도를 개념화한 시도

2002 Cresswell, Educational Research: Quantitative and Qualitative Research
교육연구의 영토를 과거의 양적 방법에서 벗어나 양적 방법과 질적 방법의 두
영역으로 나누어 각 접근법의 차이점과 특성을 명료하게 설명

2002 Van Maanen, Writing in the Dark: Phenomenological Studies in Interpretive Inquiry
현상학의 탐구에 대한 이론적 토대를 제공

2004 Clandinin and Connelly, Narrative Inquiry
질적연구의 한 가지 탐구 방법인 내러티브 탐구의 이론화를 마련

2005 Denzin and Lincoln, The Sage Handbook of Qualitative Research (3rd ed.)
기존의 질적연구 핸드북을 SAGE 핸드북으로 개정한 책

2009 Teddle and Tashakkori, Foundations of Mixed Methods Research
양적연구와 질적연구의 통합연구방법론의 이론화를 제시

부록 2

질적연구 학회

국제 질적연구 협회(International Association for Qualitative Inquiry)

일리노이 대학교(어바나-캠페인 소재)의 사회학과 교수인 덴진(Norman Denzin)이 주도하여 설립한 규모가 가장 큰 질적연구 학회이다. 2005년에 설립되어 사회과학과 교육학의 대표적인 질적연구자들의 초청으로 시작된 이 학회는 성장을 거듭하여 21세기를 대표하는 질적연구 학회로 성장했다. 학회의 주요 인사를 살펴보면 그 면모를 알 수 있는데, 덴진을 포함하여 린컨(Lincoln), 레이더(Lather), 바론(Barone), 리차드슨(Richardson) 등이 주요 직책을 맡고 있다. 최근에 와서는 신문방송학, 언어교육학, 여성학, 스포츠학 등의 대표적인 학자들이 가세했다. 매년 5월이 되면 열리는 국제 학술대회는 AERA를 능가할 정도로 많은 학자들이 전 세계에서 모이고 있다. 2010년의 경우, 55개 국의 학자들 900명이 참가하여 120개의 세션에서 총 800개의 질적연구 관련 논문 발표가 있었다고 한다.

미국 교육학 연구 협회(American Educational Research Association; AERA)

질적연구 전문학회는 아니지만 구미 연구방법론 패러다임의 변화로 인하여 이 학회에서 질적연구와 관련된 논문의 발표는 계속 증가하고 있다. 매년 1만 여 명이 참가하고 있는 이 국제적 교육학 학술대회에서 다양한 교육학의 하위 분과에서 질적연구 논문들이 발표되고 있다. 특히 교육과정, 교수, 수업 분야에서 질적연구 관련 논문은 양적으로 계속 증가했고, 인근 교과교육 분야에서 역시 그 변화의 추세는 따라잡기 힘들 정도이다. 또한 질적연구만을 전문적으로 탐구하려고 하는 연구집단인 SIG(Special Interest Group)가 있어서 교육학 분야에서 가장 활발한 연구 활동을 하고 있다. 이 학회에서 주관하는 학술지인 〈Educational Researcher〉는 구미의 교육연구자들이 가장 애용하는 학술지 중의 하나인데 과거와는 달리 질적연구와 관련된 논문들이 계속적으로 실리고 있으며 주요 질적연구자들이 편집장과 편집위원을 맡고 있다.

교육에서의 문화기술적, 질적연구 연차 학술대회
(Annual Conference on Ethnographic and Qualitative Research in Education)

뉴욕주립 대학교(Albany), 두쿠슨 대학교, 매사추세츠 대학교, 컬럼비아 대학교 사범대학

주최로 진행되는 질적연구 전문 학술대회이다. 매년 오하이오 주의 신시내티 시 주위의 세다빌 대학교에서 6월경에 열린다. 약 17년의 전통을 가지고 있는 이 연차 학술대회는 구두발표와 포스터 전시회로 구성된다. 대학원생의 발표를 고취시키고 질적연구자로서의 성장을 고무시키는 역할을 한다.

질적연구 그룹(Qualitative Interest Group)

조지아 대학교 사범대학의 질적연구 관련 교수들이 창립했으며 1985년에 설립되어 약 20년의 전통을 가지고 있는 미국의 대표적인 질적연구 학술단체이다. 조지아 대학교 사범대학에 많은 질적연구 전공자들이 재직하고 있어 이 학술단체의 창립이 가능했다. 여러 가지 활동 중 연차 학술대회는 이 학술단체의 가장 중요한 역할을 하고 있는데 전 미국의 많은 학자들이 참석하여 새로운 논문들을 발표한다. 초청강연자들이 매년 주최 강연을 하며, 워크숍, 학술논문 발표, 포럼 등을 개최한다. 이 학술대회에서 가장 훌륭한 논문으로 평가된 발표논문은 QSE에 자동으로 게재되는 영예를 안는다. 2006년의 경우, 일리노이 대학교의 덴진, 오하이오 주립대학교의 레이더, 텍사스 대학교의 발렌주엘라(Angela Valenzuela)가 초청강연자로 초빙되었다.

심리학에서의 질적 탐구 학회(Society for Qualitative Inquiry in Psychology)

심리학 분야의 질적연구자들이 미국 심리학회에 연구단체로 설립한 학회이다. Gergen, Josselson, Freeman이 이 학회를 APA 산하의 연구단체로 인정해 달라는 청원을 865명의 회원 서명을 받아 2008년에 APA(미국 심리학회)에 제출했다. 그러나 하위 분과로서는 인정을 받지 못했고 대신에 비공식 학회단체로 남아 있다. 그럼에도 이 비공식적 분과는 회원이 계속 늘어나 최근 1200명으로 증가했을 만큼 성장 속도가 빠르다. APA Division 5(평가, 측정, 통계)의 집행위원회의 상당한 지원과 격려를 받고 있다. 이 하위 연구학회의 참여로 인하여 APA Division 5의 회원 수는 과거에 비해 거의 2배 이상 증가했고 질적연구의 위상을 양적연구와 비슷하게 만들어 놓는 결과를 초래했다. Division 5에 새로운 둥지를 튼 질적 심리학자들은 SQUIP(Society for Qualitative Inquiry in Psychology)를 조직했고 곧 새로운 질적연구 학술지와 컨퍼런스, 웹사이트와 회원 가입 기준을 만들 계획을 갖고 있다. 아울러 가장 경직된 글쓰기(양적 글쓰기)를 고수하는 APA에 질적연구 논문의 출간에 대해 더욱 개방적이기를 요구하고 있다. 아울러 심리학 전공의 학부생과 대학원생을 위한 교육과정 개편에 착수했고 여름 캠프를 실시하고 있다(Wertz et. al., 2011, p. 77-78).

비판적 질적 건강 연구센터
(Center for Critical Qualitative Health Research at University of Toronto)

토론토 대학교 비판적 질적 건강 연구센터는 건강과 의학 그리고 사회사업 분야에서 질적연구의 이론화와 응용연구를 선도하는 국제적 연구기관이다. 토론토 대학교의 약학대학, 간호대학, 사회사업 학과와 의료정책과 관리와 평가학 등의 학문 분야가 연계되어 만들어졌으며 여러 대학에 재직 중인 전임교수들이 연구에 참여하고 있다. 건강과 관련된 분야에서 질적 탐구를 목적으로 설립된 이 연구센터는 국제학회와 워크숍을 비롯한 다양한 학술 활동을 벌이면서 인간의 건강과 의료, 삶의 수준을 높일 수 있는 방법을 강구하기 위해 그 해결책으로 질적 탐구를 선택하여 실행하고 있다. 대학원 교육과 연구, 질적연구 전공 자격증 제도를 시행하면서 이 분야의 전문가 양성에 힘쓰고 있다. 인간의 건강 복지라는 목적 아래 질적연구방법을 통해 다양한 학문 분야의 학자들이 새로운 탐구를 하고 있다는 점에서 무척 고무적인 증거라고 하겠다. 필자와 친분이 있는 이 대학교의 사회학과 핑(Ching-Chun Ping) 교수 역시 이 연구소와 관련된 활동을 하고 있다.

부록 3

질적연구 학술지

질적연구방법론 전문 학술지

Qualitative Research

Narrative Inquiry

Journal of Narrative and Life history

Oral History Review

Phenomenological Inquiry

Quality & Quantity: International Journal of Methodology

Qualitative Inquiry

인류학

American Anthropologist

Anthropology and Education Quarterly

Current Anthropology

Visual Anthropology Review

사회학

American Journal of Sociology

American Sociological Review

Qualitative Sociology

교육학

QSE: International Journal of Qualitative Studies in Education

Educational Action Research

International Journal of Education & the Arts

Qualitative Inquiry

의학

Social Science & Medicine

An International Journal of Comparative Cross-Cultural Research

Sociology of Health & Illness: A Journal of Medical Sociology

Journal of Aging Studies

Medical Anthropology Quarterly

간호학

Qualitative Health Research

Journal of Advanced Nursing

Journals on Qualitative Research

Journal of Family Nursing

Nursing Research

Nursing Science Quarterly

심리학

American Psychologist: Journal of Cross-cultural Psychology

Child Development

Journal of Personality and Social Psychology

The Counseling Psychologist

Qualitative Research in Psychology

조직학

Anthropology of Work Review

Human Organization

Human Relations

Journal of Occupational Science

범죄학

Western Criminology Review

마케팅/경영학

International Journal of Business Anthropology

Journal of Business Research

Journal of Marketing Research

Qualitative Market Research: An International Journal

관광학

Current Issues in Tourism

Tourist Studies

Journal of Tourism and Cultural Change

Journal of Sustainable Tourism

여성학

Feminism & Psychology

Gender and Society

Feminist Studies

Accounting, Organizations and Society

Journal of Women's History

Signs: Journal of Women in Culture and Society

스포츠학

International Review for the Sociology of Sport

심리치료

Psychiatry: Interpersonal and Biological Processes

Psychotherapy Theory, Research, Practice, Training

사회사업학

Qualitative Social Work

문화연구

Cross-Cultural Research: The Journal of Comparative Social Science

Journal of Popular Culture

Cultural Studies

아동/청소년학

Youth and Society

Exceptional Children

질적연구를 위한 다양한 수업

전공마다 차이는 있겠지만, 교육학 분야는 연구 패러다
임이 양적연구에서 질적연구로 이동한 대표적인 학문 분야
라고 할 수 있다. 물론 특정 학교의 학풍에 따라 또는 학과 지도교
수의 양적연구 선호도에 따라 양적연구를 가지고 연구하고 학위 논문
을 쓰는 경우는 있지만 구미의 많은 교육학과 대학원의 연구문화는 질적연
구 지향이라고 말하고 싶다. 그리고 그러한 경향은 단순히 교육학 분야를 넘어
서 교육학의 제반 분과 학문/교과교육 분야(유아교육, 초등교육, 과학교육, 가정교육,
체육교육, 제2외국어교육, 상담교육, 교육평가)에서도 강하게 일고 있다. 대표적으로는 일
리노이 대학교의 유아교육(Walsh)과 컴퓨터 교육(Klauz Witz)이 있다. 따라서 각 교과전공에 따
라 각 교과의 특성에 적합한 질적연구방법 강좌를 개발하여 제공하는 학과도 점차 늘고 있다.
　이러한 방법론 수업의 변화는 교육학 전공, 각 교과 전공자, 비사범계 전공(사회사업, 사
회학, 상담심리, 재활교육, 간호학, 여성학, 흑인학, 인류학, 의상학, 경영학) 학생들이 연
구관점과 취향에 따라 무수히 제공되는 질적연구방법론 수업을 자유롭게 즐길 수 있도
록 해줄 뿐만 아니라 새로운 관점과 이론, 시각에서 교육현상을 분석한 연구논문과 연구
지식을 양산하기를 고취하고 있다.　우리가 명문으로 알고 있는 많은 교육학의 대표적 학
교들에서는 질적연구 관련 강좌들이 개설되어 있고 이를 통해 질적연구자로서 성장할 수
있는 기회를 경험하고 있다. 연구중심 대학인 위스콘신 대학교, 일리노이 대학교, 뉴욕 주
립 대학교, 하버드 대학교, 스탠포드 대학교, 컬럼비아 대학교 등에서 질적연구가 강세이
다. 또한 캘리포니아 대학교, 미시간 주립 대학교, 오레곤 대학교, 조지아 대학교, 플로리
다 주립 대학교, 텍사스 주립 대학교, 텍사스 A&M 대학교, 애리조나 주립 대학교 등
에서 질적연구 방법에 대한 다양한 교과가 개설되고 있고 저명한 질적연구자들
이 재직하고 있다. 특히 컬럼비아 대학교의 Teachers College의 경우 '인류학과
교육' 전공이 있어서 질적연구 관련 강좌들이 개설되어 있다. 또한 캘리
포니아 대학교(Santa Babara)의 경우 그린(Judith Green) 교수를 중심
으로 다양한 교실수업에 대한 질적연구 강좌가 다채롭게 개설되
어 있다. 구미 대학원 중에서 질적연구 문화가 주도적인 몇
개의 대학 프로그램을 소개하면 다음과 같다.

오하이오 주립 대학교

교육학에서의 질적연구의 변화된 위상을 설명하기 위해, 필자가 공부했던 오하이오 주립 대학교의 대학원 석박사과정 강좌를 소개하고자 한다. Paul Klohr의 현상학에 대한 연구 전통에 따라 이 학과에서는 1960년대 이래로 교육학 분야의 대표적인 질적연구자들을 훈련시키고 배출했다. 생애사의 Robert Bullough, 구술사 연구와 박물관 연구로 유명한 Craig Kriedel, 쿠레레로 유명한 William Pinar 등이 이 교육과정과 수업 학과의 질적연구 수업문화 속에서 성장했다. 그 이후로 Judith Green의 상호작용 문화기술지 연구가 주를 이루다가 그녀가 캘리포니아 대학교(산타 바바라 소재)로 옮겨 가자 그 후임으로 온 Patti Lather가 주축이 되어 대학원의 질적연구방법론 수업의 확장에 들어갔다. 물론 이 작업 시 스탠포드 대학교의 질적연구자인 Elliot Eisner의 제자인 Gail McCutcheon이 실행연구를 개설했고, 캘리포니아 대학교(로스앤젤레스 소재)의 Harold Garfinkel의 제자인 Douglas Macbeth가 교실과 삶에서의 대화분석 연구를 개설하기에 이르렀다.

1990년 이래로 질적 연구를 수강하는 두 개의 경로가 개척되어 학생들은 연구 관심에 따라 그 경로를 선택할 수 있게 되었다. 경로 1은 질적연구의 거시적 측면을 주로 담당하고 경로 2는 질적연구의 미시적 접근을 가르치는 데 중점을 두고 있다. 물론 각 경로의 질적연구방법 개론 1은 강의방법과 읽기 자료는 다르지만 연구 패러다임에 대한 이해와 질적연구의 기초적 지식 획득에 수업의 목적을 두고 있다는 점에서 큰 차이가 없다.

경로 1: 교육학, 교육과정, 교육인류학에서의 질적연구

1수준: Introduction to Qualitative Research in Education

2수준: Fieldwork Practicum in Qualitative Research

3수준: Analyzing Qualitative Data

관련 강좌: Using NUDIST, Cultural Process in Education, Feminist Ethnography Methodologies

경로 2: 수업에서의 질적연구

1수준: Introduction to Qualitative Research in Education and Analysis of Interaction

2수준: The Analysis of Classroom Discourse

3수준: Seminar: Advanced Topics in the Analysis of Interaction in Educational Settings

조지아 대학교

구미의 많은 대학원 중 교육학과 교과교육의 제 분야에는 질적연구자들이 다수 재직하고 있어서 이 학교에서는 질적연구를 해야만 졸업할 수 있을 정도이다. 조지아 대학교의 대학원이 제공하고 있는 질적연구 관련 강좌를 소개하면 다음과 같다.

필수 과정 (12시간)

과학철학과 연구설계 (3시간)

ERSH 7400   질적연구의 전통

PHIL 8420   사회과학의 철학

PHIL 8400   사회과학의 세미나

PHIL 8610   인식론속의 세미나

자료 수집 방법 (3시간)

ERSH 8410   질적연구 설계

CHFD 8810 아동과 가족발달의 질적연구방법

ERSH 8520   질적연구의 인터뷰

ERSH 8530   사례연구

ERSH 8540   참여관찰

JRMC 9030   매스컴 연구에 대한 비평, 문화적, 자연주의적 접근

자료 분석 (3시간)

ERSH 8420   질적 자료 분석

ELAN 8045   포스트모던 질적연구

ANTH 8620 인류학적 자료 분석

통합적 학문 영역에서의 질적연구 세미나 (3시간)

ERSH 9400   연구 세미나

토론토 대학교

캐나다 동부의 온타리오 주에 소재한 토론토 대학교는 사범대학원인 OISE(Ontario Institute for Studies in Education)로 명성이 높다. 세계 10 대학의 하나로 선정될 만큼 국제적이며 사범대학원 역시 높은 평가를 받고 있다. 교육과정과 교사교육 부분에서 저명한 Michael Collelly와 Michael Fullan(은퇴, 명예교수로 재직 중)이 이 학교에 재직하고 있다. 이 사범대학 전체가 질적연구에 우호적인데 그 특징은 교육과정, 교수, 학습학과의 박사과정 필수과목 내용을 살펴보면 자세하게 알 수 있다.

이 대학의 사범대학 역시 캐나다에서 1위 또는 2위를 차지하고 있다. 교육과정 연구의 대표적 학술지인 〈Curriculum Inquiry〉가 이 학교 사범대학에서 출판되고 있으며 미국의 선도적인 교육학과처럼 질적연구와 관련된 우수한 교수자원을 보유하고 있다. 다문화교육, 젠더 연구, 게이와 레즈비언 연구 등 문화적 주제를 핵심적으로 연구하는 교수가 많기 때문에 연구방법론 부분에서 양적연구에 비해 질적연구 또는 탈실증주의 교육학 연구방법론을 선호하는 경향이 있다. 때문에 이 대학원 출신 학생들 역시 훌륭한 질적연구 논문을 쓰고 다른 대학의 전임교수로 전격 채용되는 경향이 있다. 다음은 캐나다 토론토 대학교 사범대학의 사범대학원에서 제공하고 있는 강좌이다.

사범대학원 개설 강좌

〈교육과정과 수업의 평가〉
〈교육과정, 교수, 학습에서의 질적 탐구 개론〉
〈언어 학습에서의 실행연구〉
〈프로그램 계획과 평가의 기초〉
〈교육에서의 연구방법〉
〈연구에서의 도구개발〉
〈대안적 평가에서의 연구이슈〉
〈예술교육에서의 연구와 탐구〉
〈과학, 수학, 공학교육에서의 실행연구〉
〈교육에서의 질적연구방법: 개념과 방법〉
〈교육과정과 수업에서의 연구 콜로키움〉
〈실행연구와 전문성의 실제〉
〈연구와 전문성 실제에서의 내러티브와 이야기〉

〈교수에서의 질적연구〉

〈교육과정 실제연구와 교사발달에서의 대안적인 이론적 관점〉

〈과학교육에서의 연구 세미나〉

〈교육에서의 통합적 연구방법: 질적방법과 양적방법의 통합〉

〈프로그램 평가에서의 모델과 이슈〉

〈평가문제에서의 세미나〉

〈비판적 문화기술지〉

〈교육체제 비교 방법론〉

〈교육 컴퓨터를 이용한 의사소통에서의 연구이슈〉

하버드 대학교

학부와 대학원에서 다양한 학문 분야의 교수들이 질적연구를 하고 있고 강의하고 있다. 약 300명 이상의 교수진들이 인문/사회과학/예술 분야에서의 연구에서 질적연구를 활용하고 있다. 대표적인 강좌 몇 개를 소개하면 다음과 같다.

학부 및 대학원 개설 강좌

〈Qualitative Research in Public Health〉

〈Qualitative Methods in Policy Research〉

〈Introduction to Qualitative Research in Education〉

〈Seminar on the Craft of Inductive Qualitative Research (케네디 경영대학원)〉

〈Sensory Ethnography 1〉

〈Sensory Ethnography 2〉

김영천

한양대학교 교육학과와 대학원 교육학과를 졸업하였다. 1990년 미국 The Ohio State University의 사범대학에서 박사과정을 시작하여 1995년에 교육과정 이론과 질적연구방법론 전공으로 철학박사학위를 수여받았다.

1998년 이래로 진주교육대학교 교육학과 교수로 재직하고 있으며 교육과정과 수업, 교육평가, 질적연구를 가르치고 있다. 약 30권의 저서와 많은 논문을 저술하였고 그 중 5권의 책이 대한민국 학술원과 문화관광부로부터 우수학술도서로 선정되었다. 또한 그의 글은 *Curriculum Inquiry, Journal of Curriculum Theorizing, International Journal of Qualitative Studies in Education, Educational Studies,* 그리고 *Second International Handbook of Curriculum Research*에 수록되었다.

세계교육과정학회 한국 대표 이사를 역임하였고 한국교육인류학회와 한국다문화교육학회 부회장을 역임하였다. 질적연구로 유명한 국제 학술지, QSE(International Journal of Qualitative Studies in Education) 아시아 지역 편집장을 맡고 있으며 SAGE OPEN 국제 학술지 편집위원으로 확동하고 있다.

질적연구방법론 I : Bricoleur, 제3판

발행일 2016년 8월 19일 초판 발행 | 2017년 8월 10일 3쇄 발행
저자 김영천
발행인 홍진기 | **발행처** 아카데미프레스 | **주소** 413-756 경기도 파주시 문발동 출판정보산업단지 507-9
전화 031-947-7389 | **팩스** 031-947-7698 | **이메일** info@academypress.co.kr
웹사이트 www.academypress.co.kr | **출판등록** 2003. 6. 18 제406-2011-000131호
ISBN 978-89-97544-89-9

값 35,000원